U0916741

资治通鉴全本新注

（全十四册）

第十三册

卷二五五至卷二七七（唐纪七十一至后唐纪六）

［宋］司马光　编著
张大可　注释

華中科技大學出版社
http://press.hust.edu.cn
中国·武汉

第十三册目录

卷二五五　唐纪七十一

唐僖宗中和二年至四年（882—884 年）

【起玄黓摄提格（壬寅，882 年）五月，尽阏逢执徐（甲辰，884 年）五月，凡二年又一月】

【大事提要】

本卷记事起公元 882 年五月，讫公元 884 年五月，载述史事凡二年又一个月。当唐僖宗中和二年五月至中和四年五月。此时期，唐王朝进剿黄巢。西川、淮南、岭南、河北是天子鞭长莫及的地区，藩镇互相攻伐，大大小小的军阀林立，一片混战。环黄巢所据关中节镇，依然奉唐朝僖宗号令，勤王之师四集，沙陀李克用为诸军之冠，是讨灭黄巢的主力军。当李克用进军关中，黄巢部众已有离异之心。黄巢部将，独当一面的同州防御使朱温降唐，赐名全忠，授宣义节度使，此为黄巢衰败的标志。僖宗不明，重用降将，为后梁代唐张本。李克用光复长安，黄巢东窜，围困陈州近一年。又是李克用进讨，解陈州之围，再败黄巢于汴州，黄巢全军覆没，逃窜兖州。朱全忠忌功，欲暗杀李克用，未果，从此朱李交恶。宦官田令孜挟持僖宗幸蜀之功，得宠专权，外结四川陈敬瑄，唐皇室旧祸未已，新祸又兴，国无宁日矣。

僖宗惠圣恭定孝皇帝中之下

中和二年（壬寅，882 年）

五月，以湖南[1]观察使闵勖权充[2]镇南[3]节度使。勖屡求于湖南建节[4]，朝廷恐诸道观察使效之，不许。先是，王仙芝[5]寇掠江西[6]，高安[7]人钟传[8]聚蛮獠[9]，依山为堡，众至万人。仙芝陷抚州[10]而不能守，传入据之，诏即以为刺史[11]。至是，又逐江西观察使高茂卿，据洪州。朝廷以勖本江西牙将[12]，故复置镇南军，使勖领之；若传不受代[13]，令勖因而讨之。勖知朝廷意欲斗两盗[14]使相毙，辞不行。

加淮南[15]节度使高骈[16]兼侍中[17]，罢其盐铁转运使[18]，骈既失兵柄[19]，又解利权[20]，攘袂大诟[21]，遣其幕僚顾云草表自诉[22]，言辞不逊[23]，其略曰："是陛下不用微臣，固非微臣有负陛下。"又曰："奸臣[24]未悟，陛下犹迷，不思宗庙[25]之焚烧，不痛园陵[26]之开毁。"又曰："王铎[27]偾军之将[28]，崔安潜[29]在蜀贪黩[30]，岂二儒士能戢强兵[31]！"又曰："今之所用，上至帅臣，下及裨将[32]，以臣所料，悉可坐擒。"又曰："无使百代有抱恨之臣，千古留刮席之耻[33]。臣但恐寇生东土，刘氏复兴[34]，即轵道之灾[35]，岂独往日！"又曰："今贤才在野，憸[36]人满朝，致陛下为亡国之君，此子等计将安出！"上命郑畋[37]草诏切责[38]之，其略曰："绾利[39]则牢盆[40]在手，主兵则都统[41]当权，直至京北、京西[42]神策诸镇；悉在指挥之下，可知董制[43]之权，而又贵作司徒[44]，荣为太尉[45]。以为不用，如何为用乎？"又曰："朕缘久[46]付卿兵柄，不能翦荡元凶，自天长[47]漏网过淮[48]，不出一兵袭逐，奄残京国[49]，首尾三年[50]。广陵之师[51]，未离封部，忠臣积望[52]，勇士兴讥[53]，所以擢用元臣[54]，诛夷巨寇[55]。"又曰："从来倚仗[56]之意，一旦控告[57]无门，凝睇[58]东南，惟增凄恻[59]！"又曰："谢玄破苻坚于淝水[60]，裴度平元济于淮西[61]，未必儒臣[62]不如武将。"又曰："宗庙焚烧，园陵开毁，龟玉毁椟[63]，谁之过欤！"又曰："'奸臣未悟'之言，何人肯认！'陛下犹迷'之语，朕不敢当！"又曰："卿尚不能缚黄巢于天长[64]，安能坐擒诸将！"又曰："卿云刘氏复兴，不知谁为魁首？比朕于刘玄、子婴，何太诬罔！"又曰："况天步未倾[65]，皇纲[66]尚整，三灵不昧[67]，百度[68]俱存，君臣之礼仪，上下之名分，所宜遵守，未可堕陵[69]。朕虽冲人[70]，安得轻侮！"骈臣节既亏，自是贡赋遂绝。

（以上为第一段，写闵勖、高骈跋扈不臣。）

【注释】

[1]湖南：方镇名。置观察使。唐代宗广德二年（764）置，治所衡州。大历四年（769）徙治潭州，在今湖南长沙市。唐僖宗中和三年（883）更号为钦化军节度使。 [2]权充：代理，兼领。[3]镇南：方镇名。即江南西道，置观察使；唐懿宗咸通六年（865）升江南西道观察使为镇南军

节度使。唐僖宗乾符元年（874）废镇南节度使，复为江南西道观察使，治所洪州，在今江西南昌市。咸通六年，闵勖据洪州，懿宗授节闵勖，欲使之与钟传相争，两败俱伤。［4］建节：设置节度使。此指闵勖多次要求朝廷升湖南观察使为湖南节度使。［5］王仙芝（?—878）：唐末农民起义领袖之一，传见《新唐书》卷二百二十五。［6］江西：即江南西道。［7］高安：县名。县治在今江西高安市。［8］钟传（?—906）：官至镇南节度使。传见《新唐书》卷一百九十，《旧五代史》卷十七，《新五代史》卷四十一。［9］蛮獠（liáo）：指当时南方的少数民族仡佬族。［10］抚州：州名。治所临川，在今江西抚州市临川区。抚州至洪州二百四十里。［11］刺史：官名。州的行政长官。［12］牙将：节度使府的副将，偏将。［13］受代：卸任离职，接受新官接代。这里指接受管理。因钟传已接管了洪州，只是刺史，今置节度使由闵勖接管，位在钟传之上，故此处受代是指受管理。［14］两盗：此指闵勖和钟传。其时闵勖据潭州为观察使，要挟朝廷加官为节度使；钟传擅据洪州，不受朝廷号令，故称两盗。唐僖宗以钟传所据洪州复置镇南军节度使，而使闵勖兼任，加钟传为江西团练使，挑动两人相斗，以坐收渔人之利。闵勖辞不受，则无以要挟朝廷为节度使，钟传遂领镇南节度使，听受朝命。此计一石两鸟，两镇遂安。［15］淮南：方镇名。唐肃宗至德元载（756）置。治所扬州，在今江苏扬州市。［16］高骈（pián）（?—887）：淮南节度使兼江淮盐铁转运使、诸道行营都统。传见《旧唐书》卷一百八十二，《新唐书》卷二百二十四。［17］侍中：官名。门下省长官，职司宰相。方镇将领加侍中，只是一种荣衔。［18］盐铁转运使：掌江淮盐铁运输及税收。［19］兵柄：兵权。［20］利权：财权。僖宗于这年春正月罢高骈都统，失其督率诸道之兵权；今又罢盐铁转运使，是解其财权。［21］攘（ráng）袂（mèi）大诟：指高骈暴跳大骂。攘袂，捋袖伸臂，发怒的样子。朝廷给高骈加官侍中，使其就虚职而免除其转运使实职，故高骈发狂怒骂。［22］草表自诉：书写章奏，自我剖白。［23］言辞不逊：指高骈所上奏章，语言犯上，失人臣礼。［24］奸臣：高骈所指奸臣为王铎、崔安潜。［25］宗庙：指唐皇室祖庙。［26］园陵：指唐皇帝诸陵。此二句指僖宗广明元年（880）十二月，黄巢攻入长安，宗庙与皇陵遭兵火之灾。［27］王铎（?—884）：字昭范，时为中书令。僖宗解除高骈诸道行营都统，以王铎代行，规复两京。传见《旧唐书》卷一百六十四，《新唐书》卷一百八十五。［28］偾（fèn）军之将：败军之将。此指乾符六年（879），王铎为南面行营招讨都统，守江陵，为黄巢所败。［29］崔安潜（?—约890）：时从僖宗幸蜀为太子少师。王铎代高骈为诸道行营都统，以崔安潜为副，故高骈恨他们。传见《旧唐书》卷一百七十七，《新唐书》卷一百一十四。［30］贪黩（dú）：贪污。［31］戢（jí）强兵：指平息黄巢的强大军队。戢，止息，平定。［32］裨（pí）将：副将。［33］刮席之耻：借东汉末淮阳王刘玄故事讥讽唐僖宗。《汉纪》载，淮阳王刘玄即帝位于洛阳，王莽败后，迁都长安，面对官吏、宫女，羞怍汗颜，俯首刮席不敢视。刮席，以手擦席，形容手足无措的样子。［34］刘氏复兴：谓将有汉高祖刘邦那样的人兴起于山东草泽之中。［35］轵（zhí）道之灾：高骈以秦王子婴亡国之君指斥唐僖宗。轵道，亭名，在咸阳东北。公元前206年十月，刘邦入关，秦王子婴迎降刘邦，即在轵道之旁。［36］憸（tián）人：小人，奸邪之人。［37］郑畋（tián）(824—882)：累官以兵部侍郎进同平章事。传见《旧唐书》卷一百七十八，《新唐书》卷一百八十五。［38］切责：切直批驳，痛加申斥。［39］绾（wǎn）利：指高骈曾为盐铁使，专有江淮盐利。绾，专擅。［40］牢盆：煮盐器。［41］都统：官名。掌征伐，可督统诸道之兵，位在节度使之上，兵罢则省。［42］京北、京西：指京北、京西行营。京，长安。［43］董制：总领。［44］司徒：官名。掌民政，东汉以来，即为三公（太尉、司徒、司空）之一。唐代三公不任实职，只授给有资望的大臣作荣职。高骈为西川节度使时，曾进位检校司徒。［45］太尉：官名。三公之一，掌军政。唐代多为加官。两京陷后，僖宗为了笼络高骈，欲其立功，特进位检校太尉以荣之。［46］缘久：已有很久。［47］天长：县名。县治在今安徽天长市。［48］漏网过淮：广明元年（880）七月，黄巢北上围天长，高骈畏怯，拥众不战，致使黄巢过淮。事详《资治通鉴》卷二百五十三。［49］奄残京国：指黄巢攻陷京都。［50］首尾三年：指黄巢广明元年十二月攻入长安，至今中和二年，前后已三年。［51］广陵之师：指高骈所领淮南之师。广陵，即淮南节度治所扬州，天宝年间一度改称广陵郡。［52］积望：怨恨已多。［53］兴讥：奋起指斥。［54］元臣：大臣，指首相王铎。［55］巨寇：大盗，此指黄巢。［56］倚仗：依恃。［57］控告：赴告。［58］凝睇：注视。［59］凄恻：悲伤。这几句意谓僖宗一向重用、依恃高骈，而高骈抵御黄巢很不得力，致使黄巢军渡过淮河。消息传到京师，上下失望，人情大骇。作为皇帝，面对这种局面，无所赴告，只能看着东南局势的恶化，徒增悲伤。［60］谢玄破苻坚于淝水：指淝水之战。东晋名将谢玄破前秦皇帝苻坚于淝水。事详《资治通鉴》卷一百零五晋孝武帝太元八年。［61］裴度平元济于淮西：指唐平藩镇的蔡州之战。裴度，宪宗朝贤相，元和十二年（817）督师破蔡州，擒蔡州刺史吴元济。事详《资治通鉴》卷二百四十宪宗元和十二年。［62］儒臣：文臣，此指裴度。［63］龟玉毁椟（dú）：出自《论语·季氏》。龟玉，宝龟和宝玉，皆为国家重器，借指国运。椟，木匣。龟玉毁于椟中，典守者不得辞其过，而今国运衰落，像高骈这样的守土封疆大臣，岂能辞其咎。［64］天长：县名。今属安徽。公元880年七月，黄巢由江南采石渡江围天长、六合，高骈拥兵不战，致使黄巢长驱北进。故诏书责之。［65］天步未倾：天步，指星象运行。未倾，指天行有度，喻国运兴隆；天行失度，喻国运中衰。典出《晋书·慕容暐载记》："朝纲不振，天步孔艰。"［66］皇纲：即朝纲。此指帝王的权柄、纲纪。［67］三灵不昧：喻政通人和。三灵，即三光，日、月、星。不昧，指日、月、星三灵还未昏暗。［68］百度：各种法度。此指百官有司遵循的法度，与上文"皇纲"相对，亦是互文。［69］堕（huī）陵：败坏废弛。堕，通"隳"。［70］冲人：年少寡知之人。时僖宗仅二十一岁，故谦称冲人。

以天平[1]留后[2]曹存实[3]为节度使。

黄巢攻兴平[4]，兴平诸军退屯奉天[5]。

加河阳节度使[6]诸葛爽[7]同平章事。

六月，以泾原[8]留后张钧为节度使。

荆南节度使[9]段彦谟与监军[10]朱敬玫相恶，敬玫别选壮士三千人，号忠勇军，自将之。彦谟谋杀敬玫；己亥[11]，敬玫先帅众攻彦谟，杀之，以少尹[12]李燧为留后。

蜀人罗浑擎、句胡僧、罗夫子各聚众数千人以应阡能[13]，杨行迁[14]等与之战，数不利，求益兵[15]；府中兵尽，陈敬瑄[16]悉搜仓库门庭之卒以给之。是月，大战于乾溪[17]，官军大败。行迁等恐无功获罪，多执村民为俘送府，日数十百人；敬瑄不问，悉斩之。其中亦有老弱及妇女，观者或问之，皆曰："我方治田绩麻[18]，官军忽入村，系虏以来，竟不知何罪！"

秋，七月，己巳[19]，以钟传为江西观察使，从高骈之请也。传既去[20]抚州，南城[21]人危全讽复据之，又遣其弟仔倡据信州[22]。

尚让[23]攻宜君寨[24]，会大雪盈尺，贼冻死者什二三。

蜀人韩求聚众数千人应阡能。

镇海[25]节度使周宝[26]奏高骈承制[27]以贼帅孙端为宣歙[28]观察使。诏宝与宣歙观察使裴虔余发兵拒之。

南诏[29]上书请早降公主[30]，诏报[31]以方议礼仪。

以保大[32]留后东方逵为节度使，充京城东面行营招讨使[33]。

闰月，加魏博[34]节度使韩简[35]兼侍中。

八月，以兵部侍郎、判度支郑绍业同平章事、兼荆南[36]节度使。

浙东[37]观察使刘汉宏[38]遣弟汉宥及马步都虞候[39]辛约将兵二万营于西陵，谋兼并浙西，杭州刺史董昌[40]遣都知兵马使钱镠[41]拒之。壬子[42]，镠乘雾夜济江，袭其营，大破之，所杀殆尽，汉宥、辛约皆走。

魏博节度使韩简亦有兼并之志[43]，自将兵三万攻河阳，败诸葛爽于修武[44]；爽弃城走，简留兵戍之，因掠邢、洺[45]而还。

李国昌[46]自达靼[47]帅其族迁于代州[48]。

（以上为第二段，写黄巢祸乱关中，全国各地大小军阀林立，互相攻战，不听朝命。）

【注释】

［1］天平：方镇名。唐宪宗元和十四年（819）置郓曹濮节度使，十五年改称天平军节度使，仍领郓、曹、濮三州。治所郓州（须昌），在今山东东平县西北。［2］留后：官名。代行节度使之职，多由前任节度之子弟或亲信将领为之。［3］曹存实：天平节度使曹全晸（zhēng）之侄。中和元年（881）曹全晸战死，军中立曹存实为留后。［4］兴平：县名。县治在今陕西兴平。当时凤翔、邠（bīn）宁军屯兴平。［5］奉天：县名。县治在今陕西乾县。［6］河阳节度使：方镇名。德宗建中四年（783）置河阳军节度使，领孟、怀二州。治所孟州，即河阳城，在今河南孟州市。［7］诸葛爽（?—886）：青州博昌县（在今山东博兴县）人，初为庞勋士卒，累功为大将，归国授汝州防御使。黄巢入长安，诸葛爽降黄巢任河阳节度使。巢败，复归国。光启二年（886）卒。传见《旧唐书》卷一百八十二，《新唐书》卷一百八十七。［8］泾原：方镇名。唐代宗大历三年（768）置，乾宁后改称"彰义军"，领泾、原二州。治所泾州，在今甘肃泾川北。［9］荆南节度使：方镇名。肃宗至德二载（757）置。治所荆州，在今湖北荆州市江陵城。［10］监军：官名。中唐以后，凡节度使、观察使，例置监军代表朝廷以察动静，一般由宦官充任，实质是皇帝的密探。［11］己亥：五月壬寅朔，无己亥。己亥，六月二十八日。［12］少尹：官名。州、府行政长官之副职。［13］阡能（?—882）：邛州牙官。因公事违期，畏罪，于中和二年三月起兵反唐。十一月兵败战死。［14］杨行迁：西川牙将。此时补为军前四面都指挥使。［15］益兵：增兵。［16］陈敬瑄（?—893）：把持朝政的宦官田令孜之兄。累擢西川节度使加同平章事。传见《新唐书》卷二百二十四下。［17］乾溪：镇名。在今四川大邑县东。［18］治田绩麻：指男耕地，女搓麻线用以织布。［19］己巳：七月三十日。［20］去：离。此时钟传已占据洪州。［21］南城：县名。县治在今江西南城县东南。［22］信州：州名。治所在今江西上饶市。［23］尚让（?—884）：黄巢军将领。［24］宜君寨：地名。唐属京兆华原县，在今陕西宜君县。是时勤王之师于宜君立寨。［25］镇海：方镇名。唐肃宗乾元元年（758）置浙江西道，唐德宗建中年间建号镇海军。治所多次变迁，唐德宗贞元后治所在润州。［26］周宝（811—885）：字上邽，平州卢龙县（今属河北）人。历官泾原、镇海节度使，当时良将。传见《新唐书》卷一百八十六。［27］承制：代表皇帝发布命令。［28］宣歙（shè）：方镇名。唐德宗贞元年间分浙江东西道为三，其中宣歙置观察使。治所宣州，在今安徽宣城市宣州区。［29］南诏：古国名。唐代以乌蛮为主体建立的政权。国都太和城，在今云南大理南。［30］请早降公主：南诏请求唐下嫁公主，早日完婚。广明元年（880）六月，嗣曹王李龟年使南诏，以宗室女安化长公主许婚。降，下嫁。［31］诏报：僖宗皇帝降旨回报。［32］保大：方镇名。唐僖宗中和二年（882）三月赐鄜坊节度号保大军，治所鄜州，在今陕西富县。［33］招讨使：官名。掌招抚讨伐事务，兵罢即废。［34］魏博：方镇名。唐代宗广德元年（763）所置河北三镇之一。治所魏州，在今河北大名县东北。［35］韩简：魏州人，魏博节度使，加官检校工部尚书。最终兵败于诸葛爽，单骑脱逃而忧死。传见《旧唐书》卷一百八十一，《新唐书》卷二百一十。［36］荆南：方镇名。唐肃宗至德二年（757）置，治所荆州，在今湖北

荆州市江陵城。［37］浙东：方镇名。即浙江东道。治所越州，在今浙江绍兴市。［38］刘汉宏（?—886）：官至浙西节度使，与杭州刺史董昌相攻，兵败被杀。传见《新唐书》卷一百九十。［39］都虞候：军法官。唐中叶以后，藩镇皆置虞候。［40］董昌（?—895）：中和年间，为杭州刺史、义胜军节度使。乾宁二年（895）二月自立为帝，国号大越罗平。后为钱镠所杀。传见《新唐书》卷二百二十五。［41］钱镠（liú）（852—932）：五代时吴越国的建立者，公元907—932年在位，字具美，临安人。曾从董昌与黄巢作战，积官镇海节度使。后梁开平元年（907）封为吴越王。［42］壬子：八月十三日。［43］兼并之志：指韩简欲兼并河阳。其时诸葛爽投降黄巢，领伪职，韩简攻诸葛爽，以顺讨逆，取得胜利。后志骄欲行割据，最终兵败于诸葛爽。［44］修武：县名。县治在今河南焦作市修武县。［45］邢、洺：邢即邢州，治所在今河北邢台市；洺即洺州，治所在今河北邯郸市永年区东南。［46］李国昌（?—887）：原名朱邪赤心，唐西突厥沙陀族人。李克用之父。曾助唐镇压庞勋起义，进大同军节度使，赐名李国昌。传附《新唐书》卷二百一十八《沙陀传》。［47］达靼：部落名。本靺鞨别部，后为蒙古的别称。［48］代州：州名。治所在今山西代县。中和元年四月，李克用陷沂、代二州后留居代州，所以其父率其族自达靼还。

黄巢所署同州[1]防御使朱温屡请益兵以扞[2]河中[3]，知右军事孟楷抑之[4]，不报。温见巢兵势日蹙[5]，知其将亡。亲将胡真[6]、谢瞳[7]劝温归国；九月，丙戌[8]，温杀其监军严实，举州降王重荣[9]。温以舅事重荣[10]，王铎承制以温为同华[11]节度使，使瞳奉表诣[12]行在[13]。瞳，福州人也。

李详以重荣待温厚，亦欲归之，为监军所告；黄巢杀之，以其弟思邺为华州[14]刺史。

桂邕州[15]军乱，逐节度使张从训，以前容管[16]经略使崔焯为岭南西道[17]节度使。

平卢[18]大将王敬武[19]逐节度使安师儒，自为留后。

初，朝廷以庞勋降将汤群为岚州[20]刺史，群潜通[21]沙陀[22]；朝廷疑之，徙群怀州[23]刺史，郑从谠[24]遣使赍[25]告身[26]授之。冬，十月，庚子朔[27]，群杀使者，据城叛，附于沙陀；壬寅[28]，从谠遣马步都虞候张彦球将兵讨之。

贼帅韩秀升、屈行从起兵，断峡江[29]路，癸丑[30]，陈敬瑄遣押牙[31]庄梦蝶将二千人讨之，又遣押牙胡弘略将千人继之。

韩简复引兵击郓州[32]，节度使曹存实逆战[33]，败死。天平都将[34]下邑[35]朱瑄[36]收余众，婴城拒守[37]，简攻之不下。诏以瑄权知天平留后。

以朱温为右金吾大将军[38]、河中[39]行营招讨副使，赐名全忠。

李克用虽累表请降，而据忻[40]、代州，数侵掠并、汾[41]，争楼烦监[42]。义武[43]节度使王处存[44]与克用世为婚姻，诏处存谕克用："若诚心款附[45]，宜且归朔州[46]俟朝命；若暴横如故，当与河东[47]、大同[48]军共讨之。"

以平卢大将王敬武[49]为留后。时诸道兵皆会关中[50]讨黄巢，独平卢不至，王铎遣都统判官[51]、谏议大夫[52]张濬[53]往说之。敬武已受黄巢官爵，不出迎，濬见敬武，责之曰："公为天子藩臣，侮慢诏使；不能事上，何以使下！"敬武愕然，谢之。既宣诏，将士皆不应，濬徐谕之曰："人生当先晓逆顺[54]，次知利害。黄巢，前日贩盐虏[55]耳，公等舍累叶天子[56]而臣之，果何利哉！今天下勤王之师皆集京畿[57]，而淄青独不至[58]；一旦贼平，天子返正[59]，公等何面目见天下之人乎！不亟[60]往分功名、取富贵，后悔无及矣！"将士皆改容引咎[61]，顾谓敬武曰："谏议之言是也。"敬武即发兵从濬而西。

刘汉宏又遣登高镇将王镇将兵七万屯西陵，钱镠复济[62]江袭击，大破之，斩获万计，得汉宏补诸将官伪敕[63]二百余通；镇奔诸暨[64]。

黄巢兵势尚强，王重荣患之，谓行营都监[65]杨复光[66]曰："臣贼[67]则负国[68]，讨贼则力不足，奈何？"复光曰："雁门[69]李仆射[70]，骁勇，有强兵，其家尊[71]与吾先人[72]尝共事相善，彼亦有徇国之志[73]；所以不至者，以与河东[74]结隙[75]耳。诚以朝旨谕郑公而召之，必来，来则贼不足平矣！"东面宣慰使[76]王徽[77]亦以为然。时王铎在河中，乃以墨敕[78]召李克用，谕郑从谠。十一月，克用将沙陀万七千自岚、石[79]路趣[80]河中，不敢入太原境，独与数百骑过晋阳[81]城下与从谠别，从谠以名马、器币赠之。

李详旧卒共逐黄思邺[82]，推华阴镇使王遇为主，以华州降于王重荣，王铎承制以遇为刺史。

（以上为第三段，写唐朝勤王之师会集关中，黄巢部众已有异心，朱温降唐，赐名全忠，为后梁代唐张本。）

【注释】

[1]同州：州名。治所在今陕西大荔。当河中通长安军事要冲。 [2]扞（hàn）：护卫。[3]河中：府名。治所在今山西永济市西蒲州镇。 [4]抑之：按下朱温所上请兵奏章，不报黄巢。 [5]日蹙（cù）：一天比一天减弱。 [6]胡真：朱温手下将领，江陵人，终官容州刺史、检校太保。传见《旧五代史》卷十六。 [7]谢瞳：朱温手下将领，福州人，终官太中大夫，检校右仆射。传见《旧五代史》卷二十。 [8]丙戌：九月十七日。 [9]王重荣（?—887）：太原祁人。与杨复光、李克用联合镇压黄巢起义军，拜检校太尉。传见《旧唐书》卷一百八十二，《新唐书》卷一百八十七。 [10]温以舅事重荣：朱温母王氏，与重荣同姓，所以把王重荣当作舅舅。[11]同华：方镇名。治所同州，在今陕西大荔。 [12]诣：前往。 [13]行在：皇帝出巡所住的地方。其时，唐僖宗西逃在成都。 [14]华州：州名。治所在今陕西渭南市华州区。 [15]桂邕州：州名。为桂管节度使治所，在今广西桂林。 [16]容管：置经略使，统容管二州。治所容州，在今广西北流市。经略使，官名。唐初边州别置经略使，为边防军事长官，后多由节度使兼任。 [17]岭南西道：方镇名。唐懿宗咸通三年（862）将岭南节度分为东西两道。邕管为岭南西道，治所邕州，在今广西南宁。 [18]平卢：方镇名。唐玄宗开元七年（719）始置。治所营州，在今辽宁朝阳县。 [19]王敬武（?—889）：传见《新唐书》卷一百八十七，《旧五代史》卷十三，《新五代史》卷四十二。 [20]岚州：州名。治所在今山西岚县北。 [21]潜通：暗自私通。[22]沙陀：部落名，西突厥别部。 [23]怀州：州名。治所河内，在今河南沁阳市。 [24]郑从谠（dǎng）(?—888)：时为河东节度兼行营招讨使。传见《新唐书》卷一百六十五，传又附《旧唐书》卷一百五十八《郑余庆传》。 [25]赍（jì）：带着。 [26]告身：委任状。 [27]庚子朔：十月一日。 [28]壬寅：十月三日。 [29]峡江：长江川鄂交界的三峡段称峡江。断峡江路，则荆、蜀信使不通，朝廷的法令将不能通行于江南。 [30]癸丑：十月十四日。 [31]押牙：一作押衙。藩镇所置亲信武官，掌仪仗侍卫，出入衙内。主官为都押牙。 [32]郓州：州名。治所须昌，在今山东东平县西北。 [33]逆战：迎战。 [34]都将：统兵官名。 [35]下邑：地名。唐属宋州，在今河南夏邑县。 [36]朱瑄（?—897）：一作朱宣。兵败，为朱温所杀。传见《旧唐书》卷一百八十二，《新唐书》卷一百八十八，《旧五代史》卷十三，《新五代史》卷四十二。 [37]婴城拒守：环城固守。 [38]右金吾大将军：官名。右金吾卫的长官，掌京城巡警。 [39]河中：方镇名。唐肃宗至德二年（757）置。治所蒲州，在今山西永济市。 [40]忻州：州名。治所在今山西忻州。 [41]并、汾：地区名。古指山西太原府和汾州一带。 [42]楼烦监：地名。在今山西静乐县。 [43]义武：方镇名。唐德宗建中三年（782）置。治所定州，在今河北定州市。[44]王处存（830—895）：京兆万年人，世籍神策军。传见《旧唐书》卷一百八十二，《新唐书》卷

一百八十六。［45］款附：诚心归附。［46］朔州：州名。治所在今山西朔州。［47］河东：方镇名。治所太原府晋阳，在今山西太原市西南。是时，郑从谠帅河东。［48］大同：方镇名。治所云州，在今山西大同市。亦称云中节度。［49］王敬武：青州人，本平卢偏将，逐节度使安师儒，自为留后。王铎承制授平卢节度使。传见《新唐书》卷一百八十七。［50］关中：地区名。泛指函谷关以西，相当于今陕西中部地区。［51］都统判官：官名。唐节度、观察、防御诸使的僚属，佐理政事。［52］谏议大夫：官名。属门下省，掌谏诤。［53］张浚（jùn）（？—902）：唐昭宗朝宰相，传见《旧唐书》卷一百七十九，《新唐书》卷一百八十五。［54］逆顺：逆，反叛朝廷。顺，归服朝廷。［55］贩盐虏：指黄巢贩盐出身。事见《资治通鉴》卷二百五十二唐僖宗乾符二年。［56］累叶天子：指大唐天子。累叶，累世。［57］京畿：国都所在地及其行政官署所管辖地区。［58］淄青独不至：唐肃宗上元二年（761）合平卢与淄沂两镇为淄青平卢节度使。故此以淄青指代平卢留后王敬武。［59］天子返正：天子返回京师。［60］亟：急速，赶快。［61］引咎：承担错误责任。［62］钱镠复济：据章校，“济”上应有“夜”字。［63］伪敕（chì）：假传诏命的手谕。此指刘汉宏矫诏所发的委任状。［64］诸暨（jì）：县名。县治在今浙江诸暨市。［65］行营都监：官名。监军。［66］杨复光（841—883）：宦官。为人慷慨有节义，多筹略，受诏充天下兵马都监，平定黄巢之乱，多有战功。传见《旧唐书》卷一百八十四，《新唐书》卷二百零七。［67］臣贼：指向黄巢称臣。［68］负国：背叛朝廷。［69］雁门：方镇名。唐僖宗中和二年（882）分河东节度忻、代二州为雁门节度使。治所代州，在今山西代县。时李克用据代州，故以李克用为雁门节度使。［70］仆射（yè）：官名。尚书省长官。［71］家尊：此指李克用之父李国昌。［72］先人：此指杨复光之养父杨玄价。杨玄价曾监盐州军，李克用父子归国，先由盐州，故与之相善。［73］徇国之志：为国牺牲的志向。徇，通“殉”。［74］河东：指河东节度使郑从谠。［75］结隙：感情上的裂痕。李克用与郑从谠结隙，指中和元年五月，李克用称奉诏将兵五万讨黄巢，令备酒食以供军。郑从谠闭城以备之。后李克用大掠河东而归。事见《资治通鉴》卷二百五十四僖宗中和元年。［76］宣慰使：官名。唐代出征元帅为招讨、宣慰、处置使。［77］王徽（？—890）：字昭文，京兆杜陵县（今陕西西安市长安区东南）人，官至宰相。传见《旧唐书》卷一百七十八，《新唐书》卷一百八十五。［78］墨敕：由皇帝直接颁下、不经中书盖印的敕书。王铎为都都统，可以便宜从事，凡征调除授，皆得用墨敕。［79］石：州名。治所在今山西吕梁市离石区。［80］趣：趋，向。［81］晋阳：河东节度使治所，在今山西太原西南。［82］黄思邺：时为黄巢所署华州刺史。

阡能党愈炽，侵淫[1]入蜀州[2]境；陈敬瑄以杨行迁等久无功，以押牙高仁厚[3]为都招讨指挥使，将兵五百人往代之。未发前一日，有鬻面者，自旦至午，出入营中数四，逻者疑之，执而讯之，果阡能之谍也。仁厚命释缚，温言问之，对曰：“某村民，阡能囚其父母妻子于狱，云：‘汝诇事[4]归，得实则免汝家；不然，尽死。’某非愿尔也。”仁厚曰：“诚知汝如是，我何忍杀汝！今纵汝归，救汝父母妻子，但语[5]阡能云：‘高尚书[6]来日发，所将止五百人，无多兵也。’然我活汝一家，汝当为我潜语[7]寨中人云：‘仆射[8]愍[9]汝曹[10]皆良人，为贼所制，情非得已。尚书欲拯救湔洗[11]汝曹，尚书来，汝曹各投兵迎降，尚书当使人书汝背为“归顺”字，遣汝复旧业。所欲诛者，阡能、罗浑擎、句胡僧、罗夫子、韩求五人耳，必不使横及百姓也。’”谍曰：“此皆百姓心上事，尚书尽知而赦之，其谁不舞跃[12]听命！一口传百,百传千，川腾海沸，不可遏也。比[13]尚书之至，百姓必尽奔赴如婴儿之见慈母，阡能孤居，立成擒矣[14]！”

明日，仁厚引兵发，至双流[15]，把截使白文现出迎；仁厚周视堑栅[16]，怒曰：“阡能役夫，其众皆耕民耳，竭一府之兵，岁余不能擒，今观堑栅重复牢密如此，宜其可以安眠饱食，养寇邀功也！”命引出斩之；监军力救，久之，乃得免。命悉平堑栅，才留五百兵守之，余兵悉以自随，又召诸寨兵，相继皆集。

阡能闻仁厚将至，遣罗浑擎立五寨于双流之西，伏兵千人于野桥箐[17]以邀[18]官军。仁厚诇知[19]，引兵围之，下令勿杀，遣人释戎服[20]入贼中告谕，如昨日所以语谍者。贼大喜，呼噪，争弃甲投兵请降，拜如摧山[21]。仁厚悉抚谕，书其背[22]，使归语寨中未降者，寨中余众争出降。浑擎狼狈逾寨[23]走，其众执以诣仁厚，仁厚曰：“此愚夫，不足与语。”械[24]以送府。悉命焚五寨及其甲兵，惟留旗帜，所降凡四千人。

明旦，仁厚谓降者曰：“始欲即遣汝归，而前途诸寨百姓未知吾心，或有忧疑，借[25]汝曹为我前行，过穿口[26]、新津[27]寨下，示以背字告谕之，比至延贡[28]，可归矣。”乃取浑擎旗倒系[29]之，每五十人为队[30]，扬旗疾呼曰：“罗浑擎已生擒，送使府，大军行至。汝曹居寨中者，速如我出降，立得为良人，无事矣！”至穿口，句胡僧置十一寨，寨中人争出降；胡僧大惊，拔剑遏之，众投瓦石击之，共擒以献仁厚，其众五千余人皆降。

又明旦，焚寨，使降者执旗先驱，一如双流。至新津，韩求置十三寨皆迎降。求自投深堑，其众钩出之，已死，斩首以献。将士欲焚寨，仁厚止之曰："降人犹未食。"使先运出资粮，然后焚之。新降者竞炊爨[31]，与先降来告者共食之，语笑歌吹[32]，终夜不绝。

明日，仁厚纵双流、穿口降者先归，使新津降者执旗先驱，且曰："入邛州[33]境，亦可散归矣。"罗夫子置九寨于延贡，其众前夕望新津火光，已不眠矣。及新津人至，罗夫子脱身弃寨奔阡能，其众皆降。

明日，罗夫子至阡能寨，与之谋悉[34]众决战；计未定，日向暮，延贡降者至，阡能、罗夫子走马巡寨，欲出兵，众皆不应。仁厚引兵连夜逼之，明旦，诸寨知大军已近，呼噪争出，执阡能，阡能窘急赴井[35]，为众所擒，不死；又执罗夫子，罗夫子自刭[36]。众挈罗夫子首，缚阡能，驱之前迎官军，见仁厚，拥马首大呼泣拜曰："百姓负冤日久，无所控诉。自谍者[37]还，百姓引领[38]，度顷刻如期年[39]。今遇尚书，如出九泉睹白日，已死而复生矣。"欢呼不可止。贼寨在他所者，分遣诸将往降之。仁厚出军凡六日，五贼[40]皆平。每下县镇，辄补镇遏使[41]，使安集户口。

于是陈敬瑄枭韩求、罗夫子首于市，钉阡能、罗浑擎于城西[42]，七日而冎[43]之。阡能孔目[44]官张荣，本安仁进士，屡举不中第，归于阡能，为之谋主，为草书檄[45]，阡能败，以诗启[46]求哀于仁厚，仁厚送府，钉于马市；自余不戮一人。

十二月，以仁厚为眉州防御使[47]。

陈敬瑄榜[48]邛州，凡阡能等亲党皆不问。未几[49]，邛州刺史申[50]捕获阡能叔父行全家三十五人系狱[51]，请准法[52]。敬瑄以问孔目官唐溪，对曰："公已有榜，令勿问，而刺史复捕之，此必有故。今若杀之，岂惟使明公[53]失大信，窃恐阡能之党纷纷复起矣！"敬瑄从之，遣押牙牛晕往，集众于州门，破械而释之，因询其所以然，果行全有良田，刺史欲买之，不与，故恨之。敬瑄召刺史，将按其罪，刺史以忧死。他日，行全闻其家由溪以免，密饷[54]溪蚀箔金[55]百两。溪怒曰："此乃太师[56]仁明，何预吾事[57]，汝乃怀祸相饷乎！"还其金，斥逐使去。

（以上为第四段，写高仁厚用只诛首恶的安抚政策攻心，六日平定了蜀中之乱。）

【注释】

［1］侵淫：喻阡能势力逐渐扩展。［2］蜀州：州名。治所在今四川崇州市。［3］高仁厚（?—886）：西川节度使营使，善战，讨贼立功，任剑南东川节度使。传见《新唐书》卷一百八十九。［4］诇（xiòng）事：侦探。［5］语（yù）：告诉。［6］高尚书：即高仁厚。因破贼阡能立功，授检校尚书左仆射、眉州刺史。［7］潜语：私下里散布。［8］仆射：此指西川节度使陈敬瑄，加官仆射，故称。［9］愍（mǐn）：怜悯。"愍"，通"悯"。［10］汝曹：你们。［11］湔（jiān）洗：洗刷污秽。喻使其改过自新。［12］舞跃：欢腾跳跃。［13］比（bì）：等到。［14］立成擒矣：据章校，"矣"下应有"遂遣之"三字。［15］双流：县名。县治在今四川双流区。［16］堑栅：堑壕，栅栏。［17］野桥箐（jīng）：地名。［18］邀：阻击。［19］诇知：侦察得知。［20］释戎服：脱去官军军衣，化装为民。［21］拜如摧山：形容群体拜降，有如山崩之势。［22］书其背：在背上书"归顺"字样。［23］逾寨：据章校，"寨"字应作"堑"。［24］械：枷锁、镣铐一类刑具。［25］借：依靠，凭借。［26］穿口：寨名。即新津新穿口。［27］新津：县名。县治在今四川成都市新津区。［28］延贡：寨名。在今四川大邑县东南。［29］倒系：取罗浑擎的军旗倒系，表示已得其渠帅。［30］五十人为队：据章校，"队"下有"授以一旗，使前走"七字。［31］炊爨（cuàn）：烧火做饭。［32］歌吹：讴歌、吹笙笛以示庆祝。［33］邛（qióng）州：州名。治所在今四川邛崃市。［34］悉：全部。［35］赴井：投井。［36］刭（jǐng）：用刀割脖子自杀。［37］谍者：此即高仁厚释放的卖面者。［38］引领：伸长脖子，形容殷切的盼望。［39］期(jī)年：一整年。［40］五贼：即阡能、罗浑擎、句（gǒu）胡僧、罗夫子、韩求五人。由于高仁厚镇压阡能有功，天子御楼劳军，授高仁厚检校尚书左仆射、眉州刺史。［41］镇遏使：随事所设官名。镇抚流民。［42］钉阡能、罗浑擎于城西：据章校，"于"上有"句胡僧"三字。［43］冎（guǎ）：通"剐"，即凌迟。［44］孔目：官名。掌管文书档案，收贮图书。因事无大小，一孔一目，无不经理，故称。［45］草书檄（xí）：起草征召、晓谕、申讨一类的官文书。［46］诗启：以诗代书函。启，书函。［47］防御使：官名。凡大郡要害之地置之，以治军事。［48］榜（bǎng）：布告、告示。此处用如动词。［49］未几：不久。［50］申：官府行文，下级对上级称"申"。［51］系狱：拘囚。［52］准法：绳之以法。此处谓反逆亲属当从连坐诛。［53］明公：对权贵长官的尊称。［54］饷（xiǎng）：馈赠。［55］蚀箔金：精制的纯金箔。［56］太师：官名。与太傅、太保为三公。多为大官加衔，表示恩宠而无实职。此处指陈敬瑄时为检校太师。［57］何预吾事：意谓与我有什么相干？预，干涉。

河东节度使郑从谠奏克岚州，执汤群[1]，斩之。

以忻、代等州留后李克用为雁门节度使。

初，朝廷以郑绍业为荆南节度使，时段彦谟方据荆南，绍业惮[2]之，逾[3]半岁，乃至镇[4]。上幸蜀，召绍业还，以彦谟为节度使。彦谟为朱敬玫所杀，复以绍业为节度使。绍业畏敬玫，逗留不进，军中久无帅；至是，敬玫署押牙陈儒知府事[5]。儒，江陵人也。

加奉天[6]节度使齐克俭、河中节度使王重荣并同平章事。

李克用将兵四万至河中，遣从父弟[7]克修[8]先将兵五百济河尝贼[9]。初，克用弟克让[10]为南山寺僧所杀，其仆浑进通归于黄巢。自高浔[11]之败，诸军皆畏贼，莫敢进。乃克用军至，贼惮之，曰："鸦军至矣，当避其锋。"克用军皆衣黑，故谓之鸦军[12]。巢乃捕南山寺僧十余人，遣使赍诏书及重赂[13]，因浑进通诣克用以求和。克用杀僧，哭克让，受其赂以分诸将，焚其诏书，归其使者，引兵自夏阳[14]渡河，军于同州。

孟方立[15]既杀成麟[16]，引兵归邢州，潞[17]人请监军吴全勖知留后。是岁，王铎墨制以方立知邢州事，方立不受，囚全勖；与铎书，愿得儒臣镇潞州，铎以郑昌图知昭义[18]军事。既而朝廷以右仆射[19]、租庸使[20]王徽同平章事，充昭义节度使，徽以车驾播迁[21]，中原方扰，方立专据山东[22]邢、洺、磁[23]三州，度朝廷力不能制，辞不行，请且委昌图[24]。诏以徽为大明宫[25]留守、京畿安抚制置修奉园陵使[26]。昌图至潞州，不三月而去，方立遂迁昭义军于邢州，自称留后，表[27]其将李殷锐为潞州刺史。

和州[28]刺史秦彦[29]使其子将兵数千袭宣州[30]，逐观察使窦潏而代之。

（以上为第五段，写李克用勤王，进军攻黄巢。孟方立不遵朝命，自为昭义节度使。）

【注释】

[1]汤群：时为岚州刺史，杀朝廷使者据城反叛归附沙陀，故斩之。 [2]惮（dàn）：畏惧。 [3]逾：超过。 [4]至镇：到达荆南节度使治所荆州。 [5]知府事：荆州知府。 [6]奉天：方镇名。治所乾州，在今陕西乾县。 [7]从父弟：堂弟。从父，父亲的兄弟。 [8]克修（？—923）：李克用之从弟李克修。传见《旧五代史》卷五十，《新五代史》卷十四。 [9]尝贼：试探

性进攻，用以侦知黄巢军的虚实，以今语言之，叫火力侦察。［10］克让（?—881）：李克用之弟李克让。黄巢进攻长安时，逃入南山为寺僧所杀。传见《旧唐书》卷五十，《新唐书》卷十四。［11］高浔：昭义节度使。唐僖宗中和元年（881）八月，高浔与黄巢军将领李详战于石桥，败奔河中。事见《资治通鉴》卷二百五十四僖宗中和元年。［12］鸦（yā）军：李克用少骁勇，军中号“李鸦儿”。其所率沙陀兵皆着黑衣，称“鸦儿军”。鸦，通“鸦”。［13］赂：财物。［14］夏阳：县名。县治在今陕西合阳县东。［15］孟方立（?—889）：刑州人。始为泽州天井关戍将，为昭义节度使高浔报仇，杀成麟，自为留后，逐朝廷所委昭义留后郑昌图，割据邢、洺、磁三州为节度使。后为李克用攻灭。传见《新唐书》卷一百八十七，《旧五代史》卷四十二。［16］成麟：昭义节度使高浔之裨将。中和元年杀高浔。孟方立时为泽州天井戍将，率兵攻成麟，斩之。［17］潞：州名。治所在今山西长治市。成麟杀高浔后还据潞州。［18］昭义：方镇名。唐代宗广德元年（763）置相卫节度使，治所相州。大历元年（766）赐号昭义军节度使，唐德宗建中元年（780）徙治潞州，在今山西长治市。［19］右仆射：唐左右仆射带同平章事之名，即为宰相。［20］租庸使：官名。专事征敛军用资粮。［21］车驾播迁：黄巢军占领京师，僖宗出奔西川。播迁，流离迁徙。［22］山东：泛指中原，即太行山以东之地。［23］磁州：州名。治所滏阳，在今河北磁县。［24］请且委昌图：朝廷委王徽为昭义节度使，王徽见当时孟方立割据山东三州，别为一镇。李克用也窥视潞州。而朝廷无力控制，所以固让昌图，请朝廷承认王铎所署郑昌图为昭义节度使。郑昌图到任三个月后离去，于是孟方立自为昭义节度使。［25］大明宫：唐宫名。亦称东内。内有含元、宣政、紫宸三殿。故址在今陕西西安。［26］京畿安抚制置修奉园陵使：官名。当时黄巢军占领长安，以此职授王徽，以俟收复被战争所毁的园陵。［27］表：上书。［28］和州：州名。治所历阳，在今安徽和县。［29］秦彦（?—887）：原为黄巢部将。乾符六年（879）降高骈。其得和州，亦为高骈用之。传附《旧唐书》卷一百八十二，《新唐书》卷二百二十四。［30］宣州：州名。治所在今安徽宣城。

三年（癸卯，883年）

春，正月，李克用将李存贞败黄揆于沙苑[1]；己巳[2]，克用进屯沙苑。揆，巢之弟也。王铎承制以克用为东北面行营都统[3]，以杨复光为东面都统监军使，陈景思为北面都统监军使。

乙亥[4]，制以中书令[5]、充诸道行营都统王铎为义成[6]节度使，令赴镇。田令孜[7]欲归重北司[8]，称铎讨黄巢久无功，卒用杨复光策，召沙陀而破之，故罢铎兵柄[9]以悦复光；又以副都统崔安潜为东都[10]留守，以都都监[11]西门思恭为右神策中尉[12]，充诸道租庸兼催促诸道进军等使。令孜自以建议幸蜀[13]、收传国宝[14]、列圣真容[15]、散家财犒军为己功，令宰相藩镇共请加赏，上以令孜为十军兼十二卫观军容使[16]。

成德[17]节度使常山忠穆王王景崇[18]薨[19]，军中立其子节度副使镕[20]知留后事，时镕生十年矣。

以天平留后朱瑄为节度使。

二月，壬子[21]，李克用进军乾坑[22]，与河中、易定[23]、忠武[24]军合；尚让等将十五万众屯于梁田陂[25]，明日，大战，自午至晡[26]，贼众大败，俘斩数万，伏尸三十里。巢将王璠、黄揆袭华州，据之，王遇[27]亡去。

初，光州[28]刺史李罕之[29]为秦宗权[30]所攻，弃州奔项城[31]，帅余众归诸葛爽，爽以为怀州刺史。韩简攻郓州，半年，不能下；爽复袭取河阳[32]，朱瑄请和，简乃舍之，引兵击河阳。爽遣罕之逆战于武陟[33]，魏军[34]大败而还；大将澶州[35]刺史乐行达[36]先归，据魏州[37]，军中共立行达为留后，简为部下所杀[38]。己未[39]，以行达为魏博留后。

甲子[40]，李克用进围华州，黄思邺、黄揆婴城固守；克用分骑屯渭北[41]。

以王镕为成德留后。

以郑绍业为太子宾客[42]、分司[43]，以陈儒[44]为荆南留后。

峡路招讨指挥使庄梦蝶为韩秀升、屈行从所败，退保忠州[45]，应援使胡弘略战亦不利；江、淮贡赋皆为贼所阻[46]，百官无俸。云安[47]、涫井[48]路不通，民间乏盐。陈敬瑄奏以眉州[49]防御使高仁厚为西川行军司马[50]，将三千兵讨之。

加凤翔[51]节度使李昌言同平章事。

黄巢兵数败，食复尽，阴为遁计[52]，发兵三万扼[53]蓝田[54]道，三月，壬申[55]，遣尚让将兵救华州；李克用、王重荣引兵逆战于零口[56]，破之。克用进军渭桥[57]，骑军在渭北，克用每夜令其将薛志勤[58]、康君立[59]潜入长安，燔[60]积聚，斩虏而还，贼中大惊。

（以上为第六段，写李克用节节胜利，兵围黄巢于长安。）

【注释】

［1］沙苑：地名。在今陕西大荔县南。［2］己巳：正月二日。［3］行营都统：官名。掌征伐，兵罢则省。［4］乙亥：正月八日。［5］中书令：官名。朝廷政务中枢三省之一中书省的长官。［6］义成：方镇名。治所滑州，在今河南滑县。［7］田令孜（?—893）：宦官。字仲则，本姓陈。僖宗朝恃宠骄横，把持朝政。僖宗呼之为“阿父”。黄巢攻入长安，挟僖宗逃往成都。光启二年（886）自任西川监军使。唐昭宗景福二年（893）被割据西川的王建杀死。传见《旧唐书》卷一百八十四，《新唐书》卷二百零八。［8］北司：唐内侍省。掌管宫内事务的机构，由宦官组成。因在皇宫之北，故称北司。归重北司意即重掌北司大权。［9］兵柄：兵权。田令孜见黄巢势力已衰。杨复光之功必成，故罢王铎兵权取悦杨复光。［10］东都：唐以洛阳为东都。［11］都都监：官名。都都统的监军。［12］右神策中尉：官名。掌禁军。［13］幸蜀：广明元年十二月（880）黄巢起义军直趋长安，田令孜率神策军五百拥帝奔成都。［14］传国宝：指传国的玉玺之类。［15］列圣真容：唐历代皇帝画像。［16］十军兼十二卫观军容使：官名。十军，指神策十军。十二卫，指南衙十二卫。唐禁兵分为南北衙。南衙指诸卫兵，北衙为禁军。观军容使是监视出征将帅的最高军职，以宦官之掌权者充任。［17］成德：方镇名。唐代宗宝应元年（762）置。治所恒州，在今河北正定县。［18］王景崇（846—883）：四世为成德军节度使。唐僖宗朝进同中书门下平章事、检校太尉兼中书令，封常山王，谥忠穆。传见《旧唐书》卷一百四十二，《新唐书》卷二百一十一。［19］薨（hōng）：唐制，凡丧三品以上称薨。［20］王镕（873—921）：回鹘人。成德节度使王武俊养子王庭凑之四代孙。成德节度使世袭，父卒，被推为留后，朝廷授以节度使旌节。朱全忠僭号，王镕奉其正朔。后为部将王德明所杀，全族被诛。传见《旧五代史》卷五十四，《新五代史》卷三十九。［21］壬子：二月十五日。［22］乾坑：地名。在今陕西大荔县西。［23］易定：易，易州。定，定州。属成德军节度。［24］忠武：方镇名。唐德宗贞元三年（787）置陈许节度使，治所许州，在今河南许昌。贞元十年（794）赐号忠武军。［25］梁田陂：地名。在今陕西渭南市华州区西南。［26］晡（bū）：申时，即下午三时到五时。［27］王遇：原为黄巢将领，去年据华州投降朝廷。［28］光州：州名。治所定城，在今河南潢川县。［29］李罕之（840—898）：乾符六年（879）与秦彦一起降高骈，骈使其守光州。传见《新唐书》卷一百八十七，《旧五代史》卷十五，《新五代史》卷四十二。［30］秦宗权（?—889）：唐末割据淮西署伪号的军阀，昭宗大顺元年（890）被讨灭。与朱泚、黄巢同传。传见《旧唐书》卷二百，《新唐书》卷二百二十五。［31］项城：县名。县治在今河南沈丘县。［32］爽复袭取河阳：中和二年十月，韩简破诸葛爽，取河阳。十月，移兵攻郓州。［33］武陟（zhì）：县名。县治在今河南武陟县西南。［34］魏军：指韩简部队。［35］澶（chán）州：州名。治所顿丘，在今河南清丰县西。［36］乐行达（?—888）：中和四年（884）赐名彦祯。传见《旧唐书》卷一百八十一，《新唐书》卷一百一十。［37］魏州：州名。治所在今河北大名县东北。［38］简为部下所杀：据两唐书韩简本传，简兵败忧愤而死，并非为部下所杀。［39］己未：二月二十二日。［40］甲子：二

月二十七日。［41］渭北：地区名。指渭水以北地区。［42］太子宾客：太子官属。掌调护、侍从、规谏。［43］分司：唐以洛阳为东都，分设在东都的中央官员称为分司。［44］陈儒（?—885）：江陵（今湖北省荆州市江陵县）人，官至荆南节度使。传见《新唐书》卷一百八十六。［45］忠州：州名。治所在今重庆市忠县。［46］江淮贡赋为贼所阻：时僖宗在蜀，江淮贡赋本来溯峡江而上。由于招讨使庄梦蝶退保忠州，江淮贡赋为韩秀升所阻。［47］云安：县名。县治在今重庆市云阳县。有盐官。［48］淯（yù）井：地名。在今四川长宁县南，产盐。［49］眉州：州名。治所通义，在今四川眉山市。［50］行军司马：官名。节度使之佐官。此以高仁厚代庄梦蝶进讨韩秀升等。［51］凤翔：方镇名。治所凤翔，在今陕西宝鸡市凤翔区。［52］阴为遁计：秘密地计议逃跑。［53］扼：控制、把守。［54］蓝田：县名。县治在今陕西蓝田县。蓝田道是通往武关南下之路。［55］壬申：三月六日。［56］零口：镇名。在今陕西西安临潼区东四十五里。［57］渭桥：有三处，一为中渭桥，故址在今咸阳东；二为东渭桥，故址在今西安东北灞水、泾水合渭处东侧；三为西渭桥，故址在今咸阳南。此指东渭桥。［58］薛志勤（836—899）：传见《旧五代史》卷五十五。［59］康君立（846—894）：传见《旧五代史》卷五十五。［60］燔（fán）：焚烧。

以淮南押牙合肥杨行愍[1]为庐州[2]刺史。行愍本庐州牙将，勇敢，屡有战功，都将忌之，白刺史郎幼复遣使出戍于外。行愍过辞[3]，都将以甘言悦之，问其所须，行愍曰："正须汝头耳！"遂起斩之，并将诸营，自称八营都知兵马使。幼复不能制，荐于高骈，请以自代。骈以行愍为淮南押牙，知庐州事，朝廷因而命之。行愍闻州人王勖贤，召，欲用之，固辞。问其子弟，曰："子潜，好学慎密[4]，可任以事；弟子稔，有气节，可为将。"行愍召潜置门下，以稔及定远[5]人季章为骑将。

初，吕用之[6]因左骁雄军使俞公楚得见高骈；用之横甚[7]，或以咎[8]公楚，公楚数戒用之少自敛，毋相累；用之衔[9]之。右骁雄军使姚归礼，气直敢言，尤疾[10]用之所为，时面数其罪，常欲手刃之。癸未[11]夜，用之与其党会倡家[12]，归礼潜遣人爇[13]其室，杀貌类者数人，用之易服得免。明旦，穷治[14]其事，获纵火者，皆骁雄之卒；用之于是日夜谮[15]二将于骈。未几，骈使二将将骁雄卒三千袭贼于慎县[16]，用之密以语杨行愍云："公楚、归礼欲袭庐州。"行愍发兵掩之[17]，二将不为备，举军尽殪[18]，以二将谋乱告骈；骈不知用之谋，厚赏行愍。

（以上为第七段，写李克用兵围黄巢于长安，杨行密兴起于淮南。）

【注释】

[1]杨行愍（852—905）：合肥人，后改名行密，字化源。中和三年为庐州刺史。景福元年（892）为淮南节度使，封吴王。割据淮南、江东一带。后其子杨溥称帝，追尊其为太祖。入五代为吴国。传见《新唐书》卷一百八十八，《旧五代史》卷一百三十四，《新五代史》卷六十一。 [2]庐州：州名。治所在今安徽合肥市。 [3]过辞：过都将而辞行。 [4]好学慎密：勤奋好学，办事谨慎周到。杨行愍仰慕王勖（xù）为人，因此改名行密。 [5]定远：县名。县治在今安徽定远县。[6]吕用之（？—891）：方士，高骈幕僚。传附《新唐书》卷二百二十四下《高骈传》。 [7]用之横甚：事见《资治通鉴》卷二百五十四唐僖宗中和元年（881）。 [8]咎：归罪。因用之骄横，有人归罪于俞公楚。 [9]衔：怀恨。 [10]疾：痛恨。 [11]癸未：三月十八日。 [12]倡家：妓院。倡，通“娼”。 [13]爇（ruò）：放火焚烧。 [14]穷治：追究。 [15]谮（zèn）：进谗言。[16]慎县：县名。县治在今安徽合肥市东北。 [17]掩之：乘人不备而进攻。 [18]殪（yì）：死。

己丑[1]，以河中行营招讨副使朱全忠为宣武[2]节度使，俟克复长安，令赴镇。

癸巳[3]，李克用等拔华州，黄揆弃城走。

刘汉宏分兵屯黄岭、岩下、贞女[4]三镇，钱镠将八都兵自富春[5]击之，破黄岭，擒岩下镇将史弁、贞女镇将杨元宗。汉宏以精兵屯诸暨，镠又击破之，汉宏走。

庄梦蝶与韩秀升、屈行从战，又败。其败兵纷纭还[6]走，所在慰谕[7]，不可遏；遇高仁厚于路，叱之，即止；仁厚斩都虞候一人，更令修娖[8]部伍。乃召耆老[9]，询以山川蹊径[10]及贼寨所据，喜曰：“贼精兵尽在舟中，使老弱守寨，资粮皆在寨中，此所谓重战轻防[11]，其败必矣！”乃扬兵江上，为欲涉之状[12]。贼昼夜御备，遣兵挑战，仁厚不与交兵，潜发勇士千人执兵负藁[13]，夜，由间道[14]攻其寨，且焚之。贼望见，分兵往救之，不及，资粮荡尽，众心已摇。仁厚复募善游者凿其舟，相继皆沉，贼往来惶惑，不能相救，仁厚遣兵于要路邀击，且招之，贼众皆降。秀升、行从见众溃，挥剑乱斫[15]，欲止之，众愈怒，共执二人诣仁厚，仁厚诘[16]之曰：“何故反？”秀升曰：“自大中皇帝[17]晏驾[18]，天下无复公道，纽解纲绝[19]。今日反者，岂惟秀升！成是败非，机上之肉[20]，惟所烹醢[21]耳！”仁厚愀然[22]，命善食[23]而械之。

夏，四月，庚子[24]，献于行在，斩之。

李克用与忠武将庞从、河中将白志迁等引兵先进，与黄巢军战于渭南[25]，一日三战，皆捷；义成、义武等诸军继之，贼众大奔。甲辰[26]，克用等自光泰门[27]入京师，黄巢力战不胜，焚宫室遁去。贼死及降者甚众，官军暴掠，无异于贼，长安室屋及民所存无几。巢自蓝田入[28]商山，多遗珍宝于路，官军争取之，不急追，贼遂逸[29]去。

杨复光遣使告捷，百官入贺。诏留忠武等军二万人，委大明宫留守王徽及京畿制置使[30]田从异部分[31]，守卫长安。五月，加朱玫[32]、李克用、东方逵同平章事。升陕州[33]为节度，以王重盈为节度使。又建延州[34]为保塞军[35]，以保大行军司马延州刺史李孝恭为节度使。克用时年二十八，于诸将最少，而破黄巢，复长安，功第一，兵势最强，诸将皆畏之。克用一目微眇[36]，时人谓之"独眼龙"。

诏以崔璆家贵身显，为黄巢相首尾三载[37]，不逃不隐，于所在斩之。

黄巢使其骁将孟楷将万人为前锋，击蔡州[38]，节度使秦宗权逆战而败；贼进攻其城，宗权遂称臣于巢，与之连兵。

初，巢在长安，陈州[39]刺史宛丘赵犨[40]谓将佐曰："巢不死长安，必东走，陈其冲[41]也。且巢素与忠武[42]为仇，不可不为之备[43]。"乃完城堑[44]，缮甲兵，积刍[45]粟六十里之内，民有资粮者，悉徙之入城。多募勇士，使其弟昶翊、子麓林分将之。孟楷既下蔡州，移兵击陈，军于项城[46]；犨先示之弱，伺其无备，袭击之，杀获殆尽，生擒楷，斩之。巢闻楷死，惊恐，悉众屯溵水[47]，六月，与秦宗权合兵围陈州，掘堑五重，百道攻之[48]。

陈人大恐，犨谕之曰："忠武素著义勇[49]，陈州号为劲兵，况吾家久食陈禄，誓与此州存亡。男子当求生于死中，且徇国而死，不愈[50]于臣贼[51]而生乎！有异议者斩！"数引锐兵开门出击贼，破之。巢益怒，营于州北，立宫室百司[52]，为持久之计。时民间无积聚，贼掠人为粮，生投于碓[53]硙[54]，并骨食之，号给粮之处曰"舂磨寨[55]"。纵兵四掠，自河南[56]、许、汝、唐、邓、孟、郑、汴、曹、濮、徐、兖[57]等数十州，咸被其毒[58]。

（以上为第八段，写李克用复长安，黄巢东窜，为祸河南数十州，重兵围陈州。）

【注释】

[1]己丑：三月二十三日。[2]宣武：方镇名。唐德宗建中二年（781）置。治所宋州，在今河南商丘市。[3]癸巳：三月二十七日。[4]黄岭、岩下、贞女：镇名。均在婺州和越州之间。[5]富春：县名。即富阳县，县治在今浙江杭州市富阳区。[6]走：往回逃跑。[7]所在慰谕：败兵所到之处，都加以安抚劝说。[8]修娖（chuò）：整顿队伍。[9]耆（qí）老：老年人。[10]蹊径：路径。高仁厚向老年人了解山川道路及韩秀升兵寨布置的情况。[11]重战轻防：韩秀升精兵皆在舟中准备作战，而寨中只留老弱把守。[12]为欲涉之状：作出要过江进攻的样子。[13]藁（gǎo）：同“槁”。稻、麦的秆子。[14]间（jiàn）道：偏僻的小路。[15]斫（zhuó）：砍杀。[16]诘（jié）：问。[17]大中皇帝：唐宣宗李忱。[18]晏驾：皇帝死亡的讳称。[19]纽解纲绝：纽为关键，纲为总要。比喻国家的根本已经瓦解。[20]机上肉：案板上的肉，喻任人宰割。[21]醢（hǎi）：剁成肉酱。[22]愀（qiǎo）然：忧伤的样子。[23]善食（sì）：给好的酒饭吃。[24]庚子：四月四日。[25]渭南：县名。县治在今陕西渭南市。[26]甲辰：四月八日。[27]光泰门：唐禁怨之东南门，在长安城北。[28]商山：山名。在陕西商洛市商州区东南，地形险阻。黄巢事先派兵扼守蓝田道，所以兵败后得由此路逃跑。[29]逸：逃跑。[30]制置使：官名。唐后期在用兵前后为控制地方秩序设置，位在刺史之下。[31]部分：部署。[32]朱玫（?—886）：原为邠宁节度使，后拥立襄王煴，为部将所杀。传见《新唐书》卷二百二十四。[33]陕州：州名。治所在今河南三门峡市。原为陕虢观察使治所，现升为节度使。[34]延州：州名。治所在今陕西延安东北。[35]保塞军：方镇名。领延州、丹州。[36]一目微眇（miǎo）：一目偏小失明。眇，眼瞎。[37]首尾：勾结。[38]蔡州：州名。治所在今河南汝南。唐初为豫州。[39]陈州：州名。治所宛丘，在今河南周口市淮阳区。[40]赵犨（chōu）（843—895）：传见《新唐书》卷一百八十九，《旧五代史》卷十四，《新五代史》卷四十二。[41]冲：要道。赵犨分析黄巢如不在长安被消灭，一定会向东逃跑。那么，陈州就是必经之要道。[42]忠武：即忠武军。黄巢初起兵时，与宋威、张自勉等累战。宋、张皆为忠武兵。[43]不可不为之备：陈州属忠武军，故赵犨要求大家不可不备。[44]城堑：护城河。[45]刍（chǔ）：喂牲口的草。[46]项城：县名。在陈州治宛丘东南。[47]溵（yīn）水：县名。在陈州治宛丘西南。[48]掘堑五重，百道攻之：黄巢军在陈州城外挖了五道壕沟，从四面八方发起进攻。百道，环城围攻。[49]素著义勇：向来以义勇著称。[50]愈：胜过。[51]臣贼：向贼称臣。臣用如动词。[52]百司：各官署有司。[53]碓（duì）：舂谷的设备。[54]硙（wèi）：磨子。[55]舂磨寨：即设碓硙处。[56]河南：治所在今河南洛阳市。[57]许、汝、唐、邓、孟、郑、汴、曹、濮、徐、兖：皆州名。许治所在今河南许昌。汝治所在今河南汝州。唐治所在今

河南泌阳。邓治所在今河南邓州市。孟治所在今河南孟州市。郑治所在今河南郑州。汴治所在今河南开封。曹治所在今山东菏泽。濮治所在今山东鄄城北。徐治所在今江苏徐州。兖治所在今山东济宁市兖州区。 [58]咸被（pì）其毒：都受其残害。

初，上蔡人[1]刘谦[2]为岭南[3]小校，节度使韦宙[4]奇其器[5]，以兄女妻之。谦击群盗，屡有功，辛丑[6]，以谦为封州[7]刺史。

加东川[8]节度使杨师立同平章事。

宣武节度使朱全忠帅所部数百人赴镇，秋，七月，丁卯[9]，至汴州。时汴、宋[10]荐饥[11]，公私穷竭，内外[12]骄军难制，外为大敌所攻，无日不战，众心危惧，而全忠勇气益振。诏以黄巢未平，加全忠东北面都招讨使。

南诏遣布燮[13]杨奇肱来迎公主。诏陈敬瑄与书，辞以“銮舆[14]巡幸，仪物[15]未备，俟还京邑，然后出降。”奇肱不从，直前至成都。

李克用自长安引兵还雁门，寻[16]有诏，以克用为河东节度使，召郑从谠诣行在。克用乃自东道过榆次[17]，诣[18]雁门省其父。克用寻榜河东，安慰军民曰：“勿为旧念[19]，各安家业。”

左骁卫上将军[20]杨复光卒于河中；复光慷慨，喜忠义，善抚士卒，军中恸哭累日[21]；八都将[22]鹿晏弘等各以其众散去。田令孜素畏忌之，闻其卒，甚喜，因摈斥[23]其兄枢密使复恭[24]为飞龙使[25]。令孜专权，人莫与之抗，惟复恭数与之争得失，故令孜恶之，复恭因称疾归蓝田。

以成德留后王镕、魏博留后乐行达、天平留后朱瑄为本道节度使。

司徒、门下侍郎[26]、同平章事郑畋，虽当播越[27]，犹谨法度。田令孜为判官[28]吴圆求郎官[29]，畋不许；陈敬瑄欲立于宰相之上，畋以故事[30]，使相[31]品秩[32]虽高，皆居真相之下，固争之；二人[33]乃令凤翔节度使李昌言上言：“军情猜忌，不可令畋扈从[34]过此。”畋亦累表辞位，乃罢为太子太保[35]，又以其子兵部侍郎凝绩[36]为彭州[37]刺史，使之就养。以兵部尚书[38]判度支裴澈为中书侍郎[39]、同平章事。

八月，甲辰[40]，李克用至晋阳[41]，诏以前振武[42]节度使李国昌为代北[43]节度使，镇代州。

升湖南为钦化军，以观察使闵勖为节度使。

九月，加陈敬瑄兼中书令，进爵颍川郡王。

感化[44]节度使时溥[45]营于溵水[46]；加溥东面兵马都统。

以荆南留后陈儒为节度使。

昭义节度使孟方立，以潞州地险人劲[47]，屡篡主帅，欲渐弱之，乃迁治所于邢州，大将家及富室皆徙山东，潞人不悦。监军祁审诲因人心不安，使武乡[48]镇使[49]安居受潜以蜡丸乞师于李克用，请复军府于潞州。冬，十月，克用遣其将贺公雅等赴之。为方立所败；又遣李克修击之，辛亥[50]，取潞州，杀其刺史李殷锐。是后克用每岁出兵争山东，三州[51]之人半为俘馘[52]，野无稼穑[53]矣。

以宗女[54]为安化长公主，妻南诏。

刘汉宏将十余万众出西陵，将击董昌；戊午[55]，钱镠济江迎战，大破之，汉宏易服持鲙刀[56]而遁。己未[57]，汉宏收余众四万又战，镠又破之，斩其弟汉容及将辛约。

十一月，甲子朔[58]，秦宗权围许州。

忠武大将鹿晏弘帅所部自河中南掠襄[59]、邓、金[60]、洋[61]，所过屠灭，声云[62]西赴行在。十二月，至兴元[63]，逐节度使牛勖，勖奔龙州[64]西山[65]。晏弘据兴元，自称留后。

武宁[66]节度使时溥因食中毒，疑判官李凝古而杀之。凝古父损，为右散骑常侍[67]，在成都，溥奏凝古与父同谋；田令孜受溥赂，令御史台[68]鞫之[69]。侍御史[70]王华为损论冤[71]，令孜矫诏[72]移损下神策[73]狱，华拒而不遣[74]。萧遘[75]奏："李凝古行毒，事出暧昧[76]，已为溥所杀，父损相别数年，声问不通，安得诬以同谋！溥恃功乱法，陵蔑[77]朝廷，欲杀天子侍臣[78]；若徇[79]其欲，行及臣辈，朝廷何以自立！"由是损得免死，归田里。时令孜专权，群臣莫敢迕[80]视，惟遘屡与争辩，朝廷倚之。

升浙东为义胜军，以刘汉宏为节度使。

赵犨遣人间道[81]求救于邻道，于是周岌、时溥、朱全忠皆引兵救之。全忠与黄巢之党战于鹿邑[82]，败之，斩首二千余级，遂引兵入亳州[83]而据之。

（以上为第九段，写唐僖宗调整部署，以宣武节度使朱全忠为东北面都招讨使围剿黄巢余寇，李国昌、李克用父子因功皆为节度使。宦官田令孜专权。）

【注释】

[1]上蔡：县名。县治在今河南上蔡县。 [2]刘谦：南汉国刘隐之父，广州牙将，官至封州刺史。传附《旧五代史》卷一百三十五，《新五代史》卷六十五。 [3]岭南：道名。以在五岭之南得名。治所在今广东广州。 [4]韦宙（?—866）：京兆万年县（今西安市长安区）人。官至岭南节度使，加官检校尚书左仆射、同中书门下平章事。与其父韦丹同传，见《新唐书》卷一百九十七。 [5]奇其器：韦宙赏识刘谦的才能。 [6]辛丑：六月七日。 [7]封州：州名。治所封川，在今广东封开。 [8]东川：方镇名。全名剑南东川节度使。唐肃宗至德二年（757）分剑南节度东部地置。治所梓州，在今四川三台县。 [9]丁卯：七月三日。 [10]宋：州名。治所在今河南商丘市。 [11]荐饥：接连发生饥荒。 [12]内外：张敦仁《通鉴识误》校正云："'外'应作'则'。" [13]布燮（xiè）：南诏官名。为南诏王之下最高行政长官。 [14]銮舆：皇帝的车驾，此处代称皇帝。 [15]仪物：礼仪所需之物。 [16]寻：旋即。 [17]榆次：县名。县治在今山西晋中市榆次区。 [18]诣：前往。 [19]勿为旧念：河东之人前此数与克用战，恐其不自安，故榜谕之。 [20]左骁卫上将军：武官名。左右骁卫，禁卫军之一。 [21]累日：连日，多日。 [22]都将：骁卫上将军下属武官。 [23]摈（bìn）斥：排挤。 [24]复恭（?—892）：即杨复恭，宦官。杨复光从兄。唐僖宗朝为枢密使，唐昭宗朝监诸道军，擅朝政。传见《旧唐书》卷一百八十四，传并附《新唐书》卷二百零八。 [25]飞龙使：官名。掌御厩之马。 [26]门下侍郎：官名，为门下省长官侍中之副。 [27]播越：流亡。 [28]判官：官名。唐代凡特派担任临时职务的大臣皆得自选中级官员奏请充任判官，以资佐理。 [29]郎官：官名。帝王侍从官的通称。 [30]故事：成例，过去的典章制度。 [31]使相：唐末凡节度使带同平章事及检校三省长官、三公（太尉、司徒、司空）、三师（太师、太傅、太保）者，皆谓之使相。陈敬瑄时为西川节度使加同平章事，是为使相。 [32]品秩：官吏的职位、品级。 [33]二人：指田令孜、陈敬瑄兄弟。 [34]扈（hù）从：皇帝出巡时的护驾侍从人员。中和元年（881），凤翔行军司马李昌言曾引兵攻府城，逼走凤翔节度使郑畋。朝廷进退宰相，受制于藩镇，自此始。 [35]太子太保：官名。为辅导太子的官，居东宫三师之末。实际上仅有其名，不任职事。 [36]郑凝绩：郑畋之子。官至刑部、户部侍传附《旧唐书》卷一百七十八。 [37]彭州：州名。治所在今四川彭州市。[38]兵部尚书：官名。兵部长官。掌全国武官的选用和兵籍、军械、军令之政。 [39]中书侍郎：官名。因中书令不轻易授人，中书侍郎即为中书省长官。唐代多以中书侍郎同中书门下平章事为宰相职衔。 [40]甲辰：八月十一日。 [41]李克用至晋阳：李克用自此以晋阳为争天下的根本。[42]振武：方镇名。唐肃宗乾元元年（758）分朔方节度置振武军，治所在今内蒙古自治区和林格

尔。［43］代北：方镇名。唐僖宗中和二年（882）分河东节度忻、代二州为雁门节度，三年更名为代北节度。治所代州，在今山西代县。［44］感化：方镇名。唐懿宗咸通十年（869）复置徐泗观察使，十一年更号为感化军节度使。治所徐州，在今江苏徐州市。［45］时溥（pǔ）（?—893）：徐州彭城人。唐僖宗朝任武宁节度使，以其部将林言斩得黄巢首级，加检校司徒、同中书门下平章事，进检校太尉兼中书令，封钜鹿郡王。传见《旧唐书》卷一百八十二，《新唐书》卷一百八十八。［46］营于溵水：遏制黄巢之兵，且为陈州声援。［47］劲：刚猛。［48］武乡：县名。县治在今山西武乡县东。［49］镇使：官名。节度使下置镇将于诸县，自此县令不得举其职。武乡与河东巡属辽州邻境，故使其镇使向李克用乞师。［50］辛亥：十月十八日。［51］三州：指邢、洺、磁三州，属昭义军节度使。［52］俘馘（guó）：被歼灭。馘，战争中割取敌人左耳以记功。［53］稼穑（sè）：泛指农业劳动。种谷曰稼，收获曰穑。［54］宗女：同宗的女儿。［55］戊午：十月二十五日。［56］鲙（kuài）刀：切鱼肉的刀。更换衣服，手持绘刀，使敌人见之以为庖丁，不会怀疑是刘汉宏。［57］己未：十月二十六日。［58］甲子朔：十一月一日。［59］襄：州名。治所在今湖北襄阳市。［60］金：州名。治所在今陕西安康市。［61］洋：州名。治所在今陕西洋县。［62］声云：声称，宣称。［63］兴元：府名。古梁州之境。治所南郑，在今陕西汉中市。［64］龙州：州名。治所在今四川平武县东南。［65］西山：地处松、茂二州交界。［66］武宁：方镇名。在此当作"感化"，即徐州节度。唐宪宗元和二年一度为武宁军节度，唐懿宗十一年更号为感化军节度。［67］右散骑（jì）常侍：官名。唐代散骑常侍分隶门下省和中书省。在门下省者为左散骑常侍，在中书省者为右散骑常侍。多用为将相大臣的兼职。［68］御史台：官署名。专司弹劾、纠察之职。［69］鞫（jū）之：审讯、查问。［70］侍御使：官名。御史台的成员。唐制，侍御使所居的台院为御史台三院之首。掌审讯案件、纠劾百官之职。［71］论冤：申诉冤情。［72］矫诏：诈称是皇帝的诏书。［73］神策：唐禁军名。［74］拒而不遣：王华拒绝田令孜的矫诏，不遣李损下神策狱。［75］萧遘（gòu）（?—887）：萧寘子，唐僖宗朝宰相。传见《旧唐书》卷一百七十九，并附《新唐书》卷一百零一。［76］暧昧：隐微不明。指时溥告李凝古行毒证据不足。［77］陵蔑：轻视，凌驾在其之上。［78］天子侍臣：李损为右散骑常侍。［79］徇：曲从。［80］迕：违背。［81］间（jiàn）道：径道，小路。［82］鹿邑：县名。县治在今河南鹿邑西。［83］亳（bó）州：州名。治所在今安徽亳州。

四年（甲辰，884年）

春，正月，以鹿晏弘为兴元留后。

赐魏博节度使乐行达名彦祯。

东川节度使杨师立以陈敬瑄兄弟[1]权宠之盛，心不能平。敬瑄之遣高仁厚讨韩秀升也，语之曰："成功而还，当奏天子，以东川相赏。"师立闻之，怒曰："彼此列藩[2]，而遽[3]以我疆土许人，是无天地也！"田令孜恐其为乱，因其不发兵防遏，征[4]师立为右仆射。

黄巢兵尚强，周岌、时溥、朱全忠不能支，共求救于河东节度使李克用。二月，克用将蕃、汉兵五万出天井关[5]；河阳节度使诸葛爽辞以河桥[6]不完，屯兵万善[7]以拒之。克用乃还兵自陕、河中渡河而东。

杨师立得诏书，怒，不受代[8]，杀官告使[9]及监军使[10]，举兵，以讨陈敬瑄为名，大将有谏者辄杀之，进屯涪城[11]，遣其将郝蠲袭绵州[12]，不克。丙午[13]，以陈敬瑄为西川、东川、山南西道[14]都指挥、招讨、安抚、处置等使[15]。三月，甲子[16]，杨师立移檄[17]行在百官及诸道将吏士庶，数[18]陈敬瑄十罪，自言集本道将士、八州坛丁[19]共十五万人，长驱问罪。诏削师立官爵，以眉州防御使高仁厚为东川留后，将兵五千讨之，以西川押牙杨茂言为行军副使。

朱全忠击黄巢瓦子寨[20]，拔之，巢将陕人李唐宾[21]、楚丘[22]王虔裕[23]降于全忠。

婺州[24]人王镇执刺史黄碣[25]，降于钱镠。刘汉宏遣其将娄赍杀镇而代之，浦阳[26]镇将蒋瓌召镠兵共攻婺州，擒赍而还。碣，闽人也。

高骈从子[27]左骁卫大将军澞，疏[28]吕用之罪状二十余幅，密以呈骈，且泣曰："用之内则假[29]神仙之说，蛊惑尊听[30]；外则盗节制[31]之权，残贼百姓；将佐惧死，莫之敢言。岁月浸深，羽翼将成，苟不除之，恐高氏奕代[32]勋庸[33]，一朝扫地矣！"因呜咽不自胜[34]。骈曰："汝醉邪！"命扶出。明日，以澞状示用之，用之曰："四十郎[35]尝以空乏[36]见告，未获遵命，故有此憾。"因出澞手书数幅呈之。骈甚惭，遂禁澞出入；后月余，以澞知舒州[37]事。

群盗陈[38]儒攻舒州，澞求救于庐州。杨行愍力不能救，谋于其将李神福，神福请不用寸刃而逐之。乃多赍旗帜，间道入舒州，顷之，引舒州兵建庐州旗帜而出，指画地形，若布大陈状；贼惧，宵遁[39]。神福，洺州人也。

久之，群盗吴迥、李本复攻舒州，澞不能守，弃城走，骈使人就杀之。杨行愍遣其将合肥陶雅、清流[40]张训等将兵击吴迥、李本，擒斩之，以雅摄[41]舒州刺史。秦宗权遣其弟将兵寇[42]庐州，据舒城[43]，杨行愍遣其将合肥田頵[44]击走之。

（以上为第十段，写西川杨师立与陈敬瑄相攻，高骈被吕用之蛊惑，是非不辨。）

【注释】

［1］陈敬瑄兄弟：即田令孜、陈敬瑄。［2］彼此列藩：陈敬瑄为西川节度使，杨师立为东川节度使，故云彼此列藩。［3］遽（jù）：遂就，竟然。［4］征：召，任命。［5］天井关：关名。在今山西晋城南。一名太行关，为天然之险关。［6］河桥：即河阳桥。诸葛爽原为夏绥银节度使，黄巢进攻京师时，曾投降并被署为河阳节度使。后又奉表僖宗以自明，诏拜节度使。此次李克用援陈，诸葛爽害怕，借口河阳桥不通，不肯假道，屯兵万善以拒。［7］万善：镇名。在今河南沁阳市北。［8］不受代：不接受诏令更代，即不让出职位。［9］官告使：奉右仆射告身以征杨师立的使者。官告，即告身。［10］监军使：此即东川监军使。［11］涪（fú）城：县名。县治在今四川三台县西北。［12］绵州：州名。治所在今四川绵阳市东北。［13］丙午：二月十五日。［14］山南西道：道名。原为山南道，唐贞观十道之一。唐玄宗开元年间分为山南东道、山南西道。西道治所梁州，在今陕西汉中市。［15］安抚、处置使：官名。行军主帅之兼职。［16］甲子：三月三日。［17］移檄：以公文发往平行机关。此指向行在百官及诸道将吏士庶散发讨伐陈敬瑄的檄文。［18］数（shǔ）：列举。［19］坛丁：蜀中边郡民兵。［20］瓦子寨：黄巢撤民居以为寨屋，叫做瓦子寨。［21］李唐宾：陕人。生卒年不详。初为尚让偏将，兵败降朱全忠。传见《旧五代史》卷二十一，传并附《新五代史》卷二十一。［22］楚丘：地名。在今山东曹县东。［23］王虔裕（?—897）：为人骁勇善骑射，入梁为骑将。传见《旧五代史》卷二十一，《新五代史》卷二十三。［24］婺州：州名。治所在今浙江金华市。［25］黄碣（?—895）：初为闽小将，从高骈讨安南有功，为漳州刺史，官至威胜军节度副使。节度使董昌反，黄碣谏劝，不从反，全家被害。传见《新唐书》卷一百九十三。［26］浦阳：县名。县治在今浙江浦江县。唐玄宗天宝十三年（754）分婺州之义乌、兰溪及杭州之富阳，置浦阳县。［27］从子：兄弟的儿子，侄儿。［28］疏：分条陈述。［29］假：凭借。［30］蛊惑尊听：言用之借神仙之说迷惑高骈。［31］节制：指挥管辖。［32］奕代：一代接一代。高骈为南平郡王高崇文之孙，世代禁卫。［33］勋庸：功劳。［34］胜（shēng）：禁得起。［35］四十郎：唐人多同宗兄弟大排行，高澞（yú）排行第四十。［36］空乏：财用缺少。此吕用之诬陷高澞之辞。［37］舒州：州名。治所在今安徽潜山。［38］陈（zhèn）：通“阵”，战阵。［39］宵遁：乘夜逃跑。李神福让舒州兵树庐州旗帜，迷惑敌人。陈儒畏庐州兵，故乘夜逃跑。［40］清流：县名。县治在今安徽滁州市。［41］摄：代理。［42］寇：侵犯、劫掠。［43］舒城：县名。县治在今安徽舒城县。［44］田頵（yùn）：頵又读（jūn），字德臣。庐州合肥县（今安徽合肥市）人。与杨行密同里，约为兄弟，助杨行密割据，后

双方反目相争，兵败，为乱兵所杀。传见《新唐书》卷一百八十九、《旧五代史》卷十七。

前杭州刺史路审中客居黄州[1]，闻鄂州[2]刺史崔绍卒，募兵三千人入据之。武昌牙将杜洪[3]亦逐岳州[4]刺史而代之。

黄巢围陈州几三百日，赵犨兄弟与之大小数百战，虽兵食将尽，而众心益固。李克用会许、汴、徐、兖之军于陈州，时尚让屯太康[5]，夏，四月，癸巳[6]，诸军进拔太康。黄思邺屯西华[7]，诸军复攻之，思邺走。黄巢闻之惧，退军故阳里[8]，陈州围始解。

朱全忠闻黄巢将至，引军还大梁[9]。五月，癸亥[10]，大雨，平地三尺，黄巢营为水所漂，且闻李克用将至，遂引兵东北趣汴州，屠尉氏[11]。尚让以骁骑[12]五千进逼大梁，至于繁台[13]；宣武将丰[14]人朱珍[15]、南华[16]庞师古[17]击却之。全忠复告急于李克用，丙寅[18]，克用与忠武都监使[19]田从异发许州，戊辰[20]，追及黄巢于中牟[21]北王满渡[22]，乘其半济[23]，奋击，大破之，杀万余人，贼遂溃。尚让帅其众降时溥，别将[24]临晋[25]李谠[26]、曲周[27]霍存[28]、甄城[29]葛从周[30]，冤句[31]张归霸[32]及弟归厚[33]帅其众降朱全忠。巢逾汴而北，己巳[34]，克用追击之于封丘[35]，又破之。庚午[36]夜，复大雨，贼惊惧东走，克用追之，过胙城[37]、匡城[38]。巢收余众近千人，东奔兖州；辛未[39]，克用追至冤句，骑能属[40]者才数百人，昼夜行二百余里，人马疲乏，粮尽，乃还汴州，欲裹粮复追之，获巢幼子及乘舆器服符印，得所掠男女万人，悉纵遣之。

癸酉[41]，高仁厚屯德阳[42]，杨师立遣其将郑君雄、张士安据鹿头关[43]以拒之。

（以上为第十一段，写李克用进兵河南，大举剿灭黄巢余众。李克用解陈州之围，又败黄巢于汴，黄巢全军覆没，逃窜兖州。）

【注释】

[1]黄州：州名。治所在今湖北黄冈市。唐僖宗中和元年（881）路审中赴杭州，行至嘉兴，董昌自石镜引兵入杭州，路审中惧而还，故云客居黄州。 [2]鄂州：州名。治所江夏，在今湖北武汉市武昌区。 [3]杜洪（?—902）：传见《新唐书》卷一百九十，《旧五代史》卷十七。 [4]岳

州：州名。治所巴陵，在今湖南岳阳市。［5］太康：县名。县治在今河南太康县。［6］癸巳：四月三日。［7］西华：县名。县治在今河南西华县。［8］故阳里：地名。在陈州城，今河南周口市淮阳区北。［9］大梁：古城名。在今河南开封市西北，秦时城毁。唐代通称开封市为大梁。［10］癸亥：五月三日。［11］尉氏：县名。县治在今河南尉氏。［12］骁骑（jì）：精壮的骑兵。［13］繁台：地名。在今河南开封市东南禹王台公园内。相传为春秋时师旷吹乐之台。汉梁孝王增筑改为明台，常歌吹于此，又名吹台。［14］丰：县名。县治在今江苏丰县。［15］朱珍（?—889）：徐州丰县（今属江苏）人，少从朱温为盗，后为朱温大将，多立战功。因擅杀朱温爱将李唐宾，被朱温所杀。传见《旧五代史》卷十九，《新五代史》卷二十一。［16］南华：县名。县治在今山东东明县东南。［17］庞师古（?—897）：初名从。自微时追随朱温征战，每出征必受朱温方略，死板执行，兵败由此。出讨杨行密，受朱温命屯于清口，军于低洼之地，遭淮水淹杀。传见《旧五代史》卷二十一，《新五代史》卷二十一。［18］丙寅：五月六日。［19］都监使：监军。［20］戊辰：五月八日。［21］中牟：县名。县治在今河南中牟东。［22］王满渡：渡口名。中牟县北汴河渡口。［23］乘其半济：乘黄巢军渡河过半时。［24］别将：与主力军配合作战的部队将领。［25］临晋：县名。县治在今山西临猗县。［26］李谠（?—901）：河中临晋县（今陕西大荔县）人。仕黄巢为内枢密使。降朱温为骑将，多立战功。传见《旧五代史》卷十九。［27］曲周：县名。县治在今河北曲周县东北。［28］霍存（?—893）：洺州曲周县（今属河北省）人。少从黄巢。巢败，降朱温，死于战阵。传见《旧五代史》卷二十一，《新五代史》卷二十一。［29］甄城：当作鄄（juàn）城，县名。县治在今山东鄄城县。［30］葛从周（?—915）：传见《旧五代史》卷十六，《新五代史》卷二十一。［31］冤句（qú）：县名。县治在今山东曹县西北。［32］张归霸（?—908）：清河郡（今河北清河县）人。少从黄巢，巢败投梁，骁勇善战，官至河阳节度使。传见《旧五代史》卷十六，《新五代史》卷二十二。［33］及弟归厚：据章校，“及”下有“从”字。张归厚应为张归霸之从弟。朱全忠后吞并诸镇，多用黄巢降将。［34］己巳：五月九日。［35］封丘：县名。县治在今河南封丘县。［36］庚午：五月十日。［37］胙（zuò）城：县名。县治在今河南延津县东北。［38］匡城：县名。县治在今河南长垣市西南。［39］辛未：五月十一日。［40］属：跟随。［41］癸酉：五月十三日。［42］德阳：县名。县治在今四川德阳市。［43］鹿头关：关名。在今四川德阳市北。因鹿头山得名。

甲戌[1]，李克用至汴州，营于城外；朱全忠固[2]请入城，馆于上源驿[3]。全忠就置酒，声乐、馔具[4]皆精丰，礼貌甚恭；克用乘酒使气[5]，语颇侵之[6]，全忠不平。薄暮，罢酒，从者皆沾醉[7]，宣武将杨彦洪密与全忠谋，连车树栅[8]以塞衢路[9]，发兵围驿而攻之，呼声动地。克用醉，不之闻；亲兵薛志勤、史敬思[10]等十余人格斗，侍者郭景铢灭烛，扶克用匿床下，以水沃[11]其面，徐告以难[12]，克用始张目援弓而起。志勤射汴人，死者数十。须臾，烟火四合，会大雨震电，天地晦冥[13]，志勤扶克用帅左右数人，逾垣[14]突围，乘电光而行，汴人扼桥[15]，力战得度，史敬思为后拒，战死。克用登尉氏门[16]，缒[17]城得出，监军陈景思等三百余人，皆为汴人所杀。杨彦洪谓全忠曰："胡人急则乘马，见乘马则射之。"是夕，彦洪乘马适在全忠前，全忠射之，殪。

克用妻刘氏，多智略，左右先脱归者以汴人为变[18]告，刘氏神色不动，立斩之，阴[19]召大将约束[20]，谋保军以还。比明，克用至，欲勒[21]兵攻全忠，刘氏曰："公比[22]为国讨贼，救东诸侯[23]之急，今汴人不道，乃谋害公，自当诉之朝廷。若擅举兵相攻，则天下孰能辨其曲直[24]！且彼得以有辞矣。"克用从之，引兵去，但移书责全忠。全忠复书曰："前夕之变，仆不之知[25]，朝廷自遣使者与杨彦洪为谋，彦洪既伏其辜[26]，惟公谅察。"

克用养子嗣源[27]，年十七，从克用自上源出，矢石之间，独无所伤。嗣源本胡人，名邈佶烈，无姓。克用择军中骁勇[28]者，多养为子，名[29]回鹘[30]张政之子曰存信[31]，振武孙重进曰存进[32]，许州王贤曰存贤[33]，安敬思曰存孝[34]，皆冒姓李氏。

丙子[35]，克用至许州故寨，求粮于周岌，岌辞以粮乏。乃自陕济河还晋阳。

（以上为第十二段，写朱全忠与李克用交恶。）

【注释】

[1]甲戌：五月十四日。［2］固：坚决。朱全忠坚决请李克用入城。［3］上源驿：馆驿名。在今河南开封市东南。［4］馔（zhuàn）具：酒肴及食器。［5］使气：意气用事。［6］语颇侵之：李克用乘酒言语之间触及朱全忠过去从黄巢之事。［7］沾醉：饮酒大醉，胸襟沾湿，不能自持。［8］树栅（zhà）：结树为栅栏。［9］衢：四通八达的道路。朱全忠用树栅把李克用馆驿周围道路堵塞。［10］史敬思（？—884）：史建瑭之父。父子二人皆晋王李克用部属，与后梁战，父子先后死于战阵。父子同传，见《旧五代史》卷五十五，《新五代史》卷二十五。［11］沃：浇。此时李克用沉醉不醒。［12］徐告以难：慢慢地告诉李克用事变，恐其惊吓。［13］晦冥：昏暗。［14］逾垣：跳过矮墙。［15］扼：把守。［16］尉氏门：汴州城南门。［17］缒（zhuì）：系在

绳子上放下去。［18］汴人为变：即朱全忠夜袭李克用一事。［19］阴：秘密地。［20］召大将约束：刘氏召李克用约束手下大将，不许轻举妄动，以免事态扩大。［21］勒：统率。［22］比：近来。［23］东诸侯：指东方诸镇。［24］天下孰能辨其曲直：意谓如果李克用发兵攻朱全忠，则给朱全忠以口实，是非曲直难以辨明。［25］不之知：宾语前置，言不知道这件事。［26］辜：罪。［27］嗣源（867—933）：即李克用养子李嗣源，后唐明宗，公元926—933年在位。沙陀部人，本名邈佶烈，为李克用养子，改名嗣源。称帝后，改名亶。传见《旧五代史》卷三十五，《新五代史》卷六。［28］骁勇：勇猛矫健。［29］名：改名。用如动词。［30］回鹘（hú）：古族名，即回纥，贞元四年（788）自请改称回鹘。［31］存信（861—902）：即李存信，本名张污落。回鹘李思忠部族人。善骑射，为李克用养子。数从征伐，积功领郴州刺史。传见《旧五代史》卷五十三，《新五代史》卷三十六。［32］存进（856—922）：即李存进，振武人，原名孙重进。李克用养子。官至振武节度使。传见《旧五代史》卷五十三，《新五代史》卷三十六。［33］存贤（859—924）：即李存贤，许州人，本名王贤。李克用养子。官至卢龙节度使。传见《旧五代史》卷五十三，《新五代史》卷三十六。［34］存孝（？—892）：即李存孝，代州飞狐县（今河北涞源县）人。本名安敬思，李克用养子。传见《旧五代史》卷五十三，《新五代史》卷三十六。信、进、贤、孝皆所谓李克用之义儿，号义儿军。［35］丙子：五月十六日。

郑君雄、张士安坚壁[1]不出，高仁厚曰："攻之则彼利我伤，围之则彼困我逸。"遂列十二寨围之。丁丑[2]，夜二鼓[3]，君雄等出劲兵掩击城北副使寨，杨茂言不能御，帅众弃寨走，其旁数寨见副使走，亦走。东川人并兵南攻中军[4]，仁厚闻之，大开寨门，设炬火照之[5]，自帅士卒为两翼伏道左右。贼至，见门开，不敢入，还去，仁厚发伏击之，东川兵大奔，追至城下，蹙[6]之壕中，斩获甚众而还。

仁厚念诸弃寨走者，明旦所当诛杀甚多，乃密召孔目官张韶，谕之曰："尔速遣步探子[7]将数十人分道追走者，自以尔意谕之曰：'仆射[8]幸不出寨，皆不知，汝曹速归，来旦[9]牙参[10]，勿忧也。'"韶素名长者，众信之，至四鼓，皆还寨；惟杨茂言走至张把[11]，乃追及之。仁厚闻诸寨漏鼓[12]如故，喜曰："悉归矣！"诘旦[13]，诸将牙集[14]，以为仁厚诚不知也。坐良久，仁厚谓茂言曰："昨夜闻副使身先士卒，走至张把，有诸？"对曰："昨夜闻贼攻中军，左右言仆射已去，遂策马参随，既而审其虚，复还寨中。"仁厚曰："仁厚与副使俱受命天子，将兵讨贼，若仁厚先走，副使当叱下马，行军法，代总军事，然后奏闻。今副使既先走，又为期罔[15]，理当何如？”茂言拱手曰：“当死。”仁厚曰：“然！”命左右扶下，斩之，诸将股栗[16]。仁厚乃召昨夜所俘虏数十人，释缚纵归[17]。君雄等闻之惧，曰：“彼军法严整如是，自今兵不可复出矣！”

庚辰[18]，时溥遣其将李师悦将万人追黄巢。

癸未[19]，高仁厚陈于鹿头关城下，郑君雄等悉众出战。仁厚设伏于陈后，阳败走，君雄等追之，伏发[20]，君雄等大败；是夕，遁归梓州。陈敬瑄发兵三千以益仁厚军，进围梓州。

（以为第十三段，写高仁厚进讨杨师立，节节取胜。）

【注释】

［1］坚壁：坚守营垒。［2］丁丑：五月十七日。［3］夜二鼓：夜二更。［4］中军：主帅高仁厚的大营。［5］炬火照之：诱敌深入之意。［6］蹙（cù）：逼迫聚集。［7］步探子：走小路刺探敌情的侦探。［8］仆射：指高仁厚，高仁厚以平阡能之功进检校仆射。［9］来旦：明晨。［10］牙参：凡行营诸将，每天早晨赴大将营参见，称牙参。据章校，“参”字下有“如常”二字。［11］张把：镇名。当时属梓州郪县，在今四川三台县南。“把”，当作“杷”。［12］漏鼓：报更漏的鼓。［13］诘（jié）旦：明旦，明朝。［14］牙集：聚集大营牙参。［15］欺罔：欺骗蒙蔽。［16］股栗：大腿发抖。形容十分恐惧。“栗”，通“慄”。［17］释缚纵归：意在使之回去言高仁厚用兵严整，令敌害怕，不敢再犯。［18］庚辰：五月二十日。［19］癸未：五月二十三日。［20］伏发：伏兵出击。

【点评】

本卷点评李克用收复长安、朱温降唐交恶李克用两件史事，为后梁、后唐的兴起与更替张本。

一、李克用收复长安。李克用先人为西突厥人，以朱邪为姓，后世自号为沙陀，本居于北庭金满州，安史之乱北庭没入吐蕃。李克用祖父朱邪执宜在唐德宗时，因不堪忍受吐蕃人的奴役，东走附唐，居盐州，部族隶属河西节度使范希朝。范希朝徙镇太原，朱邪执宜随从，居于定襄神武川，部众万骑，骁勇善战，号“沙陀军”。朱邪执宜死后，其子朱邪赤心领其众。唐懿宗咸通十年（869），朱邪赤心奉命讨徐州庞勋之乱，立功拜单于大都护、振武军节度使，并赐皇室之姓，更名李国昌。李国昌，即李克用之父，已跻身于唐方面重镇大将。

李克用，勇武绝伦，能仰射双凫，其一目眇，军中戏称为“李鸦儿”，贵盛后称“独眼龙”。唐懿宗忧虑李国昌父子盛强，在咸通十三年（872）诏命李国昌移镇为大同军防御使，李国昌拒命反于代北，兵败逃入鞑靼。黄巢入京师，唐僖宗下诏书从鞑靼召回李克用父子讨黄巢。僖宗中和元年（881）十一月，李克用率领步骑一万七千人进军长安。僖宗中和二年（882）正月，李克用出河中，行军至乾阬，黄巢震惊，说：“李鸦儿军来也。”其时唐官军四集，宰相王铎任诸道行营都统，率十四镇勤王之兵包围长安。沙陀军勇猛善战，为讨逆官军的灵魂与核心。二月，李克用败黄巢将黄邺于石隄谷，三月又败赵璋、尚让于良田陂，横尸三十里。李克用乘胜追击，与诸镇兵又大败黄巢于滑桥。黄巢军败，收缩入长安。李克用紧追，尾随黄巢军，从光泰门攻入长安，为诸军之冠。沙陀军神勇，如同一把尖刀直插敌军心脏，攻入望春宫昇阳殿。黄巢败逃，长安为唐官军收复。论功，李克用第一。唐僖宗拜李克用检校司空、同中书门下平章事，实职为河东节度使，李国昌也授任为雁门以北行营节度使。十月，李国昌卒，整个沙陀部众为李克用统领。

李克用收复长安，威震全国，唐末一颗政治新星由此冉冉升起。黄巢退出长安，经蓝田、商山攻入河南，下蔡州，围陈州，黄巢大将孟楷战殁。黄巢愤怒，誓死破陈州。从公元 882 年五月围城直到第二年三月仍未攻下。又是李克用率领五万沙陀军南下解围，黄巢才退走，陈州生灵免遭涂炭。黄巢在半渡黄河时遭遇沙陀军，全军溃散，黄巢副帅尚让投降官军。黄巢突出重围，李克用追击，一日一夜驰击二百里，直到黄巢出生地冤句，没有追上才停止。黄巢只剩一千多人的残部逃入山东，第二年死于泰山狼虎谷。黄巢之乱彻底平息，李克用建立了盖世之功。

但是李克用平灭了黄巢，并没有带来唐朝的中兴，规模更大的军阀混战方兴未艾。李克用在回师途中，路过汴州，遭到朱全忠的暗算，朱李交恶，成为唐末更大军阀混战的导火索。李克用也从一个平乱英雄，转变成一个攻城略地的大军阀。

二、朱温降唐交恶李克用。朱温，即后梁的建立者，弑帝篡唐的朱全忠，又名朱晃。朱全忠，宋州砀山午沟里人，排行第三，又称朱三。长兄朱全昱忠厚老诚，二兄朱存孔武有力，朱三尤为勇猛且凶悍。兄弟三人，家贫无业，替人做苦力。唐僖宗乾符四年（877），朱三兄弟三人投入黄巢军中，黄巢攻岭南，朱存战死。朱三作战勇猛，数年间积功为黄巢大将。黄巢入长安，朱三为黄巢东南面行营先锋使，坐镇同州为同州防御使。同州是黄巢东面的门户，地位极其重要。

朱温反复无常，生性狡诈，在争战中渐生野心，他观察时局，等待机会。官军四集围攻黄巢于长安，朱温杀了黄巢监军严实，投降河中王重荣，被唐官军都统王铎任命为左金吾大将军、河南行营招讨副使，唐僖宗赐名为全忠，从此朱温称名朱全忠。

唐僖宗中和三年（883）三月，僖宗任命朱全忠为汴州刺史、宣武军节度使，朱全忠成为大镇将领。唐僖宗重用朱全忠，初始目的是想利用朱全忠征讨黄巢。其时黄巢余部尚强，围攻陈州。朱全忠作为一个降将，根底不固，僖宗重用朱全忠以分唐将诸节镇的威权。最终还是李克用打败了黄巢。李克用追击黄巢到冤句，回师路过汴州，朱全忠忌功，想暗杀李克用。朱全忠假意盛情邀请李克用进城相叙。朱全忠灌醉李克用，在夜间偷袭李克用所住的上源驿站。李克用与几位亲将翻墙逃脱，九死一生回到军中。李克用欲整军攻打汴州，其妻刘氏有勇有谋，劝李克用回河东，上诉朝廷。唐僖宗昏庸，不问是非，一味和稀泥，目的是两存之使朱李相斗，朝廷坐收渔人之利。其结果是朱李敌对，蔡州秦宗权乘隙兴起，继黄巢而称帝，更大的祸乱在全国形成。

卷二五六　唐纪七十二

唐僖宗中和四年至光启三年（884—887 年）

【起阏逢执徐（甲辰，884 年）六月，尽强圉协洽（丁未，887 年）三月，凡二年有奇】

【大事提要】

本卷记事起公元 884 年六月，讫公元 887 年三月，记事凡两年又九个月。当唐僖宗中和四年六月至光启三年三月。此时期全国军阀大混战，唐王朝中央完全失控。围剿黄巢，藩镇形式上听命于朝廷。此时黄巢已灭，藩镇失去一个共同的敌人，唐僖宗受制于宦官田令孜，权威扫地，各地大小军阀肆行无忌。光启元年三月十二日僖宗还京，光启二年正月八日僖宗被田令孜挟持第二次蒙尘，出逃兴元。僖宗还京不到十个月，京师长安再遭兵灾，化为灰烬。先是田令孜挟持僖宗以令藩镇，外结凤翔节度使李昌符、邠宁节度使朱玫对抗河中节度使王重荣。田令孜夺取王重荣所专盐利，更易节度使，挑起河北诸镇战端。王重荣抗命，朱玫、李昌符奉诏征讨。李克用援救王重荣，进兵长安，朱玫、李昌符也反戈，一致上奏诛杀田令孜。于是田令孜挟僖宗出逃，李克用还师，朱玫控制京师，拥立襄王李熅另立朝廷，称帝号。河南蔡州节度使秦宗权收合黄巢余部，反叛朝廷，也称帝号。一时间三个皇帝鼎立，全国一片混乱。

僖宗惠圣恭定孝皇帝下之上

中和四年（甲辰，884 年）

六月，壬辰[1]，东川留后高仁厚奏郑君雄斩杨师立出降。仁厚围梓州久不下，乃为书射城中，道[2]其将士曰："仁厚不忍城中玉石俱焚，为诸君缓师十日，使诸君自成其功。若十日不送师立首，当分见兵[3]为五番[4]，番分昼夜以攻之，于此甚逸，于彼必困[5]矣。五日不下，四面俱进，克之必矣。诸君图[6]之！"数日，君雄大呼于众曰："天子所诛者元恶[7]耳，他人无预[8]也。”众呼万岁，大噪[9]，突入府中，师立自杀，君雄挈[10]其首出降。仁厚献其首及妻子于行在，陈敬瑄钉其子于城北，敬瑄三子出观之，钉者呼曰：“兹事行及汝曹[11]，汝曹于后努力领取！”三子走马[12]而返，以高仁厚为东川节度使。

甲辰[13]，武宁将李师悦与尚让追黄巢至瑕丘[14]，败之。巢众殆尽，走至狼虎谷[15]，丙午[16]，巢甥林言斩[17]巢兄弟[18]妻子首，将诣时溥[19]；遇沙陀博野军[20]，夺之，并斩言首以献于溥。

蔡州节度使秦宗权纵兵四出，侵噬[21]邻道；天平节度使朱瑄，有众三万，从父弟瑾[22]，勇冠军中。宣武节度使朱全忠为宗权所攻，势甚窘[23]，求救于瑄，瑄遣瑾将兵救之，败宗权于合乡[24]。全忠德之，与瑄约[25]为兄弟。

秋，七月，壬午[26]，时溥遣使献黄巢及家人首并姬妾，上[27]御[28]大玄楼[29]受之。宣问[30]姬妾：“汝曹皆勋贵子女[31]，世受国恩，何为从贼？”其居首者对曰：“狂贼凶逆，国家以百万之众，失守宗祧[32]，播迁[33]巴、蜀；今陛下以不能拒贼责一女子，置公卿将帅于何地乎！”上不复问，皆戮之于市。人争与之酒，其余皆悲怖昏醉，居首者独不饮不泣，至于就刑，神色肃然[34]。

朱全忠击秦宗权，败宗权于溵水。

（以上为第一段，写高仁厚歼灭杨师立为东川节度使。黄巢败殁。兵败降于黄巢的蔡州节度使秦宗权继起为祸。）

【注释】

[1]壬辰：六月三日。[2]道：通“导”，劝说疏导。[3]见（xiàn）兵：现有的兵力。[4]五番：意谓分为五部分，轮流攻打。[5]于此甚逸，于彼必困：意谓这样轮番攻打，对于高仁厚的军队来说，是安逸的；而叛军则陷入困境。此，指高仁厚。彼，指叛军。[6]图：考虑，谋划。[7]元恶：首恶。此指杨师立。[8]无预：没有干涉。[9]噪：喧闹。[10]挈（qiè）：用手提着。[11]行及汝曹：将要临到你们身上。[12]走马：跑马。[13]甲辰：六月十五日。[14]瑕丘：古县名。春秋时鲁负瑕邑，西汉置县。县治在今山东济宁市兖州区东北。[15]狼虎谷：地名。在山东莱芜西南，亦名莱芜谷。[16]丙午：六月十七日。[17]林言：黄巢外甥。时黄巢见大势已去，自刎。林言斩其首献之。[18]黄巢兄弟：指黄巢及两弟黄揆、黄邺。[19]将诣时溥：将要到时溥那里去。[20]博野军：沙陀的一部。[21]侵噬（shì）：侵犯吞并。

［22］朱瑾：朱瑄从父弟。初从朱瑄居恽州，后拜泰宁军节度使。传见《旧唐书》卷一百八十二，《旧五代史》卷十三，并附《新五代史》卷四十二。［23］势窘：形势极为窘迫困难。［24］合乡：古县名。汉置，北齐废，故城在今山东滕州市东二十里。［25］约：订立盟约。朱全忠与朱瑄同姓，故结为兄弟。［26］壬午：七月二十四日。［27］上：指僖宗。［28］御：驾临。［29］大玄楼：成都罗城正南门楼。罗城为高骈所建，竣工时高骈以《周易》占卦，得《大畜》卦，因卦象取名大玄楼。［30］宣问：唐僖宗宣召审问。［31］勋贵子女：有功勋、地位的官宦人家的子女。［32］宗祧（tiāo）：宗庙。宗，祖庙。祧，远祖之庙。［33］播迁：迁徙流落。［34］神色肃然：神情脸色肃穆坦然。

李克用至晋阳，大治甲兵[1]，遣榆次镇将雁门李承嗣[2]奉表诣行在，自陈“有破黄巢大功，为朱全忠所图[3]，仅能自免，将佐已下从行者三百余人，并牌印[4]皆没不返。全忠仍榜东都[5]、陕[6]、孟[7]，云臣已死，行营兵溃；令所在邀遮[8]屠翦[9]，勿令漏失，将士皆号泣冤诉，请复仇雠[10]。臣以朝廷至公，当俟诏命，拊循[11]抑止[12]，复归本道[13]。乞遣使按问[14]，发兵诛讨，臣遣弟克勤将万骑[15]在河中俟命。”时朝廷以大寇初平[16]，方务姑息[17]，得克用表，大恐，但遣中使[18]赐优诏[19]和解之。克用前后凡[20]八表，称：“全忠妒功忌能，阴狡祸贼[21]，异日[22]必为国患。惟乞下诏削其官爵，臣自帅本道兵讨之，不用度支粮饷[23]。”上累遣杨复恭等谕指[24]，称：“吾深知卿冤，方事之殷[25]，姑存大体[26]。”克用终郁郁不平。时藩镇相攻者，朝廷不复为之辩曲直。由是互相吞噬，惟力是视[27]，皆无所禀畏矣[28]！

八月，李克用奏请割麟州[29]隶河东，又请以弟克修[30]为昭义节度使，皆许之。由是昭义分为二镇[31]。进克用爵陇西郡王。克用奏罢云蔚[32]防御使，依旧隶河东，从之。

九月，己未[33]，加朱全忠同平章事。

以右仆射、大明宫留守王徽知京兆尹[34]事。上以长安宫室焚毁，故久留蜀未归。徽招抚流散，户口稍归[35]，复缮治宫室，百司[36]粗有绪。冬，十月，关东[37]藩镇表请车驾还京师。

朱全忠之降也，义成节度使王铎为都统，承制除官[38]。全忠初镇大梁，事铎礼甚恭，铎依以为援[39]。而全忠兵浸强[40]，益骄倨[41]，铎知不足恃[42]，表请还朝，徙铎为义昌[43]节度使。

（以上为第二段，写朱全忠与李克用各拥兵自重，势力日炽。）

【注释】

[1]甲兵：铠甲和兵器。此处泛指武备。[2]李承嗣（865—920）：代州雁门人。李克用部将，官至楚州节度使。传见《旧五代史》卷五十五。[3]为朱全忠所图：遭到朱全忠的谋害。[4]牌印：唐代始置职印。任其职的人，传相使用。印盛在匣子里，另置一牌，由吏属掌管。用印时凭牌取印，牌入印出。用完后印入牌出。故云牌印。[5]东都：唐高宗显庆二年（657）以洛阳为东都。[6]陕：即陕州。治所在今河南三门峡市陕州区。[7]孟：即孟州。治所河阳，在今河南孟州市南。[8]邀遮：拦截阻击。[9]屠翦：杀戮消灭。[10]仇雠：仇敌，仇恨。[11]拊（fǔ）循：安抚、抚慰。[12]抑止：制止将士们复仇的行动。[13]复归本道：率部回到河东节度。[14]按问：审察、追究。李克用要求朝廷派官员追究朱全忠，并发兵诛讨。[15]将万骑（jì）：率领一万骑兵。[16]大寇初平：指黄巢刚刚被消灭。[17]方务姑息：正在勉力从事安定政局的工作，所以采取宽容的政策。[18]中使：皇帝宫廷派出的使者，指宦官。[19]优诏：褒奖的诏书。[20]凡：共。[21]祸贼：祸国殃民的乱臣贼子。[22]异日：将来。[23]度支粮饷：唐制，凡诸镇兵出境征讨，则由朝廷供给粮饷。度支，户部所设财政司。[24]谕指：皇帝对臣下的命令。“指”，通“旨”。[25]方事之殷：言正当国家多事之秋。殷，众多。[26]姑存大体：姑且照顾大局。[27]惟力是视：只看谁的势力大。[28]无所禀畏：既不请命，也无所畏惧。[29]麟州：州名，治所新秦，本属振武节度。在今陕西省神木市北。[30]克修（859—890）：即李克修，字崇远，李克用的堂弟。作战英勇，多立战功，官至昭义节度使。性节俭，李克用怒其供膳菲薄，笞骂辱之，克修忧死，时年三十一年。传见《旧五代史》卷五十，《新五代史》卷十四。[31]昭义分为二镇：昭义，方镇名。唐代宗大历元年（766）号相卫六州节度为昭义军，十二年与泽潞沁节度合为一镇。唐僖宗中和三年（883）九月昭义节度使孟方立迁治所于邢州，领刑、洺、磁三州为一镇；四年八月，李克用以其从弟李克修为昭义节度使，领泽、潞二州为一镇，治潞州。自此，昭义分为二镇。[32]云蔚：方镇名。置防御使。唐武宗会昌三年（843），分河东云、蔚、朔三州置大同军都团练使。次年，升为都防御使。云，州名。治所定襄，在今山西大同。后改名云中。蔚，州名。治所灵丘，在今山西灵丘县。[33]己未：九月二日。[34]京兆尹：官名。京师所在地区的行政长官。知，主持。[35]户口稍归：流亡在外的人户逐渐回来。[36]百司：朝廷大臣、王公以下百官的总称。[37]关东：地区名，指函谷关或潼关以东地区。[38]承制除官：朱全忠降唐时，王铎秉承皇帝旨意给朱全忠授官。事见《资治通鉴》卷二百五十五中和二年。[39]依以为援：依靠朱全忠作为自己的援助力量。时王铎为义成节度使，治滑州，朱全忠为宣武节度使，治汴州，汴、滑邻道。而王铎于全忠有恩，故依以为援。[40]浸强：势力渐渐强大起来。[41]骄倨：傲慢不恭。[42]不足恃：不足以依靠。[43]义昌：方镇名。又名横海、沧景，

唐德宗贞元三年（787）置，治所沧州，在今河北沧州东南。唐文宗大和五年（831）号义昌军。

鹿晏弘之去[1]河中，王建[2]、韩建[3]、张造、晋晖、李师泰各帅其众与之俱；及据兴元，以建等为巡内刺史[4]，不遣之官[5]。晏弘猜忌，众心不附，王建、韩建素相亲善，晏弘尤忌之，数引入卧内，待之加厚，二建相谓曰："仆射甘言厚意，疑我也，祸将至矣！"田令孜密遣人以厚利诱之，十一月，二建与张造、晋晖、李师泰帅众数千逃奔行在[6]，令孜皆养为假子[7]，赐与巨万，拜诸卫将军[8]，使各将其众，号随驾五都[9]。又遣禁兵讨晏弘，晏弘弃兴元走。

初，宦者曹知悫，本华原[10]富家子，有胆略。黄巢陷长安，知悫归乡里，集壮士，据嵯峨山[11]南，为堡自固，巢党不敢近。知悫数遣壮士变衣服语言，效巢党[12]，夜入长安攻贼营，贼惊以为鬼神；又疑其下有叛者，由是心不自安。朝廷闻而嘉之[13]，就除内常侍[14]，赐金紫[15]。知悫闻车驾将还，谓人曰："吾施小术，使诸军[16]得成大功，从驾群臣但平步[17]往来，俟至大散关[18]，当阅其可归者[19]纳之。"行在闻之，恐其为变；田令孜尤恶之，密以敕旨谕邠宁[20]节度使王行瑜[21]，使诛之，行瑜潜师[22]自嵯峨山北乘高攻之，知悫不为备，举营尽殪。令孜益骄横，禁制天子，不得有所主断。上患其专，时语左右而流涕。

鹿晏弘引兵东出襄州[23]，秦宗权遣其将秦诰、赵德諲[24]将兵会之，共攻襄州，陷之；山南东道[25]节度使刘巨容[26]奔成都。德諲，蔡州人也。晏弘引兵转掠襄、邓、均、房、庐、寿[27]，复还许州[28]；忠武节度使周岌闻其至，弃镇走，晏弘遂据许州，自称留后，朝廷不能讨，因以为忠武节度使。

十二月，己丑[29]，陈敬瑄表辞三川都指挥[30]、招讨、制置、安抚等使；从之。

初，黄巢转掠福建[31]，建州[32]人陈岩聚众数千保乡里，号九龙军，福建观察使郑镒奏为团练副使[33]。泉州[34]刺史、左厢都虞候[35]李连有罪，亡入溪洞[36]，岩击败之。镒畏岩之逼，表岩自代[37]，壬寅[38]，以岩为福建观察使。岩为治有威惠[39]，闽人安之。

义昌节度使兼中书令王铎，厚于奉养[40]，过魏州，侍妾成列。服御[41]鲜华，如承平[42]之态；魏博节度使乐彦祯[43]之子从训[44]，伏卒数百于漳南[45]高鸡泊[46]，围而杀之，及宾僚从者三百余人皆死，掠其资装侍妾而还。彦祯奏云为盗所杀，朝廷不能诘[47]。

赐邠宁军号曰静难。

是岁，余杭[48]镇使陈晟逐睦州[49]刺史柳超，颍州[50]都知兵马使[51]汝阴[52]王敬荛[53]逐其刺史，各领州事，朝廷因命为刺史。

均州贼帅孙喜聚众数千人，谋攻州城，刺史吕烨不知所为。都将[54]武当[55]冯行袭[56]伏兵江南[57]，自乘小舟迎喜，谓曰："州人得良牧[58]，无不归心，然公所从之卒太多，州人惧于剽掠[59]，尚以为疑。不若置军江北，独与腹心[60]轻骑俱进，行袭请为前道[61]，告谕州人，无不服者矣。"喜以为然，从之；既渡江，军吏迎谒[62]，伏兵发，行袭手击喜，斩之，从喜者皆死，江北军望之俱溃。山南东道节度使上其功，诏以行袭为均州刺史。州西有长山，当襄、邓入蜀之道，群盗据之，抄掠[63]贡赋，行袭讨诛之，蜀道以通。

凤翔[64]节度使李昌言病，表弟昌符知留后[65]。昌言薨，制[66]以昌符为凤翔节度使。

时黄巢虽平，秦宗权复炽[67]，命将出兵，寇掠邻道，陈彦[68]侵淮南[69]，秦贤侵江南[70]，秦诰陷襄、唐、邓，孙儒[71]陷东都[72]、孟、陕、虢[73]，张晊陷汝、郑，卢瑭攻汴、宋，所至屠翦焚荡[74]，殆无孑遗[75]。其残暴又甚于巢，军行未始转粮[76]，车载盐尸[77]以从。北至卫、滑[78]，西及关辅[79]，东尽青、齐[80]，南出江、淮[81]，州镇存者仅保一城，极目千里，无复烟火[82]。上[83]将还长安，畏宗权为患。

（以上为第三段，写僖宗受制于田令孜，心不能平。各地军阀混战，朝廷失控。鹿弘宴据许州，依附秦宗权，秦宗权势力日涨。）

【注释】

[1]去：离开。鹿晏弘原为忠武大将，中和三年十一月，率所部自河中南掠，至兴元，逐节度使牛勖，自称留后。［2］王建（847—918）：字光图，许州舞阳（今属河南）人，五代时期前蜀国的建立者。出身于忠武军卒，随鹿晏弘镇压黄巢，后为刺史。唐昭宗天复三年（903）封为蜀

王，后梁开平元年（907）在成都自立为帝，国号蜀，史称前蜀。在位十二年。传见《旧五代史》卷一百三十六，《新五代史》卷六十三。［3］韩建（855—913）：字佐时，许州长社（今河南许昌市）人。唐末任华商节度使，潼关守捉使，驻节华州，为朱全忠党援，曾逼迫唐昭宗，兵围十六宅，擅杀诸王。入梁，官至司徒，平章事，充盐铁转运使。传见《旧五代史》卷十五，《新五代史》卷四十。［4］巡内刺史：节度使所领属的州刺史。［5］不遣之官：不派他们到任上。［6］逃奔行在：时僖宗在成都，王建等人见鹿晏弘猜忌，故弃之奔蜀。［7］假子：义子。［8］诸卫将军：唐代中央军职南衙有十六卫，即左右卫、左右骁卫、左右武卫、左右威卫、左右领军卫、左右金吾卫、左右千牛卫、左右监门卫。诸卫即指上述各卫。［9］都：唐代军队的一种称号。田令孜已募新军五十四都分隶两神策军，现又得王建等五支部队，不敢分其众隶属两军，所以别号"随驾五都"。［10］华原：县名。县治在今陕西铜川市耀州区东南。［11］嵯峨山：山名，在京兆云阳县北，今陕西淳化县东南。［12］效巢党：效仿黄巢军队。［13］嘉之：嘉奖曹知悫（què）。［14］内常侍：官名。唐代内侍省的负责人。掌管宫廷事务，专由宦官担任。［15］金紫：金印紫绶的简称。唐代光禄大夫加金印紫绶者，称金紫光禄大夫。［16］诸军：指收复京城的诸镇大军。曹知悫说自己经常夜间攻打黄巢军，为诸镇大军创造了有利的条件。［17］平步：平常之举步，犹言轻易。［18］大散关：关名，即散关。因在陕西宝鸡市西南大散岭上，故又名大散关。［19］可归者：可以归降于曹知悫的人。［20］邠（bīn）宁：方镇名。唐肃宗乾元二年（759）置，治所邠州，在今陕西彬州市。［21］王行瑜（?—895）：邠州人。从邠宁节度使朱玫讨黄巢，为列校。光启二年（886）朱玫奉嗣襄王煴为帝，授天平节度使。行瑜引兵还长安，斩朱玫。光启三年授邠宁节度使。此时为邠宁部将。传见《旧唐书》卷一百七十五，《新唐书》卷二百二十四。［22］潜师：秘密发兵。［23］襄州：州名。治所襄阳，在今湖北襄阳市。［24］赵德諲（yīn）：传见《新唐书》卷一百八十六，并附《旧五代史》卷十七，《新五代史》卷四十一。［25］山南东道：方镇名。唐肃宗至德二年（757）升襄阳防御使为山南东道节度使，领襄、邓、隋、唐、安、均、房、金、商九州，治所襄州，在今湖北襄阳市。［26］刘巨容（?—889）：徐州人。传见《新唐书》卷一百八十六。［27］襄、邓、均、房、庐、寿：均州名。邓州，治所穰县，在今河南邓州市。均州，治所武当，在今湖北丹江口市西北。房州，治所房陵，在今湖北房县。庐州，治所合肥，在今安徽合肥市。寿州，治所寿春，在今安徽寿县。［28］复还许州：鹿晏弘于中和元年（881）自许州从杨复光勤王，事见《资治通鉴》卷二百五十四由中和元年。［29］己丑：十二月三日。［30］三川都指挥：官名。中和三年二月，以陈敬瑄为西川、东川、山南西道都指挥、招讨、安抚、处置使，以讨杨师立。现杨师立已死，故辞之。［31］福建：方镇名。唐玄宗开元二十一年（733）置福建经略使，领福、泉、建、漳、潮五州，治所福州，今福建福州市。唐肃宗乾元二年（759）改福建经略使为都防御使兼宁海军使。上元元年（760）升福建都防御使为节度使。黄巢转战福建，事见《资治通鉴》卷二百五十三乾符五年。［32］建州：州名。治所建安，在今福建建瓯市。［33］团练副使：官名。唐代中叶以后，在不设节度使的地区置团练使，掌本区各州军事。常与观察使、防御使互兼，团练副使是为副职。［34］泉州：州名。治所晋江，在今福建泉州市。［35］左厢都虞候：军法官。唐中叶以后，藩镇皆置都虞候，位次于节度副使。［36］亡入溪洞：据章校，“亡入溪洞”下应有“合众攻福州”五字。［37］表岩自代：郑镒害怕陈岩的势力，上表要求由陈岩代替自己为福建观察使。［38］壬寅：十二月十六日。［39］威惠：威信和恩惠。此言陈岩为官有威有德。［40］厚于奉养：待遇优厚。［41］服御：服饰车马之类。［42］承平：太平。［43］彦祯：乐彦祯，生卒年不详。传见《旧唐书》卷一百八十一，《新唐书》卷二百一十。［44］从训：乐彦祯之子乐从训，生性顽劣，贼杀王铎，为众所议。乐彦祯出乐从训为相州刺史，后为罗弘信所杀。传附其父乐彦祯传。［45］漳南：古县名。县治在今河北故城东北。［46］高鸡泊：地名，在今山东武城境，是漳河水汇成的一片水泊，广袤数百里，现已夷为平陆。［47］诘：追问。王铎身为朝廷重臣，却以承平之态处乱世，丧身亡家，咎由自取。［48］余杭：郡名。治所杭州，在今浙江杭州西。唐代安史之乱后，在内地也设“军”。杭州即置余杭军，浙江西道的节度副使兼余杭军使。［49］睦州：州名。治所建德，在今浙江建德市。［50］颍州：州名。治所汝阴，在今安徽阜阳市。［51］兵马使：官名。唐代藩镇自置部队统率官。其权尤重者称为都知兵马使。［52］汝阴：古县名。唐时为颍州治所，天宝、至德年间一度改颍州为汝阴郡。［53］王敬荛（ráo）：颍州汝阴（在今安徽阜阳市）人。后梁勇将，官至左卫将军。传见《旧五代史》卷二十，《新五代史》卷四十三。［54］都将：统兵武官名。［55］武当：县名。以武当山得名。县治在今湖北丹江口市西北。［56］冯行袭：字正臣，武当人（今湖北丹江口市）人。历唐僖宗，昭宗为节镇，入梁，官至司空。传见《新唐书》卷一百八十六，《旧五代史》卷十五，《新五代史》卷四十二。［57］江南：汉江之南。［58］良牧：好的州官。此处是故意恭维孙喜的话。［59］剽掠：抢劫掠夺。［60］腹心：心腹之人。［61］前道：即前导。［62］迎谒：迎接拜见。［63］抄掠：搜查抢掠。时僖宗在蜀，各地贡赋经由襄、邓二州运入，长山为要冲，故群盗据此抢掠贡赋。［64］凤翔：方镇名。唐高宗上元元年（674）置兴凤陇节度使。治所凤翔，在今陕西宝鸡市凤翔区。［65］知留后：担任节度留后的职务。唐末节度使之子弟或亲信将吏代行节度使职权者称留后。［66］制：皇帝的命令。［67］复炽：力量又强盛起来。［68］陈彦：秦宗权的部将，以下秦贤、秦诰、孙儒、张晊、卢瑭同。［69］淮南：方镇名。治所扬州，在今江苏扬州市。［70］江南：道名。唐贞观十道之一。此处泛指长江以南地区。［71］孙儒（？—892）：传见《新唐书》卷一百八十八。按：自孙儒以下，事皆在是年之后，此处为概言之。［72］东都：洛阳。［73］孟、陕、虢：皆州名。孟州治所河阳，在今河南孟州市。陕州治所陕县，在今河南三门峡市。虢（guó）州治所弘农，在今河南灵宝市。［74］屠剪焚荡：烧杀抢掠，无所不为。［75］殆无孑（jué）遗：几乎没有遗留下一个活人。孑遗，遗留，余剩。［76］转粮：转运军粮。［77］盐尸：用盐腌渍人尸，用作军粮。［78］卫、滑：皆州名。卫州治所汲县，在今河南卫辉市。滑州治所白马（滑台城），在今河南滑县东。［79］关辅：函谷关及京畿一带。辅，京城附近的地方。［80］青、齐：皆州名。青州治所东阳，在今山东青州人。齐州治所历城，在今山东济南市。［81］江、淮：泛指淮河、长江下游一带。［82］无复烟火：再也看不到烟火。州镇大都被攻陷，幸存者也只能保住一座城池而已，极目千里，荒无人烟。［83］上：指僖宗皇帝。

光启元年（乙巳，885年）

春，正月，戊午[1]，下诏招抚之。

己卯[2]，车驾发成都，陈敬瑄送至汉州[3]而还。

荆南监军朱敬玫所募忠勇军[4]暴横，陈儒[5]患之。郑绍业之镇荆南[6]也，遣大将申屠琮将兵五千击黄巢于长安；军还，儒告琮，使除之[7]。忠勇将程君从闻之，帅其众奔朗州[8]，琮追击之，杀百余人[9]，自是琮复专军政。

雷满[10]屡攻掠荆南，儒重赂[11]以却之。淮南将张瓌、韩师德叛高骈[12]，据复[13]、岳[14]二州，自称刺史，儒请瓌摄[15]行军司马[16]，师德摄节度副使，将兵击雷满。师德引兵上峡[17]大掠，归于岳州；瓌还兵逐儒而代之。儒将奔行在，瓌劫还，囚之。瓌，渭州人，性贪暴，荆南旧将夷灭殆尽。

先是，朱敬玫屡杀大将及富商以致富，朝廷遣中使[18]杨玄晦代之。敬玫留居荆南，尝曝衣[19]，瓌见而欲之，遣卒夜攻之，杀敬玫，尽取其财。瓌恶[20]牙将郭禹[21]慓悍[22]，欲杀之，禹结党千人亡去，庚申[23]，袭归州[24]，据之，自称刺史。禹，青州人成汭也，因杀人亡命，更其姓名。

南康[25]贼帅卢光稠[26]陷虔州[27]，自称刺史，以其里人谭全播[28]为谋主。

秦宗权责租赋[29]于光州[30]刺史王绪，绪不能给；宗权怒，发兵击之。绪惧，悉举光、寿[31]兵五千人，驱吏民渡江，以刘行全为前锋，转掠江[32]、洪、虔州，是月，陷汀[33]、漳[34]二州，然皆不能守也。

秦宗权寇颍、亳[35]，朱全忠败之于焦夷[36]。

二月，丙申[37]，车驾至凤翔。三月，丁卯[38]，至京师；荆棘满城，狐兔纵横[39]，上凄然不乐。己巳[40]，赦天下，改元[41]。时朝廷号令所行，惟河西[42]、山南[43]、剑南[44]、岭南[45]数十州而已。

秦宗权称帝，置百官，诏以武宁节度使时溥为蔡州[46]四面行营兵马都统[47]以讨之。

（以上为第四段，写荆南监朱敬玫贪财丧身。唐僖宗由蜀还京，秦宗权称帝于蔡州。）

【注释】

[1]戊午：正月二日。[2]己卯：正月二十三日。[3]汉州：州名。治所雒县，在今四川广汉北。[4]忠勇军：朱敬玫募集的军队，共三千人，号忠勇军。[5]陈儒（?—885）：江陵人。时为荆南节度使。传见《新唐书》卷一百八十九。据章校，“陈儒”之前应有“节度使”三字。[6]郑绍业镇荆南：时在广明元年。朱敬玫募忠勇军也在这一年。[7]使除之：陈儒使申屠琮除掉朱敬玫的忠勇军。[8]朗州：州名。治所武陵，在今湖南常德市。[9]杀百余人：据章校，“人”下应有“余众皆溃”四字。[10]雷满（?—901）：郎州武陵人，时为朗州兵马留后。传附《新唐书》卷一百八十六。[11]重赂：贵重的财物。陈儒送给雷满贵重的财物使其退兵。[12]高骈：时高骈为淮南节度使。[13]复：州名。治所建兴，在今湖北仙桃市。[14]岳：州名。治所巴陵，在今湖南岳阳市。[15]摄（shè）：代理。[16]行军司马：官名。唐代开元年间各节度使皆置此官，掌军政，权任甚重。[17]峡：巫峡。韩师德据岳州，溯江而上故云“上峡”。[18]中使：皇帝宫廷中派出的使者，指宦官。[19]曝（pù）衣：晒衣物。[20]恶（wù）：憎恨。[21]郭禹（?—903）：原名成汭（ruì），青州（今山东青州市）人。少年任侠，杀人亡命，改名郭禹。传见《新唐书》卷一百九十，《旧五代史》卷十七。[22]慓悍：同“剽悍”，矫健勇猛。[23]庚申：正月四日。[24]归州：州名。唐高祖武德元年（618）分夔州秭归、巴东两县置。治所秭归，在今湖北秭归县。因三峡水库，秭归县今已变迁，从原临江山腰移于山顶。[25]南康：郡名。治所在今江西赣州市南康区。[26]卢光稠（?—911）：南康（今属江西）人。入梁为镇南使，守虔、韶二州。传见《新唐书》卷一百九十，《新五代史》卷四十一。[27]虔州：州名。治所赣县，在今江西赣州市。[28]谭全播（834—918）：与卢光稠皆为南康人。谭全播为卢光稠部属，守虔州。传见《新五代史》卷四十一。[29]责租赋：索取租赋。[30]光州：州名。治所定城，在今河南潢川县。[31]寿：州名。治所寿春，在今安徽寿县。[32]江州：州名。治所浔阳，在今江西九江市。[33]汀：州名。治所长汀，在今福建长汀县。[34]漳：州名。初治漳浦，乾元初移治龙溪，在今福建漳州市南。[35]亳（bó）：州名。治所谯县，在今安徽亳州。[36]焦夷：地名。在亳州城父县界。[37]丙申：二月十日。[38]丁卯：三月十二日。[39]狐兔纵横：狐兔到处乱跑，形容京师一片荒凉景象。[40]己巳：三月十四日。[41]改元：皇帝更改年号。此指唐僖宗改元光启。[42]河西：方镇名。唐睿宗景云元年（710）置，治所凉州，在今甘肃武威市。[43]山南：道名。唐贞观十道之一，贞观元年（627）置。以在秦岭以南而得名。治所襄州，在今湖北襄阳市。[44]剑南：道名。贞观元年置。以在剑阁之南得名。治所益州，在今四

川成都市。［45］岭南：方镇名。唐玄宗开元二十一年（733）置。治所广州，在今广东广州。［46］蔡州：州名。治所汝阳，在今河南汝南县。［47］四面行营兵马都统：官名，掌征伐。位在节度使之上，可督统诸道之兵，兵罢则省。

卢龙[1]节度使李可举[2]、成德节度使王镕恶李克用之强，而义武节度使王处存与克用亲善，为侄邺娶克用女。又，河北诸镇，惟义武尚属朝廷，可举等恐其窥伺山东[3]，终为己患，乃相与谋曰："易、定，燕、赵之余[4]也。"约共灭处存而分其地；又说云中[5]节度使赫连铎[6]使攻克用之背。可举遣其将李全忠[7]将兵六万攻易州，镕遣将将兵攻无极[8]。处存告急于克用，克用遣其将康君立[9]等将兵救之。

闰月，秦宗权遣其弟宗言寇荆南。

初，田令孜在蜀募新军五十四都，每都千人，分隶两神策，为十军[10]以统之，又南牙[11]、北司[12]官共万余员，是时藩镇各专租税，河南北、江、淮无复上供[13]，三司[14]转运无调发之所，度支惟收京畿、同、华、凤翔等数州租税，不能赡[15]，赏赉[16]不时，士卒有怨言。令孜患之，不知所出。先是，安邑[17]、解县[18]两池盐[19]皆隶盐铁，置官榷[20]之；中和以来，河中节度使王重荣专之[21]，岁献三千车以供国用，令孜奏复如旧制隶盐铁。夏，四月，令孜自兼两池榷盐使，收其利以赡军。重荣上章论诉[22]不已，遣中使往谕之，重荣不可。时令孜多遣亲信觇藩镇[23]，有不附己者，辄图之。令孜养子匡祐使河中，重荣待之甚厚，而匡祐傲甚，举军皆愤怒。重荣乃数令孜罪恶，责其无礼，监军为讲解[24]，仅得脱去；匡祐归，以告令孜，劝图之。五月，令孜徙重荣为泰宁[25]节度使，以泰宁节度使齐克让为义武节度使，以义武节度使王处存为河中节度使，仍诏李克用以河东兵援处存赴镇[26]。

卢龙兵攻易州，裨将刘仁恭[27]穴地入城[28]，遂克之。仁恭，深州[29]人也。李克用自将救无极，败成德兵；成德兵退保新城[30]，克用复进击，大破之，拔新城，成德兵走，追至九门[31]，斩首万余级。卢龙兵既得易州，骄怠，王处存夜遣卒三千蒙羊皮造城下，卢龙兵以为羊也，争出掠之，处存奋击，大破之，复取易州，李全忠走。

加陕虢[32]节度使王重盈同平章事[33]。

李全忠既丧师，恐获罪，收余众还袭幽州；六月，李可举窘急，举族登楼自焚死，全忠自为留后。

东都留守[34]李罕之与秦宗权将孙儒[35]相拒数月；罕之兵少食尽，弃城，西保渑池[36]，宗权陷东都。

秋，七月，以李全忠为卢龙留后。

（以上为第五段，写田令孜专盐利，更易节度使，挑起河北诸镇战乱。）

【注释】

［1］卢龙：方镇名。唐玄宗开元二年（714）置幽州节度使，治所幽州，在今北京市。天宝元年（742）改名范阳。唐代宗宝应元年（762）复改幽州节度使，兼领卢龙节度使。［2］李可举（?—885）：原卢龙节度使李茂勋之子。乾符三年（876）代其父为卢龙节度使。传见《旧唐书》卷一百八十，并附《新唐书》卷二百一十二。［3］山东：此指恒山以东。［4］易、定、燕、赵之余：易州，本燕国南界；定州，本中山国都，而中山属赵国，故云。因义武节度领定、易二州，李可举此言为夺取易、定张本。［5］云中：方镇名。唐僖宗乾符五年（878）升大同都防御使为节度使，兼云州刺史，治所云中，在今山西大同市。［6］赫连铎：生卒年不详。吐浑首领。懿宗时以军功拜大同军节度使。传附《新五代史》卷七十四。［7］李全忠（?—885）：范阳（今北京市大兴区）人。唐末官至范阳节度使。传见《旧唐书》卷一百八十，《新唐书》卷二百一十二。［8］无极：县名。县治在今河北无极县。［9］康君立（846—894）：蔚州兴唐（今河北蔚县）人。乾符中为云州牙校。归附李克用任汾州刺史。传见《旧五代史》卷五十五。［10］为十军：将五十四都分为十军。［11］南牙：即南衙。唐代以宰相以下群臣为南衙。［12］北司：宫中宦官。牙，通“衙”。［13］无复上供：不再向朝廷进贡租税。［14］三司：唐代管理财赋的三大机构，长官称使，即盐铁使、度支使、户部使。［15］赡：供养。［16］赏赉（lài）：奖赏供给。［17］安邑：县名。县治安邑城，在今山西运城市东北。［18］解县：县名。县治在今山西运城西南解州镇。［19］池盐：安邑、解县境内均有内陆盐湖。尤其是解池，历代为著名产池盐区。［20］榷（què）：专利，专卖。［21］专之：专盐池之利。［22］论诉：辩解诉说。［23］觇（chān）藩镇：暗中侦察藩镇动静。［24］讲解：讲清楚，解释。［25］泰宁：方镇名。唐昭宗乾宁四年（897）赐沂海节度泰宁军号，治所兖州，在今山东济宁市兖州区。［26］赴镇：指诏李克用援助王处存赴河中节度使治所蒲州上任。［27］刘仁恭（?—914）：唐末割据幽州的军阀。传见《新唐书》卷二百一十二，《旧五代史》卷一百三十五，并附《新五代史》卷三十九。［28］穴地入城：穿地为道以攻城。刘仁恭因此号“刘窟头”。［29］深州：州名。治所陆泽，在今河北深州市。［30］新城：县名。县治新城，在今河北高碑店市东南。［31］九门：县名。县治九门，在今河北石家庄

市藁城区西北。［32］陕虢：方镇名。唐僖宗中和三年（883）升陕虢防御观察使为节度使，治所陕州，在今河南三门峡市西。［33］同平章事：官名。唐侍中、中书令为宰相，其余以他官参掌者，加同中书门下三品。唐末武官加官很多，实际上只是一种荣衔。［34］东都留守：官名。唐高宗、武后时，常驻洛阳，百官皆备。玄宗以后，定居长安，设东都留守，维持原设洛阳之官署。［35］孙儒（?—892）：河南（今河南洛阳市）人。唐末割据淮南的军阀，与杨行密争扬州，兵败被杀。孙儒此时为秦宗权部属。传见《新唐书》卷一百八十八。［36］渑（miǎn）池：县名。县治双桥，离东都洛阳一百五十六里。在今河南渑池县。

乙巳[1]，右补阙[2]常浚上疏，以为："陛下姑息藩镇太甚，是非功过，骈首并足[3]，致天下纷纷若此，犹未之寤，岂可不念骆谷[4]之艰危，复怀西顾[5]之计乎！宜稍振典刑[6]以威四方。"田令孜之党[7]言于上曰："此疏传于藩镇，岂不致其猜忿[8]！"庚戌[9]，贬浚万州[10]司户[11]，寻赐死。

沧州[12]军乱，逐节度使杨全玫，立牙将卢彦威为留后，全玫奔幽州。以保銮都将[13]曹诚为义昌节度使，以彦威为德州[14]刺史。

孙儒据东都月余，烧宫室、官寺、民居，大掠席卷而去，城中寂无鸡犬[15]。李罕之复引其众入东都，筑垒于市西而居之。

王重荣自以有复京城功[16]，为田令孜所摈[17]，不肯之兖州[18]，累表论令孜离间君臣，数令孜十罪；令孜结邠宁节度使朱玫[19]、凤翔节度使李昌符以抗之。王处存亦上言："幽、镇兵[20]新退，臣未敢离易、定。且王重荣无罪，有大功[21]于国，不宜轻有改易[22]。"诏趣[23]其上道，八月，处存引军至晋州[24]，刺史冀君武闭城不内[25]而还。

洺州刺史马爽，与昭义行军司马奚忠信不叶[26]，起兵屯邢州南，胁[27]孟方立请诛忠信；既而众溃，爽奔魏州[28]，忠信使人赂乐彦祯而杀之。

秦宗权攻邻道二十余州，陷之；唯陈州距蔡百余里，兵力甚弱，刺史赵犨日与宗权战，宗权不能屈。诏以犨为蔡州节度使。犨德[29]朱全忠之援，与全忠结婚[30]，凡全忠所调发，无不立至。

（以上为第六段，写田令孜挟僖宗以令藩镇，王重荣抗命。秦宗权为祸淮西，贼势日横。）

【注释】

[1]乙巳：七月二十三日。[2]右补阙：官名。职务为侍从讽谏，属中书省。[3]骈首并足：齐头并足，不分高低。此言喻功过是非不分，没有差别。[4]骆谷：地名。在陕西周至西南。谷长四百余里，为关中与汉中间的交通要道之一。唐僖宗广明元年（880），黄巢军攻入长安，僖宗逃至骆谷，故云："骆谷之艰危"。[5]西顾：指唐僖宗西奔成都。[6]振典刑：严肃法纪。[7]田令孜之党：据《考异》，应为韦昭度。[8]猜忿：猜忌和愤怨。言常浚的奏章传到藩镇，将会引起他们的愤怨。[9]庚戌：七月二十八日。[10]万州：州名。治所南浦，在今重庆市万州区。[11]司户：官名。主管民户。唐制，在府为户曹参军，在州为司户参军，在县为司户。[12]沧州：州名。治所清池，在今河北沧州东南。时沧州为义昌节度使治所。[13]保銮都将：官名。保銮是神策五十四都之一。[14]德州：州名。治所安德，在今山东德州市陵城区。[15]寂无鸡犬：孙儒在东都烧杀抢掠，以致寂静、萧条到鸡犬不留。[16]复京城功：指中和三年（883）王重荣与李克用合兵在零口破黄巢军，收复京城事。破黄巢后，王重荣据河中，专盐池之利。[17]摈（bìn）：排斥。[18]不肯之兖州：田令孜排斥王重荣，自兼两池榷盐使，于是徙王重荣为泰宁节度使，王重荣拒绝赴任。兖州，时为泰宁节度使治所。[19]朱玫（?—886）：邠州人。原为邠宁节度使，光启二年立襄王煴，自为宰相专权，后为部将王行瑜所杀。传见《旧唐书》卷一百七十五，《新唐书》卷二百二十四。[20]幽、镇兵：指李可举、王镕之兵。镇，州名。治所真定，在今河北正定县。时王镕为成德节度使，治所恒州，唐宪宗元和十五年（820）改恒州置镇州。[21]大功：指中和三年复京城之功。[22]轻有改易：据章校，此句下应有"摇藩镇心"四字。[23]趣（cù）：催促。[24]晋州：州名。治所白马城，在今山西临汾市。[25]不内：不纳。河中节度统晋、绛、慈、隰等州。冀君武，王重荣之巡属。[26]叶（xié）：和洽。[27]胁：逼迫。[28]魏州：州名。治所贵乡，在今河北大名北。[29]德：这里用如动词，感恩。自中和三年以来，陈州屡受黄巢、秦宗权攻逼，皆以朱全忠为援，故德之。[30]与全忠结婚：赵犨次子赵霖与朱全忠女（即入梁后的长乐公主）结亲。

王绪至漳州，以道险粮少，令军中"无得[1]以老弱自随，犯者斩！"唯王潮[2]兄弟扶其母董氏崎岖[3]从军，绪召潮等责之曰："军皆有法，未有无法之军。汝违吾令而不诛，是无法也。"三子曰："人皆有母，未有无母之人；将军奈何使人弃其母！"绪怒，命斩其母。三子曰："潮等事母如事将军，既杀其母，安用其子！请先母死。"将士皆为之请，乃舍之。

有望气者[4]谓绪曰："军中有王者气。"于是绪见将卒有勇略逾己及气质魁岸者皆杀之。刘行全亦死，众皆自危，曰："行全亲也[5]，且军锋之冠[6]，犹不免，况吾属乎！"行至南安[7]，王潮说其前锋将曰："吾属违坟墓[8]，捐妻子[9]，羁旅[10]外乡为群盗，岂所欲哉！乃为绪所迫胁故也。今绪猜刻[11]不仁，妄杀无辜，军中孑孑者[12]受诛且尽，子须眉若神[13]，骑射绝伦，又为前锋，吾窃为子危之！"前锋将执潮手泣，问计安出。潮为之谋，伏壮士数十人于篁竹[14]中，伺绪至，挺剑大呼跃出，就马上擒之，反缚以徇[15]，军中皆呼万岁。潮推前锋将为主，前锋将曰："吾属今日不为鱼肉[16]，皆王君力也。天以王君为主，谁敢先之！"相推让数四，卒[17]奉潮为将军。绪叹曰："此子在吾网中不能杀，岂非天哉！"

潮引兵将还光州，约其属，所过秋毫无犯[18]。行及沙县[19]，泉州人张延鲁等以刺史廖彦若贪暴，帅耆老[20]奉牛酒遮道，请潮留为州将，潮乃引兵围泉州。

（以上为第七段，写王潮据泉州，为建立闽政权张本。）

【注释】

[1]无得：不得，不准。王绪令军中不得携带老弱家属。 [2]王潮：字信臣，光州固始（今河南固始县）人。唐末割据福建的军阀。其子王审知建立闽国。传见《新唐书》卷一百九十。王潮兄弟指王潮与其弟审邽（guī）、审知。 [3]崎岖：原形容道路险阻不平。此处喻处境困难艰险。 [4]望气者：古代方士，能望云气以测吉凶征兆。这是一种迷信的说法。 [5]行全亲也：刘行全是王绪的妹夫。 [6]军锋之冠：即勇冠三军。 [7]南安：县名。县治在今福建南安市。[8]违坟墓：离开祖先的坟墓。即背井离乡。 [9]捐妻子：舍弃妻、子。 [10]羁（jī）旅：客居他乡。此句谓弃光州、寿州而入闽。 [11]猜刻：猜忌苛严。 [12]孑孑者：杰出特立的人。[13]须眉若神：形容长相不凡。 [14]篁竹：竹林。 [15]徇：对众宣布。 [16]鱼肉：喻受残害。 [17]卒：最终。 [18]秋毫无犯：丝毫不加侵犯。形容王潮部队纪律严明。 [19]沙县：县名。县治在今福建沙县东。 [20]耆老：年老而负声望的老人。古称六十岁为耆。

九月，戊申[1]，以陈敬瑄为三川[2]及峡内诸州[3]都指挥、制置等使。

蔡军[4]围荆南，马步使[5]赵匡谋奉[6]前节度使陈儒以出，留后张瓌觉之，杀匡及儒。

冬，十月，癸丑[7]，秦宗权败朱全忠于八角[8]。

王重荣求救于李克用，克用方怨朝廷不罪[9]朱全忠，选兵市马[10]，聚结诸胡[11]，议攻汴州，报[12]曰："待吾先灭全忠，还扫鼠辈[13]如秋叶耳！"重荣曰："待公自关东[14]还，吾为虏矣。不若先除君侧之恶[15]，退擒全忠易矣。"时朱玫、李昌符亦阴附[16]朱全忠，克用乃上言[17]："玫、昌符与全忠相表里[18]，欲共灭臣，臣不得不自救，已集蕃、汉兵十五万，决以来年济河，自渭北讨二镇[19]，不近京城，保无惊扰。既诛二镇，乃旋师[20]灭全忠以雪仇耻。"上遣使者谕释[21]，寇盖相望[22]。

朱玫欲朝廷讨克用，数遣人潜入京城，烧积聚，或刺杀近侍[23]，声云[24]克用所为，于是京师震恐，日有讹言[25]，令孜遣玫、昌符将本军及神策鄜、延、灵、夏等军各三万人屯沙苑[26]，以讨王重荣，重荣发兵拒之，告急于李克用，克用引兵赴之。十一月，重荣遣兵攻同州[27]，刺史郭璋出战，败死。重荣与玫等相守[28]月余，克用兵至，与重荣俱壁[29]沙苑，表请诛令孜及玫、昌符；诏和解之。克用不听。十二月，癸酉[30]，合战[31]，玫、昌符大败，各走还本镇，溃军所过焚掠。克用进逼京城，乙亥[32]夜，令孜奉天子自开远门[33]出幸凤翔。

初，黄巢焚长安宫室而去，诸道兵入城纵掠，焚府寺民居[34]什六七，王徽累年补葺[35]，仅完一二，至是复为乱兵焚掠，无孑遗矣。

是岁，赐河中军号护国。

（以上为第八段，写李克用进兵长安以图田令孜，唐僖宗再度蒙尘，京师化为灰烬。）

【注释】

[1]戊申：九月二十七日。 [2]三川：唐中叶以后分剑南西川、剑南东川和山南西道各为一镇，谓之"三川"。 [3]峡内诸州：指三峡地区的归州、峡州，属荆南节度，现均由陈敬瑄指挥制置，这是田令孜照顾其兄的缘故。 [4]蔡军：秦宗权所遣秦宗言的部队。 [5]马步使：官名。藩镇自置部队统率官。 [6]谋奉：打算拥戴。 [7]癸丑：十月二日。 [8]八角：地名。在河南开封市西南，今名八角店。 [9]不罪：不加罪、治罪。朱全忠曾在上源驿攻李克用，朝廷不

能治其罪，李克用故怨之。［10］市马：买马。［11］诸胡：各路胡兵。李克用为沙陀人，“胡”是对西北、北方各少数民族的泛称。［12］报：答复王重荣。［13］还扫鼠辈：灭朱全忠后回过头来再收拾田令孜、朱玫、李昌符等。［14］关东：泛指函谷关以东地区。此时朱全忠驻汴州。［15］君侧之恶：指田令孜等人。［16］阴附：暗中依附。［17］上言：向皇帝进言。［18］相表里：互为呼应、补充。［19］二镇：即朱玫、李昌言。时朱玫为邠宁节度使，李昌言为凤翔节度使。［20］旋师：还师。［21］谕释：下谕旨解释。［22］冠盖相望：皇帝的使者来往不绝。［23］近侍：皇帝身边的侍臣，指宦官。［24］声云：声言。［25］讹言：谣言，诈伪的话。［26］沙苑：地名。在今陕西大荔县南。［27］同州：州名。治所冯翊，在今陕西大荔县。［28］相守：相持。［29］壁：营垒。此处用如动词，意为驻扎。［30］癸酉：十二月二十三日。［31］合战：交锋。［32］乙亥：十二月二十五日。［33］开远门：长安城西边北数第一门。［34］府寺民居：府第寺庙及百姓住宅。［35］补葺（qì）：修补。

二年（丙午，886年）

春，正月，镇海[1]牙将张郁作乱，攻陷常州[2]。

李克用还军河中，与王重荣同表请大驾[3]还宫，因罪状田令孜，请诛之。上复以飞龙使杨复恭为枢密使[4]。

戊子[5]，令孜请上幸兴元，上不从。是夜，令孜引兵入宫[6]，劫上幸宝鸡[7]，黄门卫士[8]从者才数百人，宰相朝臣皆不知。翰林学士承旨[9]杜让能[10]宿直禁中[11]，闻之，步追乘舆，出城十余里，得人所遗马[12]，无羁勒[13]，解带系颈[14]而乘之，独追及上于宝鸡；明日，乃有太子少保[15]孔纬[16]等数人继至。让能，审权之子，纬，戣之孙也。宗正[17]奉太庙[18]神主[19]至鄠[20]，遇盗，皆失之。朝士追乘舆者至盩厔[21]，为乱兵所掠，衣装殆尽。

庚寅[22]，上以孔纬为御史大夫[23]，使还召百官，上留宝鸡以待之。

时田令孜弄权，再致播迁[24]，天下共忿疾之；朱玫、李昌符亦耻为之用，且惮李克用、王重荣之强，更与之合[25]。

萧遘因邠宁奏事判官[26]李松年至凤翔，遣召朱玫亟迎车驾，癸巳[27]，玫引步骑五千至凤翔。孔纬诣宰相，欲宣诏召之；萧遘、裴澈以令孜在上侧，不欲往，辞疾[28]不见。纬令台吏[29]趣百官诣行在，皆辞以无袍笏[30]，纬召三院御史[31]，泣谓：“布衣亲旧有急，犹当赴之。岂有天子蒙尘[32]，为人臣子，累召而不往者！”御史请办装数[33]日而行，纬拂衣[34]起曰：“吾妻病垂死且不顾，诸君善自为谋，请从此辞[35]！”乃诣李昌符，请骑卫送至行在，昌符义之，赠装钱，遣骑送之。

邠宁、凤翔兵追逼乘舆，败神策指挥使杨晟[36]于潘氏[37]，钲[38]鼓之声闻于行宫。田令孜奉上发宝鸡，留禁兵守石鼻[39]为后拒。置感义军[40]于兴、凤二州，以杨晟为节度使，守散关。时军民杂糅[41]，锋镝纵横[42]，以神策军使王建、晋晖为清道斩斫使，建以长剑五百前驱奋击，乘舆乃得前。上以传国宝[43]授建负之以从，登大散岭[44]。李昌符焚阁道[45]丈余，将摧折[46]，王建扶掖[47]上自烟焰中跃过；夜，宿板下，上枕建膝而寝，既觉，始进食，解御袍赐建曰：“以其有泪痕故也。”车驾才入散关，朱玫已围宝鸡。石鼻军溃，玫长驱攻散关，不克。嗣襄王煴[48]，肃宗之玄孙[49]也，有疾，从上不及，留遵涂驿[50]，为玫所得，与俱还凤翔。

庚戌[51]，李克用还太原。

二月，王重荣、朱玫、李昌符复上表请诛田令孜。

以前东都留守郑从谠为守太傅兼侍中。

朱玫、李昌符使山南西道节度使石君涉栅绝险要[52]，烧邮驿[53]，上由他道以进；山谷崎岖，邠军[54]迫其后，危殆者数四，仅得达山南[55]。三月，壬午[56]，石君涉弃镇[57]逃归朱玫。

癸未[58]，凤翔百官萧遘等罪状田令孜及其党韦昭度[59]，请诛之。初，昭度因供奉僧[60]澈结宦官，得为相。澈师知玄鄙澈所为，昭度每与同列[61]诣知玄，皆拜之，知玄揖使诣澈啜茶[62]。

山南西道监军冯翊严遵美[63]迎上于西县[64]，丙申[65]，车驾至兴元。

（以上为第九段，写田令孜劫持唐僖宗幸兴元。）

【注释】

[1]镇海：方镇名。治所润州，在今江苏镇江市。时节度使为周宝。周宝差张郁押兵士三百人戍于海次，张郁正月酗酒，杀死节度使府派来慰问戍兵的军将，自度不能免祸，于是作乱。[2]常州：州名。治所晋陵，在今江苏常州市。[3]大驾：皇帝出行车驾。[4]杨复恭复为

枢密使：中和三年，田令孜排斥杨复恭，改枢密使为飞龙使，掌御厩之马。［5］戊子：正月八日。［6］引兵入宫：带兵入凤翔行宫。［7］宝鸡：县名。县治在今陕西宝鸡市。［8］黄门卫士：宦官及值宿卫兵。［9］翰林学士承旨：官名。位在诸学士之上。凡大诰令、大废置、重要政事，皆得专对。［10］杜让能（?—893）：唐太宗时名相杜如晦的七世孙，公忠体国，景福二年被李茂贞逼杀，死年五十三岁，追赠太师。传见《旧唐书》卷一百七十七，并附《新唐书》卷九十六。［11］宿直禁中：此指值宿于行宫。［12］遗马：被人遗弃而未及时收回的马。［13］羁（jī）勒：套在马头上带嚼口的笼头。［14］解带系颈：因被遗弃的马没有络头，故解下衣带系在马颈上乘骑。［15］太子少保：官名。与太子少师、太子少傅共称为"东宫三少"，多为大臣的加官。［16］孔纬（?—895）：山东曲阜人，孔子后裔。宪宗朝岭南节度使孔戣之孙。传见《旧唐书》卷一百七十九，《新唐书》卷一百六十三。［17］宗正：官名。掌管王室亲族的事务，一般由皇族担任。［18］太庙：天子的祖庙。［19］神主：宗庙内所设已死国君的牌位，以木或石做成。［20］鄠（hù）：县名。县治在今陕西西安市鄠邑区。［21］盩厔（zhōuzhì）：县名。县治在今陕西周至。［22］庚寅：正月十日。［23］御史大夫：官名。主管弹劾、纠察以及掌管图籍秘书，位仅次于丞相。［24］播迁：流离迁徙。唐僖宗初因避黄巢而奔蜀，现在又避并、蒲之兵而出奔。皆因田令孜弄权而再次播迁。［25］更与之合：朱玫、李昌言耻为田令孜所用，所以反过来与李克用、王重荣合作。［26］奏事判官：官名。唐末藩镇派遣所属奏事，谓之奏事官。［27］癸巳：正月十三日。［28］辞疾：称病推辞。萧遘等因为田令孜在帝侧，故推辞不见孔纬。［29］台吏：御史下属的官吏。汉代以尚书为中台，御史为宪台，故后世称尚书或御史为台官。［30］袍笏（hù）：上朝的礼服和笏板。古代朝会时大臣手执笏板，有事则书于上，以备遗忘。［31］三院御史：唐制，御史分为三种：侍御史称为台院，地位较高；殿中侍御称为殿院，监察御史称为察院，是为三院御史。［32］蒙尘：喻皇帝流亡或失位，遭受垢辱。［33］办装：置办袍服。［34］拂衣：提衣，振衣，表示激动、生气。［35］辞：诀别，绝交，不再见面。［36］杨晟：杨晟后为威戎军节度使，守彭州，被四川王建攻杀。传见《新唐书》卷一百八十六。［37］潘氏：地名。在宝鸡东北。［38］钲（zhēng）鼓之声：作战的锣鼓之声。［39］石鼻：地名。在陕西宝鸡市东，一名石鼻寨。［40］置感义军：始设感义军镇，领兴、凤二州。兴州治所顺政，在今陕西略阳县。凤州治所梁泉，并为感义军治所，在今陕西凤县东北。［41］军民杂糅（róu）：军队和老百姓混杂在一起。［42］锋镝（dí）纵横：交战的刀锋和箭头纵横飞舞。形容当时行在所处境地艰险。［43］传国宝：秦以后帝王历代相传的玉玺，传为秦始皇所作。方圆四寸，上纽交五龙，正面刻李斯所写"受命于天，既寿永昌"。僖宗让王建负传国宝跟从，表示信任。［44］大散岭：山名，在今陕西宝鸡市西南。［45］阁道：即栈道。古时在川、陕悬崖峭壁上凿孔架桥连阁而成的道路。［46］摧折：栈道折断。［47］扶掖：搀扶。［48］嗣襄王煴（yūn）：肃宗子襄王李僙的曾孙。传见《旧唐书》卷一百七十五，《新唐书》卷八十二。［49］玄孙：第五代孙。［50］遵涂驿：驿站名，在石鼻，亦称石鼻驿。［51］庚戌：正月三十日。［52］栅绝险要：在险要处设置栅栏阻绝交通。

[53]邮驿：传递文书、供应食宿和车马的驿站。 [54]邠军：朱玫的军队。朱玫为邠宁节度使，故云。 [55]山南：道名。此指山南西道治所兴元府，在今陕西汉中市。 [56]壬午：三月三日。 [57]弃镇：山南西道节度使石君涉与朱玫等结党，车驾猝至，故弃镇而逃。 [58]癸未：三月四日。 [59]韦昭度（?—894）：字正纪，京兆人。中和元年七月以翰林学士承旨、兵部侍郎同平章事。传见《旧唐书》卷一百七十九，《新唐书》卷一百八十五。 [60]供奉僧：在皇帝左右供职的僧人。 [61]同列：同在朝班的官员，即同事。 [62]揖：拱手礼。知玄鄙视韦昭度等人，不深加接待，只行一拱手礼就让他们到僧澈那里去喝茶。啜（chuò）茶，喝茶。 [63]严遵美：宦官。传见《新唐书》卷二百零七。 [64]西县：县名。县治在今陕西勉县西。 [65]丙申：三月十七日。

戊戌[1]，以御史大夫孔纬、翰林学士承旨、兵部尚书杜让能并为兵部侍郎、同平章事。

保銮都将李铤等败邠军于凤州。

诏加王重荣应接粮料使[2]，调本道[3]谷十五万斛[4]以济国用。重荣表称令孜未诛，不奉诏。

以尚书左丞[5]卢渥为户部尚书，充山南西道留后。以严遵美为内枢密使[6]，遣王建帅部兵戍三泉[7]，晋晖及神策军使张造帅四都兵[8]屯黑水[9]，修栈道以通往来。以建遥领[10]壁州[11]刺史。将帅遥领州镇自此始。

陈敬瑄疑东川节度使高仁厚，欲去之。遂州[12]刺史郑君立[13]起兵攻陷汉州，进向成都；敬瑄遣其将李顺之逆战，君立败死。敬瑄又发维[14]、茂[15]羌军[16]击仁厚，杀之。

朱玫以田令孜在天子左右，终不可去，言于萧遘曰："主上播迁六年，中原将士冒矢石[17]，百姓供馈饷[18]，战死饿死，什减七八[19]，仅得复京城。天下方喜车驾还宫，主上更以勤王之功为敕使之荣[20]，委以大权，使堕纲纪[21]，骚扰藩镇[22]，召乱生祸。玫昨奉尊命来迎大驾，不蒙信察，反类胁君[23]。吾辈报国之心极[24]矣，战贼之力殚[25]矣，安能垂头弭耳[26]，受制于阉寺[27]之手哉！李氏[28]孙尚多，相公[29]盍[30]改图[31]以利社稷乎？"遘曰："主上践阼[32]十余年，无大过恶；正以令孜专权肘腋[33]，致坐不安席，上每言之，流涕不已。近日上初无行意[34]，令孜陈兵帐前，迫胁以行，不容俟旦[35]。罪皆在令孜，人谁不知！足下尽心王室，正有[36]引兵还镇[37]，拜表迎銮[38]。废立重事[39]，伊、霍[40]所难，遘不敢闻命！”玫出，宣言曰：“我立李氏一王，敢异议者斩！”

夏，四月，壬子[41]，玫逼凤翔百官奉襄王煴权监军国事[42]，承制[43]封拜[44]指挥[45]，仍遣大臣入蜀迎驾，盟百官于石鼻驿。玫使萧遘为册文[46]，遘辞以文思荒落[47]；乃使兵部侍郎判[48]户部郑昌图为之。乙卯[49]，煴受册[50]，玫自兼左、右神策十军使[51]，帅百官奉煴还京师；以郑昌图同平章事、判度支、盐铁、户部，各置副使，三司之事一以委焉。河中百官[52]崔安潜等上襄王笺[53]，贺受册。

田令孜自知不为天下所容，乃荐枢密使杨复恭为左神策中尉[54]、观军容使，自除西川[55]监军使，往依陈敬瑄。复恭斥令孜之党，出王建为利州[56]刺史，晋晖为集州[57]刺史，张造为万州刺史，李师泰为忠州刺史。

五月，朱玫以中书侍郎[58]、同平章事萧遘为太子太保，自加侍中、诸道盐铁、转运等使；加裴澈判度支，郑昌图判户部；以淮南节度使高骈兼中书令，充江、淮盐铁转运等使、诸道行营兵马都统；淮南右都押牙[59]、和州刺史吕用之为岭南东道[60]节度使；大行封拜以悦藩镇。遣吏部侍郎[61]夏侯潭[62]宣谕河北，户部侍郎杨陟宣谕江、淮，诸藩镇受其命者什六七，高骈仍奉笺劝进[63]。

（以上为第十段，写朱玫擅立襄王李煴监国，对抗唐僖宗，高骈上书襄王李煴劝进。）

【注释】

[1]戊戌：三月十九日。 [2]应接粮料使：官名。临时加官，以供朝廷粮饷。 [3]本道：王重荣时为河中节度使，驻蒲州，属河东道。 [4]斛（hú）：量器名。古代以十斗为一斛。[5]尚书左丞：官名。唐代尚书省中设左、右丞，掌监察百官。 [6]内枢密使：官名。唐代宗永泰中始置，以宦者充任，掌承受表奏。 [7]三泉：县名。武德四年（621）分利州之绵谷置三泉县，县治在今四川广元北。 [8]四都兵：从驾部队为五都，王建以一都戍三泉，晋晖、张造以四都屯黑水。都，唐代禁军以千人为一都。 [9]黑水：水名。在梁州城固县西北太白山，南流入汉。[10]遥领：担任职名，不亲往任职。 [11]壁州：州名。治所在今四川通江。 [12]遂州：州名。

治所在今四川遂宁。［13］郑君立：据严衍《资治通鉴补》，郑君立应为“郑君雄”。［14］维：州名。治所薛城，在今四川理县东北。［15］茂：州名。治所汶山，在今四川茂县。［16］羌军：羌族部队。羌族为我国西南少数民族之一。［17］冒矢石：出入战阵之中。矢石，指箭与石。古代作战，发矢抛石打击敌人。［18］馈饷：军粮。［19］什减七八：军队和百姓战死饿死十分之七八。［20］主上更以勤王之功为敕使之荣：谓皇帝反而把救援皇室的功劳归于宦官田令孜。敕使，皇帝的使者，此指田令孜。［21］堕纲纪：指宦官专权，败坏国家法纪。［22］骚扰藩镇：指光启元年（885）田令孜更置节度使任所，徙河中节度使王重荣为泰宁节度使，原泰宁节度使齐克让为义武节度使，原义武节度使王延存为河中节度使，导致祸乱。［23］胁君：威胁皇帝。［24］极：至，达到最高程度。［25］殚（dān）：尽。［26］垂头弭耳：俯首帖耳。［27］阉寺：太监的贱称。［28］李氏：指皇族。［29］相公：丞相。此指萧遘。［30］盍（hé）：副词。意为“何不”。［31］改图：改变计划。此处劝萧遘另拥立皇帝。［32］践阼（zuò）：天子登位称践阼。帝王嗣位或祭祀时所登之阶称阼。僖宗于公元874年即位，至此时已十二年。［33］肘腋：喻切近的地方。［34］初无行意：言此次僖宗开始时并没有离开长安的意思。［35］俟旦：等到天亮。［36］正有：只有。［37］还镇：回到邠宁节度使的治所。［38］拜表迎銮：上表迎接僖宗回长安。［39］废立重事：废掉皇帝，另立新君，乃朝廷大事。［40］伊、霍：指商朝的伊尹和汉朝的霍光。商王太甲纵欲无度，被伊尹放逐于桐宫。汉昌邑王刘贺即位后淫乱，被霍光废之，另立宣帝。后世将二人并称“伊霍”。［41］壬子：四月三日。［42］权监军国事：代行处理国政、军事。唐以来称代理、摄守官职为权。君王外出，太子或诸王代为处理国政，谓之监国。［43］承制：原意为秉承皇帝旨意，此处指以皇帝的名义。［44］封拜：拜官授爵。［45］指挥：发令调遣。［46］册文：封建王朝皇帝的诏书，凡立皇后、太子，封王、尊贤，都要有册书。［47］文思荒落：作文的思路衰竭，不敏捷。此为萧遘推辞之语。［48］判：以高官兼任低职或以他官兼临时所设要职者，称判。郑昌图以兵部侍郎判户部，即为户部实际负责人。户部的原官尚书反而不能举其职。［49］乙卯：四月六日。［50］受册：接受册封。［51］左右神策十军使：官名。禁军的统帅。田令孜曾将神策军扩充为五十四都，分为十军。［52］河中百官：唐僖宗出奔，百官没有跟从而奔河中者，称河中百官。［53］笺：上太子、诸王之书谓之笺。［54］左神策中尉：官名。神策军的护军中尉，由宦官担任，起控制神策军的作用。［55］西川：方镇名。唐肃宗至德二年（757）分剑南道为西川、东川两节度使。西川领益、彭、蜀、汉、眉、嘉、邛等州，治所成都。［56］利州：州名。治所绵谷，在今四川广元市。［57］集州：州名。治所在今四川南江县。［58］中书侍郎：官名。中书令的副职，参与朝政。［59］右都押牙：官名。押牙是藩镇衙署内部的亲信武职，其主官称为都押牙。［60］岭南东道：方镇名。唐肃宗至德元年（756）设岭南节度使。唐懿宗咸通三年（862）将岭南节度分为东西两道，广管为岭南东道，治所广州，即今广东省广州市。［61］吏部侍郎：官名。吏部尚书的副职。唐代吏部掌内外官吏选授、勋封、考课等政令。［62］夏侯谭：传附《旧唐书》卷一百七十七。［63］奉笺劝进：高骈上书襄王李熅，劝即帝位。

吕用之建牙开幕[1]，一与骈同[2]，凡骈之腹心及将校能任事者，皆逼以从己，诸所施为，不复咨禀[3]。骈颇疑之，阴欲夺其权，而根蒂[4]已固，无如之何[5]。用之知之，甚惧，访于其党前度支巡官[6]郑杞、前知庐州事董瑾，杞曰："此固[7]为晚矣。"用之问策安出，杞曰："曹孟德[8]有言：'宁我负人，无人负我[9]。'"明日，与瑾共为书一缄[10]授用之，其语秘，人莫有知者。

萧遘称疾归永乐[11]。

初，凤翔节度使李昌符与朱玫同谋立襄王，既而玫自为宰相专权；昌符怒，不受其官，更通表兴元[12]。诏加昌符检校司徒[13]。

朱玫遣其将王行瑜将邠宁、河西[14]兵五万追乘舆，感义节度使杨晟战数却[15]，弃散关走，行瑜进屯凤州。

是时，诸道贡赋多之[16]长安，不之兴元，从官卫士皆乏食，上涕泣，不知为计。杜让能言于上曰："杨复光与王重荣同破黄巢，复京城，相亲善；复恭其兄也。若遣重臣往谕以大义，且致复恭之意，宜有回虑归国之理[17]。"上从之，遣右谏议大夫[18]刘崇望[19]使于河中，赍诏谕重荣，重荣即听命，遣使表献绢十万匹，且请讨朱玫以自赎[20]。

戊戌[21]，襄王煴遣使至晋阳赐李克用诏，言："上至半涂，六军[22]变扰，苍黄[23]晏驾[24]，吾为藩镇所推，今已受册。"朱玫亦与克用书，克用闻其谋皆出于玫，大怒。大将盖寓[25]说克用曰："銮舆播迁，天下皆归咎[26]于我，今不诛玫，黜[27]李煴，无以自湔洗[28]。"克用从之，燔[29]诏书，囚使者，移[30]檄[31]邻道，称："玫敢欺藩方[32]，明言晏驾。当道[33]已发蕃、汉三万兵进讨凶逆，当共立大功。"寓，蔚州[34]人也。

秦贤寇宋汴，朱全忠败之于尉氏[35]南；癸巳[36]，遣都将郭言[37]将步骑三万击蔡州。

六月，以扈跸都将[38]杨守亮[39]为金商[40]节度、京畿制置使，将兵二万出金州，与王重荣、李克用共讨朱玫。守亮本姓訾，名亮，曹州人，与弟信皆为杨复光假子，更名守亮、守信。

李克用遣使奉表称："方发兵济河，除逆党，迎车驾，愿诏诸道与臣协力。"先是，山南之人皆言克用与朱玫合，人情恟惧[41]；表至，上出示从官，并谕山南诸镇，由是帖然[42]。然克用表犹以朱全忠为言[43]，上使杨复恭以书谕之云："俟三辅[44]事宁，别有进止[45]。"

衡州[46]刺史周岳发兵攻潭州[47]，钦化节度使闵勖[48]招淮西将[49]黄皓入城共守，皓遂杀勖。岳攻拔州城，擒皓，杀之。

镇海节度使周宝遣牙将丁从实袭常州，逐张郁；郁奔海陵[50]，依镇遏使南昌高霸。霸，高骈将也，镇海陵，有民五万户，兵三万人。

秋，七月，秦宗权陷许州，杀节度使鹿晏弘。

王行瑜进攻兴州[51]，感义节度使杨晟弃镇走，据文州[52]，诏保銮都将李铤、扈跸都将李茂贞[53]、陈佩屯大唐峰[54]以拒之。茂贞，博野[55]人，本姓宋，名文通，以功赐姓名。

更命钦化军曰武安，以衡州刺史周岳为节度使。

八月，卢龙节度使李全忠薨，以其子匡威[56]为留后。

王潮拔[57]泉州，杀廖彦若[58]。潮闻福建观察陈岩威名，不敢犯福州境，遣使降之，岩表潮为泉州刺史。潮沈勇[59]有智略，既得泉州，招怀离散[60]，均赋缮兵[61]，吏民悦服。幽王绪于别馆，绪惭，自杀。

九月，朱玫将张行实攻大唐峰，李铤等击却之。金吾将军满存与邠军战，破之，复取兴州，进守万仞寨[62]。

李克修攻孟方立，甲午[63]，擒其将吕臻于焦冈[64]，拔故镇[65]、武安[66]、临洺[67]、邯郸[68]、沙河[69]；以大将安金俊为邢州刺史。

长安百官太子太师裴璩等劝进于襄王煴。冬，十月，煴即皇帝位，改元建贞，遥尊上为太上元皇圣帝。

（以上为第十一段，写李克用大军征讨朱玫，朱玫倒行逆施，拥立襄王李煴称帝。）

【注释】

［1］建牙开幕：独立设置牙帐幕府，指吕用之不再听命于高骈。牙，军前大旗。幕，帐幕，指镇将府署。［2］一与骈同：一切设置等同高骈。［3］咨禀：征询意见和禀告。［4］根蒂（dì）：

花及瓜果与枝茎相连的部分。此处喻基础，根基。［5］无如之何：无可奈何。［6］度支巡官：官名。唐时节度使的僚属，位居判官、推官之次，职掌财务。［7］固：已经。［8］曹孟德：曹操的字。［9］宁我负人，无人负我：东汉末，曹操避董卓之难，路过故人吕伯奢家，吕杀猪宰羊相迎，曹听到磨刀声，以为吕要加害于他，杀了吕家八口逃走。事后说："宁我负人，毋人负我。"语见《三国志·魏书·武帝纪》裴松之注引孙盛《杂记》。郑杞此言，是劝吕用之消灭高骈。［10］为书一缄：写一封信。［11］永乐：县名。县治在今山西芮城西。萧遘弟萧蘧为永乐令，故往依之。［12］通表兴元：李昌符向僖宗行在上表，示意拥护僖宗还朝。［13］检校司徒：官名。检校是诏除而非正名的加官，司徒为三公之一。唐末武人这种加官很多，以示荣宠。［14］河西：方镇名。唐睿宗景云元年（710）置河西节度使，治所凉州，在今甘肃武威。安史之乱后没于吐蕃。宣宗时张义潮收凉州，河西又归属于唐。［15］却：败退。［16］之：送往。［17］回虑归国之理：按理，王重荣当回心转意，归服朝廷。［18］右谏议大夫：官名。掌论议。唐制，谏议大夫分左、右，分属门下省、中书省。［19］刘崇望：字希徒，为唐初凌烟阁功臣刘政会第八世孙，官至中书侍郎、同平章事，兼兵部、吏部尚书。传见《旧唐书》卷一百七十九，并附《新唐书》卷九十。［20］自赎：自己主动立功赎罪。［21］戊戌：五月二十日。［22］六军：泛指朝廷的军队。涂，通"途"。［23］苍黄：匆促、慌张。［24］晏驾：皇帝死亡的讳辞。此处言唐僖宗晏驾是制造谎言。［25］盖寓（?—905）：李克用亲将，常卫从，特授检校太保，开国侯，食邑一千户。天祐二年卒。庄宗即位，追赠太师。传见《旧五代史》卷五十五。［26］归咎于我：意即归罪于我们。因为唐僖宗出奔凤翔、兴元，是由于李克用与王重荣兵逼京城。［27］黜（chù）：废免。［28］湔（jiān）洗：洗刷污秽，比喻改过自新。［29］燔（fán）：烧。［30］移：将公文发往平行机关。［31］檄（xí）：用以征召、晓谕或声讨的文书。［32］藩方：藩镇。方，地方。［33］当道：本道。［34］蔚州：州名。治所灵丘，在今山西灵丘县。［35］尉氏：县名。县治在今河南尉氏县。［36］癸巳：五月十五日。［37］郭言（?—892）：太原人，家南阳新野，被黄巢裹胁为盗，后从朱全忠为裨校。积功任宿州刺史。景福元年，时溥攻宿州，郭言野战，中流矢死。传见《旧五代史》卷二十一。［38］扈跸都将：官名。扈跸都，神策五十四都之一。扈，侍从。跸（bì），帝王出行时止行清道。［39］杨守亮：曹州人，初从王仙芝为盗，降杨复光为假子，以战功拜山南西道节度使。后奉诏入四川讨王建，兵败阆州，只身北奔太原，在商山为韩建所擒槛车送京师被诛。传见《新唐书》卷一百八十六。［40］金商：方镇名。光启元年（885）升金商都防御使为节度，兼京畿制置使。治所西城，在今陕西安康市。［41］恟（xiōng）惧：震动恐惧。［42］帖然：安定。［43］以朱全忠为言：以弹劾朱全忠为进谏内容。［44］三辅：指关中京畿之地。［45］别有进止：另有安排。进止，升降。［46］衡州：州名。治所衡阳，在今湖南衡阳市。［47］潭州：州名。治所长沙，在今湖南长沙市。［48］闵勖：中和元年（881）据潭州。［49］淮西将：即秦宗权将。淮西节度治所蔡州，秦宗权据蔡州，为节度使。［50］海陵：县名。县治在今江苏泰州市。唐时为泰州治所。［51］兴州：州名。治所在今陕西略阳县。［52］文州：州名。治所在今甘肃文县西南。［53］李茂贞（856—924）：深州博野（今属河北）人。本姓宋，名文通。唐僖宗朝历任武定、凤翔节度使，封陇西郡王，赐姓李。传见《旧五代史》卷一百三十二，《新五代史》卷四十。［54］大唐峰：地名。［55］博野：县名。县治在今河北蠡县。［56］李匡威（?—893）：范阳节度使李全忠之子。李匡威继父领节度使，被其弟李匡筹所逐。传附《旧唐书》卷一百八十，《新唐书》卷二百一十二《李全忠传》。［57］拔：攻克。王潮于去年八月围泉州，至今攻克。［58］廖彦若（?—886）：泉州刺史。［59］沈勇：沉着勇敢。沈，通“沉”。［60］招怀离散：招抚流亡，安置离散，恢复生产。［61］均赋缮兵：平均赋税，修整武备。［62］万仞寨：地名。［63］甲午：九月十八日。［64］焦冈：地名。［65］故镇：又名固镇，在武安县境。［66］武安：县名。县治在今河北武安市。［67］临洺：县名。县治在今河北邯郸市永年区。［68］邯郸：县名。县治在今河北邯郸市。［69］沙河：县名。县治在今河北沙河市北。

董昌谓钱镠曰：“汝能取越州，吾以杭州授汝。”镠曰：“然，不取终为后患。”遂将兵自诸暨趋平水［1］，凿山开道五百里，出曹娥埭［2］，浙东将鲍君福帅众降之。镠与浙东军战，屡破之，进屯丰山［3］。

感化［4］牙将张雄、冯弘铎得罪于节度使时溥，聚众三百，走渡江，袭苏州［5］，据之。雄自称刺史，稍［6］聚兵至五万，战舰千余，自号天成军。

河阳节度使诸葛爽薨，大将刘经、张全义［7］立爽子仲方为留后。全义，临濮人也。

李克修攻邢州，不克而还。

十一月，丙戌［8］，钱镠克越州，刘汉宏奔台州［9］。

义成节度使安师儒委政于两厢都虞候［10］夏侯晏、杜标，二人骄恣，军中忿之；小校张骁潜出，聚众二千攻州城，师儒斩晏、标首谕之，军中稍息。天平节度使朱瑄谋取滑州，遣濮州刺史朱裕将兵诱张骁，杀之。朱全忠先遣其将朱珍、李唐宾袭滑州，入境，遇大雪，珍等一夕驰至壁下［11］，百梯并升，遂克之，虏师儒以归。全忠以牙将江陵［12］胡真知义成留后。

田令孜至成都请寻医［13］，许之。

十二月，戊寅［14］，诸军拔凤州，以满存为凤州防御使。

杨复恭传檄关中，称“得朱玫首者，以静难［15］节度使赏之。”王行瑜战数败[16]，恐获罪于玫，与其下谋曰："今无功，归亦死；曷若与汝曹斩玫首[17]，迎大驾，取邠宁节钺[18]乎？"众从之。甲寅[19]，行瑜自凤州擅引兵归京师，玫方视事[20]，闻之，怒，召行瑜，责之曰："汝擅归，欲反邪？"行瑜曰："吾不反，欲诛反者朱玫耳！"遂擒斩之，并杀其党数百人。诸军大乱，焚掠京城，士民无衣冻死者蔽地。裴澈、郑昌图帅百官二百余人奉襄王奔河中，王重荣诈为迎奉，执煴，杀之。囚澈、昌图；百官死者殆半。

台州刺史杜雄诱刘汉宏，执送董昌，斩之。昌徙镇越州，自称知浙东军府事，以钱镠知杭州事。

王重荣函襄王煴首[21]至行在，刑部[22]请御兴元城南楼献馘[23]，百官毕贺[24]。太常博士[25]殷盈[26]孙议，以为："煴为贼臣所逼，正[27]以不能死节[28]为罪耳。礼，公族罪在大辟[29]，君为之素服不举[30]。今煴已就诛，宜废为庶人，令所在葬其首。其献馘称贺之礼，请俟朱玫首至而行之。"从之。盈孙，侑之孙也。

（以上为第十二段，写董昌据越州，钱镠知杭州，为建立吴越张本。朱玫为部将所杀，襄王李煴走河中为王重荣所杀。）

【注释】

[1]平水：镇名。在越州东南。 [2]曹娥埭（dài）：镇名。在越州东。 [3]丰山：山名。在曹娥埭西。 [4]感化：方镇名。唐宪宗元和二年（807）置武宁军节度使，治徐州。唐懿宗咸通十一年（870）置徐泗观察使，后赐号感化军节度使。 [5]苏州：州名。治所在今江苏苏州市。[6]稍：逐渐。 [7]张全义（852—926）：濮州临濮（今河南范县濮城）人。初名言。投黄巢任吏部尚书。巢败，降于河阳节度使诸葛爽，任泽州刺史。唐昭宗赐名全义。 [8]丙戌：十一月十一日。 [9]台州：州名。治所临海，在今浙江临海市。 [10]两厢都虞候：军法官。唐后期藩镇皆置虞候，主官为都虞候。 [11]壁下：城墙下。 [12]江陵：府名。唐肃宗上元元年（760）升荆州为江陵府，治所在今湖北江陵县。 [13]寻医：求医。时田令孜已解西川监军使。[14]戊寅：十二月乙巳朔，无戊寅。戊寅，光启三年正月四日。 [15]静难：方镇名。即朱玫所任邠宁军节度使。中和四年（884）十二月赐号静难。此以朱玫职任悬赏攻杀朱玫的人。 [16]数（shuò）败：王行瑜多次被李铤、满存等击败。 [17]斩玫首：据章校，此句下应有"定京城"三字。 [18]节钺（yuè）：符节和斧钺。这里指代节度使。 [19]甲寅：十二月十日。 [20]视事：办公。 [21]函首：把首级装在匣子里。函，匣子。此处用如动词。 [22]刑部：官署名。唐六

部之一。掌管国家的法律、刑狱事务。［23］馘（guó）：古代战时下割所杀敌人的左耳，用以计功。这里指襄王煴的首级。［24］毕贺：皆贺。［25］太常博士：官名。唐制太常寺置博士四人，必以有学识的人充任，主要职务为讨论谥法，有应予谥者由博士献议。［26］殷盈孙（?—889）：文宗朝刑部尚书殷侑之孙。传见《旧唐书》卷一百六十五，《新唐书》卷一百六十四。［27］正：恰，仅。［28］死节：守节义而死。此谓李煴是被朱玫等所逼使，其罪仅仅是不能为节义而死罢了。［29］大辟：死刑。［30］素服不举：不穿丧服。

河阳大将刘经，畏李罕之难制，自引兵镇洛阳，袭罕之于渑池[1]，为罕之所败；经弃洛阳走，罕之追杀殆尽。罕之军于巩[2]，将渡河，经遣张全义将兵拒之。时诸葛仲方幼弱，政在刘经，诸将多不附，全义遂与罕之合兵攻河阳，为经所败，罕之、全义走保怀州。

初，忠武决胜指挥使孙儒[3]与龙骧指挥使[4]朗山刘建锋[5]戍蔡州，拒黄巢，扶沟马殷[6]隶军中，以材勇闻。及秦宗权叛，儒等皆属焉。宗权遣儒攻陷郑州，刺史李璠奔大梁。儒进陷河阳，留后诸葛仲方奔大梁。儒自称节度使，张全义据怀州，李罕之据泽州[7]以拒之。

初，长安人张佶[8]为宣州幕僚[9]，恶观察使秦彦之为人，弃官去；过蔡州，宗权留以为行军司马[10]。佶谓刘建锋曰："秦公刚鸷[11]而猜忌，亡无日矣，吾属何以自免！"建锋方自危，遂与佶善。

寿州刺史张翱遣其将魏虔将万人寇庐州，庐州刺史杨行慜遣其将田頵、李神福、张训拒之，败虔于褚城[12]。滁州[13]刺史许勍袭舒州，刺史陶雅奔庐州。高骈命行慜更名行密。

是岁，天平牙将朱瑾[14]逐泰宁[15]节度使齐克让，自称留后。瑾将袭兖州，求婚于克让，乃自郓[16]盛饰车服，私藏兵甲[17]以赴之。亲迎之夕，甲士窃发[18]，逐克让而代之。朝廷因以瑾为泰宁节度使。

安陆[19]贼帅周通攻鄂州，路审中[20]亡去；岳州刺史杜洪[21]乘虚入鄂，自称武昌留后，朝廷因以授之。湘阴[22]贼帅邓进思复乘虚陷岳州。

秦宗言围荆南二年，张瓌婴城自守[23]，城中米斗直[24]钱四十缗[25]，食甲[26]鼓皆尽，击门扉以警夜，死者相枕[27]。宗言竟不能克而去。

（以上为第十三段，写黄河南北、荆南、淮南、闽浙等地的军阀混战。）

【注释】

［1］渑（miǎn）池：县名。县治在今河南渑池县西。［2］巩：县名。县治在今河南巩义市东北。［3］孙儒：官至淮南节度使，为杨行密所灭。传见《新唐书》卷一八八。［4］决胜指挥使、龙骧指挥使：官名。指挥使为藩镇部属军将。决胜、龙骧为临时所加名号。［5］刘建锋：字锐端，朗山（今河南确山县）人。为忠武军部将，随孙儒征战，儒败，刘建锋略定江西洪州、虔州，为武安军节度使，因嗜酒贪淫，为御者所杀。传见《新唐书》卷一百九十。［6］马殷（852—930）：五代时楚国的建立者。公元907—930年在位。字霸图，许州扶沟（今河南扶沟）人。新旧五代史作鄢陵（今河南鄢陵）人，此时为孙儒将。传见《旧五代史》卷一百三十三，《新五代史》卷六十六。［7］泽州：州名。治所晋城，在今山西晋城市。［8］张佶（jí）（?—911）：京兆长安人。唐乾宁初任湖南行军司马，节帅刘建峰为部属所杀，张佶帅众迎马殷为节帅，自己复为行军司马，垂二十年。开平元年，马殷表张佶为朗州永顺军节度使，卒于官。传见《旧五代史》卷十七。［9］幕僚：地方军政大吏幕府中参谋、书记之类的僚属。［10］行军司马：官名。唐代出征将帅及节度使下置此官，多以手握军事实权者充任，几乎等于副帅。［11］刚鸷（zhì）：强硬凶悍。［12］褚城：庐州境内地名。［13］滁州：州名。治所在今安徽滁州市。［14］朱瑾（866—918）：朱瑄之从弟。雄武绝伦，积功任兖州节度使，与朱全忠攻战，兵败渡淮依杨行密领徐州节度使。杨行密卒，徐温专政，虑朱瑾不附己而杀之。传见《旧唐书》卷一百八十二，《旧五代史》卷十三，《新五代史》卷四十二。［15］泰宁：方镇名。即沂海节度使。唐僖宗乾符年间赐号泰宁军。治所兖州，在今山东济宁市兖州区。［16］郓：即郓城，在今山东郓城。［17］兵甲：武器。朱瑾为袭兖州而求婚于齐克让，故私藏武器于车中去迎亲。［18］窃发：暗暗地突发。［19］安陆：县名。县治在今湖北安陆市。［20］路审中：原为杭州刺史，中和元年（881）赴任时为董昌所拒，客居黄州。中和四年闻鄂州刺史崔绍卒，募兵据之。［21］杜洪（?—902）：鄂州（今湖北武汉市）人。洪为州将，讨黄巢有功，僖宗拜洪为鄂州节度使。后与杨行密战，兵败被杀。传见《新唐书》卷一百九十，《旧五代史》卷十七。［22］湘阴：县名。县治在今湖南湘阴县西。［23］婴城自守：据荆南城四面固守。［24］直：通“值”。［25］缗（mín）：原为穿钱的绳子，后亦指成串的钱，一千文为一缗。［26］甲：军人所服革制护身衣。因城中乏食，连甲衣和鼓上的皮都吃尽了。［27］死者相枕：死尸纵横，互相枕藉。

三年（丁未，887年）

春，正月，以邠州都将王行瑜为静难军节度使，扈跸都头李茂贞领武定[1]节度使，扈跸都头杨守宗为金商节度使，右卫大将军[2]顾彦朗[3]为东川节度使，金商节度使杨守亮为山南西道节度使。彦朗，丰县人也。

辛巳[4]，以董昌为浙东观察使，钱镠为杭州刺史。

秦宗权自以兵力十倍于朱全忠，而数为所败，耻之，欲悉力[5]以攻汴州。全忠患兵少，二月，以诸军都指挥使朱珍为淄州[6]刺史，募兵于东道，期[7]以初夏[8]而还。

戊辰[9]，削夺三川都监田令孜官爵，长流端州[10]。然令孜依陈敬瑄，竟不行。

代北[11]节度使李国昌[12]薨。

三月，癸未[13]，诏伪宰相萧遘、郑昌图、裴澈，于所在集众斩之，皆死于岐山[14]。时朝士受煴官者甚众，法司[15]皆处以极法[16]；杜让能力争之，免者什七八。

壬辰[17]，车驾至凤翔，节度使李昌符，恐车驾还京虽不治前过[18]，恩赏必疏，乃以宫室未完，固请驻跸[19]府舍，从之。

太傅兼侍中郑从谠罢为太子太保。

镇海节度使周宝募亲军千人，号后楼兵，禀给[20]倍于镇海军；镇海军皆怨，而后楼兵浸骄[21]不可制。宝溺于声色，不亲政事，筑罗城[22]二十余里，建东第[23]，人苦其役。宝与僚属宴后楼，有言镇海军怨望者，宝曰："乱则杀之！"度支催勘使[24]薛朗以其言告所善[25]镇海军将刘浩，戒之使戢[26]士卒，浩曰："惟反可以免死耳！"是夕，宝醉，方寝，浩帅其党作乱，攻府舍而焚之。宝惊起，徒跣[27]叩芙蓉门[28]呼后楼兵，后楼兵亦反矣。宝帅家人步走出青阳门[29]，遂奔常州，依刺史丁从实。浩杀诸僚佐，癸巳[30]，迎薛朗入府，推为留后。宝先兼租庸副使，城中货财山积，是日，尽于乱兵之手。

高骈闻宝败，列牙[31]受贺，遣使馈以齑粉[32]。宝怒，掷之地曰："汝有吕用之在，他日未可知[33]也！"扬州连岁饥，城中馁[34]死者日数千人，坊市[35]为之寥落[36]，灾异数见，骈悉以为周宝当[37]之。

山南西道节度使杨守亮忌利州[38]刺史王建骁勇，屡召之；建惧，不往。前龙州[39]司仓[40]周庠说建曰："唐祚[41]将终，藩镇互相吞噬[42]，皆无雄才远略，不能戡济[43]多难。公勇而有谋，得士卒心，立大功者非公而谁！然葭萌[44]四战之地[45]，难以久安。阆州地僻人富，杨茂实，陈、田[46]之腹心，不修职贡[47]，若表其罪，兴兵讨之，可不战而擒[48]也。”建从之，召募溪洞酋豪[49]，有众八千，沿嘉陵江[50]而下，袭阆州，逐其刺史杨茂实而据之，自称防御使，招纳亡命，军势益盛，守亮不能制。

部将张虔裕说建曰：“公乘天子微弱，专据方州[51]，若唐室复兴，公无种[52]矣。宜遣使奉表天子，杖[53]大义以行师，蔑不济矣[54]。”部将綦毋[55]谏复说建养士爱民以观天下之变。建从之[56]。庠、虔裕、谏，皆许州人也。

初，建与东川节度使顾彦朗俱在神策军，同讨贼；建既据阆州，彦朗畏其侵暴，数遣使问遗[57]，馈以军食，建由是不犯东川。

初，周宝闻淮南六合[58]镇遏使徐约[59]兵精，诱之使击苏州。

（以上为第十四段，写唐僖宗下诏流放田令孜，诛杀李煴所署伪朝百官。王建据阆州，为前蜀建立张本。）

【注释】

[1]武定：方镇名。光启元年（885）置武定军节度使，治所洋州，在今陕西西乡县。 [2]右卫大将军：官名。右卫为唐代十六卫之一，置上将军、大将军各一人，掌宫禁宿卫。 [3]顾彦朗：丰县（今江苏丰县）人。与弟顾彦晖，并为天德军小校，黄巢入长安，彦朗勤王，累迁右卫大将军，历官东川节度使，为西川王建所并。传见《新唐书》卷一百八十六。 [4]辛巳：正月七日。 [5]悉力：竭尽全力。 [6]淄州：州名。治所淄川，在今山东淄博市淄川区。淄州本属平庐节度，朱全忠想在东方招兵，故以刺史授朱珍。 [7]期：约期。 [8]初夏：四月。 [9]戊辰：二月二十四日。 [10]端州：州名。治所高要，在今广东肇庆市。 [11]代北：方镇名。即雁门节度使，唐僖宗中和三年（883）更名为代北节度。治所代州，在今山西代县。 [12]李国昌：李克用之父。 [13]癸未：三月九日。 [14]岐山：县名。县治在今陕西岐山县。 [15]法司：谓刑部。 [16]极法：极刑，死刑。 [17]壬辰：三月十八日。 [18]不治前过：不追究李昌符先前与朱玫一起追逐乘舆之过。 [19]驻跸：帝王出行，中途暂住。此指李昌符欲取得僖宗好感，一再请求其暂住凤翔府。 [20]禀给：供给，给养。赐人以谷叫禀，也作廪。 [21]浸骄：渐渐骄横起来。 [22]罗城：为加强防守，在城墙外加建的凸出形小城圈。 [23]第：府第。 [24]度支催勘使：官名。朝廷派出统筹财政的临时职务。 [25]所善：好朋友。 [26]戢（jí）：止息。薛朗知道周

宝要杀作乱的人，所以劝刘浩止息士卒的怨愤。［27］徒跣（xiǎn）：光着脚。［28］芙蓉门：周宝府第与后楼兵营之间的门。［29］青阳门：润州城门。［30］癸巳：三月十九日。［31］列牙：牙，通“衙”。吏员齐集衙门为列衙。［32］齑（jī）粉：细粉，碎屑。高骈与周宝有仇，幸灾乐祸，故意送齑粉羞辱他。［33］他日未可知：意谓来日没有好下场。吕用之原为高骈幕僚，光启二年（886）为岭南东道节度使，阴谋消灭高骈。所以周宝说有吕用之在，高骈的下场也不会好。［34］馁（něi）：饥饿。［35］坊市：街市。坊，店铺。［36］寥落：冷落。［37］当：承受。高骈认为扬州连年出现的灾害、异常现象，都应在周宝身上。［38］利州：属山南西道。［39］龙州：州名。治所在今四川平武县东南。［40］司仓：官名。唐制，在府的叫仓曹参军，在州的叫司仓参军，主管仓库。［41］祚：皇位。［42］吞噬（shì）：吞食，兼并。［43］戡济：戡乱救世。［44］葭（jiā）萌：邑名。在利州西南，即今四川广元昭化镇。这里代指利州。［45］四战之地：四面形势险要，为兵家必争之地。［46］陈、田：指陈敬瑄、田令孜。［47］职贡：职分应进之贡物。［48］不战而擒：据章校及下文文意，应为“一战而擒”。［49］溪洞酋豪：指居于嘉陵江流域的部落首领。［50］嘉陵江：长江上游支流。在四川省东部。源出陕西凤县东北嘉陵谷，西南流到略阳县北纳西汉水，到四川广元昭化纳白龙江，到重庆入长江。［51］专据方州：割据方州郡。［52］无种：没有传宗接代的人。意谓灭门之灾。［53］杖：通“仗”，凭恃。［54］蔑不济矣：没有不成功的。［55］綦毋（qíwú）谏：人名。綦毋，复姓。［56］建从之：据章校，“建”下有“皆”字。［57］问遗：问候和馈赠礼物。［58］六合：县名。县治在今江苏南京市六合区。［59］徐约：传附《新唐书》卷一百九十。

【点评】

本卷点评黄巢授首、田令孜横恣、唐僖宗再度蒙尘三件史事。

一、黄巢授首。黄巢入长安，“甲骑如流，辎重塞途，千里络绎不绝”，军威雄壮。黄巢在长安建立大齐政权，势力达于极盛。可惜黄巢一向流动作战，多年来攻城略地，旋得旋失，千里转移，一忽儿河南，一忽儿江南，甚至远窜岭南，奔袭三千里入长安，流寇成性，忽视根据地建设，也就疏于行政管理和治国之术。黄巢入长安，在军事和政治两个方面犯了大错。军事上没有抓住战机，阻止僖宗入蜀，所以全国藩镇仍奉唐正朔，不听黄巢号令，黄巢很快陷入四面楚歌中。唐官军四集，诸镇合围长安，黄巢陷入了灭顶之灾。政治上，黄巢只对唐四品以下降官留任，三品以上全部停职，对不主动效命大齐的唐官杀无赦。这样不利于分化瓦解唐朝高层官僚，新政权得不到人气，政治基础不牢固，想要长久生存是不可能的。此外，黄巢建都长安不合时宜，关中狭窄，物产不足以承载大国首都，自西汉文景之后，京都长安就依赖中原漕运供给。唐都长安，后期要靠江淮物产支撑。黄巢在孤悬的长安建都，其实是坐以待毙。唐僖宗中和四年（884）六月，黄巢被唐官军追杀于泰山狼虎谷，唐末大起义失败了。

黄巢虽死，但唐王朝也因遭受十年农民大起义的沉重打击而分崩离析。起义军从数千人发展到六十万人，南征北伐，横扫大半个中国，唐朝上百个州县城邑被攻没，不少官吏被惩处，地方豪强、门阀士族更遭到沉重打击。宋人王明清在《挥麈前录》卷二中说："唐朝崔、卢、李、郑及城南韦、杜二家，蝉联珪组，世为显著，至本朝绝无闻人。"这说的是关中士族集团遭到灭顶之灾的情况。全国各地，凡农民军所到之处，豪绅、士族无不遭到打击。所以五代以后"取士不问家世，婚姻不问阀阅"。也就是说，在农民起义军的打击下，唐末残存的士族终于被摧灭，成为历史的陈迹。豪强地主大量被歼灭，土地高度集中得到缓解。这些为五代和北宋的社会经济发展创造了有利条件，这就是黄巢起义的价值。

二、田令孜横恣。田令孜，四川人，本姓陈，字仲则，唐懿宗咸通年间随义父入内侍省为宦官，在内仆局的下属任马坊使。田令孜"颇知书，有谋略"。唐僖宗即位，破格提升田令孜为神策军中尉，执掌了禁军大权，成为权倾朝野的显赫人物。

唐僖宗李儇，又名李俨。僖宗是唐懿宗的第五子，受封为普王时就特别宠爱田令孜，同床卧起。僖宗昏庸，喜欢声色犬马，斗鸡打球，田令孜导引固宠。田令孜的胞弟陈敬瑄用赌球的方式赢球当上了西川节度使。僖宗即位，一群蝗虫由东向西飞过天空，沿路吃光树叶、庄稼，最后落在长安城郊为灾，田令孜谎报说："蝗虫不吃庄稼，并且抱着荆棘自杀了。"于是田令孜率文武百官向新皇帝祝贺，说蝗虫自杀是祥瑞，兆示新皇帝登基，五谷丰收。田令孜还卖官鬻爵，"除拜不待旨，假赐绯紫不以闻"，掠夺财货，残害平民，弄得朝廷百度崩弛，内外垢秽，终于爆发黄巢大起义，长安不守，奔逃西川。僖宗入蜀，一路上给田令孜加官晋爵，先封为十军十二观军容制置左右神策护驾使，又加封为左金吾卫上将军，兼判禁军军事，封晋国公。僖宗在四川，不得召宰相，不能谋群臣，如同一个囚徒。田令孜进奉声色，使宦官日夜与僖宗吃酒行乐，高呼万岁，僖宗在荒淫之中苟延岁月。僖宗还朝，田令孜反以匡佐之功受赏，威权震天下。田令孜擅权，唐僖宗成为傀儡，丧失了重整山河中兴唐朝的机会。田令孜外结邠宁、凤翔两镇节度使与河中王重荣争盐利，引发战争，拉开了唐末军阀大混战的序幕，罪大恶极。田令孜兵败，胁迫唐僖宗再度蒙尘，出逃山南。朝官、藩镇交相弹劾田令孜。此时僖宗病危，群臣瞩目寿王李晔，李晔是僖宗之弟，与田令孜有隙。田令孜内外交困，主动辞去官职，自请到剑南监军，连夜出逃西川去依附西川节度使陈敬瑄。数年后，田令孜与陈敬瑄都死于田令孜义子王建之手，结束了罪恶的一生。

三、唐僖宗再度蒙尘。唐僖宗李儇是一个纨绔子弟，专事游戏，十二岁被宦官拥立为皇帝，就是因为其好掌控。僖宗也一头栽到宦官的怀抱，呼田令孜为阿父，在田令孜的教唆下肆意耗费财物，还到市场上去夺取商人的宝货。僖宗朝，宦官气焰达于鼎盛，南北司矛盾也更加激化，统治阶层的腐败日盛一日，终于爆发了黄巢农民大起义，以至于长安不守。广明元年（880），僖宗在田令孜的护卫下第一次蒙尘出逃，第二年入蜀到成都。僖宗出逃，没有通知南司，许多朝官因而丧生于黄巢之祸，只有北司宦官独得安全。僖宗入蜀后，更加依赖宦官，在田令孜掌控下花天酒地，很少与朝官见面。谏官孟昭图进谏，被田令孜贬出成都，又在路上被溺杀。宦官拥有绝对权威，南北司更加水火不容。

黄巢败没，唐僖宗回到长安，大权旁落田令孜之手，僖宗没有权威来重整山河，当时全国军阀林立，更大的藩镇割据方兴未艾。安史之乱以后，河北陷于藩镇割据，黄河之南的中原，大江南北广大地区都在唐朝之手。这些地区藩镇兵力薄弱，尤其是江南地区更是兵备空虚，所以黄巢起义，如入无人之境。黄巢纵横南北，官兵镇压，在全国各地产生了许多新军阀，各地州县、藩镇在镇压起义军过程中纷纷拥兵割据。黄巢未灭，各地军阀有一个共同的打击目标，表面上维护唐朝的号令。黄巢死后，没有了共同的打击目标，各自拥兵自重，更大规模的军阀割据混战就差一根导火索来点燃了。南北司各自借重割据者来互相排斥，割据者也利用南北司的互斗来取得合法地位和扩大自己的势力。当时宣武镇朱全忠和河东镇李克用是最强大的两个割据者，朱李交恶与南北司冲突相结合，很快在全国形成了军阀大混战。公元884年以后，唐朝已名存实亡，政令不出关中，全国疆域化为割据者的战场。

公元885年，田令孜外结邠宁节度使朱玫、凤翔节度使李昌符对抗河中节度使王重荣，要从王重荣手中收回安邑、解县池盐，引发战争，成为全国大混战的导火索。李克用气愤朝廷偏袒朱全忠，助王重荣攻击名义上的朝廷军。朱玫、李昌符战败，李克用进逼京师，田令孜胁迫唐僖宗第二次蒙尘，公元886年，僖宗一行逃往山南。朱玫、李昌符见田令孜败逃，改附李克用。这一回，大部分朝官憎恨田令孜，没有前往山南，这为朱玫、李昌符另立朝廷打下基础。李克用念念不忘攻击朱全忠，无意卷入与朱玫、李昌符的冲突，率兵返回太原。朱玫、李昌符与留京朝官拥立襄王李煴为皇帝，蔡州秦宗权趁机称帝。一时间，三个皇帝鼎立，唐末军阀大混战由此展开。

由上所述，唐僖宗的再度蒙尘，不仅丧失了唐王室中兴的机会，而且带来了两个严重后果，一是拉开唐末军阀大混战的序幕，二是将南北司的冲突激化成你死我活的争斗。两者矛盾交织，南司宰相崔胤外结朱全忠尽诛宦官，唐王室随着宦官这一肿瘤的割除，也寿终正寝。唐朝的灭亡重演了东汉覆亡的历史。黄巾大起义被镇压，并没有带来汉朝的复兴，而是全国军阀大混战，当祸国乱政的宦官被斩尽杀绝之时，也是旧王朝覆灭之日。无他，皇帝与宦官太近故也。唐僖宗就是李氏王朝的汉灵帝。

卷二五七　唐纪七十三

唐僖宗光启三年至文德元年（887—888 年）

【起强圉协洽（丁未，887 年）四月，尽著雍涒滩（戊申，888 年），凡一年有奇】

【大事提要】

本卷记事起公元 887 年四月，讫于公元 888 年，所载史事凡一年又九个月。当僖宗光启三年七月至光启四年。此时期，唐僖宗返京驾崩，其弟唐昭宗李晔即位，欲有一番作为。全国军阀混战，主战场仍在河南，其次为淮南、西川、河阳。河南中原争战，朱全忠围困秦宗权于蔡州，又败兖、郓节镇朱瑄、朱瑾。河北魏博镇内讧，众推罗弘信为留后，罗氏诛杀前任乐彦祯、乐从训父子，结好朱全忠。河南尹张全义逐走河阳节度使李罕之，李罕之投附李克用，张全义引朱全忠为援，引发朱李大战，李克用兵败。至此，朱全忠势盛，称雄河南河北，无人可敌。淮南战场，先是内讧，高骈部将毕师铎发动兵变诛吕用之，攻破广陵。吕用之出逃，以高骈名义招庐州刺史杨行密救广陵，毕师铎引援秦彦，秦彦兵败杀高骈，杨行密入据广陵。秦宗权又遣将孙儒来争广陵，杨行密败走。昭宗任命朱全忠为淮南节度使平乱，徐州时溥遮道，朱全忠军不得南下，奏请朝廷以杨行密为淮南留后。西川王建请命朝廷，得为永平军节度使，充行营诸军都指挥使，名正言顺讨伐陈敬瑄，军势日盛。

僖宗惠圣恭定孝皇帝下之下

光启三年（丁未，887 年）

夏，四月，甲辰朔[1]，约逐[2]苏州刺史张雄，帅其众[3]逃入海。

高骈闻秦宗权将寇淮南，遣左厢都知兵马使毕师铎将百骑屯高邮[4]。

时吕用之用事[5]，宿将[6]多为所诛，师铎自以黄巢降将[7]，常自危。师铎有美妾，用之欲见之，师铎不许；用之因[8]师铎出[9]，窃往见之，师铎惭怒，出其妾，由是有隙[10]。

师铎将如[11]高邮，用之待之加厚，师铎益疑惧，谓祸在旦夕。师铎子娶高邮镇遏使张神剑女，师铎密与之谋，神剑以为无是事。神剑名雄，人以其善用剑，故谓之“神剑”。时府中籍籍[12]，亦以为师铎且受诛，其母使人语之曰：“设有是事，汝自努力前去，勿以老母、弱子为累！”师铎疑未决。

会骈子四十三郎[13]者素恶[14]用之，欲使师铎帅外镇将吏疏[15]用之罪恶，闻于其父，密使人绐[16]之曰：“用之比来[17]频启令公[18]，欲因此相图[19]，已有委曲[20]在张尚书[21]所，宜备之！”师铎问神剑曰：“昨夜使司[22]有文书，翁[23]胡[24]不言？”神剑不寤[25]，曰：“无之。”师铎不自安，归营，谋于腹心，皆劝师铎起兵诛用之，师铎曰：“用之数年以来，人怨鬼怒，安知天不假手[26]于我诛之邪！淮宁[27]军使郑汉章，我乡人[28]，昔归顺时[29]副将也，素切齿[30]于用之，闻吾谋，必喜。”乃夜与百骑潜诣[31]汉章，汉章大喜，悉发镇兵及驱居民合千余人从师铎至高邮。师铎诘[32]张神剑以所得委曲，神剑惊曰：“无有。”师铎声色浸[33]厉，神剑奋[34]曰：“公何见事[35]之暗！用之奸恶，天地所不容。况近者重赂权贵得岭南节度，复[36]不行，或云谋窃据此土[37]，使其得志，吾辈岂能握刀头[38]事此妖物[39]邪！要丐[40]此数贼[41]以谢淮海[42]，何必多言！”汉章喜，遂命以酒，割臂血沥[43]酒，共饮之。乙巳[44]，众推师铎为行营使，为文告天地，移书[45]淮南境内，言诛用之及张守一、诸葛殷之意。以汉章为行营副使，神剑为都指挥使。

（以上为第一段，写高骈部将毕师铎密谋发动兵变诛讨吕用之。）

【注释】

[1]甲辰朔：四月一日。[2]约逐：指高骈所署六合镇将徐约攻陷苏州，驱逐刺史张雄。[3]帅其众逃入海：指张雄率领人马逃往海上。故“帅”字前应有一“雄”字，文意乃足。[4]高邮：县名。县治在今江苏高邮市。[5]用事：主事，当权。[6]宿将：旧将。[7]黄巢降将：毕师铎于乾符六年（879）降高骈。[8]因：趁。[9]出：弃逐。[10]有隙：有了怨恨。[11]如：往。[12]籍籍：纷纷传言。[13]四十三郎：唐人往往本族兄弟大排行，故有四十三郎之称。[14]素恶：一向厌恶。[15]疏：分条陈述。[16]绐（dài）：欺骗。[17]比来：近来。[18]频启令公：多次向高骈禀告。令公，对中书令的尊称。襄王熅曾加高骈中书令，故

称。［19］因此相图：趁此次毕师铎去高邮的时机加害于他。［20］委曲：机密文书。［21］张尚书：指镇遏使张神剑。［22］使司：指淮南节度使机关。［23］翁：亲家翁。［24］胡：为什么。［25］寤：明白。［26］假手：利用他人为自己做事。此言吕用之的行为激起天怒人怨，除掉吕用之是天意。［27］淮宁：为高骈所置淮宁军，驻淮口。［28］乡人：同乡。毕师铎、郑汉章皆冤句（qú）（今山东曹县）人。［29］归顺时：即从黄巢军归降高骈时。［30］切齿：咬牙切齿，形容痛恨到极点。［31］潜诣：偷偷地前往。［32］诘（jié）：质问。［33］浸：愈益，更加。［34］奋：振起。［35］见事：看问题。［36］复：又。［37］此土：指淮南。［38］刀头：刀身。对刀柄而言。手握刀头喻时刻处于危险之中。［39］妖物：吕用之是方士，故称之为妖物。［40］冎（guǎ）：即剐。割肉离骨。《说文》作“冎”。［41］数贼：指吕用之、张守一、诸葛殷等。［42］淮海：地区名。此指扬州以北的淮河下游地区，亦即淮南道。［43］沥：水下滴曰沥，此指割臂血滴于酒中共饮结盟，以示诚意和决心。［44］乙巳：四月二日。［45］移书：将文件发往平行单位。

神剑以师铎成败未可知，请以所部留高邮，曰：“一则为公声援，二则供给粮饷”。师铎不悦，汉章曰：“张尚书谋亦善，苟终始同心，事捷之日[1]，子女玉帛[2]相与共之，今日岂可复相违！”师铎乃许之。戊申[3]，师铎、汉章发高邮。

庚戌[4]，诇骑[5]以白高骈，吕用之匿之。

朱珍至淄青旬日，应募者万余人，又袭青州[6]，获马千匹；辛亥[7]，还，至大梁，朱全忠喜曰：“吾事济矣！”

时蔡人方寇汴州，其将张晊屯北郊，秦贤屯板桥[8]，各有众数万，列三十六寨，连延二十余里。全忠谓诸将曰：“彼蓄锐休兵，方来击我，未知朱珍之至，谓吾兵少，畏怯自守而已；宜出其不意，先击之。”乃自引兵攻秦贤寨，士卒踊跃争先；贤不为备，连拔四寨，斩万余级，蔡人大惊，以为神。

全忠又使牙将新野郭言[9]募兵于河阳、陕、虢，得万余人而还。

毕师铎兵奄[10]至广陵[11]城下，城中惊扰。壬子[12]，吕用之引麾下劲兵，诱以重赏，出城力战。师铎兵少却[13]，用之始得断桥塞门为守备。是日，骈登延和阁[14]，闻喧噪声，左右以师铎之变告。骈惊，急召用之诘之，用之徐对曰：“师铎之众思归，为门卫所遏[15]，适已随宜区处[16]，计寻退散[17]；傥或不已，正烦玄女一力士耳，愿令公勿忧！”骈曰：“近者觉君之妄[18]多矣，君善为之，勿使吾为周侍中[19]！”言毕，惨沮[20]久之，用之惭懅[21]而退。

师铎退屯山光寺[22]，以广陵城坚兵多，甚有悔色；癸丑[23]，遣其属孙约与其子诣宣州[24]，乞师于观察使秦彦，且许以克城之日迎彦为帅。会师铎馆客[25]毕慕颜自城中逃出，言：“众心离散，用之忧窘[26]，若坚守之，不日当溃。”师铎乃悦。

是日未明，骈召用之，问以事本末，用之始以实对，骈曰：“吾不欲复出兵相攻，君可选一温信[27]大将，以我手札谕之，若其未从，当别处分。”用之退，念诸将皆仇敌，必不利于己，甲寅[28]，遣所部讨击副使许戡，赍骈委曲[29]及用之誓状[30]并酒殽[31]出劳师铎，师铎始亦望骈旧将劳问，得以具陈用之奸恶，披泄[32]积愤，见戡至，大骂曰：“梁缵[33]、韩问何在，乃使此秽物[34]来！”戡未及发言，已牵出斩之。乙卯[35]，师铎射书入城，用之不发[36]，即焚之。

丁巳[37]，用之以甲士百人入见骈于延和阁下，骈大惊，匿于寝室，久而后出，曰：“节度使所居，无故以兵入，欲反邪！”命左右驱出。用之大惧，出子城[38]南门，举策[39]指之曰：“吾不可复入此！”自是高、吕始判[40]矣。

是夜，骈召其从子前左金吾卫将军[41]杰密议军事；戊午[42]，署[43]杰都牢城使，泣而勉之，以亲信五百人给之。

用之命诸将大索城中丁壮，无问朝士[44]、书生，悉以白刃[45]驱缚登城，令分立城上，自旦至暮，不得休息；又恐其与外寇通，数易其地，家人饷之[46]，莫知所在。由是城中人亦恨师铎入城之晚也。

骈遣大将石锷以师铎幼子及其母书并骈委曲至扬子[47]谕师铎，师铎遽[48]遣其子还，曰：“令公但斩吕、张以示师铎，师铎不敢负恩，愿以妻子为质[49]。”骈恐用之屠其家，收师铎母妻子置使院[50]。

辛酉[51]，秦彦遣其将秦稠将兵三千至扬子助师铎。壬戌[52]，宣州军攻南门，不克；癸亥[53]，又攻罗城东南隅，城几陷者数四。甲子[54]，罗城西南隅守者焚战格[55]以应师铎，师铎毁其城以内[56]其众。用之帅其众千人力战于三桥[57]北，师铎垂[58]败，会高杰以牢城兵自子城出，欲擒用之以授师铎，用之乃开参佐[59]门北走。骈召梁缵以昭义军[60]百余人保子城。

乙丑[61]，师铎纵兵大掠。骈不得已。命彻备[62]，与师铎相见于延和阁下，交拜如宾主之仪，署师铎节度副使、行军司马[63]，仍承制加左仆射，郑汉章等各迁官[64]有差。

左莫邪[65]都虞候申及，本徐州健将，入见骈，说之曰："师铎逆党不多[66]"，请令公及此[67]选元从[68]三十人，夜自教场[69]门出，比师铎觉之，追不及矣。然后发诸镇兵，还取府城，此转祸为福也。若一二日事定，浸恐艰难[70]，及亦不得在左右矣。"言之，且泣，骈犹豫不听。及恐语泄，遂窜匿。会张雄至东塘[71]，及往归之。

丙寅[72]，师铎果分兵守诸门，搜捕用之亲党，悉诛之。师铎入居使院，秦稠以宣军千人分守使宅及诸仓库。丁卯[73]，骈牒[74]请解所任，以师铎兼判[75]府事。

（以上为第二段，写毕师铎兵破广陵，吕用之出逃，亲党伏诛。）

【注释】

[1]事捷之日：胜利的时候。[2]子女玉帛：泛指美女和金银财宝。[3]戊申：四月五日。[4]庚戌：四月七日。[5]诇骑（xiòngjì）：侦探骑兵。[6]青州：州名。治所益都，在今山东青州市。[7]辛亥：四月八日。[8]板桥：镇名。在汴州城西，今河南中牟东北。为赴汴州孔道。[9]郭言（?—892）：新野（今河南新野县）人。传见《旧五代史》卷二十一。[10]奄：忽然，急遽。[11]广陵：即今江苏省扬州市。[12]壬子：四月九日。[13]却：退却。[14]延和阁：高骈听信吕用之的话，认为神仙好楼居，盖延和阁，高八丈。[15]遏：阻止。[16]随宜区处：根据具体情况分别采取了措施。[17]计寻退散：估计不久就会退散。[18]妄：胡乱作为。[19]周侍中：指周宝。周宝被逐，事见《资治通鉴》卷二百五十六。[20]惨沮（jǔ）：伤心丧气。[21]惭惧（jù）：惭愧，惶恐。[22]山光寺：在扬州城北。[23]癸丑：四月十日。[24]宣州：州名。治所在今安徽宣城市宣州区。[25]馆客：门客。[26]忧窘：忧愁窘迫。[27]温信：温和诚实。[28]甲寅：四月十一日。[29]委曲：即高骈手札。[30]誓状：吕用之与毕师铎的约誓文书。状，文体的一种。[31]酒殽（yáo）：酒菜。殽，通"肴"，荤菜。[32]披泄：敞开胸怀发泄。[33]梁缵（zuǎn）：高骈部将。传附《新唐书》卷二百二十四《高骈传》。[34]秽物：丑恶肮脏的东西。此为骂许戡的话。[35]乙卯：四月十二日。[36]不发：

不打开。［37］丁巳：四月十四日。［38］子城：府衙内城。［39］举策：举鞭。［40］判：分开。［41］左金吾卫将军：官名。左右金吾卫是唐代十六卫之一，掌京城巡警。［42］戊午：四月十五日。［43］署：临时任命。［44］朝士：泛指朝廷的官吏。［45］白刃：刀子。［46］饷之：给他们送饭食。［47］扬子：县名。治所扬子镇，在今江苏仪征市东南。［48］遽（jù）：迅速。［49］质（zhì）：即人质。时毕师铎母亲、妻子尚在扬州城内。［50］使院：节度使官署。［51］辛酉：四月十八日。［52］壬戌：四月十九日。［53］癸亥：四月二十日。［54］甲子：四月二十一日。［55］战格：作战时所设置的防御栅。［56］内：通“纳”。接纳。［57］三桥：地名。［58］垂：将要。［59］参佐：僚属。［60］昭义军：梁缵本为昭义军将领，屡次谏高骈疏远吕用之，高骈不听。梁缵很害怕，自解所领之兵，高骈把原昭义兵还给他，故称梁缵所率之军为昭义军。［61］乙丑：四月二十二日。［62］彻备：撤除戒备。彻，通“撤”。［63］行军司马：官名。唐代节度使下置行军司马，掌军政。［64］迁官：此指升官。［65］左莫邪：军名，中和二年（882）高骈听信吕用之意见，选诸军骁勇者二万人，号左、右莫邪都。［66］不多：据章校，“多”字下有“诸门尚未有守者”七字。［67］及此：趁此时。［68］元从：自始就相从的人员。［69］教场：演武操练场。［70］浸恐艰难：拖下来形势更加艰难、危险。浸，逐渐。指时间推移。［71］东塘：镇名。在扬州东。［72］丙寅：四月二十三日。［73］丁卯：四月二十四日。［74］牒：公文。［75］判：主持，管理。

师铎遣孙约至宣城，趣[1]秦彦过江。或[2]说师铎曰：“仆射[3]向者举兵，盖以用之辈奸邪暴横，高令公坐自聋瞽[4]，不通区理[5]，故顺众心为一方去害。今用之既败，军府廓然[6]，仆射宜复奉高公而佐之，但总[7]其兵权以号令，谁敢不服！用之乃淮南一叛将耳，移书所在，立可枭[8]擒。如此，外有推奉[9]之名，内得兼并之实，虽朝廷闻之，亦无亏[10]臣节。使高公聪明，必知内愧；如其不悛[11]，乃机上肉[12]耳，奈何以此功业付之他人，岂惟受制于人，终恐自相鱼肉[13]！前日秦稠先守仓库[14]，其相疑已可见。且秦司空[15]为节度使，庐州、寿州[16]其肯为之下乎！仆见战攻之端[17]未有穷已，岂惟淮南之人肝脑涂地[18]，窃恐仆射功名成败未可知也！不若及今亟止[19]秦司空勿使过江，彼若粗识[20]安危，必不敢轻进；就使他日责我以负约[21]，犹不失为高氏忠臣也。”师铎大以为不然，明日，以告郑汉章，汉章曰：“此智士[22]也！”散求[23]之，其人畏祸，竟不复也。

戊辰[24]，骈迁家出居南第[25]，师铎以甲士百人为卫，其实囚之也。

是日，宣军以所求未获，焚进奉两楼[26]数十间，宝货悉为煨烬[27]。己巳[28]，师铎于府厅视事，凡官吏非有兵权者皆如故，复迁骈于东第。自城陷，诸军大掠不已，至是，师铎始以先锋使唐宏为静街使[29]，禁止之。

骈先为盐铁使[30]，积年不贡奉，货财在扬州者，填委[31]如山，骈作郊天、御楼六军[32]立仗[33]仪服，及大殿元会[34]、内署行幸[35]供张器用[36]，皆刻镂金玉、蟠龙蹙凤[37]数十万事，悉为乱兵掠，归于闾阎[38]，张陈[39]寝处[40]其中。

庚午[41]，获诸葛殷[42]，杖杀[43]之，弃尸道旁，怨家抉其目[44]，断其舌，众以瓦石投之，须臾成冢[45]。吕用之之败也，其党郑杞首归师铎，师铎署杞知海陵[46]监事[47]。杞至海陵，阴记[48]高霸得失，闻于师铎。霸获其书，杖杞背，断手足，刳目[49]截舌，然后斩之。

蔡将卢瑭屯于万胜[50]，夹汴水而军[51]，以绝汴州运路，朱全忠乘雾袭之，掩杀[52]殆尽。于是蔡兵皆徙就张晊[53]，屯于赤冈[54]；全忠复就击之，杀二万余人。蔡人大惧，或军中自相惊，全忠乃还大梁，养兵休士。

辛未[55]，高骈密以金遗[56]守者，毕师铎闻之，壬午[57]，复迁骈入道院[58]，收高氏子弟甥侄十余人同幽之。

（以上为第三段，写毕师铎引秦彦为援，幽囚高骈。高骈所聚财货宝物，悉为乱兵所掠。）

【注释】

[1]趣（cù）：催促。[2]或：有人。[3]仆射：高骈已承制加师铎左仆射，故称。[4]聋瞽（gú）：耳聋眼瞎，比喻高骈糊涂，没有观察力。[5]区理：区分好坏加以治理。[6]廓然：平静的样子。[7]总：总揽。[8]枭（xiāo）：斩头而悬挂木上。[9]推奉：拥戴。[10]亏：损坏失去。表面上拥戴高骈，实际上取而代之，这样做，对于朝廷来说，亦未失去臣节，不为反叛。[11]悛（quān）：改过。[12]机上肉：案板上的肉。喻任人宰割。[13]自相鱼肉：指秦彦到来，早晚要与毕师铎自相残害。[14]秦稠先守仓库：秦稠为秦彦之将，助毕师铎攻击吕用之而抢先占据府库，行迹可疑。[15]秦司空：指秦彦。唐末武人多以加官为荣。检校司空为加官。[16]庐州、寿州：指庐州刺史杨行密、寿州刺史张翱，皆高骈旧属。[17]战攻之端：

战争的苗头。［18］肝脑涂地：形容战乱中死亡惨烈。［19］亟（jí）止：立即制止。［20］粗识：略识大体。［21］负约：违背盟约。［22］智士：聪明的人。郑汉章认为这个人对形势的分析非常正确，所以特别赞赏他。［23］散求：派人分头去找。［24］戊辰：四月二十五日。［25］南第：府衙城南的居第。即将高骈逐出延和阁。［26］进奉楼：储放贡物的府库楼。高骈原兼盐铁转运使，贡献不入天子，宝货如山，堆积于进奉楼。［27］煨烬：灰烬。煨，热灰。［28］己巳：四月二十六日。［29］静街使：临时性的戒严官名。负责维持秩序，制止诸军大掠。［30］盐铁使：高骈于乾符六年（879）为盐铁使，中和二年（882）解其职。［31］填委：纷集，堆积。［32］六军：周制，天子有六军，这里指禁军。［33］立仗：禁军仪仗。［34］元会：皇帝元旦朝见群臣之会。［35］内署行幸：指皇帝平时宫中行幸。［36］供张器用：供张，即供帐。这里指陈设。器用，指高骈替皇室制作的郊礼祭天物品，天子登楼检阅六军或发布大赦令所用仪仗器物，以及皇帝在元旦朝会群臣、巡幸内署时供给的陈设器具等物品，高骈截留陈设在扬州供奉楼内。［37］蹙（cù）凤：用金丝银线刺绣成屈缩的凤凰。［38］闾阎（yán）：民间。［39］张陈：打开陈设。［40］寝处：坐卧。高骈的这些珠宝金玉为乱兵所掠，都流落民间。［41］庚午：四月二十七日。［42］诸葛殷：吕用之的亲信。［43］杖杀：拷打致死。［44］抉（jué）目：挖出眼睛。［45］冢（zhǒng）：坟墓。这里指瓦石堆成像冢一样的小山。［46］海陵：县名。县治在今江苏泰州市。［47］海陵监：官名。负责食盐专卖，管理盐税。［48］阴记：暗中记下。时高霸为海陵镇遏使。［49］刳（kù）目：挖出眼珠。［50］万胜：镇名。在今河南中牟县西北。［51］夹汴水而军：驻军于汴水两岸。汴水，流经汴京（今河南开封）的通济渠又称汴水。［52］掩杀：乘人不备而进袭。［53］张晊（zhì）：秦宗权将，驻汴州北郊，即赤冈。［54］赤冈：地名。在汴州城北。［55］辛未：四月二十八日。［56］遗（wèi）：赠送。高骈希望通过给守卫的人恩惠而逃出。［57］壬午：四月甲辰朔，无壬午，疑为壬申，四月二十九日。［58］道院：高骈所筑迎神道观。

前苏州刺史张雄帅其众自海溯[1]江，屯于东塘，遣其将赵晖入据上元[2]。

毕师铎之攻广陵也，吕用之诈为高骈牒，署庐州刺史杨行密行军司马，追[3]兵入援。庐江[4]人袁袭说行密曰："高公昏惑[5]，用之奸邪，师铎悖逆[6]，凶德参会[7]，而求兵于我，此天以淮南授明公[8]也，趣赴之。"行密乃悉发庐州兵，复借兵于和州刺史孙端[9]，合数千人赴之，五月，至天长[10]。郑汉章之从师铎也，留其妻守淮口，用之帅众攻之，旬日不克，汉章引兵救之，用之闻行密至天长，引兵归之[11]。

丙子[12]，朱全忠出击张晊，大破之。秦宗权闻之，自郑州引精兵会之[13]。

张神剑求货[14]于毕师铎，师铎报以俟秦司空之命，神剑怒，亦以其众归杨行密；及海陵镇遏使高霸、曲溪[15]人刘金、盱眙[16]人贾令威悉以其众属焉。行密众至万七千人，张神剑运高邮粮以给之。

朱全忠求救于兖、郓，朱瑄、朱瑾皆引兵赴之，义成军[17]亦至。辛巳[18]，全忠以四镇兵攻秦宗权于边孝村[19]，大破之，斩首二万余级；宗权宵遁[20]，全忠追之，至阳武桥[21]而还。全忠深德朱瑄，兄事之。蔡人之守东都、河阳、许、汝、怀、郑、陕、虢者，闻宗权败，皆弃去。宗权发郑州，孙儒发河阳，皆屠灭其人，焚其庐舍而去，宗权之势自是稍衰。朝廷以扈驾都头杨守宗知许州事，朱全忠以其将孙从益知郑州事。

钱镠遣东安[22]都将杜棱，浙江都将阮结、静江都[23]将成及将兵讨薛朗。

甲午[24]，秦彦将宣歙兵三万余人，乘竹筏沿江而下，赵晖邀击于上元，杀溺殆半。丙申[25]，彦入广陵，自称权知淮南节度使[26]，仍以毕师铎为行军司马，补池州[27]刺史赵锽为宣歙观察使。戊戌[28]，杨行密帅诸军抵广陵城下，为八寨[29]以守之，秦彦闭城自守。

（以上为第四段，写秦彦入据广陵，高骈部属庐州刺史杨行密借高骈宣召之命起兵来争夺广陵。两军交战，杨行密初战取胜，秦彦困守广陵。）

【注释】

[1]溯（sù）：逆流而上。[2]上元：县名。县治在今江苏南京市北。[3]追：催。[4]庐江：县名。县治在今安徽庐江县。[5]昏惑：昏乱糊涂。[6]悖（bèi）逆：违乱叛逆。[7]凶德参会：指高骈之昏，吕用之之奸，毕师铎之逆，三种凶德会合在一起。参，通“三”。[8]明公：对权贵长官的尊称，此指杨行密。[9]孙端：中和三年（883）孙端据和州。[10]天长：县名。县治在今安徽天长市。[11]引兵归之：指吕用之带兵投归杨行密。[12]丙子：五月三日。[13]会之：秦宗权率兵与张晊会合打击朱全忠。[14]货：财物。[15]曲溪：地名。在今江苏盱眙县西南。[16]盱眙（xūyí）：县名。县治在今江苏盱眙县。[17]义成军：方镇名。唐德宗贞元元年（785）赐滑卫节度号义成军，治所滑州，在今河南滑县。唐僖宗光启二年（886）朱全忠袭滑州，虏节度使安师儒而还。以牙将胡真知义成留后。现征其兵以攻蔡军。[18]辛巳：五月八日。[19]边孝村：村名。在汴州北郊。[20]宵遁：趁夜逃跑。[21]阳武桥：在郑州阳武（今河南原阳）。县治在汴州西北九十里。[22]东安：地名。在今杭州市。[23]浙江、静

江都：钱镠的二支部队，分屯于杭州城外自定山至海门沿江一带。［24］甲午：五月二十一日。［25］丙申：五月二十三日。［26］权知淮南节度使：据章校，应为“权知淮南节度事”，“使”，作“事”。［27］池州：州名。治所秋浦，在今安徽池州市贵池区。［28］戊戌：五月二十五日。［29］为八寨：分为八个军寨。

六月，戊申[1]，天威都[2]头杨守立与凤翔节度使李昌符争道，麾下相殴，帝命中使谕之，不止。是夕，宿卫[3]皆严兵为备。己酉[4]，昌符拥兵烧行宫，庚戌[5]，复攻大安门[6]。守立与昌符战于通衢[7]，昌符兵败，帅麾下走保陇州[8]。杜让能闻难，挺身步入侍[9]；韦昭度质[10]其家于军中，誓诛反贼，故军士力战而胜之。守立，复恭之假子也。壬子[11]，以扈驾都将、武定节度使李茂贞为陇州招讨使，以讨昌符。

甲寅[12]，河中牙将常行儒杀节度使王重荣。重荣用法严，末年尤甚；行儒尝被罚，耻之，遂作乱。夜，攻府舍，重荣逃于别墅；明旦，行儒得而杀之。制[13]以陕虢节度使王重盈为护国节度使[14]，又以重盈子珙[15]权知陕虢留后。重盈至河中，执行儒，杀之。

戊午[16]，秦彦遣毕师铎、秦稠将兵八千出城，西击杨行密，稠败死，士卒死者什七八。城中乏食，樵采[17]路绝，宣州军始食人。

壬戌[18]，亳州将谢殷逐其刺史宋衮。

孙儒既去河阳，李罕之召张全义于泽州[19]，与之收合余众。罕之据河阳，全义据东都，共求援于河东；李克用以其将安金俊为泽州刺史，将骑助之，表罕之为河阳节度使，全义为河南尹[20]。

初，东都经黄巢之乱，遗民聚为三城以相保，继以秦宗权、孙儒残暴，仅存坏垣[21]而已。全义初至，白骨蔽地，荆棘弥望[22]；居民不满百户，全义麾下才百余人，相与保中州城[23]，四野俱无耕者。全义乃于麾下选十八人材器可任者，人给一旗一榜，谓之屯将，使诣十八县[24]故墟落[25]中，植旗张榜，招怀流散，劝之树艺[26]。惟杀人者死，余但笞杖[27]而已，无严刑，无租税，民归之者如市[28]。又选壮者教之战陈[29]，以御寇盗。数年之后，都城坊曲[30]，渐复旧制，诸县户口，率皆归复，桑麻蔚然[31]，野无旷土[32]。其胜兵者[33]，大县至七千人，小县不减二千人，乃奏置令佐[34]以治之。全义明察，人不能欺，而为政宽简[35]。出，见田畴[36]美者，辄下马，与僚佐共观之，召田主，劳以酒食；有蚕麦善收[37]者，或亲至其家，悉呼出老幼，赐以茶彩[38]衣物。民间言："张公不喜声伎[39]，见之未尝笑；独见佳麦良茧则笑耳。"有田荒秽[40]者，则集众杖之；或诉以乏人牛[41]，乃召其邻里责之曰："彼诚乏人牛，何不助之！"众皆谢，乃释之。由是邻里有无相助，故比户[42]皆有蓄积，凶年不饥，遂成富庶焉。

（以上为第五段，写唐僖宗返京途中的兵变，河中、河南的变局，王重荣为其部属所杀，张全义入据东都。张全义招聚流亡，劝之农桑，数年后东都恢复为富庶之乡。）

【注释】

[1]戊申：六月六日。[2]天威都：为神策五十四都之一。[3]宿卫：值宿、警卫。[4]己酉：六月七日。[5]庚戌：六月八日。[6]大安门：行宫门。[7]通衢：四通八达的大道。[8]陇州：州名。治所汧源，在今陕西陇县西南。由凤翔向西北至陇。[9]步入侍：步行到宫中侍奉。[10]质：杜让能挺身而出，韦昭度质家军中，皆表示讨叛决心。[11]壬子：六月十日。[12]甲寅：六月十二日。[13]制：皇帝所下制令。[14]护国节度使：唐僖宗光启元年（885）赐河中节度号护国军节度。[15]王珙（?—899）：河中节度使王重荣兄王重盈之子。王重荣死，王重盈继任河中节度使。重盈死，众立王重荣养子王珂为节度使，王珙与王珂争位，王珙为部将李璠所杀。传见《旧唐书》卷一百八十二，《新唐书》卷一百八十七，《旧五代史》卷十四。[16]戊午：六月十六日。[17]樵采：打柴。[18]壬戌：六月二十日。[19]泽州：州名。治所晋城，在今山西晋城市。[20]河南尹：官名。即河南府尹，河南府的行政长官。[21]坏垣：断塌了的墙壁。[22]弥望：满眼。[23]中州城：洛阳三城之中城，在二城之中，故称中州城。[24]十八县：河南府二十县，除河南、洛阳二县在城中，还有偃师、巩、缑氏、阳城、登封、陆浑、伊阙、新安、渑池、福昌、长水、永宁、寿安、密、河清、颍阳、伊阳、王屋十八个县。[25]墟落：村落。[26]树艺：种植。[27]笞（chī）杖：用竹板或荆条打人脊背或臀腿的刑罚。[28]如市：形容归顺的人很多，像赶往市场一样。[29]战陈（zhèn）：作战的阵法。[30]坊曲：小街曲巷。[31]蔚然：桑麻生长茂盛的样子。[32]旷土：不耕之土。[33]胜（shēng）兵者：能够扛武器的人，指战士。[34]令佐：县令和属吏。[35]为政宽简：实行宽松的政策。[36]田畴：耕熟的田地。谷地为田，麻地为畴。[37]善收：收成好的。[38]彩：彩色丝织物。[39]声伎：古代宫廷及贵族官僚家中的歌舞伎。[40]荒秽：荒芜。秽，田中杂草。[41]乏人牛：缺少人力、耕牛。[42]比户：每户，户户。

杜棱等败薛朗将李君睢于阳羡[1]。

秋，七月，癸未[2]，淮南将吴苗帅其徒八千人逾城[3]降杨行密。

八月，壬寅朔[4]，李茂贞奏陇州刺史薛知筹以城降，斩李昌符，灭其族。

朱全忠引兵过亳州，遣其将霍存袭谢殷[5]，斩之。

丙子[6]，以李茂贞同平章事、充凤翔节度使。

以韦昭度守[7]太保[8]、兼侍中。

朱全忠欲兼兖、郓，而以朱瑄兄弟有功于己[9]，攻之无名，乃诬瑄招诱宣武军士，移书诮让[10]。瑄复书不逊[11]，全忠遣其将朱珍、葛从周袭曹州，壬子[12]，拔之，杀刺史丘弘礼。又攻濮州，与兖、郓兵战于刘桥[13]，杀数万人，朱瑄、朱瑾仅以身免。全忠与兖、郓始有隙。

秦彦以张雄兵强，冀得其用，以仆射告身授雄，以尚书告身[14]三通[15]授裨将冯弘铎等。广陵人竞以珠玉金缯[16]诣雄军贸食[17]，通犀[18]带一，得米五升，锦衾[19]一，得糠五升。雄军既富，不复肯战，未几，复助杨行密。

丁卯[20]，彦悉出城中兵万二千人，遣毕师铎、郑汉章将之，陈于城西，延袤[21]数里，军势甚盛。行密安卧帐中，曰："贼近告我。"牙将李宗礼曰："众寡不敌，宜坚壁[22]自守，徐图[23]还师。"李涛怒曰："吾以顺讨逆[24]，何论众寡，大军至此，去将安归！涛愿将所部为前锋，保为公破之！"涛，赵州[25]人也。行密乃积金帛王粦[26]米于一寨，使羸弱守之，多伏精兵于其旁，自将千余人冲其陈[27]。兵始交，行密阳[28]不胜而走，广陵兵追之，入空寨，争取金帛粦米，伏兵四起，广陵众乱，行密纵兵击之，俘斩殆尽，积尸十里，沟渎[29]皆满，师铎、汉章单骑仅免。自是秦彦不复言出师矣。

九月，以户部侍郎、判度支[30]张浚[31]为兵部侍郎、同平章事。

高骈在道院，秦彦供给甚薄，左右无食，至然[32]木像、煮革带食之，有相啖[33]者。彦与毕师铎出师屡败，疑骈为厌胜[34]，外围益急，恐骈党有为内应者。有妖尼[35]王奉仙言于彦曰："扬州分野[36]极灾，必有一大人死，自此喜矣。"甲戌[37]，命其将刘匡时杀骈，并其子弟甥侄无少长皆死，同坎瘗之[38]。乙亥[39]，杨行密闻之，帅士卒缟素向城大哭三日。

（以上为第六段，写朱全忠欲并兖、郓，与朱瑄、朱瑾交恶。秦彦出战杨行密，兵败而怒，诛杀高骈一门。）

【注释】

[1]阳羡：县名。县治在今江苏宜兴南。[2]癸未：七月十二日。[3]逾城：偷偷出扬州城。[4]壬寅朔：八月一日。[5]谢殷：是年六月，谢殷杀刺史，据亳州。[6]丙子：八月壬寅朔，无丙子，疑为丙午，八月五日。[7]守：官吏试职称守。[8]太保：官名。三公之一，位次于太傅。多以勋戚文武大臣加衔赠官。[9]有功于己：朱瑄、朱瑾曾破蔡兵救汴州。[10]诮（qiào）让：谴责。[11]不逊：不谦虚，不恭敬。[12]壬子：八月十一日。[13]刘桥：在曹州乘氏县东北，濮州范县西南。[14]告身：委任官职的文凭。唐末官爵冗滥，有很多空白告身，可以随时填人名。此授张雄、冯弘铎的告身即是高骈任诸道都统时，朝廷给的空白告身。[15]三通：三份。[16]缯（zēng）：丝织品的总称。[17]贸食：换东西吃。贸，以物易物。[18]通犀：犀牛角的一种，即通天犀，中央色白上下通贯的犀牛角。[19]锦衾（qīn）：锦绣的被子。[20]丁卯：八月二十六日。[21]延袤（mào）：绵延而连续。[22]坚壁：坚守营垒。[23]徐图：慢慢地想办法。[24]以顺讨逆：以正义之师讨伐叛逆之兵。[25]赵州：州名。治所平棘，在今河北赵县。州南洨河上的安济桥，即举世闻名的赵州桥。[26]麰（móu）：大麦。[27]冲其陈：冲秦彦军阵。[28]阳：表面上。[29]沟渎：沟渠。[30]判度支：唐代度支为户部第二司，中期以后往往特派大臣专判度支，可以是户部的官，也可以是户部以外的官，权势很重。[31]张浚（jùn）（?—902）：字禹川，河间（今河北河间）人。官至尚书右仆射，致仕居洛长水墅。朱全忠篡唐，畏张浚不附己，盗杀张浚，屠其家百余人。传见《旧唐书》卷一百七十九，《新唐书》卷一百八十五。[32]然：通“燃”。因住道院，故可以烧木像。[33]相啖（dàn）：人吃人。[34]厌胜：古时迷信，以为能以诅咒制胜。[35]尼：尼姑。[36]分野：古代天文学说，把天上十二星辰的位置跟地上州、国的位置相对应。就天文说，称为分星；就地上说，称为分野。战国以后也有以二十八宿来划分分野的。这种说法认为天上该区发生的天象预兆着各对应地区的吉凶。[37]甲戌：九月四日。[38]同坎瘗（kǎnyì）之：同穴埋葬。坎，穴。瘗，埋。[39]乙亥：九月五日。

朱珍攻濮州，朱瑄遣弟罕将步骑万人救之；辛卯[1]，朱全忠逆击[2]罕于范[3]，擒斩之。

冬，十月，秦彦遣郑汉章将步骑五千出击张神剑、高霸寨，破之，神剑奔高邮，霸奔海陵[4]。

丁未[5]，朱珍拔濮州，刺史朱裕奔郓；珍进兵攻郓。瑄使裕诈遗珍书，约为内应，珍夜引兵赴之，瑄开门纳汴军，闭而杀之，死者数千人，汴军乃退。瑄乘胜复取曹州，以其属郭词为刺史。

甲寅[6]，立皇子陞[7]为益王。

杜棱等拔常州，丁从实奔海陵[8]。钱镠奉周宝归杭州，属櫜鞬[9]，具[10]部将礼，郊迎之。

杨行密围广陵且半年，秦彦、毕师铎大小数十战，多不利；城中无食，米斗直钱五十缗，草根木实皆尽，以堇泥[11]为饼食之，饿死者太半。宣军掠人诣肆[12]卖之，驱缚屠割如羊豕[13]，讫[14]无一声，积骸[15]流血，满于坊市。彦、师铎无如之何，嚬蹙[16]而已。外围益急，彦、师铎忧懑[17]，殆无生意[18]，相对抱膝，终日悄然[19]。行密亦以城久不下，欲引还[20]。己巳[21]夜，大风雨，吕用之部将张审威帅麾下士三百，晨，伏于西壕[22]，俟守者易代[23]，潜登城，启关[24]纳其众，守者皆不斗而溃。先是，彦、师铎信重尼奉仙，虽战陈日时，赏罚轻重，皆取决[25]焉。至是复咨[26]于奉仙曰："何以取济[27]？"奉仙曰："走为上策！"乃自开化门出奔东塘。行密帅诸军合万五千人入城，以梁缵不尽节[28]于高氏，为秦、毕用，斩于戟门[29]之外；韩问[30]闻之，赴井死。以高骈从孙愈摄副使，使改殡[31]骈及其族。城中遗民才数百家，饥羸[32]非复人状，行密辇[33]西寨米[34]以赈之。行密自称淮南留后。

（以上为第七段，写秦彦败走，杨行密入据广陵。）

【注释】

[1]辛卯：九月二十一日。 [2]逆击：迎击。 [3]范：县名。县治在今河南范县。 [4]高邮、海陵：张神剑、高霸旧屯之地。 [5]丁未：十月七日。 [6]甲寅：十月十四日。 [7]陞（?—887）：李陞，僖宗次子李陞，封益王。传见《旧唐书》卷一百七十五，《新唐书》卷八十二。[8]奔海陵：丁从实于光启二年六月取常州，至此而败。 [9]属櫜鞬（gāojiàn）：佩系着弓箭。古时迎接贵宾，命人负櫜鞬为前导。櫜鞬，盛弓箭之器。櫜以受弓，鞬以受箭。 [10]具：备办。杭州本为镇海军巡属，故钱镠以部将之礼迎接周宝。 [11]堇（qīn）泥：黏土。 [12]肆：店铺。[13]豕（shǐ）：猪。宣州军绑缚驱赶屠杀百姓如同猪羊一样。 [14]讫：终了。 [15]积骸：尸

骨堆积。［16］嚬蹙（píncù）：皱眉蹙额，表示忧虑和难过。［17］忧懑（mèn）：忧愁、烦闷。［18］殆无生意：几乎没有活下去的念头。［19］悄然：忧愁的样子。［20］引还：带兵退回庐州。［21］己巳：十月二十九日。［22］壕：护城河。［23］易代：交接班的时候。［24］启关：打开城门。［25］取决：依之以决断。［26］咨：询问，征求意见。［27］取济：取得成功。指挽救危局。［28］不尽节：梁缵原为高骈部将，现为秦、毕所用。［29］戟门：唐代有立戟于门的制度。庙社宫殿及各级官府依级别立戟数不同。［30］韩问：与梁缵为一体之人，皆高骈旧将。梁缵被杀，韩自知不免于死，故赴井而死。［31］改殡：重新安葬高骈。［32］饥羸：饥饿瘦弱。［33］辇：用车拉。［34］西寨米：杨行密寨在广陵城西，此为饷军之米。

秦宗权遣其弟宗衡将兵万人渡淮，与杨行密争扬州，以孙儒为副，张佶、刘建锋、马殷及宗权族弟彦晖皆从。十一月，辛未[1]，抵广陵城西，据行密故寨[2]，行密辎重之未入城者，为蔡人所得。秦彦、毕师铎至东塘，张雄不纳，将渡江趣宣州；宗衡召之，乃引兵还，与宗衡合。

未几，宗权召宗衡还蔡，拒朱全忠。孙儒知宗权势不能久，称疾不行；宗衡屡促之，儒怒，甲戌[3]，与宗衡饮酒，坐中手刃[4]之，传首[5]于全忠。宗衡将安仁义[6]降于行密。仁义，本沙陀将也，行密悉以骑兵委之，列于田頵[7]之上。儒分兵掠邻州，未几，众至数万，以城下乏食，与彦、师铎袭高邮。

初，宣武都指挥使朱珍与排陈斩斫使[8]李唐宾，勇略、功名略相当，全忠每战，使二人偕[9]，往无不捷；然二人素不相下[10]。珍使人迎其妻于大梁，不白[11]全忠，全忠怒，追还其妻，杀守门者，使亲吏[12]蒋玄晖[13]召珍，以汉宾[14]代总其众。馆驿巡官[15]冯翊敬翔[16]谏曰："朱珍未易轻取，恐其猜惧[17]生变。"全忠悔，使人追止之。珍果自疑，丙子[18]夜，珍置酒召诸将。唐宾疑其有异图[19]，斩关[20]奔大梁，珍亦弃军单骑继至。全忠两惜其才，皆不罪，遣还濮州，因引兵归。

全忠多权数[21]，将佐莫测其所为，惟敬翔能逆知[22]之，往往助其所不及，全忠大悦，自恨得翔晚，凡军机[23]、民政悉以咨之。

辛巳[24]，高邮镇遏使张神剑帅麾下二百人逃归扬州；丙戌[25]，孙儒屠高邮。戊子[26]，高邮残兵七百人溃围而至，杨行密虑其为变，分隶诸将，一夕尽坑[27]之，明日，杀神剑于其第。

杨行密恐孙儒乘胜取海陵，壬寅[28]，命镇遏使高霸帅其兵民悉归府城[29]，曰："有违命者，族之。"于是数万户弃资产、焚庐舍、挈老幼迁于广陵。戊戌[30]，霸与弟晤[31]、部将余绕山、前常州刺史丁从实至广陵，行密出郭[32]迎之，与霸、晤约[33]为兄弟，置其将卒于法云寺[34]。

己亥[35]，秦宗权陷郑州。

朝廷以淮南久乱，闰月，以朱全忠兼淮南节度使、东南面招讨使。

（以上为第八段，写秦宗权遣将与杨行密争扬州，朝廷任命朱全忠兼淮南节度使东面招讨使平淮南之乱。）

【注释】

[1]辛未：十一月二日。 [2]故寨：杨行密攻广陵，在城西扎寨，现蔡军又据西寨。[3]甲戌：十一月五日。 [4]手刃：亲手杀了他。 [5]传首：将首级传送。 [6]安仁义：原为沙陀将，在李国昌部下，后入秦宗权军中。 [7]田頵（jūn）：杨行密诸将之首。现把全部骑兵托付给安仁义，位在田頵之上，表现杨行密知人善任。 [8]排陈斩斫使：官名。藩镇自行任命的军职，陈，同"阵"。 [9]偕（xiè）：一起。 [10]素不相下：平素互不服气。 [11]白：禀告。[12]亲吏：身边亲信官吏。 [13]蒋玄晖（?—905）：朱全忠的心腹。昭宗东迁，为枢密使。唐昭宗天复四年（904），蒋玄晖与龙武统军朱友恭、氏叔琮杀昭宗。后被朱全忠车裂。传见《新唐书》卷二百二十三。 [14]汉宾：应为"唐宾"，即排阵斩斫使李唐宾。 [15]馆驿巡官：官名。唐制，节度属官有馆驿巡官四人。 [16]敬翔（?—923）：字子振，同州冯翊（今陕西大荔）人。朱温的亲信，朱温称帝后，知崇政院事，封平阳郡侯，朱友珪即位，为宰相。传见《旧五代史》卷十八，《新五代史》卷二十一。 [17]猜惧：猜疑和恐惧。 [18]丙子：十一月七日。 [19]异图：反叛的图谋。[20]斩关：杀掉关隘防守之兵。[21]权数：谋略，权术。[22]逆知：预先知道。[23]军机：军中机要之事。朱全忠凡事咨询敬翔，篡夺唐朝政权，全赖敬翔之力。 [24]辛巳：十一月十二日。 [25]丙戌：十一月十七日。 [26]戊子：十一月十九日。 [27]坑：活埋。[28]壬寅：闰十一月三日。 [29]府城：扬州府城。 [30]戊戌：十一月二十九日。 [31]高晤（wàng）：高霸之弟。 [32]郭：外城。 [33]约：盟约。杨行密为了安定高霸兄弟的心，所以出城相迎，约为兄弟。 [34]法云寺：在扬州城内。 [35]己亥：十一月三十日。

陈敬瑄恶顾彦朗与王建相亲[1]，恐其合兵图己，谋于田令孜，令孜曰："建，吾子[2]也，不为杨兴元[3]所容，故作贼耳。今折简[4]召之，可致麾下。"乃遣使以书召之，建大喜，诣梓州见彦朗曰："十军阿父[5]

见召，当往省[6]之。因见陈太师[7]，求一大州，若得之，私愿足矣？”乃留其家于梓州[8]，帅麾下精兵二千，与从子宗鍔、假子[9]宗瑶、宗弼、宗侃、宗弁俱西。宗瑶，燕[10]人姜郅；宗弼[11]，许人魏弘夫，宗侃，许人田师侃；宗弁，鹿弁也。

建至鹿头关[12]，西川参谋[13]李乂谓敬瑄曰：“王建，虎也，奈何延[14]之入室？彼安肯为公下乎！”敬瑄悔，亟遣人止之，且增修守备。建怒，破关而进，败汉州刺史张顼于绵竹[15]，遂拔汉州，进军学射山[16]，又败西川将句惟立于蚕此[17]，又拔德阳[18]。敬瑄遣使让[19]之，对曰：“十军阿父召我来，及门而拒之，重为顾公[20]所疑，进退无归矣。”田令孜登楼慰谕[21]之，建与诸将于清远桥[22]上髡发[23]罗拜[24]，曰：“今既无归，且辞阿父作贼矣！”顾彦朗以其弟彦晖[25]为汉州刺史，发兵助建，急攻成都，三日不克而退，还屯汉州。

敬瑄告难[26]于朝，诏遣中使和解之；又令李茂贞以书谕之，皆不从。

（以上为第九段，写西川王建发兵取成都，连战皆捷，陈敬瑄告难于朝。）

【注释】

[1]相亲：相友善、亲近。王建与顾彦朗原都在神策军，后顾彦朗为东川节度使，王建据阆州后，顾彦朗多次遣使问候，并赠军饷。 [2]吾子：中和四年（884）王建怕鹿晏弘猜忌，与张造、晋晖等逃奔行在，田令孜养为假子。 [3]杨兴元：指杨守亮。杨守亮为山南西道节度使，驻节兴元，故称杨兴元。 [4]折简：古人以竹简作书，简长二尺四寸，短者一半。折半之简，言礼轻，随便。此处意谓随便写封信他就会来。 [5]十军阿父：即田令孜。田令孜曾为神策十军观军容使，又是王建义父，故称。 [6]省（xǐng）：探望、问候。 [7]陈太师：即陈敬瑄。唐僖宗自成都东还，进陈敬瑄为检校太师，故称。 [8]梓州：州名。治所在今四川三台。当时顾彦朗治梓州。 [9]假子：王建和田令孜一样，也爱认干儿子。所以义子很多。 [10]燕：州名。州治在今北京市顺义区北。 [11]宗弼（?—925）：王建养子王宗弼，原名魏弘夫，许州人。官至中书令。蜀亡，为郭崇韬所杀。传附《新五代史》卷六十三《王建传》。 [12]鹿头关：关名。在今四川德阳北。 [13]参谋：官名。唐天下兵马元帅下有行军参谋，参与军中机密。 [14]延：邀请。 [15]绵竹：县名。县治在今四川绵竹。 [16]学射山：山名。在四川成都市北。 [17]蚕此：镇名。在成都府。 [18]德阳：县名。县治在今四川德阳市。 [19]让：责备。 [20]顾公：指顾彦朗。 [21]慰谕：安慰并说明情况使其理解。 [22]清远桥：成都南门楼（大玄楼）前有清远桥。 [23]髡（kūn）

发：剃去头发。［24］罗拜：罗列而拜。［25］彦晖（?—897）：顾彦朗之弟顾彦晖。传见《新唐书》卷一百八十六。［26］告难：报告王建、顾彦晖急攻成都之难。

杨行密欲遣高霸屯天长以拒孙儒，袁袭曰："霸，高氏旧将，常挟[1]两端，我胜则来，不胜则叛。今处之天长，是自绝其归路也，不如杀之。"己酉[2]，行密伏甲[3]执霸及丁从实、余绕山，皆杀之。又遣千骑掩杀其党于法云寺，死者数千人。是日，大雪，寺外数坊[4]地皆赤[5]。高晊出走，明日，获而杀之。

吕用之之在天长也，绐杨行密曰："用之有银五万铤[6]，埋于所居，克城之日，愿备麾下一醉之资[7]。"庚戌[8]，行密阅[9]士卒，顾用之曰："仆射许此曹[10]银，何食言[11]邪！"因牵下械系[12]，命田頵鞫[13]之，云："与郑杞、董瑾谋因[14]中元[15]夜，邀高骈至其弟建黄箓斋[16]，乘其入静[17]，缢杀[18]之，声言上升[19]。因令莫邪都[20]帅诸军推用之为节度使。"是日，腰斩用之，怨家刳割立尽，并诛其族党。军士发[21]其中堂[22]，得桐人，书骈姓名于胸，桎梏[23]而钉之。

袁袭言于行密曰："广陵饥弊已甚，蔡贼[24]复来，民必重困，不如避之。"甲寅[25]，行密遣和州将延陵宗[26]以其众二千人归和州，乙卯[27]，又命指挥使蔡俦将兵千人，辎重数千两[28]，归于庐州。

赵晖据上元，会周宝败，浙西溃卒[29]多归之，众至数万。晖遂自骄大，治南朝[30]台城[31]而居之，服用奢僭[32]。张雄在东塘，晖不与通问；雄溯江而上，晖以兵塞其中流[33]。雄怒，戊午[34]，攻上元，拔之。晖奔当涂[35]，未至，为其下所杀。余众降，雄悉坑之。

朱全忠遣内客将[36]张廷范[37]致朝命于杨行密，以行密为淮南节度副使，又以宣武行军司马李璠为淮南留后，遣牙将郭言将兵千人送之。

感化节度使时溥自以于全忠为先进[38]，官为都统[39]，顾不得领淮南，而全忠得之，意甚恨望。全忠以书假道[40]于溥，溥不许。璠至泗州[41]，溥以兵袭之，郭言力战得免而还，徐、汴始构怨[42]。

十二月，癸巳[43]，秦宗权所署山南东道留后赵德諲[44]陷荆南，节度使[45]张瓌，留其将王建肇守城而去，遗民才数百家。

饶州[46]刺史陈儒[47]陷衢州[48]。

上蔡[49]贼帅冯敬章陷蕲州[50]。

乙未[51]，周宝卒[52]于杭州。

钱镠以杜棱为常州制置使。命阮结等进攻润州，丙申[53]，克之；刘浩[54]走，擒薛朗以归。

（以上为第十段，写杨行密诛杀吕用之。感化军节度使时溥不服朱全忠得淮南节度使之职，徐汴始交恶。）

【注释】

[1]挟：夹持。[2]己酉：闰十一月十日。[3]伏甲：埋伏甲兵。[4]坊：街道村里。[5]赤：地面一片雪白，空无所有。[6]铤（dìng）：专门铸成各种形状的金银块。[7]一醉之资：酒钱。意谓这些银子可献给杨行密犒劳将士。[8]庚戌：闰十一月十一日。[9]阅：检阅。[10]曹：辈。[11]食言：说话不算话。[12]械系（xì）：拘囚，使不得自由。械，指桎梏。[13]鞫（jū）：审讯。[14]因：趁。[15]中元：七月十五日。[16]黄箓（lù）斋：道教设此斋，普召天神、地祇、人鬼，设坛祈祷，追忏罪根，祈求升仙界。[17]入静：道家语。静处一室，屏去左右，澄神静虑，无思无虑，这样可以接天神。[18]缢杀：勒颈致死。[19]上升：离世成仙。[20]莫邪都：军名。[21]发：挖掘。[22]中堂：厅堂的正中。[23]桎梏（zhìkù）：脚镣手铐。[24]蔡贼：指孙儒。[25]甲寅：闰十一月十五日。[26]延陵宗：毕师铎攻广陵时，杨行密向和州借兵，孙端所派即延陵宗部。现遣还。[27]乙卯：闰十一月十六日。[28]两：通“辆”。[29]溃卒：败溃之兵。上元县近京口，攻浙西溃兵多归之。[30]南朝：宋、齐、梁、陈。[31]台城：古城名。本三国吴后苑城，东晋成帝时改建，为东晋、南朝台省（中央政府）和宫殿所在地，故名台城。隋平陈时，已全部毁掉，耕垦为田，至此时已堙废很久。故址在今江苏南京鸡鸣山南乾河沿北。[32]奢僭（jiàn）：器用服饰华丽，超过规制。[33]中流：江流中心。[34]戊午：闰十一月十九日。[35]当涂：县名。县治在今安徽当涂。[36]内客将：官名。主唱导赞礼，接待宾客。[37]张廷范：以优人为朱全忠所爱，官至河南尹、太常卿。朱全忠怒其加九锡迟缓，诛杀蒋玄晖，张廷范被车裂于洛阳。此可为奸臣者戒。传见《新唐书》卷二百二十三。[38]先进：前辈。[39]都统：官名。可督统诸道之兵，位在节度使之上。[40]假道：借路，请让通过。[41]泗州：州名。治所临淮，在今江苏盱眙对岸。[42]构怨：结怨。时溥为感化节度使，治徐州，故云徐、汴结怨。[43]癸巳：十二月二十五日。[44]赵德諲（yīn）：字光仪，蔡州人，赵匡凝之父。传见《新唐书》卷一百八十六，并附《旧五代史》卷十七，《新五代史》卷四十一《赵匡凝传》。[45]节度使：据张敦仁《资治通鉴刊本识误》，“节”字之前应有“杀”字，即杀荆南节度使张瓌。[46]饶州：州名。治所鄱阳，在今江西鄱阳县。

[47]陈儒：据路振《九国志》："陈儒，同安贼也。"与朱敬玫将陈儒同名，非一人。[48]衢州：州名。治所信安，在今浙江衢州市。[49]上蔡：县名。县治在今河南上蔡县。[50]蕲（qí）州：州名。治所蕲春，在今湖北蕲春县。[51]乙未：十二月二十七日。[52]周宝卒：唐末周宝为镇海军节度使兼南面招讨使，与都统高骈共讨黄巢，镇杭州。传见《新唐书》卷一百八十六。本传载，周宝为钱镠所杀。据《吴越备史》，周宝为病卒。[53]丙申：十二月二十八日。[54]刘浩：原为镇海军将。光启三年（887）逐周宝而奉薛朗为镇海留后。

文德元年（戊申，888年）

春，正月，甲寅[1]，孙儒杀秦彦、毕师铎、郑汉章。彦等之归宗衡[2]也，其众犹二千余人，其后稍稍为儒所夺；裨将唐宏知其必及祸[3]，恐并死[4]，乃诬告彦等潜召汴军。儒杀彦等，以宏为马军使[5]。

张守一与吕用之同归杨行密，复为诸将合[6]仙丹，又欲干[7]军府之政，行密怒而杀之。

蔡将石璠将万余人寇陈、亳，朱全忠遣朱珍、葛从周将数千骑击擒之。癸亥[8]，以全忠为蔡州四面行营都统[9]，代时溥，诸镇兵皆受全忠节度[10]。

张廷范至广陵，杨行密厚礼之；及闻李璠来为留后，怒，有不受[11]之色。廷范密使人白全忠，宜自以大军赴镇，全忠从之；至宋州[12]，廷范自广陵逃来，曰："行密未可图也。"甲子[13]，李璠至，言徐军[14]遮道，全忠乃止。

丙寅[15]，钱镠斩薛朗，剖其心以祭周宝[16]，以阮结为润州制置使。

二月，朱全忠奏以杨行密为淮南留后。

乙亥[17]，上不豫[18]；壬午[19]，发凤翔[20]，己丑[21]，至长安。庚寅[22]，赦天下，改元[23]。以韦昭度兼中书令。

（以上为第十一段，写徐州时溥遮道，朱全忠不得入广陵，奏请杨行密为留后。僖宗还京师。）

【注释】

[1]甲寅：正月十六日。[2]宗衡：据章校，"宗衡"前应有"秦"字。[3]及祸：遭祸殃。[4]并死：一起死。[5]马军使：官名。节度使自行任命的官职，统马军。[6]合：

配。[7]干：干预，过问。[8]癸亥：正月二十五日。[9]四面行营都统：官名。战时设置以节制各节度使的统领，战罢即省。[10]节度：节制调度。诸镇兵受朱全忠统率，讨秦宗权。[11]不受：不接受朝命。朱全忠派张廷范来宣布朝命，以杨行密为淮南节度副使，又以李璠为淮南留后，故杨行密不悦。[12]宋州：州名。治所宋城，在今河南商丘市。[13]甲子：正月二十六日。[14]徐军：指时溥军。[15]丙寅：正月二十八日。[16]祭周宝：薛朗曾逐周宝，故剖其心祭之。[17]乙亥：二月七日。[18]不豫：皇帝有病的讳称。[19]壬午：二月十四日。[20]发凤翔：车驾从凤翔出发。[21]己丑：二月二十一日。[22]庚寅：二月二十二日。[23]改元：改元文德。

魏博节度使乐彦祯，骄泰[1]不法，发六州[2]民，筑罗城[3]，方八十里，人苦其役；其子从训，尤凶险；既杀王铎[4]，魏人皆恶之。从训聚亡命五百余人为亲兵，谓之子将，牙兵[5]疑之，籍籍不安[6]；从训惧，易服[7]逃出，止于近县，彦祯因以为相州[8]刺史，从训遣人至魏运甲兵、金帛，交错于路，牙兵益疑。彦祯惧，请避位，居龙兴寺为僧，众推都将赵文玠知留后事。

从训引兵三万至城下；文玠不出战，众复杀之，推牙将贵乡罗弘信[9]知留后事。先是，人有言"见白须翁，言弘信当为地主[10]"者，文玠既死，众群聚呼曰："谁欲为节度使者？"弘信出应曰："白须翁已命我矣。"众环视曰："可也。"遂立之。弘信引兵出，与从训战，败之。从训收余众保内黄[11]，魏人围之。

先是，朱全忠将讨蔡州，遣押牙雷邺以银万两请籴[12]于魏；牙兵既逐彦祯，杀邺于馆。从训既败，乃求救于全忠。

初，河阳节度使李罕之与张全义[13]刻臂为盟，相得欢甚。罕之勇而无谋，性复贪暴，意轻[14]全义，闻其勤俭力穑[15]，笑曰："此田舍一夫耳！"全义闻之，不以为忤[16]。罕之屡求谷帛，全义皆与之；而罕之征求无厌，河南不能给，小不如[17]所欲，辄械[18]河南主吏至河阳杖之，河南将佐皆愤怒。全义曰："李太尉[19]所求，奈何不与！"竭力奉之，状若畏之者，罕之益骄。罕之所部不耕稼，专以剽掠[20]为资，啖人为粮，至是悉其众攻绛州[21]，绛州刺史王友遇降之；进攻晋州[22]，护国节度使王重盈密结全义以图之。全义潜发屯兵[23]，夜，乘虚袭河阳，黎明，入三城[24]，罕之逾垣步走，全义悉俘其家，遂兼领河阳节度使。罕之奔泽州[25]，求救于李克用。

（以上为第十二段，写魏博镇内讧，众推罗弘信为留后。河南尹张全义败李罕之，兼领河阳节度使。）

【注释】

[1]骄泰：骄横。 [2]六州：指魏、博、贝、相、澶、卫六州。 [3]罗城：魏州外郭城。 [4]杀王铎：事见《资治通鉴》卷二百五十六中和四年。 [5]牙兵：一名牙中军，即衙军。亲兵或卫队。魏博牙中军是唐肃宗至德年间，田承嗣招募军中子弟建立的。 [6]籍籍不安：牙兵本为亲兵，现乐从训又置子将，牙兵怀疑将被消灭，故不安。 [7]易服：更换便服。 [8]相州：州名。治所安阳，在今河南安阳。 [9]罗弘信（836—899）：字德孚，魏州贵乡（今河北大名县）人。魏州节度使。传见《旧唐书》卷一百八十，《新唐书》卷二百一十，《旧五代史》卷十四，《新五代史》卷三十九。 [10]地主：地方之主。 [11]内黄：县名。县治在今河南内黄西北。 [12]籴（dí）：买粮食。 [13]张全义：据章校，前应有"河南尹"三字。 [14]意轻：看不起。 [15]力穑（sè）：尽力耕作。 [16]忤：抵触，不顺从。 [17]小不如：稍有不能满足。 [18]械：枷锁、镣铐一类刑具。此处用如动词。 [19]李太尉：指李罕之。 [20]剽掠：抢劫。 [21]绛州：州名。治所正平，在今山西新绛。 [22]晋州：州名。治所临汾，在今山西临汾市。 [23]屯兵：即民兵。张全义在河南府所属十八个县各置屯将，带领、训练屯兵。 [24]三城：河阳有南城、北城、中潬（dàn）城。 [25]泽州：州名。治所晋城，在今山西晋城市。

三月，戊戌朔[1]，日有食[2]之，既[3]。

己亥[4]，上疾复作[5]，壬寅[6]，大渐[7]。皇弟吉王保[8]，长而贤，群臣属望[9]。十军观军容使杨复恭请立其弟寿王杰[10]；是日，下诏，立杰为皇太弟，监军国事。右军中尉[11]刘季述[12]遣兵迎杰于六王宅[13]，入居少阳院[14]，宰相以下就见之。癸卯[15]，上崩于灵符殿[16]。遗制，太弟杰更名敏，以韦昭度摄冢宰[17]。

昭宗即位，体貌明粹，有英气，喜文学，以僖宗威令不振，朝廷日卑[18]，有恢复前烈[19]之志，尊礼[20]大臣，梦想贤豪，践阼之始，中外忻忻[21]焉。

朱全忠裹粮[22]于宋州，将攻秦宗权；会乐从训来告急，乃移军屯滑州，遣都押牙李唐宾等将步骑三万攻蔡州，遣都指挥使朱珍等分兵救乐从训。自白马[23]济河[24]，下黎阳[25]、临河[26]、李固[27]三镇；进至内黄，败魏军万余人，获其将周儒等十人。

李克用以其将康君立为南面招讨使，督李存孝、薛阿檀、史俨、安金俊、安休休五将、骑七千，助李罕之攻河阳。张全义婴城[28]自守，城中食尽，求救于朱全忠，以妻子为质。

王建攻彭州[29]，陈敬瑄救之，乃去。建大掠西川，十二州[30]皆被[31]其患。

夏，四月，庚午[32]，追尊上母王氏曰恭宪皇后。

壬午[33]，孙儒袭扬州，克之；杨行密出走，儒自称淮南节度使。行密将奔海陵，袁袭劝归庐州，再为进取之计，从之。

朱全忠遣其将丁会[34]、葛从周、牛存节[35]将兵数万救河阳。李存孝令李罕之以步兵攻城，自帅骑兵逆战于温[36]，河东军败，安休休惧罪，奔蔡州。汴人分兵欲断太行路[37]，康君立等惧，引兵还。全忠表丁会为河阳留后，复以张全义为河南尹。会，寿春[38]人；存节，博昌[39]人也。全义德全忠出己[40]，由是尽心附之，全忠每出战，全义主给其粮仗[41]无乏。

李罕之为泽州刺史，领河阳节度使。罕之留其子颀事克用，身还泽州，专以寇钞[42]为事，自怀、孟、晋、绛数百里间，州无刺史，县无令长，田无麦禾，邑[43]无烟火者，殆将十年。河中、绛州之间有摩云山[44]，绝高，民保聚其上，寇盗莫能近，罕之攻拔之，时人谓之"李摩云"。

乐从训移军洹水[45]，罗弘信遣其将程公信击从训，斩之，与父彦祯皆枭首军门。癸巳[46]，遣使以厚币[47]犒全忠军，请修好，全忠乃召军还。诏以罗弘信权知[48]魏博留后。

（以上为第十三段，写僖宗崩，昭宗即位。淮南孙儒败杨行密入据广陵，自称淮南节度使。魏博罗弘信杀前任乐彦祯、乐从训父子，与朱全忠交好。李罕之引李克用为援，张全义归附朱全忠。）

【注释】

[1]戊戌朔：三月一日。 [2]食：日食。 [3]既：食尽，日全食。 [4]己亥：三月二日。 [5]上疾复作：指僖宗再次生病。 [6]壬寅：三月五日。 [7]渐：病情加剧。 [8]吉王保：懿

宗第六子李保。咸通十三年（872）始封王。传见《旧唐书》卷一百七十五，《新唐书》卷八十二。［9］属（zhǔ）望：注目，向往。［10］杰：即唐昭宗李杰。［11］右军中尉：官名。即右神策军护军中尉。［12］刘季述：唐末大宦官，助杨复恭立昭宗，杨复恭被斥逐，刘季述惊恐，擅自废帝立太子，欲尽诛百官，为宰相崔胤所杀。传见《新唐书》卷二百零八。［13］六王宅：僖宗兄弟八人，李侹（tǐng）早薨，现有六王，居六王宅。［14］少阳院：大明宫日华门外有史馆，史馆之北为少阳院。［15］癸卯：三月六日。［16］灵符殿：大明宫东内苑有灵符应圣院，灵符殿疑即此院之殿。唐僖宗崩年二十七。［17］摄冢宰：总领百官为首席辅政。冢宰，古官名。《周官》："冢宰掌邦治，统百官，均四海。"这里借为首辅之意。［18］卑：指朝纲衰微。［19］前烈：前辈明君如唐太宗、唐玄宗的功业。［20］尊礼：敬重礼遇。［21］中外忻忻（xīn）：朝野欣喜的样子。当时藩镇割据，社会动乱。人心厌乱思治，见昭宗初政，期望他能有所作为。［22］裹粮：携带粮食，准备出战。［23］白马：县名。其地有白马山得名。县治在今河南滑县东。［24］济河：渡过黄河。［25］黎阳：镇名。在今河南浚县东北。［26］临河：县名。县治在今河南濮阳县西。［27］李固：镇名。在今河北魏县。［28］婴城：环城固守。［29］彭州：州名。治所在今四川彭州市。［30］十二州：西川节度统益、彭、蜀、汉、嘉、眉、邛、简、资、雅、黎、茂十二州。［31］被：遭受。［32］庚午：四月三日。［33］壬午：四月十五日。［34］丁会（?—910）：字道隐，寿州寿春（今安徽寿县）人。朱全忠部将，多立战功。不满朱全忠篡唐，以潞州降李克用。传见《旧五代史》卷五十九，《新五代史》卷四十四。［35］牛存节：字赞贞，青州博昌（今山东博兴县）人。本名礼，朱全忠改而字之。少以雄勇自负，投戎河阳节度使诸葛爽，爽卒，自归朱全忠，勇冠三军，官至六军马步都指挥使。梁末帝立，授郓州节度使，加淮南西北面行营招讨使，卒于官。传见《旧五代史》卷二十二，《新五代史》二十二。［36］温：县名。县治在今河南温县。［37］太行路：在河阳北，河东兵之归路。［38］寿春：县名。县治在今安徽寿县。［39］博昌：县名。县治在今山东博兴县。［40］出己：帮助自己脱险。出，脱离。［41］粮仗：粮食和武器。仗，刀戟等兵器的总称。［42］寇钞：攻劫掠夺。［43］邑：城镇。古时大城市叫都，小城市为邑。［44］摩云山：山名，在蒲州、绛州之间（今山西）。［45］洹（huán）水：县名。县治在今河北魏县南。［46］癸巳：四月二十六日。［47］厚币：丰厚的财物。［48］权知：暂代。

归州[1]刺史郭禹[2]击荆南，逐王建肇[3]，建肇奔黔州[4]。诏以禹为荆南留后。荆南兵荒之余，止有一十七家，禹励精为治[5]，抚集凋残[6]，通商务农，晚年[7]殆及万户。时藩镇各务[8]兵力相残，莫以养民为事，独华州[9]刺史韩建[10]招抚流散，劝课[11]农桑，数年之间，民富军赡[12]。时人谓之北韩南郭。

秦宗权别将[13]常厚据夔州[14]，禹与其将汝阳[15]许存攻夺之。久之，朝廷以禹为荆南节度使，建肇为武泰[16]节度使。禹奏复姓名为成汭。

加李克用兼侍中。

五月，己亥[17]，加朱全忠兼侍中。

赵德諲既失荆南[18]，且度秦宗权必败，壬寅[19]，举山南东道[20]来降，且自托[21]于朱全忠。全忠表请以德諲自副，制以山南东道为忠义军，以德諲为节度使，充蔡州四面行营副都统。

朱全忠既得洛、孟，无西顾之忧，乃大发兵击秦宗权，大破宗权于蔡州之南，克北关门[22]；宗权屯守中州[23]，全忠分诸将为二十八寨以环[24]之。

加凤翔节度使李茂贞检校侍中。

陈敬瑄方与王建相攻，贡赋中绝[25]。建以成都尚强，退无所掠，欲罢兵，周庠、綦母谏以为不可，庠曰："邛州[26]城堑完固，食支数年，可据之以为根本。"建曰："吾在军中久，观用兵者不倚天子之重，则众心易离；不若疏敬瑄之罪，表请朝廷，命大臣为帅而佐之，则功庶[27]可成。"乃使庠草表，请讨敬瑄以赎罪，因求邛州。顾彦朗亦表请赦建罪，移敬瑄他镇以靖[28]两川。

初，黄巢之乱，上为寿王，从僖宗幸蜀。时事出仓猝[29]，诸王多徒行至山谷中，寿王疲乏，不能前，卧磻[30]石上；田令孜自后至，趣之行，王曰："足痛，幸军容[31]给一马。"令孜曰："此深山，安得马！"以鞭抶[32]王使前，王顾而不言，心衔[33]之。及即位，遣人监西川军，令孜不奉诏[34]。上方愤藩镇跋扈[35]，欲以威制之。会[36]得彦朗、建表，以令孜所恃[37]者敬瑄耳，六月，以韦昭度兼中书令，充西川节度使，兼两川招抚制置等使，征[38]敬瑄为龙武统军[39]。

王建军新都[40]，时绵竹[41]土豪何义阳、安仁[42]费师懃等所在拥兵自保，众或万人，少者千人；建遣王宗瑶说之，皆帅众附于建，给其资粮，建军复振。

置佑国军[43]于河南府，以张全义为节度使。

秋，七月，李罕之引河东兵寇河阳，丁会击却之。

升凤州[44]为节度府，割兴、利州隶之，以凤州防御使满存为节度使、同平章事。

以权知魏博留后罗弘信为节度使。

八月，戊辰[45]，朱全忠拔蔡州南城。

（以上为第十四段，写成汭据荆南，朱全忠围困秦宗权于蔡州，王建请朝命征讨陈敬瑄，军势雄张。）

【注释】

［1］归州：州名。治所秭归，在今湖北秭归县。［2］郭禹（?—903）：即成汭（ruì），淮西人，唐末割据荆南，入援鄂州，与杨行密战，兵败，投江而死。传见《新唐书》卷一百九十，《旧五代史》卷十七。［3］王建肇：赵德諲部将。去年十二月，赵德諲陷荆南，杀节度使张瓌，留王建肇守荆南。［4］黔州：州名。治所彭水，在今重庆市彭水县。［5］励精为治：振奋精神，想办法把荆南治理好。［6］抚集凋残：抚慰收集疲困受难之民。［7］晚年：唐昭宗天复三年（903），成汭被淮南将李神福击败投江而死。晚年即指天复三年。［8］务：勉力从事。致力于。［9］华州：州名。治所郑县，在今陕西渭南市华州区。［10］韩建（854—912）：许州（今河南许昌）人。初为忠武军校，唐僖宗朝拜华州刺史。唐昭宗乾宁三年（896）李茂贞攻长安，韩建迎帝至华州，杀十一王。后降朱全忠。传见《旧五代史》卷十五，《新五代史》卷四十。［11］劝课：勉励农耕，征收赋税。［12］军赡：军粮充足。［13］别将：与主力军配合作战的部队的将领。［14］夔（kuí）州：州名。唐高祖武德二年（619）改信州置夔州。治所奉节，在今重庆市奉节县东。［15］汝阳：县名。县治在今河南汝阳县。［16］武泰：方镇名。唐昭宗大顺元年（890）赐黔州观察使号武泰军节度。［17］己亥：五月三日。［18］失荆南：赵德諲为秦宗权将，所守荆南时为成汭所夺。［19］壬寅：五月六日。［20］山南东道：道名。原为山南道，唐贞观十道之一。开元时期分为山南东道、山南西道。东道治所襄阳，在今湖北襄阳市。中和四年（884），秦宗权遣赵德諲据襄阳。［21］托：投托。［22］北关门：蔡州城北门。［23］中州：蔡州中城。［24］环：包围。［25］贡赋中绝：朝贡断绝。陈敬瑄在此之前常向朝廷输送贡赋，由于和王建打仗，贡赋断绝。王建恰好抓住这一罪名离间陈敬瑄和朝廷的关系。［26］邛州：州名。唐初治所依政，在今四川邛崃东南。唐高宗显庆年间移治临邛，在今四川邛崃。［27］庶：差不多。［28］靖：安定。王建于东川巡内起兵攻西川，连续打仗，两川都不安定。［29］仓猝（cù）：突然。也作“仓卒”。［30］磻（pán）：通“磐”。磐石，扁厚而大的石头。［31］幸军容：幸，希望。军容，田令孜时为神策十军观军容使，故称。［32］抶（dù）：鞭打。［33］衔：怀恨。［34］奉诏：接受皇帝的命令。时田令孜倚陈敬瑄，故不愿离开西川。［35］跋扈：专横暴戾。［36］会：恰好，适逢。［37］恃（shì）：依仗。［38］征：召。［39］龙武统军：官名。唐代中央禁军分南、北

衙，北衙六军中有左右龙武军，设大将军、统军、将军。［40］新都：县名。县治在今成都市新都区。［41］绵竹：县名。县治在今四川绵竹。［42］安仁：县名。唐高祖武德三年（620）分临邛、依政置安仁县。县治在今四川邛崃市东北。［43］佑国军：方镇名。文德元年置。唐昭宗天复四年（904）迁都洛阳，徙佑国军于长安，治所在今陕西西安。［44］凤州：州名。治所梁泉，在今陕西凤县东北。僖宗中和二年（882），以兴、凤二州置感义军，杨晟为节度使，以守散关，但未及立军府。现始立军府于凤州。［45］戊辰：八月三日。

杨行密畏孙儒之逼，欲轻兵袭洪州[1]，袁袭曰："钟传定江西已久，兵强食足，未易图也。赵锽新得宣州，怙乱[2]残暴，众心不附。公宜卑辞厚币[3]，说和州孙端、上元张雄，使自采石[4]济江侵其境，彼必来逆战，公自铜官[5]济江会之，破锽必矣。"行密从之，使蔡俦守庐州，帅诸将济自糁潭[6]。

孙端、张雄为赵锽所败，锽将苏塘、漆朗将兵二万屯曷山[7]。袁袭曰："公引兵争趋曷山，坚壁自守，彼求战不得，谓我畏怯，因其怠，可破也。"行密从之。塘等大败，遂围宣州。锽兄乾之自池州[8]帅众救宣州，行密使其将陶雅击乾之于九华[9]，破之。乾之奔江西，以雅为池州制置使。

九月，朱全忠以馈运[10]不继，且秦宗权残破不足忧，引兵还。丙申[11]，遣朱珍将兵五千送楚州[12]刺史刘瓒之官[13]。

钱镠遣其从弟銶将兵攻徐约于苏州。

冬，十月，徐兵[14]邀[15]朱珍、刘瓒不听[16]前，珍等击之，取沛[17]、滕[18]二县，斩获万计。

孟方立遣其将奚忠信将兵三万袭辽州[19]，李克修邀击，大破之，擒忠信送晋阳。

辛卯[20]，葬惠圣恭定孝皇帝于靖陵[21]，庙号[22]僖宗。

陈敬瑄、田令孜闻韦昭度将至，治兵完城[23]以拒之。

十一月，时溥自将步骑七万屯吴康镇[24]，朱珍与战，大破之。朱全忠又遣别将攻宿州[25]，刺史张友降之。

丙申[26]，秦宗权别将攻陷许州，执忠武留后王蕴[27]，复取许州。

十二月，蔡将申丛执宗权，折[28]其足而囚之，降于全忠，全忠表丛为蔡州留后。

初，感义节度使杨晟既失兴、凤，走据文、龙、成、茂四州[29]。王建攻西川，田令孜以晟己之故将[30]，假[31]威戎军[32]节度使，使守彭州。王建攻彭州，陈敬瑄眉州[33]刺史山行章将兵五万壁[34]新繁[35]以救之。

丁亥[36]，以韦昭度为行营招讨使，山南西道节度使杨守亮副之，东川节度使顾彦朗为行军司马；割邛、蜀、黎、雅置永平军[37]，以王建为节度使，治邛州，充行营诸军都指挥使。

戊子[38]，削陈敬瑄官爵。

山南西道节度使杨守厚[39]陷夔州。

（以上为第十五段，写杨行密失广陵，兵围宣州。秦宗权败殁。王建讨陈敬瑄，得朝命为永平军节度使，充行营诸军都指挥使。）

【注释】

[1]洪州：唐僖宗中和二年，钟传据洪州。 [2]怙（hù）乱：趁祸乱而活动，趁火打劫。[3]卑辞厚币：谦卑的言辞，丰厚的财物。 [4]采石：地名，即采石矶。原名牛渚矶，三国吴时更名采石矶。在今安徽马鞍山市长江东岸，为牛渚山突出长江而成，江面较狭，形势险要，自古为江防重地。 [5]铜官：地名。在今安徽铜陵市。 [6]糁（sǎn）潭：镇名。在今安徽无为市。[7]曷（hé）山：在今安徽当涂县西南。 [8]池州：州名。唐高祖武德四年（621），以宣州之秋浦、南陵二县置池州。唐太宗贞观元年（627）废置。唐代宗永泰元年（765）又分宣州之秋浦、青阳和饶州的至德置池州，治所秋浦，在今安徽池州市贵池区。 [9]九华：山名。在今安徽青阳境。旧名九子山，李白以山峰有如莲花，改名九华山。 [10]馈运：军饷运输。 [11]丙申：九月二日。 [12]楚州：州名。治所山阳，在今江苏淮安。 [13]之官：到任上去。朱全忠兼领淮南，楚州是淮南巡属，故任命刺史。 [14]徐兵：时溥驻徐州，徐兵即时溥之兵。 [15]邀：阻击。 [16]不听（tīng）前：不听令前行。 [17]沛：县名。县治在今江苏沛县。 [18]滕：县名。县治在今山东滕州市。 [19]辽州：州名。唐高祖武德三年（620）置辽州，治所辽山，在今山西左权县。 [20]辛卯：十月二十七日。 [21]靖陵：在京兆奉天县东北十里，在今陕西乾县境内。 [22]庙号：皇帝死后，在太庙立室奉祀，并追尊以某祖、某宗的名号，称庙号。始于殷代。[23]治兵完城：整顿武器军备、修缮城池。 [24]吴康镇：镇名。在今江苏丰县南。据《旧五代史》，朱珍以兵援刘瓒赴楚州，遇时溥军阻击，朱珍攻丰县，下之。时溥则以全师会战于丰县南吴

康镇。［25］宿州：州名。治所符离，在今安徽宿州北。［26］丙申：十一月三日。［27］王蕴：去年秦宗权被朱全忠打败，弃许州，朱全忠任命王蕴为忠武留后。［28］折（shé）：折断。［29］文、龙、成、茂四州：文州治所在今甘肃文县西南。龙州治所在今四川江油东北。成州治所在今甘肃西和县西。茂州治所羌山，在今四川茂县。［30］己之故将：杨晟原为神策军指挥使，故田令孜说是他的故将。［31］假：暂署职务。［32］威戎军：田令孜临时设置的方镇，治所彭州，在今四川彭州市。［33］眉州：州名。治所在今四川眉山市。［34］壁：驻扎。［35］新繁：县名。县治在今四川成都市新都区。［36］丁亥：十二月二十四日。［37］永平军：方镇名。僖宗文德元年（888）置。领邛、蜀、黎、雅四州，治所邛州，在今四川邛崃市。［38］戊子：十二月二十五日。［39］杨守厚：据张敦仁《资治通鉴刊本识误》，应为“杨守亮”之误。杨守亮时帅山南西道，杨守厚为绵州刺史。

【点评】

本卷点评杨行密兴起淮南、张全义复兴东都、秦宗权为祸中原三件史事。

一、杨行密兴起淮南。杨行密，字化源，庐州合肥人，高大有力，能举重一百斤，与乡人田颓、陶雅、刘威等交好。杨行密年二十投身黄巢起义，在作战中被庐州刺史郑綮俘获，郑綮异其状貌，令其充当州兵，逐渐提升为庐州牙将。公元883年，杨行密杀都将，统领诸营，庐州刺史被迫让位，朝廷任命杨行密为庐州刺史，隶属淮南节度使高骈。杨行密部属刘威、陶雅、田颓、徐温等三十六人，号三十六“英雄”，这些人是杨行密的心腹骨干。公元887年，淮南节度使高骈被部将毕师铎围攻，宣歙观察使秦彦率师三万助毕师铎攻入扬州。秦彦自称淮南节度使，以毕师铎为行军司马。杨行密奉高骈之命救援，围攻扬州半年，秦彦、毕师铎在围城中乏粮，以人为食。扬州地处水陆交通要冲，人物殷阜，半年间，居民几乎被秦彦兵吃完。杨行密破城，只剩下几百户居民，全都是饿殍，一个个瘦弱不像人形，富饶的扬州成了一片废墟。秦彦不甘失败，引蔡州秦宗权救援。秦宗权遣其弟秦宗衡率领孙儒、刘建锋、马殷等来争扬州，蔡州兵十倍于杨行密。杨行密弃城回江南庐州。数年争战，孙儒败亡，杨行密重新占领扬州，朝廷任命杨行密为淮南节度使。杨行密招抚流亡，减轻租赋徭役，以茶盐与邻道通商以足军用。数年以后，民力恢复，淮南成为东南大镇。北起海州，南至虔州，东起常州，西至沔口（今湖北武汉），皆为淮南所有。朱全忠三次进攻，三次失败。杨行密建立吴国，后为南唐，历经五代，阻挡了北方政权统一南方。后梁、后唐两代统治者十分凶残。杨行密兴起，隔离南北，为江南人民生活的稳定与发展提供了良好的环境，在当时有着积极和进步的意义。杨行密割据淮南，在唐末群雄中最为开明，是一个比较得民心的地方政权。

二、张全义复兴东都。张全义，字国维，濮州临濮人。年少时以农家子服县役，数为县令困辱，愤而投身黄巢起义军中。黄巢入长安，任命张全义为吏部尚书、水运使。黄巢败没，张全义投奔河阳节度使诸葛爽，诸葛爽死后，事其子诸葛仲方。秦宗权遣将孙儒逐走诸葛仲方，张全义与李罕之分别据守河阳、洛阳，依附于朱全忠。李罕之据河阳，张全义据洛阳。洛阳为唐东都，多次兵灾之后成为一片废墟，户数不足一百。张全义据守以后披荆斩棘，招募流民，劝课耕织，亲自载以酒食在农忙时深入田间慰问。在洛阳筑南北二城以护民人。数年以后，人物完盛，洛阳恢复了生气，流民得到了安置。朱全忠劫迁唐昭宗到东都，缮理宫阙、府库，靠的是张全义之力。

张全义原名张言，唐昭宗赐名张全义。入后梁，官拜河南尹，累迁至中书令，兼领忠武、陕虢、郑滑、河阳节度使，判六军诸卫事，天下兵马副元帅，封魏王。入后唐，庄宗加拜张全义右师尚书令，改封齐王。

在唐末割据者中，多数是秦彦、孙儒那样的吃人野兽，也有张全义这样恤民的军阀。张全义历后梁、后唐两朝得以善终，良有以也。

三、秦宗权为祸中原。秦宗权，乱国贼子，许州人，为郡牙将。僖宗广明元年（880），黄巢渡淮北上，秦宗权抗击有功，得授蔡州节度使。中和三年（883），黄巢退出长安东走，秦宗权迎战不利，投降黄巢。黄巢覆灭，秦宗权转强。李克用与朱全忠交恶，朝廷田令孜专权与河中王重荣交恶，官军无力征讨蔡州，秦宗权趁机遣将四出攻掠，扩张地盘，部属秦彦、秦贤、秦浩、孙儒、张晊、卢塘等皆虎狼之徒，以杀人为乐事。秦彦攻淮南，秦贤攻江南，秦浩攻襄阳，孙儒攻洛阳，张晊攻汝、郑，卢塘攻汴州。各路共攻陷二十余州，只有赵犨兄弟所守徐州，朱全忠所守汴州未下，城门之外为贼疆场，乡村邑落被破坏无遗。贼众所到之处，残杀人物，焚烧都邑村落，西至关内，东到青徐，南至江淮，北到卫滑，中原大地，鱼烂鸟散，人烟断绝，荆榛蔽野。秦彦、孙儒最为野蛮，行军不带粮食，以人为食，军士盐尸而从。秦彦、孙儒入扬州，公然贩卖人肉，全城士民几乎被杀光。秦宗权还狂妄地称帝于蔡州。在唐末军阀割据中，秦宗权最为刻毒，他为祸中原，残害百姓，纯粹是一个魔王。两唐书将秦宗权入逆臣传，与安禄山、史思明、朱泚等人并列。在诸逆臣中，秦宗权最为凶顽。公元888年，秦宗权被其爱将申丛捕获，被打断双脚，囚送京师，与其妻俱斩于独柳之下。临刑前，秦宗权对监斩官京兆尹孙揆说："尚书明鉴，秦宗权难道是一个造反的人吗？只是表达忠心的方式不妥罢了。"可以说是无耻之尤，引得围观的人哈哈大笑。

卷二五八　唐纪七十四

唐昭宗龙纪元年至大顺二年（889—891年）

【起屠维作噩（己酉，889年），尽重光大渊献（辛亥，891年），凡三年】

【大事提要】

本卷记事起公元889年，讫公元891年，记载史事凡三年。当唐昭宗龙纪元年至大顺二年。昭宗体貌明粹，有英气，感慨僖宗威令不振，朝廷日卑，发愿重整雄风，恢复先代圣主的业绩。他利用军阀混战，以朝命任命韦昭度征讨西川陈敬瑄，纳宰相张浚之谋，以朱全忠及河北三镇为主力讨伐李克用。此时朝廷既无郭子仪、李晟、李愬之英才用兵，又无李泌、陆贽之贤杰为之谋，韦昭度庸懦，张浚轻佻，结果韦昭度见逐于王建，张浚全军败没。昭宗城府深，巧借杨复恭义子李顺节以逐走杨复恭，继杀李顺节，朝纲仍然不振。宦官积恶已非一日，藩镇跋扈祸行全国，正气不伸，邪曲枉炽，一唐昭宗无如之何，盖大厦将倾，非独木能支也。此时期，军阀混战的主战场一是江南，二是西川。江南争战主要是据扬州的孙儒与杨行密争雄。杨行密得杭州钱镠之助，孙儒则有徐州时溥之援，各自无后顾之忧，故拼全力以战。孙儒凶残，常胜而不得人心，最后烧积聚，扫境渡江，孤注一掷，以图侥幸，取死之道。西川王建得势破成都，是此时期最大的赢家。中原争战，朱全忠与李克用互有胜败。

昭宗[1]圣穆景文孝皇帝上之上

龙纪元年（己酉，889年）

春，正月，癸巳朔[2]，赦天下，改元[3]。

以翰林学士承旨、兵部侍郎刘崇望[4]同平章事。

汴将庞师古拔宿迁[5]，军于吕梁[6]。时溥逆战，大败，还保彭城[7]。

壬子[8]，蔡将郭璠杀申丛，送秦宗权于汴，告朱全忠云：“丛谋复立宗权”。全忠以璠为淮西留后。

戊申[9]，王建大破山行章于新繁，杀获近万人，行章仅以身免。杨晟惧，徙屯三交[10]，行章屯濛阳[11]，与建相持。

二月，朱全忠送秦宗权至京师，斩于独柳[12]。京兆尹[13]孙揆[14]监刑，宗权于槛车[15]中引首[16]谓揆曰：“尚书[17]察宗权岂反者邪？但输忠不效[18]耳。”观者皆笑。揆，逖[19]之族孙也。

三月，加朱全忠兼中书令，进爵东平郡王。全忠既克蔡州，军势益盛。

加奉国[20]节度使赵德諲中书令，加蔡州节度使赵犨同平章事，充忠武节度使，以陈州为理所[21]。会犨有疾，悉以军府事授其弟昶[22]，表乞骸骨[23]，诏以昶代为忠武节度使。未几，犨薨。

丙申[24]，钱镠拔苏州，徐约[25]亡入海而死。钱镠以海昌[26]都将沈粲权知[27]苏州。

夏，四月，赐陕虢军号保义。

五月，甲辰[28]，润州制置使阮结卒，钱镠以静江[29]都将成及代之。

李克用大发兵，遣李罕之、李存孝攻孟方立，六月，拔磁、洺二州。方立遣大将马溉、袁奉韬将兵数万拒之，战于琉璃陂[30]，方立兵大败，二将皆为所擒，克用乘胜进攻邢州。方立性猜忌，诸将多怨，至是皆不为方立用，方立惭惧，饮药死。弟摄洺州刺史迁[31]，素得士心，众奉之为留后，求援于朱全忠。全忠假道于魏博，罗弘信不许；全忠乃遣大将王虔裕将精甲数百，间道入邢州共守。

（以上为第一段，写朱全忠并灭秦宗权，军力大盛，与李克用再次交战。）

【注释】

[1]昭宗：原名杰，懿宗第七子，即位后改名敏，又改名晔。唐代第二十任国君，公元889—904年在位。[2]癸巳朔：正月一日。[3]改元：改文德二年为龙纪元年。[4]刘崇望：字希徒，唐初功臣邢国公刘政会第七世孙。官至兵部尚书。传见《旧唐书》卷一百七十九，《新唐书》卷九十。[5]宿迁：县名。县治在今江苏宿迁市。[6]吕梁：镇名。在今江苏徐州市东南。[7]彭城：县名。县治在今江苏徐州市铜山区。[8]壬子：正月二十日。[9]戊申：正月十六日。[10]三交：城名。在今陕西宝鸡市西。[11]濛阳：县名。在今四川彭州市东。[12]独柳：

唐长安城有东、西市。西市有处决犯人之所，即独柳。［13］京兆尹：官名。掌治京师。唐太宗开元初改雍州为京兆府，往往以亲王领雍州牧，改雍州长史为京兆尹。［14］孙揆（?—890）：字圣圭，进士第，历官户部巡官、中书舍人、刑部侍郎、京兆尹。传见《新唐书》卷一百九十三。［15］槛车：带栅栏的囚车。［16］引首：抬头，伸长脖子。［17］尚书：对孙揆的尊称。唐代京兆尹为重任，往往出为节镇，内迁尚书侍郎，故称。［18］输忠不效：献忠心而未奏效。［19］逖：孙逖（?—761），博州武水（今山东聊城市西南）人。唐玄宗朝判刑部侍郎。传见《新唐书》卷二百零二。孙揆是他的五世从孙。［20］奉国：方镇名。唐僖宗中和二年（882），以蔡州为奉国军，任命秦宗权为节度使。文德元年，以襄州为忠义军，任命赵德諲为节度使。秦宗权死后，未以奉国节度授人。所以，此处"奉国"应为"忠义"之误。［21］理所：即治所。忠武节度使治所原为许州。因赵犨是陈州人，且守陈有功，故徙治所于陈州。［22］赵昶（chǎng）（841—894）：字大东，赵犨部属，继犨任忠武节度使。传附《新唐书》卷一百八十九《赵犨传》，并见《旧五代史》卷十四，《新五代史》卷四十二。［23］表乞骸骨：上表要求告老辞官。［24］丙申：三月五日。［25］徐约：光启三年（887）徐约据苏州，现败死。［26］海昌：县名，即盐官县。县治在今浙江海宁市西南。［27］权知：代理治事。［28］甲辰：五月五日。［29］静江：钱镠的一支部队名静江都，屯于杭州城外。［30］琉璃陂：地名。在今河北邢台市西南。［31］迁：孟迁，孟方立从弟。传附《新唐书》卷一百八十七。

杨行密围宣州，城中食尽，人相啖，指挥使周进思据城逐赵锽；锽将奔广陵，田頵追擒之。未几，城中执进思以降。行密入宣州，诸将争取金帛，徐温[1]独据米囷，为粥以食饿者。温，朐山人也。锽将宿松[2]周本，勇冠军中，行密获而释之，以为裨将。锽既败，左右皆散，惟李德诚从锽不去，行密以宗女妻之。德诚，西华[3]人也。行密表言于朝，诏以行密为宣歙[4]观察使。

朱全忠与赵锽有旧，遣使求之；行密谋于袁袭，袭曰："不若斩首以遗之。"行密从之。未几，袭卒，行密哭之曰："天不欲成吾大功邪，何为折吾股肱[5]也！吾好宽[6]而袭每劝我以杀，此其所以不寿与！"

孙儒遣兵攻庐州，蔡俦以州降之。

朱珍拔萧县[7]，据之，与时溥相拒[8]，朱全忠欲自往临之。珍命诸军皆葺马厩，李唐宾部将严郊独惰慢，军吏责之，唐宾怒，见珍诉之；珍亦怒，以唐宾为无礼，拔剑斩之[9]，遣骑白全忠，云唐宾谋叛。淮南左司马[10]敬翔，恐全忠乘怒，仓猝处置违宜[11]，故留使者，逮夜[12]，然后从容白之[13]，全忠果大惊。翔因为画策，诈收唐宾妻子系狱，遣骑往慰抚，全忠从之，军中始安。秋，七月，全忠如萧县，未至，珍出迎，命武士执之，责以专杀[14]而诛之。诸将霍存等数十人叩头为之请，全忠怒，以床掷之，乃退。丁未[15]，至萧县，以庞师古代珍为都指挥使。八月，丙子[16]，全忠进攻时溥壁，会大雨，引兵还。

（以上为第二段，写杨行密得宣州，丢了庐州。朱全忠亲赴前线督阵讨时溥，会大雨而退兵。）

【注释】

[1]徐温（861—927）：字敦美，海州朐山（今江苏连云港市）人。辅杨行密据淮南，后专吴国政，为大丞相，封东海郡王。传见《新五代史》卷六十一。 [2]宿松：县名。县治在今安徽宿松县。 [3]西华：县名。县治在今河南西华县。 [4]宣歙（shè）：方镇名。治所宣州，在今安徽宣城市宣州区。 [5]股肱（gōng）：得力的助手。股，大腿。肱，胳膊。 [6]好宽：好行宽大政策。[7]萧县：县名。县治在今安徽萧县。在徐州西南。[8]与时溥相距：萧县在徐州西南。其时时溥在徐州，故朱珍拔萧县后则与时溥相抗。 [9]拔剑斩之：朱珍与李唐宾久不和，乘怒斩之。 [10]左司马：官名。行军司马之一。为节度使重要助手，总揽全军政令。朱全忠兼领淮南节度使，以敬翔为左司马。 [11]违宜：不适当。 [12]逮夜：到了夜间。 [13]从容白之：敬翔为人深沉有大略，从朱全忠用兵三十多年，朱全忠刚暴难近，凡遇不妥之处，敬翔一般都不当场直说。此逮夜而后言，朱全忠虽怒也不能发其暴。 [14]专杀：专权擅自杀人。 [15]丁未：七月十七日。 [16]丙子：八月十七日。

冬，十月，平卢节度使王敬武薨；子师范[1]，年十六，军中推为留后，棣州[2]刺史张蟾不从。诏以太子少师崔安潜兼侍中，充平卢节度使。蟾迎安潜至州，与之共讨师范。

以给事中[3]杜孺休[4]为苏州刺史。钱镠不悦，以知州事[5]沈粲为制置指挥使。

杨行密遣马步都虞候田頵等攻常州。

十一月，上改名晔。

上将祀圜丘[6]。故事[7]，中尉、枢密皆褛衫侍从[8]；僖宗之世，已具襕[9]笏；至是，又令有司制法服[10]，孔纬及谏官、礼官皆以为不可，上出手札谕之曰："卿等所论至当[11]。事有从权[12]，勿以小瑕遂妨大礼。”于是宦官始服剑佩侍祠[13]。己酉[14]，祀圜丘，赦天下。

上在藩邸[15]，素疾宦官，及即位，杨复恭恃援立功，所为多不法，上意不平；政事多谋于宰相，孔纬、张浚劝上举大中故事[16]抑宦者权。复恭常乘肩舆至太极殿[17]。他日，上与宰相言及四方反者，孔纬曰："陛下左右有将反者，况四方乎！"上矍然[18]问之，纬指复恭曰："复恭陛下家奴，乃肩舆造[19]前殿，多养壮士为假子，使典[20]禁兵，或为方镇[21]，非反而何！"复恭曰："子壮士，欲以收士心，卫国家，岂反邪！"上曰："卿欲卫国家，何不使姓李而姓杨乎？"复恭无以对。

复恭假子天威军使杨守立，本姓胡，名弘立，勇冠六军，人皆畏之。上欲讨复恭，恐守立作乱，谓复恭："朕欲得卿胡子在左右。"复恭见守立于上，上赐姓名李顺节，使掌六军管钥，不期年，擢至天武都头，领镇海节度使，俄[22]加同平章事。及谢[23]日，台吏[24]申请班见[25]百僚，孔纬判不集[26]；顺节至中书，色不悦。他日，语微[27]及之，纬曰："宰相师长百僚[28]，故有班见。相公职为都头[29]，而于政事堂[30]班见百僚，于意安乎？"顺节不敢复言。

朱全忠求领盐铁[31]，孔纬独执[32]以为不可，谓进奏吏[33]曰："朱公须[34]此职，非兴兵[35]不可！"全忠乃止。

田頵攻常州，为地道入城；中宵，旌旗甲兵出于制置使杜棱之寝室，遂虏之，以兵三万戍常州。

朱全忠遣庞师古将兵自颍上[36]趋淮南，击孙儒。

十二月，甲子[37]，王建败山行章及西川骑将宋行能于广都[38]；行能奔还成都，行章退守眉州。壬申[39]，行章请降于建。

戊寅[40]，孙儒自广陵引兵渡江，壬午[41]，逐田頵，取常州，以刘建锋守之。儒还广陵，建锋又逐成及[42]，取润州。

前山南东道节度使刘巨容之在襄阳也，有申屠生教之烧药为黄金。田令孜之弟过襄阳，巨容出金示之。及寓居成都[43]，令孜求其方，不与，恨之，是岁，令孜杀巨容，灭其族。

（以上为第三段，写宦官杨复恭专横，唐昭宗阴欲除之。朱全忠求领盐铁，昭宗不允。）

【注释】

[1]王师范（?—907）：青州人，平卢节度使王敬武之子，年十六嗣位领军，与朱全忠攻战，杀朱全忠从子朱友宁。后兵败降朱全忠，被族灭于洛阳。传见《新唐书》卷一百八十七，《旧五代史》卷十三，《新五代史》卷四十二。 [2]棣州：州名。治所厌次，在今山东惠民县东南。[3]给事中：官名。门下省要职。掌侍从左右，献纳得失，驳正文书。因执事在殿中，故名。[4]杜孺休：中唐名相杜佑第三代孙，任给事中。大顺元年（890），昭宗诏命杜孺休为苏州刺史，为钱镠都将沈粲所害。传见《新唐书》卷一百六十六。 [5]知州事：官名。临时代理本州政事。去年冬，钱镠攻苏州，刺史徐约入海而死，钱镠以沈粲权知州事。现朝廷派杜孺休为刺史，钱镠又以沈粲为制置使，控制军权，架空杜孺休。 [6]圜（yuán）丘：古时祭天的圆形高坛。 [7]故事：先例，旧日的典章制度。 [8]褛（kuí）衫侍从：皇帝祭天时，神策军中尉以及枢密使等宦官都要穿大襟分开的衣衫侍从。褛衫，衣裾分开。裾，衣的大襟。 [9]襕（lán）：古时上下衣相连的服装。因下施横幅，故名。 [10]法服：指冕服剑佩。 [11]至当：非常正确。 [12]从权：变通、机变。 [13]侍祠：从皇帝参与祭祀礼。 [14]己酉：十一月二十一日。 [15]藩邸：诸侯王的府第。 [16]大中故事：唐宣宗大中八年（854），宣宗曾与翰林学士韦澳、宰相令狐绹商量抑制宦官权势问题。事见《资治通鉴》卷二百四十九。 [17]太极殿：唐宫殿名。位于大明宫西，是西内的前殿。唐高宗龙朔以后，皇帝常居大明宫，遇大礼大事，方居太极宫。 [18]矍（jué）然：惊慌四顾的样子。 [19]造：到，去。 [20]典：主管，执掌。杨复恭以假子守立为天威军使，守信为玉山军使。 [21]为方镇：为节度使。杨复恭以假子守贞为龙剑节度，守忠为武定节度，守厚为绵州刺史，其余假子为州刺史者很多。又养子六百人，监诸道军。 [22]俄：短时间。 [23]谢：谢恩。 [24]台吏：台省的官吏。唐代尚书省为中台，门下省称东台，中书省称西台，统称台省。 [25]班见：百官排列次序见面。 [26]判不集：裁定台吏申请，不同意集百官。 [27]微及：稍微涉及。 [28]师长百僚：宰相辅佐皇帝总百官、治万事，故云师长百僚。[29]都头：军职名。神策五十四都每都统兵官名都头，即都将。 [30]政事堂：唐代宰相治理政务的处所。 [31]领盐铁：即担任盐铁使。掌收运盐铁之税。 [32]执：坚持。 [33]进奏吏：进奏院的官吏。唐代藩镇皆在京师置邸，名为上都知进奏院。置进奏官，掌章奏、诏令及各种文书的投递、承转。 [34]须：求。 [35]兴兵：打仗。因盐铁使掌全国重要税源，权利皆重，人必争之，故云。 [36]颍上：县名。县治在今安徽颍上县北。 [37]甲子：十二月七日。 [38]广都：县名。县治在今四川成都市双流区东南。 [39]壬申：十二月十五日。 [40]戊寅：十二月二十一日。 [41]壬午：十二月二十五日。 [42]成及：钱镠派守润州。 [43]寓居成都：中和四年（884）刘巨容自襄阳奔成都。

大顺元年（庚戌，890 年）

春，正月，戊子朔[1]，君臣上尊号曰圣文睿德光武弘孝皇帝；改元。

李克用急攻邢州，孟迁食竭力尽，执王虔裕及汴兵以降。克用以安金俊为邢洺团练使。

壬寅[2]，王建攻邛州，陈敬瑄遣其大将彭城杨儒将兵三千助刺史毛湘守之，湘出战，屡败。杨儒登城，见建兵盛，叹曰："唐祚尽矣，王公[3]治众，严而不残，殆可以庇[4]民乎！"遂帅所部出降。建养以为子，更其姓名曰王宗儒。乙巳[5]，建留永平[6]节度判官张琳为邛南[7]招安使，引兵还成都。琳，许州人也。

陈敬瑄分兵布寨于犀浦[8]、郫[9]、导江[10]等县，发[11]城中民户一丁，昼则穿重壕，采竹木，运砖石，夜则登城，击柝巡警，无休息。

韦昭度营于唐桥[12]，王建营于东闾门外；建事昭度甚谨。

辛亥[13]，简州[14]将杜有迁执刺史员虔嵩[15]降于建，建以有迁知州事。

汴将庞师古等众号十万，渡淮，声言救杨行密，攻下天长，壬子[16]，下高邮[17]。

二月，己未[18]，资州[19]将侯元绰执刺史杨戡降于王建，建以元绰知州事。

乙丑[20]，加朱全忠守[21]中书令。

庞师古引兵深入淮南，己巳[22]，与孙儒战于陵亭[23]，师古兵败而还。

杨行密遣其将马敬言将兵五千，乘虚袭据润州。李友将兵二万屯青城[24]，将攻常州。安仁义、刘威、田頵败刘建锋于武进[25]，敬言、仁义、威屯润州。友，合肥人；威，慎县[26]人也。

李克用将兵攻云州防御使赫连铎，克其东城。铎求救于卢龙[27]节度使李匡威，匡威将兵三万赴之。丙子[28]，邢洺团练使安金俊中流矢死，河东万胜军[29]使申信叛降于铎。会幽州军至，克用引还。

时溥求救于河东，李克用遣其将石君和将五百骑赴之。

李克用巡潞州，以供具[30]不厚，怒昭义节度使李克修，诟而笞之；克修惭愤成疾，三月，薨。克用表其弟决胜军使克恭为昭义留后。

赐宣歙军号宁国，以杨行密为节度使。

夏，四月，宿州将张筠[31]逐刺史张绍光，附于时溥；朱全忠帅诸军讨之。溥出兵掠砀山[32]，全忠遣牙内都指挥使[33]朱友裕[34]击之，杀三千余人，擒石君和。友裕，全忠之子也。

乙丑[35]，陈敬瑄遣蜀州刺史任从海将兵二万救邛州，战败，欲以蜀州降王建；敬瑄杀之，以徐公鉥代为蜀州刺史。丙寅[36]，嘉州[37]刺史朱实举州降于建。丙子[38]，僰道[39]土豪文武坚执戎州[40]刺史谢承恩降于建。

（以上为第四段，写王建兵围成都。朱全忠遣将深入淮南为孙儒所败。杨行密乘机兵取润州。朱杨联手夹击时溥，时溥北引李克用反夹击朱全忠。）

【注释】

[1]戊子朔：正月一日。[2]壬寅：正月十五日。[3]王公：指王建。[4]庇：保护、荫庇。[5]乙巳：正月十八日。[6]永平：方镇名。唐代宗大历七年（772）赐滑亳节度永平军号，治所汴州，在今河南开封市。[7]邛南：地区名。指邛水以南一带。[8]犀浦：县名。县治在今四川成都市西北。[9]郫（pí）：县名。县治在今四川成都市郫都区。[10]导江：县名。县治在今四川都江堰市东。[11]发：征发。官府征集动用民间人力。[12]唐桥：桥名。郫江桥，在成都市东南。[13]辛亥：正月二十四日。[14]简州：州名。治所阳安，在今四川简阳市西北。[15]员（yùn）虔嵩：简州刺史。员，用为姓氏时音（yùn）。[16]壬子：正月二十五日。[17]高邮：县名。县治在今江苏高邮市。[18]己未：二月三日。[19]资州：州名。治所在今四川资中县。[20]乙丑：二月九日。[21]守：署理的意思。官阶低而所署官高叫守。[22]己巳：二月十三日。[23]陵亭：镇名。在今江苏兴化市南。[24]青城：镇名。在今江苏常州市北。[25]武进：县名。县治在今江苏常州市。青城即属武进县。[26]慎县：县名。县治在今安徽肥东县北。[27]卢龙：方镇名。治所幽州，在今北京市。[28]丙子：二月二十日。[29]万胜军：河东节度的一支部队。[30]供具：摆设酒食的器具。此处指供应给予。[31]张筠：传见《旧五代史》卷九十，《新五代史》卷四十七。[32]砀山：县名。县治在今安徽砀山县。[33]牙内都指挥使：官名。唐末藩镇相沿以亲子弟领衙内之职。牙，通“衙”。[34]朱友裕：朱全忠长子，全忠称帝后封郴王。传见《旧五代史》卷十二，《新五代史》卷十三。[35]乙丑：四月十日。[36]丙寅：四月十一日。[37]嘉州：州名。治所在今四川乐山市。[38]丙子：四月二十一日。[39]僰（bó）道：县名。县治在今四川宜宾市。[40]戎州：州名。治所僰道，在今四川宜宾市。

赫连铎、李匡威表请讨李克用。朱全忠亦上言：“克用终为国患，今因其败，臣请帅汴、滑、孟三军，与河北三镇[1]共除之。乞朝廷命大臣为统帅。”

初，张浚因[2]杨复恭以进，复恭中废[3]，更附田令孜而薄复恭。及复恭再用事[4]，深恨之。上知浚与复恭有隙，特亲倚之；浚亦以功名为己任，每自比谢安[5]、裴度[6]。克用之讨黄巢屯河中也，浚为都统判官[7]。克用薄[8]其为人，闻其作相[9]，私谓诏使[10]曰：“张公好虚谈而无实用，倾覆之士也[11]。主上采其名[12]而用之，他日交乱[13]天下，必是人也。”浚闻而衔之。

上从容与浚论古今治乱，浚曰：“陛下英睿[14]如此，而中外制于强臣[15]，此臣日夜所痛心疾首也。”上问以当今所急，对曰：“莫若强兵以服天下。”上于是广募兵于京师，至十万人。

及全忠等请讨克用，上命三省[16]、御史台[17]四品以上议之，以为不可者什六七，杜让能、刘崇望亦以为不可。浚欲倚外势以挤杨复恭，乃曰：“先帝再幸山南[18]，沙陀所为也。臣常虑其与河朔[19]相表里，致朝廷不能制。今两河藩镇[20]共请讨之，此千载一时[21]。但乞陛下付臣兵柄，旬月可平。失今不取，后悔无及。”孔纬曰：“浚言是也。”复恭曰：“先朝播迁，虽藩镇跋扈，亦由居中之臣[22]措置[23]未得其宜。今宗庙甫安，不宜更造兵端。”上曰：“克用有兴复大功[24]，今乘其危而攻之，天下其谓我何[25]？”纬曰：“陛下所言，一时之体[26]也；张浚所言，万世之利也。昨计用兵、馈运、犒赏之费，一二年间未至匮乏，在陛下断志[27]行之耳。”上以二相[28]言叶[29]，僶俛[30]从之，曰：“兹事今付卿二人，无贻朕羞[31]！”

五月，诏削夺克用官爵、属籍[32]，以浚为河东行营都招讨制置宣慰使，京兆尹孙揆[33]副之，以镇国节度使韩建为都虞候兼供军粮料使，以朱全忠为南面招讨使，李匡威[34]为北面招讨使，赫连铎副之。

浚奏给事中牛徽[35]为行营判官，徽曰：“国家以丧乱之余，欲为英武之举[36]，横挑强寇[37]，离诸侯心[38]，吾见其颠沛[39]也！”遂以衰疾固辞。徽，僧孺之孙也。

（以上为第五段，写唐昭宗讲武于京师，误用虚谈士张浚为相，轻起战端，兴兵讨李克用。）

【注释】

［1］河北三镇：指卢龙节度使李匡威、成德节度使王镕、魏博节度使罗弘信。［2］因：依靠。张浚当初是由于杨复恭的推荐而拜太常博士、度支员外郎的。事见《资治通鉴》卷二百五十四僖宗广明元年。［3］中废：中途被罢免。［4］用事：当权。襄王煴之乱，田令孜自知不为天下所容，解西川监军事，依靠陈敬瑄。杨复恭再度被任用。［5］谢安：东晋名相。淝水之战，运筹帷幄，挫败苻坚南侵，奠定南北对峙之局。传见《晋书》卷七十九。［6］裴度：唐宪宗时宰相，力主削除藩镇，曾督师攻破蔡州，擒吴元济，抑制住藩镇叛乱的局面。传见《旧唐书》卷一百七十，《新唐书》卷一百七十三。［7］都统判官：官名。时王铎为都统，张浚为判官。［8］薄：鄙视。［9］作相：时张浚复用为宰相、判度支。［10］诏使：下诏书至河东的使臣。［11］倾覆之士：祸国的人。［12］采其名：信任他的虚名。时人多说张浚有方略，能谋大计。［13］交乱：引起大乱。［14］英睿（ruì）：英明有远见。［15］中外制于强臣：中则受制于宦官，外则受制于方镇。［16］三省：即尚书省、门下省、中书省。［17］御史台：官署名。为朝廷的监察机关。三省及御史台四品以上官员指的是尚书左右丞及六部侍郎；门下、中书省左右谏议以上；御史台中丞以上。［18］再幸山南：指先帝僖宗第二次蒙尘巡幸山南。光启二年（886）李克用请诛田令孜，田令孜挟帝入散关赴兴元。［19］河朔：泛指黄河以北的地方。［20］两河藩镇：指河南朱全忠、河北李匡威。［21］千载一时：千载难逢的好时机。［22］居中之臣：处于中央的重臣。［23］措置：所采取的措施和做法。［24］兴复大功：指破黄巢、复京城的功劳。［25］其谓我何：意谓天下人将怎样议论我呢？其，副词。表示动作行为发生在未来。［26］一时之体：短期的、眼前的体统。［27］断志：下决心。［28］二相：指孔纬、张浚。［29］叶（xié）：合，和洽。［30］僶俛：努力，勉力。此处有勉强不得已的意思。［31］无贻朕羞：不要给我留下羞辱。唐昭宗此言，担心李克用太强大，事不奏效，反使国家受累。［32］属籍：皇族的名册。李克用原为沙陀人，其父朱邪赤心助唐镇压庞勋，赐姓李。同时，李克用有军功，故编入属籍。［33］孙揆：字圣圭，进士第，历官中书舍人，刑部侍郎，京兆尹。唐昭宗讨李克用，以揆为兵马招讨制置宣慰副使，更授昭义军节度使领兵赴潞州途中兵败被俘，为李克用所杀。传见《新唐书》卷一九三。［34］李匡威：据章校，“李”字前应有“王镕为东面招讨使”八字。［35］牛徽：牛僧孺之孙。举进士，累擢吏部员外郎，昭宗时官至刑部尚书。耿正敢言，为崔胤所忌，致仕，归樊川。卒，赠吏部尚书。传见《旧唐书》卷一百七十二，《新唐书》卷一百七十四。［36］英武之举：英明威武的举动。［37］横挑（tiǎo）强寇：指挑动李克用出战。［38］离诸侯心：使诸侯与朝廷离心。［39］颠沛：倾覆。牛徽料定此举将会造成社会动乱。

李克恭骄恣不晓军事，潞人素乐李克修之简俭，且死非其罪[1]，潞人怜之，由是将士离心。初，潞人叛孟氏[2]，牙将安居受[3]等召河东兵以取潞州；及孟迁以邢、洺、磁州归李克用，克用宠任之，以迁为军城都虞候，群从皆补右职，居受等咸怨且惧。

昭义有精兵，号"后院将"。克用既得三州[4]，将图河朔，令李克恭选后院将尤骁勇者五百人送晋阳，潞人惜之。克恭遣牙将李元审及小校冯霸部送[5]晋阳，至铜鞮[6]，霸招其众[7]以叛，循山而南，至于沁水[8]，众已三千人。李元审击之，为霸所伤，归于潞。庚子[9]，克恭就元审所馆视之，安居受帅其党作乱，攻而焚之，克恭、元审皆死。众推居受为留后，附于朱全忠。居受使召冯霸，不至。居受惧，出走，为野人所杀。霸引兵入潞，自为留后。

时朝廷方讨克用，闻克恭死，朝臣皆贺。全忠遣河阳留后朱崇节将兵入潞州，权知留后。克用遣康君立、李存孝将兵围之。

壬子[10]，张浚帅诸军五十二都及邠、宁、鄜、夏[11]杂虏[12]合五万人发京师，上御安喜楼[13]饯之。浚屏左右言于上曰："俟臣先除外忧，然后为陛下除内患[14]。"杨复恭窃听，闻之。两军中尉[15]饯浚于长乐坂[16]，复恭属浚酒[17]，浚辞以醉，复恭戏之曰："相公杖钺[18]专征，作态[19]邪？"浚曰："俟平贼还，方见作态[20]耳！"复恭益忌之。

癸丑[21]，削夺李罕之[22]官爵；六月，以孙揆为昭义节度使，充招讨副使。

丁巳[23]，茂州刺史李继昌帅众救成都，己未[24]，王建击斩之。辛酉[25]，资简都制置应援使[26]谢从本杀雅州[27]刺史张承简，举城降建。

孙儒求好于朱全忠。全忠表为淮南节度使。未几，全忠杀其使者，遂复为仇敌。

光启末[28]，德州[29]刺史卢彦威逐义昌节度使杨全玫，自称留后，求旌节[30]，朝廷未许。至是，王镕、罗弘信因张浚用兵，为之请，乃以彦威为义昌节度使。

张浚会宣武、镇国、静难、凤翔、保大、定难诸军于晋州[31]。

（以上为第六段，写张浚领兵五万出讨李克用，大会诸镇之兵于晋州。）

【注释】

[1]死非其罪：指李克修并无当死之罪。 [2]孟氏：指原昭义节度使孟方立。孟方立嫌潞

州地险人劲，将治所迁移到邢州，潞人不悦。［3］安居受：当时为武乡镇使。偷偷地用蜡丸向李克用求救兵。［4］三州：指邢、洺、磁三州。［5］部送：统率送往。［6］铜鞮（dī）：县名。县治在今山西沁县南。［7］招其众：据章校，应为"劫其众"。［8］沁水：县名。县治在今山西沁水县。［9］庚子：五月十五日。［10］壬子：五月二十七日。［11］邠（bīn）、宁、鄜、夏：皆州名。邠州治所在今陕西彬州市。宁州治所在今甘肃宁县。鄜州治所在今陕西富县。夏州治所在今陕西榆林市横山区。［12］杂虏：诸多少数民族部众的统称。此指从邠、宁、鄜、夏等州征发的各少数民族部众组成的官军。［13］安喜楼：唐东都洛阳有安喜门，长安无。此安喜楼为朱雀街东安上门楼。［14］内患：指杨复恭。［15］两军中尉：左右神策军中尉。［16］长乐坂：即长乐坡。在长安禁苑东南门，即光泰门东七里。因临浐水，又名浐坡。［17］属（zhǔ）浚酒：劝张浚喝酒。［18］杖钺：手持黄色大斧，表示威力。此处比喻掌握兵权。［19］作态：此处指故作骄傲、得意的醉态。［20］方见作态：才能看到我真正的作态。张浚未成事而先说大话。［21］癸丑：五月二十八日。［22］李罕之：原依诸葛爽。唐僖宗文德元年（888）投奔河东，李克用表为泽州刺史，领河阳节度使。削其官爵是因为依附于李克用。［23］丁巳：六月三日。［24］己未：六月五日。［25］辛酉：六月七日。［26］资简都制置应援使：官名。负责经营谋划资、简等州军务。简，州名。治所阳安，在今四川简阳市西。［27］雅州：州名。治所在今四川雅安市。雅州与邛州接壤，王建攻邛州，兵威所及，故谢从本以雅州降。［28］光启末：据严校，应为"光启初"。［29］德州：州名。治所在今山东陵城。当时卢彦威并非德州刺史，而是牙将，逐杨全玫后自称留后。保銮都将曹诚为义昌节度使，彦威方为德州刺史。事见《资治通鉴》二百五十六唐僖宗光启元年。［30］旌节：唐制节度使专制军事，给双旌双节。行则建节，旌以专赏，节以专杀。此处说卢彦威求为义昌节度使。［31］晋州：州名。治所在山西临汾市。

更命义成军曰宣义[1]。辛未[2]，以朱全忠为宣武、宣义节度使。全忠以方有事徐[3]、杨[4]，征兵遣戍[5]，殊为辽阔，乃辞宣义，请以胡真[6]为节度使，从之；然兵赋出入[7]，皆制[8]于全忠，一如巡属[9]。及胡真入为统军[10]，竟以全忠为两镇节度使，罢淮南不领焉。

秋，七月，官军至阴地关[11]，朱全忠遣骁将葛从周将千骑潜自壶关[12]夜抵潞州，犯围[13]入城。又遣别将李谠、李重胤、邓季筠[14]将兵攻李罕之于泽州，又遣张全义、朱友裕军于泽州之北，为从周应援[15]。季筠，下邑[16]人也。全忠奏：臣已遣兵守潞州，请孙揆赴镇。张浚亦恐昭义遂为汴人所据，分兵三千，使揆将之趣潞州。

八月，乙丑[17]，揆发晋州[18]，李存孝闻之，以三百骑伏于长子[19]

西谷中。揆建牙杖节[20]，褒衣[21]大盖[22]，拥众而行；存孝突出，擒揆及赐旌节中使[23]韩归范、牙兵五百余人，追击余众于刁黄岭[24]，尽杀之。存孝械揆及归范，䌙[25]以素练[26]，徇[27]于潞州城下曰："朝廷以孙尚书[28]为潞帅，命韩天使[29]赐旌节，葛仆射可速归大梁，令尚书视事[30]。"遂拆以献于克用。克用囚之，既而使人诱之，欲以为河东副使，揆曰："吾天子大臣，兵败而死，分[31]也，岂能伏事镇使[32]邪！"克用怒，命以锯锯之，锯不能入。揆骂曰："死狗奴！锯人当用板夹，汝岂知邪！"乃以板夹之，至死，骂不绝声。

（以上为第七段，写昭义节度使孙揆兵败就义而死。）

【注释】

[1]宣义：方镇名。原为义成军，大顺元年，朱全忠因其父名诚，请改义成为宣义。[2]辛未：六月十七日。[3]徐：指徐州帅时溥。[4]杨：指宣歙节度使杨行密。[5]征兵遣戍：调兵屯戍。[6]胡真：传见《旧五代史》卷十六。[7]兵赋出入：兵事调动及财税收支。[8]制：受制，控制。[9]巡属：节度使治下的州县属官。[10]入为统军：指胡真后调到朝廷任右金吾卫大将军。[11]阴地关：地名。在汾州灵石县（今山西灵石）南。[12]壶关：县名。县治在今山西壶关，在潞州东南。[13]犯围：冲破包围。当时太原大将康君立围潞州。[14]李谠、李重胤、邓季筠：三人均朱全忠部属，同传，见《旧五代史》卷十九。[15]应援：接应援助。[16]下邑：县名。县治在今河南夏邑。[17]乙丑：八月十二日。[18]发晋州：从晋州向东，距潞州三百八十五里。[19]长子：县名。县治在今山西长子县。[20]建牙杖节：凡节度使出行，前建牙旗，执持所赐节。[21]褒衣：大袖宽裾的衣服。[22]大盖：即清凉伞。[23]中使：宫廷中派出的使者，多由宦官担任。[24]刁黄岭：在山西长子县西五十里。[25]䌙(chè)：用绳捆系。[26]素练：白色的绢。[27]徇(xùn)：对众宣示。[28]孙尚书：指孙揆。[29]韩天使：指韩归范。韩持有天子之命，故称。[30]视事：就职主持政事。此为讽刺语。[31]分(fèn)：应分。意谓以身殉职。[32]镇使：指李克用。节度使任居方镇，孙揆鄙视之，故称镇使。

丙寅[1]，孙儒攻润州。

苏州刺史杜孺休到官，钱镠密使沈粲害之。会杨行密将李友拔苏州，粲归杭州；瑄欲归罪于粲而杀之，粲奔孙儒。

王建退屯汉州[2]。

陈敬瑄括[3]富民财以供军，置征督院[4]，逼以桎梏[5]箠楚[6]，使各自占[7]；凡有财者如匿赃、虚占，急征，咸不聊生。

李罕之告急[8]于李克用，克用遣李存孝将五千骑救之。

九月，壬寅[9]，朱全忠军于河阳。汴军之初围泽州也，呼李罕之曰："相公每恃河东[10]，轻绝[11]当道[12]；今张相公[13]围太原，葛仆射[14]入潞府，旬月之间，沙陀[15]无穴自藏，相公何路求生邪！"及李存孝至，选精骑五百，绕汴寨呼曰："我，沙陀之求穴者也，欲得尔肉以饱士卒；可令肥者出斗！"汴将邓季筠，亦骁将也，引兵出战，存孝生擒之。是夕，李谠、李重胤收众遁去，存孝、罕之随而击之，至马牢山[16]，大破之，斩获万计，追至怀州[17]而还。存孝复引兵攻潞州，葛从周、朱崇节弃潞州而归。戊申[18]，全忠庭责诸将桡[19]败之罪四，斩李谠、李重胤而还。

李克用以康君立为昭义留后，李存孝为汾州[20]刺史。存孝自谓擒孙揆功大，当镇昭义，而君立得之，愤恚不食者数日，纵意刑杀，始有叛克用之志。

李匡威攻蔚州，虏其刺史邢善益，赫连铎[21]引吐蕃、黠戛[22]斯众数万攻遮虏军[23]，杀其军使刘胡子。克用遣其将李存信击之，不胜；更命李嗣源为存信之副，遂破之。克用以大军继其后，匡威、铎皆败走，获匡威之子武州[24]刺史仁宗及铎之婿，俘斩万计。

李嗣源性谨重廉俭，诸将相会，各自诧[25]勇略，嗣源独默然，徐曰："诸君喜以口击贼，嗣源但以手击贼耳。"众惭而止。

（以上为第八段，写李克用遣将救泽州、潞州，大败汴军。）

【注释】

[1]丙寅：八月十三日。 [2]汉州：州名。治所在今四川广汉市。 [3]括（kuò）：搜求。[4]征督院：监督搜刮民财的机构。 [5]桎梏（zhìgù）：刑具。此指戴上脚镣手铐。 [6]箠（chuí）楚：施以杖刑。箠，杖。楚，荆木。 [7]自占：自己申报财产数目。占，登记财产。 [8]告急：李罕之被汴军包围，故向李克用告急。 [9]壬寅：九月十九日。 [10]恃河东：依仗李克用。 [11]轻绝：轻视断绝往来。 [12]当道：即本道，汴军自称。 [13]张相公：指张浚。[14]葛仆射：指葛从周。 [15]沙陀：指李克用军。 [16]马牢山：山名。在山西晋城市东南。

[17]怀州：州名。治所在今河南沁阳市。[18]戊申：九月二十五日。[19]桡(náo)败：挫败。[20]汾州：州名。治所隰城，在今山西汾阳市。[21]赫连铎：时为云州防御使。[22]黠戛(xiájiē)斯：古族名。主要在今俄罗斯叶尼塞河上游流域。唐贞观二十二年(648)内附，唐以其地为坚昆都督府，属燕然都护府。大中元年(847)唐封其首领为"英武诚明可汗"。[23]遮虏军：即遮虏坪，在今山西五寨西北。[24]武州：州名。治所在今河北张家口市宣化区。[25]诧(chà)：夸耀。

杨行密以其将张行周为常州制置使。闰月，孙儒遣刘建锋攻拔常州，杀行周，遂围苏州。

邛州刺史毛湘，本田令孜亲吏，王建攻之急，食尽，救兵不至。壬戌[1]，湘谓都知兵马使任可知曰："吾不忍负田军容，吏民何罪[2]！尔可持吾头归王建。"乃沐浴以俟刃。可知斩湘及二子降于建，士民皆泣。甲戌[3]，建持永平[4]旌节入邛州，以节度判官张琳知留后。缮完城隍[5]，抚安夷獠[6]，经营蜀、雅[7]。冬，十月，癸未朔[8]，建引兵还成都，蜀州将李行周逐徐公钛，举城降建。

乙酉[9]，朱全忠自河阳如滑州[10]视事，遣使者请粮马及假道于魏以伐河东，罗弘信不许，又请于镇[11]，镇人亦不许；全忠乃自黎阳[12]济河击魏。

加邠宁节度使王行瑜侍中，佑国节度使张全义同平章事。

官军出阴地关，游兵[13]至于汾州。李克用遣薛志勤、李承嗣将骑三千营于洪洞[14]，李存孝将兵五千营于赵城[15]。镇国节度使韩建以壮士三百夜袭存孝营，存孝知之，设伏以待之；建兵不利，静难、凤翔之兵不战而走[16]。河东兵乘胜逐北，抵晋州西门；张浚出战，又败，官军死者近三千人。静难、凤翔、保大、定难之军先渡河西归，浚独有禁军及宣武军合万人，与韩建闭城拒守，自是不敢复出。存孝引兵攻绛州[17]，十一月，刺史张行恭弃城走。存孝进攻晋州，三日，与其众谋曰："张浚宰相，俘之无益；天子禁兵，不宜加害。"乃退五十里而军；浚、建自含口[18]遁去。存孝取晋、绛二州，大掠慈[19]、隰之境。

先是，克用遣韩归范归朝[20]，附表讼冤，言："臣父子三代[21]，受恩四朝，破庞勋，翦黄巢，黜襄王[22]，存易定[23]，致陛下今日冠通天之冠[24]，佩白玉之玺[25]，未必非臣之力也！若以攻云州[26]为臣罪，则拓跋思恭之取鄜延[27]，朱全忠之侵徐、郓[28]，何独不讨？赏彼诛此，臣岂无辞！且朝廷当阽[29]危之时，则誉臣为韩、彭、伊、吕[30]，及既安之后，则骂臣为戎、羯、胡、夷[31]。今天下握兵立功之人，独不惧陛下他日之骂乎！况臣果有大罪，六师[32]征之，自有典刑[33]，何必幸[34]臣之弱[35]而后取之邪！今张浚既出师，则固难束手[36]，已集蕃、汉兵五十万，欲直抵蒲[37]、潼[38]，与浚格斗；若其不胜，甘从[39]削夺。不然，方且轻骑叩阍[40]，顿首丹陛，诉奸回[41]于陛下之扆坐[42]，纳制敕于先帝之庙庭[43]，然后自拘[44]司败[45]，恭俟𫓧质[46]。”表至，浚已败，朝廷震恐。浚与韩建逾王屋[47]至河阳，撤民屋为筏[48]以济河，师徒[49]失亡殆尽。

是役也，朝廷倚朱全忠及河朔三镇[50]；及浚至晋州，全忠方连兵徐、郓，虽遣将攻泽州而身不至[51]。行营乃求兵粮于镇、魏，镇、魏倚河东为扞蔽[52]，皆不出兵；惟华、邠、凤翔、鄜[53]、夏之兵会之。兵未交而孙揆被擒，幽、云[54]俱败，杨复恭复从中沮[55]之，故浚军望风自溃[56]。

十二月，孙儒拔苏州，杀李友。安仁义等闻之，焚润州庐舍，夜遁。儒使沈粲守苏州，又遣其将归传道守润州[57]。

辛丑[58]，汴将丁会、葛从周击魏，渡河，取黎阳、临河[59]，庞师古、霍存下淇门[60]、卫县[61]，朱全忠自以大军继之。

是岁，置升州[62]于上元县，以张雄为刺史。

（以上为第九段，写讨晋官军大败而归。）

【注释】

[1]壬戌：闰九月九日。 [2]吏民何罪：意谓不愿负田令孜投降王建，这样必然遭到王建的进攻，给下属官吏和百姓带来灾难。然而，他们有什么罪过！ [3]甲戌：闰九月二十一日。 [4]永平：方镇名。当时朝命在邛州建永平军，王建为节度使。故持永平旌节入邛州。 [5]城隍：城壕。 [6]夷獠：泛指少数民族。 [7]蜀、雅：即蜀州和雅州。蜀州在邛州南，雅州在邛州西南。 [8]癸未朔：十月一日。 [9]乙酉：十月三日。 [10]滑州：州名。治所白马，在今河南滑县。 [11]镇：州名。治所真定，本名恒州，元和十五年（820）为避穆宗讳改名镇州。在

今河北正定县。［12］黎阳：县名。县治在今河南浚县东北。［13］游兵：无固定防地，流动出击的军队。［14］洪洞：县名。县治在今山西洪洞县。［15］赵城：县名。县治在今山西霍州市南。［16］不战而走：据章校，四字下应有“禁军自溃”四字。［17］绛州：州名。治所在今山西新绛县。［18］含口：地名。在今山西闻喜县东南。洮水源出于山西闻喜县清襄山，东经大岭西流，其出处谓之含口。［19］慈：州名。治所在今山西吉县。［20］归朝：韩归范与孙揆一起被擒，现李克用遣他回朝。［21］父子三代，受恩四朝：李克用祖父朱邪执宜曾助唐平吴元济，父朱邪赤心破庞勋，李克用灭黄巢，父子三代有功于唐，历武、宣、懿、僖四朝。［22］黜襄王：指光启二年废黜襄王李煴事。［23］存易定：指光启元年李克用援救义武（即易、定）节度使王处存，击败卢龙、成德兵事。［24］冠（guàn）通天冠：头戴通天冠。首字“冠”，用如动词，戴帽。通天冠，皇帝戴的一种帽子。［25］玺：皇帝的印。［26］攻云州：此次诏讨李克用，起因于二月李克用攻云州，云州防御使赫连铎、卢龙节度使李匡威和朱全忠表请讨伐李克用。［27］拓跋思恭之取鄜延：指拓跋思恭于唐僖宗中和元年（881）趁乱取鄜延，以援其弟。鄜延，方镇名。治所鄜州，在今陕西富县。［28］朱全忠之侵徐、郓：指朱全忠于唐昭宗景福元年（892）攻朱瑄于郓州，景福二年攻克徐州，时溥举族自焚而死。［29］阽(diàn)危：垂危。［30］韩、彭、伊、吕：指将李克用比为西汉之韩信、彭越，商之伊尹，周之吕尚。［31］戎、羯（jié）、胡、夷：北方四大部族名，即北戎、羯族、胡人、蛮夷。四字连用是对沙陀人李克用的蔑称。从文字上是与上句之韩、彭、伊、吕相对。［32］六师：泛指朝廷的军队。［33］典刑：法律，刑法。［34］幸：庆幸，幸灾乐祸。［35］臣之弱：李克用攻云州，赫连铎求救于李匡威，匡威将兵三万救之，李克用损兵折将而归。［36］束手：自缚其手，表示不抵抗。［37］蒲：蒲州。［38］潼：潼关。［39］甘从：甘愿服从。［40］方且轻骑叩阍：将要兵临城下。叩阍，叩打宫门。［41］诉奸回：揭发奸邪之人。［42］扆（yǐ）坐：君主背靠屏风面南而坐。扆，屏风。［43］纳制敕于先帝之庙廷：在先帝的庙堂交还自己受委任的诏命敕书。即辞职致仕。［44］自拘：自我拘系，自首。［45］司败：主管刑狱的官。此言自己甘愿接受刑部的拘捕和审讯。［46］钛(fú)质：腰斩之刑具。［47］逾王屋：翻过王屋山。王屋，山名。唐时属王屋县，在今河南济源市西北。［48］筏：渡水用的竹木排。张浚率众翻越王屋山到了黄河边，但无舟楫，故拆民房造木排渡河。［49］师徒：兵士。［50］河朔三镇：指卢龙节度使李匡威、成德节度使王镕、魏博节度使罗弘信。［51］身不至：朱全忠虽遣将攻泽州但自己没有亲赴前线指挥。［52］扞（hàn）蔽：屏障，起掩护作用。［53］鄄：应为“鄜”。［54］幽、云：指李匡威和赫连铎。［55］沮(jǔ)：阻止。［56］望风自溃：远远听到对方一点风声就吓得溃不成军。［57］守润州：杨行密遣安仁义破钱镠之兵而取常、苏、润州，现又为孙儒所夺。［58］辛丑：十二月二十日。［59］临河：县名。县治在今河南濮阳县西。［60］淇门：镇名。在今河南浚县。［61］卫县：县名。县治在今河南淇县东。［62］升州：州名。唐肃宗至德二年（757）以润州江宁县置升州，上元二年（761）废。现复置，治所上元县，在今江苏南京。

二年（辛亥，891年）

春，正月，罗弘信军于内黄[1]。丙辰[2]，朱全忠击之，五战皆捷，至永定桥，斩首万余级。弘信惧，遣使厚币请和。全忠命止焚掠，归其俘，还军河[3]上。魏博自是服于汴。

庚申[4]，制以太保、门下侍郎、同平章事孔纬为荆南节度使，中书侍郎、同平章事张浚为鄂岳[5]观察使。以翰林学士承旨、兵部侍郎崔昭纬[6]同平章事，御史中丞[7]徐彦若[8]为户部侍郎、同平章事。昭纬，慎由从子；彦若，商之子也。

杨复恭使人劫孔纬于长乐坡，斩其旌节，资装俱尽，纬仅能自免。李克用复遣使上表曰："张浚以陛下万代之业，邀自己一时之功，知臣与朱温深仇，私相连结。臣今身无官爵，名是罪人，不敢归陛下藩方[9]，且欲于河中[10]寄寓，进退行止，伏俟[11]指麾。"诏再贬孔纬均州[12]刺史，张浚连州[13]刺史。赐克用诏，悉复其官爵，使归晋阳[14]。

（以上为第十段，写唐昭宗贬逐孔纬、张浚，悉复李克用官爵。）

【注释】

[1]内黄：县名。县治在今河南内黄县西。 [2]丙辰：正月五日。 [3]河：黄河。 [4]庚申：正月九日。 [5]鄂岳：方镇名。治所鄂州，在今湖北武汉市。孔纬、张浚二人同时罢相，出为节度使、观察使，皆因晋、绛丧师。 [6]崔昭纬：奸佞之臣，昭宗朝官至宰相，贬梧州司马，伏诛于行次荆南。传见《旧唐书》卷一百七十九，《新唐书》卷二百二十三。 [7]御使中丞：官名。掌监察和复审刑狱。 [8]徐彦若：武则天朝名臣大理卿徐有功后裔，懿宗朝进士，昭宗朝官至宰相，遭崔胤排斥，出为岭南东道节度使。传见《旧唐书》卷一百七十九，《新唐书》卷一百一十三。 [9]藩方：方镇。李克用原为河东节度使，被削夺官爵，故云不敢归藩方。 [10]河中：方镇名。治所蒲州，在今山西永济市西。 [11]伏俟（sì）指麾：敬候朝廷指示。指麾，即指挥，指示。 [12]均州：州名。治所武当，在今湖北十堰市郧阳区东。 [13]连州：州名。治所桂阳，在今广东连州市。 [14]晋阳：河东节度使治所，在今山西太原市。

孙儒尽举淮、蔡之兵济江，癸酉[1]，自润州转战而南，田頵、安仁义屡败退，杨行密城戍[2]皆望风奔溃。儒将李从立奄[3]至宣州东溪[4]，行密守备尚未固，众心危惧，夜，使其将合肥台濛[5]将五百人屯溪西[6]；濛使士卒传呼，往返数四，从立以为大众继至，遽[7]引去。儒前军至溧水[8]，行密使都指挥使李神福拒之。神福阳[9]退以示怯，儒军不设备，神福夜帅精兵袭之，俘斩千人。

二月，加李克用守中书令，复李罕之官爵；再贬张浚绣州[10]司户。

韦昭度将诸道兵十余万讨陈敬瑄，三年[11]不能克，馈运不继，朝议欲息兵。三月，乙亥[12]，制复敬瑄官爵，令顾彦朗、王建各帅众归镇[13]。

王师范遣都指挥使卢弘击棣州[14]刺史张蟾，弘引兵还攻师范，师范使人以重赂[15]迎之，曰："师范童骇[16]，不堪重任，愿得避位[17]，使保首领，公之仁也。"弘以师范年少，信之，不设备；师范密谓小校安丘刘鄩[18]曰："汝能杀弘，吾以汝为大将。"弘入城，师范伏甲而享[19]之，鄩杀弘于座及其党数人。师范慰谕士卒，厚赏重誓[20]，自将以攻棣州，执张蟾，斩之；崔安潜[21]逃归京师。师范以鄩为马步副都指挥使。诏以师范为平卢节度使。

师范和谨[22]好学，每本县令到官[23]，师范辄备仪卫往谒之[24]；令不敢当，师范命客将[25]挟持[26]，令坐于听事[27]，自称"百姓王师范"，拜之于庭。僚佐或谏，师范曰："吾敬桑梓[28]，所以教子孙不忘本也！"

张浚至蓝田[29]，逃奔华州依韩建，与孔纬密求救于朱全忠。全忠上表为纬、浚讼冤，朝廷不得已，并听自便。纬至商州[30]而还，亦寓居华州。

邢洺节度使[31]安知建潜通朱全忠，李克用表以李存孝代之。知建惧，奔青州，朝廷以知建为神武统军[32]。知建帅麾下三千人将诣京师，过郓州，朱瑄与克用方睦，伏兵河上，斩之，传首晋阳。

夏，四月，有彗星见[33]于三台[34]，东行入太微[35]，长十丈余。

甲申[36]，赦天下。

（以上为第十一段，写孙儒恃强。大发兵渡江与杨行密争江南。王师范年少智擒叛变的卢弘，领平卢节度使。）

【注释】

[1]癸酉：正月二十二日。[2]城戍：戍守城池的士兵。[3]奄：忽然。[4]东溪：水名。今名宛溪，源出安徽宣城东南峄山，绕城东与句溪合，故又称东溪，合青弋江出芜湖入大江。[5]台濛（?—904）：字顶云，田頵部属，頵败，归服杨行密，行密表为宣州观察使。传附《新唐书》卷一百八十九。[6]溪西：宛溪之西。[7]遽（jù）：急速。[8]溧水：县名。县治在今江苏南京市溧水区。[9]阳：通“佯”。[10]绣州：州名。治所常林，在今广西玉林市北。[11]三年：唐僖宗文德元年（888），遣韦昭度为行营招讨使讨伐陈敬瑄，至今已三年。[12]乙亥：三月二十五日。[13]归镇：使顾彦朗归梓州，王建归邛州。[14]棣州：州名。治所厌次，在今山东惠民县东南。[15]重赂：贵重的财物。[16]騃（ái）：傻，痴愚。[17]避位：让出职位。[18]刘鄩（xún）（856—920）：安丘（今山东安丘）人。先事王敬武、王师范父子，后降梁，为大将、节度使。传见《旧五代史》卷二十三，《新五代史》卷二十二。[19]享：宴会。此用如动词，意为宴请。[20]誓：誓师，出兵时告诫将士。[21]崔安潜：王敬武死后，军中推王师范为留后，张蟾不服。崔安潜充平卢节度使，并和张蟾共讨师范。[22]和谨：谦和谨慎。[23]每本县令到官：每当新任的青州县令去上任时。县指王师范的桑梓之县青州。到官，去上任。[24]辄备仪卫往谒之：王师范总是带着仪仗和卫士去拜见新县令。[25]客将：指受命主持礼仪的将领。[26]挟持：控制，强制对方顺从。[27]听事：办公的厅堂。[28]桑梓：桑树和梓树为古代住宅旁常栽之树木，故用以喻故乡。[29]蓝田：县名。县治在今陕西蓝田县。[30]商州：州名。治所在今陕西商洛市商州区。[31]邢洺节度使：邢、洺二州当时属昭义节度。邢洺团练使原为安金俊，大顺元年二月安金俊中流矢死，李克用以安知建代镇邢洺。[32]神武统军：武官名。唐代禁军六军中有左右神武，神武军有大将军、统军、将军。[33]见（xiàn）：同“现”。彗星出现在三台星区。[34]三台：星官名，也叫“三能”，属太微垣，上、中、下三台各两星。[35]太微：星官名，即太微垣。在北斗之南，轸宿和翼宿之北，有星十颗。以五帝座为中枢，呈屏藩形状。[36]甲申：四月五日。

成都城中乏食，弃儿满路。民有潜入行营贩米入城者，逻者得之，以白韦昭度，昭度曰：“满城饥甚，忍不救之！”释勿问。亦有白陈敬瑄者，敬瑄曰：“吾恨无术以救饿者，彼能如是，勿禁也！”由是贩者浸多[1]，然所致不过斗升，截筒[2]，径寸半，深五分，量米而鬻之，每筒百余钱，饿殍狼藉[3]。军民强弱相陵[4]，将吏斩之不能禁；乃更为酷法，或断腰，或斜劈，死者相继而为者不止，人耳目既熟，不以为惧。吏民日窘[5]，多谋出降，敬瑄悉捕其族党杀之，惨毒备至。内外都指挥使、眉州刺史成都徐耕，性仁恕[6]，所全活[7]数千人。田令孜曰：“公掌生杀而不刑一人，有异志邪？”耕惧，夜，取俘囚戮于市。

王建见罢兵制书[8]，曰：“大功垂成，奈何弃之！”谋于周庠，庠劝建请[9]韦公还朝，独攻成都，克而有之。建表请：“陈敬瑄、田令孜罪不可赦，愿毕命[10]以图成功。”昭度无如之何，由是未能东还。建说昭度曰：“今关东藩镇迭相吞噬，此腹心之疾[11]也，相公宜早归庙堂，与天子谋之。敬瑄，疥癣[12]耳，当以日月制之[13]，责建，可办也！”昭度犹豫未决。庚子[14]，建阴令东川将唐友通等擒昭度亲吏骆保于行府[15]门，脔[16]食之，云其盗军粮。昭度大惧，遽称疾，以印节授建，牒建知三使留后兼行营招讨使，即日东还。建送至新都[17]，跪觞[18]马前，泣拜而别。昭度甫出剑门[19]。即以兵守之，不复内东军[20]。昭度至京师，除东都留守[21]。

建急攻成都，环城烽堑[22]亘[23]五十里。有狗屠[24]王鹞，请诈得罪亡入城说之，使上下离心，建遣之。鹞人见陈敬瑄、田令孜，则言“建兵疲食尽，将遁矣”，出则鬻茶于市，阴为吏民称建英武，兵势强盛；由是敬瑄等懈于守备而众心危惧[25]。建又遣其将京兆郑渥诈降以觇[26]之，敬瑄以为将，使乘城[27]，既而复以诈得归。建由是悉知城中虚实，以渥为亲从都指挥使，更姓名曰王宗渥。

以武安[28]节度使周岳为岭南西道[29]节度使。

（以上为第十二段，写唐昭宗赦陈敬瑄之罪，王建抗命，计夺韦昭度印节，仍以朝命攻围成都。）

【注释】

[1]浸多：渐渐增多。[2]截筒：量米的容器。[3]饿殍（piǎo）狼藉：饿死的人纵横满地。[4]强弱相陵：强者侵凌弱者。[5]日窘：日子一天天更加艰难。[6]仁恕：仁慈宽恕。[7]全活：保全生命。[8]罢兵制书：停战诏令。[9]请：据章校，“请”字应为“称”字之误。[10]毕命：尽力效命。[11]腹心之疾：最要害的疾患。[12]疥癣（xuǎn）：疥疮与癣疮，比喻小患。癣，通“癣”。[13]以日月制之：再用一些时间就可以制服它，意即取胜，指日可待。[14]庚子：四月二十一日。[15]行府：韦昭度攻成都，设置行府办公。[16]脔（luán）：碎割。[17]新都：县名。县治在今四川成都市新都区。[18]跪觞：跪着敬酒。觞，盛酒的杯。

[19]剑门：关名。在今四川剑阁县东北。 [20]不复内东军：王建以兵守剑门，不许东边的军队再入剑门。 [21]除东都留守：韦昭度被王建胁迫，授兵东归，朝廷责其进退失据，故左迁东都留守。 [22]烽堑：烽，烽火台，用烽燧报警的土堡哨所。 [23]亘（gèn）：绵延。 [24]狗屠：宰狗为业的人。 [25]众心危惧：人人心里害怕。王鸸在陈敬瑄、田令孜面前说王建兵疲食尽，使其放松防守；在吏民中间散布王建兵势强大的消息，使人人自危。 [26]觇（chān）：偷偷地察看。 [27]乘城：登上城墙。 [28]武安：方镇名。唐僖宗中和三年（883）升湖南观察使为钦化军节度使，光启二年（886）改为武安军。治所衡州，在今湖南衡阳。 [29]岭南西道：岭南道为唐代十道之一。唐懿宗咸通三年（862）分岭南为东西道，岭南西道治邕州，在今广西南宁市。

李克用大举击赫连铎，败其兵于河上[1]，进围云州。

杨行密遣其将刘威、朱延寿将兵三万击孙儒于黄池[2]，威等大败。延寿，舒城[3]人也。孙儒军于黄池，五月，大水，诸营皆没，乃还扬州，使其将康暀[4]据和州，安景思据滁州。

丙午[5]，立皇子祐[6]为德王。

杨行密遣其将李神福攻和、滁，康唯降，安景思走。

秋，七月，李克用急攻云州，赫连铎食尽，奔吐谷浑[7]部，既而归于幽州。克用表大将石善友为大同防御使。

朱全忠遣使与杨行密约共攻孙儒。儒恃其兵强，欲先灭行密，后敌全忠，移牒藩镇，数行密、全忠之罪，且曰："俟平宣[8]、汴[9]，当引兵入朝，除君侧之恶。"于是悉焚扬州庐舍，尽驱丁壮及妇女渡江，杀老弱以充食。行密将张训、李德诚潜入扬州，灭余火，得谷数十万斛以赈[10]饥民。泗州[11]刺史张谏贷数万斛以给军，训以行密之命馈之，谏由是德行密。

邢洺节度使李存孝劝李克用攻镇州，克用从之。八月，克用南巡泽潞，遂涉[12]怀孟[13]之境。

朱全忠遣其将丁会攻宿州[14]，克其外城。

乙未[15]，孙儒自苏州出屯广德[16]，杨行密引兵拒之。儒围其寨，行密将上蔡李简帅百余人力战，破寨，拔[17]行密出之。

（以上为第十三段，写李克用大破赫连铎，孙儒烧积聚，扫境南渡与杨行密决战，孤注一掷以图侥幸。）

【注释】

[1]河上：北河之上。黄河由甘肃省流向河套，至阴山南麓，分为南北二河，北边的称北河。[2]黄池：镇名。当时属宣州当涂县。在今安徽芜湖市北。[3]舒城：县名。县治在今安徽舒城县。[4]康暀（wàng）：人名。叛贼秦宗权之将孙儒属下将官。[5]丙午：五月己酉朔，无丙午。丙午，六月二十八。[6]德王祐：据两唐书昭宗德王本传，“祐”应为“裕”之误。李裕传见《旧唐书》卷一百七十五，《新唐书》卷八十二。[7]吐谷（yù）浑：亦作吐浑，北方古族名。唐代吐浑分散在今青海、甘肃、宁夏一带。赫连铎本为朔方吐谷浑酋长，唐文宗开成年间，其父率族人三千帐，守云州十五年。至是而亡。[8]宣：指宁国军节度使杨行密。[9]汴：指宣武节度使朱全忠。[10]赈（zhèn）：救济。由于孙儒焚房舍杀老弱而杨行密以谷赈民，所以，扬州百姓恨孙儒而感激杨行密。[11]泗州：州名。治所在今江苏盱眙县。[12]涉：进入。[13]怀孟：怀州和孟州，两州均在泽州之南。[14]宿州：大顺元年夏四月，宿州将张筠附于时溥。[15]乙未：八月十八日。[16]广德：县名。县治在今安徽广德市。[17]拔：救出来。

王建攻陈敬瑄益急，敬瑄出战辄败，巡内州县率为建所取。威戎[1]节度使杨晟时馈之食，建以兵据新都，彭州道绝[2]。敬瑄出，慰勉士卒，皆不应。

辛丑[3]，田令孜登城谓建曰：“老夫向[4]于公甚厚，何见困如是？”建曰：“父子之恩[5]岂敢忘！但朝廷命建讨不受代者[6]，不得不然。傥太师改图，建复何求！”是夕，令孜自携西川印节诣建营授之，将士皆呼万岁。建泣谢，请复为父子如初。

先是[7]，建常诱其将士曰：“成都城中繁盛如花锦，一朝得之，金帛子女恣汝曹所取，节度使与汝曹迭日[8]为之耳！”壬寅[9]，敬瑄开门迎建。建署其将张勍[10]为马步斩斫使[11]，使先入城。乃谓将士曰：“吾与汝曹三年百战，今始得城，汝曹不忧不富贵，慎勿焚掠坊市。吾已委张勍护之矣，彼[12]幸[13]执而白我，我犹得赦之；若先斩而后白，吾亦不能救也！”既而士卒有犯令者，勍执百余人，皆捶其胸而杀之，积尸于市，众莫敢犯。故时人谓勍为“张打胸”。

癸卯[14]，建入城，自称西川留后。小校韩武数于使厅[15]上马，牙司[16]止之，武怒曰：“司徒[17]许我迭日为节度使；上马何为[18]！”建密遣人刺杀之。

初，陈敬瑄之拒朝命也[19]，田令孜欲盗其军政，谓敬瑄曰："三兄[20]尊重，军务烦劳，不若尽以相付[21]，日具记事咨呈[22]，兄但高居自逸[23]而已。"敬瑄素无智能，忻然[24]许之。自是军事皆不由己，以至于亡。建表敬瑄子陶为雅州刺史，使随陶之官[25]，明年，罢归，寓居新津[26]，以一县租赋赡[27]之。

癸丑[28]，建分遣士卒就食诸州，更文武坚[29]姓名曰王宗阮，谢从本[30]曰王宗本。陈敬瑄将佐有器干[31]者，建皆礼[32]而用之。

（以上为第十四段，写王建三年征战成都据有西川。）

【注释】

[1]威戎：方镇名。唐僖宗文德元年（888）升彭州防御使为威戎军节度使，领成、彭、文、龙、茂五州。治所彭州，在今四川彭州市。[2]彭州道绝：新都在彭州与成都中间，为杨晟送粮给陈敬瑄必经之路。王建据新都，故彭州至成都道绝。[3]辛丑：八月二十四日。[4]向：向来。旧时，从前。[5]父子之恩：田令孜曾养王建为假子。[6]不受代者：官吏去职叫受代，意为受人替代。不受代者，指陈敬瑄。文德元年（888）昭宗以韦昭度为西川节度使兼两川招抚制置使，征陈敬瑄为龙武统军。陈敬瑄、田令孜不受朝命，故王建云"讨不受代者"。[7]先是：在此之前。[8]迭日：更日。王建引诱将士为他卖命，说攻下成都之后，和将士们轮流更替做节度使。[9]壬寅：八月二十五日。[10]张勍（qíng）：王建手下大将。[11]马步斩斫使：临时任命的官职，负责维持秩序，镇压动乱。[12]彼：指张勍。[13]幸：即侥幸。意谓"你们违反军令被张勍抓住，如果侥幸地被送到我这儿来，向我禀告，那么我还可以救你们"。[14]癸卯：八月二十六日。[15]使厅：节度使办公的场所。[16]牙司：官吏名。掌使衙之事。[17]司徒：指王建。[18]何为：有什么了不起！[19]拒朝命：即拒绝交出西川去任神武统军。[20]三兄：陈敬瑄排行第三，故称。[21]尽以相付：把军政大权全部交给田令孜。[22]咨呈：呈送陈敬瑄征求意见。[23]自逸：自己享受安逸。[24]忻（xīn）然：高兴的样子。忻，通"欣"。[25]之官：到任所上去。此言使陈敬瑄随其子陈陶到任所去。[26]新津：县名。当时属蜀州。县治在今四川成都市新津区。[27]赡：赡养。[28]癸丑：九月六日。[29]文武坚：僰道土豪。[30]谢从本：原为资简都制置应援使，去年六月杀雅州刺史张承简，举城降王建。王建为其二人更改姓名，是收为假子。[31]器干：才能，本领。[32]礼：用如动词，给予礼遇。王建善于用人，此为他据有蜀地的重要原因。

六军十二卫观军容使、左神策军中尉杨复恭总宿卫兵，专制朝政，诸假子皆为节度使、刺史，又养宦官子六百人，皆为监军。假子龙剑[1]

节度使守贞、武定[2]节度使守忠不输贡赋，上表讪薄[3]朝廷。

上舅王瓌求节度使，上访[4]于复恭，复恭以为不可，瓌怒，诟之。瓌出入禁中，颇用事[5]，复恭恶之，奏以为黔南[6]节度使，至吉柏津[7]，令山南西道[8]节度使杨守亮[9]覆诸江中[10]，宗族宾客皆死，以舟败[11]闻。上知复恭所为，深恨之。

李顺节[12]既宠贵，与复恭争权，尽以复恭阴事[13]告上，上乃出复恭为凤翔监军；复恭愠怼[14]，不肯行，称疾，求致仕[15]。九月，乙卯[16]，以复恭为上将军[17]致仕，赐以几杖[18]。使者致诏命还，复恭潜遣腹心张绾刺杀之。

加护国节度使王重盈兼中书令。

东川节度使顾彦朗薨，军中推其弟彦晖[19]知留后。

冬，十月，壬午[20]，宿州刺史张筠降于丁会。

癸未[21]，以永平节度使王建为西川节度使；甲申[22]，废永平军[23]。建既得西川，留心政事，容纳直言，好施乐士[24]，用人各尽其才，谦恭俭素；然多忌好杀，诸将有功名者，多因事诛之。

杨复恭居第[25]近玉山营[26]，假子守信为玉山军使，数往省之。或告复恭与守信谋反，乙酉[27]，上御安喜楼，陈兵自卫，命天威都将[28]李顺节、神策军使李守节将兵攻其第。张绾帅家众[29]拒战，守信引兵助之，顺节等不能克。丙戌[30]，禁兵守含光门[31]，俟其开，欲出掠两市[32]，遇刘崇望[33]，立马谕之曰："天子亲在街东督战，汝曹皆宿卫之士，当于楼前杀贼立功，勿贪小利，自取恶名！"众皆曰："诺。"遂从崇望而东。守信之众望见兵来，遂溃走。守信与复恭挈[34]其族自通化门[35]出，趣兴元，永安都[36]头权安追之，擒张绾，斩之。复恭至兴元，杨守亮、杨守忠、杨守贞及绵州[37]刺史杨守厚同举兵拒朝廷，以讨李顺节为名。守厚，亦复恭假子也。

（以上为第十五段，写唐昭宗借杨复恭义子李顺节之力逐走杨复恭。）

【注释】

[1]龙剑：方镇名。领龙、剑、利、阆四州，治所龙州，在今四川江油市北。 [2]武定：方镇名。唐僖宗光启元年置武定军节度使，领洋、果、阶、扶四州，治所洋州，在今陕西西乡县。

[3]讪薄：诽谤讥笑。 [4]访：商议。 [5]用事：当权。 [6]黔南：方镇名。大顺元年赐黔州观察使号武泰军节度，黔南即黔中以南诸州。 [7]吉柏津：渡口名。在利州益昌县北，即今四川广元西南。一作桔柏津，因益昌驿中有古柏，当地人叫做桔柏，并以此为渡口名。王瓌取道兴元至吉柏津。 [8]山南西道：方镇名。治所梁州，后改兴元府，在今陕西汉中市。 [9]杨守亮（?—894）：曹州人，本姓訾，名亮，杨复光收为养子，改名杨守亮。传见《新唐书》卷一百八十六。[10]覆诸江中：把王瓌的船翻没到江中。江，指嘉陵江。 [11]舟败：因船毁坏失事。 [12]李顺节：原名胡弘立，为杨复恭假子，改名杨守立，后昭宗赐姓名李顺节，并提拔为天武都头，领镇海节度使，加同平章事，故云"宠贵"。 [13]阴事：秘事。 [14]愠怼（duì）：气愤怨恨。[15]致仕：辞官。 [16]乙卯：九月八日。 [17]上将军：官名。唐代各卫置上将军，位在大将军之上。 [18]几杖：几案和手杖。古以赐几杖为敬老之礼。 [19]顾彦晖（?—897）：顾彦朗之弟，传附《新唐书》卷一百八十六。 [20]壬午：十月五日。 [21]癸未：十月六日。 [22]甲申：十月七日。 [23]废永平军：去年置永平军，治所邛州，为王建所设。现王建既授西川节度使，故废永平军。 [24]好施乐士：喜欢施舍周济别人，乐于和有才能有本领的人交往。 [25]居第：住宅。据《旧唐书》杨住宅在昭化里，《长安志》云"昭化"即"广化"之误。 [26]玉山营：军营名。 [27]乙酉：十月八日。 [28]天威都将：武官名。天威为神策五十四都之一。 [29]家众：杨复恭私养的家丁。 [30]丙戌：十月九日。 [31]含光门：皇城南面自西数第一门。 [32]两市：唐代长安城有东、西两市。东市在春明门内，西市在金光门内。 [33]刘崇望：时任宰相。[34]挈：带领。 [35]通化门：长安城东面自北数第一门。 [36]永安都：神策五十四都之一。[37]绵：州名。治所在今四川绵阳市东北。

李克用攻王镕，大破镇兵[1]于龙尾冈[2]，斩获万计，遂拔临城[3]，攻元氏[4]、柏乡[5]；李匡威引幽州兵救之。克用大掠而还，军于邢州。

十一月，曹州[6]都将郭铢杀刺史郭词，降于朱全忠。

泰宁[7]节度使朱瑾[8]将万余人攻单州[9]。

乙丑[10]，时溥将刘知俊[11]帅众二千降于朱全忠。知俊，沛人，徐之骁将也，溥军自是不振。全忠以知俊为左右开道指挥使。

辛未[12]，寿州将刘弘鄂恶孙儒残暴，举州降朱全忠。

十二月，乙酉[13]，汴将丁会、张归霸与朱瑾战于金乡[14]，大破之，杀获殆尽，瑾单骑走免。

天威都将李顺节恃恩骄横，出入常以兵自随。两军中尉[15]刘景宣、西门君遂恶之，白上，恐其作乱。戊子[16]，二人以诏召顺节，顺节入至银台门[17]，二人邀顺节于仗舍[18]坐语，供奉官[19]似先知自后斩其首，从者大噪[20]而出。于是天威、捧日、登封[21]三都大掠永宁坊[22]，至暮乃定。百官表贺。

孙儒焚掠苏、常，引兵逼宣州，钱镠复遣兵据苏州。儒屡破杨行密之兵，旌旗辎重亘百余里。行密求救于钱镠，镠以兵食助之。

以顾彦晖为东川节度使，遣中使宋道弼赐旌节。杨守亮使杨守厚囚道弼，夺旌节，发兵攻梓州[23]。癸卯[24]，彦晖求救于王建；甲辰[25]，建遣其将华洪、李简、王宗侃、王宗弼救东川。建密谓诸将曰："尔等破贼，彦晖必犒师[26]，汝曹于行营报宴[27]，因而执之，无烦再举[28]。"宗侃破守厚七砦[29]，守厚走归绵州。彦晖具犒礼，诸将报宴，宗弼以建谋告之，彦晖乃以疾辞。

初，李茂贞养子继臻据金州[30]，均州[31]刺史冯行袭[32]攻下之，诏以行袭为昭信[33]防御使，治金州。杨守亮欲自金、商袭京师，行袭逆击，大破之。

是岁，赐泾原军[34]号曰彰义，增领渭、武二州。

福建观察使陈岩疾病，遣使以书召泉州刺史王潮，欲授以军政，未至而岩卒。岩妻弟都将范晖讽[35]将士推己为留后。

（以上为第十六段，写河北、徐淮、江南及陇蜀各地军阀混战。）

【注释】

[1]镇兵：王镕为成德军节度使，成德军治所恒州，即镇州，故云镇兵。[2]龙尾冈：地名。在今河北临城县西北。[3]临城：县名。本名房子县，唐玄宗天宝元年（742）改名临城，县治在今河北临城县。[4]元氏：县名。县治在今河北元氏县。[5]柏乡：县名。县治在今河北柏乡县。[6]曹州：州名。治所在今山东菏泽市定陶区西。时为天平节度使朱瑄巡属。[7]泰宁：方镇名。治所兖州，在今山东济宁市兖州区。[8]朱瑾：朱瑄从父弟。[9]单（shàn）州：州名。唐末，以宋州之单父、砀山，曹州之成武，兖州之鱼台置单州，治所在今山东单县。当时属朱全忠。[10]乙丑：十一月十九日。[11]刘知俊：字希贤，徐州沛县（今江苏沛县）人。始事徐州节帅时溥，后归服朱全忠，功高遭妒，叛投李茂贞。传见《旧五代史》卷十三，《新五代史》卷四十四。[12]辛未：十一月二十五日。[13]乙酉：十二月九日。[14]金乡：县名。县治在今山东金乡。[15]两军中尉：左右神策军中尉。[16]戊子：十二月十二日。[17]银台门：唐大明宫东有左银台门，西有右银台门，此为右银台门。[18]仗舍：仪卫所居。[19]供奉官：

官名。在皇帝左右供职，宦官免任。［20］噪：喧闹。［21］捧日、登封：皆为神策五十四都之一。［22］永宁坊：位于朱雀门东第三街。即皇城东的第一街。［23］梓州：州名。治所在今四川三台县。［24］癸卯：十二月二十七日。［25］甲辰：十二月二十八日。［26］犒师：用酒食或财物慰劳军队。［27］报宴：答谢宴会。［28］无烦再举：趁答谢宴会的机会消灭顾彦晖，不需要以后再发起军事行动。［29］砦：同“寨”。［30］金州：州名。治所西城，在今陕西安康市。［31］均州：州名。治所武当，西至金州七百里。在今湖北十堰市郧阳区东南。［32］冯行袭：传见《新唐书》卷一百八十六，《旧五代史》卷十五，《新五代史》卷四十二。［33］昭信：方镇名。唐僖宗光启元年（885）升金商都防御使为节度使。是年，罢节度，置昭信防御使，治所金州。［34］泾原军：方镇名。唐代宗大历三年（768）置泾原节度使，治所泾州，在今甘肃泾州县北。泾原节度赐号彰义的时间，据《新唐书·方镇表》应为乾宁元年（894）。［35］讽：不正面说，而是婉言劝说。据章校，“留后”二字后有“发兵拒潮”四字。

【点评】

本卷点评张浚出讨李克用、孙揆忠义、唐昭宗逐走杨复恭、王建取西川四件史事。

一、张浚出讨李克用。唐昭宗痛恨藩镇割据和宦官擅权，志欲革除唐朝政治上的这两大积弊，只可惜志大才疏，既无匡复之才，又无任贤之识，一时兴起，感情用事，加速了唐朝的灭亡。

张浚，字禹川，河间人，颇涉猎文史，爱吹牛，自视甚高，行为轻浮，为乡里士友所不齿。张浚隐于金凤山，学鬼谷子之术，想用游说来取卿相。僖宗乾符年间因枢密使杨复恭推荐得为太常博士，转度支员外郎。杨复恭失宠，张浚转投田令孜。田令孜失势，杨复恭复出，深恨张浚反复无常，两人有隙。于是，唐昭宗特别亲爱张浚，用以为相，抵制杨复恭。先前李克用讨黄巢，屯兵河中，宰相王铎兼行营都统，奏请张浚为都统判官。李克用见之，鄙薄张浚的为人。张浚自比谢安、裴度，以廓清天下为己任。李克用私下对诏使说：“张浚虚谈之士，主上用以为相，往后引发祸乱，危害国家的人，一定是这位张公。”张浚听到后，衔恨不已。朱李交恶，昭宗不问是非和稀泥，张浚更毁短李克用，煽动昭宗征讨。张浚外连宣武朱全忠、幽州李匡威、云州赫连铎同时上奏请讨李克用。昭宗下诏廷议，四品以上朝官与议，十之六七认为不可，十之三四认为可。张浚耸动昭宗，以出讨立功来抑制杨复恭，认为这次出师一箭双雕，既削藩镇，又除宦官。昭宗误信邪说，于是下诏兴师，削夺李克用一切官爵。昭宗大顺元年（890）五月，张浚帅诸军五十二都及西北诸州所征发的杂虏军队五万人，再会合宣武、镇国、静难、凤翔、保大、定难诸镇官军于晋州。张浚不武，各镇所集乌合之众，人数虽众，非沙陀军之敌，又师出无名，官军一触即溃，张浚大败而归。这次出师，唐昭宗乘黄巢覆灭、秦宗权授首的时机，一声号令，能集聚诸镇之兵，表明朝廷已有一定权威，这是中兴的凭借。随着张浚出师的败北，唐王室威信扫地，唐昭宗非中兴之主，不过是一个轻狂急躁、无所作为的庸君。此次官军败北，轻启战端，拉开了唐末军阀大混战的序幕。唐王室中兴无望，它的覆灭，只是等待时日了。

二、孙揆忠义。孙揆，字圣圭，博州武水人。进士及第，历任户部巡官、中书舍人、刑部侍郎、京兆尹。昭宗讨李克用，以孙揆为兵马招讨副使，授昭义军节度使，以本道兵出战。李克用伏兵在半道击败孙揆，生俘孙揆。李克用以礼待孙揆，劝其为河东所用，孙揆大骂不止。李克用大怒，命人锯解分尸，行刑人手颤抖锯齿不前。孙揆大骂说："死狗奴，锯人要用木板夹，蠢东西连这都不知。"行刑人夹上木板，锯解了孙揆，而孙揆至死骂声不绝。

三、唐昭宗逐走杨复恭。杨复恭，字子恪，本姓林，因被枢密使宦官杨玄翼收为义子，改姓杨。杨玄翼之弟杨玄价收养一乔姓义子取名杨复光。所以杨复恭是杨复光的义兄，兄弟二人都是唐末大宦官，号杨门二兄弟。

懿宗咸通十年（869），杨玄翼死，杨复恭接任父职，与大宦官田令孜同为枢密使。唐僖宗即位，爆发黄巢大起义，两人在镇压黄巢起义的方针上发生分歧，田令孜主张武力镇压，杨复恭主张招降。僖宗倒向田令孜，杨复恭被排挤，家居蓝田等待时局变化。僖宗第二次蒙尘，朝野一片反对田令孜之声，杨复恭东山再起，田令孜逃往西川。

杨复恭取代田令孜为神策军中尉，兼六军、十二卫观军容使，封魏国公，赐号"忠贞启圣定国功臣"，掌控了朝廷军政大权，"内外经略，皆出于复恭"。

唐昭宗即位，杨复恭以拥戴之功加开府、金吾上将军，专典禁军。杨复恭视新皇帝为玩偶，肆无忌惮扩张个人权力。他到处收养地方悍将为义子，布散各州郡任职，号"外宅朗君"，分掌地方军政。杨复恭又收养宦官六百多人为义子，监军诸道，天下威权，尽归杨门。宫中遍布耳目，昭宗举动皆知。国舅王瓌求授节度使之职，杨复恭遣人杀之于半道。宰相孔纬指责杨复恭目无皇上，杨复恭雇凶刺杀孔纬，孔纬机警，幸免于难。

张浚出师征讨李克用，也是朝官借用藩镇矛盾，欲依朱全忠兵力斥逐杨复恭。官军败北，也是朝官对宦官争斗的又一次失败。唐昭宗改变策略，离间杨复恭与义子的感情，用高官厚禄收买了勇冠三军的杨守立，赐姓李，改名顺节。杨守立本名胡弘立，杨复恭收为义子，官至天威军使。昭宗向杨复恭指名要杨守立入宫警卫，掌宫禁六军，异常宠信他。这一回杨复恭失算，他很高兴地把义子杨守立安插在昭宗身边，没想到杨守立更名为李顺节之后，果真顺守节义，助昭宗驱走了杨复恭。

不过唐昭宗只是利用杨守立，并非真心宠信他。驱走杨复恭之后，唐昭宗又杀了李顺节。君臣之间，尔虞我诈，不成体统，时势使然。君臣之间诚信的底线被践踏，唐王朝的气数也就完了。

四、王建取西川。王建，字光图，许州舞阳人，状貌伟岸，少时无赖，目不识丁，以屠牛、盗驴、贩私盐为业，被乡人称为“贼八王”。王建后从军为忠武军卒，稍迁队将。黄巢入长安，忠武军将鹿晏弘率兵八千从杨复光征战，杨复光分忠武兵为八都，每都千人，王建与鹿晏弘等八人为都将。黄巢败走长安，鹿晏弘也拥众东归，王建等五都西奔入蜀，僖宗得之大喜，号“随驾五都”，以属十军观容使田令孜，田令孜把王建等收为养子。

昭宗文德元年（888），以宰相韦昭度为西川节度使，分邛、蜀、黎、雅为永平军，拜王建为节度使。陈敬瑄抗拒朝命，不接受韦昭度入蜀，昭宗即命韦昭度率将王建等征讨陈敬瑄。韦昭度庸懦无能，争战三年未能取胜。唐昭宗鉴于用兵河北之败，赦免李克用，恢复一切官爵，于是一同赦免陈敬瑄之罪，诏韦昭度罢兵。王建不从，计夺韦昭度印节，自认招讨，仍以朝命征讨陈敬瑄，急攻成都。田令孜登城呼王建叙父子之旧，王建以朝命讨不受代为辞，田令孜无可奈何劝陈敬瑄交出节度使牌印授王建。王建入成都领西川节度使，迁陈敬瑄于雅州，复以田令孜为西川监军。随后，王建杀陈敬瑄，并杀田令孜。

王建因时顺势割据西川，得益于昭宗讨蜀，是最大的赢家。

卷二五九　唐纪七十五

唐昭宗景福元年至乾宁元年（892—894年）

【起玄黓困敦（壬子，892年），尽阏逢摄提格（甲寅，894年），凡三年】

【大事提要】

本卷记事起公元892年，讫公元894年，载述史事凡三年。当唐昭宗景福元年至乾宁元年。此三年间各地军阀混战改变了格局，初步形成地区间的大军阀。雄踞中原的朱全忠，灭掉了徐州的时溥，转而用兵郓、兖，多次战败朱瑄、朱瑾，瑄、瑾孤立无助，指日可灭。朱全忠成为全国第一军阀，占有广阔的中原，四围诸镇皆非敌手。李克用稳固占有太原、河东，用兵河北诸镇，北破幽州，是仅次于朱全忠的第二大军阀。河北诸镇依违于朱全忠与李克用之间，只求自保。王建已全踞西川，诛杀了陈敬瑄、田令孜。杨行密经过数年争战，复据扬州，淮南为其所有。钱镠据杭州，王潮踞福州，地位不可动摇。由于朱全忠与李克用，争逐河北，无暇西顾，唐王室名义上保有共主地位。唐昭宗不识英才，不顾大局，歇后郑五为宰相，贻笑天下，又不听杜让能之谏，轻启战端，讨伐凤翔节度使李茂贞，结果兵败，加速了李茂贞坐大，又兼山南西道节度使，杜让能蒙晁错之冤而死。李茂贞凌蔑昭宗，唐王朝进一步衰弱。

昭宗圣穆景文孝皇帝上之中

景福元年（壬子，892年）

春，正月，丙寅[1]，赦天下，改元[2]。

凤翔李茂贞、静难王行瑜、镇国韩建、同州王行约、秦州[3]李茂庄五节度使上言：杨守亮容匿[4]叛臣杨复恭，请出军讨之，乞加茂贞山南西道招讨使。朝议以茂贞得山南，不可复制，下诏和解之，皆不听。

王镕、李匡威合兵十余万攻尧山[5]，李克用遣其将李嗣勋击之，大破幽、镇兵，斩获三万。

杨行密谓诸将曰："孙儒之众十倍于我，吾战数不利，欲退保铜官[6]，何如?"刘威、李神福曰："儒扫地[7]远来，利在速战。宜屯据险要，坚壁清野以老其师[8]，时出轻骑抄其馈饷，夺其俘掠。彼前不得战，退无资粮，可坐擒也！"戴友规曰："儒与我相持数年[9]，胜负略相当。今悉众致死[10]于我，我若望风弃城，正堕[11]其计。淮南士民从公渡江及自儒军来降者甚众，公宜遣将先护送归淮南，使复生业[12]；儒军闻淮南安堵[13]，皆有思归之心，人心既摇，安得不败！"行密悦，从之。友规，庐州人也。

（以上为第一段，写李茂贞等五节度使联兵讨杨复恭。孙儒与杨行密大战于江南，杨行密坚壁不出以老其师。）

【注释】

[1]丙寅：正月二十一日。 [2]改元：改元景福。 [3]秦州：州名。治所成纪，在今甘肃秦安西北。 [4]容匿：包庇藏匿。 [5]尧山：山名。在山西沁县西。 [6]铜官：镇名。在今安徽铜陵北。 [7]扫地：喻集中全部兵力。 [8]老其师：疲困孙儒的军队。 [9]相持数年：从唐僖光启三年（887）杨行密、孙儒争夺扬州，到现在已经五年了。 [10]悉众致死：集中全部军队来拼命。致死，以死相拼。 [11]堕：落入。 [12]生业：谋生之业。 [13]安堵：相安，安居。

威戎[1]节度使杨晟，与杨守亮等约攻王建，二月，丁丑[2]，晟出兵掠新繁[3]、汉州之境，使其将吕荛[4]将兵二千会杨守厚攻梓州[5]；建遣行营都指挥使李简击荛，斩之。

戊寅[6]，朱全忠出兵击朱瑄，遣其子友裕将兵前行，军于斗门[7]。

李茂贞、王行瑜擅[8]举兵击兴元。茂贞表求[9]招讨使不已，遗[10]杜让能、西门君遂[11]书，陵蔑[12]朝廷。上意不能容[13]，御延英[14]，召宰相、谏官议之。时宦官有阴[15]与二镇[16]相表里者，宰相相顾不敢言。上不悦。给事中牛徽曰："先朝多难，茂贞诚有翼卫[17]之功；诸杨[18]阻兵，亟出攻讨，其志亦在疾恶[19]，但不当不俟诏命[20]耳。比[21]闻兵过山南，杀伤至多。陛下傥不以招讨使授之，使用国法约束，则山南之民尽矣！”上曰：“此言是也。”乃以茂贞为山南西道招讨使。

甲申[22]，朱全忠至卫南[23]，朱瑄将步骑万人袭斗门，朱友裕弃营走，瑄据其营。全忠不知，乙酉[24]，引兵趣斗门，至者皆为郓人所杀。全忠退军瓠河[25]，丁亥[26]，瑄击全忠，大破之，全忠走。张归厚于后力战，全忠仅免，副使李璠等皆死。

朱全忠奏贬河阳节度使赵克裕[27]，以佑国节度使张全义兼河阳节度使。

孙儒围宣州。初，刘建锋为孙儒守常州，将兵从儒击杨行密，甘露镇[28]使陈可言帅部兵千人据常州。行密将张训引兵奄至城下，可言仓猝出迎[29]，训手刃杀之，遂取常州。行密别将又取润州。

朱全忠连年[30]攻时溥，徐、泗[31]、濠[32]三州民不得耕获，兖、郓、河东兵救之，皆无功，复值水灾，人死者什六七。溥困甚，请和于全忠，全忠曰：“必移镇[33]乃可。”溥许之。全忠乃奏请移溥他镇，仍命大臣镇徐州。诏以门下侍郎[34]、同平章事刘崇望同平章事，充感化节度使，以溥为太子太师。溥恐全忠诈而杀之，据城不奉诏，崇望及华阴[35]而还。

（以上为第二段，写朱全忠连年进攻时溥，时溥势衰成困兽。）

【注释】

[1]威戎：方镇名。唐僖宗文德元年（888）升彭州防御使为威戎军节度使，领彭、文、成、龙、茂五州，治所彭州，在今四川彭州市。 [2]丁丑：二月二日。 [3]新繁：县名。县治在今四川成都市新都区。 [4]吕荛（ráo）：杨晟部将。 [5]梓州：东川节度使顾彦晖治所。 [6]戊寅：二月三日。 [7]斗门：镇名。在今河南濮阳。 [8]擅：不以天子之命擅自发兵。 [9]表求：上表要求朝廷任命他为招讨使。 [10]遗（wèi）：送给。此指送信。 [11]杜让能、西门君遂：杜、西门为内外二大臣。杜让能时为宰相。西门君遂时为神策军中尉。 [12]陵蔑：欺侮蔑视。 [13]容：容忍。 [14]延英：殿名。在大明宫内。 [15]阴：暗中。 [16]二镇：此指镇帅，即凤翔节度使李茂贞、邠宁节度使王行瑜。 [17]翼卫：护卫。翼卫之功指光启二年（886）僖宗再幸山南时，李茂贞为扈跸都将。 [18]诸杨：指杨复恭、杨守亮、杨守信、杨守贞等。 [19]疾恶：痛恨邪恶势力。 [20]不当不俟诏命：不应当不等待朝廷的诏令就擅自出兵。俟，等待。牛徽此言替李茂贞开脱，认为他讨伐诸杨为正义之举，只不过没有事先请命。 [21]比：近来。 [22]甲申：二月九日。 [23]卫南：县名。县治在濮阳西。 [24]乙酉：二月十日。 [25]瓠

（hù）河：镇名。在濮州雷泽县西北。［26］丁亥：二月十二日。［27］赵克裕：朱全忠巡属。传见《旧五代史》卷十五。［28］甘露镇：镇名。在润州城（今江苏镇江）东角土山上有甘露寺，前对北固山，后枕大江。唐敬宗宝历年间，李德裕建寺，适有甘露降，所以命名为甘露寺。孙儒因寺而置甘露镇。［29］仓猝（cù）出迎：匆忙出战。［30］连年：朱全忠与时溥交兵始于唐僖宗光启三年（887），至今已历时五年。［31］泗：州名。治所临淮，在今江苏泗洪县东南，盱眙对岸。［32］濠：州名。治所在今安徽凤阳县东北。［33］移镇：转移镇所离开徐州。［34］门下侍郎：官名。秦汉时原名黄门侍郎，为君主近侍之官。唐玄宗天宝元年（742）改称门下侍郎，为门下省长官侍中之副。唐末多以门下侍郎同平章事为宰相之职。［35］华阴：县名。县治在今陕西华阴。

忠义节度使赵德諲薨，子匡凝[1]代之。

范晖[2]骄侈失众心，王潮以从弟彦复为都统，弟审知[3]为都监[4]，将兵攻福州。民自请输米饷军[5]，平湖洞[6]及滨海蛮夷[7]皆以兵船助之。

辛丑[8]，王建遣族子嘉州[9]刺史宗裕、雅州刺史王宗侃、威信都指挥使华洪、茂州刺史王宗瑶将兵五万攻彭州，杨晟逆战而败，宗裕等围之。杨守亮遣其将符昭救之，径趋[10]成都，营三学山[11]。建亟召[12]华洪[13]还。洪疾驱而至，后军尚未集；以数百人夜去昭营数里，多击更鼓[14]；昭以为蜀军大至，引兵宵遁。

三月，以户部尚书郑延昌[15]为中书侍郎、同平章事。延昌，从谠[16]之从兄弟也。

左神策勇胜三都[17]都指挥使杨子实、子迁、子钊，皆守亮之假子也，自渠州[18]引兵救杨晟，知守亮必败，壬子[19]，帅其众二万降于王建。

李克用、王处存合兵攻王镕，癸丑[20]，拔天长镇[21]。戊午[22]，镕与战于新市[23]，大破之，杀获三万余人；辛酉[24]，克用退屯栾城[25]。诏和解河东及镇、定、幽四镇。

杨晟遗杨守贞、杨守忠、杨守厚书，使攻东川以解彭州之围，守贞等从之。神策督将窦行实戍梓州，守厚密诱之为内应；守厚至涪城[26]，行实事泄，顾彦晖斩之。守厚遁去，守贞、守忠军至，无所归，盘桓[27]绵[28]、剑[29]间，王建遣其将吉谏袭守厚，破之。癸亥[30]，西川将李简邀击守忠于钟阳[31]，斩获三千余人。夏，四月，简又破守厚于铜錍[32]，斩获三千余人，降万五千人；守忠、守厚皆走。

乙酉[33]，置武胜军于杭州，以钱镠为防御使。

（以上为第三段，写福州、西川、河北的混战。）

【注释】

[1]匡凝：赵德諲之子。赵匡凝，字光仪，唐昭宗天祐元年（904）封楚王。传见《新唐书》卷一百八十六，《旧五代史》卷十七，《新五代史》卷四十一。 [2]范晖：福建观察使留后。 [3]王审知（861—925）：字信通，闽政权的创立者。传见《旧五代史》卷一百三十四，《新五代史》卷六十八。 [4]都监：官名。掌本道屯戍、边防、训练之事。 [5]输米饷军：献纳粮食作为军粮。 [6]平湖洞：地名。在泉州莆田县（今福建莆田市）界外。 [7]滨海蛮夷：指福建沿海少数民族。 [8]辛丑：二月二十六日。 [9]嘉州：州名。治所在今四川乐山。王建遣重兵攻彭州，因彭州距成都只有九十多里，地壤相接，位置重要，故王建急攻之。 [10]径趋：直接赶往。 [11]三学山：山名，在汉州金堂县（今四川金堂县西）东北十里。 [12]亟召：紧急召还。 [13]华洪：王建军中的勇将，故急召以御符昭。 [14]更鼓：报更的鼓，官府或行军每更击之。华洪多击更鼓是为了迷惑符昭，符昭以为华洪营寨很多，故乘夜逃走。 [15]郑延昌：字兴远，咸通末进士，历官监察御史、翰林学士、兵部侍郎、京兆尹、判度支、户部尚书。终官中书侍郎兼刑部尚书。传见《新唐书》卷一百八十二。 [16]郑从谠：唐僖宗乾符年间镇河东。传见《旧唐书》卷一百五十八，《新唐书》卷一百六十五。 [17]勇胜三都：神策五十四都中的三都。 [18]渠州：州名。治所在四川渠县。 [19]壬子：三月八日。 [20]癸丑：三月九日。 [21]天长镇：镇名。在今河北平山县东滹沱河东北。 [22]戊午：三月十四日。 [23]新市：镇名。在镇州，治所真定，今河北正定县东北。 [24]辛酉：三月十七日。 [25]栾城：县名。县治在今河北石家庄市栾城区西。 [26]涪（fú）城：县名。县治在今四川绵阳市东南。 [27]盘桓：逗留不进的样子。 [28]绵：州名。治所在今四川绵阳市，涪城属绵州。 [29]剑：州名。治所在今四川剑阁县。剑州在绵州东北二百九十里。 [30]癸亥：三月十九日。 [31]钟阳：镇名。在绵州，治所巴西县，即今四川绵阳市。 [32]铜錍（móu）：地名。 [33]乙酉：四月十二日。

天威军使贾德晟，以李顺节之死[1]，颇怨愤，西门君遂恶之，奏而杀之。德晟麾下千余骑奔凤翔，李茂贞由是益强。

李匡威出兵侵云[2]、代[3]，壬寅[4]，李克用始引兵还[5]。

时溥遣兵南侵，至楚州[6]，杨行密将张训、李德诚败之于寿河[7]，遂取楚州，执其刺史刘瓒[8]。

加[9]邠宁节度使王行瑜兼中书令。

杨行密屡败孙儒兵，破其广德[10]营，张训屯安吉[11]，断其粮道。儒食尽，士卒大疫[12]，遣其将刘建锋、马殷分兵掠诸县。六月，行密闻儒疾疟[13]，戊寅[14]，纵兵击之。会大雨、晦冥[15]，儒军大败，安仁义破儒五十余寨，田頵擒儒于陈[16]，斩之。传首京师，儒众多降于行密。刘建锋、马殷收余众七千，南走洪州[17]，推建锋为帅，殷为先锋指挥使，张佶[18]为谋主，比至江西，众十余万。

丁酉[19]，杨行密帅众归扬州；秋，七月，丙辰[20]，至广陵[21]，表田頵守宣州，安仁义守润州。

先是，扬州富庶甲天下，时人称扬一、益二[22]，及经秦、毕、孙、杨[23]兵火之余，江、淮之间，东西千里扫地尽[24]矣。

（以上为第四段，写杨行密灭孙儒，复据扬州。）

【注释】

[1]李顺节之死：大顺二年十二月，两军中尉刘景宣、西门君遂设计在银台门将李顺节斩首。[3]云：州名。治所云中，在今山西大同。[3]代：州名。治所雁门，在今山西代县。[4]壬寅：四月二十九日。[5]引兵还：李克用自镇州引兵还。[6]楚州：州名。治所山阳，在今江苏淮安市。[7]寿河：地名。[8]刘瓒：唐僖宗光启三年（887）朱全忠以刘瓒为楚州刺史。张训等既破时溥兵，乘胜取汴之楚州。[9]加：据章校，“加”字前应有“五月”二字。[10]广德：县名。县治在今安徽广德市。[11]安吉：县名。县治在今浙江安吉县。[12]大疫：瘟疫流行。[13]疾疟：生疟疾病。一种按时发冷发烧的传染病。[14]戊寅：六月六日。[15]晦冥：昏暗。[16]陈：通“阵”。田頵于阵前俘获孙儒。孙儒和杨行密于光启三年（887）交兵，由于孙儒一味烧杀抢掠，失去人心，虽有十倍于杨行密的兵力，但最终彻底失败。[17]洪州：州名。治所在今江西南昌。[18]张佶（jí）（？—911）：据路振《九国志》，张佶，京兆长安人。官至永顺军节度使。传见《旧五代史》卷十七。据章校，张佶前有“以行军司马”五字。[19]丁酉：六月二十五日。[20]丙辰：七月十四日。[21]广陵：郡名。治所在今江苏扬州市。[22]扬一、益二：天下富庶扬州居第一，益州（今四川成都）居第二。[23]秦、毕、孙、杨：指秦彦、毕师铎、孙儒、杨行密。四人先后争夺扬州，长达六年之久。[24]扫地尽：指由于连年兵火，破坏无余。

王建围彭州，久不下，民皆窜匿[1]山谷；诸寨日出俘掠[2]，谓之“淘虏”，都将先择其善者，余则士卒分之，以是为常[3]。

有军士王先成者，新津人，本书生也，世乱，为兵，度[4]诸将惟北寨王宗侃最贤，乃往说[5]之曰："彭州本西川之巡属也，陈、田[6]召杨晟，割四州[7]以授之，伪署观察使，与之共拒朝命。今陈、田已平而晟犹据之，州民皆知西川乃其大府[8]，而司徒[9]乃其主也，故大军始至，民不入城而入山谷避之，以俟招安。今军至累月，未闻招安之命，军士复从而掠之，与盗贼无异，夺其赀财[10]，驱其畜产[11]，分其老弱妇女以为奴婢，使父子兄弟流离愁怨；其在山中者暴露于暑雨[12]，残伤于蛇虎，孤危饥渴，无所归诉。彼始以杨晟非其主而不从，今司徒不加存恤[13]，彼更思杨氏矣。"宗侃恻然[14]，不觉屡移其床[15]前问之，先成曰："又有甚于是者：今诸寨每旦[16]出六七百人，入山淘虏，薄暮[17]乃返，曾[18]无守备之意。赖[19]城中无人耳，万一有智者为之划策，使乘虚奔突[20]，先伏精兵千人于门内，登城望淘虏者稍远，出弓弩手[21]、炮手各百人，攻寨之一面，随以役卒五百，负薪土[22]填壕为道，然后出精兵奋击，且焚其寨；又于三面城下各出耀兵[23]，诸寨咸[24]自备御，无暇相救，城中得以益兵继出[25]，如此，能无败乎！"宗侃矍然[26]曰："此诚有之，将若之何？"

先成请条列为状[27]以白王建，宗侃即命先成草之，大指[28]言："今所白之事，须四面通共[29]，宗侃所司[30]止于北面，或[31]所白可从，乞以牙举[32]施行。"事凡[33]七条："其一，乞招安[34]山中百姓。其二，乞禁诸寨军士及子弟无得[35]一人辄出淘虏，仍表[36]诸寨之旁七里内听樵牧[37]，敢越表者斩。其三，乞置招安寨，中容数千人，以处所招百姓，宗侃请选所部将校谨干者[38]为招安将，使将三十人昼夜执兵巡卫[39]。其四，招安之事须委一人总领，今榜帖[40]既下，诸寨必各遣军士入山招安，百姓见之无不惊疑，如鼠见狸[41]，谁肯来者！欲招之必有其术，愿降帖[42]付宗侃专掌其事。其五，乞严勒[43]四寨指挥使，悉索前日所虏彭州男女老幼集于营场，有父子、兄弟、夫妇自相认者即使相从，牒[44]具人数，部[45]送招安寨，有敢私匿一人者斩；仍乞勒府[46]中诸营，亦令严索，有白军前先寄[47]归者，量[48]给资粮，悉部送归招安寨。其六，乞置九陇[49]行县于招安寨中，以前南郑[50]令王丕摄县令，设置曹局[51]，抚安百姓，择其子弟之壮者，给帖[52]使自入山招其亲戚；彼知司徒严禁侵掠，前日为军士所虏者，皆获安堵，必欢呼踊跃，相帅[53]下山，如子归母，不日尽出。其七，彭州土地宜麻[54]，百姓未入山时多沤[55]藏者，宜令县令晓谕，各归田里，出所沤麻鬻之，以为资粮，必渐复业[56]。”建得之大喜，即行之，悉如所申[57]。

明日，榜帖至，威令赫然[58]，无敢犯者。三日，山中民竞出，赴招安寨如归市[59]，寨不能容，斥[60]而广之；浸有市井[61]，又出麻鬻之。民见村落无抄暴[62]之患，稍稍辞县令[63]，复故业。月余，招安寨皆空。

（以上为第五段，写蜀军士王先成献策七条以取彭州，招抚百姓，王建采纳，月余立见成效。）

【注释】

[1]窜匿：逃窜藏匿。[2]俘掠：俘获抢掠。[3]以是为常：以这样抢掠为常事。[4]度（duó）：揣度、忖度。[5]说（shuì）：劝说，使对方听从自己的意见。[6]陈、田：指陈敬瑄、田令孜兄弟。[7]四州：指文、龙、成、茂四州。文德元年，杨晟失兴、凤二州，走据四州，田令孜以杨晟过去是神策军指挥使，使守彭州。[8]大府：节度使巡属诸州，以节度使治所为大府，亦称会府。[9]司徒：指王建。时朝命以王建为检校司徒，故称。[10]赀（zí）财：资财。[11]驱其畜产：驱赶抢掠其牛羊等牲畜。[12]暑雨：酷暑和雨水。因逃至山中无房屋居住，忍受着酷暑和雨淋。[13]存恤：慰问抚恤。[14]恻然：忧伤的样子。[15]床：坐床。因王先成所论打动了王宗侃，所以移座向前仔细询问。[16]旦：早晨。[17]薄暮：迫近傍晚。[18]曾：副词，简直，竟然。[19]赖：所仗。[20]奔突：奔驰冲突。[21]弓弩手：习射的兵卒。[22]薪土：柴草和土。[23]耀兵：炫耀兵力，以迷惑敌人使其不知所备。[24]咸：都。[25]益兵继出：增兵继续出击。[26]矍（jué）然：惊恐的样子。[27]状：向上级陈述事实的文书。[28]大指：即大旨。主旨，要点的意思。[29]四面通共：四面采取共同的行动。四面，当时西川兵围彭州，四面下寨，王宗裕、王宗侃、华洪、王宗瑶各围一面。[30]司：主持，掌管。[31]或：如果。[32]牙举：牙，节度使衙门。举，检查讨论提出施行。[33]凡：共。[34]招安：劝说山中百姓使之归顺。[35]无得：不得。辄：擅自。[36]表：标记。此处用如动词，树立标记。[37]听樵牧：任凭百姓打柴放牧。[38]谨干者：严谨干练之人。[39]执兵巡卫：武装护卫招安寨。兵，武器。[40]榜帖：布告。[41]狸：猫属。[42]降（jàng）帖：下发军帖。帖，写有军令的柬帖。[43]勒：勒令。[44]牒具：在简牒上开列。[45]部：统率，带领。[46]府：指成都府。[47]寄：暂住。[48]量（liáng）：用如动词。给以一定数量的粮食和费用。[49]九陇：县名。县治在彭州（今四川彭州市）西北。因彭州尚未攻下，所以先

在招安寨中设九陇行县。[50]南郑：县名。县治在今陕西汉中市。[51]曹局：分职治事的衙门。[52]帖：榜帖，布告。[53]帅：带领。[54]宜麻：适宜种麻。[55]沤（òu）：浸泡。麻收割之后，需将麻茎在水中浸泡数小时乃至数日，使其自然发酵，达到脱皮取麻的目的。[56]必渐复业：一定会逐渐恢复家业。[57]悉如所申：一切都按照王宗侃所申述的办。[58]赫然：显赫盛大。[59]归市：赶赴集市。[60]斥：开拓，扩大。[61]浸有市井：渐渐地有了百姓进行买卖的地方。[62]抄暴：掠取，抢劫。[63]辞县令：辞别县令回到自己的家园。

己巳[1]，李茂贞克凤州，感义节度使满存奔兴元[2]。茂贞又取兴、洋二州，皆表其子弟镇之。

八月，以杨行密为淮南节度使、同平章事，以田頵知宣州留后，安仁义为润州刺史。

孙儒降兵多蔡人，行密选其尤勇健者五千人，厚其禀赐[3]，以皂衣[4]蒙甲，号“黑云都”，每战，使之先登陷阵[5]，四邻畏之。

行密以用度不足，欲以茶盐易[6]民布帛，掌书记[7]舒城[8]高勖曰：“兵火之余，十室九空，又渔利[9]以困之，将复离叛。不若悉我所有易邻道所无，足以给军；选贤守[10]令劝课[11]农桑，数年之间，仓库自实[12]。”行密从之。田頵闻之曰：“贤者之言，其利远哉[13]！”行密驰射武伎[14]，皆非所长，而宽简[15]有智略，善抚御[16]将士，与同甘苦，推心待物[17]，无所猜忌。尝[18]早出，从者断马鞦[19]，取其金，行密知而不问，他日，复早出如故，人服其度量。

淮南被兵[20]六年，士民转徙[21]几尽；行密初至，赐与[22]将吏，帛不过数尺，钱不过数百；而能以勤俭足用，非公宴，未尝举乐[23]。招抚流散，轻徭薄敛[24]，未及数年，公私富庶，几复承平[25]之旧。

（以上为第六段，写杨行密保境安民，轻徭薄赋，数年间扬州生息几复承平之旧。）

【注释】

[1]己巳：七月二十七日。[2]奔兴元：满存于唐僖宗光启二年（886）得凤州，现被李茂贞所败，奔兴元投杨守亮。[3]禀（bǐng）赐：俸给赏赐。[4]皂衣：黑色衣服。[5]陷阵：冲入敌阵。[6]易：交换。[7]掌书记：节度使的属官。位在判官之下，相当于六朝时的记室

参军，掌章表书记文檄。［8］舒城：县名。县治在今安徽舒城。［9］渔利：用不正当的手段谋取利益。［10］贤守：贤德的州郡长官。［11］劝课：勉励考查。［12］实：充实。［13］其利远哉：这项措施带来的好处是多么深远啊！［14］驰射武伎：骑马射箭武艺。伎，通“技”，才能。［15］宽简：为政宽容而不苛繁。［16］抚御：安抚而控御之。［17］推心待物：待人接物能够推心置腹。［18］尝：曾经。［19］马鞦（qiū）：络于马股后的革带。一作马纣。［20］被兵：遭受战争。自唐僖宗光启三年（887）毕师铎引兵入扬州，淮南始遭受战乱，至今已六年。［21］转徙：辗转迁徙。［22］赐与：赏赐给予。［23］举乐：演奏乐舞。［24］轻徭薄敛：减轻徭役和征收轻微的租税。［25］承平：太平盛世，社会秩序安定。

李克用北巡至天宁军[1]，闻李匡威、赫连铎将兵八万寇云州，遣其将李君庆发兵于晋阳[2]。克用潜入新城[3]，伏兵于神堆[4]，擒吐谷浑逻骑[5]三百；匡威等大惊。丙申[6]，君庆以大军至，克用迁入云州。丁酉[7]，出击匡威等，大破之。己亥[8]，匡威等烧营而遁；追至天成军[9]，斩获不可胜计。

辛丑[10]，李茂贞攻拔兴元，杨复恭、杨守亮、杨守信、杨守贞、杨守忠、满存奔阆州[11]。茂贞表其子继密权知兴元府事。

九月，加荆南节度使成汭同平章事。

时溥迫监军奏称将士留己[12]，冬，十月，复以溥为侍中、感化节度。朱全忠奏请追溥新命[13]；诏谕解之。

初，邢、洺、磁州[14]留后李存孝，与李存信俱为李克用假子，不相睦。存信有宠于克用，存孝在邢州，欲立大功以胜之，乃建议取镇冀[15]；存信从中沮[16]之，不时听许[17]。及王镕围尧山，存孝救之，不克。克用以存信为蕃、汉马步都指挥使，与存孝共击之，二人互相猜忌，逗留不进；克用更遣李嗣勋等击破之。存信还，谮[18]存孝无心击贼，疑与之有私约。存孝闻之，自以有功于克用，而信任顾[19]不及存信，愤怨，且惧及祸，乃潜结[20]王镕及朱全忠，上表以三州[21]自归于朝廷，乞赐旌节及会诸道兵讨李克用；诏以存孝为邢、洺、磁节度使，不许会兵[22]。

（以上为第七段，写李存孝愤怨李克用赏罚不公，以邢、洺、磁三州归顺朝廷。）

【注释】

[1]天宁军：代州西有天安军。唐玄宗天宝十二年（753）置。疑此天宁军为天安军之误。[2]晋阳：县名。河东节度使治所，在今山西太原市。[3]新城：镇名。在今山西山阴东。为李克用祖父朱邪执宜保黄花堆时所筑。[4]神堆：即黄花堆。在云州（今山西大同）城西南。新城在其侧。[5]逻骑（jì）：巡逻的骑兵。[6]丙申：八月二十五日。[7]丁酉：八月二十六日。[8]己亥：八月二十八日。[9]天成军：在云州东北，今山西天镇县。[10]辛丑：八月三十日。[11]阆（làng）州：州名。治所在今四川阆中市。[12]留己：挽留自己。是年二月，召时溥为太子太师，时溥以将士挽留为由不愿离开徐州。[13]新命：新的任命。[14]磁州：州名。治所在今河北磁县。[15]镇冀：镇州和冀州。冀州，州名，治所在今河北衡水市冀州区。[16]沮（jǔ）：阻止。[17]不时听许：指李克用不断听信李存信的话。[18]谮（zèn）：诬陷。[19]顾：反而。[20]潜结：暗中勾结。[21]三州：即邢、洺、磁三州。[22]不许会兵：不许会诸道兵讨伐李克用。

十一月，时溥濠州[1]刺史张璲、泗州刺史张谏以州附于朱全忠。

乙未[2]，朱全忠遣其子友裕将兵十万攻濮州[3]，拔之，执其刺史邵伦，遂令友裕移兵击时溥。

孙儒将王坛陷婺州，刺史蒋瓌奔越州。

庐州刺史蔡俦[4]发杨行密祖父墓，与舒州[5]刺史倪章连兵，遣使送印于朱全忠以求救。全忠恶其反复，纳其印，不救，且牒报[6]行密；行密谢之。行密遣行营都指挥使李神福将兵讨俦。

宣明历[7]浸差[8]，太子少詹事[9]边冈造新历成，十二月，上之。命曰景福崇玄历。

壬午[10]，王建遣其将华洪击杨守亮于阆州，破之。建遣节度押牙延陵[11]郑顼使于朱全忠；全忠问剑阁[12]，顼极言其险。全忠不信，顼曰："苟[13]不以闻，恐误公军机。"全忠大笑。

是岁，明州[14]刺史钟文季卒，其将黄晟自称刺史。

（以上为第八段，写朱全忠声威远播。）

【注释】

[1]濠州：州名。治所在今安徽凤阳东北。濠州、泗州附朱全忠，时溥的巡属皆附于汴，时溥仅保徐州。[2]乙未：十一月辛丑朔，无乙未。乙未，十二月二十五日。[3]濮州：州名。

治所鄄城，在今山东鄄城县北。濮州属魏博节度，是朱瑄的巡属。［4］蔡俦：唐僖宗光启三年（887）杨行密留蔡俦守庐州。次年，俦以州附孙儒。现孙儒既败，蔡俦又举兵拒杨行密。［5］舒州：州名。治所怀宁，在今安徽潜山市。［6］牒报：以书札通报。［7］宣明历：唐穆宗即位后，认为历代循用旧法，必更新历，召掌天文历数的日官改撰历书，名为宣明历。［8］浸差：逐渐有了误差。宣明历自穆宗时启用，至昭宗时已七十年。［9］太子少詹事：官名。唐代置詹事府，设太子詹事一人，少启事一人，总管东宫内外庶务。［10］壬午：十二月十二日。［11］延陵：县名。县治在今江苏镇江市丹徒区。［12］剑阁：关名。在今四川剑阁县东北，控扼川、陕通道咽喉，在大、小剑山之间，用栈道相通。［13］苟：如果。［14］明州：州名。治所鄮县，在今浙江宁波市南。

二年（癸丑，893年）

春，正月，时溥遣兵攻宿州[1]，刺史郭言战死。

东川留后顾彦晖既与王建有隙[2]，李茂贞欲抚之使从己，奏请更赐[3]彦晖节；诏以彦晖为东川节度使。茂贞又奏遣知兴元府事李继密救梓州[4]，未几，建遣兵败东川、凤翔之兵于利州。彦晖求和，请与茂贞绝；乃许之。

凤翔节度使李茂贞自请镇兴元，诏以茂贞为山南西道兼武定[5]节度使，以中书侍郎、同平章事徐彦若同平章事，充凤翔节度使，又割果[6]、阆二州隶武定军。茂贞欲兼得凤翔，不奉诏。

二月，甲戌[7]，加西川节度使王建同平章事。

李克用引兵围邢州，王镕遣牙将王藏海致书解之。克用怒，斩藏海，进兵击镕，败镇兵于平山[8]。辛巳[9]。攻天长镇[10]，旬日不下。镕出兵三万救之，克用逆战于叱日岭[11]下，大破之，斩首万余级，余众溃去。河东军无食，脯[12]其尸而啖[13]之。

时溥求救于朱瑾，朱全忠遣其将霍存将骑兵三千军[14]曹州[15]以备之。瑾将兵二万救徐州，存引兵赴之，与朱友裕合击徐、兖兵于石佛山[16]下，大破之，瑾遁归兖州。辛卯[17]，徐兵复出，存战死[18]。

李克用进下井陉[19]，李存孝将兵救王镕，遂入镇州，与镕计事[20]。镕又乞师[21]于朱全忠，全忠方与时溥相攻，不能救，但遗克用书，言“邺下[22]有十万精兵，抑[23]而未进。”克用复书：“傥实屯军邺下，颙望[24]降临；必欲真决雌雄[25]，愿角逐[26]于常山[27]之尾。”甲午[28]，李匡威引兵救镕，败河东兵于元氏[29]，克用引还邢州。镕犒匡威于藁城[30]，辇[31]金帛二十万以酬之。

（以上为第九段，写李茂贞跋扈，李克用与王镕战，兵败元氏。）

【注释】

[1]宿州：唐昭宗大顺二年（891）朱全忠取宿州。 [2]有隙：有隔阂，裂痕。大顺二年，杨守亮攻东川，王建派兵救之，并企图趁此机会占据东川。从此和顾彦晖有了仇怨。 [3]更赐：重新赐予。大顺二年，朝廷曾派中使赐顾彦晖节，被杨守厚迎而夺之，故李茂贞请求重新赐节。[4]救梓州：此时梓州并未被攻，李茂贞奏请救之，实际上是派兵助顾彦晖。 [5]武定：方镇名。唐僖宗光启元年（885）置武定军节度使，治所洋州，在今陕西西乡县。 [6]果：州名。治所南充，在今四川南充市北。 [7]甲戌：二月五日。 [8]平山：县名。县治在镇州西六十五里，今河北平山东南。原名房山县，唐肃宗至德元年（756）改为平山县。 [9]辛巳：二月十二日。[10]天长镇：镇名。在今河北井陉县西。 [11]叱日岭：山名。在今河北井陉县西北。 [12]脯（fǔ）：杀戮后将尸体剁为肉泥。 [13]啖（dàn）：吃。 [14]军：驻军。 [15]曹州：州名。治所在今山东菏泽市。 [16]石佛山：山名。在今江苏徐州市南。 [17]辛卯：二月二十二日。[18]存战死：霍存恃胜而不防备徐兵复出，故战败而死。 [19]井陉（xíng）：县名。县治在今河北井陉西北。 [20]计事：商议军事。 [21]乞师：请求出兵。 [22]邺下：即邺县。县治在今河北临漳县。当时属相州。 [23]抑：按捺，克制。 [24]颙（yóng）望：仰望，企望。[25]决雌雄：分个高低胜负。 [26]角逐：争夺，竞相取胜。 [27]常山：即恒山，在山西浑源东。汉代因避文帝刘恒讳，改名常山。 [28]甲午：二月二十五日。 [29]元氏：县名。县治在今河北元氏。在镇州之南，当时属赵州。 [30]藁（gǎo）城：县名。县治在今河北石家庄市藁城区。 [31]辇：人拉的车。此处用如动词，意为用车拉。

朱友裕围彭城[1]，时溥数出兵，友裕闭壁[2]不战。朱瑾宵遁，友裕不追，都虞候朱友恭以书谮友裕于全忠，全忠怒，驿书[3]下都指挥使庞师古，使代之将，且按[4]其事。书误达于友裕，友裕大惧，以二千骑[5]逃入山中，潜诣砀山[6]，匿[7]于伯父全昱[8]之所。全忠夫人张氏[9]闻之，使友裕单骑诣汴州见全忠，泣涕拜伏于庭；全忠命左右捽抑[10]，将斩之，夫人趋[11]就抱之，泣曰：“汝舍兵众[12]，束身归罪[13]，无异志[14]明矣。”全忠悟而舍之，使权知许州[15]。友恭，寿春[16]人李彦威也，幼为全忠家僮，全忠养以为子。张夫人，砀山人，多智略，全忠敬惮[17]之，虽军府事，时与之谋议；或将兵出，中途，夫人以为不可，遣一介[18]召之，全忠立为之返。

庞师古攻佛山寨[19]，拔之；自是徐兵不敢出。

李匡威之救王镕也，将发幽州，家人会别[20]，弟匡筹[21]之妻美，匡威醉而淫之。三月，匡威自镇州还，至博野[22]，匡筹据军府自称留后，以符[23]追行营兵。匡威众溃归，但与亲近留深州[24]，进退无所之[25]，遣判官李抱真[26]入奏，请归京师。京师屡更[27]大乱，闻匡威来，坊市[28]大恐，曰："金头王来图社稷。"士民或窜匿山谷。王镕德其以己故致失地，迎归镇州，为筑第[29]，父事之[30]。

（以上为第十段，写朱全忠张夫人之智略，李匡威淫乱失节镇。）

【注释】

［1］彭城：即徐州。［2］闭壁：关闭军垒不出战。［3］驿书：驿站传递的文书。［4］按：追究。［5］二千骑（jì）：据胡三省考校，应为"二十骑"。［6］砀山：县名。县治在今安徽砀山县。朱全忠兄弟本居砀山。［7］匿（nì）：隐藏。［8］朱全昱（?—916）：朱全忠之长兄，全忠即位后封广王。传见《旧五代史》卷十二，《新五代史》卷十三。［9］张氏（?—904）：朱全忠之妻。曾封魏国夫人，朱全忠即位，追册为贤妃。梁末帝朱瑱立，追谥元贞皇太后。传见《旧五代史》卷十一，《新五代史》卷十三。［10］捽（zuó）抑：揪住头发，按其头颈。［11］趋：跑向前去。［12］舍兵众：离开了自己的部队。［13］束身归罪：只身回来请罪。束身，自成束缚，只身。［14］异志：叛变的意图。［15］许州：州名。治所在今河南许昌市。［16］寿春：县名。县治在今安徽寿县。［17］敬惮（dàn）：敬重畏惧。［18］一介：一人。［19］佛山寨：即石佛山寨。［20］家人会别：家人都聚集在使宅送行。［21］匡筹（?—894）：幽州节度使李匡威之弟李匡筹。传见《旧唐书》卷一百八十，《新唐书》卷二百一十二。［22］博野：县名。县治在今河北蠡县。［23］符：即符信。以竹、木或金玉为之。上书文字，剖而为二，各执其一，使用时以两片相合为验。调兵之符为虎形，称虎符。［24］深州：州名。治所在今河北深州市西。在博野东南。［25］无所之：无所往。［26］李抱真：据张敦仁《资治通鉴刊本识误》，应为李正抱。［27］屡更：多次经受。［28］坊市：街市。［29］筑第：修建住宅。［30］父事之：像侍奉父亲一样侍奉李匡威。

以渝州[1]刺史柳玭[2]为泸州[3]刺史。柳氏自公绰[4]以来，世以孝悌礼法为士大夫所宗[5]。玭为御史大夫，上欲以为相，宦官恶之，故久谪于外。玭尝戒其子弟曰："凡门地[6]高，可畏不可恃[7]也。立身[8]行己，一事有失，则得罪重于他人，死无以见先人于地下，此其所以可畏也。门高则骄心易生，族盛则为人所嫉；懿行[9]实才[10]，人未之信[11]，小有玭颣[12]，众皆指之；此其所以不可恃也。故膏粱子弟[13]，学宜加勤，行宜加励[14]，仅得比[15]他人耳！"

王建屡请杀陈敬瑄、田令孜，朝廷不许。夏，四月，乙亥[16]，建使人告敬瑄谋作乱，杀之新津[17]。又告令孜通凤翔[18]书，下狱死。建使节度判官冯涓草表奏之曰："开匣出虎[19]，孔宣父[20]不责他人；当路斩蛇[21]，孙叔敖盖非利己。专杀[22]不行于阃外[23]，先机[24]恐失于彀中[25]。"涓，宿[26]之孙也。

汴军攻徐州，累月[27]不克。通事官[28]张涛以书白朱全忠云："进军时日非良[29]，故无功。"全忠以为然。敬翔曰："今攻城累月，所费甚多，徐人已困，旦夕且下，使将士闻此言，则懈[30]于攻取矣。"全忠乃焚其书。癸未[31]，全忠自将如[32]徐州；戊子[33]，庞师古拔彭城，时溥举族[34]登燕子楼[35]自焚死。己丑[36]，全忠入彭城，以宋州[37]刺史张廷范[38]知感化留后，奏乞朝廷除[39]文臣为节度使。

李匡威在镇州，为王镕完城堑，缮甲兵[40]，视之如子。匡威以镕年少，且乐真定[41]土风，潜谋夺之。李抱真自京师还，为之划策，阴以恩施悦[42]其将士。王氏在镇久，镇人爱之，不徇[43]匡威。匡威忌日[44]，镕就第[45]吊之，匡威素服衷甲[46]，伏兵劫之，镕趋抱匡威曰："镕为晋人[47]所困，几亡矣，赖公以有今日；公欲得四州[48]，此固镕之愿也，不若与公共归府，以位让公，则将士莫之拒矣。"匡威以为然，与镕骈马[49]，陈兵入府[50]。会大风雷雨，屋瓦皆震。匡威入东偏门[51]，镇之亲军闭之[52]，有屠者墨君和自缺垣[53]跃出，拳殴匡威甲士，挟镕于马上，负之登屋。镇人既得镕，攻匡威，杀之，并其族党。镕时年十七，体疏瘦[54]，为君和所挟，颈痛头偏者累日。李匡筹奏镕杀其兄，请举兵复冤；诏不许。

幽州将刘仁恭[55]将兵戍蔚州[56]，过期未代[57]，士卒思归。会李匡筹立，戍卒奉仁恭为帅，还攻幽州，至居庸关[58]，为府兵[59]所败。仁恭奔河东，李克用厚待之。

（以上为第十一段，写王建诛杀陈敬瑄、田令孜，朱全忠灭时溥，李匡威丧生于镇州。）

【注释】

[1]渝州：州名。治所在今重庆市。 [2]柳玭（pín）：京兆华原（今陕西铜川市耀州区）人。柳公绰之孙。官至御史大夫。传附《旧唐书》卷一百六十五，《新唐书》卷一百六十三《柳公绰传》。 [3]泸州：州名。治所在今四川泸州市。在渝州西。 [4]公绰（?—830）：即柳公绰，唐名臣。敬宗朝为刑部、兵部尚书，邠宁庆、河东等节度使。 [5]宗：尊崇敬仰。 [6]门地：即门第，封建时代家族的等级。显贵之家称为“高门”。柳氏为名门望族，故柳玭以此诫其子弟。[7]恃：仰仗，依靠。 [8]立身：树立己身。 [9]懿行：善行，美德。 [10]实才：真才实学。[11]未之信：不相信。因门第高，虽有美德实才，别人会以为他是依靠门第而享虚名，故不相信。[12]玼颣（cǐlèi）：喻过失。玼，通“疵”，玉上的斑点。颣，即颣节，生丝上的斑点。 [13]膏粱子弟：指富贵人家的子弟。 [14]励：磨砺，修养。 [15]比：并列。 [16]乙亥：四月七日。 [17]新津：陈敬瑄于大顺二年寓居新津。 [18]凤翔：指凤翔节度使李茂贞。 [19]开匣出虎：打开笼子让老虎跑出来。语出《论语·季氏》：“虎兕出于柙，龟玉毁于椟中，是谁之过与？”当时鲁国的大夫季氏要攻打鲁的属国颛臾，冉有、子路正辅相季康子，所以孔子责备他们没有尽到责任，冯涓反用此典，是为王建杀死陈、田二人的行为作辩护。 [20]孔宣父：即孔子。唐玄宗开元二十七年（739）封孔子为文宣王，故称孔宣父。父，古代男子的美称。 [21]当路斩蛇：传说春秋时楚国令尹孙叔敖幼时出去玩耍，回来忧愁不愿吃饭。母亲问其原因，他哭着回答：“今天我看见了一条两头蛇，恐怕我快要死了。”母亲问蛇在哪里，他说：“我听人说看见两头蛇的人会死，恐怕别人看见，我已把它打死埋掉了。”母亲说：“不要害怕，我听说暗中施德给别人的人，上天要赐福给他。”冯涓用此典，以孙叔敖比王建，杀陈、田是为国为民除害。 [22]专杀：不待请命而杀。 [23]阃（kǔn）外：指统兵在外。阃，国门。 [24]先机：即先兆。事物初露的苗头。 [25]彀（gòu）中：弓弩射程所及的范围。比喻牢笼、圈套。按，专杀二句意谓王建如果不在未得到朝命之前把陈、田二人杀掉，那么对他们谋反的苗头就失去了掌握，将酿成大祸。 [26]冯宿：字拱之，婺州东阳（今浙江金华市）人。入朝为卿相，历官中书舍人、集贤殿学士、工部、刑部二侍郎，出朝专方面，历官华州刺史、河南尹、东川节度使。廉正有风骨。传见《旧唐书》卷一百六十八，《新唐书》卷一百七十七。 [27]累月：数月。自去年十一月攻徐州，到现在已五个月。 [28]通事官：官名。掌通报传达。 [29]时日非良：时机不好。 [30]懈：松懈。 [31]癸未：四月十五日。 [32]如：往。 [33]戊子：四月二十日。 [34]举族：全家。

[35]燕子楼：楼名。在江苏徐州。唐德宗贞元年间，尚书张建封镇徐州，筑此楼让爱妾盼盼居住。张死后，盼盼念旧爱不嫁，住楼中十多年。见白居易《燕子楼》诗序。 [36]己丑：四月二十一日。 [37]宋州：州名。治所在今河南商丘南。 [38]张廷范：以优人为朱全忠所爱，官至太常卿，后被车裂。传见《新唐书》卷二百二十三《奸臣传》下。 [39]除：拜官授职。 [40]缮甲兵：据章校，此句下有"训士卒"三字。 [41]真定：即镇州。汉代为真定国。 [42]悦：取悦。李匡威为夺王镕镇州，以施恩取悦将士。 [43]徇：顺从。 [44]忌日：父母逝世的日子，子女以为忌日。 [45]就第：到李匡威住宅。 [46]素服衷甲：在丧服内穿上盔甲。 [47]晋人：谓河东李克用之兵。 [48]四州：镇、冀、深、赵四州。 [49]骈（pián）马：并马而行。 [50]陈兵：列兵。 [51]东偏门：镇州牙城的东偏门。 [52]闭之：闭门。李匡威已入门，镇州兵关闭城门，断绝后继的援兵。 [53]缺垣：断墙。 [54]疏瘦：清瘦。 [55]刘仁恭（?—913）：深州乐寿（今河北献县）人。始事幽州李可举，后投靠李克用，为卢龙军节度使。传见《新唐书》卷二百一十二，《旧五代史》卷一百三十五，《新五代史》卷三十九。 [56]蔚州：州名。治所灵丘，在今山西灵丘。 [57]未代：无人带兵前来换防。代，轮替。 [58]居庸关：关隘名。长城要口之一，在今北京市昌平区西北。 [59]府兵：幽州节度使府之兵。

李神福围庐州。甲午[1]，杨行密自将诣庐州，田頵自宣州引兵会之。初，蔡人张颢以骁勇事秦宗权，后从孙儒，儒败，归行密，行密厚待之，使将兵戍庐州。蔡俦叛，颢更[2]为之用。及围急，颢逾城[3]来降，行密以隶[4]银枪都[5]使袁稹。稹以颢反复，白行密，请杀之，行密恐稹不能容，置之亲军。稹，陈州[6]人也。

王彦复、王审知攻福州，久不下[7]。范晖求救于威胜[8]节度使董昌，昌与陈岩婚姻，发温[9]、台[10]、婺州兵五千救之。彦复、审知以城坚，援兵且至，士卒死伤多，白王潮，欲罢兵更图后举[11]，潮不许。请潮自临行营，潮报[12]曰："兵尽添兵，将尽添将，兵将俱尽，吾当自来。"彦复、审知惧，亲犯[13]矢石[14]急攻之。五月，城中食尽，晖知不能守，夜，以印授监军，弃城走，援兵[15]亦还。庚子[16]，彦复等入城。辛丑[17]，晖亡抵沿海都[18]，为将士所杀。潮入福州，自称留后，素服葬陈岩，以女妻其子延晦，厚抚其家。汀[19]、建[20]二州降，岭海间群盗二十余辈皆降溃[21]。

闰月，以武[22]胜防御使钱镠为苏杭观察使。又以扈跸都头曹诚为黔中[23]节度使，耀德[24]都头李铤为镇海军[25]节度使，宣威[26]都头孙惟晟[27]为荆南节度使，六月，以捧日[28]都头陈珮为岭南东道节度使，并同平章事。时李茂贞跋扈，上以武臣难制，欲用诸王代之，故诚等四人皆加恩，解兵柄，令赴镇[29]。

李匡筹出兵攻王镕之乐寿、武强[30]，以报杀匡威之耻。

秋，七月，王镕遣兵救邢州；李克用败之于平山，壬申[31]，进击镇州。镕惧。请以兵粮二十万助攻邢州，克用许之。克用治兵于栾城[32]，合镕兵三万进屯任县[33]，李存信屯琉璃陂[34]。

丁亥[35]，杨行密克庐州，斩蔡俦。左右请发俦父母冢[36]，行密曰："俦以此得罪，吾何为效之！"

加天雄[37]节度使李茂庄同平章事。

钱镠发民夫二十万及十三都军士筑杭州罗城[38]，周七十里。

升州刺史张雄卒，冯弘铎代之为刺史。

（以上为第十二段，写王潮据福州，钱镠筑城杭州。）

【注释】

[1]甲午：四月二十六日。 [2]更（gēng）为之用：改换门庭为蔡俦所用。 [3]逾城：越过城墙。 [4]隶：隶属。 [5]银枪都：杨行密的一支部队。 [6]陈州：州名。治所在今河南周口市淮阳区。 [7]久不下：去年二月，王潮派王彦复等攻福州范晖。 [8]威胜：方镇名。唐僖宗中和三年（883）升浙东观察使为义胜节度使。光启三年（887）改为威胜节度使。董昌与陈岩是姻亲，而范晖是陈岩的妻弟。 [9]温：州名。治所在今浙江温州市。 [10]台：州名。治所临海，在今浙江临海市。 [11]后举：以后再兴兵。 [12]报：答复。 [13]犯：冒着。 [14]矢石：箭与石头。 [15]援兵：指董昌的部队。 [16]庚子：五月二日。 [17]辛丑：五月三日。 [18]沿海都：驻守海滨的部队。 [19]汀（tīng）：州名。治所在今福建长汀县。 [20]建：州名。治所建安，在今福建建瓯市。 [21]降溃：群盗或降或溃。 [22]武胜：方镇名。景福元年赐杭州防御使号武胜军防御使。治所杭州。苏杭防御使，钱镠以杭并苏，故命之。 [23]黔中：方镇名。治所黔州，在今重庆市苗族土家族自治县。 [24]耀德：神策五十四都之一。 [25]镇海军：方镇名。治所杭州。 [26]宣威：神策五十四都之一。 [27]孙惟晟：盐州五原（今内蒙五原县）人。抗击黄巢有功，拜右金吾卫大将军。传附《新五代史》卷四十三《孙德昭传》，为孙德昭之父。《新五代史》作"惟最"。孙德昭以父任为神策军指挥使，诛刘季述之乱，复辟唐昭宗，拜静海军节度使，赐姓李，号"扶倾济难忠烈功臣"。 [28]捧日：神策五十四都之一。 [29]令赴镇：朝廷

解曹诚、李铤等四人神策军权，命令他们赴节度任所。但四镇各有割据者，不得赴之。［30］武强：县名。县治在今河北武强县西南。［31］壬申：七月六日。［32］栾城：县名。县治在今河北石家庄市栾城区西。［33］任县：县名。县治苑乡城，在今河北邢台市任泽区东北。［34］琉璃陂：镇名，在邢州龙冈县界，今河北邢台市西南。［35］丁亥：七月二十一日。［36］发冢（zhǒng）：挖掘坟墓。因蔡俦曾挖杨行密祖父坟，故有此议，以为报复。［37］天雄：方镇名。唐懿宗咸通四年（863）置天雄军于秦州，领成、河、渭等州。秦州，州名。治所在今甘肃秦安县西北。［38］罗城：为加强防守，在城墙外加建的凸出形的小城圈。钱镠以八都兵起，至今已有十三都兵力，势力日强。

李茂贞恃功骄横，上表及遗杜让能书，辞语不逊。上怒，欲讨之。茂贞又上表，略曰："陛下贵为万乘[1]，不能庇[2]元舅[3]之一身；尊极九州[4]，不能戮复恭之一竖[5]。"又曰："今朝廷但观强弱，不计是非。"又曰："约衰残而行法，随盛壮以加恩[6]；体物锱铢[7]，看人衡纩[8]。"又曰："军情易变，戎马[9]难羁[10]，唯虑甸服[11]生灵[12]，因兹受祸，未审[13]乘舆播越，自此何之！"上益怒，决讨茂贞，命杜让能专掌其事，让能谏曰："陛下初临大宝[14]，国步[15]未夷[16]，茂贞近在国门[17]，臣愚以为未宜与之构怨，万一不克，悔之无及。"上曰："王室日卑，号令不出国门，此乃志士愤痛之秋。药弗瞑眩，厥疾弗瘳[18]。朕不能甘心为孱懦[19]之主，愔愔[20]度日，坐视陵夷[21]。卿但为朕调兵食[22]，朕自委诸王用兵，成败不以责卿！"让能曰："陛下必欲行之，则中外大臣共宜协力以成圣志，不当独以任臣。"上曰："卿位居元辅[23]，与朕同休戚[24]，无宜避事！"让能泣曰："臣岂敢避事！况陛下所欲行者，宪宗之志[25]也；顾[26]时有所未可，势有所不能耳。但恐他日臣徒受晁错[27]之诛，不能弭[28]七国之祸也。敢不奉诏，以死继[29]之！"上乃命让能留中书，计划调度，月余不归[30]。崔昭纬阴结邠、岐[31]，为之耳目[32]，让能朝发一言，二镇夕必知之。李茂贞使其党纠合市人数百千人，拥[33]观军容使西门君遂马诉曰："岐帅[34]无罪，不宜致讨，使百姓涂炭。"君遂曰："此宰相事，非吾所及。"市人又邀[35]崔昭纬、郑延昌肩舆[36]诉之，二相曰："兹事主上专委杜太尉[37]，吾曹不预知。"市人因乱投瓦石，二相下舆走匿民家，仅自免[38]，丧堂印[39]及朝服[40]。上命捕其唱帅[41]者诛之，用兵之意益坚。京师民或亡匿山谷，严刑所不能禁。八月，以嗣覃王嗣周[42]为京西招讨使，神策大将军李钞[43]副之。

丙辰[44]，杨行密遣田𫖳将宣州兵二万攻歙州[45]；歙州刺史裴枢[46]城守[47]，久不下。时诸将为刺史者多贪暴，独池州[48]团练使陶雅宽厚得民，歙人曰："得陶雅为刺史，请听命。"行密即以雅为歙州刺史，歙人纳之。雅尽礼见枢，送之还朝。枢，遵庆[49]之曾孙也。

朱全忠命庞师古移兵攻兖州，与朱瑾战，屡破之。

九月，丁卯[50]，以钱镠为镇海[51]节度使。

李存孝夜犯李存信营，虏奉诚军使孙考老。李克用自引兵攻邢州，掘堑[52]筑垒环之[53]。存孝时出兵突击，堑垒不能成。河东牙将袁奉韬密使人谓存孝曰："大王[54]惟俟堑成即归晋阳，尚书[55]所惮者独大王耳，诸将非尚书敌也；大王若归，咫尺[56]之堑，安能沮尚书之锋锐邪！"存孝以为然，按兵不出。旬日，堑垒成，飞走不能越，存孝由是遂穷。汴将邓季筠[57]从克用攻邢州，轻骑逃归。朱全忠大喜，使将亲军。

乙亥[58]，覃王嗣周帅禁军三万送凤翔节度使徐彦若赴镇，军于兴平[59]。李茂贞、王行瑜合兵近六万，军于周至[60]以拒之。禁军皆新募市井少年，茂贞、行瑜所将皆边兵百战之余，壬午[61]，茂贞等进逼兴平，禁军皆望风逃溃，茂贞等乘胜进攻三桥[62]，京城大震，士民奔散，市人复守阙[63]请诛首议用兵者。崔昭纬心害太尉、门下侍郎、同平章事杜让能，密遗茂贞书曰："用兵非主上意，皆出于杜太尉耳。"甲申[64]，茂贞陈于临皋驿[65]，表让能罪，请诛之。让能言于上曰："臣固先言之矣，请以臣为解[66]。"上涕下不自禁，曰："与卿诀[67]矣！"是日，贬让能梧州[68]刺史，制辞[69]略曰[70]："弃卿士[71]之臧谋[72]，构藩垣之深衅[73]，咨询之际，证执[74]弥坚。"又流观军容使西门君遂于儋州[75]，内枢密使李周潼于崖州[76]，段诩于驩州[77]。乙酉[78]，上御安福门[79]，斩君遂、周潼、诩，再贬让能雷州[80]司户。遣使谓茂贞曰："惑朕举兵者，三人[81]也，非让能之罪。"以内侍骆全瓘、刘景宣为左右军中尉。

（以上为第十三段，写唐昭宗不听杜让能之谏，讨伐李茂贞，兵败再损君威，唐室益衰。）

【注释】

[1]万乘：周制，天子地方千里，出兵车万乘，故以万乘称天子。[2]庇：保护。[3]元舅：指王瓌。王瓌为昭宗舅父，求节度使，杨复恭不同意，故意让他出任黔南节度使，并指使杨守亮在中途将其害死。[4]尊极九州：与“贵为万乘”为互文，意即君临九州。九州，代指全国。[5]一竖：一个匹夫。竖，对人的鄙称，犹言“小子”。[6]约衰残而行法，随盛壮以加恩：此二句谓制约衰残的藩镇，而执行国家法律；随顺势力强大的藩镇，不断封官晋爵。李茂贞之表虽然言辞傲慢，但对当时政治形势的分析却是一针见血的。[7]体物锱铢（zīzhū）：处事斤斤计较。锱铢，喻轻微，引申为斤斤计较。[8]看人衡纩（kuàng）：对人权衡利害。衡，测定重量的器具。用衡揣摩势力的轻重。纩，丝棉絮，持纩可以量气的粗细。后用衡纩比喻势利眼。[9]戎马：战马。[10]羁（jì）：束缚。[11]甸服：古代在王畿外围，每五百里为一区划，按距离远近分为侯服、甸服等。此指都城郊外。[12]生灵：百姓。[13]未审：没有仔细考虑、研究。李茂贞此言谓只怕京郊周围百姓受到战争的祸害，至于皇帝流迁何方，没有仔细考虑。[14]大宝：帝位。[15]国步：国家的命运。步，时运。[16]夷：平坦。[17]国门：都城之门。凤翔在长安西。[18]药弗瞑眩，厥疾弗瘳（chōu）：吃药没有吃到头晕目眩的程度，不省人事、手足僵冷这样的病就不能痊愈。厥，其。瘳，痊愈。此二句以吃药比喻治理国家。昭宗认为面对唐朝目前的形势应该下大剂量的药，动大手术。[19]孱（chán）懦：懦弱。[20]愔愔（yīn）：平静安闲的样子。[21]陵夷：衰落。[22]调（diào）兵食：调集军用粮草。[23]元辅：宰相。以其辅佐皇帝而位居大臣之首，故称。[24]休戚：喜乐与忧愁。[25]宪宗之志：宪宗即位后，志在振举纲纪，裁制藩镇，大治天下。[26]顾：观看。指看时与势，讨伐李茂贞的条件，尚不具备。[27]晁错：西汉政论家。景帝时任御史大夫，主张削藩以强化中央集权。吴、楚等七国借口清君侧起兵叛乱，晁错被杀。[28]弭（mǐ）：消除。[29]继：承受。[30]不归：不回家。[31]邠、岐：指邠宁节度使王行瑜、凤翔节度使李茂贞。凤翔本岐州，故称。[32]耳目：侦察消息的人。[33]拥：包围，阻塞。[34]岐帅：指李茂贞。[35]邀：迎，遮阻。[36]肩舆：用人力抬扛的代步工具，中设软椅以坐人。唐制，朝臣上朝皆乘马，老病者可乘肩舆。[37]杜太尉：指杜让能。太尉，三公之一。[38]自免：身免。指二相自身逃脱，免于被民众羞辱。[39]堂印：宰相居政事堂所用的官印。[40]朝服：朝会时所着之礼服。[41]唱帅：带头人。[42]覃王：顺宗子李经封郯王，嗣周是其后。唐武宗名炎，会昌后为避武宗讳，改“郯”为“覃”。[43]李鐬（huì）：人名。神策军将领。[44]丙辰：八月二十一日。[45]歙（shè）州：州名。治所在今安徽歙县。[46]裴枢（840—905）：绛州闻喜（今山西闻喜）人。肃宗朝宰相裴遵庆之曾孙。传附《旧唐书》卷一百一十三，《新唐书》卷一百四十《裴遵庆传》。[47]城守：据城坚守。

[48]池州：州名。治所在今安徽池州市贵池区。 [49]裴遵庆（?—775）：即裴枢之曾祖，肃宗朝宰相，两唐书均有传。事又见《资治通鉴》卷二百二十二肃宗上元二年。 [50]丁卯：九月二日。 [51]镇海：军镇名。治所润州。时为安仁义所据，今以命钱镠。至光化元年（898），钱镠徙军镇于杭州。 [52]堑：壕沟。 [53]环之：包围邢州。 [54]大王：指李克用。时李克用封陇西郡王。 [55]尚书：指李存孝，时李存孝加官检校尚书。 [56]咫（zhǐ）尺：八寸为咫。咫尺比喻距离很近。 [57]邓季筠：原为汴将，大顺元年九月将兵攻李罕之于泽州，李罕之向李克用告急，李克用派李存孝救之。存孝于阵前生擒邓季筠。此次邓又随李克用攻存孝。 [58]乙亥：九月十日。 [59]兴平：县名。县治在今陕西兴平市。 [60]周至（zhōuzhì）：县名。县治在今陕西周至县。[61]壬午：九月十七日。[62]三桥：镇名。在今西安市西。[63]守阙：守在宫门之外。[64]甲申：九月十九日。 [65]临皋驿：驿站名。在长安城西。 [66]以臣为解：拿我杜让能问罪以解除兵乱。[67]诀：永别。[68]梧州：州名。离京都五千五百里。治所在今广西梧州市。[69]制辞：诏书。 [70]略曰：概括地说。昭宗贬杜让能情不由己，故制书诉其衷曲。 [71]卿士：执政者。 [72]臧谋：好的意见。 [73]构藩垣之深衅：与藩镇结下了很深的仇恨。构，结成。藩垣，卫国的疆吏。此指李茂贞。衅，缝隙，裂痕。 [74]证执：即执证，指固执地坚持自己的意见。 [75]儋（dàn）州：州名。治所在今海南儋州市西北。 [76]崖州：州名。治所在今海南海口市东南。 [77]驩（huān）州：州名。治所在今越南荣市。 [78]乙酉：九月二十日。[79]安福门：长安宫城南门外有东西大街，街的西门叫安福门。 [80]雷州：州名。治所在今广东雷州市。 [81]三人：指西门君遂、李周潼、段诩。

壬辰[1]，以东都留守韦昭度为司徒[2]、门下侍郎、同平章事[3]，御史中丞崔胤[4]为户部侍郎、同平章事。胤，慎由之子也，外宽弘而内巧险[5]，与崔昭纬深相结，故得为相。季父[6]安潜谓所亲曰："吾父兄[7]刻苦以立门户，终为缁郎[8]所坏！"缁郎，胤小字也。

李茂贞勒兵[9]不解，请诛杜让能然后还镇，崔昭纬复从而挤[10]之，冬，十月，赐让能及其弟户部侍郎弘徽自尽。复下诏布告中外，称："让能举枉错直[11]，爱憎系于一时[12]；鬻狱[13]卖官，聚敛[14]逾[15]于巨万。"自是朝廷动息[16]皆禀[17]于邠、岐，南、北司[18]往往依附二镇以邀恩泽。有崔铤、王超者，为二镇判官，凡天子有所可否，其不逞[19]者，辄诉于铤、超，二人则教茂贞、行瑜上章论之，朝廷少有依违[20]，其辞语已不逊[21]。

制复以茂贞为凤翔节度使兼山南西道节度使、守中书令，于是茂贞尽有凤翔、兴元、洋、陇秦[22]等十五州之地。以徐彦若为御史大夫。

戊戌[23]，以泉州刺史王潮为福建观察使。

舒州刺史倪章弃城[24]走，杨行密以李神福为舒州刺史。

邠宁节度使、守侍中兼中书令王行瑜求为尚书令[25]；韦昭度密奏："太宗以尚书令执政，遂登大位，自是不以授人臣。惟郭子仪[26]以大功拜尚书令，终身避让。行瑜安可轻议！"十一月，以行瑜为太师，赐号尚父[27]，仍赐铁券[28]。

十二月，朱全忠请徙盐铁[29]于汴州以便供军；崔昭纬以为全忠新破徐、郓，兵力倍增，若更判盐铁，不可复制，乃赐诏开谕[30]之。

汴将葛从周攻齐州[31]刺史朱威，朱瑄、朱瑾引兵救之。

初，武安[32]节度使周岳杀闵勖，据潭州，邵州[33]刺史邓处讷闻而哭之，诸将入吊，处讷曰："吾与公等咸[34]受仆射[35]大恩，今周岳无状[36]杀之，吾欲与公等竭一州之力，为仆射报仇，可乎？"皆曰："善！"于是训卒厉兵[37]，八年，乃结朗州刺史雷满。共攻潭州，克之，斩岳，自称留后。

（以上为第十四段，写杜让能蒙晁错之冤而死，李茂贞得势，身兼凤翔、山南西道两节度使，奸险小人崔胤拜相。）

【注释】

[1]壬辰：九月二十七日。[2]司徒：官名。三公之一。唐代司徒授给有资望的大臣。[3]门下侍郎、同平章事：即为宰相之职。[4]崔胤（853—904）：宣宗朝宰相崔慎由之子。昭宗朝结援朱全忠，诛杀宦官的宰相。传见《旧唐书》卷一百七十七，《新唐书》卷二百二十三下。[5]巧险：奸巧诈伪。[6]季父：叔父。崔慎由与崔安潜皆为崔从之子。[7]父兄：崔从为人严谨，忠厚，立朝很有声望。崔慎由端厚，有其父风采。[8]缁郎：崔胤乳名。[9]勒兵：统率军队。[10]挤：催逼，陷害。[11]举枉错直：选拔邪恶的人，罢黜正直的人。枉，不正直，邪恶。错，同"措"，放置。语出《论语·为政》："举直错诸枉，则民服；举枉错诸直，则民不服。"[12]系于一时：凭一时的感情。[13]鬻狱：因讼得贿。[14]聚敛：搜刮财货。[15]逾：超过。[16]动息：行动举止。[17]禀：报告。[18]南北司：南司，唐代宰相官署。唐代以中书、门下、尚书三省共议国政，为宰相职务，三省都在皇宫南面，所以叫南衙，也叫南司。北司，唐内侍省。掌管宫内事务的机构，由宦官组成，在皇宫之北，故称北司。[19]不遑：不能得遑。[20]依违：模棱两可，含糊。引申为不同意见。[21]不逊：不恭敬。此指

朝廷稍有不同意见，李茂贞、王行瑜便出言不逊。［22］陇秦：方镇名。即天雄军节度。李茂贞原据凤翔为一镇，山南西道（治所兴元）又一镇，洋州（武定军）又一镇，加上秦陇天雄军共兼有四镇之地。［23］戊戌：十月四日。［24］弃城：倪章原与蔡俦连兵，现蔡俦已败，故弃城逃走。［25］尚书令：官名。尚书省长官，因唐太宗曾为尚书令，后不再设此官。尚书省长官仅置左右仆射。［26］郭子仪：平定安史之乱的唐代中兴功臣。传见《旧唐书》卷一百二十，《新唐书》一百三十七。［27］尚父：周武王尊吕尚为尚父，后世尚父成为皇帝尊礼大臣所加的尊号。［28］铁券：帝王颁赐功臣授以世代享受某种特权的铁契，分左右二半，左颁功臣，右存内府。如功臣或其后代犯罪，取券合之，推念其功，可予以赦减。［29］盐铁：盐铁转运使。［30］开谕：开导，劝解。［31］齐州：州名。治所历城，在今山东济南市。［32］武安：方镇名。唐僖宗中和三年（883）开湖南观察使为钦化军节度。光启元年（885）改钦化军节度为武安军节度使。治所潭州，在今湖南长沙市。［33］邵州：州名。治所邵阳，在今湖南邵阳市。［34］咸：都，全。［35］仆射：指代钦化军节度使闵勖（xù），因曾加官检校尚书仆射。邵州在其巡属之内，故云受其大恩。［36］无状：无礼。［37］训卒厉兵：训练士卒，磨砺武器。厉，通“砺”。

乾宁元年（甲寅，894年）

春，正月，乙丑朔[1]，赦天下，改元。

李茂贞入朝，大陈兵[2]自卫，数日归镇。

以李匡筹为卢龙节度使。

二月，朱全忠自将击朱瑄，军于鱼山[3]。瑄与朱瑾合兵攻之，兖、郓兵大败，死者万余人。

以右散骑常侍[4]郑綮[5]为礼部侍郎、同平章事。綮好诙谐，多为歇后诗[6]，讥嘲时事；上以为有所蕴[7]，手注班簿[8]，命以为相，闻者大惊。堂吏[9]往告之，綮笑曰：“诸君大误，使天下更无人，未至郑綮！”吏曰：“特出圣意[10]。”綮曰：“果如是，奈人笑何！”既而贺客至，綮搔首言曰：“歇后郑五[11]作宰相，时事可知矣！”累让不获[12]，乃视事。

以邵州刺史邓处讷为武安节度使。

彰义[13]节度使张钧薨，表其兄镭为留后。

三月，黄州[14]刺史吴讨[15]举州降杨行密。

邢州城中食尽，甲申[16]，李存孝登城谓李克用曰：“儿蒙王恩得富贵，苟非[17]困于谗慝[18]，安肯舍父子而从仇雠[19]乎！愿一见王，死不恨！”克用使刘夫人视之。夫人引存孝出见克用，存孝泥首[20]谢罪曰：“儿粗立微劳，存信逼儿，失图[21]至此！”克用叱之曰：“汝遗朱全忠、王镕书，毁我万端[22]，亦存信教汝乎！”因之，归于晋阳，车裂[23]于牙门[24]。存孝骁勇，克用军中皆莫及；常将骑兵为先锋，所向无敌，身被重铠[25]，腰弓[26]髀槊[27]，独舞铁楇[28]陷陈，万人辟易[29]。每以二马自随，马稍乏，就陈中易之，出入如飞。克用惜其才，意临刑诸将必为之请，因而释之。既而诸将疾其能，竟无一人言者。既死，克用为之不视事者旬日，私恨诸将，而于李存信竟无所谴。又有薛阿檀者，其勇与存孝相侔[30]，诸将疾之，常不得志，密与存孝通；存孝诛，恐事泄，遂自杀。自是克用兵势浸弱[31]，而朱全忠独盛矣。克用表马师素为邢洺节度使。

（以上为第十五段，写歇后郑五拜相。李克用诛李存孝，自毁长城。）

【注释】

[1]乙丑朔：正月一日。 [2]大陈兵：陈列、布置了很多军队。 [3]鱼山：山名。在郓州须昌、东阿两县之间。 [4]散骑常侍：官名。在皇帝左右规谏过失，以备顾问。在门下省者为左散骑常侍，在中书省者为右散骑常侍。 [5]郑綮（qì）：字蕴武，昭宗朝官至宰相，三月而罢。传见《旧唐书》卷一百七十九，《新唐书》卷一百八十三。 [6]歇后诗：诗体的一种。多用诙谐的语句，隐去后语，以前面的诗句示义。 [7]蕴：含有深奥的事理。 [8]手注班簿：昭宗亲手把郑綮之名添加在朝官名录中。注，记载。 [9]堂吏：唐代中书省办事的官吏。 [10]特出圣意：皇帝专门钦点。 [11]郑五：郑綮排行第五，爱作歇后诗，时人称为歇后郑五体。 [12]不获：未获批准辞官。 [13]彰义：方镇名。治所泾州，在今甘肃泾川县北。 [14]黄州：州名。治所黄冈，在今湖北武汉市新洲区。当时黄州属鄂岳节度，即武昌军。 [15]吴讨：鄂州永兴县民，以当地民团起家，据黄州。 [16]甲申：三月二十一日。 [17]苟非：如果不是。 [18]谗慝（tè）：恶言恶意，此指邪恶之人。 [19]仇雠：仇人。此指朱全忠。 [20]泥首：以泥涂脑袋，表示自辱服罪。 [21]失图：打错了主意。 [22]毁我万端：从各个方面百般诽谤攻击我。 [23]车裂：古代酷刑之一。以车撕裂人体。 [24]牙门：军帐前立大旗表示营门。 [25]重铠：厚重的铠甲。[26]腰弓：腰间挂着弓。 [27]髀槊（bìshuò）：大腿外侧挎着长矛。 [28]铁楇（zhuā）：粗铁杖。 [29]辟易：惊退。 [30]相侔（móu）：相等。 [31]浸弱：逐渐衰弱。李克用自剪羽翼，所以力量渐弱。

朱全忠遣军将张从晦慰抚寿州。从晦陵侮[1]刺史江彦温而与诸将夜饮；彦温疑其谋己，明日，尽杀在席诸将，以书谢全忠而自杀。军中推其子从项知军州事，全忠为之腰斩从晦。

五月，加镇海节度使钱镠同平章事。

刘建锋、马殷引兵至澧陵[2]，邓处讷遣邵州指挥使蒋勋、邓继崇将步骑三千守龙回关[3]。殷先至关下，遣使诣勋，勋等以牛酒犒师。殷使说勋曰："刘骧[4]智勇兼人[5]，术家言当兴翼、轸间[6]。今将十万众，精锐无敌，而君以乡兵[7]数千拒之，难矣。不如先下之，取富贵，还乡里，不亦善乎？"勋等然之，谓众曰："东军[8]许吾属还。"士卒皆欢呼，弃旗帜铠仗遁去。建锋令前锋衣其甲[9]，张其旗[10]，趋潭州。潭人以为邵州兵还，不为备。建锋径[11]入府，处讷方宴[12]，擒斩之。戊辰[13]，建锋入潭州，自称留后。

王建攻彭州，城中人相食，彭州内外都指挥使赵章出降。王先成请筑龙尾道[14]，属[15]于女墙[16]。丙子[17]，西川兵登城，杨晟犹帅众力战，刀子都虞候王茂权斩之。获彭州马步使安师建，建欲使为将，师建泣谢曰："师建誓与杨司徒[18]同生死，不忍复戴日月[19]，惟速死为惠[20]。"再三谕之，不从，乃杀之，礼葬而祭之。更赵章姓名曰王宗勉，王茂权名曰宗训，又更王钊名曰宗谨，李绾姓名曰王宗绾。

辛卯[21]，中书侍郎、同平章事郑延昌罢为右仆射。

朱瑄、朱瑾求救于河东，李克用遣骑将安福顺及弟福庆、福迁督精骑五百假道于魏，渡河应之。

武昌节度使杜洪攻黄州[22]，杨行密遣行营都指挥使朱延寿等救之。

六月，甲午[23]，以宋州刺史张廷范为武宁[24]节度使，从朱全忠之请也。

（以上为第十六段，写刘建封破潭州，王建下彭州。）

【注释】

[1]陵侮：欺凌轻蔑。 [2]澧陵：应作醴陵，县名。县治在今湖南醴陵市。当时属潭州。在

州东南。［3］龙回关：关名。在今湖南隆回县西北。［4］刘䶮：应为刘龙骧。即刘建锋。唐僖宗乾符年间，刘建锋曾为龙骧指挥使。［5］兼人：胜过别人。［6］术家言当兴翼、轸间：星占家说刘䶮当在楚地荆州兴起。翼、轸，星宿名。翼、轸二宿为楚荆分野。［7］乡兵：蒋勋、邓继崇都是邵州土豪，所领之兵都是当地土人，故谓之乡兵。［8］东军：刘建锋军队从东边来，故蒋勋称为东军。［9］衣其甲：穿上蒋勋军队的铠甲。［10］张其旗：打着蒋勋军队的旗帜。张，张扬，大张声势。张旗，谓堂堂正正的举旗。［11］径：一直。［12］方宴：正在举行宴会。［13］戊辰：五月七日。［14］龙尾道：从城外筑有台阶的蹬道，倾斜着向上，直接到城上短垣。这种道前高后低，最后接于地。好像龙垂尾的样子，故谓龙尾道。［15］属（zhǔ）：连接。［16］女墙：城上矮墙。［17］丙子：五月十五日。［18］杨司徒：指杨晟。［19］复戴日月：重新换日月于头顶。意谓更换主人，投靠王建。［20］惠：恩惠。［21］辛卯：五月三十日。［22］攻黄州：因黄州刺史吴讨举州降杨行密。［23］甲午：六月三日。［24］武宁：方镇名。治所徐州。徐州先赐号感化军，属朱全忠后，复为武宁军。

蕲州[1]刺史冯敬章邀击淮南军，朱延寿攻蕲州，不克。

戊午[2]，以翰林学士承旨、礼部尚书李谿[3]同平章事；方宣制[4]，水部郎中[5]知制诰[6]刘崇鲁[7]出班掠麻恸哭[8]。上召崇鲁，问其故，对言："谿奸邪，依附杨复恭、西门君遂，得在翰林，无相业[9]，恐危社稷。"谿竟罢为太子少傅。谿，鄘[10]之孙也。上师谿文[11]，崔昭纬纬谿为相，分己权，故使崇鲁沮[12]之。谿十表自讼[13]，丑诋[14]"崇鲁父符[15]受赃枉法[16]，事觉自杀；弟崇望与杨复恭深交，崇鲁庭拜[17]田令孜，为朱玫作劝进表[18]，乃云臣交结内臣[19]，何异抱赃唱贼[20]！且故事，绝巾[21]惨带[22]，不入禁庭。臣果不才，崇鲁自应上章论列[23]，岂于正殿恸哭！为国不祥，无人臣礼，乞正其罪"。诏停崇鲁见任[24]。谿犹上表不已，乞行诛窜[25]，表数千言。诟詈[26]无所不至。

李克用大破吐谷浑，杀赫连铎，擒白义诚。

秋，七月，李茂贞遣兵攻阆州，拔之，杨复恭、杨守亮、杨守信帅其族党犯围[27]走。

礼部侍郎、同平章事郑綮自以不合众望[28]，累表避位，诏以太子少保致仕；以御史大夫徐彦若为中书侍郎兼吏部尚书、同平章事。

绵州刺史杨守厚卒，其将常再荣举城降王建。

杨复恭、守亮、守信将自商山[29]奔河东，至乾元[30]，遇华州兵[31]，获之。八月，韩建献于阙下[32]，斩于独柳。李茂贞献复恭遗守亮书，诉致仕[33]之由云："承天门[34]乃隋家旧业，大侄[35]但积粟训兵[36]，勿贡献。吾于荆榛[37]中立寿王[38]，才得尊位，废定策国老[39]，有如此负心门生天子[40]！"

（以上为第十七段，写唐王室朝纲不振，臣属朝堂攻讦，全无体统。杨复恭伏诛。）

【注释】

[1]蕲（qí）州：州名。属武昌节度。治所在今湖北蕲春县。[2]戊午：六月二十七日。[3]李谿（?—894）：字景望，宪宗朝宰相李鄘之孙。谿于昭宗朝官至宰相，死于李茂贞、王行瑜、韩建三节度之乱。传见《旧唐书》卷一百五十七，《新唐书》卷一百四十六。[4]方宣制：刚刚宣布任命诏命。[5]水部郎中：官名。唐代工部第四司长官。[6]知制诰：官名。起草文书诏诰。[7]刘崇鲁：刘政会七世孙，官至水部员外郎知制诰。传见《旧唐书》卷一百七十九，并附《新唐书》卷九十。[8]掠麻恸（tóng）哭：指水部郎中知制诰刘崇鲁自朝班中出来夺下诏书痛哭。掠麻，强行夺取诏书。唐代翰林学士所撰各种诏书皆用白麻纸。恸哭，指哀痛之至而大哭。[9]相业：做宰相的能力。[10]鄘：李鄘（yōng）（?—820），宪宗朝宰相。传见《旧唐书》卷一百五十七，《新唐书》卷一百四十六。[11]上师谿文：昭宗向李谿学习作文。[12]沮（jǔ）：阻止。[13]自讼：为自己争辩是非。[14]丑诋：毁谤。[15]刘符：刘崇鲁之父。唐懿宗咸通年间为蔡州刺史。[16]受赃枉法：接受贿赂，曲断案件。[17]庭拜：指刘崇鲁曾在朝堂上叩拜田令孜，言其附势。[18]劝进表：指刘崇鲁受朱玫指使上呈劝襄王煴即帝位的表章。[19]交结内臣：指杨复恭、西门君遂等。[20]抱赃唱贼：自己抱着赃物却喊捉贼。[21]绝（shī）巾：粗绸巾。[22]惨带：浅色带。古代浅色衣带为丧服。[23]论列：议论陈述。[24]见（xiàn）任：现任职务。[25]乞行诛窜：要求以罪论死或流放。[26]诟詈：辱骂。[27]犯围：冲破包围。[28]不合众望：不符合大家的期望，不受众人的拥护。[29]商山：山名。在今陕西商洛市商州区东。[30]乾元：县名。即安业县，唐肃宗乾元元年（758）改名乾元县。县治在今陕西柞水县。[31]华州兵：即镇国军节度使韩建的兵。镇国军治所华州，在今陕西渭南市华州区。[32]阙下：宫阙之下。[33]致仕：大顺二年，昭宗派杨复恭为凤翔监军，杨复恭不肯赴任，以上将军致仕。[34]承天门：长安太极宫南门。隋文帝派宇文恺营建。本名昭阳门，唐改名承天门。[35]大侄：杨守亮为杨复光养子，故杨复恭称为大侄。[36]积粟训兵：积聚粮草训练部队保存实力。[37]荆榛：喻纷乱。[38]寿王：昭宗本封寿王。[39]定策国老：决定国策的元老。杨复恭自指。[40]门生天子：杨复恭自恃有援立之功，称天子为门生。

昭义节度使康君立诣晋阳谒李克用。己未[1]，克用会诸将饮博[2]，酒酣，克用语及李存孝，流涕不已。君立素与李存信善，一言忤旨[3]，克用拔剑斫之[4]，囚于马步司[5]。九月，庚申朔[6]，出之，君立已死。克用表云州刺史薛志诚为昭义留后。

冬，十月，封皇子祤为棣王，禊为虔王，禋为沂王，祎为遂王。

刘仁恭数因盖寓[7]献策于李克用，愿得兵万人取幽州。克用方攻邢州，分兵数千，欲纳仁恭于幽州，不克。李匡筹益骄，数侵河东之境。克用怒，十一月，大举兵攻匡筹，拔武州[8]，进围新州[9]。

以泾原留后张鐇为彰义节度使。

朱全忠遣使至泗州，陵慢[10]刺史张谏，谏举州降杨行密。行密遣押牙唐令回持茶万余斤如汴宋贸易，全忠执令回，尽取其茶。扬、汴始有隙。

十二月，李匡筹遣大将将步骑数万救新州，李克用选精兵逆战于段庄[11]，大破之，斩首万余级，生擒将校三百人，以练縩之[12]，徇[13]于城下。是夕，新州降。辛亥[14]，进攻妫州[15]。壬子[16]，匡筹复发兵出居庸关，克用使精骑当其前以疲之，遣步将李存审[17]自他道出其背夹击之，幽州兵大败，杀获万计。甲寅[18]，李匡筹挈其族奔沧州[19]，义昌节度使卢彦威利其辎重、妓妾，遣兵攻之于景城[20]，杀之，尽俘其众。存审本姓符，宛丘人，克用养以为子。丙辰[21]，克用进军幽州。其大将请降。匡筹素暗懦[22]，初据军府，兄匡威闻之，谓诸将曰：“兄失弟得，不出吾家，亦复何恨！但惜匡筹才短，不能保守，得及二年[23]，幸矣。”

加匡国[24]节度使王行约检校侍中[25]。

吴讨畏杜洪[26]之逼，纳印[27]请代于杨行密，行密以先锋指挥使瞿章权知黄州。

是岁，黄连洞[28]蛮二万围汀州，福建观察使王潮遣其将李承勋将万人击之；蛮解去，承勋追击之，至浆水口[29]，破之。闽地略定。潮遣僚佐巡州县，劝农桑，定租税，交好邻道，保境息民，闽人安之。

封州[30]刺史刘谦卒，子隐[31]居丧于贺江[32]，土民百余人谋乱，隐一夕尽诛之。岭南节度使刘崇龟[33]召补右都押牙兼贺水镇使[34]；未几，表为封州刺史。

义胜[35]节度使董昌苛虐，于常赋之外，加敛[36]数倍，以充贡献及中外馈遗[37]，每旬发一纲[38]，金万两，银五千铤，越绫[39]万五千匹，他物称是[40]，用卒五百人，或遇雨雪风水违程[41]，则皆死。贡奉为天下最，由是朝廷以为忠，宠命[42]相继，官至司徒、同平章事，爵陇西郡王。

昌建生祠[43]于越州，制度悉如禹庙[44]，命民间祷赛[45]者，无得之禹庙，皆之[46]生祠。昌求为越王，朝廷未之许，昌不悦曰："朝廷欲负我矣，我累年贡献无算[47]而惜越王[48]邪！"有谄[49]之者曰："王为越王，曷若[50]为越帝。"于是民间讹言[51]时世将变，竞相帅填门[52]喧噪，请昌为帝。昌大喜，遣人谢之曰："天时未至，时至我自为之。"其僚佐吴瑶、都虞候李畅之等皆劝成之，吏民献谣谶[53]符瑞[54]者不可胜纪，其始赏之以钱数百缗，既而献者日多，稍减至五百、三百而已。昌曰："谶云'兔子上金床'，此谓我也。我生太岁[55]在卯，明年复在卯，二月卯日卯时，吾称帝之秋也。"

（以上为第十八段，写幽州李匡筹覆灭。）

【注释】

[1]己未：八月三十日。 [2]饮博：饮酒下棋。 [3]忤旨：违反李克用的心意。 [4]斫（zhuó）之：砍向康君立。 [5]马步司：唐末藩镇皆在马步司设置监狱。 [6]庚申朔：九月一日。 [7]盖寓（?—905）：蔚州（今山西灵丘县）人。李克用的心腹。传见《旧五代史》卷五十五。 [8]武州：州名。治所在今河北张家口市宣化区。 [9]新州：州名。治所在今河北涿鹿县。 [10]陵慢：凌辱轻慢。据章校，"陵慢"二字前应有"使者"二字。泗州原为徐州巡属，自此为杨行密所有。 [11]段庄：村镇名。在新州东南。 [12]以练缷（chè）之：用白绸栓缚。练，白绸。 [13]徇：示众。 [14]辛亥：十月二十二日。 [15]妫（guī）州：州名。治所在今河北怀来县东。 [16]壬子：十月二十三日。 [17]李存审（?—924）：本姓符，字德祥，陈州宛丘（今河南周口市淮阳区）人。先事李罕之，随罕之归李克用，为义儿军使，赐姓李。传见《旧五代史》卷五十六，《新五代史》卷二十五。 [18]甲寅：十二月二十六日。 [19]沧州：州名。治所在今河北沧州市东南。 [20]景城：县名。县治在今河北沧州市西。 [21]丙辰：十二月二十八日。 [22]暗懦：懦弱而不明事理。 [23]得及二年：保有二年。李匡筹于景福二年据幽州军府

自称留后，至今保有二年。［24］匡国军：方镇名。治所同州，在今陕西大荔县。［25］检校侍中：官名。侍中本是门下省长官，检校侍中是加官。［26］杜洪：武昌节度使。五月，杜洪攻黄州。［27］纳印：交纳印信。［28］黄连洞：地名。在汀州宁化县（今福建宁化县）东南。［29］浆水口：地名。在今福建宁化县南。［30］封州：州名。治所在今广东封开县南封川。［31］刘隐（873—911）：上蔡（今河南上蔡）人。南汉割据政权创建者。传见《旧五代史》卷一百三十五，《新五代史》卷六十五。［32］贺江：水名。源出贺州富川县石龙，流经贺州，合桂岭水，谓之贺江。治所临贺，在今广西贺州境。［33］刘崇龟：刘崇望之兄。传附《旧唐书》卷一百七十九，并附《新唐书》卷九十。［34］贺水镇使：官名。即贺江镇遏使。［35］义胜：应为威胜，方镇名。唐僖宗中和三年（883）升浙江东道观察使为义胜军节度使，光启三年（887）改名为威胜军节度。［36］加敛：加收赋税。［37］中外馈遗（wèi）：赠送给内廷宦官及朝中大臣的礼物。［38］纲：成批运送的货物。［39］越绫：浙江生产的很薄但有彩纹的丝织品。［40］称是：相等。［41］违程：董昌要求这些物品按限定的日期送至长安，不许因有风、雪、雨天气而误期。没有按期送达，即违程。［42］宠命：加恩特赐的任命。［43］生祠：为活着的人立祠庙。此为董昌替自己建祠庙。［44］禹庙：为禹所立的庙宇，在越州会稽县（今浙江绍兴市）东南。［45］祷赛：祈神求福谓之祷，其后到祠还愿谓之赛。［46］之：往，到。［47］无算：无数。［48］越王：据章校，二字上应有“一”字。［49］谄：谄媚。［50］曷若：何不。［51］讹言：谣言。［52］填门：满门，拥在门前。［53］谣谶（chèn）：民间流传的歌谣，预言吉凶得失的文字、图记。［54］符瑞：祥瑞的征兆。［55］太岁：古代天文学星宿名，与岁星（即木星）相应。归历纪年值岁干支别名叫太岁。但习惯上只重视十二地支，所以“太岁”每十二年一循环。太岁在卯为兔年。

【点评】

本卷点评李匡威丧身镇州、杜让能蒙晁错之冤、王先成建策王建取彭州、王潮入据福州四件史事。

一、李匡威丧身镇州。李匡威，范阳人，其父李全忠事李可举为牙将。李可举为卢龙节度使，镇幽州。李可举死，众推李全忠为留后。僖宗光启元年（885），朝廷授李全忠为节度使，没多久李全忠死了，李匡威继任为卢龙节度使，有称雄天下之意，于是助云州赫连铎攻太原，与李克用为敌。镇州节度使王镕年少，十余岁继父为节镇。李克用攻王镕，王镕求救于李匡威。李匡威亲自领兵救王镕，临行，置酒大会，李匡威之弟兵马留后李匡筹之妻张氏容貌绝美，李匡威逼淫之而后行。李匡筹大怒，于是据城自为留后，上奏朝廷，昭宗即授李匡筹检校太保、卢龙节度使。李匡威失节镇，部属散去无所归，王镕感念李匡威救援自己，迎请李匡威馆于镇州，以父事之。李匡威心怀不测，阴谋图镇州。李匡威父亲忌日，王镕来慰问，李匡威绑架王镕，要挟让出镇州。王镕十分镇定，反诓李匡威入牙城议事。李匡威轻视王镕，认为王镕年少无所作为，遂与王镕入牙城，王镕暗示，镇州将救走王镕，击杀李匡威。

起初，李匡威被李匡筹逐出幽州，李匡威叹息说：“哥哥丢了节镇，弟弟占有，还是一家。可惜匡筹无才守不住。”李匡威死后不久，李克用就攻克了幽州，完全应验了李匡威的判断。李匡威有知人之明，却无自知之明，一世豪杰，为弟所逐，丧身镇州，死于少年王镕之手，可为贪淫贪利者戒。俗话说“一叶障目，不见泰山”。李匡威的一双慧眼，为其人心不足所障，死于非命，既可恨，亦可悲。

二、杜让能蒙晁错之冤。西汉景帝时御史大夫晁错建削藩之策，激起吴楚七国反叛，以“诛晁错，清君侧”为名，景帝冤杀晁错，吴楚并不罢兵。唐昭宗欲行唐宪宗之志，不顾时移势转，唐皇室衰弱的现实，贸然兴兵，张浚征讨李克用，朝廷威权大损，已失之于前，今又因李茂贞上奏语言狂悖，再次兴兵，宰相杜让能谏其不可，昭宗不听。杜让能说：“陛下必欲兴兵，当与中外大臣共议，团结一心，不当以臣独任。”唐昭宗说：“卿位居宰辅，应当与朕休戚与共，不要推辞。”杜让能说：“不是臣贪生怕死，只因不合时宜，只怕臣蒙受晁错之冤，无济于事。臣只能奉诏，以死报陛下了。”事后，杜让能不幸而言中，昭宗讨伐李茂贞，输光了老本，冤杀了杜让能，自己也深陷贼臣之手。唐昭宗无识无才，既害人又害己，着实可悯。但唐昭宗不甘屈辱，奋曹髦之志，精神可嘉。

三、王先成建策王建取彭州。四川王建攻围彭州，久久不能下。彭州乡野士民藏匿山林。王建攻城的各营军士每天出动士兵进山掳掠，称为“淘虏”。淘虏所得，都将挑选自肥，其余分给士兵，老弱妇女沦为奴婢。彭州之民，不闻招安，只见抢掠，更加坚定意志，抗击王建军队。王建军中有一个军士叫王先成，新津人，原本是书生，世乱从军。他观察王建诸将，只有王宗侃不鼓励淘虏，在诸将中最贤。王先成于是献策王宗侃转呈王建，称招安七条。其一，发布招安令；其二，严禁各营士兵淘虏，违令者斩；其三，设置招安寨，专人管理，收容接受招安的民众；其四，报告王建由王宗侃专职总领招安事宜；其五，严令各营退出目前淘虏所得财物，所掠民众集于广场，使父子、兄弟、夫妇相认，各归其家，统统收容于招安寨听后安置，敢隐匿一人者斩；其六，选取地方土著的官吏和被俘虏释放的壮士，带着公文入山招安，宣传政策；其七，彭州土著士民，各归田里治理生业。王建得策大喜，立即施行。第二天就张榜申令，没有一个人敢犯禁令。三天后，藏匿山中之民悉数出山，一个月之后，招安寨空无一人，悉数归农，彭州不战而下。孔子有言，一言以丧邦，一言以安邦。王先成建言，助王建称霸西川，可谓一言以兴邦。王建得策采纳，也是乱世中的一个贤明之主，他之所以能定霸西川，是因为他存有一分救民之心，这是秦宗权、孙儒等人无法比拟的。

四、王潮入据福州。王潮，光州固始人，其弟王审知，字信通，家世为农，潮为县吏。唐末，黄巢大起义，寿州人王绪也拉起了队伍。王绪攻陷固始，召置王潮兄弟为军校。王绪受招安为光州刺史。公元 885 年，王绪被秦宗权攻击，率众南逃，入江西，转福建，沿路抢掠，裹胁游民，聚众数万。王绪性多猜疑，军中贤能者遭荼毒，部属人人自危。王潮因众怒囚禁王绪，自领其众为军主。王潮整肃军队，纪律严明，受到泉州民众的欢迎。泉州刺史贪暴，公元 886 年王潮取而代之，福建观察使陈岩正式授命王潮为泉州刺史。公元 891 年陈岩死，都将范晖自为留后。范晖不得人心，王潮使其弟王审知攻福州，经过三年征战攻下了福州。唐昭宗随后任命王潮为福建观察使，境内占山为王的二十多支盗贼被王潮悉数征服。王氏兄弟占有福建全境。公元 897 年王潮死，王审知接任，保境安民，劝课农桑，一方社会平安。公元 907 年，朱全忠代唐建立梁朝，封王审知为闽王。

卷二六〇　唐纪七十六

唐昭宗乾宁二年至三年（895—896年）

【起旃蒙单阏（乙卯，895年），尽柔兆执徐（丙辰，896年），凡二年】

【大事提要】

本卷记事起公元895年，讫公元896年，载述史事凡两年。当唐昭宗乾宁二年至乾宁三年。此时期全国割据军阀角力争胜，远交近攻，异常激烈。北方李克用与朱全忠势不两立，为主要战场。河北幽州刘仁恭助李克用，魏州罗弘信助朱全忠。南方淮南杨行密与苏杭钱镠争雄。钱镠北连朱全忠夹击杨行密，杨行密南连越州董昌夹击钱镠。董昌因称帝而速亡，助钱镠坐大与淮南争衡。马殷不意得长沙。关陇三镇，邠宁王行瑜、凤翔李茂贞、华州韩建连兵犯阙，欲废唐昭宗，昭宗出京入南山以避其锋，李克用发兵勤王，三帅各还本镇。李克用灭了王行瑜，驻兵渭桥，迎昭宗车驾还京师。李克用欲进兵西讨李茂贞，昭宗误听贵近之言，并存李克用与李茂贞以平衡势力，朝廷在夹缝中求生存。昭宗诏令李克用与李茂贞和解，李克用罢兵，断言李茂贞即将卷土重来。不久，李茂贞果然以昭宗令诸王典兵为名，再次兴兵犯阙，昭宗被迫出幸华州，唐皇室直接为藩镇所掌控，究其实，已亡矣。

昭宗圣穆景文孝皇帝上之下

乾宁二年（乙卯，895年）

春，正月，辛酉[1]，幽州军民数万以麾盖[2]歌鼓迎李克用入府舍；克用命李存审、刘仁恭将兵略定巡属[3]。

癸未[4]，朱全忠遣其将朱友恭围兖州，朱瑄自郓以兵粮救之，友恭设伏，败之于高梧[5]，尽夺其饷，擒河东将[6]安福顺、安福庆。

己巳[7]，以给事中陆希声[8]为户部侍郎、同平章事。希声，元方[9]五世孙也。

壬申[10]，护国节度使王重盈薨，军中请以重荣子行军司马珂知留后事。珂[11]，重盈兄重简之子也，重荣养以为子。

杨行密表朱全忠罪恶，请会易定、兖、郓、河东兵讨之。

董昌将称帝，集将佐议之。节度副使黄碣[12]曰："今唐室虽微，天人未厌[13]。齐桓、晋文[14]皆翼戴[15]周室以成霸业。大王兴于畎亩[16]，受朝廷厚恩，位至将相，富贵极矣，奈何一旦忽为族灭之计乎！碣宁死为忠臣，不生为叛逆！"昌怒，以为惑众，斩之，投其首于厕中，骂之曰："奴贼负我！好圣明时[17]三公[18]不能待，而先求死也！"并杀其家八十口，同坎[19]瘗[20]之。又问会稽[21]令吴镣，对曰："大王不为真诸侯以传子孙，乃欲假天子以取灭亡邪！"昌亦族诛之。又谓山阴[22]令张逊曰："汝有能政，吾深知之，俟吾为帝，命汝知御史台[23]。"逊曰："大王起石镜镇[24]，建节浙东，荣贵近二十年，何苦效李锜[25]、刘辟[26]之所为乎！浙东僻处海隅[27]，巡属虽有六州[28]，大王若称帝，彼[29]必不从，徒守空城[30]，为天下笑耳！"昌又杀之，谓人曰："无此三人者，则人莫我违矣！"

二月，辛卯[31]，昌被[32]衮冕[33]登子城[34]门楼，即皇帝位。悉陈瑞物[35]于庭以示众。先是，咸通[36]末，吴、越间讹言山中有大鸟，四目三足，声云[37]"罗平天册"，见者有殃[38]，民间多画像以祀之，及昌僭号[39]，曰："此猜鸑鷟[40]也。"乃自称大越罗平国，改元顺天，署城楼曰天册之楼，令群下谓己曰"圣人"。以前杭州刺史李邈、前婺州刺史蒋瓌、两浙盐铁副使杜郢、前屯田郎中[41]李瑜为相。又以吴瑶等皆为翰林学士、李畅之等皆为大将军。

昌移书钱镠，告以权即罗平国位，以镠为两浙都指挥使。镠遗昌书曰："与其闭门作天子，与九族[42]、百姓俱陷涂炭，岂若开门作节度使，终身富贵邪！及今悛悔[43]，尚可及也！"昌不听，镠乃将兵三万诣越州城下，至迎恩门[44]见昌，再拜言曰："大王位兼将相，奈何舍安就危！镠将兵此来，以俟大王改过耳[45]。纵大王不自惜，乡里士民何罪，随大王族灭乎！"昌惧，致犒军钱二百万，执首谋者吴瑶及巫觋[46]数人送于镠，且请待罪天子。镠引兵还，以状闻[47]。

（以上为第一段，写董昌称帝丑剧。）

【注释】

［1］辛酉：正月三日。［2］麾（huī）盖：旗帜和伞盖。［3］巡属：幽、涿、瀛、莫、妫、檀、蓟、顺、营、平、新、武等州，皆卢龙节度的巡属。［4］癸未：正月二十五日。［5］高梧：即高鱼，在今河南范县东南，与郓城县接界。［6］河东将：即安福顺、安福庆，去年为李克用所遣，救兖、郓。［7］己巳：正月十一日。［8］陆希声：陆元方第五世孙，昭宗朝官至户部侍郎，同中书门下平章事。传附《新唐书》卷一百一十六。［9］元方：即陆元方，武则天时宰相。［10］壬申：正月十四日。［11］王珂（?—901）：河中节度使王重荣兄重盈之子，出继重荣，传见《旧唐书》卷一百八十一，《新唐书》卷一百八十七，《旧五代史》卷十四，《新五代史》卷四十二。［12］黄碣（?—895）：闽人，初为闽小将，积功历官漳水、婺州刺史，后为董昌所杀。传见《新唐书》卷一百九十三。［13］天人未厌：上天和人心尚未厌弃唐朝，即唐还未到灭亡之时。［14］齐桓、晋文：即春秋时齐桓公、晋文公。［15］翼戴：辅佐、拥戴。［16］畎（quán）亩：田间。指乡间。［17］好圣明时：董昌自谓即位之时。［18］三公：唐代以太尉、司徒、司空为三公。［19］坎：墓穴。［20］瘗（yì）：埋尸体。［21］会稽：县名。县治在今浙江绍兴市。［22］山阴：县名。垂拱三年分会稽县置。县治与会稽县治同城，在今浙江绍兴市。［23］御史台：官署名。监察机构。御史大夫是其长官。［24］石镜镇：镇名。在今浙江杭州市临安区。董昌补石镜镇将事见二百五十三卷。［25］李锜（740—807）：宪宗时为镇海节度使，谋反被腰斩。传见《旧唐书》卷一百一十二，《新唐书》卷二百二十四上。［26］刘辟（?—806）：宪宗时为西川节度使，谋反被斩。传见《旧唐书》卷一百四十，《新唐书》卷一百五十八。［27］海隅：海角。［28］六州：台、明、温、处、婺、衢。［29］彼：指六州。时藩镇割据，各州刺史也各自为政。［30］空城：据章校，应为“孤城”。［31］辛卯：二月三日。［32］被：穿着。［33］衮冕：衮衣和冕，古代皇帝和上公的礼服。［34］子城：大城所属之小城，即内城。［35］瑞物：祥瑞物品。［36］咸通：唐懿宗的年号。［37］声云：鸟的叫声。［38］殃：祸灾。［39］僭（jiàn）号：超越礼制的称号。这里指董昌称帝。［40］鸑鷟（yuèzhuó）：凤属鸟。［41］屯田郎中：官名。工部第二司。掌天下屯田及文武官的职田及公廨田。［42］九族：指本身以上的父、祖、曾祖、高祖及以下的子、孙、曾孙、玄孙。也有包括异姓亲属而言的。［43］悛（quān）悔：改过，悔改。［44］迎恩门：越州城西门。［45］改过耳：据章校，此三字下有“若天子命将出师”七字。［46］巫觋（xí）：女巫为巫，男巫为觋，合称巫觋，是以装神弄鬼、为人祈祷为职业的人。［47］闻：闻于朝廷。

王重盈之子保义[1]节度使珙[2]、晋州[3]刺史瑶[4]举兵击王珂，表言珂非王氏子。与朱全忠书，言“珂本吾家苍头[5]，不应为嗣”。珂上表自陈，且求援于李克用。上遣中使谕解之。

上重李谿文学，乙未[6]，复[7]以为户部侍郎、同平章事。

朱全忠军于单父[8]，为朱友恭声援。

李克用表刘仁恭为卢龙留后，留兵戍之；壬子[9]，还晋阳。

妫州人高思继[10]兄弟，有武干，为燕人所服，克用皆以为都将，分掌幽州兵；部下士卒，皆山北[11]之豪也，仁恭惮之。久之，河东兵戍幽州者暴横，思继兄弟以法裁之，所诛杀甚多。克用怒，以让仁恭，仁恭诉称高氏兄弟所为，克用俱杀之。仁恭欲收燕人心，复引其诸子[12]置帐下，厚抚之。

崔昭纬与李茂贞、王行瑜深相结，得天子过失，朝廷机事[13]，悉以告之。邠宁节度副使崔鋋，昭纬之族也，李谿再入相，昭纬使鋋告行瑜曰："向者尚书令之命已行矣，而韦昭度沮之，今又引李谿为同列，相与荧惑[14]圣听，恐复有杜太尉[15]之事。"行瑜乃与茂贞表称谿奸邪，昭度无相业，宜罢居散秩[16]。上报曰："军旅之事，朕则与藩镇图之；至于命相，当出朕怀。"行瑜等论列不已，三月，谿复罢为太子少师。

王珙、王瑶请朝廷命河中帅[17]，诏以中书侍郎、同平章事崔胤同平章事，充护国节度使；以户部侍郎、判户部[18]王抟[19]为中书侍郎、同平章事。

（以上为第二段，写王重盈诸子内讧，李克用诛杀高思继兄弟。崔昭纬外结藩镇以固其位，并排挤韦昭度。）

【注释】

[1]保义：方镇名。唐昭宗龙纪元年（889）赐陕虢节度使号保义军。 [2]王珙（gǒng）（?—899）：王重盈之子，传附《旧唐书》卷一百八十二，《新唐书》卷一百八十七，并见《旧五代史》卷十四。 [3]晋州：据严衍《资治通鉴补》，应为绛州，治所在今山西新绛县。 [4]王瑶：王珙之弟。 [5]苍头：奴仆。王珂本王重荣之兄王重简之子，过继给重荣。重荣暴虐，被部将常行儒所杀，军中推重荣之兄王重盈为河中节度使。重盈死后，军中推王珂为节度使，重盈之子王珙、王瑶不服，连兵与王珂争为河中节度使，上书朝廷诬奏王珂非王氏之子。 [6]乙未：二月七日。 [7]复：再次任命。去年命李谿为相，因刘崇鲁阻挠而止，现再次任命。 [8]单（shàn）父：县名。县治在今山东单县。 [9]壬子：二月二十四日。 [10]高思继（?—895）：高行周之父，为幽州戍将，为李克用所诛。传见《旧五代史》卷一百二十三，并附《新五代史》卷四十八。 [11]山北：妫、檀诸州皆在幽州西山之北。 [12]诸子：高氏诸子，其中有高行周。 [13]机事：机密要

事。［14］荧惑：迷惑、炫惑。［15］杜太尉：指杜让能。［16］散秩：闲散而无实权的官职。［17］王珙、王瑶请朝廷命河中帅：王珙、王瑶兄弟二人请求朝廷任命河中的统帅，以阻止王珂为节度使，朝廷以崔胤代。［18］判户部：官名。唐中叶以后，往往特派户部以外的大臣管理户部的事，称判户部。［19］王抟（tuán）（？—900）：字昭远，王羲之第二十三世孙。进士及第，历官户部侍郎、中书侍郎、同平章事，后遭崔胤排挤陷害，贬崔州司户参军，赐死于蓝田驿途中。传见《新唐书》卷一百一十六。

王珂，李克用之婿也。克用表重荣有功于国[1]，请赐其子珂节钺。王珙厚结王行瑜、李茂贞、韩建三帅，更上表称珂非王氏子，请以珂为陕州、珙为河中。上谕以先已允克用之奏，不许。

加王镕兼侍中。

杨行密浮[2]淮至泗州，防御使台濛[3]盛饰供帐[4]，行密不悦。既行，濛于卧内得补绽衣[5]，驰使归之。行密笑曰："吾少贫贱，不敢忘本。"濛甚惭。

行密攻濠州，拔之，执刺史张璲。

行密军士掠得徐州人李氏之子[6]，生八年矣，行密养以为子，行密长子渥[7]憎之；行密谓其将徐温[8]曰："此儿质状性识，颇异于人，吾度渥必不能容，今赐汝为子。"温名之曰知诰。知诰事温，勤孝过于诸子。尝得罪于温，温笞[9]而逐之；及归，知诰迎拜于门。温问："何故犹在此？"知诰泣对曰："人子舍父母将何之！父怒而归母，人情之常也。"温以是益爱之，使掌家事，家人无违言[10]。及长，喜书善射，识度[11]英伟。行密常谓温曰："知诰俊杰，诸将子皆不及也。"

丁亥[12]，行密围寿州。

上以郊畿[13]多盗，至有逾垣[14]入宫或侵犯陵寝[15]者，欲令宗室诸王将兵巡警，又欲使之四方抚慰藩镇。南北司用事之臣恐其不利于己，交章[16]论谏。上不得已，夏，四月，下诏悉罢之。

朝廷以董昌有贡输之勤，今日所为，类得心疾[17]，诏释其罪，纵归田里。

户部侍郎、同平章事陆希声罢为太子少师。

杨行密围寿州，不克，将还；庚寅[18]，其将朱延寿[19]请试往更攻[20]，一鼓[21]拔之，执刺史江从勖。行密以延寿权知寿州团练使。

未几，汴兵数万攻寿州，州中兵少，吏民恟惧[22]。延寿制，军中每旗二十五骑[23]。命黑云队长李厚将十旗击汴兵，不胜；延寿将斩之，厚称众寡不敌，愿益兵更往，不胜则死。都押牙汝阳[24]柴再用[25]亦为之请，乃益以五旗。厚殊死战，再用助之，延寿悉众乘[26]之，汴兵败走。厚，蔡州人也。

行密又遣兵袭涟水[27]，拔之。

钱镠表董昌僭逆[28]，不可赦，请以本道兵讨之。

太傅、门下侍郎、同平章事韦昭度以太保[29]致仕。

戊戌[30]，以刘建锋为武安[31]节度使。建锋以马殷为内外马步军都指挥使。

杨行密遣使诣钱镠，言董昌已改过，宜释之[32]；亦遣诣昌，使趣朝贡。

河东遣其将史俨[33]、李承嗣[34]以万骑驰入于郓，朱友恭退归于汴。

五月，诏削董昌官爵，委钱镠讨之。

（以上为第三段，写杨行密攻拔濠州、寿州以张其势。钱镠讨董昌。）

【注释】

[1]有功于国：指破黄巢、黜襄王李煴等事。 [2]浮：在水上泛行。 [3]台濛（?—904）：字顶云，合肥人。杨行密部将，擒杀田頵，官至宣州观察使。传附《新唐书》卷一百八十九。[4]供帐：供设帷帐。 [5]补绽衣：打补丁的衣服。 [6]李氏之子：即李昪（biàn）（888—943），五代时南唐国的建立者。公元937—943年在位。字正伦，徐州人。父名荣，战乱中不知所终。少孤贫，杨行密收为养子，转为徐温养子，改名徐知诰。建南唐后复名李昪。传见《旧五代史》卷一百三十四，《新五代史》卷六十二。 [7]渥（885—908）：杨渥，字承天，杨行密长子。传附《旧五代史》卷一百三十四，《新五代史》六十一。 [8]徐温（861—927）：字敦美，海州朐山（今江苏连云港）人。五代时吴国丞相。传见《新五代史》卷六十一。 [9]笞（chī）：用鞭、杖或竹板打。[10]违言：以言语不合而失和。[11]识度：见识、气度。[12]丁亥：三月三十日。[13]郊畿：京郊。 [14]逾垣：越过墙。 [15]陵寝：皇帝陵墓。 [16]交章：奏章前后交替，一道接着一道。 [17]类得心疾：好像得了神经病。 [18]庚寅：四月三日。 [19]朱延寿（?—903）：庐州舒城（今安徽舒城）人。杨行密妻弟，任秦州团练使。传见《新唐书》卷一百八十九，《旧五代史》卷十七。 [20]请试往更攻：朱延寿请求再次回军攻击。 [21]一鼓：一次冲锋。古

代作战，击鼓进军。擂第一通鼓为一鼓。［22］恟（xiōng）惧：忧恐，恐惧。［23］骑（jì）：一人一马谓一骑。［24］汝阳：县名。县治在今河南汝南县。［25］柴再用：与李厚为同僚，均为孙儒旧将。故替李厚求情，并助其再战。［26］乘：乘胜出击。［27］涟水：县名。县治在今江苏涟水县。当时属泗州。［28］僭逆：自称帝号为叛逆行径。钱镠本有吞并董昌之心，借其僭号之机请讨之。［29］太保：官名。与太师、太傅合称三师，多为大官荣衔，并无实职。［30］戊戌：四月十一日。［31］武安：方镇名。唐僖宗光启元年（885）改湖南钦化军节度为武安军节度使，治所潭州，在今湖南长沙。［32］释之：杨行密的意图在于保存董昌势力以制约钱镠，使钱镠不得与自己抗衡。［33］史俨（?—916）：代州雁门（今山西代县）人。李克用部将，奉命与李承嗣入援杨行密，被朱全忠隔绝，两人转投杨行密，成为淮南骁将，佐杨行密成霸业，传见《旧五代史》卷五十五。［34］李承嗣（865—920）：代州雁门人。转投淮南后，官至楚州刺史。传见《旧五代史》卷五十五。

初，王行瑜求尚书令不获，由是怨朝廷。畿内有八镇兵，隶左右军[1]。郃阳[2]镇近华州，韩建求之；良原[3]镇近邠州[4]，王行瑜求之。宦官曰："此天子禁军，何可得也！"王珂、王珙争河中，行瑜、建及李茂贞皆为珙请，不能得，耻之。珙使人语三帅曰："珂不受代而与河东婚姻，必为诸公不利，请讨之。"行瑜使其弟匡国[5]节度使行约攻河中，珂求救于李克用。行瑜乃与茂贞、建各将精兵数千入朝，甲子[6]，至京师，坊市民皆窜匿。上御安福门以待之，三帅盛陈甲兵，拜伏舞蹈[7]于门下。上临轩[8]，亲诘之曰："卿等不奏请俟报，辄称兵[9]入京城，其志欲何为乎？若不能事朕，今日请避贤[10]路！"行瑜、茂贞流汗不能言，独韩建粗述入朝之由。上与三帅宴，三帅奏称："南、北司互有朋党[11]，堕紊[12]朝政。韦昭度讨西川失策，李谿作相，不合众心，请诛之。"上未之许。是日，行瑜等杀昭度、谿于都亭驿[13]，又杀枢密使康尚弼及宦官数人。又言："王珂、王珙嫡庶不分，请除王珙河中，徙王行约于陕，王珂于同州。"上皆许之。始，三帅谋废上，立吉王保[14]；至是，闻李克用已起兵于河东，行瑜、茂贞各留兵二千人宿卫京师，与建皆辞还镇。贬户部尚书杨堪为雅州刺史。堪，虞卿[15]之子，昭度之舅也。

初，崔胤除河中节度使，河东进奏官薛志勤扬言曰："崔公虽重德，以之代王珂，不若光德刘公[16]于我公厚也。”光德刘公者，太常卿[17]刘崇望也。及三帅入朝，闻志勤之言，贬崇望昭州[18]司马。李克用闻三镇兵犯阙[19]，即日遣使十三辈[20]发北部兵[21]，期以来月渡河入关。

六月，庚寅[22]，以钱镠为浙东招讨使；镠复发兵击董昌。

辛卯[23]，以前均州刺史孔纬、绣州司户张浚并为太子宾客[24]。壬辰[25]。以纬为吏部尚书，复其阶爵；癸巳[26]，拜司空[27]，兼门下侍郎、同平章事。以张浚为兵部尚书、诸道租庸使[28]。时纬居华州，浚居长水[29]，上以崔昭纬等外交藩镇，朋党相倾，思得骨鲠[30]之士，故骤用[31]纬、浚。纬以有疾，扶舆[32]至京师，见上，涕泣固辞；上不许。

李克用大举蕃、汉兵南下，上表称王行瑜、李茂贞、韩建称兵犯阙，贼害[33]大臣，请讨之，又移檄三镇，行瑜等大惧。克用军至绛州，刺史王瑶闭城拒之；克用进攻，旬日，拔之，斩瑶于军门，杀城中违拒者千余人。秋，七月，丙辰朔[34]，克用至河中，王珂迎谒于路。

匡国节度使王行约败于朝邑[35]，戊午[36]，行约弃同州走，己未[37]，至京师。行约弟行实时为左军[38]指挥使，帅众与行约大掠西市[39]。行实奏称同华已没，沙陀将至，请车驾幸邠州。庚申[40]，枢密使骆全瓘奏请车驾幸凤翔。上曰：“朕得克用表，尚驻军河中。就使沙陀至此，朕自有以枝梧[41]，卿等但各抚本军，勿令摇动。”

右军指挥使李继鹏，茂贞假子也，本姓名阎珪，与骆全瓘谋劫上幸凤翔；中尉刘景宣与王行实知之，欲劫上幸邠州；孔纬面折[42]景宣，以为不可轻离宫阙。向晚[43]，继鹏连奏请车驾出幸，于是王行约引左军攻右军，鼓噪震地。上闻乱，登承天楼[44]，欲谕止之，捧日都头李筠将本军，于楼前侍卫。李继鹏以凤翔兵攻筠，矢[45]拂[46]御衣，著[47]于楼桷[48]，左右扶上下楼；继鹏复纵火焚宫门，烟炎蔽天。时有盐州[49]六都兵屯京师，素为两军所惮[50]，上急召令入卫；既至，两军退走，各归邠州及凤翔。城中大乱，互相剽掠，上与诸王及亲近幸李筠营，护跸[51]都头李居实帅众继至。

或传王行瑜、李茂贞欲自来迎车驾，上惧为所迫，辛酉[52]，以筠、居实两都兵自卫，出启夏门[53]，趣南山[54]，宿莎城镇[55]。士民追从车驾者数十万人，比至谷口[56]，暍[57]死者三之一，夜，复为盗所掠，哭声震山谷。时百官多扈从[58]不及，户部尚书、判度支及盐铁转运使薛王知柔[59]独先至，上命权知中书事及置顿使。

（以上为第四段，写凤翔李茂贞、邠宁王行瑜，华州韩建三镇连兵犯阙，唐昭宗蒙尘南山。）

【注释】

[1]左、右军：左右神策军。 [2]郃（hé）阳：县名。当时属同州。县治在今陕西合阳县。[3]良原：县名。当时属泾州。县治在今甘肃崇信县东南。 [4]邠州：州名。治所在今陕西彬州。 [5]匡国：方镇名。乾宁二年升同州为匡国军节度。同州在今陕西大荔县。 [6]甲子：五月八日。 [7]舞蹈：朝拜帝王的礼节。 [8]轩：殿堂前檐下的平台。 [9]称兵：举兵，兴兵。 [10]避贤：让贤。 [11]朋党：排斥异己的宗派集团。 [12]堕紊：败坏衰乱。韦昭度讨西川，事见《资治通鉴》卷二百五十七、二百五十八，唐僖宗、唐昭宗之际。 [13]都亭驿：驿站名。在朱雀门外西街，含光门自北数第二坊。 [14]吉王保：懿宗子，咸通十三年（872）始王。传见《旧唐书》卷一百七十六，《新唐书》卷八十二。 [15]虞卿：杨虞卿，字师皋，虢州弘农（今河南灵宝市北）人。历仕唐顺宗、宪宗、穆宗、敬宗、文宗五朝，党附李宗闵，官至弘文馆学士。传见《旧唐书》卷一百七十六，《新唐书》卷一百七十五。 [16]光德刘公：指刘崇望。光德，在长安城朱雀街西第三街自北数第六坊，京兆府所在地。唐末，大臣有名望者，时人常以所住之坊里称之。 [17]太常卿：官名。九卿之一，掌宗庙祭祀之事。 [18]昭州：州名。治所在今广西平乐县。 [19]犯阙：用兵侵犯宫廷。 [20]十三辈：十三批使者。 [21]北部兵：代北诸蕃落之兵。[22]庚寅：六月四日。 [23]辛卯：六月五日。 [24]太子宾客：太子官属。掌调护、侍从、规谏。 [25]壬辰：六月六日。 [26]癸巳：六月七日。 [27]司空：官名。三公之一，参议国事。[28]租庸使：官名。唐玄宗开元年间始置，掌租庸地税。后来往往以战争而设，兵罢则止，多以宰相任其职。 [29]长水：县名。县治在今河南洛宁西长水镇。 [30]骨鲠：正直。 [31]骤用：紧急起用。孔纬、张浚被贬事见《资治通鉴》卷二百五十八。 [32]扶舆：带病乘车。 [33]贼害：杀害。 [34]丙辰朔：七月一日。 [35]朝邑：县名。县治在今陕西大荔县。 [36]戊午：七月三日。 [37]己未：七月四日。 [38]左军：此时宿卫禁中的左、右军已经不是原来的禁卫六军。左军为邠宁节度使王行瑜所留之军，右军为凤翔节度使李茂贞所留之军。 [39]西市：长安城朱雀街西叫做西市。 [40]庚申：七月五日。 [41]枝梧：支撑，支持。 [42]面折：当面指斥。 [43]向晚：傍晚。 [44]承天楼：太极宫正门承天门楼。 [45]矢：箭。 [46]拂：掠过。 [47]著（zhuó）：落。 [48]桷（jué）：方形的椽子。 [49]盐州：州名。治所在今陕西定边。盐州六都兵为神策军指挥使孙德昭所领之兵。 [50]惮（dàn）：畏惧。 [51]护跸都：神策五十四都之一。 [52]辛酉：七月六日。 [53]启夏门：长安城南面东起第一门。 [54]南山：

即终南山。［55］莎城镇：镇名。在长安城南，近郊之地。［56］谷口：南山山谷口。［57］暍（yē）：中暑，受暴晒。［58］扈从：随从帝王出巡。［59］李知柔：薛王李业之曾孙。传见《新唐书》卷八十一。

壬戌[1]，李克用入同州。崔昭纬、徐彦若、王抟至莎城。甲子[2]，上徙幸石门镇[3]，命薛王知柔与知枢密院刘光裕还京城，制置[4]守卫宫禁。丙寅[5]，李克用遣节度判官王瓌奉表问起居。丁卯[6]，上遣内侍[7]郗廷昱赍诏诣李克用军，令与王珂各发万骑同赴新平[8]。又诏彰义节度使张镭以泾原[9]兵控扼[10]凤翔。

李克用遣兵攻华州，韩建登城呼曰："仆于李公未尝失礼，何为见攻？"克用使谓之曰："公为人臣，逼逐天子，公为有礼，孰为无礼者乎！"会郗廷昱至，言李茂贞将兵三万至盩厔，王行瑜将兵至兴平[11]，皆欲迎车驾，克用乃释华州之围，移兵营渭桥[12]。

以薛王知柔为清海[13]节度使、同平章事，仍权知京兆尹、判度支，充盐铁转运使，俟反正日[14]赴镇。

上在南山旬余，士民从车驾避乱者日相惊曰："邠、岐兵至矣！"上遣延王戒丕[15]诣河中，趣[16]李克用令进兵。壬午[17]，克用发河中。上遣供奉官张承业[18]诣克用军。承业，同州人，屡奉使于克用，因留监其军。己丑[19]，克用进军渭桥，遣其将李存贞为前锋；辛卯[20]，拔永寿[21]，又遣史俨将三千骑诣石门侍卫。癸巳[22]，遣李存信、李存审会保大节度使李思孝攻王行瑜梨园寨[23]，擒其将王令陶等，献于行在。思孝本姓拓跋[24]，思恭之弟也。李茂贞惧，斩李继鹏[25]，傅首行在，上表请罪，且遣使求和于克用。上复遣延王戒丕、丹王允[26]谕克用，令且赦茂贞，并力讨行瑜，俟其殄[27]平，当更与卿议之。且命二王拜克用为兄。

以前河中节度使崔胤为中书侍郎、同平章事。

戊戌[28]，削夺王行瑜官爵。癸卯[29]，以李克用为邠宁四面行营都招讨使，保大节度使李思孝为北面招讨使，定难[30]节度使李思谏为东面招讨使，彰义节度使张镭为西面招讨使。克用遣其子存勖[31]诣行在，年十一，上奇其状貌，抚之曰："儿方为国之栋梁，他日宜尽忠于吾家。"克用表请上还京；上许之。令克用遣骑三千驻三桥[32]为备御。辛亥[33]，车驾还京师。

壬子[34]，司空[35]兼门下侍郎、同平章事崔昭纬罢为右仆射。

以护国留后王珂、卢龙留后刘仁恭各为本镇节度使。

时宫室焚毁，未暇完葺，上寓居尚书省[36]，百官往往无袍笏[37]仆马。

（以上为第五段，写李克用大举发兵勤王，迎昭宗还京。）

【注释】

[1]壬戌：七月七日。 [2]甲子：七月九日。 [3]石门镇：镇名。在石门山下。 [4]制置：经营谋划。 [5]丙寅：七月十一日。 [6]丁卯：七月十二日。 [7]内侍：官名。属内侍省。在内侍监之下，内常侍之上，员四人，从四品上。 [8]新平：郡名。邠州新平郡。治所新平，在今陕西彬州。诏令李克用、王珂赴新平以讨王行瑜。 [9]泾原：方镇名。唐代宗大历三年（768）置，乾宁后号彰义军。治所泾州，在今甘肃泾川县北。 [10]控扼：控制据守。 [11]兴平：县名。属京兆府，唐中宗景龙二年（708）送金城公主降吐蕃至此，改名金城。唐肃宗至德二年（757）又改为兴平。县治在今陕西兴平市。 [12]渭桥：长安附近渭水上的桥梁。有东渭桥、中渭桥、西渭桥，此指中渭桥，故址在今陕西咸阳市东。历代屡毁屡复，唐贞观十年（636）东移约十里，在今陕西西安市北。 [13]清海：方镇名。即岭南节度，是年赐清海军。 [14]反正日：平定祸乱返回正道之日，即升平时。反，通"返"。 [15]戒丕：唐玄宗子李玢封延王，李戒丕为其后裔。 [16]趣（cù）：催促。 [17]壬午：七月二十七日。 [18]张承业（844—921）：字继元，宦官。本姓康，内常侍张泰之养子。为李克用监军，唐末转佐李克用父子建立后唐。传见《旧五代史》卷七十二，《新五代史》卷三十八。 [19]己丑：八月五日。 [20]辛卯：八月七日。 [21]永寿：县名。县治在今陕西永寿县北。 [22]癸巳：八月九日。 [23]梨园寨：镇名。当时属云阳县，今陕西淳化县。 [24]拓跋：原为鲜卑族的一支，以部为氏。 [25]李继鹏：李茂贞养子。李茂贞杀李继鹏，将劫乘舆之罪推诿给他。 [26]李允：丹王李逾之后，李逾为代宗子。 [27]殄（tiǎn）：消灭。 [28]戊戌：八月十四日。 [29]癸卯：八月十九日。 [30]定难：方镇名。唐僖宗中和二年（882）赐夏州节度号定难节度。治所朔方，在今陕西靖边白城子。 [31]存勖（xù）（885—926）：即后唐庄宗李存勖，五代唐王朝的建立者。公元923—926年在位。传见《旧五代史》卷二十七，《新五代史》卷四。 [32]三桥：镇名。在长安城西。 [33]辛亥：八月二十七日。 [34]壬子：八月二十八日。 [35]司空：官名。与太尉、司徒合称三公。 [36]尚书省：在长安城朱雀门正街之东，自占一坊，六部附立其旁。 [37]笏（hù）：即朝笏。大臣朝见时手中所执狭

长板子，用玉、象牙或竹片制成，以为指画或记事之用。

以李克用为行营都统[1]。

九月，癸亥[2]，司空兼门下侍郎、同平章事孔纬[3]薨。

辛未[4]，朱全忠自将击朱瑄，战于梁山[5]；瑄败走还郓。

李克用急攻梨园，王行瑜求救于李茂贞，茂贞遣兵万人屯龙泉镇[6]，自将兵三万屯咸阳之旁。克用请诏茂贞归镇，仍削夺其官爵，欲分兵讨之。上以茂贞自诛继鹏，前已赦宥[7]，不可复削夺诛讨，但诏归镇，仍令克用与之和解。以昭义节度使李罕之检校侍中，充邠宁四面行营副都统。史俨败邠宁兵于云阳[8]，擒云阳镇使王令诲等，献之。

王建遣简州[9]刺史王宗瑶等将兵赴难；甲戌[10]，军于绵州[11]。

董昌求救于杨行密，行密遣泗州防御使台濛攻苏州[12]以救之，且表昌引咎[13]，愿修[14]职贡，请复官爵。又遗钱镠书，称："昌狂疾自立，已畏兵谏[15]。执送同恶[16]，不当复伐之。"

冬，十月，丙戌[17]，河东将李存贞败邠宁军于梨园北，杀千余人。自是梨园闭壁不敢出。

贬右仆射崔昭纬为梧州司马。

魏国夫人陈氏[18]，才色冠后宫；戊子[19]，上以赐李克用。

克用令李罕之、李存信等急攻梨园[20]；城中食尽，弃城走。罕之等邀击之，所杀万余人，克梨园等三寨，获王行瑜子知进及大将李元福等；克用进屯梨园。庚寅[21]，王行约、王行实烧宁州[22]遁去。克用奏请以匡国[23]节度使苏文建为静难节度使，趣令赴镇，且理宁州[24]，招抚降人。

上迁居大内[25]。

朱全忠遣都将葛从周击兖州，自以大军继之。癸卯[26]，围兖州[27]。

杨行密遣宁国[28]节度使田頵、润州团练使安仁义攻杭州镇戍以救董昌，昌使湖州[29]将徐淑会淮南将魏约共围嘉兴[30]。钱镠遣武勇都指挥使顾全武救嘉兴，破乌墩[31]、光福[32]二寨。淮南将柯厚破苏州水栅[33]。全武，余姚[34]人也。

义武[35]节度使王处存薨，军中推其子节度副使郜[36]为留后。

以京兆尹武邑孙偓[37]为兵部侍郎、同平章事。

王行瑜以精甲五千守龙泉寨，李克用攻之；李茂贞以兵五千救之，营于镇西[38]。李罕之击凤翔兵，走之，十一月，丁巳[39]，拔龙泉寨。行瑜走入邠州，遣使请降于李克用。

齐州[40]刺史朱琼举州降于朱全忠。琼，瑾之从父兄也。

衢州刺史陈儒卒，弟岌代之。

李克用引兵逼邠州，王行瑜登城，号哭谓克用曰："行瑜无罪，迫胁乘舆[41]，皆李茂贞及李继鹏所为，请移兵问凤翔，行瑜愿束身[42]归朝。"克用曰："王尚父[43]何恭之甚！仆受诏讨三贼臣[44]，公预[45]其一，束身归朝，非仆所得专也。"丁卯[46]，行瑜挈族弃城走。克用入邠州，封府库；抚居人[47]，命指挥使高爽权巡抚军城，奏趣[48]苏文建赴镇。行瑜走至庆州[49]境，部下斩行瑜，传首。

（以上为第六段，写李克用破灭邠宁，王行瑜授首。杨行密助董昌攻钱镠。）

【注释】

[1]行营都统：官名。授予征讨方面军的最高官职，以节制诸军，相当于前敌总指挥。[2]癸亥：九月十日。[3]孔纬：时任宰相。[4]辛未：九月十八日。[5]梁山：山名，在今山东东平湖西、梁山县南，附近为古梁山泊。[6]龙泉镇：镇名，在邠州三水县，今陕西旬邑县东北。[7]赦宥（yòu）：赦罪宽免。[8]云阳：县名。县治在今陕西泾阳北。[9]简州：州名。治所在今四川简阳市。[10]甲戌：九月二十一日。[11]绵州：州名。治所在今四川绵阳市。王建遣兵赴难但军于绵州，观望不进，并无救难解急的真心，且伺机进攻东川以广地。[12]攻苏州：当时苏州属钱镠，杨行密攻苏州就牵制了钱镠的兵力，使其不能专攻董昌。[13]引咎：自己承担罪责。[14]修：整治完备。[15]兵谏：以武力迫使帝王屈服。这里指钱镠以武力迫使董昌取消帝号。[16]同恶：指策划董昌称帝的首谋者吴瑶及巫觋等人。[17]丙戌：十月三日。[18]魏国夫人陈氏（?—941）：襄州（今湖北襄阳市）人。本为昭宗之宫嫔，赐予李克用后，深受宠重。李克用死后，落发为尼，法名智愿。传见《旧五代史》卷四十九。[19]戊子：十月五日。[20]梨园：今陕西淳化县。[21]庚寅：十月七日。[22]宁州：州名。治所在今甘肃宁县。在邠州北一百二十五里。[23]匡国：方镇名。是年，升同州为匡国军节度。[24]理宁州：即治宁州。以宁州为静难军节度治所。苏文建代王行瑜，因邠州未攻下，所以暂时先理宁州。[25]大内：皇宫。[26]癸卯：十月二十日。[27]围兖州：是年春，朱全忠曾围兖州，因李克

用救兵至而退，现又一次包围。［28］宁国：方镇名。景福元年（892）升宣歙团练使为宁国节度使。［29］湖州：州名。治所在今浙江湖州市。［30］嘉兴：县名。县治在今浙江嘉兴市南。［31］乌墩：镇名。在湖州乌程县。［32］光福：镇名，在苏州吴县。［33］水栅：用竹、木等做成的阻拦物，置水中作为堵截之用。［34］余姚：县名。县治在今浙江余姚市。［35］义武：方镇名。唐德宗建中三年（782）分易、定二州所置义武军节度使。［36］郜（gào）：王郜，义武军节度使王处存之子，袭义武军节度使。后遭汴军攻击，兵败奔太原投李克用，死于晋阳。传见《旧唐书》卷一百十二，《新唐书》卷一百十六。［37］孙偓：武邑（今河北武邑）人。唐昭宗朝宰相，传见《新唐书》卷一百八十三。［38］镇西：龙泉寨之西。［39］丁巳：十一月五日。［40］齐州：州名。治所历城，在今山东济南市。［41］乘舆：皇帝乘坐的车子，此用以代指皇帝。［42］束身：比喻归顺、投案。［43］尚父：王行瑜曾被赐号尚父，此时已削夺，李克用讽戏称之。［44］三贼臣：指王行瑜、李茂贞、韩建。［45］预：参预。［46］丁卯：十一月十五日。［47］居人：居民，百姓。［48］趣（cù）：催促。［49］庆州：州名。治所在今甘肃庆阳。

朱瑄遣其将贺瓌[1]、柳存及河东将薛怀宝[2]将兵万余人袭曹州，以解兖州之围。瓌，濮阳[3]人也。丁卯[4]，全忠自中都[5]引兵夜追之，比明，至巨野[6]南，及之，屠杀殆尽，生擒瓌、存、怀宝，俘士卒三千余人。是日晡[7]后，大风沙尘晦冥，全忠曰："此杀人未足耳！"下令所得之俘尽杀之。庚午[8]，缚瓌等循于兖州城下，谓朱瑾曰："卿兄已败，何不早降！"

丁丑[9]，雅州[10]刺史王宗侃[11]攻拔利州，执刺史李继颙[12]，斩之。

朱瑾伪遣使[13]请降于朱全忠，全忠自就延寿门[14]下与瑾语。瑾曰："欲送符印，愿使兄琼来领之。"

辛巳[15]，全忠使琼往，瑾立马桥上，伏[16]骁果[17]董怀进于桥下，琼至，怀进突出，擒之以入，须臾，掷首城外。全忠乃引兵还[18]，以琼弟玭为齐州防御使，杀柳存、怀宝；闻贺瓌名，释而用之。

李克用旋军[19]渭北。

加静难节度使苏文建同平章事。

蒋勋[20]求为邵州刺史，刘建锋不许，勋乃与邓继崇起兵，连飞山[21]、梅山[22]蛮寇湘潭[23]，据邵州，使其将申德昌屯定胜镇[24]，以扼潭人。

十二月，甲申[25]，阆州防御使李继雍、蓬州[26]刺史费存、渠州[27]刺史陈璠[28]各帅所部兵奔王建。

乙酉[29]，李克用军于云阳[30]。

王建奏："东川节度使顾彦晖不发兵赴难[31]，而掠夺辎重，遣泸州[32]刺史马敬儒断峡路[33]，请兴兵讨之[34]。"戊子[35]，华洪[36]大破东川兵于楸林[37]，俘斩数万，拔楸林寨。

乙未[38]，进李克用爵晋王[39]，加李罕之兼侍中，以河东大将盖寓领容管[40]观察使；自余克用将佐、子孙并进官爵。克用性严急，左右小有过辄死，无敢违忤[41]；惟盖寓敏慧。能揣[42]其意，婉辞裨益[43]，无不从者。克用或以非罪[44]怒将吏，寓必阳[45]助之怒，克用常释之；有所谏诤，必征[46]近事为喻；由是克用爱信之，境内无不依附，权与克用侔[47]。朝廷及邻道遣使至河东，其赏赐赂遗[48]，先入克用，次及寓家。朱全忠数遣人间[49]之，及扬言云盖寓已代克用，而克用待之益厚。

丙申[50]，王建攻东川，别将王宗弼为东川兵所擒，顾彦晖畜[51]以为子。戊戌[52]，通州[53]刺史李彦昭[54]将所部兵二千降于建。

（以上为第七段，写李克用因勤王之功晋爵晋王。西川王建假勤王之名进兵东川，朱全忠借机大力攻讨郓、兖朱瑄与朱勤。）

【注释】

［1］贺瓌（853—915）：字光远，濮州（今山东鄄城县北）人。贺瓌投降朱全忠，屡立战功，官至相州刺史，转左龙虎统军。传见《旧五代史》卷二十三，《新五代史》卷二十三。［2］薛怀宝：据章校，应为"何怀宝"。［3］濮阳：县名。县治在今河南濮阳县南，当时属濮州。［4］丁卯：十一月十五日。［5］中都：县名。县治在今山东汶上县。［6］巨野：县名。县治在今山东巨野县。唐时中都与巨野二县并属郓州。［7］晡（bū）：申时，即下午三点至五点。［8］庚午：十一月十八日。［9］丁丑：十一月二十五日。［10］雅州：州名。治所在今四川雅安市。［11］王宗侃：西川将。［12］李继颙（yóng）：凤翔将。［13］伪遣使：因朱全忠诱降，故朱瑾伪遣使而行诈。［14］延寿门：兖州城门。［15］辛巳：十一月二十九日。［16］伏：潜伏、埋伏。指朱瑾密令董怀进藏身吊桥下以擒拿朱琼。［17］骁果：勇猛敢死之士。［18］引兵还：朱全忠见朱瑾杀其兄，知无降意，强攻之难以奏效，故还。［19］旋军：还军。李克用自邠宁回屯渭北。［20］蒋勋：原为邵州指挥使。乾宁元年奔回龙关，使刘建锋顺利地攻下长沙，故求为邵州刺史。［21］飞山：

在邵州（今湖南邵阳市）西北，其山比周围山峰高峻，四面悬崖峭壁。［22］梅山：在潭州西南，与邵州交界处。［23］湘潭：县名。县治洛口，在今湖南衡山县东北。［24］定胜镇：镇名。在邵州东北。［25］甲申：十二月二日。［26］蓬州：治所在今四川仪陇县南。［27］渠州：治所在今四川渠县。［28］阆州：治所在今四川阆中市。［29］乙酉：十二月三日。［30］云阳：县名。县治在今陕西泾阳县北。［31］不发兵赵难：指去年李茂贞、王行瑜、韩建三镇连兵犯阙，顾彦晖不发兵勤王。赵难，救难，指勤王救天子之难。［32］泸州：州名。治所在今四川泸州市。［33］峡路：长江自瞿塘峡以下称为峡江，水流最险，为长江出蜀的险隘。王建以顾彦晖不发兵赴难反断峡路为借口，挑起战端，并非有勤王之心，实欲东据峡路之险。［34］兴兵讨之：指王建以顾彦晖不勤王为借口发兵征讨。［35］戊子：十月六日。［36］华洪：王建所遣讨伐东川的大将。［37］楸（qiū）林：镇名。［38］乙未：十二月十三日。［39］晋王：李克用由陇西郡王进爵晋王。［40］容管：方镇名。唐玄宗天宝十四年（755）置容州管内经略使，治所容州，在今广西北流市。唐肃宗上元元年（760）升为容管观察使。［41］违忤：违反抵触。［42］揣：揣摩，估量。［43］婉辞裨（bì）益：委婉劝说，弥补和完善李克用的不足。［44］非罪：不应有之罪。［45］阳：表面。［46］征：引喻。［47］侔（móu）：齐等。［48］赏赐赂遗（wèi）：朝廷给财物为赏赐，邻道赠送财物为赂遗。［49］间（jiàn）：挑拨离间。［50］丙申：十二月十四日。［51］畜（xù）：收养。［52］戊戌：十二月十六日。［53］通州：州名。治所在今四川达州。［54］李彦昭：凤翔将。

李克用遣掌书记[1]李袭吉[2]入谢恩，密言于上曰："比年以来，关辅[3]不宁，乘此胜势，遂取凤翔，一劳永逸，时不可失。臣屯军渭北，专俟进止。"上谋于贵近[4]，或曰："茂贞复灭[5]，则沙陀大盛，朝廷危矣！"上乃赐克用诏，褒[6]其忠款[7]，而言："不臣之状，行瑜为甚。自朕出幸以来，茂贞、韩建自知其罪，不忘国恩，职贡相继，且当休兵息民。"克用奉诏而止。既而私于诏使曰："观朝廷之意，似疑克用有异心也。然不去茂贞，关中无安宁之日。"又诏免克用入朝，将佐或言："今密迩阙庭[8]，岂可不入见天子！"克用犹豫未决，盖寓言于克用曰："向者[9]王行瑜辈纵兵狂悖[10]，致銮舆播越，百姓奔散。今天子还未安席，人心尚危，大王若引兵渡渭，窃恐复惊骇都邑。人臣尽忠，在于勤王[11]，不在入觐[12]，愿熟图[13]之！"克用笑曰："盖寓尚不欲吾入朝，况天下之人乎！"乃表称："臣总帅大军，不敢径入朝觐，且惧部落士卒侵扰渭北居人。"辛亥[14]，引兵东归。表至京师，上下始安。诏赐河东士卒钱三十万缗[15]。克用既去，李茂贞骄横如故，河西[16]州县多为茂贞所据，以其将胡敬璋为河西节度使。

朱全忠之去兖州[17]也，留葛从周将兵守之，朱瑾闭城不复出。从周将还，乃扬言“天平[18]、河东救兵至，引兵西北邀之”，夜半，潜归故寨。瑾以从周精兵悉出，果出兵攻寨。从周突出奋击，杀千余人，擒其都将孙汉筠而还。

加镇海节度使钱镠兼侍中。

彰义节度使张鐇薨，以其子琏权知留后。

朱瑄、朱瑾屡为朱全忠所攻，民失耕稼，财力俱弊。告急于河东，李克用遣大将史俨[19]、李承嗣[20]将数千骑假道于魏以救之。

安州[21]防御使家晟，与朱全忠亲吏蒋玄晖[22]有隙；恐及祸，与指挥使刘士政、兵马监押陈可璠将兵三千袭桂州，杀经略使[23]周元静而代之。晟醉侮可瑶，可璠手刃之，推士政知军府事，可璠自为副使。诏即以士政为经略使[24]。玄晖，吴人也。

（以上为第八段，写唐昭宗听信贵近之言，赦李茂贞之罪，诏李克用罢兵东归，痛失割除肘腋之患。）

【注释】

［1］掌书记：官名。节度使之属官，位在判官之下，掌朝觐、聘慰、献祭祀、祈祝之文，与号令、升绌等事。［2］李袭吉（?—906）：洛阳人。自称中唐名相李林甫之后，善文辞，为李克用幕府。传见《旧五代史》卷六十，《新五代史》卷二十八。［3］关辅：指京畿关中地区。关，指潼、蒲、陇、蜀、蓝田诸关。辅，即三辅，关中地区。［4］贵近：身边的显贵之臣。［5］复灭：指李茂贞继王行瑜而灭亡。［6］褒：夸奖。［7］忠款：真诚，忠心。［8］密迩阙庭：贴近皇宫。［9］向者：往日，前时。［10］狂悖（bèi）：狂乱违逆。［11］勤王：为王事尽力。［12］入觐（jìn）：入宫朝见皇帝。［13］熟图：深思熟虑。意谓李克用若拥兵入朝，必然会引起重复王行瑜等行径的怀疑。［14］辛亥：十二月二十九日。［15］缗（mín）：钱的计量单位，即一贯，用绳穿连成串的一千文钱。［16］河西：方镇名。唐睿宗景云元年（710）置河西诸州军节度，领凉、甘、肃、伊、瓜、沙、西诸州。治所凉州，在今甘肃武威。［17］去兖州：指朱全忠撤离兖州。［18］天平：方镇名。唐宪宗元和十五年（820）赐郓曹濮节度使号天平军节度使，治所郓州，在今山东郓城县东。［19］史俨（?—916）：代州雁门（今山西代县）人。传见《旧五代史》卷五十五。［20］李承嗣（865—920）：代州雁门人。传见《旧五代史》卷五十五。［21］安州：州名。

治所在今湖北安陆市。［22］蒋玄晖（?—905）：效力于朱全忠篡唐，朱全忠认为蒋玄晖未尽力而诛杀他，奸佞之臣没有好下场。传见《新唐书》卷二百二十三下。［23］经略使：官名。唐太宗贞观二年（628）始于沿边重要地区设置。是边防军事长官。家晟等人从安州（今湖北安陆市）远袭桂州（今广西桂林市）而且能够取胜，主要由于江、湘一带守兵单弱，城邑荒残，一路之上没有阻截之患。而桂州不意其至，并无防范，故能杀其帅而代之。［24］士政为经略使：据章校，"经略使"前有"桂管"二字。

三年（丙辰，896 年）

春，正月，西川将王宗夔攻拔龙州[1]，杀刺史田昉。

丁巳[2]，刘建锋遣都指挥使马殷将兵讨蒋勋，攻定胜寨，破之。

辛未[3]，安仁义以舟师至湖州，欲渡江[4]应董昌，钱镠遣武勇都指挥使顾全武、都知兵马使许再思守西陵[5]，仁义不能渡。昌遣其将汤臼守石城[6]，袁邠守余姚[7]。

闰月，克用遣蕃、汉都指挥使李存信[8]将万骑假道于魏以救兖、郓，军于莘县[9]。朱全忠使人谓罗弘信曰："克用志吞河朔[10]，师还之日，贵道[11]可忧。"存信戢[12]众不严，侵暴魏人，弘信怒，发兵三万夜袭之。存信军溃，退保洺州，丧士卒什二三，委弃[13]资粮兵械万数；史俨、李承嗣之军隔绝不得还。弘信自是与河东绝，专志于汴。全忠方图兖、郓，畏弘信议[14]其后，弘信每有赠遗，全忠必对使者北向拜授[15]之，曰："六兄[16]于予，倍年[17]以长，固非诸邻之比。"弘信信之，全忠以是得专意东方[18]。

丁亥[19]，果州[20]刺史张雄降于王建。

二月，戊辰[21]，顾全武、许再思败汤臼于石城。上用杨行密之请，赦董昌，复其官爵；钱镠不从。

以通王滋[22]判侍卫诸将事[23]。

朱全忠荐兵部尚书张浚，上欲复相之；李克用表请发兵击全忠，且言"浚朝为相，臣则夕至阙庭！"京师震惧，上下诏和解之。

三月，以天雄[24]留后李继徽为节度使。

（以上为第九段，写李克用发兵救郓、兖，魏博罗弘信助朱全忠，截击晋师。唐昭宗遣使和解朱、李二人。）

【注释】

[1]龙州：州名。治所在今四川江油市北。此时龙州当属李茂贞。 [2]丁巳：正月五日。[3]辛未：正月十九日。 [4]渡江：指润州团练使安仁义企图自湖州入西陵渡浙江以应董昌。[5]西陵：渡口名。在浙江杭州市萧山区西。 [6]石城：镇名。在山阴县（今浙江绍兴市）北。[7]余姚：县名。县治在今浙江余姚市。 [8]李存信（861—902）：本姓张，回纥李思忠部人，骁勇善战，李克用赐姓李。传见《旧五代史》卷五十三，《新五代史》卷三十六。 [9]莘（xīn）县：县名。县治在今山东莘县。 [10]河朔：地区名。当今黄河以北河南及河北省的地方。 [11]贵道：指罗弘信所据的魏博镇。 [12]戢（jí）众：意谓管束。 [13]委弃：丢弃。 [14]议：图谋。 [15]授：借作“受”。 [16]六兄：罗弘信行六，故称。 [17]倍年：年龄比朱全忠大一倍。[18]专意东方：谓专心攻兖、郓。 [19]丁亥：闰正月五日。 [20]果州：州名。治所在今四川南充市北。 [21]戊辰：二月十七日。 [22]通王滋：李滋（？—897），宣宗子，会昌六年始封夔王，后徙通王。传见《新唐书》卷八十二。 [23]判侍卫诸将事：领侍卫诸军。 [24]天雄：方镇名。唐宣宗大中三年（849）升秦州防御守捉使为秦、成两州经略、天雄军使。治所秦州，在今甘肃秦安县西北。

保大节度使李思孝表请致仕，荐弟思敬自代，诏以思孝为太师，致仕，思敬为保大留后。

朱全忠遣庞师古将兵伐郓州，败郓兵于马颊[1]，遂抵其城下。

己酉[2]，顾全武等攻余姚，明州刺史黄晟遣兵助之；董昌遣其将徐章救余姚，全武击擒之。

夏，四月，辛酉[3]，河涨，将毁滑州城[4]，朱全忠命决为二河，夹滑城而东，为害滋甚。

李克用击罗弘信，攻洹水[5]，杀魏兵万余人，进攻魏州。

武安节度使刘建锋既得志，嗜酒，不亲政事。长直兵[6]陈赡妻美，建锋私[7]之，赡袖铁挝[8]击杀建锋；诸将杀赡，迎行军司马张佶[9]为留后。佶将入府，马忽踶啮[10]，伤左髀[11]。时马殷攻邵州未下，佶谢诸将曰：“马公勇而有谋，宽厚乐善，吾所不及，真乃主[12]也。”乃以牒召之。殷犹豫未行，听直军将[13]姚彦章说殷曰：“公与刘龙骧[14]、张司马[15]，一体之人[16]也，今龙骧遇祸，司马伤髀，天命人望[17]，舍公尚谁属哉！”殷乃使亲从都副指挥使李琼留攻邵州，径诣长沙。

淮南兵与镇海兵战于皇天荡[18]，镇海兵不利，杨行密遂围苏州。

钱镠、钟传、杜洪畏杨行密之强，皆求援于朱全忠；全忠遣许州刺史朱友恭[19]将兵万人渡淮，听以便宜[20]从事。

董昌使人觇[21]钱镠兵，有言其强盛者辄怒，斩之；言兵疲食尽，则赏之。戊寅[22]，袁邠以余姚降于镠；顾全武、许再思进兵至越州城下。五月，昌出战而败，婴城自守[23]，全武等围之。昌始惧，去帝号，复称节度使。

马殷至长沙，张佶肩舆入府，坐受殷拜谒，已，乃命殷升听事，以留后让之，即趋下[24]，帅将吏拜贺，复为行军司马，代殷将兵攻邵州。

癸未[25]，苏州常熟[26]镇使陆郢以州城应杨行密，虏刺史成及。行密阅及家所蓄，惟图书、药物，贤之，归，署行军司马。及拜且泣曰："及百口在钱公所，失苏州不能死，敢求富贵！愿以一身易[27]百口之死！"引佩刀欲自刺。行密遽执其手，止之，馆[28]于府舍。其室中亦有兵仗，行密每单衣诣之，与之共饮膳，无所疑。

钱镠闻苏州陷，急召顾全武，使趋西陵备[29]行密，全武曰："越州贼之根本，奈何垂克[30]弃之！请先取越州，后复苏州。"镠从之。

淮南将朱延寿[31]奄[32]至蕲州，围其城。大将贾公铎方猎，不得还，伏兵林中，命勇士二人衣羊皮[33]夜入延寿所掠羊群，潜入城，约夜半开门举火为应，复衣皮反命[34]。公铎如期引兵至城南，门中火举，力战，突围而入。延寿惊曰："吾常恐其溃围而出，反溃围而入，如此，城安可猝[35]拔！"乃白行密，求军中与公铎有旧者持誓书[36]金帛往说之，许以婚。寿州团练副使柴再用请行，临城与语，为陈利害。数日，公铎及刺史冯敬章请降。以敬章为左都押牙[37]，公铎为右监门卫将军[38]。延寿进拔光州[39]，杀刺史刘存。

（以上为第十段，写马殷坐收渔人之利得潭州。钱镠围困董昌于越州，杨行密救董昌攻拔苏州。淮南将反击朱全忠助钱镠下蕲州、光州。）

【注释】

［1］马颊：水名。禹疏九河之一。此指马颊口，为马颊水入济之口，在今山东东阿南。［2］己酉：三月二十八日。［3］辛酉：四月十日。［4］滑州城：在今河南滑县东。［5］洹（yuān）水：县名。县治在今河北魏县西。［6］长直兵：将帅身边随时使唤的士兵。［7］私：

私通。［8］铁挝（zhuá）：铁锤。［9］张佶（?—911）：传见《旧五代史》卷十七。［10］踶啮（dìniè）：踢咬。［11］髀（bì）：大腿。［12］乃主：你们的主人。［13］听直军将：即值勤厅事之军将。听，通"厅"。［14］刘龙骧：即刘建锋。［15］张司马：即张佶。［16］一体之人：刘建锋、张佶、马殷同在孙儒军中，孙儒败，三人协力成军以取湖南，故姚彦章说他们是"一体之人"。［17］人望：大家的期望。［18］皇天荡：在苏州长洲县内，其水上承太湖，下通海。［19］朱友恭（?—904）：原名李彦威，寿州（今安徽寿县）人。朱全忠养以为子，改名朱友恭。传见《新唐书》卷二百二十三下，《旧五代史》卷十九，《新五代史》卷四十三。［20］便宜：因利乘便，见机行事。［21］觇（chān）：窥视。［22］戊寅：四月二十七日。［23］婴城自守：环城固守。［24］趋下：急速走下。张佶坐受拜谒，作为留后受将校牙参之礼；以留后让马殷后，帅将吏拜贺，作为行军司马贺新留后之礼。［25］癸未：五月三日。［26］常熟：县名。县治在今江苏常熟市。［27］易：换。成及全家百口在钱镠处，如果他投降杨行密，则全家百口难保。故愿自杀以保全家。［28］馆：止宿。［29］备：防备。时钱镠派顾全武、许再思进兵越州城下。急召使之趋西陵，既恐杨行密得苏州后乘胜攻杭州，又恐其自海道取西陵。［30］垂克：即将攻下。［31］朱延寿（?—903）：庐州舒城（今安徽舒城）人。杨行密的妻弟，后为杨行密所杀。传见《新唐书》卷一百八十九，《旧五代史》卷十七。［32］奄：突然。［33］衣羊皮：穿着羊皮。［34］反命：回来复命。［35］猝（cù）：突然。［36］誓书：写有盟约和诺言的书信。［37］押牙：官名。管领仪仗侍卫。［38］右监门卫将军：官名。掌领卫兵及门禁。［39］光州：州名。治所在今河南潢川。

丙戌[1]，上遣中使诣梓州[2]和解两川[3]，王建虽奉诏还成都，然犹连兵未解。

崔昭纬复求救于朱全忠。戊子[4]，遣中使赐昭纬死，行至荆南，追及，斩之，中外咸以为快。

荆南节度使成汭与其将许存溯江[5]略地[6]，尽取滨江州县[7]；武泰[8]节度使王建肇弃黔州，收余众保丰都[9]。存又引兵西取渝[10]、涪[11]二州，汭以其将赵武为黔中留后，存为万州[12]刺史。

汭知存不得志，使人诇[13]之，曰："存不治州事，日出蹴鞠[14]。"汭曰："存将逃走，先匀[15]足力也。"遣兵袭之，存弃城走；其众稍稍归之，屯于茅坝[16]。赵武数攻丰都，王建肇不能守，与存皆降于王建。建忌存勇略，欲杀之，掌书记高烛曰："公方总揽[17]英雄以图霸业，彼穷来归我，奈何杀之！"建使戍蜀州[18]，阴使知蜀州王宗绾察之。宗绾密言存忠勇谦谨，有良将才，建乃舍之[19]，更其姓名曰王宗播，而宗绾竟不使宗播知其免己[20]也。宗播元从[21]孔目[22]官柳修业，每劝宗播慎静[23]以免祸。其后宗播为建将，遇强敌诸将所惮者，以身先之，及有功，辄称病，不自伐[24]，由是得以功名终。

甲午[25]，夜，顾全武急攻越州，乙未[26]旦，克其外郭，董昌犹据牙城拒之。戊戌[27]，镠遣昌故将骆团绐[28]昌云："奉诏，令大王致仁归临安[29]。"昌乃送牌印，出居清道坊[30]。乙亥[31]，全武遣武勇都监使吴璋以舟载昌如杭州，至小江[32]南，斩之，并其家三百余人，宰相李邈、蒋壤以下百余人。昌在围城中，贪吝日甚，口率[33]民间钱帛，减战士粮。及城破，库有[34]杂货五百间，仓有粮三百万斛。钱镠传昌首于京师，散金帛以赏将士，开仓以振[35]贫乏。

李克用攻魏博，侵掠遍六州[36]。朱全忠召葛从周于郓州，使将兵营[37]洹水以救魏博，留庞师古攻郓州。六月，克用引兵击从周，汴人多凿坎[38]于陈前，战方酣，克用之子铁林指挥使[39]落落马遇坎而踬[40]，汴人生擒之；克用自往救之，马亦踬，几为汴人所获；克用顾[41]射汴将一人，毙之，及得免。克用请修好以赎落落，全忠不许，以与罗弘信，使杀之[42]。克用引军还。

葛从周自洹水引兵济河，屯于杨刘[43]，复击郓，及兖、郓、河东之兵战于故乐亭[44]；破之。兖、郓属城皆为汴人所据，屡求救于李克用，克用发兵赴之，为罗弘信所拒，不得前，兖、郓由是不振。

（以上为第十一段，写荆南节度使成汭得江滨之地而失勇将，钱镠得志破灭董昌。李克用救郓、兖受阻于魏博，为汴兵所败。）

【注释】

[1]丙戌：五月六日。 [2]梓州：州名。治所在今四川三台县。 [3]两川：指西川、东川。时西川节度使为王建，东川节度使为顾彦晖。 [4]戊子：五月八日。 [5]溯江：逆江水而上。 [6]略地：攻占、夺取土地。 [7]尽取滨江州县：此指成汭之军攻占长江三峡至渝涪沿江两岸的州县。 [8]武泰：方镇名。唐昭宗大顺元年（890）赐黔州观察使号武泰军节度使，治所黔州，在今重庆市彭水苗族土家族自治县。[9]丰都：县名。县治在今重庆市丰都。唐时属忠州。[10]渝：州名。治所在今重庆市。 [11]涪（fú）：州名。治所在今重庆市涪陵区。 [12]万州：

州名。治所在今重庆市万州区。［13］诇（xiōng）：刺探。［14］蹴鞠：古代军中习武之戏，类似现代踢足球。蹴，踢。鞠，用皮革制成的皮球，内装兽毛。［15］匀：调称。成汭心胸狭隘，嫉贤妒能，先不见容于张瓌，现在又不能容许存。［16］茅坝：镇名。在渝州江津县。［17］总揽：广揽人才。［18］蜀州：州名。治所在今四川崇州市。［19］舍之：不再迫害。［20］免己：使自己得以免祸。［21］元从：从一开始就相从的人员。［22］孔目：官名。掌文书档案，收贮图书。［23］慎静：谨慎、宁静。［24］自伐：自己夸功。［25］甲午：五月十四日。［26］乙未：五月十五日。［27］戊戌：五月十八日。［28］绐（dài）：哄骗。［29］临安：县名。县治在今浙江杭州市。［30］清道坊：街道名。在越州牙城外东街。［31］乙亥：五月十九日。［32］小江：即西江。源出诸暨，东流经钱清镇入于海，故又名钱清江。［33］口率（lǜ）：按人口收税的定则。［34］库有：据章校，下应用“金帛”二字。［35］振：救济，通“赈”。［36］六州：魏、博、贝、卫、澶、相。［37］营：扎营。葛从周是汴镇的骑将，故调来对付李克用的沙陀兵。［38］坎：坑穴。［39］铁林指挥使：官名。李克用铁林军的指挥官。［40］踬（zhì）：被绊倒。［41］顾：回头。［42］使杀之：朱全忠借刀杀人，罗弘信既杀克用之子落落，则与之结下深仇；与朱全忠的关系则进一步巩固。［43］杨刘：镇名。在山东东阿北。［44］故乐亭：地名。

初，李克用屯渭北[1]，李茂贞、韩建惮之，事朝廷礼甚恭。克用去[2]，二镇贡献渐疏，表章骄慢。上自石门还，于神策两军之外，更置安圣[3]、捧宸、保宁、宣化等军，选补数万人，使诸王将之；嗣延王戒丕、嗣覃王嗣周又自募麾下数千人。茂贞以为欲讨己，语多怨望[4]，嫌隙日构[5]。茂贞亦勒兵扬言欲指阙讼冤[6]；京师士民争亡匿山谷。上命通王滋及嗣周、戒丕分将诸军以卫近畿[7]，戒丕屯三桥[8]。茂贞遂表言：“延王无故称兵讨臣，臣今勒兵[9]入朝请罪。”遣使告急于河东。丙寅[10]，茂贞引兵逼京畿，覃王与战于娄馆[11]，官军败绩。

秋，七月，茂贞进逼京师[12]。延王戒丕曰：“今关中藩镇无可依者，不若自鄜州[13]济河，幸太原，臣请先往告之。”辛卯[14]，诏幸鄜州；壬辰[15]，上出至渭北；韩建遣其子从允奉表请幸华州，上不许。以建为京畿都指挥、安抚制置及开通四面道路、催促诸道纲运等使[16]。而建奉表相继，上及从官亦惮远去，癸巳[17]，至富平[18]，遣宣徽使[19]元公讯召建，面议去留。甲午[20]，建诣富平见上，顿首涕泣言：“方今藩臣跋扈者，非止茂贞。陛下若去[21]宗庙园陵，远巡边鄙[22]，臣恐车驾济河，无复还期。今华州兵力虽微，控带[23]关辅，亦足自固。臣积聚训厉[24]，十五年[25]矣，西距长安[26]不远，愿陛下临之，以图兴复。”上乃从之。乙未[27]，宿下邽[28]；丙申[29]，至华州，以府署为行宫；建视事于龙兴寺[30]。茂贞遂入长安，自中和[31]以来所葺宫室、市肆，燔[32]烧俱尽。

乙巳[33]，以中书侍郎、同平章事崔胤同平章事，充武安[34]节度使。上以胤，崔昭纬之党也，故出之。

丙午[35]，以翰林学士承旨、尚书左丞[36]陆扆[37]为户部侍郎、同平章事。扆，陕人也。

水部郎中[38]何迎表荐[39]国子《毛诗》博士[40]襄阳[41]朱朴[42]，才如谢安[43]，道士许岩士亦荐朴有经济才[44]。上连日召对，朴有口辩[45]，上悦之，曰：“朕虽非太宗[46]，得卿如魏征[47]矣！”赐以金帛，并赐何迎。

以徐彦若为大明宫留守，兼京畿安抚制置等使。

杨行密表请上迁都江淮，王建请上幸成都[48]。

宰相畏韩建，不敢专决政事。八月，丙辰[49]，诏建关议[50]朝政；建上表固辞[51]，乃止。

韩建移檄诸道，令共输资粮诣行在。李克用闻之，叹曰：“去岁从余言，岂有今日之患！”又曰：“韩建天下痴物[52]，为贼臣弱[53]帝室，是不为李茂贞所擒，则为朱全忠所虏耳！”因奏将与邻道发兵入援。

加钱镠兼中书令。

癸丑[54]，以王建为凤翔西面行营招讨使[55]。

甲寅[56]，以门下侍郎、同平章事王抟[57]同平章事，充威胜[58]节度使。

（以上为第十二段，写唐昭宗使诸王典兵遭李茂贞之忌，再次称兵犯阙，昭宗出逃华州。）

【注释】

[1]屯渭北：李克用自邠宁还时屯兵渭北。[2]去：归河东。[3]安圣：与捧宸、保宁、宣化皆为禁卫军。[4]怨望：心怀不满。[5]嫌隙日构：由猜疑形成的仇怨一天天形成。[6]讼冤：辩明冤屈。[7]近畿：京城近郊。[8]三桥：镇名。在长安城西郊。[9]勒兵：治兵，统帅军队。勒兵入朝请罪，此为威胁之辞。[10]丙寅：六月十七日。[11]娄馆：镇

名。在长安西兴平县西。［12］进逼京师：李克用曾于消灭王行瑜之后要求取凤翔，说“不去茂贞，关中无安宁之日”。现果如李克用所言。［13］鄜（fū）州：州名。治所在今陕西富县。由鄜州渡河去太原，道路较远。因为韩建在华州，李茂贞之养子李继瑭在同州，不敢由同州出河中。［14］辛卯：七月十二日。［15］壬辰：七月十三日。［16］催促诸道纲运等使：官名。唐昭宗欲幸太原，临时任命韩建的官职。［17］癸巳：七月十四日。［18］富平：县名。县治在今陕西富平县北。［19］宣徽使：官名。唐置宣徽南北院使，由宦官担任，总领宫内诸司及三班内侍的名籍及郊祀朝会宴飨供帐等事宜。［20］甲午：七月十五日。［21］去：离开。［22］边鄙：指太原。意指距离京城较远。［23］控带：控制连带。［24］训厉：教练士兵，磨砺兵器。厉，通“砺”。［25］十五年：韩建任华州刺史，当在光启元年（885）僖宗还长安之时，距今应是十二年。［26］西距长安：当时华州西至长安一百五十里。［27］乙未：七月十六日。［28］下邽（guī）：县名。县治在华州西北。［29］丙申：七月十七日。［30］龙兴寺：寺庙名。［31］中和：唐僖宗年号。中和以来，指黄巢起义以后，几次修葺宫室。［32］燔（fán）：焚烧。［33］乙巳：七月二十六日。［34］武安：方镇名。唐僖宗中和三年（883）升湖南观察使为钦化军节度使，光启元年（885）改为武安军节度使，治所潭州，在今湖南长沙。［35］丙午：七月二十七日。［36］尚书左丞：官名。唐制尚书省仆射之下设左右丞，分别总领尚书省六部的事务。左丞领吏、户、礼三部。左、右丞的地位与六部的侍郎相等。［37］陆扆（yǐ）（846—905）：字祥文，本名允迪，陆贽族孙，文思敏捷。本吴郡人，徙家于陕，遂为陕州人。传见《旧唐书》卷一百七十九，《新唐书》卷一百八十三。［38］水部郎中：官名。唐制工部第四司置水部郎中员外郎，掌有关水道的政令。［39］表荐：上表推荐。［40］国子《毛诗》博士：官名。唐制，国子监置《五经》博士各一人，掌以其经之学教学子。《五经》即《周易》《尚书》《毛诗》《左氏春秋》《礼记》。［41］襄阳：郡名。即襄州，治所在今湖北襄阳市。［42］朱朴：有虚名，昭宗用为相，举朝惊愕。传见《旧唐书》卷一百七十九，《新唐书》卷一百八十三。［43］谢安：（320—385）：晋朝人，淝水之战的指挥者。传见《晋书》卷七十九。［44］经济才：经国济民之才。［45］口辩：能言善辩。［46］太宗：指唐太宗。［47］魏征（580—643）：太宗朝谏议大夫、秘书监。遇事敢谏，为太宗所敬畏。传见《旧唐书》卷七十一，《新唐书》卷九十七。［48］成都：府名。时为剑南西川节度使治所。杨行密、王建都要迎天子，实际上企图挟天子以令诸侯。［49］丙辰：八月八日。［50］关议：参与议论。［51］固辞：坚决推辞。韩建不愿入朝，并非畏避权势，而是由于自己目不知书。［52］痴物：傻瓜。［53］弱：使动用法，使帝室衰弱。［54］癸丑：八月五日。［55］行营招讨使：欲使王建讨伐李茂贞。［56］甲寅：八月六日。［57］王抟（tuán）（？—900）：字昭逸。与崔胤并为宰相，遭崔胤排挤，光化三年（900）罢为工部侍郎，贬崔州司户参军，出京后被赐死于蓝田驿。传见《新唐书》卷一百一十六。［58］威胜：方镇名。唐僖宗中和三年（883）升浙江东道观察使为义胜军节度使，光启三年（887）改义胜军为威胜军节度使，治所越州，在今浙江绍兴。

上愤天下之乱，思得奇杰之士不次[1]用之，国子博士朱朴自言："得为宰相，月余可致太平。"上以为然。乙丑[2]，以朴为左谏议大夫[3]、同平章事。朴为人庸鄙[4]迂僻[5]，无他长。制出，中外大惊。

丙寅[6]，加韩建兼中书令。

九月，庚辰[7]，升福建为威武军，以观察使王潮为节度使。

以湖南留后马殷判湖南军府事。殷以高郁为谋主，郁，扬州人也。殷畏杨行密、成汭之强，议以金帛结之，高郁曰："成汭不足畏也。行密公之仇[8]，虽以万金赂之，安肯为吾援乎！不若上奉天子，下奉[9]士民，训卒厉兵，以修霸业，则谁与为敌矣。"殷从之。

崔胤出镇湖南[10]，韩建之志也。胤密求援于朱全忠，且教之营东都宫阙，表迎车驾。全忠与河南[11]尹张全义[12]表请上迁都洛阳，全忠仍请以兵二万迎车驾，且言崔胤忠臣，不宜出外。韩建惧，复奏召胤为相，遣使谕全忠以且宜安静，全忠乃止。乙未[13]，复以胤为中书侍郎、同平章事。以翰林学士承旨、兵部侍郎崔远[14]同平章事。远，珙弟玙之孙[15]也。

丁酉[16]，贬中书侍郎、同平章事陆扆为硖州[17]刺史团。崔胤恨代己，诬扆，云党于李茂贞而贬之。

己亥[18]，以朱朴兼判户部，凡军旅财赋之事，上一以委之。以孙偓[19]为凤翔四面行营都统，又以前定难[20]节度使李思谏为静难[21]节度使，兼副都统。

以保大留后李思敬为节度使。

河东将李存信攻临清[22]，败汴将葛从周于宗城[23]北，乘胜至魏州北门。

冬，十月，壬子[24]，加孙偓行营节度、招讨、处置等使。丁巳[25]，以韩建权知京兆尹，兼把截使。戊午[26]，李茂贞上表请罪，愿得自新，仍献助修宫室钱；韩建复佐佑[27]之，竟不出师。

（以上为第十三段，写唐昭宗受制于藩镇，诏命朝令夕改，一个崔胤小人的去留都做不了主。）

【注释】

[1]不次：不按寻常的次序，意即破格。[2]乙丑：八月十七日。[3]谏议大夫：官名。唐时属门下省，掌侍从规谏。[4]庸鄙：平庸粗鄙。[5]迂僻：迂腐寡陋。[6]丙寅：八月十八日。[7]庚辰：九月二日。[8]公之仇：马殷曾从孙儒攻杨行密，连年交战，已成仇敌。[9]下奉：据章校，"奉"字应为"抚"。[10]出镇湖南：指出任武安节度使。[11]河南：府名。治所洛阳。在今河南洛阳市。[12]张全义（851—926）：字国维，濮州人。原名言，唐昭宗赐名全义，唐亡，事梁，朱全忠改名宗奭。传见《旧五代史》卷六十三，《新五代史》卷四十五。[13]乙未：九月十七日。崔胤自此与朱全忠相表里。[14]崔远（?—905）：博陵（今河北定州）人。昭宗朝官至中书侍郎，为奸佞柳璨排挤，贬为百州长史，被杀于赴贬所途中白马驿。传附《旧唐书》卷一百七十七，《新唐书》卷一百八十二。[15]远，珙弟玙（yú）之孙：崔远是文宗朝宰相崔珙的弟弟崔玙的孙子。崔玙，懿宗朝礼部员外郎，传亦附《新唐书》卷一百八十二。[16]丁酉：九月十九日。[17]硖（xiá）州：州名。即峡州。治所夷陵，在今湖北宜昌市。[18]己亥：九月二十一日。[19]孙偓：字龙光。与朱朴同为昭宗宰相，并与朱朴同时被贬，卒于衡州司马贬官任上。传见《新唐书》卷一百八十三。[20]定难：方镇名。唐僖宗中和二年（882）夏州节度赐号定难节度。[21]静难：方镇名。唐僖宗光启元年（885）邠宁节度赐号静难军节度。对孙偓、李思谏的任命是为讨伐李茂贞。[22]临清：县名。县治在今河北临西县。[23]宗城：县名。县治在临清西北，魏州北。[24]壬子：十月五日。[25]丁巳：十月十日。[26]戊午：十月十一日。[27]佐佑：帮助、辅佐。

钱镠令两浙吏民上表，请以镠兼领浙东；朝廷不得已，复以王抟为吏部尚书、同平章事，以镠为镇海[1]、威胜[2]两军节度使。丙子[3]，更名威胜曰镇东军。

李克用自将攻魏州，败魏兵于白龙潭[4]，追至观音门[5]。朱全忠复遣葛从周救之，屯于洹水，全忠以大军继之，克用乃还。

加河中节度使王珂同平章事。

十一月，朱全忠还大梁，复遣葛从周东会庞师古，攻郓州。

湖州刺史李师悦求旌节，诏置忠国军于湖州，以师悦为节度使。赐告身旌节者未入境，戊子[6]，师悦卒。杨行密表师悦子前绵州[7]刺史彦徽知州事。

淮南将安仁义攻婺州[8]。

十二月，东川兵焚掠汉、眉、资、简[9]之境。

清海[10]节度使薛王知柔[11]行至湖南，广州牙将卢琚、谭弘玘据境拒之，使弘玘守端州[12]。弘玘结封州[13]刺史刘隐[14]，许妻以女。隐伪许之，托言亲迎，伏甲舟中，夜入端州，斩弘玘；遂袭广州，斩琚；具军容[15]迎知柔入视事。知柔表隐为行军司马。

（以上为第十四段，写钱镠领镇海、威胜两军节度使，与杨行密分庭抗礼于东南。汴晋两军大战于魏州。薛王李知柔静难广州。）

【注释】

[1]镇海：方镇名。唐宪宗元和二年（807）升浙江西道团练观察使为镇海军节度使，以后数置数废。治所苏州。[2]威胜：方镇名。唐僖宗中和三年（883）升浙江东道观察使为义胜军节度使，光启三年改为威胜军节度使，治所越州。至此，钱镠跨有浙东、浙西两镇。[3]丙子：十月二十九日。[4]白龙潭：地名。在魏县西。[5]观音门：魏州罗城西门。[6]戊子：十一月十二日。[7]绵州：州名。治所在今四川绵阳市东北。[8]婺州：州名。治所在今浙江省金华市。[9]汉、眉、资、简：皆州名。西川巡属。汉州在今四川广汉。眉州治所在今四川眉山。资州治所在今四川资中县。简州治所在今四川简阳市西。[10]清海：方镇名。乾宁二年赐岭南东道节度号清海军节度。[11]李知柔：即李知柔，睿宗玄孙，嗣薛王。传见《新唐书》卷八十一。[12]端州：州名。治所在今广东肇庆市。[13]封州：州名。治所在今广东封开县。[14]刘隐（873—911）：其祖上蔡（今河南上蔡）人，后徙闽中。其父谦为封州刺史，刘谦卒，刘隐代为封州刺史。传见《旧五代史》卷一百三十五，《新五代史》六十五。[15]具军容：整顿军纪。

【点评】

本卷点评董昌称帝、朱、李争河北两件史事。

一、董昌称帝。董昌称帝是一场闹剧。董昌，杭州临安人。起初入籍地方军户，以行伍积功为石镜镇镇将。僖宗光启三年（887），董昌官至义胜军节度使，贡输朝廷赋税，额外加二倍，克期送达，因此之故，累迁至检校太尉、同中书门下平章事，爵陇西郡王。董昌对郡王爵位大为不满，他要自称为越王，有人戏之曰："与其称越王，何不称越帝。"董昌兴奋至极，于是有投其所好者，献祥瑞者有之，进民谣者有之，劝进请愿者有之，董昌飘飘然，五花八门的哄闹嚣嚣一片。节度副使黄碣、会稽令吴镣、山阴令张逊，三人劝谏，董昌将其满门抄斩，残暴至极。董昌沾沾自喜地对人说："我杀了这三个人，再没有人敢违背我的意志了。"公元895年，董昌违众称越帝，给了钱镠一个攻城略地的好机会。钱镠以诛逆为名，进兵越州，董昌众叛亲离，去了帝号，钱镠仍不退兵，抓住时机，一举攻下越州。董昌被诛，钱镠据有浙江全境，董昌称帝，成就了钱镠的事业。董昌兵不满万，割据弹丸之地，一个十足的跳梁小丑，但这也标志着唐王朝气数已尽，割据称雄的地方势力，一个个都是野心家。五代十国的纷争局面，从董昌称帝的这一滑稽闹剧中似乎已露端倪。

二、朱、李争河北。朱全忠与李克用是唐末北方两个最大的军阀，至昭宗即位之时，朱全忠在河南，四围已无敌手，李克用雄踞太原、河东，居高临下，也只有朱全忠能与之相抗。唐皇室在关中，虽衰弱仍拥有天下共主之号，周边诸镇虽有觊觎之心而无有操控之力。李克用、朱全忠、唐皇室，三者在地理上鼎足而居。朱、李交恶，朝廷不辨是非，诏命和解，希望朱、李共存，以平衡力量。张浚连引朱全忠进讨李克用，打破平衡，实乃自取灭亡之道。张浚，祸国之臣也。是役也，朱温最为主动而窃喜之。张浚胜，李克用败亡，是朝廷替朱全忠灭一巨敌，为其篡唐野心驱除也。张浚败，李克用胜，则李克用背负抗拒王师之恶名，亦为朱全忠野心之实现驱除也，而朱全忠则收维护唐皇室之美名以欺天下。至于官军，无论胜与败，都是加力推堕唐皇室于深渊，而于朱全忠，无论胜与败，皆获大利，形势使然。

朱、李争雄，决胜于河北，亦形势使然。王夫之曰："河北归汴，则扼晋之吭；河北归晋，则压汴之脊"。(《读通鉴论》卷二十七)假若朱全忠空其巢穴入长安，李克用渡河袭汴，则朱氏坐毙。若李克用入长安，朱全忠率领洛阳、淮西、山南之众以扣关，河北诸镇之兵捣太原，则李克用立亡。河北不安定，朱李后院不稳，故两人都不敢入关中，或入而不敢久留，长时间用全力争河北，原因在此。刘仁恭、王镕、罗弘信、李罕之、朱瑄、朱瑾，横亘在朱李之间，他们的消长，决定朱李的兴亡。朱全忠必欲吃掉昔日盟友朱瑄、朱瑾，为的是安定后方。刘仁恭、李罕之背叛李克用，使朱全忠在河北的争夺中占了上风。但李克用未灭，朱全忠仍不敢西进，他处心积虑要唐王室迁都洛阳，便于就近篡逆。朱李争河北，没有了期，那么唐皇室东迁之时，即为灭亡之日。这一形势的发展，导致李茂贞、韩建凌轹唐皇室，起了推波助澜的作用。

卷二六一　唐纪七十七

唐昭宗乾宁四年至光化二年（897—899 年）

【起强圉大荒落（丁巳，897 年），尽屠维协洽（己未，899 年），凡三年】

【大事提要】

本卷记事起公元 897 年，讫公元 899 年，载述史事凡三年。当唐昭宗乾宁四年至光化二年。此时期，唐王室为李茂贞、韩建所掌控，昭宗被困华州达两年之久。韩建跋扈不臣，逼迫唐昭宗解除诸王领兵，又遣散殿后四军，而后大杀诸王。此三年间，全国混战，李克用与朱全忠争夺的河北仍是主战场。魏博依附朱全忠，幽州刘仁恭、潞州李罕之反叛李克用，一时间朱全忠势力大增，在争夺邢、洺、磁三州的战斗中，李克用为汴军所败。随后刘仁恭与朱全忠交恶，李克用摆脱了困境。西川王建并东川，威服南诏，为唐末西部最大军阀。马殷据湖南。朱全忠助钱镠夺回苏州，而在大举进攻淮南之时汴军全军覆没，杨行密站稳淮南，于是与钱镠和解换俘。王审知继王潮领节镇。东南杨行密、钱镠、王审知已形成不可动摇的鼎立之势。朱全忠灭郓、兖的朱瑄、朱瑾，全据中原，又在河北与李克用争逐中占了上风，天下无敌手。韩建、李茂贞唯恐朱全忠夺走唐昭宗，于是转而与李克用联手对抗朱氏，唐昭宗才得以返回京都苟延残喘。

昭宗圣穆景文孝皇帝中之上

乾宁四年（丁巳，897 年）

春，正月，甲申[1]，韩建奏："防城将张行思[2]等，告睦、济、韶、通、彭、韩、仪、陈八王[3]。谋杀臣，劫车驾幸河中。"建恶[4]诸王典兵[5]，故使行思等告之。上大惊，召建谕之；建称疾不入。令诸王诣建自陈[6]，建表称："诸王忽诣臣理所[7]，不测事端[8]。臣详酌[9]事体，不应与诸王相见。"又称："诸王当自避嫌疑，不可轻为举措[10]。陛下若以友爱含容[11]，请依旧制，令归十六宅[12]，妙选师傅，教以诗书，不令典兵预政[13]。”且曰：“乞散彼乌合之兵[14]，用[15]光[16]麟趾之化[17]。”建虑上不从，引麾下精兵围行宫，表疏连上。上不得已，是夕，诏诸王所领军士并纵归[18]田里，诸王勒[19]归十六宅，其甲兵并委韩建收掌。建又奏：“陛下选贤任能，足清祸乱，何必别置殿后四军[20]！显有厚薄之恩，乖无偏无党之道[21]。且所聚皆坊市无赖奸猾之徒，平居[22]犹思祸变[23]，临难[24]必不为用，而使之张弓挟刃[25]，密迩皇舆[26]，臣窃寒心[27]，乞皆罢。”诏亦从之。于是殿后四军二万余人悉散，天子之亲军尽矣。捧日都头李筠，石门扈从[28]功第一，建复奏斩于大云桥[29]。建又奏：“玄宗之末，永王璘[30]暂出江南，遽谋不轨。代宗时吐蕃入寇[31]，光启中朱玫乱常[32]，皆援立宗支[33]以系人望。今诸王衔命[34]四方者，乞皆召还。”又奏：“诸方士[35]出入禁庭，眩惑[36]圣听，宜皆禁止，无得入宫。”诏悉从之。建既幽诸王于别第，知上意不悦，乃奏请立德王[37]为太子，欲以解之。丁亥[38]，诏立德王祐为皇太子，仍更名裕。

庞师古、葛从周并兵攻郓州，朱瑄兵少食尽，不复出战，但引水为深壕以自固。辛卯[39]，师古等营于水西南，命为浮梁[40]。癸巳[41]，潜决濠水[42]。丙申[43]，浮梁成，师古夜以中军先济。瑄闻之，弃城奔中都[44]，葛从周逐之，野人[45]执瑄及妻子以献。

己亥[46]，罢孙偓凤翔四面行营节度等使，以副都统李思谏为宁塞[47]节度使。

钱镠使行军司马杜棱救婺州。安仁义移兵攻睦州[48]，不克而还。

朱全忠入郓州，以庞师古为天平留后。

朱瑾留大将康怀贞守兖州，与河东将史俨、李承嗣掠徐州之境以给军食。全忠闻之，遣葛从周将兵袭兖州。怀贞闻郓州已失守，汴兵奄至，遂降。二月，戊申[49]，从周入兖州，获瑾妻子。朱瑾还，无所归，帅其众趋沂州[50]，刺史尹处宾不纳，走保海州[51]，为汴兵所逼，与史俨、李承嗣拥州民渡淮，奔杨行密。行密逆之于高邮，表瑾领武宁节度使。

全忠纳瑾之妻，引兵还，张夫人逆[52]于封丘[53]，全忠以得瑾妻告之。夫人请见之，瑾妻拜，夫人答拜，且泣曰：“兖、郓与司空[54]同姓，约为兄弟，以小故恨望[55]，起兵相攻，使吾姒[56]辱于此。他日汴州失守，吾亦如吾姒之今日乎！”全忠乃送瑾妻于佛寺为尼，斩朱瑄于汴桥。于是郓、齐、曹、棣、兖、沂、密、徐、宿、陈、许、郑、滑、濮皆入于全忠[57]。惟王师范保淄青一道，亦服于全忠。李存信在魏州，闻兖、郓皆陷，引兵还。

淮南旧善水战，不知骑射，及得河东、兖、郓兵，军声大振。史俨、李承嗣皆河东骁将，李克用深惜之，遣使间道[58]诣杨行密请之；行密许之，亦遣使诣克用修好。

（以上为第一段，写韩建解除唐宗室诸王所领之兵。朱全忠灭朱瑄、朱瑾，兼有天平、泰宁、感化、宣义、宣武诸镇全部领属之地，独霸中原。）

【注释】

[1]甲申：正月八日。 [2]张行思：华州防城将。 [3]睦、济、韶、通、彭、韩、仪、陈八王：睦、昭、韩三王为代宗之后。彭王，肃宗之后。陈王，文宗之后。史皆逸其名及世系。济、通、仪三王，不知所出。 [4]恶（wù）：忌恨。 [5]典兵：掌管军事。 [6]自陈：自己陈述解释。 [7]理所：办公地点。 [8]不测事端：不可测度将要挑起什么事端。 [9]详酌：仔细斟酌。 [10]举措：动作。 [11]含容：包含宽容。 [12]十六宅：唐代诸王的住宅，在安国寺东。唐武宗、唐宣宗都是从十六宅中被迎立登位的。 [13]预政：参与政治。 [14]乌合之兵：仓卒集合之兵，如乌鸦之忽聚忽散。 [15]用：以。 [16]光：光大。 [17]麟趾之化：《诗经》“周南”有《麟之趾》篇，言文王子孙宗族皆化于善，无犯非礼，后以“麟趾”为颂扬宗室子弟之词。 [18]纵归：放归。 [19]勒：强制。 [20]殿后四军：即安圣、捧宸、保宁、宣化四军。 [21]显有厚薄之恩，乖无偏无党之道：此是指责昭宗不应该别置殿后四军，表现出对禁军恩厚，对其他军队恩薄，背离了无偏无党之道。显，显示，表现出。乖，背离。无偏无党，语出《尚书·洪范》：“无偏无党，王道荡荡。” [22]平居：太平安定时。 [23]犹思：尚且要思虑。 [24]临难：遭遇祸患时。 [25]挟刃：持刀，带刀。 [26]密迩皇舆：在皇帝身边。 [27]寒心：因失望而痛心。 [28]石门扈从：指乾宁二年王行瑜等犯京师时，李筠护驾之功。 [29]大云桥：在华州大云寺前。 [30]永王璘（?—757）：唐玄宗子，唐肃宗弟。安史之乱时，李璘领山南、江西、岭南、黔中四道节度使，欲割据江陵，擅自引舟师东巡，分兵袭吴郡、广陵，兵败被杀。传见《旧唐书》卷一百零七，《新唐书》卷八十二。 [31]吐蕃入寇：自安禄山反，精锐边兵皆征发内地，边境留兵单弱，代宗时，吐蕃连年入扰。 [32]朱玫乱常：唐僖宗光启二年（886），邠宁节度使朱玫逼凤翔百官奉襄王煴监国，因立襄王，自为宰相专权。 [33]援立宗支：吐蕃入

寇时立广武王李承宏为帝，朱玫奉襄王煴为帝。[34]衔命：受命，奉命。衔命四方者，指延王戒丕、覃王嗣周、通王滋等分别领兵在近畿各处守卫。[35]方士：指许岩士等人。[36]眩惑：迷乱。[37]德王：即李裕（?—905），唐昭宗长子，大顺二年（891）始王。传见《新唐书》卷八十二。[38]丁亥：正月十一日。[39]辛卯：正月十五日。[40]浮梁：联舟而为桥，即浮桥。[41]癸巳：正月二十一日。[42]濠水：护城河水。[43]丙申：正月二十四日。[44]中都：县名。在郓州东南六十里，县治今山东汶上县。[45]野人：农民。[46]己亥：正月二十三日。[47]宁塞：方镇名。按《新唐书·方镇表》，昭宗光化元年（898）更保塞军节度为宁塞军节度。治所延州，在今陕西延安市北。[48]睦州：州名。治所在今浙江建德市东。[49]戊申：二月三日。[50]沂州：州名。治所在今山东临沂市。[51]海州：州名。治所在今江苏连云港市西。[52]逆：迎。[53]封丘：县名，县治在今河南封丘县。[54]司空：指朱全忠。[55]恨望：怨望。[56]吾姒（sì）：兄妻为姒。吾姒即吾嫂，互相尊称之辞。[57]入于朱全忠：谓郓、齐等十四州皆为朱全忠所并。其中郓、齐、曹、棣四州属天平军，兖、沂、密三州属泰宁军，徐、宿二州属感化军，陈、许二州属忠武军，郑、滑、濮三州属宣义军，以上十四州共五镇之地，皆入于朱全忠。[58]间道：走小路。

戊午[1]，王建遣邛州刺史华洪、彭州刺史王宗祐将兵五万攻东川，以戎州[2]刺史王宗谨为凤翔西面行营先锋使，败凤翔将李继徽等于玄武[3]。继徽本姓杨，名崇本，茂贞之假子也。

己未[4]，赦天下。

上飨[5]行庙[6]。

庚申[7]，王建以决云都[8]知兵马使王宗侃为应援开峡都指挥使，将兵八千趋渝州；决胜都[9]知兵马使王宗阮为开江防送进奉使，将兵七千趋泸州。辛酉[10]，宗侃取渝州，降刺史牟崇厚。癸酉[11]，宗阮拔泸州，斩刺史马敬儒，峡路始通[12]。

凤翔将李继昭救梓州，留偏将[13]守剑门，西川将王宗播击擒之。

乙亥[14]，门下侍郎、同平章事孙偓罢守本官[15]，中书侍郎、同平章事朱朴罢为秘书监[16]。朴既秉政[17]，所言皆不效[18]，外议沸腾[19]。太子詹事[20]马道殷以天文，将作监[21]许岩士以医得幸于上，韩建诬二人以罪而杀之，且言偓、朴与二人交通，故罢相。

诏以杨行密为江南诸道行营都统，以讨武昌节度使杜洪[22]。

张佶克邵州，擒蒋勋。

三月，丙子[23]，朱全忠表曹州刺史葛从周为泰宁留后，朱友裕为天平留后，庞师古为武宁[24]留后。

保义节度使王珙攻护国[25]节度使王珂，珂求援于李克用，珙求援于朱全忠。宣武将张存敬[26]、杨师厚[27]败河中兵于猗氏[28]南；河东将李嗣昭[29]败陕兵于猗氏，又败之于张店[30]，遂解河中之围。师厚，斤沟人，嗣昭，克用弟克柔之假子也。

更名感义军曰昭武，治利州，以前静难节度使苏文建为节度使。

夏，四月，以同州防御使李继瑭[31]为匡国[32]节度使。继瑭，茂贞之养子也。

以右谏议大夫李洵为两川宣谕使[33]，和解王建及顾彦晖。

辛亥[34]，钱镠遣顾全武等将兵三千自海道救嘉兴，己未[35]，至城下，击淮南兵，大破之。

杜洪为杨行密所攻，求救于朱全忠，全忠遣其将聂金掠泗州，朱友恭攻黄州[36]。行密遣右黑云都[37]指挥使马珣等救黄州。黄州刺史瞿章闻友恭至，弃城，拥众南保武昌寨[38]。

癸亥[39]，两浙将顾全武等破淮南十八营，虏淮南将士魏约等三千人。淮南将田頵屯驿亭埭[40]，两浙兵乘胜逐之。甲戌[41]，頵自湖州奔还[42]，两浙兵追败之，頵众死者千余人。

韩建恶刑部尚书张祎[43]等数人，皆诬奏，贬之。

五月，加奉国[44]节度使崔洪同平章事。

辛巳[45]，朱友恭为浮梁于樊港[46]，进攻武昌寨，壬午[47]，拔之，执瞿章，遂取黄州；马珣等皆败走。

丙戌[48]，王建以节度副使张琳[49]守成都，自将兵五万攻东川。更华洪姓名曰王宗涤[50]。

六月，己酉[51]，钱镠如越州，受镇东节钺[52]。

李茂贞表："王建攻东川[53]，连兵累岁，不听诏命。"甲寅[54]，贬建南州[55]刺史。乙卯[56]，以茂贞为西川节度使。以覃王嗣周为凤翔节度使。

癸亥[57]，王建克梓州南寨[58]，执其将李继宁。丙寅[59]，宣谕使李洵至梓州，己巳[60]，见建于张杷砦[61]，建指执旗者曰："战士之情，不可夺也。"

覃王赴镇，李茂贞不受代[62]，围覃王于奉天[63]。

置宁远军于容州[64]，以李克用大将盖寓领节度使。

秋，七月，加荆南节度使成汭兼侍中。

韩建移书李茂贞；茂贞解奉天之围，覃王归华州。

以天雄节度使李继徽为静难[65]节度使。

庚戌[66]，钱镠还杭州，遣顾全武取苏州；乙未[67]，拔松江[68]；戊戌[69]，拔无锡[70]辛丑[71]，拔常熟[72]、华亭[73]。

（以上为第二段，写东川与西川地区，东南杨行密与钱镠地区，两大地区激战。韩建掌控下的昭宗诏命，不行于诸镇。）

【注释】

[1]戊午：二月十三日。[2]戎州：州名。治所在今四川宜宾市。[3]玄武：县名。县治在今四川中江县，时属梓州。[4]己未：二月十四日。[5]飨（xiǎng）：合祭。[6]行庙：当时昭宗驻跸华州，太常礼院请权立行庙以备告享。[7]庚申：二月十五日。[8]决云都：王建军队名。[9]决胜都：王建军队名。[10]辛酉：据章校，应为"辛未"，二月二十六日。[11]癸酉：二月二十八日。[12]峡路始通：渝州、泸州皆为东川巡属，王建借通峡路进奉为名取二州，实为扩大自己的地盘。[13]偏将：别于主力的偏师之将。[14]乙亥：二月三十日。[15]本官：孙偓原为礼部尚书。这里指孙偓被罢相，回到原职位办事。[16]秘书监：官名。唐时为秘书省长官。[17]秉政：执政。[18]不效：不奏效。朱朴拜相时曾夸口"月余可致太平"。[19]沸腾：众议激烈，群情激愤。[20]太子詹事：官名。唐置詹事府，总管东宫事务。[21]将作监：官名。掌土木工匠之政，总左校、右校、中校、甄官等署，百工之监。[22]杜洪：杜洪于光启二年（886）拜武昌节度使，依附朱全忠绝东南贡路，故诏讨之。[23]丙子：三月一日。[24]武宁：方镇名。唐宪宗元和二年（807）置武宁军节度使，治徐州。唐懿宗咸通三年（862）罢武宁军节度，十一年（870）赐号感化军节度，此时复改感化军为武宁军。[25]保义、护国：皆方镇名。文宗大和元年（827）升晋慈观察使为保义军节度使。是年罢，以二州隶河中。僖宗光启元年（885）赐河中为护国军节度使，以褒奖王重荣勤王之功。是时王珙据晋慈与王珂争河中节度使。[26]张存敬（?—901）：谯郡（今安徽亳州）人。宣武节度使朱全忠部将。传见《旧五代史》卷二十，《新五代史》卷二十一。[27]杨师厚（?—913）：颍州斤沟（今安徽阜阳）人。原为河阳节度使李罕之部将，兵败降朱全忠，多立战功，历数镇节度使，梁末帝加封为鄴王。传见《旧五代史》卷二十二，《新五代史》卷二十三。[28]猗氏：县名。县治在今山西临猗县。

[29]李嗣昭（?—922）：汾州太谷县（今山西晋中市太谷区）人，本姓韩，为李克用弟李克柔之养子。初名进通，后更名嗣昭。传见《旧五代史》卷五十二，《新五代史》卷三十六。［30］张店：镇名。在今山西平陆北。［31］李继瑭：李茂贞的养子。［32］匡国：方镇名。乾宁二年，赐同州号匡国军。［33］宣谕使：官名。专掌奉使宣谕朝廷旨意，完成任务即去职。［34］辛亥：四月六日。［35］己未：四月十四日。［36］黄州：州名。治所在今湖北武汉市新洲区。［37］右黑云都：杨行密的军队名。［38］武昌寨：置于武昌县的军营。武昌县治在今湖北鄂州。唐属鄂州，在州东一百八十里。［39］癸亥：四月十八日。［40］驿亭埭（dài）：镇名。在浙江上虞市，今浙江余姚西南。［41］甲戌：四月二十九日。［42］奔还：田頵自嘉兴退军，取道湖州，还宣州。［43］刑部尚书张祎：刑部尚书，官名。刑部为六部之一，掌管国家的法律、刑狱事务。长官为刑部尚书。张祎（yì），字冠章，仕僖宗、昭宗两朝，从昭宗入蜀。历官吏部、刑部、兵部尚书。传见《旧唐书》卷一百六十二。［44］奉国：方镇名。唐僖宗中和二年（882）升蔡州防御使为奉国军节度。［45］辛巳：五月七日。［46］樊港：地名。即樊口。武昌西三里有樊山。山下有樊溪，注入长江。入江处谓之樊口。朱友恭跨江为浮桥，抵樊口，以攻武昌。［47］壬午：五月八日。［48］丙戌：五月十二日。［49］张琳：王建之心腹，王建出征，使其守根本。［50］王宗涤：华洪累战有功，王建收其为养子，故更名。［51］己酉：六月五日。［52］节钺（yuè）：指节度使仪仗、符节和斧钺。［53］王建攻东川：王建不只攻东川，李茂贞山南巡属诸州，也被王建攻取许多。李茂贞力不能制，故上表欲借天子之命以攻之。［54］甲寅：六月十日。［55］南州：州名。唐高宗武德三年（620）割渝州之东界，置南州。治所在今重庆市綦江区。［56］乙卯：六月十一日。［57］癸亥：六月十九日。［58］南寨：镇名。在梓州南。［59］丙寅：六月二十二日。［60］己巳：六月二十五日。［61］张杷砦（zhài）：镇名。砦，同"寨"。［62］不受代：李茂贞不肯以凤翔节度使授覃王。［63］奉天：县名。县治在今陕西乾县。［64］容州：州名。治所在今广西北流。李克用平王行瑜，盖寓以功领容管观察使，现升为节度使。［65］静难：方镇名。光启元年（885）赐邠宁节度使号静难军节度。李继徽自秦州徙邠州，邠宁亦为李茂贞所有。［66］庚戌：七月甲戌朔，无庚戌。庚戌，六月六日。［67］乙未：七月二十二日。［68］松江：寨名。松江在苏州南四十里，杨行密立寨守之。［69］戊戌：七月二十五日。［70］无锡：县名。唐时属常州。县治在今江苏无锡市。［71］辛丑：七月二十八日。［72］常熟：县名。县治在今江苏常熟市。唐时属苏州。［73］华亭：县名。县治在今上海松江区，唐时属苏州。

初，李克用取幽州，表刘仁恭为节度使，留戍兵及腹心将十人典[1]其机要，租赋供军之外，悉输晋阳。及上幸华州，克用征兵于仁恭，又遗成德节度使王镕、义武节度使王郜书，欲与之共定关中，奉天子还长安。仁恭辞以契丹[2]人寇，须兵扞御[3]，请俟虏退，然后承命[4]。克用屡趣之，使者相继，数月，兵不出。克用移书责之，仁恭抵[5]书于地，慢骂[6]，囚其使者，欲杀河东戍将[7]，戍将遁逃获免。克用大怒，八月，自将击仁恭。

上欲幸奉天亲讨李茂贞，令宰相议之；宰相切谏[8]，乃止。

延王戒丕还自晋阳，韩建奏："自陛下即位以来，与近辅[9]交恶[10]，皆因诸王典兵，凶徒乐祸，致銮舆不安。比者臣奏罢兵权，实虑不测之变。今闻延王、覃王尚苞[11]阴计[12]，愿陛下圣断不疑，制于未乱[13]，则社稷之福。"上曰："何至于是！"数日不报。建乃与知枢密刘季述[14]矫制[15]发兵围十六宅，诸王被发[16]，或[17]缘垣[18]，或升屋，呼曰："宅家[19]救儿！"建拥通[20]、沂[21]、睦、济、韶、彭[22]、韩、陈、覃、延、丹十一王至石隄谷[23]，尽杀之，以谋反闻[24]。

贬礼部尚书孙偓为南州司马。秘书监朱朴先贬夔州[25]司马，再贬郴州[26]司户。朴之为相，何迎骤迁[27]至右谏议大夫，至是亦贬湖州司马。

（以上为第三段，写韩建诛杀诸王，逼迫昭宗贬逐大臣。李克用下勤王之令，幽州刘仁恭拒不从命，李克用往讨。）

【注释】

[1]典：主管，执掌。 [2]契丹：古族名。北魏以来，在今辽河上游一带游牧。唐以其地置松漠都督府，并任契丹首领为都督。 [3]扞御：抵御。扞，同"捍"。 [4]承命：接受命令。[5]抵：掷。 [6]慢骂：同"漫骂"，随口辱骂。 [7]河东戍将：乾宁二年，李克用表刘仁恭为卢龙留后，留兵戍之。 [8]切谏：直言极谏。 [9]近辅：指邠、岐、同华等州。 [10]交恶：关系恶劣。 [11]苞：通"包"。 [12]阴计：阴谋诡计。 [13]制于未乱：制治于未乱之时。韩建欲杀诸王很久了，只是怕李克用，未敢动手。现延王自晋阳还，韩建知李克用兵不能至，故坚决请诛诸王。 [14]刘季述（?—901）：唐昭宗时为左军中尉。传见《新唐书》卷二百零八。[15]矫制：假托皇帝的诏命。 [16]被（pī）发：散发。 [17]或：有的。 [18]缘垣：爬上短墙。[19]宅家：唐末宫中称天子为宅家。 [20]通：即通王李滋，宣宗子。 [21]沂：即沂王李禋，昭宗子。 [22]彭：即彭王李惕，宪宗子，其余睦、济、韶、韩、陈王史逸其系胄。 [23]石隄谷：地名。在华州西。 [24]闻：传布于世。 [25]夔州：州名。治所在今重庆奉节。 [26]郴（chēn）州：州名。治所在今湖南郴州市。 [27]骤迁：急速升迁。因为是何迎荐朱朴为相，故朱朴为相，何迎马上升迁；朱朴被贬，何迎也株连遭贬。

钟传欲讨吉州[1]刺史襄阳周琲，琲帅其众奔广陵[2]。

王建与顾彦晖五十余战，九月，癸酉朔[3]，围梓州。蜀州刺史周德权言于建曰："公与彦晖争东川三年，士卒疲于矢石[4]，百姓困于输挽[5]。东川群盗多据州县，彦晖懦而无谋，欲为偷安[6]之计，皆啖[7]以厚利，恃其救援，故坚守不下。今若遣人谕贼帅以祸福，来者赏之以官，不服者威之以兵，则彼之所恃，反为我用矣。"建从之，彦晖势益孤。德权，许州人也。

丁丑[8]，李克用至安塞军[9]，辛巳[10]，攻之。幽州将单可及引骑兵至，克用方饮酒，前锋白："贼至矣！"克用醉，曰："仁恭何在？"对曰："但见可及辈。"克用瞋目[11]曰："可及辈何足为敌！"亟[12]命击之。是日大雾，不辨人物，幽州将杨师侃伏兵于木瓜涧[13]，河东兵大败，失亡太半[14]。会大风雨震电[15]，幽州兵解去。克用醒而后知败，责大将李存信等曰："吾以醉废事，汝曹何不力争！"

湖州刺史李彦徽欲以州附于杨行密，其众不从；彦徽奔广陵，都指挥使沈攸以州归钱镠。

以彰义节度使张琏为凤翔西北行营招讨使，以讨李茂贞。

复以王建为西川节度使、同平章事。加义武节度使王郜同平章事。削夺新西川节度使李茂贞官爵，复姓名宋文通[16]。

朱全忠既得兖、郓，甲兵益盛，乃大举击杨行密，遣庞师古以徐、宿、宋、滑之兵七万壁[17]清口[18]，将趋扬州，葛从周以兖、郓、曹、濮之兵壁安丰[19]，将趋寿州，全忠自将屯宿州，淮南震恐。

匡国节度使李继瑭闻朝廷讨李茂贞而惧，韩建复从而摇[20]之，继瑭奔凤翔。冬，十月，以建为镇国、匡国两军节度使。

壬子[21]，知遂州[22]侯绍帅众二万，乙卯[23]，知合州[24]王仁威帅众千人，戊午[25]，凤翔李继溏以援兵二千，皆降于王建。建攻梓州益急。庚申[26]，顾彦晖聚其宗族及假子共饮，遣王宗弼[27]自归于建，酒酣，命其假子瑶杀己及同饮者，然后自杀。建入梓州，城中兵尚七万人，建命王宗绾分兵徇昌、普[28]等州，以王宗涤为东川留后。

刘仁恭奏称:“李克用无故称兵[29]见讨，本道大破其党于木瓜涧，请自为统帅以讨克用。”诏不许。又遗朱全忠书。全忠奏加仁恭同平章事，朝廷从之。仁恭又遣使谢克用，陈去就[30]不自安之意。克用复书略曰:“今公仗钺控兵[31]，理民立法[32]，擢士[33]则欲其报德，选将则望彼酬恩[34]；己尚不然[35]，人何足信！仆料[36]猜防[37]出于骨肉，嫌忌[38]生于屏帷[39]，持干将[40]而不敢授人，捧盟盘[41]而何词著誓[42]！”

（以上为第四段，写王建并东川。李克用兵败幽州。朱全忠扬声大举攻淮南。）

【注释】

[1]吉州：州名。治所在今江西吉安。 [2]广陵：郡名。治所在今江苏扬州市东北。[3]癸酉朔：九月一日。 [4]疲于矢石：疲于战争。矢石，箭与石。古时作战，发矢抛石以打击敌人。 [5]输挽（wǎn）：运送物资。 [6]偷安：但求眼前安全。 [7]啖（dàn）：吞食。引申为诱惑。 [8]丁丑：九月五日。 [9]安塞军：设兵戍守之地名，在妫州之西，蔚州之东。[10]辛巳：九月九日。 [11]瞋（chēn）目：睁大眼睛瞪人。 [12]亟（jí）：急切。 [13]木瓜涧：地名。在今河北涞源县东南。 [14]太半：大半，三分之二。 [15]震电：雷鸣闪电。[16]宋文通：李茂贞原名宋文通，唐僖宗光启二年赐姓名。唐昭宗以李茂贞的请求讨伐王建，现在又赦王建而讨伐李茂贞，朝廷号令，朝出而夕改，皇威不振，由此可见一斑。 [17]壁：屯兵。[18]清口：镇名，一名清河口。在今山东东平县西。 [19]安丰：县名。在今安徽寿县南，唐时属寿州。 [20]摇：动摇。引申为逼迫。 [21]壬子：十月十日。 [22]遂州：州名。治所在今四川遂宁市。 [23]乙卯：十月十三日。 [24]合州：州名。治所在今重庆市合州区。 [25]戊午：十月十六日。 [26]庚申：十月十八日。 [27]王宗弼：原为王建别将，乾宁二年王建攻东川时被东川兵擒获，顾彦晖养为假子。 [28]徇昌、普：攻取昌、普二州。昌州治所在今重庆大足区。普州治所在今四川安岳。 [29]称兵：举兵。 [30]去就：去留，进退。这里只作偏义离去讲。指刘仁恭向李克用陈述自己背离河东后内心一直不安。 [31]仗钺控兵：身为节度，手握兵权。仗钺，手执斧钺，指代节度。 [32]理民立法：治理百姓，颁布法令。指割据一方。 [33]擢士：提拔官吏。 [34]酬恩：报答恩情。 [35]己尚不然，人何足信：你自己尚且做不到报德酬恩，别人又如何能不背叛你呢！此为李克用指责刘仁恭背信弃义之语。 [36]料：测度。 [37]猜防：猜疑防范。此指骨肉之间猜疑防范。 [38]嫌忌：疑忌仇怨。 [39]屏帷：屏风和帷幕。此指家族亲信内部。 [40]干将：古剑名。相传春秋时吴人干将与其妻莫邪善铸剑。铸有二剑，锋利无比。一名干将，一名莫邪，献给吴王阖闾。后来就以干将为利剑的代称。因猜忌骨肉亲信，故不敢以利剑授人。 [41]盟盘：古时结盟割牲牛耳，盛以珠盘。故以盟盘指誓约结盟。 [42]著誓：

撰述誓词。

甲子[1]，立皇子秘[2]为景王，祚为辉王，祺为祁王。

加彰义节度使张琏同平章事。

杨行密与朱瑾将兵三万拒汴军于楚州，别将张训自涟水[3]引兵会之，行密以为前锋。庞师古营于清口，或曰："营地汙下[4]，不可久处。"不听。师古恃众轻敌，居常弈棋[5]，朱瑾壅[6]淮上流，欲灌之；或以告师古，师古以为惑众，斩之。十一月，癸酉[7]，瑾与淮南将侯瓒，将五千骑潜渡淮，用汴人旗帜，自北来[8]趣其中军，张训逾栅[9]而入；士卒苍黄[10]拒战，淮水大至，汴军骇乱。行密引大军济淮，与瑾等夹攻之，汴军大败，斩师古及将士首万余级，余众皆溃。葛从周营于寿州西北，寿州团练使朱延寿[11]击破之，退屯濠州[12]，闻师古败，奔还。行密、瑾、延寿乘胜追之，及于淠水[13]。从周半济，淮南兵击之，杀溺[14]殆[15]尽，从周走免[16]。遏后都[17]指挥使牛存节[18]弃马步斗，诸军稍得济淮，凡四日不食，会大雪，汴卒缘道[19]冻馁[20]死，还者不满千人；全忠闻败，亦奔还。行密遗全忠书曰："庞师古、葛从周，非敌也，公宜自来淮上决战。"

行密大会诸将，谓行军副[21]使李承嗣[22]曰："始吾欲先趣寿州，副使云不如先向清口，师古败，从周自走，今果如所料。"赏之钱万缗，表承嗣领镇海节度使。行密待承嗣及史俨甚厚，第舍、姬妾，咸选其尤者[23]赐之，故二人为行密尽力，屡立功，竟卒于淮南。行密由是遂保据江、淮之间，全忠不能与之争。

戊寅[24]，立淑妃何氏[25]为皇后，后，东川人，生德王、辉王。

威武[26]节度使王潮弟审知，为观察副使，有过，潮犹加捶挞[27]，审知无怨色。潮寝疾[28]，舍其子延兴、延虹、延丰、延休，命审知知军府事。十二月，丁未[29]，潮薨。审知以让其兄泉州刺史审邽，审邽以审知有功，辞不受。审知自称福建留后，表于朝廷。

壬戌[30]，王建自梓州还；戊辰[31]，至成都。

是岁，南诏骠信[32]舜化[33]有上皇帝书函[34]及督爽牒中书[35]木夹[36]，年号中兴。朝廷欲以诏书报之。王建上言："南诏小夷，不足辱诏书。臣在西南，彼必不敢犯塞。"从之。

黎、雅[37]间有浅蛮[38]曰刘王、郝王、杨王，各有部落，西川岁赐缯帛三千匹，使觇[39]南诏，亦受南诏赂诇[40]成都虚实。每节度使到官，三王帅酋长[41]诣府，节度使自谓威德[42]所致，表于朝廷；而三王阴[43]与大将相表里，节度使或[44]失大将心，则教诸蛮纷扰。先是节度使多文臣，不欲生事，故大将常藉[45]此以邀[46]姑息[47]，而南诏亦凭之屡为边患。及王建镇西川，绝其旧赐[48]，斩都押牙山行章[49]以惩之。邛崃[50]之南，不置鄣候[51]，不戍[52]一卒，蛮亦不敢侵盗。其后遣王宗播击南诏，三王漏泄军事，召而斩之。

右拾遗[53]张道古上疏，称："国家有五危、二乱[54]。昔汉文帝即位未几[55]，明习国家事。今陛下登极[56]已十年，而曾不知为君驭臣[57]之道。太宗[58]内安中原，外开四夷，海表[59]之国，莫不入臣。今先朝封域[60]日蹙[61]几尽。臣虽微贱，窃伤[62]陛下朝廷社稷始为奸臣所弄，终为贼臣所有也！"上怒，贬道古施州[63]司户。仍下诏罪状道古，宣示谏官。道古，青州人也。

（以上为第五段，写朱全忠大战杨行密，全军覆没，从此不敢南向争锋。王审知继位福州节镇，王建威服南诏。）

【注释】

[1]甲子：十月二十二日。[2]秘：昭宗子，李秘，乾宁四年始封景王，与祁王李祺同封。李祚封为辉王，《新唐书》卷八十二"十一宗诸子"无记载。[3]涟水：县名。县治在今江苏涟水县。乾宁二年，杨行密始取涟水，令张训守之。[4]汙（wā）下：低陷。[5]弈棋：下棋。[6]壅：堵塞。[7]癸酉：十一月二日。[8]北来：朱瑾偷偷渡过淮河，打着汴军旗帜，从北方来。[9]逾栅：越过军营栅栏。[10]苍黄：急遽的样子。[11]朱延寿（?—903）：庐州舒城（今安徽舒城）人。杨行密妻弟。传见《新唐书》卷一百八十九，《旧五代史》卷十七。[12]濠州：州名。治所在今安徽凤阳北。[13]淠（pì）水：水名。源出安徽霍山县南，北流经六安市，至正阳关流入淮河。[14]溺：淹死。[15]殆：将近，差不多。[16]走免：逃跑得以免死。[17]遏后都：断后部队。[18]牛存节（?—915）：青州博昌（今山东博兴）人。字赞贞，本名礼，原为河阳节度使诸葛爽部属，爽卒，投朱全忠，多立战功，官至宣武军都指挥使、宿州刺史、绛州刺史、郓州节度使，封开国公，食邑一千户。传见《旧五代史》卷二十二，《新五代史》卷

二十二。［19］缘道：沿途。［20］餧（nèi）：饥饿。［21］行军副使：官名。唐制节度使下有行军副使，位仅次于行军司马。［22］李承嗣（865—920）：代州雁门（今山西代县）人。原为李克用部属，入援淮南而为杨行密所用。传见《旧五代史》卷五十五。［23］尤者：格外好的，最好的。［24］戊寅：十一月七日。［25］何氏：梓州（今四川三台）人，系族不显。昭帝为寿王时得幸，即位后号淑妃。传见《新唐书》卷七十七。［26］威武：方镇名。乾宁四年升福建团练观察处置使为威武军节度使，治所福州，在今福建福州。［27］捶挞：用棍子、鞭子痛打。［28］寝疾：卧病。［29］丁未：十二月六日。［30］壬戌：十二月二十一日。［31］戊辰：十二月二十七日。［32］骠信：南诏君主自称。［33］舜化：南诏骠信的名字。［34］上皇帝书函：南诏骠信写给唐昭宗的书信。［35］督爽牒中书：南诏大臣督爽写给唐中书省的公文。督爽，南诏大臣，相当于宰相。［36］木夹：传送文书用的木制夹板。［37］黎、雅：皆州名。黎州治所在今四川汉源县北。雅州治所在今四川雅安市。［38］浅蛮：黎、雅西南皆大山长谷，皆蛮居之，所在深远。而三王部落所居离汉族住地较近，故曰浅蛮。［39］觇（chān）：侦视。［40］诇（xiōng）：刺探。［41］酋长：部落的首领。［42］威德：声威和德行，节度使把三王率酋长到府拜访，说成是自己的威德所致，向朝廷表功。［43］阴：暗中。［44］或：有时。［45］藉：借。［46］邀：求。［47］姑息：无原则的宽容。［48］绝其旧赐：断绝过去每年缯帛三千匹的赏赐。［49］山行章：陈敬瑄、田令孜旧将，王建因其与浅蛮相表里而斩之，既示威于诸蛮，又除掉陈、田旧将。［50］邛崃：此指邛崃关，在今四川邛崃。［51］鄣候：要塞和土堡。候，边境设置的伺望侦察的地方。［52］戍：守边。［53］右拾遗：官名。武则天垂拱中置补阙、拾遗二官，负责进谏、荐举。唐代门下省称左省，中书省称右省，故属于门下省者称左补阙、左拾遗；属于中书省者称右补阙、右拾遗。［54］五危、二乱：言国家有五大危机、二大祸乱，灾难深重。［55］未几：没多久。［56］登极：登帝位。唐昭宗于文德元年（888）继位，至此时已十年。［57］驭臣：统帅控制臣下。驭，驾驭。［58］太宗：指唐太宗李世民。［59］海表：海外。这里泛指周边之处。［60］封域：疆域。［61］日蹙（cù）：国土被蚕食，一天天地缩小。［62］窃伤：暗自伤心。［63］施州：州名。治所在今湖北恩施。

光化元年（戊午，898年）

春，正月，两浙、江西、武昌、淄青各遣使诣阙[1]，请以朱全忠为都统，讨杨行密；诏不许。

加平卢节度使王师范同平章事。

以兵部尚书刘崇望同平章事，充东川节度使；以昭信防御使冯行袭为昭信[2]节度使。

上下诏罪己息兵，复李茂贞姓名官爵，应[3]诸道讨凤翔兵皆罢之。

壬辰[4]，河中节度使王珂亲迎于晋阳，李克用遣其将李嗣昭守河中。

李茂贞、韩建皆致书于李克用，言大驾出幸累年[5]，乞修和好[6]，同奖王室[7]，兼乞丁匠[8]助修宫室；克用许之。

初，王建攻东川，顾彦晖求救于李茂贞，茂贞命将出兵救之，不暇[9]东逼乘舆，诈称改过，与韩建共翼戴[10]天子，及闻朱全忠营洛阳宫，累表迎车驾，茂贞、韩建惧，请修复宫阙，奉上归长安。诏以韩建为修宫阙使。诸道皆助钱及工材；建使都将蔡敬思督其役[11]。既成，二月，建自往视之。

钱镠请徙镇海军[12]于杭州，从之。

复以李茂贞为凤翔节度使。

三月，己丑[13]，以王审知充威武留后。

朱全忠遣副使万年[14]韦震[15]入奏事，求兼镇天平[16]，朝廷未之许，震力争之；朝廷不得已，以全忠为宣武、宣义、天平三镇节度使。全忠以震为天平留后，以前台州刺史李振[17]为天平节度副使。振，抱真[18]之曾孙也。

（以上为第六段，写朱全忠势大，李茂贞、韩建恐失昭宗，转而尊奉朝廷，李克用联合对抗朱氏。）

【注释】

[1]诣阙：到宫廷。两浙指钱镠，江西指钟传，武昌指杜洪，淄青指王师范。四镇皆害怕杨行密强大，故党附朱全忠，要求讨伐杨行密。［2］昭信：方镇名。唐僖宗光启元年升金商都防御使为节度使，是年罢。置昭信军防御使，治所金州，在今陕西安康市。［3］应：随即。［4］壬辰：正月二十二日。［5］累年：多年。［6］乞修和好：要求重归和好。［7］奖：辅佐。［8］丁匠：工匠。［9］不暇：无暇，顾不上。李茂贞因出兵助顾彦晖抵抗王建，顾不上向东发兵威逼銮驾。［10］翼戴：辅佐拥戴。［11］督其役：监督修复宫室的工程。［12］徙镇海军：镇海军原治润州，今徙杭州。［13］己丑：三月二十日。［14］万年：县名。县治在今陕西西安。［15］韦震：字东卿，万年人。事朱全忠为都统判官。原名韦肇，因奏事京师，昭宗赐名震。昭宗迁洛，韦震为河南尹。入后梁为太子太师，后梁末帝加号太师。传见《新五代史》卷四十三。［16］天平：方镇名。唐宪宗元和十四年（819）置郓曹濮节度使，治所郓州。次年，赐号天平军节度。［17］李振（？—923）：字兴绪，为金吾卫将军，拜台州刺史。后为全忠用。传见《旧五代史》卷十八、《新五代史》卷四十三。［18］李抱真：唐代宗、德宗时为昭义军节度使，镇潞州，有大功。封义阳王。传见

《旧唐书》卷一百三十二,《新唐书》卷一百三十八。

淮南将周本救苏州，两浙将顾全武击破之。淮南将秦裴以兵三千人拔昆山[1]而戍之。

以潭州刺史、判湖南军府事马殷知武安[2]留后。时湖南管内七州，贼帅杨师远据衡州[3]，唐世旻据永州[4]，蔡结[5]据道州[6]，陈彦谦[7]据郴州[8]，鲁景仁[9]据连州[10]，殷所得惟潭、邵[11]而已。

义昌节度使卢彦威，性残虐，又不礼于邻道；与卢龙节度使刘仁恭争盐利，仁恭遣其子守文将兵袭沧州，彦威弃城，挈[12]家奔魏州；罗弘信不纳，乃奔汴州。仁恭遂取沧、景、德三州[13]，以守文为义昌留后。仁恭兵势益盛[14]，自谓得天助，有并吞河朔[15]之志，为守文请旌节，朝廷未许。会中使至范阳[16]，仁恭语[17]之曰:“旌节吾自有之，但欲得长安本色[18]耳，何为累章见拒[19]！为吾言之！”其悖慢[20]如此。

朱全忠与刘仁恭修好，会魏博兵击李克用。夏，四月，丁未[21]，全忠至钜鹿[22]城下，败河东兵万余人，逐北[23]至青山口[24]。

以护国节度使王珂兼侍中。

丁卯[25]，朱全忠遣葛从周分兵攻洺州，戊辰[26]，拔之，斩刺史邢善益。

五月，己巳朔[27]，赦天下。

葛从周攻邢州，刺史马师素弃城走。辛未[28]，磁州刺史袁奉滔自刭。全忠以从周为昭义留后，守邢、洺、磁三州而还。

以武定[29]节度使李继密为山南西道节度使。

朝廷闻王建已用王宗涤为东川留后，乃召刘崇望还，为兵部尚书，仍以宗涤为留后。

湖南将姚彦章言于马殷，请取衡、永、道、连、郴五州，仍荐李琼[30]为将。殷以琼及秦彦晖为岭北七州[31]游弈使[32]，张图英、李唐副之，将兵攻衡州，斩杨师远，引兵趣永州，围之月余，唐世旻走死。殷以李唐为永州刺史。

六月，以濠州刺史赵珝[33]为忠武[34]节度使。珝，犨之弟也。

秋，七月，加武贞[35]节度使雷满同平章事，加镇南节度使钟传兼侍中。

忠义[36]节度使赵匡凝闻朱全忠有清口之败，阴附于杨行密。全忠遣宿州刺史尉氏[37]氏叔琮[38]将兵伐之，丙申[39]，拔唐州[40]，擒随州[41]刺史赵匡璘，败襄州兵于邓城[42]。

八月，庚戌[43]，改华州为兴德府[44]。

戊午[45]，汴将康怀贞袭邓州[46]，克之，擒刺史国湘。赵匡凝惧，遣使请服于朱全忠，全忠许之。

己未[47]，车驾发华州；壬戌[48]，至长安；甲子[49]，赦天下，改元[50]。

上欲藩镇相与辑睦[51]，以太子宾客[52]张有孚为河东、汴州宣慰使，赐李克用、朱全忠诏，又令宰相与之书，使之和解。克用欲奉诏，而耻于先自屈[53]，乃致书王镕，使通于全忠；全忠不从[54]。

九月，乙亥[55]，加韩建守[56]太傅、兴德尹[57]；加王镕兼中书令，罗弘信守侍中。

己丑[58]，东川留后王宗涤言于王建，以东川封疆[59]五千里，文移[60]往还，动逾[61]数月，请分遂、合[62]、泸、渝、昌[63]五州别为一镇；建表言之。

（以上为第七段，写昭宗还京，遣使和解诸镇。马殷拓展势力达于岭北。刘仁恭侮辱漫骂朝廷。）

【注释】

[1]昆山：县名。县治在今江苏昆山市，唐属苏州。 [2]武安：方镇名。唐僖宗中和三年（883）湖南观察使为钦化军节度，光启元年（885）改为武安军节度使。治所潭州，在今湖南长沙。 [3]衡州：州名。治所在今湖南衡阳。 [4]永州：州名。治所在今湖南零陵。 [5]蔡结：蔡结和唐世旻皆以郡人聚兵占据州郡。 [6]道州：州名。治所在今湖南道县西。 [7]陈彦谦：桂阳人，杀岳州刺史黄岳，据郴州。 [8]郴（chēn）州：州名。治所在今湖南郴州。 [9]鲁景仁：本从黄巢，因病留连州，遂据之。 [10]连州：州名。治所在今广东连州。 [11]邵州：州名。治所在今湖南邵阳。 [12]挈（qiè）：带，领。 [13]沧、景、德三州：沧州治所清池，在今河省沧州市东南。景州治所东光，在今河北东光。德州治所安德，在今山东德州市陵城区。 [14]益盛：

刘仁恭并幽、沧二州之兵，故势力越来越大。［15］河朔：地区名，当今河北省及河南省黄河以北地区。此指魏博、成德两镇。［16］范阳：方镇名，即幽州。唐玄宗天宝元年（742）更幽州节度使为范阳节度使。［17］语（yù）：告诉。［18］本色：喻正宗。［19］累章见拒：多次上奏章而被拒绝。［20］悖慢：违逆傲慢。［21］丁未：四月八日。［22］钜鹿：县名。县治在今河北巨鹿。［23］逐北：追逐败走之敌兵。［24］青山口：镇名。在邢州龙冈县。［25］丁卯：四月二十八日。［26］戊辰：四月二十九日。［27］己巳朔：五月一日。［28］辛未：五月三日。［29］武定：方镇名。唐僖宗光启元年（885）置武定军节度使，治所洋州，在今陕西西乡县。李继密为山南西道节度使，自洋州徙兴元。［30］李琼（?—947）：沧州饶安（在今河北省孟村回族自治县南）人。少为骑将，佐石敬塘征战。入晋历官相、申二州刺史，洺州团练使。传见《旧五代史》卷九十四，《新五代史》卷四十七。［31］岭北七州：指五岭之北的衡、永、道、连、郴、潭、邵七州。［32］游弈使：官名。游弈意为巡逻。［33］赵珝（xǔ）：原忠武军节度使赵犨之弟。时任濠州刺史，官至同州留后。入后唐为右金吾卫上将军。传附《新唐书》卷一百八十九，《旧五代史》卷十四，《新五代史》卷四十二。［34］忠武：方镇名。唐德宗贞元十年（794）赐陈许节度号忠武军节度使，治许州。［35］武贞：方镇名。光化元年，置武贞节度使，领澧、郎、溆三州，治所澧州，在今湖南澧县东南。［36］忠义：方镇名。即山南东道，唐僖宗文德元年（888）赐山南东道号忠义军节度。治所襄州，在今湖北襄阳市。［37］尉氏：县名。县治在河南尉氏。［38］氏叔琮（?—904）：为朱全忠骑将，历官曹州刺史、保大军节度使。唐昭宗迁洛，拜右龙武统军。氏叔琮奉朱全忠之命弑昭宗，随后为朱全忠所诛以塞责。传见《新唐书》卷二百二十三下，《旧五代史》卷十九，《新五代史》卷四十三。［39］丙申：七月二十八日。［40］唐州：州名。治所在今河南泌阳。［41］随州：州名。治所在今湖北随县。［42］邓城：县名。县治在襄阳北，唐时属襄州。［43］庚戌：八月十三日。［44］兴德府：因唐昭宗车驾驻在华州，故改华州为兴德府。［45］戊午：八月二十一日。［46］邓州：州名。治所在今河南邓州。［47］己未：八月二十二日。［48］壬戌：八月二十五日。［49］甲子：八月二十七日。［50］改元：改元光化。［51］相与辑睦：互相和睦地相处。［52］太子宾客：官名。太子官属。掌调护、侍从、规谏。［53］自屈：主动屈服。［54］不从：朱全忠时兵力正强盛，故不从。［55］乙亥：九月八日。［56］守：署理。官阶低而所署官高叫守。［57］兴德尹：官名。兴德府最高行政长官。［58］己丑：九月二十二日。［59］封疆：疆界。［60］文移：官府文书。［61］逾：超过。［62］合：州名。合州治所在今重庆市合川区。［63］昌：州名。昌州治所在今重庆市大足区。

顾全武攻苏州；城中及援兵食皆尽，甲申[1]，淮南所署苏州刺史台濛弃城走，援兵亦遁。全武克苏州，追败周本等于望亭[2]。独秦裴守昆山不下，全武帅万余人攻之；裴屡出战，使病者被甲执矛，壮者彀[3]

弓弩[4]，全武每为之却[5]。全武檄[6]裴令降。全武尝为僧，裴封函纳款[7]，全武喜，召诸将发函[8]，乃佛经一卷，全武大惭[9]，曰："裴不忧死，何暇戏[10]予[11]！"益兵攻城，引水灌之，城坏，食尽，裴乃降。钱镠设千人馔[12]以待之四，乃[13]出四，羸[14]兵不满百人。镠怒曰："单弱如此，何敢久为旅拒[15]！"对曰："裴义[16]不负杨公，今力屈而降耳，非心降也。"镠善其言。顾全武亦劝镠宥[17]之，时人称全武长者[18]。

魏博节度使罗弘信薨，军中推其子节度副使绍威[19]知留后。

汴将朱友恭将兵还自江、淮，过安州[20]，或告刺史武瑜潜与淮南通，谋取汴军，冬，十月，己亥[21]，友恭攻而杀之。

李克用遣其将李嗣昭、周德威[22]将步骑二万出青山[23]，将复[24]山东三州[25]。壬寅[26]，进攻邢州；葛从周出战，大破之。嗣昭等引兵退入青山，从周追之，将扼[27]其归路；步兵自溃，嗣昭不能制。会横冲都[28]将李嗣源以所部兵至，谓嗣昭曰："吾辈亦去，则势不可支矣，我试为公击之。"嗣昭曰："善！我请从公后。"嗣源乃解鞍厉镞[29]，乘[30]高布陈[31]，左右指画，邢人莫之测[32]。嗣源直前奋击，嗣昭继之，从周乃退。德威，马邑[33]人也。

癸卯[34]，以威武留后王审知为节度使。

以罗绍威知魏博留后。

丁巳[35]，以东川留后王宗涤为节度使。

加佑国节度使张全义兼侍中。

王珙引汴兵寇河中，王珂告急于李克用；克用遣李嗣昭救之，败汴兵于胡壁[36]，汴人走。

前常州刺史王柷，性刚介[37]，有时望[38]，诏征之，时人以为且入相。过陕[39]，王珙延奉[40]甚至，请叙子侄之礼[41]拜之，柷固辞不受。珙怒[42]，使送者杀之，并其家人悉[43]投诸[44]河，掠其资装，以覆舟闻。朝廷不敢诘[45]。

闰月，钱镠以其将曹圭为苏州制置使，遣王球攻婺州。

十一月，甲寅[46]，立皇子祯为雅王，祥[47]为琼王。

以魏博留后罗绍威为节度使。

衢州刺史陈岌请降于杨行密，钱镠使顾全武讨之。

朱全忠以奉国[48]节度使崔洪与杨行密交通，遣其将张存敬[49]攻之；洪惧，请以弟都指挥使贤为质[50]，且言："将士顽悍，不受节制，请遣二千人诣麾下[51]从征伐。"全忠许之，召存敬还。存敬，曹州人也。

（以上为第八段，写李克用与朱全忠均全力争河北，大战役不断。钱镠从杨行密手中夺回了苏州。）

【注释】

[1]甲申：九月十七日。[2]望亭：镇名。在苏州北四十五里。唐时属常州无锡县。[3]彀（gòu）：使劲张弓。[4]弓弩：射箭的武器。弩，用机械发射的弓，力强可以及远。[5]却：退却。[6]檄：古代用作征召、晓谕、申讨的文书。此处用如动词，意谓发檄文给秦裴，令其投降。[7]纳款：归顺，降服。[8]发函：打开信函。[9]惭：羞愧。[10]戏：戏弄。[11]予：我。顾全武认为，秦裴已死到临头，不为自己的灭亡忧愁，怎么还有精力戏弄我！[12]馔（zhuàn）：食物。[13]乃：据章校，应作"及"。[14]羸（léi）：瘦弱。当初秦裴以三千人取昆山而守之，现兵不满百人，说明守兵殆尽。[15]旅拒：聚众抗拒。[16]义：义气，信义。[17]宥（yòu）：宽容，饶恕。[18]长者：道德高尚的人。顾全武胸怀宽大，有见识，故能辅佐钱镠保据一方。[19]罗绍威（881—915）：字端己，继其父为魏博节度使，唐昭宗时加拜守侍中，进封邺王。后仕梁，累拜太师兼中书令。传见《旧唐书》卷一百八十一，《新唐书》卷二百一十，《旧五代史》卷十四，《新五代史》卷三十九。[20]安州：州名。治据今湖北安陆市。[21]己亥：十月三日。[22]周德威（?—918）：字镇远，朔州马邑（今山西朔州东）人。为人勇而多智。是李克用手下重要的军事将领，梁、晋之际，勇闻天下。传见《旧五代史》卷五十六，《新五代史》卷二十五。[23]青山：县名。县治在今河北内丘县西南。[24]复：收复。[25]山东三州：指太行山以东邢、洺、磁三州。是年五月，葛从周取之。[26]壬寅：十月六日。[27]扼：控制。[28]横冲都：乾宁三年，李克用遣李存信将兵三万救朱瑄、朱瑾，罗弘信在莘县夜袭李存信，而李嗣源奋力殿军而还，李克用表彰其功劳，即以他所率五百骑号"横冲都"。[29]厉镞（zù）：磨砺箭头。[30]乘：登上。[31]布陈：布置阵势。陈，读阵。[32]莫之测：摸不清李嗣源的兵力。[33]马邑：县名。县治在今山西朔州东、唐属朔州。[34]癸卯：十月七日。[35]丁巳：十月二十一日。[36]胡壁：镇名。唐时属宝新县，在今山西万荣西南。[37]刚介：刚强耿直。[38]时望：当时有威信，有声望。[39]过陕：王柷（chù）应朝廷征召，路过陕州。[40]延奉：接待侍奉。[41]子侄之礼：王珙与王柷同姓，王柷年辈在前行，又将入相，所以王珙要以子侄之礼拜见。[42]珙怒：王柷固辞不受，王珙认为他是嫌自己出身

寒微而拒绝，故怒。［43］悉：都，全部。［44］诸：之于。［45］诘：追问。唐末朝廷威令不行，藩镇暴横，王枧遭王珙虐杀而朝廷不敢问。［46］甲寅：十一月十九日。［47］祯、祥：李祯、李祥，唐昭宗之子，传见《新唐书》卷八十二《十一宗诸子》。［48］奉国：方镇名。唐僖宗中和二年（882）于蔡州置奉国军节度。蔡州与淮南邻道。［49］张存敬：谯郡（今安徽亳州）人。官至护国军留后，加检校司空。传见《旧五代史》卷二十，《新五代史》卷二十一。［50］质（zhì）：人质。［51］诣麾下：到朱全忠处，接受朱全忠的指挥。

十二月，昭义节度使薛志勤薨。

李克用之平王行瑜也，李罕之求邠宁于克用。克用曰："行瑜恃功邀[1]君，故吾与公讨而诛之。昨破贼之日，吾首奏[2]趣苏文建赴镇[3]。今才达天听[4]，遽复二三[5]，朝野之论，必喧然谓吾辈复如行瑜所为也。吾与公情如同体[6]，固无所爱[7]，俟还镇，当更为公论功赏耳。"罕之不悦而退，私于盖寓曰："罕之自河阳失守，依托大庇[8]，岁月已深。比来衰老，倦于军旅，若蒙吾王[9]与太傅[10]哀愍，赐一小镇，使数年之间休兵养疾，然后归老闾阎[11]，幸矣。"寓为之言，克用不应。每藩镇缺，议不及罕之，罕之甚郁郁[12]。寓恐其有他志，亟[13]为之言，克用曰："吾于罕之岂爱一镇，但罕之，鹰也，饥则为用，饱则背飞[14]！"

及志勤薨，旬日无帅，罕之擅引泽州兵夜入潞州，据之，以状[15]白克用，曰："薛铁山[16]死，州民无主，虑不逞者[17]为变，故罕之专命[18]镇抚，取王裁旨[19]。"克用怒，遣人让[20]之。罕之遂遣其子[21]请降于朱全忠，执河东将马溉等及沁州[22]刺史傅瑶送汴州。克用遣李嗣昭将兵讨之，嗣昭先取泽州，收罕之家属送晋阳。

杨行密遣成及归两浙以易[23]魏约等，钱镠许之。

韶州[24]刺史曾兖举兵攻广州，州将王瓌帅战舰应之；清海[25]行军司马刘隐[26]一战破之。韶州将刘潼复据浈[27]、浛[28]，隐讨斩之。

（以上为第九段，写李罕之叛离李克用。杨行密与钱镠和解换俘。）

【注释】

［1］邀：胁迫。［2］首奏：第一个奏议。［3］赴镇：赴邠州为邠宁节度使。［4］天听：皇

帝的视听。［5］遽复二三：在短时间内出尔反尔。二三，指反复不定。李罕之求为邠宁节度使，李克用以荐举苏文建在先，不好突然改变为由拒绝。［6］同体：一个人。［7］固无所爱：本没有什么不能割爱的。［8］大庇：保护。［9］吾王：指李克用。［10］太傅：指盖寓。［11］闾阎：泛指民间。［12］郁郁：郁闷不快。［13］亟：多次，极力。［14］背飞：背离而飞。［15］状：文体的一种。向上级陈述事实的文书。［16］薛铁山：薛志勤从李克用起代北，初名铁山。薛志勤为李克用牙将，守云州，转为潞州节度使，死于任所。［17］不逞者：不满意、不得志的人。［18］专命：不待请命而行事。［19］裁旨：判断其可否的意旨。［20］让：责备。［21］其子：据章校，二字下有"颢"字。李罕之之子名颢。［22］沁州：州名。治所在今山西沁源。［23］易：即交换。钱镠将成及于乾宁三年被杨行密俘获；淮南将魏约在去年四月被钱镠俘获。杨行密与钱镠交换战俘，意在和解。［24］韶州：州名。治所在今广东韶关。［25］清海：方镇名。唐昭宗乾宁二年（895）赐岭南东道节度号清海军节度，治所广州。［26］刘隐（873—911）：上蔡（今河南上蔡）人。五代十国南汉国的奠基者。刘隐为清海军节度使割据岭南，其弟刘龑继位称帝，都广州。传见《旧五代史》卷一百三十五，《新五代史》卷六十五。［27］浈（zhēn）：祯阳，县名。县治在今广东英德市。［28］浛（hān）：浛洭（kuāng），县名。县治在今广东英德市西北。

二年（己未，899年）

春，正月，丁未[1]，中书侍郎兼吏部尚书[2]崔胤[3]罢守本官[4]；以兵部尚书陆扆[5]同平章事。

朱全忠表李罕之[6]为昭义节度使，又表权知河阳[7]留后丁会[8]、武宁[9]留后王敬荛[10]、彰义[11]留后张珂[12]并为节度使。

杨行密与朱瑾将兵数万攻徐州，军于吕梁[13]，朱全忠遣骑将张归厚救之。

刘仁恭发幽、沧等十二州兵[14]十万，欲兼河朔；攻贝州[15]，拔之，城中万余户，尽屠之，投尸清水[16]。由是诸城各坚守不下。仁恭进攻魏州，营于城北；魏博节度使罗绍威求救于朱全忠。

朱全忠遣崔贤还蔡州[17]，发其兵二千诣大梁。二月，蔡将崔景思等杀贤。劫崔洪，悉驱兵民渡淮奔杨行密。兵民稍稍[18]遁归[19]，至广陵者不满二千人。全忠命许州刺史朱友裕守蔡州。

朱全忠自将救徐州，杨行密闻之，引兵去；汴人追及之于下邳[20]，杀千余人。全忠行至辉州[21]，闻淮南兵已退，乃还。

三月，朱全忠遣其将李思安[22]、张存敬将兵救魏博，屯于内黄[23]；癸卯[24]，全忠以中军[25]军于滑州[26]。刘仁恭谓其子守文曰："汝勇十倍于思安，当先虏鼠辈，后擒绍威耳！"乃遣守文及其妹婿单可及将精兵五万击思安于内黄。丁未[27]，思安使其将袁象先[28]伏兵于清水之右，思安逆战于繁阳[29]，阳[30]不胜而却[31]；守文逐之，及内黄之北，思安勒兵[32]还战，伏兵发，夹击之。幽州兵大败，斩可及，杀获三万人，守文仅以身免。可及，幽州骁将[33]，号"单无敌"，燕军失之丧气[34]。思安，陈留人也。

时葛从周自邢州将精骑八百已入魏州。戊申[35]，仁恭攻上水关、馆陶门[36]，从周与宣义牙将贺德伦[37]出战，顾门者[38]曰："前有大敌，不可返顾。"命阖[39]其扉[40]。从周等殊死[41]战，仁恭复大败，擒其将薛突厥、王郐郎。明日，汴、魏乘胜合兵击仁恭，破其八寨，仁恭父子烧营而遁。汴、魏之人长驱追之，至临清，拥其众入永济渠[42]，杀溺不可胜纪[43]。镇人[44]亦出兵邀击于东境，自魏至沧五百里间，僵尸相枕[45]。仁恭自是不振，而全忠益横矣。德伦，河西胡人也。

（以上为第十段，写幽州刘仁恭扫境南下侵魏博，朱全忠遣将救援，连败刘仁恭、刘守光父子，幽州之众全军覆没，至是，刘仁恭一蹶不振。）

【注释】

[1]丁未：正月十三日。 [2]吏部尚书：据章校，下应有"同平章事"四字。 [3]崔胤：清河武城人，唐宣宗朝宰相崔慎由之子。胤，乾宁二年进士，外结朱全忠，官至宰相，封魏国公。传见《旧唐书》卷一七七，《新唐书》卷一八三。 [4]罢守本官：罢相仍任中书侍郎。 [5]陆扆（yǐ）：字祥文，本名允迪，吴郡人。官至宰相。传见《旧唐书》卷一七九，《新唐书》卷一八三。 [6]李罕之：陈州项城人。曾为僧为乞丐，后从黄巢，降于高骈。在唐末军阀混战中，李罕之先后依附李克用、朱全忠，反复无常。官至节度使、河南尹、东都留守。卒于河阳三城节度使赴任路上。传见《新唐书》卷一八七，《旧五代史》卷十五，《新五代史》卷四十二。 [7]河阳：军镇名。治所孟县，在今河南孟州。 [8]丁会（?—910）：字道隐，寿州寿春（今安徽寿县）人。朱全忠部将，唐末官至昭义军节度使。朱全忠弑唐昭宗，丁会与三军缟素发丧，因而归晋。传见《旧五代史》卷五十九，《新五代史》卷四十四。 [9]武宁：军镇名。治所徐州。 [10]王敬荛（ráo）：颍州汝阴（今安徽阜阳）人。唐末为颍州牙将，升刺史，保境安民入梁为武宁军节度使。传见《旧五代史》卷二十，《新五代史》卷四十三。 [11]彰义：军镇名。唐昭宗乾宁元年，公元894年，赐号泾原

节度为彰义军。治所泾州，在今甘肃省泾川县。［12］张珂：彰义留后。河阳、武宁二镇皆附属于朱全忠。彰义留后张珂远在泾州，朱全忠为之请节钺，意在拉拢。［13］吕梁：镇名。在今江苏徐州市东南。［14］发幽、沧等十二州兵：指发幽、涿、瀛、莫、平、营、蓟、妫、檀、沧、景、德等十二州兵。幽州巡属还有蔚、新、武三州，刘仁恭留以备河东，故不发其兵。［15］贝州：州名。治所清河，在今河北清河西。［16］清水：即清河。［17］遣崔贤还蔡州：崔贤是奉国节度使崔洪之弟，留汴作为人质的，故朱全忠遣其还蔡州。［18］稍稍：逐渐。［19］遁归：逃回。蔡州兵民不愿迁离故土家园，故逐渐逃回。［20］下邳：县名。县治在今江苏邳州市南古邳镇。［21］辉州：州名。治所单父，在今山东单县。是年，朱全忠表以宋州之砀山、虞城、单父，曹州之成武置辉州。［22］李思安（?—912）：陈留张亭里（今河南开封南）人。朱全忠部属，官至相州刺史。传见《旧五代史》卷十九。［23］内黄：县名。县治在今河南内黄县西，在魏州西南。［24］癸卯：三月十日。［25］中军：古时行军作战分左中右三军，以主将所处的中军发号施令。［26］滑州：州名。治所白马，在今河南滑县东。［27］丁未：三月十四日。［28］袁象先（863—923）：宋州下邑（今河南夏邑）人，朱全忠之甥。后唐庄宗灭梁，降唐，赐姓名李绍安。传见《旧五代史》卷五十九，《新五代史》卷四十五。［29］繁阳：汉县名。唐时并入内黄，故城在内黄县西北。［30］阳：佯装。［31］却：退却。［32］勒兵：治军，统帅部队。［33］骁（xiāo）将：勇猛战将。［34］丧气：丧失士气。当初李克用轻单可及而有木瓜涧之败，今刘仁恭轻李思安而有单可及之丧，皆因轻敌。［35］戊申：三月十五日。［36］馆陶门：魏州城北门，由此门出，北去馆陶县，故名。［37］贺德伦（?—915）：河西（今甘肃武威）市人。少为滑州牙将，朱全忠领四镇，以贺德伦为平卢军节度使，转魏博节度使。魏军作乱，贺德伦投晋王，授云州节度使，行次河东，为晋王监军张承业所杀。传见《旧五代史》卷二十一，《新五代史》卷四十四。［38］门者：门卫，守门的人。［39］阖（hé）：关闭。［40］扉：门扇。命守门人关闭城门，意在背城一战。［41］殊死：拼死，决死。［42］永济渠：隋大业四年（608）开凿的运河，一名御河或南运河，即今卫河。源出河南辉县西北苏门山，流经临清市，合运河至天津，会海河入渤海。［43］不可胜（shēng）纪：不计其数。［44］镇人：指镇州王镕之兵。时王镕为成德节度使，领镇、冀、深等州，冀、深二州正在邢州东境。［45］僵尸相枕：死尸互相枕藉，形容死者无计其数。

刘仁恭之攻魏州也，罗绍威遣使修好于河东，且求救。壬午[1]，李克用遣李嗣昭将兵救之。会仁恭已为汴兵所败，绍威复与河东绝[2]，嗣昭引还。

葛从周乘破幽州之势，自土门[3]攻河东，拔承天军[4]；别将氏叔琮自马岭入[5]，拔辽州[6]乐平[7]，进军榆次[8]；李克用遣内牙军[9]副周德威击之。

叔琮有骁将陈章，号“陈夜叉[10]”，为前锋，请于叔琮曰：“河东所恃者周杨五[11]，请擒之，求一州为赏。”克用闻之，以戒德威，德威曰：“彼大言[12]耳。”战于洞涡[13]，德威微服[14]往挑战，谓其属曰：“汝见陈夜叉即走。”章果逐之，德威奋铁檛击之坠马，生擒以献。因[15]击叔琮，大破之，斩首三千级。叔琮弃营走，德威追之，出石会关[16]，又斩千余级。从周亦引还。

丁巳[17]，朱全忠遣河阳节度使丁会攻泽州，下之。

婺州刺史王坛为两浙所围，求救于宣歙观察使[18]田頵，夏，四月，頵遣行营都指挥使康儒等救之。

五月，甲午[19]，置武信军[20]于遂州，以遂、合等五州隶之。

李克用遣蕃、汉马步都指挥使李君庆将兵攻李罕之，己亥[21]，围潞州。朱全忠出屯河阳，辛丑[22]，遣其将张存敬救之，壬寅[23]，又遣丁会将兵继之；大破河东兵，君庆解围去。克用诛君庆及其裨将伊审、李弘袭；以李嗣昭为蕃、汉马步都指挥使，代之攻潞州。

庚戌[24]，康儒等败两浙兵于龙丘[25]，擒其将王球，遂取婺州。

六月，乙丑[26]，李罕之疾亟[27]。丁卯[28]，全忠表罕之为河阳节度使，以丁会为昭义节度使；未几，又以其将张归霸守邢州，遣葛从周代会守潞州。

以西川大将王宗佶为武信节度使。宗佶，本姓甘，洪州人也。

丁丑[29]，李罕之薨于怀州[30]。

（以上为第十一段，写河北诸镇依附朱全忠、李克用之间，叛离无常，引发朱李大战，互有胜败。）

【注释】

[1]壬午：三月甲午朔，无壬午。壬午，二月十九日。 [2]复与河东绝：自李存信莘县之败，魏与河东绝，现因求救而通好，而河东兵尚未到，刘仁恭已为汴兵打败，故罗绍威复与河东绝。 [3]土门：镇名。即井陉口，在今河北石家庄市鹿泉区西南。 [4]承天军：军镇名。在今山西平定县东北。 [5]马岭：山名。在今山西晋中市太谷区东南。 [6]辽州：州名。治所在今山西左权县。 [7]平：县名。县治在今山西昔阳县。 [8]榆次：县名。县治在今山西晋中市榆次区。 [9]内牙军：随身的亲军。 [10]陈夜叉：俗言阴间有鬼使名叫夜叉。因陈章勇悍可畏如

夜叉，故时人以夜叉称之。[11]周杨五：即周德威，因其小字杨五，故称。[12]大言：说大话，吹牛。[13]洞涡：水名。源出山西平定东南陡泉山，西流经寿阳、榆次、徐沟至太原界内入汾。[14]微服：为隐蔽身份更换平民服装，让人认不出来。[15]因：趁势。[16]石会关：关名。在今山西榆社西。[17]丁巳：三月二十四日。[18]宣歙观察使：景福元年（892）已升宣歙观察使为宁国军节度，田頵为节度使。[19]甲午：五月二日。[20]武信军：方镇名，为王建所请。领遂、合、昌、渝、泸五州，治所遂州，在今四川遂宁市。按《新唐书》卷六十八《方镇表》，置武信军在乾宁四年。[21]己亥：五月七日。[22]辛丑：五月九日。[23]壬寅：五月十日。[24]庚戌：五月十八日。[25]龙丘：县名。县治在今浙江衢州东七十五里，时属衢州。[26]乙丑：六月三日。[27]疾亟：病危。[28]丁卯：六月五日。[29]丁丑：六月十五日。[30]怀州：州名。治所在今河南沁阳市。

保义节度使王珙，性猜忍，虽妻子亲近，常不自保；至是军乱，为麾下所杀，推都将李璠为留后。

秋，七月，朱全忠海州[1]戍将陈汉宾请降于杨行密。淮海游弈使张训以汉宾心未可知，与涟水防遏使庐江[2]王绾将兵二千直趣海州，遂据其城。

加荆南节度使成汭兼中书令。

马殷遣其将李唐攻道州[3]，蔡结聚群蛮，伏兵于隘[4]以击之，大破唐兵，唐曰："蛮所恃者山林耳，若战平地，安能败我！"乃命因风[5]燔林[6]，火烛[7]天地，群蛮惊遁[8]，遂拔道州，擒结，斩之。

朱全忠召葛从周于潞州，使贺德伦守之。八月，丙寅[9]，李嗣昭引兵至潞州城下，分兵攻泽州。己巳[10]，汴将刘玘[11]弃泽州走，河东兵进拔天井关[12]，以李孝璋[13]为泽州刺史。贺德伦闭城不出，李嗣昭日以铁骑[14]环其城，捕刍牧者[15]，附城[16]三十里禾黍皆刈[17]之。乙酉[18]，德伦等弃城宵遁[19]，趣壶关[20]，河东将李存审[21]伏兵邀击之，杀获甚众。葛从周以援兵至，闻德伦等已败，乃还。

九月，癸卯[22]，以凤翔节度使李茂贞为凤翔、彰义节度使。

李克用表汾州[23]刺史孟迁[24]为昭义留后。

淄青节度使王师范以沂、密[25]内叛[26]，乞师于杨行密。冬，十月，行密遣海州刺史台濛、副使王绾将兵助之，拔密州，归于师范；将攻沂州，先使觇之，曰："城中皆偃旗息鼓[27]。"绾曰："此必有备，而救兵近，不可击也。"诸将曰："密已下矣，沂何能为！"绾不能止，乃伏兵林中以待之。诸将攻沂州不克，救兵至，引退；州兵乘之，绾发伏击败之。

十一月，陕州都将朱简杀李璠，自称留后，附朱全忠，仍请更名友谦[28]，预[29]于子侄。

加忠义节度使赵匡凝兼中书令。

马殷遣其将李琼攻郴州，执陈彦谦，斩之；进攻连州，鲁景仁自杀，湖南皆平。

十二月，加魏博节度使罗绍威同平章事。

（以上为第十二段，写马殷全据湖南，杨行密救援王师范。晋军呼应在泽潞攻击汴军，获得胜利。）

【注释】

[1]海州：州名。治所在今江苏连云港市西。 [2]庐江：县名。县治在今安徽庐江县。[3]道州：州名。治所在今湖南道县西。 [4]隘：险要之地。 [5]因风：顺风。 [6]燔（fàn）：焚烧。 [7]烛：照。 [8]惊遁：惊慌逃跑。 [9]丙寅：八月五日。 [10]己巳：八月八日。[11]刘玘（qí）（？—926）：汴州雍丘（今河南杞县）人。世为宣武牙将，朱全忠镇宣武，玘积功官至复州刺史，梁末帝迁为晋州观察留后。梁亡降唐为晋州节度使，死于赴任途中。传见《旧五代史》卷六十四，《新五代史》卷四十五。 [12]天井关：关名。在今山西晋城市南。 [13]李孝璋：应为李存璋（？—922），字德璜，李克用义儿军使。传见《旧五代史》卷五十三，《新五代史》卷三十六。 [14]铁骑（jì）：精锐骑兵。 [15]刍（chú）牧者：割草放牧的人。 [16]附城：城池附近。 [17]刈（yì）：割除。 [18]乙酉：八月二十四日。 [19]宵遁：夜间逃跑。 [20]壶关：县名。县治在今山西长治市东南。贺德伦之兵不得出城割草放牧，城外禾黍又空，粮草俱绝，空城难守，故遁逃。 [21]李存审（861—924）：即符存审，字德详，陈州宛丘（今河南周口市淮阳区）人。初名存，从李罕之归晋，李克用以为义儿军使，赐姓李，名存审。为将有机略，官至卢龙军节度使。传见《旧五代史》卷五十六，《新五代史》卷二十五。 [22]癸卯：九月十二日。 [23]汾州：州名。治所在今山西汾阳。 [24]孟迁：昭义节度使孟方立之从弟。孟迁任洺州刺史，继方立为留后，投晋为汾州刺史，后为泽潞节度使。传附《新唐书》卷一百八十七，《旧五代史》卷六十二，《新五代史》卷四十二。 [25]沂、密：皆州名，淄青巡属。沂州治所在今山东临沂。密州治所在今山东诸城。 [26]内叛：内部叛乱。 [27]偃旗息鼓：收卷军旗，停止击鼓，军中肃静无声。[28]朱友谦（？—924）：朱友谦，字德光，许州（今河南许昌）人。初名简，朱全忠更其名友谦，

录以为子。朱全忠即位，封为冀王。传见《旧五代史》卷六十三，《新五代史》卷四十五。［29］预：参与。加入其中。

【点评】

本卷点评唐昭宗出幸华州、朱全忠兵败淮南、杨行密与钱镠和解换俘三件史事。

一、昭宗出幸华州。唐昭宗乾宁三年（896）六月，昭宗增置禁军，选补数万人，使诸王率领，李茂贞认为是昭宗想要讨伐他，再次引军犯阙。七月，昭宗出奔渭北，遣使告太原，初欲北巡。华州镇国军节度使韩建近水楼台，遣其子韩从允奉表请昭宗幸华州。七月十五日，昭宗在富平召见韩建，面议去留。韩建顿首涕泣，恭敬有加，声称车驾渡河远去，恐无归期，华州教练士兵，磨砺兵器，积聚十有五年，离长安不远，愿昭宗临幸华州，再图复兴。其时杨行密表请昭宗迁都江淮，王建请昭宗幸蜀。昭宗及百官随从都不想远走，见韩建如此谦恭，于是车驾幸华州。昭宗到华州后，韩建显露狰狞，乾宁四年正月，引兵围行宫，胁迫昭宗下诏，解除诸王领兵，诸王回归十六宅，诸王所领禁军及殿后四军尽行解散，纵归田里。八月，韩建诬诸王谋反，杀尽十一王。昭宗讲武，本来想用以自卫，结果既陷子弟于死地，又使自己更招藩臣之忌，宗子尽而身随以弑，国随已亡，真是可悲。

昭宗志欲兴唐，然志大才疏，非中兴之主，他的所有举措，看似正义，其实乖张，不合时宜。昭宗即位之时，天下虽然割裂，黄巢被灭，天下延颈而望治，尚有可为。山南、剑南、河西、岭南，人犹知有天子，如桀骜之董昌，仍按时贡奉，企求天子之号。如果此时昭宗择诸王之贤者分领节镇，收士民，练甲兵，以屏藩皇室，京师平衡南司与北司，遣使和解藩镇之间的争斗，天子垂拱以稳定为大局，选贤才以牧民，中兴之业未必不可为。昭宗急躁使性，听张浚之邪说，轻启干戈讨沙陀，一败而损威矣；继而不听杜让能之诤言，再次兴兵讨李茂贞，再败而威权扫地以尽，身陷孤城之中，而后讲武，使诸王典军，招藩镇之疑，无异于玩火自焚。韩建、李茂贞，酣睡于天子卧榻之侧，岂容天子自强。昭宗虑不及此，举措乖张，加速了唐朝的灭亡。

二、朱全忠兵败淮南。朱全忠与李克用长年争夺河北。李克用南联杨行密夹攻朱全忠，杨行密要立足淮南，亦不能容忍北边有强邻，北联李克用是必然之势。钱镠据苏浙，杨行密是最大的竞争对手，朱钱联合夹击杨行密也是必然之势。杨行密要站稳脚跟，实现割据淮南，北抗朱全忠，南击钱镠，都要立于不败之地。杨行密面对南北两个敌手，北强南弱，所以杨行密的对敌方针是南守北争。所谓南守，即对钱镠的斗争以进为守，和解、和睦为首位，争城争地伺机而行。所谓北争，即对朱全忠的斗争以守为进，争城争地寸土不让，乃至于主动向北进攻。一是救援朱瑄、朱瑾、王师范，二是配合太原李克用进兵河北，遥为之声援。公元903年，杨行密派遣大将王茂章救援王师范，大败汴军，杀了朱全忠之子朱友宁。朱全忠南犯，杨行密坚决抗击。公元895年、897年、903年朱全忠三次进攻淮南，三次败北。公元897年，朱全忠发兵，分两路进攻淮南。大将庞师古率七万大军突进至清口，葛从周率主力突进至寿州西北为庞师古后继。杨行密集中兵力打击庞师古，又引淮水为助，大破庞师古军，汴军七万之众被水淹没，全军溃散，被杀溺殆尽，生还者不满一千人，庞师古丧身。葛从周闻风丧胆，不战而退，朱全忠也闻讯逃走。此役，淮南大胜，朱全忠大败，从此汴军不再大举南犯。杨行密由此站稳淮南，成为保卫江南的一道长城，使江南士民在中原五代的乱世中得以休养生息，具有重大的历史意义。

杨行密大胜朱全忠是以弱抗强，以少胜众。杨行密与朱瑾率领淮南三万余人，加上别将张训所领涟水之众，合计四万多人，数量只及庞师古七万大军之半。杨行密取胜原因有三。其一，杨行密所领淮南，北起海州，南至虔州，东起常州，西至沔口，淮水南部、长江东部诸州均为淮南所有，是一个大镇。杨行密轻徭薄赋，抚爱士众，在当时众多军阀中是一个比较得民心的首领。所以淮南之众，是万众一心，为保卫乡土而战，作战英勇，这是取胜的第一个原因。其二，杨行密取得对孙儒的胜利，士气正盛。孙儒所领蔡州兵凶悍好战，多经战阵，是一支精兵。杨行密从中挑选了五千人组建了一支突击队，号称“黑云都”，善于攻坚。此外，朱瑾失败，带来了他的精锐卫队。李克用所遣悍将李承嗣、史俨、史建章，带来一支沙陀精锐骑兵。从此，杨行密步骑配合作战，江南无敌手。李承嗣长期与汴军作战，知彼知己，清口之战的方略就出自李承嗣。兵精，策略周详，是杨行密取胜的第二个原因。其三，杨行密采用水攻，又由朱瑾与淮南将侯瓒率领五千淮南兵化装为汴兵，直插敌人心脏。巧用计谋，这是取胜的第三个原因。反观汴兵，将骄卒惰，主将不知彼不知己，还滥杀情报兵，不打败仗才是怪事。杨行密遗书朱全忠说：“庞师古、葛从周，不是我的对手，朱公不服，那就亲自来淮南决一胜负。”

三、杨行密与钱镠和解换俘。钱镠，字具美，杭州临安人，不喜事生业，以贩盐为盗治生。公元875年，浙西狼山守将王郢叛乱，攻掠浙东、浙西诸州，临安人董昌募土团抵抗王郢，钱镠从军为董昌土团偏将。公元881年，镇海节度使周宝任董昌为杭州刺史，董昌任钱镠为都指挥使。公元887年，唐僖宗任董昌为浙东观察使，钱镠为杭州刺史。公元893年，钱镠升任为镇海节度使，驻杭州，有兵十三都，成为浙西强镇。公元895年，董昌在越州称帝，钱镠得到机会攻杀董昌，全据浙江，但他地小兵弱，北联朱全忠以求生存。公元907年，朱全忠代唐后封钱镠为吴越王。

钱镠为董昌一手培植，最后抓住时机一举灭董昌，也是一个雄略人物。杨行密面对强大的朱全忠，也无力吞掉钱镠，更何况钱镠也曾帮助自己击败孙儒。于是杨行密对钱镠采取睦邻政策，使吴越并存。公元 896 年，杨行密俘获钱镠将成及；公元 897 年，钱镠俘获了淮南将魏约。公元 898 年，杨行密主动放回成及，用成及交换魏约，示好钱镠。其后淮南将田頵攻钱镠，杨行密制止，甚至逼反了田頵也在所不辞。人贵自知，在事业成功或顺境之时，善于自处，保持清醒，才是一个智勇双全的人。杨行密争天下的大局观和气量胜人一筹，说明他就是这样一个智勇双全的人。

卷二六二　唐纪七十八

唐昭宗光化三年至天复元年（900—901年）

【起上章涒滩（庚申，900年），尽重光作噩（辛酉，901年），凡二年】

【大事提要】

本卷记事起公元900年，讫公元901年，载述史事凡二年。当唐昭宗光化三年至天复元年。两年间京师再发政治地震，唐昭宗先是被宦官废为太上皇，复辟后又被宦官劫持至凤翔，皇帝成为权臣、诸侯手中的玩物，纲纪荡然矣。祸皆起于崔胤尽诛宦官，神策军中尉、宦官刘季述发动宫廷政变废唐昭宗为太上皇，立太子即皇帝位。崔胤策动左神策军指挥使发动反政变诛杀刘季述，昭宗复辟，崔胤大权独揽。昭宗用枢密使宦官韩全诲掌控禁军以分崔胤之权，崔胤留凤翔兵两千以抗宦官。此时朱全忠兵服河北诸镇，身兼宣武、宣平、天平、护国四镇节度使，自谓天下无敌。韩全诲外结李茂贞自保，崔胤所留凤翔兵反为韩全诲所用。朱全忠与李茂贞都想挟天子以令诸侯，朝中南司崔胤、北衙韩全诲分别为其朝中代言人，水火不容。昭宗既无识人之智，又无乾纲独断之才，优柔寡断，不讷宰相韩偓之正言，苟且度日，等到朱全忠发兵向西，韩全诲劫持昭宗幸凤翔，回天无术矣。朱全忠入长安，劫持百官送华州。两个诸侯，一个劫天子，一个劫百官，朝廷分裂不全，标志唐王朝实际已亡，禅代之举，只待一个仪式罢了。

昭宗圣穆景文孝皇帝中之中

光化三年（庚申，900年）

春，正月，宣州将[1]儒攻睦州[2]；钱镠使其从弟銶拒之。

二月，庚申[3]，以西川节度使王建兼中书令。

壬申[4]，加威武节度使王审知同平章事。

壬午[5]，以吏部尚书崔胤同平章事，充[6]清海[7]节度使。

李克用大发军民治晋阳城堑[8]，押牙刘延业谏曰："大王声振华、夷，宜扬兵[9]以严四境，不宜近治城堑，损威望而启寇心[10]。"克用谢之，赏以金帛。

夏，四月，加定难[11]军节度使李承庆同平章事。

朱全忠遣葛从周帅兖、郓、滑、魏四镇兵十万击刘仁恭，五月，庚寅[12]，拔德州，斩刺史傅公和；己亥[13]，围刘守文于沧州[14]。仁恭复遣使卑辞厚礼[15]求援于河东，李克用遣周德威将五千骑出黄泽[16]，攻邢、洺以救之。

邕州[17]军乱，逐节度使李鐬[18]；鐬借兵邻道讨平之。

六月，癸亥[19]，加东川节度使王宗涤同平章事。

司空、门下侍郎、同平章事王抟，明达[20]有度量，时称良相。上素疾宦官枢密使宋道弼、景务修专横，崔胤日与上谋去宦官，宦官知之。由是南、北司[21]益相憎嫉，各结藩镇为援以相倾夺。抟恐其致乱，从容言于上曰："人君当务[22]明大体，无所偏私。宦官擅权[23]之弊，谁不知之！顾其势未可猝除[24]，宜俟多难[25]渐平，以道消息[26]。愿陛下言勿轻泄以速奸变。"胤闻之，谮[27]抟于上曰："王抟奸邪，已为道弼辈外应。"上疑之。及胤罢相，意抟排己，愈恨之。及出镇广州，遗朱全忠书，具道抟语[28]，令全忠表论之。全忠上言："胤不可离辅弼[29]之地；抟与敕使相表里，同危社稷。"表连上不已。上虽察其情，迫于全忠，不得已，胤至湖南复召还。丁卯[30]，以胤为司空、门下侍郎、同平章事，抟罢为工部侍郎[31]。以道弼监荆南军，务修监青州军。戊辰[32]，贬抟溪州[33]刺史；己巳[34]，又贬崖州司户；道弼长流驩州[35]，务修长流爱州[36]；是日，皆赐自尽。抟死于蓝田驿[37]，道弼、务修死于霸桥驿[38]。于是胤专制朝政，势震中外，宦官皆侧目[39]，不胜其愤。

（以上为第一段，写崔胤外结朱全忠专朝政，排抑异己之大臣，昭宗既无识人之智，又无刚毅独断之才，日益沦落为权臣掌上傀儡。）

【注释】

[1]宣州将：宣歙节度使田頵所遣之将。 [2]睦州：州名。治所在今浙江建德东。 [3]庚申：二月二日。 [4]壬申：二月十四日。 [5]壬午：二月二十四日。 [6]充：担任。 [7]清海：方镇名。治所广州。 [8]城堑：护城的壕沟。李克用修治城堑，防御朱全忠攻逼。 [9]扬

兵：显示武力。［10］启寇心：启发敌寇进攻之心。［11］定难：方镇名。唐僖宗中和二年（882）夏州节度赐号定难节度，治所朔方，在今陕西靖边白城子。［12］庚寅：五月四日。［13］己亥：五月十三日。［14］刘守文：刘仁恭之子。［15］卑辞厚礼：谦卑的言辞，丰厚的礼物。［16］黄泽：关名。在辽州辽山县黄泽岭，今山西左权县东。［17］邕州：州名。治所在今广西南宁市。唐玄宗天宝十四年（755）置邕州管内经略使。唐懿宗咸通三年（862）升邕管经略使为岭南西道节度使。［18］李锈（huì）：原为神策大将军，景福二年八月，嗣覃王为京西招讨使，李锈副之。光化二年，授岭南西道节度使。［19］癸亥：六月七日。［20］明达：明智达观。［21］南、北司：唐时称宰相官署中书、门下、尚书三省为南司，宦官官署内侍省为北司，因所居在宫禁的南边与北边，故有此称。［22］务：专注，致力于。［23］擅权：专权。［24］猝（cù）除：突然消除。［25］多难：指国家众多的灾难。［26］以道消息：通过正常途径逐渐消除宦官之祸。消，消减。息，生息增长。消息连用，指此消彼长，有一个逐渐的过程。谓宦官之恶，以渐杀其势，则久而消，为政之善，以渐培其根，则久而自长。［27］谮（zèn）：说坏话诬陷别人。［28］具道抟语：崔胤把王抟向昭宗说的话，原原本本告诉朱全忠。［29］辅弼：佐助，此指宰相。［30］丁卯：六月十一日。［31］工部侍郎：官名。工部为六部之一，掌管营造工程事项。长官为工部尚书。唐制下设侍郎一人。［32］戊辰：六月十二日。［33］溪州：州名。治所在今湖南永顺东。［34］己巳：六月十三日。［35］驩（huān）州：州名。治所在今越南荣市。［36］爱州：州名。治所在今越南清化。［37］蓝田驿：驿站名。在今陕西蓝田县。［38］霸桥驿：驿站名。在今陕西西安市东，近霸桥。［39］侧目：横目而视，形容忿恨。

刘仁恭将幽州兵五万救沧州，营于乾宁军[1]，葛从周留张存敬、氏叔琮守沧州寨，自将精兵逆战于老鸦堤[2]，大破仁恭，斩首三万级，仁恭走保瓦桥[3]。秋，七月，李克用复遣都指挥使李嗣昭将兵五万攻邢、洺以救仁恭，败汴军于内丘[4]。王镕遣使和解幽、汴，会久雨，朱全忠召从周还[5]。

庚戌[6]，以昭义留后孟迁为节度使。

甲寅[7]，以西川节度使王建兼东川、信武[8]军两道都指挥制置等使。

八月，李嗣昭又败汴军于沙门河[9]，进攻洺州。乙丑[10]，朱全忠引兵救之，未至，嗣昭拔洺州，擒刺史朱绍宗。全忠命葛从周将兵击嗣昭。

宣州将康儒食尽，自清溪[11]遁归。

九月，葛从周自邺县[12]渡漳水[13]，营于黄龙镇[14]；朱全忠自将中军三万涉洺水[15]置营。李嗣昭弃城[16]走，从周设伏于青山口[17]，邀击，大破之。

崔胤以太保[18]、门下侍郎、同平章事徐彦若位在己上，恶[19]之；彦若亦自求引去。时藩镇皆为强臣所据，惟嗣薛王知柔在广州，乃求代之。乙巳[20]，以彦若同平章事，充清海[21]节度使。

初，荆南节度成汭以澧[22]、郎[23]本其巡属，为雷满所据，屡求割隶荆南，朝廷不许，汭颇怨望。及彦若过荆南，汭置酒，从容以为言。彦若曰："令公[24]位尊方面[25]，自比桓、文[26]，雷满小盗不能取，乃怨朝廷乎！"汭惭。

丙午[27]，中书侍郎兼吏部尚书、同平章事崔远罢守本官，以刑部尚书裴贽[28]为中书侍郎、同平章事。贽，坦之弟子也。

升桂管为静江军[29]，以经略使刘士政为节度使。

朱全忠以王镕与李克用交通，移兵[30]伐之，下临城[31]，逾滹沱[32]，攻镇州南门，焚其关城。全忠自至元氏[33]，镕惧，遣判官[34]周式诣全忠请和。全忠盛怒，谓式曰："仆屡以书谕王公，竟不之听[35]！今兵已至此，期[36]于无舍[37]！"式曰："镇州密迩[38]太原，困于侵暴[39]，四邻各自保，莫相救恤[40]，王公与之连和，乃为百姓故也。今明公果能为人除害，则天下谁不听命，岂惟镇州！明公为唐桓、文，当崇礼义以成霸业；若但穷威武[41]，则镇州虽小，城坚食足，明公虽有十万之众，未易攻也！况王氏秉旄[42]五代[43]，时推忠孝，人欲为之死，庸[44]可冀[45]乎！"全忠笑揽式袂[46]，延[47]之帐中，曰："与公戏[48]耳！"乃遣客将[49]开封刘捍入见镕，镕以其子节度副使昭祚[50]及大将子弟[51]为质，以文缯[52]二十万犒军；全忠引还，以女妻昭祚。

（以上为第二段，写崔胤排斥右相徐彦若。朱全忠兵服成德节度使王镕。）

【注释】

[1]乾宁军：在沧州西一百里，因乾宁年间置此军，故名。 [2]老鸦堤：地名。在乾宁军东南。 [3]瓦桥：桥名。在涿州归义县南。今河北雄县东南。 [4]内丘：县名。县治在今河北内丘县，时属邢州。 [5]召从周还：沧州久雨，难以驻军，且欲救邢、洺。故召还。 [6]庚戌：七月二十五日。 [7]甲寅：七月二十九日。 [8]信武：应为武信。时置武信军于遂州。

[9]沙门河：当作“沙河”，即邢州沙河县。县治在今河北邢台南。［10］乙丑：八月三十日。［11］清溪：县名。原名新安、雉山、还淳。永贞元年（805）避唐宪宗讳，改名清溪。县治在今浙江淳安西北。时属睦州。［12］邺县：县名。县治在今河北磁县南。［13］漳水：水名。源出山西省东部，有清、浊二漳河，东南流至今河北河南两省边境，合为漳河，又东流至大名县入卫河。［14］黄龙镇：镇名。在今河北磁县。［15］洺水：水名。源出太行山东麓，经河北邯郸市永年区流入滏阳河。一名南易水。［16］弃城：弃洺州城。［17］青山口：镇名。在邢州青山县西，今河北内丘西南。［18］太保：官名。三公之一。位次于太傅。汉代以后多为勋戚文武大臣加衔赠官，无实职。［19］恶（wù）：厌恶。［20］乙巳：九月二十日。［21］清海：方镇名。即岭南东道节度使，治广州。［22］澧：州名。治所在今湖南澧县东南。［23］朗：州名。治所在今湖南常德市。唐肃宗至德二年（757）置荆南节度，领荆、澧、朗，郢等十州。自雷满据澧、朗，又分置武贞军节度。［24］令公：时成汭进中书令，故称之为令公。［25］方面：专制一方，代指节度。［26］桓、文：指春秋五霸之齐桓公和晋文公。［27］丙午：九月二十一日。［28］裴贽（zhì）（?—905）：字敬臣，懿宗朝尚书右丞，裴坦之从子。传附《新唐书》卷一百八十二。［29］升桂管为静江军：升级桂管经略使为静江军，置节度使。治所桂州，在今广西桂林市。［30］移兵：自洺州移兵伐镇州王镕。［31］临城：县名。县治在今河北临城县。［32］滹沱（hūtuó）：水名。出山西繁峙县东之泰戏山，穿太行山，东流入河北平原，在献县与滏阳河汇为子牙河，至天津市，由会北运河入海。［33］元氏：县名。县治在今河北元氏县。［34］判官：官名。唐代节度、观察、防御诸使，都有判官，是地方长官的僚属，佐理政事。［35］竟不之听：竟不听之。“之”为宾语前置。［36］期：希望。［37］无舍：没有放弃和丢开的。意为将要荡平镇州的一切。［38］密迩：贴得很近。镇州与太原仅隔一太行山。［39］侵暴：李克用自得河东以来，多次攻镇州。［40］救恤（xù）：救助。［41］但穷威武：一味凭恃武力。［42］秉旄：掌握兵权。［43］五代：王家自王庭凑于唐穆宗长庆二年（822）为成德军节度使，中经王元逵、王绍新、王绍懿、王景崇及王镕共五代（绍新、绍懿是兄弟，为一代）。［44］庸：难道。［45］可冀：可图。［46］袂（mèi）：衣袖。［47］延：引进，接待。［48］戏：周式一番话，正确地分析了汴、镇攻守的形势，所以朱全忠转怒为笑。［49］客将：主持招待宾客，掌通各赞谒。［50］王昭祚（?—911）：王镕之子。传附《旧五代史》卷五十四。［51］大将子弟：大将梁公儒、李弘规之子各一人。［52］文缯（zèng）：即花绢。绣花或织成图案的丝织品。

成德判官张泽言于王镕曰：“河东，勍敌[1]也，今虽有朱氏之援，譬如火发于家，安能俟远水乎！彼幽、沧、易定[2]，犹附河东，不若说朱公乘胜兼服之[3]。使河北诸镇合而为一，则可以制河东矣。”镕复遣周式往说全忠。全忠喜，遣张存敬会魏博兵击刘仁恭；甲寅[4]，拔瀛州[5]；

冬，十月，丙辰[6]，拔景州[7]，执刺史刘仁霸；辛酉[8]，拔莫州[9]。

静江节度使刘士政闻马殷悉平岭北[10]，大惧，遣副使陈可璠屯全义岭[11]以备之。殷遣使修好于士政，可璠拒之；殷遣其将秦彦晖、李琼等将兵七千击士政。湖南军至全义，士政又遣指挥使王建武屯秦城[12]。掠县民耕牛以犒军，县民怨之，请为湖南乡导[13]，曰："此西南有小径，距秦城才五十里，仅通单骑。"彦晖遣李琼将骑六十、步兵三百袭秦城，中宵[14]，逾垣而入，擒王建武，比明，复还，缚[15]之以练[16]，造[17]可璠壁[18]下示之，可璠犹未之信；斩其首，投壁中，桂人震恐。琼因勒兵击之，擒可璠，降其将士二千，皆杀之。引兵趣桂州，自秦城以南二十余壁皆望风奔溃，遂围桂州；数日，士政出降，桂、宜、岩、柳、象[19]五州皆降于湖南。马殷以李琼为桂州刺史；未几，表为静江节度使。

张存敬攻刘仁恭，下二十城，将自瓦桥趣幽州，道泞[20]不能进；乃引兵西攻易定，辛巳[21]，拔祁州[22]，杀刺史杨约。

癸未[23]，以保义留后朱友谦为节度使。

张存敬攻定州，义武节度使王郜，遣后院都知兵马使[24]王处直[25]将兵数万拒之。处直请依城为栅，俟其师老[26]而击之。孔目官梁汶曰："昔幽、镇后三十万攻我，于是我军不满五千，一战败之。今存敬兵不过三万，我军十倍于昔[27]，奈何示怯[28]，欲依城自固乎！"郜乃遣处直逆战于沙河[29]，易定兵大败，死者过半，余众拥处直奔还。甲申[30]，王郜弃城奔晋阳，军中推处直为留后。存敬进围定州，丙申，朱全忠至城下；处直登城呼曰："本道事朝廷甚忠，于公未尝相犯，何为见攻？"全忠曰："何故附河东？"对曰："吾兄与晋王同时立勋[31]，封疆密迩[32]，且婚姻[33]也，修好往来，乃常理耳；请从此改图。"全忠许之[34]。乃归罪于梁汶而族[35]之，以谢全忠，以缯帛十万犒师；全忠乃还，仍为处直表求节钺。处直，处存之母弟也。

刘仁恭遣其子守光[36]将兵救定州，军于易水[37]之上；全忠遣张存敬袭之，杀六万余人。由是河北诸镇皆服于全忠。

先是王郜告急于河东，李克用遣李嗣昭将步骑三万下太行，攻怀州，拔之，进攻河阳。河阳留后侯言不意其至，狼狈失据[38]，嗣昭坏其羊马城[39]。会佑国军[40]将阎宝[41]引兵救之，力战于壕外，河东兵乃退。宝，郓州人也。

（以上为第三段，写马殷扩地取桂州。朱全忠连战大破刘仁恭，河北诸镇皆服。）

【注释】

[1]勍（qíng）敌：劲敌。勍，强，有力。 [2]幽、沧、易定：指刘仁恭，刘守文、王郜。[3]兼服之：兼服幽、沧、易定。 [4]甲寅：九月二十九日。 [5]瀛州：州名。治所在今河北河间市。 [6]丙辰：十月二日。 [7]景州：州名。治所东光，在今河北东光县。 [8]辛酉：十月七日。 [9]莫州：州名。治所在今河北雄县南。 [10]岭北：湖南之地在五岭之北。[11]全义岭：山名，在全义县境。全义县治在今广西兴安县，唐时属桂州，在桂州东北一百五十里。 [12]秦城：镇名。在桂林北，相传为秦始皇发戍五岭之地，城在湘水之南，灕、漓二水之间，地势险要。 [13]乡导：引路的人，今作“向导”。 [14]中宵：半夜。 [15]纼（chè）：以绳索拴缚。 [16]练：白色的绢。 [17]造：到。 [18]壁：军垒。 [19]桂、宜、岩、柳、象：皆州名。宜州治所在今广西河池市宜州区。严州治所在今广西来宾市东南。柳州治所在今广西柳州市。象州治所在今广西象州县。 [20]道泞：道路泥泞。 [21]辛巳：十月二十七日。 [22]祁州：州名。景福二年，王处存表以定州无极、深泽二县置祁州。治所无极，在今河北无极。 [23]癸未：十月二十九日。 [24]后院都知兵马使：官名。后院兵指挥官。唐中世以来，方镇多置后院兵。 [25]王处直：王处存之弟。朱全忠即位，封为北平王。传见《旧唐书》卷一百八十二，《新唐书》卷一百八十六，《旧五代史》卷五十四，《新五代史》卷三十九。 [26]师老：士气衰落。 [27]昔：指唐僖宗光启元年（885）幽州李可举、镇州王镕攻王处存，事见《资治通鉴》卷二百五十六。 [28]示怯：表现出怯懦。 [29]沙河：镇名。在望都县南。 [30]甲申：十月三十日。 [31]同时立勋：王处直之兄王处存与李克用镇压黄巢起义同时立功。 [32]封疆密迩：疆域离得很近。 [33]婚姻：王处存与李克用世代姻好。王处存子王郜娶克用女为妻。 [34]许之：定州城高池深，朱全忠明知不可急攻，故许其和。 [35]族：刑及父母妻子。 [36]刘守光（?—913）：深州乐寿（今河北献县）人。刘仁恭之子。朱全忠封为燕王，公元911年称帝，913年为李存勖所灭。传见《旧五代史》卷一百三十五，《新五代史》卷三十九。 [37]易水：水名。在易州（今河北易县）南。 [38]狼狈失据：仓皇失措，没了招数。 [39]羊马城：城外加筑的矮墙工事，称羊马墙、羊马垣。 [40]佑国军：方镇名。唐僖宗光启三年（887）升东畿观察兼防遏使为佑国军节度，治所洛阳。 [41]阎宝（?—922）：字琼美，郓州（今山东东平）人。少为朱谨牙将。朱谨走淮南，阎宝降梁，官至保义军节度使。传见《旧五代史》卷五十九，《新五代史》卷四十四。

初，崔胤与帝密谋尽诛宦官，及宋道弼、景务修死，宦官益惧。上自华州还[1]，忽忽[2]不乐，多纵酒，喜怒不常，左右尤自危。于是左军中尉刘季述、右军[3]中尉王仲先、枢密使王彦范、薛齐偓等阴相与谋[4]曰："主上轻佻[5]多变诈，难奉事[6]；专听任南司[7]，吾辈终罹[8]其祸。不若奉太子立之，尊主上为太上皇，引岐、华兵[9]为援，控制诸藩，谁能害我哉！"

十一月，上猎苑中[10]，因置酒，夜，醉归，手杀黄门[11]、侍女数人。明旦，日加辰巳[12]，宫门不开。季述诣中书白崔胤曰："宫中必有变，我内臣[13]也，得以便宜从事，请入视之。"乃帅禁兵千人破门而入，访问，具得其状。出，谓胤曰："主上所为如是，岂可理天下！废昏立明[14]，自古有之，为社稷大计，非不顺也。"胤畏死，不敢违。庚寅[15]，季述召百官，陈兵[16]殿庭，作胤等连名状[17]，请太子监国[18]，以示之，使署名；胤及百官不得已皆署之。上在乞巧楼[19]，季述、仲先伏甲士千人于门外[20]，与宣武进奏官[21]程岩等十余人入请对[22]。季述、仲先甫[23]登殿，将士大呼，突入宣化门，至思政殿[24]前，逢宫人，辄杀之。上见兵入，惊堕床下，起，将走，季述、仲先掖[25]之令坐。宫人走白皇后，后趋至，拜请曰："军容[26]勿惊宅家[27]，有事取[28]军容商量。"季述等乃出百官状白上，曰："陛下厌倦大宝[29]，中外群情[30]，愿太子监国，请陛下保颐[31]东宫[32]。"上曰："昨与卿曹[33]乐饮，不觉太过，何至于是！"对曰："此非臣等所为，皆南司众情，不可遏也[34]。愿陛下且之[35]东宫，待事小定，复迎归大内[36]耳。"后曰："宅家趣[37]依军容语！"即取传国宝[38]以授季述，宦官扶上与后同辇，嫔御[39]侍从者才十余人，适少[40]阳院。季述以银挝[41]画地数[42]上曰："某时某事，汝不从我言，其罪一也。"如此数十[43]不止。乃手锁其门，熔铁锢之[44]，遣左军副使李师虔将兵围之，上动静辄[45]白季述，穴墙[46]以通饮食。凡兵器针刀皆不得入，上求钱帛俱不得，求纸笔亦不与。时大寒，嫔御公主无衣衾，号哭闻于外。季述等矫诏令太子监国，迎太子入宫。辛卯[47]，矫诏令太子嗣位，更名缜[48]。以上为太上皇，皇后为太上皇后。甲午[49]，太子即皇帝位，更名少阳院曰问安宫。

季述加百官爵秩，与将士皆受优赏，欲以求媚于众。杀睦王倚；凡宫人、左右、方士、僧、道为上所宠信者，皆榜[50]杀之。每夜杀人，昼以十车载尸出，一车或止一两尸，欲以立威。将杀司天监[51]胡秀林，秀林曰："军容幽囚君父，更欲多杀无辜乎！"季述惮其言正而止。季述欲杀崔胤，而惮朱全忠，但解其度支盐铁转运使[52]而已。

（以上为第四段，写宦官刘季述发动宫廷政变废昭宗为太上皇，奉太子即位。）

【注释】

[1]自华州还：光化元年，昭宗自华州还，事见《资治通鉴》卷二百六十一光化元年。[2]忽忽：恍惚、失意的样子。[3]左军、右军：即左右神策军。[4]阴相与谋：私下里互相商量。[5]轻佻：言行轻薄，不庄重。[6]奉事：侍奉。[7]南司：宰相为首的南衙百官为南司。[8]罹（lì）：遭受不幸。[9]岐、华兵：岐指李茂贞，华指韩建。[10]苑中：禁苑。[11]黄门：宦官。[12]日加辰巳：指时光由辰而巳。辰，七时至九时。巳，九时至十一时。[13]内臣：宦官。[14]废昏立明：废掉昏君，拥立明主。[15]庚寅：十一月六日。[16]陈兵：列兵以威胁百官。[17]连名状：众人联名写的状文。状，向上陈述事实的文书。[18]太子监国：太子代行处理国政。[19]乞巧楼：在思玄门内，近思政殿。[20]门外：宣化门外。[21]宣武进奏官：宣武节度使朱全忠派遣入朝进奏的官员。[22]请对：请求在皇帝面前进对。[23]甫：刚。[24]思政殿：大明宫内紫宸殿西为延英殿，延英殿南即为思政殿。天子于此见群臣。[25]掖（yè）：挟持。[26]军容：指刘季述，时刘季述为军容使。[27]宅家：对皇帝的敬称。皇帝至尊，以天下为宅，四海为家，故曰宅家，与陛下同义。[28]取：和，与。[29]大宝：帝位。[30]中外群情：朝野上下大家的愿望。[31]保颐：保养。[32]东宫：即少阳院。在宣政殿之东。[33]卿曹：臣子们。[34]遏：止。[35]之：往。[36]大内：皇宫。[37]趣（cù）：赶快。[38]传国宝：玉玺。[39]嫔御：帝王的侍妾、宫女。[40]适：往。[41]银挝（zhuā）：银杖。[42]数（shǔ）：责备，诉说。[43]数十：数十条罪状。[44]熔铁锢（gù）之：熔化铁水铸塞门锁。[45]辄：每每，就要。[46]穴墙：在墙上挖一洞穴。[47]辛卯：十一月七日。[48]更名缜：太子原名李裕，大顺二年封德王。[49]甲午：十一月十日。[50]榜（péng）：鞭打，通"搒"。[51]司天监：官名。司天台监，正三品，掌察天文，考计历数。原为太史局浑天监，唐肃宗乾元元年（758）改为司天台。[52]度支盐铁转运使：官名。度支使掌管全国财赋的统计和支调。盐铁使掌收运盐铁之税。唐代盐铁使与转运使多联为一职。据章校，"而已"二字下有"崔胤密致书全忠，使兴兵图返正"十三字。

左仆射致仕张浚在长水[1]，见张全义于洛阳，劝之匡复[2]；又与诸藩镇书劝之。

进士[3]无棣李愚[4]客华州，上韩建书，略曰："仆每读书，见父子群臣之际，有伤教害义[5]者，恨不得肆之市朝[6]。明公居近关重镇[7]，君父幽辱月余，坐视凶逆[8]而忘勤王[9]之举，仆所未谕[10]也。仆窃计中朝辅弼[11]，虽有志而无权；外镇诸侯，虽有权而无志。惟明公忠义，社稷是依[12]。往年车辂[13]播迁，号泣奉迎，累岁供馈[14]，再复庙、朝[15]，义感人心，至今歌咏。此时事势，尤异前日；明公地处要冲，位兼将相[16]。自宫闱[17]变故，已涉旬时[18]，若不号令率先以图反正[19]，迟疑未决，一朝山东侯伯唱义连衡[20]，鼓行而西，明公求欲自安，其可得乎！此必然之势也。不如驰檄四方，谕以逆顺[21]，军声一振，则元凶[22]破胆，旬浃[23]之间，二竖[24]之首传于天下，计无便于此者。"建虽不能用，厚待之。愚坚辞而去。

朱全忠在定州行营，闻乱，丁未[25]，南还；十二月，戊辰[26]，至大梁。季述遣养子希度诣全忠，许以唐社稷输[27]之；又遣供奉官李奉本以太上皇诰[28]示全忠。全忠犹豫未决，会[29]僚佐议之，或曰："朝廷大事，非藩镇所宜预[30]知。"天平[31]节度副使李振独曰："王室有难，此霸者之资[32]也。今公为唐桓、文，安危所属[33]。季述一宦竖耳，乃敢囚废天子，公不能讨，何以复令诸侯！且幼主位定，则天下之权尽归宦官矣，是以太阿[34]之柄授人也。"全忠大悟，即囚希度、奉本，遣振如京师诇事[35]。既还，又遣亲吏蒋玄晖如京师，与崔胤谋之；又召程岩赴大梁。

清海节度使薛王知柔薨。

是岁，加杨行密兼侍中。

睦州[36]刺史陈晟卒，弟询自称刺史。

太子即位累旬[37]，藩镇笺表[38]多不至。王仲先性苛察[39]，素知左、右军多积弊，及为中尉，钩校[40]军中钱谷，得隐没为奸者，痛捶[41]之，急征所负[42]；将士颇不安。有盐州[43]雄毅军使孙德昭[44]为左神策指挥使，自刘季述废立，常愤惋不平。崔胤闻之，遣判官[45]石戬与之游[46]。德昭每酒酣必泣，戬知其诚，乃密以胤意说之曰："自上皇幽闭，中外大臣至于行间[47]士卒，孰[48]不切齿！今反者独季述、仲先耳，公诚能诛此二人，迎上皇复位，则富贵穷[49]一时，忠义流千古；苟狐疑不决，则功落他人之手矣！”德昭谢曰：“德昭小校[50]，国家大事，安敢专之！苟[51]相公[52]有命，不敢爱[53]死。”戬以白胤。胤割衣带，手书以授之。德昭复结右军清远都[54]将董彦弼、周承诲，谋以除夜[55]伏兵安福门[56]外以俟之。

（以上为第五段，写崔胤策动左神策军指挥使孙德昭发动政变，拥立昭宗复辟。朱全忠磨刀霍霍，借复辟之名觊觎长安。）

【注释】

［1］长水：县名。原名长渊，唐以犯高祖李渊讳，改名长水。县治在今河南洛宁县西长水镇。乾宁三年，昭宗本欲任用张浚为相，因李克用反对而止，张浚致仕居长水。［2］匡复：挽救将亡之国，使转危为安。这里指复辟昭宗之位。［3］进士：贡举的人才。唐代科举，试于礼部。及第者为进士。［4］李愚（?—935）：字子晦，渤海无棣（今山东无棣）人。入梁拜左拾遗，崇政院直学士。入唐，官至中书侍郎、同平章事。传见《旧五代史》卷六十七，《新五代史》卷五十四。［5］伤教害义：伤害教化仁义。［6］肆之市朝：将罪大恶极的人斩杀于市集示众。肆，陈列，示众。［7］近关重镇：韩建据华州扼潼关，故云近关重镇。［8］凶逆：指刘季述等。［9］勤王：为王事尽力。［10］未谕：不明白。［11］中朝辅弼：朝中宰相等辅佐大臣。［12］社稷是依：国家的依靠。［13］车辂（lù）：大车。此专指天子之车。［14］供馈：供给进献。［15］庙、朝：宗庙和朝廷。乾宁三年韩建迎昭宗驻跸华州，于光化元年归长安。［16］位兼将相：韩建时为兴德府尹兼同州节度使，加中书令，拜太傅，进封许国公。［17］宫闱（wéi）变故：指昭宗被囚。闱，宫中旁门。［18］涉旬时：涉，过。旬时，即旬日。［19］反正：由乱而治，由邪而正，使昭宗还复本位。［20］一朝山东侯伯唱义连衡：山东，泛指华山以东中原地区。侯伯，指藩镇。唱义，首倡忠义。连衡，联合。“一朝山东”至“其可得乎”四句，意谓一旦山东诸侯举义联合，向西进兵，那时明公想求自安恐怕都来不及。鼓行，名正言顺地进军讨伐。古代进军，有钟鼓曰伐。自安，指山东勤王之师如果到了华州，则韩建难以自安其位。［21］谕以逆顺：晓之以逆顺之理。［22］元凶：首恶，罪魁祸首。［23］旬浃（jiā）：十天，一旬。［24］二竖：两个小子。指刘季述、王仲先。竖，古代骂人之语。［25］丁未：十一月二十三日。［26］戊辰：十二月十四日。［27］输：献纳。［28］诰：皇帝手谕。此为刘季述伪作之诰。［29］会：召集。［30］预：参与，干涉。［31］天平：方镇名。唐宪宗元和十五年（820）赐郓曹濮节度使号天平军节度使，治所郓州。［32］资：凭借，依托。［33］属（zhǔ）：托付。李振以齐桓、晋文谄媚朱全忠，谓国家安危系于朱全忠一身。［34］太阿（ē）：古代名剑。比喻国家政权。［35］诇（xiōng）事：刺探情况。［36］睦州：州名。治所在今浙江建德市东。［37］累旬：几十天。［38］笺表：呈送

皇帝的表奏。［39］苛察：以烦琐苛刻为明察。［40］钩校：查对。［41］捶：捧打。［42］急征所负：紧急追回所隐匿贪污的钱粮。［43］盐州：州名。治所在今陕西定边县。［44］孙德昭（?—913）：盐州五原人。其父官拜右金吾卫大将军。德昭凭父荫，累职为左神策指挥使。传见《旧五代史》卷十五，《新五代史》卷四十三。［45］判官：此为度支盐铁判官。［46］游：交往。［47］行间：行伍之间。［48］孰：谁。［49］穷：穷尽。言富贵之极。［50］小校：自谦之词。［51］苟：如果。［52］相公：指崔胤。［53］爱：吝惜。［54］清远都：神策五十四都之一。［55］除夜：除夕之夜。［56］安福门：皇城西面有二门，南边的叫顺义门，北边的叫安福门。

天复元年（辛酉，901 年）

春，正月，乙酉朔[1]，王仲先入朝，至安福门，孙德昭擒斩之，驰诣[2]少阳院，叩门呼曰："逆贼已诛，请陛下出劳[3]将士。"何后不信，曰："果尔[4]，以其首来！"德昭献其首，上乃与后毁扉[5]而出。崔胤迎上御长乐门[6]楼，帅百官称贺。周承诲擒刘季述、王彦范继至，方诘责[7]，已为乱梃所毙[8]。薛齐偓赴井死。出而斩之。灭四人之族，并诛其党二十余人。宦官奉太子匿于左军，献传国宝。上曰："裕幼弱，为凶竖所立，非其罪也。"命还东宫，黜为德王，复名裕[9]。丙戌[10]，以孙德昭同平章事，充静海[11]节度使，赐姓名李继昭。

丁亥[12]，崔胤进位司徒，胤固辞；上宠待胤益厚。

己丑[13]，朱全忠闻刘季述等诛，折程岩足[14]，械送京师，并刘希度、李奉本等皆斩于都市，由是益重李振。

庚寅[15]，以周承诲为岭南西道节度使，赐姓名李继诲，董彦弼为宁远[16]节度，赐姓李，并同平章事；与李继昭俱留宿卫[17]，十日乃出[18]还家，赏赐倾府库[19]，时人谓之"三使相[20]。"

癸巳[21]，进朱全忠爵东平王。

丙午[22]，敕："近年宰臣延英[23]奏事，枢密使侍侧，争论纷然；既出，又称上旨未允，复有改易，桡权[24]乱政。自今并依大中[25]旧制，俟宰臣奏事毕，方得升殿承受公事。"赐两军副使李师度、徐彦孙自尽，皆刘季述之党也。

凤翔、彰义节度使李茂贞来朝；加茂贞守尚书令[26]，兼侍中，进爵岐王。

刘季述、王仲先既死，崔胤、陆扆[27]上言："祸乱之兴，皆由中官典兵[28]。乞令胤主左军，扆主右军，则诸侯不敢侵陵，王室尊矣。"上犹豫两日未决。李茂贞闻之，怒曰："崔胤夺军权未得，已欲翦灭诸侯！"上召李继昭、李继诲、李彦弼谋之，皆曰："臣等累世在军中，未闻书生为军主；若属南司，必多所变更，不若归之北司为便。"上乃谓胤、扆曰："将士意不欲属文臣，卿曹勿坚求。"于是以枢密使韩全诲[29]、凤翔监军使张彦弘[30]为左、右中尉。全诲，亦前凤翔监军也。又征[31]前枢密使致仕严遵美[32]为两军中尉、观军容处置使。遵美曰："一军[33]犹不可为，况两军乎！"固辞不起[34]。以袁易简、周敬容为枢密使。

李茂贞辞还镇。崔胤以宦官典兵，终为肘腋[35]之患，欲以外兵制之，讽[36]茂贞留兵三千于京师，充宿卫，以茂贞假子继筠将之。左谏议大夫[37]万年韩偓以为不可，胤曰："兵自不肯去，非留之也。"偓曰："始者何为召之邪？"胤无以应。偓曰："留此兵则家国两危，不留则家国两安。"胤不从。

（以上为第六段，写唐昭宗复辟，刘季述伏诛，崔胤权势达于顶峰。胤欲掌控神策军未果，讽李茂贞留兵宿卫京师，蹈东汉何进覆败之辙，胤罪不容诛。）

【注释】

[1]乙酉朔：正月一日。[2]驰诣：飞快地跑到。[3]劳：慰劳。[4]果尔：果真如此。[5]毁扉：破门。[6]长乐门：太极宫的端门叫承天门，承天门分为东西廊下门，自东廊下入长乐门。[7]诘责：责问，审讯。[8]梃（tǐng）：木棒。[9]复名裕：《旧唐书》作"改名祐"。据《资治通鉴》胡三省注，宦官刘季述等立李裕为帝，改名缜，至是复名裕，当以胡注为是。[10]丙戌：正月二日。[11]静海：方镇名。唐懿宗咸通七年（866）升安南都护为静海军节度使。治所交州，在今越南河内市。孙德昭遥领此职。[12]丁亥：正月三日。[13]己丑：正月五日。[14]折（shé）程岩足：断程岩之足。刘季述废昭宗，程岩曾参与。[15]庚寅：正月六日。[16]宁远：方镇名。乾宁四年（897）升容管观察使为宁远军节度使。[17]宿卫：在宫中值宿，担任警卫。[18]十日乃出：旬休，即十天休息一次。[19]倾府库：尽府库所有。[20]使相：唐中叶以后，凡节度使加上同平章事官衔的称使相。[21]癸巳：正月九日。[22]丙午：正月十日。[23]延英：殿名。唐大明宫紫宸殿西有延英殿，唐制，中书有敷奏入牓子，请开延英。[24]桡（náo）权：篡权。[25]大中：唐宣宗李忱的年号，公元847—859年。大中旧制，凡宰相在延英殿奏对。两中尉先降，枢密使候旨殿西，宰相奏事完毕，枢密使

案前受事。［26］尚书令：官名。尚书省长官。唐代因太宗李世民以尚书令即帝位，所以后世不轻易以此职授人。郭子仪有大功，虽授之而不敢接受，王行瑜强求而未获。现以此职授李茂贞，说明唐纲纪荡然已尽。［27］陆扆：字祥文，唐德宗朝名相陆贽族孙。光启二年（886）从僖宗幸山南。昭宗朝拜相，历官户部、吏部尚书。朱全忠谋篡逆，贬扆濮州司户参军，杀之白马驿。传见《旧唐书》卷一百七十九，《新唐书》卷一百八十三。［28］中官典兵：宦官执掌兵权。中官，掌控禁军的两中尉，以及掌军事的枢密，均由宦官充任。［29］韩全诲（？—903）：原为凤翔监军，后入为枢密使。传见《新唐书》卷二百零八。［30］张彦弘（？—903）：原与韩全晦并为凤翔监军，至是昭宗以韩全晦、张彦弘分掌左、右中尉。二人与李继诲、李彦弼等同恶相继，引李茂贞为援。崔胤外结朱全忠，欲尽诛宦官，唐末京师之乱重演东汉末的亡国之祸不可逆转。张彦弘传见《新唐书》卷二百零八。［31］征：召，调。［32］严遵美：宦官，时为致仕枢密使。传见《新唐书》卷二百零七。［33］一军：指左神策军。严氏谓掌一军尚不能，怎能掌左、右两军使，辞职不干。［34］不起：不愿出仕，后隐居青城山，年八十余卒。［35］肘腋：胳膊肘与胳肢窝，喻密切。［36］讽：婉言劝说。［37］谏议大夫：官名。掌论议。唐代分为左右谏议大夫，分属门下省、中书省。［38］韩偓（844—923）：京兆万年（今陕西西安）人。字致尧，号玉山樵人。龙纪元年（889）进士。昭宗时为兵部侍郎、翰林承旨，为帝倚重。朱全忠恶之，贬为濮州司马。晚唐诗人，善律绝。传见《新唐书》卷一百八十三。

朱全忠既服河北，欲先取河中以制河东，己亥[1]，召诸将谓曰：“王珂驽材[2]，恃太原自骄汰[3]。吾今断长蛇之腰[4]，诸君为我以一绳缚之！”庚子[5]，遣张存敬将兵三万自汜水[6]渡河出含山路[7]以袭之，全忠以中军继其后；戊申[8]，存敬至绛州[9]。晋、绛不意[10]其至，皆无守备，庚戌[11]，绛州刺史陶建钊降之；壬子[12]，晋州[13]刺史张汉瑜降之。全忠遣其将侯言守晋州，何絪守绛州，屯兵二万以扼河东援兵之路。朝廷恐全忠西入关，急赐诏和解之；全忠不从。

珂遣间使[14]告急于李克用，道路相继[15]，克用以汴兵先据晋、绛，兵不得进[16]。珂妻[17]遗李克用书曰：“儿旦暮为俘虏，大人何忍不救！”克用报曰：“今贼兵塞晋、绛，众寡不敌，进则与汝两亡，不若与王郎[18]举族归朝。”珂又遗李茂贞书，言：“天子新返正，诏藩镇无得相攻，同奖[19]王室。今朱公不顾诏命，首兴兵相加，其心可见。河中若亡，则同华、邠、岐[20]俱不自保。天子神器[21]拱手授人，其势必然矣。公宜亟[22]帅关中诸镇兵，固守潼关[23]，赴救河中。仆自知不武[24]，愿于公西偏授一小镇，此地请公有之。关中安危，国祚[25]修短[26]，系公此举，愿审思之！”茂贞素无远图[27]，不报。

二月，甲寅朔[28]，河东将李嗣昭攻泽州，拔之。

乙卯[29]，张存敬引兵发晋州；己未[30]，至河中，遂围之。王珂势穷，将奔京师，而人心离贰[31]，会浮梁[32]坏，流澌[33]塞河，舟行甚难，珂挈其族数百欲夜登舟，亲谕守城者，皆不应。牙将刘训曰：“今人情扰扰[34]，若夜出涉河[35]，必争舟纷乱，一夫[36]作难，事不可知。不若且送款[37]存敬，徐图向背[38]。”珂从之。壬戌[39]，珂植白幡[40]于城隅，遣使以牌印请降于存敬。存敬请开城，珂曰：“吾于朱公有家世事分[41]，请公退舍[42]，俟朱公至，吾自以城授之。”存敬从之，且使走白全忠。

乙丑[43]，全忠至洛阳，闻之喜[44]，驰往赴之；戊辰[45]，至虞乡[46]，先哭于重荣之墓，尽哀[47]；河中人皆悦。珂欲面缚[48]牵羊[49]出迎，全忠遽使止之曰：“太师舅[50]之恩何可忘！若郎君如此，使仆异日何以见舅于九泉！”乃以常礼出迎，握手歔欷[51]，联辔[52]入城。全忠表张存敬为护国军留后，王珂举族迁于大梁，其后全忠遣珂入朝，遣人杀之于华州。全忠闻张夫人[53]疾亟，遽自河中东归。

李克用遣使以重币[54]请修好于全忠；全忠虽遣使报，而忿[55]其书辞蹇傲[56]，决欲攻之。

（以上为第七段，写朱全忠收降王珂，得河中。）

【注释】

[1]己亥：正月十五日。[2]驽才：喻才能低下。驽，能力低下的马。[3]骄汏：骄傲奢侈。王珂是李克用之婿，恃翁婿之亲不事朱全忠，故云。[4]长蛇之腰：朱全忠把河东、河中两镇连衡以通长安喻为长蛇，现取河中，是断长蛇之腰。[5]庚子：正月十六日。[6]汜（sì）水：县名。县治在今河南荥阳市西。[7]含山路：镇名。一名含口，在绛州东，今山西绛县南。[8]戊申：正月二十四日。[9]绛州：州名。治所在今山西新绛县。[10]不意：没想到。[11]庚戌：正月二十六日。[12]壬子：正月二十八日。[13]晋州：州名。治所在今山西临汾市。[14]间（jiàn）使：抄近路的使者。[15]道路相继：告急使者一个接一个派出。[16]兵不得进：

太原西南六百多里至晋州，晋州南一百二十多里至绛州，绛州西南六十五里才至河中府，汴兵已屯晋、绛，可以遮前险，守后要。故李克用兵不能进。［17］珂妻：李克用之女。［18］王郎：自晋以来，岳父呼婿为郎。［19］奖：辅助。［20］同华、邠、岐：同华为韩建所镇；邠州，李茂贞养子继徽所镇；岐州，李茂贞所镇。［21］神器：帝位。［22］亟：急切。［23］潼关：关名。西薄华山，南临商岭，北距黄河，东接桃林，为陕西、山西、河南三省要冲，长安东边门户，历代皆为军事要地。［24］不武：不勇武。［25］国祚：帝王之位，国家的命运。［26］修短：长短。［27］远图：长远打算。［28］甲寅朔：二月一日。［29］乙卯：二月二日。［30］己未：二月六日。［31］离贰：有异心。［32］浮梁：蒲津的浮桥。河中府治河东县，架浮桥以通河西，自此路西入长安。［33］流澌：江河解冻时流动的冰块。［34］扰扰：纷乱。［35］涉河：渡过黄河。［36］一夫：一人。［37］款：归顺，投降。［38］徐图向背：慢慢再考虑趋向和背弃。［39］壬戌：二月九日。［40］白幡：白旗，以示投降。［41］家世事分（fèn）：世家相亲情分。王珂父亲王重荣，朱全忠以舅事之。［42］退舍：后退驻扎。［43］乙丑：二月十二日。［44］闻之喜：听说王珂投降而欢喜。自古以来，弱小者面临强敌坚力一心而守之，则强大者被困于城下久攻不克的情况很多，王珂不战不守而迎降，所以朱全忠欢喜。［45］戊辰：二月十五日。［46］虞乡：县名。西距河中府六十里。县治在今山西永济市东。［47］尽哀：哀痛之极。［48］面缚：两手反绑于身背而面向前。［49］牵羊：古时战败者肉袒牵羊至对方军门，表示降服。［50］太师舅：指王重荣。朱温于唐僖宗中和二年（882）举同州降王重荣，唐以之为同华节度使，并赐名全忠。［51］觑欷：哀叹抽泣声。［52］联辔（pèi）：骑马并肩而行。［53］张夫人：朱全忠之妻。［54］重币：丰厚的礼物。［55］忿：怨恨。［56］蹇傲：傲慢。

以翰林学士、户部侍郎王溥[1]为中书侍郎、同平章事。以吏部侍郎裴枢[2]为户部侍郎、同平章事。溥，正雅之从孙也，常在崔胤幕府，故胤引之。

赠谥故睦王倚[3]曰恭哀太子。

加幽州节度使刘仁恭、魏博节度使罗绍威并兼侍中。

三月，癸未朔[4]，朱全忠至大梁。癸卯[5]，遣氏叔琮等将兵五万攻李克用，入自太行，魏博都将张文恭入自磁州[6]新口[7]，葛从周以兖、郓兵会成德兵[8]入自土门[9]，洺州刺史张归厚入自马岭[10]，义武节度使王处直入自飞狐[11]，权知晋州侯言以慈、隰[12]、晋、绛兵入自阴地[13]。叔琮入天井关[14]，进军昂车[15]。辛亥[16]，沁州[17]刺史蔡训以城降。河东都将盖璋诣侯言降，即令权知沁州。壬子[18]，叔琮拔泽州，李存璋[19]弃城走。叔琮进攻潞州，昭义节度使孟迁降之。河东屯将李审建、王周将步军一万、骑二千诣叔琮降；叔琮进趣晋阳。夏，四月，乙卯[20]，叔琮出石会关[21]，营于洞涡驿[22]。张归厚引兵至辽州。丁巳[23]，辽州刺史张鄂降。别将白奉国会成德兵自井陉[24]入，己未[25]，拔承天军[26]，与叔琮烽火相应。

甲戌[27]，上谒太庙[28]；丁丑[29]，赦天下，改元[30]。雪[31]王涯[32]等十七家。

初，杨复恭为中尉，借度支[33]卖曲[34]一年之利以赡两军，自是不复肯[35]归。至是，崔胤草赦[36]，欲抑[37]宦官，听酤者[38]自造曲，但月输[39]榷酤[40]钱；两军先所造曲，趣令减价卖之，过七月无得复卖。

东川节度使王宗涤以疾求代，王建表马步使王宗裕为留后。

氏叔琮等引兵抵晋阳城下，数挑战，城中大恐；李克用登城备御，不遑[41]饮食。时大雨积旬，城多颓坏，随加完补。河东将李嗣昭、李嗣源凿暗门，夜出攻汴垒，屡有杀获，李存进败汴军于洞涡。时汴军既众，刍粮[42]不给，久雨，士卒虐利[43]，全忠乃召兵还。五月，叔琮等自石会关归，诸道军亦退。河东将周德威、李嗣昭以精骑五千蹑[44]之，杀获甚众。先是，汾州刺史李瑭举州附于汴军，克用遣其将李存审攻之，三日而拔，执瑭，斩之。氏叔琮过上党[45]，孟迁挈族随之南徙。朱全忠遣丁会代守潞州。

朱全忠奏乞除河中节度使，而讽吏民请己为帅；癸卯[46]，以全忠为宣武、宣义、天平、护国四镇节度使[47]。

（以上为第八段，写朱全忠进兵太原，大败李克用，遇雨退军。朱全忠兼领宣武、宣平、天平、护国四镇节度使。）

【注释】

[1]王溥（pǔ）（?—905）：字德润，唐文宗朝大理卿王正雅之侄孙。官至翰林学士、户部侍郎，入相判户部。后为朱全忠所害。传见《新唐书》卷一百八十二。 [2]裴枢（840—905）：字纪圣，咸通十二年（871）登进士第。结纳朱全忠，官至宰相。后忤朱全忠意，遭杀戮被投尸于河。传附《旧唐书》卷一百一十三，《新唐书》卷一百四十。 [3]睦王倚：昭宗弟李倚，为宦官刘季述等人所杀。 [4]癸未朔：三月一日。 [5]癸卯：三月二十一日。 [6]磁州：州名。治所在今

河北磁县。［7］新口：镇名。在磁州武安县境。唐武宗会昌三年（843）讨伐刘稹，自辽州开新路，达于武安县，故名新口。［8］成德兵：即王镕的镇州兵。［9］土门：镇名。即井陉口，在今河北井陉县东。［10］马岭：镇名。在今山西昔阳东南，为守险之地。［11］飞狐：山名，又称飞狐岭。有险关，唐置县。县治在今河北涞源县。［12］慈、隰：皆州名。慈州治所在今山西吉县。隰（xī）州治所在今山西隰县。［13］阴地：镇名。在今河南卢氏县东北。［14］天井关：关名。在今山西晋城市南。［15］昂车：关名。在泽州昂车岭。［16］辛亥：三月二十九日。［17］沁州：州名。治所在今山西沁源县。［18］壬子：三月三十日。［19］李存璋：据章校，"李"字前应有"刺史"二字。［20］乙卯：四月三日。［21］石会关：关名。在今山西晋中市太谷区南。［22］洞涡驿：镇名。临洞涡水，在今太原市南。［23］丁巳：四月五日。［24］井陉（xíng）：县名。县治在今河北井陉县西。［25］己未：四月七日。［26］承天军：在山西平定县东，一名承天寨。［27］甲戌：四月二十一日。［28］太庙：天子的祖庙。［29］丁丑：四月二十四日。［30］改元：改元天复。［31］雪：昭雪。［32］王涯（？—835）：唐文宗朝宰相。文宗大和九年甘露之变事败后被杀。同时被杀的有宰相李训、节度使郑注等十余家。崔胤欲诛宦官，故先给王涯等昭雪。［33］度支：官名。掌管全国财赋的统计和支调。［34］曲：酿酒时引起发酵的块状物，用某种霉菌和大麦、大豆、麸皮等制成。［35］肯：愿意。［36］草赦：起草赦文。［37］抑：抑制，限制。［38］酤者：卖酒的。［39］输：交纳。［40］榷（què）酤：官府专利卖酒。［41］遑（huáng）：恐惧。［42］刍（chú）粮：粮草。［43］痞利：疟疾和泄泻。利，通"痢"。［44］蹑（niè）：追赶。［45］上党：郡名，潞州上党郡。治所在今山西长治。［46］癸卯：五月二十二日。［47］四镇节度使：宣武、宣义、天平、护国四镇所辖范围，自蒲州、陕州以东，至于海，南到淮河，北至黄河，诸镇皆为朱全忠所有。

己酉[1]，加镇海、镇东[2]节度使钱镠守侍中。

崔胤之罢两军卖曲也，并近镇[3]亦禁之。李茂贞惜其利，表乞入朝论奏[4]，韩全诲请许之。茂贞至京师，全诲深与相结。崔胤始惧，阴厚朱全忠益甚，与茂贞为仇敌矣。

以佑国节度使张全义兼中书令。

六月，癸亥[5]，朱全忠如河中。

上之返正也，中书舍人[6]令狐涣[7]、给事中韩偓皆预其谋，故擢为翰林学士，数召对，访以机密。涣，绹之子也。时上悉以军国事委崔胤，每奏事，上与之从容，或至然[8]烛。宦官畏之侧目[9]，皆咨[10]胤而后行。胤志欲尽除之，韩偓屡谏曰："事禁[11]太甚。此辈亦不可全无，恐其党迫切，更生他变。”胤不从。丁卯[12]，上独召偓，问曰：“敕使[13]中为恶者如林，何以处之？”对曰：“东内之变[14]，敕使谁非同恶！处之当在正旦[15]，今已失其时矣。”上曰：“当是时，卿何不为崔胤言之？”对曰：“臣见陛下诏书云：‘自刘季述等四家之外，其余一无所问。’夫人主所重，莫大于信，既下此诏，则守之宜坚；若复戮[16]一人，则人人惧死矣。然后来所去者已为不少，此其所以恟恟[17]不安也。陛下不若择其尤无良者[18]数人，明示其罪，置之于法，然后抚谕其余曰：‘吾恐尔曹谓吾心有所贮[19]，自今可无疑矣。’乃择其忠厚者使为之长。其徒有善则奖之，有罪则惩之，咸自安矣。今此曹在公私[20]者以万数，岂可尽诛邪！夫帝王之道，当以重厚[21]镇之，公正御[22]之，至于琐细机巧，此机生则彼机应矣，终不能成大功，所谓理丝而棼[23]之者也。况今朝廷之权，散在四方；苟能先收此权，则事无不可为者矣。”上深以为然，曰：“此事终以属[24]卿。”

李克用遣其将李嗣昭、周德威将兵出阴地关，攻隰州[25]，刺史唐礼降之；进攻慈州[26]，刺史张瓌降之。

闰月[27]，以河阳节度使丁会为昭义节度使，孟迁为河阳节度使，从朱全忠之请也。

道士杜从法以妖妄诱昌、普、合[28]三州民作乱，王建遣行营兵马使王宗黯将兵三万会东川、武信[29]兵讨之。宗黯，即吉谏也。

崔胤请上尽诛宦官，但以宫人掌内诸司[30]事；宦官属耳[31]，颇闻之，韩全诲等涕泣求哀于上，上乃令胤，“有事封疏以闻，勿口奏”。宦官求美女知书者数人，内[32]之宫中，阴令诇察其事，尽得胤密谋，上不之觉也。全诲等大惧，每宴聚，流涕相诀别[33]，日夜谋所以去胤之术。胤时领三司[34]使，全诲等教禁军对上喧噪，诉胤减损冬衣；上不得已，解胤盐铁使。

时朱全忠、李茂贞各有挟天子令诸侯之意，全忠欲上幸东都，茂贞欲上幸凤翔。胤知谋泄，事急，遗朱全忠书，称被密诏，令全忠以兵迎车驾，且言：“昨者返正，皆令公[35]良图，而凤翔先入朝抄取[36]其功。今不速来，必成罪人，岂惟功为他人所有，且见[37]征讨矣！”全忠得书，秋，七月，甲寅[38]，遽归大梁发兵。

西川龙台镇[39]使王宗侃等讨杜从法，平之。

八月，甲申[40]，上问韩偓曰："闻陆扆不乐吾返正，正旦易服[41]，乘小马出启夏门[42]，有诸？"对曰："返正之谋，独臣与崔胤辈数人知之，扆不知也。一旦忽闻宫中有变，人情能不惊骇！易服逃避，何妨有之！陛下责其为宰相无死难之志则可也，至于不乐返正，恐出谗人[43]之口，愿陛下察之！"上乃止。

（以上为第九段，写崔胤力主尽诛宦官，韩偓主张惩其首恶，唐昭宗依违其间，取祸之道。）

【注释】

[1]己酉：五月二十八日。[2]镇东：方镇名。唐僖宗中和三年（883）升浙江东道为义胜军节度使，光启三年（887）改为威胜军节度使，乾宁三年（896）改为镇东节度使。[3]近镇：京畿附近的方镇。[4]论奏：李茂贞在凤翔，属近镇，故争卖曲之利。[5]癸亥：六月十三日。[6]中书舍人：官名。中书省的属官。掌管诏令、侍从、宣旨、接纳上奏文表等事。[7]令狐涣：唐宣宗朝宰相令狐绹之子。官至中书舍人。传附《旧唐书》卷一百七十二，《新唐书》卷一百六十六。[8]然：通"燃"。[9]侧目：据章校，二字下有"事无大小"四字。[10]咨：咨询。[11]禁：制止。[12]丁卯：六月十七日。[13]敕使：宦官。[14]东内之变：指刘季述废昭宗之事。[15]正旦：正月一日，谓诛刘季述等人之时。[16]复戮：再杀。[17]恟恟：纷扰不安的样子。[18]尤无良者：最坏的人。[19]贮（zhù）：储藏。[20]公私：公，指在职宦官；私，指宦官私养的义子，不在职的宦者。[21]重厚：优厚的待遇。[22]御：控制。[23]理丝而棼（fēn）：整理蚕丝不找出头绪，会越弄越乱。棼，纷乱。语出《左传·隐公四年》鲁大夫众仲答鲁隐公语："臣闻以德和民，不闻以乱；以乱，犹治丝而棼之也。"比喻解决问题的方法不对，反而会将问题搞得更加复杂。[24]属（zhǔ）：托付。[25]隰州：州治在今山西省隰县。[26]慈州：州治在今山西省吉县。[27]闰月：闰七月。[28]昌、普、合：皆州名。昌州治所在今重庆市大足区，普州治所在今四川安岳。合州治所在今重庆市合川区。[29]武信：方镇名。唐昭宗乾宁四年（897）置武信军节度使，领遂、合、昌、渝、泸五州。治所遂州，在今四川遂宁市。[30]内诸司：宫内诸司。时宦官分领内诸司使。[31]属（zhǔ）耳：窃听。[32]内：纳。[33]诀别：话别。[34]三司：户部、度支、盐铁。[35]令公：朱全忠时进检校太师兼中书令，故称。崔胤把反正之功全归于朱全忠。[36]抄取：夺取。[37]见：被。[38]甲寅：七月五日。[39]龙台镇：镇名。在普州安岳县，今四川安岳县东。[40]甲申：八月五日。[41]易服：更换朝服。[42]启夏门：京城南面东数第一门。[43]谗人：进谗言之人。

韩全诲等惧诛，谋以兵制上[1]，乃与李继昭、李继诲、李彦弼、李继筠深相结；继昭独不肯从，他日，上问韩偓："外间何所闻？"对曰："惟闻敕使忧惧，与功臣[2]及继筠交结，将致[3]不安，亦未知其果然不耳[4]。"上曰："是不虚矣。比日[5]继诲、彦弼辈语渐倔强[6]，令人难耐。令狐涣欲令朕召崔胤及全诲等于内殿，置酒和解之，何如？"对曰："如此则彼凶悖[7]益甚。"上曰："为之奈何？"对曰："独有显罪[8]数人，速加窜逐[9]，余者许其自新，庶几[10]可息。若一无所问，彼必知陛下心有所贮，益不自安，事终未了耳。"上曰："善！"既而[11]宦官自恃党援[12]已成，稍[13]不遵敕旨；上或出之使监军，或黜守诸陵[14]，皆不行，上无如之何。

或告杨行密云，钱镠为盗所杀。行密遣步军都指挥使李神福等将兵取杭州，两浙将顾全武等列八寨以拒之。

九月，癸丑[15]，上急召韩偓，谓曰："闻全忠欲来除君侧之恶[16]，大是尽忠，然须令与茂贞共其功；若两帅交争，则事危矣。卿为我语[17]崔胤，速飞书[18]两镇，使相与合谋，则善矣。"壬戌[19]，上又谓偓曰："继诲、彦弼辈骄横益甚，累日[20]前与继筠同入，辄[21]于殿东令小儿歌以侑酒[22]，令人惊骇。"对曰："臣必知其然；兹事失之于初。当正旦立功之时[23]，但应以官爵、田宅、金帛酬之，不应听[24]其出入禁中。此辈素无知识，数求入对[25]，或僭易[26]荐人，稍有不从，则生怨望；况惟知嗜利[27]，为敕使[28]以厚利雇之[29]，令其如引耳。崔胤本留卫兵[30]，欲以制敕使也，今敕使、卫兵相与为一，将若之何！汴兵若来，必与岐兵斗于阙下，臣窃寒心。"上但愀然[31]忧沮[32]而已。

冬，十月，戊戌[33]，朱全忠大举兵发大梁。

李神福与顾全武相拒久之，神福获杭俘，使出入卧内。神福谓诸将曰："杭兵尚强，我师且当夜还。"杭俘走告[34]全武，神福命勿追，暮遣羸兵[35]先行，神福为殿[36]，使行营都尉吕师造伏兵青山[37]下。全武素轻神福。出兵追之；神福、师造夹击，大破之，斩首五千级，生擒全武。钱镠闻之，惊泣曰："丧我良将！"神福进攻临安[38]；两浙将秦昶帅众三千降之。

韩全诲闻朱全忠将至，丁酉[39]，令李继筠、李彦弼等勒兵劫上，请幸凤翔，宫禁诸门皆增兵防守，人及文书出入搜阅甚严。上遣人密赐崔胤御札，言皆凄怆[40]，末云："我为宗社[41]大计，势须西行[42]，卿等但东行[43]也。惆怅[44]，惆怅！"

戊戌[45]，上遣赵国夫人[46]出语韩偓："朝来彦弼辈无礼极甚，欲召卿对，其势未可。"且言："上与皇后但涕泣相向。"自是，学士[47]不复得对矣。

癸卯[48]，韩全诲等令上入阁[49]召百官，追寝[50]正月丙午敕书[51]，悉如咸[52]通以来近例。是日，开延英，全诲等即侍侧，同议政事。

丁未[53]，神策都指挥使李继筠遣部兵掠内库[54]宝货、帷帐、法物[55]，韩全诲遣人密送诸王、宫人先之凤翔。

戊申[56]，朱全忠至河中，表请车驾幸东都，京城大骇，士民亡窜山谷。是日，百官皆不入朝，阙前寂无人。

十一月，己酉朔[57]，李继筠等勒兵阙下，禁人出入，诸军大掠。士民衣纸及布襦者，满街极目[58]。韩建以幕僚司马邺[59]知匡国留后。朱全忠引[60]四镇兵[61]七万趣同州，邺迎降。

韩全诲等以李继昭不与之同，遏绝[62]不令见上。时崔胤居第在开化坊[63]，继昭帅所部六十[64]余人，及关东诸道兵在京师者共守卫之；百官及士民避乱者，皆往依之[65]。庚戌[66]，上遣供奉官张绍孙召百官，崔胤等皆表辞不至。

壬子[67]，韩全诲等陈兵殿前，言于上曰："全忠以大兵逼京师，欲劫天子幸洛阳，求传禅[68]；臣等请奉陛下幸凤翔，收兵拒之。"上不许，杖剑[69]登乞巧楼。全诲等逼上下楼，上行才及寿春殿[70]，李彦弼已于御院[71]纵火。是日冬至，上独坐思政殿，翘一足，一足蹋[72]阑干[73]，庭无群臣，旁无侍者。顷之，不得已，与皇后、妃嫔、诸王百余人皆上马，恸哭声不绝，出门，回顾禁中，火已赫然[74]。是夕，宿鄠县[75]。

朱全忠遣司马邺入华州，谓韩建曰："公不早知过自归，又烦此军少留城下矣。"是日，全忠自故市[76]引兵南渡渭，韩建遣节度副使李巨川[77]请降，献银三万两助军；全忠乃西南趣赤水[78]。

癸丑[79]，李茂贞迎车驾于田家硙[80]，上下马慰接之。甲寅[81]，车驾至盩厔[82]；乙卯[83]，留一日。

（以上为第十段，写朱全忠与李茂贞争天子以令诸侯，朱全忠发兵西指，韩全诲与岐兵劫持昭宗西幸凤翔，宫城再度被付之一炬。）

【注释】

[1]制上：控制昭宗。 [2]功臣：指李继昭、李继诲、李彦弼。 [3]致：招来。 [4]然不（pǐ）：是否。 [5]比日：近日。 [6]倔强：直傲不屈于人。 [7]凶悖（bèi）：凶恶狂傲。[8]显罪：大罪，重罪。 [9]窜逐：放逐。流放。 [10]庶几（jī）：也许可以。 [11]既而：不久之后。 [12]党援：结党互相援助。 [13]稍：渐渐。 [14]黜守诸陵：贬斥去守诸皇陵。[15]癸丑：九月五日。 [16]君侧之恶：君主左右的恶人。 [17]语（yù）：告诉。 [18]飞书：传递书信。 [19]壬戌：九月十八日。 [20]累日：多日。 [21]辄：就。 [22]侑（yòu）酒：佐酒。 [23]正旦立功之时：谓诛刘季述、王仲先，迎昭宗反正之时。 [24]听：听任。[25]入对：入朝奏对。据章校，二字下有“或妄论朝政”五字。 [26]僭（jiàn）易：超越职分交换官员。 [27]嗜利：贪利。 [28]敕使：指韩全诲等宦官。 [29]雇之：指韩全诲以厚利引诱李继诲、李彦弼，使二人受其指使，为其所用，如同受雇用一样。 [30]卫兵：指岐州兵。当时崔胤留岐州兵，目的是牵制宦官。 [31]愀（qiáo）然：忧惧的样子。 [32]忧沮（jǔ）：忧愁沮丧。[33]戊戌：十月二十日。 [34]走告：放纵杭俘逃走，让其告诉顾全武李神福当夜撤兵的消息，用以引诱顾全武就范。 [35]羸（léi）兵：老弱之兵。 [36]殿：走在最后。 [37]青山：镇名。在临安东。 [38]临安：县名。县治在今浙江杭州市临安区北。为钱镠崛起之地。 [39]丁酉：十月十九日。 [40]悽怆（chuàng）：悲伤。 [41]宗社：宗庙和社稷。 [42]西行：谓将幸凤翔。 [43]东行：使崔胤等东行，意在催促朱全忠进兵。 [44]惆怅：因失意而伤感、懊恼。[45]戊戌：十月二十日。[46]赵国夫人：名宠颜。昭宗命宫人出至学士院将宫廷变故通告韩偓。[47]学士：翰林学士。 [48]癸卯：十月二十五日。 [49]入閤：唐代皇帝大朝会在含光殿，朔望大册拜在宣政殿，称为正衙。单日视朝在紫宸殿，称为上閤，又叫内衙。正衙有仗，开紫宸则呼仗自东西閤门入，在衙候朝的百官，因跟随入见叫入閤。 [50]追寝：追回停止。 [51]正月丙午敕书：指依大中旧制，宰相奏事毕，枢密使方得升殿承受公事的敕书。 [52]咸通：唐懿宗年号，公元860至公元874年。 [53]丁未：十月二十九日。 [54]内库：皇宫的府库。 [55]法物：帝王仪仗队所用的器物。 [56]戊申：十月三十日。 [57]己酉朔：十一月一。 [58]士民衣纸及布襦（rǔ）者，满街极目：士民穿纸做的衣服及短布衣的，满街都是，望不到边。襦，短衣。 [59]司马邺：字表仁。原为韩建部属，为同州节度留后。入梁，官至右武卫上将军。开平

三年（909）奉命从海路入岭，遭暴风漂流海上逾年，一行溺海而死。传见《旧五代史》卷二十。［60］引：率领。［61］四镇兵：即宣武、宣义、天平、护国等四镇兵。［62］遏绝：阻止断绝。［63］开化坊：长安街市名。在朱雀门南。［64］六十：据章校，应为“六千”。［65］依之：依李继昭之兵以避禁兵及岐兵暴掠。［66］庚戌：十一月二日。［67］壬子：十一月四日。［68］传禅：传给帝王之位。［69］杖剑：持剑。杖，同“仗”。［70］寿春殿：唐大明宫殿之一。［71］御院：天子及后妃所居之地。［72］蹋：同“踏”。［73］阑干：即殿槛。［74］赫然：火势很大。［75］鄠（hù）县：县名。县治在今陕西西安市鄠邑区。在长安西南。［76］故市：镇名。在陕西渭南北。路通大荔、蒲城、富平三县。为渭北交通要地。［77］李巨川（?—901）：字下已，陇右（今青海海东市乐都区）人，乾符中进士。王重荣镇河中时，为掌书记，文思敏速，闻名天下。后从韩建，唐昭宗深重之，授谏议大夫。传见《旧唐书》卷一百九十下，《新唐书》卷二百二十四下。［78］赤水：镇名。在陕西渭南东。分东西二镇，滨赤水，西镇属渭南，东镇属华县，为往来要道。［79］癸丑：十一月五日。［80］田家硙（wèi）：村镇名。［81］甲寅：十一月六日。［82］盩厔：县名。县治在今陕西周至县。［83］乙卯：十一月七日。

朱全忠至零口[1]西，闻车驾西幸，与僚佐议，复引兵还赤水。左仆射致仕张浚说全忠曰：“韩建，茂贞之党，不先取之，必为后患。”全忠闻建有表劝天子幸凤翔，乃引兵逼其城。建单骑迎谒，全忠责之，对曰：“建目不知书[2]，凡表章书檄，皆李巨川所为。”全忠以巨川常为建划策，斩之军门。谓建曰：“公许人[3]，可即往衣锦[4]。”丁巳[5]，以建为忠武[6]节度使，理陈州，以兵援送[7]之。以前商州[8]刺史李存权知华州，徙忠武节度使赵珝为匡国[9]节度使。车驾之在华州也[10]，商贾辐凑[11]，韩建重征之，二年，得钱九百万缗。至是，全忠尽取之。

是时京师无天子，行在无宰相，崔胤使太子太师卢渥等二百余人列状[12]请朱全忠西迎车驾，又使王溥至赤水见全忠计事。全忠复书曰：“进则惧胁君[13]之谤，退则怀负国之惭；然不敢不勉[14]。”戊午[15]，全忠发赤水。

辛酉[16]，以兵部侍郎卢光启[17]权句当[18]中书事。车驾留岐山[19]三日，壬戌[20]，至凤翔。

朱全忠至长安，宰相帅百官班迎[21]于长乐坡[22]；明日行，复班辞[23]于临皋驿[24]。全忠赏李继昭之功[25]，初令权知匡国留后，复留为两街制置使[26]，赐与甚厚；继昭尽献其兵八千人。

全忠使判官李择、裴铸入奏事，称："奉密诏及得崔胤书，令臣将兵入朝。"韩全诲等矫诏[27]答以："朕避灾至此，非宦官所劫，密诏皆崔胤诈为之，卿宜敛兵[28]归保土宇[29]。"茂贞遣其将符道昭[30]屯武功[31]以拒全忠，癸亥[32]，全忠将康怀贞击破之。

丁卯[33]，以卢光启为右谏议大夫，参知机务[34]。

戊辰[35]，朱全忠至凤翔，军于城东。李茂贞登城谓曰："天子避灾，非臣下无礼；谗人误公至此。"全忠报曰："韩全诲劫迁天子，今来问罪，迎扈[36]还宫。岐王[37]苟不预谋[38]，何烦陈谕[39]！"上屡诏[40]全忠还镇，全忠乃拜表奉辞。辛未[41]，移兵北趣邠州[42]。

甲戌[43]，制[44]：守司空兼门下侍郎、同平章事崔胤责授[45]工部尚书，户部侍郎、同平章事裴枢罢守本官。

乙亥[46]，朱全忠攻邠州；丁丑[47]，静难节度使李继徽请降，复姓名杨崇本。全忠质其妻[48]于河中，令崇本仍镇邠州。

全忠之西入关也，韩全诲、李茂贞以诏命征兵河东，茂贞仍以书求援于李克用。克用遣李嗣昭将五千骑自沁州趣晋州，与汴兵战于平阳[49]北，破之。

乙亥[50]，全忠发邠州；戊寅[51]，次三原[52]。十二月，癸未[53]，崔胤至三原见全忠，趣之迎驾。己丑[54]，全忠遣朱友宁[55]攻盩厔，不下。戊戌[56]，全忠自往督战，盩厔降，屠之。全忠令崔胤帅百官及京城居民悉迁于华州。

诏以裴贽充大明宫留守。

清海节度使徐彦若薨，遗表荐行军司马刘隐权留后。

（以上为第十一段，写朱全忠入长安，劫持百官，迁置华州。复进兵围凤翔。）

【注释】

[1]零口：镇名。在陕西西安市临潼区西。武则天天授二年（691）曾于此置鸿州，郭下置鸿门县。此为古鸿门之地。 [2]目不知书：不识字。 [3]许人：韩建是许州长社人，在今河南许昌市。 [4]衣锦：《史记·项羽本记》："富贵不归故乡，如衣锦夜行，谁知之者？"此用此典，意谓让韩建回河南老家。 [5]丁巳：十一月九日。 [6]忠武：方镇名。唐德宗贞元三年（787）置

陈许节度使，治许州。十年赐号忠武军节度使。由于赵珝是陈州人，守陈州有功，朝廷以忠武节度使授之，徙忠武军治陈州。［7］援送：护送。朱全忠怕韩建中途逃归岐州，又怕他在华州时间长，手下将士有人中途劫夺，故以兵护送。［8］商州：州名。治所在今陕西商洛市商州区。［9］匡国：方镇名。治所同州。对韩建、李存权、赵珝的徙节，皆非朝廷诏命，而是朱全忠所为。［10］车驾之在华州也：指唐昭宗乾宁三年、四年时。［11］辐凑：车辐集中于轴心。喻人物聚集一处。当时华州为皇帝行在，故商贾集中以牟利。［12］列状：联名写状书。［13］胁君：威胁皇帝。“进则惧胁君之谤，退则怀负国之惭”二句，意谓向前进军害怕人说威胁皇帝，向后退兵又觉有负国家而内心惭愧。［14］勉：尽力。［15］戊午：十一月十日。［16］辛酉：十一月十三日。［17］卢光启（?—903）：字子忠。官至兵部侍郎、同中书门下平章事。传见《新唐书》卷一百八十二。［18］句（gòu）当：办理。时无宰相，临时使之办理中书事。［19］岐山：县名。县治在今陕西岐山。［20］壬戌：十一月十四日。［21］班迎：列班迎接。［22］长乐坡：长安城北禁苑中有长乐坡，在光泰门东七里。［23］班辞：百官列班送行。班迎，班辞，皆非朱全忠这样的藩臣所得当，此为崔胤谄媚朱全忠之举。［24］临皋驿：驿站名。［25］李继昭之功：保卫崔胤及百官之功。［26］两街制置使：官名。掌长安城东西两市军务。［27］矫诏：假托昭宗之命下诏。［28］敛兵：收兵。［29］土宇：封疆，领土。［30］符道昭（?—908）：淮西人，性强敏，有武略。初事秦宗权，后降朱全忠，昭宗时任为秦州节度使。传见《旧五代史》卷二十一，《新五代史》卷二十一。［31］武功：县名。县治在今陕西武功县西。［32］癸亥：十一月十五日。［33］丁卯：十一月十九日。［34］参知机务：卢光启以右谏议大夫居宰相职位，名参加机务。机务，机要的事务，此指军政大事。［35］戊辰：十一月二十日。［36］迎扈：迎接皇帝的车驾。［37］岐王：指李茂贞。［38］苟不预谋：如果没有参与韩全诲的阴谋。［39］陈谕：陈述表白。［40］屡诏：多次下诏书，令朱全忠还镇。韩全诲、李茂贞挟天子以令之。［41］辛未：十一月二十三日。［42］趣邠州：向邠州进军。时李茂贞养子李继徽镇邠州，若先得邠州，岐州则孤立了。［43］甲戌：十一月二十六日。［44］制：皇帝诏命。［45］责授：受斥责而改授官职。崔胤、裴枢贬官，皆宦官之意。［46］乙亥：十一月二十七日。［47］丁丑：十一月二十九日。［48］质其妻：以李继徽之妻为人质。［49］平阳：县名，为晋州治所。县治在今山西临汾。［50］乙亥：十一月二十七日。［51］戊寅：十一月三十日。［52］三原：县名。县治在今陕西三原北。自那州东南至三原，一百五十余里。［53］癸未：十二月五日。［54］乙丑：十二月十一日。［55］朱友宁（?—903）：字安仁，朱全忠兄朱存之子。全忠即位，追封安王。传见《旧五代史》卷十二，并附《新五代史》卷十三《朗王存传》。［56］戊戌：十二月十九日。

李神福知钱镠定不死[1]，而临安城坚，久攻不拔，欲归，恐为镠所邀[2]，乃遣人守卫镠祖考丘垄[3]，禁樵采[4]，又使顾全武通家信；镠遣使谢之。神福于要路多张旗帜为虚寨，镠以为淮南兵大至，遂请和；神福受其犒赂[5]而还。

朱全忠之入关也，戎昭[6]节度使冯行袭遣副使鲁崇矩听命于全忠。韩全诲遣中使二十余人分道征江、淮兵屯金州[7]，以胁全忠，行袭尽杀中使[8]，收其诏敕送全忠。又遣使征兵于王建，朱全忠亦遣使乞师于建。建外[9]修好于全忠，罪状[10]李茂贞，而阴[11]劝茂贞坚守，许之救援；以武信节度使王宗佶、前东川节度使王宗涤等为扈驾[12]指挥使，将兵五万，声言迎车驾，其实袭茂贞山南诸州[13]。

江西节度使钟传将兵围抚州刺史危全讽，天火[14]烧其城，士民讙惊[15]。诸将请急攻之，传曰："乘人之危，非仁也。"乃祝[16]曰："全讽之罪，无为害民。"火寻[17]止。全讽闻之，谢罪听命，以女妻传子匡时。

传少时尝猎，醉遇虎，与斗，虎搏其肩，而传亦持虎腰不置[18]，旁人共杀虎，乃得免。既贵，悔之，常戒诸子曰："士处世贵智谋，勿效吾暴虎[19]也。"

武贞节度使雷满薨，子彦威自称留后。

（以上为第十二段，写西川王建大兴兵声言迎车驾以助李茂贞，实际袭夺李茂贞山南诸州。）

【注释】

[1]定不死：有人传说钱镠为盗所杀，李神福不信。 [2]邀：截击。自临安退还宣州，路上有千秋岭之险。 [3]祖考丘垄：祖坟。钱镠是临安人，其祖父、父亲的坟茔在临安。考，亡父曰考。 [4]樵采：打柴。 [5]犒赂：犒劳财物。 [6]戎昭：方镇名。昭宗天祐二年（905）始改昭信军节度使为戎昭军节度使。 [7]金州：州名。治所在今陕西安康市。 [8]尽杀中使：冯行袭以昭信节度使治金州，故得尽杀中使。 [9]外：表面。 [10]罪状：条列罪行。 [11]阴：背地里。 [12]扈驾：随从帝王车驾。 [13]山南诸州：即山南西道诸州。 [14]天火：由雷电或物体自燃引起的大火。 [15]讙（huān）惊：喧哗惊慌。 [16]祝：以言告神祈福。 [17]寻：一会儿，一刹那。 [18]不置：不放。 [19]暴虎：空手与虎搏斗。

【点评】

本卷点评马殷扩地取桂州、刘季述废唐昭宗、崔胤留岐兵宿卫三件史事。

一、马殷扩地取桂州。马殷，字霸图，许州鄢陵人。原蔡州秦宗权部属，隶孙儒为裨将。孙儒与杨行密争淮南兵败，马殷与刘建锋率残兵七千人逃往洪州，在江西聚众数万，攻入湖南，取长沙。唐僖宗任刘建锋为湖南节度使，马殷为马步军都指挥使。公元896年，军士杀刘建锋，众推马殷为节度使。马殷争战，数年间全据湖南。至公元900年，马殷攻取桂管五州。马殷的强敌是东边的淮南杨行密。杨行密西进，为马殷所阻，马殷为了自存，对朱全忠十分恭顺，借朱氏之力遏制淮南。公元907年，朱全忠代唐，封马殷为楚王。当年马殷击败淮南军，夺得岳州。公元908年，马殷出兵岭南，打败岭南割据者刘隐，兼并了岭南六个州。马殷闭境自保，带给了湖南、岭南士民安定，这是马殷在唐末乱世中对历史的贡献。

二、刘季述废唐昭宗。刘季述，原本是宫中低级宦官，积资累迁做到枢密使。宰相崔胤与昭宗谋，欲杀尽宦官，外结朱全忠为援。宦官则外结李茂贞以自保。光化三年（900）六月，崔胤奏请昭宗流放宦官左右中尉景务修、宋道弼，并赐死于道。刘季述、王仲先继任左右中尉，十分怀恨崔胤，伺机反扑。

其时，唐昭宗从华州还京师，惊悸未定，整日闷闷不乐，性情乖张，醉酒杀人。刘季述、王仲先借机以皇后令幽囚唐昭宗于少阳院，废为太上皇，奉太子即位，大肆杀戮唐昭宗平时亲近的人。刘季述通款于朱全忠，告以将弑帝，奉献唐社稷，而实欲借朱全忠之手杀尽百官，挟天子以令诸侯。崔胤致信朱全忠举兵入朝尽杀宦官。朱全忠狐疑，首鼠两端，把崔胤的信转给刘季述，火上浇油，激化京师内斗局面。崔胤巧辩，称朱全忠所转之信乃奸人所为，刘季述吃不准朱全忠心意，反与崔胤和解。崔胤则把和解之事告知朱全忠，用以表示忠心。朱全忠羞恼自己为刘季述所卖，转身与崔胤谋诛刘季述。天平节度副使李振建言朱全忠诛宦官以建桓文之功，坚定了朱全忠的立场，于是朱全忠派李振到京师与崔胤合谋复辟昭宗，诛杀刘季述。适逢都将孙德昭、董从实因盗没官钱受责于王仲先，为崔胤所利用。孙德昭又引别将周承诲相助。三人在崔胤策划下，于十二月晦除夕之夜发动兵变，诛杀了刘季述、王仲先等一干宦官，并夷三族，昭宗复辟。昭宗论功行赏，孙德昭、董从实、周承诲三人赐姓李。孙德昭更名李继昭，任命为检校太保，静海军节度使。董从实更名为李彦弼，任命为检校司徒，容管节度使，两人并同中书门下平章事。周承诲更名为李继诲，亦任命为检校司徒，邕管节度使。三人同加"扶倾济难忠烈功臣"，图形凌烟阁，号称"三使相"，荣耀无比。崔胤建大功，专国政。昭宗经过这一番废立的折腾，威权扫地。

三、崔胤留岐兵宿卫。昭宗复辟后，崔胤上奏说："祸难的兴起，根源就是宦官掌握了军权，请把禁军交给宰相典领。"昭宗厌恶崔胤外结朱全忠，认为军权还是交给家奴掌管放心，于是以枢密使韩全诲、凤翔监军使张彦弘为左、右中尉。韩全诲亦前任凤翔监军，任中尉后与李茂贞亲善。

崔胤未能掌控禁军，心有不甘，又害怕宦官掌控军权继续危害朝廷，就想借藩镇之兵来平衡宦官权力，暗示李茂贞留兵三千在京师，由李茂贞的儿子李继筠统领宿卫宫禁。左谏议大夫韩偓认为这样做十分危险。韩偓说："京师驻留藩镇之兵，家国两危，不留家国两安。"崔胤不听，重蹈东汉何进召董卓之兵入京危害家国的覆辙。崔胤才德两失，非靖难之臣，只顾眼前，毫无远识，不听忠言，一意孤行，貌似忠臣，委实一个祸国之臣。

卷二六三　唐纪七十九

唐昭宗天复二年至三年（902—903 年）

【起玄黓阉茂（壬戌，902 年），尽昭阳大渊献（癸亥，903 年）正月，凡一年有奇】

【大事提要】

本卷记事起公元 902 年，讫公元 903 年正月。载述史事凡一年又一个月。当唐朝昭宗天复二年至天复三年正月。此一年大事为汴、岐两镇争夺天子控制权，以及唐皇室宦官被全歼始末。先是汴晋两军晋阳大战，李克用丧师夺气。朱全忠势盛，欲西劫天子，唐昭宗晋爵杨行密为吴王，钱镠为越王，诏诸道讨逆朱全忠。岐王李茂贞与吴王杨行密夹击朱全忠不胜，王师范举义旗失败，困守孤城于凤翔的李茂贞请降朱全忠，诛杀了韩全诲等七十二个宦官，朱全忠解围，昭宗还京师，崔胤大诛宦官，诏诸镇尽杀监军。司马光论宦官祸国之因。东南藩镇，杨行密助钱镠摆脱困境，乘势扩张，兵进鄂岳。

昭宗圣穆景文孝皇帝中之下

天复二年（壬戌，902 年）

春，正月，癸丑[1]朱全忠复屯三原，又移军武功[2]河东将李嗣昭、周德威攻、隰以分全忠兵势。

丁卯[3]，以给事中韦贻范为工部侍郎、同平章事。

丙子[4]，以给事中严龟充岐、汴和协使[5]，赐朱全忠姓李，与李茂贞为兄弟；全忠不从。

时茂贞不出战。全忠闻有河东兵，二月，戊寅朔[6]，还军河中。

李嗣昭等攻慈、隰，下之，进逼晋、绛。己丑[7]，全忠遣兄子友宁将兵会晋州刺史氏叔琮击之。李嗣昭袭取绛州。汴将康怀英[8]复取之。嗣昭等屯蒲县[9]；乙未[10]，汴军十万营于蒲南[11]，琮夜帅众断其归路，而攻其垒，破之，杀获万余人。己亥[12]，全忠自河中赴之，乙巳[13]，至晋州。

盗发简陵[14]。

西川兵至利州，昭武节度使李继忠弃镇奔凤翔；王建以剑州[15]刺史王宗伟为利州制置使。

三月，庚戌[16]，上与李茂贞及宰相、学士、中尉、枢密宴，酒酣，茂贞及韩全诲亡去。上问韦贻范："朕何以巡幸至此？"对曰："臣在外不知。"固问[17]，不对。上曰："卿何得于朕前妄语[18]云不知？"又曰："卿既以非道[19]取宰相，当于公事如法[20]；若有不可，必准[21]故事[22]。"怒目视之，微言[23]曰："此贼兼须杖之二十。"顾谓韩偓曰："此辈亦称宰相！"贻范屡以大杯献上，上不即持，贻范举杯直及上颐[24]。

戊午[25]，氏叔琮、朱友宁进攻李嗣昭、周德威营。时汴军横陈十里，而河东军不过数万，深入敌境，众心恟惧[26]。德威出战而败，密令嗣昭以后军前去[27]，德威寻[28]引骑兵亦退。叔琮、友宁长驱乘之，河东军惊溃，擒克用子廷鸾，兵仗辎重委弃略尽。朱全忠令叔琮、友宁乘胜遂攻河东。

李克用闻嗣昭等败，遣李存信以亲兵逆之，至清源[29]，遇汴军，存信走还[30]晋阳；汴军取慈、隰、汾三州。辛酉[31]，汴军围晋阳，营于晋祠[32]，攻其西门。周德威、李嗣昭收余众依西山得还[33]。城中兵未集，叔琮攻城甚急，每行围[34]，褒衣博带[35]，以示闲暇。

克用昼夜乘城[36]，不得寝食。召诸将议保云州[37]，李嗣昭、周德威曰："儿辈在此，必能固守。王勿为此谋，动摇人心！"李存信曰："关东、河北皆受制于朱温，我兵寡地蹙[38]，守此孤城，彼筑垒穿堑环之[39]，以积久[40]制我，我飞走无路，坐待困毙耳。今事势已急，不若且入北虏，徐图进取。"嗣昭力争之，克用不能决。刘夫人言于克用曰："存信，北川[41]牧羊儿耳，安知远虑！王常笑王行瑜轻去其城[42]，死于人手，今日反效之邪！且王昔居达靼[43]，几不自免，赖朝廷多事，乃得复归。今一足出城，则祸变不测，塞外可得至邪！"克用乃止。居数日，溃兵复集，军府浸安[44]。克用弟克宁为忻州[45]刺史，闻汴寇至，中途复还晋阳，曰：“此城吾死所也，去[46]将何之[47]！”众心乃定。

壬戌[48]，朱全忠还河中，遣朱友宁将兵西击李茂贞，军于兴平[49]、武功之间李嗣昭、李嗣源数将敢死士[50]夜入氏叔琮营，斩首捕虏，汴军惊扰，备御不暇。会大疫[51]，丁卯[52]，叔琮引兵还。嗣昭与周德威将兵追之，及石会关，叔琮留数马及旌旗于高冈之巅[53]。嗣昭等以为有伏兵，乃引去，复取慈、隰、汾三州。自是克用不敢与全忠争者累年[54]。

（以上为第一段，写李克用援救李茂贞，招致汴兵大举进攻，晋兵巢穴晋阳差点不保。会疾疫大起，汴兵退走。）

【注释】

[1]癸丑：正月六日。[2]移军武功：朱全忠复屯三原，移军武功，意在进逼凤翔。[3]丁卯：正月二十日。[4]丙子：正月二十九日。[5]和协使：官名。负责调解岐、汴之间的矛盾。[6]戊寅朔：二月一日。[7]己丑：二月十二日。[8]康怀英（?—918）：兖州人。本名怀贞，避梁末帝讳改名怀英。原朱瑾牙将，降梁后官至保义军节度使。传见《旧五代史》卷二十三，《新五代史》卷二十二。[9]蒲县：县名。县治在今山西蒲县。[10]乙未：二月十八日。[11]蒲南：蒲县之南。[12]己亥：二月二十二日。[13]乙巳：二月二十八日。[14]简陵：唐懿宗陵墓。[15]剑州：州名。治所在今四川剑阁县。利州时为昭武军节度使治所，李继忠弃镇逃奔，王建自此占有利州。利州治所，在今四川广元市。[16]庚戌：三月四日。[17]固问：坚持追问。[18]妄语：谎话。[19]非道：不正常的途径。韦贻范因李茂贞推荐为相，故云。[20]公事如法：处理政事应依国法。[21]准：按照。[22]故事：过去的做法，谓贬斥流放。[23]微言：秘密地说，此谓小声地说。[24]上颐：昭宗的面颊。[25]戊午：三月十二日。[26]恟惧：震动恐惧。[27]后军前去：后军首先撤退。[28]寻：接着。[29]清源：县名。县治在晋阳西南，今山西清徐县。[30]走还：因寡不敌众，故走还晋阳。[31]辛酉：三月十五日。[32]晋祠：晋阳有晋王祠。在今山西太原西南悬瓮山麓。正殿之右有泉，为晋水发源处。唐贞观二十二年（648）李世民御制晋祠之铭，立碑于祠。[33]依西山得还：沿着西山退到晋阳。西山，指晋阳西南介休境的介山、绵山。[34]行围：指氏叔琮巡视围城的汴军。行，巡行。[35]褒衣博带：宽衣大带。古代儒生的服饰。[36]乘城：登城守卫。[37]云州：州名。治所在今山西大同。[38]地蹙（cù）：减缩。[39]彼筑垒穿堑环之：指汴军砌营垒，挖掘壕沟，四面包围晋阳。穿堑，挖掘战壕。[40]积久：旷日持久。[41]北川：代北之地以陉岭之北皆平川，故云。[42]轻去其城：乾宁二年，李克用攻邠州，王行瑜弃城逃走，至庆州被杀。事见《资治通鉴》卷二百六十乾宁二年。[43]达靼：部落名。李克用于唐僖宗广明元年（880）被李可举击败奔达靼。[44]浸安：渐安。[45]忻州：州名。治所在今山西忻州。在晋

阳北。［46］去：离开。［47］去将何之：离开晋阳到哪里去呢！李克宁言此，表示死守晋阳的决心。［48］壬戌：三月十六日。［49］兴平：县名。县治在今陕西兴平市。兴平在长安西，武功在兴平西。［50］敢死士：谓作战奋勇、敢于赴死之士。［51］大疫：流行瘟疫。［52］丁卯：三月二十一日。［53］巅：山顶。［54］累年：数年。李克用兵少力疲，故闭境养晦以等待时机。

克用以使引咨幕府[1]曰："不贮[2]军食，何以聚众？不置兵甲[3]，何以克敌？不修城池，何以扞御[4]？利害之间，请垂议度[5]！"掌书记李袭吉[6]献议，略曰："国富不在仓储，兵强不由众寡，人归有德[7]，神固害盈[8]。聚敛宁有盗臣[9]，苛政有如猛虎[10]，所以鹿台[11]将散，周武以兴；齐库既焚，晏婴入贺[12]。"又曰："伏[13]以变法[14]不若养人，改作[15]何如旧贯[16]！韩建蓄财无数，首事[17]朱温；王珂变法如麻[18]，一朝降贼；中山[19]城非不峻四，蔡上[20]兵非不多；前事甚明，可以为戒。且霸国无贫主，强将无弱兵。伏愿大王崇德爱人，去奢省役[21]，设险固境，训兵务农。定乱者选武臣，制理[22]者选文吏，钱谷有句[23]，刑法有律[24]。诛赏[25]由我，则下无威福之弊；近密[26]多正，则人无谮谤之忧[27]。顺天时而绝欺诬[28]，敬鬼神而禁淫祀[29]，则不求富而国富，不求安而自安。外破元凶[30]，内康疲俗[31]，名高五霸[32]，道冠八元[33]。至于率闾阎[34]，定间架[35]，增曲蘖[36]，检田畴[37]，开国建邦[38]，恐未为切[39]。"

克用亲军皆沙陀杂虏，喜侵暴良民，河东甚苦之。其子存勖[40]以为言，克用曰："此辈从吾攻战数十年，比者帑藏[41]空虚，诸军卖马以自给；今四方诸侯皆重赏以募士[42]，我若急之，则彼皆散去矣，吾安与同保此乎[43]！俟天下稍平，当更清治[44]之耳。"存勖幼警敏[45]，有勇略，克用为朱全忠所困，封疆日蹙[46]，忧形于色。存勖进言曰："物不极则不返，恶不极则不亡[47]。朱氏恃其诈力[48]，穷凶极暴，吞灭四邻，人怨神怒。今又攻逼乘舆，窥觎神器[49]，此其极也，殆将毙矣[50]！吾家世袭忠贞，势穷力屈，无所愧心。大人当遵养时晦，以待其衰[51]，奈何轻为沮丧[52]，使群下失望乎！"克用悦，即命酒[53]奏乐而罢。

刘夫人无子，克用宠姬曹氏[54]生存勖，刘夫人待曹氏加厚，克用以是益贤之，诸姬有子，辄命夫人母之；夫人教养，悉如所生。

（以上为第二段，写李克用征询僚属强国之术。夫人刘氏及其子存勖意气洋洋，激励李克用奋发图强。）

【注释】

［1］以使引咨幕府：李克用以正式公文向部属咨询意见。使引，节度府所行文书。咨，询问。幕府，衙署。将帅在外，军旅无固定住所，以帐幕为府署，故称幕府，此指部属。［2］贮（zhù）：储存，收藏。［3］兵甲：武器。［4］扞（hàn）御：抵御。扞，同“捍”。［5］请垂议度：请留下好的建议、谋略。垂，谦词，垂示。议度，谋虑，意见。［6］李袭吉（?—906）：自言李林甫之后，父李图，为洛阳令。袭吉进士不第，在李克用幕府为掌书记，论列是非，多警策之句。后为节度副使，拜右谏议大夫。传见《旧五代史》卷六十，《新五代史》卷二十八。［7］人归有德：百姓归心于有德之人。《书·咸有一德》：“惟民归于一德。”［8］神固害盈：鬼神就是要压抑损害盈满的事物。《易·谦卦》彖辞：“鬼神害盈而福谦。”［9］聚敛宁有盗臣：典出《大学》载孟献子之言，曰：“百乘之家，不畜聚敛之臣。与其有聚敛之臣，宁有盗臣。”意谓国不以利为利，而应以义为利。聚敛，搜刮财货。宁，宁愿，宁可。［10］苛政：烦苛的政令，繁重的赋税。《礼记·檀弓下》载孔子的话：“小子识之，苛政猛于虎也。”［11］鹿台：古台名。故址在今河南汤阴朝歌镇南。相传为殷纣王所建的府库。周武王伐纣，尽散鹿台之财，以赈济贫民。［12］齐库既焚，晏婴入贺：齐国的府库遭火灾，晏婴入朝庆贺。晏婴，春秋时齐景公的贤相。据《韩诗外传》，晋平公的藏台遭火灾，公子晏入朝庆贺，认为百姓困乏，而赋敛无已。所以皇天降灾于藏台，是国君之福。此言齐库焚而晏婴入贺，当另有所据。［13］伏：俯伏，下对上的敬辞。［14］变法：变更法制。［15］改作：改革，变换。［16］旧贯：旧制，旧例。《论语·先进》：“仍旧贯，如之何？何必改作。”［17］首事：首先事奉。韩建利用唐昭宗在华州的机会，聚敛财富。然而最终他投降了朱全忠，财富全为朱全忠所得。［18］变法如麻：采取了很多变法措施。［19］中山：定州在汉代为中山国，北魏时为中山郡。此句谓定州城并非不险峻，然王郜终不能守。［20］蔡上：即蔡州。当年秦宗权兵多将广，也为朱全忠所擒。以上列举韩建、王珂、王郜、秦宗权的败亡，皆为李克用耳闻目睹之事，用以打动他。［21］去奢省役：去掉奢侈，减省徭役。［22］制理：即制治。犹言使境内大治。因避唐高宗李治讳，以“理”代“治”字。［23］钱谷有句（gōu）：意谓钱谷出纳簿籍考核分明，则贪污奸弊之事自然消失。句，句稽。［24］刑法自律：言依律定刑，则官吏们不得任意轻重。［25］诛赏：惩罚与赏赐。“诛赏由我，则下无威福之弊”，意谓诛杀与奖赏两样大权自己掌握，那么下边就没有作威作福的弊端。威福，指作威作福，行为暴虐。［26］近密：身边亲近的人。［27］则人无谮谤之忧：意谓身边亲信皆为正直之士，那么其他下属官吏就不会担心遭到诬告陷害。谮谤，诬陷诽谤。一国之君亲近贤士，远离奸佞，就能杜绝诬陷诽谤打小报告的风气。［28］绝欺诬：杜绝欺骗诬罔。［29］淫祀：指不合礼制的祭祀。［30］元凶：指朱

全忠。［31］内康疲俗：对内振兴衰颓的社会风气。［32］名高五霸：名声高于五霸。五霸，指春秋时齐桓公、晋文公、宋襄公、秦穆公、楚庄王。［33］道冠八元：道德冠于上古八元。八元，上古五帝之一黄帝曾孙帝喾号高辛氏，有才子八人，为伯奋、仲堪、叔献、季仲、伯虎、仲熊、叔豹、季狸，忠肃恭懿，宣慈惠和，天下之民谓之八元。［34］率闾阎：率领百姓。实指计算征收人民赋税。［35］定间架：制定房屋的结构形式。实指征收房产税。［36］增曲蘖（niè）：增加酒的生产与销售，独占专利。曲蘖，酒曲。［37］检田畴：丈量田亩，清查漏税。［38］开国建邦：指立国称帝。［39］切：要领。［40］李存勖（xù）（885—926）：李克用长子，后唐建立者，庙号庄宗。传见《旧五代史》卷二十七，《新五代史》卷四。［41］帑（tǎng）藏：库藏的金帛。［42］募士：招募人才、士兵。［43］吾安与同保此乎：我怎能笼络他们来同保这个基业呢！［44］清治：严肃治理。清，清澈透明、严肃。［45］警敏：机警敏锐。［46］蹙（cù）：缩小。［47］物不极则不返，恶不极则不亡：此二句是“物极必反、恶极必亡”的反说，加强语气。返，转化。［48］诈力：诡计和武力。［49］窥觎（yú）神器：窥伺帝位。觎，觊觎，非分的野心。［50］殆将毙矣：将要完蛋。此即上言“物不极不反”之意。谓朱全忠已发展到了极限，即将走向反面。殆，差不多。［51］遵养时晦，以待其衰：意谓身处乱世要将自己的才能或锋芒隐蔽起来不外露，以待时机。《诗经・周颂・酌》：“于铄王师，遵养时晦。”以待其衰，用来等待朱全忠势力衰落。［52］沮（jǔ）丧：灰心失望。［53］命酒：命令摆酒。［54］曹氏（?—925）：李克用宠姬，封晋国夫人，生庄宗李存勖。传见《新五代史》卷十四。

上以金吾将军[1]李俨[2]为江、淮便签宣谕使，书御札赐杨行密，拜行密东西行营都统、中书令、吴王，以讨朱全忠。以朱瑾为平卢[3]节度使，冯弘铎为武宁[4]节度使，朱延寿为奉国[5]节度使。加武安节度使马殷同平章事。淮南、宣歙、湖南等道立功将士，听用都统牒承制迁补，然后表闻[6]。俨，张浚之子也，赐姓李。

夏，四月，丁酉[7]，崔胤自华州诣河中，泣诉于朱全忠，恐李茂贞劫天子幸蜀，宜以时迎奉，势不可缓。全忠与之宴，胤亲执板[8]，为全忠歌以侑酒。

辛丑[9]，回鹘遣使入贡，请发兵赴难[10]；上命翰林为江士承旨韩偓答书许之。乙巳[11]，偓上言：“戎狄兽心，不可倚信[12]。彼见国家人物华靡[13]，而城邑荒残，甲兵凋敝[14]，必有轻中国之心，启其贪婪。且自会昌[15]以来，回鹘为中国所破，恐其乘危复怨[16]。所赐可汗[17]书，宜谕以小小寇窃[18]，不须赴难，虚愧[19]其意四，实沮[20]其谋。”

从之。

兵部侍郎参知机务卢光启罢为太子太保。

杨行密遣顾全武归杭州以易[21]秦裴。钱镠大喜，遣裴还。

汴将康怀贞击凤翔将李继昭于莫谷[22]，大破之。继昭，蔡州人也，本姓符，名道昭。

五月，庚戌[23]，温州[24]刺史朱褒卒，兄敖自称刺史。

凤翔人闻朱全忠且来，皆惧；癸丑[25]，城外居民皆迁入城。己未[26]，全忠将精兵五万发河中，至东渭横桥[27]，遇霖雨[28]，留旬日。

庚午[29]，工部侍郎、平章事韦贻范遭母丧，宦官荐翰林学士姚洎[30]为相。洎谋于韩偓，偓曰："若图永久之利，则莫若未就[31]为善；倘出上意，固无不可。且汴军旦夕合围[32]，孤城难保，家族在东，可不虑乎！"洎乃移疾[33]，上亦自不许。

镇海、镇东节度使彭城王钱谬进爵[34]越王。

六月，丙子[35]，以中书舍人苏检[36]为工部侍郎、同平章事。时韦贻范在草土[37]，荐检及姚洎于李茂贞。上既不用洎，茂贞及宦官恐上自用人，协力荐检，遂用之。

丁丑[38]，朱全忠军于虢县[39]。

武宁节度使冯弘铎介居宣、扬之间[40]，常不自安；然自恃楼船[41]之强，不事两道[42]。宁国节度使田頵欲图之，募弘铎工人造战舰，工人曰："冯公远求坚木，故其船堪久用，今此无之。"頵曰："第[43]为之，吾止须一用耳。"弘铎将冯晖、颜建说弘铎先击頵，弘铎从之，帅众南上，声言攻洪州[44]，实袭宣州也。杨行密使人止之[45]；不从。辛巳[46]，頵帅舟师逆击于葛山[47]，大破之。

甲申[48]，李茂贞大出兵，自将之，与朱全忠战于虢县之北，大败而还，死者万余人。丙戌[49]，全忠遣其将孔勍[50]出散关[51]，攻凤州，拔之。丁亥[52]，全忠进军凤翔城下。全忠朝服[53]向城而泣，曰："臣但欲迎车驾还宫耳，不与岐王角胜[54]也。"遂为五寨环之。

（以上为第三段，写朱全忠再次大发兵围攻凤翔与李茂贞争天子。唐昭宗册封杨行密为吴王，钱镠为越王，诏诸道讨逆朱全忠。）

【注释】

［1］金吾将军：据章校，应为“左金吾将军”。［2］李俨：宰相张浚之子，赐姓李。［3］平庐：军，镇名，治所青州。［4］武宁：军，镇名，治所徐州。［5］奉国：军，镇名，治所蔡州。朱瑾等皆遥领。［6］听用都统牒承制迁补，然后表闻：特许杨行密用都统公文依旧制升迁补官，然后上表奏闻。［7］丁酉：四月二十一日。［8］板：拍板。歌舞以击板为节奏。唐玄宗时，教坊散乐用横笛一，拍板一，腰鼓三，后人因之。拍板以木凡八片，以皮条穿之，两手各执其外一片而拍之。［9］辛丑：四月二十五日。［10］赴难：赴救国难。［11］乙巳：四月二十九日。［12］倚信：依靠信赖。［13］华靡：华丽而奢侈。［14］凋敝：衰败。［15］会昌：唐武宗李炎的年号，公元841—846年。会昌三年，河东节度使刘沔遣将石雄大破回鹘于杀胡山，斩首万级。［16］复怨：复仇。［17］可汗（kèhán）：我国古代鲜卑、突厥、回纥等族的最高统治者叫可汗。［18］寇窃：贼寇。［19］愧：内心惭愧。虚愧其意，谓表面上对回鹘的好意表示感谢。［20］沮：阻止。［21］易：交换。顾全武去年被杨行密俘获，秦裴在光化元年（898）降钱镠，双方交换释降，顾、秦二人各归本主。［22］莫谷：即漠谷，在奉天（今陕西乾县）城北。［23］庚戌：五月五日。［24］温州：州名。治所在今浙江温州。［25］癸丑：五月八日。［26］己未：五月十四日。［27］东渭横桥：唐代长安附近渭水上有三桥，东渭桥，又称渭桥渡，在今西安东北。中渭桥本名横桥，在今西安市北。［28］霖雨：连绵大雨。［29］庚午：五月二十五日。［30］姚洎（jì）：人名。［31］未就：不就职。［32］合围：四面包围。［33］移疾：移文称有病。［34］进爵：晋升爵位等级。钱镠原为彭城郡王，进爵为越王。［35］丙子：六月二日。［36］苏检：为洋州刺史，昭宗幸山南，奔行在，因李茂贞荐引而入相，昭宗还京，苏检流放于环州。传附《新唐书》卷一百八十二。［37］草土：居丧。居丧者睡在草垫上枕着土块，故曰草土。［38］丁丑：六月三日。［39］虢（guō）县：县名。县治在凤翔府南，即今陕西省宝鸡市。［40］宣、扬之间：宣，指宣歙田頵；扬，指扬州杨行密。冯弘铎以升州居二镇之间。［41］楼船：有叠层的大战船。［42］两道：指宣歙和扬州。［43］第：只、但。［44］洪州：时钟传据洪州。［45］使人止之：时杨行密为南面诸道都统，故制其行师进止。［46］辛巳：六月七日。［47］葛山：应作曷山，在安徽宣城西南三十五里。［48］甲申：六月十日。［49］丙戌：六月十二日。［50］孔勍（qíng）（847—926）：字鼎文，兖州人。善骑射，事朱全忠，由军中小校官升至唐邓节度使、山南东道节度使，入唐为河阳节度使。传见《旧五代史》卷六十四。［51］散关：关名。在凤翔府宝鸡县（今陕西宝鸡市）西南。［52］丁亥：六月十三日。［53］朝服：朝会时所穿之礼服。［54］角胜：争夺胜利。

冯弘铎收余众沿江将入海，杨行密恐其为后患，遣使犒军，且说之曰：“公徒从犹盛，胡为自弃沧海之外！吾府虽小，足以容公之众，使将吏各得其所，如何？”弘铎左右皆恸哭听命。弘铎至东塘[1]，行密自乘轻舟迎之，从者十余人，常服[2]，不持兵[3]，升弘铎舟，慰谕之，举军[4]感悦。署弘铎淮南节度副使，馆给[5]甚厚。

初，弘铎遣牙将丹徒[6]公乘诣行密求润州，行密不许。公乘大言曰："公不见听[7]但恐不敌楼船耳。"至是，行密谓公乘曰："颇记求润州时否？"公乘谢曰："将吏各为其主，但恨无成耳。"行密笑曰："尔事杨叟[8]如事冯公，无忧矣！"

行密以李神福为升州[9]刺史。

杨行密发兵讨朱全忠，以副使李承嗣权知淮南军府事。军吏欲以巨舰运粮，都知兵马使徐温[10]曰："运路久不行，葭苇[11]堙塞，请用小艇，庶几易通。"军至宿州，会久雨，重载不能进，士有饥色，而小艇先至，行密由是奇温，始与议军事。行密攻宿州，不克，竟以粮运不继引还。

秋，七月，孔勍取成、陇二州[12]，士卒无斗者。至秦州[13]，州人城守[14]，乃自故关[15]归。

韦贻范之为相也，多受人赂[16]，许以官；既而以母丧罢去，日为债家[17]所噪[18]。亲吏刘延美，所负[19]尤多，故汲汲于起复[20]，日遣人诣两中尉、枢密及李茂贞求之。甲戌[21]，命韩偓草贻范起复制[22]，偓曰："吾腕可断，此制不可草！"即上疏论贻范遭忧[23]未数月，遽令起复，实骇物听[24]，伤国体[25]。学士院二中使[26]怒曰："学士勿以死为戏！"偓以疏[27]授之，解衣而寝；二使不得已奏之。上即命罢草，仍赐敕褒赏[28]之。八月，乙亥朔[29]，班定[30]，无白麻[31]可宣[32]；宦官喧言[33]韩侍郎不肯草麻，闻者大骇。茂贞入见上曰："陛下命相而学士不肯草麻，与反何异！"上曰："卿辈荐贻范。朕不之违；学士不草麻，朕亦不之违。况彼所陈，事理明白，若之何[34]不从！"茂贞不悦而出，至中书，见苏检曰："奸邪朋党[35]，宛然[36]如旧。"扼腕[37]者久之。贻范犹经营[38]不已，茂贞语人曰："我实不知书生礼数[39]，为贻范所误，会当于邠州安置。"贻范乃止[40]。

（以上为第四段，写杨行密大家气度与御人之术，冯弘铎归服。韦贻范无耻求官；韩偓鲠正，不屈于宦官与镇帅。）

【注释】

[1]东塘：镇名。在江苏省常熟东南。 [2]常服：日常所穿服装，不着戎装。 [3]不持兵：不带武器。 [4]举军：全军。 [5]馆给：寓舍和供给。 [6]丹徒：县名。县治在今江苏镇江市。 [7]见听：听。 [8]杨叟：杨行密自称。 [9]升州：州名。治所在今江苏南京市。杨行密以李神福为升州刺史，目的是控制宣、润二州。 [10]徐温（861—927）：字敦美，海州（今江苏连云港）人。佐杨行密父子割据淮南，专吴政为权臣。传见《新五代史》卷六十一。 [11]葭（jiān）苇：芦苇。初生者为葭，长大为芦，成则名苇。自黄巢、高骈至今，江淮漕运不复至京师，故水运堙塞。 [12]成、陇二州：成州治所在今甘肃西和县西。陇州治所在今陕西陇县。 [13]秦州：州名。治所在今甘肃秦安县西。 [14]城守：据城守备。 [15]故关：关名。在秦州清水县（今甘肃清水）东。原名大震关，唐宣宗大中六年（852），陇州防御使薛逵徙筑安戎关于陇山，自此谓大震关为故关。 [16]赂：贿赂。 [17]债家：送贿赂的人。 [18]噪：喧闹。指债家上门追讨争吵，成群结队地喧闹。 [19]负：负债。 [20]汲汲于起复：指韦贻范急切地要求起用复官。 [21]甲戌：八月一日，甲戌下脱“朔”字。 [22]草起复制：起草让韦贻范重新为相的诏命。 [23]遭忧：居母丧。 [24]实骇物听：真是骇人听闻。 [25]国体：国家的典章制度。 [26]二中使：韩全诲等派二中使监学士院，以防昭宗与学士密议国事，兼掌传宣回奏。因为韩偓不肯起草诏书，故怒。 [27]疏：即论韦贻范不应起复的奏章。 [28]褒赏：表扬奖赏。 [29]乙亥朔：八月二日。“朔”字衍。 [30]班定：上朝时百官立班已定。 [31]白麻：诏书皆用白纸，唐高宗时改用麻纸。凡翰林学士草制，凡立皇后太子、施赦、讨伐、策免三公将相等国家大政，皆用白麻书。这里指学士院拒绝起草韦贻范起复制书，故无白麻可宣。 [32]无白麻可宣：没有诏书颁示。 [33]喧言：群起哄闹。 [34]若之何：怎么能。 [35]朋党：为私利目的而勾结同类。 [36]宛然：仿佛，好像。 [37]扼腕：手握其腕，表示愤怒。 [38]经营：钻营求相。 [39]礼数：制度规定。这里指居丧期间起复为非礼的制度。 [40]乃止：韦贻范停止求相的活动。据章校，二字下有“刘延美赴井死”六字。

保大[1]节度使李茂勋[2]将兵屯三原，救李茂贞；朱全忠遣其将康怀贞[3]、孔勍击之，茂勋遁去。茂勋，茂贞之从弟也。

初，孙儒死，其士卒多奔浙西，钱镠爱其骁悍[4]，以为中军，号武勇都。行军司马杜棱谏曰：“狼子野心，他日必为深患，请以土人[5]代之。”不从。

镠如[6]衣锦军[7]，命武勇右都指挥使徐绾帅众治沟洫[8]；镇海节度副使成及闻士卒怨言，白镠请罢役，不从。甲戌[9]，镠临飨[10]诸将，绾谋杀镠于座，不果，称疾先出。镠怪之，丁亥[11]，命绾将所部兵先还杭州。及外城，纵兵焚掠。武勇左都指挥使许再思以迎候兵与之合[12]，进逼牙城[13]。镠子传瑛与三城[14]指挥使马绰等闭门拒之，牙将潘长击绾，绾退屯龙兴寺[15]。镠还，及龙泉[16]，闻变，疾驱至城北，使成及建镠旗鼓与绾战，镠微服乘小舟夜抵牙城东北隅，逾城而入。直更卒[17]凭鼓而寐[18]，镠亲斩之，城中始知镠至。武安都指挥使杜建徽自新城[19]入援，徐绾聚木将焚北门，建徽悉焚之。建徽，棱之子也。湖州[20]刺史高彦闻难，遣其子渭将兵入援，至灵隐山[21]，绾伏兵击杀之。

初，镠筑杭州罗城[22]，谓僚佐曰："十步一楼，可以为固矣。"掌书记余姚[23]罗隐[24]曰："楼不若内向[25]。"至是人以隐言为验。

（以上为第五段，写钱镠不纳忠言，招降纳叛突发兵变，患生肘腋，受困杭州。）

【注释】

[1]保大：渭北节度使于中和二年赐号保大军节度使，治鄜州。 [2]李茂勋（?—926）：李茂贞之从弟。初为凤翔都将，茂贞表为鄜州节度使。后归梁，改名周彝。传见《旧五代史》卷一百三十二,《新唐书》卷二百一十二。 [3]康怀贞：据章校，应为"康怀英"。 [4]骁悍：勇猛强悍。 [5]土人：谓浙西当地人。 [6]如：到，往。 [7]衣锦军：钱镠是临安人，既贵，改所居营为衣锦营，又升曰衣锦城。每游衣锦城，宴故老，连山林皆以锦覆之。 [8]治沟洫（xù）：挖掘锦衣军的水渠。沟洫，水道，沟渠。 [9]甲戌：甲戌为朔日。据章校，应为"丙戌"，八月十三日。 [10]飨（xiǎng）：用酒食款待。 [11]丁亥：八月十四日。 [12]以迎候兵与之合：许再思因钱镠将回杭州，故领兵迎候而与乱兵会合。 [13]牙城：即衙城。卫护节度使的内城。[14]三城：指杭州有三重城。大城谓之罗城，小城谓之子城，第三重城谓之牙城。 [15]龙兴寺：寺庙名。 [16]龙泉：即龙井，在杭州市西湖西面凤凰岭上。本名龙泓，又名龙湫，离城十五里。[17]直更卒：值夜的士兵。 [18]凭鼓而寐：依着鼓睡觉。 [19]新城：县名。县治在今浙江杭州市富阳区西。 [20]湖州：州名。治所在今浙江湖州市。 [21]灵隐山：山名。在杭州城西，上有灵隐寺，为我国佛教禅宗十刹之一。 [22]筑杭州罗城：事见《资治通鉴》卷二百五十九昭宗景福二年。 [23]余姚：据章校，应为"余杭"。县名。县治在杭州市西。 [24]罗隐（?—909）：原名横，举进士十上不第，改名隐，字昭谏，自号江东生，有诗名。传见《旧五代史》卷二十四。[25]内向：城上敌楼外向所以御敌。今徐绾据罗城而反，钱镠自外攻之，所以人以罗隐不若内向之言为验。

庚戌[1]，李茂贞出兵夜袭奉天[2]，虏汴将倪章、邵棠以归。乙未[3]，茂贞大出兵，与朱全忠战，不胜；暮归，汴兵追之，几入西门[4]。

己亥[5]，再起复前户部侍郎、同平章事韦贻范，使姚洎草制。贻范不让[6]，即表谢，明日，视事。

西川兵请假道[7]于兴元，山南西道节度使李继密遣兵戍三泉[8]以拒之；辛丑[9]，西川前锋将王宗播攻之，不克，退保山寨。亲吏柳修业[10]谓宗播曰："公举族归人[11]，不为之死战，何以自保？"宗播令其众曰："吾与汝曹决战，取功名；不尔，死于此！"遂破金牛、黑水、西县、褒城四寨[12]。军校秦承厚攻西县，矢贯[13]左目，达于右目，镞[14]不出。王建自舐[15]其创，脓溃镞出。王宗播攻马盘[16]寨，继密战败，奔还汉中。西川军乘胜至城下，王宗涤帅众先登，遂克之，继密请降，迁于成都[17]；得兵三万，骑五千，宗涤入屯汉中。王建曰："继密残贼[18]三辅[19]，以其降，不忍杀。"复其姓名曰王万弘，不时召见。诸将陵易[20]之，万弘终日纵酒，俳优[21]辈亦加戏诮[22]；万弘不胜忧愤，醉投池水而卒。

诏以王宗涤为山南西道节度使。宗涤有勇略，得众心，王建忌之。建作府门，绘以朱丹[23]，蜀人谓之"画红楼"，建以宗涤姓名应之[24]，王宗佶疾其功，复构[25]以飞语[26]，建召宗涤至成都，诘责之，宗涤曰："三蜀[27]略平，大王听谗，杀功臣可矣。"建命亲随马军都指挥使唐道袭夜饮之酒，缢杀之，成都为之罢市，连营[28]涕泣，如丧亲戚。建以指挥使王宗贺权兴元留后。道袭，阆州人也，始以舞童[29]事建，后浸预[30]谋划。

（以上为第六段，写西川王建掠地山南，忌杀功臣。）

【注释】

[1]庚戌：八月甲戌朔，无庚戌，疑为庚寅，八月十七日。[2]奉天：县名。县治在今陕西乾县。[3]乙未：八月二十二日。[4]西门：凤翔城的西门。[5]己亥：八月二十五日。[6]让：指韦贻范不作辞官表示的例行谦让。[7]假道：借路。西川兵假道以勤王。[8]三泉：县名。县治在今四川广元市北，时属利州。[9]辛丑：八月二十七日。[10]柳修业：王

宗播原从之孔目官。［11］举族归人：王宗播，原名许存，乾宁二年归王建，事见《资治通鉴》卷二百六十。［12］金牛、黑水、西县、褒城四寨：寨，置军戍守的关寨，四寨保县。金牛县治在今陕西宁强县北。黑水县治在今甘肃文县西。西县县治在今陕西勉县西。褒城县治在今勉县东。四寨皆在三泉北。王宗播攻三泉不克，而北出攻占四寨。［13］矢贯：箭穿。［14］镞：箭头。［15］舐（shì）：用舌头舔。［16］马盘：县名。县治在今四川平武县东。［17］迁于成都：至此王建并有山南西道。［18］残贼：残害。［19］三辅：即长安关中地区。李继密跟从李茂贞，李茂贞侵犯京畿，故云。［20］陵易：欺侮轻视。［21］俳（pái）优：以乐舞作谐戏的艺人。［22］戏诮（qiào）：嘲弄责备。［23］朱丹：朱红颜色。［24］应之：王宗涤原名华洪，与“画红”谐音。［25］构：陷害。［26］飞语：无根据的恶意诽谤。［27］三蜀：东川、西川及汉川谓之三蜀。［28］连营：军营相连，谓所有的军营。王宗涤之死，市民为之罢市，军营为之哭泣，这充分说明他非常得人心。［29］舞童：歌舞童子。［30］浸预：渐渐参与。

九月，乙巳[1]，朱全忠以久雨，士卒病，召诸将议引兵归河中。亲从指挥使高季昌、左开道指挥使刘知俊[2]曰：“天下英雄，窥此举一岁[3]矣；今茂贞已困，奈何舍之去！”全忠患李茂贞坚壁[4]不出，季昌请以谲[5]计诱致之。募有能入城为谍[6]者，骑士马景请行，曰：“此行必死，愿大王录[7]其妻子。”全忠恻然[8]止之，景不可。时全忠遣朱友伦[9]发兵于大梁，明日将至，当出兵迓[10]之。景请因此时给骏马杂众骑而出，全忠从之，命诸军皆秣马[11]饱士。丁未旦[12]，偃旗帜[13]潜伏，营中寂如无人。景与众骑皆出，忽跃马西去，诈为逃亡，入城告贞曰：“全忠举军遁矣，独留伤病者近万人守营，今夕亦去矣，请速击之！”于是茂贞开门，悉众攻全忠营；全忠鼓于中军，百营俱出，纵兵击之，又遣数百骑据其城门[14]，凤翔军进退失据[15]，自蹈藉[16]，杀伤殆尽。茂贞自是丧气[17]，始议与全忠连和，奉车驾还京，不复以诏书勒[18]全忠还镇矣。全忠表季昌为宋州团练使。季昌，硖石[19]人，本朱友恭之仆夫也。

戊申[20]，武定节度使使李思敬以洋州[21]降王建。

辛亥[22]，李茂贞尽出骑兵于邻州就刍粮[23]。壬子[24]，朱全忠穿蚰蜒壕[25]围凤翔，设犬铺[26]、铃架[27]以绝内外。

癸亥[28]，以茂贞为凤翔、静难、武定、昭武[29]四镇节度使。

（以上为第七段，朱全忠用诈计大破李茂贞于凤翔。）

【注释】

［1］乙巳：九月二日。［2］刘知俊（?—926）：字希贤，徐州沛县人。始事时溥，继而投朱全忠。屡立战功，封大彭郡王。后据同州叛，奔蜀，授武信军节度使。传见《旧五代史》卷十三，《新五代史》卷四十四。［3］一岁：朱全忠自去年举兵，至此时近一年。［4］坚壁：坚守壁垒，不与敌方出战。［5］谲（jué）：欺诈。［6］谍：间谍。［7］录：收养抚恤。［8］恻然：悲伤的样子。［9］朱友伦（?—904）：朱全忠之兄朱存次子。朱全忠即位后追封密王。传见《旧五代史》卷十二，《新五代史》卷十三。［10］迓（yà）：迎接。［11］秣（mò）马：喂饱马匹。秣，饲料。［12］丁未旦：九月四日清晨。［13］偃（yǎn）旗帜：收卷旗帜。据章校，潜伏二字下应有“无得妄出”四字。［14］据其城门：据，控制，占据。这里指朱全忠遣骑抄了凤翔军后路，控制城门，断其归路。［15］失据：失去凭依。［16］蹈藉（jiè）：践踏。［17］丧气：意气颓丧。［18］勒：强令。［19］硖石：县名。县治在今河南三门峡市东。［20］戊申：九月五日。［21］洋州：州名。治所在今陕西西乡县。［22］辛亥：九月八日。［23］刍粮：粮草。［24］壬子：九月九日。［25］蚰蜒（yóuyán）壕：曲折战壕。穿壕堑如蚰蜒（与蜈蚣同类多足爬行虫）行地之状，故名。［26］大铺：凡行军安营扎寨的时候，四面设大铺，以犬守卫警戒。敌人来则犬群吠，使营中有所警备。［27］铃架：环绕军营设架，上面挂铃，敌人来犯触之则响。［28］癸亥：九月二十日。［29］武定、昭武：此二方镇时已为王建所取。昭武即感义军节度，治所利州。乾宁四年更感义军为昭武军。

或劝钱镠渡江东保越州，以避徐、许[1]之难。杜建徽按剑叱之曰：“事或不济[2]，同死于此，岂可复东渡乎！”

镠恐徐绾等据越州，遣大将顾全武将兵戍之[3]。全武曰：“越州不足往，不若之广陵。”镠曰：“何故？”对曰：“闻绾等谋召田頵；田頵至，淮南助之，不可敌也。”建徽曰：“孙儒之难[4]，王尝有德于杨公，今往告之，宜有以相报。”镠命全武告急于杨行密，全武曰：“徒往[5]无益，请得王子为质。”镠命其子传璙[6]为全武仆，与偕之广陵，且求婚于行密。过润州，团练使安仁义爱传璙清丽，将以十仆易之；全武夜半赂阍者[7]逃去。

绾等果召田頵，頵引兵赴之，先遣亲吏何饶谓镠曰：“请大王东如越州，空府廨[8]以相待，无为杀士卒！”镠报曰：“军中叛乱，何方无之！

公为节帅[9]，乃助贼为逆。战则亟战，又何大言！”頵筑垒绝往来之道，镠患之，募能夺其地者赏以州。衢州制置使陈璋将卒三百出城奋击，遂夺其地，镠即以为衢州刺史[10]。

（以上为第八段，写杭州叛兵引田頵为援，钱镠求救于杨行密。）

【注释】

[1]徐、许：徐绾、许再思。 [2]不济：不成功。 [3]之：往。广陵时为杨行密所据。 [4]孙儒之难：大顺二年，孙儒大举进攻杨行密，时钱镠据苏州，以兵食助杨行密。事见《资治通鉴》卷二百五十八。 [5]徒往：空着手去。 [6]传璙：据章校，二字下有“微服”二字。 [7]阍者：守门人。 [8]府廨（xiè）：官舍，官署。 [9]节帅：节度使。时田頵为宁国（宣歙）节度使。 [10]衢州刺史：陈璋由衢州制置使升为衢州刺史，可知制置使位在刺史之下。

顾全武至广陵，说杨行密曰：“使田頵得志，必为王患。王召頵还，钱王请以子传璙为质，且求婚。”行密许之，以女妻传琼。

冬，十月，李俨[1]至扬州，杨行密始建制敕院[2]，每有封拜，辄以告俨，于紫极宫[3]玄宗像前陈制书，再拜然后下。

王建攻拔兴州[4]，以军使王宗浩为兴州刺史。

戊寅[5]夜，李茂贞假子彦询帅三团[6]步兵奔于汴军；己卯[7]，李彦韬继之。

庚辰[8]，朱全忠遣幕僚司马邺奉表入城；甲申[9]，又遣使献熊白[10]；自是献食物、缯帛相继。上皆先以示李茂贞，使启视[11]之，茂贞亦不敢启。丙戌[12]，复遣使请与茂贞议连和，民出城樵采者皆不抄掠。丁亥[13]，全忠表请修宫阙及迎车驾。己丑[14]，遣国子司业[15]薛昌祚、内使[16]王延绩赍诏赐全忠。

癸巳[17]，茂贞复出兵击汴军城西寨，败还。全忠以绛袍[18]衣[19]降者，使招呼城中人，凤翔军夜缒[20]去及因樵采去不返者甚众。是后茂贞或遣兵出击汴军，多不为用，散还。茂贞疑上与全忠有密约，壬寅[21]，更于御院[22]北垣[23]外增兵防卫。

十一月，癸卯朔[24]，保大节度使李茂勋帅其众万余人救凤翔，屯于城北阪[25]上，与城中举烽相应。

甲辰[26]，上使赵国夫人诇[27]学士院二使[28]皆不在，亟召韩偓、姚洎，窃见[29]之于土门外，执手相泣。洎请上速还，恐为他人所见；上遽去[30]。

朱全忠遣其将孔勍、李晖将兵乘虚袭鄜、坊[31]；壬子[32]，拔坊州。甲寅[33]，大雪，汴军冒[34]之夕进[35]，五鼓，抵鄜州城下[36]。鄜人不为备，汴军入城，城中兵尚八千人，格斗[37]至午，鄜人始败，擒留守[38]李继璙。勍抚存[39]李茂勋及将士之家，按堵[40]无扰，命李晖权知军府事。茂勋闻之，引兵遁去[41]。

汴军每夜鸣鼓角，城中地如动。攻城者诟[42]城上人云“劫天子贼”，乘城者[43]诟城下人云“夺天子贼”。是冬，大雪，城中食尽，冻馁死者不可胜计；或卧未死已为人所咼[44]。市中卖人肉，斤直[45]钱百，犬肉直五百。茂贞储偫[46]亦竭，以犬彘[47]供御膳[48]。上鬻[49]御衣及小皇子衣于市以充用，削渍[50]松柹[51]以饲御马。

丙子[52]，户部侍郎、同平章事韦贻范薨。

癸亥[53]，朱全忠遣人薙[54]城外草以困城中。甲子[55]，李茂贞增兵守宫门[56]，诸宦者自度不免，互相尤怨[57]。

苏检数为韩偓经营入相，言于茂贞及中尉、枢密，且遣亲吏告偓，偓怒曰：“公与韦公自贬所召归，旬月致位宰相，讫[58]不能有所为；今朝夕不济，乃欲以此相污[59]邪！”

田頵急攻杭州，仍具舟将自西陵[60]渡江；钱镠遣其将盛造、朱郁拒破之。

十二月，李茂勋遣使请降于朱全忠，更名周彝。于是茂贞山南州镇皆入王建，关中州镇皆入全忠，坐守孤城；乃密谋诛宦官以自赎[61]，遗全忠书曰：“祸乱之兴，皆由全诲；仆迎驾至此，以备他盗。公既志匡[62]社稷，请公迎扈[63]还宫，仆以弊[64]甲调兵[65]，从公陈力[66]。”全忠复书曰：“仆举兵至此，正以乘舆播迁[67]；公能协力，固所愿也。”

（以上为第九段，写李茂贞山南之地为王建所夺，关中之地为朱全忠所有，困守凤翔孤城，众叛亲离，粮尽食人，议与朱全忠和解。）

【注释】

[1]李俨：本宰相张浚之子，名播，张浚为朱全忠所害，播奔凤翔，昭宗赐其姓名。来扬州是下旨征兵复仇的。 [2]制敕院：专门接受皇帝诏书的机构。 [3]紫极宫：唐代重道教，唐玄宗时于长安、洛阳两京置老君庙，号玄元宫，于诸州建庙，号紫极宫，以奉玄元皇帝老子。 [4]兴州：州名。治所在今陕西略阳县。 [5]戊寅：十月六日。 [6]团：军队编制单位。《隋书·礼仪志》："步卒八十队，分为四团，团有偏将一人。" [7]己卯：十月七日。 [8]庚辰：十月八日。[9]甲申：十月十二日。 [10]熊白：即熊背部的白脂。《本草纲目·兽部》李时珍集注引陶弘景曰：脂即熊白，乃背上肪，色白如玉，味甚美。寒月则有，夏月则无。" [11]启视：打开看。[12]丙戌：十月十四日。 [13]丁亥：十月十五日。 [14]己丑：十月十七日。 [15]国子司业：官名。国子监设祭酒一人，司业二人，掌儒学训导事务。 [16]内使：即中使。皇帝从宫廷中派出的使者，往往由宦官担任。梁臣为避朱全忠讳，改"中"为"内"。 [17]癸巳：十月二十一日。 [18]绛袍：深红色的袍子。 [19]衣：用如动词。 [20]缒（zhuì）：用绳悬人从城上下坠。 [21]壬寅：十月三十日。 [22]御院：唐昭宗所居。 [23]垣：墙。 [24]癸卯朔：十一月一日。 [25]阪（bǎn）：山坡。 [26]甲辰：十一月二日。 [27]诇（xiòng）：侦察。[28]二使：韩全诲所派监视学士院的两名宦官。 [29]窃见：偷偷召见。 [30]遽去：立即离开。 [31]坊州：州名。治所在今陕西黄陵。 [32]壬子：十一月十日。 [33]甲寅：十一月十二日。 [34]冒：冒雪。 [35]夕进：夜行。 [36]抵鄜州城下：到达鄜州城下。从坊州北至鄜州一百一十里，汴军一夜到达。 [37]格斗：短兵相接，以力角斗。 [38]留守：据章校，应为"留后"。 [39]抚存：体恤救济。 [40]按堵：同"安堵"。意为安居，安定。 [41]遁去：逃走。重战轻防，是李茂勋失败的原因。 [42]诟（gòu）：辱骂。 [43]乘城者：登城守卫的人。 [44]咼（guǎ）：同"剐"。 [45]直：同"值"。 [46]储偫（zhì）：储备。 [47]犬彘（zhì）：狗和猪。 [48]御膳：唐昭宗的饮食。 [49]鬻（yù）：卖。 [50]渍（zì）：淹泡。[51]柹（fèi）：削下的木片。 [52]丙子：十一月癸卯朔，无丙子，疑为丙辰，十一月十四日。[53]癸亥：十一月二十一日。 [54]薙（tì）：除草。 [55]甲子：十一月二十二日。 [56]宫门：此指行宫之门。 [57]尤怨：责怪和埋怨。 [58]讫（qì）：竟然，始终。 [59]相污：韩偓认为苏检为他经营入相是对他的玷污。 [60]西陵：镇名。在杭州市东南。 [61]自赎：为自己赎罪。 [62]匡：匡复，挽救将亡之国，使转危为安。 [63]扈：扈跸。指帝王的车驾。 [64]弊：同"敝"。 [65]敝甲凋兵：残破的武器。 [66]陈力：施展才力。 [67]乘舆播迁：昭宗流徙在外。乘舆，皇帝车驾，此处代指皇帝。

杨行密使人召田頵曰："不还，吾且使人代镇宣州。"庚辰[1]，頵将还，征犒军钱二十万缗于钱镠，且求镠子为质，将妻以女。镠谓诸子：

"孰能为田氏婿者？"莫对。镠欲遣幼子传球，传球不可。镠怒，将杀之。次子传瓘[2]请行，吴夫人泣曰："奈何置儿虎口！"传瓘曰："纾国家之难[3]，安敢爱身！"再拜而出，镠泣送之。传瓘从数人缒[4]北门而下。镠与徐绾、许再思同归宣州。镠夺传球内牙[5]兵印。

越州客军[6]指挥使张洪以徐绾之党自疑，帅步兵三百奔衢州，刺史陈璋纳之。温州将丁章逐刺史朱敖，敖奔福州[7]。章据温州，田頵遣使招之，道出衢州[8]；陈璋听其往还，钱镠由是恨璋。

丁酉[9]，上召李茂贞、苏检、李继诲、李彦弼、李继岌、李继远、李继忠食[10]，议与朱全忠和，上曰："十六宅诸王以下[11]，冻馁死者日有数人。在内诸王[12]及公主、妃嫔，一日食粥，一日食汤饼[13]，今亦竭矣。卿等意如何？"皆不对。上曰："速当和解耳！"

凤翔兵十余人遮[14]韩全诲于左银台门[15]，喧[16]骂曰："阖境[17]涂炭[18]，阖城馁死，正为军容辈数人耳！"全诲叩头诉于茂贞，茂贞曰："卒辈[19]何知！"命酌酒两杯，对饮而罢。又诉于上，上亦谕解之。李继昭谓全诲曰："昔杨军容[20]破杨守亮[21]一族，今军容亦破继昭一族邪！"谩骂之，遂出降于全忠，复姓符，名道昭。

是岁，虔州[22]刺史卢光稠[23]攻岭南，陷韶州[24]，使其子延昌守之，进围潮州[25]。清海[26]刘隐发兵击走之，乘胜进攻韶州。隐弟陟以为延昌有虔州之援，未可遽取；隐不从，遂围韶州。会江涨，馈运[27]不继，光稠自虔州引兵救之；其将谭全播[28]伏精兵万人于山谷，以羸弱挑战，大破隐于城南，隐奔还。全播悉以功让诸将，光稠益贤之。

岳州刺史邓进思卒，弟进忠自称刺史。

（以上为第十段，写钱镠得杨行密之助，与田頵和解，转危为安。唐昭宗敦促李茂贞与朱全忠和解，韩全诲末日来临。）

【注释】

[1]庚辰：十二月八日。 [2]钱传瓘（886—941）：钱镠第五子。字明宝。新旧《五代史》均作元瓘。钱镠卒，袭封吴越国王。天福六年，杭州大火，烧其宫室，惊悸发狂而卒。传见《旧五代史》卷一百三十三，《新五代史》卷六十七。 [3]纾（shū）国家之难：解除国家的祸患。纾，解除，消除。 [4]缒：用绳索将人吊下。 [5]内牙：即内衙。 [6]客军：即原孙儒散卒。 [7]福

州：时王审知据福州。［8］道出衢州：时田頵镇宣州，经衢州、婺州、处州而至温州。［9］丁酉：十二月二十五日。［10］食：据张敦仁《资治通鉴刊本识误》，食应作“入”。［11］十六宅：唐代诸王的住宅。此指昭宗的兄弟及群从。［12］在内诸王：指昭宗之皇子。［13］汤饼：汤煮的面食。［14］遮：阻拦。［15］左银台门：长安大明宫城门有左、右银台门。此为凤翔行宫所设的左银台门，表示像在长安宫中一样。［16］喧：吵嚷。［17］阖境：全境。［18］涂炭：灾难困苦。［19］卒辈：士卒们。［20］杨军容：指杨复恭。军容为军容使之省称，官名，以宦官充任，为诸军及节镇或出征军队为监军。［21］杨守亮：时为山南西道节度使。景福元年，李茂贞等五节度以杨守亮匿杨复恭，出兵讨之。乾宁元年，杨复恭、杨守亮将奔河东，被韩建擒获，送长安斩于独柳。事见《资治通鉴》卷二百五十九。［22］虔（qián）州：州名。治所在今江西赣州市。［23］卢光稠（?—911）：南康（今江西赣州市南康区）人。唐末为谭全播拥戴，起兵据虔、潮二州，入梁为镇南军留后。传见《新唐书》卷一百九十，《新五代史》卷四十一。［24］韶州：州名。治所在今广东韶关。韶、虔二州相距六百余里，中有大庾岭为阻。［25］潮州：州名。治所在今广东潮州市潮安区。［26］清海：方镇名。治所广州。据章校，“清海”二字下应有“留后”二字。［27］馈运：运送军队的供给。自广州运粮以供应韶州行营，必须溯江而上，江水涨则水流湍急，不可溯流而上，故馈运不继。［28］谭全播（834—918）：南康（今江西赣州市南康区）人。入梁为虔州防御使，后为杨氏吴所并。传见《新五代史》卷四十。

三年（癸亥，903 年）

春，正月，甲辰[1]，遣殿中侍御史[2]崔构、供奉官[3]郭遵诲诣朱全忠营；丙午[4]，李茂贞亦遣牙将郭启期往议和解。

平卢节度使王师范，颇好学，以忠义自许，为治有声迹[5]。朱全忠围凤翔，韩全诲以诏书征藩镇兵入援乘舆，师范见之，泣下沾衿[6]，曰：“吾属为帝室藩屏[7]，岂得坐视天子困辱如此；各拥强兵，但自卫乎！”会张浚自长水亦遗之书，劝举义兵。师范曰：“张公言正会吾意，夫复何疑！虽力不足，当死生以之[8]。”

时关东兵多从全忠在凤翔，师范分遣诸将诈为贡献及商贩，包束兵仗，载以小车，入汴、徐、兖、郓、齐、沂、河南、孟、滑、河中、陕、虢、华等州，期[9]以同日俱发，讨全忠。适[10]诸州者多事泄被擒，独行军司马刘鄩[11]取兖州。时泰宁节度使葛从周悉将其兵屯邢州[12]，鄩先遣人为贩油者入城，诇其虚实及兵所从入；丙午[13]，鄩将精兵五百夜自水窦[14]入，比明，军城[15]悉定，市人皆不知。鄩据府舍，拜从周母，每旦省谒[16]；待其妻子，甚有恩礼；子弟职掌、供亿[17]如故。

是日，青州牙将张居厚帅壮士二百将小车至华州东城，知州事娄敬思疑其有异，剖[18]视之；其徒大呼，杀敬思，攻西城。崔胤在华州[19]，帅众拒之，不克，走至商州[20]，追获之。

全忠留节度判官[21]裴迪[22]守大梁，师范遣走卒[23]赍书至大梁，迪问以东方事，走卒色动[24]。迪察其有变，屏人[25]问之，走卒具以实告。迪不暇[26]白全忠，亟请马步都指挥使朱友宁将兵万余人东巡兖、郓。友宁召葛从周于邢州，共攻师范。全忠闻变，亦分兵先归，使友宁并将之。

（以上为第十一段，写朱全忠后方空虚，平卢节度使王师范起兵勤王，分遣诸将偷袭各州，事皆不谐。）

【注释】

[1]甲辰：正月二日。 [2]殿中侍御史：官名。御史台的成员。行监察等职，或奉使出外执行指定任务。 [3]供奉官：官名。在皇帝左右供职的人。 [4]丙午：正月四日。 [5]声迹：治理为政有政声且有实绩。[6]沾衿（jīn）：泪水沾湿衣襟。衿，同“襟”。[7]藩屏：藩篱屏蔽。[8]死生以之：不顾死生以赴之。 [9]期：邀约。 [10]适：去，到。 [11]刘鄩（852—916）：密州安丘（今山东安丘）人。先事王师范，为登州刺史、行军司马。后降朱全忠，为长安永平军节度使。传见《旧五代史》卷二十三，《新五代史》卷二十二。 [12]邢州：州名。治所在今河北邢台市。朱全忠攻凤翔，使葛从周领泰宁之兵屯邢州以防河东。 [13]丙午：正月四日。 [14]水窦：下水孔道。 [15]军城：泰宁军牙城。军城全被刘鄩占据，而市人皆不知，可见军人与市人分处两地。 [16]省（xǐng）谒：拜见问候。 [17]供亿：按需要供应。亿，估量。刘鄩料定葛从周必还攻兖州，故善视其家。 [18]剖：割开小车的包装。 [19]在华州：崔胤于天复元年十二月率百官迁于华州。 [20]商州：州名。治所在今陕西商洛市商州区。华州南至商州一百八十里。[21]节度判官：官名。节度使的僚属，佐理政事。 [22]裴迪：字升之，河东闻喜（今山西闻喜北）人，善治财赋。朱全忠镇宣武，辟裴迪为节度判官，入梁，官至右仆射。传见《新五代史》卷四十三。 [23]走卒：衙前奔走之亲兵、差役。 [24]色动：惊慌失色。 [25]屏（bǐng）人：让左右的人退避。 [26]不暇：没时间，来不及。

戊申[1]，李茂贞独见上，中尉韩全诲、张彦弘、枢密使袁易简、周敬容皆不得对。茂贞请诛全诲等，与朱全忠和解，奉车驾还京。上喜，即遣内养[2]帅凤翔卒四十人收全诲等，斩之。以御食使[3]第五[4]可范为左军中尉，宣徽南院[5]使仇承坦为右军中尉，王知古为上院[6]枢密使，杨虔朗为下院枢密使。是夕，又斩李继筠、李继诲、李彦弼及内诸司使韦处廷等十六人。己酉[7]，遣韩偓及赵国夫人诣全忠营；又遣使囊[8]全诲等二十余人首以示全忠，曰："向[9]来胁留车驾[10]，惧罪离间[11]，不欲协和[12]，皆此曹也。今朕与茂贞决意诛之，卿可晓谕诸军以豁[13]众愤四。"辛亥[14]，全忠遣观察判官[15]李振奉表入谢。

全诲等已诛，而全忠围犹未解。茂贞疑崔胤教全忠欲必取凤翔，白上急召胤，令帅百官赴行在；凡四降诏，三赐朱书御札[16]，言甚切至，悉复故官爵，胤竟称疾不至。茂贞惧，自致书于胤，辞甚卑逊。全忠亦以书召胤，且戏之曰："吾未识天子，须公来辨其是非[17]。"胤始来[18]。

甲寅[19]，凤翔始启城门。丙辰[20]，全忠巡诸寨，至城北，有凤翔兵自北山下，全忠疑其逼己，遣兵击之，擒其将李继钦。上遣赵国夫人、冯翊[21]夫人诣全忠营诘[22]其故，全忠遣亲吏蒋玄晖奉表入奏。

李茂贞请以其子侃尚[23]平原公主[24]，又欲以苏检女为景王秘[25]妃以自固。平原公主，何后之女也，后意难之，上曰："且令我得出[26]，何忧尔女！"后乃从之。壬戌[27]，平原公主嫁宋侃[28]；纳景王妃苏氏。

时凤翔所诛宦官已七十二人，朱全忠又密令京兆搜捕致仕[29]不从行者，诛九十人。

甲子[30]，车驾出凤翔，幸全忠营。全忠素服待罪；命客省使[31]宣旨释罪，去三仗[32]，止报平安[33]，以公服入[34]谢。全忠见上，顿首流涕；上命韩偓扶起之。上亦泣，曰："宗庙社稷，赖卿再安；朕与宗族，赖卿再生。"亲解玉带以赐之。少休，即行。全忠单骑前导十余里，上辞之；全忠乃令朱友伦将兵扈从，自留部分后队，焚撤诸寨。友伦，存[35]之子也。

是夕，车驾宿岐山；丁卯[36]，至兴平，崔胤始帅百官迎谒，复以胤为司空、门下侍郎、同平章事，领三司如故[37]；己巳[38]，入长安。

庚午[39]，全忠、崔胤同对。胤奏："国初承平[40]之时，宦官不典兵预政[41]。天宝[42]以来，宦官浸盛。贞元[43]之末，分羽林卫[44]为左、右神策军以便卫从，始令宦官主之，以二千人为定制。自是参掌机密，夺百司权，上下弥缝[45]，共为不法，大则构扇[46]藩镇，倾危国家；小则卖官鬻狱[47]，蠹害[48]朝政。王室衰乱。职[49]此之由，不翦[50]其根，祸终不已。请悉罢诸司使，其事务尽归之省寺[51]，诸道监军俱召还阙下。”上从之。是日，全忠以兵驱宦官第五可范等数百人于内侍省[52]四，尽杀之，冤号之声，彻[53]于内外。其出使外方者，诏所在收捕诛之，止留黄衣[54]幼弱者三十人以备洒扫。又诏成德节度使王镕选进五十人充敕使[55]，取其土风深厚，人性谨朴也。上愍[56]可范等或无罪，为文祭之。自是宣传诏命，皆令宫人[57]出入；其两军[58]内外八镇[59]兵悉属六军[60]，以崔胤兼判六军十二卫事。

（以上为第十二段，写朱全忠劫得唐昭宗返长安，韩全诲等大小宦官全被诛杀。）

【注释】

[1]戊申：正月六日。[2]内养：内侍宦官。[3]御食使：官名。掌御膳，内诸司使之一。[4]第五：复姓。[5]宣徽南院：宣徽院，官署名。唐设置宣徽南、北院使，由宦官担任。总领宫内诸司及三班内侍的名籍和郊祀朝会宴飨供帐等事宜。[6]上院：枢密分东西院，东院为上院，西院为下院。[7]己酉：正月七日。[8]囊：口袋。此用如动词，意谓以口袋装纳。[9]向：往昔，过去。[10]胁留车驾：胁迫皇帝。[11]离间：挑拨朱全忠与朝廷的关系。[12]协和：调和融洽。[13]四豁：排遣，宣泄。[14]辛亥：正月九日。[15]观察判官：李振原为天平军节度副使，现为四镇观察判官。[16]朱书御札：皇帝的诏令。唐制，遇灾荒，国用不足，天子将求经济之要，则出朱书御札以访群臣。[17]是非：指辨认天子正身。[18]胤始来：唐昭宗数召崔胤而不起，只是等待朱全忠之命，故朱全忠一封信就让崔胤立即到任。[19]甲寅：正月十二日。[20]丙辰：正月十四日。[21]冯翊（píngyì）夫人：赵国夫人和冯翊夫人在内的命妇的爵秩中有国夫人和郡夫人之别。[22]诘（jié）：追问。责问既已和解为什么又遣兵相击。[23]尚：娶帝王之女。[24]平原公主：唐昭宗女，为何皇后所生。[25]景王秘：唐昭宗子。乾宁四年始王。[26]得出：出凤翔牢笼。[27]壬戌：正月二十日。[28]宋侃：李茂贞之子。李茂贞原姓宋，现因公主亦李姓，嫌于同姓嫁娶，故复本姓。[29]致仕：辞职。这里指未从行昭宗至凤翔，而闲居京师的宦官。[30]甲子：正月二十二日。[31]客省使：官名。掌通知阁门事。故令宣旨释罪。[32]三仗：唐制，正衙有亲、勋、翊三卫立仗。去三仗，恐朱全忠以羽卫之严不敢入。[33]报平安：唐制，左右金吾将军以一人报平安。[34]公服：官吏的简易礼服。唐章服之制，有朝服、公服。朝服为上朝时的官服，公服为平常官服。[35]存：即朱存，朱全忠二兄。[36]丁卯：正月二十五日。[37]领三司如故：崔胤原为户部、度支、盐铁三司

使，车驾至凤翔，贬崔胤官，现复之。[38]己巳：正月二十七日。[39]庚午：正月二十八日。[40]承平：太平。[41]典兵预政：领兵参与政事。[42]天宝：唐玄宗年号，公元742—756年。[43]贞元：唐德宗年号。公元785—805年。[44]羽林卫：皇帝卫军。唐设左、右羽林卫，掌统北衙禁军。神策军入卫苑中，自代宗朝鱼朝恩始，至贞元末分为左、右神策军。[45]弥缝：掩饰不法行为。[46]构扇：连结扇动。[47]鬻(yù)狱：卖讼得贿。[48]蠹(dù)害：侵害，祸害。[49]职：主要。[50]翦：消灭，除去。[51]省寺：唐代中央官制，外朝为三省九寺。[52]内侍省：宫廷内宦官的机构。设内侍四人，内常侍六人。掌管掖廷、宫闱、奚官、内仆、内府等五局。[53]彻：响彻。[54]黄衣：宦官品秩之卑者穿黄衣。[55]敕使：皇帝的使者。[56]愍(mǐn)：哀怜。[57]宫人：宫女的通称。[58]两军：指左右神策军。唐中叶以后宦官以两军中尉统神策军。[59]内外八镇：指左右神策军所统内外八镇兵。[60]六军：即北衙左右龙武、左右神武、左右神策六军。

臣光曰：宦官用权，为国家患，其来久矣。盖以出入宫禁，人主自幼及长，与之亲狎[1]，非如三公六卿[2]，进见有时，可严惮[3]也。其间复有性识[4]儇利[5]，语言辩给[6]，伺候颜色[7]，承迎[8]志趣，受命则无违迕[9]之患，使令则有称惬[10]之效。自非上智[11]之主，烛知[12]物情[13]，虑患深远，侍奉之外，不任以事，则近者日亲，远者日疏，甘言卑辞之请[14]有时而从，浸润肤受[15]之愬有时而听。于是黜陟[16]刑赏之政，潜移[17]于近习而不自知，如饮醇酒，嗜[18]其味而忘其醉也。黜陟刑赏之柄[19]移而国家不危乱者，未之有也。

东汉之衰，宦官最名[20]骄横，然皆假[21]人主之权，依凭城社[22]，以浊乱天下，未有能劫胁[23]天子如制[24]婴儿，废置[25]在手，东西出其意[26]，使天子畏之若乘虎狼而挟蛇虺[27]，如唐世者也。所以然[28]者非他[29]，汉不握兵，唐握兵故也。

太宗鉴前世之弊，深抑[30]宦官无得过四品[31]，明皇[32]始隳[33]旧章，是崇是长[34]，晚节[35]令高力士[36]省决[37]章奏，乃至进退将相，时与之议，自太子王公皆畏事之，宦官自此炽[38]矣。及中原板荡[39]，肃宗收兵灵武[40]，李辅国[41]以东宫旧隶[42]参豫[43]军谋，宠过而骄，不能复制，遂至爱子慈父皆不能庇[44]，比忧悸终[45]。代宗践阼[46]，仍遵覆辙[47]，程元振、鱼朝恩[48]相继用事，窃弄刑赏[49]，壅蔽[50]聪明，视天子如委裘[51]，陵[52]宰相如奴虏。是以[53]来瑱[54]入朝，遇谗赐死；吐蕃深侵郊甸[55]，匿不以闻，致狼狈幸陕[56]；李光弼[57]危疑愤郁，以陨[58]其生；郭子仪[59]摈[60]废家居，不保丘垄[61]；仆固怀恩[62]冤抑无诉，遂弃勋庸[63]，更为叛乱。德宗初立，颇振纲纪，宦官稍绌[64]。而返自兴元[65]，猜忌诸将，以李晟、浑瑊[66]为不可信，悉夺其兵，而以窦文场、霍仙鸣[67]为中尉，使典宿卫，自是太阿[68]之柄，落其掌握矣。宪宗末年，吐突承璀[69]欲废嫡立庶，以成陈洪志之变[70]。宝历[71]狎昵[72]群小，刘克明[73]与苏佐明[74]为逆[75]，其后绛王[76]及文、武、宣、懿、僖、昭六帝，皆为宦官所立[77]，势益骄横。王守澄[78]、仇士良[79]、田令孜、杨复恭、刘季述、韩全诲为之魁杰[80]，至自称“定策国老[81]”，目[82]天子为门生，根深蒂固，疾成膏肓[83]，不可救药矣！文宗深愤其然，志欲除之，以宋申锡[84]之贤，犹不能有所为，反受其殃；况李训[85]、郑注[86]反覆小人，欲以一朝谲诈之谋[87]，翦[88]累世[89]胶固[90]之党，遂至涉血禁途[91]，积尸省户[92]，公卿大臣，连颈就诛[93]，阖门[94]屠灭，天子阳喑[95]纵酒，饮泣吞气，自比赧[96]、献[97]，不亦悲乎！以宣宗之严毅明察，犹闭目摇首，自谓畏之。况懿、僖之骄侈，苟[98]声色球猎[99]足充其欲，则政事一以付之，呼之以父[100]，固无怪矣。贼污宫阙[101]，两幸梁、益[102]，皆令孜所为也。暗宗：不胜其耻，力欲清涤，而所任不得其人，所行不由其道。始则张浚覆军于平阳[103]，增李克用跋扈之势；复恭亡命于山南，启宋文通[104]不臣之心；终则兵交阙庭[105]，矢及御衣，漂泊莎城[106]，流寓华阴[107]，幽辱东内[108]，劫迁岐阳[109]。崔昌遐[110]无如之何，更召朱全忠以讨之。连兵围城，再罹寒暑，御膳不足于糗袼糒[111]，王侯毙踣[112]于饥寒，然后全诲[113]就诛，乘舆东出[114]，翦灭其党，靡有孑遗[115]，而唐之庙社[116]因以丘墟矣！然则宦官之祸，始于明皇，盛于肃、代，成于德宗，极于昭宗。《易》曰：“履霜坚冰至[117]。”为国家者，防微杜渐[118]，可不慎其始哉！此其为患，章章[119]尤著者也，自余[120]伤贤害能，召乱致祸，卖官鬻狱，沮败师[121]徒，蠹害烝民[122]，不可遍举。

去[123]寺人[124]之官，自三王[125]之世，具载于《诗》《礼》[126]，所以谨闺闼[127]之禁，通内外之言，安可无也。如巷伯之疾恶[128]，寺人披[129]之事君，郑众[130]之辞赏，吕强[131]直谏，曹日升[132]之救患，马存亮[133]之弭乱，杨复光[134]之讨贼四，严遵美[135]之避权，张承业[136]之竭忠，其中岂无贤才乎！顾人主不当与之谋议政事，进退士大夫，使有威福足以动人耳。果或有罪，小则刑之，大则诛之，无所宽赦；如此，虽使之专横，孰敢焉！岂可不察臧否[137]，不择是非，欲草薙[138]而禽弥[139]之，能无乱乎！是以袁绍[140]行之于前而董卓[141]弱汉，崔昌遐袭之于后而朱氏篡唐[142]，虽快一时之忿而国随以亡。是犹恶[143]衣之垢[144]而焚之，患木之蠹[145]而伐之，其为害岂不益多哉！孔子曰[146]：“人而不仁，疾之已甚，乱也。”斯之谓矣！

（以上为第十三段，写司马光论唐代宦官之祸。）

【注释】

[1]亲狎：亲近狎昵。[2]三公六卿：泛指王公大臣。太尉、司徒、司空为三公，吏、户、礼、兵、刑、工六部尚书为六卿。[3]严惮：威严庄重。[4]性识：性情识见。[5]儇（xuān）利：敏捷伶俐。[6]辩给：能言善辩。[7]伺候颜色：善于逢迎皇帝的脸色行事。[8]承迎：奉承迎合。[9]违迕：违背忤逆。[10]称惬（xiá）：称心满意。[11]上智：智力特高的人。[12]烛知：洞悉。[13]物情：物理人情。[14]甘言卑辞之请：指宦官用甜言卑辞请托君主。[15]浸润肤受：语出《论语·颜渊》：“浸润之谮，肤受之愬不行焉，可谓明也矣。”浸润，喻语言如物受水渗透，以渐而进。肤受，皮肤感受，喻粗浅不实之言。句意谓君主听从逐渐渗透的谗言诬告。[16]黜陟（zhì）：进退人才。黜，贬，废免。陟，提升。[17]潜移：渐渐地转移。[18]嗜：爱好。[19]柄：权柄。[20]最名：最出名。[21]假：借。[22]城社：城墙和土地庙。比喻宦官在皇帝左右，有如城墙上的狐狸，土地庙里的老鼠，有所依凭，不怕熏烧，凭仗皇帝之势作恶。[23]劫胁：劫持威胁。[24]制：控制。[25]废置：废黜和拥立。[26]东西出其意：意谓往东还是往西一切都按宦官的意思去做。[27]蛇虺（huǐ）：毒蛇。[28]所以然：所以这样。[29]非他：不是别的原因。[30]抑：抑制。[31]四品：官吏的等级。魏立九品

官人之法，又分官等为九品，唐代因之。唐太宗规定内侍省不设立三品官。内侍省长官阶四品，也只掌门阁守卫、扫除内廷、御膳等，不委任政事。［32］明皇：唐玄宗。［33］隳（huī）：毁坏。［34］是崇是长：借用《尚书·牧誓》之辞，指唐明皇如同殷纣王崇敬、尊重罪人一样，崇敬宦官，尊重宦官。史载开元、天宝年间，宦官黄衣以上三千员，衣紫者千余人。最高拜三品将军，在殿头供奉。崇、长，皆尊重之意。是，表示肯定判断。［35］晚节：晚年。［36］高力士：玄宗朝著名宦官。［37］省决：省鉴裁决。［38］炽：气焰嚣张。［39］板荡：指政局变乱和社会动荡不安。［40］灵武：郡名。灵州灵武郡。治所在今宁夏灵武市西北。肃宗在安史之乱中，即位于灵武。［41］李辅国：唐肃宗朝擅权宦官。［42］东宫旧隶：太子宫旧吏。李辅国原为唐肃宗太子家令。［43］参豫：参与。［44］爱子慈父皆不能庇：爱子，指唐肃宗之子唐代宗李豫。慈父，指唐肃宗之父唐玄宗李隆基。李辅国擅权，幽囚唐玄宗，控制太子，并与程元振等杀张皇后，使唐肃宗忧惊而死。唐肃宗上不得庇慈父，下不得庇爱子。庇，保护。［45］比忧悸终：指唐肃宗在忧虑惊惧中死亡。［46］践阼：登基。［47］覆辙：指唐代宗仍宠用宦官程元振、鱼朝恩，重蹈唐玄宗、唐肃宗之覆辙。［48］程元振、鱼朝恩：唐代宗朝擅权宦官。［49］窃弄刑赏：窃取刑赏大权。鱼朝恩在北军设置监狱，人称地牢，草菅人命。［50］壅蔽：隔绝，蒙蔽。［51］委裘：先帝的遗衣。此言程元振、鱼朝恩只是把天子当作一件裘衣侍奉而已。［52］陵：欺侮。［53］是以：因此。［54］来瑱（tiàn）（？—763）：邠州永寿（今陕西永寿）人。唐玄宗朝任颍川太守，安史之乱时抗贼有大功，拜御史大夫，充山南东道十州节度观察处置使。后入朝，受程元振诬陷，被代宗赐死。［55］郊甸：京郊。吐蕃于唐代宗宝应二年（763）十月率吐谷浑、党项等二十余万众，一直打到奉天、武功，但程元振封锁消息，不让唐代宗知道。［56］狼狈幸陕：吐蕃兵逼近长安，唐代宗仓促奔陕州。［57］李光弼：平定安史之乱的名将，因受制于宦官，愧恨成疾而卒。［58］陨：流星坠落，借指人死亡。［59］郭子仪：平定安史之乱的名将，与李光弼齐名。封汾阳郡王。德宗即位，尊为尚父。［60］摈：排斥。［61］丘垄：坟墓。大历二年十二月鱼朝恩遣人盗发郭子仪父墓。［62］仆固怀恩：郭子仪的部将。平定安史之乱的功臣，一门死王事者四十六人，却遭宦官骆奉仙等构陷，愤怨殊深，于唐代宗广德二年（764）反叛，被诛死。［63］勋庸：勋爵功劳。［64］绌（chù）：通“黜”，罢斥。稍绌，略微受到控制。［65］返自兴元：指德宗蒙尘，从兴元返回长安，兴元，府名。治所南郑，在今陕西汉中市。［66］李晟、浑瑊（jiān）：中唐名将。唐德宗时朱泚叛乱，李晟与浑瑊协力收复京师。［67］窦文场、霍仙鸣：唐德宗朝的擅权宦官。德宗为太子时，二人曾事东宫，故深受宠信。贞元十二年（796）以窦文场、霍仙鸣为护军中尉监北军。［68］太阿：古代名剑名，此指军权。［69］吐突承璀：唐宪宗朝擅权宦官。宪宗元和十五年（820）任左军中尉，谋废宪宗嫡子李恒，而立澧王恽为太子，激发宫廷政变，宦官梁守谦弑宪宗，杀澧王恽和吐突承璀，而立太子李恒，是为穆宗。［70］陈洪志之变：应为陈弘志，受梁守谦之命弑唐宪宗。［71］宝历：唐敬宗的年号，此指唐敬宗。［72］狎昵：亲昵接近。［73］刘克明：敬宗朝宦官。［74］苏佐明：敬宗朝善击球军将。［75］为逆：为叛逆弑君之臣。

宝历二年十二月，刘、苏二人合谋，在夜宴上弑敬宗。［76］绛王：宪宗子，名悟。敬宗崩，刘克明等矫诏以王领军国事。［77］六帝皆为宦官所立：即王守澄拥立文宗，仇士良、鱼弘志拥立武宗，马元贽拥立宣宗，王宗实拥立懿宗，刘行深、韩文约拥立僖宗，杨复恭拥立昭宗。即有唐一代，文、武、宣、懿、僖、昭六帝皆为宦官所立。［78］王守澄：唐宪宗朝擅权宦官。［79］仇士良：历仕唐宪宗、唐武宗朝的擅权宦官。［80］魁杰：首领。［81］定策国老：杨复恭在给杨守亮的信中发泄对唐昭宗的不满，说昭宗"废定策国老"。以"定策国老"自居。［82］目：杨复恭信中指责唐昭宗为"负心门生天子"，把天子看作是自己的"门生"。［83］膏肓（huāng）：古代医学称心脏下部为膏，隔膜为肓。《左传》成公十年载晋侯有病，请秦国医生诊治。医生说"疾不可为也，在肓之上，膏之下，攻之不可，达之不及，药不至焉"。后谓病极为严重，难以医治为病入膏肓。［84］宋申锡：文宗朝翰林学士。唐文宗患宦官专权不能制，以宋申锡为相，谋诛宦官。王守澄等人诬告宋申锡谋立漳王，文帝怒，贬宋申锡为开州司马，死于贬所。［85］李训：唐文宗朝宰相。［86］郑注：唐文宗朝工部尚书、凤翔节度使。二人合谋尽除宦官。但李训欲专其功又企图除掉郑注，李、郑皆为宦官所诛。［87］谲（yué）诈之谋：诡诈的计谋。指甘露之变。事详《资治通鉴》卷二百四十五唐文宗太和九年。［88］翦：消灭，剪除。［89］累世：好几代。［90］胶固：胶粘固结，喻宦官死党。［91］涉血禁途：血流宫禁和道路。［92］积尸省（shěng）户：尸体堆满台省门前。［93］连颈就诛：许多人一起被杀。［94］阖门：满门。甘露之变仇士良大杀朝官，宰相大臣被捕杀，亲属连坐皆死，朝中几为之一空。［95］阳喑（yīn）：表面沉默，不说话。［96］赧（nǎn）：周赧王延。［97］献：汉献帝刘协。甘露之变后，唐文宗以赧、献自比，悲愤地说："赧、献受制于强诸侯，今朕受制于家奴！"［98］苟：苟且，得过且过。［99］球猎：踢球或打猎。［100］呼之以父：对宦官以"尚父"或"阿父"呼之。［101］贼污宫阙：指黄巢打入长安。［102］梁、益：梁州和益州，黄巢入长安，僖宗出奔成都（益州治所）。后李克用进逼京城。田令孜挟僖宗至兴元（梁州治所，今陕西汉中市）。［103］平阳：即晋州（今山西临汾市）。隋曰平阳郡。大顺元年（890）宰相张浚会诸道兵于晋州击李克用。李克用大败官军，张浚丧师殆尽。［104］宋文通：李茂贞的本名。李茂贞以讨杨复恭、杨守亮，尽有十五州，恃功骄横，乘胜兵逼长安。［105］兵交阙庭：昭宗乾宁二年（895）邠宁节度使王行瑜、镇国节度使韩建、凤翔节度使李茂贞三镇犯京师。凤翔将李继鹏与神策军捧日都头李筠战于承天楼，箭矢射及皇帝御衣。［106］莎城：镇名，昭宗仓皇出奔至莎城，在长安城南近郊。［107］华阴：县名。县治在今陕西华阴市，时属华州。［108］东内：东宫，诸王所居。韩建挟帝下诏，令诸王归十六宅，幽禁于别第。并杀十一王。［109］岐阳：县名。县治在今陕西岐山县北，时属岐州。［110］崔昌遐：即崔胤，字昌遐。［111］糗糒（qiǔbèi）：干粮。［112］踣踣（bó）：仆倒。［113］全诲：即韩全诲。［114］乘舆东出：昭宗出凤翔，还长安，大诛宦官。［115］靡有孑（jié）遗：一个不留。靡有，没有。孑遗，残存，剩余。［116］庙社：宗庙社稷。以上历叙唐代宦官之祸。［117］履霜坚冰至：《易·坤卦》初六爻辞："履霜坚冰至"意谓行走在有霜的地面上，便可知道凝结成坚冰的时节快要到了。喻唐代宦官之所以专横跋扈，酿成大祸，亦非一朝一夕之故。［118］防微杜渐：在错误或坏事还未显著或刚刚发生的时候，就要加以防止，不让它发展。［119］章章：昭著的样子。［120］自余：至于其他。［121］沮（jǔ）败：败坏。［122］烝民：众百姓。［123］去：据章校，应为“夫”。［124］寺（shì）人：宫廷内的近侍。寺，同“侍”。自东汉始专指宦官。［125］三王：夏禹、商汤、周文武。［126］具载于《诗》《礼》：指宦官在《诗经》《礼经》中均有记载。《诗经·小雅》有《巷柏》：“寺人孟子，作为此诗，凡百君子，敬而听之。”《礼》，《周礼·天官·寺人》：“寺人掌王之内人及女宫之戒令。”［127］闺闼（tà）：内室。［128］疾恶：憎恨坏人坏事。《巷伯》是一个表字孟子的寺人所作。作者遭人谗毁，写此诗发泄怨愤，诅咒进谗言的奸人。［129］披：寺人名。《左传·僖公二十四年》载，晋献公信谗言，派寺人披刺杀公子重耳于蒲城。重耳逾墙而逃，仅斩其衣袖。重耳即位后责怪他为献公卖力，他回答：“君命无二，古之制也。除君之恶，惟力是视。”［130］郑众：东汉宦官。南阳人，字季严。和帝时窦宪当权，郑众与和帝定谋诛窦宪，以功授大长秋，封鄛乡侯。辞赏事见《资治通鉴》卷四十八汉和帝永元元年。［131］吕强：东汉灵帝时宦官。字汉盛。黄巾起义时，吕强直谏，请求先诛左右贪浊者，大赦党人，被灵帝采纳。中常侍赵恽等诬陷他，他说：“丈夫欲尽忠国家，岂能对狱吏乎！”因而自杀。事见《资治通鉴》卷五十七汉灵帝光和二年。［132］曹日升：肃宗时宦官。至德二年（757）山南东道节度使鲁炅守南阳一年，城中食尽，肃宗遣曹日升来宣慰，曹日升仅带数骑突围入城，后又至襄阳取粮，取道运粮而入，使鲁炅军备受鼓舞。［133］马存亮：字季明，河中人，宦官。唐宪宗朝为左神策军副使、左监门卫将军。唐敬宗时，染署工张韶企图谋反，马存亮救驾，并尽捕乱党。［134］杨复光：福建人，宦官。唐僖宗朝为忠武监军，中和元年五月，曾率忠武等兵八千人败朱温，后为天下兵马都监。［135］严遵美：宦官。曾为左神策观军容使，认为宦官掌权肆横太过分。唐昭宗时任他为两军中尉、观军容处置使，坚辞，隐居青城山。［136］张承业：字继之，唐僖宗朝宦官，为河东监军。李克用死后辅佐李存勖，李存勖要即帝位，他力谏不听，最后不食而卒。［137］臧否（pǐ）：好坏。［138］薙（tì）：除草。［139］禽弥：杀戮禽兽。此句谓像除草捕兽一样杀尽宦官。［140］袁绍：东汉末名士、军阀，与何进谋诛宦官，召董卓入京，导致祸乱。［141］董卓：东汉末大军阀。他入京废少帝，立献帝，专断朝政，引发汉末大乱。［142］朱氏篡唐：朱全忠于唐哀帝天祐四年（907）篡唐，即皇帝位，国号大梁，唐亡。［143］恶（wù）：厌恶。［144］垢：污秽，脏东西。［145］蠹（dù）：蛀虫。［146］“孔子曰”句：引语见《论语·泰伯》。意谓对不仁的人，逼迫得太厉害，也会出乱子。疾，逼迫。

王师范遣使以起兵告李克用，克用贻书[1]褒赞之。河东监军张承业亦劝克用发兵救凤翔，克用攻晋州，闻车驾东归，乃罢。

杨行密承制[2]加朱瑾东面诸道行营副都统、同平章事，以升州刺史李神福为淮南行军司马、鄂岳[3]行营招讨使，舒州团练使刘存副之，将兵击杜洪。洪将骆殷戍永兴[4]，弃城走，县民方诏据城降。神福曰："永兴大县，馈运所仰[5]，已得鄂之半矣！"

（以上为第十四段，写李克用势弱，救援王师范不力。杨行密扩张势力，进兵鄂岳。）

【注释】

[1]贻书：送去书信。 [2]承制：秉承制书旨。指杨行密以唐昭宗皇帝名义下达任命书。[3]鄂岳：方镇名。唐宪宗元和五年（810）置鄂岳都团练观察使，治所鄂州，在今湖北武汉市。后升为武昌军节度使，时杜洪在任。 [4]永兴：县名。县治在今湖北阳新县。 [5]仰：仰仗。

【点评】

本卷点评汴岐两镇争天子、李克用兵败晋阳、王师范讨逆、司马光论宦官之祸四件史事。

一、汴岐两镇争天子。公元901年，朱全忠并河中，势力大盛，进兵五万围晋阳，李克用请和。朱全忠表请昭宗幸东都，发出了劫夺天子的信号，京都大骇，士民逃窜山谷。十一月，韩全诲与留京岐兵逼迫昭宗、皇后、嫔妃、诸王一百余人奔凤翔，崔胤搬起石头砸了自己的脚。朱全忠率众取华州，入关中，劫夺了百官。朝廷分裂，汴岐两镇争天子，朱李交兵关中整一年，西川王建乘势夺取李茂贞山南。在朱全忠与王建夹攻下，李茂贞迅速瓦解，困守凤翔孤城，眼见大势已去，诛杀了韩全诲向朱全忠请降。公元903年正月，朱全忠拥帝还长安，杀宦官第五可范等数百人，只留幼弱者三十人以备洒扫。昭宗诏令诸镇尽诛监军。朱全忠扮演了东汉末董卓入京诛宦官的角色，崔胤则扮演了何进与袁绍的双重角色，一是效何进招朱全忠入京，二是效袁绍力主杀尽宦官。崔胤虽如愿以偿，但不久自己也人头落地，唐王室也归于灭亡。

当时，唐王朝三大矛盾交织。其一，是藩镇与中央政权的矛盾；其二，是宦官与朝官的矛盾，南北司水火不容；其三，朝官之间的朋党之争，小人充斥朝廷。藩镇割据是当时最大的祸患。唐朝自安史之乱以后，藩镇坐大，黄巢乱起，推动藩镇布列全国，唐皇室令不行于诸镇，京都成了一座困守的孤城。河北山东，列镇相望，战争最烈。唐昭宗时，藩镇气焰尤为嚣张。凤翔李茂贞、汴州朱全忠、太原李克用、邠州王行瑜、华州韩建、镇州王镕、幽州李匡威、同州王行约，个个有野心，无不虎视关中。当崔胤与韩全诲交恶之时，朱全忠据有郓、青、曹、棣、兖、沂、徐、宿、陈、许、郑、汴、滑、濮十四州，李茂贞占有山南、梁、洋、凤、岐、陇、泾、原等州，身兼凤翔和山南两道节度使，李克用被削弱，李茂贞与朱全忠成为最大的两个强镇。宦官韩全诲与李茂贞相结，崔胤与朱全忠交通，形成两大集团的斗争，把三大矛盾纠结在一起。等到李茂贞势蹙，朱全忠挟制天子，宦官尽数被诛，崔胤等百官亦被诛戮，唐王室积聚的三大矛盾冰消雪解，唐王朝也就灭亡了。

二、李克用兵败晋阳。李克用雄踞太原、河东，原本强于朱全忠。当秦宗权攻击朱全忠之时，李克用请命天子，失去夹击朱全忠的战机。公元895年，邠、岐、华三镇联兵犯阙，李克用得到昭宗授命为邠宁四面行营都招讨使，进兵关中，王行瑜授首，李茂贞势衰，李克用没有乘胜进击，丧失了挟天子以令诸侯的大好时机。李克用回师太原，从此走了下坡路。公元896年，李克用救援兖、郓朱瑾、朱瑄被魏博镇罗弘信拦击败还，魏博也就此归附于朱全忠。此后朱李争河北，连年大战，成德、义武两镇又倒向朱全忠。朱全忠得势，于公元901年进兵河中，再逼河东，李克用城守晋阳，朱全忠围攻，李克用不敌求和。朱全忠放胆入关中，李茂贞求援于太原，以诏命征兵李克用，李克用发兵相救，与汴兵战于平阳北。朱全忠回师大举围攻晋阳，李克用连连败北，晋阳几乎不保。朱全忠退兵，李克用气馁，此后数年不敢与朱全忠交兵。所幸李克用夫人刘氏有智慧谋略，嗣子李存勖英姿勃发，夫人与虎子激励李克用奋发图强，才又振作起来。

李克用势衰有三大原因。其一，军无谋主，少了灵魂。其二，李克用缺失驭人之术，赏罚不公，杀大将李存孝，误用刘仁恭，鹰养李罕之，都是失招，削弱了自身力量。其三，李克用所领亲兵，遗留沙陀游牧习气，掠夺成性，没有纲纪。李存勖曾劝李克用整顿纪律，李克用说：“这些部属跟随我征战几十年，我没有恩惠施及，若再用纪律约束，他们都跑散了，我拿什么来守河东。”由此可见，李克用本无帝王之志，仍是一个劫夺者，他之不敌朱全忠也就在情理之中。李克用值得欣慰的是其子李存勖青出于蓝而胜于蓝，最终实现了李克用的临终遗嘱，灭了朱梁。李克用地下有知，亦可瞑目了。

三、王师范讨逆。王师范，青州人，平卢节度使王敬武之子，十分好学，以忠义自许。年十六父死，自称留后。朱全忠围凤翔，唐昭宗诏诸镇赴难，王师范得到消息哭着说：“吾为国守藩，皇上遭危难，不去扶持，行吗？”于是与杨行密联盟，高举义旗讨逆。王师范趁朱全忠后方空虚，大胆地派出诸将，化装成商人，车载兵仗包装成商品。刘鄩袭兖州，王师范入河南，徐，沂、郓等十余州同日并发，虽然只有刘鄩在兖州得手，其余各州的偷袭都没有成功，但王师范的讨逆行动，可圈可点，忠义精神难能可贵。王师范与入援的淮南大将王茂章并肩作战，杀了朱全忠派来讨伐的大将朱友宁。朱友宁是朱全忠的养子，骁勇善战。最后，朱全忠亲率大军臣服了王师范，等到篡唐之后再追究朱友宁之死，族灭了王师范一门两百余人。无论少长，全部坑杀。

朱全忠灭唐，没有赴难殉国的人，王师范讨逆，以其行动实践了他的诺言："即使力量不足，唯有以死报国。"王师范讨逆时，尚不足二十岁，年少死国，忠义奋发，悲壮成仁，令人叹惋。

四、司马光论宦官之祸。唐末宦官之祸是东汉宦官之祸的一次重演，简直就是克隆一样，宦官被杀尽，国随以亡。这只是一个现象，不能作为历史的结论。司马光引孔子的话说："人而不仁，疾之已甚，乱也。"（《论语·泰伯》）似乎在说，因为要杀尽宦官，激起宦官的强烈反抗，导致了国家的灭亡；反过来说，不杀尽宦官，只诛首恶，国家就不亡了吗？司马光的这个逻辑是不能成立的。司马光认为，只要人主不要宦官参政，一发现过恶就加以惩治，宦官就不敢为非了。事实上这只是一种理想，一个集权纵欲的帝王，是永远做不到的。正如司马光所说，宦官出入宫禁，人主自幼及长与之亲狎，使唤起来没有违忤之患，办起事来极尽人主之意，近者亲，远者疏，人情之常。所以宦官时有卑辞之情，浸润肤受之诉，人主无不从，日渐成习，大权旁落。免除宦官之祸，只正人君之品行，靠其自律，根本办不到。废集权，禁绝宦官，这是司马光的时代办不到的。所以司马光总结的宦官之祸，罗列的经验教训，只能是纸上空谈，实际是做不到的。因为个人集权的制度不除，相伴的宦官制度不除，宦官之祸就必然要重演。万恶之源的个人集权不除，历史就没有教训的功能。即使没有宦官，个人集权的恶源还在，集权者的秘书、司机、保健医生都可以成为变种的宦官。历代宦官之祸的一再重演，其实就是个人集权者大权旁落的形式之一而已。

司马光指出，宦官中亦有善者，但这无补于大局。因为宦官制度，其实就是中国封建集权制度的肿瘤，它始终伴随着封建王朝的兴衰更替而周期性地为祸社会，流毒全国，给当时的政治带来危害，给当时的人民带来灾难。诚然，宦官中也不乏个别有识之士和杰出人物。在秦国发展史上有推荐商鞅变法的景监；西汉有大音乐家李延年；东汉有经学家郑众、改进造纸术的蔡伦、支持清流派朝官与十常侍做斗争的吕强；五代时后唐宦官张承业是一个辅弼贤臣；北宋宦官多有功于边陲，张崇贵、王中正、李宪都建功于西北，还有水利专家程昉；至于明代航海家郑和，七次下西洋的壮举，更是青史垂名，光照千古。宦官不是一个阶级，它只是皇帝的家奴，宦官本身有压迫者和被压迫者。专权乱政的宦官只是宦官中的上层。下层宦官更遭受多重压迫。所以在清代竟发生了宦官参加天理教，有刘得财、杨进忠、王福禄、刘金等人起义反抗朝廷。入宫为宦官的人，情况也极为复杂。不少人怀有野心，自阉入宫，此类宦官既有野心，亦善权术，大多擅权乱政。更多的人是家贫为阉寺，或犯罪被阉发落为宦官，如专秦政的赵高就是一个罪犯。在乱世，战俘年轻秀俊者有许多被处置为宦官。所以被迫为宦官的人，其遭遇本是可怜可悯。不过就总体而论，百分之七八十乃至更多的宦官，都是自幼被阉。他们作为刑余之人，身心遭受了严重的摧残。阉寺处在深宫之中，目睹皇上和嫔妃花天酒地的豪奢生活和不可一世的权势，日久天长，怎不染上权力之欲。皇室的奢侈，使宦竖们不知稼穑之艰难，他们哪能体恤人民疾苦。阉宦不知书，如明代大宦官魏忠贤就目不识丁。在这种氛围之下的宦官，一旦擅权，十之八九皆为祸患。所以，个别宦官的贤明，不能改变整体宦官的卑污。宦官的身份是奴才，他们掌权本来不合法，而是假借皇帝之权以肆虐，如同狗仗人势。大多宦官奴性十足，是十足的狗奴才。尽管宦官多数遭遇可悯，但他们奴才之本性，也由其遭遇和地位所铸成，无法为他们唱赞歌。祸国之宦官，即使遭遇集体屠杀，命运可悲，但也是咎由自取，罪有应得。

卷二六四　唐纪八十

唐昭宗天复三年至天祐元年（903—904 年）

【起昭阳大渊献（癸亥，903 年）二月，尽阏逢困敦（甲子，904 年）闰月，凡一年有奇】

【大事提要】

本卷记事起公元 903 年二月，讫公元 904 年闰四月，载述史事凡一年又四个月。当唐昭宗天复三年二月至天祐元年闰四月，此时期最重大的事件是朱全忠东败王师范，西服李茂贞，完全掌控了唐王室。山东王师范奉诏讨朱全忠，杨行密遣将王茂章助王师范。二王联兵大败汴兵，杀大将朱友宁。朱全忠返回洛阳率二十万大军征讨，大破王师范，王师范请降，并以其弟为质。至此，江淮之北，黄河之南，西起关陇，东至大海，广阔中原尽为朱氏所有，太原李克用势衰，天下无人与朱全忠争锋。朱全忠谓天下已定，撕下面具，密表唐昭宗，以离间君臣为名杀崔胤，随后又以李茂贞进逼为辞迫使昭宗迁都洛阳。昭宗左右亲随全遭诛戮，宿卫兵及侍奉之人皆朱全忠心腹，昭宗成为一囚龙。西川王建奉诏勤王，借机兼并荆南。杨行密平定田頵叛乱，固有淮南，与北方李克用遥应，是牵制朱全忠的两支力量。

昭宗圣穆景文孝皇帝下之上

天复三年（癸亥，903 年）

二月，壬申朔[1]，诏："比在凤翔府所除官，一切停[2]。"时宦官尽死，惟河东监军张承业、幽州监军张居翰[3]、清海监军程匡柔、西川监军鱼全禋及致仕严遵美[4]，为李克用、刘仁恭、杨行密、王建所匿得全，斩他囚[5]以应诏。

甲戌[6]，门下侍郎、同平章事陆扆责授沂王[7]傅、分司[8]。车驾还京师，赐诸道诏书，独凤翔无之。扆曰："茂贞罪虽大，然朝廷未与之绝；今独无诏书，示人不广[9]。"崔胤怒，奏贬之。宫人宋柔[10]等十一人皆韩全诲所献，及僧、道士与宦官亲厚者二十余人，并送京兆[11]杖杀[12]。

上谓韩偓曰：“崔胤虽尽忠，然比卿颇用机数[13]。”对曰：“凡为天下者，万国皆属[14]之耳目，安可以机数欺之！莫若推诚[15]直致[16]，虽日计之不足[17]而岁计之有余也。”

丙子[18]，工部侍郎、同平章事苏检，吏部侍郎卢光启，并赐自尽[19]；丁丑[20]，以中书侍郎、同平章事王溥为太子宾客、分司，皆崔胤所恶也。

戊寅[21]，赐朱全忠号回天再造竭忠守正功臣，赐其僚佐敬翔[22]等号迎銮协赞功臣，诸将朱友宁等号迎銮果毅功臣，都头[23]以下号四镇静难功臣。

上议褒崇[24]全忠，欲以皇子为诸道兵马元帅，以全忠副之；崔胤请以辉王祚[25]为之，上曰：“濮王长[26]。”胤承全忠密旨，利[27]祚冲幼[28]，固请之，己卯[29]，以祚为诸道兵马元帅。庚辰[30]，加全忠守太尉[31]，充副元帅，进爵梁王。以胤为司徒兼侍中。

胤恃全忠之势，专权自恣[32]，天子动静皆禀之[33]。朝臣从上幸凤翔者，凡[34]贬逐三十余人。刑赏系其爱憎[35]，中外畏之，重足一迹[36]。

（以上为第一段，写朱全忠进爵梁王。崔胤仗朱全忠之势，专权自恣，韩偓等重臣遭贬逐。）

【注释】

[1]壬申朔：二月一日。 [2]一切停：凡由凤翔府李茂贞、韩全诲所任命的官吏，全部罢免。除官，任命官员。停，罢免。 [3]张居翰（857—928）：字德卿。唐僖宗中和三年（883）出监幽州军事。传见《旧五代史》卷七十二，《新五代史》卷三十八。 [4]严遵美：时隐居蜀之青城山。 [5]他囚：其他囚犯。 [6]甲戌：二月三日。 [7]沂王：李禋（yīn），昭宗子。 [8]分司：唐以洛阳为东都，分设在东都的中央官员称为分司。 [9]不广：心胸不广阔。 [10]宋柔：宫女。天复元年，韩全诲求美女知书者数人，置于宫中，暗中侦探崔胤和昭宗的情况。 [11]京兆：京兆尹。 [12]杖杀：刑法之一。乱棍打死。 [13]机数：机巧权变的心计。 [14]属（zhǔ）：专注。此句谓全天下（万国）耳目都在注视朝廷。 [15]推诚：以诚意相待。 [16]直致：直率表达。 [17]日计之不足：语出《庄子·庚桑楚》。意谓以短暂的时日来看觉得不足，以长久的岁月来计算就有余了。 [18]丙子：二月五日。 [19]赐自尽：苏检、卢光启皆为在凤翔任命的

宰相，崔胤恶其党附于韩全诲、李茂贞，故杀之。［20］丁丑：二月六日。［21］戊寅：二月七日。［22］敬翔（?—923）：字子振，同州冯翊（今陕西大荔）人。朱全忠即位后，知崇政院事。乾化元年，进位光禄大夫、行兵部尚书、金銮殿大学士。传见《旧五代史》卷十八，《新五代史》卷二十一。［23］都头：统兵官名。唐从田令孜将神策新军分五十四都，都为军队编制称号。［24］褒崇：表彰并给以恩崇。［25］辉王祚：昭宗子李祚，封辉王。即唐哀帝，后更名柷（zù）。［26］濮王长：亦昭宗子李长，封濮王。新、旧唐书皆无濮王，据胡三省注，是德王裕改封。［27］利：利用。［28］冲幼：幼稚。［29］己卯：二月八日。［30］庚辰：二月九日。［31］太尉：官名。三公之一，唐代为加官。［32］自恣：放任，为所欲为。［33］禀之：指昭宗的一动一静都有人向崔胤禀告。［34］凡：共。［35］系其爱憎：爱者赏之，憎者刑之。［36］重（chóng）足一迹：两脚相迭站着，只有一个足迹，形容恐惧不敢移动的样子。

以敬翔守太府卿[1]，朱友宁领宁远[2]节度使。全忠表符道昭同平章事，充天雄[3]节度使，遣兵援送之[4]秦州，不得至[5]而还。

初，翰林学士承旨韩偓之登进士第也，御史大夫赵崇知贡举[6]，上返自凤翔，欲用偓为相，偓荐崇及兵部侍郎王赞自代；上欲从之，崔胤恶其分己权，使朱全忠入争之。全忠见上曰："赵崇轻薄之魁[7]，王赞无才用，韩偓何得妄荐为相！"上见全忠怒甚，不得已，癸未[8]，贬偓濮州司马。上密与偓泣别，偓曰："是人[9]非复[10]前来之比，臣得远贬及死乃幸耳，不忍见篡弑[11]之辱！"

己丑[12]，上令朱全忠与李茂贞书，取平原公主：茂贞不敢违，遽归之。

壬辰[13]，以朱友裕为镇国[14]节度使。

乙未[15]，全忠奏留步骑万人于故两军[16]，以朱友伦为左军宿卫都指挥使；又以汴将张廷范[17]为宫苑使，王殷为皇城使，蒋玄晖充街使。于是全忠之党布列遍于禁卫及京辅[18]。

戊戌[19]，全忠辞归镇[20]；留宴寿春殿[21]，又饯之于延喜楼[22]。上临轩泣别，令于楼前上马[23]。上又赐全忠诗，全忠亦和进[24]；又进杨柳枝辞[25]五首。百官班辞于长乐驿。崔胤独送至霸桥[26]，自置饯席，夜二鼓，胤始还入城；上复召对，问以全忠安否；置酒奏乐，至四鼓乃罢。

以清海节度使裴枢为门下侍郎、同平章事[27]。

李克用使者还晋阳，言崔胤之横，克用曰："胤为人臣，外倚贼势，内胁其君，既执明政，又握兵权。权重则怨多，势侔[28]则衅[29]生，破家亡国，在眼中矣！"

朱全忠将行，奏："克用于臣，本无大嫌[30]，乞厚加宠泽[31]，遣大臣抚慰，俾[32]知臣意。"进奏吏[33]以白克用，克用笑曰："贼欲有事淄青[34]，畏吾掎[35]其后耳！"

三月，戊午[36]，朱全忠至大梁。王师范弟师鲁围齐州[37]，朱友宁引兵击走之。师范遣兵益刘鄩军，友宁击取之。由是兖州援绝，葛从周引兵围之。友宁进攻青州；戊辰[38]，全忠引四镇[39]及魏博兵十万继之。

（以上为第二段，写崔胤排斥韩偓。朱全忠返回大梁兵伐王师范。）

【注释】

[1]太府卿：官名。太府寺长官，掌库藏财物出纳。 [2]宁远：方镇名。乾宁四年升容管观察使为宁远军节度使。当时容州为庞巨昭所据，朱友宁实际上是名号节度使。 [3]天雄：方镇名。唐懿宗咸通五年（864）升秦成两州经略、天雄军使为天雄军节度、观察、处置、营田、押蕃落等使。治所秦州。 [4]之：往。 [5]不得至：由于岐州兵塞道，故不得至。 [6]知贡举：官名。唐宋时特派主持进士考试的官员。 [7]魁：首。 [8]癸未：二月十二日。 [9]是人：指朱全忠。 [10]非复：已经不是。 [11]篡弑：杀君夺位。 [12]己丑：二月十八日。 [13]壬辰：二月二十一日。 [14]镇国：方镇名。光化元年（898）以华州置镇国军节度，领华、同二州兼兴德尹。 [15]乙未：二月二十四日。 [16]故两军：时左、右神策军已散，而营署尚存。 [17]张廷范：以优人为朱全忠所爱。后进金吾卫将军、河南尹。传见《新唐书》卷二百二十三下。 [18]京辅：即京畿地区。唐代北门禁卫之兵，皆屯于宫苑；百司庶府及南衙诸卫，皆分居皇城之内；百官私第及坊市居民，皆分居朱雀街的左右街。现朱全忠以他的心腹为使，则京辅之权已全归他手。 [19]戊戌：二月二十七日。 [20]归镇：辞归大梁。 [21]寿春殿：唐大明宫内殿名。 [22]延喜楼：唐皇城东面二门，南曰景风门，北曰延喜门。延喜楼即延喜门楼。 [23]楼前上马：在延喜楼前上马，以示恩宠。 [24]和进：和诗以进。"进"，据章校，应为"赐"。 [25]杨柳枝辞：汉横吹曲辞。本作《折杨柳》，至隋始为宫词。白居易依旧曲翻为新歌。诗人继和此曲，多为咏柳抒怀，七言四句。 [26]霸桥：在长安（今陕西西安）东。汉朝人送客至此桥，折柳赠别。霸桥驿在长乐驿东三十里。 [27]同平章事：据章校，"事"下有"朱全忠荐之也"六字。 [28]侔（móu）：相等，指与朱全忠的势力相当。[29]衅：缝隙，感情上的裂痕，争端。[30]嫌：仇怨。[31]宠泽：恩宠，恩泽。 [32]俾（bǐ）：使。 [33]进奏吏：此为河东的进奏吏。 [34]有事

淄青：谓攻王师范。［35］掎（jǐ）：牵制。［36］戊午：三月十七日。［37］齐州：州名。治所历城，在兖州北三百六十里，在今山东济南市。［38］戊辰：三月二十七日。［39］四镇：朱全忠时为宣武、宣义、天平、护国四镇节度使。

淮南将李神福围鄂州，望城中积荻[1]，谓监军尹建峰曰："今夕为公焚之。"建峰未之信。时杜洪求救于朱全忠，神福遣部将秦皋乘轻舟至滠口[2]，举火炬于树杪[3]；洪以为救兵至，果焚荻以应之。

夏，四月，己卯[4]，以朱全忠判元帅府事[5]。

知温州事[6]丁章为木工李彦所杀，其将张惠据温州。

王师范求救于淮南，乙未[7]，杨行密遣其将王茂章以步骑七千救之，又遣别将将兵数万攻宿州。全忠遣其将康怀英[8]救宿州，淮南兵遁去。

杨行密遣使诣马殷，言朱全忠跋扈，请殷绝之，约为兄弟。湖南大将许德勋曰："全忠虽无道，然挟[9]天子以令诸侯，明公素奉王室，不可轻绝也。"殷从之。

杜洪求救于朱全忠，全忠遣其将韩勍将万人屯滠口，遣使语荆南节度使成汭、武安节度使马殷、武贞节度使雷彦威，令出兵救洪。汭畏全忠之强，且欲侵江、淮之地以自广[10]，发舟师[11]十万，沿江东下。汭作巨舰，三年而成，制度[12]如府署，谓之"和舟载"[13]，其余谓之"齐山"[14]"截海"[15]"劈浪"[16]之类甚众。掌书记李珽[17]谏曰："今每舰载甲士千人，稻米倍之，缓急不可动也。吴兵[18]剽轻[19]，难与角逐；武陵[20]、长沙[21]，皆吾仇也；岂得不为反顾之虑乎！不若遣骁将屯巴陵[22]，大军与之对岸，坚壁勿战，不过一月，吴兵食尽自遁，鄂围解矣。"汭不听。珽，憕[23]之五世孙也。

王建出兵攻秦、陇，乘李茂贞之弱也；遣判官韦庄[24]入贡[25]，亦修好于朱全忠。全忠遣押牙[26]王殷报聘[27]，建与之宴。殷言："蜀甲兵诚多，但乏马耳。"建作色[28]曰："当道[29]江山险阻，骑兵无所施；然马亦不乏，押牙少留，当共阅之。"乃集诸州马，大阅于星宿山[30]，官马八千，私马四千，部队甚整。殷叹服。建本骑将[31]，故得蜀之后，于文、黎、维、茂[32]州市胡马，十年之间，遂及兹数[33]。

五月，丁未[34]，李克用云州[35]都将王敬晖杀刺史刘再立，叛降刘仁恭；克用遣李嗣昭、李存审[36]将兵讨之。仁恭遣将以兵五万救敬晖，嗣昭退保乐安[37]，敬晖举众弃城而去。先是，振武[38]将契苾[39]让逐戍将石善友，据城叛；嗣昭等进攻之，让自燔死；复取振武城，杀吐谷浑[40]叛者二千余人。克用怒嗣昭、存审失王敬晖，皆杖之，削其官。

成汭行未至鄂州，马殷遣大将许德勋将舟师万余人，雷彦威遣其将欧阳思将舟师三千余人会于荆江口[41]，乘虚袭江陵[42]，庚戌[43]，陷之，尽掠其人及货财而去。将士[44]亡其家，皆无斗志。

李神福闻其将至，自乘轻舟前觇[45]之，谓诸将曰："彼战舰虽多而不相属[46]，易制也，当急击之！"壬子[47]，神福遣其将秦裴、杨戎将众数千逆击汭于君山[48]，大破之，因风[49]纵火，焚其舰，士卒皆溃，汭赴水死，获其战舰二百艘。韩勍闻之，亦引兵去。

许德勋还过岳州，刺史邓进忠开门具牛酒[50]犒军，德勋谕以祸福[51]，进忠遂举族迁于长沙。马殷以德勋为岳州刺史，以进忠为衡州刺史。

（以上为第三段，写朱全忠判元帅府事，天下兵权尽归朱全忠。荆南节度使成汭为湖南马殷所并。）

【注释】

[1]积荻：堆积了很多芦荻。 [2]滠（shè）口：在武口之上，对岸即夏浦。 [3]杪（miǎo）：树梢。 [4]己卯：四月九日。 [5]判元帅府事：因辉王幼弱，以朱全忠判元帅府事，则天下兵权尽归朱全忠。 [6]知温州事：丁章原为温州将，去年逐刺史朱敖据温州。因未有朝命为刺史，故称知温州事。 [7]乙未：四月二十五日。 [8]康怀英：应为康怀贞，此时尚未改名。[9]挟（xié）：挟制。 [10]自广：扩大自己的地盘。 [11]舟师：水军。 [12]制度：指船的大小、长短、规模。 [13]和舟载：巨舰名。据章校，应为"和州载"。取义为船规模巨大，简直像把荆州府衙载在船上一样。 [14]齐山：喻船如山一样高。 [15]截海：喻船如海一样广阔。[16]劈浪：言船行驶轻疾。 [17]李珽（tǐng）（?—913）：唐末举进士，为监察御史。后由成汭、赵匡凝辟为掌书记。朱全忠即位，除考功员外郎、知制诰。传见《旧五代史》卷二十四，并附《新五代史》卷五十四。 [18]吴兵：杨行密时封吴王，故称其兵为吴兵。 [19]剽轻：剽悍轻疾。[20]武陵：郡名。朗州武陵郡。光化元年置武贞军节度使，领澧、朗、溆三州。雷彦威时为武贞节度使、故以武陵指雷彦威。 [21]长沙：指武安节度使马殷。 [22]巴陵：郡名。巴陵东北至

鄂州三百五十里。岳州巴陵郡，治所在今湖南岳阳市。［23］橙（chéng）：李橙，并州文水（今山西文水）人。唐玄宗朝为京兆尹，死于安史之乱。［24］韦庄（约836—910）：字端己，长安杜陵（今陕西西安市长安区）人。乾宁进士，后仕蜀，官至吏部侍郎兼平章，擅长诗词，有《浣花集》。［25］入贡：入朝贡献。［26］押牙：官名。即押衙。管领仪仗侍卫。［27］报聘：报答回访。［28］作色：脸上变色。［29］当道：本道，本地。［30］星宿山：山名。在成都郊区。王建以马匹多向王殷炫耀。［31］骑将：王建当初在杨复光部下为骑将。［32］文、黎、维、茂：皆州名。四川与蕃、羌相接，可以互市得马。文州治所在今甘肃文县南。黎州治所在今四川汉源北。维州治所在今四川理县北。茂州治所在今四川茂县。［33］兹数：这个数。即一万二千匹。［34］丁未：五月七日。［35］云州：州名。治所在今山西大同市。［36］李存审：即符存审，李克用养以为子，改姓李。［37］乐安：地名，在蔚州界。退保乐安是畏燕兵之强。［38］振武：方镇名。唐肃宗乾元元年（758）置振武节度使，领镇北大都护府，麟、胜二州。治所在今内蒙古托克托。［39］契苾（bì）：古代民族名。敕勒诸部之一。后以部为姓。［40］吐谷（yù）浑：原为鲜卑的一支，西晋末首领吐谷浑率所部西迁今甘肃、青海间，后遂以吐谷浑为姓氏。自赫连铎与李克用为敌。赫连铎败死，其部落终未肯心服，故屡叛。［41］荆江口：长江自四川东流入荆州界，谓之荆江。荆江口，即洞庭之水与长江之水汇合处。［42］江陵：县名。县治在今湖北江陵县。［43］庚戌：五月十日。［44］将士：指成汭将士。［45］觇（chān）：偷偷地察看。［46］属（zhǔ）：连接。［47］壬子：五月十二日。［48］君山：山名。在洞庭湖中，方圆六十里。［49］因风：趁着风势。［50］具牛酒：备有车和酒。古时馈问、宴犒、祭祀多用牛酒。［51］谕以祸福：以祸福利害关系说服之。

雷彦威狡狯[1]残忍，有父[2]风，常泛舟焚掠邻境，荆、鄂之间，殆至无人。

李茂贞畏朱全忠，自以官为尚书令，在全忠上[3]，累表乞解去；诏复以茂贞为中书令。

崔胤奏："左右龙武、羽林、神策等军[4]名存实亡，侍卫单寡；请每军募步兵四将[5]，每将二百五十人，骑兵一将百人，合六千六百人，选其壮健者，分番[6]侍卫。"从之。令六军诸卫副使、京兆尹郑元规立格[7]召募于市。

朱全忠表颍州[8]刺史朱友恭为武宁[9]节度使。

朱友宁攻博昌[10]，月余不拔；朱全忠怒，遣客将[11]刘捍[12]往督之。捍至，友宁驱民丁十余万，负木石，牵牛驴，诣城南筑土山，既成，并人畜木石排而筑之[13]，冤号声闻数十里。俄而[14]城陷，尽屠之。进拔临淄[15]，抵青州[16]城下，遣别将攻登、莱[17]。

淮南将王茂章[18]会王师范弟莱州刺史师诲攻密州[19]，拔之，斩其刺史刘康乂[20]，以淮海都游弈使[21]张训为刺史。

六月，乙亥[22]，汴兵拔登州。师范帅登、莱兵拒朱友宁于石楼[23]，为两栅[24]。丙[25]，夜，友宁击登州栅，栅中告急，师范趣[26]茂章出战，茂章按兵不动。友宁破登州栅，进攻莱州栅。比明，茂章度[27]其兵力已疲，乃与师范合兵出战，大破之。友宁旁自峻阜[28]驰骑赴敌，马仆[29]，青州将张土枭[30]斩之，传首淮南。两镇兵[31]逐北[32]至米河，俘斩万计，魏博之兵殆尽。

（以上为第四段，写王师范与淮南将王茂章合兵大破汴兵，朱全忠将朱友宁战死。）

【注释】

[1]狡狯（huài）：狡猾奸诈。[2]父：指雷彦威之父雷满。[3]在全忠上：时朱全忠为守中书令，李茂贞为尚书令，官在其上。[4]左右龙武、羽林、神策等军：此为崔胤所制六军。[5]将：军队编制单位。每军四将为步兵一千人，骑兵一百人，六军共六千六百人。[6]分番：分拨轮值。[7]格：唐代法有律、令、格、式之别。格是官吏处事的规例。[8]颍州：州名。治所在今安徽阜阳市。[9]武宁：方镇名，治所在今徐州市。[10]博昌：县名。县治在今山东博兴县，时属青州。[11]客将：唐末藩镇置客将，掌赞导宾客。[12]刘捍（?—909）：开封人。父为宣武军大将。捍少为牙职，后为朱全忠的亲军指挥。传见《旧五代史》卷二十，《新五代史》卷二十一。[13]排而筑之：连人畜带木石堆挤在一起筑土山。[14]俄而：不久。[15]临淄：县名。县治在今山东淄博市东北。时属青州。[16]青州：州名。治所益都，在今山东青州市。[17]登、莱：皆州名。登州治所在今山东烟台市蓬莱区，莱州治所在今山东莱州。[18]王茂章（?—914）：庐州合肥（今安徽合肥）人。淮南名将。与杨行密之子杨渥有隙，行密死被杨渥所逐，投钱镠，表为宣州节度使。归梁为宁国军节度使，因避梁太祖朱晃之祖朱茂琳讳，改名王景仁。传见《旧五代史》卷二十三，《新五代史》卷二十三。[19]密州：州名。治所在今山东诸城市。[20]刘康乂（yì）：朱全忠所置密州刺史。[21]都游弈使：官名。杨行密据有淮南，西尽淮源，东至于海，方圆数千里，故置游弈使，加紧防范。[22]乙亥：六月六日。[23]石楼：镇名，在临淄附近。[24]栅（zhà）：栅垒。筑栅栏与营墙，作军事上的防御用。[25]丙子：六月七日。[26]趣（cù）：催促。[27]度（duò）：考虑，思忖。[28]峻阜（fù）：高峻的山岗。[29]仆：

跌倒。［30］枭（xiāo）：杀人而悬其头于木上。［31］两镇兵：王师范以平卢之兵，王茂章以淮南之名。［32］逐北：追赶败兵。

全忠闻友宁死，自将兵二十万昼夜兼行赴之，秋，七月，壬子[1]，至临朐[2]，命诸将攻青州。王师范出战，汴兵大破之。王茂章闭垒示怯，伺汴兵稍懈，毁栅而出，驱驰疾战，战酣退坐，召诸将饮酒，已而复战。全忠登高望见之，问降者，知为茂章，叹曰："使吾得此为将，天下不足平也！"至晡[3]，汴兵乃退。茂章度众寡不敌，是夕，引军还。全忠遣曹州刺史杨师厚追之，及于辅唐[4]。茂章命先锋指挥使李虔裕将五百骑为殿[5]，虔裕殊死[6]战，师厚擒而杀之。师厚，颍州人也。

张训闻茂章去，谓诸将曰："汴人将至，何以御之？"诸将请焚城大掠而归。训曰："不可。"封府库，植旗帜于城上，遣羸[7]弱居前，自以精兵殿其后而去。全忠遣左踏白指挥使[8]王檀[9]攻密州，既至，望旗帜，数日乃敢入城；见府库城邑皆完，遂不复追。训全军而还。全忠以檀为密州刺史。

（以上为第五段，写朱全忠率二十万大军破王师范军，淮南兵遁走。）

【注释】

［1］壬子：七月十四日。［2］临朐（qú）：县名。县治在今山东临朐。唐属青州，在州东南四十里。［3］晡（bū）：申时，即午后三时至五时。［4］辅唐：县名。县治在今山东安丘。时属密州，在州城西北。［5］殿：殿后，走在最后的军队。［6］殊死：拼死。［7］羸（léi）：瘦弱。［8］踏白指挥使：官名。凡行军，前军之前有踏白队，用来踏伏、候望敌人的远近众寡。［9］王檀（865—916）：字众美，京兆人。少英武，有悟性，有韬略。随朱全忠征战，曾守密州刺史、邢州保义军节度使，封瑯琊郡王。传见《旧五代史》卷二十二，《新五代史》卷二十三。

丁卯[1]，以山南西道留后王宗贺为节度使。

睦州[2]刺史陈询叛钱镠，举兵攻兰溪[3]，镠遣指挥使方永珍击之。武安都指挥使杜建徽与询连姻[4]，镠疑之，建徽不言。会询亲吏来奔[5]，得建徽与询书，皆劝戒之辞，镠乃悦。建徽从兄建思谮[6]建徽私蓄兵仗，谋作乱；镠使人索之，建徽方食，使者直入卧内，建徽不顾，镠以是益亲重之。

八月，戊辰朔[7]，朱全忠留齐州刺史杨师厚攻青州，身归大梁[8]。

庚辰[9]，加西川节度使西平王王建守司徒，进爵蜀王[10]。

前渝州刺史王宗本。言于王建，请出兵取荆南；建从之，以宗本为开道都指挥使，将兵下峡[11]。

初，宁国节度使田頵破冯弘铎[12]，诣广陵谢杨行密，因求池、歙为巡属[13]，行密不许。行密左右下及狱吏，皆求赂[14]于頵，頵怒曰："吏知吾将下狱[15]邪！"及还，指广陵南门曰："吾不可复入此矣！"頵兵强财富，好攻取；行密既定淮南，欲保境息民，每抑止之，頵不从。及解释钱镠[16]，頵尤恨之，阴有叛志。李神福言于行密曰："頵必反，宜早图之。"行密曰："頵有大功[17]，反状[18]未露，今杀之，诸将人人自危矣！"頵有良将曰康儒，与頵谋议多不合，行密知之，擢[19]儒为庐州刺史。頵以儒为贰[20]于己，族之。儒曰："吾死，田公亡无日矣！"頵遂与润州团练使安仁义同举兵，仁义悉焚东塘[21]战舰。

頵遣二使诈为商人，诣寿州约奉国节度使朱延寿，行密将尚公迺[22]遇之，曰："非商人也。"杀一人，得其书，以告行密。行密召李神福于鄂州，神福恐杜洪邀之，宣言奉命攻荆南，勒兵具舟楫；及暮，遂沿江东下，始告将士以讨田頵。

己丑[23]，安仁义袭常州，常州刺史李遇逆战，极口[24]骂仁义，仁义曰："彼敢辱我，必有备。"及引去。壬辰[25]，行密以王茂章为润州行营招讨使，击仁义，不克，使徐温将兵会之。温易其衣服旗帜，皆如茂章兵，仁义不知益兵，复出战，温奋击，破之。

行密夫人，朱延寿之姊也。行密狎侮[26]延寿，延寿怨怒，阴与田頵通谋。頵遣前进士杜荀鹤[27]至寿州，与延寿相结；又遣至大梁告朱全忠，全忠大喜，遣兵屯宿州以应之。荀鹤，池州人也。

杨师厚屯临朐，声言将之密州，留辎重于临朐。九月，癸卯[28]，王师范出兵攻临朐，师厚伏兵奋击，大破之，杀万余人，获师范弟师克。明日，莱州兵五千救青州，师厚邀击之，杀获殆尽，遂徙寨抵其城下。

朱延寿谋颇泄，杨行密诈为目疾[29]，对延寿使者多错乱所见[30]，或触柱仆地[31]。谓夫人曰："吾不幸失明，诸子皆幼，军府事当悉以授三舅[32]。"夫人屡以书报延寿；行密又自遣召之，阴令徐温为之备。延寿至广陵，行密迎及寝门[33]，执而杀之；部兵惊扰，徐温谕之，皆听命[34]，遂斩延寿兄弟，黜朱夫人。

初，延寿赴召，其妻王氏谓曰："君此行吉凶未可知，愿日发[35]一使以安我。"一日，使不至，王氏曰："事可知矣！"部分[36]童仆，授兵[37]阖门[38]，捕骑至，乃集家人，聚宝货，发百燎[39]焚府舍，曰："妾誓不以皎然之躯[40]为仇人所辱。"赴火而死。

延寿用法[41]严，好以寡击众，尝遣二百人与汴兵战，有一人应留者，请行，延寿以违命，立斩之。

（以上为第六段，写田頵反叛杨行密，朱延寿与之通谋被诛。王建进爵蜀王。）

【注释】

[1]丁卯：七月二十九日。 [2]睦州：州名。治所在今浙江建德市东。 [3]兰溪：县名。在睦州西北五十五里。县治在今浙江兰溪市。 [4]连姻：儿女亲家。 [5]来奔：因陈询叛钱镠，其亲吏不愿叛，故来投奔。 [6]谮：诬陷。 [7]辰朔：八月一日。 [8]大梁：朱全忠因朱友宁之死，愤怒之下发兵企图一举攻下青州，但因王师范兵力较强，旦夕难以攻下，故使杨师厚围守之，而自己回汴梁。 [9]庚辰：八月十三日。 [10]进爵蜀王：由西平王进封蜀王。 [11]峡：三峡。 [12]破冯弘铎：事见《资治通鉴》卷二六三天复二年。 [13]求池、歙为巡属：池、歙，两州名。池州，治所在今安徽池州市。歙州治所在今安徽歙县。唐置宣、歙、池观察使，二州本宣州巡属，田頵因有功而求之。 [14]求贿：因破冯弘铎多得宝货，故向其索贿。 [15]将下狱：因狱吏也索贿，故有此语。 [16]解释钱镠：解除对钱镠的包围。天复二年，杨行密遣将田頵急攻钱镠，包围了杭州，至此，田頵被召回。 [17]大功：田頵从杨行密起庐州，破赵锽、孙儒及冯弘铎，皆有大功。 [18]反状：反叛的行迹。 [19]擢：提升。杨行密提拔康儒，意在离间康儒和田頵的关系。 [20]贰：有二心。 [21]东塘：即扬州东塘，淮南战舰多聚于此。对岸即润州界，故安仁义得焚之。 [22]尚公迺：原为冯弘铎牙将，天复二年归杨行密。 [23]己丑：八月二十二日。 [24]极口：尽力辱骂。 [25]壬辰：八月二十五日。 [26]狎侮：轻薄欺侮。[27]杜荀鹤（846—907）：池州人。字彦之，自号九华山人。大顺二年以第一名擢进士第。后依附朱全忠，官至翰林学士知制诰，有诗名，兼工书法。 [28]癸卯：九月六日。 [29]目疾：眼病。[30]错乱所见：见甲以为乙，见犬以为猫。 [31]仆地：摔倒在地上。杨行密装作眼睛失明，故看东西不清，撞在柱子上倒地。 [32]三舅：即朱延寿。 [33]寝门：卧室之门。 [34]皆听命：

徐温从杨行密起庐州，与刘威、陶雅等号称三十六英雄，故能服朱延寿部下之心。[35]日发一使：每天派一使者。王氏认为延寿此行凶多吉少，故有此请。[36]部分：部署。[37]兵：武器。[38]阖门：全家。[39]百燎：上百支火炬。[40]皎然之躯：清白的身体。[41]用法：执法。

田頵袭升州[1]，得李神福妻子，善遇之。神福自鄂州东下，頵遣使谓之曰："公见机[2]，与公分地而王；不然，妻子无遗！"神福曰："吾以卒伍[3]事吴王[4]，今为上将，义不以妻子易其志[5]。頵有老母，不顾而反，三纲[6]且不知，乌[7]足与言乎！"斩使者而进，士卒皆感励[8]。頵遣其将王坛[9]、汪建将水军逆战。丁未[10]，神福至吉阳矶[11]，与坛、建遇，坛、建执其子承鼎示之，神福命左右射之。神福谓诸将曰："彼众我寡，当以奇取胜。"及暮，合战，神福佯[12]败，引舟泝[13]流而上；坛、建追之，神福复还，顺流击之，坛、建楼船大列火炬[14]，神福令军中曰："望火炬辄击之。"坛、建军皆灭火，旗帜交杂，神福因风纵火，焚其舰，坛、建大败，士卒焚溺死者甚众；戊申[15]，又战于皖口[16]，坛、建仅以身免。获徐绾，行密以槛车[17]载之，遗钱镠；镠剖其心以祭高渭[18]。

頵闻坛、建败，自将水军逆战[19]。神福曰："贼弃城而来，此天亡也！"临江坚壁不战，遣使告行密，请发步兵断其归路；行密遣涟水制置使台濛将兵应之。王茂章攻润州，久未下，行密命茂章引兵会濛击頵。

辛亥[20]，汴将刘重霸拔棣州[21]，执刺史邵播[22]，杀之。

甲寅[23]，朱全忠如洛阳，遇疾，复还大梁。

戊午[24]，王师范遣副使李嗣业及弟师悦请降于杨师厚，曰："师范非敢背德，韩全诲、李茂贞以朱书御札使之举兵，师范不敢违。"仍请以其弟师鲁为质。时朱全忠闻李茂贞、杨崇本[25]将起兵逼京畿，恐其复劫天子西去，欲迎车驾都洛阳，乃受师范降，选诸将使守登、莱、淄、棣等州，即以师范权淄青留后。师范仍言先遣行军司马刘鄩将兵五千据兖州，非其自专，愿释其罪；亦遣使语鄩。

田頵闻台濛将至，自将步骑逆战，留其将郭行悰以精兵二万及王坛、汪建水军屯芜湖[26]，以拒李神福。觇者言："濛营寨偏小，才容二千人。"頵易[27]之，不召外兵。濛入頵境，番陈[28]而进，军中笑其怯，濛曰："頵宿将[29]多谋，不可不备。"冬，十月，戊辰[30]，与頵遇于广德[31]，濛先以杨行密书遍赐頵将，皆下马拜受；濛因其挫伏[32]，纵兵击之，頵兵遂败。又战于黄池[33]，兵交，濛伪走；頵追之，遇伏，大败，奔还宣州城守，濛引兵围之。頵亟召芜湖兵还，不得入。郭行悰、王坛、汪建及当涂[34]、广德诸戍皆帅其众降。行密以台濛已破田頵，命王茂章复引兵攻润州。

（以上为第七段，写田頵连战皆败，王师范兵败降朱全忠，并以其弟为质。）

【注释】

[1]田頵袭升州：天复二年，田頵克升州。杨行密以李神福为升州刺史。时杨行密遣李神福攻鄂，故田頵乘虚袭之。 [2]见机：识机微，辨情势。 [3]卒伍：士兵。 [4]吴王：杨行密。[5]易其志：改变志向。田頵以杀害李神福妻子相威胁，李神福重与杨行密之义，不以妻子为念。[6]三纲：君为臣纲，父为子纲，夫为妻纲。 [7]乌：疑问助词。此言田頵上有老母，轻易举兵，必然祸及老母，对杨行密为不忠不义，对老母为不孝，不足与言。 [8]感励：感动振奋。[9]王坛：光化二年，田頵将康儒取婺州，王坛归田頵。 [10]丁未：九月十日。 [11]吉阳矶：在安徽东至县东流镇江滨。 [12]佯（yáng）：假装。 [13]泝（sù）：逆流。泝，同"溯"。[14]大列火炬：排列很多火炬。船列火炬，自己不能望远，却使敌方洞见表里，故李神福集中兵力攻击。 [15]戊申：九月十一日。 [16]皖口：镇名。舒州怀宁县有皖口镇，当皖水入长江之口，在今安徽安庆市西。 [17]槛车：囚车。 [18]高渭：湖州刺史高彦之子。天复二年，徐绾谋杀钱镠未遂，纵兵焚掠杭州外城，高彦闻变，派高渭入援，被徐绾杀于灵隐山。 [19]逆战：迎战。[20]辛亥：九月十四日。 [21]棣州：州名。治所在今山东惠民县东南。 [22]邵播：朱全忠所署棣州刺史。朱全忠灭朱瑄，已得棣州。邵播又以州叛附王师范。至是，杀之。 [23]甲寅：九月十七日。 [24]戊午：九月二十一日。 [25]杨崇本（?—911）：幼为李茂贞假子，名李继徽。光化中茂贞表为邠州节度使。传见《旧五代史》卷十三，《新五代史》卷四十。 [26]芜湖：县名。县治在今安徽芜湖市。时属宣州。 [27]易：轻视。 [28]番陈：即番阵。分兵为数部，更番列阵，整兵而后进，以应付突然接战。 [29]宿将：老将。 [30]戊辰：十月二日。 [31]广德：县名。县治在今安徽广德，在宣州东。 [32]挫伏：士气摧折。 [33]黄池：镇名。在今安徽当涂县东南。[34]当涂：县名。县治在今安徽当涂县。

初，夔州刺史侯矩从成汭救鄂州，汭死，矩奔还。会王宗本兵至，矩以州降之，宗本遂定夔、忠、万、施[1]四州。王建复以矩为夔州刺史，更其姓名曰王宗矩。宗矩，易州[2]人也，蜀之议者，以瞿唐[3]，蜀之险要，乃弃归、峡[4]，屯军夔州。

建以宗本为武泰[5]留后，武泰军旧治黔州[6]，宗本以其地多瘴疠[7]，请徙治涪州[8]，建许之。

葛从周急攻兖州，刘鄩使从周母乘板舆[9]登城，谓从周曰："刘将军事我不异于汝，新妇[10]辈皆安居，人各为其主，汝可察之。"从周歔欷[11]而退，攻城为之缓。鄩悉简[12]妇人及民之老疾不足当敌者出之，独与少壮者同辛苦，分衣食，坚守以佔扞敌[13]；号令整肃，兵不为暴，民皆安堵[14]。久之，外援既绝，节度副使王彦温逾城出降，城上卒多从之，不可遏。鄩遣人从容语彦温曰："军士非素遣者[15]，勿多与之俱。"又遣人徇[16]于城上曰："军士非素遣从副使而敢擅往者，族之！"士卒皆惶惑不敢出。敌人果疑彦温，斩之城下，由是众心益固。及王师范力屈[17]，从周以祸福谕之，鄩曰："受王公命守此城，一旦见王公失势，不俟其命而降，非所以事上也。"及师范使者[18]至，丁丑[19]，始出降。

从周为具赍[20]装，送鄩诣大梁。鄩曰："降将未受梁王宽释之命，安敢乘马衣裘[21]乎！"乃素服[22]乘驴[23]至大梁。全忠赐之冠带，辞；请囚服入见，不许。全忠慰劳，饮之酒，辞以量小。全忠曰："取兖州，量何大邪[24]！"以为元从都押牙[25]。是时四镇将吏皆功臣[26]、旧人[27]，鄩一旦以降将居其上，诸将具军礼拜于廷，鄩坐受自如，全忠益奇之[28]；未几，表为保大[29]留后。

（以上为第八段，写刘鄩智计胆略超群，使朱全忠折服，虽身为囚虏被拔擢为保大留后。）

【注释】

[1]夔、忠、万、施：皆州名。四州在今三峡地区。夔州治所在今重庆市奉节县，忠州治所在今重庆市忠县，万州治所在今重庆市万州区，施州治所在今湖北恩施市。夔、忠、万为荆南巡属。施州为黔中巡属。 [2]易州：州名。治所在今河北易县。 [3]瞿唐：即瞿塘峡，在夔州东一里，为长江三峡之首，两岸对峙，中贯一江。地当全蜀江路之口，为军事上攻守必争之地。 [4]归、峡：皆州名。归州治所在今湖北秭归。峡州治所在今湖北宜昌。 [5]武泰：方镇名。大顺元年（890）赐黔州观察使号武泰军节度。 [6]黔州：州名。治所在今重庆市彭水县。 [7]瘴疠：山林温湿地带流行的恶性疟疾等传染病。 [8]涪（fú）州：州名。治所在今重庆市涪陵区。

［9］板舆：古时老人的一种代步工具。［10］新妇：葛从周之妻。［11］歔欷（xūxī）：哀叹抽泣声。也作“欷歔”。刘鄩用兵，十步九计。自得兖州，善待葛从周的家眷，就定此策以伐葛从周之心。［12］简：选择，精简。［13］扞（hán）敌：抵御敌人。［14］安堵：相安，安居。［15］素遣者：过去派遣从节度使的士兵。［16］徇：向众宣示。［17］力屈（jué）：兵力穷尽。［18］使者：王师范所遣通知刘鄩投降的人。［19］丁丑：十月十一日。［20］赍（jī）：携带的行装。［21］衣裘：穿皮衣。［22］素服：白色衣服，此为囚服。［23］乘驴：渠帅（魁首）被俘，载以驴。［24］量何大邪：上言酒量，朱全忠请刘鄩喝酒，刘鄩以量小辞之。此言胆量，当时王师范派出众多将领，独刘鄩夺取兖州。朱全忠此言既是取笑，又是夸奖。［25］元从都押牙：武官名。［26］功臣：朱全忠迎车驾于凤翔，诸将皆赐迎銮果毅功臣。［27］旧人：跟随朱全忠最久者。［28］益奇之：越发感到惊奇。刘鄩是一降将，一下子提拔为元从都押牙，四镇衙前重要的职位。而刘鄩受之自如，是自知其才足以当之。［29］保大：方镇名。唐僖宗中和二年（882），渭北节度赐号保大军节度。治所鄜州，在今陕西富县。

葛从周久病，全忠以康怀英[1]为泰宁节度使代之。

宿卫都指挥使朱友伦与客击球[2]于左军，坠马而卒。全忠悲怒，疑崔胤故为之，凡与同戏者十余人尽杀之，遣其兄子友谅[3]代典宿卫[4]。

山南东道节度使赵匡凝遣兵袭荆南，朗人[5]弃城走，匡凝表其弟匡明为荆南留后。时天子微弱，诸道贡赋多不上供[6]，惟匡明兄弟委输[7]不绝。

杨行密求兵于钱镠，镠遣方永珍屯润州，从弟镒屯宣州[8]；又遣指挥使杨习攻睦州[9]。

凤翔、邠州[10]屡出兵近京畿，朱全忠疑其复有劫迁[11]之谋，十一月，发骑兵屯河中。

十二月，乙亥[12]，田頵帅死士数百出战，台濛阳退以示弱。頵兵逾濠而斗，濛急击之；頵不胜，还走城，桥陷坠马，斩之。其众犹战，以頵首示之，乃溃，濛遂克宣州。

初，行密与頵同闾里[13]，少相善，约为兄弟，及頵首至广陵，行密视之泣下；赦其母殷氏，行密与诸子皆以子孙礼[14]事之。

行密以李神福为宁国节度使；神福以杜洪未平，固让不拜。宣州长史[15]骆知祥善治金谷[16]，观察牙推[17]沈文昌为文[18]精敏，尝为頵草檄[19]骂行密，行密以知祥为淮南支计官[20]，文昌为节度牙推。文昌，湖州人也。

初，頵每战不胜，辄欲杀钱传瓘[21]，其母及宣州都虞候郭师从常保护之。师从，合肥人，頵之妇弟也。頵败，传瓘归杭州；钱镠以师从为镇东[22]都虞候。

（以上为第九段，写山南东道节度使赵匡凝袭取荆南，表其弟赵匡明为荆南留后。田頵败殁。）

【注释】

［1］康怀英：应为康怀贞。［2］击球：在古代，球是一种习武用具，可足踢，也可杖击。［3］朱友谅（?—923）：朱全忠兄朱全昱之子朱友谅，初封衡王，后嗣广王，多行不法。传见《旧五代史》卷十二，《新五代史》卷十三。［4］代典宿卫：代朱友伦领宿卫军。［5］朗人：朗州人，指雷彦威之兵。雷彦威时为武贞节度使。成汭既死，荆南无帅，朗人遂入荆州城守之。［6］上供：唐代地方上交朝廷的赋税。《新唐书·食货志》："分天下之赋以为三：一曰上供，二曰送使，三曰留州。"［7］委输：运送。以物置于舟车上叫委，运转他处交卸叫输。［8］镠遣方永珍屯润州，从弟镒屯宣州：钱镠遣方永珍屯润州是助攻安仁义，遣钱镒屯宣州是助攻田頵。钱镒是钱镠的堂弟。［9］攻睦州：陈询时据睦州，背钱镠而结田頵，故攻之。［10］凤翔、邠州：即李茂贞和李继徽。［11］劫迁：劫昭宗西迁。［12］乙亥：十二月九日。［13］闾里：乡里。［14］子孙礼：杨行密以通家诸子礼事殷氏，其子以诸孙礼事殷氏。［15］长史：据章校，二字下应有"合肥"二字。即骆知祥为合肥人。［16］金谷：钱与米，指财物。［17］观察牙推：官名。唐制，节度观察牙推在巡官之下，幕府重要职位。［18］为文：写作文章。［19］草檄：起草檄文。［20］支计官：官名。节度使下之支度判官。［21］钱传瓘：钱镠之子，在田頵处为人质。［22］镇东：方镇名。即浙江东道，治所越州，在今浙江绍兴。

辛巳[1]，以礼部尚书独孤损为兵部侍郎、同平章事。损，及[2]之从曾孙也。中书侍郎兼户部尚书、同平章事裴贽罢为左仆射。

左仆射致仕张浚居长水，王师范之举兵，浚豫其谋。朱全忠将谋篡夺，恐浚扇动藩镇，讽[3]张全义使图之。丙申[4]，全义遣牙将杨麟将兵诈为劫盗，围其墅[5]而杀之。永宁[6]县吏叶彦素为浚所厚，知麟将至，密告浚子格[7]曰："相公祸不可免，郎君宜自为谋。"浚谓格曰："汝留则俱死，去则遗种。"格哭拜而去，叶彦帅义士三十人送之渡汉[8]而还，格遂自荆南入蜀。

卢龙节度使刘仁恭习知契丹情伪[9]，常选将练兵，乘秋深入，逾摘星岭[10]击之，契丹畏之。每霜降，仁恭辄遣人焚塞下[11]野草，契丹马多饥死，常以良马赂仁恭买牧地。契丹王阿保机[12]遣其妻兄阿钵[13]将万骑寇渝关[14]，仁恭遣其子守光戍平州[15]，守光伪与之和，设幄[16]犒飨于城外，酒酣，伏兵执之以入。虏众大哭，契丹以重赂请于仁恭，然后归之。

初，崔胤假朱全忠兵力以诛宦官，全忠既破李茂贞，并吞关中，威震天下，遂有篡夺之志。胤惧，与全忠外虽亲厚，私心渐异，乃谓全忠曰："长安密迩茂贞，不可不为守御之备，六军十二卫[17]，但有空名。请召募以实之[18]，使公无西顾之忧。"全忠知其意，曲从[19]之，阴使麾下壮士应募以察其变。胤不之知，与郑元规等缮[20]治兵仗，日夜不息。及朱友伦死[21]，全忠益疑胤，且欲迁天子都洛，恐胤立异[22]。

（以上为第十段，写张浚、崔胤心系唐王室，朱全忠诛杀张浚，猜疑崔胤。）

【注释】

[1]辛巳：十二月十五日。 [2]及：独孤及，河南人。天宝末年与李华、萧颖士等齐名，善为文。事见《资治通鉴》卷二百二十三代宗永泰元年。 [3]讽：婉言劝说。 [4]丙申：十二月三十日。 [5]墅：张浚在长水休养的园林院落。 [6]永宁：县名。县治在今河南洛宁县。 [7]格（？—926）：即张格，字承之，宰相张浚之子。朱全忠加害张浚，格更换姓名流转入蜀。后王建称帝，格为宰相。传见《旧五代史》卷七十一。 [8]汉：汉水。 [9]情伪：真假虚实。 [10]摘星岭：山岭名。当在平州境内。 [11]塞下：泛指边关关口之外。北方天冷得早，至秋，草先枯死。而近塞地区较暖，草未尽衰。契丹每年秋天就牧塞下。刘仁恭尽焚野草，故契丹的马匹多饿死。 [12]契丹王阿保机（872—926）：据章校，"王"字下应有"耶律"二字。阿保机，即辽太祖，辽王朝的建立者。姓耶律，汉名亿。公元907—926年在位。公元916年称帝。传见《旧五代史》卷一百三十七，《新五代史》卷七十二，《辽史》卷一。 [13]阿钵：据章校，应为"述律阿钵"。 [14]渝关：即榆关，今山海关。 [15]平州：州名。治所在今河北卢龙。 [16]幄（wò）：篷帐。 [17]六军十二卫：禁军。 [18]实之：充实禁军。 [19]曲从：委曲己意而从之。 [20]缮：修治。 [21]朱友伦死：十月，朱友伦击球坠马身亡。 [22]立异：立异论以阻挠迁都洛阳。

天祐元年（甲子，904年）

春，正月，全忠密表[1]司徒兼侍中、判六军十二卫事、充盐铁转运使、判度支崔胤专权乱国，离间君臣，并其党刑部尚书兼京兆尹、六军诸卫副使郑元规、威远军[2]使陈班等，皆请诛之。乙巳[3]，诏责授胤太子少傅[4]、分司，贬元规循州[5]司户，班湊州[6]司户。丙午[7]，下诏罪状胤等；以裴枢判左三军[8]事、充盐铁转运使，独孤损判右三军[9]事、兼判度支；胤所募兵并纵遣之。以兵部尚书崔远为中书侍郎，翰林学士、左拾遗柳璨[10]为右谏议大夫，并同平章事。璨，公绰[11]之从孙也。戊申[12]，朱全忠密令宿卫都指挥使朱友谅以兵围崔胤第，杀胤及郑元规、陈班并胤所亲厚者数人。

初，上在华州[13]，朱全忠屡表请上迁都洛阳，上虽不许，全忠常令东都留守佑国军节度使张全义缮修宫室。

全忠之克邠州也，质[14]静难军节度使杨崇本妻子于河中。崇本妻美，全忠私焉[15]，既而归之[16]。崇本怒，使谓李茂贞曰："唐室将灭，父[17]何忍坐视之乎！"遂相与连兵侵逼京畿，复姓名为李继徽。

己酉[18]，全忠引兵屯河中。丁巳[19]，上御延喜楼，朱全忠遣牙将寇彦卿[20]奉表，称邠、岐兵逼畿甸，请上迁都洛阳；及下楼，裴枢已得全忠移书，促百官东行[21]。戊午[22]，驱徙士民，号哭满路，骂曰："贼臣崔胤召朱温[23]来倾覆社稷，使我曹流离至此！"老幼緥属[24]，月余不绝。

壬戌[25]，车驾发长安，全忠以其将张廷范为御营使[26]，毁长安宫室百司[27]及民间庐舍，取其材，浮渭沿河[28]而下，长安自此遂丘墟[29]矣。

（以上为第十一段，写朱全忠密表崔胤专权乱国，离间君臣，请并其党皆诛之。崔胤死，朱全忠又以李茂贞进逼京师为名，迫使昭宗迁都洛阳，毁长安宫室及百官府衙、民舍，长安成废墟。）

【注释】

[1]密表：秘密上表。[2]威远军：神策五十四都之一。[3]乙巳：正月九日。[4]太子少傅：官名。东宫六傅之一，位在太子少师之下，太子少保之上。唐代仅为加官。[5]循州：州名。治所在今广东惠州市东。[6]湊州：唐代无湊州，应为"溱州"之误。溱州，州

名。治所在今重庆市綦江区东南。［7］丙午：正月十日。［8］左三军：左龙武、左神武、左神策。［9］右三军：右龙武、右神武、右神策。［10］柳璨（?—905）：河东人。少孤贫好学，光化中登进士第，尤精《汉史》，著有《柳氏释史》，在当时公卿、朝野间影响甚大。传见《旧唐书》卷一百七十九，《新唐书》卷二百二十三下。［11］公绰：柳公绰，历仕唐宪宗、穆宗、敬宗三朝，任御史大夫、京兆尹、山南东道节度使等职，性谨重，循礼法。柳公权之兄。［12］戊申：正月十二日。［13］上在华州：乾宁三年、四年，唐昭宗在华州，事见《资治通鉴》卷二百六十、二百六十一。［14］质：作为人质。［15］私焉：与杨崇本妻子私通。［16］归之：遣杨崇本之妻回归。［17］父：李茂贞养崇本为子，更姓名李继徽，故以父称之。［18］己酉：正月二十三日。［19］丁巳：正月二十一日。［20］寇彦卿（861—918）：字俊臣，大梁人。初为朱全忠元帅府押牙，入梁为华州刺史、右金吾卫上将军。传见《旧五代史》卷二十，《新五代史》卷二十一。［21］促百官东行：时裴枢为宰相，且为朱全忠所荐，故使之促百官。［22］戊午：正月二十二日。［23］崔胤召朱温：天复元年崔胤召朱全忠诛宦官，以至于此。［24］缰（qiǎng）属：连续不断。缰，穿钱的绳索。老幼相随而东，若缰穿钱，相属不绝。［25］壬戌：正月二十六日。［26］御营使：官名。天子东迁，扈卫兵士为御营，置此官掌御营一切事务。［27］百司：朝廷大臣、王公以下百官的总称。［28］浮渭沿河：从渭水漂浮沿黄河而运往洛阳。［29］丘墟：废墟、荒地。

全忠发河南、北诸镇丁匠[1]数万，令张全义治东都宫室，江、浙、湖、岭[2]诸镇附全忠者，皆输货财以助之。

甲子[3]，车驾至华州，民夹道呼万岁，上泣谓曰："勿呼万岁，朕不复为汝主矣！"馆于兴德宫[4]，谓侍臣曰："鄙语[5]云：'纥干[6]山头冻杀雀，何不飞去生处乐。'朕今漂泊，不知竟落何所！"因泣下沾襟，左右莫能仰视。

二月，乙亥[7]，车驾至陕[8]，以东都宫室未成，驻留于陕。

丙子[9]，全忠自河中来朝，上延[10]全忠入寝室见何后，后泣曰："自今大家[11]夫妇委身[12]全忠矣！"

甲申[13]，立皇子祯为端王，祈为丰王，福为和王，禧为登王，祐为嘉王。

上遣间使[14]以御札告难于王建，建以邛州刺史王宗祐为北路行营指挥使，将兵会凤翔兵迎车驾，至兴平，遇汴兵，不得进而还。建始自用墨制[15]除官，云"俟车驾还长安表闻[16]"。

三月，丁未[17]，以朱全忠兼判左、右神策及六军诸卫事[18]。癸丑[19]，全忠置酒私第[20]，邀上[21]临幸，乙卯[22]，全忠辞上，先赴洛阳督修宫室。上与之宴群臣，既罢，上独留全忠及忠武节度使韩建饮，皇后出，自捧玉卮[23]以饮全忠，晋国夫人可证附上耳语[24]。建蹑[25]全忠足，全忠以为图己，不饮，阳醉而出。全忠奏以长安为佑国军[26]，以韩建为佑国节度使，以郑州刺史刘知俊为匡国节度使。

丁巳[27]，上复遣间使以绢诏[28]告急于王建、杨行密、李克用等，令纠帅藩镇以图匡复，曰："朕至洛阳，则为所幽闭[29]，诏敕皆出其手，朕意不复得通矣！"

（以上为第十二段，写洛阳宫未成，唐昭宗暂驻跸于陕，手诏四方诸镇勤王。）

【注释】

[1]丁匠：在官府服役的工匠。 [2]江、浙、湖、岭：江指鄂岳杜洪、洪州钟传，浙指钱镠，湖指潭州马殷、澧州雷彦威，岭指广州刘隐。此时皆附于朱全忠。 [3]甲子：正月二十八日。[4]兴德宫：光化元年，唐昭宗自华州还长安，以华州为兴德府，以所居府署为兴德宫。 [5]鄙语：俗语。 [6]纥（hé）干：山名。又名纥真山。在今山西大同市东。山上终年积雪，鸟雀往往冻死，故有此俗语。 [7]乙亥：二月十日。 [8]陕：陕州。治所在今河南三门峡市。 [9]丙子：二月十一日。 [10]延：引进。 [11]大家：后妃对皇帝的称呼。 [12]委身：托身。 [13]甲申：二月十九日。 [14]间（jiàn）使：走间道的密使。 [15]墨制：即墨诏。皇帝直接发出不经外廷的亲笔手令。此为王建矫诏。 [16]表闻：上奏皇帝。 [17]丁未：三月十二日。 [18]兼判诸卫事：崔胤既诛，朱全忠专总禁卫。安置了自己的人在唐昭宗左右。 [19]癸丑：三月十八日。[20]私第：朱全忠在陕州的住所。 [21]邀上：邀请唐昭宗。朱全忠以臣召君。 [22]乙卯：三月二十日。 [23]玉卮（zhī）：玉制的酒杯。 [24]附上耳语：附在唐昭宗耳边私语。 [25]蹑（niè）：踩。 [26]佑国军：光启三年，置佑国军节度于洛阳。现迁都洛阳，故徙佑国军于长安。[27]丁巳：三月二十二日。 [28]绢诏：用白绢写诏书。 [29]幽闭：囚禁。

杨行密遣钱传璙及其妇并顾全武归钱塘[1]。

以淮南行军司马李神福为鄂岳招讨使，复将兵击杜洪[2]，朱全忠遣使诣行密，请舍鄂岳，复修旧好。行密报[3]曰："俟天子还长安，然后罢兵修好。"

夏，四月，辛巳[4]，朱全忠奏洛阳宫室已成，请车驾早发，表章相继。上屡遣宫人谕以皇后新产，未任[5]进路，请俟十月东行。全忠疑上徘徊[6]俟变，怒甚，谓牙将寇彦卿曰："汝速至陕，即日促官家[7]发来！"闰月，丁酉[8]，车驾发陕；壬寅[9]，全忠逆于新安[10]。上之在陕也，司天监[11]奏："星气[12]有变，期在今秋，不利东行。"故上欲以十月幸洛。至是，全忠令医官许昭远告医官使[13]阎祐之、司天监王墀、内都知[14]韦周、晋国夫人可证等谋害元帅[15]；悉收杀之。

癸卯[16]，上憩[17]于谷水[18]。自崔胤之死，六军散亡俱尽，所余击球供奉[19]、内园[20]小儿共二百余人，从上而东。全忠犹忌之，为设食于幄，尽缢杀[21]之。豫选[22]二百余人大小相类者，衣[23]其衣服，代之侍卫。上初不觉，累日乃寤[24]。自是上之左右职掌使令皆全忠之人矣。

甲辰[25]，车驾发谷水，入宫，御正殿[26]，受朝贺。乙巳[27]，御光政门[28]，赦天下，改元[29]。更命陕州曰兴唐府。诏讨李茂贞、杨崇本。

戊申[30]，敕内诸司惟留宣徽等九使[31]外，余皆停废，仍不以内夫人充使[32]。以蒋玄晖为宣徽南院[33]使兼枢密使，王殷为宣徽北院使兼皇城使，张廷范为金吾将军、充街使，以韦震为河南尹兼六军诸卫副使，又征武宁留后朱友恭为左龙武统军[34]，保大节度使氏叔琮为右龙武统军[34]，典宿卫，皆全忠之腹心也。

癸丑[35]，以张全义为天平[36]节度使。

乙卯[37]，以全忠为护国、宣武、宣义、忠武四镇[38]节度使。

镇海、镇东节度使越王钱镠求封吴越王；朝廷不许。朱全忠为之言于执政，乃更封吴王。

更命魏博曰天雄军[39]。癸亥，进天雄节度使长沙郡王罗绍威爵邺王。

（以上为第十三段，写唐昭宗入洛阳，大赦，改元天祐。左右亲近遭屠戮，宿卫侍奉之人皆朱全忠心腹。）

【注释】

[1]钱塘：县名。杭州治所。钱传璙在杨行密处为人质，见《资治通鉴》卷二百六十三天复二年。 [2]击杜洪：时田頵已平，故复遣李神福击杜洪。 [3]报：答复。杨行密之心在于扩大地

盘，朱全忠之心在于篡夺皇位。此时朱全忠无力救杜洪，故要求复修旧好；而杨行密假借护卫天子而答复之。［4］辛巳：四月十六日。［5］任：堪。［6］徘徊：犹豫观望以待诸道勤王之师。［7］官家：对皇帝的称呼。［8］丁酉：闰四月三日。［9］壬寅：闰四月八日。［10］新安：县名。县治在今河南新安县。在洛阳西七十里。［11］司天监：官名。主管观察天象之官。［12］星气：古代占星望气之术。［13］医官使：官名。主管医官。［14］内都知：官名。知内侍省之职事。［15］元帅：指朱全忠。［16］癸卯：闰四月九日。［17］憩（qì）：休息。［18］谷水：镇名。在洛阳西。［19］击球供奉：在皇帝左右供职的人为供奉。击球供奉是陪侍皇帝击球的人。［20］内园：内苑，皇宫园圃。［21］缢杀：勒死。［22］豫选：豫，通“预”。豫选即事先选好。［23］衣：穿。［24］寤：醒悟。［25］甲辰：闰四月十日。［26］正殿：时以贞观殿为正殿。［27］乙巳：闰四月十一日。［28］光政门：迁洛阳后，更改宫门名，改长乐门为光政门。［29］改元：改元天祐。［30］戊申：闰四月十四日。［31］宣徽等九使：当时只留宣徽两院、小马坊、丰德库、御厨、客省、阁门、飞龙、庄宅九使。［32］充使：充当内诸司使。初诛宦官后，内诸司皆以内夫人领之，至此始用外人。［33］宣徽南北院：官署名。唐置宣徽南北院使，以宦官担任，总领宫内诸司及三班内侍的名籍和郊祀朝会宴飨供帐等事宜。唐末、五代以大臣充当，因事简官尊，常以枢密院官兼任。［34］左右龙武军：北衙六军之一。［35］癸丑：闰四月十九日。［36］天平：方镇名。唐宪宗元和十五年（820）郓曹濮等州节度赐号天平军。治所郓州。［37］乙卯：闰四月二十一日。［38］四镇：朱全忠原为宣武、天平、宣义、护国四镇节度使，现因洛阳建都，不为节镇，徙张全义为天平军节度使，故朱全忠又兼忠武，仍为四镇。［39］天雄军：方镇名。唐代宗时置魏博节度使，一度号为天雄军，现复命。治所魏州。

【点评】

本卷点评朱全忠迁昭宗于洛阳，崔胤、张浚之死两件史事。

一、朱全忠迁昭宗于洛阳。迁昭宗于东都洛阳，直接掌控唐王室，便于就近禅代，这是朱全忠的政治构想，他分为三个步骤完成。第一步，借崔胤之手排除异己，贬逐韩偓等唐室忠臣。天复三年（903）正月，李茂贞屈服，朱全忠拥帝唐昭宗还长安。朱全忠与崔胤杀灭宦官，帝室的一个基础完全毁除。朱全忠留兵万人守卫宫阙，留昭宗暂居长安，崔胤专擅朝政，大权独揽，崔胤排除异己，韩偓等忠臣被贬逐，唐昭宗真成了一个孤家寡人。崔胤自鸣得意，其实在为朱全忠做驱除。第二步，朱全忠臣服山东王师范，彻底解除后顾之忧，同时加冕头上光环，捞取政治资本。天复三年二月，昭宗给朱全忠加号为“回天再造竭忠守正功臣”，以辉王李祚为诸道兵马元帅，朱全忠为副元帅，加爵梁王。四月，以朱全忠判元帅府事，天下兵权尽归朱全忠。七月，朱全忠以诸道兵马副元帅之尊，大发兵征讨王师范，九月王师范请降，杨行密收缩回淮南。自此，中原再没有人敢与朱全忠抗衡。朱全忠的声威远在诸镇之上，可以放手来逼宫了。第三步，朱全忠杀崔胤，逼昭宗迁都洛阳。天复四年（904）正月，朱全忠密表崔胤专权乱国，离间君臣，请并其党皆诛之。朱全忠同时密令朱友谅杀崔胤。接着朱全忠称朱茂贞逼京畿，逼迫昭宗迁往洛阳。长安宫阙被付之一炬。昭宗在途中密诏告急于王建、杨行密、李克用等勤王，诸镇鞭长莫及。闰四月，昭宗到达东都，大赦，改元天祐。昭宗的贴身侍从，甚至击球侍奉、内园小儿二百余人，全被朱全忠杀害，更换成新人。昭宗举目无故人。

二、崔胤、张浚之死。崔胤、张浚两个祸国之臣，志大才疏，主观上想振兴唐王室，客观上酿成祸国之事，两人并非国贼，而是反对朱全忠篡逆，崔胤外结朱全忠，两人互相利用，彼此心里都十分明白。朱全忠把崔胤尽诛宦官的信转送韩全诲，欲假韩全诲之手杀崔胤。韩全诲首鼠两端，表示亲善朱全忠，骨子里是李茂贞同党，朱全忠最后选择了崔胤来诛除宦官，扫除唐王室的一个根基。宦官已被清除，留崔胤无益有祸，崔胤的大限也就到了。崔胤以应对李茂贞为名，扩充禁卫六军以自保，朱全忠选出汴兵以应募，崔胤全然不知。朱全忠兵围凤翔，此时闲居长水的张浚致书诸镇讨逆，王师范起兵，张浚预其谋。朱全忠逼迁昭宗于洛阳，阴谋篡夺，忧虑张浚煽动诸镇，密令张全义杀之。张全义派牙将杨麟装扮为盗匪劫杀张浚。张浚令其子张格逃逸留种，自己承受灾难降临。崔胤、张浚，晚节死于国难，亦可谓义士。

朱全忠不仅是一个枭雄，在政治上的权谋诈术也冠绝一时，崔胤、张浚都不是他的对手。

卷二六五　唐纪八十一

唐昭宗天祐元年至唐昭宣帝天祐三年（904—906 年）

【起阏逢困敦（甲子，904 年），五月，尽柔兆摄提格（丙寅，906 年），凡二年有奇】

【大事提要】

本卷记事起公元 904 年五月，讫公元 906 年，凡二年又八个月。当唐昭宗天祐元年五月至唐哀帝天祐三年。此时期朱全忠加紧逼宫，为禅代称帝扫清道路。朱全忠的清道工作，在政治上也分了三个步骤。第一步，弑昭宗，立幼帝，以便掌控。天祐元年八月，朱全忠弑昭帝，立辉王李祚为帝，李祚改名李柷，年十三，是为哀帝。此举也是篡唐的预演，禅代前的火力侦察。第二步，大杀朝士。第三步，加官兵马元帅，这本是由皇太子储君担当的官职，朱全忠任此职，比封王、加九锡的禅代程序更为直接。名义上拥唐的诸镇，李茂贞与王建结亲，联合杨崇本、李克用、刘仁恭、杨行密、赵匡凝以兴唐为辞，共讨朱全忠，因各镇力弱，又无统属，讨逆行动雷声大，雨点小，没有形成对朱全忠的军事征讨，朱全忠反而主动出击，攻没山南东道，扩张了势力。淮南杨行密病殁，其子杨渥继位，部属叛乱，自顾不暇。太原李克用自保。朱全忠篡唐条件完全成熟。

昭宗圣穆景文孝皇帝下之下

天祐元年（甲子，904 年）

五月，丙寅[1]，加河阳节度使张汉瑜同平章事。

帝宴朱全忠及百官于崇勋殿[2]，既罢，复召全忠宴于内殿；全忠疑，不入。帝曰："全忠不欲来，可令敬翔[3]来。"全忠擿[4]翔使去，曰："翔亦醉矣。"辛未[5]，全忠东还；乙亥[6]，至大梁。

忠义节度使赵匡凝遣水军上峡[7]攻王建夔州，知渝州王宗阮等击败之。万州刺史张武作铁絙[8]绝江中流，立栅于两端，谓之"锁峡[9]"。

六月，李茂贞、王建、李继徽传檄合兵以讨朱全忠；全忠以镇国节度使朱友裕为行营都统，将步骑[10]击之；命保大节度使刘鄩弃鄜州，引兵屯同州[11]。癸丑[12]，全忠引兵自大梁西讨茂贞等；秋，七月，甲子[13]，过东都入见；壬申，至河中。

西川诸将劝王建乘李茂贞之衰，攻取凤翔。建以问节度判官冯涓，涓曰："兵者凶器，残民耗财，不可穷[15]也；今梁、晋虎争[16]，势不两立，若并而为一，举兵向蜀，虽诸葛亮复生，不能敌矣。凤翔，蜀之藩蔽[17]，不若与之和亲，结为婚姻，无事则务农训兵，保固疆埸[18]，有事则觇其机事[19]，观衅[20]而动，可以万全。"建曰："善！茂贞虽庸才，然有强悍之名，远近畏之，与全忠力争则不足，自守则有余，使为吾藩蔽，所利多矣。"乃与茂贞修好[21]。丙子[22]，茂贞遣判官赵锽如西川，为其侄天雄[23]节度使继勋求婚；建以女妻之。茂贞数求[24]货及甲兵于建，建皆与之。

王建赋敛[25]重，人莫敢言。冯涓因[26]建生日献颂[27]，先美[28]功德，后言生民[29]之苦。建愧谢曰："如君忠谏，功业何忧！"赐之金帛。自是赋敛稍损[30]。

初，朱全忠自凤翔迎车驾还，见德王裕眉目疏秀[31]，且年齿已壮，恶之[32]，私谓崔胤曰："德王尝奸[33]帝位，岂可复留！公何不言之！"胤言于帝。帝问全忠，全忠曰："陛下父子之间，臣安敢窃议，此崔胤卖[34]臣耳。"帝自离长安，日忧不测，与皇后终日沉饮[35]，或相对涕泣。全忠使枢密使蒋玄晖伺察帝，动静皆知之。帝从容谓玄晖曰："德王朕之爱子。全忠何故坚欲杀之？"因泣下，啮[36]中指血流。玄晖具以语全忠，全忠愈不自安。

时李茂贞、杨崇本、李克用、刘仁恭、王建、杨行密、赵匡凝移檄往来，皆以兴复[37]为辞。全忠方引兵西讨[38]，以帝有英气，恐变生于中，欲立幼君，易谋[39]禅代[40]。乃遣判官李振至洛阳，与玄晖及左龙武统军朱友恭、右龙武统军氏叔琮等图之。

八月，壬寅[41]，帝在椒殿[42]，玄晖选龙武牙官[43]史太等百人夜叩宫门，言军前[44]有急奏，欲面见帝。夫人裴贞一开门见兵，曰："急奏何以兵为？”史太杀之。玄晖问：“至尊[45]安在？”昭仪[46]李渐荣临轩[47]呼曰：“宁杀我曹，勿伤大家[48]！”帝方醉[49]，遽起，单衣绕柱走，史太追而弑之。渐荣以身蔽帝，太亦杀之。又欲杀何后，后求哀于玄晖，乃释之。

癸卯[50]，蒋玄晖矫诏称李渐荣、裴贞一弑逆[51]，宜立辉王祚为皇太子，更名柷，监军国事。又矫皇后令，太子于柩[52]前即位。宫中恐惧，不敢出声哭。丙午[53]，昭宣帝[54]即位，时年十三。

（以上为第一段，写李茂贞与王建结亲，联合杨崇本、李克用、刘仁恭、杨行密、赵匡凝以兴复为辞，共讨朱全忠。朱全忠西征，恐东都生变，弑昭宗，立辉王李祚为皇太子，改名柷，年十三，是为哀帝。）

【注释】

[1]丙寅：五月二日。[2]崇勋殿：洛阳宫前殿为贞观殿，内朝为崇勋殿。当在贞观殿北。[3]敬翔：朱全忠的心腹，时为检校右仆射、太府卿。[4]擿（tì）：揭开，揭发。此指朱全忠怀疑昭宗加害于自己和敬翔，故揭穿阴谋使敬翔离去而不入。[5]辛未：五月七日。[6]乙亥：五月十一日。[7]上峡：赵匡凝以襄阳之兵攻夔州，夔州在三峡上游，故溯江而上攻之。[8]铁絚（gēng）：铁索。[9]鏁（suǒ）峡：鏁，同“锁”，即锁峡。[10]步骑：据章校，二字下有“数万”二字。[11]屯同州：刘鄩在鄜州，逼近李茂贞、李继徽，声援不接，故使其弃鄜州还屯同州，与朱友裕合势。[12]癸丑：六月二十日。[13]甲子：七月二日。[14]壬申：七月十日。[15]穷：穷兵。极其兵力，好战不休，为穷兵。[16]虎争：两虎相争。梁指朱全忠，晋指李克用。[17]藩蔽：藩篱屏蔽。[18]疆埸（yì）：疆界。埸，边界。[19]机事：机密要事。[20]衅：间隙，破绽。[21]修好：王建已并山南诸州，阻关而守，关外靠李茂贞为藩蔽，所以与之修好。[22]丙子：七月十四日。[23]天雄：此天雄军治秦州，属李茂贞。[24]数求：多次求取。王建企图以李茂贞为屏蔽，所以又通婚姻，又不厌其烦地给予兵甲物资等援助。[25]赋敛：赋税。[26]因：趁着。[27]献颂：奉献祝贺。[28]美：赞颂。[29]生民：百姓。[30]损：减少。冯涓趁王建生日献颂的机会进谏，所以容易被接受。[31]疏秀：清秀。[32]恶（wù）之：朱全忠企图篡夺帝位，意欲立庸幼为君以便控制。见德王裕容貌清秀而且年纪长大，立之与己不利，所以讨厌他。[33]奸：伪。德王曾为刘季述所立。事见《资治通鉴》卷二百六十二光化三年、天复元年。[34]卖：出卖。此可见朱全忠奸诈。[35]沉饮：沉溺于酒。[36]啮（niè）：咬。[37]兴复：迎昭宗回长安，兴复唐之社稷。[38]西讨：讨伐岐、邠。[39]易谋：容易图谋。[40]禅代：取代唐的帝王之位。[41]壬寅：八月十一日。[42]椒殿：后妃居住的宫殿。因汉皇后所居宫殿，以椒和泥涂壁，取温、香、多子之义，故有

此称。[43]龙武牙官：龙武军的低级军官。[44]军前：西讨邠、岐的行营军前。[45]至尊：指唐昭宗。[46]昭仪：女官名。皇后、夫人之下有昭仪。[47]轩：殿前槛杆。[48]大家：对皇帝的称呼。[49]帝方醉：指昭宗皇帝正酣睡。醉，形容沉睡。[50]癸卯：八月十二日。[51]弑逆：臣杀君、子杀父。[52]柩（jiù）：已装尸体的棺材。[53]丙午：八月十五日。[54]昭宣帝：即唐哀帝。

李克用复以张承业为监军。

淮南将李神福攻鄂州未下，会疾病，还广陵，杨行密以舒州团练使泌阳[1]刘存代为招讨使；神福寻卒。宣州观察使台濛卒，杨行密以其子牙内诸军使渥[2]为宣州观察使，右牙都指挥使徐温谓渥曰："王寝疾而嫡嗣[3]出藩[4]，此必奸臣之谋。他日相召，非温使者及王令书[5]，慎无亟来！"渥泣谢而行。

九月，己巳[6]，尊皇后为皇太后。

朱全忠引兵北屯永寿[7]，南至骆谷[8]，凤翔、邠宁兵竟不出。辛未[9]，东还。

冬，十月，辛卯朔[10]，日有食之[11]。

朱全忠闻朱友恭等弑昭宗，阳惊，号哭自投于地，曰："奴辈负我，令我受恶名于万代！"癸巳[12]，至东都[13]，伏梓宫[14]恸哭流涕，又见帝[15]自陈非己志，请讨贼[16]。先是，护驾军士有掠米于市者，甲午[17]，全忠奏朱友恭、氏叔琮不戢[18]士卒，侵扰市肆[19]，友恭贬崖州[20]司户，复姓名李彦威，叔琮贬白州[21]司户，寻皆赐自尽。彦威临刑大呼曰："卖我以塞天下之谤[22]，如鬼神何[23]！行事如此，望有后乎[24]！"

丙申[25]，天平节度使张全义来朝。丁酉[26]，复以全忠为宣武、护国、宣义、天平节度使；以全义为河南尹兼忠武节度使、判六军诸卫事[27]。乙巳[28]，全忠辞赴镇，庚戌[29]，至大梁。

镇国节度使朱友裕薨于梨园[30]。

光州[31]叛杨行密，降朱全忠，行密遣兵围之，与鄂州[32]皆告急于全忠。十一月，戊辰[33]，全忠自将兵五万自颍州济淮[34]，军于霍丘[35]，分兵救鄂州。淮南兵释光州之围还广陵，按兵不出战，全忠分命诸将大掠淮南以困之。

钱镠潜遣衢州罗城使叶让杀刺史陈璋[36]，事泄；十二月，璋斩让而叛，降于杨行密。

初，马殷弟賨，性沉勇[37]，事孙儒，为百胜[38]指挥使；儒死，事杨行密，屡有功，迁黑云指挥使。行密尝从容问其兄弟，乃知为殷之弟，大惊曰："吾常怪汝器度[39]瑰伟[40]，果非常人。当遣汝归。"賨泣辞曰："賨淮西残兵[41]，大王不杀而宠任之；湖南地近，尝得兄声问，賨事大王久，不愿归也。"行密固遣之。是岁，賨归长沙，行密亲饯之郊。

賨至长沙，殷表賨为节度副使。他日，殷议入贡天子，賨曰："杨王[42]地广兵强，与吾邻接，不若与之结好，大可以为缓急之援，小可通商旅之利。"殷作色曰："杨王不事天子，一旦朝廷致讨，罪将及吾。汝置此论，勿为吾祸[43]！"

初，清海节度使徐彦若遗表荐副使刘隐权留后，朝廷以兵部尚书崔远为清海节度使。远至江陵，闻岭南多盗，且畏隐不受代，不敢前，朝廷召远还。隐遣使以重赂结朱全忠。乃奏以隐为清海节度使。

（以上为第二段，写朱全忠得知昭宗被弑，佯惊，痛哭，还东都杀朱友谅、氏叔琮塞责以欺天下。）

【注释】

[1]泌阳：县名。县治在今河南唐河，唐时属唐州。 [2]渥（?—908）：即杨渥字奉天，杨行密长子。杨行密卒，袭位自称吴王。后为大将张颢所杀。传见《旧五代史》卷一百三十四，《新五代史》卷六十一。 [3]嫡嗣：嫡子。 [4]出藩：指杨渥出为宣州观察使。 [5]令书：诸侯下令于境内，谓之令书。以区别于天子所下制、诏、敕之书。 [6]己巳：九月八日。 [7]永寿：县名。县治在今陕西永寿县北。 [8]骆谷：谷名。关中通往汉中的通道之一，在今周至南。[9]辛未：九月十日。 [10]辛卯朔：十月一日。 [11]日有食之：日食。 [12]癸巳：十月三日。 [13]至东都：自军前还至东都。 [14]梓宫：帝后所用以梓木制的棺材。 [15]帝：唐昭宗。 [16]贼：弑昭宗之贼。 [17]甲午：十月四日。 [18]戢（jí）：制止，管束。 [19]市肆：市场。因护驾军士有的在市场上抢米，故以此为二人罪名。 [20]崖州：州名。治所在今海南海口市东南。 [21]白州：州名。治所在今广西博白县。 [22]塞天下之谤：制止住全天下的指责、怨言。 [23]如鬼神何：意谓朱全忠此举太恶毒。天下人的嘴可以堵住，而鬼神是骗不了的，你拿鬼神怎么办？ [24]望有后乎：意谓此为断子绝孙之举。 [25]丙申：十月六日。 [26]丁酉：

十月七日。［27］判六军诸卫事：朱友恭、氏叔琮既诛，现以张全义领宿卫。［28］乙巳：十月十五日。［29］庚戌：十月二十日。［30］梨园：朱全忠以朱友裕为行营都统，梨园为行营。［31］光州：州名。治所在今河南潢川县。时刺史为柴再用。［32］鄂州：刺史杜洪。杨行密使其将刘存攻鄂州。［33］戊辰：十一月八日。［34］济淮：自颍州颍上县取正阳渡淮。［35］霍丘：县名。县治在今安徽霍邱县。在寿州西。［36］陈璋：原为衢州制置使。天复二年徐绾叛钱镠，陈璋夺地有功，钱镠以为衢州刺史。［37］沉勇：沉着勇敢。［38］百胜：马賨（cóng）英勇善战，百战百胜，故以百胜为其军队名。［39］器度：才能风度。［40］瑰（guī）伟：魁伟奇异。［41］淮西残兵：马賨从秦宗权、孙儒起于淮西，故云。［42］杨王：杨行密封吴王，故称。［43］勿为吾祸：不要给我造成祸害。马殷害怕朱全忠，不敢采纳马賨的意见。

昭宣光烈孝皇帝[1]

天祐二年（乙丑，905年）

春，正月，朱全忠遣诸将进兵逼寿州[2]。

润州团练使安仁义勇决得士心，故淮南将王茂章攻之，逾年不克。杨行密使谓之曰："汝之功[3]吾不忘也，能束身[4]自归，当以汝为行军副使，但不掌兵耳。"仁义不从。茂章为地道入城，遂克之。仁义举族登楼，众不敢逼[5]。先是攻城诸将见仁义辄骂之，惟李德诚不然，至是仁义召德诚登楼，谓曰："汝有礼，吾今以为汝功[6]。"且以爱妾赠之[7]。德诚掖之[8]而下，并其子斩于广陵市。

两浙兵围陈询[9]于睦州，杨行密遣西南招讨使陶雅将兵救之；军中夜惊，士卒多逾垒[10]亡去，左右及裨将韩球奔告之，雅安卧不应，须臾自定[11]，亡者皆还。钱镠遣其从弟镒及指挥使顾全武、王球御之，为雅所败，虏镒及球以归。

庚午[12]，朱全忠命李振知青州事，代王师范。

全忠围寿州，州人闭壁不出。全忠乃自霍丘引归，二月辛卯[13]，至大梁。

李振至青州，王师范举族西迁，至濮阳[14]，素服乘驴[15]而进；至大梁，全忠客之[16]。表李振为青州留后。

戊戌[17]，以安南[18]节度使、同平章事朱全昱为太师，致仕，全昱，全忠之兄也，戆[19]朴无能，先领安南，全忠自请罢之。

是日社[20]，全忠使蒋玄晖邀昭宗诸子德王裕、棣王栩、虔王禊、沂王禋、遂王祎、景王祕、祁王琪[21]、雅王禛、琼王祥，置酒九曲池[22]，酒酣，悉缢杀之，投尸池中。

朱全忠遣其将曹延祚将兵与杜洪共守鄂州，庚子[23]，淮南将刘存攻拔之[24]，执洪、延祚及汴兵千余人送广陵，悉诛之。行密以存为鄂岳观察使。

己酉[25]，葬圣穆景文孝皇帝[26]于和陵[27]，庙号昭宗。

三月，庚午[28]，以王师范为河阳节度使。

戊寅[29]，以门下侍郎、同平章事独孤损同平章事，充静海[30]节度使；以礼部侍郎河间[31]张文蔚[32]同平章事。甲申[33]，以门下侍郎、同平章事裴枢为左仆射，崔远为右仆射，并罢政事。

（以上为第三段，写杨行密攻拔润州，杀叛将润州团练使安仁义，又攻拔鄂州杀武昌节度使杜洪。朱全忠杀德王裕等昭宗九子。）

【注释】

[1]昭宣光烈孝皇帝：即唐末帝。昭宗第九子，名祚，即位后更名柷。公元905—907年在位。朱全忠篡国后被封为济阴王，迁至曹州。天祐五年（908）为朱全忠所害，时年十七，谥为哀皇帝。后唐明宗天成三年（928）立庙于曹州，改谥为昭宣光烈孝皇帝，庙号景宗。［2］寿州：州名。治所在今安徽寿县。是时朱全忠自霍丘遣诸将进逼。［3］汝之功：安仁义归杨行密，破赵锽、孙儒，平宣、润二州，皆有功。［4］束身：归顺。［5］众不敢逼：安仁义在淮南军中号称最善射者，众人害怕，故不敢逼。［6］以为汝功：以此助你立功。［7］赠之：据章校，二字下有“乃掷弓于地”五字。［8］掖之：挟持。［9］陈询：睦州刺史，天复三年六月，叛钱镠。［10］逾垒：越过营垒。［11］自定：军中安定下来，陶雅以静制动。［12］庚午：正月十一日。［13］辛卯：二月二日。［14］濮阳：县名。县治在今河南濮阳市南。时属濮州。［15］素服乘驴：至濮阳已入朱全忠巡属，故囚服乘驴以请罪。［16］客之：以客礼接待。［17］戊戌：二月九日。［18］安南：方镇名。唐肃宗乾元元年（758）升安南管内经略使为节度使，治所交州，在今越南河内市。［19］戆（gáng）：愚而刚直。［20］是日社：社日，古代祀社神（土地神）之日，以立春后第五个戊日为春社。［21］祁王琪：据章校，“琪”应为“祺”。［22］九曲池：在长安禁苑九曲宫中。［23］庚子：二月十一日。［24］攻拔之：天复二年正月，淮南兵攻鄂州，至此时攻克。［25］己酉：二月二十日。［26］圣穆景文孝皇帝：即昭宗。［27］和陵：在河南缑（gōu）氏县（今河南偃师南）懊来山，是年更名太平山。［28］庚午：三月十一日。［29］戊寅：三月

十九日。［30］静海：方镇名。唐懿宗咸通七年（866）升安南都护为静海军节度使。以独孤损充静海节度使，是罢其政事。［31］河间：县名。为瀛州治所，在今河北河间市。［32］张文蔚（?—908）：字右华，乾符初登进士第。僖宗朝除监宗御史，中书舍人。昭宗朝为礼部侍郎。传见《旧唐书》卷一百七十八，《旧五代史》卷十八，《新五代史》卷三十四。［33］甲申：三月二十五日。

初，柳璨及第，不四年为宰相，性倾巧[1]轻佻[2]。时天子左右皆朱全忠腹心，璨曲意[3]事之。同列裴枢、崔远，独孤损皆朝廷宿望[4]，意轻之，璨以为憾。和王[5]傅张廷范，本优人[6]，有宠于全忠，奏以为太常卿[7]。枢曰："廷范勋臣[8]，幸有方镇[9]，何藉[10]乐卿[11]！恐非元帅[12]之旨。"持之不下。全忠闻之，谓宾佐[13]曰："吾常以裴十四[14]器识[15]真纯，不入浮薄之党；观此议论，本态[16]露矣。"璨因此并远、损谮[17]于全忠，故三人皆罢。

以吏部侍郎杨涉[18]同平章事。涉，收[19]之孙也。为人和厚恭谨，闻当为相，与家人相泣，谓其子凝式曰："此吾家之不幸也，必为汝累[20]。"

加清海节度使刘隐同平章事。

壬辰[21]，河东都押牙盖寓卒。遗书劝李克用省营缮[22]，薄赋敛，求贤俊。

夏，四月，庚子[23]，有彗星[24]出西北。

淮南将陶雅会衢、睦兵攻婺州[25]，钱镠使其弟镖将兵救之。

五月，礼院[26]奏，皇帝登位应祀南郊[27]；敕用十月甲午[28]行之。

乙丑[29]，彗星长竟天[30]。

柳璨恃朱全忠之势，恣[31]为威福。会有星变[32]，占者[33]曰："君臣俱灾，宜诛杀以应之[34]。"璨因疏[35]其素所不快者于全忠曰："此曹[36]皆聚徒横议，怨望腹非[37]，宜以之塞[38]灾异。"李振亦言于朱全忠曰："朝廷所以不理[39]，良[40]由衣冠[41]浮薄之徒紊乱纲纪；且王欲图大事[42]，此曹皆朝廷之难制者也，不若尽去之。"全忠以为然。癸酉[43]，贬独孤损为棣州刺史，裴枢为登州刺史，崔远为莱州刺史。乙亥[44]，贬吏部尚书陆扆为濮州司户，工部尚书王溥为淄州司户。庚辰[45]，贬太子太保致仕赵崇为曹州司户，兵部侍郎王赞为潍州[46]司户。自余[47]或门胄[48]高华，或科第自进，居三省[49]台阁[50]，以名检[51]自处，声迹稍著者，皆指为浮薄，贬逐无虚日[52]，搢绅[53]为之一空。辛巳[54]，再贬裴枢为泷州[55]司户，独孤损为琼州[56]司户，崔远为白州[57]司户。

甲申[58]，忠义[59]节度使赵匡凝遣使修好于王建。

六月，戊子朔[60]，敕裴枢、独孤损、崔远、陆扆、王溥、赵崇、王赞等并所在赐自尽。

时全忠聚枢等及朝士贬官者三十余人于白马驿[61]，一夕尽杀之，投尸于河。初，李振屡举进士，竟不中第，故深疾搢绅之士，言于全忠曰："此辈常自谓清流[62]，宜投之黄河，使为浊流！"全忠笑而从之。

振每自汴至洛，朝廷必有窜逐者[63]，时人谓之鸱枭[64]。见朝士皆颐指气使[65]，旁若无人。

全忠尝与僚佐及游客坐于大柳之下，全忠独言曰："此柳宜为车毂[66]。"众莫应。有游客数人起应曰："宜为车毂。"全忠勃然厉声曰："书生辈好顺口玩人[67]，皆此类也！车毂须用夹榆[68]，柳木岂可为之！"顾左右曰："尚何待！"左右数十人，捽[69]言"宜为车毂"者悉扑杀[70]之。

己丑[71]，司空致仕裴贽贬青州司户，寻赐死。

柳璨余怒所注[72]，犹不啻[73]十数，张文蔚力解之，乃止。

时士大夫避乱，多不入朝，壬辰[74]，敕所在州县督遣[75]，无得稽留[76]。前司勋员外郎[77]李延古[78]，德裕之孙也，去官居平泉庄[79]，诏下未至，责授卫尉寺主簿[80]。

秋，七月，癸亥[81]，太子宾客致仕柳逊贬曹州司马。

（以上为第四段，写柳璨倾巧轻佻，以浮华之名谮害朝士，贬逐公卿，朱全忠一夕杀朝士三十余人，朝廷为之一空。）

【注释】

[1]倾巧：狡诈，见机行事。[2]轻佻：不稳重。[3]曲意：委曲己意而奉承别人。[4]宿望：老成望重的人。[5]和王：李福，唐昭宗子。[6]优人：以乐舞作谐戏的艺人。

[7]太常卿：官名。九卿之一，掌礼乐郊庙社稷事宜。［8］勋臣：功臣。因扈从东迁，故云。［9］幸有方镇：希望委任方镇。［10］藉：凭借、依靠。［11］乐卿：太常卿掌礼乐，故云。此言张廷范应出任方镇，不必借乐卿以荣，用人应各当其分。［12］元帅：指朱全忠，时朱为诸道元帅，故称之。［13］宾佐：宾客及官佐属吏。［14］裴十四：指裴枢。排行十四，故称。［15］器识：度量见识。［16］本态：本来面目。朱全忠对裴枢的意见不满，认为暴露了他浮薄的本态。［17］谮（zèn）：说坏话诬陷别人。［18］杨涉：乾符二年登进士第。昭宗朝为吏部尚书，哀帝即位后任宰相。传见《旧唐书》卷一百七十七，《新唐书》卷一百八十四，《新五代史》卷三十四。［19］收：即杨收，懿宗朝宰相，以罪贬死。［20］累：连累，牵连。［21］壬辰：四月四日。［22］营缮：营造修建工程。［23］庚子：四月十二日。［24］彗星：绕太阳运行的一种天体，形状如扫帚，又叫"扫帚星"。古人认为彗星出现是灾祸的预兆。［25］婺（wù）州：州名。治所在今浙江金华。光化三年（900）田頵取婺州，后田頵反叛，钱镠助杨行密攻田頵而取之，派沈夏驻守。［26］礼院：即太常寺，又称太常礼院。［27］南郊：封建王朝皇帝即位，要到南郊圜丘祭天。唐玄宗定《开元礼》，遂合祭天地于南郊。［28］甲午：十月四日。［29］乙丑：五月七日。［30］竟天：形容彗星长贯天空。［31］恣：放纵，任意。［32］星变：指彗星出现。［33］占者：掌占卜卦兆吉凶的人。［34］应之：顺应天命。［35］疏：罗列。［36］此曹：这伙人。［37］腹非：即腹诽，口里不说，心里不以为然。［38］塞：抵塞。［39］理：治理。［40］良：确，真。［41］衣冠：指朝官、士大夫。［42］图大事：篡夺唐朝皇位。［43］癸酉：五月十五日。［44］乙亥：五月十七日。［45］庚辰：五月二十二日。［46］潍州：州名。唐高祖武德二年（619）分青州北海县置潍州，八年州废，以北海还属青州，现复置潍州，治所在今山东潍坊。［47］自余：其余。［48］门胄：世系。门胄高华指出身高贵者。［49］三省：中书、门下、尚书三省。［50］台阁：尚书的别称。［51］名检：名声规矩。［52］无虚日：指没有一天不贬逐官员的。［53］搢（jìn）绅：又作"缙绅"。搢，插。绅，插笏的赤色腰带。搢绅，代指朝官士大夫。［54］辛巳：五月二十三日。［55］泷州：州名。治所泷水，在今广东罗定市南。［56］琼州：州名。治所在今海南定安县东北。［57］白州：州名。治所在今广西博白县。［58］甲申：五月二十六日。［59］忠义：方镇名。唐僖宗文德元年（888）赐山南东道节度号忠义军节度，治所襄州，在今湖北襄阳市。赵匡凝东结淮南，西通巴蜀，以抗朱全忠。［60］戊子朔：六月一日。［61］白马驿：在滑州白马县。［62］清流：负有时望的清高士大夫。［63］窜逐者：贬斥放逐的人。［64］鸱枭（chīxiāo）：鸱为猛禽，传说枭食母，古人以为皆恶鸟，喻奸邪恶人。［65］颐指气使：用面颊表情和口鼻出气示意，使人奔走于前。此处形容李振依仗朱全忠的势力肆意骄纵，气焰盛。［66］车毂（gǔ）：车轮中间车轴贯入处的圆木。安装在车轮两侧轴上，使轮保持直立不至内外倾斜。［67］好（hào）顺口玩人：喜欢随声附和戏弄人。［68］夹榆：树名。木质地坚硬，色赤，用来制造器具，坚固耐久。［69］捽（zuó）：揪住。［70］扑杀：击倒杀之。［71］己丑：六月二日。［72］注：注目，注意。［73］不啻（chì）：不止。［74］壬辰：六月五

日。［75］督遣：监督遣送回京。［76］稽留：停留。［77］司勋员外郎：官名。掌计算文武官员资历的依据。［78］李延古（?—915）：即李敬义。武宗朝宰相李德裕之孙。传见《旧五代史》卷六十，并附《新唐书》卷一百八十。［79］平泉庄：李德裕的庄园，在河南府界，距洛阳城三十里。［80］卫尉寺主簿：官名。卫尉寺掌器械文物，总武库、武器，守宫三署。实际只掌殿廷的帷幕等琐事。唐代各署及州县皆有主簿，典领文书，办理事务。［81］癸亥：七月六日。

庚午[1]夜，天雄[2]牙将李公佺与牙军谋乱，罗绍威[3]觉之；公俭焚府舍，剽掠，奔沧州[4]。

八月，王建遣前山南西道节度使王宗贺等将兵击昭信[5]节度使冯行袭于金州。

朱全忠以赵匡凝东与杨行密交通，西与王建结婚，乙未[6]，遣武宁节度使杨师厚将兵击之；乙亥[7]，全忠以大军继之。

处州[8]刺史卢约使其弟佶攻陷温州[9]，张惠奔福州。

钱镠遣方永珍救婺州。

初，礼部员外郎知制诰[10]司空图[11]弃官居虞乡王官谷，昭宗屡征之，不起。柳璨以诏书征之。图惧，诣洛阳入见，阳为衰野[12]，坠笏失仪[13]。璨乃复下诏，略曰："既养高[14]以傲代[15]，类移山[16]以钓名。"又曰："匪夷匪惠[17]，难居公正之朝。可放还山。"图，临淮人也。

杨师厚攻下唐、邓、复、郢、随、均、房七州[18]，朱全忠军于汉北[19]。九月，辛酉[20]，命师厚作浮梁于阴谷口[21]，癸亥[22]，引兵渡汉。甲子[23]，赵匡凝将兵二万陈于汉滨，师厚与战，大破之遂傅[24]其城下。是夕，匡凝焚府城，帅其族及麾下士沿汉奔广陵[25]。乙丑[26]，师厚入襄阳；丙寅[27]，全忠继至。

匡凝至广陵，杨行密戏之曰："君在镇，岁以金帛输全忠，今败，乃归我乎？"匡凝曰："诸侯事天子，岁输贡赋乃其职也，岂输贼[28]乎！今日归公，正以不从贼故耳。"行密厚遇之。

（以上为第五段，写朱全忠兼并山东东道，节度使赵匡凝奔淮南。）

【注释】

［1］庚午：七月十三日。［2］天雄：即魏博节度。［3］罗绍威：天雄节度使、邺王。

[4]沧州：时刘守文据沧州。［5］昭信：方镇名。治所金州，在今陕西安康市。时节度使冯行袭附朱全忠。［6］乙未：八月九日。［7］己亥：八月十三日。［8］处州：州名。治所在今浙江丽水。［9］温州：张惠于天复三年据温州，至此而败。［10］知制诰：官名。掌起草诏令。原为中书舍人之职，其后常以他官代行其职，称为某官知制诰。他官带知制诰者为外制，翰林学士带知制诰者为内制。［11］司空图（837—908）：字表圣，临淮（今江苏盱眙）人。咸通进士，官礼部员外郎、中书舍人，后隐居虞乡县（在今山西永济）中条山王官谷，自号知非子、耐辱居士。诗人、诗论家。著有《诗品》。传见《旧唐书》卷一百九十下，《新唐书》卷一百九十四。［12］衰野：衰老粗野。［13］坠笏失仪：丢落笏板，丧失仪态。［14］养高：修养高尚志节。［15］傲代：高傲自负，轻视世人。［16］移山：愚公移山。事见《列子·汤问》，后世多以愚公移山比喻有志者事竟成，人定胜天。但柳璨意谓司空图隐居是沽名钓誉，如同愚公移山一样。［17］匪夷匪惠：意谓司空图既非伯夷之清，又非柳下惠之和，难以与之相比。夷，指伯夷。惠，指柳下惠，春秋时鲁国贤大夫。［18］七州：指唐、邓、复、郢、随、均、房等七州，时为忠义军，即山南东道巡属。［19］汉北：汉江以北。［20］辛酉：九月五日。［21］阴谷口：地名。在襄州西谷城县。［22］癸亥：九月七日。［23］甲子：九月八日。［24］傅：通“附”，逼近。［25］广陵：杨行密时据广陵。赵匡凝沿汉入江，顺流东下而奔归。［26］乙丑：九月九日。［27］丙寅：九月十日。［28］贼：指朱全忠。

丙寅[1]，封皇弟提为颍王，祐为蔡王。

丁卯[2]，荆南节度使赵匡明[3]帅众二万，弃城奔成都。戊辰[4]，朱全忠以杨师厚为山南东道留后，引兵击江陵[5]；至乐乡[6]，荆南牙将王建武遣使迎降。全忠以都将贺瓌为荆南留后。全忠寻表师厚为山南东道节度使。

王宗贺等攻冯行袭，所向皆捷。丙子[7]，行袭弃金州，奔均州；其将全师朗以城降。王建更师朗姓名曰王宗朗，补金州观察使，割渠、巴、开[8]三州以隶之。

乙酉[9]，诏更用十一月癸酉亲郊[10]。

淮南将陶雅、陈璋拔婺州，执刺史沈夏以归。杨行密以雅为江南都招讨使，歙、婺、衢、睦观察使；以璋为衢、婺副招讨使。璋攻暨阳[11]，两浙将方习败之。习进攻婺州。

濠州团练使刘金卒，杨行密以金子仁规知濠州。

杨行密长子宣州观察使渥，素无令誉[12]，军府[13]轻之。行密寝疾，命节度判官周隐召渥。隐性憃直[14]，对曰：“宣州司徒[15]轻易信谗，喜击球饮酒，非保家之主；余子皆幼，未能驾驭诸将。庐州刺史刘威，从王起细微[16]，必不负王，不若使之权领军府，俟诸子长以授之。”行密不应。左右牙指挥使徐温、张颢言于行密曰：“王平生出万死，冒矢石，为子孙立基业，安可使他人有之！”行密曰：“吾死瞑目矣。”隐，舒州人也。

他日，将佐问疾，行密目留[17]幕僚严可求；众出，可求曰：“王若不讳[18]，如军府何？”行密曰：“吾命周隐召渥，今忍死待之。”可求与徐温诣隐，隐未出见，牒[19]犹在案上，可求即与温取牒，遣使者如宣州召之。可求，同州[20]人也。行密以润州团练使王茂章为宣州观察使[21]。

（以上为第六段，写杨行密病重，遗意部属立其长子杨渥为淮南节度使继任人。）

【注释】

[1]丙寅：九月十日。 [2]丁卯：九月十一日。 [3]赵匡明：赵匡凝之弟。天复三年，赵匡凝遣其据荆南，现赵匡凝已败，故弃城奔成都。 [4]戊辰：九月十二日。 [5]江陵：荆南军府治所，在今湖北荆州市江陵城。 [6]乐乡：镇名。在江陵府长林县，在今湖北荆门市西北。 [7]丙子：九月十五日。 [8]渠、巴、开：皆州名。渠州治所在今四川渠县。巴州治所在今四川巴中市。开州治所在今重庆开州区。[9]乙酉：九月二十四日。[10]亲郊：帝王亲自举行郊祀。 [11]暨阳：县名。即越州诸暨县，县治在今浙江诸暨市。 [12]令誉：好名声。 [13]军府：将帅的幕府。 [14]憃（chòng）直：愚笨憨直。 [15]宣州司徒：指杨渥。杨渥时守宣州，加官司徒。 [16]细微：低贱。 [17]目留：用眼光表示留下。 [18]不讳：死的委婉语。意为人死不可避免，无可忌讳。 [19]牒：杨行密召杨渥的文书。 [20]同州：严可求本同州人，父名实，仕唐后为江淮陆运判官，由此住家于江都。 [21]宣州观察使：杨行密因宣州地接杭州，地位极为重要，故以良将守之。

冬，十月，丙戌朔[1]，以朱全忠为诸道兵马元帅，别开幕府[2]。

是日，全忠部署将士，将归大梁[3]，忽变计，欲乘胜击淮南。

敬翔谏曰：“今出师未逾月，平两大镇[4]，辟地数千里，远近闻之，莫不震慑[5]。此威望可惜[6]，不若且归息兵，俟衅而动。”不听[7]。

改昭信军为戎昭军[8]。

辛卯[9]，朱全忠发襄州；壬辰[10]，至枣阳[11]，遇大雨。自申州[12]

抵光州，道险狭途潦[13]，人马疲乏，士卒尚未冬服[14]，多逃亡。全忠使人谓光州刺史柴再用曰："下，我以汝为蔡州刺史[15]；不下，且屠城！"再用严设守备，戎服登城，见全忠，拜伏甚恭，曰："光州城小兵弱，不足以辱王之威怒。王苟先下寿州，敢不从命。"全忠留其城东旬日而去。

起居郎[16]苏楷[17]，礼部尚书循[18]之子也，素无才行，乾宁中登进士第，昭宗复试[19]黜之，仍永不听[20]入科场[21]。甲午[22]，楷帅同列[23]上言："谥号美恶，臣子不得而私。先帝谥号[24]多溢美[25]，乞更详议。"事下太常[26]，丁酉[27]，张廷范奏改谥恭灵壮愍孝皇帝，庙号[28]襄宗，诏从之。

杨渥至广陵。辛丑[29]，杨行密承制以渥为淮南留后。

戊申[30]，朱全忠发光州，迷失道百余里，又遇雨，比及寿州[31]，寿人坚壁清野以待之。全忠欲围之，无林木可为栅，乃退屯正阳[32]。

癸丑[33]，更名成德军曰武顺[34]。

（以上为第七段，写朱全忠为诸道兵马元帅，别开幕府。改昭信军为戎昭军，成德军为武顺军。）

【注释】

[1]丙戌朔：十月一日。 [2]别开幕府：别开元帅府。 [3]将归大梁：将自襄阳归大梁。 [4]两大镇：荆、襄两镇。 [5]震慑：震惊使畏惧。 [6]惜：珍惜。 [7]不听：敬翔知淮南不可攻，所以劝谏。 [8]戎昭军：据章校，"军"下应有"仍割均州隶之"六字。昭信军本置于金州，时已为王建所取，故改置于均州。 [9]辛卯：十月六日。 [10]壬辰：十月七日。 [11]枣阳：县名。县治在今湖北枣阳市。时属隋州。 [12]申州：州名。治所在今河南信阳。自申州东南至光州三百五十五里。 [13]途潦（lǎo）：道路上有流水或积水。 [14]冬服：穿冬装。 [15]蔡州刺史：柴再用汝阳人，所以朱全忠以衣锦还乡利诱之。 [16]起居郎：官名。汉代为起居注，唐于门下省置起居郎。 [17]苏楷（?—928）：苏循之子，与其父皆无行，历唐、后梁、后唐，官至后唐尚书员外郎。父子同传，见《旧五代史》卷六十，《新五代史》卷三十四。 [18]苏循：昭宗朝为礼部尚书。善阿谀苟容，无士行。 [19]复试：重试。乾宁二年进士二十余人，中使奏云侥幸者半。唐昭宗命学士陆扆、冯渥复试，及格者十四人。苏楷等四人最下，不得再赴举场。 [20]不听：不接受，不许。 [21]科场：科举考试的考场。唐人谓贡院为科场。 [22]甲午：十月九日。 [23]同列：起居郎罗衮、起居舍人卢鼎等。苏楷被黜不许入科场，唐昭宗遇弑

后，国命出于朱氏，才得为起居郎。［24］谥号：帝王、贵族、大臣、士大夫死后，依其生前事迹给予的称号。［25］溢美：过分夸奖。［26］太常：太常寺。官署名，掌礼乐郊庙社稷事宜。［27］丁酉：十月十二日。［28］庙号：帝王死后，在太庙立室奉祀，并追尊以某祖、某宗的名号，称庙号。［29］辛丑：十月十六日。［30］戊申：十月二十三日。［31］比及寿州：到达寿州时。［32］正阳：镇名。在寿州西。淮水流出颍、寿之间，夹淮有正阳镇，东正阳镇属寿州安丰县，西正阳镇属颍州颍上县。［33］癸丑：十月二十八日。［34］武顺：因朱全忠父亲名诚，故改成德军为武顺，治所镇州。

十一月，丙辰[1]，朱全忠渡淮而北，柴再用抄其后军，斩首三千级，获辎重万计。全忠悔之[2]，躁忿[3]尤甚。丁卯[4]，至大梁。

先是，全忠急于传禅[5]，密使蒋玄晖等谋之。玄晖与柳璨等议：以魏、晋以来皆先封大国，加九锡[6]、殊礼[7]，然后受禅，当次第[8]行之。乃先除全忠诸道元帅，以示有渐，仍以刑部尚书裴迪为送官告使[9]，全忠大怒。宣徽副使王殷、赵殷衡疾玄晖权宠[10]，欲得其处，因谮之于全忠曰："玄晖、璨等欲延唐祚[11]，故逗留[12]其事以须[13]变。"玄晖闻之惧，自至寿春[14]，具言其状。全忠曰："汝曹巧述闲事[15]以沮[16]我，借使[17]我不受九锡，岂不能作天子邪！"玄晖曰："唐祚已尽，天命归王，愚智皆知之。玄晖与柳璨等非敢有背德[18]，但以今兹晋、燕、岐、蜀[19]皆吾勍敌[20]，王遽受禅，彼心未服，不可不曲尽义理[21]，然后取之，欲为王创万代之业耳。"全忠叱之曰："奴果反矣！"玄晖惶遽[22]辞归，与璨议行九锡。时天子将郊祀，百官既习仪[23]，裴迪自大梁还[24]，言[25]全忠怒曰："柳璨、蒋玄晖等欲延唐祚，乃郊天[26]也。"璨等惧，庚午[27]，敕改用来年正月上辛[28]。殷衡本姓孔名循，为全忠家乳母养子，故冒姓赵，后渐贵，复其姓名。

壬申[29]，赵匡明至成都，王建以客礼遇之。

昭宗之丧，朝廷遣告哀使[30]司马卿宣谕王建，至是始入蜀境。西川掌书记韦庄为建谋，使武定[31]节度使王宗绾谕卿曰："蜀之将士，世受唐恩，去岁闻乘舆东迁，凡上二十表，皆不报[32]。寻[33]有亡卒[34]自汴来，闻先帝已罹[35]朱全忠弑逆。蜀之将士方日夕枕戈[36]，思为先帝报仇。不知今兹使来以何事宣谕？舍人[37]宜自图进退。”卿乃还。

庚辰[38]，吴武忠王杨行密薨。将佐共请宣谕使李俨[39]承制授杨渥淮南节度使、东南诸道行营都统，兼侍中、弘农郡王。

柳璨、蒋玄晖等议加朱全忠九锡，朝士多窃怀[40]愤邑[41]，礼部尚书苏循独扬言曰：“梁王功业显大[42]，历数[43]有归，朝廷速宜揖让[44]。”朝士无敢违者。辛巳[45]，以全忠为相国[46]，总百揆[47]。以宣武、宣义、天平、护国、天雄、武顺、佑国、河阳、义武、昭义、保义、戎昭、武定、泰宁、平卢、忠武、天国、匡国、镇国、武宁、忠义、荆南等二十一道[48]为魏国，进封魏王，仍加九锡。全忠怒其稽缓[49]，让不受。十二月，戊子[50]，命枢密使蒋玄晖赍手诏诣全忠谕指[51]。癸巳[52]，玄晖自大梁还，言全忠怒不解。甲午[53]，柳璨奏称：“人望[54]归梁王，陛下释重负[55]，今其时也。”即日遣璨诣大梁达传禅之意，全忠拒之。

（以上为第八段，写杨行密辞世，长子杨渥继为淮南节度使。朱全忠急于受禅，柳璨、蒋玄晖等人为之策划，认为应依魏晋以来故事，先封大国，加九锡，殊礼，次第行之，然后受禅。）

【注释】

[1]丙辰：十一月二日。[2]悔之：后悔不用敬翔之言。[3]躁忿：急躁愤怒。[4]丁卯：十一月十三日。[5]传禅：传唐的皇位。[6]九锡：又名九赐。古代帝王尊礼大臣所给的九种器物：一、车马，二、衣服，三、乐则，四、朱户，五、纳陛，六、虎贲，七、弓矢，八、鈇钺，九、秬鬯。后来权臣篡位，建立新王朝之前，都加九锡，成为例行公事。[7]殊礼：特殊的礼遇。[8]次第：依次。[9]官告使：官名。为颁发授官凭证及封赠临时设置的官职。[10]权宠：蒋玄晖时为枢密使，内专朝廷之权，外结朱全忠之宠。[11]延唐祚：延长唐的皇位。[12]逗留：拖延。[13]须：待。[14]寿春：县名。寿州治所。时朱全忠在寿春行营。[15]巧述闲事：指蒋玄晖等所说受禅的做法。先封大国、加九锡、殊礼等皆为王莽所创，蒋玄晖是依旧例。[16]沮（jǔ）：阻止。[17]借使：假使。[18]背德：违背朱全忠的行为。[19]晋、燕、岐、蜀：指李克用、刘仁恭、李茂贞和王建。[20]勍（qíng）敌：劲敌，强大的敌人。[21]曲尽义礼：多方尽量做到符合义礼。[22]惶遽：恐惧、慌忙。[23]习仪：唐制，皇帝行大祀，百官皆先习仪，受誓戒，然后行事。[24]自大梁还：裴迪先至寿春行营，从朱全忠还大梁，又自大梁返回洛阳。[25]言：转述。[26]郊天：郊外祀天。朱全忠急于篡位，不

愿哀帝再行郊祀，故云。［27］庚午：十一月十六日。［28］上辛：每月上旬的辛日。［29］壬申：十一月十八日。［30］告哀使：朝廷派出报丧的官员。［31］武定：方镇名，治洋州，为蜀之东北边鄙，故使其节度使谕司马卿。［32］报：回复。［33］寻：不久。［34］亡卒：逃亡至蜀的汴卒。［35］罹（lí）：遭遇。［36］枕戈：枕着兵器，随时准备战斗。［37］舍人：指司马卿。唐制中书通事舍人掌受四方章奏及宣传诏命。［38］庚辰：十一月二十六日。［39］李俨：天复二年，昭宗以金吾将军李俨为江淮宣谕使，拜杨行密为东面行营都统，淮南诸道立功将士，听用都统牒承制迁补，然后表闻。［40］怀：内心暗自怀着某种情绪。［41］愤邑：愤恨抑郁。［42］显大：显著伟大。［43］历数：天道。朝代更替的次序。［44］揖让：谓让位于贤。［45］辛巳：十一月二十七日。［46］相国：即宰相，但汉魏以后位望尊于宰相。［47］总百揆（kuí）：总领国政和百官。［48］二十一道：据胡三省注，二十一道领州凡六十九。宣武领汴、宋、亳、单；宣义领汝、郑、滑；天平领郓、曹、濮、济；护国领河中、晋、绛、慈、隰；天雄领魏、博、贝、卫、澶、相；武顺领镇、冀、深、赵；佑国领京兆、商、华；河阳领孟、怀；义武领定、祁、易；昭义领潞、泽；保义领邢、洺、磁；戎昭领金、均、房；武定领洋；泰宁领兖、沂、密；平卢领青、淄、齐、棣、登、莱；忠武领陈、许；匡国领同；镇国领陕、虢；武宁领徐、宿；忠义领襄、邓、随、郢、唐、复、安；荆南领荆、归、峡。［49］稽缓：拖延。［50］戊子：十二月四日。［51］谕指：即谕旨。宣布皇帝的旨意。［52］癸巳：十二月九日。［53］甲午：十二月十日。［54］人望：威望、声望。［55］释重负：此为劝哀帝让位之辞。

初，璨陷害朝[1]士过多，全忠亦恶之。璨与蒋玄晖、张廷范朝夕宴聚，深相结，为全忠谋禅代事。何太后泣遣宫人阿虔、阿秋达意玄晖，语以他日传禅之后，求子母[2]生全。王殷、赵殷衡谮玄晖，云："与柳璨、张廷范于积善堂[3]夜宴，对太后焚香为誓，期兴复唐祚。"全忠信之，乙未[4]，收玄晖及丰德库使[5]应顼、御厨使[6]朱建武系[7]河南狱[8]；以王殷权知枢密，赵殷衡权判宣徽院事。全忠三表辞魏王、九锡之命；丁酉[9]，诏许之[10]，更以为天下兵马元帅，然全忠已修大梁府舍为宫阙矣。是日，斩蒋玄晖，杖杀应顼、朱建武。庚子[11]，省[12]枢密使及宣徽南院使，独置宣徽使一员，以王殷为之，赵殷衡为副使。辛丑[13]，敕罢宫人宣传诏命[14]及参随视朝[15]。追削蒋玄晖为凶逆百姓[16]，令河南[17]揭[18]尸于都门外，聚众焚之。

玄晖既死，王殷、赵殷衡又诬玄晖私侍[19]何太后，令阿秋、阿虔通导[20]往来。己酉[21]，全忠密令殷、殷衡害太后于积善宫，敕追废太后[22]为庶人，阿秋、阿虔皆于殿前扑杀。庚戌[23]，以皇太后丧，废朝三日[24]。

辛亥[25]，敕以宫禁内乱。罢来年正月上辛谒郊庙礼。

癸丑[26]，守司空兼门下侍郎、同平章事柳璨贬登州刺史，太常卿张廷范贬莱州司户。甲寅[27]，斩璨于上东门[28]外，车裂廷范于都市。璨临刑呼曰："负国贼[29]柳璨，死其宜矣！"

西川将王宗朗不能守金州，焚其城邑，奔成都。戎昭节度使冯行袭复取金州，奏请[30]"金州荒残，乞徙理均州"，从之。更以行袭领武安军[31]。

陈询不能守睦州，奔于广陵[32]，淮南招讨使陶雅入据其城。

杨渥之去宣州也，欲取其幄幕[33]及亲兵以行，观察使王茂章不与，渥怒。既袭位[34]，遣马步都指挥使李简等将兵袭之。

湖南兵寇淮南，淮南牙内指挥使杨彪击却之。

（以上为第九段，写朱全忠改修大梁府舍为宫阙，三表辞封魏王、加九锡之命，怒其迟缓，改为天下兵马元帅，诛杀柳璨等人，又弑何太后。）

【注释】

[1]陷害朝士：天祐二年（905），柳璨列与己不和的大臣名单给朱全忠，要求诛灭之以塞星变之祸。朱全忠将裴枢等三十余人杀害于白马驿。 [2]子母：哀帝及德王裕皆何太后所生。唐昭宗已死，德王裕与诸弟相继被害。此处求子母生命安全指哀帝和太后。 [3]积善堂：据章校，应为积善宫。积善宫为洛阳宫城中宫殿，为何太后所居。 [4]乙未：十二月十一日。 [5]丰德库使：官名。 [6]御厨使：官名。掌御厨。 [7]系：拘囚，下狱。 [8]河南狱：河南府狱。 [9]丁酉：十二月十三日。 [10]诏许之：朱全忠欲行魏、晋篡位的故事，司马昭杀魏主而归罪于成济，朱全忠亦欲杀蒋玄晖。表辞是敬翔的主意，诏许之，又是王殷等人秉承朱全忠旨意所为。 [11]庚子：十二月十六日。 [12]省：裁减。 [13]辛丑：十二月十七日。 [14]宫人宣传诏命：天复三年诛宦官，以内夫人宣传诏命，现罢。 [15]参随视朝：唐制，宫嫔司赞掌朝会赞相之事，凡朝，引客立于殿廷。现只令小黄门引从，宫人不得出内。 [16]凶逆百姓：凶恶叛逆之人，削夺一切官职。 [17]河南：河南府，即洛阳。 [18]揭：举。 [19]私侍：私通。 [20]通导：联系引导。 [21]己酉：十二月二十五日。 [22]废太后：指何太后。 [23]庚戌：十二月二十六日。 [24]废朝三日：既废母为庶人，又废朝三日，唐哀帝被朱全忠玩弄于股掌之上。 [25]辛亥：十二月二十七日。 [26]癸丑：十二月二十九日。 [27]甲寅：十二月三十日。 [28]上东

门：洛阳外郭城东面三门，北边的叫上东门。［29］负国贼：柳家自柳公绰世代仁孝谨重，守循礼法，至柳璨为人鄙野，丧尽家风，至死自悟为负国之贼。［30］奏请：据章校，应为“奏称”。［31］武安军；方镇名。即钦化军，治潭州。冯行袭要求于均州建节，应为“武定军”。［32］奔广陵：陈询被两浙兵所逼而出走。［33］幄幕：军中的营幕。［34］袭位：杨渥刚刚袭位，就派兵攻打一州将，足见其心胸褊狭。

三年（丙寅，906年）

春，正月，壬戌[1]，灵武[2]节度使韩逊[3]奏吐蕃七千余骑营于宗高谷[4]，将击嗢末[5]及取凉州[6]。

李简兵奄[7]至宣州，王茂章度[8]不能守，帅众奔两浙。亲兵上蔡[9]刁彦能辞以母老[10]，不从行，登城谕众曰：“王府[11]命我招谕汝曹，大兵行至矣。”众由是定。陶雅畏茂章断其归路，引兵还歙州[12]，钱镠复取睦州。镠以茂章为镇东节度副使，更名景仁。

乙丑[13]，加静海节度使曲承裕同平章事。

初，田承嗣镇魏博，选募六州[14]骁勇之士五千人为牙军，厚其给赐[15]以自卫，为腹心；自是父子相继[16]，亲党胶固[17]，岁久益骄横；小不如意，辄族旧帅而易之，自史宪诚以来皆立于其手[18]。天雄节度使罗绍威心恶之[19]，力不能制[20]。朱全忠之围凤翔也，绍威遣军将杨利言密以情告全忠，欲借其兵以诛之。全忠以事方急，未暇如其请，阴许之。及李公佺[21]作乱，绍威益惧，复遣牙将臧延范趣全忠。全忠乃发河南诸镇兵十万，遣其将李思安将之，会魏、镇兵[22]屯深州[23]乐城[24]；声言击沧州，讨其纳李公佺也。会全忠女适[25]绍威子廷规者卒，全忠遣客将马嗣勋[26]实甲兵于橐[27]中，选长直兵[28]千人为担夫，帅之入魏，诈云会葬[29]；全忠自以大军继其后，云赴行营；牙军皆不之疑。庚午[30]，绍威潜遣人入库断弓弦、甲襻[31]，是夕，绍威帅其奴客数百，与嗣勋合击牙军，牙军欲战而弓甲皆不可用，送阖营[32]殪[33]之，凡八千家，婴孺无遗。诘旦[34]，全忠引兵入城。

辛未[35]，以权知宁远[36]留后庞巨昭、岭南西道留后叶广略并为节度使。

庚辰[37]，钱镠如睦州。

西川将王宗阮攻归州[38]，获其将韩从实。

陈璋闻陶雅归歙，自婺州退保衢州[39]。两浙将方永珍等取婺州，进攻衢州。

杨渥遣先锋指挥使陈知新攻湖南。三月，乙丑[40]，知新拔岳州，逐刺史许德勋[41]，渥以知新为岳州刺史。

戊寅[42]，以朱全忠为盐铁、度支、户部三司都制置使。三司之名始于此。全忠辞不受。

夏，四月，癸未朔[43]，日有食之。

（以上为第十段，写天雄节度使罗绍威引汴兵诛灭魏博累世牙兵八千家，婴孺无遗。以朱全忠为盐铁、度支、户部三司使，三司之名始于此。）

【注释】

［1］壬戌：正月八日。［2］灵武：方镇名。即朔方节度。［3］韩逊（?—916）：本灵州列校，唐末社会动乱，据有其地，为节度使。入梁，累加官至中书令，封颍川郡王。传见《旧五代史》卷一百三十二，《新五代史》卷四十。［4］宗高谷：地名。在今青海西宁东。［5］唱（wà）末：一名浑末。原为吐蕃奴部，唐武宗时恐热其作乱，这一部落数千人以嗢末自号，散居甘、肃、瓜、沙等州间。［6］凉州：州名。河西节度使治所，在今甘肃武威市。灵武西至凉州九百里。［7］奄：突然。［8］度：估计。［9］上蔡：县名。县治在今河南上蔡。［10］辞以母老：以母亲年老为由不能从王茂章奔两浙。［11］王府：杨行密、杨渥父子均以王爵镇广陵，故称淮南军府为王府。［12］歙（shè）州：州名。治所在今安徽歙县。［13］乙丑：正月十一日。［14］六州：魏博节度巡属之魏、博、贝、卫、澶、相六州。［15］给赐：供给赏赐。［16］父子相继：田承嗣死后从子田悦继任节度使，田悦为田承嗣之子田绪所杀，田绪继任；绪死后，其子田季安继任；四世相传四十九年。季安之后，又由田承嗣之侄田弘正继任。［17］胶固：胶粘固结，喻结成死党。［18］立于其手：指节度使皆立于魏博牙军之手，前后共六任。即唐穆宗长庆二年（822）立史宪诚；文宗大和三年（829）立何进滔；懿宗咸通十一年（870）立韩允中；僖宗中和三年（883）立乐彦祯；文德元年（888）立赵文玠（biàn）；不久又立罗弘信。［19］罗绍威心恶之：罗绍威极其痛恨魏博牙军的跋扈。心恶，内心深处极其厌恶。［20］力不能制：无力驾驭。力，声望、威信与力量。［21］李公佺：天雄牙将。去年七月谋乱，焚府舍，奔沧州。［22］魏、镇兵：魏博、镇冀两镇之兵。［23］深州：州名。治所在今河北深州。［24］乐城：县名。县治在今河北献县东南。［25］适：嫁给。［26］马嗣勋（?—906）：濠州钟离（今安徽凤阳）人。为濠州牙将，遭杨行密攻击而投宣武朱全忠，时为宣武军元从押衙。传见《旧五代史》卷二十，《新五代史》卷二十三。［27］橐（tuó）：盛物的袋子。［28］长直兵：骁勇的长年宿卫兵。［29］会葬：葬朱全忠之女。

[30]庚午：正月十六日。 [31]甲襻（pàn）：甲上的带子。 [32]阖营：全营。 [33]殪（yì）：杀死。 [34]诘旦：明旦，第二天早上。 [35]辛未：正月十七日。 [36]宁远：方镇名。唐昭宗乾宁四年（897）升容管观察使为宁远军节度使。 [37]庚辰：正月二十六日。 [38]归州：州名。时属荆南。治所在今湖北秭归。 [39]退保衢州：去年九月，淮南兵取婺州，陈璋本以衢州附淮南，现自婺州退保之。 [40]乙丑：三月十二日。 [41]许德勋：原为湖南将，唐昭宗天复三年取岳州。 [42]戊寅：三月二十五日。 [43]癸未朔：四月一日。

罗绍威既诛牙军，魏之诸军皆惧，绍威虽数抚谕之，而猜怨益甚。朱全忠营于魏州城东数旬，将北巡行营，会天雄牙将史仁遇作乱，聚众数万据高唐[1]，自称留后，天雄巡内诸县多应之。全忠移军入城，遣使召行营兵还攻高唐，至历亭[2]，魏兵在行营者作乱。与仁遇相应。元帅府左司马李周彝、右司马苻道昭击之，所杀殆半，进攻高唐，克之，城中兵民无少长[3]皆死。擒史仁遇，锯杀之。

先是，仁遇求救于河东及沧州，李克用遣其将李嗣昭将三千骑攻邢州以救之。时邢州兵才二百，团练使牛存节守之，嗣昭攻七日不克。全忠遣右长直都将张筠[4]将数千骑助存节守城，筠伏兵于马岭[5]，击嗣昭，败之，嗣昭遁去。

义昌节度使刘守文[6]遣兵万人攻贝州[7]，又攻冀州，拔蓨县[8]，进攻阜城[9]。时镇州大将王钊攻魏州叛将李重霸于宗城[10]。全忠遣归救冀州，沧州兵去。丙午[11]，重霸弃城走，汴将胡规[12]追斩之。

镇南节度使钟传以养子延规为江州[13]刺史。传薨，军中立其子匡时[14]为留后。延规恨不得立，遣使降淮南。

五月，丁巳[15]，朱全忠如洺州，遂巡北边，视戎备[16]，还，入于魏。

丙子[17]，废戎昭军，并均、房隶忠义军[18]；以武定节度使冯行袭为匡国节度使。

杨渥以升州刺史秦裴为西南行营都招讨使，将兵击钟匡时于江西。

六月，甲申[19]，复以忠义军为山南东道。

朱全忠以长安邻于邠、岐[20]，数有战争，奏徙[21]佑国节度使韩建于淄青，以淄青节度使长社[22]王重师[23]为佑国节度使。

秋，七月，朱全忠克相州[24]。时魏之乱兵散据贝、博、澶、相、卫州[25]，全忠分命诸将攻讨，至是悉平之，引兵南还。

全忠留魏半岁，罗绍威供亿[26]，所杀牛羊豕[27]近七十万，资粮称是[28]，所赂遗[29]又近百万，比去，蓄积为之一空。绍威虽去其逼[30]，而魏兵自是衰弱。绍威悔之，谓人曰："合六州四十三县[31]铁，不能为此错[32]也！"

壬申[33]，全忠至大梁。

（以上为第十一段，写魏州诸军愤怨罗绍威诛牙军，纷起作乱，朱全忠发兵往讨，军旅供应，耗尽魏州积蓄，罗绍威深悔之。）

【注释】

[1]高唐：县名。县治在今山东高唐县，时属博州，在州东北。 [2]历亭：县名。县治在今山东武城县东。 [3]无少长：无论年少的与年长的。 [4]张筠：海州（今江苏连云港）人。原事时溥为宿州刺史，后投梁为客将、长直军使，累拜宣徽使。后梁亡事后唐，为京兆尹。传见《旧五代史》卷九十，《新五代史》卷四十七。 [5]马岭：关名。在邢州西北。 [6]刘守文：刘仁恭之子。 [7]贝州：州名。治所在今河北清河县。 [8]蓨（tiāo）县：冀州属县，县治在今河北景县。 [9]阜城：亦冀州属县，县治在今河北阜城县。 [10]宗城：魏州属县，县治在今河北威县东。 [11]丙午：四月二十四日。 [12]胡规：兖州人。传见《旧五代史》卷十九。 [13]江州：州名。治所在今江西九江市。 [14]钟匡时：钟传子，钟传死后立为留后，后被杨渥击败。传附《新五代史》卷四十一。 [15]丁巳：五月五日。 [16]戎备：军备。 [17]丙子：五月二十四日。[18]忠义军：方镇名。文德元年赐山南东道号忠义军节度。 [19]甲申：六月二日。 [20]邻于邠岐：邠州在长安西北，凤翔在长安西。 [21]徙：迁徙，调动。因韩建原任佑国节度使与李茂贞连结，朱全忠恐其复，故徙之淄青。 [22]长社：县名。县治在今河南许昌。 [23]王重师（?—909）：初为朱全忠拔山都将，力战有功，授颍州刺史、佑国军节度使。后为刘捍诬陷而死。传见《旧五代史》卷十九，《新五代史》卷二十二。 [24]相州：州名。治所在今河南安阳。[25]卫州：据章校，二字下有"及魏之诸县"五字。 [26]供亿：按需要而供应。 [27]豕（shǐ）：猪。 [28]称是：相当，相等。 [29]赂遗（wèi）：赠送财物。 [30]去其逼：除掉了魏博牙兵。 [31]六州四十三县：指魏博节度所领之魏、博、相、卫、贝、澶六州及其所属的四十三个县。 [32]错：即锉刀，锉铜铁所用之具。罗绍威后悔引朱全忠杀牙兵，致使魏博削弱，以铸错谐音为喻。"铸成大错"典出于此。 [33]壬申：七月二十一日。

秦裴至洪州，军于蓼洲[1]。诸将请阻水[2]立寨，裴不从；钟匡时果遣其将刘楚据之。诸将以咎[3]裴，裴曰："匡时骁将独楚一人耳，若帅众守城，不可猝[4]拔，吾故以要害[5]诱致之耳。"未几，裴破寨，执楚，遂围洪州，饶州[6]刺史唐宝请降。

八月，乙酉[7]，李茂贞遣其子侃为质于西川；王建以侃知彭州。

朱全忠以幽、沧相首尾[8]为魏患，欲先取沧州，甲辰[9]，引兵发大梁。

两浙兵围衢州，衢州刺史陈璋告急于淮南，杨渥遣左厢马步都虞候周本将兵迎璋。本至衢州，浙人解围，陈于城下，璋帅众归于本，两浙兵取衢州。吕师造[10]曰："浙人近我而不动，轻我也，请击之！"本曰："吾受命迎陈使君，今至矣，何为复战彼[11]必有以待我[12]也。"遂引兵还。本为之殿，浙人蹑[13]之，本中道设伏，大破之。

九月，辛亥朔[14]，朱全忠自白马[15]渡河，丁卯[16]，至沧州，军于长芦[17]；沧人不出。罗绍威馈运，自魏至长芦五百里，不绝于路；又建元帅府舍于魏，所过驿亭供酒馔[18]、幄幕、什器[19]，上下数十万人，无一不备。

秦裴拔洪州，虏钟匡时等五千人以归。杨渥自兼镇南节度使，以裴为洪州制置使。

静难节度使杨崇本以凤翔、保塞[20]、彰义、保义[21]之兵攻夏州，匡国节度使刘知俊邀击坊州[22]之兵，斩首三千余级，擒坊州刺史刘彦晖。

（以上为第十二段，写淮南军攻下洪州，杨渥自兼镇南节度使。）

【注释】

[1]蓼（liǎo）洲：在洪州（今江西南昌）百花洲西南南塘湾外，与百花洲相并，水自两洲间流入章江。 [2]阻水：隔水。隔水立寨，以水为险。 [3]咎：归罪，埋怨。 [4]猝拔：犹言很快地攻下。 [5]要害：关系全局的重要地点，指蓼洲水寨。 [6]饶州：州名。治所在今江西鄱阳县。 [7]乙酉：八月四日。 [8]幽、沧相首尾：幽指刘仁恭，沧指刘守文，父子互相接应谓之相首尾。 [9]甲辰：八月二十三日。 [10]吕师造：杨行密部的行营都尉。天复元年李神福攻杭州，派吕师造伏兵于青山下，三人夹击顾全武，大获全胜。吕师造囿于青山战役的经验，轻视

浙兵。[11]彼：指两浙兵。[12]有以待我：意谓两浙兵有埋伏。[13]蹑（niè）：紧随在后。[14]辛亥朔：九月一日。[15]白马：县名。滑州治所。在今河南滑县。[16]丁卯：九月五日。[17]长芦：县名。县治在今河北沧州。[18]酒馔（zhuàn）：酒食，吃喝。[19]什器：日常生活用具。[20]保塞：方镇名。唐僖宗中和二年（882）以延州置保塞军节度。[21]保义：应为保大，因保义领邢、洺、磁等州，在山东，保大领鄜、坊，与邠、岐等镇皆在关西。[22]坊州：州名。时为保大巡属。治所在今陕西黄陵县。

刘仁恭救沧州，战屡败。乃下令境内："男子十五以上，七十以下，悉自备兵粮诣行营，军发之后，有一人在闾里[1]，刑[2]无赦！"或谏曰："今老弱悉行，妇人不能转饷[3]，此令必行，滥刑者众矣。"乃命胜执兵者[4]尽行，文其面[5]曰："定霸都。"士人[6]则文其腕或臂曰"一心事主"，于是境内士民[7]，稚孺[8]之外无不文者。得兵十万，军于瓦桥[9]。

时汴军筑垒围沧州，鸟鼠不能通。仁恭畏其强，不敢战。城中食尽，丸土[10]而食，或互相掠啖[11]，朱全忠使人说刘守文曰："援兵势不相及，何不早降！"守文登城应之曰："仆于幽州，父子也。梁王方以大义服天下，若子叛父而来，将安用[12]之！"全忠愧其辞直，为之缓攻。

冬，十月，丙戌[13]，王建始立行台[14]于蜀，建东向舞蹈[15]，号恸[16]，称："自大驾东迁[17]，制命[18]不通，请权立行台，用李晟、郑畋故事[19]，承制封拜。"仍以榜帖告谕所部藩镇州县。

刘仁恭求救于河东，前后百余辈[20]；李克用恨仁恭反复[21]，竟未之许，其子存勖[22]谏曰："今天下之势，归朱温者什七八[23]，虽强大如魏博、镇、定莫不附之。自河以北，能为温患者独我与幽、沧耳，今幽、沧为温所困，我不与之并力拒之，非我之利也。夫为天下者不顾小怨，且彼尝困我而我救其急，以德怀之[24]，乃一举而名实附也。此乃吾复振之时，不可失也。"克用以为然，与将佐谋召幽州兵与攻潞州，曰："于彼可以解围，于我可以拓境[25]。"乃许仁恭和，召其兵，仁恭遣都挥使[26]李溥将兵三万诣晋阳，克用遣其将周德威、李嗣昭将兵与共攻潞州。

（以上为第十三段，写朱全忠大举围攻沧州，刘仁恭求救于李克用，李克用攻潞州以牵制朱全忠。）

【注释】

[1]闾里：乡里，泛指民间。[2]刑：杀。[3]转饷：运送粮饷。[4]胜（shēng）执兵者：拿得动武器的人。胜，胜任。[5]文面：在脸上刺字。[6]士人：士大夫。[7]士民：士人和庶民。[8]稚孺：小孩。[9]瓦桥：关名。在河北雄县南易水上。[10]丸土：揉土成丸。[11]啖（dàn）：吃。[12]安用：如何使用。[13]丙戌：十月六日。[14]行台：在地方代表朝廷行尚书省事的机构。[15]舞蹈：古时朝拜帝王的礼节。[16]号恸：放声痛哭。[17]大驾东迁：指唐昭宗迁洛阳。[18]制命：皇帝的诏命。[19]李晟、郑畋故事：指王建沿用李晟、郑畋旧时权宜拜官的成例，自行拜官授爵。李晟在德宗建中四年（783）平朱泚之乱中，拜授裨将赵光铣、唐良臣、张彧为洋、利、剑三州刺史，以通蜀汉之路。后李怀光与朱泚连兵，李晟为调畿内刍粟，又拜授张彧为京兆尹，皆未尝承制。事见《资治通鉴》卷二百三十德宗兴元元年。郑畋在黄巢入长安时为京城四面诸军行营都统，他以泾原节度使程宗楚为副都统，前朔方节度使唐弘夫为行军司马，亦权宜授官。事见《资治通鉴》卷二百五十四僖宗中和元年。[20]百余辈：派出的使者一百多批。[21]反复：刘仁恭以幽州叛李克用，又约朱全忠共同攻李克用，故李克用深恨之。[22]存勖（xù）：即后唐庄宗李存勖。[23]什七八：十分之七八。[24]以德怀之：意谓以德行感召人。[25]拓境：开拓疆界。[26]都挥使：据章校，应为“都指挥使”。

夏州告急于朱全忠；戊戌[1]，全忠遣刘知俊及其将康怀英[2]救之。杨崇本将六镇[3]之兵五万，军于美原[4]。知俊等击之；崇本大败，归于邠州。

武贞节度使雷彦威[5]屡寇荆南，留后贺瓌闭城自守；朱全忠以为怯，以颍州防御使高季昌代之，又遣驾前指挥使倪可福将兵五千戍荆南以备吴、蜀。朗兵[6]引去。

十一月，刘知俊、康怀贞乘胜攻鄜、延等五州，下之；加知俊同平章事，以怀贞为保义节度使。西军[7]自是不振。

湖州刺史高彦卒，子澧代之。

十二月，乙酉[8]，钱镠表荐行军司马王景仁[9]；诏以景仁领宁国节度使。

朱全忠分步骑数万，遣行军司马李周彝将之，自河阳救潞州。

闰月，乙丑[10]，废镇国军兴德府复为华州，隶匡国节度[11]，割金、商州隶佑国[12]军。

初，昭宗凶讣[13]至潞州，昭义节度使丁会帅将士缟素[14]流涕久之。及李嗣昭攻潞州，会举军降于河东。李克用以嗣昭为昭义留后。会见克用，泣曰："会非力不能守也。梁王[15]陵虐唐室，会虽受其举拔之恩，诚不忍其所为，故来归命[16]耳。"克用厚待之，位于诸将之上。

己巳[17]，朱全忠命诸军治攻具，将攻沧州。壬申[18]，闻潞州不守；甲戌[19]，引兵还。

先是，调河南北刍粮，水陆[20]输军前，诸营山积[21]，全忠将还，悉命焚之，烟炎数里，在舟中者凿而沉之。刘守文使遗全忠书曰："王以百姓之故，赦仆之罪，解围而去，王之惠也。城中数万口，不食数月矣，与其焚之为烟，沉之为泥，愿乞其余以救之。"全忠为之留数囷[22]以遗[23]之，沧人赖以济。

河东兵进攻泽州，不克而退。

吉州[24]刺史彭玕遣使请降于湖南。玕本赤石洞蛮酋[25]，钟传，用为吉州刺史。

（以上为第十四段，写李克用攻拔潞州，朱全忠解沧州之围而去。）

【注释】

[1]戊戌：十月十八日。 [2]康怀英：应作"康怀贞"。 [3]六镇：上文言静难节度使杨崇本以凤翔、保塞、彰义、保大之兵攻夏州，加上秦陇之兵为六镇。 [4]美原：县名。县治在今陕西富平县东北。 [5]雷彦威：据章校，应为雷彦恭。雷彦恭（?—909），雷满子。昭宗朝，雷满任武贞军节度使，驻节朗州。天祐中，雷满死，雷彦恭自立，归附杨行密。传附《旧五代史》卷十七，《新五代史》卷四十一。 [6]朗兵：雷彦恭之兵。 [7]西军：谓邠、岐之兵。 [8]乙酉：十二月七日。 [9]王景仁：即王茂章。王茂章是年正月弃宣州归钱镠。 [10]乙丑：闰十二月十七日。 [11]匡国节度：治同州。废兴德府为华州，隶匡国节度，并同、华为一镇。 [12]佑国：方镇名。光启三年（887）升东畿观察防遏使为佑国军节度。以金、商隶佑国，同、华合并，目的是加强抵御邠、岐的力量。[13]凶讣：死讯。告丧曰讣。 [14]缟素：白色的丧服。此用如动词，意谓丁会全军将士皆着丧服。 [15]梁王：朱全忠。 [16]归命：归顺。 [17]己巳：闰十二月二十一日。 [18]壬申：闰十二月二十四日。 [19]甲戌：闰十二月二十六日。 [20]水陆：通水路和陆路。 [21]山积：言粮草堆积之多。 [22]囷（qūn）：圆形谷仓。 [23]遗（wèi）：送。[24]吉州：州名。治所在今江西吉安。 [25]蛮酋：南方少数民族首领。

【点评】

本卷点评朱全忠弑帝，柳璨、蒋玄晖之死，罗绍威诛杀牙兵三件史事。

一、朱全忠弑帝。天祐元年（904），朱全忠逼昭宗迁洛阳，昭宗诏令诸镇勤王。当时李茂贞、杨崇本、李克用、刘仁恭、王建、杨行密、赵匡凝移檄往来，皆以兴复为辞。八月，朱全忠西讨李茂贞，忧虑昭宗在洛阳生变，于是派判官李振到洛阳，密令枢密使蒋玄晖与左龙武统军朱友恭、右龙武统军氏叔琮弑杀昭宗，立幼君，以便禅代。八月十一日壬寅，蒋玄晖等选龙武牙官史太等一百余人夜叩宫门弑杀昭宗，以及夫人裴贞一、昭仪李渐荣。是日，昭宗诸子德王以下九王遇难，皆为蒋玄晖杀于席内，投尸九曲池。八月十二日，蒋玄晖矫皇太后令嫁祸李渐荣、裴贞一弑帝，宣立昭宗第九子辉王李祚为太子。李祚当年十三岁，八月十五日丙午在昭宗灵柩前即位，是为哀帝。

朱全忠闻昭宗已被弑，故作惊诧，号哭于地。十月三日癸巳，朱全忠回到洛阳，在昭宗灵柩前拜伏恸哭，又到哀帝面前表白自己不知情，发誓惩治奸贼。十月四日，朱全忠奏称朱友恭、氏叔琮管束士卒不严，侵扰市场，贬朱友恭为崖州司户，复称原名李彦威，贬氏叔琮为白州司户，随后又赐二人自尽。李彦威临刑高声叫骂说："朱全忠出卖我李彦威来推托弑帝的罪责，堵塞天下民众的嘴，可是骗不了鬼神，姓朱的做事太恶毒，一定会断子绝孙。"十月十五日，朱全忠回到大梁。

自古以来，弑帝篡国的野心家，不知天下有羞耻二字，个个心肠如蛇蝎，但像朱全忠这样卸磨杀驴的还是不多见。朱全忠狠毒而下作，难怪李彦威要骂他断子绝孙了。不过李彦威之死，也不令人同情。

二、柳璨、蒋玄晖之死。柳璨，字炤之，唐忠臣柳公绰的族孙。柳璨年少好学，家境贫寒少孤，苦读成才，知名当世，任史馆直学士。昭宗好文，柳璨被人推荐，得到昭宗宠爱，拔擢为翰林学士。崔胤死后，昭宗一手提拔柳璨为谏议大夫同中书门下平章事，柳璨从一个布衣升为宰相，前后四年，一路直升，为近世少有。柳璨受昭宗恩宠，不知图报，反而投靠朱全忠，与蒋玄晖、张廷范沆瀣一气，柳璨不遗余力策划篡夺事宜。天祐元年五月七日乙丑，天空出现彗星，占星者说："彗星现，君臣有灾，要用诛杀来消灾。"柳璨借机进言朱全忠大杀朝士。六月一日戊子，朱全忠一夜诛杀朝士大夫三十余人于白马驿，投尸黄河，使为浊流。蒋玄晖是朱全忠的心腹，昭宗东迁洛阳，朱全忠安置蒋玄晖为枢密使，监控昭宗及宫中动静。张廷范，以优人为朱全忠所爱，昭宗东迁时为御营使，跃级升职，旬月之间进位金吾卫将军、河南尹。柳璨为相，秉承朱全忠旨意，奏用张廷范为太常卿，掌礼仪。于是柳璨、蒋玄晖、张廷范三人共议朱全忠受禅篡唐事宜，成为三人策划班子。柳璨等建议朱全忠为相国，总百揆，先封魏王大国，以宣武等二十一道为魏邑，加九锡殊礼。朱全忠认为受禅迟缓，一怒之下，诛杀三人。柳璨临刑大呼曰："负国贼柳璨，早就该死了。"柳璨等人所为，恰如《庄子·列御寇》所讲寓言，宋人曹商使秦，得到从车一百辆的赏赐。庄子说："秦王有病，请医生治疗，吸吮脓疮的医生，赏车一辆，吸吮肛门上痔疮的医生，赏车五辆。所治愈下，得车愈多。"柳璨等人，有奶便是娘，奴性十足，吸吮痔疮之徒，死得一点也不冤。柳璨自骂为"负国贼"，还算他有自知之明。

三、罗绍威诛杀牙兵。魏博镇自田承嗣以来，牙兵皆选用魏博所属魏州、博州、贝州、卫州、澶州、相州六州的壮士组成，世代相继，赏赐优厚，任节帅的心腹。这种家族亲兵，父子相继，亲党胶固，日渐骄惰，小不如意，就杀旧帅，立新帅，自史宪诚以来，魏博节帅都是牙兵所立。罗绍威十分厌恶牙兵的骄纵。他向朱全忠借兵十万，用阴谋手段诛杀牙兵八千多家，婴孺无遗。牙兵骄纵，应当整顿，但罪不至死。即使犯死罪，不是反叛大逆，也应只罪其身，婴孺无遗，实在过分。罗绍威此举，灭绝人性，激起六州士卒相继反叛，朱全忠拥兵十万，坐镇平叛，长达半年，罗绍威供给，杀牛羊猪近七十万头，资给相当，赠送的财物又是一百万。朱全忠退军之时，魏博镇的库藏积蓄，消耗一空。尤其是魏博镇六州士卒，被杀一空，魏博镇从此衰落，罗绍威只能依附朱全忠，仰人鼻息。罗绍威后悔不迭，朱全忠大获其利。

卷二六六　后梁纪一

后梁太祖开平元年至二年（907—908 年）

【起强圉单阏（丁卯，907 年），尽著雍执徐（戊辰，908 年）七月，凡一年有奇】

【大事提要】

本卷记事起公元 907 年，讫公元 908 年七月，载述史事凡一年又七个月，当后梁太祖开平元年至二年七月，此时期，一年有余，中原易代，朱全忠受禅篡唐，建立后梁。朱全忠改名朱晃，史称后梁太祖。四方军阀，太原晋王李克用、淮南弘农王杨渥、凤翔岐王李茂贞仍奉唐年号“天祐”，蜀王王建称“天复”。随后四镇各发生重大事变。晋王李克用辞世，嗣子李存勖继位，发生李克宁未遂政变。淮南兵变，张颢杀杨渥，徐温奉杨隆演为弘农王。蜀王王建称帝，诛跋扈大臣太师王宗佶，自固根本。李茂贞地狭兵弱，自顾不暇。其余诸镇皆臣服于后梁。后梁太祖初即位，理应有一番新气象。但后梁开国伊始即无善政可陈。后梁太祖弑唐哀帝，灭王师范一门二百余口，皆非帝王气度。后梁太祖的文治武功皆不足道，由于可与后梁抗衡的强镇恰又多事，晋、吴两镇内讧削弱了抗衡后梁的力量，于是一个德薄奸险的朱晃得以篡国成功。晋王李存勖亲自率兵救潞州，大破梁兵，崭露头角，后梁太祖的潜在敌手正升起，后梁太祖失落长叹曰：“克用为不亡矣。”

太祖神武元圣孝皇帝[1]上

开平[2]元年（丁卯，907 年）

春，正月，辛巳[3]，梁王休兵[4]于贝州。

淮南节度使兼侍中、东面诸道行营都统弘农郡王杨渥既得江西[5]，骄侈益甚，谓节度判官周隐曰：“君卖人国家[6]，何面复相见！”遂杀之。由是将佐皆不自安。

黑云都[7]指挥使吕师周与副指挥使綦章将兵屯上高[8]，师周与湖南战，屡有功，渥忌之。师周惧，谋于綦章曰："马公[9]宽厚，吾欲逃死[10]焉，可乎？"章曰："兹事[11]君自图之，吾舌可断，不敢泄！"师周遂奔湖南，章纵其孥[12]使逸[13]去。师周，扬州人也。

渥居丧[14]，昼夜酣饮[15]，作乐，然[16]十围之烛[17]以击球，一烛[18]费钱数万。或单骑[19]出游，从者奔走道路，不知所之。左、右牙[20]指挥使张颢、徐温泣谏[21]，渥怒曰："汝谓我不才，何不杀我自为之！"二人惧。渥选壮士，号"东院马军"，广署亲信[22]为将吏；所署者恃势骄横，陵蔑[23]勋旧[24]。颢、温潜谋[25]作乱。渥父行密之世，有亲军数千营于牙城[26]之内，渥迁出于外，以其地为射场，颢、温由是无所惮。

渥之镇宣州也，命指挥使朱思勍、范思从、陈璠将亲兵三千；及嗣位，召归广陵。颢、温使三将从秦裴击江西，因[27]戍洪州，诬以谋叛，命别将陈祐往诛之。祐间道[28]兼行[29]，六日至洪州，微服怀短兵[30]径入[31]秦裴帐中，裴大惊，祐告之故[32]，乃召思勍等饮酒，祐数[33]思勍等罪，执而斩之。渥闻三将死，益忌颢、温，欲诛之。丙戌[34]，渥晨视事，颢、温帅牙兵二百，露刃[35]直入庭中，渥曰："尔果欲杀我邪！"对曰："非敢然[36]也，欲诛王左右乱政者耳！"因数渥亲信十余人之罪，曳[37]下，以铁楇击杀之。谓之"兵谏[38]"。诸将不与之同者，颢、温稍[39]以法诛之四，于是军政悉归二人，渥不能制。

（以上为第一段，写杨渥既得江西，骄侈益甚，牙将张颢、徐温杀杨渥亲信十余人，称为"兵谏"，于是军政全归于二人，杨渥不能制。）

【注释】

[1]太祖：即后梁太祖朱温。唐宋州砀山（今安徽砀山）午沟里人。朱温从黄巢起义，后归唐赐名全忠，即帝位改名晃。朱温以宣武节度使发迹。宣武军治汴，古称大梁。朱温受禅，先进爵梁王，故国号梁。因前有南朝萧梁，故朱梁史称后梁，为五代之一。朱温公元 907—912 年在位。谥神武元圣，庙号太祖。 [2]开平：后梁朱温称帝建平的第一个年号，公元 907—911 年。 [3]辛巳：正月四日。 [4]休兵：朱全忠自沧州还，休兵贝州。 [5]得江西：并钟匡时。事见《资治通鉴》卷二百六十五天祐三年。 [6]卖人国家：周隐性格憨直，曾劝杨行密立庐州刺史刘威，认为杨渥不能胜任，故云。 [7]黑云都：杨行密部曲编号之一。都为当时独立的部队单位，以黑

云为名。吕师周的父亲吕珂以勇敢事杨行密，累有功，拜黑云都指挥使。吕珂死，吕师周代之。［8］上高：镇名。在洪州高安县界，今江西宜丰县东南。［9］马公：即马殷。［10］逃死：谓投奔马殷，逃避杨渥的迫害。［11］兹事：这件事。［12］孥（nú）：妻子、儿女。［13］逸：逃跑。［14］居丧：居其父杨行密之丧。［15］酣饮：恣意畅饮。［16］然：通"燃"。［17］十围之烛：十围粗的大蜡烛。围，计量周长的单位，以五寸为一围，十围为周长五尺。一云三寸为一围，十围则周长三尺。［18］一烛：一支烛。十围之烛，一支价值数万。［19］单骑（jì）：指杨渥独自骑马出游，使从巡之人到处寻找。［20］左右牙：即左右衙军，亲军及卫队。牙，大将所建以象牙为饰的大旗。执牙旗者分为左右队，故称左右牙。［21］泣谏：哭着直言规劝。恳切直谏，乃至动情哭泣，忠切之至。［22］广署亲信：安置很多亲信。［23］陵蔑：欺侮轻视。［24］勋旧：有功绩的旧臣。［25］潜谋：暗中策划。［26］牙城：即衙城。节度使所居的内城，建牙旗，故称。［27］因：趁。［28］间道：走小路。［29］兼行：日夜兼程。［30］短兵：短的兵器。［31］径入：直接。［32］告之故：告诉秦裴所以便衣直入的原因。［33］数（shǔ）：列举。［34］丙戌：正月九日。［35］露刃：露出兵器的锋刃。［36］然：这样，指诛杀杨渥。［37］曳（yè）：拉，牵引。［38］兵谏：进谏时以武力要挟，迫使必从。典出《左传》庄公十九年："初，鬻拳强谏楚子，楚子弗从；临之以兵，惧而从之。"［39］稍：随即，逐步。

初，梁王以河北诸镇皆服，惟幽、沧未下，故大举伐之，欲以坚诸镇之心。既而潞州内叛[1]，王烧营而还，威望大沮[2]。恐中外因此离心，欲速受禅以镇之。丁亥[3]，王入馆于魏，有疾，卧府中；罗绍威[4]恐王袭之，入见王曰："今四方称兵[5]为王患者，皆以翼戴[6]唐室为名，王不如早灭唐以绝人望。"王虽不许而心德[7]之，乃亟归。壬寅[8]，至大梁。

甲辰[9]，唐昭宣帝遣御史大夫薛贻矩[10]至大梁劳王，贻矩请以臣礼见，王揖[11]之升阶，贻矩曰："殿下[12]功德在人，三灵改卜[13]，皇帝[14]方行舜、禹之事[15]，臣安敢违！"乃北面[16]拜舞[17]于庭。王侧身避之。贻矩还，言于帝曰："元帅[18]有受禅之意矣！"帝乃下诏，以二月禅位于梁。又遣宰相以书谕王，王辞。

河东兵犹屯长子[19]，欲窥[20]泽州。王命保平[21]节度使康怀贞悉发京兆、同华之兵屯晋州以备之。

二月，唐大臣共奏请昭宣帝逊位[22]。壬子[23]，诏宰相帅百官诣元帅府劝进[24]；王遣使却[25]之。于是朝臣、藩镇乃至湖南、岭南上笺[26]

劝进者相继。

（以上为第二段，写唐哀帝下诏在二月禅位于梁，朱全忠表辞。哀帝再下诏宰相率百官到元帅府劝进，于是朝臣、藩镇等劝进者相继。）

【注释】

[1]内叛：昭义节度使丁会举军降李克用。[2]沮（jǔ）：丧失。[3]丁亥：正月十日。[4]罗绍威：据章校，三字前应有“魏博节度使”五字。[5]称兵：兴兵，举兵。[6]翼戴：辅佐拥戴。[7]德：感激。[8]壬寅：正月二十五日。[9]甲辰：正月二十七日。[10]薛贻矩（?—911）：字熙用，河东闻喜（今山西闻喜北）人。唐末为御史大夫，朱全忠即位，为梁相五年而卒。传见《旧五代史》卷十八,《新五代史》卷三十五。[11]揖（yī）：辞让。[12]殿下：对诸侯王的称呼。[13]三灵改卜：谓天、地、人之心都已背离唐室，改而选择朱全忠。三灵，即天、地、人。卜，选择。[14]皇帝：指哀帝。[15]舜禹之事：指禅让。传说经过治水的考验，舜以禹为继承人，主动传位给禹。[16]北面：面向北。古时君见臣，君必须面南而坐，所以臣子见君北面而拜。[17]拜舞：臣见君的礼节。[18]元帅：指朱全忠。薛贻矩此言是促哀帝让位。[19]长子：县名。县治在今山西长子县。在泽州北。[20]窥：窥伺，找机会。[21]保平：即保义节度使。宋太宗太平兴国元年始改保义军为保平军，司马光为避宋太宗讳，亦称保平军。[22]逊位：退位。[23]壬子：二月五日。[24]劝进：劝即帝位。[25]却：推辞。[26]笺：给上级或尊长者的书札。

三月，癸未[1]，王以亳州刺史李思安为北路行军都统，将兵击幽州。

庚寅[2]，唐昭宣帝诏薛贻矩再诣大梁谕禅位之意，又诏礼部尚书苏循赍百官笺诣大梁。

镇海、镇东节度使吴王钱镠遣其子传璙、传瓘讨卢佶于温州。

甲辰[3]，唐昭宣帝降御札禅位于梁。以摄[4]中书令张文蔚为册礼使[5]，礼部尚书苏循[6]副之；摄侍中杨涉为押传国宝[7]使，翰林学士张策[8]副之；御史大夫薛贻矩为押金宝[9]使，尚书左丞赵光逢[10]副之；帅百官备法驾[11]诣大梁。

杨涉子直史馆[12]凝式，言于涉曰：“大人[13]为唐宰相，而国家至此，不可谓之无过。况手持天子玺绶与人，虽保富贵，奈千载何[14]！盍[15]辞之！”涉大骇曰：“汝灭吾族！”神色为之不宁者数日。

策，敦煌[16]人。光逢，隐[17]之子也。

（以上为第三段，写朱全忠逼使唐哀帝降御札禅位于梁，百官备法驾诣大梁。）

【注释】

［1］癸未：三月六日。［2］庚寅：三月十三日。［3］甲辰：三月二十七日。［4］摄：代理。［5］册礼使：临时所设的官名。奉传禅册书和宝玺，押金吾仗卫、太常卤簿等。［6］苏循（?—923）：为人奸佞巧伪。传见《旧五代史》卷六十，《新五代史》卷三十五。［7］传国宝：唐有传国八宝。秦以来皇帝印章独称玺，专用玉材，玺有“受命于天”四字。武则天厌恶“玺”字，改为“宝”，唐受命传国八宝并改雕“宝”字。［8］张策（?—908）：字少逸，河西敦煌人。曾落发为僧，后韩建荐于朝，累拜中书舍人、翰林学士。传见《新五代史》卷三十五。［9］金宝：皇后及太子之印信曰宝，因其以金为材，故曰金宝。［10］赵光逢：字延吉，赵隐之子。时以文行闻名。唐昭宗时曾为御史中丞，以世乱弃官五六年，后柳璨为相，起用为太常卿。传见《旧唐书》卷一百七十八，《新唐书》卷一百八十二，《旧五代史》卷五十八，《新五代史》卷三十四。［11］法驾：皇帝出巡的仪仗。法驾规制，各代不一。唐制，天子大驾备五辂，分别为玉、金、象、革、木，五辂皆有副。又有属车十二，为南车、记里鼓车、白鹭车、鸾旗车、辟恶车、轩车、羊车、耕根车、四望车、安车、黄钺车、豹尾车。法驾仪仗略低于大驾，减五辂副车，属车减三分之一，即减白鹭、辟恶、安车、四望车。［12］直史馆：官名。唐太宗贞观三年（629）置史馆于门下省。以他官兼领，卑位有才者以直馆称。以后，他官兼领者称史馆编修，初入者为直史馆。唐宪宗元和元年（806）宰相裴垍建议，登朝领史职者为修撰，未登朝者为直史馆。［13］大人：对父亲的尊称。［14］奈千载何：意谓将要落下千载骂名。［15］盍：何不。［16］敦煌：郡名。治所在今甘肃敦煌市。［17］隐：唐懿宗时左仆射赵隐。事见《资治通鉴》卷二百五十二懿宗咸通十三年。

卢龙节度使刘仁恭，骄侈贪暴，常虑幽州城不固，筑馆于大安山[1]，曰：“此山四面悬绝[2]，可以少制众[3]。”其栋宇[4]壮丽，拟[5]于帝者。选美女实其中。与方士炼丹[6]药求不死。悉敛境内钱，瘗[7]于山巅；令民间用堇泥[8]为钱。又禁江南茶商无得入境，自采山中草木为茶，鬻之。

仁恭有爱妾罗氏，其子守光通焉。仁恭杖守光而斥之，不以为子数[9]。李思安引兵入其境，所过焚荡无余。夏，四月，己酉[10]，直抵幽州城下。仁恭犹在大安山。城中无备，几至[11]不守。守光自外引兵入，登城拒守；又出兵与思安战，思安败退。守光遂自称节度使，令部将李小喜、元行钦[12]将兵攻大安山。仁恭遣兵拒战，为小喜所败。虏仁恭以归，囚于别室。仁恭将佐及左右，凡守光素所恶者皆杀之。

银胡禄都[13]指挥使王思同[14]帅部兵三千，山后[15]八军巡检使[16]李承约[17]帅部兵二千奔河东四；守光弟守奇奔契丹，未几，亦奔河东。河东节度使晋王克用以承约为匡霸[18]指挥使，思同为飞腾指挥使。思同母，仁恭之女也。

（以上为第四段，写刘守光囚禁其文刘仁恭，自为卢龙节度使。）

【注释】

[1]大安山：山名，在幽州西。[2]悬绝：悬崖绝望。[3]以少制众：以少量兵力抵御众多的敌人。[4]栋宇：泛指房屋。栋，屋之正中；宇，屋之四垂。[5]拟：比拟。[6]炼丹：道家炼制丹药。[7]瘗（yì）：埋。[8]堇（qìn）泥：同"墐泥"，黏土。[9]不以为子数：不把刘守光算在诸子之列。[10]己酉：四月三日。[11]几至：几乎至于。[12]元行钦（?—926）：幽州人，初为刘守光裨将，骁勇善战，后从后唐庄宗李存勖，赐姓名李绍荣。庄宗死后，为明宗李直所杀。传见《旧五代史》卷七十，《新五代史》卷二十五。[13]银胡䩮（lù）都：刘仁恭的部队名。胡䩮，藏矢的器具。用以为勇猛亲兵的名称。[14]王思同（?—934）：幽州人。其父敬柔为刘仁恭之婿。思同事仁恭为银胡䩮都指挥使，后奔晋，为飞胜指挥使。为人勇敢善骑射，好学喜为诗。后唐明宗时为右武卫上将军、京兆尹。应顺元年三月，为李从珂所杀。传见《旧五代史》卷六十五，《新五代史》卷三十三。[15]山后：卢龙为妫、檀、新、武四州为山后。[16]巡检使：官名。掌训练甲兵，巡逻州邑，职权颇重。[17]李承约（862—937）：字德俭，蓟门（一作蓟州）人。少事刘仁恭为山后八军巡检使。后奔晋，为昭义军节度使、左龙武将军。传见《旧五代史》卷九十，《新五代史》卷四十七。[18]匡霸：李克用所置军都号，下文"飞腾"也为军都号。

梁王始御金祥殿[1]，受百官称臣，下书称教令[2]，自称曰寡人。辛亥[3]，令诸笺、表、簿、籍[4]皆去唐年号，但称月、日。丙辰[5]，张文蔚等至大梁。

卢佶闻钱传璙等将至，将水军拒之于青澳[6]。钱传瓘曰："佶之精兵尽在于此，不可与战。"乃自安固[7]舍舟，间道袭温州。戊午[8]，温州溃，擒佶斩之。吴王镠以都监使[9]吴璋为温州制置使，命传璙等移兵讨卢约于处州[10]。

壬戌[11]，梁王更名[12]晃。王兄全昱闻王将即帝位，谓王曰："朱三[13]，尔可作天子乎！”

甲子[14]，张文蔚、杨涉乘辂[15]自上源驿[16]从册宝，诸司各备仪卫卤簿[17]前导，百官[18]从其后，至金祥殿前陈[19]之。王被[20]衮冕[21]，即皇帝位。张文蔚、苏循奉册[22]升殿进读[23]，杨涉、张策、薛贻矩、赵光逢以次奉宝升殿[24]，读已[25]，降[26]，帅百官舞蹈称贺。帝遂与文蔚等宴于玄德殿。帝举酒曰：“朕辅政[27]未久，此皆诸公推戴之力。”文蔚等惭惧，俯伏不能对，独苏循、薛贻矩及刑部尚书张祎，盛称帝功德宜应天顺人[28]。

帝复与宗戚[29]饮博[30]于宫中，酒酣，朱全昱忽以投琼[31]击盆中迸散[32]，睨[33]帝曰：“朱三，汝本砀山一民也，从黄巢为盗，天子用汝为四镇节度使[34]，富贵极矣，奈何一旦灭唐家三百年[35]社稷，自称帝王！行当[36]族灭，奚[37]以博为[38]！”帝不怿[39]而罢。

乙丑[40]，命有司[41]告[42]天地、宗庙、社稷。丁卯[43]，遣使宣谕[44]州、镇。戊辰[45]，大赦，改元[46]，国号大梁。奉唐昭宣帝为济阴[47]王，皆如前代故事；唐中外旧臣官爵并如故。以汴州为开封府，命曰东都；以故东都[48]为西都，废故西京[49]，以京兆府为大安府，置佑国军[50]于大安府。更名魏博曰天雄军[51]。迁济阴王于曹州，栫[52]之以棘，使甲士守之。

（以上为第五段，写梁王朱全忠受禅篡唐，国号大梁，改名晃，史称后梁太祖。奉唐哀帝为济阴王，将其幽囚于曹州。）

【注释】

[1]金祥殿：朱全忠受禅都大梁，改正衙殿为崇元殿，东殿为玄德殿，内殿为金祥殿，万岁堂为万岁殿。 [2]教令：命令。 [3]辛亥：四月五日。 [4]笺、表、簿、籍：此指一切奏章、文书。 [5]丙辰：四月十日。 [6]青澳：在温州东北海中，俗称青澳门。由青澳门进船则至温州，其外则为大海。 [7]安固：县名。县治在今浙江瑞安市。 [8]戊午：四月十二日。 [9]都监使：官名。即监军。 [10]处州：州名。治所在今浙江丽水市。 [11]壬戌：四月十六日。 [12]更名：朱全忠时将受禅。“全忠”二字系唐僖宗所赐，故改名。 [13]朱三：朱温行三。 [14]甲子：四月十八日。 [15]辂（lù）：大车。 [16]上源驿：驿站名。在河南开封城南。 [17]仪卫卤簿：皇帝驾出时扈从的仪仗队。 [18]百官：唐之百官。 [19]陈：陈列。 [20]被（pī）：

同“披”，穿着。［21］衮冕：衮衣和冠冕。帝王的礼服和礼帽。［22］册：指以唐哀帝名义颁下的传禅册书。［23］读：宣读禅位册书。［24］奉宝升殿：捧着皇帝玉玺登殿。［25］已：毕。［26］降：指杨涉等走下殿。［27］辅政：任相国，辅佐朝政。［28］应天顺人：适应天命，顺从人心。谓朱全忠理应受禅。［29］宗戚：即亲戚。同姓之亲为宗，异姓之亲为戚。［30］博：博戏。共十二棋，六黑六白，两人相博，每人六棋，又称六博。后人有不行棋只掷采（骰（shǎi）子），也称掷采为博。［31］投琼：掷骰子，古代骰子以玉石做成，也叫琼。［32］迸散：迸碎四散。［33］睨（nì）：斜着眼看。不屑的眼神。［34］四镇节度使：唐昭宗天复元年，朱全忠领宣武、宣义、天平、护国四镇节度使。［35］三百年：唐朝自高祖武德元年（618）至哀帝禅位于梁，享国二百九十年。三百年，举其整数。［36］行当：将要。［37］奚：疑问代词，什么。［38］博为：掷骰子取乐。［39］怿（yì）：高兴。［40］乙丑：四月十九日。［41］有司：官吏。古代设官分职，事各有专司，故称有司。［42］告：祭祀祷告。［43］丁卯：四月二十一日。［44］宣谕：告之以受禅于唐。［45］戊辰：四月二十二日。［46］改元：改元开平。［47］济阴：曹州济阴郡。［48］故东都：洛阳。［49］故西京：长安。［50］佑国军：原治长安，现长安改名，故治大安府。［51］天雄军：唐以秦州为天雄军。唐昭宗天祐元年四月，已“更命魏博曰天雄军”。当时恐亦出于朱全忠之意。［52］栫（jiàn）：用柴木堵塞。《左传》哀公八年：“囚诸楼台，栫之以棘。”

辛未[1]，以武安节度使马殷为楚王[2]。

以宣武掌书记、太府卿敬翔知崇政院[3]事，以备顾问，参谋议，于禁中承上旨，宣于宰相而行之。宰相非进对时有所奏请及已受旨应复请者，皆具记事因[4]崇政院以闻，得旨则复宣于宰相。翔为人沈深[5]有智略，在幕府三十余年[6]，军谋、民政，帝一以委之。翔尽心勤劳，昼夜不寐，自言惟马上乃得休息。帝性暴戾[7]难近，人莫能测，惟翔能识其意趣。或有所不可[8]，翔未尝显言[9]，但[10]微示[11]持疑；帝意已悟，多为之改易。禅代之际，翔谋居多。

追尊皇高祖[12]考、妣[13]以来皆为帝、后；皇考诚为烈祖文穆皇帝，妣王氏为文惠皇后。

初，帝为四镇节度使，凡仓库之籍[14]，置建昌院以领之；至是，以养子宣武节度副使友文[15]为开封尹、判院事[16]，掌凡国之金谷。友文本康氏子也。

乙亥[17]，下制削夺李克用官爵。是时惟河东、凤翔、淮南称“天祐”，西川称“天复[18]”年号；余皆禀梁正朔，称臣奉贡。

蜀王与弘农王[19]移檄诸道，云欲与岐王[20]、晋王会兵兴复唐室，卒无应者。蜀王乃谋称帝，下教[21]谕统内[22]吏民；又遗晋王书云“请各帝[23]一方，俟朱温既平，乃访唐宗室立之，退归藩服[24]。”晋王复书不许，曰：“誓于此生靡[25]敢失节。”

唐末之诛宦官也，诏书至河东，晋王匿监军张承业于斛律寺[26]，斩罪人以应诏。至是，复以为监军，待之加厚，承业亦为之竭力。

岐王治军甚宽，待士卒简易。有告部将符昭反者，岐王直诣[27]其家，悉去左右[28]，熟寝[29]经宿[30]而还；由是众心悦服；然御军[31]无纪律。及闻唐亡，以兵羸地蹙[32]，不敢称帝，但开岐王府，置百官，名其所居为宫殿，妻称皇后[33]，将吏上书称笺表，鞭、扇[34]、号令多拟帝者。

镇海节度判官罗隐说吴王镠举兵讨梁，曰：“纵无成功，犹可退保杭、越，自为东帝[35]；奈何交臂[36]事贼，为终古之羞乎！”镠始以隐为不遇[37]于唐，必有怨心，及闻其言，虽不能用，心甚义之。

五月，丁丑朔[38]，以御史大夫薛贻矩为中书侍郎、同平章事。

加武顺[39]节度使赵王王镕守太师，天雄节度使邺王罗绍威守太傅，义武节度使王处直兼侍中。

（以上为第六段，写蜀王王建亦谋称帝，年号“天复”。河东李克用、凤翔李茂贞、淮南杨渥仍称“天祐”年号，示尊奉唐室。其余诸镇皆称臣于梁。梁封武安节度使马殷为楚王。）

【注释】

[1]辛未：四月二十五日。 [2]楚王：马殷不由郡王进爵，而直接封国王，是朱全忠即位之初特恩。 [3]崇政院：后梁的崇政院即唐的枢密院。 [4]因：通过。 [5]沈深：深沉。[6]三十余年：敬翔于唐僖宗光启年间入汴幕府，至此二十年。“三”为“二”字之讹。 [7]暴戾（lì）：凶暴乖张。 [8]或有所不可：意谓朱全忠有时做出不合适的决定。 [9]显言：明说。 [10]但：只。 [11]微示：稍微表示。 [12]高祖：祖父的祖父，即五代祖。 [13]考、妣：对已亡去的父母称考、妣。据《五代会要》，后梁以舜臣朱虎为始祖，四十二代至朱黯，即朱全忠的高祖，追尊为肃祖宣元皇帝，妃范氏谥宣僖皇后。朱黯之子朱茂琳为敬祖光献皇帝，妃

杨氏谥孝皇后。茂林之子朱信为宪祖昭武皇帝，妃刘氏谥昭懿皇后。朱信之子是朱全忠的父亲朱诚。［14］籍：簿册。［15］朱友文（?—913）：字德明。本名康勤，朱全忠养以为子。朱全忠病重，欲立友文为嗣，被朱友珪杀害。传见《旧五代史》卷十二，《新五代史》卷十三。［16］判院事：兼掌建昌院事。［17］乙亥：四月二十九日。［18］天祐、天复：唐昭宗晚年时的两个年号。昭宗天复四年朱全忠劫持昭宗迁洛阳，改元天祐。河东李克用、凤翔李茂贞、淮南杨渥不承认梁朝，仍用唐天祐年号，西川王建一直用天复年号。［19］弘农王：淮南杨渥。［20］岐王：李茂贞。［21］下教：下教令。［22］统内：统治区域以内。［23］帝：称帝。［24］藩服：指藩镇之职。［25］靡（mǐ）：不。［26］斛（hú）律寺：寺庙名。南北朝时高齐建霸府于晋阳，斛律金父子先后为北齐丞相，贵盛时建庙名曰斛律寺。［27］诣：去，到。［28］悉去左右：让左右侍卫人员全都离开。［29］熟寝：熟睡。［30］经宿：一夜。［31］御军：统帅部队。［32］兵羸地蹙：兵力弱而地方小。［33］妻称皇后：李茂贞自称岐王，而称妻为皇后，妻之贵超过了自己，说明李茂贞欲称帝而又不敢的心态，混乱了礼数。［34］鞭、扇：鸣鞭与雉尾扇，古仪仗之一。唐制，天子视朝，从禁中出则鸣鞭传警。既出西序门索扇。扇合，天子升御座；扇开，百官毕朝。［35］东帝：江东之帝。［36］交臂：交手，拱手，以表示恭敬。［37］不遇：不受重用。［38］丁丑朔：五月一日。［39］武顺：方镇名。即成德军，天祐二年更名为武顺军节度使。

契丹遣其臣袍笏[1]梅老来通好，帝遣太府少卿[2]高颀报之。

初，契丹有八部[3]，部各有大人，相与约，推一人为王，建旗鼓以号令诸部，每三年则以次相代。咸通[4]末，有习尔[5]者为王，土宇[6]始大。其后钦德[7]为王，乘中原多故，时入盗边。及阿保机[8]为王，尤雄勇，五姓奚[9]及七姓室韦[10]、达靼[11]咸役属之。阿保机姓邪律[12]氏，恃其强，不肯受代[13]。久之，阿保机击黄头室韦[14]还，七部[15]劫之于境上，求如约[16]。阿保机不得已，传旗鼓[17]，且曰："我为王九年，得汉人多，请帅种落[18]居古汉城[19]，与汉人守之，别自为一部。"七部许之。汉城，故后魏[20]滑盐县也。地宜五谷，有盐池之利。其后阿保机稍以兵击灭七部，复并为一国。又北侵室韦、女真[21]，西取突厥故地[22]，击奚，灭之，复立奚王而使契丹监其兵。东北诸夷皆畏服之。

是岁，阿保机帅众三十万寇云州，晋王与之连和，面会东城[23]，约为兄弟，延之帐中，纵酒，握手尽欢，约以今冬共击梁。或劝晋王："因其来，可擒也。"王曰："仇[24]敌未灭而失信夷狄，自亡之道也。"阿保机留旬日乃去，晋王赠以金缯数万。阿保机留马三千匹，杂畜万计以酬之。阿保机归而背盟，更附于梁，晋王由是恨之。

己卯[25]，以河南尹兼河阳节度使张全义为魏王；镇海、镇东节度使吴王钱镠为吴越王；加清海节度使刘隐、威武[26]节度王审知兼侍中，仍以隐为大彭王[27]。

癸未[28]，以权知荆南留后高季昌为节度使。荆南旧统八州[29]，乾符以来，寇乱相继，诸州皆为邻道所据，独余江陵。季昌到官，城邑残毁，户口凋耗[30]。季昌安集流散，民皆复业。

（以上为第七段，写契丹主耶律阿保机率30万众侵云州，李克用与之和，约共击后梁，阿保机归而背盟，派使者通好于后梁。后梁太祖封张全义为魏王，钱镠为吴越王，刘隐为大彭王。）

【注释】

[1]袍笏（hù）：古制，自天子以至大夫、士人，皆穿朝服执笏。笏以玉、象牙及竹做成，按地位高低而异。 [2]太府少卿：官名。太府寺为国家金谷的保管出纳机构。掌财货、廪藏、贸易，凡四方贡赋百官棒秩，谨其出纳。太府少卿位在太府寺卿之下。 [3]八部：契丹唐初居今内蒙古西拉木伦河流域，君长为大贺氏。分八部，为但利皆部、乙室活部、实活部、纳尾部、频没部、内会鸡部、集解部、奚嗢部。每部之长称大人。八部大人每三年轮换称王。 [4]咸通：唐懿宗的年号，唐懿宗公元860年至874年在位。 [5]习尔：即习尔之。传见《新唐书》卷二百一十九，《旧五代史》卷一百三十七。 [6]土宇：疆土。 [7]钦德：契丹王。唐僖宗光启年间在位，屡犯边，刘守光俘获舍利王子，钦德乞盟纳赂以求之，从此十余年不敢犯塞。传见《新唐书》卷二百一十九，《旧五代史》卷一百三十七。 [8]阿保机（872—926）：即辽太祖，辽王朝的建立者。传见《旧五代史》卷一百三十七，《新五代史》卷七十二，《辽史》卷一。 [9]五姓奚：北方奚人的五个部落，一阿会部，二处和部，三奥失部，四度稽部，五元俟折部。分布在幽州西北。 [10]室韦：古族名。分布在嫩江流域及黑龙江南北岸。唐代时有二十多部。居住在南方的部分以狩猎为主，有部分初级农业。北方的各部从事狩猎。部落由千户或几千户组成，从北魏到唐代经常向中原王朝朝贺。在契丹建辽的过程中，部分并入辽。七姓室韦即接近契丹的七个部落。 [11]达靼：部落名。本靺鞨别部，唐末始见其名。后乃为蒙古的别称。一作鞑靼。 [12]邪律：初为契丹部落名，以始兴之地曰世里为姓，译为邪律，一作耶律。辽建国后为国族姓。 [13]不肯受代：阿保机称王，不接受三年轮替的约定，不肯去掉王号。 [14]黄头室韦：室韦的一个部落。 [15]七部：契丹共八部，除阿保机以外的七部。 [16]如约：依照三年一代之约。 [17]旗鼓：契丹王用以号令诸部的旗鼓。 [18]种落：原意为部族聚居的地方，此指本部族。 [19]古汉城：即北魏滑盐县治，

在今河北承德市南。[20]后魏：即鲜卑族拓跋珪建立的北魏。[21]女真：古族名，满族的祖先。周时称肃慎氏，隋唐时叫靺鞨，五代始称女真。分布在松花江、黑龙江下游一带。[22]突厥：古代阿尔泰山一带的游牧民族。隋唐之际，占有漠北之地，东西万里，后为回纥所灭。[23]东城：云州之东城。[24]仇：仇敌，指朱全忠。[25]己卯：五月三日。[26]威武：方镇名。乾宁四年（897）升福建团练观察处置使为威武军节度使。"节度"二字下应有"使"字。[27]大彭王：自宋武帝刘裕以彭城之裔兴于江南，后多以彭城之刘为名族。刘隐封大彭王，取意于此。[28]癸未：五月七日。[29]八州：荆、归、硖、夔、忠、万、澧、朗，共八州。[30]凋耗：减少。

乙酉[1]，立兄全昱为广王，子友文为博王，友珪为郢王，友璋为福王，友贞为均王，友雍为贺王，友徽为建王[2]。

辛卯[3]，以东都[4]旧第为建昌宫，改判建昌院事为建昌宫使。

壬辰[5]，命保平节度使康怀贞将兵八万会魏博兵攻潞州[6]。

甲午[7]，诏废枢密院，其职事皆入于崇政院，以知院事敬翔为院使。

礼部尚书苏循及其子起居郎楷自谓有功于梁[8]，当不次[9]擢用；循朝夕望为相。帝薄[10]其为人，敬翔及殿中监[11]李振亦鄙之，翔言于帝曰："苏循，唐之鸱枭[12]，卖国求利，不可以立于惟新之朝[13]。"戊戌[14]，诏循及刑部尚书张祎等十五人并勒[15]致仕，楷斥归田里。循父子乃之[16]河中依朱友谦。

卢约以处州降吴越。

弘农王以鄂岳观察使刘存为西南面都招讨使，岳州刺史陈知新为岳州团练使，庐州观察使刘威为应援使，别将许玄应为监军，将水军三万以击楚。楚王马殷甚惧，静江军[17]使杨定真贺曰："我军胜矣！"殷问其故，定真曰："夫战惧则胜，骄则败。今淮南兵直趋吾城，是骄而轻敌也；而王有惧色，吾是以知其必胜也。"

殷命在城都指挥使[18]秦彦晖，将水军三万浮江而下，水军副指挥使黄璠帅战舰三百屯浏阳[19]口。六月，存等遇大雨，引兵还至越堤北，彦晖追之。存数战不利，乃遗殷书诈降。彦晖使谓殷曰："此必诈也，勿受！"存与彦晖夹水而陈，存遥呼曰；"杀降不祥[20]，公独不为子孙计耶！"彦晖曰："贼入吾境而不击，奚顾[21]子孙！"鼓噪而进。存等走，黄璠自浏阳[22]绝[23]江，与彦晖合击，大破之，执存及知新，裨将死者百余人，士卒死者以万数，获战舰八百艘。威以余众遁归，彦晖遂拔岳州。殷释存、知新之缚[24]，慰谕之。二人皆骂曰："丈夫以死报主，肯事贼乎！"遂斩之。许玄应，弘农王之腹心也，常预政事，张颢、徐温因其败，收斩之。

楚王殷遣兵会吉州刺史彭玕[25]攻洪州，不克。

（以上为第八段，写楚王马殷大败犯境的淮南兵。）

【注释】

[1]乙酉：五月九日。 [2]子：指朱全忠诸子。朱全忠共八子，分别为友裕、友珪、友璋、友贞、友雍、友徽、友孜，养子友文。其中，友裕已死。友文以养子居诸子之上，导致友珪弑逆。[3]辛卯：五月十五日。 [4]东都：开封。 [5]壬辰：五月十六日。 [6]潞州：晋将李嗣昭守潞州。 [7]甲午：五月十八日。 [8]有功于梁：天祐二年，苏循促成禅代之事，自以为有功。[9]不次：不按寻常的次序，破格。 [10]薄：鄙薄。天祐二年苏楷上议认为唐昭宗谥号多溢美，朱全忠深鄙之。 [11]殿中监：官名。唐置殿中省，与秘书省、内侍省同称省，所属有尚食、尚药、尚衣、尚舍、尚乘、尚辇六局，多以戚里贵臣为之。 [12]鸱枭（chīxiān）：猫头鹰一类的鸟，古谓之凶鸟。 [13]惟新之朝：新朝，指后梁。惟，语首助词。 [14]戊戌：五月二十二日。[15]勒：勒令，强制。[16]之：往。[17]静江军：马殷部队名。[18]在城都指挥使：武官名，尽统潭州在城之兵。 [19]浏阳：县名。浏阳口当在浏阳县东。因浏阳河得名，县治在今湖南浏阳市。 [20]不祥：不吉利。 [21]奚顾：顾忌什么。 [22]浏阳：据章校，二字下有"引兵十二字"。 [23]绝：渡过，跨越。 [24]殷释存、知新之缚：马殷亲自解开刘存、陈知新的绑绳，以劝其降。缚，用如名词，绑缚之绳。 [25]彭玕：彭玕附楚，事见《资治通鉴》卷二百六十五唐纪昭宗天祐三年。

康怀贞至潞州，晋昭义节度使李嗣昭、副使李嗣弼[1]闭城拒守。怀贞昼夜攻之，半月不克，乃筑垒穿蚰蜒[2]堑而守之，内外断绝。晋王以蕃、汉都指挥使周德威[3]为行营都指挥使，帅马军都指挥使李嗣本[4]、马步都虞候李存璋、先锋指挥使史建瑭[5]，铁林都[6]指挥使安元信[7]、横冲指挥使李嗣源[8]，骑将安金全[9]救潞州。嗣弼，克修之子；嗣本，本姓张；建瑭，敬思之子；金全，代北[10]人也。

晋兵攻泽州[11]，帝遣左神勇军使范居实[12]将兵救之。

甲寅[13]，以平卢节度使韩建守司徒、同平章事。

武贞节度使雷彦恭[14]会楚兵攻江陵，荆南节度使高季昌引兵屯公安[15]，绝其粮道；彦恭败，楚兵亦走。

刘守光既囚其父，自称卢龙留后，遣使请命，秋，七月，甲午[16]，以守光为卢龙节度使、同平章事。

静海节度使曲裕[17]卒，丙申[18]，以其子权知留后颢为节度使。

雷彦恭攻岳州[19]，不克。

丙午[20]，赐河南尹张全义名宗奭[21]。

辛亥[22]，以吴越王镠兼淮南[23]节度使，楚王殷兼武昌[23]节度使，各充本道招讨制置使。

晋周德威壁于高河[24]，康怀贞遣亲骑[25]都头秦武将兵击之，武败。

丁巳[26]，帝以亳州刺史李思安代怀贞为潞州行营都统，黜怀贞[27]为行营都虞候。思安将河北兵西上[28]，至潞州城下，更筑重城[29]，内以防奔突[30]，外以拒援兵，谓之夹寨。调山东[31]民馈军粮，德威日以轻骑抄[32]之，思安乃自东南山口筑甬道[33]，属[34]于夹寨。德威与诸将互往攻之，排墙填堑，一昼夜间数十发[35]，梁兵疲于奔命。夹寨中出刍牧者[36]，德威辄抄之，于是梁兵闭壁不出。

（以上为第九段，写潞州城下梁晋大交兵。后梁太祖加封吴越王钱镠兼淮南节度使，楚王马殷兼武昌节度使，各充本道招讨制置使，夹击淮南。）

【注释】

[1]李嗣弼（?—922）：李克修之子，为涿州刺史，天祐十九年（922）被契丹攻杀，时为后梁龙德二年。晋王仍用唐年号。传附《旧五代史》卷六十，《新五代史》卷十四。 [2]蚰蜒（yóuyán）：蜈蚣的一种。蚰蜒堑，曲折如蚰蜒行迹的壕堑。 [3]周德威：河东大将。尽统蕃、汉之兵，故官名蕃汉都指挥使。 [4]李嗣本（?—916）：雁门人，本姓张，世为铜冶镇将。李克用赐以姓名，养为子。以功迁代州刺史、云州防御使、振武节度使。传见《旧五代史》卷五十二，《新五代史》卷三十六。 [5]史建瑭（879—921）：雁门人。其父李敬思为李克用九府都督，在上源驿为梁兵所杀。建瑭为晋兵先锋，累以战功行贝、相二州刺史。传见《旧五代史》卷五十五，《新五代史》卷二十五。 [6]铁林都：李克用的部队名。五代时，诸镇各有都指挥使，但命官的职分有不同，如周德威为蕃汉都指挥使，则蕃汉之兵都受他的指挥，铁林都指挥使则指挥铁林一都之兵。 [7]安

元信（862—936）：字子言，代北人。五代时后唐、后晋都有一个安元信，此为后唐安元信。后唐庄宗时为大同军节度使、横海军节度使。明宗即位，为山南东道节度使、归德军节度使。末帝时授潞州节度使，卒于镇。传见《旧五代史》卷六十一。［8］李嗣源（867—933）：即后唐明宗，公元926—933年在位。沙陀人，本名邈佶烈，为李克用养子，改名嗣源。因战功累官至蕃汉内外马步军总管。同光四年（926）李存勖在兵变中被杀，嗣源入洛阳监国，后称帝，改名亶。传见《旧五代史》卷三十五，《新五代史》卷六。［9］安金全（?—928）：代北人，世为边将。从李克用屡有战功，累为刺史。传见《旧五代史》卷六十一，《新五代史》卷二十五。［10］代北：地区名。泛指代州（今山西代县）以北地区。唐僖宗中和三年（883）曾赐雁门节度为代北节度。［11］攻泽州：晋兵攻泽州，是攻康怀贞之后，以分散后梁的兵力。［12］范居实：绛州翼城（今山西翼城）人，传见《旧五代史》卷十九。［13］甲寅：六月九日。［14］雷彦恭（?—909）：雷满之子，继其父为武贞节度使。传附《旧五代史》卷十七，《新五代史》卷四十一《雷满传》。［15］公安：县名。县治在今湖北公安西北。时属江陵府。［16］甲午：七月十九日。［17］曲裕：即曲承裕。［18］丙申：七月二十一日。［19］攻岳州：雷彦恭既与楚攻荆南，不久又攻楚之岳州，足见其反复。［20］丙午：八月一日。据章校，“丙午”前应有“八月”二字。［21］宗奭（shì）：朱晃因其原名朱全忠。张全义犯讳，故赐名宗奭。［22］辛亥：八月六日。［23］淮南、武昌：二镇皆为杨行密所统，朱晃为使两浙、湖南攻弘农王杨行密，故先分授之。［24］高河：镇名。在潞州屯留县东南。［25］亲骑：梁之亲兵、马军。［26］丁巳：八月十七日。［27］黜怀贞：因与周德威作战失利而被黜。［28］西上：潞州治上党，上党地势高，在河北诸镇之西，故曰西上。［29］重城：城墙外筑城墙。［30］奔突：城内兵马奔驰冲突。［31］山东：泛指太行山以东。［32］抄：掠取，抢劫。［33］甬道：两侧筑墙的通道。［34］属（zhǔ）：连接。［35］发：进攻次数。［36］刍牧者：砍柴放牧的人。

九月，雷彦恭攻涔阳[1]、公安，高季昌击败之。彦恭贪残类其父，专以焚掠为事，荆、湖间常被[2]其患；又附于淮南。丙申[3]，诏削彦恭官爵，命季昌与楚王殷讨之。

蜀王会将佐议称帝，皆曰：“大王虽忠于唐，唐已亡矣，此所谓‘天与不取[4]’者也！”冯涓独献议请以蜀王称制[5]，曰：“朝兴[6]则未爽[7]称臣，贼[8]在则不同为恶。”王不从，涓[9]杜门不出[10]。王用安抚副使、掌书记韦庄之谋，帅吏民哭三日；己亥[11]，即皇帝位，国号大蜀。辛丑[12]，以前东川节度使兼侍中王宗佶为中书令，韦庄为左散骑常侍、判中书门下事，阆州防御使唐道袭为内枢密使。庄，见素[13]之孙也。

蜀主虽目不知书，好与书生谈论，粗晓其理。是时唐衣冠[14]之族多避乱在蜀，蜀主礼而用之，使修举故事[15]，故其典章文物[16]有唐之遗风。

蜀主长子校书郎[17]宗仁幼以疾废，立其次子秘书少监[18]宗懿为遂王。

冬，十月，高季昌遣其将倪可福会楚将秦彦晖攻朗州，雷彦恭遣使乞降于淮南，且告急。弘农王遣将泠业将水军屯平江[19]，李饶将步骑屯浏阳以救之，楚王殷遣岳州刺史许德勋将兵拒之。泠业进屯朗口[20]，德勋使善游者五十人，以木枝叶覆其首，持长刀浮江而下，夜犯其营，且举火，业军中惊扰。德勋以大军进击，大破之，追至鹿角镇[21]，擒业；又破浏阳寨，擒李饶；掠上高[22]、唐年[23]而归。斩业、饶于长沙市。

十一月，甲申[24]，夹马[25]指挥使尹皓攻晋江猪岭寨[26]，拔之。

义昌节度使刘守文闻其弟守光幽其父，集将吏大哭曰："不意吾家生此枭[27]獍[28]！吾生不如死，誓与诸君讨之！"乃发兵击守光，互有胜负。

天雄节度使邺王绍威谓其下曰："守光以窘急归国[29]，守文孤立无援，沧州可不战服也。"乃遗守文书，谕以祸福。守文亦恐梁乘虚袭其后，戊子[30]，遣使请降，以子延祐为质。帝拊[31]手曰："绍威折简[32]，胜十万兵！"加守文中书令，抚纳之。

初，帝在藩镇，用法严，将校有战没者，所部兵悉斩之，谓之跋队斩[33]，士卒失主将者，多亡逸不敢归。帝乃命凡军士皆文其面[34]以纪军号。军士或思乡里逃去，关津[35]辄执之，送所属，无不死者，其乡里亦不敢容。由是亡者皆聚山泽为盗。大为州县之患。壬寅[36]，诏赦其罪，自今虽文面亦听还乡里。盗减什七八。

淮南右都押牙米志诚等将兵渡淮袭颍州，克其外郭[37]。刺史张实据子城[38]拒守。

晋王命李存璋攻晋州，以分上党[39]兵势。十二月，壬戌[40]，诏河中、陕州发兵救之。

甲子[41]，诏发步骑五千救颍州，米志诚等引去。

丁卯[42]，晋兵寇洺州[43]。

淮南兵攻信州[44]，刺史危仔倡[45]求救于吴越。

（以上为第十段，写王建称帝于蜀，楚王马殷再败淮南兵。沧州刘守文降梁。梁太祖诏令赦免逃兵罪。）

【注释】

[1]涔（cèn）阳：镇名。在今湖北省公安县境内。[2]被：遭遇。[3]丙申：九月二十二日。[4]天与不取："天与不取，反受其咎"的省语。为古代流行谚语。《后汉书·袁绍列传》："（郭）图等曰：'且公师徒精勇，将士思奋，而不及时早定大业，所谓天与不取，反受其咎。'"意谓天赐良机不利用，反而自受其灾。[5]称制：行使皇帝的权力。[6]朝兴：唐朝复兴。这句意谓这样做，如果唐朝复兴，则为臣之节并未违背。[7]爽：乖，违背。[8]贼：指朱全忠。[9]涓：冯涓，文宗朝剑南东川节度使冯宿之孙。[10]杜门不出：谓屏居不与世人交往。杜门，闭门。[11]己亥：九月二十五日。[12]辛丑：九月二十七日。[13]见素：指唐玄宗天宝末年宰相韦见素。[14]衣冠：士大夫，官绅。[15]修举故事：编辑旧日的典章制度。[16]典章文物：礼乐典章制度。[17]校书郎：官名。掌校勘典籍。唐代为文士起家的美官，由此进身，往往得居清要。[18]秘书少监：官名。秘书省主官，位在卿及大监之下，掌文艺图籍。[19]平江：县名。唐时分湘阴置昌江县，五代时后唐灭梁后，为避李克用之父李国昌讳，改名平江，属岳州。县治在今湖南平江县东南。[20]朗口：朗水自西南辰州、锦州界入朗州，经州城入大江，谓之朗口。[21]鹿角镇：镇名。在岳州（今湖南岳阳市）南洞庭湖滨。[22]上高：镇名。唐武德年间曾置望蔡县，后属洪州高安县。在今江西上高县。[23]唐年：县名。县治在今湖北崇阳县西南。唐时属鄂州。[24]甲申：十一月十一日。[25]夹马：梁军营名。在梁西都，即今河南洛阳市。[26]猪岭寨：在潞州长子县，县治在今山西长子县西。[27]枭：不孝之鸟，食母。[28]獍（jìng）：恶兽，食父。[29]归国：七月，刘守光遣使请命，归顺后梁。[30]戊子：十一月十五日。[31]拊（fǔ）：拍。一作"抚"。[32]折（zhé）简：古人以竹简作书，简长二尺四寸。短者一半。折简，意指罗绍威随便写一封信。[33]跋队斩：全队皆斩。跋，足后为跋。[34]文面：在脸上刺字。[35]关津：指水陆要道关卡。[36]壬寅：十一月二十九日。[37]外郭：外城。[38]子城：附属于大城的小城。此指内城。[39]上党：潞州上党郡。治所在今山西长治。[40]壬戌：十二月十九日。[41]甲子：十二月二十一日。[42]丁卯：十二月二十四日。[43]寇洺州：侵掠洺州。此为救潞州流动出击的部队。[44]信州：州名。治所在今江西上饶市。[45]危仔倡：危全讽之弟。唐僖宗中和二年（882），钟传为江西观察使，危全讽据抚州，遣其弟据信州。

二年（戊辰，908 年）

春，正月，癸酉朔[1]，蜀主登兴义楼。有僧抉[2]一目以献，蜀主命饭僧[3]万人以报之。翰林学士张格曰："小人无故自残，赦其罪已幸矣，不宜复崇奖以败风俗。"蜀主乃止。

丁丑[4]，蜀以韦庄为门下侍郎、同平章事。

辛巳[5]，蜀主祀南郊[6]；壬午[7]，大赦，改元武成。

晋王疽[8]发于首，病笃[9]。周德威等退屯乱柳[10]。晋王命其弟内外蕃汉都知兵马使、振武节度使克宁[11]、监军张承业、大将李存璋、吴珙、掌书记卢质[12]立其子晋州刺史存勖为嗣，曰："此子志气远大，必能成吾事[13]，尔曹善教导之！"辛卯[14]，晋王谓存勖曰："嗣昭厄于重围[15]，整顿不及见矣。俟葬毕，汝与德威辈速竭力救之！"又谓克宁等曰："以亚子累汝！"亚子，存勖小名也。言终而卒。克宁纲纪[16]军府，中外无敢喧哗。

克宁久总兵柄[17]，有次立[18]之势，时上党围未解，军中以存勖年少，多窃议者，人情恟恟[19]。存勖惧，以位让克宁。克宁曰："汝冢嗣也[20]，且有先王之命，谁敢违之！"将吏欲谒见存勖，存勖方[21]哀哭未出。张承业入谓存勖曰："大孝在不坠[22]其业，多哭何为！"因扶存勖出，袭位为河东节度使、晋王。李克宁首帅[23]诸将拜贺，王悉以军府事委之[24]。

以李存璋为河东军城使[25]、马步都虞候。先王之时，多宠借胡人及军士，侵扰市肆，存璋既领职，执其尤暴横者戮之，旬月间城中肃然。

吴越王镠遣兵攻淮南甘露镇[26]，以救信州。

蜀中书令王宗佶[27]，于诸假子为最长，且恃其功，专权骄恣。唐道袭已屡枢密使，宗佶犹以名呼之；道袭心衔[28]之而事之逾谨。宗佶多树党友[29]，蜀主亦恶之。二月，甲辰[30]，以宗佶为太师，罢政事[31]。

蜀以户部侍郎张格为中书侍郎、同平章事。格为相，多迎合主意[32]；有胜己者，必以计排去之。

（以上为第十一段，写蜀主以韦庄为门下侍郎、同平章事，祀南郊，改元武成。河东节度使李克用死，其子李存勖继立。）

【注释】

[1]癸酉朔：正月一日。[2]抉（jué）目：挖出眼睛。[3]饭僧：犹言斋僧、施饭予僧。[4]丁丑：正月五日。[5]辛巳：正月九日。[6]祀南郊：皇帝登位应祀南郊，以祭天地。王建称帝，故祀南郊。[7]壬午：正月十日。[8]疽（jū）：结成块状的毒疮。浮浅者为痈，深厚者为疽。[9]病笃（dǔ）：病势沉重。[10]乱柳：镇名。在潞州屯留县（今山西长治市屯留区）界。[11]克宁（?—908）：李克用之弟李克宁。诸兄弟中最贤，也最得李克用信任，为内外制置蕃汉都知兵马使、振武军节度使。克用死后，受诸养子及其妻怂恿谋乱，被杀。传见《新唐书》卷一百四十一，《旧五代史》卷五十，《新五代史》卷十四。[12]卢质（861—937）：字子征，河南人。李克用时为河东节度掌书记。李存勖即位，拜太原尹、匡国军节度使，历镇河阳、横海。传见《旧五代史》卷九十三，《新五代史》卷五十六。[13]成吾事：世传李克用将终，以三矢付存勖，曰："一矢讨刘仁恭，汝不先下幽州，河南未可图也；一矢击契丹，且曰阿保机与吾把臂而盟，结为兄弟，誓复唐家社稷，今背约附梁，汝必伐之；一矢灭朱温。汝成能善志，死无恨矣！"[14]辛卯：正月十九日。[15]厄于重围：谓李嗣昭被后梁兵围困于潞州。[16]纲纪：治理，照管。[17]总兵柄：掌握河东军权。[18]次立：兄死及弟，以长幼之次，有自立之势。[19]恂恂：纷扰不安的样子。[20]冢嗣：嫡长子。[21]方：正在。[22]坠：丧失。不坠其业意谓不丧失李克用开创的基业才是大孝。[23]首帅：带头率领。[24]委之：委托李克宁。[25]军城使：官名。掌河东节度治所部队。[26]甘露镇：镇名。在浙江常山县西北。钱镠攻甘露镇是为了牵制淮南兵力，使其不能急攻危仔倡。[27]王宗佶：本姓甘，王建在忠武军时掠得之，养以为子。长大后为将，屡有战功。[28]衔（xián）：怨恨。[29]党友：党徒，同伙。[30]甲辰：二月七日。[31]罢政事：停止王宗佶参预国家大事的决策权，此为杀王宗佶张本。[32]主意：蜀主王建之意。

初，晋王克用多养军中壮士为子，宠遇如真子。及晋王存勖立，诸假子皆年长握兵，心怏怏[1]不伏，或托疾不出，或见新王不拜。李克宁权位既重，人情多向之。假子李存颢阴说[2]克宁曰："兄终弟及[3]，自古有之。"以叔拜侄，于理安乎！天与不取，后悔无及！"克宁曰："吾家世以慈孝闻天下，先王之业苟[4]有所归，吾复何求！汝勿妄言，我且斩汝！"克宁妻孟氏，素刚悍，诸假子各遣其妻入说孟氏，孟氏以为然，且虑语泄[5]及祸，数[6]以迫[7]克宁。克宁性怯，朝夕惑于众言，心不能无动；又与张承业、李存璋相失[8]，数诮让[9]之；又因事擅[10]杀都虞候李存质；又求领大同节度使，以蔚、朔[11]、应州[12]为巡属。晋王皆听之。

李存颢等为克宁谋，因[13]晋王过其第，杀承业、存璋，奉克宁为节度使，举河东九州[14]附于梁，执晋王及太夫人曹氏[15]送大梁。太原人史敬镕[16]，少事晋王克用，居帐下，见亲信，克宁欲知府中阴事[17]，召敬镕，密以谋告之。敬镕阳许之，入告太夫人，太夫人大骇，召张承业，指晋王谓之曰："先王把[18]此儿臂授公等，如闻外间谋欲负之，但置吾母子有地[19]，勿送大梁，自他不以累[20]公。"承业惶恐曰："老奴以死奉先王之命，此何言也！"晋王以克宁之谋告，且曰："至亲[21]不可自相鱼肉[22]，吾苟[23]避位[24]，则乱不作矣。"承业曰："克宁欲投大王母子于虎口，不除之岂有全[25]理！"乃召李存璋、吴珙及假子李存敬、长直军使朱守殷，使阴为之备。壬戌[26]，置酒会诸将于府舍，伏甲执克宁、存颢于座。晋王流涕数[27]之曰："儿向[28]以军府让叔父，叔父不取。今事已定，奈何复为此谋，忍以吾母子遗[29]仇雠[30]乎！"克宁曰："此皆谗人[31]交构[32]，夫复何言！"是日，杀克宁及存颢。

癸亥[33]，酖杀[34]济阴王于曹州，追谥曰唐哀皇帝。

甲子[35]，蜀兵入归州[36]。执刺史张瑭。

辛未[37]，以韩建为侍中，兼建昌宫使。

李思安等攻潞州，久不下，士卒疲弊[38]，多逃亡。晋兵犹屯余吾寨[39]，帝疑晋王克用诈死，欲召兵还，恐晋人蹑[40]之，乃议自至泽州应接归师，且召匡国节度使刘知俊将兵趣泽州[41]。三月，壬申朔[42]，帝发大梁；丁丑[43]，次[44]泽州。辛巳[45]，刘知俊至。壬午[46]，以知俊为潞州行营招讨使。

（以上为第十二段，写李克用弟李克宁谋作乱，被杀，梁太祖鸩杀济阴王李柷于曹州，谥为哀帝。）

【注释】

[1]怏怏：不服气。 [2]阴说（shuì）：私下里劝说。 [3]兄终弟及：殷人之制，父子相继与兄终弟及，均为常态。自周代以后，宗法制度确立，则为父子相继。 [4]苟：如果，只要。 [5]语泄：企图篡夺王位的话泄露出去。 [6]数：多次。 [7]迫：逼迫，催促。 [8]相失：失和。 [9]诮让：谴责。 [10]擅：任意，随便。 [11]朔州：州名。治所在今山西朔

州。［12］应州：州名。唐末置应州，领金城、浑源二县，治所在今山西应县。［13］因：趁。［14］河东九州：并、辽、沁、汾、石、忻、代、岚、宪州。［15］曹氏（?—925）：李克用次妃，李存勖生母。李克用正室刘氏无子，性贤。曹氏封晋国夫人。李存勖即位后，册尊曹氏为皇太后，刘氏为皇太妃。传见《旧五代史》卷四十九，《新五代史》卷十四。［16］史敬镕（?—929）：太原人。李克用爱将，入后唐，累为节度使，卒，赠太尉。传见《旧五代史》卷五十五。［17］阴事：秘密事。［18］把（bǎ）：执，握着。［19］有地：有一定的地方。［20］累：连累，拖累。［21］至亲：最近之亲。李存勖与李克宁为叔侄，故云。［22］鱼肉：残害。［23］苟：如果。［24］避位：让位。［25］全：保全。［26］壬戌：二月二十一日。［27］数（shǔ）：责备，数说。［28］向：从前，往日。［29］遗（wèi）：送给。［30］仇雠：指朱晃。［31］谗人：进谗言的邪恶之人。［32］交构：互相构陷，指有意虚构，扩大事态。［33］癸亥：二月二十二日。［34］酖（dān）杀：用毒酒杀死济阴王李柷（zhù）。李柷，唐末帝，朱全忠篡唐，废为济阴王，至是又杀之，谥为哀帝。李柷死时年十七，葬于济阴县定陶乡，在今山东菏泽市定陶区。［35］甲子：二月二十三日。［36］归州：荆南巡属。［37］辛未：二月三十日。［38］疲弊：即疲惫。［39］余吾寨：在潞州屯留县西北。［40］蹑（niè）：紧随在后。［41］趣泽州：去泽州。趣，通“趋”。［42］壬申朔：三月一日。［43］丁丑：三月六日。［44］次：途中止宿。［45］辛巳：三月十日。［46］壬午：三月十一日。

癸巳[1]，门下侍郎、同平章事张文蔚卒。

帝以李思安久无功，亡将校四十余人，士卒以万计，更闭壁自守，遣使召诣行在[2]。甲午[3]，削思安官爵，勒归本贯[4]充役[5]；斩监押[6]杨敏贞。

晋李嗣昭固守逾年[7]，城中资用将竭，嗣昭登城宴诸将作乐。流矢[8]中嗣昭足，嗣昭密拔[9]之，座中皆不觉。帝数遣使赐嗣昭诏，谕降之；嗣昭焚诏书，斩使者。

帝留泽州旬余，欲召上党兵还，遣使就与诸将议之。诸将以为李克用死，余吾兵[10]且退，上党孤城无援，请更留旬月以俟之。帝从之，命增运刍粮[11]以馈其军。刘知俊将精兵万余人击晋军，斩获甚众，表请自留攻上党，车驾宜还京师。帝以关中空虚，虑岐人[12]侵同华，命知俊休兵长子[13]旬日，退屯晋州，俟五月归镇。

蜀太师王宗佶既罢相，怨望，阴畜养死士[14]，谋作乱。上表以为：“臣官预[15]大臣，亲则长子，国家之事，休戚[16]是同。今储贰[17]未定，必生厉阶[18]。陛下若以宗懿才堪继承，宜早行册礼[19]，以臣为元帅，兼总六军；傥以时方艰难，宗懿冲幼，臣安敢持谦[20]不当重事！陛下既正位南面[21]，军旅之事宜委之臣下。臣请开元帅府，铸六军印，征戍[22]征发[23]，臣悉专行。太子视膳[24]于晨昏，微臣[25]握兵于环卫[26]，万世基业，惟陛下裁[27]之。"蜀主怒，隐忍[28]未发，以问唐道袭，对曰："宗佶威望，内外慑服[29]，足以统御诸将。"蜀主益疑之。己亥[30]，宗佶入见，辞色悖慢[31]；蜀主谕之，宗佶不退，蜀主不堪其忿，命卫士扑杀之。贬其党御史中丞[32]郑骞为维州[33]司户，卫尉少卿[34]李钢为汶川[35]尉，皆赐死于路。

（以上为第十三段，写蜀主王建斩杀桀骜不驯的太师王宗佶。）

【注释】

[1]癸巳：三月二十二日。[2]行在：皇帝所在之地。[3]甲午：三月二十三日。[4]本贯：原籍。李思安为陈留（今河南开封市南）人。[5]充役：充平民之役。[6]监押：监军。[7]逾年：超过一年。李嗣昭于前年十二月入潞州，去年五月康怀贞攻之，至今已一年多。[8]流矢：飞来的乱箭。[9]密拔：偷偷地拔掉。此时潞州城内资用将尽，李嗣昭故意在城楼与诸将宴饮，装出从容的样子给敌人看，脚中流矢不声张，目的是让众人安定。[10]余吾兵：在屯留县西北余吾寨驻扎的晋军。[11]刍粮：粮草。[12]岐人：李茂贞之兵。[13]长子：县名。县治在今山西长子县。[14]死士：敢死之士。[15]预：参与。谓在大臣之列。[16]休戚：喜乐与忧虑。[17]储贰：储副，太子的别称。[18]厉阶：祸端。厉，恶。[19]册礼：册封太子之礼。[20]持谦：保持谦虚。[21]正位南面：犹言称帝。[22]征戍：远行屯守边境。[23]征发：征集动用人力和物力。[24]视膳：人子侍养父母等长辈的礼节。[25]微臣：自称。[26]环卫：禁卫。[27]裁：决定。[28]隐忍：克制忍耐。[29]慑服：畏惧威势而屈服。[30]己亥：三月二十八日。[31]悖（bèi）慢：违逆傲慢。[32]御史中丞：官名。御史台长官为大夫，次官为中丞，唐代御史大夫往往缺位，御史中丞则为御史台长官掌监察。[33]维州：州名。治所在今四川理县北薛城。[34]卫尉少卿：官名。掌宫门卫屯兵。[35]汶川：县名。县治在今四川汶川，时属茂州。

初，晋王克用卒，周德威握重兵在外，国人皆疑之。晋王存勖召德威使引兵还。夏，四月，辛丑朔[1]，德威至晋阳，留兵城外，独徒步而入，伏先王柩，哭极哀；退，谒嗣王，礼甚恭。众心由是释然[2]。

癸卯[3]，门下侍郎、同平章事杨涉罢为右仆射；以吏部侍郎于兢为中书侍郎，翰林学士承旨张策为刑部侍郎，并同平章事。兢，琮[4]之兄子也。

夹寨奏余吾晋兵已引去，帝以援兵不能复来，潞州必可取，丙午[5]，自泽州南还；壬子[6]，至大梁。梁兵在夹寨者亦不复设备[7]。晋王与诸将谋曰："上党，河东之藩蔽，无上党，是无河东也。且朱温所惮者独先王耳，闻吾新立，以为童子未闲[8]军旅，必有骄怠之心。若简精兵倍道[9]趣之[10]，出其不意，破之必矣。取威定霸[11]，在此一举，不可失也！"张承业亦劝之行。乃遣承业及判官王缄乞师于凤翔[12]，又遣使赂契丹王阿保机求骑兵。岐王衰老，兵弱财竭，竟不能应。晋王大阅[13]士卒，以前昭义节度使丁会为都招讨使。甲子[14]，帅周德威等发晋阳。

淮南遣兵寇石首[15]，襄州兵败之于瀺港[16]。又遣其将李厚将水军万五千趣荆南，高季昌逆战，败之于马头[17]。

己巳[18]，晋王军于黄碾[19]，距上党四十五里。五月，辛未朔[20]，晋王伏兵三垂[21]冈下，诘旦[22]大雾，进兵直抵夹寨。梁军无斥候[23]，不意晋兵之至，将士尚未起，军中惊忧。晋王命周德威、李嗣源分兵为二道，德威攻西北隅，嗣源攻东北隅，填堑烧寨，鼓噪而入。梁兵大溃，南走，招讨使符道昭马倒，为晋人所杀；失亡将校士卒以万计，委弃资粮、器械山积。

周德威等至城下，呼李嗣昭曰："先王已薨，今王自来，破贼夹寨。贼已去矣，可开门！"嗣昭不信，曰："此必为贼所得，使来诳[24]我耳。"欲射之。左右止之，嗣昭曰："王果来，可见乎！"王自往呼之。嗣昭见王白服，大恸几绝[25]，城中皆哭，遂开门。初，德威与嗣昭有隙[26]，晋王克用临终谓晋王存勖曰："进通[27]忠孝，吾爱之深。今不出重围，岂德威不忘旧怨邪！汝为吾以此意谕之。若潞围不解，吾死不瞑目。"进通，嗣昭小名也。晋王存勖以告德威，德威感泣，由是战夹寨甚力；既与嗣昭相见，遂欢好如初。

康怀贞以百余骑自天井关[28]遁归。帝闻夹寨不守，大惊，既而叹曰："生子当如李亚子[29]，克用为不亡矣！至如吾儿，豚犬[30]耳！"诏所在安集散兵。

周德威、李存璋乘胜进趣泽州，刺史王班素失人心，众不为用。龙虎统军[31]牛存节自西都[32]将兵应接夹寨溃兵，至天井关，谓其众曰："泽州要害地，不可失也；虽无诏旨，当救之。"众皆不欲，曰："晋人胜气方锐，且众寡不敌。"存节曰："见危不救，非义也；畏敌强而避之，非勇也。"遂举策[33]引众而前。至泽州，城中人已纵火喧噪，欲应晋王，班闭牙城[34]自守，存节至，乃定。晋兵寻至，缘城穿地道攻之，存节昼夜拒战，凡旬有三日[35]；刘知俊自晋州引兵救之，德威焚攻具[36]，退保高平[37]。

晋王归晋阳，休兵行赏，以周德威为振武节度使、同平章事。命州县举贤才，黜贪残，宽租赋，抚孤穷，伸冤滥[38]，禁奸盗，境内大治[39]。以河东地狭兵少，乃训练士卒，令骑兵不见敌无得乘马；部分[40]已定，无得相逾越[41]，及留绝以避险[42]；分道并进，期会[43]无得差晷刻[44]。犯者必斩。故能兼山东，取河南，由士卒精整[45]故也。

初，晋王克用平王行瑜，唐昭宗许其承制[46]封拜。时方镇多行墨制[47]，王耻与之同，每除吏[48]必表闻。至是，晋王存勖始承制除吏。

晋王德[49]张承业，以兄事之，每至其第，升堂拜母，赐遗甚厚。

潞州围守历年，士民冻馁死者太半，市里萧条。李嗣昭劝课农桑，宽租缓刑。数年之间，军城完复。

（以上为第十四段，写晋王李存勖解潞州之围，大破梁军。而后休兵行赏，励精图治，王业兴隆。）

【注释】

[1]辛丑朔：四月一日。[2]释然：放心的样子。[3]癸卯：四月三日。[4]琮：于琮，宣宗朝驸马都尉、宰相。[5]丙午：四月六日。[6]壬子：四月十二日。[7]不复设备：不再采取防备措施。梁兵主骄于上，将惰于下，无防备必然有患。[8]未闲：未熟习。[9]倍道：兼程而行。[10]趣：通"取"，夺取。[11]取威定霸：取得威望，策定霸功。[12]乞师凤翔：向岐王李茂贞求援兵。[13]阅：检阅。[14]甲子：四月二十四日。[15]石首：县名。县治在今湖北石首市。时属荆州。[16]瀺（chán）港：镇名。在石首县境。[17]马头：镇名。荆南治江陵，在江北。南岸即马头，正对江北的沙市。[18]己巳：四月二十九日。[19]黄碾：

村名。在潞州潞城（今山西长治市潞城区）县。［20］辛未朔：五月一日。［21］三垂冈：在屯留县东南。［22］诘旦：明晨。［23］斥候：哨兵。梁兵骄惰，无战备，故不置哨兵。［24］诳（kuāng）：欺骗。［25］几绝：几乎气绝。［26］隙（xì）：感情上的裂痕。［27］进通：嗣昭小名。［28］天井关：关名。在晋城南。［29］李亚子：后唐庄宗李存勖的小名。《三国志·孙权传》裴注引《吴历》载，濡须之战，曹操赞叹孙权雄武曰："生子当如孙仲谋，刘景升儿子若豚犬耳。"这里朱全忠化用曹操语慨叹李存勖的雄武。［30］豚（tún）犬：猪狗。［31］龙虎统军：即龙虎军，原唐龙武军号，梁受唐禅，改"武"为"虎"。［32］西都：梁以洛阳为西都。［33］策：马鞭。［34］牙城：唐代护卫节度使或州刺史的第三重城，在罗城和子城之内。［35］旬有三日：十三天。［36］攻具：攻城器具。［37］高平：县名。县治在今山西高平市，在泽州东北。［38］冤滥：滥施的冤案。［39］大治：治理得宜，局势十分安定。［40］部分：布置安排。［41］逾越：左军不得超越右军，后部不得超越前部。［42］留绝、避险：谓军行必须紧紧跟进，保持队伍严整，不得停留以避危险。［43］期会：约定好会合的日期。［44］晷（guí）刻：犹言时刻。晷，日影。古人测日影以定时刻。约期在日中会合，日晷过中而不至则为差。误期必斩，军法严明。［45］精整：精干整齐。［46］承制：秉承皇帝旨意。［47］墨制：由皇帝直接发出不经外廷的亲笔手令。［48］除吏：授官。［49］德：感激。张承业排除李克宁之难，故晋王感激他。

静江节度使、同平章事李琼卒，楚王殷以其弟永州刺史存知桂州事。

壬申[1]，更以许州忠武军为匡国军，同州匡国军为忠武军，陕州保义军为镇国军。

乙亥[2]，楚兵寇鄂州，淮南所署知州秦裴击破之。

淮南左牙指挥使张颢、右牙指挥使徐温专制军政，弘农威王[3]心不能平，欲去之而未能。二人不自安，共谋弑王，分其地以臣于梁。戊寅[4]，颢遣其党纪祥等弑王于寝室，诈云暴薨[5]。

己卯[6]，颢集将吏于府庭，夹道及庭中堂上各列白刃[7]，令诸将悉去卫从[8]然后入。颢厉声问曰："嗣王已薨，军府谁当主之？"三问，莫应[9]，颢气色益怒。幕僚[10]严可求前密启曰："军府至大，四境多虞[11]，非公主之不可；然今日则恐太速。"颢曰："何谓速也？"可求曰："刘威、陶雅、李遇、李简，皆先王之等夷[12]，公今自立，此曹肯为公下乎？不若立幼主辅之，诸将孰敢不从！"颢默然久之。可求因屏[13]左右，急书[14]一纸置袖中，麾[15]同列诣使宅[16]贺[17]，众莫测其所为；既至，可求跪读之，乃太夫人史氏[18]教[19]也。大要言："先王[20]创业艰难，嗣王[21]不幸早世[22]，隆演[23]次当立，诸将宜无负杨氏，善开导之。”辞旨明切。颢气色皆沮[24]，以其义正，不敢夺，遂奉威王弟隆演称淮南留后、东面诸道行营都统。既罢，副都统朱瑾诣可求所居，曰：“瑾年十六七即横戈跃马，冲犯大敌，未尝畏慑，今日对颢，不觉流汗，公面折[25]之如无人；乃知瑾匹夫之勇[26]，不及公远矣。”因以兄事之。

颢以徐温为浙西观察使，镇润州。严可求说温曰：“公舍牙兵[27]而出外藩，颢必以弑君之罪归公。”温惊曰：“然则奈何？”可求曰：“颢刚愎[28]而暗于事[29]，公能见听[30]，请为公图之。”时副使[31]李承嗣，参预军府之政，可求又说承嗣曰：“颢凶威如此，今出徐于外，意不自徒然[32]，恐亦非公之利。”承嗣深然之[33]。可求往见颢曰：“公出徐公于外，人皆言公欲夺其兵权而杀之，多言亦可畏也。”颢曰：“右牙[34]欲之，非吾意也。业已行矣，奈何？”可求曰：“止之易耳。”明日，可求邀颢及承嗣俱诣温，可求瞋目[35]责温曰：“古人不忘一饭之恩，况公杨氏宿将[36]！今幼嗣初立，多事之时，乃求自安于外，可乎？”温谢曰：“苟诸公见容，温何敢自专！”由是不行。颢知可求阴附温，夜，遣盗刺之；可求知不免，请为书[37]辞府主[38]。盗执刀临之，可求操笔无惧色；盗能辨字，见其辞旨忠壮，曰：“公长者[39]，吾不忍杀。”掠其财以复命，曰：“捕之不获。”颢怒曰：“吾欲得可求首，何用财为！”

温与可求谋诛颢，可求曰：“非钟泰章不可。”泰章者，合肥人，时为左监门卫将军[40]；温使亲将翟虔告之。泰章闻之喜，密结壮士三十人，夜，刺血相饮[41]为誓；丁亥[42]旦，直入斩颢于牙堂[43]，并其亲近。温始暴[44]颢弑君之罪，轘[45]纪祥等于市。诣西宫[46]白太夫人。太夫人恐惧，大泣曰：“吾儿冲幼，祸难如此，愿保百口[47]归庐州，公之惠[48]也！”温曰：“张颢弑逆，不可不诛，夫人宜自安！”初，温与颢谋弑威王，温曰：“参用[49]左、右牙兵，心必不一；不若独用吾兵。”颢不可，温曰：“然则独用公兵。”颢从之。至是，穷治逆党，皆左牙兵也，由是人以温为实不知谋也。隆演以温为左、右牙都指挥使，军府事咸取决焉。以严可求为扬州司马。

温性沈毅，自奉简俭，虽不知书，使人读狱讼[50]之辞而决之，皆中情理。先是，张颢用事，刑罚酷滥，纵亲兵剽夺[51]市里。温谓严可求曰："大事已定，吾与公辈当力行善政，使人解衣而寝[52]耳。"乃立法度，禁强暴，举大纲[53]，军民安之。温以军旅委严可求，以财赋委支计官[54]骆知祥，皆称其职，淮南谓之"严、骆"[55]。

己丑[56]，契丹王阿保机遣使随高颀[57]入贡，且求册命[58]。帝复遣司农卿[59]浑特，赐以手诏，约共灭沙陀[60]，乃行封册。

（以上为第十五段，写淮南兵变，牙将张颢杀杨渥，徐温奉其弟杨隆演为弘农王。）

【注释】

［1］壬申：五月二日。［2］乙亥：五月五日。［3］弘农威王：杨渥谥威王，故称。［4］戊寅：五月八日。［5］暴薨：暴病猝死。［6］己卯：五月九日。［7］白刃：锋利的刀。［8］悉去卫从：全部去掉卫从。［9］莫应：无人应声。［10］幕僚：地方军政长官署中参谋、书记、顾问之类的官佐。［11］虞：忧虑。其时，刘威在庐州，陶雅在歙州，李遇在宣州，李简在常州，各独当一面。［12］等夷：同辈。指刘威、陶雅、李遇、李简等四人皆与杨行密同辈。［13］屏（bǐng）：屏退，让退去。［14］书：写。［15］麾（huī）：指挥。［16］使宅：节度使所居为使宅。［17］贺：贺亲君嗣位。［18］史氏：杨渥之母，封武昌郡君。杨渥嗣位后为太夫人。［19］教：文体的一种。为上对下的告谕。［20］先王：指杨行密。［21］嗣王：指杨渥。［22］早世：过早辞世。［23］杨隆演（896—920）：字鸿源，杨行密第二子，初名瀛，又名渭。杨渥被害后嗣位，天祐十六年（919）即吴王位，改元武义。传见《旧五代史》卷一百三十四，《新五代史》卷六十一。［24］沮（jǔ）：沮丧。失意，懊丧。［25］面折：当面斥责他人的过错，此指当面挫败。［26］匹夫之勇：不用智谋取胜，单凭个人的力量。《孟子·梁惠王下》："此匹夫之勇，敌一人者也。"［27］牙兵：即衙兵。徐温原为右牙指挥使。［28］刚愎（bì）：傲慢而固执。［29］暗于事：不明事理。［30］见听：尊称他人听取自己的意见。［31］副使：时李承嗣为淮南行军副使。［32］徒然：仅此，只是如此。［33］深然之：深表同意。［34］右牙：徐温为右牙指挥使，以官称之。［35］瞋（chēn）目：怒目。［36］宿将：老将。［37］为书：写书信。［38］府主：谓杨惟演。［39］长者：品德高尚的人。［40］左监门卫将军：武官名。掌军府门卫。［41］刺血相饮：古人盟誓，各刺己血于酒混而饮之，表示诚意。［42］丁亥：五月十七日。［43］牙堂：左右军指军使办公之所，即衙堂。［44］暴：揭露。［45］轘（huàn）：车裂。［46］西宫：广陵西宫。杨行密妃史夫人所居。［47］百口：全家。［48］惠：恩惠。［49］参用：杂用。［50］狱讼：诉讼案件。有关财物之争执为讼，以罪名相告为狱。［51］剽夺：抢掠。［52］解衣而寝：谓安居。［53］大纲：主体，要领。［54］支计官：官名。掌收支会计之事。［55］严

骆：指严可求与骆知祥两人为徐温的左右手，两人齐名并称为“严骆”。［56］己丑：五月十九日。［57］高颀：去年五月，契丹遣使通好，朱晃遣太府少卿高颀报之。［58］册命：皇帝封立诸王的命令。契丹因为后梁强大，背后晋投后梁。［59］司农卿：官名。司农寺主管粮食积储、京官禄米及园池果实等，置卿、少卿等官。［60］沙陀：此指李存勖。

壬辰[1]，夹寨诸将诣阙待罪[2]，皆赦之。帝赏牛存节全泽州之功，以为六军马步都指挥使。

雷彦恭引沅江[3]环朗州以自守，秦彦晖顿[4]兵月余不战，彦恭守备稍懈；彦晖使裨将曹德昌帅壮士夜入白水窦[5]，内外[6]举火相应，城中惊乱，彦晖鼓噪坏门而入，彦恭轻舟奔广陵。彦晖虏其弟彦雄，送于大梁。淮南以彦恭为节度副使。先是，澧州刺史向瓌与彦恭相表里，至是亦降于楚，楚始得澧、朗二州。

蜀主遣将将兵会岐兵五万攻雍州[7]，晋张承业亦将兵应之。六月，壬寅[8]，以刘知俊为西路行营都招讨使以拒之。

金吾上将军[9]王师范家于洛阳，朱友宁之妻泣诉于帝曰：“陛下化家为国[10]，宗族皆蒙荣宠。妾夫[11]独不幸，因王师范叛逆，死于战场；今仇雠犹在，妾诚痛之！”帝曰：“朕几忘此贼！”己酉[12]，遣使就洛阳族之。使者先凿阬[13]于第侧，乃宣敕告之；师范盛陈宴具[14]，与宗族列坐，谓使者曰：“死者人所不免，况有罪乎！予不欲使积尸长幼无序。”酒既行，命自幼及长，引于阬中戮之，死者凡二百人。

丙辰[15]，刘知俊及佑国节度使王重师大破岐兵于幕谷[16]，晋、蜀兵皆引归。

蜀立遂王宗懿为太子。

帝欲自将击潞州。丁卯[17]，诏会诸道兵。

湖南判官高郁请听[18]民自采茶卖于北客，收其征[19]以赡军，楚王殷从之。秋，七月，殷奏于汴、荆、襄、唐、郢、复州置回图务[20]，运茶于河南、北，卖之以易缯纩[21]、战马而归，仍岁贡茶二十五万斤，诏许之。湖南由是富赡[22]。

壬申[23]，淮南将吏请于李俨[24]，承制授杨隆演淮南节度使、东面诸道行营都统、同平章事、弘农王。

钟泰章赏[25]薄，泰章未尝自言；后逾年，因醉与诸将争言而及之。或告徐温，以泰章怨望，请诛之，温曰："是吾过也。"擢为滁州刺史。

（以上为第十六段，写梁太祖与契丹约共灭沙陀。楚王马殷攻取澧、朗两州。蜀主王建会同凤翔节度使李茂贞，并结晋王李存勖合兵攻梁雍州，军败。梁太祖灭王师范一门二百余人。）

【注释】

［1］壬辰：五月二十二日。［2］诣阙待罪：到宫阙请罪。［3］沅（yuán）江：水名。源出贵州都匀云雾山，上游为清水江，自西向东，至湖南黔阳县下始称沅水，经沅陵、桃源等县，绕朗州（今湖南常德市）城南，至汉寿县注入洞庭湖。［4］顿：停留、止息。［5］窦：孔道。［6］内外：自水道入城者为内应。［7］雍州：当时雍州治所长安，在今陕西西安市。［8］壬寅：六月三日。［9］金吾上将军：官名。金吾卫为南衙十六卫之一。上将军为高级武官，在大将军、将军之上。［10］化家为国：朱家受禅，统治国家。［11］妾夫：指朱友宁。唐昭宗天复三年（903）朱友宁死于登州之战，为王师范所杀。［12］己酉：六月十日。［13］阬（kēng）：同"坑"。［14］宴具：宴会器具。［15］丙辰：六月十七日。［16］幕谷：即漠谷。在陕西乾县北。［17］丁卯：四月二十八日。［18］听（tìng）：任凭。［19］征：税。赡军：供给军队生活所需。［20］回图务：官署名。掌贸易交换货物，官员为回图使。［21］缯纩（zēng kuàng）：丝织品的总称。纩，丝棉絮。［22］富赡：富裕充足。［23］壬申：七月三日。［24］李俨：昭宗朝宰相张浚之子，赐姓李。天复二年为江淮宣谕使，始承制。［25］赏：杀张颢之赏。

【点评】

本卷点评朱全忠篡唐、李存勖嗣位晋王、王建称帝三件史事。

一、朱全忠篡唐。朱全忠，原名朱温，排行第三，宋州砀山县午沟里人。父亲朱诚，是乡间私塾教师，有三子，长子朱全昱，次子朱存，三子朱温。朱温凶悍狡诈，参加黄巢起义，官至同州防御使，为黄巢看守东大门。公元882年，朱温看到黄巢形势不利，向河中节度使王重荣投降，说母亲姓王，认王重荣为母舅，唐僖宗任命朱温为同华节度使，赐名朱全忠。公元883年，唐朝任命朱全忠为汴州刺史，宣武军节度使，并加任命东北面都招讨使，堵塞黄巢向东的退路。朱全忠被黄巢打败，向李克用求救。公元884年，李克用到河南打败黄巢，还军路过汴州，朱全忠请李克用入城相会，企图谋杀李克用未遂，朱、李从此交恶。由此可见朱全忠的凶狡。

朱全忠经过二十年的经营，据有广大中原地区，环四周诸镇，李克用、李茂贞、杨行密均不能与之争，篡唐条件成熟，迁昭宗于洛阳，随后弑帝立幼，大杀朝士，唐皇室朝臣为之一空。唐哀帝天祐四年四月十六日壬戌，朱全忠改名朱晃，四月十八日甲子黄袍加身，在汴京金祥殿即皇帝位，史称后梁太祖。四月二十二日戊辰，大赦，改元，国号大梁。废唐哀帝为济阳王。朱晃长兄朱全昱在家宴上斥责朱晃说："朱三，你原本是砀山的一个平民，跟随黄巢为盗，唐朝天子任用你为四镇节度使，富贵已极，为什么你还要夺取人家三百年的天下，恩将仇报，自称皇帝，你的行为，该当灭族。"朱全昱不失忠厚平民本色，他的斥责，代表了平民百姓对后梁太祖朱温的评价。

二、李存勖嗣位晋王。李存勖，李克用嗣子，少小聪明过人，及长，善骑射，胆壮骁勇，年十一，从李克用讨王行瑜，昭宗见之称奇，赐以翡翠盘。李存勖习《春秋》，明大义，是其所长，但沉迷于歌舞俳优之戏，是其所短。

天祐五年（908）正月，李克用卒，李存勖即王位于太原，时年二十四岁。李存勖以王位让其叔父李克宁，李克宁不许，随后听信夫人及诸将之言，谋作乱，夺王位，以晋依附后梁。在这千钧一发之际，李存勖在监军张承业的辅佐下，果断出击，诛李克宁，稳定了众心。接着，李存勖整顿纲纪，诛杀悍卒扰民罪大者，全军肃静。此时，汴晋两军争潞州，攻战一年，汴军仍未攻下潞州。后梁太祖趁着晋丧主少，亲率大军来取潞州，志在必得。李存勖与诸将谋议说："潞州上党是河东的屏障，不可丢失。朱温听说我新立，不熟悉军旅，一定认为这是夺取上党的好时机。我将带领精兵，倍道兼行，出其不意入援上党，一定能打败汴军。取威定霸，在此一举。"四月二十日甲子，晋王李存勖亲率周德威等大将从晋阳出发，直趋上党，大败汴军。后梁太祖闻讯大惊，长叹说："生子当如李亚子，李克用没有死。说起我的儿子，只是一群猪狗罢了。"后梁太祖身经百战，他最害怕的人是李克用，他认为李克用之死，是后梁朝灭后晋的好时机，他做梦也没想到李存勖年少英勇，如此有大局观，如此善抓时机，竟然抢在自己前面到达潞州，一战使后梁太祖丧胆。取威定霸，一战成功，少年晋王李存勖达到了他的目的。

三、王建称帝。王建目不知书，以行伍拼杀一生，居然打斗出了一片天下。唐昭宗大顺二年（891），王建割据西川，后来兼并了东川和汉中等地，共有四十六州，四境有重山之险，蜀地称天府之国，中原多事，西川可立国。古有巴国、蜀国，东汉末有蜀汉。公元907年，朱晃篡唐称帝于中原，王建随后也称帝于西川，国号蜀，史称前蜀，建都于成都。唐玄宗、唐僖宗先后蒙尘入蜀，许多名人朝士大夫相随入蜀，尤其唐末中原大乱，许多名家世族避乱蜀中。韦庄、张格、毛文锡等一百多中原士人受到王建优待。史称王建喜欢与文士交游，前蜀"典章文物有唐之遗风"。王建称帝，多次改元，加尊号，宠信宦官，喜听祥瑞之言，这些都是“唐之遗风”，其实是正在被扫荡的腐朽文化。王建好女色，多内宠，疏于理政，又教子无方，前有太师王宗佶强求大司马之事，后有皇太子元膺擅杀太子少保唐道袭的事发生。唐道袭原本是一个舞僮，见幸于王建，嬖臣小人，王建用为枢密使，又为太子少保，王宗佶和王元膺正眼瞧不起唐道袭，哪能相容。王建杀王宗佶和王元膺，丧其两子，仍未得教训。晚年，军政大权交给宦官唐文扆，公元 918 年王建死，养子王宗弼杀唐文扆。少子王宗衍嗣位，比其父更加荒淫，国政完全交给宋光嗣、宋光葆、景润澄等一群宦官，自己整日与狎客韩昭等游宴赋诗，前蜀政治由此可知。公元 925 年，后唐庄宗李存勖派兵灭了前蜀。王建所立之蜀国，前后只存在了三十五年。

卷二六七　后梁纪二

后梁太祖开平二年至乾化元年（908—911 年）

【起著雍执徐（戊辰，908 年）八月，尽重光协洽（辛未，911 年）二月，凡二年有奇】

【大事提要】

本卷记事起公元 908 年八月，讫公元 911 年二月，载述史事凡二年又七个月。当后梁太祖开平二年八月至乾化元年二月。此时期后梁太祖朱晃已步入他的晚年，猜忌心日增，先是枉杀佑国节度使王师重，逼反忠武节度使刘知俊以同州叛附岐王李茂贞，北联晋王共讨梁。继之尽诛赵王深州戍兵，逼反王镕与梁绝，依附晋王李存勖，导致梁晋双方在赵州大战，晋王大胜梁军，乘胜逐北攻取河北梁属州县。燕王刘守光声言南下讨梁，要当盟主，晋王退兵，决心先北后南，铲除刘守光再专意南下讨梁，舒缓了后梁受攻的压力。这一时期，地区混战，刘守光破沧州，一统卢龙旧境，势力增强。吴王将周本大败危全讽于洪州，江西地尽归杨隆演所有。钱镠破湖州，叛将高澧奔吴。钱镠筑捍海石塘，拓广杭州城，从此钱塘富甲东南。楚王马殷势力达于岭表，唐宁远节度使庞巨昭、高州防御使刘昌鲁臣附楚王。后梁颁行《梁律令格式》。

太祖神武元圣孝皇帝中

开平二年（戊辰，908 年）

八月，吴越王镠遣宁国[1]节度使王景仁奉表诣大梁，陈取淮南之策。景仁即茂章也，避梁讳[2]改焉。

淮南遣步军都指挥使周本、南面统军使吕师造击吴越，九月，围苏州。吴越将张仁保攻常州之东洲[3]，拔之。淮南兵死者万余人。淮南以池州团练使陈璋为水陆行营都招讨使，帅柴再用等诸将救东洲，大破仁保于鱼荡，复取东洲。柴再用方战舟坏，长稍[4]浮之，仅而得济。家人为之饭僧[5]千人，再用悉取其食以犒部兵，曰："士卒济我，僧何力焉！"

丙子[6]，蜀立皇后周氏[7]。后，许州人也。

晋周德威、李嗣昭将兵三万出阴地关[8]；攻晋州，刺史徐怀玉拒守；帝自将救之，丁丑[9]，发大梁，乙酉[10]，至陕州。戊子[11]，岐王所署延州节度使胡敬璋寇上平关[12]，刘知俊击破之。周德威等闻帝将至，乙未[13]，退保隰州[14]。

荆南节度使高季昌遣兵屯汉口[15]，绝楚朝贡之路；楚王殷遣其将许德勋将水军击之，至沙头[16]，季昌惧而请和。殷又遣步军都指挥使吕师周将兵击岭南，与清海节度使刘隐十余战，取昭、贺、梧、蒙、龚、富六州[17]。殷土宇既广，乃养士息民，湖南遂安。

冬，十月，蜀主立后宫张氏为贵妃，徐氏[18]为贤妃，其妹为德妃。张氏，郪[19]人，宗懿之母也。二徐，耕[20]之女也。

华原[21]贼帅温韬[22]聚众嵯峨山[23]，暴掠雍州诸县，唐帝诸陵发[24]之殆遍。

庚戌[25]，蜀主讲武[26]于星宿山[27]，步骑三十万。

丁巳[28]，帝还大梁。

辛酉[29]，以刘稳为清海、静海节度使，以膳部郎中[30]赵光裔、右补阙李殷衡充官告使[31]，隐皆留之[32]。光裔，光逢[33]之弟；殷衡，德裕[34]之孙也。

依政[35]进士梁震，唐末登第，至是归蜀；过江陵，高季昌爱其才识，留之，欲奏为判官。震耻之[36]，欲去，恐及祸，乃曰："震素不慕荣宦[37]，明公不以震为愚，必欲使之参谋议，但以白衣[38]侍樽俎[39]可也，何必在幕府！"季昌许之。震终身止称前进士，不受高氏辟署[40]。季昌甚重之，以为谋主，呼曰先辈[41]。

帝从吴越王镠之请，以亳州团练使寇彦卿为江南面行营都指挥使，击淮南。十一月，彦卿帅众二千袭霍丘[42]，为土豪朱景所败；又攻卢、寿二州，皆不胜。淮南遣滁州刺史史俨拒之，彦卿引归[43]。

定难[44]节度使李思谏卒；甲戌[45]，其子彝昌[46]启为留后。

刘守文举沧德兵攻幽州，刘守光求救于晋，晋王遣兵五千助之。丁亥[47]，守文兵至卢台军[48]，为守光所败；又战玉田[49]，亦败。守文乃还。

癸巳[50]，中书侍郎、同平章事张策以刑部尚书致仕；以左仆射杨涉同平章事。

保塞节度使胡敬璋卒，静难[51]节度使李继徽以其将刘万子代镇延州。

是岁，弘农王遣军将万全感赍书间道诣晋及岐，告以嗣位。

帝将迁都洛阳。

（以上为第一段，写淮南王与吴越王交战，晋王与后梁交战，互有胜败。楚王马殷北败高季昌，南败刘隐，湖南遂安。梁震为荆南谋主，不受高氏辟署，终身止称前进士。）

【注释】

［1］宁国：方镇名。唐昭宗景福元年（892）升宣歙团练使为宁国军节度使，治所宣州。唐哀帝天祐三年（906）王茂章帅众自宣州奔两浙，钱镠以为宁国节度使。［2］避梁讳：朱晃曾祖名朱茂琳，故王茂章避讳改名王景仁。［3］东洲：镇名。在今江苏南通市海门区。又名东布洲。［4］矟（shuò）：同"槊"。矛长丈八尺曰矟。［5］饭僧：家人因柴再用以长矛渡水生还为神灵保佑，故施饭予僧。［6］丙子：九月八日。［7］周氏：许州人，王建元配之妻。［8］阴地关：关名。在汾州和晋州交界处，今山西霍州市北。［9］丁丑：九月九日。［10］乙酉：九月十七日。［11］戊子：九月二十日。［12］上平关：关名。在隰州石楼县（今山西石楼）北，山、陕交界处。［13］乙未：九月二十七日。［14］隰（xù）州：州名。治所在今山西隰县。在晋州西北二百五十五里。［15］汉口：汉水入长江之口。在鄂州汉阳县东大别山下，汉口北岸市区今为湖北武汉三镇之一。［16］沙头：镇名。在今湖北江陵城南。［17］昭、贺、梧、蒙、龚、富六州：皆在今广西境。昭州治所在今广西平乐县西。贺州治所在今广西贺州东南。梧州治所在今广西梧州市。蒙州治所在今广西蒙山县。龚州治所在今广西平南县。富州治所在今广西昭平县。［18］徐氏：《新五代史》卷六十三《前蜀世家》载，徐氏姐妹二人，姐姐封为贤妃，妹妹封为淑妃。二人皆以色进，交结宦官唐文扆等干预朝政。［19］郪（qī）：县名。县治在今四川三台县。唐时为梓州治所。［20］耕：即徐耕，原为眉州刺史。事见《资治通鉴》卷二百五十八。［21］华原：县名。县治在今陕西铜川市耀州区。［22］温韬（?—927）：京兆华原人。少为盗，后事李茂贞，为华原镇将，改名李彦韬。降后梁后为义胜军节度使，改名温昭图。传见《旧五代史》卷七十三，《新五代史》卷四十。［23］嵯峨山：山名。在今陕西淳化县东南、铜川市耀州区西南。［24］发：挖掘。

［25］庚戌：十月十二日。［26］讲武：讲习武事。［27］星宿（xiù）山：山名。在今四川成都市北。［28］丁巳：十月十九日。［29］辛酉：十月二十三日。［30］膳部郎中：官名。膳部为礼部下属四部之一。掌陵庙之牲豆酒膳。设郎中，员外郎各一人。［31］官告使：朝廷临时派出授予授官凭证的官员。官告即告身。［32］隐皆留之：指刘隐把赵光裔、李殷衡都留在节度任上，不让还朝。当时群雄割据，各自截留士人为己用。［33］光逢：即赵光逢，唐时御史中丞、太常卿，入后梁为宰相。［34］德裕：唐武宗时宰相李德裕。［35］依政：县名。县治在今四川邛崃市东南，时属邛州。［36］耻之：高季昌出身奴仆，梁震耻为他的僚属。［37］荣宦：荣耀的官职。［38］白衣：无官职。［39］樽俎（zǔ）：盛酒食的器具。此处借指为宾客。［40］辟署：征举授官。［41］先辈：唐人呼进士为先辈。［42］霍丘：县名。县治在今安徽霍邱县。［43］引归：引兵退归。寇彦卿兵势已受挫，而史俨原为河东健将，汴兵畏惧，故闻其至而退。［44］定难：方镇名。唐僖宗中和二年（882）赐夏州节度号定难军节度。［45］甲戌：十一月六日。［46］彝昌（?—909）：李思谏之子李彝昌。僖宗时，拓拔思敬拜夏州节度使，赐姓李。思敬卒，其弟李思谏为节度使。传附《旧五代史》卷一百三十二，《新五代史》卷四十《李仁福传》。［47］丁亥：十一月十九日。［48］卢台军：军镇名。在今河北青县。宋时为乾宁军所在地。［49］玉田：县名。县治在今河北玉田。时属蓟州。［50］癸巳：十一月二十五日。［51］静难：方镇名。唐僖宗光启元年（885）赐邠宁节度号静难军节度。保塞、暴静难二镇时皆属李茂贞。

三年（己巳，909年）

春，正月，己巳[1]，迁太庙神主[2]于洛阳。甲戌[3]，帝发大梁。壬申[4]，以博王友文为东都[5]留守。己卯[6]，帝至洛阳；庚寅[7]，飨[8]太庙；辛巳[9]，祀圜丘[10]，大赦。

丙申[11]，以用度稍充，初给百官全俸[12]。

二月，丁酉朔[13]，日有食之。

保塞节度使刘万子暴虐，失众心，且谋贰[14]于梁，李继徽使延州牙将李延实图之。延实因[15]万子葬胡敬璋，攻而杀之，遂据延州。马军都指挥使河西[16]高万兴[17]与其弟万金闻变，以其众数千人诣刘知俊降。岐王置翟州[18]于鹿城[19]，其守将亦降。

三月，甲戌[20]，帝发洛阳。以山南东道节度使杨师厚兼潞州四面行营招讨使。

庚辰[21]，帝至河中，发步骑会高万兴兵取丹[22]、延。

丙戌[23]，以朔方节度使兼中书令韩逊为颍川王。逊本灵州[24]牙校，唐末据本镇，朝廷因而授以节钺。

辛卯[25]，丹州刺史崔公实请降。

徐温以金陵[26]形胜[27]，战舰所聚，乃自以淮南行军副使领升州[28]刺史，留广陵，以其假子元从[29]指挥使知诰为升州防遏兼楼船副使，往治之。

夏，四月，丙申朔[30]，刘知俊移军攻延州，李延实婴城[31]自守；知俊遣白水[32]镇使刘儒分兵围坊州。

庚子[33]，以王审知为闽王，刘隐为南平王。

刘知俊克延州，李延实降。

（以上为第二段，写后梁太祖迁都洛阳，以博王朱友文为东都留守。后梁始给百官全俸。加封威武节度使王审知为闽王，清海、镇海节度使刘隐为南平王。）

【注释】

［1］己巳：正月二日。［2］太庙神主：太庙内所设已死国君的牌位，以木或石制成。［3］甲戌：正月七日。［4］壬申：正月五日。［5］东都：后梁以大梁为东都。［6］己卯：正月十二日。［7］庚寅：正月二十三日。［8］祫：合祭。［9］辛巳：正月二十六日。［10］圜（yuàn）丘：祭天的圆形高坛。［11］丙申：正月二十九日。［12］全俸：唐自僖宗广明年间丧乱以来，百官俸银仅存数额而已，至此才全给。［13］丁酉朔：二月一日。［14］贰：有二心。［15］因：趁。［16］河西：地区名。此指陕北黄河西岸地区。［17］高万兴（？—925）：初事胡敬璋为骑将，后与其弟降梁，为延州刺史、保大军节度使。传见《旧五代史》卷一百三十二，《新五代史》卷四十。［18］翟州：州名。治所鄜城，在今陕西洛川县东南。［19］城：县名，唐属坊州。［20］甲戌：三月九日。［21］庚辰：三月十五日。［22］丹：州名。治所在今陕西宜川县。［23］丙戌：三月二十一日。［24］灵州：州名。州治在今宁夏灵武市。［25］辛卯：三月二十六日。［26］金陵：府名。梁置金陵府，在今江苏南京市。［27］形胜：地势优越便利。［28］升州：州名。治所金陵。［29］元从：自始就相随的部队。［30］丙申朔：四月一日。［31］婴城：环城固守。［32］白水：县名。县治在今陕西白水县，时属同州。［33］庚子：四月五日。

淮南兵围苏州，推洞屋[1]攻城，吴越将临海[2]孙琰置轮于竿首，垂絙[3]投锥[4]以揭之，攻者尽露，砲[5]至则张网以拒之，淮南人不能克。吴越王镠遣牙内指挥使钱镖、行军副使杜建徽等将兵救之。

苏州有水通城中，淮南张网缀[6]铃悬水中，鱼鳖过皆知之。吴越游弈都虞候司马福欲潜行[7]入城，故以竿触网；敌闻铃声举网，福因得过，凡居水中三日，乃得入城。由是城中号令与援兵相应，敌以为神。

吴越王镠尝游府园，见园卒陆仁章树艺[8]有智而志[9]之；及苏州被围，使仁章通信入城，果得报而返。镠以诸孙[10]畜[11]之，累迁两府[12]军粮都监使，卒获其用，仁章，睦州[13]人也。

辛亥[14]，吴越兵内外合击淮南兵，大破之，擒其将何朗等三十余人，夺战舰二百艘。周本夜遁，又追败之于皇天荡[15]。钟泰章将精兵二百为殿，多树旗帜于菰蒋[16]中，追兵不敢进而还。

岐王所署保大节度使李彦博、坊州刺史李彦昱皆弃城奔凤翔，鄜州都将严弘倚举城降。己未[17]，以高万兴为保塞节度使，以绛州刺史牛存节为保大节度使。

淮南初置选举[18]，以骆知祥掌之。

五月，丁卯[19]，帝命刘知俊乘胜取邠州；知俊难之[20]，辞以阙[21]食，乃召还。

佑国节度使王重师镇长安数年，帝在河中，怒其贡奉不时；己巳[22]，召重师入朝，以左龙虎统军刘捍为佑国留后。

癸酉[23]，帝发河中；己卯[24]，至洛阳。

刘捍至长安，王重师不为礼，捍谮[25]之于帝，云重师潜与邠、岐通。甲申[26]，贬重师溪州[27]刺史，寻赐自尽，夷其族。

刘守文频年[28]攻刘守光不克，乃大发兵，以重赂招契丹、吐谷浑之众，合四万屯蓟州[29]。守光逆战于鸡苏[30]，为守文所败。守文单马立于阵前，泣谓其众曰："勿杀吾弟。"守光将元行钦识之，直前擒之，沧德兵皆溃。守光囚之别室，栫以丛棘[31]，乘胜进攻沧州。沧州节度判官吕兖、孙鹤推守文子延祚为帅，乘城拒守。兖，安次[32]人也。

（以上为第三段，写吴越军在苏州大败淮南军。）

【注释】

[1]洞屋：攻城工具。以木撑柱为之，外边覆盖牛皮，其状如洞。 [2]临海：县名。县治在今浙江临海市。 [3]緪（gēng）：大绳，粗索。 [4]锥：钻孔的工具。用大绳投锥揭牛皮，

此为破洞屋的方法。［5］砲：古代以机械发石为砲，所以可以张网拒之。［6］缀（zhuì）：系结。［7］潜行：潜水而行。［8］树艺：种植。［9］志：记之于心。［10］诸孙：众多的孙儿。［11］畜：养。［12］两府：镇海、镇东两节度使。［13］睦州：州名。治所在今浙江建德市东。［14］辛亥：四月十六日。［15］皇天荡：在苏州长州县界，今苏州葑门东，又名黄天荡。［16］菰（gū）蒋：植物名，即茭白。其实如米，称雕胡米。菰，即蒋。［17］己未：四月二十四日。［18］选举：礼部考试举士，吏部通过铨选与考绩举官，自丧乱以来，选举之法尽废，淮南复置之。［19］丁卯：五月三日。［20］难之：为难。李继徽据邠州，有凤翔之援，故刘知俊以取之为难。［21］阙：同"缺"。［22］己巳：五月五日。［23］癸酉：五月九日。［24］己卯：正月十五日。［25］谮（zèn）：诬陷。［26］甲申：五月二十日。［27］溪州：州名。治所在今湖南永顺东。［28］频年：连续多年。刘守文自开平元年攻刘守光，至此已三年。［29］蓟州：州名。治所在今天津蓟州区。［30］鸡苏：寨名。在今天津蓟州区西。［31］栫（jiàn）以丛棘：树立丛棘围堵囚室。［32］安次：县名。县治在今河北廊坊市安次区西。时属幽州。

忠武节度使兼侍中刘知俊，功名浸盛，以帝猜忍[1]日甚，内不自安；及王重师诛，知俊益惧。帝将伐河东，急征知俊入朝，欲以为河东西面行营都统；且以知俊有丹、延之功，厚赐之。知俊弟右保胜指挥使知浣从帝在洛阳，密使人语知俊云："入必死。"又白帝，请帅弟侄往迎知俊，帝许之。六月，乙未朔[2]，知俊奏"为军民所留"，遂以同州附于岐。执监军及将佐之不从者，皆械送于岐。遣兵袭华州，逐刺史蔡敬思。以兵守潼关。潜遣人以重利啖[3]长安诸将，执刘捍[4]，送于岐，杀之。知俊遣使请兵于岐，亦遣使请晋人出兵攻晋、绛，遗晋王书曰："不过旬日，可取两京，复唐社稷。"

丁未[5]，朔方节度使韩逊奏克盐州[6]，斩岐所署刺史李继直。

帝遣近臣谕刘知俊曰："朕待卿甚厚，何忽相负？"对曰："臣不背德[7]，但畏族灭如王重师耳。"帝复使谓之曰："刘捍言重师阴结邠、岐，朕今悔之无及，捍死不足塞责[8]。"知俊不报。庚戌[9]，诏削知俊官爵，以山南东道节度使杨师厚为西路行营招讨使，帅侍卫马步军都指挥使刘鄩等讨之。

辛亥[10]，帝发洛阳。

刘鄩至潼关东，获刘知俊伏路兵[11]蔺如海等三十人，释之使为前导。刘知浣迷失道，盘桓[12]数日，乃至关下，关吏纳之。如海等继至，关吏不知其已被擒，亦纳之。鄩兵乘门开直进，遂克潼关，追及知浣，擒之。癸丑[13]，帝至陕。

丹州马军都头王行思等作乱，刺史宋知诲逃归。

帝遣刘知俊侄嗣业持诏诣同州招谕知俊；知俊欲轻骑[14]诣行在谢罪，弟知偃止之。杨师厚等至华州，知俊将聂赏开门降。知俊闻潼关不守，官军继至，苍黄[15]失图[16]，乙卯[17]，举族奔岐。杨师厚至长安，岐兵已据城，师厚以奇兵并南山[18]急趋，自西门入。遂克之。庚申[19]，以刘鄩权佑国留后。岐王厚礼[20]刘知俊，以为中书令。地狭，无藩镇处之，但厚给俸禄而已。

刘守光遣使上表告捷，且言"俟沧德事毕，为陛下扫平并寇[21]。"亦致书晋王，云欲与之同破伪梁[22]。

（以上为第四段，写后梁忠武节度使刘知俊因后梁太祖猜忌日甚，遂以同州附于岐王李茂贞。）

【注释】

[1]猜忍：猜忌残忍。[2]乙未朔：六月一日。[3]啖（dàn）：以利诱人。[4]刘捍：时为佑国军留后。[5]丁未：六月十三日。[6]盐州：州名。治所在今陕西定边县。唐末，盐州奏事专达朝廷，不隶属灵夏。至此灵、盐合为一镇。[7]背德：背弃恩德。[8]塞责：抵塞罪责。[9]庚戌：六月十六日。[10]辛亥：六月十七日。[11]伏路兵：刘知俊既得潼关，于关外沿路设伏以侦察动静。[12]盘桓：徘徊，逗留。[13]癸丑：六月十九日。[14]轻骑（jì）：轻装骑兵。[15]苍黄：慌张，匆忙。[16]失图：没有主张。[17]乙卯：六月二十一日。据章校，二字下应有"夜"字。[18]南山：唐长安城共有十门。西南三门只有延平门近南山，此时长安已成废墟，城大难守，即使杨师厚不以奇兵入延平门，岐兵亦难久守。[19]庚申：六月二十六日。[20]厚礼：很高的礼遇。[21]并寇：指河东李存勖。河东为并州之地，此时与后梁为敌，故云。[22]伪梁：梁受禅于唐，刘守光反复于梁晋之间，故称伪梁。

抚州刺史危全讽自称镇南节度使，帅抚、信、袁、吉[1]之兵号十万攻洪州[2]。淮南守兵才千人，将吏皆惧，节度使刘威密遣使告急于广陵，日召僚佐宴饮。全讽闻之，屯象牙潭[3]，不敢进，请兵于楚；楚王殷遣指挥使苑玫，会袁州刺史彭彦章围高安[4]以助全讽。玫，蔡州人；彦章，玕之兄[5]也。

徐温问将于严可求，可求荐周本。乃以本为西南面行营招讨应援使，将兵七千救高安。本以前攻苏州无功，称疾不出，可求即其卧内强起之。本曰："苏州之役，敌不能胜我，但主将权轻耳。今必见用，愿毋置副贰[6]乃可。"可求许之。本曰："楚人为全讽声援耳，非欲取高安也。吾败全讽，援兵[7]必还。"乃疾趣象牙潭。过洪州。刘威欲犒军，本不肯留，或曰："全讽兵强，君宜观形势然后进。"本曰："贼众十倍于我，我军闻之必惧，不若乘其锐而用之。"

秋，七月，甲子[8]，以刘守光为燕王。

梁兵克丹州，擒王行思。

商州刺史李稠驱士民西走[9]，将吏追斩之，推都押牙李玫主州事。

庚午[10]，改佑国军曰永平[11]。

河东兵寇晋州。抄掠至尧祠[12]而去。

癸酉[13]，帝发陕州；乙亥[14]，至洛阳，寝疾[15]。

初，帝召山南东道节度使杨师厚，欲使督诸将攻潞州，以前兖海[16]留后王班为留后，镇襄州。师厚屡为班言牙兵王求等凶悍，宜备之，班自恃左右有壮士，不以为意，每众辱之。戊寅[17]，谪[18]求戍西境，是夕，作乱，杀班，推都指挥使雍丘[19]刘玘为留后；玘伪从之，明日，与指挥使王延顺逃诣帝所。乱兵奉平淮[20]指挥使李洪为留后，附于蜀，未几，房州刺史杨虔亦叛附于蜀。

危全讽在象牙潭，营栅临溪，亘[21]数十里。庚辰[22]，周本隔溪布阵，先使羸兵尝[23]敌；全讽兵涉溪追之，本乘其半济，纵兵击之；全讽兵大溃，自相蹂藉[24]，溺水死者甚众，本分兵断其归路，擒全讽及将士五千人。乘胜克袁州。执刺史彭彦章，进攻吉州。歙州刺史陶雅使其子敬昭及都指挥使徐章将兵袭饶、信，信州刺史危仔倡请降，饶州刺史唐宝弃城走。行营都指挥使米志诚、都尉吕师造等败苑玫于上高[25]。吉州刺史彭玕帅众数千人奔楚，楚王殷表玕为郴州[26]刺史，为子希范娶其女。淮南以左先锋指挥使张景思知信州，遣行营都虞候骨言将兵五千送之。危仔倡闻兵至，奔吴越，吴越王镠以仔倡为淮南节度副使，更其姓曰元氏[27]。危全讽至广陵，弘农王以其尝有德于武忠王[28]，释之，资给甚厚。八月，虔州[29]刺史卢光稠以州附于淮南。于是江西之地尽入于杨氏。光稠亦遣使附于梁。

（以上为第五段，写刘守光骑墙于梁晋之间，接受梁封燕王。淮南兼并江西。）

【注释】

［1］抚、信、袁、吉：皆州名。抚州治所在今江西抚州市临川区。信州治所在今江西上饶市。袁州治所在今江西宜春市。吉州治所在今江西吉安县。［2］洪州：唐置镇南军于洪州，抚、信、袁、吉皆其巡属。洪州治所在今江西南昌市。［3］象牙潭：地名。在抚州金溪县（今江西金溪县）东北。［4］高安：县名。县治在今江西高安市。［5］玗之兄：据章校，“玗之兄”三字下应有“子”字。［6］副贰：长官的辅佐。［7］援兵：谓围高安之兵。［8］甲子：七月一日。［9］西走：将奔蜀。［10］庚午：七月七日。［11］永平：方镇名。后梁开平元年徙佑国军于长安，今改名永平。［12］尧祠：尧都平阳（唐为临汾县，治所晋州），有祠在临汾城东。［13］癸酉：七月十日。［14］乙亥：七月十二日。［15］寝疾：卧病。［16］兖海：方镇名。唐穆宗长庆元年（821）升沂海观察使为节度使。治所兖州，即兖海节度。［17］戊寅：七月十五日。［18］谪：因罪流放或贬官。［19］雍丘：县名。县治在今河南杞县。［20］平淮：山南东道军队名。［21］亘（gèn）：连绵不断。［22］庚辰：七月十七日。［23］尝：试。［24］蹂藉：践踏。［25］上高：镇名。在今江西宜丰县南。［26］郴（chēn）州：州名。治所在今湖南郴州。［27］元氏：钱镠厌恶危姓，更之曰元。［28］武忠王：杨行密死后谥武忠。当初杨行密攻赵锽，危全讽多次供给援助军饷。［29］虔（qián）州：州名。治所在今江西赣州市。

甲寅[1]，上疾小瘳[2]，始复视朝。

以镇国节度使康怀贞为西路行营副招讨使。

蜀主命太子宗懿判六军，开永和府，妙选[3]朝士为僚属。

辛酉[4]，均州刺史张敬方奏克房州。

岐王欲遣刘知俊将兵攻灵[5]、夏，且约晋王使攻晋、绛。晋王引兵南下，先遣周德威等将兵出阴地关攻晋州，刺史边继威悉力固守。晋兵穿地道，陷城二十余步，城中血战拒之，一夕城复成。诏杨师厚将兵救晋州，周德威以骑扼[6]蒙阬[7]之险，师厚击破之，进抵晋州，晋兵解围遁去。

李洪寇荆南，高季昌遣其将倪可福击败之。诏马步都指挥使陈晖将兵会荆南兵讨洪。

蜀主以御史中丞王锴为中书侍郎、同平章事。

陈晖军至襄州，李洪逆战，大败，王求死。九月，丁酉[8]，拔其城，斩叛兵千人，执李洪、杨虔等送洛阳，斩之。

丁未[9]，以保义节度使王檀为潞州东面行营招讨使。

刘守光奏遣其子中军兵马使继威安抚沧州吏民；戊申[10]，以继威为义昌留后。

辛亥[11]，侍中韩建罢守太保，左仆射、同平章事杨涉罢守本官。以太常卿赵光逢为中书侍郎，翰林奉旨[12]工部侍郎杜晓[13]为户部侍郎，并同平章事。晓，让能[14]之子也。

淮南遣使者张知远修好于福建；知远倨慢[15]，闽王审知斩之，表上其书，始与淮南绝。审知性俭约，常蹑麻履[16]，府舍卑陋，未尝营葺[17]。宽刑薄赋，公私富实[18]，境内以安。岁[19]自海道登、莱[20]入贡，没溺[21]者什四五。

冬，十月，甲子[22]，蜀司天监胡秀林献永昌历[23]，行之。

湖州刺史高澧性凶忍，尝召州吏议曰："吾欲尽杀百姓，可乎？"吏曰："如此，租赋何从出？当择可杀者杀之耳。"时澧纠民为兵，有言其咨怨者[24]，澧悉集民兵于开元寺[25]，绐[26]云犒享，入则杀之；死者逾半，在外者觉之，纵火作乱。澧闭城大索[27]，凡杀三千人。吴越王镠欲诛之，戊辰[28]，澧以州叛附于淮南[29]，举兵焚义和[30]临平镇[31]，镠命指挥使钱镖讨之。

（以上为第六段，写蜀主王建颁行《永昌历》。闽王王审知绝淮南由海路入贡后梁。吴越王湖州刺史高澧叛附淮南。）

【注释】

［1］甲寅：八月二十一日。［2］瘳（chōu）：病愈。［3］妙选：选出色的人物。［4］辛酉：八月二十八日。［5］灵、夏：两州名。灵州治所在今宁夏灵武市。夏州治所在今陕西榆林市横山区西。［6］扼（è）：据守。［7］蒙阬：地名，在汾水东，东西长三百多里。［8］丁酉：九月五日。［9］丁未：九月十五日。［10］戊申：九月十六日。［11］辛亥：九月十九日。［12］翰林奉旨：官名。后梁改翰林承旨为翰林奉旨。为避朱晃之父朱诚讳，"承""诚"音

同。［13］杜晓（?—912）：字明远，唐昭宗朝宰相杜让能之子。仕后梁官至宰相。传见《旧五代史》卷十八，又传附《新五代史》卷三十五。［14］让能：即杜让能，昭宗朝宰相。景福二年（893）李茂贞与王行瑜进逼长安，请诛杜让能然后还镇。昭宗赐杜让能自尽。事见《资治通鉴》卷二百五十九。［15］倨（jù）慢：傲慢。［16］蹑（niè）麻履：穿麻鞋。［17］营葺（qì）：修建。［18］富实：富裕充实。［19］岁：每年。［20］登、莱：皆州名。登州治所在今山东烟台市蓬莱区。莱州治所在今山东莱州市。［21］没溺：淹死。自福建入贡后梁，陆路必须走衢州、信州至饶州、池州渡江，经舒州、庐州、寿州渡淮，然后入后梁。然而信、饶、庐、寿皆属淮南杨氏，朱、杨世仇，不能借道；所以要走海路入贡。从福建绕道山东登州、莱州上岸，路上风涛至险，所以淹死者很多。［22］甲子：十月二日。［23］永昌历：一种历法。当时只行于蜀国，现已亡。［24］咨怨：叹息怨恨。［25］开元寺：寺庙名。当时各州多有开元寺，可能是唐开元年间所建。［26］绐（dài）：欺骗。［27］索：搜索。［28］戊辰：十月六日。［29］叛附淮南：高澧父子以湖州介于钱、杨之间，两附以自存。现专附淮南。［30］义和：县名。即钱塘县。宋太平兴国初改钱塘县为仁和，可能原名义和，为避宋太宗赵光义讳，改名仁和。［31］临平镇：镇名。在钱塘县。

十一月，甲午[1]，帝告谢[2]于圜丘；戊戌[3]，大赦。

邺王罗绍威得风痹病[4]，上表称：“魏故大镇[5]，多外兵，愿得有功重臣镇之，臣乞骸骨归第。”帝闻之，抚案动容[6]。己亥[7]，以其子周翰为天雄[8]节度副使，知府事。谓使者曰：“亟归语[9]而[10]主：为我强饭[11]！如有不可讳[12]，当世世贵尔子孙以相报也。今使周翰领军府，尚冀[13]尔复愈耳。”

岐王欲取灵州以处刘知俊，且以为牧马之地，使知俊自将兵攻之。朔方节度使韩逊告急[14]；诏镇国节度使康怀贞、感化节度使寇彦卿将兵攻邠宁以救之。怀贞等所向皆捷，克宁、衍[15]二州，拔庆州[16]南城，刺史李彦广出降。游兵[17]侵掠至泾州[18]之境，刘知俊闻之，十二月，己丑[19]，解灵州围，引兵还。帝急召怀贞等还，遣兵迎援于三原[20]青谷[21]；怀贞等还，至三水[22]，知俊遣兵据险邀之，左龙骧军[23]使寿张[24]王彦章[25]力战，怀贞等乃得过。怀贞与裨将李德遇、许从实、王审权分道而行，皆与援兵不相值[26]，至升平[27]，刘知俊伏兵山口，怀贞大败，仅以身免，德遇等军皆没。岐王以知俊为彰义节度使，镇泾州。

王彦章骁勇绝伦[28]，每战用二铁枪，皆重百斤，一置鞍中，一在手，所向无前，时人谓之王铁枪。

蜀蜀州刺史王宗弁[29]称疾，罢归成都，杜门不出。蜀主疑其矜功[30]怨望，加检校太保，固辞不受，谓人曰："廉者足而不忧，贪者忧而不足[31]。吾小人[32]，致位至此足矣，岂可求进不乎！"蜀主嘉其志而许之。赐与有加。

刘守光围沧州久不下[33]，执刘守文至城下示之，犹固守。城中食尽，民食堇泥[34]，军士食人，驴马相啖[35]鬃[36]尾。吕兖[37]选男女羸弱者，饲以曲面[38]而烹之，以给军食，谓之宰杀务[39]。

（以上为第七段，写岐王李茂贞派刘知俊攻灵州，大破救援之梁军，岐王以刘知俊为彰义节度使镇泾州。）

【注释】

[1]甲午：十一月二日。 [2]告谢：请罪。 [3]戊戌：十一月六日。 [4]风痹（bì）病：由风寒引起的肢体疼痛或麻木的病。 [5]大镇：大的方镇。 [6]动容：内心有所触动而表现于面容。朱晃动容，并非因罗绍威之病难过，而是喜形于色。因为魏博大镇，历来都是世袭，有的长达几十年、上百年，现在罗绍威主动要求请人替代，实出他的意料之外。 [7]己亥：十一月七日。 [8]天雄：天祐元年赐魏博节度使号天雄军。 [9]语（yù）：告诉。 [10]而：汝，你。 [11]强（qiǎng）饭：尽量多吃饭，意谓保重身体。 [12]不可讳：谓死。 [13]冀：希望。 [14]告急：据章校，二字前有"遣使"二字。 [15]宁、衍：皆州名。宁州治所在今甘肃宁县。衍州治所在今甘肃宁县和陕西彬州之间。 [16]庆州：州名。治所在今甘肃庆阳市。宁、衍、庆三州当时都是静难军巡属。 [17]游兵：无固定防地，流动出击的部队。 [18]泾州：州名。治所在今甘肃泾川县北。 [19]己丑：十二月二十八日。 [20]三原：县名。县治在今陕西三原县。 [21]青谷：镇名。在三原县境。 [22]三水：汉县名。在邠州东北六十里，今陕西旬邑县北。 [23]左龙骧军：开平元年改左、右亲随军将马军为左、右龙骧军。 [24]寿张：县名。县治在今山东梁山县北。 [25]王彦章（863—923）：字子明，也作贤明，郓州寿张人。事后梁为行营先锋马军使，末帝即位，为濮州、澶州刺史，骁勇善战，军中号"王铁枪"。传见《旧五代史》卷二十一，《新五代史》卷三十二。 [26]相值：相遇。 [27]升平：县名。唐玄宗天宝十二年（753）分宜君县置升平县，县治在今陕西宜君县西北。 [28]绝伦：无与伦比。 [29]王宗弁（biàn）：即鹿弁，王建养以为子，赐姓名。 [30]矜功：自夸其功。 [31]廉者足而不忧，贪者忧而不足：清廉的人知足而不忧愁，贪婪的人忧愁而不知足。 [32]小人：此谓渺小而胸无大志的人。王宗弁韬讳自保的谦词。 [33]久不下：刘守光自五月攻沧州，久未攻克。 [34]堇（jīn）泥：黏土。[35]啖（dàn）：食。 [36]鬃（zōng）：马颈上的长毛。 [37]吕兖：沧州节度判官。 [38]曲面：

制作酒曲的麦粉。吕兖让瘦弱男女吃曲面，然后宰杀烹之以供军食。［39］宰杀务：杀人烹之以供军食。

四年（庚午，910年）

春，正月，乙未[1]，刘延祚[2]力尽出降。时刘继威尚幼，守光使大将张万进[3]、周知裕[4]辅之镇沧州，以延祚及其将佐归幽州。族吕兖而释孙鹤。

兖子琦[5]，年十五，门下客赵玉绐[6]监刑者曰："此吾弟也，勿妄杀。"监刑者信之，遂挈以逃。琦足痛不能行，玉负之，变姓名，乞食于路，仅而得免。琦感家门殄灭[7]，力学自立，'晋王闻其名，授代州判官。

辛丑[8]，以卢光稠为镇南留后。

刘守光为其父仁恭请致仕，丙午[9]，以仁恭为太师，致仕。守光寻使人潜杀其兄守文，归罪于杀者而诛之。

二月，万全感[10]自岐归广陵，岐王承制加弘农王兼中书令，嗣吴王[11]，于是吴王赦其境内。

高澧[12]求救于吴，吴常州刺史李简等将兵应之，湖州将盛师友、沈行思闭城不内；澧帅麾下五千人奔吴。三月癸巳[13]，吴越王镠巡湖州，以钱镖为刺史。

（以上为第八段，写卢龙节度使刘守光逼父刘仁恭致仕，又杀其兄刘守文。岐王李茂贞承制加弘农王杨隆演嗣吴王，于是吴王大赦境内。吴越将钱镖破湖州，高澧奔吴。）

【注释】

［1］乙未：正月四日。［2］刘延祚：刘守文之子。［3］张万进（?—919）：云州人。原为刘守光裨将，因刘守光之子刘继威凶虐，杀继威而归晋，后降后梁，赐名守进。传见《旧五代史》卷十三。［4］周知裕（?—934）：字好问，幽州人。初为刘仁恭骑将，辅佐刘守光之子刘继威镇沧州。后与张万进奔后梁，为归化军指挥使。李存勖入汴，降后唐为房州刺史。传见《旧五代史》卷六十四，《新五代史》卷四十五。［5］吕琦（895—943）：字辉山，吕兖之子。刘守光族其家时，为门客赵玉所救，后为后唐庄宗殿中侍御史，明宗时为礼部郎中、史馆编修。废帝入立，拜知制诰、端明殿学士。传见《旧五代史》卷九十二，《新五代史》卷五十六。［6］绐：欺骗。［7］殄

(tiǎn)灭：灭绝。［8］辛丑：正月十日。［9］丙午：正月十五日。［10］万全感：淮南使，前年使晋及岐。［11］嗣吴王：唐昭宗天复二年封杨行密为吴王，现李茂贞承制加杨隆演嗣王。［12］高澧：湖州刺史高彦之子。唐昭宣帝天祐三年，高彦卒，澧代立。［13］癸巳：三月三日。

蜀太子宗懿骄暴[1]，好陵暴[2]旧臣。内枢密使唐道袭，蜀主之嬖[3]臣也，太子屡谑[4]之于朝，由是有隙，互相诉于蜀主；蜀主恐其交恶，以道袭为山南西道节度使、同平章事。道袭荐宣徽北院[5]使郑顼为内枢密使，顼受命之日，即欲按道袭昆弟[6]盗用内库金帛。道袭惧，奏顼褊急[7]，不可大任，丙午[8]，出顼为果州刺史，以宣徽南院使潘炕为内枢密使。

夏州都指挥使高宗益作乱，杀节度使李彝昌。将吏共诛宗益，推彝昌族父[9]蕃汉都指挥使李仁福[10]为帅，癸丑[11]，仁福以闻。夏，四月，甲子[12]，以仁福为定难节度使。

丁卯[13]，宋州[14]节度使衡王友谅献瑞麦[15]，一茎三穗，帝曰："丰年为上瑞[16]。今宋州大水，安用此为！"诏除本县[17]令名，遣使诘责友谅，以兖海留后惠王友能[18]代为宋州留后。友谅、友能，皆全昱子也。

帝以晋州刺史下邑[19]华温琪[20]拒晋兵有功，欲赏之，会护国节度使冀王友谦上言晋、绛边河东，乞别建节镇，壬申[21]，以晋、绛、沁三州为定昌军[22]，以温琪为节度使。

左金吾大将军寇彦卿入朝，至天津桥[23]，有民不避道，投诸[24]栏外而死。彦卿自首于帝。帝以彦卿才干有功，久在左右，命以私财遗死者家以赎罪。御史司宪[25]崔沂[26]劾[27]奏"彦卿杀人阙下[28]，请论如法。"帝命彦卿分析[29]。彦卿对："令从者举置栏外[30]，不意误死。"帝欲以过失论，沂奏："在法[31]，以势力使令为首，下手为从，不得归罪从者；不斗[32]而故殴伤人，加伤罪一等，不得为过失。"辛[33]，责授[34]彦卿游击将军、左卫中郎将四。彦卿扬言："有得崔沂首者，赏钱万缗。"沂以白帝，帝使人谓彦卿："崔沂有毫发伤[35]，我当族汝！"时功臣骄横，由是稍肃[36]。沂，沆[37]之弟也。

（以上为第九段，写蜀王太子王宗懿骄暴。夏州发生兵变，李仁福任定难节度使。后梁御史司宪崔沂依法制横暴功臣，正气稍伸。）

【注释】

［1］骄暴：骄横暴虐。［2］陵暴：据章校，应为“陵傲”。凌辱轻慢。陵，通“凌”。［3］嬖（bì）臣：宠爱的臣子。［4］谑（xuè）：嬉戏，开玩笑。［5］宣徽北院：官署名。唐置宣徽南北院使，由宦官担任，总领宫内诸司及三班内侍的名籍和郊祀朝会宴飨供帐等事宜。五代因之，但由大臣担当。［6］昆弟：兄弟。［7］褊急：器量小而性急躁。［8］丙午：三月十六日。［9］族父：本族与父同辈的人物。［10］李仁福（？—933）：本党项拓跋氏。拓跋思敬以破黄巢功赐姓李，故仁福之族亦姓李。高宗益作乱，杀李思谏之子李彝昌，军中迎仁福立之。仁福诸子皆为“彝”字辈，知其为彝昌父辈。李仁福子孙强盛，后为宋朝西边之祸，即西夏。传见《旧五代史》卷一百三十二，《新五代史》卷四十。［11］癸丑：三月二十三日。［12］甲子：四月五日。［13］丁卯：四月八日。［14］宋州：州名。治所在今河南商丘市。后梁都大梁，徙宣武节度使于宋州。［15］瑞麦：象征祥瑞的麦穗，一茎三穗。［16］上瑞：大吉大利。［17］本县：即产瑞麦之县。下诏除去产瑞麦的名声，意在指斥其妄。［18］友能（？—923）：朱全昱第二子朱友能，友谅之弟，代友谅为宋、滑二州留后、陈州刺史，所为不法。贞明四年，以陈州兵反。后唐庄宗入汴，朱友能被杀。传见《旧五代史》卷十二，并附《新五代史》卷十三。［19］下邑：县名。县治在今河南夏邑县。［20］华温琪（？—936）：字德润。事后梁以战功为绛、棣二州刺史，定昌军节度使。后唐庄宗灭后梁，以之为顺义军节度使。传见《旧五代史》卷九十，《新五代史》卷四十七。［21］壬申：四月十三日。［22］定昌军：方镇名。治所晋州。［23］天津桥：桥名。在今河南洛阳市。［24］诸：之于。据《新五代史》捽死于栏外之民姓梁名现。［25］御史司宪：官名。唐高宗以御史大夫为大司宪，因御史为司法之官，故名。后梁置御史司宪。［26］崔沂：唐宣宗朝宰相崔铉的幼子。唐昭宗朝为知制诰，迁为谏议大夫。入后梁为御史司宪，执法严明，不避豪右。后唐庄宗灭后梁，用为左丞。传见《旧五代史》卷六十八。［27］劾（hé）：揭发罪状。［28］阙下：天津桥正对端门，故云。［29］分析：崔沂要求依法论处寇彦御，朱晃企图宽大，所以让他分辩对质。［30］栏外：桥栏杆之外。［31］在法：指依法定罪。依法，使用权势下令的人为首恶，动手的人为胁从，判罪不能让胁从者来代替首恶。［32］不斗：指不是互相斗殴。“不斗”三句意谓按照法律，不是互相斗殴而故意打伤人，加伤罪一等，不能作为过失论罪。［33］辛巳：四月二十二日。［34］责授：遭申斥而授官，即贬官，降职为官。［35］毫发伤：指不许伤崔沂一根毫毛。［36］肃：严正。此指收敛。［37］沆：唐僖宗朝宰相崔沆。事见《资治通鉴》卷二百五十四广明元年。

五月，吴徐温母周氏卒，将吏致祭，为偶人[1]，高数尺，衣以罗锦，温曰：“此皆出民力，奈何施于此而焚之，宜解以衣贫者。”未几，起复[2]为内外马步军都军使，领润州观察使。

岐王屡求货于蜀，蜀主皆与之。又求巴、剑[3]二州，蜀主曰："吾奉茂贞，勤亦至矣；若与之地，是弃民也，宁多与之货。"乃复以丝、茶、布、帛七万遗之。

己亥[4]，以刘继威为义昌节度使。

癸丑[5]，天雄节度使兼中书令邺贞壮王罗绍威卒。诏以其子周翰为天雄留后。

匡国[6]节度使长乐忠敬王[7]冯行袭疾笃，表请代者。许州牙兵二千，皆秦宗权余党，帝深以为忧。六月，庚戌[8]，命崇政院直学士[9]李珽驰往视行袭曰："善谕朕意，勿使乱我近镇。"珽至许州。谓将吏曰："天子握百万兵，去此数舍[10]；冯公忠纯，勿使上有所疑。汝曹赤心奉国，何忧不富贵！"由是众莫敢异议。

行袭欲使人代受诏，珽曰："东首加朝服[11]，礼也。"乃即卧内宣诏，谓行袭曰："公善自辅养，勿视事，此子孙之福也。"行袭泣谢，遂解两使印[12]授珽，使代掌军府。帝闻之曰："予固知珽能办事，冯族亦不亡矣。"庚辰[13]，行袭卒。甲申[14]，以李珽权知匡国留后，悉以行袭兵分隶诸校，冒[15]冯姓[16]者皆还宗[17]。

楚王殷求为天策上将[18]，诏加天策上将军。殷始开天策府，以弟賨为左相，存为右相。殷遣将侵荆南，军于油口[19]；高季昌击破之，斩首五千级，逐北[20]至白田[21]而还。

（以上为第十段，写天雄节度使罗绍威卒，诏以子代，嘉其忠直，匡国节度使冯行袭病笃，诏以大臣更代，控制跋扈之镇自为留后。）

【注释】

[1]偶人：土木等制成的人像，即"俑"。有的内装机械，手、足、耳、目都可以动，像活人一样。 [2]起复：徐温居丧致仕，夺情起用称为起复。 [3]巴、剑：皆州名。巴州治所在今四川巴中市，剑州治所在今四川剑阁县。 [4]己亥：五月十一日。 [5]癸丑：五月二十五日。[6]匡国：方镇名。开平二年，改许州忠武军为匡国军。 [7]长乐忠敬王：冯行袭封长乐郡王，谥忠敬。 [8]庚戌：六月己未朔，无庚戌，疑为庚申，六月二日。 [9]崇政院直学士：官名。开平二年十一月置崇政院直学士二名，选有政术文学者为之，后改为直崇政院。 [10]舍：三十

里为一舍。许州至洛阳三百一十五里。［11］东首加朝服：《论语·乡党》："疾，君视之，东首，加朝服，拖绅。"东首，古人卧榻一般设在南窗的西面，国君从东边台阶走上来，所以患者面朝东来迎接他。加朝服，拖绅，患者卧病在床，不能穿朝服，只能把朝服盖在身上。绅是束在腰间的大带。此言卧病在床东首加朝服受诏，如见君。［12］两使印：节度使、观察使印。［13］庚辰：六月二十二日。［14］甲申：六月二十六日。［15］冒：假充。［16］冒姓：借姓。冒冯姓者皆为冯行袭之养子。［17］还宗：恢复原姓归本宗，用以消散冯氏之党。［18］天策上将：官名。唐高祖武德四年（621），以唐太宗功高，古官号不足以称，故加封为天策上将，位在王公之上。终唐之世未再以此官授人。［19］油口：镇名。在江陵府公安县。［20］逐北：追逐败军。［21］白田：镇名。在湖南岳阳市北。

吴水军指挥使敖骈围吉州刺史彭玕弟瑊于赤石［1］，楚兵救瑊，虏骈以归。

秋，七月［2］，蜀门下侍郎兼吏部尚书、同平章事韦庄卒。

吴越王镠表"宦者周延诰等二十五人，唐末避祸［3］至此，非刘、韩［4］之党，乞原之。"上曰："此属吾知其无罪，但今革弊［5］之初，不欲置之禁掖［6］，可且留于彼，谕以此意。"

岐王与邠、泾二帅［7］各遣使告晋，请合兵攻定难节度使李仁福；晋王遣振武节度使周德威将兵会之，合五万众围夏州，仁福婴城拒守。

八月，以刘守光兼义昌节度使。

镇、定自帝践祚［8］以来虽不输常赋，而贡献甚勤。会赵王镕［9］母何氏卒，庚申［10］，遣使吊之，且授起复官。时邻道吊客皆在馆，使者见晋使，归，言于帝曰："镕潜与晋通，镇、定势强，恐终难制。"帝深然之。

壬戌［11］，李仁福来告急。甲子［12］，以河南尹兼中书令张全义［13］为西京留守。帝恐晋兵袭西京，以宣化［14］留后李思安为东北面行营都指挥使，将兵万人屯河阳［15］。丙寅［16］，帝发洛阳；己巳［17］，至陕。辛未［18］，以镇国节度使杨师厚为西路行营招讨使，会感化［19］节度使康怀贞将兵三万屯三原［20］。帝忧晋兵出泽州逼怀州，既而闻其在绥、银［21］碛［22］中，曰："无足虑也。"甲申［23］，遣夹马［24］指挥使李遇、刘绾自鄜、延趋银、夏，邀［25］其归路。

吴越王镠筑捍海石塘[26]，广杭州城，大修台馆。由是钱唐[27]富庶盛于东南。

九月，己丑[28]，上发陕；甲午[29]，至洛阳，疾复作。

李遇等至夏州，岐、晋兵皆解去。

（以上为第十一段，写岐晋两王与邠泾二帅联兵五万攻梁夏州，不胜退兵。吴越王钱镠筑捍海石塘，拓广杭州城，从此钱塘富庶甲于东南。）

【注释】

[1]赤石：即吉州的赤石洞。彭牙本为赤石洞蛮酋，钟传用为吉州刺史。 [2]七月：据章校，二字下有“戊子朔”三字。 [3]避祸：唐昭宗天复三年，李茂贞诛宦官韩全晦等二十多人，请朱全忠奉帝还京，昭宗还长安后大诛宦官。此处言“唐末避祸”即指此。 [4]刘、韩：指宦官刘季述、韩全晦。 [5]革弊：革除积弊。 [6]禁掖：宫中。 [7]邠、泾二帅：邠帅指李继徽，泾帅指刘知俊。 [8]践祚：登基。据章校，“祚”应为“阼”。阼，东阶。天子、诸侯、大夫、士皆以阼为主人之位，临朝觐、揖宾客、承祭祀，升降皆由此，故天子登位曰践阼。 [9]赵王镕：梁初封武顺军节度使王镕为赵王。 [10]庚申：八月三日。 [11]壬戌：八月五日。 [12]甲子：八月七日。 [13]张全义：据章校，应为张宗奭。 [14]宣化：方镇名。梁以邓州为宣化军。 [15]河阳：县名。县治在今河南孟州。屯兵河阳目的是保卫洛阳。 [16]丙寅：八月九日。 [17]己巳：八月十二日。 [18]辛未：八月十四日。 [19]感化：方镇名。唐末因徐州数经叛乱，废武宁军，不久又以徐州为感化军。天复二年（902）罢感化军节度。据《新五代史·职方考》，后梁置感化军于华州。 [20]三原：县名。治所在今陕西三原县。 [21]绥、银：皆州名。绥州治所在今陕西绥德县。银州治所在今陕西榆林市南。 [22]碛（qì）：沙漠，不生草木的沙石地。 [23]甲申：八月二十七日。 [24]夹马：后梁置左、右坚锐夹马突将。 [25]邀：阻截。 [26]捍海石塘：杭州城外濒临钱塘江皆有石塘，上起六和塔，下抵艮山门外，皆为钱氏所筑。 [27]钱唐：即钱塘。 [28]己丑：九月三日。 [29]甲午：九月八日。

冬，十月，遣镇国节度使杨师厚、相州刺史李思安将兵屯泽州以图上党。

吴越王璙之巡湖州也，留沈行思为巡检使[1]，与盛师友俱归。行思谓同列陈璙曰：“王若以师友为刺史，何以处我？”时璙已得镠密旨遣行思诣府[2]，乃绐之曰：“何不自诣王所论之！”行思从之。既至数日，璙送其家亦至，行思恨璙卖己。镠自衣锦军[3]归，将吏迎谒，行思取锻槌[4]击瓌，杀之，因诣瓌，与师友论功[5]，夺左右槊[6]，欲刺师友，众执之。镠斩行思，以师友为婺州刺史。

十一月，己丑[7]，以宁国节度使、同平章事王景仁[8]充北面行营都指挥招讨使，潞州副招讨使韩勍副之，以李思安为先锋将，趣上党。寻遣景仁等屯魏州[9]，杨师厚还陕。

蜀主更太子宗懿[10]名曰元坦。庚戌[11]，立假子宗裕为通王，宗范为夔王，宗鐬为昌王，宗寿[12]为嘉王，宗翰为集王；立其子宗仁为普王，宗辂为雅王，宗纪为褒王，宗智为荣王，宗泽为兴王，宗鼎为彭王，宗杰为信王，宗衍[13]为郑王。

初，唐末宦官典兵者多养军中壮士为子以自强，由是诸将亦效之。而蜀主尤多，惟宗懿等九人及宗特、宗平真其子；宗裕、宗鐬、宗寿皆其族人；宗翰姓孟，蜀主之姊子；宗范姓张，其母周氏为蜀主妾；自余假子百二十人皆功臣，虽冒姓连名而不禁婚姻。

上疾小愈，辛亥[14]，校猎[15]于伊、洛[16]之间。

上疑赵王镕贰[17]于晋，且欲因[18]邺王绍威卒除移镇、定。会燕王守光发兵屯涞水[19]，欲侵定州，上遣供奉官[20]杜廷隐、丁延徽监魏博兵三千分屯深[21]、冀[22]，声言恐燕兵南寇，助赵守御；又云分兵就食[23]。赵将石公立戍深州，白赵王镕；请拒之。镕遽[24]命开门，移公立于外以避之。公立出门[25]。指城而泣曰："朱氏灭唐社稷，三尺童子知其为人。而我王犹恃姻好[26]，以长者期[27]之，此所谓开门揖[28]盗者也。惜乎，此城之人今为虏矣！"

梁人有亡奔真定[29]，以其谋告镕者，镕大惧，又不敢先自绝[30]；但遣使诣洛阳，诉称"燕兵已还，与定州[31]讲和如故，深、冀民见魏博兵入，奔走惊骇，乞召兵还。"上遣使诣真定慰谕之。未几，廷隐等闭门尽杀赵戍兵，乘城拒守。镕始命石公立攻之，不克，乃遣使求援于燕、晋。

镕使者至晋阳，义武节度使王处直使者亦至，欲共推晋王为盟主，合兵攻梁。晋王会将佐谋之，皆曰："镕久臣朱温[32]，岁输重赂，结以婚姻，其交深矣；此必诈也，宜徐观之。"王曰："彼亦择利害而为之耳。王氏在唐世犹或臣或叛[33]，况肯终为朱氏之臣乎？彼朱温之女何如寿安公主[34]！今救死不赡[35]，何顾婚姻！我若疑而不救，正堕朱氏计中。宜趣[36]发兵赴之，晋、赵叶[37]力，破梁必矣。”乃发兵，遣周德威将之，出井陉[38]，屯赵州[39]。

镕使者至幽州，燕王守光方猎[40]，幕僚孙鹤驰诣野谓守光曰：“赵人来乞师，此天欲成王之功业也。”守光曰：“何故？”对曰：“比[41]常患其与朱温胶固。温之志非尽吞河朔[42]不已，今彼自为仇敌，王若与之并力破梁，则镇、定[43]皆敛衽[44]而朝燕矣。王不出师，但恐晋人先我矣。”守光曰：“王镕数负约，今之与梁自相弊[45]，吾可以坐承[46]其利，又何救焉[47]！”自是镇、定复称唐天祐[48]年号，复以武顺为成德军[49]。

（以上为第十二段，写蜀主王建收功臣壮士一百二十人为养子以自强。梁太祖朱晃疑心而杀深州赵王戍兵，逼反赵王王镕与晋连合。）

【注释】

[1]巡检使：官名。掌训练甲兵，巡逻州邑。 [2]府：指镇海军府。 [3]衣锦军：钱镠生于临安石镜镇，里中有大树，钱镠小时候和小孩们常在大树下玩耍，钱镠坐在大石头上指挥群儿为队伍，号令有法。及富贵之后，唐昭宗改钱镠所居乡为广义乡，里为勋贵里，营为衣锦营，石镜山为衣锦山。钱镠每游衣锦军宴故老，山林都覆以锦。号幼时常在下边玩的大树叫“衣锦将军”。[4]锻槌：打铁的槌。 [5]论功：论逐高澧之功。 [6]槊（shuò）：兵器，即长矛。 [7]己丑：十一月三日。 [8]王景仁：即淮南名将王茂章，归后梁后为避朱晃曾祖朱茂琳讳，改名王景仁。 [9]屯魏州：朱晃派王景仁屯魏州，意在图镇、定。 [10]王宗懿：王建次子。据《新五代史》，更名宗坦，后王建得一铜牌，上有二十余字，王建以为符谶，取其字为诸子名，又改宗坦为元膺。元膺于武成三年（910）杀太子少保作乱，被卫兵杀死，王建又立幼子郑王宗衍为太子。[11]庚戌：十一月二十四日。 [12]王宗寿：许州人。王建养为假子，为镇江军节度使。喜道家之术。王衍立，淫乱胡为，只有宗寿切谏。后唐伐蜀，独宗寿不降，亡入熊耳山。传见《新五代史》卷六十三。 [13]王宗衍（?—926）：王建幼子，字化源，以其母徐贤妃得宠立为太子。公元919年即位，年少荒淫。公元925年，后唐庄宗派魏王李继岌攻蜀，王宗衍出降，次年被杀。传见《旧五代史》卷一百三十六，《新五代史》卷六十三。 [14]辛亥：十一月二十五日。 [15]校猎：设栅栏以便圈围野兽，然后猎取。 [16]伊、洛：伊水、洛水。伊水出于河南卢氏县东南，流经嵩县、伊川、洛阳，至偃师入洛水。洛水源出陕西洛南北，东入河南，经卢氏、洛宁、宜阳、洛阳，至偃师与伊水会合，到巩县的洛口入黄河。 [17]贰：有二心。因赵王母丧，使臣在驿馆见

晋使，愈疑。［18］因：趁。［19］涞水：县名。县治在今河北涞水县。［20］供奉官：官名。在皇帝左右供职的人。唐末置东头供奉官、西头供奉官。［21］深州：州名。治所在今河北深州。［22］冀州：州名。治所在今河北衡水市冀州区。［23］分兵就食：移兵至粮多之处，就地取得给养。［24］遽：急。［25］出门：出深州城门。因石公立力主拒绝梁兵，王镕命他离开深州城，以免发生摩擦。［26］姻好：王镕子昭祚娶朱全忠之女为妻。［27］期：邀约。［28］开门揖（yī）盗：打开门请强盗进来。喻接纳坏人，自取其祸。揖，拱手行礼。［29］真定：镇州治所。在今河北正定县。［30］自绝：主动断绝。［31］定州：指义武节度使王处直。［32］久臣朱温：王镕于唐昭宗光化三年（900）服于朱温，至今已十年。［33］或臣或叛：指王武俊、王承宗及王庭凑。［34］寿安公主：王镕曾祖王元逵尚唐绛王悟之女寿安公主。意谓元逵尚唐公主，王氏尚且叛唐；今娶梁女，不能作为王氏不反梁的依据。［35］赡（shàn）：足。［36］趣（cù）：同“促”，急，迫切。［37］叶（xié）：同“协”，合。［38］井陉（xíng）：县名。县治在今河北井陉县西北。［39］赵州：州名。治所在今河北赵县。［40］方猎：正在打猎。［41］比：近来。［42］河朔：泛指黄河以北地区。［43］镇、定：镇指王镕，定指王处直。［44］敛衽（rèn）：提起衣襟夹于带间，表示敬意。［45］弊：败坏。［46］承：受，收。［47］救焉：据章校，二字下有“赵使者交错于路，守光竟不为出兵”十四字。［48］天祐：唐哀帝年号。镇、定向后梁称臣，则用开平年号。现复用唐年号，表示不臣于后梁。［49］成德军：镇州号成德军，为避后梁讳，改为武顺军，现亦复旧。

司天[1]言：“来月[2]太阴[3]亏[4]，不利宿兵于外。”上召王景仁等还洛阳。十二月，己未[5]，上闻赵与晋合，晋兵已屯赵州，乃命王景仁等将兵击之。庚申[6]，景仁等自河阳渡河，会罗周翰兵，合四万，军于邢、洺。

虔州刺史卢光稠疾病[7]，欲以位授谭全播[8]，全播不受，光稠卒。其子韶州刺史延昌来奔丧，全播立而事之。吴遣使拜延昌虔州刺史，延昌受之，亦因[9]楚王殷密通表于梁，曰：“我受淮南官，以缓其谋耳，必为朝廷经略[10]江西。”丙寅[11]，以延昌为镇南留后。延昌表其将廖爽为韶州刺史，爽，赣人也。吴淮南节度使判官严可求请置制置使于新[12]淦县，遣兵戍之，以图虔州。每更代[13]，辄潜益[14]其兵，虔人不之觉也。

庚午[15]，蜀主以御史中丞周庠、户部侍郎判度支庾传素并为中书侍郎、同平章事。

太常卿李燕等刊定《梁律令格式[16]》，癸酉[17]，行之。

丁丑[18]，王景仁等进军柏乡[19]。

辛巳[20]，蜀大赦，改明年元[21]曰永平。

赵王镕复告急[22]于晋，晋王以蕃汉副总管李存审守晋阳，自将兵自赞皇[23]东下，王处直遣将将兵以从[24]。辛巳，晋王至赵州，与周德威合，获梁刍荛者[25]二百人，问之曰："初发洛阳，梁主有何号令？"对曰："梁主戒上将[26]云镇州反复，终为子孙之患。今悉以精兵付汝，镇州虽以铁为城，必为我取之。"晋王命送于赵[27]。

壬午[28]，晋王进军，距柏乡三十里，遣周德威等以胡骑迫[29]梁营挑战，梁兵不出。癸未[30]，复进，距柏乡五里，营于野河之北，又遣胡骑迫梁营驰射，且诟[31]之。梁将韩勍等将步骑三万，分三道追之，铠胄[32]皆被缯绮[33]，镂金银[34]，光彩炫耀，晋人望之夺气[35]。周德威谓李存璋曰："梁人志不在战，徒欲曜[36]兵耳。不挫其锐，则吾军不振。"乃徇[37]于军曰："彼皆汴州天武军[38]，屠酤[39]佣贩[40]之徒耳，衣铠虽鲜，十不能当汝一。擒获一夫，足以自富，此乃奇货，不可失也。"德威自引千余精骑[41]击其两端[42]，左右驰突[43]，出入数四[44]，俘获百余人，且战且却，距野河而止；梁兵亦退。

德威言于晋王曰："贼势甚盛，宜按兵以待其衰。"王曰："吾孤军远来，救人之急，三镇[45]乌合[46]，利于速战，公乃欲按兵持重，何也？"德威曰："镇、定之兵，长于守城，短于野战。且吾所恃者骑兵，利于平原广野，可以驰突。今压贼垒门[47]，骑无所展其足；且众寡不敌，使彼知吾虚实，则事危矣。"王不悦，退卧帐中，诸将莫敢言。德威往见张承业曰："大王骤胜[48]而轻敌，不量力而务速战。今去贼咫尺[49]，所限者一水[50]耳，彼若造桥以薄[51]我，我众立尽矣。不若退军高邑[52]，诱贼离营，彼出则归，彼归则出[53]，别以轻骑掠其馈饷，不过逾月，破之必矣。"承业人，褰[54]帐抚王曰："此岂王安寝时耶！周德威老将知兵，其言不可忽也。"王蹶[55]然兴曰："予方思之。"时梁兵闭垒不出，有降者，诘之，曰："景仁方多造浮桥。"王谓德威曰："果如公言。"是日，拔营，退保高邑。

辰州[56]蛮酋宋邺，溆州[57]蛮酋潘金盛，恃其所居深险，数扰楚边。至是，郴寇湘乡[58]，金盛寇武冈[59]。楚王殷遣昭州[60]刺史吕师周将衡山[61]兵五千讨之。

宁远[62]节度使庞巨昭、高州[63]防御使刘昌鲁，皆唐官也。黄巢之寇岭南也，巨昭为容管观察使，昌鲁为高州刺史，帅群蛮据险以拒之，巢众不敢入境。唐嘉其功，置宁远军于容州，以巨昭为节度使[64]，以昌鲁为高州防御使。及刘隐据岭南，二州不从；隐遣弟岩攻高州，昌鲁大破之，又攻容州，亦不克。昌鲁自度终非隐敌，是岁，致书请自归于楚，楚王殷大喜，遣横州[65]刺史姚彦章将兵迎之。彦章至容州，裨将莫彦昭说巨昭曰："湖南兵远来疲乏，宜撤储偫[66]，弃城，潜于山谷以待之。彼必入城，我以全军掩[67]之，彼外无继援，可擒也。"巨昭曰："马氏方兴，今虽胜之，后将何如！不若具牛酒[68]迎之。"彦昭不从，巨昭杀之，举州迎降。彦章进至高州，以兵援送巨昭；昌鲁之族及士卒千余人归长沙。楚王殷以彦章知容州事，以昌鲁为永顺[69]节度副使。昌鲁，郴人也。

（以上为第十三段，写梁晋两军相持于赵州。后梁颁行《梁律令格式》。唐宁远节度使庞巨昭，高州防御使刘昌鲁附于楚王马殷。）

【注释】

[1]司天：官名。主管观察天象。［2］来月：下个月。［3］太阴：月亮。［4］亏：蚀。［5］己未：十二月三日。［6］庚申：十二月四日。［7］疾病：病重。轻者为疾，重者为病。［8］谭全播：南康（今江西赣州市南康区）人。唐末与卢光稠一起起事，据虔、韶、潮等州，后梁以卢光稠为百胜军防御使、五岭开通使。后拜谭全播为防御使。为吴钱隆演所灭，传见《新五代史》卷四十一。［9］因：通过。［10］经略：治理。卢延昌经略江西是企图得到镇南军旌节。［11］丙寅：十二月十日。［12］新淦（gàn）：县名。县治在今江西新干县。时属吉州。［13］更代：换防。［14］益：增加。［15］庚午：十二月十四日。［16］梁律令格式：梁代法律。据《五代会要》，为《大梁新定格式律令》，包括《新删定令》三十卷，《式》二十卷，《格》十卷，《律并目录》十三卷，《律疏》三十卷，共一百零三卷。［17］癸酉：十二月十七日。［18］丁丑：十二月二十一日。［19］柏乡：县名。县治在今河北柏乡县。［20］辛巳：十二月二十五日。［21］改元：由武成改元为永平。［22］告急：因王景仁之军侵逼，故一再告急。［23］赞皇：县名。县治在今河北赞皇县。［24］以从：据章校，"以"字上应有"五千"二字。［25］刍荛（ráo）者：打柴割草的人。割草曰刍，打柴曰荛。［26］上将：指王景仁。［27］送于赵：李存勖将俘获的梁兵

送于赵，目的是让赵人听到梁兵这番话，坚定赵人依附晋的决心。［28］壬午：十二月二十六日。［29］迫：逼近。［30］癸未：十二月二十七日。［31］诟（gòu）：辱骂挑战。［32］铠胄：盔甲。胄，作战时戴的帽子。［33］缯绮：丝绸锦缎。［34］镂（lòu）金银：镂刻金银以为装饰。［35］夺气：慑于声威，丧失胆气。［36］曜（yào）：炫耀。［37］徇：向众宣示。［38］天武军：梁禁卫军名。开平二年十二月，以左右天武、左右天威、左右英武等六军更易前朝六军号，谓之卫士。［39］屠酤：杀猪的和卖酒的。［40］佣贩：雇工和小贩。［41］精骑（jì）：精锐骑兵。［42］击其两端：军阵力量有厚有薄，一般地说，中军坚厚，不可冲击；两端力薄，故击之。［43］驰突：疾驱冲突。［44］数四：三四次，指多次。［45］三镇：指晋兵及镇、定之兵。［46］乌合：仓卒集合之众。如乌鸦之忽聚忽散。此言三镇之兵仓卒集合，应当趁刚刚到阵时的锐气破敌，旷日持久，则会离心。梁军知道大为不利。［47］垒门：军营之门。晋军已迫近柏乡城，此时骑兵不好发挥威力。［48］骤胜：迅速地取得了胜利。［49］咫尺：比喻距离很近。八寸为咫。［50］一水：指野河。［51］薄：迫近。［52］高邑：县名。县治在今河北高邑县。时属赵州，在柏乡县北。［53］彼出则归，彼归则出：意谓敌进我退，敌退我打。［54］褰（qiān）：撩起。［55］蹶（jué）然：疾起的样子。［56］辰州：州名。治所在今湖南沅陵县。［57］溆（xù）州：州名。治所在今湖南洪江市西北。唐太宗贞观八年（634）分辰州龙标县置巫州。武则天天授三年（692）改为沅州。唐代宗大历五年（770）改为溆州。［58］湘乡：县名。县治在今湖南湘乡市，时属潭州。［59］武冈：县名。县治在今湖南城步苗族自治县。［60］昭州：州名。治所在今广西平乐西北。［61］衡山：县名。县治在今湖南衡山北，时属潭州。［62］宁远：方镇名。唐昭宗乾宁四年（897）升容管观察使为宁远军节度。治所容州，在今广西北流市。［63］高州：州名。治所在今广东高州市东北。［64］巨昭为节度使：乾宁四年置宁远军时，是以李克用的大将盖寓为节度使。庞巨昭为节度使在天祐二年（905）。［65］横州：州名。治所在今广西横县南。［66］储偫（zhù）：储备。［67］掩：乘其不备袭取之。［68］牛酒：牛肉酒食。［69］永顺：马殷并朗州，奏改武贞军为永顺军。

乾化元年（辛未，911年）

春，正月，丙戌朔[1]，日有食之。

柏乡比不储刍[2]，梁兵刈刍自给，晋人日以游军抄之，梁兵不出。周德威使胡骑环营驰射而诟之，梁兵疑有伏，愈不敢出，剉[3]屋茅坐席以饲马，马多死。丁亥[4]，周德威与别将史建瑭、李嗣源将精骑三千压梁垒门而诟之，王景仁、韩勍怒，悉众而出。德威等转战[5]至高邑南；李存璋以步兵陈于野河之上，梁军横亘数里，竞前夺桥，镇、定步兵御之，势不能支[6]。晋王谓匡卫都指挥使李建及[7]曰："贼过桥则不可复制矣。"建及选卒二百，援枪[8]大噪，力战却之。建及，许州人，姓王，李罕之之假子也。晋王登高丘以望曰："梁兵争进而嚣，我兵整而静，我必胜。"战自巳[9]至午[10]，胜负未决。晋王谓周德威曰："两军已合，势不可离，我之兴亡，在此一举。我为公先登，公可继之。"德威叩马[11]而谏曰："观梁兵之势，可以劳逸[12]制之，未易以力胜也。彼去[13]营三十余里，虽挟[14]糗粮[15]，亦不暇食，日昳[16]之后，饥渴内迫，矢刃外交，士卒劳倦，必有退志。当是时，我以精骑乘[17]之，必大捷。于今未可也。"王乃止。

时魏、滑之兵陈于东，宋、汴之兵陈于西。至晡[18]，梁军未食，士无斗志，景仁等引兵稍却，周德威疾呼曰："梁兵走矣！"晋兵大噪争进，魏、滑兵先退，李嗣源帅众噪于西陈[19]之前曰："东陈已走，尔何久留！"梁兵互相惊怖，遂大溃[20]。李存璋引步兵乘之，呼曰："梁人亦吾人也，父兄子弟饷军者[21]勿杀。"于是战士悉解甲投兵而弃之，嚣声动天地。赵人以深、冀之憾[22]，不顾剽掠，但奋白刃追之，梁之龙骧、神捷[23]精兵殆尽，自野河柏乡，僵尸蔽地。王景仁、韩勍、李思安以数十骑走。晋兵夜至柏乡，梁兵已去，弃粮食、资财、器械不可胜计。凡斩首二万级。李嗣源等追奔至邢州[24]，河朔大震。保义[25]节度使王檀严备，然后开城纳败卒，给以资粮，散遣归本道。晋王收兵屯赵州。

杜廷隐等闻梁兵败，弃深、冀而去，悉驱二州丁壮为奴婢，老弱者阬[26]之，城中存者坏垣[27]而已。

癸巳[28]，复以杨师厚为北面都招讨使，将兵屯河阳，收集散兵，旬余，得万人。己亥[29]，晋王遣周德威、史建瑭将三千骑趣澶[30]、魏，张承业、李存璋以步兵攻邢州，自以大军继之，移檄河北州县，谕以利害。帝遣别将徐仁溥将兵千人，自西山[31]夜入邢州，助王檀城守。己酉[32]，罢王景仁招讨使，落[33]平章事。

（以上为第十四段，写晋军在柏乡大破梁军，斩杀二万人，梁军弃粮食、资财、器械，不可胜计。）

【注释】

[1]丙戌朔：正月一日。 [2]比不储刍：最近一个时期赵人不在柏乡储备草料，怕梁兵来了反而资助了敌人。 [3]剉（cuò）：铡碎。梁兵不能出去打草，只能把屋上的茅草和坐席铡碎喂马。 [4]丁亥：正月二日。 [5]转战：据章校，二字下有“西北”二字。 [6]支：支持，支撑。[7]李建及（863—920）：许州人。本姓王，少事李罕之，从李罕之奔晋，为匡卫指挥使。以战功授天雄军教练使，迁辽州刺史、代州刺史。传见《旧五代史》卷六十五，《新五代史》卷二十五。[8]援枪：持枪。 [9]巳：巳时，上午九时至十一时。 [10]午：午时，中午十一时至下午一时。[11]叩马：勒住马。 [12]劳逸；劳苦和安逸。 [13]去：离。 [14]挟：带。 [15]糗（qiǔ）粮：干粮。 [16]日昳（dié）：日昃，午后日偏斜。昳，过午的太阳。 [17]乘：战胜，压服。梁、晋争天下，周德威以勇敢善战闻名。看他对战争形势的分析，以计不以勇，是智勇双全的将才。 [18]晡（bū）：申时，午后三时至五时。 [19]西陈：西阵，指魏、滑兵。 [20]大溃：溃散退逃。梁兵置阵横亘数里，东西不相知，晋军大噪，故惊怖而溃。 [21]饷军者：运送军饷的人。 [22]深、冀之憾：指梁遣杜廷隐杀深、冀戍兵。 [23]龙骧、神捷：梁的两支精锐部队。开平二年，梁以尹皓部下五百人为神捷军。 [24]追至邢州：自柏乡西南至邢州一百五十多里。[25]保义：方镇名。领邢、洺、磁三州，治所邢州。 [26]阬之：活埋。阬，同“坑”，坑陷，杀害。[27]坏垣：断墙残壁。[28]癸巳：正月八日。[29]己亥：正月十四日。[30]澶（chán）：州名。治所顿丘，在今河南内黄东南。 [31]西山：即太行山连延至上党诸山。 [32]己酉：正月二十四日。 [33]落：落职，罢免。

蜀主之女普慈公主[1]嫁岐王从子秦州节度使继崇，公主遣宦者宋光嗣以绢书遗蜀主，言继崇骄矜[2]嗜酒，求归成都，蜀主召公主[3]归宁。辛亥[4]，公主至成都，蜀主留之，以宋光嗣为阁门南院使[5]。岐王怒，始与蜀绝。光嗣，福州人也。

吕师周[6]攀藤缘崖[7]入飞山[8]洞袭潘金盛，擒送武冈，斩之[9]。

二月，己未[10]，晋王至魏州，攻之，不克。上以罗周翰年少，且忌其旧将佐[11]，庚申[12]，以户部尚书李振为天雄[13]节度副使，命杜廷隐将兵千人卫之，自杨刘济[14]河，间道夜入魏州，助周翰城守。癸亥[15]，晋王观河于黎阳[16]，梁兵万余将渡河，闻晋王至，皆弃舟而去[17]。

帝召蔡州刺史张慎思至洛阳[18]，久未除代[19]。蔡州右厢指挥使刘行琮作乱，纵兵焚掠，将奔淮南；顺化指挥使王存俨诛行琮，抚遏[20]其众，自领州事，以众情[21]驰奏。时东京留守博王友文不先请[22]，遽发兵讨之，兵至鄢陵[23]，帝曰："存俨方惧，若临之以兵，则飞去矣。"驰使召还。甲子[24]，授存俨权知蔡州事。

乙丑[25]，周德威自临清[26]攻贝州[27]，拔夏津[28]、高唐[29]；攻博州[30]，拔东武[31]、朝城[32]。攻澶州，刺史张可臻弃城走，帝斩之。德威进攻黎阳，拔临河[33]、淇门[34]；逼卫州，掠新乡[35]、共城[36]。庚午[37]，帝亲帅军屯白司马阪[38]以备之。

卢龙、义昌节度使兼中书令燕王守光既克沧州[39]，自谓得天助。淫虐[40]滋甚。每刑[41]人，必置诸铁笼[42]，以火逼之；又为铁刷刷人面。闻梁兵败于柏乡，使人谓赵王镕及王处直曰："闻二镇与晋王破梁兵，举军南下，仆亦有精骑三万，欲自将之为诸公启行[43]。然四镇[44]连兵，必有盟主，仆若至彼，何以处之[45]？"镕患之，遣使告于晋王，晋王笑曰："赵人告急，守光不能出一卒以救之；及吾成功，乃复欲以兵威离间二镇，愚莫甚焉！"诸将曰："云、代与燕接境，彼若扰我城戍[46]，动摇人情，吾千里出征，缓急难应，此亦腹心之患也。不若先取守光，然后可以专意南讨[47]。"王曰："善！"会杨师厚自磁、相引兵救邢、魏，壬申[48]，晋解围去；师厚追之，逾漳水[49]而还，邢州围亦解。师厚留屯魏州。

赵王镕自来谒晋王于赵州，大犒将士，自是遣其养子德明将三十七都常从晋王征讨。德明本姓张，名文礼[50]，燕人也。

壬午[51]，晋王发赵州，归晋阳，留周德威等将三千人戍赵州。

（以上为第十五段，写蜀主召回普慈公主，岐王怒，始与蜀绝。燕王刘守光扬言领兵南下讨梁，欲为盟主。晋王退兵，决意先除刘守光，然后专意南讨。）

【注释】

[1]普慈公主：蜀主以南朝梁时郡名封其女。普慈，梁郡名。治所在普州安岳县，即今四川安岳县。[2]骄矜（jīn）：骄横自大。[3]归宁：已嫁女子回娘家省亲。[4]辛亥：正月二十六日。[5]阁门南院使：官名。掌供奉乘舆，朝会游幸，大宴引赞。引接亲王宰相百僚藩国朝见等。[6]吕师周：据章校，三字下有"引兵"二字。[7]攀藤缘崖：沿着悬崖攀树藤而上。[8]飞山：山名。在今湖南靖州北，山高峻，四面绝壁千仞，环山有壕堑。[9]斩之：据章校，二字下应有"移兵击宋邺"五字。[10]己未：二月四日。[11]旧将佐：指罗绍威的元从将佐。[12]庚申：二月五日。[13]天雄：唐哀帝天祐元年（904）赐魏博节度号天雄军。后梁太祖开平三年（909）罗绍威病重，上表请派有功重臣镇魏博，朱晃曾为之动容。现派李振为节度副使，其心术毕露。

［14］杨刘：镇名。在今山东东阿县北，黄河南岸。［15］癸亥：二月八日。［16］黎阳：县名。县治在今河南浚县北，黄河北岸。［17］弃舟而去：足见梁兵惧怕晋王之甚。［18］张慎思：清河（今河北清河）人。唐末任匡国军节度使。入后梁，为左金吾大将军。开平三年冬，除蔡州刺史，因贪货诏追赴阙。传见《旧五代史》卷十五。［19］久未除代：指蔡州刺史久久空缺。除代，授官代替。［20］抚遏：安抚阻止。［21］众情：王存俨自领州事，要求朝廷承认，假托是百姓的情绪和要求。［22］先请：先请示朝廷。［23］鄢陵：县名。县治在今河南鄢陵县。［24］甲子：二月九日。［25］乙丑：二月十日。［26］临清：县名。县治在今河北临西县。［27］贝州：州名。治所在今河北清河县西。［28］夏津：县名。县治在今山东夏津县。［29］高唐：县名。县治在今山东高唐县。［30］博州：州名。治所在今山东聊城市东北。［31］东武：镇名。在朝城县境。［32］朝城：县名。县治在今山东莘县西南朝城镇。［33］临河：县名。县治在今河南浚县东北。［34］淇门：镇名。在今河南卫辉市东北。［35］新乡：县名。县治在今河南新乡市。［36］共城：县名。县治在今河南辉县。［37］庚午：二月十五日。［38］白司马阪：即白马山。一作白司马坂。在今洛阳东北。［39］克沧州：去年正月克沧州。［40］淫虐：荒淫残暴。［41］刑：杀。［42］置诸铁笼：把被刑之人放在铁笼里。［43］启行：先行，先锋。《诗·小雅·六月》："元戎十乘，以先启行"。［44］四镇：指并、幽、镇、定。［45］何以处之：刘守光以精骑三万威胁二镇，企图充当盟主。［46］城戍：守城戍兵。［47］南讨：伐梁。［48］壬申：二月十七日。［49］漳水：水名。源出山西东南部，有清漳河、浊漳河二源，在河北南部边境汇合后称漳河，东南流入卫河。［50］张文礼（？—921）：燕人，初为刘仁恭裨将，为人阴险，后奔王镕，被录为养子，改名王德明。公元921年尽灭王氏之族，自为成德留后。是年八月惊惧而死。传见《旧五代史》卷六十二，《新五代史》卷三十九。［51］壬午：二月二十七日。

【点评】

本卷点评梁震不受高氏辟署、南平王刘隐、后梁太祖猜疑逼反刘知俊、刘守光囚父杀兄四件史事。

一、梁震不受高氏辟署。梁震，唐末进士，邛州依政县人。依政县在今四川邛崃市东南。后梁开平二年（908）十月，梁震不仕后梁而归前蜀，路过江陵，荆南节度使高季昌雅爱梁震才识，强留之以为判官。高季昌，陕州硖石人。入后唐，避唐隐帝李国昌讳改名季兴。硖石，在今河南孟县西。高季昌少从朱全忠征伐，官至毅勇军指挥使。天复二年（902），朱全忠攻凤翔，李茂贞坚壁不出，高季昌献计诱岐兵出战而败，朱全忠奇之。及至篡唐，后梁逐走荆南节度使赵匡凝，朱全忠委高季昌为荆南节度使。梁震鄙薄高季昌事奉朱梁，耻为其官。如果强行拒绝，又恐遭毒手，梁震于是对高季昌说："我梁震一向淡泊名利，不愿做官，如果明公认为我还有可取之处，我愿意以一个平民身份在明公身边传递杯盘，何必一定要在幕府任职呢！”梁震效法唐德宗朝李泌，以布衣为帝王宾客，合则留，不合则去。个人没有名利，不遭受猜疑，既安全又自尊。梁震在高氏幕府始终称前进士，不接受高氏的辟署，受到高季昌的礼敬。高季昌在荆南，保境安民，使一个处四战之地而残破的荆南日渐富庶起来，梁震也尽心辅佐。后梁亡，后唐庄宗入洛，高季昌要入朝京师，梁震认为不可，劝其不行。高季昌没有听从，差点被后唐庄宗幽囚。郭崇韬劝谏后唐庄宗要示信于天下，要优礼高季昌以讽劝后来者。后唐庄宗这才放归高季昌还镇，随即后悔，想劫杀之于半道。高季昌回到荆南，心有余悸地向梁震致谢。梁震的劝阻，使高季昌提高了警惕，行动迅疾才没有被暗害。高季昌朝见后唐庄宗，目睹后唐庄宗的为人，自矜功伐，荒于游畋，不会有大作为，荆南的前途没有危险了。

梁震处于乱世，既坚持了原则，不仕伪朝，不做梁臣，只称前进士，依旧为大唐之臣，又有灵活性，以宾友为高氏谋主而尽职守以酬知己，明哲保身，可以说是一个智士。

二、南平王刘隐。刘隐，祖父上蔡人，后徙闽中，因经商而居广州。隐父刘谦为广州牙将，有三子，长子刘隐，次子刘台、三子刘岩。刘谦官至封州刺史，谦死，刘隐继其位。唐昭宗乾宁三年，任命薛王李知柔为岭南东道节度使，行至湖南，广州牙将抗拒朝命，阻止李知柔入境。刘隐以封州之众杀叛将，迎李知柔入广州，李知柔任刘隐为行军司马。其后徐彦若代李知柔为岭南东道节度使，公元905年徐彦若死，众推刘隐为节度使。公元907年，朱温代唐，刘隐奉后梁年号，后梁太祖封刘隐为大彭郡王，兼静海军节度使，安南都护。刘隐父子兴起于封州，能审时度势，建功于岭南。刘隐重视人才，中原士人避难岭南者，或唐名臣谪死南方而子孙在岭南者，或任官岭南因中原纷乱而不得还者，皆受到刘隐礼遇。刘隐保境岭南，不参加扩张的战争，维持一方安静，是南汉的奠基人。后梁乾化元年（911），刘隐死，弟刘岩继位，改名龑。后梁末帝贞明三年（917），刘龑称帝，岭南成为一割据小国。

三、后梁太祖猜疑逼反刘知俊。刘知俊，字希贤，徐州沛县人。姿貌雄杰，倜傥有大志，起初为徐州留后时溥列校，亦因以勇略为时溥所忌。唐昭宗大顺二年（891），刘知俊率所部二千人投附朱全忠，勇冠诸将，朱全忠用为左开道指挥使，故时人称他“刘开道”。刘知俊从朱全忠征讨秦忠权、时溥，多立战功，天复元年（901）因功授同州节度使，朱全忠倚为干城腹心。唐哀帝天祐三年（906），刘知俊以五千之众，大破岐兵六万于美原，进克鄜、延等五州，加官检校太傅、平章事。入后梁，开平二年（908）六月，刘知俊大破岐兵于幕谷，李茂贞仅以身免。开平三年（909）六月，刘知俊加官检校太尉，兼侍中，封大彭郡王。

刘知俊功高震主，威望日隆，引起后梁太祖的猜忌。恰好佑国军节度使王重师亦因猜忌无罪被诛，刘知俊心不自安，于是以同州叛附李茂贞。李茂贞厚给刘知俊俸禄，加官检校太尉、兼中书令。不久，刘知俊率师救灵武，打败梁兵，李茂贞署为泾州节度使。李茂贞左右谗毁刘知俊，刘知俊被猜疑，被解除兵权。后蜀岐大交兵，刘知俊奔蜀，王建最初待之甚厚，署刘知俊为武信军节度使。王建厚待刘知俊，貌恭而心忌，曾经对近侍说："我王建日渐衰老，五年后没人能驾驭刘知俊，要趁早安排他的去处。"前蜀天汉元年（917）冬十二月，王建捕斩刘知俊于成都府的炭市中。可怜一世雄杰以悲剧终。

刘知俊雄略善战，未尽其才。前后历仕时溥、朱全忠、李茂贞、王建四主，均遭猜疑，当时世风过于恶劣，贤才遭忌是一个普遍现象。贤俊自保，一有机会就逐杀主人，自为主帅。于是跋扈与猜疑形成恶性循环，像刘知俊这样有大才之人无立身之地，发人深思。

四、刘守光囚父杀兄。刘守光，刘仁恭次子，兄刘守文。刘仁恭，深州人，其父刘晟客居范阳为李可举巡属镇将。李可举死，众推牙将李全忠为范阳留后，唐僖宗光启元年（885），李全忠进为节度使，未几卒，其子李匡威代为留后，进为节度使。刘仁恭为李匡威蔚州镇将，逾期未代，刘仁恭借士卒怨怒，反叛李匡威，拥众攻幽州，为李匡威之弟李匡筹所败，逃奔晋阳，投靠李克用。李克用优礼待之，任为寿阳镇将。李克用灭李匡筹，取幽州，留刘仁恭为守将。唐昭宗乾宁二年（895），李克用表奏朝廷以刘仁恭为检校司空、卢龙节度使。第二年，李克用攻魏州，征兵幽州，刘仁恭托词不往。公元897年，李克用救朱瑄、朱瑾，再次征兵幽州，刘仁恭不应，使客数十往，刘仁恭执其以叛。李克用往讨，大败而归，刘仁恭献馘于朱全忠，朱全忠表刘仁恭同中书门下平章事。

刘仁恭战胜李克用，兵马日益强盛。唐昭宗兴化元年（898），刘仁恭使其长子刘守文逐走沧州节度使卢彦威，刘守文自为沧州节度使，拥有沧、景、德三州之地。幽沧合计步骑十万，号三十万，南徇魏镇，屠贝州，清水为之不流。

刘仁恭性凶残，反复无常，为李匡威将，反叛李匡威，为李克用将，反叛李克用。有其父必有其子。刘仁恭次子刘守光比其父更加无行无耻，烝嬖父妾，事觉而恼羞成怒，以兵攻劫其父，囚于别室，杀左右婢媵，自称卢龙节度使。刘守文致讨，刘守光战场落马，刘守文恐乱兵伤其弟，立马往救，反被刘守光擒获。刘守文攻守光，一是救其父，二是教训守光，未想灭其弟。结果是对敌人的仁慈，就是对自己的凶残。刘守光逼父致仕，用暗杀手段灭其兄刘守文。刘守光之凶暴，禽兽不如，其子刘继威凶虐类其父。刘守光兼并沧景之地，令刘继威主留务，刘继威淫乱于僚属张万进之家，被张万进所杀，刘守光得了现世报。刘守光并未从子死事件中吸取教训，刘守光继续为恶，晋人虎视其旁，刘守光的现世报将及其身。晋王李存勖为报不共戴天之父仇，虐杀刘守光及其父刘仁恭，为凶狡人最后的下场画上句号。

卷二六八　后梁纪三

后梁太祖乾化元年至后梁均王乾化三年（911—913年）

【起重光协洽（辛未，911年）三月，尽昭阳作噩（癸酉，913年）十一月，凡二年又九个月】

【大事提要】

本卷记事起公元911年三月，讫公元913年十一月，载述史事凡两年又九个月。当后梁太祖乾化元年三月至后梁均王乾化三年十一月。此时期后梁急剧衰落。后梁太祖朱晃晚年暴戾荒淫，声威下跌，人心崩离。朱晃两次北讨，梁军败北，朱晃愧恨交加，疾病沉重。义子朱友珪惧怕朱晃传位朱友文而弑父自立。护国军节度使朱友谦不服朱友珪而反，附晋求救，呼晋王李存勖为舅舅。后梁均王朱友贞联合禁军杀友珪，在大梁即位，是为末帝，大权旁落武臣杨师厚之手。后梁一年之间，两次宫廷政变，父子相杀，兄弟自残，君臣不肃，已非晋王敌手。晋王李存勖趁机灭了刘守光，势力大振，已有问鼎中原之志。蜀岐大交兵，岐王李茂贞落败，残存力量已不堪一击。南方割据格局态势，淮南杨氏、杭州钱氏、福州王氏、潭州马氏，无大变故。荆南高季昌兴起，后梁加爵为渤海王。

太祖神武元圣孝皇帝下

乾化元年（辛未，911年）

三月，乙酉朔[1]，以天雄留后罗周翰为节度使。

清海、静海节度使兼中书令南平襄王[2]刘隐病亟[3]，表其弟节度副使岩权知留后；丁亥[4]卒。岩袭位。

岐王聚兵临蜀东鄙[5]，蜀主谓群臣曰："自茂贞为朱温所困，吾常振[6]其乏绝，今乃负恩为寇，谁为吾击之？"兼中书令王宗侃请行。蜀主以宗侃为北路行营都统。司天少监[7]赵温珪谏曰："茂贞未犯边，诸将贪功深入，粮道阻远，恐非国家之利。"蜀主不听，以兼侍中王宗祐、太子少师王宗贺、山南节度使唐道袭为三招讨使[8]，左金吾大将军王宗绍为宗祐之副，帅步骑十二万伐岐。壬辰[9]，宗侃等发成都，旌旗数百里。

岐王募华原贼帅温韬以为假子，以华原为耀州[10]，美原为鼎州[11]。置义胜军[12]，以韬为节度使，使帅邠、岐兵寇长安。诏感化节度使康怀贞、忠武节度使牛存节以同华、河中兵讨之。己酉[13]，怀贞等奏击韬于车度[14]，走之。

夏，四月，乙卯朔[15]，岐兵寇蜀兴元，唐道袭击却之。

上以久疾，五月，甲申朔[16]，大赦[17]。

甲辰[18]，以清海留后刘岩为节度使。岩多延[19]中国[20]士人置于幕府，出为刺史，刺史无武人。

蜀主如利州，命太子监国[21]；六月，癸丑朔[22]，至利州。

（以上为第一段，写静海节度使南平王刘隐死，弟刘岩袭位。五月，后梁改元乾化。蜀岐大交兵。蜀主亲临利州督战。）

【注释】

[1]乙酉朔：三月一日。 [2]南平襄王：开元三年，封刘隐为南平王，谥为襄王。 [3]病亟：病危。 [4]丁亥：三月三日。刘隐卒年三十八。 [5]鄙：边。 [6]振：通“赈”，救济。 [7]司天少监：官名。掌观察天象。司天台设监一人，少监二人。 [8]三招讨使：分三路进兵以伐岐，各路置一招讨使。王宗侃都统三招讨之兵。 [9]壬辰：三月八日。 [10]耀州：州名。治所在今陕西铜川市耀州区。 [11]鼎州：州名。治所在今陕西铜川市东南。 [12]义胜军：李茂贞置，治所岐州，在今陕西宝鸡市凤翔区南。 [13]己酉：三月二十五日。 [14]车度：地名。在长安北同州界。 [15]乙卯朔：四月一日。 [16]甲申朔：五月一日。 [17]大赦：据欧阳修《新五代史》，此下当有“改元”二字，改开平为乾化。 [18]甲辰：五月二十一日。 [19]延：聘请。 [20]中国：指中原地区。 [21]监国：君王外出，太子留守，代行处理国政，谓之监国。 [22]癸丑朔：六月一日。王建至利州，欲亲自统兵伐岐。

燕王守光尝衣赭袍[1]，顾谓将吏曰：“今天下大乱，英雄角逐，吾兵强地险，亦欲自帝，何如？”孙鹤曰：“今内难新平[2]，公私困竭，太原[3]窥吾西，契丹伺[4]吾北，遽谋自帝，未见其可。大王但养士爱民，训兵积谷，德政[5]既修，四方自服矣。”守光不悦。

又使人讽[6]镇、定，求尊己为尚父[7]，赵王镕以告晋王。晋王怒，欲伐之，诸将皆曰："是[8]为恶极矣，行当族灭，不若阳为推尊[9]以稔[10]之。"乃与镕及义武王处直、昭义李嗣昭、振武周德威、天德[11]宋瑶六节度使[12]共奉册推守光为尚书令、尚父。

守光不寤[13]，以为六镇实畏己，益骄，乃具表[14]其状曰："晋王等推臣，臣荷[15]陛下厚恩，未之敢受。窃思其宜[16]，不若陛下授臣河北都统[17]，则并、镇[18]不足平矣。"上亦知其狂愚，乃以守光为河北道采访使[19]，遣阁门使王瞳、受旨[20]史彦群册命[21]之。

守光命僚属草尚父、采访使受册仪[22]。乙卯[23]，僚属取唐册太尉仪[24]献之，守光视之，问何得无郊天、改元之事，对曰："尚父虽贵，人臣也，安有郊天[25]、改元者乎？"守光怒，投之于地，曰："我地方二千里，带甲三十万，直[26]作河北天子，谁能禁我！尚父何足为哉！"命趣[27]具[28]即帝位之仪，械系[29]瞳、彦群及诸道使者于狱，既而[30]皆释之。

帝命杨师厚将兵三万屯邢州[31]。

蜀诸将击岐兵，屡破之。秋，七月，蜀主西还，留御营使[32]昌王宗钞屯利州。

（以上为第二段，写燕王刘守光狂愚欲称帝，晋王、赵王及义武王处直等六节度使尊奉刘守光为尚父以骄其志，后梁太祖加刘守光为河北道采访使。）

【注释】

[1]赭（zhě）袍：红褐色的袍服，唐代天子之服。[2]内难新平：指新平沧、德。[3]太原：指晋王李存勖。[4]窥吾西，契丹伺：二字单用与连用同义。指暗中注视，找机会而有所图谋。[5]德政：好的政绩。[6]讽：婉言劝说。[7]尚父：尊尚为父辈，即尊为叔父、伯父。[8]是：指刘守光的这些做法。[9]阳为推尊：表面上推尊。[10]稔（rěn）：谷物成熟，引申为待其恶贯满盈。[11]天德：方镇名。本安德都护，理受降城。唐玄宗天宝年间于大同川西筑城，唐肃宗乾元年间改为天德军。治所在今内蒙古乌拉特前旗北。[12]六节度使：成德和义武、昭义、振武、天德并河东共六节度。但自昭义以下皆属河东。[13]寤：醒悟。[14]具表：撰写表章。[15]荷（hè）：承受。[16]窃思其宜：自己私下考虑最妥善的办法。[17]都统：官名。即诸道行营都统，掌征伐，兵罢则省。[18]并、镇：指晋王李存勖和赵王王镕。[19]河北道采访使：官名。唐玄宗开元二十一年（733）分全国为十五道，每道置采访处置使，简称采访使，掌管检查刑狱和监察州县官吏，安史之乱后不复置。河北道为十五道之一。辖境相当于今北京市、河

北省、辽宁省大部、河南、山东古黄河以北地区，治所魏州，在今河北大名县东北。［20］受旨：官名，崇政院官属。过去枢密院有承旨，梁避朱晃父朱诚讳，改为受旨。［21］册命：帝王封立太子、皇后、王妃及诸王的命令。［22］受册仪：接受册命的仪式。［23］乙卯：六月三日。［24］册太尉仪：册命太尉的仪式。［25］郊天：郊外祭祀天地。［26］直：径直。［27］趣：促。［28］具：准备。［29］械系：加脚镣手铐等刑具拘禁起来。［30］既而：不久。［31］屯邢州：目的在于攻赵。［32］御营使：官名。五代时帝王多亲自出征，设御营使以掌行营守卫。

辛丑[1]，帝避暑于张宗奭[2]第，乱其妇女殆遍。宗奭子继祚[3]不胜[4]愤耻，欲弑之。宗奭止之曰："吾家顷[5]在河阳，为李罕之所围，啗[6]木屑以度朝夕，赖其救我，得有今日，此恩不可忘也。"乃止。甲辰[7]，还宫。

赵王镕以杨师厚在邢州，甚惧[8]，会晋王于承天军[9]。晋王谓镕父友也[10]，事之甚恭。镕以梁寇为忧，晋王曰："朱温之恶极矣，天将诛之，虽有师厚辈不能救也。脱[11]有侵轶[12]，仆自帅众当之，叔父勿以为忧。"镕捧卮[13]为寿，谓晋王为四十六舅[14]。镕幼子昭诲[15]从行，晋王断衿[16]为盟，许妻以女。由是晋、赵之交遂固。

八月，庚申[17]，蜀主至成都。

燕王守光将称帝，将佐多窃议以为不可，守光乃置斧质[18]于庭曰："敢谏者斩！"孙鹤曰："沧州之破，鹤分[19]当死，蒙王生全[20]，以至今日[21]，今日敢爱死而忘恩乎！窃以为今日之帝未可也。"守光怒，伏诸质上，令军士冎[22]而啖[23]之。鹤呼曰："不出百日，大兵当至！"守光命以土窒[24]其口，寸斩[25]之。

甲子[26]，守光即皇帝位，国号大燕，改元应天。以梁使王瞳为左相，卢龙判官齐涉为右相，史彦群为御史大夫。受册[27]之日，契丹陷平州[28]，燕人惊扰。

（以上为第三段，写刘守光称帝，国号大燕，改元应天。）

【注释】

［1］辛丑：七月二十日。［2］张宗奭：开平元年赐张全义名宗奭。张宗奭私第在洛阳会节坊。［3］继祚（?—936）：张全义之子张继祚，官至蔡州刺史、西卫上将军。晋高祖天福初，

与张从宾反于河阳被杀。传见《旧五代史》卷九十六，并附《新五代史》卷四十五。［4］不胜（shēng）：受不住。［5］顷：不久前。唐僖宗文德元年（888），李罕之为河阳节度使，张全义为河南尹。由于李罕之苛求无厌，全义袭河阳，兼领节度使。李罕之求救于李克用，兵围河阳，张全义求救于朱全忠解围。事见《资治通鉴》卷二百五十七僖宗文德元年。［6］啗（dàn）：吃，今作“啖”。［7］甲辰：七月二十三日。［8］甚惧：邢州北至赵州只有一百四十四，兵临其境，故怕。［9］承天军：在今山西平定县东北，后名承天寨。［10］父友：王镕与李克用曾并肩事唐，且通好。李存勖把他当作父亲的朋友。［11］脱：倘使，假如。［12］侵轶（yì）：侵扰袭击。［13］卮（zhī）：酒器。［14］四十六舅：李存勖本族兄弟大排行第四十六。［15］昭诲：王镕幼子王昭诲。公元921年王镕被亲兵所杀，昭诲为军人所救，逃至湖南为僧，后唐明宗授朝议大夫，迁少府监。传附《旧五代史》卷五十四《王镕传》。［16］衿（jīn）：同“襟”，衣襟。［17］庚申：八月九日。［18］斧质：古刑具。即刀下之砧板。置人于鍖上以斧砍之，称斧质。［19］分（fèn）：分内，本该，应当。［20］生全：保全性命。刘守光囚父杀兄，孙鹤时为沧州节度判官，曾推刘守文之子刘延祚为帅，乘城拒守。开平四年正月，刘延祚力尽出降，刘守光释孙鹤。［21］今日：据章校，“今日”二字不应重复出现。［22］冎（guā）：同“剐”。分割人肉体的酷刑，即凌迟。［23］噉（dàn）：吃，同“啖”。［24］窒：堵塞。［25］寸斩：斩成一寸一寸的。［26］甲子：八月十三日。［27］受册：指王瞳、齐涉等受刘守光册封。［28］平州：州名。治所在今河北卢龙。

岐王使刘知俊、李继崇将兵击蜀，乙亥[1]，王宗侃、王宗贺、唐道袭、王宗绍与之战于青泥岭[2]，蜀兵大败，马步使王宗浩奔兴州[3]，溺死于江[4]，道袭奔兴元。先是，步军都指挥使王宗绾城西县[5]，号安远军，宗侃、宗贺等收散兵走保之，知俊、继崇追围之。众议欲弃兴元，道袭曰：“无兴元则无安远，利州[6]遂为敌境矣。吾必以死守之。”蜀主以昌王宗镇为应援招讨使，定戎团练使王宗播为四招讨[7]马步都指挥使，将兵救安远军，壁[8]于廉、让[9]之间，与唐道袭合击岐兵，大破之于明珠曲。明日又战于凫口[10]，斩其成州[11]刺史李彦琛。

九月，帝疾稍愈，闻晋、赵谋入寇，自将拒之。戊戌[12]，以张宗奭为西都[13]留守。庚子[14]，帝发洛阳。甲辰[15]，至卫州，方食，军前奏晋军已出井陉。帝遽命辇[16]北趣邢洺，昼夜倍道[17]兼行。丙午[18]，至相州[19]，闻晋兵不出，乃止。相州刺史李思安不意[20]帝猝[21]至，落然无具[22]，坐[23]削官爵。

湖州刺史钱镖酗酒[24]杀人，恐吴越王镠罪之，冬，十月，辛亥朔[25]，杀都监潘长、推官[26]钟安德，奔于吴。

晋王闻燕主守光称帝，大笑曰："俟彼卜年[27]，吾当问其鼎矣[28]。"张承业请遣使致贺以骄之[29]，晋王遣太原少尹[30]李承勋[31]往。承勋至幽州，用邻藩[32]通使[33]之礼。燕之典客[34]者曰："吾王帝矣，公当称臣[35]庭见。"承勋曰："吾受命于唐朝为太原少尹，燕王自可臣其境内，岂可臣他国之使乎！"守光怒，囚之数日，出而问之曰："臣我乎？"承勋曰："燕王能臣我王，则我请为臣；不然，有死而已！"守光竟不能屈。

蜀主如[36]利州，命太子监国。决云军[37]虞候[38]王琮败岐兵，执其将李彦太，俘斩三千五百级。乙卯[39]，捉生将[40]彭君集破岐二寨，俘斩三千级。王宗侃遣裨将林思谔自中巴[41]间行至泥溪[42]，见蜀主告急，蜀主命开道都指挥使王宗弼将兵救安远，及刘知俊战于斜谷[43]，破之。

甲寅[44]夜，帝发相州，乙卯[45]，至洹水[46]。是夜，边吏言晋、赵兵南下，帝即时进军，丙辰[47]，至魏县[48]。或告云："沙陀至矣！"士卒恟惧，多逃亡，严刑不能禁。既而复告云无寇[49]，上下始定。戊午[50]，贝州奏晋兵寇东武[51]，寻引去。帝以夹寨、柏乡[52]屡失利，故力疾[53]北巡，思一雪其耻，意郁郁[54]，多躁忿，功臣宿将[55]往往以小过被诛，众心益惧。既而晋、赵兵竟不出。十一月，壬午[56]，帝南还。

（以上为第四段，写岐兵击蜀，大破蜀兵于青泥岭。后梁太祖举兵北巡至相州，晋兵不出还至洛阳。）

【注释】

[1]乙亥：八月二十四日。 [2]青泥岭：山名。在兴州长举县西北，今甘肃徽县境内。悬崖万仞，上多云雨，行者多逢泥淖。 [3]兴州：州名。治所在今陕西略阳。 [4]江：嘉陵江。[5]西县：县名。在兴元府西，今陕西勉县西。 [6]利州：州名。治所在今四川广元市。兴元西至西县百里，西县抵利州界四十五里。自州界至利州二百六十余里。 [7]四招讨：蜀主原已派王宗祐、王宗贺、唐道袭为三招讨使，现又以王宗镶为应援招讨使，合为四招讨。 [8]壁：用如动词，筑营驻扎。 [9]廉、让：二水名。廉水出大巴山北谷中，让水源起于廉水，溉田之余，东

南流至古廉水城之侧，二水在南郑东南。［10］明珠曲、皛口：皆地名。在兴州境内。［11］成州：州名。治所在今甘肃西和县西。［12］戊戌：九月十八日。［13］西都：梁以洛阳为西都。［14］庚子：九月二十日。［15］甲辰：九月二十四日。［16］辇：天子所乘的车。［17］倍道：兼程而行。［18］丙午：九月二十六日。［19］相州：州名。治所在今河南安阳市。［20］不意：没想到。［21］猝（cù）：突然。［22］落然无具：冷落没有准备。［23］坐：获罪。［24］酗（xù）酒：饮酒无节。［25］辛亥朔：十月一日。［26］推官：官名。节度使、观察使的属官。［27］卜年：以占卜预测传国的年数。［28］问鼎：图谋王位。《左传·宣公三年》："楚子伐陆浑之戎，遂至于雒，观兵于周疆。定王使王孙满劳楚子，楚子问鼎之大小轻重焉。"三代以九鼎为传国宝，楚子问鼎，有取而代之之意。［29］以骄之：促使其骄。［30］少尹：官名。唐代诸郡皆置司马，开元元年改为少尹，是府州长官的副职。［31］李承勋（?—911）：传见《旧五代史》卷五十五。［32］邻藩：相邻的藩镇。［33］通使：互通使者往来。［34］典客：官名。掌郊庙祭祀和朝觐的赞礼事务。［35］臣：使动用法。臣其境内意谓使境内的人称臣。［36］如：去，到。王建闻王宗侃为岐兵所败，故再去利州，以为增援。［37］决云军：蜀部队名。［38］虞候：官名。军中戒严执法官。［39］乙卯：十月五日。［40］捉生将：武官称号，言其能活捉敌人。［41］中巴：指巴郡，因巴郡在三巴，即巴西、巴郡、巴东之中，故谓之中巴。［42］泥溪：地名。在剑州北利州界。［43］斜谷：在今陕西眉县西南。［44］甲寅：十月四日。［45］乙卯：十月五日。［46］洹（huán）水：县名。县治在今河北魏县西南，时属魏州。［47］丙辰：十月六日。［48］魏县：县名。县治在今河北魏县东南。［49］无寇：无敌人入寇。［50］戊午：十月八日。［51］东武：县名。汉置东武城县，晋去东字曰武城。县治在今山东武城西。［52］夹寨、柏乡：夹寨之败见《资治通鉴》卷二百六十六开平二年，柏乡之败见《资治通鉴》卷二百六十七乾化元年。［53］力疾：动作有力而迅速。［54］郁郁：忧闷。［55］宿将：老将。据《旧五代史》，朱晃至相州，左龙骧都教练使邓季筠、魏博马军都指挥使何令稠、右厢马军都指挥使陈令勋，因部下马瘦，并腰斩于军门。至魏县，先锋指挥使黄文靖亦被诛。［56］壬午：十一月二日。

燕主守光集将吏谋攻易定，幽州参军[1]景城[2]冯道[3]以为未可；守光怒，系狱，或救之，得免。道亡奔晋，张承业荐于晋王，以为掌书记。丁亥[4]，王处直告难于晋。

怀州[5]刺史开封段明远妹为美人[6]。戊子[7]，帝至获嘉[8]，明远馈献丰备，帝悦。

庚寅[9]，保塞节度使高万兴奏遣都指挥使高万金[10]将兵攻盐州[11]，刺史高行存降。

壬辰[12]，帝至洛阳，疾复作。

蜀王宗弼败岐兵于金牛[13]，拔十六寨，俘斩六千余级，擒其将郭存等。丙申[14]，王宗锷、王宗播败岐兵于黄牛川[15]，擒其将苏厚等。丁酉[16]，蜀主自利州如兴元。援军既集，安远军望其旗[17]，王宗侃等鼓噪而出，与援军夹攻岐兵，大破之，拔二十一寨，斩其将李廷志等。己亥[18]，岐兵解围[19]遁去。唐道袭先伏兵于斜谷邀击，又破之。庚子[20]，蜀主西还。

岐王左右[21]石简颙谗[22]刘知俊于岐王，王夺其兵。李继崇言于王曰："知俊壮士，穷[23]来归我，不宜以谗废之。"王为之诛简颙以安之。继崇召知俊举族居于秦州[24]。

戊申[25]，燕主守光将兵二万寇易定，攻容城[26]。王处直告急于晋。

十二月，乙卯[27]，以朗州留后马賨[28]为永顺[29]节度使、同平章事。

镇南留后卢延昌游猎无度，百胜军指挥使黎球杀之，自立；将杀谭全播，全播称疾请老，乃免。丙辰[30]，以球为虔州[31]防御使。未几，球卒，牙将李彦图代知州事，全播愈称疾笃[32]。刘岩闻全播病，发兵攻韶州[33]，破之，刺史廖爽奔楚，楚王殷表为永州[34]刺史。

丁巳[35]，蜀主至成都[36]

戊午[37]，以静海[38]留后曲美为节度使。

癸亥[39]，以静江[40]行军司马姚彦章为宁远[41]节度副使，权知容州，从楚王殷之请也。刘岩遣兵攻容州，殷遣都指挥使许德勋以桂州兵救之；彦章不能守，乃迁容州士民及其府藏奔长沙，岩遂取容管及高州[42]

甲子[43]，晋王遣蕃汉马步总管周德威将兵三万攻燕，以救易定。

是岁，蜀主以内枢密使潘炕为武泰[44]节度使，炕从弟宣徽南院使峭为内枢密使。

（以上为第五段，写蜀兵大破岐兵，岐王先后损四将，三十余寨退军。燕王刘守光南犯易定，晋王发兵三万攻燕以救易定。）

【注释】

[1]参军：官名。参谋军务，为刺史之属官。唐代州之组织，以参军为僚属之长，总揽内部一切事务。 [2]景城：县名。县治在今河北沧州西。 [3]冯道（881—954）：字可道，初事刘守光为参军，为人刻苦俭约，历后唐、后晋、契丹、后汉、后周五朝，入周为太师、中书令。传见《旧五代史》卷一百二十六，《新五代史》卷五十四。 [4]丁亥：十一月七日。 [5]怀州：州名。治所在今河南沁阳市。 [6]美人：妃嫔称号。 [7]戊子：十一月八日。 [8]获嘉：县名。县治在今河南获嘉县。 [9]庚寅：十一月十日。 [10]高万金（?—918）：高万兴之弟。入后梁为保大军节度使，传附《新五代史》卷四十《高万兴传》。 [11]盐州：州名。治所在今陕西定边县。 [12]壬辰：十一月十二日。 [13]金牛：县名。县治在今陕西宁强县南。 [14]丙申：十一月十六日。 [15]黄牛川：地名。在今陕西汉中市南郑区西南，上有黄牛山。 [16]丁酉：十一月十七日。 [17]旗：蜀主之旗。 [18]己亥：十一月十九日。 [19]解围：解安远之围而逃。 [20]庚子：十一月二十日。 [21]左右：近臣。 [22]谗：说别人的坏话。 [23]穷：困厄。刘知俊原为忠武节度使兼侍中，因功高受朱晃猜忌，以同州附于岐。 [24]秦州：州名。治所在今甘肃秦安县西北。时李继崇镇秦州。 [25]戊申：十一月二十八日。 [26]容城：县名。县治在今河北容城县。 [27]乙卯：十二月五日。 [28]马賨（cóng）：马殷之弟。 [29]永顺：方镇名。后梁太祖时，马殷请升朗州为永顺军。 [30]丙辰：十二月六日。 [31]虔州：州名。治所在今江西赣州市。 [32]疾笃：病重。 [33]韶州：州名。治所在今广东韶关市。 [34]永州：州名。治所在今湖南永州市零陵区。 [35]丁巳：十二月七日。 [36]至成都：蜀主自兴元还至成都市。 [37]戊午：十二月八日。 [38]静海：方镇名。唐懿宗咸通七年（866）升安南都护为静海军节度使。治所交州，在今越南河内市。 [39]癸亥：十二月十三日。 [40]静江：方镇名。唐昭宗光化三年（900）升桂管经略使为静江军节度使。治所桂州，在今广西桂林市。 [41]宁远：方镇名。唐昭宗乾宁四年（897）升容管观察使为宁元军节度使，治所容州，在今广西北流市。 [42]高州：州名。治所在今广东高州市北。 [43]甲子：十二月十四日。 [44]武泰：方镇名。唐昭宗大顺元年（890）赐黔州观察使号武泰军节度。治所黔州，在今重庆市彭水县。

二年（壬申，912年）

春，正月，德威东出飞狐[1]，与赵王[2]将王德明、义武[3]将程岩会于易水[4]。丙戌[5]，三镇[6]兵进攻燕祁沟关[7]，下之；戊子[8]，围涿州[9]。刺史刘知温城守[10]，刘守奇[11]之客刘去非大呼于城下，谓知温曰："河东小刘郎[12]来为父讨贼，何豫[13]汝事而坚守邪？"守奇免胄[14]劳[15]之，知温拜于城上，遂降。周德威疾[16]守奇之功，谮[17]

诸晋王，王召之；守奇恐获罪，与去非及进士赵凤来奔，上以守奇为博州[18]刺史。去非、凤，皆幽州人也。先是，燕主守光籍[19]境内丁壮，悉文面[20]为兵，虽士人不免，凤诈为僧奔晋，守奇客之[21]。

丁酉[22]，德威至幽州城下，守光来求救。二月，帝疾小愈，议自将击镇、定以救之。

帝闻岐、蜀相攻，辛酉[23]，遣光禄卿[24]卢玭等使于蜀，遗蜀主书，呼之为兄[25]。

甲子[26]，帝发洛阳。从官以帝诛戮无常，多惮行[27]，帝闻之，益怒。是日，至白马顿[28]，赐从官食，多未至，遣骑[29]趣之于路。左散骑常侍[30]孙骘、右谏议大人张衍、兵部郎中[31]张携最后至，帝命扑杀之。衍，宗奭之侄也。

丙寅[32]，帝至武陟[33]。段明远供馈有加于前。丁卯[34]，至获嘉，帝追思李思安去岁供馈有阙[35]，贬柳州司户，告辞[36]称明远之能曰："观明远之忠勤如此，见思安之悖慢[37]何如！"寻长流思安于崖州，赐死。明远后更名凝。

乙亥[38]，帝至魏州，命都招讨使宣义节度使杨师厚，副使前河阳节度使李周彝围枣强[39]，招讨应接使平卢节度使贺德伦，副使天平留后袁象先围蓨县[40]。德伦，河西胡人；象先，下邑[41]人也。

戊寅[42]，帝至贝州[43]。

辰州蛮酋宋邺、昌师益皆帅众降于楚，楚王殷以邺为辰州刺史，师益为溆州刺史。

（以上为第六段，写晋赵联兵攻燕，后梁太祖朱晃亲自帅众往救。）

【注释】

[1]飞狐：县名。县治在今河北涞源县。 [2]赵王：指王镕。 [3]义武：指王处直。 [4]易水：水名。在今河北省西部，大清河上源支流，有北、中、南三支，均源出易县境，汇合后入南拒马河。 [5]丙戌：正月七日。 [6]三镇：指并、镇、定。 [7]祁沟关：关名。在今河北涿州市南。 [8]戊子：正月九日。 [9]涿州：州名。治所在今河北涿州市。 [10]城守：据城守御。 [11]刘守奇：刘守光之弟。后梁太祖开平元年（907）奔晋，事见《资治通鉴》卷二百六十六。 [12]河东小刘郎：即刘守奇。 [13]豫：参与。通“与”。 [14]免胄：脱去头盔。

[15]劳（lào）：慰问。 [16]疾：妒忌。 [17]谮（zèn）：诬陷。 [18]博州：州名。治所在今山东聊城市东北。 [19]籍：登记。 [20]文面：脸上刺字或记号，防止士兵逃走。 [21]客之：以为门客。 [22]丁酉：正月十八日。 [23]辛酉：二月十二日。 [24]光禄卿：官名。专管皇室祭品、膳食及招待酒宴之官。 [25]呼之为兄：朱晃与王建同时起于低贱，现王建据四川，兵强地险，朱晃虽称帝中原，自度无力控制四川，故以国与国之间的礼节，呼之为兄。 [26]甲子：二月十五日。 [27]惮行：害怕随行。 [28]白马顿：地名。在河南洛阳市东北。 [29]遣骑（jì）：派骑兵。 [30]散骑常侍：官名。在皇帝左右规谏过失，预闻要政。唐置左右散骑常侍，分置门下、中书二省。左门下省者称为左散骑常侍。虽无实际职权，仍为尊贵之官。 [31]兵部郎中：官名。唐代六部的组织，以尚书侍郎为尚书的佐官，尚书侍郎之下，置郎中、员外郎为部员的骨干。 [32]丙寅：二月十七日。 [33]武陟（zhì）：县名。县治在今河南武陟县。 [34]丁卯：二月十八日。 [35]阙：通“缺”。 [36]告辞：写在告身上的文辞。 [37]悖（bèi）慢：违逆傲慢。 [38]乙亥：二月二十六日。 [39]枣强：县名。县治在今河北枣强县东。 [40]蓨（tiáo）县：县名。县治在今河北景县。蓨，通“条”。 [41]下邑：县名。县治在今河南夏邑县。 [42]戊寅：二月二十九日。 [43]贝州：州名。治所在今河北清河县西。

帝昼夜兼行，三月，辛巳[1]，至下博[2]南，登观津冢[3]。赵将符习[4]引数百骑巡逻，不知是帝，遽[5]前逼之。或告曰：“晋兵大至矣！”帝弃行幄[6]，亟引兵趣枣强[7]，与杨师厚军合。习，赵州人也。

枣强城小而坚，赵人聚精兵数千人守之，师厚急攻之，数日不下，城坏复修，死伤者[8]以万数。城中矢石将竭，谋出降，有一卒奋曰：“贼自柏乡丧败已来，视我镇人裂眥[9]，今往归之，如自投虎狼之口耳。困穷如此，何用身为[10]！我请独往试之。”夜，缒[11]城出，诣梁军诈降，李周彝召问城中之备，对曰：“非半月未易下也。”因谋[12]曰：“某既归命[13]，愿得一剑，效死[14]先登，取守城将首。”周彝不许，使荷担[15]从军。卒得间[16]举担击周彝首，踣[17]地，左右救至，得免。帝闻之，愈怒，命师厚昼夜急攻，丙戌[18]，拔之，无问老幼皆杀之，流血盈城[19]。

初，帝引兵渡河，声言五十万。晋忻州[20]刺史李存审屯赵州，患兵少，裨将赵行实请入土门[21]避之，存审不可。及贺德伦攻蓨县，存审谓史建瑭、李嗣肱[22]曰：“吾王方有事幽蓟，无兵此来，南方之事委吾辈数人。今蓨县方急，吾辈安得坐而视之！使贼得蓨县，必西侵深、冀，患益深矣。当与公等以奇计破之。”存审乃引兵扼[23]下博桥[24]，使建瑭、嗣肱分道擒生[25]。建瑭分其麾下为五队，队各百人，一之[26]衡水[27]，一之南宫[28]，一之信都[29]，一之阜城[30]，自将一队深入，与嗣肱遇梁军之樵刍者[31]皆执之，获数百人。明日会于下博桥，皆杀之，留数人断臂纵去，曰："为我语朱公：晋王大军至矣！"时蓨县未下，帝引杨师厚兵五万，就贺德伦共攻之。丁亥[32]，始至县西，未及置营，建瑭、嗣肱各将三百骑，效[33]梁军旗帜服色，与樵刍者杂行，日且暮，至德伦营门。杀门者[34]，纵火大噪，弓矢乱发，左右驰突，既暝[35]，各斩馘[36]执俘而去。营中大扰，不知所为。断臂者复来曰："晋军大至矣！"帝大骇，烧营夜遁[37]，迷失道，委曲[38]行百五十里，戊子旦[39]乃至冀州[40]；蓨之耕者皆荷锄[41]奋梃[42]逐之，委弃[43]军资器械不可胜计，既而复遣骑觇[44]之，曰："晋军实未来，此乃史先锋[45]游骑耳。"帝不胜惭愤[46]，由是病增剧，不能乘肩舆[47]。留贝州旬余，诸军始集[48]。

（以上为第七段，写后梁太祖朱晃连战损兵，惶惧退军至冀州，疾甚。）

【注释】

[1]辛巳：三月二日。[2]下博：县名。县治在今河北深州市东南。[3]观津冢：地名。在今河北武邑县东南。观津为汉县名。古城东南有青山，为汉文帝窦后之父冢。窦后父少遭秦之乱，渔钓隐身，坠渊而死。汉景帝填深渊以为大冢葬之，起大坟于观津城东南，谓之窦氏青山。[4]符习：生卒年不详。赵州人。少事赵王王镕为军校，入晋为天平、平卢等镇节度使。传见《旧五代史》卷五十九，《新五代史》卷二十六。[5]遽（jù）：仓促。[6]行幄（wò）：行军帐篷。[7]趣枣强：自下博至枣强六十余里。[8]死伤者：指攻城之卒死伤者。[9]裂眥（zī）：眥，一作"眦"，眼眶。裂眥，形容极其愤怒的神态。[10]何用身为：意谓还要这个身体干什么？[11]缒（zhuì）：用绳子悬人从城上使下坠。[12]因谋：趁机出谋划策。[13]归命：归顺。[14]效死：尽死效力。[15]荷（hè）担：挑担子。[16]得间：得空，得到机会。[17]踣（bó）：跌倒。[18]丙戌：三月七日。[19]盈城：满城。[20]忻（xīn）州：州名。治所在今山西忻州市。[21]土门：即井陉。入土门则退归晋阳了。[22]李嗣肱（?—923）：李克修之子，从周德威数立战功，为马步军都虞候，累迁蔚、泽、代州刺史。传附《旧五代史》卷五十，《新五代史》卷十四。[23]扼：控制。[24]下博桥：漳水流经下博县，跨漳水为桥。[25]擒生：活捉俘

虏。[26]之：往，去。[27]衡水：县名。县治在今河北衡水市西。[28]南宫：县名。县治在今河北南宫市西。[29]信都：县名。县治在今河北冀州。时为冀州治所，环冀州近郊为信都。[30]阜城：县名。县治在今河北阜城县。[31]樵刍者：打柴草的士兵。[32]丁亥：三月八日。[33]效：仿照。[34]门者：守门的人。[35]暝：天黑。[36]馘（guó）：割取敌人的耳朵。[37]夜遁：夜间逃跑。朱晃乘夜狼狈逃跑，说明主将上下先有畏晋之心。[38]委曲：曲折辗转。[39]戊子旦：三月九日晨。[40]冀州：州名。治所在今河北冀州。[41]荷锄（chú）：扛着锄头。[42]奋梃（tǐng）：举起木棒。[43]委弃：丢弃于地。[44]觇（chān）：窥探。[45]史先锋：史建瑭时为先锋指挥使，故称。[46]惭愤：惭愧气愤。[47]肩舆：用人力抬扛的代步工具。[48]诸军始集：溃散的各支部队方才集合起来。

义昌节度使刘继威年少，淫虐类[1]其父[2]，淫于都指挥使张万进家，万进怒，杀之。诘旦[3]，召大将周知裕，告其故。万进自称留后，以知裕为左都押牙[4]。庚子[5]，遣使奉表请降，亦遣使降于晋；晋王命周德威安抚之。知裕心不自安[6]，遂来奔[7]，帝为之置归化军，以知裕为指挥使，凡军士自河朔来者皆隶之[8]。辛丑[9]，以万进为义昌留后。甲辰[10]，改义昌为顺化军，以万进为节度使。

乙巳[11]，帝发贝州；丁未[12]，至魏州。

戊申[13]，周德威遣裨将李存晖等攻瓦桥关[14]，其将吏及莫州[15]刺史李严[16]皆降。严，幽州人也，涉猎[17]书传，晋王使傅[18]其子继岌，严固辞。晋王怒，将斩之，教练使[19]孟知祥[20]徒跣[21]入谏曰："强敌未灭，大王岂宜以一怒戮向[22]之士乎！"乃免之。知祥，迁[23]弟子，李克让[24]婿也。

吴镇南节度使刘威，歙州观察使陶雅，宣州观察使李遇，常州刺史李简，皆武忠王[25]旧将，有大功，以徐温自牙将[26]秉政，内不能平；李遇尤甚，常言："徐温何人，吾未尝识面，一旦乃当国[27]邪！"

馆驿使[28]徐玠使于吴越，道过宣州，温使蚧说遇人见新王[29]，遇初许之；玠曰："公不尔[30]，人谓公反。"遇怒曰："君言遇反，杀侍中[31]者非反邪！"侍中，谓威王[32]也。温怒，以淮南节度副使王檀为宣州制置使[33]，数[34]遇不入朝之罪，遣都指挥使柴再用帅升、润、池、歙兵纳[35]檀于宣州，升州副使徐知诰为之副。遇不受代[36]，再用攻宣州，逾月不克。

夏，四月，癸丑[37]，以楚王殷为武安、武昌、静江、宁远[38]节度使，洪、鄂四面行营都统。

乙卯[39]，博王友文来朝[40]，请帝还东都。丁巳[41]，发魏州；己未[42]，至黎阳[43]，以疾淹留[44]；乙丑[45]，至滑州。

维州[46]羌胡董琢反，蜀主遣保銮军使[47]赵绰讨平之。

己巳[48]，帝至大梁。

帝闻岭南与楚相攻，甲戌[49]，以右散骑常侍韦戬等为潭、广和叶使[50]，往解之。

戊寅[51]，帝发大梁。

周德威白晋王，以兵少不足攻城[52]，晋王遣李存审将吐谷浑[53]、契苾[54]骑兵会之。李嗣源攻瀛州[55]，刺史赵敬降。

五月，甲申[56]，帝至洛阳，疾甚。

司空、门下侍郎、同平章事薛贻矩卒。

燕主守光遣其将单廷珪将精兵万人出战，与周德威遇于龙头冈[57]。廷珪曰："今日必擒周杨五以献。"杨五者，德威小名也。既战，见德威于陈，援[58]枪单骑[59]逐之，枪及德威背，德威侧身避之，奋楇反击廷珪坠马[60]，生擒，置于军门。燕兵退走，德威引骑乘[61]之，燕兵大败，斩首三千级。廷珪，燕骁将也，燕人失之，夺气[62]。

（以上为第八段，写昌义军将张万进杀刘守光子节度使刘继威，自为留后，梁改昌义军为顺化军，以张万进为节度使。周德威大破燕军，生擒其骁将单廷珪，燕人夺气。）

【注释】

[1]类：相象。[2]其父：刘守光。[3]诘旦：明早。[4]左都押牙：武官名。管领仪仗侍卫。[5]庚子：三月二十一日。[6]心不自安：据章校，"安"字下有"求为景州刺史"六字。景州，州名。治所在今河北东光县。[7]遂来奔：谓周知裕投奔梁朝。[8]隶之：隶属于归化军。[9]辛丑：三月二十二日。[10]甲辰：三月二十五日。[11]乙巳：三月二十六日。[12]丁未：三月二十八日。[13]戊申：三月二十九日。[14]瓦桥关：在今河北雄县易水上，在涿州南。[15]莫州：州名。治所在今河北雄县南。[16]李严（?—927)：幽州人。初名让坤，事

刘守光为莫州刺史，后事唐庄宗为客省使。同光三年使于蜀。唐明宗天成二年（927）出任西川监军，为孟知祥所杀。［17］涉猎：广泛阅读。［18］傅：辅导。［19］教练使：官名。掌训练习武之事。［20］孟知祥（874—934）：后蜀国的建立者。字保胤，邢州龙冈（今河北邢台西南）人。后唐庄宗时为太原留守。同光三年唐灭前蜀，为成都尹，充西川节度使。明宗长兴三年（932）攻杀东川节度使董璋，次年为东、西川节度使，封蜀王。应顺元年（934）称帝，国号蜀，史称后蜀。传见《旧五代史》卷一百三十六，《新五代史》卷六十四。［21］跣（xiǎn）：光着脚。形容其着急之状。［22］向：崇尚。向义之士，指李严。［23］迁：指孟迁。唐昭宗大顺元年（890）以邢州降晋。传附《新唐书》卷一百八十七。［24］李克让：李克用之弟。［25］武忠王：指杨行密。［26］牙将：徐温原为右牙指挥使。事见《资治通鉴》卷二百六十六开平元年。［27］当国：执政，主持国事。［28］馆驿使：官名。馆驿为供邮传行旅食宿的旅舍驿站。唐代自代宗大历十四年（779）起，两京各以御史一人知驿，号馆驿使。［29］新王：指杨隆演。［30］不尔：不如此，指不入见新王。［31］侍中：指杨渥。开平二年（908）五月，徐温与张颢谋杀淮南节度使兼侍中杨渥。［32］威王：杨渥谥威王。［33］制置使：官名。负责经营谋划边防军务。［34］数（shǔ）：列举。［35］纳：引进，接纳。［36］受代：官吏去职。意思是受人替代。［37］癸丑：四月五日。［38］武安、武昌、静江、宁远：皆方镇名。武安治潭州，武昌治鄂州，静江治桂州，宁远治容州。以马殷为四镇节度使和洪、鄂四面行营都统，欲使之攻杨氏。［39］乙卯：四月七日。［40］来朝：朝于魏州行宫。［41］丁巳：四月九日。［42］己未：四月十一日。［43］黎阳：县名。县治在今河南浚县。［44］淹留：滞留，停留。［45］乙丑：四月十七日。［46］维州：州名。治所在今四川理县北。［47］保銮军使：官名。统领皇帝的近卫部队。皇帝的车驾叫銮驾，保銮是指皇帝的卫士。［48］己巳：四月二十一日。［49］甲戌：四月二十六日。［50］和叶（xié）使：临时派出调解岭南和楚之间争端的使者。［51］戊寅：四月三十日。［52］攻城：攻幽州城。幽州城大且坚固，兵少不能攻。［53］吐谷（yù）浑：我国古代鲜卑族建立的王朝名。［54］契苾（bì）：民族名，敕勒诸部之一。［55］瀛州：州名。治所在今河北河间市。［56］甲申：五月六日。［57］龙头冈：在幽州城东南。［58］援：执，持。［59］单骑（jì）：一人一马。［60］坠马：从马上坠下。单廷珪的马正在疾驰，势不可止。周德威侧身躲过其锋，奋樀反击，廷珪无法躲避，所以坠马。［61］乘：乘胜追击。［62］夺气：丧失士气。

己丑[1]，蜀大赦。

李遇少子为淮南牙将，遇最爱之，徐温执之，至宣州城下示之，其子啼号求生，遇由是不忍战。温使典客[2]何荛入城，以吴王命说之，曰："公本志果反，请斩荛以徇[3]；不然，随荛纳款[4]。"遇乃开门请降，温使柴再用斩之，夷其族。于是诸将[5]始畏温，莫敢违其命。

徐知诰以功迁升州刺史。知诰事温甚谨，安于劳辱[6]，或通夕不解带，温以是特爱之，每谓诸子曰："汝辈事我能如知诰乎？"时诸州长吏多武夫，专以军旅为务，不恤[7]民事；知诰在升州，独选用廉吏[8]，修明政教[9]，招延[10]四方士大夫，倾家赀[11]无所爱。洪州进士宋齐丘，好纵横之术[12]，谒知诰，知诰奇之，辟[13]为推官，与判官[14]王令谋、参军[15]王翃专主谋议，以牙吏[16]马仁裕、周宗、曹悰为腹心。仁裕，彭城[17]人；宗，涟水[18]人也。

闰月，壬戌[19]，帝疾增甚，谓近臣曰："我经营天下三十年[20]，不意太原余孽[21]更昌炽[22]如此！吾观其志不小，天复夺我年[23]，我死，诸儿非彼敌也，吾无葬地矣！"因哽咽，绝[24]而复苏[25]。

高季昌潜[26]有据荆南[27]之志，乃奏筑江陵外郭[28]，增广之。

丙寅[29]，蜀门下侍郎、同平章事王锴罢为兵部尚书。

帝长子郴王友裕早卒。次假子博王友文[30]，帝特爱之，常留守东都，兼建昌宫[31]使。次郢王珪，其母亳州营倡[32]也，为左右控鹤都指挥使[33]。次均王友贞为东都马步都指挥使。

初，元贞[34]张皇后严整多智，帝敬惮之。后殂[35]，帝纵意声色，诸子虽在外，常征[36]其妇入侍，帝往往[37]乱之。友文妇王氏色美，帝尤宠之，虽未以友文为太子，帝意常属[38]之。友珪心不平。友珪尝有过，帝挞[39]之，友珪益不自安。帝疾甚，命王氏召友文于东都[40]，欲与之诀[41]，且付以后事。友珪妇张氏亦朝夕侍帝侧，知之，密告友珪曰："大家[42]以传国宝付王氏怀[43]往东都，吾属死无日矣。"夫妇相泣。左右或说之曰："事急计生，何不改图，时不可失！"

六月，丁丑朔[44]，帝命敬翔[45]出友珪为莱州[46]刺史，即令之官[47]。已宣旨，未行敕[48]。时左迁[49]者多追赐死，友珪益恐。

戊寅[50]，友珪易服微行[51]入左龙虎军[52]，见统军韩勍，以情告之。珪亦见功臣宿将多以小过被诛，惧不自保，遂相与合谋。勍以牙兵五百人从友珪杂[53]控鹤[54]士入，伏于禁中[55]，中夜[56]斩关[57]入，至寝殿，侍疾者[58]皆散走。帝惊起，问："反者为谁？"友珪曰："非他人也。"帝曰："我固疑此贼，恨不早杀之。汝悖逆[59]如此，天地岂容汝乎！”友珪曰：“老贼万段[60]！”友珪仆夫冯廷谔刺帝腹，刃出于背。友珪自以败毡[61]裹之，瘞[62]于寝殿，秘不发丧[63]。遣供奉官丁昭溥驰诣东都，命均王友贞杀友文。

己卯[64]，矫诏[65]称：“博王友文谋逆[66]，遣兵突入殿中，赖郢王友珪忠孝，将兵诛之，保全朕躬[67]。然疾因震惊，弥[68]致危殆[69]，宜令友珪权[70]主军国之务。”韩勍为友珪谋，多出府库金帛赐诸军及百官以取悦。

辛巳[71]，丁昭溥还，闻友文已死，乃发丧，宣遗制[72]，友珪即皇帝位。

时朝廷新有内难[73]，中外人情恟恟[74]，许州[75]军士更相告变，匡国节度使韩建皆不之省[76]，亦不为备；丙申[77]，马步都指挥使张厚作乱，杀建，友珪不敢诘[78]，甲辰[79]，以厚为陈州[80]刺史。

秋，七月，丁未[81]，大赦。

（以上为第九段，写梁太祖次子郢王朱友珪弑父自立，又矫诏杀博王朱友文。）

【注释】

[1]己丑：五月十一日。[2]典客：官名。掌管郊庙祭祀和朝觐的赞礼事务。[3]徇：向众宣示。[4]纳款：归顺，降服。[5]诸将：谓刘威、陶雅等人。[6]劳辱：劳苦和欺辱。徐温以善事杨行密而窃吴国之权，徐知诰又以善事徐温而窃徐氏之权。[7]恤：顾及。[8]廉吏：清廉的官吏。[9]政教：政治教化。[10]招延：招揽聘请。[11]倾家赀（zī）：拿出全部资财。[12]好纵横之术：擅长游说之术。[13]辟（bì）：征召。[14]推官：官名。唐代节度使、观察使之属官。[15]参军：官名。参谋军务。晋以后军府和王国置为官员。[16]牙吏：即衙吏。官署中的杂差小吏。[17]彭城：郡名。治所在今江苏徐州市。[18]涟水：县名。县治在今江苏涟水县。[19]壬戌：闰五月十五日。[20]三十年：自唐僖宗中和三年（883）朱温镇宣武，为创业之始，至此时已三十一年。[21]余孽（niè）：残余的徒众。太原余孽指晋王李存勖。[22]昌炽：昌盛。[23]天复夺我年：老天爷又要我的命。夺年，夺去生命，为死亡的委婉语。[24]绝：气绝。[25]苏：气绝而复息为苏。[26]潜：暗中。[27]荆南：方镇名。治所江陵。[28]外郭：外城。[29]丙寅：闰五月十九日。[30]友文：本名康勤，朱温养以为子，改名朱友文。[31]建昌宫：朱温以大梁旧第为建昌宫。[32]营倡：即营妓。古代军中官妓。据《旧五代史》，友珪小字遥喜，母失其姓，本亳州营妓。唐光启中，朱温夺取亳州，召而侍寝。月余，舍之而去，妓以娠告。时元贞张后贤而有宠，朱温素畏之，故不敢将友珪母子携归

大梁，而留亳州。及期，妓以生男相告，朱温喜，故取名“遥喜”。［33］指挥使：据章校，下有“无宠”二字，即朱友珪不受宠爱。［34］元贞：张氏初封魏国夫人，唐哀帝天祐元年（904）以疾卒。朱温即位，追册为贤妃。末帝立，追谥元贞皇太后。［35］殂（cú）：死。［36］征：征召。［37］乱：淫乱。［38］属（zhǔ）：专注。［39］挞（tà）：用鞭棍等打人。［40］东都：梁以大梁为东都，朱友文为东都留守。［41］诀：永别。［42］大家：宫中近臣和后妃对皇帝的称呼。［43］怀：用如动词。［44］丁丑朔：六月一日。［45］敬翔：时为宣政使。［46］莱州：州名。治所在今山东莱州市。［47］之官：去赴任。［48］行敕：正式颁发诏书。敬翔辅佐朱晃多年，军国大事无不参与。现朱晃于弥留之际出朱友珪于外，如果敬翔能妥善处理这件事，不至于酿成大祸。［49］左迁：贬官。［50］戊寅：六月二日。［51］易服微行：换便衣出行，不使人知道其身份。［52］左龙虎军：禁卫军之一。［53］杂：夹杂，混杂。［54］控鹤：梁以侍卫亲军为控鹤军。［55］禁中：宫中。［56］中夜：半夜。［57］斩关：杀死守门卫士。［58］侍疾者：侍奉朱晃疾病的人。［59］悖（bèi）逆：犯上作乱。［60］万段：碎尸万段。［61］败毡（zhān）：破毡。［62］瘗（yì）：埋。［63］秘不发丧：保守秘密，不将死讯公告于众。［64］己卯：六月三日。［65］矫诏：诈称朱晃之诏书。［66］谋逆：谋反。［67］朕躬：皇帝自称。［68］弥：终。［69］危殆：危险。［70］权：代理。［71］辛巳：六月五日。［72］宣遗制：宣布朱晃的遗诏。［73］内难：指朱晃之死。［74］恟恟：纷乱不安。［75］许州：州名。治所在今河南许昌市。［76］省（xǐng）：明白。［77］丙申：六月二十日。［78］诘：责问。［79］甲辰：六月二十八日。［80］陈州：州名。治所在今河南周口市淮阳区。［81］丁未：七月二日。

天雄[1]节度使罗周翰[2]幼弱，军府事皆决于牙内都指挥使潘晏；北面都招讨使、宣义[3]节度使杨师厚军于魏州，久欲图之，惮太祖威严，不敢发。至是，师厚馆于铜台驿[4]，潘晏入谒，执而杀之，引兵入牙城，据位视事[5]。壬子[6]，制以师厚为天雄节度使，徙周翰为宣义节度使。

以侍卫诸军使韩勍领匡国[7]节度使。

甲寅[8]，加吴越王镠尚父[9]。

甲子[10]，以均王友贞为开封尹、东都留守。

蜀太子元坦更名元膺[11]。

丙寅[12]，废建昌宫使，以河南尹张宗奭为国计使[13]，凡天下金谷旧隶建昌宫者悉主之。

八月，龙骧军三千人戍怀州[14]者，溃乱东走，所过剽掠；戊子[15]，遣东京马步军都指挥使霍彦威[16]、左耀武指挥使杜晏球[17]讨之，庚寅[18]，击破乱军。执其都将刘重遇于鄢陵[19]，甲午[20]，斩之。

郢王友珪既篡立，诸宿将多愤怒，虽曲[21]加恩礼，终不悦。告哀使[22]至河中，护国[23]节度使冀王朱友谦泣曰："先帝数十年开创基业，前日变起宫掖[24]，声闻甚恶，吾备位[25]藩镇，心窃耻[26]之。"友珪加友谦侍中、中书令，以诏书自辨[27]，且征[28]之。友谦谓使者曰："所立者为谁？先帝晏驾[29]不以理[30]，吾且至洛阳问罪，何以征为！"戊戌[31]，以侍卫诸军使韩勍为西面行营招讨使，督诸军讨之[32]。友谦以河中附于晋以求救，九月，丁未[33]，以感化节度使康怀贞为河中都招讨使，更以韩勍副之。

友珪以兵部尚书知崇政院事敬翔，太祖腹心，恐其不利于己，欲解其内职[34]，恐失人望，庚午[35]，以翔为中书侍郎、同平章事；壬申[36]，以户部尚书李振充崇政院使。翔多称疾不预事[37]。

康怀贞等与忠武节度使牛存节合兵五万屯河中城西，攻之甚急。晋王遣其将李存审、李嗣肱、李嗣恩[38]将兵救之，败梁兵于胡壁[39]。嗣恩，本骆氏子也。

吴武忠王[40]之疾病也，周隐[41]请召刘威，威曰[42]是为帅府[43]所忌。或谮之于徐温，温将讨之。威幕客黄讷说威曰："公受谤虽深，反本无状[44]，若轻舟入觐[45]，则嫌疑皆亡[46]矣。"威从之。陶雅闻李遇败，亦惧，与威偕诣广陵，温待之甚恭，如事武忠王[47]之礼，优加官爵，雅等悦服，由是人皆重温。讷，苏州人也。温与威、雅帅将吏请于李俨[48]，承制加嗣吴王隆演太师、吴王，以温领镇海节度使、同平章事，淮南行军司马如故，温遣威、雅还镇[49]。

（以上为第十段，写后梁冀王朱友谦附晋。淮南与楚、荆南相攻。）

【注释】

[1]天雄：方镇名。治所魏州。 [2]罗周翰（898—912）：罗绍威之次子，袭父位为天雄节度使，为杨师厚所逐，徙为宣义军节度使。传附《旧五代史》卷十四，《新五代史》卷三十九《罗绍威传》。 [3]宣义：方镇名。治所滑州。 [4]铜台驿：驿站名，因铜雀台而得名。 [5]视事：

办理公务。［6］壬子：七月七日。［7］匡国：韩建为张厚所杀。韩勍（qíng）因与朱友珪同谋弑朱晃有功，领节。［8］甲寅：七月七日。［9］尚父：皇帝尊礼大臣所加的尊号。［10］甲子：七月十九日。［11］元膺：王宗懿更名元坦，见上卷开平四年。据《新五代史》，蜀主王建于什仿县得铜牌子，有文二十余字，王建以为符谶，取之以名诸子，故又更名。［12］丙寅：七月二十一日。［13］国计使：官名。掌天下金、谷。朱晃即位后，以博王友文领建昌宫使，专领金谷。现朱友珪既杀友文，故废建昌宫使而置国计使。［14］怀州：州名。治所在今河南沁阳。怀州是防止晋人南下屏卫洛阳的门户。［15］戊子：八月十三日。［16］霍彦威（?—928）：字子重，洺州曲周（今河北曲周东北）人。梁将霍存养子。以功拜邠宁节度使。后唐庄宗灭梁，赐姓名李绍真，为武宁节度使。庄宗崩，从明宗入洛阳，首率群臣劝进，徙镇平卢。传见《旧五代史》卷六十四，《新五代史》卷四十六。［17］杜晏球（867—929）：字莹之，洛阳人。原姓王，少为汴州富人杜氏养以为子，遂改姓杜。朱全忠镇宣武时，为厅子都指挥使。朱友珪立，以功迁龙骧第一指挥使。末帝即位，拜澶州刺史。后降唐，庄宗赐名李绍虔，拜齐州防御使。明宗时拜归德军节度使、天平军节度使。传见《旧五代史》卷六十四，《新五代史》卷四十六。［18］庚寅：八月十五日。［19］鄢陵：县名。县治在今河南鄢陵。［20］甲午：八月十九日。［21］曲：委曲己意。［22］告哀使：朝廷派出报丧的使者。［23］护国：方镇名。治所蒲州。［24］宫掖：宫禁之中。掖，宫中旁舍，妃嫔居住的地方。［25］备位：谦词，意位聊以充数，徒占其位。［26］窃耻：心中暗自以为耻。朱友谦本陕州牙将朱简，唐末附朱温，赐名友谦，列于诸子。故以友珪弑逆而不能诛之为耻。［27］自辨：为自己辩解。［28］征：征召入朝。［29］晏驾：古人讳言帝王死亡，称为晏驾。［30］不以理：不合情理。［31］戊戌：八月二十三日。［32］讨之：讨伐朱友谦。［33］丁未：九月三日。［34］内职：在朝廷内担任的官职，此指知崇政院事。［35］庚午：九月二十六日。［36］壬申：九月二十八日。［37］不预事：不干预朝政。敬翔、李振皆为先朝佐命之臣。李振代敬翔为崇政院使，则与朱友珪同恶。敬翔虽故意称病不参与朝政，亦难逃罪责。［38］李嗣恩（?—918）：本姓骆，吐谷浑部人。少事李克用，为突阵指挥使，赐姓名，养为子。庄宗时为天雄军马步都指挥使、代州刺史、振武节度使。传见《旧五代史》卷五十二，《新五代史》卷三十六。［39］胡壁：镇名。在今山西万荣西南。［40］武忠王：指杨行密。［41］周隐：时为节度判官。杨行密病危，使周隐召杨渥，周隐认为杨渥非保家之王，建议召刘威。刘威时为庐州刺史。事见《资治通鉴》卷二百五十六昭宣帝天祐二年。［42］威曰：据章校，“曰”应为“由”。［43］帅府：指广陵帅府。［44］反本无状：本无反叛的情况。［45］觐（jīn）：诸侯朝见天子。此指晋见吴王。［46］亡：通“无”。［47］如事武忠王：如事杨行密。因刘威、陶雅皆为与杨行密同时起事的将领，徐温贵而不敢忘旧。［48］李俨：昭宗天复二年（902）唐室所遣江淮宣谕使。［49］还镇：刘威镇洪州，陶雅镇歙州。

辛巳[1]，蜀改剑南东川曰武德军。

朱友谦复告急于晋，冬，十月，晋王自将自泽潞[2]而西，遇康怀贞于解县[3]，大破之，斩首千级，追至白径岭[4]而还。梁兵解围，退保陕州。友谦身自至猗氏[5]谢晋王，从者数十人，撤武备[6]，诣晋王帐，拜之为舅。晋王夜置酒张乐[7]，友谦大醉。晋王留宿帐中，友谦安寝，鼾息自如[8]。明旦复置酒而罢。

杨师厚既得魏博之众，又兼都招讨使，宿卫劲兵[9]多在麾下，诸镇兵皆得调发[10]，威势甚重，心轻郢王友珪，遇事往往专行不顾。友珪患之，发诏召之，云“有北边军机[11]，欲与卿面议。”师厚将行，其腹心皆谏曰：“往必不测[12]。”师厚曰：“吾知其为人，虽往，如我何！”乃帅精兵万余人，渡河趣洛阳，友珪大惧。丁亥[13]，至都门[14]，留兵于外，与十余人入见，友珪喜，甘言逊词[15]以悦之，赐与巨万。癸巳[16]，遣还。

十一月，赵将王德明将兵三万掠武城[17]，至于临清[18]，攻宗城[19]，下之。癸丑[20]，杨师厚伏兵唐店[21]，邀击，大破之，斩首五千余级。

甲寅[22]，葬神武元圣孝皇帝于宣陵[23]，庙号太祖。

吴淮南节度副使陈璋等将水军袭楚岳州。执刺史苑玫[24]；楚王殷遣水军都指挥使杨定真救岳州。璋等进攻荆南，高季昌遣其将倪可福拒之。吴恐楚人救荆南，遣抚州刺史刘信帅江、抚、袁、吉、信[25]五州兵屯吉州[26]，为璋声援。

十二月，戊寅[27]，蜀行营都指挥使王宗汾攻岐文州[28]，拔之，守将李继夔走。

是岁，隰州[29]都将刘训[30]杀刺史，以州降晋，晋王以为瀛州刺史。训，永和人也。

虔州防御使李彦图卒，州人奉谭全播知州事，遣使内附[31]，诏以全播为百胜[32]防御使、虔韶二州节度开通使[33]。

高季昌出兵，声言助梁伐晋，进攻襄州[34]，山南东道节度使孔勍[35]击败之。自是朝贡路绝[36]。勍，兖州人也。

（以上为第十一段，晋王李存勖亲自率军救朱友谦，大破梁军，友谦拜晋王为舅。隰州附于晋。虔州将士奉谭全播知州事。）

【注释】

[1]辛巳：十月七日。[2]泽潞：泽州和潞州。[3]解县：县名。县治在今山西运城西南解州镇。[4]白径岭：在河中安邑县东。[5]猗（yī）氏：县名。县治在今山西临猗县。[6]武备：武装戒备，警卫。[7]张乐（yuè）：奏乐。[8]鼾息自如：朱友谦以此向晋王表示委心晋王，无所猜忌。[9]宿卫劲兵：精锐的警卫部队。[10]调发：调遣发动。[11]军机：军中机要之事。[12]不测：意外的事。[13]丁亥：十月十三日。[14]都门：城外郭门。[15]甘言逊词：好听的话，谦逊的言辞。[16]癸巳：十月十九日。[17]武城：县名。县治在今河北清河县西，时属贝州。[18]临清：县名。县治在今河北临西县，时属贝州。[19]宗城：县名。县治在今河北威县东，亦属贝州。[20]癸丑：十一月九日。[21]唐店：镇名。在宗城县南。[22]甲寅：十一月十日。[23]宣陵：在河南伊阙县，在今伊川县西。[24]苑玫：梁太祖开平三年苑玫自江西降楚，楚使之守岳州。[25]江、抚、袁、吉、信：皆州名。江州治所在今江西九江市。抚州治所在今江西抚州市临川区。袁州治所在今江西宜春市。吉州治所在今江西吉安县。信州治所在今江西上饶市。[26]屯吉州：屯兵吉州以张声势，牵制楚兵。[27]戊寅：十二月五日。[28]文州：州名。治所在今甘肃文县。[29]隰（xí）州：州名。治所在今山西隰县。[30]刘训：字遵范，隰州永和（今山西永和）人。初事李克用为马军队长，后隶河中，为隰州防御都将归李存勖后，历瀛州刺史、襄州节度使、建雄军节度使。传见《旧五代史》卷六十一。[31]内附：归附梁。[32]百胜：虔州原有百胜军指挥使，现以百胜为军州名。[33]开通使：官名。使之开通道路、南达交州、广州。[34]襄州：州名。治所在今湖北襄阳市。高季昌时为荆南节度使。[35]孔勍（qíng）（847—926）：字鼎文，兖州人。初事朱全忠，渐至太守，贞明中授山南东道节度使。传见《旧五代史》卷六十四。[36]朝贡路绝：高季昌既与孔勍争战，入后梁之路断绝，不复朝贡。

均王[1]上上

乾化三年（癸酉，913年）

春，正月，丁巳[2]，晋周德威拔燕顺州[3]。

癸亥[4]，郢王友珪朝享[5]太庙；甲子[6]，祀圜丘[7]，大赦，改元凤历。

吴陈璋攻荆南，不克而还，荆南兵与楚兵会于江口[8]以邀之；璋知之，舟二百艘骈[9]为一列，夜过，二镇兵遽出追之，不能及。

晋周德威拔燕安远军[10]，蓟州将成行言等降于晋。

二月，壬午[11]，蜀大赦。

郢王友珪既得志，遽为荒淫，内外愤怒，友珪虽啗[12]以金缯，终莫之附[13]。驸马都尉[14]赵岩[15]，犨[16]之子，太祖之婿也；左龙虎统军、侍卫亲军都指军使袁象先，太祖之甥[17]也。岩奉使至大梁，均王友贞密与之谋诛友珪，岩曰："此事成败，在招讨杨令公[18]耳。得其一言[19]谕禁军，吾事立办。"均王乃遣腹心马慎交之魏州说杨师厚曰："郢王篡弑[20]，人望[21]属[22]在大梁[23]，公若因[24]而成之，此不世之功[25]也。"且许事成之日赐犒军钱五十万缗。师厚与将佐谋之，曰："方郢王弑逆，吾不能即讨；今君臣之分[26]已定，无故改图，可乎？"或曰："郢王亲弑君父，贼也；均王举兵复仇，义也。奉义讨贼，何君臣之有[27]！"彼若一朝破贼，公将何以自处乎？"师厚曰："吾几[28]误计。"乃遣其将王舜贤至洛阳，阴与袁象先谋，遣招讨马步都虞候谯[29]人朱汉宾[30]将兵屯滑州[31]为外应。赵岩归洛阳，亦与象先密定计。

友珪治龙骧军[32]溃乱者，搜扑其党，获者族之，经年不已[33]。时龙骧军有戍大梁者，友珪征之，均王因使人激怒其众曰："天子[34]以怀州屯兵叛，追汝辈欲尽坑[35]之。"其众皆惧，莫知所为。丙戌[36]，均王奏龙骧军疑惧，未肯前发。戊子[37]，龙骧将校见均王，泣请可生之路[38]，王曰："先帝与汝辈三十余年征战，经营王业。今先帝尚为人所弑，汝辈安所逃死乎！"因出太祖画像示之而泣曰："汝能自趣洛阳雪仇耻，则转祸为福矣。"众皆踊跃呼万岁，请兵仗[39]，王给之。

庚寅旦[40]，袁象先等帅禁兵数千人突入宫中。友珪闻变，与妻张氏及冯廷谔[41]趋北垣[42]楼下，将逾城，自度不免，令廷谔先杀妻，后杀己，廷谔亦自刭。诸军[43]十余万大掠都市，百司[44]逃散，中书侍郎、同平章事杜晓、侍讲学士[45]李珽皆为乱兵所杀，门下侍郎、同平章事于兢、宣政使李振被伤。至晡[46]乃定。

象先、岩赍[47]传国宝诣大梁迎均王，王曰："大梁国家创业之地[48]，何必洛阳！"乃即帝位于大梁，复称乾化三年，追废友珪为庶人，复博王友文官爵。

丙申[49]，晋李存晖攻燕檀州[50]，刺史陈确以城降。

蜀唐道袭自兴元罢归，复为枢密使。太子元膺廷疏[51]道袭过恶，以为不应复典[52]机要，蜀主不悦。庚子[53]，以道袭为太子太保。

三月，甲辰朔[54]，晋周德威拔燕卢台军[55]。

丁未[56]，帝更名锽；久之，又名瑱。

庚戌[57]，加杨师厚兼中书令，赐爵邺王，赐诏不名[58]，事无巨细必咨[59]而后行。

帝遣使招抚朱友谦；友谦复称藩[60]，奉梁年号。

丙辰[61]，立皇弟友敬为康王。

乙丑[62]，晋将刘光浚克古北口[63]，燕居庸关[64]使胡令圭等奔晋。

（以上为第十二段，写后梁均王朱友贞灭朱友珪，即帝位于大梁，改名锽，后又改名瑱，是为梁末帝。）

【注释】

[1]均王：后梁末帝。朱晃第三子，原名友贞，即位改名填，后又改名锽。开平元年（907）封均王。乾化三年讨兄友珪而即帝位。公元913—922年在位。 [2]丁巳：正月十四日。 [3]顺州：州名。治所在今北京市顺义区。 [4]癸亥：正月二十日。 [5]朝（cháo）享：宗庙之祭。 [6]甲子：正月二十一日。 [7]圜（yuán）丘：古时祭天的圆形高坛。 [8]江口：荆江口。 [9]骈：并列。 [10]安远军：在蓟州（今天津市蓟州区）北。 [11]壬午：二月九日。[12]啗（dàn）：以利诱人。 [13]终莫之附：意谓朱友珪虽以金帛拉拢人，但结果没有人依附于他。 [14]驸马都尉：官名。掌副车之马，多以宗室及外戚与诸公子孙任之。魏晋以后，帝婿例加驸马都尉称号，简称驸马。 [15]赵岩（?—927）：赵犨次子，尚朱晃女长乐公主，梁末帝时为户部尚书、租庸使。传附《旧五代史》卷十四，《新五代史》卷四十二《赵犨传》。 [16]赵犨（chōu）：青州人，世为陈州牙将，后事朱全忠为忠武军节度使。 [17]太祖之甥：袁象先之父袁敬初，尚朱晃妹万安大长公主。 [18]招讨杨令公：指杨师厚。杨当时官中书令，为北面都招讨使，故称之为令公。 [19]得其一言：意谓只要有杨师厚的一句话。杨时握梁之重兵，勋名为众所服，所以赵岩企图得杨师厚的话号令禁军。 [20]篡弑：杀君父篡位。 [21]人望：众人仰望。[22]属（shǔ）：归属。 [23]大梁：指朱友贞。时为开封尹、东都留守。 [24]因：依靠，顺应。[25]不世之功：非常之功，罕有之功。 [26]分：名分。 [27]何君臣之有：哪里还有什么君臣的名分！ [28]几：几乎，差一点。 [29]谯（qiáo）：县名。县治在今安徽亳州。 [30]朱汉宾（871—935）：字绩臣，朱全忠养子。为落雁都指挥使、天威军使、安远军节度使。入后唐为昭

义军节度使。传见《旧五代史》卷六十四，《新五代史》卷四十五。［31］滑州：州名。治所在今河南滑县。［32］龙骧军：去年怀州龙骧军乱。［33］经年不已：历时一年还不停止。［34］天子：此指朱友珪。［35］坑：坑杀，活埋。［36］丙戌：二月十三日。［37］戊子：二月十五日。［38］可生之路：可以保全性命的途径。［39］兵仗：武器。［40］庚寅旦：二月十七日天明。［41］冯廷谔：朱友珪仆夫，刺死朱晃者。［42］垣：墙。［43］诸军：汴兵尚未到洛阳，禁兵已杀朱友珪，诸军至而掠都市。［44］百司：朝廷大臣、王公以下百官的总称。［45］侍讲学士：官名。给皇帝讲论文史。［46］晡（bū）：申时，即下午三时至五时。［47］赍（jī）：怀抱着，带着。［48］创业之地：梁太祖朱晃自大梁由宣武节度使并诸镇。［49］丙申：二月二十三日。［50］檀州：州名。治所在今北京市密云区。［51］廷疏：在朝会廷上分条列举过恶。［52］典：掌管。［53］庚子：二月二十七日。［54］甲辰朔：三月一日。［55］卢台军：在今北京西南。［56］丁未：三月四日。［57］庚戌：三月七日。［58］不名：不直呼其名。表示优礼或尊重。［59］咨：咨询，征求意见。［60］称藩：自称藩臣。朱友谦去年附晋，现虽称梁藩臣，其实仍然阴附于晋。［61］丙辰：三月十三日。［62］乙丑：三月二十二日。［63］古北口：长城要口之一。在今北京市密云区东北。关口两旁山势陡峭，极为险要。［64］居庸关：长城要口之一。在今北京市昌平区西北，控军都山隘道中枢，故又称军都关。

戊辰[1]，以保义[2]留后戴思远为节度使，镇邢州。

燕主守光命大将元行钦将骑七千，牧马于山北[3]，募山北兵以应契丹[4]；又以骑将高行珪[5]为武州[6]刺史，以为外援。晋李嗣源分兵徇[7]山后八军，皆下之；晋王以其弟存矩为新州[8]刺史总之[9]。以燕纳降军使卢文进[10]为裨将。李嗣源进攻武州，高行珪以城降。元行钦闻之，引兵攻行珪；行珪使其弟行周[11]质于晋军以求救，李嗣源引兵救之，行钦解围去。嗣源与行周追至广边军[12]，凡八战，行钦力屈而降；嗣源爱其骁勇，养以为子。嗣源进攻儒州[13]，拔之，以行珪为代州[14]刺史。行周留事嗣源，常与嗣源假子从珂[15]分将牙兵以从。从珂母魏氏，镇州人，先适[16]王氏，生从珂，嗣源从晋王克用战河北，得魏氏，以为妾，故从珂为嗣源子，及长，以勇健[17]知名，嗣源爱之。

吴行营招讨使李涛帅众二万出千秋岭[18]，攻吴越衣锦军[19]。吴越王镠以其子湖州刺史传瓘为北面应援都指挥使以救之，睦州[20]刺史传璙为招讨收复都指挥使，将水军攻吴东洲[21]以分其兵势。

夏，四月，癸未[22]，以袁象先领镇南[23]节度使、同平章事。

晋周德威进军逼幽州南门，壬辰[24]，燕主守光遣使致书于德威以请和，语甚卑而哀。德威曰："大燕皇帝尚未郊天[25]，何雌伏[26]如是邪！予受命讨有罪者，结盟继好，非所闻也。"不答书。守光惧，复遣人祈哀[27]，德威乃以闻于晋王。

千秋岭道险狭，钱传瓘使人伐木以断吴军之后而击之，吴军大败，虏李涛及士卒三千余人以归。

己亥[28]，晋刘光浚拔燕平州[29]，执刺史张在吉。五月，光浚攻营州[30]，刺史杨靖降。

乙巳[31]，蜀主以兵部尚书王锴为中书侍郎、同平章事。

杨师厚与刘守奇将汴、滑、徐、兖、魏、博、邢、洺之兵十万大掠赵[32]境，师厚自柏乡入攻土门，趣赵州，守奇自贝州入趣冀州，所过焚掠。庚戌[33]，师厚至镇州，营于南门外，燔[34]其关城。壬子[35]，师厚自九门[36]退军下博[37]，守奇引兵与师厚会攻下博，拔之。晋将李存审、史建瑭戍赵州，兵少，赵王告急于周德威。德威遣骑将李绍衡会赵将王德明同拒梁军。师厚、守奇自弓高[38]渡御河[39]而东，逼沧州，张万进惧，请迁于河南；师厚表徙万进镇青州，以守奇为顺化[40]节度使。

吴遣宣州副指挥使花虔将兵会广德镇遏使涡[41]信屯广德[42]，将复寇衣锦军。吴越钱传瓘就攻之。

六月，壬申朔[43]，晋王遣张承业诣幽州，与周德威议军事。

丙子[44]，蜀主以道士杜光庭为金紫光禄大夫[45]、左谏议大夫，封蔡国公，进号广成先生。光庭博学善属文[46]，蜀主重之，颇与议政事。

吴越钱传瓘拔广德，虏花虔、涡信以归。

戊子[47]，以张万进为平卢节度使。

辛卯[48]，燕主守光遣使诣张承业，请以城降；承业以其无信，不许。

（以上为第十三段，写吴越军大败淮南军于千秋岭。燕王刘守光力屈，请降于晋，不许。）

【注释】

［1］戊辰：三月二十五日。［2］保义：方镇名。后唐昭义军原统潞、泽、邢、洺、磁五州。后来晋得潞州，以潞州为昭义军，而自孟方立以至于梁，皆以邢、洺、磁三州为昭义军。所以，有两个昭义军，现梁改邢、洺、磁为保义军，而以原来治陕州的保义军改名镇国军。［3］山北：燕山之北。［4］应契丹：刘守光求救于契丹，故使元行钦招募山北兵士以应之。［5］高行珪：高思继兄之子。刘仁恭初以为牙将，守光时为武州刺史。后降后晋为大同节度使，明宗入立，徙镇威胜、安远。传附《旧五代史》卷六十五，《新五代史》卷四十八。［6］武州：州名。治所在今河北张家口市宣化区。［7］徇：夺取。［8］新州：州名。治所在今河北涿鹿县。［9］总之：总领山后八军。［10］卢文进：字大用，范阳人。初为刘守光骑将，降后唐为寿州刺史。后杀李存矩反，奔契丹。明宗即位又归后唐，为义成军节度使。后投李升，为天雄统军、宣润节度使。传见《旧五代史》卷九十七，《新五代史》卷四十八。［11］行周：即高行周，字尚质，妫州（今河北怀来东）人。思继之子。高怀德之父。随高行珪降晋，以功领端州刺史，后迁振武军节度使。石敬瑭时为西京留守，徙镇天雄。后汉高祖刘嵩入京师，加守中书令，徙镇天平军，封临清王。［12］广边军：在妫州之北一百三十里。高行周兄弟原籍广边军鹏窠村。［13］儒州：州名。治所在今北京市延庆区。［14］代州：州名。治所在今山西代县。［15］从珂（892—936）：即李从珂唐废帝、唐末帝，镇州平山（今河北平山东）人。本姓王，明宗养以为子，取名从珂。以战功拜河中节度使，封潞王。后为凤翔节度使。闵帝即位后，徙为河东节度使，拒命起兵，公元934年入洛阳，即皇帝位，改元清泰。公元936年，河东节度使石敬瑭反，勾结契丹引兵南下，从珂自焚。传见《旧五代史》卷四十六，《新五代史》卷七。［16］适：嫁。［17］勇健：据章校，二字下应有“善战”二字。［18］千秋岭：山名。在浙江杭州市临安区西北。［19］衣锦军：钱镠出生地，为临安县广义乡，梁开平二年（908）改名衣锦乡，又名衣锦军。［20］睦州：州名。治所在今浙江建德东。［21］东洲：即常州之东洲。［22］癸未：四月十一日。［23］镇南：方镇名。治所洪州。时属吴。袁象先遥领镇南节度使，即所谓名号节度使。［24］壬辰：四月二十日。［25］郊天：于郊外祭祀天地。［26］雌伏：谓屈居人下。《后汉书·赵典传》引赵温的话：“大丈夫当雄飞，安能雌伏！”［27］祈哀：祈求，哀求。［28］己亥：四月二十七日。［29］平州：州名。治所在今河北卢龙。［30］营州：州名。治所在今辽宁朝阳市。［31］乙巳：五月四日。［32］掠赵：杨师厚趁后燕、后晋交兵，乘虚掠后赵。［33］庚戌：五月九日。［34］燔（fán）：焚烧。［35］壬子：五月十一日。［36］九门：县名。县治在今河北正定县东。［37］下博：县名。县治在今河北深州东南。［38］弓高：县名。县治在今河北东光县西北。［39］御河：即永济渠。隋炀帝大业四年（608）穿永济渠，引沁水南达于黄河，北通涿郡，后人谓之御河。［40］顺化：方镇名。去年改沧州义昌军为顺化军。［41］涡（guō）：姓。［42］广德：县名。县治在今安徽广德。［43］壬申朔：六月一日。［44］丙子：六月五日。［45］金紫光禄大夫：官名。正三品文阶官。魏晋以后，左右光禄大夫、光禄大夫皆银章青绶，其重者，诏加金章紫绶，谓之金紫光禄大

夫。［46］属文：写作。［47］戊子：六月十七日。［48］辛卯：六月二十日。

蜀太子元膺，豭喙齙齿[1]，目视不正，而警敏知书，善骑射，性狷急猜忍[2]。蜀主命杜光庭选纯静有德者使侍东宫，光庭荐儒者许寂[3]、徐简夫，太子未尝与之交言，日与乐工群小嬉戏无度，僚属莫敢谏。

秋，七月，蜀主将以七夕[4]出游。丙午[5]，太子召诸王大臣宴饮，集王宗翰、内枢密使潘峭、翰林学士承旨高阳[6]毛文锡不至，太子怒曰："集王不来，必峭与文锡离间也。"大昌军使徐瑶、常谦，素为太子所亲信，酒行，屡目少保[7]唐道袭，道袭惧而起。丁未旦[8]，太子入白蜀主曰："潘峭、毛文锡离间兄弟。"蜀主怒，命贬逐峭、文锡，以前武泰节度使兼侍中潘炕为内枢密使。

太子出，道袭入，蜀主以其事告之，道袭曰："太子谋作乱，欲召诸将、诸王，以兵锢[9]之，然后举事耳。"蜀主疑焉，遂不出[10]；道袭请召屯营兵[11]入宿卫，许之。内外戒严。

太子初不为备，闻道袭召兵，乃以天武[12]甲士自卫，捕潘峭、毛文锡至，棰[13]之几死，囚诸东宫；又捕成都尹潘峤，囚诸得贤门。戊申[14]，徐瑶、常谦与怀胜军[15]使严璘等各帅所部兵奉太子攻道袭。至清风楼，道袭引屯营兵出拒战；道袭中流矢，逐至城西，斩之。杀屯营兵甚众，中外惊扰。

潘炕言于蜀主曰："太子与唐道袭争权耳，无他志也。陛下宜面谕大臣以安社稷。"蜀主乃召兼中书令王宗侃、王宗贺、前利州团练使王宗鲁，使发兵讨为乱者徐瑶、常谦等。宗侃等[16]陈于西球场门，兼侍中王宗黯自大安门梯城而入，与瑶、谦战于会同殿前，杀数十人[17]。瑶死，谦与太子奔龙跃池[18]，匿于舰[19]中。己酉[20]，太子出就舟人匄[21]食，舟人以告蜀主，亟遣集王宗翰往慰抚之；比至[22]，太子已为卫士所杀。蜀主疑宗翰杀之，大恸不已。左右恐事变，会张格[23]呈慰谕军民榜，读至"不行斧钺[24]之诛，将误社稷之计"，蜀主收涕曰："朕何敢以私害公！"于是下诏废太子元膺为庶人。宗翰奏诛手刃太子者，元膺左右坐诛死者数十人，贬窜者甚众。

庚戌[25]，赠唐道袭太师，谥忠壮；复以潘峭为枢密使。

（以上为第十四段，写蜀太子王元膺日与群小嬉戏无度，与大臣唐道袭交恶，两人相攻，俱亡。）

【注释】

[1]豭（jiā）喙齙（bào）齿：一副公猪嘴脸。豭，公猪。喙（huì），嘴。齙齿，露齿。[2]狷急猜忍：性情褊狭急躁，猜疑残忍。[3]许寂（?—936）：字闲闲，少有山水之好，泛览经史。蜀主王建待以师礼，位至蜀相。传见《旧五代史》卷七十一。[4]七夕：农历七月七日夜。[5]丙午：七月六日。[6]高阳：县名。县治在今河北高阳县东。[7]少保：官名。与少师、少傅称三孤或三少。只作为荣衔，无职事。[8]丁未旦：七月七日晨。[9]锢（gù）：禁锢。[10]不出：不以七夕出游。[11]屯营兵：驻守在军营中的部队。[12]天武：军队名。[13]楇（zhuā）：击，敲打。[14]戊申：七月八日。[15]怀胜军：军队名。[16]陈（zhèn）：同“阵”，列阵。[17]数十人：据章校，三字下有“余众皆溃”四字。[18]龙跃池：即摩诃池，在四川成都城内，今湮。[19]舰：战船，据章校，“舰中”二字下应有“及暮稍定”四字。[20]己酉：七月九日。据章校，二字下应有“旦”字。[21]匄（gài）：乞求。[22]比至：等王宗翰到。[23]张格：时为宰相。[24]斧钺：原为两种兵器，后泛指刑罚、杀戮。[25]庚戌：七月十日。

甲子[1]，晋五院军使[2]拔莫州[3]，擒燕将毕元福。八月，乙亥[4]，李信拔瀛州。

赐高季昌爵勃海王。

晋王与赵王镕会于天长[5]。

楚宁远[6]节度使姚彦章将水军侵吴鄂州，吴以池州团练使吕师造为水陆行营应援使，未至，楚兵引去。

九月，甲辰[7]，以御史大夫姚洎为中书侍郎、同平章事。

燕主守光引兵夜出，复取顺州[8]。

吴越王镠遣其子传瓘、传琼及大同节度使传瑛攻吴常州，营于潘葑[9]。徐温曰：“浙人轻而怯”，帅诸将倍道[10]赴之。至无锡，黑云都将陈祐言于温曰：“彼谓吾远来疲倦，未能决战，请以所部乘其无备击之。”乃自他道出敌后，温以大军当其前，夹攻之，吴越大败，斩获甚众。

高季昌造战舰五百艘，治城堑，缮器械，为攻守之具，招聚亡命[11]，交通吴、蜀，朝廷浸[12]不能制。

（以上为第十五段，写梁封荆南节度使高季昌为勃海王。高季昌招聚亡命，交通吴蜀，梁不能制。吴人在常州大败来犯的吴越兵。）

【注释】

[1]甲子：七月二十四日。 [2]五院军使：五院军为军队名。据章校“使”下应有“李信”二字。 [3]莫州：州名。治所在今河北雄县南。 [4]乙亥：八月六日。 [5]天长：镇名。在今河北井陉县西，时属镇州。 [6]宁远：方镇名。治所容州，开平四年（910）宁远节度使庞巨昭附于马殷。 [7]甲辰：九月五日。 [8]顺州：州名。治所在今北京市顺义区。是年春正月，晋周德威拔燕顺州。 [9]藩葑（fèng）：镇名。在今江苏无锡市西北。 [10]倍道：兼程。 [11]亡命：逃亡在外的人。 [12]浸：渐渐。

冬，十月，己巳朔[1]，燕主守光帅众五千夜出，将入檀州[2]；庚午[3]，周德威自涿州[4]引兵邀击，大破之。守光以百余骑逃归幽州，其将卒降者相继。

蜀潘炕屡请立太子，蜀主以雅王宗辂类己[5]，信王宗杰才敏，欲择一人立之。郑王宗衍[6]最幼，其母徐贤妃有宠，欲立其子，使飞龙使[7]唐文扆讽张格上表请立宗衍。格夜以表示功臣王宗侃等，诈云受密旨，众皆署名。蜀主令相者[8]视诸子，亦希旨[9]言郑王相最贵。蜀主以为众人实欲立宗衍，不得已许之，曰：“宗衍幼懦，能堪[10]其任乎？”甲午[11]，立宗衍为太子。受册毕，潘炕以朝廷无事，称疾请老，蜀主不许；涕泣固请，乃许之。国有大疑[12]，常遣使就第[13]问之。

岭南节度使刘岩求婚于楚，楚王许以女妻之。

卢龙巡属[14]皆入于晋，燕主守光独守幽州城，求援于契丹；契丹以其无信，竟不救。守光屡请降于晋，晋人疑其诈，终不许。至是，守光登城谓周德威曰：“俟晋王至，吾则开门泥首[15]听命。”德威使白晋王。十一月，甲辰[16]，晋王以监军张承业权知军府事，自诣幽州，辛酉[17]，单骑抵城下，谓守光曰：“朱温篡逆，余本与公合河朔五镇[18]之兵兴复唐祚。公谋之不臧[19]，乃效彼狂僭[20]。镇、定二帅[21]皆俯首[22]事公，而公曾不之恤[23]，是以有今日之役。丈夫成败决所向，公将何如？”

守光曰："今日俎上肉[24]耳，惟王所裁[25]。"王悯之，与折弓矢为誓，曰："但[26]出相见，保无他也。"守光辞以他日。

先是，守光爱将李小喜多赞成守光之恶，言听计从，权倾[27]境内。至是，守光将出降，小喜止之。是夕，小喜逾城诣晋军[28]，且言城中力竭。壬戌[29]，晋王督诸军四面攻城，克之，擒刘仁恭及其妻妾，守光帅妻子亡去。癸亥[30]，晋王入幽州。

以宁国[31]节度使王景仁为淮南西北行营招讨应接使，将兵万余侵庐、寿。

（以上为第十六段，写晋王李存勖克幽州，擒刘仁恭，刘守光逃亡，燕亡。）

【注释】

[1]己巳朔：十月一日。[2]檀州：州名。治所在今北京市密云区。[3]庚午：十月二日。[4]涿州：州名。治所在今河北涿州。[5]类己：很像自己。[6]王衍（?—926）：王建之子。本名宗衍，后去"宗"字，字化源。继承王建帝位之后，纵情声色，朝政委于宦官宋光嗣等，李存勖于公元925年命将入蜀，衍迎降，后被杀。传见《旧五代史》卷一百三十六，《新五代史》卷六十三。[7]飞龙使：官名。掌飞龙厩，即皇宫养马之所。[8]相者：善相面的人。[9]希旨：迎合上位者的意旨。[10]堪：能承受。[11]甲午：十月二十六日。[12]大疑：重大的、难以决策的问题。[13]就第：到府第。[14]巡属：所属州郡。[15]泥首：以泥涂首，表示自辱服罪，犹言囚首。[16]甲辰：十一月六日。[17]辛酉：十一月二十三日。[18]五镇：即潞、镇、定、幽、沧。[19]臧：善。[20]狂僭（jiàn）：狂妄超越本分，此指刘守光称帝。[21]镇、定二帅：指镇帅王镕，定帅王处直。[22]俯首：低头。[23]恤：顾惜。刘守光于公元911年攻易、定，义武节度使王处直向晋告急，后晋王遣周德威将兵三万攻燕以救之。[24]俎（zǔ）上肉：比喻任人宰割。俎，切肉用的砧板。[25]裁：决断。[26]但：只。二句意谓只管出来相见，保证不杀。[27]倾：超越。[28]晋军：据章校，二字下应有"降"字。[29]壬戌：十一月二十四日。[30]癸亥：十一月二十五日。[31]宁国：方镇名。治所宣州。

【点评】

本卷点评蜀岐大交兵、李遇救子遭灭全族、后梁太祖为子所弑三件史事。

一、蜀岐大交兵。前蜀主王建，岐王李茂贞，陇蜀地望相接，势不两立。李茂贞据陇挡住了王建的出路。李茂贞成为王建的首要之敌。李茂贞只守陇地，唐王室在关中，地处边陲，狭小人寡，死路一条。李茂贞自雄，兼吞巴蜀，是首选的攻击目标。蜀岐交兵，形势必然。当朱全忠围攻凤翔之时，王建乘机夺取李茂贞山南之地。当昭宗东迁，朱全忠篡唐之志明朗，一是列镇受唐昭宗诏令勤王，二是列镇要自保，适应形势，蜀岐为唇齿之邦，不宜自相攻伐。李茂贞释嫌与王建交好，结为婚姻，一致共讨朱全忠。李茂贞在前沿，王建为之后援，供给岐兵衣粮器械。不久，朱全忠篡唐，忙于内务，随即受到晋王李存勖进攻，后梁减轻了西向的压力，蜀岐"蜜月"结束，双方爆发了更大的争斗，蜀岐大交兵。李茂贞向王建索取山南之地，无异于虎口夺食，甚至是与虎谋皮，这是最不理智的妄动。李茂贞兴兵强夺，王建亲率大军与之争。岐军弱小，本来就不是蜀军对手，先胜而后大败，被迫和解，李茂贞势力进一步衰落。

二、李遇救子遭灭族。李遇，淮南宣州观察使，杨行密旧将，位在牙将徐温之上。杨行密旧将镇南使刘威，歙州观察使陶雅，常州刺史李简，位亦在徐温之上。杨行密死，徐温秉政，历杨渥、杨隆演，贵重日隆，甚至操废立大权，四人心内不平，李遇尤甚，散布言论说："徐温是什么人，我们这些旧人连徐温的面都没有见过，他凭什么主持政务。"徐温派馆驿使徐玠出使吴越，路过宣州，劝李遇入淮南面见新主杨隆演。李遇已经答应了，徐玠多说了一句："公不入见新主，落下话柄，说你造反。"李遇大怒说："你凭什么说我李遇造反，杀侍中的人反而不是造反的人！"侍中，指杨渥，杀侍中的人指徐温。李遇直斥徐温是造反者。徐温大怒，委派淮南节度副使王檀为宣州制置使，宣布李遇不入见新主之罪，令柴再用率升、调、池、歙诸州之兵送王檀到宣州赴任，李遇反叛，起兵相拒。柴再用围攻宣州一月有余，没能取胜。李遇的小儿子为淮南牙将，李遇最疼爱。徐温执送李遇少子到宣州城下啼号求生，李遇为了救子，不战而降，徐温族灭李遇一门。

李遇才薄，不服徐温当政，取死之道。既然反叛，宜举义旗声讨徐温弑主之罪，传檄诸州共同清君之侧，或有侥幸，即使败亡，也留得英名。争天下者不顾家，岂能以不战而能救子者乎？三尺童子皆知，李遇不知，可见其无能为也。李遇救子出降，父子俱死。李遇不出降，子死父存，激励全军一战，不失为大丈夫。李遇使性大言，轻率反叛，临事而惧，是一个无智无勇的小丑，祸害全家，虽死不足悲也！

三、后梁太祖为子所弑。后梁太祖朱晃，晚年猜忌，多杀功臣，又纵情声色，诸子在外，令儿媳入侍，乱伦纵淫。后梁太祖长子朱友裕早卒，次子博王朱友文为义子，后梁太祖绝爱之，于是属意立朱友文为太子。郢王朱友珪亦后梁太祖义子，年次朱友文。朱友珪任控鹤都指挥使，侍奉在后梁太祖左右。乾化二年（912）六月，后梁太祖病重，召博王朱友文欲托以后事，郢王朱友珪妇侍侧，知其事以告朱友珪说："大家把传国玺交给王氏怀揣着到东都，我们不知哪一天就要死了。"夫妻相向哭泣。朱友珪身边的人说："事情紧急，赶快拿定主意找出路，机不可失。"一句话点醒朱友珪，他赶紧去联络那些被后梁太祖诛杀的功臣子弟，又召来亲信左龙虎军统军韩勍，告以实情，趁朱友文还在东都，立即发动政变。韩勍率领五百牙兵，在朱友珪及其亲兵控鹤士的带领下埋伏在宫中。到了夜半，伏兵齐出，杀死守门卫士，朱友珪带头冲入后梁太祖寝殿，守候的人全都逃走。后梁太祖惊惧起身，问："是谁造反？"朱友珪应声回答说："不是别人，是我朱友珪。"后梁太祖说："我本来就怀疑你，只恨早没有杀你，你犯上作乱，天地不容。"朱友珪反唇相讥说："天地不容的是老贼，应该碎尸万段。"随着朱友珪的骂声，朱友珪仆人冯廷谔狠狠一刀刺入后梁太祖腹部，刀尖穿透到背部。朱友珪用破毡包裹后梁太祖，就地掩埋在寝殿内，秘不发丧。朱友珪矫诏杀了朱友文，这才发丧，宣布遗诏，朱友珪继承帝位。

朱友珪用残忍的手段弑父弑君，非法夺取帝位，毫不珍惜，即位伊始不为一善政，效其父荒淫好杀，内外愤怒，不久就被均王朱友贞诛杀。

后梁太祖病重之时，曾对左右亲近说："我经营天下三十多年，想不到太原贼势更加猖獗，我看李存勖小儿志向不小，老天又要夺我的命，我死，儿子们没有一个是李存勖的对手，我死无葬身之地啊！"后梁太祖万万没有想到，死无葬身之地，却遭的是儿子的毒手。

卷二六九　后梁纪四

后梁均王乾化三年至贞明三年（913—917 年）

【起昭阳作噩（癸酉，913 年）十二月，尽强圉赤奋若（丁丑，917 年）六月，凡三年有奇】

【大事提要】

本卷记事起于公元 913 年十二月，讫于公元 917 年六月，凡三年又七个月。当后梁末帝乾化三年十二月至末帝贞明三年六月。后梁势衰，南与吴交战不胜，岭南刘岩绝贡，宫廷未遂政变削弱梁室统治力量。晋王李存勖破幽州，杀燕主刘守光父子，势力大增，全力攻梁。恰在此时，后梁末帝趁天雄节度使杨师厚之死欲削弱魏博大镇，一分为二，魏博反叛投晋，晋王亲临魏州受降与后梁名将刘鄩对峙。当时，势均力敌。后梁末帝听小人蛊惑，遥控前线军事，多次督促刘鄩出战。刘鄩坚守以疲晋师的策略遭受干扰，在不利的形势下屡战屡败，刘鄩一败于偷袭晋阳，再败于莘县，三败于魏州城下，全军覆没，后梁河北之地尽失，国势动摇。前蜀主王建趁晋梁交兵，大举进攻岐王，岐国土地大部丧失。王建又大败高季昌及南诏军，前蜀势力达于鼎盛。南方吴越与闽通婚交好。北方契丹兴起，助梁攻晋，兵围幽州。吴国徐知诰无意得镇润州，为南唐建立张本。

均王[1]上下

乾化三年（癸酉，913 年）

十二月，吴镇海[2]节度使徐温[3]、平卢[4]节度使朱瑾[5]帅诸将拒之，遇于赵步[6]。吴征兵未集[7]，温以四千余人与景仁[8]战，不胜而却[9]。景仁引兵乘之[10]，将及于隘[11]，吴吏士皆失色[12]，左骁卫大将军[13]宛丘陈绍[14]援枪[15]大呼曰："诱敌太深，可以进矣。"跃马还斗，众随之，梁兵乃退。温拊[16]其背曰："非子之智勇，吾几困矣。"赐之金帛，绍悉以分麾下[17]。吴兵既集，复战于霍丘[18]，梁兵大败；王景仁以数骑殿[19]，吴人不敢逼[20]。梁之渡淮而南也，表其可涉之津[21]；霍丘守将朱景[22]浮表于木[23]，徙置深渊。及梁兵败还，望表而涉，溺死者太半[24]，吴人聚梁尸为京观[25]于霍丘"。

庚午[26]，晋王[27]以周德威[28]为卢龙[29]节度使，兼侍中，以李嗣本[30]为振武[31]节度使。

燕王守光[32]将奔沧州就刘守奇，涉寒[33]，足肿，且迷失道，至燕乐[34]之境，昼匿坑谷，数日不食，令妻祝氏乞食于田父张师造家。师造怪妇人异状，诘知守光处，并其三子[35]擒之。癸酉[36]，晋王方宴，将吏擒守光适至，王语之曰："主人何避客之深邪！"并仁恭置之馆舍，以器服膳饮赐之。王命掌书记[37]王缄[38]草露布[39]，缄不知故事，书之于布，遣人曳之。

晋王欲自云、代[40]归，赵王镕[41]及王处直[42]请由中山、真定趣井陉[43]，王从之。庚辰[44]，晋王发幽州，刘仁恭父子皆荷校[45]于露布之下。守光父母唾[46]其面而骂之曰："逆贼，破我家至此！"守光俯首[47]而已。甲申[48]，至定州[49]，舍[50]于关城。丙戌[51]，晋王与王处直谒北岳庙[52]；是日，至行唐[53]，赵王镕迎谒[54]于路。

（以上为第一段，写淮南吴国大败梁兵，晋王李存勖破幽州，俘获燕主刘守光及其父而归。）

【注释】

[1]均王：后梁末帝朱友贞（888—923），朱温第四子。本为第三子，并朱温养子友文而数，是为第四子。开平元年（907）五月封均王。乾化三年（913）二月十七日，在杨师友支持下杀朱友珪即帝位。初名友贞，即位后更名锽，贞明中又改名瑱。公元913年至923年在位。传见《旧五代史》卷八十。 [2]镇海：方镇名。唐德宗建中二年（781）赐号镇海军节度。治所润州，在今江苏镇江市。 [3]徐温（861—927）：字敦美，海州朐（qú）山（今江苏连云港市西南）人。吴国丞相，久专朝政，能尊贤御将，保境安民。传见《十国春秋》卷十三。 [4]平卢：方镇名。唐开元七年（719）始置。治所营州，在今辽宁朝阳县。朱瑾系遥领。 [5]朱瑾（867—918）：宋州下邑（今河南夏邑县）人，官至吴行营副都统，名重江淮，诛徐知训后自刎。传见《十国春秋》卷八。[6]赵步：地名。在今安徽凤台县东北淮河北岸。[7]征兵未集：征召的军队没有完全集结。[8]景仁：王景仁（?—913），本名茂章，避后梁王曾祖茂琳讳改今名，庐州合肥（今安徽合肥市）人。骁勇刚悍，官淮南招讨使。传见《新五代史》卷二十三。 [9]却：败退。 [10]乘（chéng）

之：追逐他。［11］隘（ài）：险狭之处。［12］失色：变了脸色。指军士惊慌失措，面带恐惧之色。［13］左骁卫大将军：吴禁卫军统领官。分左、右，位在左、右卫上将军之下。［14］陈绍：宛丘（今河南周口市淮阳区）人。骁勇善战，勇而多谋，官至吴左骁卫大将军。传见《十国春秋》卷九。［15］援枪：举枪、挺枪。［16］拊（fǔ）：拍。［17］绍悉以分麾下：陈绍把赏金全部分给部下。麾下，帅旗之下，即部众，部下。［18］霍丘：县名。县治在今安徽霍邱县。［19］殿：走在最后面。［20］逼：追击，追逼。［21］表其可涉之津：在可以涉水而过的浅水区设立标志。表，设立辨路的标志。［22］朱景：霍山土豪，吴用以为将守霍丘。传见《九国志》。［23］浮表于木：将王景仁所立的渡河标志，用木托浮，移到深水区以误之。［24］太半：大半，三分之二。太，通“大”。［25］京观：积尸封土其上，以炫耀战功。［26］庚午：十二月三日。［27］晋王：指李存勖（xù），公元908年嗣晋王位。［28］周德威（?—918）：字镇远，小字阳五，朔州马邑（今山西朔州）人。初从李克用，积功至幽州、卢龙等军节度使。公元918年12月24日在与后梁军激战中阵亡。传见《旧五代史》卷五十六。［29］卢龙：方镇名。唐开元元年（713）置，治所幽州，在今北京市。［30］李嗣本（?—916）：本姓张，雁门（今山西代县）人。幼从李克用，赐名李嗣本，为李克用养子。积功至振武节度使。公元916年六月，契丹攻蔚州，战殁。传见《新五代史》卷三十六。［31］振武：方镇名。唐乾元元年（758）始置，治所镇北大都护府，在今内蒙古和林格尔西北。［32］守光（?—914）：即刘守光，深州乐寿（今河北献县西南）人。囚父杀兄，割据幽州藩镇。传见《新五代史》卷三十九。［33］涉寒：渡水受寒。［34］燕乐：县名。县治在今北京密云区。［35］三子：指刘守光子继珣、继方、继祚。［36］癸酉：十二月六日。［37］掌书记：节度使属官，协助节度使处理政务。［38］王缄（?—918）：原为刘仁恭故吏，为李克用留用。胡柳之战，殁于乱兵。传见《旧五代史》卷六十。［39］露布：也称露版、露板。魏晋以来将报捷文书挂在竿上，公开张布，使天下皆知。并不是写在布上令人拖着走。［40］云、代：皆州名。云州，治所在今山西大同市。代州，治所在今山西代县。［41］赵王镕（?—921）：世袭镇州节度使。王镕祖上，本回鹘人，为镇州王武俊骑将，王武俊养以为子，遂冒姓王氏。传见《新五代史》卷三十九。［42］王处直：字允明，京兆万年县，今陕西西安市长安区人。义武军节度使，传见《新五代史》卷三十九。［43］井陉（xíng）：县名。县治在今河北井陉县。［44］庚辰：十二月十三日。［45］荷校：校，木绞，即带着刑具。［46］唾（tuò）：吐出口液。［47］俯首：低着头。［48］甲申：十二月十一日。［49］定州：州名。治所卢奴，在今河北定州市。［50］舍：住宿。［51］丙戌：十二月十九日。［52］北岳庙：在河北恒山的大茂山。恒山古称北岳。［53］行唐：县名。县治在今河北西部行唐县。［54］谒：拜见、晋见。

四年（甲戌，914年）

春，正月，戊戌朔[1]，赵王镕诣[2]晋王行帐上寿[3]置酒。镕愿识刘太师[4]面，晋王命吏脱仁恭及守光械[5]，引[6]就席同宴；镕答其拜，又以衣服鞍马酒馔赠之。己亥[7]，晋王与镕畋[8]于行唐之西，镕送至境上[9]而别。

丙子[10]，蜀主[11]命太子[12]判六军[13]，开崇勋府[14]，置僚属，后更谓之天策府。

壬子[15]，晋王以练纤[16]刘仁恭父子，凯歌入于晋阳[17]，丙辰[18]，献于太庙，自临斩[19]刘守光。守光呼曰："守光死不恨，然教守光不降者，李小喜[20]也。"王召小喜证之，小喜瞋目叱守光曰："汝内乱禽兽行，亦我教邪！"王怒其无礼，先斩之。守光曰："守光善骑射，王欲成霸业，何不留之使自效！"其二妻李氏、祝氏让[21]之曰："皇帝，事已如此，生亦何益[22]！"即伸颈就戮。守光至死号泣哀祈不已。王命节度副使卢汝弼[23]等械仁恭至代州，刺其心血以祭先王[24]墓，然后斩之。

或说赵王镕曰："大王所称尚书令[25]，乃梁官也，大王既与梁为仇，不当称其官。且自太宗践阼[26]已来，无敢当其名者。今晋王为盟主，勋高位卑，不若[27]以尚书令让之。"镕曰"善！"乃与王处直各遣使推晋王为尚书令，晋王三让，然后受之，始开府[28]置行台如太宗故事[29]。

高季昌[30]以蜀夔、万、忠、涪[31]四州旧隶荆南[32]，兴兵取之；先以水军攻夔州。时镇江[33]节度使兼侍中嘉王宗寿[34]镇忠州，夔州刺史王成先[35]请甲[36]，宗寿但以白布袍给之。成先帅之逆战，季昌纵火船焚蜀浮桥，招讨副使张武[37]举铁絙[38]拒之，船不得进。会风反[39]，荆南兵焚溺[40]死者甚众。季昌乘战舰，蒙以牛革[41]，飞石中之，折其尾，季昌易小舟而遁。荆南兵大败，俘斩五千级。成先密遣人奏宗寿不给甲之状[42]，宗寿获之，召成先，斩之。

（以上为第二段，写晋王斩杀刘仁恭父子，高季昌兵败于蜀。）

【注释】

[1]戊戌朔：正月一日。 [2]诣（yì）：前往。 [3]上寿：敬酒，表示祝贺。 [4]刘太师：指刘仁恭。因刘守光囚其父，请于后梁，后梁命刘仁恭以太师致仕，故称太师。 [5]械：刑具。 [6]引：招致。 [7]己亥：正月二日。 [8]畋（tián）：打猎。 [9]镕送至境上：据章校，"送"下有"至"字。 [10]丙子：是月戊戌朔，无丙子。张敦仁《通鉴刊本识误》校正"子"作

“午”。丙午，正月九日。［11］蜀主：指王建。［12］太子：指王衍。［13］判六军：统率全国军队。《周礼·夏官司马》：“王六军，大国三军，次国二军，小国一军。”此六军指蜀国全军众盛之意。［14］勋府：《蜀祷杌》作崇贤府。［15］壬子：正月十五日。［16］练纤（chē）：用绳索捆缚牵引。练，绳索。纤，牵引。［17］晋阳：河东节度使治所，晋王李克用国都，在今山西太原市。［18］丙辰：正月十九日。［19］自临斩：亲自到刑场监斩。［20］李小喜：本晋之小校，先奔于燕，守光以为爱将。城围将陷，小喜劝守光不降，而自己则于当晚叛降于晋军。［21］让：责备。［22］何益：据章校，“益”下有“妾请先死”四字。［23］卢汝弼：字子谐，范阳（今河北定兴县）人。唐昭宗朝进士，任祠部郎中，知制诰。入晋仍掌制诰，死后赠兵部尚书。传见《旧五代史》卷六十。［24］先王：指李克用。因刘仁恭叛李克用，故刺其心血以祭之。［25］尚书令：唐代宰相之一，唐太宗未即位时曾任此职，即位后此官不再授人。唐将亡时，始将此授藩帅作为荣誉兼职，不理政事。［26］践阼（zuò）：皇帝即位。［27］不若：不如。［28］开府：指成立府署，辟置僚属。［29］故事：成例。［30］高季昌（858—928）：字贻孙。陕州硖石（今河南三门峡市陕州区）人，避后唐献祖讳更名季兴，荆南节度使，进封南平王。传见《旧五代史》卷一三三，《新五代史》卷六十九。［31］夔、万、忠、涪：皆州名。夔州治所在今重庆奉节县。万州治所在今重庆万州。忠州治所在今重庆忠县。涪州治所在今重庆涪陵区。［32］荆南：十国之一。辖境在今湖北江陵一带。［33］镇江：方镇名。唐至德元年（756）初置，治所夔州，在今重庆奉节县。［34］王宗寿：字永年，王建以其同姓，收养为子，武成中赐爵嘉王，领镇江节度使，传见《十国春秋》卷三十八。［35］王成先（?—914）：《十国春秋》作王先成。蜀州新津（今四川成都市新津区）人，本书生，乱为兵。为王宗寿所杀。传见《十国春秋》卷四十二。［36］请甲：请求发给士兵盔甲。［37］张武：石照（今重庆市合川区）人。事王建，积功至镇江军节度使。传见《十国春秋》卷四十三。［38］举铁絙（gēng）：张武在两岸立木栅，拴铁索横贯江中，叫做锁峡。举，设置。铁絙，粗的铁索。［39］风反：风向与初时相反。［40］焚溺（nì）：焚烧和落水。［41］蒙以牛革：用牛皮遮着。［42］状：申奏的文书。

帝以岐人[1]数为寇，二月，徙感化[2]节度使康怀英[3]为永平节度使，镇长安。怀英即怀贞也，避帝名改焉。

夏，四月，丙子[4]，蜀主徙镇江军[5]治夔州。

丁丑[6]，司空[7]兼门下侍郎、同平章事[8]于兢坐[9]挟私[10]迁补军校，罢为工部侍郎[11]。再贬莱州[12]司马[13]。

吴袁州[14]刺史刘崇景[15]叛，附于楚。崇景，威之子也。楚将[16]许贞将万人援之，吴都指挥使[17]柴再用[18]、米志诚[19]帅诸将讨之。

楚岳州[20]刺史许德勋[21]将水军巡边，夜分[22]，南风暴起，都指挥使王环[23]乘风趣黄州[24]，以绳梯登城，径趣州署，执吴刺史马邺，大掠而还。德勋曰："鄂州[25]将邀[26]我，宜备之。"环曰："我军入黄州，鄂人不知，奄[27]过其城，彼自救不暇，安敢邀我！"乃展旗鸣鼓[28]而行，鄂人不敢逼。

五月，朔方[29]节度使兼中书令颍川王韩逊卒，军中推其子洙为留后[30]。癸丑[31]，诏以洙为节度使。

吴柴再用等与刘崇景、许贞战于万胜冈[32]，大破之，崇景、贞弃袁州遁去。

（以上为第三段，写梁将康怀英守长安，楚将王环顺风掠吴黄州，吴将柴再用平定袁州之乱。）

【注释】

［1］岐人：指凤翔陇右节度使、岐王李茂贞。［2］感化：方镇名。唐咸通十一年（870）始置。治所徐州，在今江苏徐州市。［3］康怀英：兖州（今山东济宁市兖州区）人，本名怀贞，避后梁末帝朱友贞讳改今名。本为朱瑾列校，投降朱温，积功至永平军节度使，卒于镇。传见《旧五代史》卷二十三。［4］丙子：四月十日。［5］镇江军：蜀节镇，领夔、忠、万三州，原治所忠州，现移治于夔州。［6］丁丑：四月十一日。［7］司空：三公之一，五代时赠给大臣的荣誉衔。［8］门下侍郎、同平章事：为门下省长官侍中之副，唐时为宰相称号。掌机要，审查诏令，驳正违失等。［9］坐：被指控犯罪。［10］挟私：营私、夹带私心。［11］工部侍郎：官名，工部的副长官，协助工部尚书掌工程、工匠、水利、营造等事。［12］莱州：州名。治所掖县，在今山东莱州市。［13］司马：唐、五代时为州、郡、府佐吏之一，一般用来安置被贬斥官员，是徒有虚名而无实权的闲职。［14］袁州：州名。治所宜春，在今江西宜春市。［15］刘崇景：慎县（今安徽合肥市）人，刘威之子。官袁州刺史，叛附于楚，为柴再用所破，弃袁州遁去。传见《十国春秋》卷五。［16］将：率领。［17］都指挥使：统率诸将的前线指挥官。［18］柴再用（?—935）：汝阳（今河南汝阳）人。积功至德胜军节度使兼中书令。敦尚俭素，车马导从不过十人。传见《十国春秋》卷六。［19］米志诚（?—918）：勇敢有膂力，以善射闻名，积功至泰宁军节度使，为徐温所杀。传见《十国春秋》卷七。［20］岳州：州名。治所巴陵，在今湖南岳阳市。［21］许德勋：蔡州朗山（今河南确山县）人，积功至侍中，传见《十国春秋》卷七十二。［22］夜分：午夜。［23］王环：为人勇悍，善兵法，爱士卒。传见《十国春秋》卷七十二。［24］黄州：州名。治所黄冈，在今湖北黄冈市。［25］鄂州：州名。治所江夏，在今武汉市武昌区。［26］邀：拦击。［27］奄：迅速地。［28］展旗鸣鼓：迎风扬旗，擂起得胜鼓。［29］朔方：方镇名。唐景

云九年（721）始置。治所灵州，在今宁夏灵武市西南。［30］留后：官名，唐中期后，节度使之子弟或亲信将吏代行职务者称节度使留后，事后由朝廷补行任命为正式节度使。［31］癸丑：五月十七日。［32］万胜冈：地名。在袁州郊区。

晋王既克幽州，乃谋入寇。秋，七月，会赵王镕及周德威于赵州[1]，南寇邢州[2]，李嗣昭[3]引昭义兵会之。杨师厚[4]引兵救邢州，军于漳水之东。晋军至张公桥[5]，裨将曹进金来奔。晋军退，诸镇兵[6]皆引归。八月，晋王还晋阳。

蜀武泰[7]节度使王宗训[8]镇黔州；贪暴不法；擅还成都，庚辰[9]，见蜀主，多所邀求，言辞狂悖[10]。蜀主怒，命卫士殴杀之。戊子[11]，以内枢密使[12]潘峭[13]为武泰节度使、同平章事，翰林学士承旨[14]毛文锡[15]为礼部尚书，判枢密院。

峡上有堰[16]，或劝蜀主乘夏秋江涨，决之以灌江陵[17]，毛文锡谏曰："高季昌不服，其民何罪！陛下方以德怀天下[18]，忍以邻国之民为鱼鳖食乎！"蜀主乃止。

帝以福王友璋[19]为武宁[20]节度使。前节度使王殷[21]，友珪[22]所置也，惧，不受代，叛附于吴；九月，命淮南西北面招讨应接使牛存节[23]及开封尹刘鄩[24]将兵讨之。冬，十月，存节等军于宿州[25]。吴平卢节度使朱瑾等将兵救徐州，存节等逆击，破之，吴兵引归。

十一月，乙巳[26]，南诏[27]寇黎州[28]，蜀主以夔王宗范[29]、兼中书令宗播[30]、嘉王宗寿为三招讨以击之。丙辰[31]，败之于潘仓嶂[32]，斩其酋长赵嵯政等；壬戌[33]，又败之于山口城[34]；十二月，乙亥[35]，破其武侯岭[36]十三寨；辛巳[37]，又败之于大渡河[38]，俘斩数万级，蛮争走渡水，桥绝[39]，溺死者数万人。宗范等将作浮梁济[40]大渡河攻之，蜀主召之令还[41]。

癸未[42]，蜀兴州[43]刺史兼北路制置指挥使王宗铎[44]攻岐[45]阶州[46]及固镇[47]，破细砂等十一寨，斩首四千级。甲申[48]，指挥使王宗俨[49]破岐长城关等四寨，斩首二千级。

岐静难[50]节度使李继徽，为其子彦鲁所毒而死，彦鲁自为留后。

（以上为第四段，写梁与吴，蜀与岐交兵。蜀主王建大败南诏军。）

【注释】

［1］赵州：州名。治所平棘，在今河北赵县。［2］邢州：州名。治所龙冈，在今河北邢台市。［3］李嗣昭（?—922）：汾州太谷（今山西晋中市太谷区）人，本姓韩，为李克用弟克柔养子，屡立战功，官至中书令，传见《旧五代史》卷五十二。［4］杨师厚（?—915）：颍州斤沟（今安徽太和县北）人，纯谨敏干，尤善骑射，积功至魏博节度使。传见《旧五代史》卷二十二。［5］张公桥：地名。在邢州龙冈县境内。［6］诸镇兵：指燕、赵、潞之兵。［7］武泰：方镇名。唐昭宗大顺元年（890）始置。治所黔州，在今重庆彭水县。［8］王宗训：本名茂权，传见《十国春秋》卷三十九。［9］庚辰：八月十六日。［10］狂悖（bèi）：狂妄背理。［11］戊子：八月二十四日。［12］内枢密使：掌军国机务，出纳密命等。［13］潘峭（qiào）：官至武泰节度使、同平章事。传见《十国春秋》卷四十一。［14］翰林学士承旨：官名。掌起草诏令。承旨不常置，以学士久次者为之。［15］毛文锡：字平珪，高阳（今河南杞县西南）人。善文学，与欧阳炯等五人以小辞为后蜀主所赏识。所著有《前蜀纪事》二卷，《茶谱》一卷。尤工艳语，所撰《巫山一段云》词，为当世传咏。传见《十国春秋》卷四十一。［16］堰：节制水流并能溢洪的水坝。［17］江陵：城邑名。在今湖北江陵县。为南平国都，地处蜀国三峡之下。［18］方以德怀天下：正在用德化来使天下人从内心悦服。［19］友璋：朱温第五子，封福王。传见（旧五代史）卷十二。［20］武宁：方镇名。唐元和二年（807）始置。治所徐州，在今江苏徐州市。［21］王殷：新、旧《五代史》均作蒋殷，因王瓒言其本姓蒋，末帝令其还本姓。传见《旧五代史》卷十三。［22］友珪：朱温子，小字遥喜，封郢王，乾化二年，杀朱温篡位。末帝以兵讨之，自杀，追废为庶人。传见《旧五代史》卷十二。［23］牛存节：字赞正，青州博昌（今山东博兴县）人，后梁大将。传见《旧五代史》卷二十二。［24］刘鄩（857—920）：密州安丘（今山东安丘市）人。后梁大将。幼有大志，好兵略。官至河东道招讨使。末帝逼令饮鸩自杀。传见《旧五代史》卷二十三。［25］宿州：州名。治所符离，在今安徽宿州市北。［26］乙巳：十一月十三日。［27］南诏：唐时以今云南大理为中心的少数民族政权。原有六诏，开元年间，皮逻阁统一六诏，为南诏王，迁都太和城（今云南大理南）。唐末衰落。前蜀对它严加防备，恐其骚扰。［28］黎州：州名。治所汉源，在今四川汉源县北。［29］宗范：从母张氏归王建，冒姓张。王建蓄养为子，赐名王宗范。［30］宗播：本名许存，王建为其改名王宗播，列为诸子。传均见《十国春秋》卷三十九。［31］丙辰：十一月二十四日。［32］潘仓嶂：地名。在黎州南面。［33］壬戌：十一月三十日。［34］山口城：地名，在潘仓嶂南面。［35］乙亥：十二月十三日。［36］武侯岭：地名。在黎州南面。［37］辛巳：十二月十九日。［38］大渡河：古称沫水。岷江最大支流，在四川西部。黎州南、东南、西南三面受大渡河包围。［39］桥绝：桥断。［40］济：渡。［41］召之令还：下令三帅班师。因前蜀对南诏方针是严加防范的，驱之出境而不穷追。以免兵连祸结，国困民贫。［42］癸未：十二月二十一

日。［43］兴州：州名。治所在今陕西略阳县。［44］王宗铎：少为王建假子，传见《十国春秋》卷三十九。［45］岐：指岐王李茂贞。［46］阶州：州名。治所皋兰镇，在今甘肃陇南市武都区东。［47］固镇：在青泥岭东北，在今甘肃徽县境内。［48］甲申：十二月二十二日。［49］王宗俨：王建养子。降后唐被杀。传见《十国春秋》卷三十九。［50］静难：方镇名。唐僖宗光启元年（885）始置。治所邠州，在今陕西彬州市。

贞明元年[1]（乙亥，915年）

春，正月，己亥[2]，蜀主御得贤门受蛮俘，大赦。初，黎、雅蛮[3]酋刘昌嗣、郝玄鉴、杨师泰，虽内属于唐[4]，受爵赏，号㓨[5]金堡三王，而潜通南诏，为之诇导[6]；镇蜀者多文臣，虽知其情，不敢诘。至是，蜀主数以漏泄军谋，斩于成都市，毁㓨金堡。自是南诏不复犯边。

二月，牛存节等拔彭城[7]，王殷举族自焚[8]。

三月，丁卯[9]，以右仆射兼门下侍郎、同平章事[10]赵光逢[11]为太子太保[12]，致仕[13]。

天雄[14]节度使兼中书令邺王杨师厚卒。师厚晚年矜功恃众，擅割财赋，选军中骁勇，置银枪效节都[15]数千人，给赐优厚，欲以复故时牙兵之盛[16]。帝虽外加尊礼，内实忌之，及卒，私于宫中受贺。租庸使[17]赵岩[18]、判官[19]邵赞言于帝曰："魏博为唐腹心之蠹[20]，二百余年不能除去者，以其地广兵强之故也。罗绍威[21]、杨师厚据之，朝廷皆不能制。陛下不乘此时为之计，所谓'弹疽不严，必将复聚[22]'，安知来者不为师厚乎！宜分六州为两镇以弱其权。"帝以为然，以平卢节度使贺德伦[23]为天雄节度使；置昭德军于相州，割澶、卫二州隶焉，以宣徽使[24]张筠[25]为昭德节度使，仍分魏州将士府库之半于相州。筠，海州人也。二人既赴镇，朝廷恐魏人不服，遣开封尹刘鄩将兵六万自白马[26]济河，以讨镇、定[27]为名，实张形势以胁之[28]。

魏兵皆父子相承数百年[29]，族姻磐结[30]，不愿分徙。德伦屡趣之，应行者皆嗟怨，连营聚哭。己丑[31]，刘鄩屯南乐[32]，先遣澶州[33]刺史王彦章[34]将龙骧五百骑入魏州，屯金波亭。魏兵相与谋曰："朝廷忌吾军府强盛，欲设策使之残破耳。吾六州历代藩镇，兵未尝远出河门[35]，一旦骨肉流离，生不如死。”是夕，军乱，纵火大掠，围金波亭，王彦章斩关而走。诘旦[36]，乱兵入牙城[37]，杀贺德伦之亲兵五百人，劫德伦置楼上。有效节军校张彦者，自帅其党，拔白刃[38]，止剽掠[39]。

夏，四月，帝遣供奉官[40]扈异抚谕魏军，许张彦以刺史。彦请复相、澶、卫三州如旧制。异还，言张彦易与[41]，但遣刘鄩加兵，立当传首。帝由是不许，但以优诏[42]答之。使者再返，彦裂诏书抵于地，戟手[43]南向诟[44]朝廷。谓德伦曰：“天子愚暗，听人穿鼻[45]。今我兵甲虽强，苟无外援，不能独立，宜投款于晋。”遂逼德伦以书求援于晋[46]。

李继徽假子保衡[47]杀李彦鲁，自称静难留后，举邠、宁[48]二州来附。诏以保衡为感化节度使，以河阳[49]留后霍彦威[50]为静难节度使。

吴徐温以其子牙内都指挥使[51]知训[52]为淮南行军副使、内外马步诸军副使。

晋王得贺德伦书，命马步副总管李存审[53]自赵州[54]进据临清[55]。五月，存审至临清，刘鄩屯洹水[56]。贺德伦复遣使告急于晋，晋王引大军自黄泽岭东下，与存审会于临清，犹疑魏人之诈，按兵不进。德伦遣判官司空颋[57]犒军。密言于晋王曰：“除乱当除根。”因言张彦凶狡之状；劝晋王先除之，则无虞矣。王默然。颋，贝州人也。

晋王进屯永济[58]，张彦选银枪效节五百人，皆执兵[59]自卫，诣永济谒见，王登驿楼语之曰：“汝陵胁[60]主帅，残虐百姓，数日中迎马诉冤[61]者百余辈[62]。我今举兵而来，以安百姓，非贪人土地。汝虽有功于我，不得不诛以谢[63]魏人。”遂斩彦及其党七人，余众股栗[64]。王召谕之曰：“罪止八人，余无所问。自今当竭力为吾爪牙[65]。”众皆拜伏，呼万岁。明日，王缓带轻裘[66]而进，令张彦之卒擐甲执兵[67]，翼马而从[68]；仍以为帐前银枪都[69]。众心由是大服。

刘鄩闻晋军至，选兵万余人，自洹水趣魏县；晋王留李存审屯临清，遣史建瑭[70]屯魏县以拒之，王自引亲军至魏县，与鄩夹河[71]为营。

帝闻魏博叛，大悔惧[72]，遣天平[73]节度使牛存节将兵屯[74]杨刘[75]，为鄩声援。会存节病卒，以匡国[76]节度使王檀[77]代之。

岐王遣彰义[78]节度使刘知俊[79]围邠州，霍彦威固守拒之。

（以上为第五段，写梁魏博叛附晋，晋王提兵亲赴魏州与梁将刘鄩对峙。）

【注释】

［1］贞明元年：后梁末帝是年十一月方改元贞明。［2］己亥：正月八日。［3］黎、雅蛮：指居住在黎州、雅州的少数民族。［4］内属于唐：向唐朝归附。［5］𫄨（diāo）：少数民族语言，指多、大。［6］诇导：侦察引导。［7］彭城：徐州节镇治所，在今江苏徐州市。［8］王殷举族自焚：据《通鉴考异·朱友贞传》云："乾化四年十一月拔徐州，殷自燔（fán）死。"《五代通录》和《旧五代史·纪·王殷传》皆云贞明元年春，今从之。［9］丁卯：三月七日。［10］右仆射（yè）兼门下侍郎、同平章事：唐、五代时宰相官名，是总揽政务的最高行政长官。［11］赵光逢：字延吉，在唐以文行知名，时人称之为"玉界尺"。传见《新五代史》卷三十五。［12］太子太保：为亲王、宰相的加官，表示恩宠，无实际职务。［13］致仕：退休，有交还禄位之意。［14］天雄：方镇名。即魏博镇节度使。唐代宗广德元年（763）置，唐昭宗天佑六年（904）赐号天雄军节度。治所魏州，在今河北大名县东北。天雄地处战略要地，又称富饶之区，魏晋以来一直是兵家必争之地。［15］银枪效节都：杨师厚所置亲军名号，是割据者的重要支柱，即牙兵。［16］复故时牙兵之盛：魏博牙兵自唐中叶田承嗣建节起设置，百余年来异常骄横。公元 905 年罗绍威在朱温配合下大杀牙兵；至此杨师厚又准备恢复。［17］租庸使：官名，掌钱谷等事。［18］赵岩（?—923）：原名霖，唐末忠武军节度使赵犨（chōu）之次子，尚朱温女长乐公主，权势熏灼，人皆阿附。传见《旧五代史》卷十四。［19］判官：这里指租庸使判官，掌文书、案牍。［20］蠹（dù）：蛀虫。［21］罗绍威（843—910）：字端己，魏州贵乡（今河北大名县）人。继其父弘信为天雄军节度使。大杀牙兵。传见《旧五代史》卷十四。［22］弹疽不严，必将复聚：原出《韩非子》，患疽者必尽弹去其脓血，始能生新肉而病愈。言去掉祸患，必要忍痛。［23］贺德伦（?—916）：河西（今甘肃河西走廊）人。积功至平卢军节度使。传见《新五代史》卷四十四。［24］宣徽使：官名。总领宫内诸司及三班内侍的名籍和郊祀、朝会、宴享、供帐等事。［25］张筠（yún）：海州（今江苏连云港）人。积功至永平军节度使。后梁亡事后唐，官左骁卫上将军。传见《新五代史》卷四十七。［26］白马：白马津，在今河南滑县北。［27］镇、定：镇州和定州。镇州为王镕割据，定州为王处直割据。［28］胁之：威胁魏人。［29］数百年：言其时间之久，并非实经数百年。自唐大历田承嗣在魏博建牙兵起，实历 150 余年。［30］磐结：磐通"盘"，指盘根错节，不易处理。［31］己丑：三月二十九日。［32］南乐：县名。县治在今河南南乐县。［33］澶州：州名。治所顿丘，在今河南清丰县。［34］王彦章（863—923）：字贤明，一作子明，郓州寿张人。骁勇异常，人称王铁枪，积功为北面招讨使。后被晋将夏鲁奇所擒，遇害死。传见（旧五代史》卷二十一。［35］河门：按《旧唐书》，魏州城外有河门旧堤，乐彦祯筑罗城，约河门旧堤周八十里。［36］诘旦：第二天早晨。［37］牙城：唐代藩镇主帅所居之内城，牙通"衙"。［38］白刃：锋利的刀。［39］止剽掠：制止掠夺抢劫。［40］供奉官：官名。在皇帝左右供职者的官称，专备

宫中差遣。[41]易与：容易对付。[42]优诏：优容的诏书。指用好言慰抚。[43]戟(jǐ)手：徒手屈肘如戟形，指点人或怒骂人时常作如此形状。[44]诟(gòu)：骂。[45]穿鼻：被人牵着鼻子走。[46]求援于晋：向晋王李存勖请求出兵援助。[47]保衡：《蜀书·刘知俊传》作李彦康。[48]邠、宁：皆州名。邠州治所新平，在今陕西彬州市。宁州治所安定，在今甘肃宁县。[49]河阳：方镇名。唐德宗建中二年(781)置河阳三城。治所河阳，在今河南孟州。南临黄河，向为洛阳外围重镇。[50]霍彦威：(872—928)：字子重，洺州曲周(今河北曲周县)人。初为后梁将，后为后唐臣，积功至平产节度使。传见《旧五代史》卷六十四。[51]牙内都指挥使：节度使府武官名，掌控兵马，相当于参谋长。[52]知训(?—918)：徐温长子。靠徐温权势，多为不法，为朱瑾所杀。传见《十国春秋》卷十三。[53]李存审(861—924)：字德详，陈州宛丘(今河南周口市淮阳区)人。本姓符，从李克用，赐姓李，典义儿军。积功至宣武节度使。传见《旧五代史》卷五十六。[54]赵州：据章校，"州"下有"引兵"二字。[55]临清：县名。县治在今山东临清市南，地处魏州北面。[56]洹水：亦称安阳河，在魏州西面。[57]司空颋(?—915)：贝州清阳(今河北清河县东)人。传见《新五代史》卷五十四。[58]永济：县名。县治在今山东冠县北，在山东临清市南。[59]执兵：拿着武器。[60]陵胁：欺凌威胁。[61]迎马诉冤，拦着马诉说冤屈。[62]百余辈：辈，意为批，一批又一批，一百多批。[63]谢：致歉，道歉。[64]股栗：两腿发抖，形容恐惧到极点。[65]爪牙：比喻辅佐的人，即羽翼。[66]缓带轻裘：轻装便服。表示气氛缓和、融洽。[67]擐甲执兵：穿着盔甲，拿着武器。[68]翼马而从：簇拥着，保护着李存勖的坐骑而跟着走。表示对银枪效节的信任。[69]帐前银枪都：藩帅的卫队、亲军。[70]史建瑭(880—921)：常为晋军先锋，积功至贝、相二州刺史。传见《新五代史》卷二十五。[71]河：指漳河。[72]大悔惧：大大地追悔和惧怕。[73]天平：方镇名。唐宪宗元和十四年(819)赐郓、曹、濮节度使号天平军节度使。治所郓州，在今山东东平县西北。[74]屯：驻扎。[75]杨刘：杨刘镇，在今山东东阿县北。[76]匡国：方镇名。唐肃宗乾元元年(758)置，治所同州，在今陕西大荔县。后梁移治所于许州。[77]王檀(866—916)：字众美，京兆(今西安市)人，后梁大将，卒赠太师，谥忠毅。传见《旧五代史》卷二十二。[78]彰义：方镇名。唐昭宗乾宁元年(894)泾原节度赐号彰义军节度。治所泾州，在今甘肃泾川县。[79]刘知俊(?—917)：字希贤，徐州沛(今江苏沛县)人。传见《旧五代史》卷十三。

六月，庚寅朔[1]，贺德伦帅将吏请晋王入府城慰劳。既入，德伦上印节[2]，请王兼领天雄军，王固辞，曰："比闻[3]汴寇侵逼贵道，故亲董师徒[4]，远来相救；又闻城中新罹涂炭[5]，故暂入存抚。明公[6]不垂鉴信，乃以印节见推，诚非素怀[7]。"德伦再拜曰："今寇敌密迩[8]，军城新有大变，人心未安，德伦心腹纪纲[9]为张彦所杀殆尽，形孤势弱，安能统众！一旦生事，恐负大恩。”王乃受之。德伦帅将吏拜贺，王承制以德伦为大同[10]节度使，遣之官[11]。德伦至晋阳[12]，张承业[13]留之。

时银枪效节都在魏城犹骄横，晋王下令：“自今有朋党流言及暴掠百姓者，杀无赦！”以沁州刺史李存进[14]为天雄都巡按使。有讹言摇众及强取人一钱已[15]上者，存进皆枭首磔尸[16]于市。旬日，城中肃然，无敢喧哗者。存进本姓孙，名重进，振武人也。

晋王多出征讨，天雄军府事皆委判官司空颋决之。颋恃才挟势，睚眦必报[17]，纳贿骄侈。颋有从子在河南[18]，颋密使人召之，都虞候[19]张裕执其使者以白王，王责颋曰：“自吾得魏博，庶事悉以委公，公何得见欺如是！独不可先相示邪！”揖令归第，是日，族诛于军门，以判官王正言[20]代之。正言，郓州人也。

魏州孔目吏[21]孔谦[22]，勤敏多计数，善治簿书[23]，晋王以为支度务使[24]。谦能曲事权要，由是宠任弥固。魏州新乱之后，府库空竭，民间疲弊，而聚三镇之兵[25]，战于河上：殆将十年，供亿军须[26]，未尝有缺，谦之力也。然急征重敛，使六州[27]愁苦，归怨于王，亦其所为也。

张彦之以魏博归晋也，贝州[28]刺史张源德[29]不从，北结沧德[30]，南连刘鄩以拒晋，数断[31]镇、定粮道。或说晋王：“请先发兵万人取源德，然后东兼沧景[32]，则海隅之地皆为我有。”晋王曰：“不然。贝州城坚兵多，未易猝攻[33]。德州隶于沧州而无备，若得而戍之，则沧、贝不得往来，二垒[34]既孤，然后可取。”乃遣骑兵五百，昼夜兼行，袭德州。刺史不意晋兵至；逾城走[35]，遂克之，以辽州守捉将[36]马通为刺史。

秋，七月，晋人夜袭澶州，陷之。刺史王彦章在刘鄩营，晋人获其妻子，待之甚厚；遣间使[37]诱彦章，彦章斩其使，晋人尽灭其家。晋王以魏州[38]将李岩[39]为澶州刺史。

晋王劳军于魏县，因帅百余骑循河而上，觇刘鄩营。会天阴晦，鄩伏兵五千于河曲丛林间，鼓噪而出，围王数重。王跃马大呼，帅骑驰突，所向披靡。裨将[40]夏鲁奇[41]等操短兵力战，自午至申乃得出，亡其七骑，鲁奇手杀百余人，伤夷遍体，会李存审救兵至，乃得免。王顾谓从骑曰："几为虏嗤[42]。"皆曰："适足使敌人见大王之英武耳。"鲁奇，青州人也，王以是益爱之，赐姓名曰李绍奇。

（以上为第六段，写晋王李存勖兼领天雄节度使，智取德州、澶州。）

【注释】

[1]庚寅朔：六月一日。 [2]印节：印，指天雄军府印；节，节钺，指天雄军府旌节。即交出权力。 [3]比（bǐ）闻：近来听说。 [4]亲董师徒：亲，亲自；董，监督、率领；师徒，军队。 [5]新罹（lí）涂炭：新近遭到极其困苦之事。 [6]明公：尊称，指贺德伦。 [7]素怀：一贯的、原来的思想。 [8]寇敌密迩：指刘鄩梁兵离魏州近而且多。 [9]心腹纪纲：纪纲，这里指奴仆。 [10]大同：方镇名。唐僖宗乾符五年（878）升大同防御使为节度使。治所云州，在今山西大同市。辖云、朔、蔚三州。 [11]遣之官：派贺德伦到大同节度使任所。 [12]晋阳：治所太原，在今山西太原市，为晋国都。 [13]张承业（846—922）：字继元，本姓康，同州（今陕西大荔）人。本为唐中使监军，佐李克用，受顾命，官至开府仪同三司、左卫上将军。传见《旧五代史》卷七十二。 [14]李存进（857—922）：振武（今内蒙古和林格尔西北）人。为李克用养子，战功卓著，李存勖誉之"吾之杜预也"。传见《旧五代史》卷五十三。 [15]已：通"以"。 [16]枭（xiāo）首磔（zhé）尸：砍头分尸的酷刑。 [17]睚（yá）眦（zī）必报：睚眦，瞪眼睛，怒目而视，引申为小怨小忿。指不肯忍让，小怨小忿一定要报复。 [18]从子在河南：从子，侄子。在河南，指在黄河以南，即在后梁。 [19]都虞候：虞候，节度使所置军法官，其主官称都虞候。 [20]王正言：郓州（今山东郓城县）人，居官小心端慎，与物无竞。后唐庄宗时，官至守礼部尚书。传见《旧五代史》卷六十九。 [21]孔目吏：州府属吏，掌案牍。 [22]孔谦（?—926）：魏州（今河北大名县）人。任后唐租庸使，以聚敛搜刮为能事。为明宗所杀。传见《新五代史》卷二十六。 [23]簿书：书算等事。 [24]支度务使：节度使幕职官，协助节度使处理政务。 [25]三镇之兵：指晋攻梁时的魏、并、镇三镇之兵。 [26]军须：军需。须，通"需"。 [27]六州：指魏博所属魏、博、相、澶、卫、贝六州。 [28]贝州：魏博的属州，治所清河，在今河北南宫市东南。 [29]张源德（?—916）：为后梁守贝州，不屈死，传见《新五代史》卷三十三。 [30]北结沧德：北面联结横海军以为援。 [31]数断：多次截断。 [32]沧景：即横海军。唐德宗贞元三年（787）宣，治所沧州，在今河北沧县东南。 [33]猝（cù）攻：出其不意地攻击。 [34]二垒：指沧州和贝州。 [35]逾城走：越过城墙逃跑。 [36]守捉将：军官名，掌州军事。 [37]间使：做离间、策反工作的使者。 [38]魏州：州名，治所贵乡，在今河北大名县东北。 [39]李岩（?—931）：幽州（今北京）人，为人明敏多艺能，习骑射，颇知书而辩，为后唐收蜀有功，官至泗州防御使兼客省使。被孟知祥所杀。传见《旧五代史》卷七十。 [40]裨（pí）将：副

将。［41］夏鲁奇（883—931）：字邦杰，青州人。后唐大将，通吏道，抚民有术。传见《旧五代史》卷七十。［42］几为虏嗤：嗤，嗤笑。李存勖引汉光武的话自嘲，强作轻松、诙谐。

刘鄩以晋兵尽在魏州，晋阳必虚，欲以奇计袭取之，乃潜引兵自黄泽[1]西去。晋人怪鄩军数日不出，寂无声迹，遣骑[2]觇之，城中无烟火，但时见旗帜循堞[3]往来，晋王曰："吾闻刘鄩用兵，一步百计，此必诈也。"更使觇之，乃缚刍为人[4]，执旗乘驴在城上耳。得城中老弱者诘之，云军去已二日矣。晋王曰："刘鄩长于袭人，短于决战，计彼行才及山下。"亟发骑兵追之。会阴雨积旬，黄泽道险，堇泥[5]深尺余，士卒援藤葛而进，皆腹疾足肿[6]，（或坠崖谷）死者什二三。晋将李嗣恩[7]倍道[8]先入晋阳，城中知之，勒兵为备[9]。鄩至乐平[10]，糗粮[11]且尽；又闻晋有备，追兵在后，众惧，将溃[12]，鄩谕[13]之曰："今去家千里，深入敌境，腹背有兵，山谷高深，如坠井中，去将何之！惟力战庶几[14]可免，不则以死报君亲耳。"众泣而止。周德威闻鄩西上，自幽州引千骑救晋阳，至土门[15]，鄩已整众下山，自邢州陈宋口逾漳水[16]而东，屯于宗城[17]；鄩军往还，马死殆半[18]。

时晋军乏食，鄩知临清有蓄积，欲据之以绝晋粮道，德威急追鄩，再宿，至南宫[19]，遣骑擒其斥候[20]者数十人，断腕而纵之，使言曰："周侍中[21]已据临清矣！"鄩军大骇。诘朝[22]，德威略鄩营而过，入临清，鄩引军趋贝州。时晋王出师屯博州[23]，刘鄩军[24]堂邑[25]，周德威攻之，不克。翌日，鄩军于莘县[26]，晋军踵之[27]，鄩治莘城，堑[28]而守之，自莘及河筑甬道[29]以通馈饷[30]；晋王营于莘西三十里，烟火相望[31]，一日数战。

晋王爱元行钦[32]骁健，从代州刺史李嗣源求之，嗣源不得已献之，以为散员[33]都部署[34]，赐姓名曰李绍荣。绍荣尝力战深入，剑中其面，未解[35]，高行周[36]救之得免。王复欲求行周，重于发言[37]，密使人以官禄啖[38]之，行周辞曰；"代州[39]养壮士，亦为大王耳，行周事代州，亦犹事大王也。代州脱行周兄弟于死，行周不忍负之。"乃止。

绛州[40]刺史尹皓攻晋之隰州[41]，八月，又攻慈州[42]，皆不克。王檀与昭义[43]留后贺瓌[44]攻澶州[45]，拔之，执李岩，送东都[46]。帝以杨师厚故将杨延直为澶州刺史，使将兵万人助刘鄩，且招诱魏人。

晋王遣李存审将兵五千击贝州。张源德有卒三千，每夕分出剽掠，州民苦之，请堑其城[47]以安耕耘。存审乃发八县[48]丁夫堑而围之。

刘鄩在莘久，馈运不给[49]，晋人数抵其寨下挑战，鄩不出。晋人乃攻绝其甬道，以千余斧斩寨木，梁人惊扰而出，因俘获而还。

（以上为第七段，写梁名将刘鄩偷袭晋阳兵败，退守莘县与晋王对峙。）

【注释】

[1]黄泽：地名，在山西左权县东南，山道险峻、曲折，凡十八盘。[2]觇（zhān）：侦察。[3]堞（dié）：城上的矮墙，亦称女墙。[4]缚刍（chú）为人，扎草把成人形。刍，草把。[5]堇（qǐn）泥：黏土。[6]腹疾足肿：章校："肿"下有"或坠崖谷"四字。[7]李嗣恩（?—918）：本姓骆，吐谷浑部人。为李克用养子，赐姓名，积功至振武节度使。传见《新五代史》卷三十六。[8]倍道：用加倍的速度赶路。[9]勒兵为备：部署兵力事先作好守卫的准备。[10]乐平：县名。县治在今山西昔阳县，距晋阳250里。[11]糗（qiǔ）粮：糗，炒熟的米麦等谷物，泛指军用干粮。[12]溃：崩溃、离散。[13]谕：教育、开导。[14]庶几：也许可以。[15]土门：即河北井陉县。[16]逾漳水：渡过漳水。[17]宗城：县名。县治威县，在今河北威县。[18]殆半：将近一半。[19]南宫：县名，在今河北南宫市，至临清约数十里。[20]斥候：旧时军队中负责侦察敌情的兵卒。[21]周侍中：指周德威，因破幽州授检校侍中，故称之。[22]诘朝：第二天早晨。[23]博州：州名。治所聊城，在今山东聊城市。[24]军：驻扎。[25]堂邑：县名。县治在今山东聊城市西北。[26]莘县：县名。县治在今山东莘县北。[27]踵（zhǒng）之：跟着他，谓晋军紧紧咬住刘鄩军追击。踵，脚后跟。[28]堑（qiàn）：壕沟，护城河。[29]甬道：夹筑垣墙，以防晋军冲突、抄袭。[30]馈饷：粮饷。[31]烟火相望：指相距很近，彼此能看得见对方的炊烟和灯火。[32]元行钦（?—926）：本幽州刘守光之爱将，降后唐，李存勖赐姓名为李绍荣，骁勇善战，积功为邺都行营招抚使。传见《旧五代史》卷七十。[33]散员：后唐设散指挥都头，名为散员。[34]都部署：武官名，即后之行军统帅。[35]未解：未能解围。[36]高行周（?—951）：字尚质，妫州（今河北怀来县）人，官至后唐振武军节度使；后晋归德军节度使，后汉天平军节度使，后周封齐王。传见《新五代史》卷四十八。[37]重于发言：难以第二次启齿。[38]啖（dàn）：利诱。[39]代州：借代李嗣源。[40]绛（jiàng）州：州名。治所龙头城，在今山西闻喜县东北。[41]隰（xí）州：州名。治所隰川，在今山西隰县。[42]慈州：州名。治所在今山西吉县。[43]昭义：方镇名。唐代宗大历元年（766）相卫六州节度使，赐号昭义军节度，治所相州，在今河南安阳市。此处"昭义"

疑为“宣义”之误。［44］贺瓌（858—919）：字光远，濮阳（今河南濮阳市）人，投降朱温，积功至宣义军节度使。传见《旧五代史》卷二十三。［45］澶州：州名。唐置，五代时州治濮阳，即今河南濮阳市。［46］东都：后梁首都。在今河南开封市。［47］堑其城：挖壕沟包围贝州城，使贝州兵不得出来抢劫。［48］八县：指贝州下辖清河、清阳、武城、经城、临清、漳南、历亭、夏津等八县。［49］馈运不给：粮食物资运送供不应求。

帝以诏书让[1]郛老师费粮[2]，失亡多，不速战，郛奏：“臣比[3]欲以奇兵捣[4]其腹心，还取镇、定[5]，期以旬时再清河朔[6]。无何天未厌乱[7]，淫雨积旬，粮竭士病。又欲据临清断其馈饷，而周杨五奄至[8]，驰突如神[9]。臣今退保莘县，享士训兵[10]以俟进取。观其兵数甚多，便习骑射，诚为勍敌，未易轻也。苟有隙可乘，臣岂敢偷安养寇！”帝复问郛决胜之策，郛曰：“臣今无策，惟愿人给十斛[11]粮，贼可破矣。”帝怒，责郛曰：“将军蓄米，欲破贼邪，欲疗饥邪？”乃遣中使往督战。

郛集诸将问曰：“主上深居禁中，不知军旅，徒与少年新进辈谋之。夫兵[12]在临机制变[13]，不可预度。今敌尚强，与战必不利，奈何？”诸将皆曰：“胜负当一决，旷日何待[14]！”郛默然，不悦，退，谓所亲曰：“主暗臣谀[15]，将骄卒惰，吾未知死所矣！”他日，复集诸将于军门[16]，人置河水一器于前[17]，令饮之，众莫之测[18]。郛谕之曰：“一器犹难，滔滔之河，可胜尽乎！”众失色。

后数日，郛将万余人薄[19]镇、定营，镇、定人惊扰。晋李存审以骑兵二千横击[20]之，李建及[21]以银枪千人助之，郛大败，奔还[22]。晋人逐之，及寨下[23]，俘斩千计。

刘岩[24]逆[25]妇于楚，楚王殷遣永顺[26]节度使存[27]送之。

（以上为第八段，写梁将刘郛与晋军决战，再次败北。）

【注释】

［1］让：责备。［2］老师费粮：时间长久，丧失军队战斗力，靡费粮食。老师，即师老，军队疲困，丧失战斗力。［3］比：近来。［4］捣（dǎo）：打击。［5］镇、定：两州名。镇州治所镇定，在今河北正定县。定州治所卢奴，在今河北定州市。［6］河朔：泛指华北平原黄河以北之地。［7］天未厌乱：天还没有厌恨纷乱，向往太平。意谓天不遂人愿。［8］奄至：突然到来。［9］驰突如神：奔驰冲突非常活跃，犹如神助。［10］享士训兵：训练士兵，养精蓄

锐。［11］斛（hú）：量器名，古时以十斗为一斛。［12］兵：军队、作战。［13］临机制变：遇到不同情况，随时采取措施，适应变化了的形势。［14］旷日何待：荒废时间，有什么可等待呢？［15］主暗臣谀：君主昏庸，臣子阿谀逢迎。［16］军门：营门。这里指主帅办公的地方。［17］人置河水一器于前：在每人面前放一碗河水。［18］众莫之测：大家猜想不到为了什么。［19］薄：靠近、迫近、侵入。［20］横击：拦腰冲击。［21］李建及（864—920）：许州（今河南许昌市）人，本姓王，李克用赐今名。庄宗时，领魏博内外衙银枪效节帐前亲军，屡立战功。传见《旧五代史》卷六十五。［22］奔还：逃回。［23］及寨下：直到刘鄩莘县军营前。［24］刘岩（889—942）：南汉高祖，贞明三年（917）即皇帝位，国号大越，改元乾亨。九年（925），改名龑，公元917至942年在位。传见《新五代史》卷六十五。［25］逆：迎。［26］永顺：方镇名。唐昭宗光化元年置武贞军节度使，领沣、朗、溆三州，治沣州，后梁改永顺军，治朗州，在今湖南常德市。［27］存：马存，马殷之弟，传见《十国春秋》卷七十一。

乙未[1]，蜀主[2]以兼中书令王宗绾为北路行营都制置使，兼中书令王宗播为招讨使，攻秦州[3]；兼中书令王宗瑶[4]为东北面招讨使，同平章事王宗翰[5]为副使，攻凤州[6]。

庚戌[7]，吴以镇海节度使徐温为管内水陆马步诸军都指挥使[8]、两浙都招讨使、守侍中、齐国公，镇润州，以升、润、常、宣、歙、池六州[9]为巡属[10]，军国庶务参决如故[11]；留徐知训居广陵[12]秉政[13]。

初，帝为均王，娶河阳节度使张归霸[14]女为妃。即位，欲立为后；后以帝未南郊[15]，固辞。九月，壬午[16]，妃疾甚，册为德妃，是夕，卒。

康王友敬[17]，目重瞳子[18]，自谓当为天子，遂谋作乱。冬，十月，辛亥[19]夜，德妃将出葬，友敬使腹心数人匿于寝殿[20]；帝觉之，跣足逾垣而出，召宿卫兵索殿中，得而手刃之。壬子[21]，捕友敬，诛之。

帝由是疏忌[22]宗室，专任赵岩及德妃兄弟汉鼎、汉杰、从兄弟汉伦、汉融[23]，咸居近职，参预谋议，每出兵必使之监护。岩等依势弄权，卖官鬻狱，离间旧将相，敬翔[24]、李振[25]虽为执政，所言多不用。振每称疾不预事，以避赵、张之族，政事日紊，以至于亡。

（以上为第九段，写后梁政局不稳，宫廷发生未遂政变。）

【注释】

［1］乙未：八月七日。［2］蜀主：前蜀高祖王建，公元908至918年在位。传见《十国春秋》卷三十五。［3］秦州：州名。治所在今甘肃秦安县北。［4］王宗瑶：王建义子。传见《十国春秋》卷三十九。［5］王宗翰：本姓孟，王建义子。传见《十国春秋》卷三十九。［6］凤州：州名。治所在今陕西凤县东。［7］庚戌：八月二十二日。［8］管内水陆马步诸军都指挥使：武官名。掌全国军政的最高长官。［9］升、润、常、宣、歙、池六州：升州治所上元，在今南京市。润州治所在今江苏镇江市。常州治所在今江苏常州市。宣州治所在今安徽宣城市宣州区。歙州治所在今安徽歙县。池州治所在今安徽池州市贵池区。［10］巡属：管辖属区。［11］如故：像过去一样。［12］广陵：吴国都，在今江苏扬州市。［13］秉政：掌握政权。［14］张归霸（?—908）：字正臣，清河（今河北清河）人。初投黄巢，后归朱温，积功至河阳节度使。传见《旧五代史》卷十六。［15］帝未南郊：后梁末帝未举行过南郊祭天大典。古人相传，以为郊见上帝，表示代天统治人民。［16］壬午：九月二十四日。［17］友敬：新、旧五代史均作友孜。梁太祖朱温第八子。传见《旧五代史》卷十二。［18］目重瞳子：眼中有两个瞳子。［19］辛亥：十月二十四日。［20］寝殿：天子卧室。［21］壬子：十月二十五日。［22］疏忌：疏远顾忌。［23］汉鼎、汉杰、汉伦、汉融：为张归霸子、侄。后梁末帝时分掌权要，藩镇除拜多出其门。汉鼎早死，汉杰、汉伦、汉融同日被唐庄宗杀死。传附《旧五代史》卷十六《张归霸传》。［24］敬翔（?—923）：字子振，同州冯翊（今陕西大荔县）人。好读书，尤长刀笔，应用敏捷，为后梁宰相近三十年，梁亡，自杀，著有《大梁编遗录》三十卷。传见《旧五代史》卷十八。［25］李振（?—923）：字兴绪，积功至后梁户部尚书。传见《旧五代史》卷十八。

刘鄩遣卒诈降[1]于晋，谋赂膳夫[2]以毒晋王；事泄，晋王杀之，并其党五人。

十一月，己未[3]夜，蜀宫火。自得成都[4]以来，宝货贮于百尺楼[5]，悉为煨烬[6]。诸军都指挥使[7]兼中书令宗侃[8]等帅卫兵欲入救火，蜀主闭门不内[9]。庚申旦[10]，火犹未熄，蜀主出义兴门见群臣，命有司[11]聚太庙神主[12]，分巡都城[13]，言讫，复入宫闭门。将相皆献帷幕[14]饮食[15]。

壬戌[16]，蜀大赦。

乙丑[17]，改元[18]。

己巳[19]，蜀王宗翰引兵出青泥岭[20]，克固镇[21]，与秦州将郭守谦战于泥阳川[22]；蜀兵败，退保鹿台山。辛未[23]，王宗绾等败秦州兵于金沙谷[24]，擒其将李彦巢等，乘胜趣[25]秦州。兴州[26]刺史王宗铎克阶州，降其刺史李彦安。甲戌[27]，王宗绾克成州[28]，擒其刺史李彦德[29]。蜀军至上染坊[30]，秦州节度使李继崇遣其子彦秀奉牌印迎降。宗绛[31]入秦州，表排陈使[32]王宗俦[33]为留后。刘知俊攻霍彦威于邠州[34]，半岁不克。闻秦州降蜀，知俊妻子皆迁成都；知俊解围还凤翔[35]，终惧及祸，夜帅亲兵七十人，斩关而出，庚辰[36]，奔于蜀军。王宗绾自河池[37]、两当[38]进兵，会王宗瑶攻凤州，癸未[39]，克之。

岐[40]义胜[41]节度使、同平章事[42]李彦韬[43]知岐王衰弱，十二月，举耀[44]、鼎[45]二州来降。彦韬即温韬也。乙未[46]，诏改耀州为崇州，鼎州为裕州，义胜军为静胜军，复彦韬姓温氏，名昭图，官任如故。

丁未[47]，蜀大赦；改明年元曰通正[48]。置武兴[49]军于凤州，割文、兴二州[50]隶之，以前利州[51]团练使王宗鲁[52]为节度使。

是岁，清海[53]、建武[54]节度使兼中书令刘岩，以吴越王镠为国王而己独为南平王[55]，表求封南越王及加都统，帝不许。岩谓僚属曰："今中国纷纷[56]，孰[57]为天子！安能梯航[58]万里，远事伪庭[59]乎！"自是贡使遂绝。

（以上为第十段，写蜀国宫中大火。蜀兵两路攻岐，岐王李茂贞势衰。刘岩绝梁不入贡。）

【注释】

[1]诈降：假投降。[2]膳夫：厨师。[3]己未：十一月三日。[4]自得成都：王建于公元891年8月25日攻占成都。[5]百尺楼：蜀宫中楼名。[6]煨（wèi）烬：灰烬，燃烧后的残余。[7]诸军都指挥使：蜀军各部的统兵官。[8]宗侃：本姓田，王建义子。传见《十国春秋》卷三十九。[9]闭门不内：关闭宫门不许入内，恐借救火为名发动政变。内，通"纳"。[10]庚申旦：十一月四早晨。[11]有司：各主管部门。[12]聚太庙神主：把太庙的主牌位收拢起来。[13]分巡都城：分头巡视首都城防，加强警卫。[14]帷（wéi）幕：帐幔、帐子。[15]饮食：食物。宫廷失火，烧毁房舍器用，献帐子、饮食，象征可住、可吃。[16]壬戌：十一月六日。[17]乙丑：十一月九日。[18]改元：指后梁改元贞明。按《吴越备史》，改元贞明在正月一日。[19]己巳：十一月十三日。[20]青泥岭：地名，在今甘肃徽县南，为入蜀要路。[21]固镇：今甘肃徽县县治，宋移河池县于此。[22]泥阳川：水名。汉水支流，源出甘肃徽县西北。[23]辛未：十一月十五日。[24]金沙谷：在今甘肃天水市东南。[25]趣（cù）：赶快奔向。

[26]兴州：州名。治所在今陕西略阳县。[27]甲戌：十一月十八日。[28]成州：州名，治所在今甘肃成县。[29]李彦德：素骁勇，常戴牛皮帽，披漆甲，跨黑马，执斫刺刀，军中目为“薄地鸦”。传见《十国春秋》卷四十二。[30]上染坊：地名。在今甘肃天水市。[31]宗绛：当作宗绾。[32]排陈使：武官名。掌布列军营、阵地等事。陈，“阵”的古字。[33]王宗俦：王建养子，官至山南节度使。传见《十国春秋》卷三十九。[34]邠州：州名。治所在今陕西彬州市。[35]凤翔：府名。唐肃宗至德二年（757）升凤翔郡为府。治所天兴，在今陕西宝鸡市凤翔区。唐末李茂贞为凤翔节度使，称岐王。刘知俊还凤翔，即还兵李茂贞。[36]庚辰：十一月二十四日。[37]河池：县名。县治在今甘肃徽县西。[38]两当：县名。县治在今甘肃两当县东。两当之名有两说，一说县有两当山而命名，一说县有两当水而命名。[39]癸未：十一月二十七日。[40]岐：指岐王李茂贞。[41]义胜：方镇名。唐昭宗天祐三年（906）置，治所耀州，在今陕西铜川市耀州区。[42]同平章事：职掌宰相。此系节度使兼领荣衔，不理事。[43]李彦韬（?—926）：即温韬，少为盗，为耀州节度使时，盗挖唐代皇帝陵墓，取所藏金宝。为后唐明宗所杀。传见《旧五代史》卷三十七。[44]耀州：州名，治所在今陕西铜川市耀州区。[45]鼎州：州名，治所在今陕西富平县北。[46]乙未：十二月九日。[47]丁未：十二月二十一日。[48]通正：前蜀王建称帝后所改的第三个年号，仅一年，当公元916年。[49]武兴：方镇名。前蜀永平五年（915）置。治所凤州，在今陕西凤县东。[50]文、兴二州：文州治所在今甘肃文县。兴州治所在今陕西略阳县。[51]利州：州名。治所在今四川广元市。[52]王宗鲁：王建养子，传见《十国春秋》卷三十九。[53]清海：方镇名。唐昭宗乾宁二年（895）赐岭南东道节度号清海军节度。治所广州，在今广东广州市。[54]建武：方镇名。南汉升邕州为建武军节度。治所邕州，在今广西南宁市。[55]南平王：为郡王，地位低于国王。[56]纷纷：指藩镇割据，动荡不安。[57]孰：谁，哪一个。[58]梯航：指梯山航海。即长途跋山涉水之意。梯，登，跋。[59]伪庭：指后梁政权。

二年（丙子，916年）

春，正月，宣武[1]节度使、守中书令、广德靖王全昱[2]卒。

帝闻前河南府参军[3]李愚学行[4]，召为左拾遗[5]，充崇政院直学士[6]。衡王友谅[7]贵重，李振等见，皆拜之，愚独长揖，帝闻而让之，曰：“衡王于朕，兄也，朕犹拜之，卿长揖；可乎？”对曰：“陛下以家人礼见衡王，拜之宜也。振等陛下家臣；臣于王无素[8]，不敢妄有所屈。”久之，竟以抗直[9]罢为邓州[10]观察判官[11]。

蜀主以李继崇为武泰[12]节度使、兼中书令、陇西王。

二月，辛丑[13]夜，吴宿卫将[14]马谦、李球劫吴王登楼，发库兵[15]讨徐知训；知训将出走，严可求[16]曰："军城[17]有变，公先弃众自去，众将何依[18]！"知训乃止。众犹疑惧，可求阖户[19]而寝，鼾息[20]闻于外，府中稍安。壬寅[21]，谦等陈[22]于天兴门[23]外，诸道副都统[24]朱瑾自润州至，视之，曰："不足畏也。"返顾[25]外众，举手大呼，乱兵皆溃[26]，擒谦、球，斩之。

帝屡趣[27]刘鄩战，鄩闭壁[28]不出。晋王乃留副总管[29]李存审守营，自劳军[30]于贝州，声言[31]归晋阳。鄩闻之，奏请袭[32]魏州，帝报曰："今扫境内以属将军[33]，社稷[34]存亡，系[35]兹一举，将军勉之[36]！"鄩令澶州刺史杨延直引兵万人会于魏州，延直夜半至城南，城中选壮士五百潜出击之，延直不为备，溃乱而走。诘旦，鄩自莘县悉众[37]至城东，与延直余众合，李存审引营中兵踵其后[38]，李嗣源以城中兵出战，晋王亦自贝州至，与嗣源当[39]其前。鄩见之，惊曰："晋王邪！"引兵稍却[40]，晋王蹑[41]之，至故元城[42]西，与李存审遇。晋王为方陈[43]于西北，存审为方陈于东南，鄩为圆陈[44]于其中间，四面受敌；合战良久[45]，梁兵大败，鄩引数十骑突围走。梁步卒凡七万；晋兵环而击之[46]，败卒登木[47]，木为之折，追至河上，杀溺殆尽。鄩收散卒自黎阳[48]渡河，保滑州[49]。

匡国节度使王檀密疏请发关西[50]兵袭晋阳，帝从之，发河中[51]、陕[52]、同[53]、华[54]诸镇兵合三万，出阴地关[55]，奄至[56]晋阳城下，昼夜[57]急攻；城中无备，发诸司丁匠[58]及驱市人[59]乘城拒守，城几陷者数四，张承业[60]大惧。代北故将安金全[61]退居太原，往见承业曰："晋阳根本之地，若失之，则大事去矣。仆虽老病，忧兼家国[62]，请以库甲[63]见授，为公击之。"承业即与之。金全帅其子弟及退将[64]之家得数百人，夜，出北门，击梁兵于羊马城内；梁兵大惊，引却。昭义[65]节度使李嗣昭闻晋阳有寇，遣牙将[66]石君立[67]将五百骑救之；君立朝发上党，夕至晋阳。梁兵扼[68]汾河桥[69]，君立击破之，径至城下大呼曰："昭义侍中[70]大军至矣。"遂入城。夜，与安金全等分出诸门击梁兵，梁兵死伤什二三。诘朝，王檀引兵大掠而还。晋王性矜伐[71]，以策非己出，故金全等赏皆不行[72]。

梁兵之在晋阳城下也，大同节度使贺德伦部兵多逃入梁军，张承业恐其为变[73]，收[74]德伦，斩之。

帝闻刘鄩败，又闻王檀无功，叹曰："吾事[75]去矣！"

（以上为第十一段，写梁将刘鄩兵败魏州，全军覆没。）

【注释】

[1]宣武：方镇名。唐德宗建中二年（781）置，治宋州。兴元元年（784）徙治汴州，在今河南开封市。[2]广德靖王全昱：即朱全昱（?—916），后梁太祖朱全忠长兄，戆朴无能。封广王，谥德靖。传见《旧五代史》卷十二。[3]参军：官名。府州属官，参与谋议等。[4]学行：学问渊博、品行端正。[5]左拾遗：属门下省，掌对皇帝规谏、纠正违失，举荐人员等职。[6]崇正院直学士：在正职外别加职名，备顾问。[7]友谅（?—923）：广王朱全昱子，初封衡王，后嗣广王。传见《旧五代史》卷十二。[8]无素：平常无交往。[9]抗直：刚直不屈。[10]邓州：州名。治所在今河南邓州。[11]观察判官：观察使司的属官，佐观察使处理政务。[12]武泰：方镇名。前蜀王建以黔州为武泰军。治所黔州，在今重庆彭水县。后治所迁涪州，在今重庆市涪陵区。[13]辛丑：二月十六日。[14]宿卫将：在宫廷中值勤的警卫军将领。[15]发库兵：打开武器库，分发武器。[16]严可求（?—930）：同州（今陕西大荔县）人。少聪敏、有心计，为徐温谋臣，长于谋略。官至吴左仆射。传见《十国春秋》卷十。[17]军城：节度使府城。这里指扬州府城。[18]何依：依靠谁。[19]阖户：关门。[20]鼾（hān）息：打鼾声。[21]壬寅：二月十七日。[22]陈：列阵，将军队排列开来。[23]天兴门：杨行密以扬州牙城南门为天兴门。[24]诸道副都统：都统，行营都统之省称，战时为统兵元帅、节制诸道出征之兵，故称诸道都统。有正、副都统。[25]返顾：回头。[26]乱兵皆溃：乱兵纷纷溃散。足见吴兵畏服朱瑾。[27]趣（cù）：催促、敦促。[28]闭壁：坚守营垒。[29]副总管：武官名，职掌副指挥。[30]劳军：慰劳军队。指慰劳包围贝州张源德的晋军。[31]声言：张扬说。[32]袭：暗中乘敌不备偷偷地攻击。[33]今扫境内以属将军：现今全国军队都委托给了将军。扫境内，指集中了全国之兵。[34]社稷：社，土神；稷，谷神。此指国家。[35]系：缚，引申为寄托。[36]勉之：努力做好。指战胜敌人。[37]悉众：全部军队。[38]踵其后：跟在刘鄩军队的后面。[39]当：阻挡。[40]稍却：稍微退却。[41]蹑（niè）：追踪。[42]故元城：这里指隋所置元城县，县治古殷城，在今河北大名县。[43]方陈：方形军阵。陈，同"阵"。[44]圆陈：圆形军阵，以便四面八方迎敌，[45]合战良久：接战很长时间。[46]环而击之：包围起来攻打它。[47]登木：上船。[48]黎阳：县名，县治在今河南浚县东。[49]滑州：州名。治所白马、在今河南滑县东。[50]关西：地区名，即关中，泛指函谷关或潼关以西地区。[51]河中：方镇名。唐肃宗至德二载（757）置。治所蒲州，在今山西永济市。[52]陕：陕州。治所陕县，在今河南三门峡市陕州区。[53]同：同州，治所武乡，在今陕西大荔县。[54]华：

华州。治所华山，在今陕西渭南华州区。［55］阴地关：关名。在今山西灵石县西南。［56］奄至：突然到达。［57］昼夜：日夜。［58］丁匠：工匠。［59］市人，商人。［60］张承业：留守晋阳监军。［61］安金全（?—928）：代北（今山西代县以北）人。为人骁勇果敢，工骑射，号能擒生踏伏，官至振武军节度使同中书门下平章事。传见《新五代史》卷二十五。［62］忧兼家国：忧家亦忧国。指晋阳若陷，则国破家亡。［63］库甲：兵库中的盔甲、武器装备。［64］退将：退役在家的将领。［65］昭义：方镇名。唐代宗大历元年（766）相卫六州节度赐号昭义节度。治所潞州，在今山西长治市。［66］牙将：率领牙兵（亲兵）的亲信军官。［67］石君立（?—923）：赵州昭庆（今河北隆尧县东）人。亦名石家财，素骁勇，李嗣昭每出征，常以君立为前锋。传见《旧五代史》卷六十五。［68］扼（è）：把守。［69］汾河桥：在晋阳城东南汾河上。［70］昭义侍中：指李嗣昭。因李嗣昭以节度使兼侍中为使相，故称之。［71］矜伐：自以为能而加以夸耀；源出《尚书·大禹谟》："汝惟不矜，天下莫与汝争能；汝惟不伐，天下莫与汝争功。"［72］赏皆不行：有功而不给奖赏。［73］为变：指发动兵变。［74］收：逮捕。［75］事：指帝王的事业。

三月，乙卯朔[1]，晋王攻卫州[2]，壬戌[3]，刺史米昭降之。又攻惠州[4]，刺史靳绍走，擒斩之，复以惠州为磁州。晋王还魏州。

上屡召刘鄩不至，己巳[5]，即以鄩为宣义[6]节度使，使将兵屯黎阳[7]。

夏，四月，晋人拔洺州[8]，以魏州都巡检使[9]袁建丰[10]为洺州刺史。

刘鄩既败，河南[11]大恐，鄩复不应召，由是将卒皆摇心[12]。帝遣捉生都指挥使[13]李霸帅所部千人戍杨刘[14]，癸卯[15]，出宋门[16]，其夕，复自水门人，大噪，纵火剽掠，攻建国门[17]，帝登楼拒战。龙骧四军[18]都指挥使杜晏球[19]以五百骑屯球场[20]，贼以油沃幕[21]，长木揭之[22]，欲焚楼，势甚危；晏球于门隙窥之，见贼无甲胄[23]，乃出骑击之，决力死战，俄而贼溃走。帝见骑兵击贼，呼曰："非吾龙骧之士乎，谁为乱首？"晏球曰："乱者惟李霸一都[24]，余军不动。陛下但帅控鹤[25]守宫城，迟明[26]，臣必破之。"既而晏球讨乱者，阖营皆族之[27]，以功除[28]单州[29]刺史。

五月，吴越王镠[30]遣浙西安抚判官皮光业[31]自建、汀、虔、郴、潭、岳、荆南道入贡。光业，日休之子也。

六月，晋人攻邢州[32]，保义[33]节度使阎宝[34]拒守；帝遣捉生都指挥使张温[35]将兵五百救之，温以其众降晋。

秋，七月，甲寅朔[36]，晋王至魏州。

上嘉吴越王镠贡献之勤，壬戌[37]，加镠诸道兵马元帅。朝议[38]多言镠之入贡利于市易[39]，不宜过以名器假之[40]；翰林学士窦梦征[41]执麻以泣[42]，坐贬蓬莱尉。梦征，棣州人也。

甲子[43]，吴润州牙将周郊作乱，入府，杀大将秦师权等，大将陈祐[44]等讨斩之。

八月，丁酉[45]，以太子少保[46]致仕赵光逢为司空兼门下侍郎、同平章事。

丙午[47]，蜀主以王宗绾为东北面都招讨[48]，集王宗翰、嘉王宗寿为第一、第二招讨，将兵十万出凤州；以王宗播为西北面都招讨，武信军节度使刘知俊、天雄[49]节度使王宗俦、匡国军使唐文裔[50]为第一、第二、第三招讨，将兵十二万出秦州，以伐岐。

晋王自将攻邢州，昭德[51]节度使张筠弃相州走；晋人复以相州隶天雄军，以李嗣源为刺史。晋王遣人告阎宝以相州已拔；又遣张温帅援兵至城下谕之，宝举城降；晋王以宝为东南面招讨使，领天平节度使、同平章事[52]；以李存审为安国[53]节度使，镇邢州。

契丹[54]王阿保机[55]帅诸部兵三十万，号百万，自麟[56]、胜[57]攻晋蔚州[58]，陷之，虏振武节度使李嗣本。遣使以木书[59]求货于大同防御使李存璋[60]，存璋斩其使；契丹进攻云州，存璋悉力拒之。

九月，晋王还晋阳。王性仁孝，故虽经营河北，而数还晋阳省曹夫人[61]，岁再三焉。

晋人以兵逼沧州[62]，顺化[63]节度使戴思远[64]弃城奔东都[65]；沧州将毛璋[66]据城降晋，晋王命李嗣源将兵镇抚之，嗣源遣璋诣晋阳。晋王徙李存审为横海节度使，镇沧州，以嗣源为安国[67]节度使。嗣源以安重诲[68]为中门使[69]，委以心腹[70]，重诲亦为嗣源尽力。重诲，应州胡人也。

晋王自将兵救云州。行至代州，契丹闻之，引去，王亦还。以李存璋为大同节度使。

晋人围贝州逾年，张源德闻河北诸州皆为晋有，欲降；谋于其众，众以穷而后降，恐不免死，不从；共杀源德，婴城[71]固守。城中食尽，啖人为粮，乃谓晋将曰："出降惧死，请擐甲执兵[72]而降，事定而释之[73]。"晋将许之，其众三千出降，既释甲，围而杀之，尽殪。晋王以毛璋为贝州刺史。于是河北皆入于晋，惟黎阳为梁守。

晋王如魏州。

吴光州[74]将王言杀刺史载肇[75]，吴王遣楚州[76]团练使[77]李厚[78]讨之。庐州[79]观察使[80]张崇[81]不俟命，引兵趣光州，言弃城走。以李厚权知光州。崇，慎县人也。

（以上为第十二段，写晋王尽有后梁河北之地，北退契丹。）

【注释】

[1]朔：三月一日。 [2]卫州：州名。治所朝歌，在今河南淇县。 [3]壬戌：二月八日。[4]惠州：即磁州，后梁改惠州。治所釜阳，在今河北磁县。因州西北有慈石山，出磁石，州治又为磁石集散地而得名。 [5]己巳：三月十五日。 [6]宣义：方镇名。唐僖宗光启二年（886）朱全忠请改义成军节度使为宣义军节度使，以避父朱诚之讳而改名。治所滑州，在今河南滑县。[7]黎阳：县名。县治在今河南浚县东。 [8]洺州：州名。治所广年，在今河北邯郸市永年区东南。 [9]都巡检使：官名。为节度使之副贰，掌监察军政诸事。 [10]袁建丰（873—928）：后唐大将，积功至镇南节度使。传见《旧五代史》卷六十一。 [11]河南：指后梁朝廷。 [12]摇心：思想动摇。 [13]捉生都指挥使：武官名。五代营一级统兵官称指挥使，都指挥使为其统领。[14]杨刘：地名，故址在今山东东阿县北杨柳村。 [15]癸卯：四月十九日。 [16]宋门：汴梁城东面南来第二门。 [17]建国门：后梁王城南为建国门。 [18]龙骧军：皇帝仪仗队，即禁卫军。 [19]杜晏球（868—929）：字莹之，洛阳人。本姓王，为汴州富户杜氏在乱中所得，冒姓杜。有机略，爱士卒，积功至平卢节度使。传见《新五代史》卷四十六。 [20]球场：当时宫内踢球的运动场，也用以练武。 [21]以油沃幕：把油浇在布上。 [22]揭之：举着。 [23]甲胄（zhòu）：铠甲和头盔。 [24]一都：五代禁军的一级组织，共百人。五代军制，以厢为军队编制单位，厢下有军，军下有指挥，指挥下有都。一厢辖十军，一军辖五至十指挥，一指挥辖五都。一都百人。[25]控鹤：禁军控鹤军。即皇宫警卫队。 [26]迟明：将近天明。 [27]阖营皆族之：五代军法极严，凡将校战死，所部兵都要斩首，叫做拔队斩。 [28]除：任命。 [29]单（shàn）州：州名。治所单父，在今山东单县。 [30]吴越王镠：钱镠（852—932），字具美，杭州临安（今浙江

杭州市临安区）人。唐末从石镜镇将董昌镇压黄巢起义军起家，占有两浙十三州之地，后梁开平元年封为吴越王，公元 907 至 932 年在位。传见《新五代史》卷六十七。［31］皮光业（877—943）：字文通，襄阴竟陵（今湖北天门市）人。父皮日休，唐代文学家。光业 10 岁能属文，积功至吴越国丞相。著有《皮氏见闻录》十三卷。传见《十国春秋》卷八十六。［32］邢州：州名。治所龙冈，在今河北邢台市。［33］保义：方镇名。唐文宗大和元年（827）升晋慈观察使为保义军节度，为后梁朱温所有。治所邢州，在今河北邢台市。［34］阎宝（863—922）：字琼美，郓州（今山东郓城）人。后梁大将，降后唐，积功至天平军节度使。传见《旧五代史》卷五十九。［35］张温（?—935）：字德润，魏州魏县（今河北魏县）人。积功至晋州镇将。传见《旧五代史》卷五十九。［36］甲寅朔：七月一日。［37］壬戌：七月九日。［38］朝议：群臣的议论。［39］利于市易：有利于互市交换物品。［40］不宜过以名器假之：不应以过高的名位赐人。名器，爵位与车服礼器。这里指诸道兵马元帅官爵。假人，赐人。［41］窦梦征：同州（今陕西大荔县）人。少苦心为文，登进士第。官至后唐工部侍郎，著有《东堂集》。传见《旧五代史》卷六十八。［42］执麻以泣：拿着钱镠的任命书而哭泣。麻，白麻纸。五代承唐制，立后妃、建太子、拜免将相、宣布大赦等重要诏令用白麻纸书写，由翰林学士起草。［43］甲子：七月十一日。［44］陈祐：少有勇力，积功为吴大将，镇润州。传见《十国春秋》卷九。［45］丁酉：八月十五日。［46］太子少保：据章校，“少”作“太”。司空兼门下侍郎、同平章事。司空，三公之一，作宰相的加官。门下侍郎、同平章事，掌宰相职。［47］丙午：八月二十四日。［48］都招讨：总指挥。［49］天雄：方镇名。唐懿宗咸通五年（864）升秦、成两州经略，天雄军使为天雄军节度。此系前蜀王建所置天雄军。治所秦州，在今甘肃天水市西南。［50］唐文裔：唐文扆之弟，官至后蜀天雄节度使。后主嗣位，与兄同时被杀。传附《十国春秋》卷四十六《唐文扆传》。［51］昭德：方镇名。原为天雄军，后梁末帝贞明元年（915）分天雄军为天雄、昭德两军镇。昭德辖相、澶、卫三州，治所相州，在今河北临漳县西南。［52］同平章事：宰相职名。五代时节度使多带宰相衔而不问朝廷政事，称使相。［53］安国：方镇名。原为唐代宗大历元年（766）所建昭义军节度。后唐改为安国军，治所邢州，在今河北邢台市。［54］契丹：我国古代东北少数民族之一，其名始见于北魏。曾建立辽朝。［55］阿保机（872—926）：姓耶律，建立契丹国，是谓辽太祖。公元 916 年称帝，年号神册，公元 907 至 926 在位。传见《新五代史》卷七十二。［56］麟：州名。治所新秦，在今陕西神木市以北地区。［57］胜：州名。治所榆林，在今内蒙古准格尔旗东北十二连城。［58］蔚（yù）州：州名。治所在今河北蔚县。按：从麟州、胜州至蔚州，中间悬隔云州、朔州。由此，蔚州疑为朔州之误。［59］木书：契丹将文字刻在木板上以为凭信，故称木书。［60］存璋（?—922）：字德璜，为李克用义子，任义儿军使，积功至大同军节度使。传见《新五代史》卷三十六。［61］曹夫人：李克用次妃，李存勖生母。李存勖称帝，册尊为皇太后。传见《新五代史》卷十四。［62］沧州：州名。治所清池，在今河北沧县东南。［63］顺化：方镇名。原属唐横海军节度使，后梁置顺化军，治所沧州，在今河北沧县。［64］戴思远（?—935）：后梁大将，降后唐为洋州节度使。传见《旧五代史》卷六十四。［65］东都：梁朝国都开封府，在今河南开封市。［66］毛璋（?—926）：性凶悖，有胆略，后梁小校，降后唐，积功至邠州节度使。传见《旧五代史》卷七十三。［67］安国：军镇名。即后梁保义军，治邢州，后唐灭后梁，改为安国军。［68］安重诲（?—931）：应州（今山西应县）人，少事明宗，为人明敏谨恪，参与机务，位至宰相。后被谗冤死。传见《新五代史》卷二十四。［69］中门使：后唐制度，晋王封内，凡节镇皆设中门使，掌枢密机要职务。［70］委以心腹：机密的军政事务委托他处理。［71］婴城：据城。婴，绕城自守。［72］擐甲执兵：穿着盔甲，拿着武器。即全副武装。［73］事定而释之：接受投降的事完成之后再解除武装。按，此事《新五代史·死事传》所记有异，谓："源德既坚守，而贝人闻晋已尽有河北，城中食且尽，乃劝源德出降，源德不从，遂见杀。"［74］光州：州名。治所定城，今河南潢川县。［75］载肇：应为戴肇。"载"为"戴"之误。［76］楚州：治所山阳，在今江苏淮安市淮安区。［77］团练使：唐后期置于不设节度使地区，掌本州军事。［78］李厚：蔡州（今河南汝南县）人，骁悍，善用兵，为杨行密黑云都队长。传见《十国春秋》卷六。［79］庐州：州名。治所在今安徽合肥市。［80］观察使：为一州的行政长官。［81］张崇：慎县（今安徽合肥市）人。居官贪婪不法。任庐州节度使时，入觐，庐人以为改任，庆贺说"渠伊不复来矣"，崇归闻之，计口征收"渠伊钱"。明年再入朝，人不敢言，惟捋髭相庆，崇归后，又征"捋髭钱"。传见《十国春秋》卷九。

庚申[1]，蜀新宫成，在旧宫之北。

天平节度使兼中书令琅邪忠毅王王檀，多募群盗，置帐下为亲兵，己卯[2]，盗乘檀无备，突入府杀檀。节度副使[3]裴彦帅府兵讨诛之，军府由是获安。

冬，十月，甲申[4]，蜀王宗绾等出大散关[5]，大破岐兵[6]，俘斩万计，遂取宝鸡[7]。己丑[8]，王宗播等出故关[9]，至陇州[10]。丙寅[11]，保胜节度使兼侍中李继岌畏岐王猜忌，帅其众二万，弃陇州奔于蜀军。蜀兵进攻陇州，以继岌为西北面行营第四招讨[12]。刘知俊会王宗绾等围凤翔[13]，岐兵不出。会大雪，蜀主召军还。复李继岌姓名曰桑弘志[14]。弘志，黎阳人也。

丁酉[15]，以礼部侍郎[16]郑珏为中书侍郎、同平章事[17]。珏，綮[18]之侄孙也。

己亥[19]，蜀大赦。

晋王遣使如吴，会兵以击梁。十一月，吴以行军副使徐知训为淮北行营都招讨使[20]，及朱瑾等将兵趣宋、亳[21]与晋相应。既渡淮，移檄州县，进围颍州[22]。

十二月，戊申[23]，蜀大赦，改明年元曰天汉[24]，国号大汉。

楚王殷[25]闻晋王平河北，遣使通好；晋王亦遣使报之。

是岁，庆州[26]叛附于岐，岐将李继陟据之。诏以左龙虎统军贺瓌[27]为西面行营马步都指挥使，将兵讨之，破岐兵，下宁、衍[28]二州。

河东[29]监军[30]张承业[31]既贵用事，其侄瓘等五人自同州往依之，晋王以承业故，皆擢用之。承业治家甚严，有侄为盗，杀贩牛者，承业立斩之；王亟使救之，已不及。王以瓘为麟州刺史，承业谓瓘曰："汝本车度一民，与刘开道为贼，惯为不法；今若不悛[32]，死无日矣！"由此瓘所至不敢贪暴。

吴越牙内先锋都指挥使[33]钱传珦[34]逆妇[35]于闽，自是闽与吴越通好。

闽铸铅钱[36]，与铜钱并行。

初，燕人苦刘守光残虐，军士多归于契丹；及守光被围于幽州，其北边士民多为契丹所掠；契丹日益强大。契丹王阿保机自称皇帝，国人谓之天皇王，以妻述律氏为皇后，置百官；至是，改元神册[37]。

（以上为第十三段，写蜀主王建趁晋梁大战，侵夺岐国大部分土地。河东监军张承业严于治家。吴越与闽通婚交好。）

【注释】

[1]庚申：九月八日。［2］己卯：九月二十七日。［3］节度副使：节度使之副。常用以安置贬谪官员，无执掌。［4］甲申：十月二日。［5］大散关：为秦蜀往来要道，也称崤谷。在陕西宝鸡市西南，因设关于大散岭上，故名。［6］岐兵：指李茂贞军队。［7］宝鸡：县名。属凤翔府。县治在今陕西宝鸡市。［8］己丑：十月七日。［9］故关：关名。亦作固关、土门，在山西平定县东。［10］陇州：州名。治所在今陕西陇县。［11］丙寅：十月癸未朔，无丙寅。按《十国春秋·前蜀本纪二》为庚寅之误。庚寅，十月八日。［12］招讨：地区统兵官，掌招抚讨伐事务。［13］凤翔：府名。今陕西宝鸡市凤翔区，为李茂贞根据地。［14］桑宏志：黎阳（今河南浚县）人，李茂贞义子，赐名李继岌，为保胜军节度使。后降前蜀，积功至武定军节度使。传见《十国春秋》

卷四十二。［15］丁酉：十月十五日。［16］礼部侍郎：礼部尚书之副贰，协助尚书掌礼乐、祭祀、学校、贡举等事。［17］中书侍郎、同平章事：唐、五代中书省不置令，中书侍郎即为中书省长官，加“同平章事”，行宰相职权。［18］綮（qǐng）：郑綮，字蕴武，唐僖宗时官至宰相。传见《新唐书》卷一百八十三。［19］己亥：十月十七日。［20］淮北行营都招讨使：淮北，地区名。指淮河以北地区。行营，征讨时临时设置的军事长官办事处。都招讨使，节制诸路讨伐军的统兵官。负责征讨事务，事罢即省。［21］宋、亳：州名。宋州治所宋城，在今河南商丘市。亳州治所谯县，在今安徽亳州。［22］颍州：州名，治所汝阴，在今安徽阜阳市。［23］戊申：十二月二十七日。［24］天汉：前蜀王建第四个年号，仅一年，公元916至917年。［25］楚王殷（852—930）：五代时楚国的建立者。公元907至930年在位。传见《十国春秋》卷六十七。［26］庆州：州名。治所安化，在今甘肃庆阳市。［27］贺瓌（858—919）：字光远，濮阳（今河南濮阳）人。后梁大将，积功至宣义军节度使。传见《旧五代史》卷二十三。［28］宁、衍：州名。宁州治所在今甘肃宁县。衍州治所在今甘肃宁县南。为李茂贞所置。［29］河东：地区名。指山西境内黄河以东之地。［30］监军：官名。五代承唐制，在各镇及派遣征讨军队中，皇帝往往派宦官为监军，与统帅分庭抗礼。［31］张承业（846—922）：唐僖宗时宦官，本姓康，字继元，为李克用河东监军，受顾命奉侍庄宗。传见《新五代史》卷三十八。［32］不悛（quān）：不悔改。悛，悔改。［33］牙内先锋都指挥使：官名。藩镇亲军统兵官。［34］钱传珦：钱镠子，封淮阴侯。传见《十国春秋》卷八十三。［35］逆妇：迎娶妻室。［36］铅钱：铅铸的钱，质劣。［37］神册：辽太祖阿保机年号。公元916至921年。阿保机称皇帝，前史不见年月。

述律后［1］勇决多权变，阿保机行兵御众，述律后常预其谋。阿保机尝度碛［2］击党项［3］，留述律后守其帐，黄头、臭泊［4］二室韦［5］乘虚合兵掠之；述律后知之，勒兵以待其至，奋击，大破之，由是名震诸夷［6］。述律后有母［7］有姑［8］，皆踞榻［9］受其拜，曰：“吾惟拜天，不拜人也。”晋王方经营河北，欲结契丹为援，常以叔父事阿保机，以叔母事述律后。

刘守光末年衰困，遣参军［10］韩延徽［11］求援于契丹，契丹主怒其不拜，使牧马于野。延徽，幽州人，有智略，颇知属文。述律后言于契丹主曰：“延徽能守节不屈，此今之贤者，奈何辱以牧圉［12］！宜礼而用之。”契丹主召延徽与语，悦之，遂以为谋主，举动访焉［13］。延徽始教契丹建牙开府［14］，筑城郭［15］，立市里［16］，以处汉［17］人，使各有配偶，垦艺荒田。由是汉人各安生业，逃亡者益少。契丹威服诸国，延徽有助焉。

顷之［18］，延徽逃奔晋阳。晋王欲置之幕府［19］，掌书记［20］王缄疾[21]之；延徽不自安，求东归省母，过真定[22]，止于乡人王德明[23]家，德明问所之，延徽曰："今河北皆为晋有，当复诣契丹耳。"德明曰："叛而复往，得无取死乎？"延徽曰："彼自吾来，如丧手目，今往诣之，彼手目复完，安肯害我！"既省母，遂复入契丹。契丹主闻其至，大喜，如自天而下，拊其背曰："向者[24]何往？"延徽曰："思母，欲告归，恐不听，故私归耳。"契丹主待之益厚。及称帝，以延徽为相，累迁至中书令[25]。

晋王遣使至契丹，延徽寓书[26]于晋王；叙所以北去之意，且曰："非不恋英主，非不思故乡，所以不留，正惧王缄之谗耳。"因以老母为托，且曰："延徽在此，契丹必不南牧[27]。"故终同光之世，契丹不深入为寇，延徽之力也。

（以上为第十四段，写契丹兴起，汉人韩延徽为相，加速契丹人的文明进程。）

【注释】

［1］述律后（879—953）：姓述律，契丹名月理朵。简重果断，有雄略。阿保机死，称制摄军国事。传见《辽史》卷七十一。［2］碛（qí）：沙漠。［3］党项：羌人的一支，后五代时居于甘肃、宁夏、陕北一带。［4］黄头、臭泊：属于室韦的两个部落。［5］室韦：居住在东北的少数民族。北魏时始见于史书记载，在契丹建辽过程中，部分被并入辽。［6］诸夷：指居住在东北的各少数民族。［7］母：母亲。［8］姑：婆婆。［9］踞（jū）榻：坐或蹲在小床上。［10］参军：官名。节度使属官，参预军事谋划。此处指韩延徽所任官。［11］韩延徽（882—959）：字藏明，幽州安次（今河北廊坊市安次区）人，为辽太祖、太宗、世宗朝谋臣。辽朝典章制度，皆出其手。传见《辽史》卷七十四。［12］牧圉：放牲口的奴隶。［13］举动访焉：有什么行动都要向他咨询。举动：一举一动。［14］建牙开府：建立亲卫兵，成立府署，设置办公机构。［15］城郭：泛指建造城墙。内为城，外为郭。［16］市里：建立基层行政区划。［17］以处汉人：用来安置汉族人民。［18］顷之：过了一段时间。［19］幕府：古代将军的府署。这里指任晋王府的参议官。［20］掌书记：节度使幕职官名，辅助节度使分掌簿书、案牍等事。［21］疾：嫉妒，忌恨。［22］真定：府名。治所在今河北正定县。［23］王德明：即张文礼，为赵王镕养子，为人狡狯，杀王镕，自为留后。传附《新五代史》卷三十九。［24］向者：前些日子。［25］中书令：中书省长官，掌行政决策。与尚书令、侍中同为宰相。［26］寓书：寄信。［27］南牧：指侵略南方。

三年（丁丑，917 年）

春，正月，诏宣武[1]节度使袁象先[2]救颍州，既至，吴军引还。

二月，甲申[3]，晋王攻黎阳，刘鄩拒之，数日，不克而去。

晋王之弟威塞军[4]防御使存矩[5]在新州，骄惰不治，侍婢预政。晋王使募山北部落骁勇者及刘守光亡卒以益南讨之军[6]，又率其民出马，民或鬻十牛易一战马，期会[7]迫促，边人嗟怨。存矩得五百骑，自部送之，以寿州[8]刺史卢文进[9]为裨将[10]。行者皆惮远役，存矩复不存恤[11]。甲午[12]，至祁沟关[13]，小校宫彦璋与士卒谋曰："闻晋王与梁人确斗[14]，骑兵死伤不少。吾侪[15]捐父母妻子，为人客战，千里送死，而使长[16]复不矜恤，奈何？"众曰："杀使长，拥卢将军还新州，据城自守，其如我何[17]！"因执兵大噪[18]，趣传舍[19]，诘朝，存矩寝未起，就杀之。文进不能制，抚膺[20]哭其尸曰："奴辈既害郎君，使我何面复见晋王！"因为众所拥，还新州，守将杨全章拒之；又攻武州[21]，雁门以北都知防御兵马使李嗣肱[22]击败之。周德威亦遣兵追讨，文进帅其众奔契丹。晋王闻存矩不道以致乱[23]，杀侍婢及幕僚数人。

初，幽州北七百里有渝关[24]，下有渝水通海。自关东北循海有道，道狭处才数尺，旁皆乱山，高峻不可越。比[25]至进牛口，旧置八防御军，募土兵[26]守，田租皆供军食，不入于蓟[27]，幽州岁致[28]缯纩[29]以供战士衣。每岁早获，清野坚壁[30]以待契丹，契丹至，辄闭壁不战，俟其去，选骁勇据隘[31]邀[32]之，契丹常失利走。土兵皆自为田园[33]，力战有功则赐勋[34]加赏，由是契丹不敢轻[35]入寇。及周德威为卢龙[36]节度使，恃勇不修边备，遂失渝关之险，契丹每刍牧于营、平[37]之间。德威又忌幽州旧将有名者，往往杀之。

（以上为第十五段，写晋将李存矩守新州，不恤士卒，激起兵变；周德威守幽州，疏于守备，又猜疑杀贤，丢失渝关，契丹主乘势南侵。）

【注释】

[1]宣武：方镇名。唐德宗建中二年（781）置，治宋州。兴元元年（784）徙治汴州，在今河南开封市。[2]袁象先（864—924）：宋州下邑（今安徽砀山县）人。为朱温外甥，典掌亲军。降后唐。传见《新五代史》卷四十五。[3]甲申：二月五日。[4]威塞军：方镇名。晋置

威塞军，治新州。后唐庄宗同光二年（924）升新州为威塞军节度使。在今河北涿鹿县。［5］存矩（?—917）：李存勖之诸弟。治民失政，御下无恩，被部下杀死。［6］以益南讨之军：用以补充攻后梁的兵员。［7］期会：规定的期限。［8］寿州：州名。治所寿春，在今安徽寿县，属吴国领地。卢文进系遥领刺史。［9］卢文进：字国用，少为刘守光骑将，首降晋王，此时遥领寿州刺史。卢文进奔契丹，后回归唐明宗，最后奔南唐。传见《旧五代史》卷九十七。［10］裨将：副将。［11］存恤：慰问救济，爱护照顾。［12］甲午：二月十五日。［13］祁沟关，即歧沟关。在今河北涿州市西南。［14］确斗：势均力敌，用实力而斗。确，坚。［15］吾侪（chái）：我们。［16］使长：指李存矩。防御使为一州之长，故称使长。［17］其如我何：他能把我们怎么样。［18］执兵大噪：拿着武器，大声呼喊。［19］传舍：驿站，旅舍。［20］抚膺：扪着胸口。［21］武州：州名，治所文德，在今河北张家口市。［22］李嗣肱（gòng）（879—923）：李克修次子。少有胆气，屡立战功。官至山北都团练使。传见《旧五代史》卷五十。［23］不道以致乱：没有道德，不行德政而招致祸乱。［24］渝关：即山海关，在今河北秦皇岛市，为长城起点。北倚角山，南临渤海，联结华北与东北地区，形势险要，自古为交通要冲，有天下第一关之称。［25］比：为"北"字之误。［26］土兵：招募当地人为兵。［27］蓟（jì）：州名。治所渔阳，在今天津市蓟州区。［28］致：送。［29］缯纩（zéngkuàng）：泛指做衣服的丝绸和丝棉。缯，古代丝织品的总称。纩，絮衣服的新丝棉。［30］清野坚壁：清野，将周围地区的粮食、牲口等重要物品转移或收藏起来，使入侵之敌不能掠夺和利用。坚壁，坚守营垒或据点。壁，营垒。［31］据隘：占据险要的隘口。［32］邀：伏击。［33］田园：田地和园林。［34］赐勋：赐给勋官称号。勋官十二级，由唐始，以后历代沿用。［35］轻：轻易，轻率。［36］卢龙：方镇名。唐代宗宝应元年（762）范阳节度使复为幽州节度使，及平卢陷，又兼卢龙节度使。治所幽州，在今北京市。［37］营、平：均州名。营州治所广宁，在今河北昌黎县。平州治所卢龙，在今河北卢龙县。

吴王[1]遣使遗[2]契丹主以猛火油[3]，曰："攻城，以此油然火焚楼橹[4]，敌以水沃[5]之，火愈炽[6]。"契丹主大喜，即选骑三万欲攻幽州，述律后哂[7]之曰："岂有试油而攻一国乎！"因指帐前树谓契丹主曰："此树无皮，可以生乎？"契丹主曰："不可。"述律后曰："幽州城亦犹是[8]矣。吾但[9]以三千骑伏其旁，掠其四野，使城中无食，不过数年，城自困矣，何必如此躁动轻举！万一不胜，为中国笑，吾部落亦解体矣。"契丹主乃止。

三月，卢文进引契丹兵急攻新州，刺史安金全[10]不能守，弃城走；文进以其部将刘殷为刺史，使守之。晋王使周德威合河东、镇、定之兵[11]攻之，旬日不克。契丹主帅众三十万救之，德威众寡不敌[12]，大为契丹所败，奔归。

楚王殷遣其弟存攻吴上高[13]，俘获而还。

契丹乘胜进围幽州，声言有众百万，毡车毳幕[14]弥漫山泽。卢文进教之攻城，为地道，昼夜四面俱进，城中穴地然膏[15]以邀[16]之；又为土山以临城，城中熔铜以洒之，日杀千计，而攻之不止。周德威遣间使[17]诣晋王告急，王方与梁相持河上[18]，欲分兵则兵少，欲勿救恐失之[19]，谋于诸将，独李嗣源、李存审、阎宝劝王救之。王喜曰；“昔太宗得一李靖[20]犹擒颉利[21]，今吾有猛将三人，复何忧哉！”存审、宝以为虏无辎重[22]，势不能久，俟其野无所掠，食尽自还，然后踵而击之。李嗣源曰：“周德威社稷之臣[23]，今幽州朝夕不保，恐变生于中[24]，何暇[25]待虏之衰！臣请身为前锋以赴之[26]。”王曰：“公言是也。”即日，命治兵[27]。夏，四月，晋王命嗣源将兵先进，军于涞水[28]，阎宝以镇、定之兵继之。

（以上为第十六段，写吴王北连契丹，加之卢文进勾引，契丹主发兵三十万南犯幽州。）

【注释】

[1]吴王：指吴王杨隆演。[2]遗（wèi）：赠送。[3]猛火油：石油。[4]楼橹：古时军中用以侦察、防御或攻城的活动高台。[5]沃（wò）：灌、浇。[6]炽（chì）：火势炽盛。[7]哂（shěn）：微笑。[8]亦犹是：也像它那样。[9]但：只，仅。[10]安金全：因保卫晋阳有功，时为新州刺史。[11]合河东、镇、定之兵：结集河东节度使及镇、定二州所辖之兵。[12]众寡不敌：众寡，偏义复词，指寡。兵少不能抵挡。[13]上高：县名。南唐改望察县为上高县。县治在今江西上高县。[14]毡（zhān）车、毳（cuí）幕：毡布包裹的军车和帐篷。毡，毛制厚布。[15]然膏：烧油脂。然，通“燃”。[16]邀：拦截。[17]间使：秘密地从小路而出的使者。[18]河上：指沿着黄河夹岸相攻。[19]失之：据章校，“之”下有“忧形于色”四字。[20]李靖：唐开国大将。[21]颉利：突厥可汗。李靖擒颉利事见《资治通鉴》卷一百九十三唐太宗贞观四年（630）。[22]辎重：指军用器械、粮食、营帐、服装等。[23]社稷之臣：关系国家安危的重臣。[24]恐变生于中：恐怕内部有人叛变投敌。[25]何暇：哪有时间。[26]赴之：参预这件事，指出战。[27]治兵：统率军队。[28]涞水：县名。因涞水而得名。县治在今河北保定市，扼岐沟诸关。

吴升州[1]刺史徐知诰[2]治城市府舍甚盛。五月，徐温行部[3]至升州，爱其繁富。润州司马陈彦谦[4]劝温徙镇海军治所于升州，温从之，徙知诰为润州团练使[5]。知诰求宣州[6]，温不许，知诰不乐。宋齐丘[7]密言于知诰曰："三郎骄纵，败在朝夕。润州去广陵[8]隔一水耳，此天授也。"知诰悦，即之官。三郎，谓温长子知训也。温以陈彦谦为镇海节度判官[9]。温但举大纲，细务悉委彦谦，江、淮称治。彦谦，常州人也。

高季昌与孔勍[10]修好，复通贡献。

（以上为第十七段，写徐知诰无意得镇润州，为南唐建立张本。）

【注释】

[1]升州：州名。治所上元，在今南京市。 [2]徐知诰（888—943）：原姓李名昪（biàn），字正伦，小字彭奴，江苏徐州市人，徐温养子。公元937年受吴禅，是谓南唐烈祖，公元937至943年在位。传见《十国春秋》卷十五。 [3]行部：视察部属。 [4]陈彦谦：今江苏常州人，为人多智略，徐温倚为亲信。传见《十国春秋》卷十。 [5]团练使：五代承唐制，置于不设节度使地区，掌本区各州军事。 [6]宣州：州名。治所宛陵，在今安徽宣城市。 [7]宋齐丘（887—959）：字子嵩，初字昭回。庐陵（今江西吉安市）人，善机变，官至南唐宰相。著有《文集》六卷，《增补玉管照神经》十卷。传见《十国春秋》卷二十。 [8]广陵：江苏扬州市，吴国都。 [9]节度判官：幕职官，协助节度使处理簿书、案牍、文移等事。 [10]孔勍（约850—928）：字鼎文，兖州（今山东济宁市兖州区）人，官至河阳节度使。传见《旧五代史》卷六十四。

【点评】

本卷点评刘仁恭父子之死、梁将刘鄩不敌晋王李存勖、毛文锡明大义、蜀主王建丧胆四件史事。

一、刘仁恭父子之死。刘仁恭初事幽州节镇李可举为军校，勇猛善战，性奸巧机智，处世八面玲珑，成为李可举及其子李匡威爱将。刘仁恭及其次子刘守光均是凶狡人，父子两人都野心勃勃，贪恋权势到极点，为了达到目的，不只是不择手段，而且背离做人原则。刘仁恭恩将仇报，先是背叛李匡威，投靠李克用谋得了幽州镇，既而背叛李克用，助梁为虐。刘守光生性之凶残胜过乃父，真可谓有过之而无不及。刘守光囚父杀兄，狂妄称帝，残忍好杀，众叛亲离，他的灭亡是注定的。父子两人显赫时乖张暴戾，不可一世，当刘守光用铁刷刷人之脸、寸斩孙鹤之时，是何等的残暴，当其成为阶下囚时，摇尾乞怜，又是何等的不知羞耻，正如柏杨所说："无耻的程度，即令在人渣中，也属下品。”（柏杨《现代语文版资治通鉴》点评语）在中国大混乱，尤其是大黑暗时代，刘仁恭父子一类的人渣总是大批出笼，黑白颠倒，阴阳错位，给社会带来无穷灾难。天道好还，刘守光父子这对人渣的结局也至为悲惨，从幽州解押到晋阳，千里示众，最终处以极刑。刘仁恭父子之死，大快人心，他们被永远地钉在历史的耻辱柱上，为忘恩负义者戒。

二、梁将刘鄩不敌晋王李存勖。刘鄩是一位天才将领，其智慧勇略，在梁军中无人可比，也是后梁的一根顶梁柱。晋王李存勖，英勇果敢，天下无敌。后梁魏博镇反叛投晋，晋王李存勖亲临魏州受降与刘鄩对阵，当时形势，势均力敌，双方胜败，各百分之五十。刘鄩坚守以疲晋师的策略使梁军占了上风。可惜后梁末帝听信小人蛊惑，遥控前线军事，屡屡强令刘鄩出城，刘鄩无奈地选择冒险战术，于是接连败北，一败于偷袭晋阳，再败于莘县，三败于魏州城下，全军覆没，后梁河北之地尽失，国势急剧衰落。刘鄩之败，非败于战，而是败于后梁的腐朽政治。

三、毛文锡明大义。荆南高季昌认为夔、万、忠、涪四州之地，原来隶属荆南，兴兵伐蜀，欲用武力夺取。荆南本非前蜀之敌，损兵折将，大败而回，高季昌乘小舟逃走，差点成了俘虏。当时前蜀四面受敌，北面遭受岐王李茂贞的压力，南面与南诏大战，也无力灭荆南。于是有人建言，趁夏秋江水上涨，决峡江水坝，引江水灌江陵城。前蜀翰林学士承旨毛文锡劝谏说：“荆南高季昌一个人不归附皇上，他所属人民有什么罪过，皇上正用仁德来号召天下，怎么忍心让邻国的百姓成为鱼鳖呢！”蜀主王建听取了毛文锡的谏言，没有水灌江陵城。毛文锡不仅明大义，而且善谏，以仁德来劝谏王建，化解了一场大战。

四、蜀主王建丧胆。梁贞明元年十一月三日，前蜀宫中发生火灾，蜀宫中的百尺楼化为灰烬。蜀主王建贪财货，把聚敛来的珍宝都收藏在百尺楼，一场大火化为乌有。禁军指挥使兼中书令王宗侃率领警卫宫门的卫兵入宫救火，王建不允许，紧闭宫门，让百尺楼的大火自生自灭，烧了整整一夜，到第二天早上，大火还没有完全熄灭。蜀主王建在义兴门召见群臣，命令主管部门收拢太庙的神主，分派使者巡察都城各处，加强戒备，如临大敌。王建害怕入宫救火的禁军乘机作乱，胆寒心惊。第二天，采取戒严措施后仍禁闭宫门。出身行伍的王建，一旦走到权力顶峰，也就脱离了军民大众，没有一个可以让他信赖的人，真正成了孤家寡人。

卷二七〇　后梁纪五

后梁均王贞明三年至五年（917—919 年）

【起强圉赤奋若（丁丑，917 年）七月，尽屠维单阏（己卯，919 年）九月，凡二年有奇】

【大事提要】

本卷记事起于公元 917 年七月，讫于公元 919 年九月，凡两年又三个月。当后梁末帝贞明三年七月至五年九月。此时期晋梁双方进行大规模主力决战，势均力敌，晋军南渡黄河及于梁郊而还。晋王李存勖失误于轻躁冒进，死拼硬打，梁兵人众，双方打消耗，晋军丧失了优势，还折了一个大将周德威。但后梁末帝昏庸无能，忠奸不分，大将内讧，自毁长城，总是在优势中打败仗。契丹南下攻晋幽州，长达半年，后梁未能乘势收复河北，反而让晋王从容北退契丹，南进渡河。晋王受挫北还，后梁只是获得了苟延残喘，后梁之灭亡，不可避免。前蜀国主王建猜疑杀功臣，晚年嬖于群小，大臣争权，太子王衍荒淫，继位后，大权旁落，前蜀急剧衰落。南方吴国与吴越大战，先败后胜，徐温得胜退兵，吴国和吴越两国和好，江南黎民此后数十年免于兵祸。

均王中

贞明三年（丁丑，917 年）

秋，七月，庚戌[1]，蜀主以桑弘志[2]为西北面第一招讨，王宗宏[3]为东北面第二招讨[4]，己未[5]，以兼中书令王宗侃为东北面都招讨，武信[6]节度使刘知俊为西北面都招讨。

晋王以李嗣源、阎宝兵少，未足以敌契丹，辛未[7]，更命李存审将兵益之。

蜀飞龙使[8]唐文扆[9]居中用事[10]，张格[11]附之，与司徒、判枢密院事[12]毛文锡争权。文锡将以女适[13]左仆射兼中书侍郎、同平章事庾传素[14]之子，会亲族于枢密院用乐[15]，不先表闻[16]，蜀主闻乐声，怪之，文扆从而谮之[17]。八月，庚寅[18]，贬文锡茂州司马，其子司封员外郎[19]询流维州[20]，籍没其家；贬文锡弟翰林学士文晏为荥经[21]尉[22]。传素罢为工部尚书，以翰林学士承旨庾凝绩[23]权判内枢密院事。凝绩，传素之再从弟[24]也。

清海、建武节度使刘岩[25]即皇帝位于番禺[26]，国号大越，大赦，改元乾亨。以梁使[27]赵光裔[28]为兵部尚书，节度副使杨洞潜[29]为兵部侍郎，节度判官李殷衡[30]为礼部侍郎，并同平章事。建三庙[31]，追尊祖安仁曰太祖文皇帝，父谦曰代祖圣武皇帝，兄隐曰烈宗襄皇帝；以广州为兴王府。

（以上为第一段，写蜀大臣争权，刘岩建立南汉国。）

【注释】

[1]庚戌：七月三日。 [2]桑弘志：黎阳（今河南浚县东北）人。岐王李茂贞养为义子，赐姓名李继岌。降蜀，官至蜀武定军节度使。传见《十国春秋》卷四十二。 [3]王宗宏：王建养子。传见《十国春秋》卷三十九。 [4]招讨：官名。方面军的统帅。 [5]己未：七月十二日。 [6]武信：方镇名。唐昭宗光化二年（899）始置。前蜀因之，治所遂州，在今四川遂宁市。[7]辛未：七月二十四日。 [8]飞龙使：蜀内侍监属官，由宦官担任。 [9]唐文扆（?—918）：前蜀宦官。传见《十国春秋》卷四十六。 [10]居中用事：在内廷掌握实权。 [11]张格：字义师，河间（今河北河间市）人，为人矫谲，官至蜀中书侍郎、同平章事。传见《十国春秋》卷四十一。[12]判枢密院事：官名。掌军政。唐玄宗时始置，代宗时用宦官担任，为内枢密使。五代用士人。判，暂时担任。 [13]适：嫁。 [14]庾传素：官至前蜀宰相，尸位素餐，无所作为，蜀亡降后唐。传见《十国春秋》卷四十一。 [15]用乐：演奏舞乐。 [16]表闻：上奏使蜀主知道。闻，使动用法。 [17]从而谮之：乘机说他的坏话。 [18]庚寅：八月十三日。 [19]司封员外郎：官名。吏部属官，掌封爵、袭荫、褒赠等事。 [20]维州：州名。故城在今四川理县西。 [21]荥经：县名，在今四川荥经县。 [22]尉：县尉，掌全县军政。 [23]庾凝绩：庾传素同曾祖之弟，官至蜀内枢密使。传见《十国春秋》卷四十一。 [24]再从弟：同曾祖之弟为再从弟。 [25]刘岩（889—942）：南汉国建立者，初名岩，一名陟。贞明三年（917）称帝，改名龑（yǎn），都广州，国号大越，改元乾亨，公元911至942年在位。据章校，句首有“癸巳”二字，即刘岩称帝之日。癸巳：八月十六日。 [26]番（pān）禺：县名。县治在今广东广州市南部。 [27]梁使：后梁派往南汉的使者。 [28]赵光裔（?—939）：字焕业，京兆奉天（今陕西乾县）人，任南汉宰相

二十余年，府库充实，政事清明，辑睦四邻，边境无恐，号称贤相。传见《十国春秋》卷六十二。［29］杨洞潜：字昭元，始兴（今广东韶关市）人，南汉宰相，请立学校、开贡举、设铨选，注意教化，传见《十国春秋》卷六十二。［30］李殷衡：赵郡（今河北邯郸市）人，唐宰相李德裕之孙。官南汉同平章事。传见《十国春秋》卷六十二。［31］三庙：祭祀三位追尊的南汉祖宗的太庙，即太祖刘安仁、代祖刘谦、烈宗刘隐三人之庙。

契丹围幽州且[1]二百日，城中危困。李嗣源、阎宝、李存审步骑七万会于易州[2]，存审曰："虏众吾寡，虏多骑，吾多步，若平原相遇，虏以万骑蹂吾陈，吾无遗类[3]矣。"嗣源曰："虏无辎重，吾行必载粮食自随[4]，若平原相遇，虏抄吾粮，吾不战自溃矣。不若自山中潜行[5]趣[6]幽州，与城中合势，若中道遇虏，则据险拒之。"甲午[7]，自易州北行，庚子[8]，逾大房岭[9]，循涧而东[10]。嗣源与养子从珂[11]将三千骑为前锋，距幽州六十里，与契丹遇，契丹惊却，晋兵翼而随之[12]。契丹行山上，晋兵行涧下，每至谷口，契丹辄邀之[13]，嗣源父子力战，乃得进。至山口，契丹以万余骑遮其前[14]，将士失色，嗣源以百余骑先进，免胄扬鞭[15]，胡语[16]谓契丹曰："汝无故犯我疆埸[17]，晋王命我将百万众直抵西楼[18]，灭汝种族！"因跃马奋楇[19]，三入其陈，斩契丹酋长一人。后军齐进，契丹兵却，晋兵始得出。李存审命步兵伐木为鹿角[20]，人持一枝，止则成寨。契丹骑环寨而过，寨中发万弩射之，流矢蔽日，契丹人马死伤塞路。将至幽州，契丹列陈待之。存审命步兵陈于其后[21]，戒勿动，先令羸[22]兵曳柴然草[23]而进，烟尘蔽天，契丹莫测其多少；因[24]鼓噪合战，存审乃趣[25]后陈起乘之，契丹大败，席卷[26]其众自北山[27]去，委弃车帐铠仗羊马满野，晋兵追之，俘斩万计。辛丑[28]，嗣源等入幽州，周德威见之，握手流涕。

契丹以卢文进为幽州留后，其后又以为卢龙节度使，文进常居平州，帅奚骑[29]岁入北边，杀掠吏民。晋人自瓦桥[30]运粮输蓟城[31]，虽以兵援之，不免抄掠。契丹每入寇，则文进帅汉卒为乡导[32]，卢龙巡属诸州为之残弊。

（以上为第二段，写晋将李嗣源破契丹，解幽州之围。）

【注释】

[1]且：将近。[2]易州：州名，治所易县，在今河北易县。[3]无遗类：指全军覆没，无一人生还。遗类，遗种。[4]载粮食自随：载粮食辎重随军行动。[5]潜行：出敌不意，秘密地行军。[6]趣（cū）：同“趋”，赶往。[7]甲午：八月十七日。[8]庚子：八月二十三日。[9]大房岭：在今北京房山。[10]循涧而东：沿着涧水向东行军。[11]从珂（885—936）：李嗣源养子。后唐闵帝应顺元年，自凤翔率军入洛阳篡位称帝，是谓唐末帝。公元934至936年在位。传见《旧五代史》卷四十六至四十八。[12]翼而随之：晋军分左右两翼，紧逼退却的契丹军。[13]辄邀之：每每拦击晋军。[14]遮其前：在晋军的前面阻挡着。遮，遮拦、阻挡。[15]免胄扬鞭：脱去盔甲，策马向前。[16]胡语：指用契丹语说话。以下的话是用汉语翻译的胡语。[17]疆埸（yì）：疆界、边界。[18]西楼：契丹国都上京的一所宫殿，号西楼。这里指代契丹国。[19]棁（zhuā）：马鞭子。[20]鹿角：砍木成鹿角状，扎营时钉在地上，以阻挡骑兵冲阵。[21]陈于其后：用步兵在契丹军阵后布阵。前用骑兵迎敌，后用步兵布阵，夹击契丹军。[22]羸兵：老弱疲惫的士兵。[23]然草：点燃柴草。然，同“燃”。[24]因：乘势。[25]趣：同“趋”。催促。[26]席卷：卷东西像卷席子一样，形容尽数带走。[27]北山：山名。在古北口，契丹从古北口退兵。[28]辛丑：八月二十四日。[29]奚骑：奚族人组成的骑兵。[30]瓦桥：瓦桥关，在今河北雄县西南。[31]蓟（jì）城：即蓟县城。故城在今北京市。[32]乡导：应为向导。指路或引路的人。

刘鄩自滑州入朝，朝议[1]以河朔失守[2]责之，九月，落[3]鄩平章事，左迁[4]亳州团练使[5]。

冬，十月，己亥[6]，加吴越王镠天下兵马元帅。

晋王还晋阳，王连岁出征，凡军府政事一委监军使张承业，承业劝课农桑，畜积金谷，收市[7]兵马，征租行法不宽贵戚，由是军城[8]肃清，馈饷不乏。王或时须钱蒱博[9]及给赐伶人[10]，而承业靳[11]之，钱不可得。王乃置酒钱库[12]，令其子继岌[13]为承业舞[14]，承业以宝带及币马赠之。王指钱积呼继岌小名谓承业曰：“和哥[15]乏钱，七哥[16]宜以钱一积[17]与之，带马未为厚也。”承业曰：“郎君缠头[18]皆出承业俸禄，此钱，大王所以养战士也，承业不敢以公物为私礼。”王不悦，凭酒[19]以语侵之，承业怒曰：“仆老敕使[20]耳！非为子孙计，惜此库钱，所以佐王成霸业也，不然，王自取用之，何问仆为！不过财尽民散，一无所成耳。”王怒，顾李绍荣[21]索剑[22]，承业起，挽王衣，泣曰：“仆受先王[23]顾托之命[24]，誓为国家诛汴贼，若以惜库物死于王手，仆下见先王无愧矣。今日就王请死！”阎宝从旁解承业手令退，承业奋拳殴宝踣地[25]，骂曰：“阎宝，朱温之党，受晋大恩，曾不尽忠为报，顾欲以谄媚自容邪[26]”曹太夫人[27]闻之，遽[28]令召王，王惶恐[29]叩头，谢承业曰：“吾以酒失忤[30]七哥，必且得罪于太夫人，七哥为吾痛饮以分其过[31]。”王连饮四卮[32]，承业竟不肯饮。王入宫，太夫人使人谢承业曰：“小儿忤特进[33]，适[34]已笞之矣[35]。”明日，太夫人与王俱至承业第谢之。未几，承制授承业开府仪同三司[36]、左卫上将军[37]、燕国公。承业固辞不受，但[38]称唐官以至终身。

掌书记卢质[39]，嗜酒轻傲，尝呼王诸弟为豚犬，王衔[40]之；承业恐其及祸，乘间[41]言曰：“卢质数无礼，请为大王杀之。”王曰：“吾方招纳贤才以就[42]功业，七哥何言之过也[43]。”承业起立贺曰：“王能如此，何忧不得天下！”质由是获免。

晋王元妃[44]卫国韩夫人，次燕国伊夫人，次魏国刘夫人。刘夫人最有宠，其父成安人[45]，以医卜[46]为业。夫人幼时，晋将袁建丰掠得之，入于王宫，性狡悍淫妒[47]，从王在魏；父闻其贵，诣魏宫上谒[48]，王召袁建丰示之[49]。建丰曰：“始得夫人时，有黄须丈人[50]护之，此是也。”王以语夫人，夫人方与诸夫人争宠，以门地相高[51]，耻其家寒微[52]，大怒曰：“妾去乡[53]时略可记忆，妾父不幸死乱兵，妾守尸哭之而去，今何物田舍翁[54]敢至此！”命笞刘叟[55]于宫门。

（以上为第三段，写张承业尽心于国事，为晋之萧何。晋王李存勖宠信狡悍淫妇刘夫人，为不保英雄晚节张本。）

【注释】

[1]朝议：廷议，公卿大臣会议。[2]河朔失守：刘鄩失守河朔事见《资治通鉴》卷二百六十九。河朔，地区名，泛指黄河以北之地。[3]落：免除。[4]左迁：降职。[5]团练使：官名。不设节度使的州长官，掌政、军、财、刑等一州军政。[6]己亥：十月二十三日。[7]收市：收购。[8]军城：指李存勖晋王国都晋阳府城。[9]王或时须钱蒱（pú）博：晋王李存勖有时须用钱赌博。或时，有时。蒱博，赌博。[10]伶人：歌舞艺人。[11]靳（jìn）：吝惜。[12]置酒钱库：在钱库摆酒设宴。[13]继岌（?—926）：李存勖长子。同光三年（925）

九月二十三日封魏王。定蜀班师，被杀。传见《新五代史》卷十四。［14］舞：表演舞蹈，请求赏赐。［15］和哥：继岌小名。［16］七哥：指张承业，因张承业排行第七，晋王以兄事之，故称其为七哥。［17］一积：一处贮钱的府库。［18］缠头：唐时凡为人舞，人则以钱、彩、宝货谢之，叫做缠头。［19］凭酒：使酒，耍酒疯。［20］老敕使：张承业自称，指老太监。［21］李绍荣：即元行钦。［22］索剑：讨宝剑。［23］先王：指晋王李克用。［24］顾托之命：临死前托付辅佐幼子的遗命。［25］踣地：扑倒在地。［26］谄媚自容：用拍马奉承的办法来保全自己。［27］曹太夫人：李存勖的生母。［28］遽：立即。［29］惶恐：惊慌惧怕。［30］忤（wǔ）：违逆、冒犯。［31］以分其过：用来分担我的过失。［32］四卮：四大杯酒。卮，大酒杯。［33］特进：官名。唐文官中散官的第二阶，正二品，为荣誉加官。此指代张承业。［34］适：刚才。［35］笞：用竹板责打。［36］开府仪同三司：官名，唐文散官的第一阶，从一品。为荣誉加官，可开府治事，仪仗相当于司徒、司马、司空。［37］左卫上将军：官名。禁卫军高级将领。［38］但：只、仅。［39］卢质（861—936）：字子征，河南人。幼聪慧，善属文，积功至后唐匡国节度使。传见《新五代史》卷五十六。［40］衔：恨。［41］乘间：找机会。［42］就：成就。［43］何言之过也：为什么说这样的过头话。［44］元妃：君主或诸侯的元配。［45］成安：县名。县治在今河北成安县。［46］医卜：行医和卜卦。［47］狡悍淫妒：狡黠、凶悍、淫乱、嫉妒。［48］谒：晋见、谒见。［49］示之：给他看，让他辨认。［50］黄须丈人：长黄胡须的老头。［51］以门地相高：用出身的门第、地望的高尚来炫耀自己。门，门第。地，地望，所在州郡。［52］寒微：贫寒而地位低微。［53］去乡：离开家乡。［54］何物田舍翁：一个乡下佬算什么东西。［55］刘叟：即黄须刘老头，晋王刘夫人之父，史失其名而称叟。

越主岩遣客省使[1]刘瑭[2]使于吴，告即位。且劝吴王称帝。

闰月，戊申[3]，蜀主以判内枢密院庾凝绩为吏部尚书、内枢密使。

十一月，丙子朔[4]，日南至[5]，蜀主祀圜丘[6]。

晋王闻河冰合[7]，曰："用兵数岁，限[8]一水不得渡，今冰自合，天赞我也。"亟[9]如魏州。

蜀主以刘知俊为都招讨使，诸将皆旧功臣，多不用其命[10]，且疾[11]之，故无成功。唐文扆数毁之[12]，蜀主亦忌其才，尝谓所亲曰："吾老矣，知俊非尔辈所能驭[13]也。"十二月，辛亥[14]，收[15]知俊，称其谋叛，斩于炭市[16]。

癸丑[17]，蜀大赦，改明年元曰光天[18]。

壬戌[19]，以张宗奭[20]为天下兵马副元帅。

帝论平庆州功[21]，丁卯[22]，以左龙虎统军[23]贺瓌为宣义节度使、同平章事，寻[24]以为北面行营招讨使。

戊辰[25]，晋王畋[26]于朝城[27]。是日，大寒，晋王视河冰已坚，引步骑稍渡[28]。梁甲士三千戍杨刘城[29]，缘河[30]数十里，列栅[31]相望，晋王急攻，皆陷之。进攻杨刘城，使步兵斩其鹿角，负葭苇[32]塞堑[33]，四面进攻，即日拔之，获其守将安彦之。

先是，租庸使[34]、户部尚书赵岩言于帝曰："陛下践阼[35]以来，尚未南郊，议者以为无异藩侯[36]，为四方[37]所轻。请幸西都[38]行郊礼，遂谒宣陵[39]。"敬翔谏曰："自刘鄩失利以来，公私困竭，人心惴恐[40]；今展礼[41]圜丘，必行赏赍[42]，是慕虚名而受实弊也。且勍[43]敌近在河上，乘舆[44]岂宜轻动！俟北方既平，报本[45]未晚。帝不听。己巳[46]，如[47]洛阳，阅车服[48]，饰宫阙[49]。郊祀有日[50]，闻杨刘失守，道路讹言[51]晋军已至大梁，扼汜水[52]矣，从官[53]皆忧其家，相顾涕泣；帝惶骇失图[54]，遂罢郊祀，奔归大梁。

甲戌[55]，以河南尹张宗奭为西都留守[56]。

是岁，闽王审知[57]为其子牙内都指挥使延钧[58]娶越主岩之女。

（以上为第四段，写蜀主王建猜疑杀功臣，梁末帝在大敌当前祀南郊，昏庸之至。）

【注释】

[1]客省使：官名。掌别国使臣朝见、宴请、接受贡物等外交事务。 [2]刘瑭：官南汉客省使，曾聘于吴，劝吴王杨隆演称帝。传见《十国春秋》卷六十三。 [3]戊申：闰十月二日。[4]丙子朔：十一月一日。 [5]日南至：冬至日。 [6]祀圜丘：举行祭祀天地的仪式。圜丘，古时祭天的坛。 [7]河冰合：黄河结冰而水不流，成为坦途。 [8]限：限制，阻隔。 [9]亟：急。 [10]多不用其命：大多不听从刘知俊的命令和指挥。 [11]疾：妒忌。疾，同"嫉"。[12]数毁之：多次诽谤刘知俊。数，多次，经常。 [13]驭：驾驭、掌握。 [14]辛亥：十二月六日。 [15]收：逮捕。 [16]炭市：成都卖柴炭的市场。 [17]癸丑：十二月八日。 [18]光天：公元918年，前蜀王建第四个年号。 [19]壬戌：十二月十七日。 [20]张宗奭：即张全义。宗奭之名为后梁太祖朱温所赐。 [21]平庆州功：贺瓌平庆州，事见《资治通鉴》卷二七〇，至此时论功。 [22]丁卯：十二月二十二日。 [23]左龙虎统军：后梁禁卫军高级将领。 [24]寻：不久。 [25]戊辰：十二月二十三日。 [26]畋：打猎。 [27]朝城：县名，县治在今山东朝城县

西。［28］稍渡：试探着渡河。［29］杨刘城：地名。在今山东东阿县北，濒临黄河。［30］缘河：沿黄河。［31］列栅：建立营栅。［32］葭苇：芦苇。苇，芦。葭，小苇叫葭。［33］堑：壕沟。［34］租庸使：官名，管理钱谷等事。往往因战事而设，兵罢则止，由宰相兼领。［35］践阼：即位。［36］藩侯：藩镇，一般的诸侯王。［37］四方：全国，天下。［38］西都：洛阳。后梁以洛阳为西都。［39］宣陵：朱温墓。在今河南洛阳附近伊阙。［40］惴（zhuì）恐：担心害怕。［41］展礼：大规模地行祭祀礼。［42］赏赍：赏赐。［43］勍敌：强劲的敌人，指晋军。［44］乘舆：舆，皇帝出行所乘之车辆。乘舆，借指皇帝。［45］报本：报答王业之根本。此处指郊祀上天及先帝朱温。［46］己巳：十二月二十四日。［47］如：到。［48］阅车服：检阅车驾、服饰等仪仗队。［49］饰宫阙：装饰、修缮宫殿。［50］有日：选定了郊祀的吉日。［51］道路讹言：小道消息纷纷传扬。［52］扼汜水：扼守虎牢关，拒末帝东归开封。汜水，在今河南荥阳市。［53］从官：跟从后梁末帝到洛阳郊祀的官员。［54］惶骇失图：惊惶害怕到极点而不知如何是好。［55］甲戌：十二月二十九日。［56］西都留守：官名。负责洛阳军政的长官。［57］审知：王审知（862—925），字信通，光州固始（今河南固始县）人。其兄王潮死后，他袭爵威武军节度使，割据福建。后梁开平三年（909）封为闽王。为人俭约，对福建多所建树。公元909至925年在位。传见《旧五代史》卷一百三十四。［58］延钧（?—935）：王审知次子，审知死，于公元926年与王延禀杀兄延翰继闽王位，改名璘，公元933年称帝，改元龙启。公元926至935年在位。传见《十国春秋》卷九十一。

四年（戊寅，918年）

春，正月，乙亥朔[1]，蜀大赦，复国号曰蜀。

帝至大梁。晋兵侵掠至郓[2]、濮[3]而还。敬翔上疏曰："国家连年丧师，疆土日蹙[4]。陛下居深宫之中，所与计事者皆左右近习[5]，岂能量[6]敌国之胜负乎！先帝之时，奄有[7]河北，亲御豪杰之将，犹不得志。今敌至郓州，陛下不能留意。臣闻李亚子[8]继位以来，于今十年[9]，攻城野战，无不亲当矢石，近者攻杨刘，身负束薪[10]为士卒先，一鼓拔之[11]。陛下儒雅守文，晏安自若[12]，使贺瓌辈敌之，而望攘逐[13]寇仇，非臣所知也。陛下宜询访黎老[14]，别求异策；不然，忧未艾也。臣虽驽怯，受国重恩，陛下必若乏才，乞于边垂自效。"疏奏，赵、张之徒言翔怨望，帝遂不用。

吴以右都押牙[15]王祺为虔州[16]行营都指挥使，将洪、抚、袁、吉[17]之兵击谭全播[18]。严可求以厚利募赣石水工[19]，故吴兵奄至虔州城下，虔人始知之。

蜀太子衍[20]好酒色，乐游戏。蜀主尝自夹城[21]过，闻太子与诸王斗鸡击球喧呼之声，叹曰："吾百战以立基业，此辈其能守之乎！"由是恶张格，而徐贤妃[22]为之内主[23]，竟不能去也。信王宗杰[24]有才略，屡陈时政，蜀主贤之，有废立意；二月，癸亥[25]，宗杰暴卒，蜀主深疑之。

河阳节度使、北面行营排陈[26]使谢彦章[27]将兵数万攻杨刘城。

甲子[28]，晋王自魏州轻骑诣河上；彦章筑垒自固[29]，决河水，弥浸[30]数里，以限[31]晋兵，晋兵不得进。彦章，许州人也。安彦之散卒多聚于兖[32]、郓山谷为群盗，以观二国成败，晋王招募之，多降于晋。

己亥[33]，蜀主以东面招讨使王宗侃为东、西两路[34]诸军都统。

三月，吴越王镠初立元帅府，置官属。

夏，四月，癸卯朔[35]，蜀主立子宗平[36]为忠王，宗特[37]为资王。

岐王复遣使求好[38]于蜀。

己酉[39]，以吏部侍郎萧顷[40]为中书侍郎、同平章事。

保大[41]节度使高万金卒。癸亥[42]，以忠义[43]节度使高万兴兼保大节度使，并镇鄜、延。

司空兼门下侍郎、同平章事赵光逢告老，己巳[44]，以司徒致仕。

（以上为第五段，写后梁末帝拒谏，临事偏听小人之言。蜀太子王衍沉湎酒色。）

【注释】

[1]乙亥朔：正月一日。[2]郓：郓州。治所须昌，在今山东东平县西北。[3]濮：濮州。治所鄄城。在今山东鄄城县北。[4]日蹙（cù）：一天天缩小。[5]近习：皇帝身边的亲幸嬖臣。[6]量：估计、预料。[7]奄有：占有。[8]李亚子：指李存勖。[9]十年：言其大数。其实晋王李存勖从开平元年（907）嗣位以来，已经十一年。[10]身负束薪：亲自背负填壕沟的芦苇。[11]一鼓拔之：一鼓作气，攻占杨刘城。[12]晏安自若：平静、安逸，像往常一样。[13]攘逐：抵抗、驱逐。[14]黎老：黎民百姓中的老者。此指那些德高望重的贤人。[15]右都押牙：官名。亲军统领官，位在上军使之下。[16]虔州：州名，治所赣县，在今江西赣州市。[17]洪、抚、袁、吉：皆州名。洪州治所豫章，在今江西南昌市。抚州治所临川，在今江西抚州市西。袁州治所宜春，在今江西宜春市。吉州治所庐陵，在今江西吉安市。[18]谭全播（约835—919）：

南康（今江西于都县东北）人，治虔州七年，有善政。传见《十国春秋》卷八。［19］赣石水工：赣石，地名。水工，水手。从吉州水行到虔州有赣石之险，严可求用重金招募熟悉赣水之险的水手作向导，故能绕开险滩，迅速到达虔州城下。［20］蜀太子衍：蜀之太子王衍（898—925）：字化源，旧名宗衍，及即位，去宗字，单名衍。王建第十一子。公元918至925年在位。传见《十国春秋》卷三十七。［21］夹城：蜀仿效长安都城建制，在诸王宅建夹城。［22］徐贤妃（?—926）：蜀顺圣皇太后，王衍之母，交结宦官，干预朝政，为后唐庄宗所杀。传见《十国春秋》卷三十八。［23］内主：在宫内作主。［24］宗杰（?—918）：王建第八子。有才略，武成三年（910）封信王，传见《十国春秋》卷三十八。［25］癸亥：二月二十日。［26］陈：同"阵"。［27］谢彦章（?—918）：许州（今河南许昌市）人。后梁骑将，积功至许州节度使，为贺瓌所害。传见《旧五代史》卷十六。［28］甲子：二月二十一日。［29］筑垒自固：建筑堡垒，自己固守。［30］弥浸（jìn）：弥漫淹浸。决河水以阻遏幽并突骑。［31］限：阻止，阻挡。［32］兖：兖州，治所瑕丘城，在今山东济宁市兖州区。［33］己亥：二月甲辰朔，无己亥。己巳，二月二十六日。［34］两路：指两路伐岐之兵。东路出宝鸡，西路出秦陇。［35］癸卯朔：四月一日。［36］宗平：王建第九子。［37］宗特：王建第十子（一作第六子）。传见《十国春秋》卷三十八。［38］求好：要求和好。岐与蜀断绝外交，事见《资治通鉴》卷二百六十七乾化元年。［39］己酉：四月七日。［40］萧顷（约860—928）：字子澄，京兆万年（今陕西西安市）人。传见《旧五代史》卷五十八。［41］保大：方镇名。唐僖宗中和二年（882）渭北节度赐号保大军节度。治所鄜州，在今陕西富县。［42］癸亥：四月二十一日。［43］忠义军：方镇名。即唐之保塞军，朱温改名为忠义军，治所延州，在今陕西延安市西北。［44］己巳：四月二十七日。

蜀主自永平末得疾，昏瞀[1]，至是增剧[2]；以北面行营招讨使兼中书令王宗弼[3]沉静有谋[4]，五月，召还，以为马步都指挥使。乙亥[5]，召大臣入寝殿[6]，告之曰："太子仁弱[7]，朕不能违诸公之请，逾次[8]而立之；若其不堪大业，可置诸别宫，幸勿杀之。但王氏子弟，诸公择而辅之。徐妃兄弟，止可优其禄位，慎勿使之掌兵预政，以全其宗族[9]。"

内飞龙使唐文扆久典禁兵，参预机密，欲去诸大臣，遣人守宫门；王宗弼等三十余人日至朝堂，不得入见，文扆屡以蜀主之命慰抚之，伺蜀主殂，即作难[10]。遣其党内皇城使[11]潘在迎[12]侦察外事，在迎以其谋告宗弼等；宗弼等排闼入[13]，言文扆之罪，以天册府[14]掌书记崔延昌权判六军事[15]，召太子[16]入侍疾。丙子[17]，贬唐文扆为眉州刺史。翰林学士承旨王保晦[18]坐附会[19]文扆，削官爵，流泸州。在迎，炕之子也。

丙申[20]，蜀主诏中外财赋、中书除授、诸司刑狱案牍专委庾凝绩，都城及行营军旅之事委宣徽南院使[21]宋光嗣[22]。

丁酉[23]，削唐文扆官爵，流雅州[24]。辛丑[25]，以宋光嗣为内枢密使，与兼中书令王宗弼、宗瑶[26]、宗绾、宗夔并受遗诏辅政。初，蜀主虽因唐制置枢密使，专用士人，及唐文扆得罪，蜀主以诸将多许州故人，恐其不为幼主用，故以光嗣代之。自是宦者始用事[27]。

六月，壬寅[28]，蜀主殂[29]。癸卯[30]，太子即皇帝位。尊徐贤妃为太后，徐淑妃[31]为太妃。以宋光嗣判六军诸卫事。

乙卯[32]，杀唐文扆、王保晦。命西面招讨副使王全昱[33]杀天雄节度使唐文裔于秦州，免左保胜军使[34]领右街使唐道崇官。

吴内外马步都军使、昌化节度使、同平章事徐知训，骄倨淫暴[35]。威武节度使、知抚州李德诚[36]有家妓[37]数十，知训求之，德诚遣使谢[38]曰："家之所有皆长年，或有子，不足以侍贵人[39]，当更[40]为公求少而美者。"知训怒，谓使者曰："会当杀德诚，并其妻取之！"

（以上为第六段，写蜀国发生不流血宫廷政变，太子王衍即位。）

【注释】

[1]昏瞀（mào）：头昏目眩。[2]增剧：病情加重。[3]王宗弼（?—925）：本姓魏，名宏夫，王建假子，蜀后主时专权。传见《十国春秋》卷三十九。[4]沉静有谋：沉着冷静而有谋略。[5]乙亥：五月三日。[6]寝殿：君主的卧室。[7]仁弱：仁慈而懦弱，指无所作为。[8]逾次：不按次序。因王衍为王建幼子，以母徐贤妃有宠而立。[9]全其宗族：保全徐氏的宗族。指不使外戚徐氏掌兵权，不致作乱而族诛。[10]作难：即发难，发动政变。[11]内皇城使：掌禁卫皇城的军事长官。[12]潘在迎：潘炕之子，以财贿交结权贵，以谗言蛊惑后主。传见《十国春秋》卷四十六。[13]排闼：推开门户。闼，宫中小门。[14]天册府：即天策府。为蜀永平四年（914）所建宫府。[15]权判六军事：暂时担任禁卫军总指挥职务。[16]太子：指王衍。[17]丙子：五月四日。[18]王保晦（?—918）：阆州（今四川阆中市）人。传见《十国春秋》卷四十四。[19]附会：迎合。[20]丙申：五月二十四日。[21]宣徽南院使：官名。总领宫内诸司及三班内侍名籍和郊祀、朝会等，常以宦官担任。[22]宋光嗣（?—925）：宦官，福州（今福建福州市）人，善迎合王衍，为其所宠。传见《十国春秋》卷四十六。[23]丁酉：五月二十五

日。［24］雅州：州名。治所严道，在今四川雅安市。［25］辛丑：五月二十九日。［26］宗瑶：王建义子，积功封临淄王。传见《十国春秋》卷三十九。［27］用事：掌权。［28］壬寅：六月一日。［29］殂：死。［30］癸卯：六月二日。［31］徐淑妃（?—926）：徐贤妃之妹，宫中称为花蕊夫人，能诗。传见《十国春秋》卷三十八。［32］乙卯：六月十四日。［33］王全昱：《新五代史》《十国春秋》均作王宗昱。王建义子，蜀亡，降后唐，传见《十国春秋》卷三十九。［34］左保胜军使：官名，禁卫军统领官。［35］骄倨淫暴：骄横、傲慢、淫乱、暴虐。［36］李德诚（863—940）：广陵（今江苏扬州市）人，谦恭沉厚，官镇南军节度使，进封赵王。传见《十国春秋》卷七。［37］家妓：家中乐伎。［38］谢：回答，表示歉意。［39］贵人：指徐知训。［40］更：再。

知训狎侮[1]吴王，无复[2]君臣之礼。尝与王为优[3]，自为参军[4]，使王为苍鹘[5]，总角弊衣[6]执帽以从。又尝泛舟浊河，王先起，知训以弹弹之。又尝赏花于禅智寺[7]，知训使酒悖慢[8]，王惧而泣，四座股栗[9]；左右扶王登舟，知训乘轻舟逐之，不及，以铁挝杀王亲吏。将佐无敢言者，父温皆不之知[10]。

知训及弟知询皆不礼[11]于徐知诰，独季弟知谏以兄礼事之。知训尝召兄弟饮，知诰不至，知训怒曰："乞子[12]不欲酒，欲剑乎[13]！"又尝与知诰饮，伏甲[14]欲杀之，知谏蹑[15]知诰足，知诰阳起如厕[16]，遁去，知训以剑授左右刁彦能[17]使追杀之；彦能驰骑及于中途，举剑示知诰而还，以不及告[18]。

平卢节度使、同平章事、诸道副都统朱瑾遣家妓通候问[19]于知训，知训强欲私之[20]，瑾已不平[21]。知训恶[22]瑾位加己上，置静淮[23]军于泗州，出瑾为静淮节度使，瑾益恨之，然外[24]事知训愈谨。瑾有所爱马，冬贮于幄[25]，夏贮于帱[26]；宠妓有绝色[27]；知训过别瑾[28]，瑾置酒，自捧觞[29]，出宠妓使歌，以所爱马为寿[30]，知训大喜。瑾因延[31]之中堂，伏壮士于户内，出妻陶氏拜之，知训答拜，瑾以笏[32]自后击之踣地，呼壮士出斩之。瑾先系二悍马于庑下[33]，将图知训，密令人解纵之，马相踶啮[34]，声甚厉，以是外人莫之闻。瑾提知训首出，知训从者数百人皆散走。瑾驰入府[35]，以首示吴王曰："仆已为大王除害。"王惧，以衣障面[36]，走入内，曰："舅自为之[37]，我不敢知！"瑾曰："婢子[38]不足与成大事！"以知训首击柱，挺剑将出，子城使[39]翟虔[40]等已阖府门勒兵[41]讨之，乃自后逾城，坠而折足[42]，顾追者曰："吾为万人除害，以一身任患[43]。"遂自刭[44]。

徐知诰在润州闻难[45]，用宋齐丘策，即日引兵济江[46]。瑾已死，因抚定军府[47]。时徐温诸子皆弱，温乃以知诰代知训执吴政，沈[48]朱瑾尸于雷塘而灭其族。

瑾之杀知训也，泰宁[49]节度使米志诚从十余骑问瑾所向，闻其已死，乃归；宣谕使李俨贫而困，寓居海陵[50]；温疑其与瑾通谋，皆杀之。严可求恐志诚不受命[51]，诈称袁州大破楚兵，将吏皆入贺，伏壮士于戟门[52]，擒志诚，斩之，并其诸子。

（以上为第七段，写吴国发生政变，徐知诰执吴政。）

【注释】

[1]狎(xiá)侮：轻佻怠慢。狎，轻佻；侮，怠慢，不尊重。[2]无复：不再有。[3]为优：演戏。[4]参军：这里指扮演参军。幞头衣绿，为主人。[5]苍鹘：奴仆。这里指扮演奴仆。[6]总角弊衣：绾起头发，穿着破衣。弊，同"敝"。[7]禅智寺：寺院。在扬州城东，寺前有桥，跨旧官河。[8]使酒悖慢：指徐知训仗着酒势欺凌吴王杨隆演，既背理，又傲慢。[9]股栗：两腿发抖。形容极其害怕。[10]不之知：不知道其子知训的行为。[11]不礼：没有礼貌。[12]乞子：乞丐。轻蔑之词。因知诰是徐温养子，为知训所轻视。[13]欲剑乎：想要尝宝剑的滋味吗？[14]伏甲：埋伏士兵。甲，指代士兵。[15]蹑：暗暗地踢、踏。[16]阳起如厕：假装上厕所。[17]刁彦能（890—957）：字德明，上蔡（今河南上蔡县）人。好读书，曾请筑堤为斗门疏秦淮河水，有益于民。传见《十国春秋》卷二十一。[18]以不及告：用追赶不上为理由向徐知训报告。[19]通候问：遣使请安。[20]强欲私之：想强迫家妓与自己私通。[21]不平：不满。[22]恶（wù）：厌恨。[23]静淮：方镇名。吴天祐十五年（918）置。治所泗州，在今江苏宿迁市东南。[24]外：表面上。[25]幄：帏幕。[26]帱：葛纱，隔蚊蝇而透风。[27]绝色：没有比她更漂亮的。[28]知训过别瑾：徐知训到朱瑾家告别。[29]觞：大的酒杯。[30]为寿：为礼祝福。[31]延：请。[32]笏：上朝用的朝笏，可录奏章以备忘，用玉或竹、木制成。[33]庑下：廊下。[34]蹄啮：互相踢咬。[35]入府：进入吴王杨隆演王府。[36]以衣障面：用衣服遮住面孔，谓其非常害怕。[37]舅自为之：舅舅，你自己好好地安排吧。吴王杨行密先娶朱氏，与朱瑾同姓，故杨隆演称朱瑾为舅。[38]婢子：丫头。骂人的话。[39]子城使：即皇城使，掌管王宫的禁卫军。[40]翟虔：彭城（今江苏徐州市）人，徐温亲信，奉命监视吴王。传见《十国春秋》卷十。[41]勒兵：率领卫兵。[42]折足：跌断脚

骨。［43］任患：承担祸患。［44］自刭（jǐng）：自杀。［45］闻难：听到徐知训被杀的消息。［46］济江：渡江。宋齐丘为徐知诰谋划，早已做好应变准备，故闻变当日渡江。［47］抚定军府：安抚稳定节度使军府。［48］沇：同“沉”。沉没。［49］泰宁：方镇名。唐僖宗乾符中赐号泰宁军。光启初，朱瑾占有其地。治所兖州，在今山东济宁市兖州区。［50］海陵：县名。县治在今江苏泰州市。［51］不受命：不接受命令。［52］戟门：官门。古代宫门立戟，故称戟门，也称棘门。

壬戌[1]，晋王自魏州劳军于杨刘，自泛舟测河水，其深没枪。王谓诸将曰：“梁军非有战意，但欲阻水以老我师[2]，当涉水攻之。”甲子[3]，王引亲军先涉，诸军随之，褰甲横枪[4]，结陈而进[5]。是日水落，深才及膝。匡国节度使、北面行营排陈使谢彦章帅众临岸拒之，晋兵不得进，乃稍引却[6]，梁兵从之[7]。及中流[8]，鼓噪复进，彦章不能支，稍退登岸；晋兵因而乘之，梁兵大败，死伤不可胜纪，河水为之赤，彦章仅以身免。是日，晋人遂陷滨河四寨[9]。

蜀唐文扆既死，太傅、门下侍郎、同平章事张格内不自安[10]，或劝格称疾俟命[11]，礼部尚书杨玢[12]自恐失势，谓格曰：“公有援立大功，不足忧也。”庚午[13]，贬格为茂州刺史，玢为荣经尉；吏部侍郎许寂[14]、户部侍郎潘峤皆坐格党贬官。格寻再贬维州司户，庾凝绩奏徙格于合水镇[15]，令茂州刺史顾承郾伺格阴事[16]。王宗侃妻以格同姓，欲全之，谓承郾母曰：“戒汝子，勿为人报仇，他日将归罪于汝。”承郾从之。凝绩怒，因公事抵承郾罪[17]。

秋，七月，壬申朔[18]，蜀主以兼中书令王宗弼为钜鹿王，宗瑶为临淄王，宗绾[19]为临洮王，宗播为临颍王，宗裔、宗夔及兼侍中宗黯[20]皆为琅邪郡王[21]。甲戌[22]，以王宗侃为乐安王。丙子[23]，以兵部尚书庾传素为太子少保兼中书侍郎、同平章事。蜀主不亲政事，内外迁除[24]皆出于王宗弼。宗弼纳贿多私，上下咨怨[25]。宋光嗣通敏善希合[26]，蜀主宠任之，蜀由是遂衰。

（以上为第八段，写晋军渡过黄河。蜀主王衍垂拱，大权旁落王宗弼之手，上下咨怨，蜀由是衰落。）

【注释】

[1]壬戌：六月二十一日。 [2]以老我师：使我军旷日持久而丧失战斗力。 [3]甲子：六月二十三日。 [4]褰（qiān）甲横枪：撩起衣甲，横拿着枪。 [5]结陈而进：组成队形前进。 [6]引却：退却。 [7]从之：跟着晋军。 [8]中流：河流中央。 [9]滨河四寨：后梁所筑靠近黄河防御晋兵渡河的四座营寨。 [10]内不自安：内心恐惧而不安宁。 [11]称疾俟命：假装有病，等待命令。 [12]杨玢（fēn）：王建时附宰相张格，贬荣经尉。王衍时复为太常少卿。传见《十国春秋》卷四十一。 [13]庚午：六月二十九日。 [14]许寂：会稽（今浙江绍兴市）人。官至前蜀中书侍郎、同平章事。传见《十国春秋》卷四十一。[15]合水镇：地名。在今四川蒲江县。[16]阴事：隐秘的、不可告人的事。 [17]因公事抵承鄜罪：借公事称承鄜有罪。 [18]壬申朔：七月一日。 [19]宗绾：王建义子。本姓李，名绾。为人宽厚谨慎，功高不矜，封临洮王。传见《十国春秋》卷三十九。 [20]宗黯：王建义子。本姓吉，名谏。官侍中，封琅邪郡王。传见《十国春秋》卷三十九。 [21]琅邪郡王：封爵名。琅邪郡为衣冠甲族，封琅邪郡王表示高贵。[22]甲戌：七月三日。 [23]丙子：七月五日。 [24]迁除：官员的调动和任免。 [25]咨怨：叹息怨愤。 [26]希合：揣摩人主的意图并迎合之。

吴徐温入朝于广陵[1]，疑诸将皆预朱瑾之谋，欲大行诛戮[2]。徐知诰、严可求具陈[3]徐知训过恶[4]，所以致祸之由，温怒稍解，乃命网瑾骨于雷塘而葬之，责知训将佐不能匡救[5]，皆抵罪[6]；独刁彦能屡有谏书，温赏之。戊戌[7]，以知诰为淮南节度行军副使、内外马步都军副使、通判府事[8]，兼江州团练使。以徐知谏权润州团练事。温还镇金陵，总吴朝大纲，自余庶政[9]，皆决于知诰。

知诰悉反知训所为，事吴王尽恭[10]，接士大夫以谦，御众以宽[11]，约身以俭[12]。以吴王之命，悉蠲[13]天祐十三年[14]以前逋税[15]，余俟丰年乃输之。求贤才，纳规谏，降奸猾，杜请托[16]。于是士民翕然归心[17]，虽宿将悍夫[18]无不悦服。先是，吴有丁口钱[19]，又计亩输钱[20]，钱重物轻[21]，民甚苦之。齐丘说知诰，以为"钱非耕桑所得，今使民输钱，是教民弃本逐末[22]也。请蠲丁口钱；自余税悉输谷帛，䌷绢匹直千钱者当税三千。"或曰："如此，县官[23]岁失钱亿万计。"齐丘曰："安有民富而国家贫者邪！"知诰从之。由是江、淮间旷土[24]尽辟，桑柘[25]满野，国以富强。

知诰欲进用齐丘而徐温恶之[26]，以为殿直[27]、军判官[28]。知诰每夜引齐丘于水亭屏语[29]，常至夜分[30]，或居高堂，悉去屏障[31]，独置大炉，相向坐[32]，不言，以铁箸[33]画灰为字，随以匙[34]灭去之，故其所谋，人莫得而知[35]也。

虔州险固，吴军攻之，久不下，军中大疫，王祺病，吴以镇南[36]节度使刘信[37]为虔州行营招讨使，未几，祺卒。谭全播求救于吴越、闽、楚。吴越王镠以统军使[38]传球[39]为西南面行营应援使，将兵二万攻信州[40]；楚将张可求将万人屯古亭[41]，闽兵屯雩都[42]以救之。信州兵才数百，逆战[43]，不利；吴越兵围其城。刺史周本[44]，启关张虚幕[45]于门内，召僚佐登城楼作乐宴饮，飞矢雨集[46]，安坐不动；吴越疑有伏兵，中夜[47]，解围去。吴以前舒州[48]刺史陈璋[49]为东南面应援招讨使，将兵侵苏、湖[50]，钱传球自信州南屯汀州[51]。晋王遣间使持帛书[52]会兵于吴，吴人辞以虔州之难。

（以上为第九段，写徐知诰执吴政，一反徐知训之所为以结人心。）

【注释】

[1]广陵：扬州，吴之国都。在今江苏扬州市。 [2]大行诛戮：大规模地杀戮有牵连的人。[3]具陈：详细地陈述。 [4]过恶：罪过与恶行。 [5]匡救：匡正缺失而加以补救。 [6]抵罪：判罪。 [7]戊戌：七月二十七日。 [8]通判府事：官名，处理吴王府日常事务。 [9]庶政：一般性的政务。 [10]尽恭：竭尽恭敬、谨慎。 [11]宽：宽大、宽容。 [12]约身以俭：用俭朴来约束自己。 [13]蠲（juān）：免除。 [14]天祐十三年：后梁篡唐，淮南仍称唐天祐年号，是年为天祐十五年。徐知诰免除天祐十三年以前的逋税，天祐十四年以来的逋税仍然征收。 [15]逋（bú）税：拖欠的租税。 [16]杜请托：杜绝讲人情，走后门。 [17]翕（xǐ）然归心：言行一致地对他心悦诚服。 [18]宿将悍夫：建立功勋的老将和强悍的武夫。据章校，“悦服”下有“以宋齐丘为谋主”七字。 [19]丁口钱：按丁征钱。即汉代之算赋。唐制，成丁则服役，不服役计日而收庸钱。唐末、五代时丁口钱即本此而出。 [20]计亩输钱：按亩收税款。[21]钱重物轻：钱价贵而物价便宜。 [22]弃本逐末：放弃农业，追求商业。本，农业；末，商业。 [23]县官：指代天子、国家。 [24]旷土：荒芜的土地。 [25]桑柘（zhè）：桑树和柘树，叶可喂蚕。 [26]徐温恶之：徐温看不起宋齐丘轻浮急躁，尚不知宋齐丘为徐知诰谋划夺徐氏之政。 [27]殿直：官名。可以直入吴王宫殿值勤。 [28]军判官：官名，行军判官。 [29]屏语：屏除左右，以防窃听，与宋齐丘密语。 [30]夜分：午夜、深夜。 [31]屏障：屏风等遮蔽物。 [32]相向坐：面对面坐着。 [33]铁箸（zhù）：铁筷子，即拨火铁棍。 [34]匙：撬灰的

勺子。［35］莫得而知：没有办法知道。［36］镇南：方镇名。唐懿宗咸通六年（865）始置。治所洪州，在今江西南昌市。［37］刘信：中都（今山西平遥县）人，积功至吴镇南大将军。传见《十国春秋》卷七。［38］统军使：官名，吴越国置，禁军统领官。［39］传球：钱镠之子，封大彭县侯。传见《十国春秋》卷八十三。［40］信州：州名，治所上饶，在今江西上饶市。［41］古亭：地名。在今江西崇义县西南。［42］雩都：地名。古城在今江西于都县东北。［43］逆战：迎战。［44］周本（861—937）：舒州宿松（今安徽宿松县）人，积功至吴平西王。传见《十国春秋》卷七。［45］启关张虚幕：打开城门，在城内支起空帐篷。即摆下空城计。［46］飞矢雨集：射来的箭像雨一样密集。［47］中夜：半夜。［48］舒州：州名，治所怀宁，在今安徽潜山市。［49］陈璋：初从钱镠为衢州刺史，后降吴，官至吴右龙武统军。传见《十国春秋》卷八十八。［50］苏、湖：均州名。即今江苏苏州市和浙江湖州市。［51］汀州：州名，治所长汀，在今福建长汀县。［52］帛书：古人用缣帛写书叫帛书。这里指书信。

晋王谋大举入寇，周德威将幽州步骑三万，李存审将沧、景步骑万人，李嗣源将邢、洺步骑万人，王处直遣将将易、定步骑万人，及麟、胜、云、蔚、新、武等州诸部落奚、契丹、室韦、吐谷浑[1]，皆以兵会之。八月，并河东、魏博之兵，大阅[2]于魏州。

蜀诸王皆领军使[3]，彭王宗鼎[4]谓其昆弟[5]曰："亲王典兵，祸乱之本。今主少臣强，才间[6]将兴，缮甲训士[7]，非吾辈所宜为也。"因固辞军使，蜀主许之，但营书舍、植松竹自娱而已。

泰宁节度使张万进[8]，轻险好乱[9]。时嬖幸[10]用事，多求赂于万进，万进闻晋兵将出，己酉[11]，遣使附于晋，且求援。以亳州团练使刘鄩为兖州安抚制置使，将兵讨之。

甲子[12]，蜀顺德皇后[13]殂。

乙丑[14]，蜀主以内给事[15]王廷绍、欧阳晃、李周辂、朱光葆[16]、宋承蕴、田鲁俦等为将军及军使，皆干预政事，骄纵贪暴[17]，大为蜀患，周庠[18]切谏，不听。晃患所居之隘，夜，因风纵火，焚西邻军营数百间，明旦，召匠广其居；蜀主亦不之问。光葆，光嗣之从弟[19]也。

晋王自魏州如杨刘，引兵略[20]郓、濮而还，循河而上，军于麻家渡[21]。贺瓌、谢彦章将梁兵屯濮州北行台村[22]，相持不战。

晋王好自引轻骑迫[23]敌营挑战，危窘[24]者数四[25]，赖李绍荣[26]

力战翼卫[27]之，得免。赵王镕及王处直皆遣使致书曰："元元[28]之命系[29]于王，本朝中兴系于王，奈何自轻如此！"王笑谓使者曰："定天下者，非百战何由得之！安可深居帷房[30]以自肥乎！"

一旦[31]，王将出营，都营使李存审扣马[32]泣谏曰："大王当为天下自重。彼[33]先登陷陈，将士之职也，存审辈宜为之，非大王之事也。"王为之揽辔[34]而还。他日，伺存审不在，策马急出，顾谓左右曰："老子妨人戏[35]！"王以数百骑抵梁营，谢彦章伏精甲[36]五千于堤下[37]；王引十余骑度堤，伏兵发，围王数十重，王力战于中，后骑继至者攻之于外，仅得出。会[38]李存审救至，梁兵乃退，王始以存审之言为忠。

（以上为第十段，写晋王李存勖轻躁逞强，冒冲敌阵，几乎丧身。）

【注释】

[1]吐谷（tǔyù）浑：少数民族，原鲜卑的一支，后五代时散居于蔚州。[2]大阅：举行盛大的阅兵式。[3]军使：军职。这里指掌握军权。[4]宗鼎（?—926）：王建第七子，乾德六年徙封鲁王，传见《十国春秋》卷三十八。[5]昆弟：即兄和弟。包括近房和远房的兄弟。[6]才间：进谗言，挑拨离间。[7]缮甲训士：修缮甲兵，训练士卒，这里指统率军队。[8]张万进（?—919）：云州（今山西大同市）人。初为刘守光裨将，降后梁，为兖州节度使，赐名守进。传见《旧五代史》卷十三。[9]轻险好乱：轻率阴险而不守规矩。[10]嬖幸：受君主宠信的近臣群小。[11]己酉：八月九日。[12]甲子：八月二十四日。[13]顺德皇后（?—918）：周氏，许州（今河南许昌市）人。武成元年（908）册为皇后，卒谥顺德。传见《十国春秋》卷三十八。[14]乙丑：八月二十五日。[15]内给事：官名。内侍省宦官。[16]朱光葆：据胡三省注，当作"宋光葆"。宋光葆，字季正，随其从兄宋光嗣为宦官。传见《十国春秋》卷四十六。[17]骄纵贪暴：骄横、放纵、贪婪、暴虐。[18]周庠（?—约921）：从王建定蜀，谋划为多，官至蜀同平章事。传见《十国春秋》卷四十。[19]从弟：堂弟。[20]略：侵犯、攻占。[21]麻家渡：地名。在今河南濮阳黄河边。[22]行台村：地名。在今河南濮阳市北面。[23]迫：迫近，靠近。[24]危窘：处于危险窘迫的境地。[25]数四：多次。[26]李绍荣：即元行钦。[27]翼卫：保卫。[28]元元：老百姓。[29]系：寄托。[30]帷房：帐幕。这里指宫殿。用以嘲笑王镕，守祖父业而无大志。此时晋王李存勖志在灭梁以雪耻，亲冒矢石，驰骋疆场，及梁既灭，志得意满，田猎无度，甚于王镕居帷自肥。[31]一旦：有一天。[32]扣马：拉住马缰。[33]彼：那个。[34]揽辔（pèi）：拉着马缰绳。[35]老子妨人戏：老家伙妨碍人家游戏。[36]精甲：精锐的部队。甲，指代军队。[37]堤下：河堤之下。[38]会：刚好。

吴刘信遣其将张宣[1]等夜将兵三千袭楚将张可求于古亭，破之；又遣梁诠等[2]击吴越及闽兵，二国闻楚兵败，俱引归。

梅山蛮[3]寇邵州，楚将樊须击走之。

九月，壬午[4]，蜀内枢密使宋光嗣以判六军让兼中书令王宗弼，蜀主许之。

吴刘信昼夜急攻虔州，斩首数千级，不能克；使人说[5]谭全播，取质纳赂[6]而还。徐温大怒，杖[7]信使者。信子英彦典亲兵[8]，温授英彦兵三千，曰："汝父居上游之地[9]，将十倍之众[10]，不能下一城[11]，是反也！汝可以此兵往，与父同反！"又使升州牙内指挥使[12]朱景瑜与之俱[13]，曰："全播守卒皆农夫，饥窘逾年[14]，妻子在外，重围既解，相贺而去，闻大兵再往，必皆逃遁，全播所守者空城耳，往必克之。"

冬，十一月，壬申[15]，蜀葬神武圣文孝德明惠皇帝于永陵[16]，庙号高祖。

越主岩祀南郊，大赦，改国号曰汉。

刘信闻徐温之言，大惧，引兵还击虔州。先锋始至，虔兵皆溃，谭全播奔雩都，追执之。吴以全播为右威卫将军[17]，领百胜[18]节度使。

先是，吴越王镠常自虔州入贡，至是道绝[19]，始自海道出登、莱[20]，抵大梁。

初，吴徐温自以权重而位卑，说吴王曰："今大王与诸将皆为节度使，虽有都统[21]之名，不足相临制[22]，请建吴国，称帝而治。"王不许。

严可求屡劝温以次子知询[23]代徐知[24]诰知吴政，知诰与骆知祥[25]谋，出可求为楚州刺史。可求既受命，至金陵，见温，说之曰："吾奉唐正朔[26]，常以兴复为辞[27]。今朱、李方争，朱氏日衰，李氏日炽。一旦李氏有天下，吾能北面为之臣乎？不若先建吴国以系民望[28]。"温大悦，复留可求。参总庶政[29]，使草具礼仪[30]。知诰知可求不可去，乃以女妻其子续。

（以上为第十一段，写吴兵攻破虔州。徐知浩结好严求可。）

【注释】

[1]张宣：字致用，少从杨行密为军校，官至武昌军节度使。严酷为政，境内大治。传见《十国春秋》卷九。[2]梁诠等：据章校，“等”下有“将兵”二字。[3]梅山蛮：居住在湖南邵州（今湖南邵阳市）的少数民族。[4]壬午：九月十二日。[5]说：游说。[6]取质纳赂：经过谈判，取得人质和贿赂。[7]杖：责打。[8]典亲兵：统率王府禁卫军。[9]上游之地：刘信镇洪州，地处扬州上游。[10]十倍之众：指刘信之兵多于虔州谭全播十倍。[11]下一城：攻破一座城池。[12]牙内指挥使：掌节度使军府亲兵。[13]与之俱：同刘英彦一起去。[14]饥窘逾年：饥饿窘困已经超过一年。[15]壬申：十一月三日。[16]永陵：蜀主王建坟墓名。[17]右威卫将军：官名，禁军将领，分左右，位在卫威大将军下。[18]百胜：方镇名。五代吴置，治所虔州，在今江西赣州市。[19]道绝：吴越取道虔州向后梁进贡，事见《资治通鉴》卷二百六十九贞明二年。今虔州被吴占领，陆路通道被阻断。[20]登、莱：均州名。登州，治所在今山东烟台市蓬莱区。莱州，治所在今山东莱州市。[21]都统：唐授吴王杨行密为诸道行营都统，统率境内各节度使。其子渥、隆演嗣位，均带都统衔。[22]临制：制约、驾驭。[23]知询（?—934）：徐温第二子，素懦弱，传见《十国春秋》卷十三。[24]知：执掌。[25]骆知祥：合肥（今安徽合肥市）人。善理财赋，与严可求齐名，号称“严骆”。传见《十国春秋》卷十。[26]奉唐正朔：尊奉唐朝为正统。[27]兴复为辞：以复兴唐朝为口号。[28]以系民望：用以顺应人民的愿望。[29]参总庶政：参与处理国家具体政务。[30]草具礼仪：规划建国后的制度、仪式。

晋王欲趣大梁，而梁军扼其前，坚壁[1]不战百余日。十二月，庚子朔[2]，晋王进兵，距梁军十里而舍[3]。

初，北面行营招讨使贺瓌善将步兵，排陈使谢彦章[4]善将骑兵，瓌恶[5]其与己齐名。一日，瓌与彦章治兵[6]于野，瓌指一高地曰：“此可以立栅。”至是，晋军适置栅于其上，瓌疑彦章与晋通谋。瓌屡欲战，谓彦章曰：“主上悉以国兵授吾二人，社稷是赖[7]。今强寇压吾门，而逗留[8]不战，可乎！”彦章曰：“强寇凭陵[9]，利在速战。今深沟高垒；据其津要，彼安敢深入！若轻与之战，万一蹉跌[10]，则大事去矣。”瓌益疑之，密谮之于帝，与行营马步都虞候曹州刺史朱珪谋[11]，因享士[12]，伏甲，杀彦章及濮州刺史孟审澄、别将侯温裕，以谋叛闻[13]。审澄、温裕，亦骑将之良者也。丁未[14]，以朱珪为匡国留后，癸丑[15]，又以为平卢节度使兼行营马步副指挥使以赏之。

晋王闻彦章死，喜曰：“彼将帅自相鱼肉[16]，亡无日矣[17]。贺瓌残虐，失士卒心，我若引兵直指其国都[18]，彼安得坚壁不动！幸而一与之战，蔑[19]不胜矣。”王欲自将万骑直趣大梁，周德威曰：“梁人虽屠上将，其军尚全，轻行徼利[20]，未见其福。”不从。戊午[21]，下令军中老弱悉归魏州，起师趋汴。庚申[22]，毁营而进，众号十万。

（以上为第十二段，写梁将贺瓌不识大体，不懂战略，擅杀大将，自毁长城，招致速败。）

【注释】

[1]坚壁：坚守壁垒。 [2]庚子朔：十二月一日。 [3]舍：驻扎、住宿。即自麻家渡进军，逼近行台村。 [4]谢彦章（?—918）：许州（今河南许昌市）人，为后梁骑将，懂阵法，行阵整肃，骑士乐为其用，被贺瓌害死。传见《旧五代史》卷十六。 [5]恶（wù）：厌恨、嫉妒。 [6]治兵：训练士兵。 [7]社稷是赖：国家存亡寄托在我们身上。 [8]逗留：停留。指观望不战，贻误军机。 [9]凭陵：侵扰。 [10]蹉跌：失误，失败。谢彦章以持久疲弊晋师，贺瓌冒险决战，智略高下显而易见。贺瓌不如谢彦章远甚。 [11]谋：策划。 [12]因享士：乘着宴请将士的机会。 [13]以谋叛闻：给谢彦章等加上谋叛的罪名，向皇帝报告。 [14]丁未：十二月八日。[15]癸丑：十二月十四日。[16]自相鱼肉：自相残杀。[17]亡无日矣：灭亡可以计日而待了。[18]国都：指后梁首都大梁。 [19]蔑：没有、无。 [20]轻行徼利：轻率地行动，追求利益。徼，同“邀”。 [21]戊午：十二月十九日。 [22]庚申：十二月二十一日。

辛酉[1]，蜀改明年元曰乾德[2]。

贺瓌闻晋王已西[3]，亦弃营而踵之[4]。晋王发魏博白丁[5]三万从军，以供营栅之役[6]，所至，营栅立成。壬戌[7]，至胡柳陂[8]。

癸亥[9]旦，候者[10]言梁兵自后至矣。周德威曰：“贼倍道[11]而来，未有所舍[12]，我营栅已固，守备有余，既深入敌境，动须万全[13]，不可轻发。此去大梁至近，梁兵各念其家，内怀愤激[14]，不以方略制之，恐难得志。王宜按兵勿战，德威请以骑兵扰之，使彼不得休息，至暮营垒未立，樵爨[15]未具，乘其疲乏，可一举灭也。”王曰：“前在河上[16]恨不见贼，今贼至不击，尚复何待[17]，公何怯也！”顾李存审曰：“敕[18]辎重先发，吾为尔殿后[19]，破贼而去！”即以亲军先出。德威不得已，引幽州兵从之，谓其子曰：“吾无死所矣[20]。”

贺瓌结陈[21]而至，横亘[22]数十里。王帅银枪都[23]陷其陈[24]，冲荡击斩[25]，往返十余里。行营左厢马军都指挥使、郑州防御使王彦章军先败，西走趣濮阳。晋辎重在陈西[26]，望见梁旗帜，惊溃，入幽州陈[27]，幽州兵亦扰乱，自相蹈藉[28]；周德威不能制，父子皆战死。魏博节度副使王缄与辎重俱行，亦死。

晋兵无复部伍[29]。梁兵四集，势甚盛。晋王据高丘收散兵，至日中，军复振。陂中有土山，贺瓌引兵据之。晋王谓将士曰："今日得此山者胜[30]，吾与汝曹[31]夺之。"即引骑兵先登，李从珂与银枪大将王建[32]及以步卒继之，梁兵纷纷而下，遂夺其山。

日向晡[33]，贺瓌陈于山西，晋兵望之有惧色。诸将以为诸军未尽集，不若敛兵[34]还营，诘朝[35]复战。天平节度使、东南面招讨使阎宝曰："王彦章骑兵已入濮阳[36]，山下惟步卒，向晚皆有归志，我乘高趣下[37]击之，破之必矣。今王深入敌境，偏师[38]不利，若复引退[39]，必为所乘。诸军未集者[40]闻梁再克，必不战自溃。凡决胜料敌，惟观情势，情势已得，断在不疑[41]。王之成败，在此一战；若不决力取胜[42]，纵收余众北归，河朔非王有也。"昭义节度使李嗣昭曰："贼无营垒，日晚思归，但以精骑扰之，使不得夕食[43]，俟其引退，追击可破也。我若敛兵还营，彼归整众复来，胜负未可知也。"王建及擐甲横槊[44]而进曰："贼大将已遁[45]，王之骑军一无所失，今击此疲乏之众，如拉朽耳。王但登山，观臣为王破贼。"王愕然曰："非公等言，吾几误计[46]。"嗣昭、建及以骑兵大呼陷陈，诸军继之，梁兵大败。元城[47]令吴琼，贵乡[48]令胡装[49]，各帅白丁万人，于山下曳柴扬尘[50]，鼓噪以助其势。梁兵自相腾藉[51]，弃甲山积，死亡者几三万人。装，证之曾孙也。是日，两军所丧士卒各三之二，皆不能振。

晋王还营，闻周德威父子死，哭之恸[52]，曰："丧吾良将，是吾罪也。"以其子幽州中军兵马使光辅[53]为岚州[54]刺史。

李嗣源与李从珂相失[55]，见晋军桡败[56]，不知王所之，或曰："王以[57]北渡河矣。"嗣源遂乘冰北渡，将之相州[58]。是日，从珂从王夺山，晚战皆有功。甲子[59]，晋王进攻濮阳，拔之。李嗣源知晋军之捷，复来见王于濮阳，王不悦，曰；"公以吾为死邪？渡河安之[60]！"嗣源顿首谢罪。王以从珂有功，但赐大钟酒以罚之；自是待嗣源稍薄。

初，契丹主之弟撒剌阿拨[61]号北大王，谋作乱于其国。事觉，契丹主数[62]之曰："汝与吾如手足，而汝兴此心，我若杀汝，则与汝何异[63]！"乃囚之期年[64]而释之[65]。撒剌阿拨帅其众奔晋，晋王厚遇之，养为假子[66]，任为刺史；胡柳之战，以其妻子来奔。

晋军至德胜渡[67]，王彦章败卒有走[68]至大梁[69]者，曰："晋人战胜，将至矣。"顷之，晋兵有先至大梁问次舍者[70]，京城大恐。帝驱市人[71]登城，又欲奔洛阳，遇夜而止。败卒至者不满千人，伤夷[72]逃散，各归乡里，月余仅能成军。

（以上为第十三段，写晋梁两军大战，晋王李存勖侥幸取胜，丧失大将周德威。）

【注释】

[1]辛酉：十二月二十二日。 [2]乾德：前蜀王衍年号。 [3]已西：已经向西面进军，自行台村到开封的方位是自东向西。 [4]踵之：紧逼晋军。 [5]白丁：农民、平民。指没有地位、文化的人。 [6]营栅之役：干作战和止宿时立营寨的劳务。 [7]壬戌：十二月二十三日。[8]胡柳陂（bēi）：地名。在今河南濮阳市界。[9]癸亥：十二月二十四日。[10]候者：侦察兵。[11]倍道：兼程。 [12]舍：住宿的地方。 [13]动须万全：行动必须保证绝对安全。 [14]内怀愤激：对于敌军入侵，内心怀着激烈愤慨的情绪。 [15]樵爨（cuàn）：打柴烧饭。 [16]河上：黄河上。[17]尚复何待：还要再等到什么时候。[18]敕：命令。[19]殿后：走在最后面压阵。[20]吾无死所矣：我没有死的地方了。意思是面临死亡的绝境，必死无疑。周德威若不以兵追随晋王出击，按军法为顾望不进，故明知处境危险仍不得不从。 [21]结陈：排成阵势。 [22]横亘（gèn）：由此到彼横贯不断。 [23]银枪都：李存勖在取得魏州后创建的亲军。 [24]陷其陈：攻打贺瓌的阵营。[25]冲荡击斩：往来冲杀。[26]陈西：在战阵的西面。因晋军辎重奉命先行。[27]入幽州陈：溃兵窜入周德威幽州军阵。 [28]蹈藉：践踏。 [29]无复部伍：再也没有队列，一片混乱。[30]得此山者胜：用兵之势，据高以临下者胜。晋梁两军争土山。[31]汝曹：你们。[32]王建及：即李建及。本姓王，为李克用义子、典义儿子，赐姓李。 [33]日向晡（bū）：红日西沉，临近黄昏。晡，下午三时至五时。 [34]敛兵：收兵。 [35]诘朝：第二天。 [36]濮阳：县名。南临黄河，在今河南濮阳市。 [37]乘高趣下：居高临下。 [38]偏师：掩护主力的侧翼部队。此指周德威部。 [39]若复引退：如果再引军退却。 [40]诸军未集者：尚未赶到集合地点的晋军。 [41]断在不疑：内心不疑惑，才能作出正确的判断。 [42]若不决力取胜：如果不下决心全力以赴取得胜利。 [43]夕食：晚餐。 [44]擐甲横槊（shuò）：穿着盔甲，横拿着

槊，准备战斗的样子。槊，古代兵器。[45]大将已遁：指后梁大将王彦章败退濮阳。[46]误计：失策。[47]元城：县名，县治在今河北大名县东。[48]贵乡：县名，县治在今河北大名县东北。[49]胡装（?—926）：官至后唐给事中。传见《旧五代史》卷六十九。[50]曳柴扬尘：拖着柴草，使灰尘飞扬，以为疑兵。[51]腾藉：推撞践踏。[52]哭之恸（tòng）：哭得非常伤心。恸，哀痛之极。[53]光辅：周德威子，官后唐汾、汝州刺史。传附《旧五代史》卷五十六《周德威传》。[54]岚州：州名，治所在今山西岚县。[55]相失：互相失去联系。[56]桡败：战败、挫败。桡，同"挠"，势屈为挠。[57]以：章校作"已"。[58]相州：州名，治所在今河南安阳市。[59]甲子：十二月二十五日。[60]安之：到哪里去。之通至。[61]撒剌阿拨：耶律阿保机弟，《辽史》称撒剌。[62]数：数落、教训。[63]与汝何异：同你有什么区别。[64]期年：一年。[65]释之：释放了他。[66]假子：义子。[67]德胜渡：地名。在今河南濮阳市北面，为黄河重要渡口，为兵家所必争。[68]走：逃。[69]大梁：后梁首都开封府。[70]问次舍者：问住宿地方的人。次，停留。停留三宿以上为次。舍，一宿为舍。[71]市人：商人和市民。[72]伤夷：被杀伤的梁军。

五年（己卯，919 年）

春，正月，辛巳[1]，蜀主祀南郊[2]，大赦。

晋李存审于德胜南北[3]筑两城而守之。晋王以存审代周德威为内外蕃汉马步总管[4]。晋王还魏州，遣李嗣昭权知[5]幽州军府事。

汉主岩立越国夫人马氏[6]为皇后，殷之女也。

三月，丙戌[7]，蜀北路行营都招讨、武德[8]节度使王宗播等自散关击岐，渡渭水[9]，破岐将孟铁山；会大雨而还，分兵戍兴元[10]、凤州及威武城[11]。戊子[12]，天雄节度使、同平章事王宗昱攻陇州[13]，不克。

蜀主奢纵无度，日与太后、太妃游宴于贵臣之家，及游近郡名山，饮酒赋诗，所费不可胜纪。仗内教坊使[14]严旭强取士民女子内宫中，或得厚赂而免之，以是累迁至蓬州[15]刺史。太后、太妃各出教令[16]卖刺史、令、录[17]等官，每一官阙，数人争纳赂，赂多者得之。

晋王自领卢龙节度使[18]，以中门使[19]李绍宏提举[20]军府事，代李嗣昭。绍宏，宦者也，本姓马，晋王赐姓名，使与知岚州事孟知祥[21]俱为中门使；知祥又荐教练使雁门郭崇韬[22]能治剧[23]，王以为中门副使。崇韬倜傥[24]有智略，临事敢决，王宠待日隆[25]。先是，中门使吴珪、张虔厚相继获罪，及绍宏出幽州，知祥惧祸，称疾辞位[26]，王乃以知祥为河东马步都虞候[27]，自是崇韬专典机密。

诏吴越王镠大举讨淮南[28]。镠以节度副大使传瓘[29]为诸军都指挥使，帅战舰五百艘，自东洲[30]击吴。吴遣舒州刺史彭彦章[31]及裨将陈汾拒之。

吴徐温帅将吏藩镇请吴王称帝，吴王不许。夏，四月，戊戌朔[32]，即吴国王位。大赦，改元武义；建宗庙社稷，置百官，宫殿文物皆用天子礼。以金继土[33]，腊用丑[34]。改谥武忠王曰孝武王，庙号太祖，威王曰景王，尊母为太妃；以徐温为大丞相、都督中外诸军事、诸道都统、镇海·宁国[35]节度使，守太尉兼中书令、东海郡王，以徐知诰为左仆射、参政事兼知内外诸军事，仍领江州团练使，以扬府左司马王令谋[36]为内枢密使，营田副使严可求为门下侍郎，盐铁判官骆知祥为中书侍郎，前中书舍人卢择[37]为吏部尚书兼太常卿，掌书记殷文圭[38]为翰林学士；馆驿巡官游恭[39]为知制诰，前驾部员外郎杨迢[40]为给事中。择，醴泉人；迢，敬之之孙也。

钱传瓘与彭彦章遇；传瓘命每船皆载灰、豆及沙，乙巳[41]，战于狼山江[42]。吴船乘风而进，传瓘引舟避之，既过，自后随之。吴回船与战，传瓘使顺风扬灰，吴人不能开目；及船舷[43]相接，传瓘使散沙于己船而散豆于吴船，豆为战血所渍[44]，吴人践之皆僵仆[45]。传瓘因纵火焚吴船，吴兵大败。彦章战甚力，兵尽，继之以木[46]，身被数十创，陈汾按兵不救；彦章知不免，遂自杀。传瓘俘吴裨[47]将七十人，斩首千余级。吴[48]人诛汾，从没家赀[49]，以其半赐彦章家，禀[50]其妻子终身。

（以上为第十四段，写蜀国主淫政荒，吴杨隆演即王位。吴越王钱镠伐吴，大败吴师。）

【注释】

[1]辛巳：正月十二日。 [2]祀南郊：在城南市郊行祭天大礼。 [3]德胜南北：指在德胜渡的南北夹河筑两城，谓之“夹寨”。据章校，“南北”下有“夹河”两字。 [4]内外蕃汉马步总管：官名。全国军队的统帅。 [5]权知：暂时代理。 [6]越国夫人马氏（?—934）：马殷之女，乾亨元年（917）封越国夫人。传见《十国春秋》卷六十一。 [7]丙戌：三月十八日。 [8]武

德：方镇名。前蜀永平二年（912）改剑南东川节度使为武德节度使。治所梓州，在今四川三台县。［9］渭水：渭河。这里指处在宝鸡的一段渭河。［10］兴元：府名。治所南郑，在今陕西汉中市东。［11］威武城：地名。在凤州以北，为前蜀所筑。［12］戊子：三月二十日。［13］陇州：州名。治所汧（qián）阳，在今陕西陇县东南。［14］内教坊使：内廷官属。教宫女歌舞，供君主欣赏。内，同“纳”。［15］蓬州：州名。治所在今四川蓬安县。［16］教令：太后、太妃、皇后、太子所发的命令称教令。［17］令、录：令，县令。录，州郡属官，录事参军。［18］自领卢龙节度使：自己兼任卢龙节度使。因卢龙为北边大镇，士马强锐，周德威死，无适当人选，故晋王自领。［19］中门使：官名，宫廷属官，一般由宦官担任。［20］提举：管理。［21］孟知祥（874—934）：字保胤，邢州龙冈（今河北邢台市）人。后蜀创建者，公元934年称帝，公元925年至934年在位。是时从后唐李存勖，为中门使。传见《旧五代史》卷一百三十六。［22］郭崇韬（?—926）：字安时，代州雁门（今山西代县）人。临事机警，应付裕如，为后唐庄宗所器重，官至侍中兼枢密使，专典机要，权倾中外。传见《旧五代史》卷五十七。［23］治剧：善于处理繁难、棘手的问题。剧，繁难、繁重。［24］倜傥：卓异、豪爽。指洒脱不俗的风流人物。［25］日隆：恩宠一天比一天隆重。［26］称疾辞位：假装有病、辞去职务。［27］马步都虞候：官名，马步军指挥官，位在都指挥使下。［28］淮南：地区名。泛指淮河以南的地方，这里指代吴国。［29］传瓘（887—941）：字明宝，钱镠第七子。钱镠死，袭吴越王位，改名元瓘。公元923至941年在位。传见《十国春秋》卷七十九。［30］东洲：地名，在今江苏常州市。吴越军自常州东洲出海，再溯长江击吴。［31］彭彦章（?—919）：庐陵（今江西吉安）人。传见（十国春秋）卷八。［32］戊戌朔：四月一日。［33］以金继土：按古代五德始终说，五行相生相克。唐以土德行，土在金前，吴欲继唐，故言以金德王。［34］腊（là）用丑：在丑日举行腊祭。古时以十二月为祭祖先的时间。腊，阴历十二月祭祀祖先，一般以十二月八为腊日。是岁十二月八为辛丑，故曰“腊用丑”。［35］宁国：方镇名。吴升宣州为宁国节度。治所宣州，在今安徽宣城市宣州区。［36］王令谋（?—937）：徐知诰谋士，官至忠武军节度使，传见《十国春秋》卷十。［37］卢择：醴泉（今陕西礼泉县）人。居官无所短长，充位而已。传见《十国春秋》卷九。［38］殷文圭：小字桂郎，池州（今安徽池州市贵池区）人，传见《十国春秋》卷十一。［39］游恭：建安（今福建建瓯）人。传见《十国春秋》卷十一。［40］杨迢：唐杨敬之之孙，官至吴给事中。传见《十国春秋》卷九。［41］乙巳：四月八日。［42］狼山江：地名，在今江苏南通市南。［43］船舷：船边。［44］渍：浸湿。［45］僵仆：直挺挺地倒在地上。［46］继之以木：继续用木棒作武器战斗。［47］裨将：副将。［48］吴：据章校，“吴”上有“焚战舰四百艘”。［49］丛没家赀：没收家财。丛，疑为籍之误。赀，财产。［50］禀：同“廪”。公家发的供给。

贺瓌攻德胜南城[1]，百道俱进[2]，以竹笮[3]联艨艟十余艘，蒙以牛革，设睥睨[4]、战格[5]如城状，横于河流，以断晋之救兵，使不得渡。

晋王自引兵驰往救之，陈[6]于北岸，不能进；遣善游者马破龙入南城，见守将氏延赏，延赏言矢石将尽，陷在顷刻。晋王积金帛于军门，募能破艨艟者；众莫知为计[7]，亲将李建及曰："贺瓌悉众而来，冀此一举；若我军不渡，则彼为得计。今日之事，建及请以死决之。"乃选效节敢死士[8]得三百人，被铠操斧，帅之乘舟而进。将至艨艟，流矢[9]雨集，建及使操斧者入艨艟间，斧其竹笮，又以木罂[10]载薪，沃油然火[11]，于上流纵之，随以巨舰实[12]甲士，鼓噪攻之。艨艟既断，随流而下，梁兵焚溺者殆半[13]，晋兵乃得渡。瓌解围走，晋兵逐之，至濮州而还。瓌退屯行台村。

蜀主命天策府诸将无得擅离屯戍。五月，丁卯朔[14]，左散旗军使王承谔、承勋、承会违命[15]，蜀主皆原[16]之。自是禁令不行。

楚人攻荆南，高季昌求救于吴，吴命镇南[17]节度使刘信等帅洪、吉、抚、信步兵自浏阳[18]趣潭州[19]，武昌[20]节度使李简[21]等帅水军攻复州[22]。信等至潭州东境，楚兵释荆南引归。简等入复州，执其知州鲍唐[23]。

六月，吴人败吴越兵于沙山。

秋，七月，吴越王镠遣钱传瓘将兵三万攻吴常州，徐温帅诸将拒之，右雄武统军陈璋以水军下海门[24]出其后。壬申[25]，战于无锡[26]。会温病热[27]，不能治军[28]，吴越攻中军，飞矢雨集，镇海节度判官陈彦谦迁中军旗鼓于左，取貌类温者[29]，擐甲胄，号令军事，温得少息；俄顷[30]，疾稍间[31]，出拒之。时久旱草枯，吴人乘风纵火，吴越兵乱，遂大败，杀其将何逢、吴建，斩首万级。传瓘遁去，追至山南，复败之。陈璋败吴越于香弯。

温募生获[32]叛将陈绍者赏钱百万，指挥使崔彦章获之。绍勇而多谋，温复使之典兵[33]。

初，衣锦之役[34]，吴马军指挥[35]曹筠[36]叛奔吴越，徐温赦其妻子，厚遇之，遣间使告之曰："使汝不得志而去，吾之过也，汝无以妻子为念。"及是役，筠复奔吴。温自数[37]昔日不用筠言者三，而不问筠去来之罪，归其田宅，复其军职。筠内愧而卒。

知诰请帅步卒二千，易吴越旗帜铠仗，蹑[38]败卒而东，袭取苏州。温曰："尔策固善；然吾且求息兵，未暇如汝言也[39]。"诸将皆以为："吴越所恃者舟楫，今大旱，水道涸，此天亡之时也，宜尽步骑之势，一举灭之。"温叹曰："天下离乱久矣，民困已甚，钱公亦未易可轻；若连兵不解，方为诸君之忧。今战胜以惧之，戢兵[40]以怀之，使两地之民各安其业，君臣高枕，岂不乐哉！多杀何为！"遂引还。

吴越王镠见何逢马，悲不自胜[41]，故将士心附之[42]。宠姬郑氏父犯法当死，左右为之请[43]，镠曰："岂可以一妇人乱我法。"。出其女而斩之[44]。镠自少在军中，夜未尝寐[45]，倦极则就圆木小枕，或枕大铃，寐熟辄欹[46]而寤[47]，名曰"警枕"。置粉盘于卧内，有所记则书盘中，比老[48]不倦。或寝方酣[49]，外有白事[50]者，令侍女振纸[51]即寤。时弹铜丸于楼墙之外，以警直更者[52]。尝微行[53]，夜叩北城门，吏不肯启关[54]，曰："虽大王来亦不可启。"乃自他门入。明日，召北门吏，厚赐之。

丙戌[55]，吴王立其弟濛[56]为庐江郡公，溥[57]为丹阳郡公，浔[58]为新安郡公，澈[59]为鄱阳郡公，子继明[60]为庐陵郡公。

（以上为第十五段，写吴徐温大败吴越王钱镠，得胜退兵，和合两国。）

【注释】

[1]德胜南城：晋军筑在德胜渡黄河南岸的夹寨。 [2]百道俱进：多路同时进攻，即全线进攻。百道，极言多道，全线。 [3]竹笮（zuó）：竹索。 [4]睥睨：城上的短墙，这里指瞭望孔。 [5]战格：作战的规范。格，式样。 [6]陈：陈兵。 [7]众莫知为计：众将没有人能献破敌之计。 [8]效节敢死士：在银枪效节军中选拔的敢死队员。 [9]流矢：乱箭。 [10]木罂（yīng）：口小腹大的木缶。罂，盛酒器。 [11]沃油然火：浸上油，点着火。沃，浸。然，同"燃"。 [12]实：乘着，装着。 [13]殆半：差不多一半，近半。 [14]丁卯朔：五月一日。[15]违命：违反命令，擅自撤离屯戍地。 [16]原：原谅，宽恕。 [17]镇南：方镇名。唐懿宗咸通六年（865）升江南西道团练观察使为镇南军节度使。吴因之，治所洪州，在今江西南昌市。 [18]浏阳：县名。县治在今湖南浏阳市。 [19]潭州：州名，治所长沙，在今湖南长沙市。[20]武昌：方镇名。唐宪宗元和元年（806）升鄂岳观察使为武昌军节度使。吴因之。治所鄂州，在今武汉市。 [21]李简（?—929）：上蔡（今河南上蔡县）人，官至吴武昌节度使。传见《十国

春秋》卷五。[22]复州：州名。治所竟陵，在今湖北天门市。[23]鲍唐：人名。后梁复州知州，传见《十国春秋》卷一〇二。[24]海门：县名。县治在今江苏南通市海门区，长江入海处，舟行入太湖，可达常州的东洲。[25]壬申：七月七日。[26]无锡：县名，县治在今江苏无锡市。[27]病热：发高烧。[28]治军：指挥军队。[29]貌类温者：相貌像徐温的人。[30]俄顷：一会儿。[31]疾稍间：疾病稍许好转。[32]生获：活捉。[33]典兵：领兵。[34]衣锦之役：公元913年三月吴军攻打吴越国临安县衣锦乡钱镠老家的战役。事见《资治通鉴》卷二百六十八乾化三年。[35]马军指挥："指挥"之下，当有"使"字。[36]曹筠（?—919）：传见《十国春秋》卷九。[37]自数：自我责备。[38]蹑：暗中跟从。[39]未暇如汝言也：没有时间按你的意见办。[40]戢兵：停战、休战。[41]悲不自胜：不能抑制内心的悲痛。[42]心附：从内心服从。[43]请：求情。[44]出其女而斩之：将宠姬郑氏逐出宫，并斩其犯法之父。[45]寐：睡觉。[46]欹（qí）：倾斜。同"攲"。[47]寤：醒来。[48]比老：及至年老。[49]或寝方酣：有时睡得很香甜。[50]白事：汇报工作。[51]振纸：摇动纸张，发出声音。[52]直更：打更。[53]微行：微服出行。[54]启关：开城门。[55]丙戌：七月二十一日。[56]濛：杨濛（?—937），字志龙，杨行密第三子，封临川王。传见《十国春秋》卷四。[57]溥：杨溥（899—937）：杨行密第四子，武义二年（920）即吴王位。乾贞元年（927）称帝，天祚三年（937）为徐知诰所杀。公元920至937年在位，谥睿帝。传见《十国春秋）卷三。[58]浔：杨浔，杨行密第五子。传见《十国春秋》卷四。[59]澈：杨澈，杨行密第六子，传见《十国春秋》卷四。[60]继明：杨继明，杨隆演子。传见（十国春秋）卷四。

晋王归晋阳，以巡官冯道[1]为掌书记。中门使郭崇韬以诸将陪食[2]者众，请省其数。王怒曰；"孤为效死者[3]设食，亦不得专[4]，可令军中别择河北帅，孤自归太原！"即召冯道令草词以示众。道执笔逡巡[5]不为，曰："大王方平河南，定天下，崇韬所请未至大过；大王不从可矣，何必以此惊动远近，使敌国闻之，谓大王君臣不和，非所以隆威望[6]也。"会崇韬入谢，王乃止。

初，唐灭高丽[7]，天祐初，高丽石窟寺眇僧[8]躬乂[9]，聚众据[10]开州[11]称王，号大封国，至是，遣佐良尉金立奇入贡于吴。

八月，乙未朔[12]，宣义节度使贺瓌卒。以开封尹王瓒[13]为北面行营招讨使。瓒将兵五万，自黎阳渡河掩击澶、魏，至顿丘[14]，遇晋兵而旋。瓒为治严，令行禁止，据晋人上游十八里杨村[15]，夹河筑垒，运洛阳竹木造浮桥，自滑州馈运相继。晋蕃汉马步副总管、振武节度使李存进亦造浮梁于德胜，或曰："浮梁须竹笮[16]、铁牛[17]、石囷[18]，我皆无之，何以能成！"存进不听，以苇笮[19]维巨舰，系于土山巨木，逾月而成，人服其智。

吴徐温遣使以吴王书归无锡之俘于吴越；吴越王镠亦遣使请和[20]于吴。自是吴国休兵息民，三十余州[21]民乐业者二十余年。吴王及徐温屡遗[22]吴越王镠书，劝镠自王其国；镠不从。

九月，丙寅[23]，诏削刘岩官爵，命吴越王镠讨之。镠虽受命，竟不行[24]。

吴庐江公濛[25]有材气[26]，常叹曰："我国家而为他人[27]所有，可乎！"徐温闻而恶之。

（以上为第十六段，写梁晋双方大战后各自休整。吴与吴越两国和好。）

【注释】

[1]冯道（882—954）：字可道，瀛州景城（今河北交河东北）人，后唐、后晋时任宰相。契丹灭后晋，附契丹任太傅。后汉时任太师。后周时任太师中书令。历仕四朝五姓，自号"长乐老"。传见《新五代史》卷五十四。[2]陪食：李存勖与诸将共甘苦，进食时，召诸将陪食，人数甚多。[3]效死者：能以死命报效我的人。[4]不得专：不能自己作主。[5]逡巡：犹豫不安的样子。[6]隆威望：提高威信。[7]高丽：居朝鲜半岛。始见于6世纪初北魏正始中。唐高宗时灭之。唐末，其王姓高氏，公元918年，王建建国。后唐明宗封其为高丽国王。[8]眇（miǎo）僧：瞎了一只眼睛的和尚。眇，一只眼瞎。[9]躬乂（yì）：眇僧名字。[10]据：占据。[11]开州：即今朝鲜平壤之东的开城。[12]乙未朔：八月一日。[13]王瓒（?—923）：后梁大将，官至开封尹，降后唐，忧悸而卒。传见《旧五代史》卷五十九。[14]顿丘：县名。县治在今河南浚县。[15]杨村：地名，在德胜渡上游。[16]竹笮：竹索。[17]铁牛：大铁块。[18]石囷（qūn）：大石盘。铁牛、石盘用以维系竹索，固定浮桥。[19]苇笮：芦苇搓成的索子。[20]请和：请求和好。[21]三十余州：史称当时吴国占有扬、楚、泗、滁、和、光、黄、舒、蕲、庐、寿、濠、海、润、常、升、宣、歙、池、饶、信、江、鄂、洪、抚、袁、吉、虔等州。[22]遗（wèi）：送、致。[23]丙寅：九月二日。[24]竟不行：结果没有执行。因不肯损耗自己的实力，得罪别国。[25]濛：杨濛，杨行密第三子。[26]材气：才气。材，同"才"。[27]他人：指徐温。因徐温专吴国政。

【点评】

本卷点评两件史事：晋将李嗣源大破契丹军；吴国与吴越大战，徐温得胜退兵。

一、李嗣源大破契丹军。后梁末帝贞明三年（917），契丹南侵，助后梁攻打晋王，围困幽州半年有余。晋王李存勖派李存审、李嗣源、阎宝率步骑七万往救。主将为李存审，李嗣源为先锋。晋军骑兵少步兵多，而契丹军十余万皆为骑兵。两军若在旷野相遇，步兵不敌骑兵，晋军必败无疑。晋军于是从山路秘密靠近幽州。贞明三年八月十七日，晋军从易州出发，沿着山路向幽州推进。经过七天的急行军，到八月二十三日，在离幽州还有六十里的地方与契丹军相遇。晋军的出其不意，使契丹军惊恐后退。契丹军派一万骑兵拦截晋军。李嗣源率领三千骑兵与契丹骑兵在山口对峙。契丹军挡住了晋军的出路，由于敌众我寡，被堵在山口的晋军被吓得面无人色。在这危急关头，李嗣源挺身而出，组织了一百多名敢死骑兵，亲自率领他们冲击契丹军。两强相遇勇者胜。李嗣源脱掉头盔，表达出决一死战的气势，用契丹语斥责契丹军说："你们无故侵犯我们疆土，我奉晋王命令，率领百万大军，要灭掉你们。"说话间，李嗣源挥动木檛，冲入契丹军中，斩杀酋长一名。晋军乘势冲击，杀退堵截山口的契丹骑兵，冲出山口。七万晋军乘胜追击，与幽州守军里应外合，大败契丹军。由于李嗣源冲击山口之战的胜利，大长晋军士气，灭了契丹军的威风，奠定了大胜的基础。所以这次战斗史称李嗣源破契丹于幽州。《孙子兵法》说多算胜少算。李存审的前后谋划也是取胜的重要因素。

二、吴国与吴越大战，徐温得胜退兵。后梁末帝贞明五年（919）四月至七月，割据淮南的吴国与割据钱塘、吴中的吴越展开大战。先是吴越军大胜，随后吴军占据上风。七月，吴军统帅徐温在常州大破吴越军，三万吴越军全军覆没。徐温养子徐知诰请求率领两千步兵，化装成吴越军，奔袭苏州，意欲一举灭掉吴越。徐温没有准许，因为当时正值天旱，饥民遍地，如果战事延长，势必令百姓遭殃。徐温以此为由，下令退军，是十分英明的战略决策。当时吴越王钱镠是创业之主，英勇善战，割据一方已经二十余年，未可轻易破灭。徐温见好就收，得胜退军，占了道义制高点，赢得民心，为其养子徐知诰日后夺取吴国政权，建立南唐打下了基础。所以徐温是一时人杰。

卷二七一　后梁纪六

后梁均王贞明五年至龙德二年（919—922 年）

【起屠维单阏（己卯，919 年）十月，尽玄黓敦牂（壬午，922 年），凡三年有奇】

【大事提要】

本卷记事起公元 919 年十月，讫公元 922 年，凡三年又三个月。当后梁末帝贞明五年十月至龙德二年。此三年间，主要战争仍是晋梁双方夹河大战，势均力敌。后梁末帝甘听群小之言，处事不当逼反冀王朱友谦，失河中之地，国势日衰。河北成德镇将杀赵王镕，投附后梁，后梁末帝坐视不救，丧失了收复河北诸镇的一次大好时机。契丹南下，为晋王所败，晋王乘势破镇州，打破均势，晋王取得了对后梁的压倒优势，谋称帝，张承业因谏不听，张承业忧郁而死。南方吴、闽、南汉、吴越诸国保境安民。吴国徐温忠于旧主，奉杨溥即吴王位，祀南郊。前蜀主王衍轻启边衅伐岐，骄奢淫逸，荒于政务，民心尽失。

均王下

贞明五年（己卯，919 年）

冬，十月，出濛为楚州团练使。

晋王如魏州，发徒[1]数万，广[2]德胜北城，日与梁人争，大小百余战，互有胜负。左射军使[3]石敬瑭[4]与梁人战于河壖[5]，梁人击敬瑭，断其马甲[6]，横冲兵马使[7]刘知远[8]以所乘马授之，自乘断甲者徐行为殿[9]；梁人疑有伏，不敢迫，俱得免，敬瑭以是亲爱之。敬瑭、知远，其先皆沙陀人。敬瑭，李嗣源之婿也。

刘鄩围张万进于兖州经年[10]，城中危窘[11]，晋王方与梁人战河上，力不能救。万进遣亲将刘处让[12]乞师于晋，晋王未之许，处让于军门截耳[13]曰："苟不得请，生不如死！"晋王义之[14]，将为出兵，会鄩已屠兖州，族万进，乃止。以处让为行台左骁卫将军。处让，沧州人也。

十一月，吴武宁节度使张崇寇安州[15]。

丁丑[16]，以刘鄩为泰宁节度使、同平章事。

辛卯[17]，王瓒引兵至戚城[18]，与李嗣源战，不利。

梁筑垒贮粮于潘张[19]，距杨村五十里。十二月，晋王自将骑兵自河南岸西上，邀其饷者[20]，俘获而还；梁人伏兵于要路，晋兵大败。晋王以数骑走，梁数百骑围之，李绍荣识其旗[21]，单骑奋击救之，仅免。戊戌[22]，晋王复与王瓒战于河南[23]，瓒先胜，获晋将石君立等；既而大败，乘小舟渡河，走保北城，失亡万计。帝闻石君立勇，欲将之[24]，系于狱而厚饷[25]之，使人诱[26]之。君立曰："我晋之败将，而为用于梁，虽竭诚效死[27]，谁则信之！人各有君，何忍[28]反为仇雠用哉！"帝犹惜之，尽杀所获晋将，独置[29]君立。晋王乘胜遂拔濮阳。帝召王瓒还，以天平节度使戴思远[30]代为北面招讨使，屯河上以拒晋人。

己酉[31]，蜀雄武[32]节度使兼中书令王宗朗[33]有罪，削夺官爵，复其姓名曰全师朗，命武定[34]节度使兼中书令桑弘志讨之。

吴禁民私畜兵器，盗贼益繁。御史台主簿[35]京兆卢枢[36]上言："今四方分[37]争，宜教民战。且善人畏法禁而奸民弄干戈，是欲偃[38]武而反招盗也。宜团结民兵，使之习战，自卫乡里。"从之。

（以上为第一段，写梁晋两军夹黄河两岸拉锯大战，互有胜败。）

【注释】

[1]徒：服劳役的犯人。[2]广：扩大。[3]左射军使：官名，统领射手。[4]石敬瑭（892—942）：太原人。后晋高祖。石敬瑭在后唐末帝清泰三年（936）勾结契丹灭后唐，并受契丹册封为帝，建都开封。割燕云十六州给契丹，年献帛三十万匹，称比自己小十岁的耶律德光为"父皇帝"。公元936至942在位，传见《旧五代史》卷七十五。[5]河壖：河边。[6]马甲：马披的甲衣。[7]横冲兵马使：军官名。[8]刘知远（895—948）：后汉高祖，即位后改名暠（hào），沙陀人。后晋开运四年（947）契丹灭后晋，他在太原称帝，建都开封。公元947至948年在位。传见《旧五代史》卷九十九。[9]徐行为殿：慢慢地走在最后面。[10]经年：一年。[11]危窘：危险、窘迫。[12]刘处让（881—943）：字德谦，沧州（今河北沧县）人，勤于公务，累官至后唐彰德军节度使。传见《旧五代史》卷九十四。[13]截耳：削去外耳。[14]义之：认为他有义气。[15]安州：州名，在今湖北安陆市北。[16]丁丑：十一月十三日。[17]辛卯：十一月

二十七日。［18］戚城：地名。在德胜西。在今河南濮阳北。［19］潘张：地名。在山西河曲县。［20］邀其饷者：拦截梁军运粮饷的人。［21］识其旗：认识晋王的旗帜。凡行军，主将各有旗帜以为标志。［22］戊戌：十二月五日。［23］河南：这里指黄河南岸。［24］欲将之：想拜他为将军。［25］厚饷：丰厚地招待他。［26］诱：劝说。［27］竭诚效死：竭尽忠诚，以死报效。［28］何忍：怎么忍心。［29］置：放，这里指留其活命。［30］戴思远（?—935）：后梁将领，降后唐，授洋州节度使。太子少保致仕。传见《旧五代史》卷六十四。［31］己酉：十二月十六日。［32］雄武：方镇名。蜀王建天复五年（905）置，治所金州，在今陕西安康市。［33］王宗朗：本名全师朗，王建义子。传见（十国春秋》卷三十九。［34］武定：方镇名。唐僖宗光启元年（885）置。治所洋州，在今陕西洋县。［35］御史台主簿：官名。掌御史台印，核查台务等事。［36］卢枢：京兆（今西安市）人。传见《十国春秋》卷十。［37］分：同“纷”。［38］偃：止息。

六年（庚辰，920年）

春，正月，戊辰[1]，蜀桑弘志克金州，执全师朗，献于成都，蜀主释之。

吴张崇攻安州，不克而还。

崇在庐州[2]，贪暴不法。庐江[3]民讼县令受赇，徐知诰遣侍御史知杂事[4]杨廷式[5]往按[6]之，欲以威崇[7]，廷式曰：“杂端[8]推事[9]，其体至重[10]，职业不可不行[11]。”知诰曰：“何如？”廷式曰：“械系张崇[12]，使吏如升州[13]，簿责都统[14]。”知诰曰：“所按者县令耳，何至于是！”廷式曰：“县令微官，张崇使之取民财转献都统耳，岂可舍大而诘小[15]乎！”知诰谢之曰：“固知小事不足相烦。”以是益重之[16]。廷式，泉州人也。

晋王自得魏州，以李建及为魏博内外牙都将[17]，将银枪效节都。建及为人忠壮[18]，所得赏赐，悉分士卒，与同甘苦，故能得其死力，所向立功，同列[19]疾之。宦者韦令图监建及军，谮[20]于晋王曰：“建及以私财骤施[21]，此其志不小，不可使将牙兵。”王疑之；建及知之[22]，行之自若[23]。三月，王罢建及军职，以为代州[24]刺史。

汉杨洞潜[25]请立学校，开贡举，设铨选[26]；汉主岩从之。

夏，四月，乙亥[27]，以尚书左丞[28]李琪[29]为中书侍郎、同平章事。琪，珽之弟也，性疏俊[30]，挟赵岩、张汉杰之势，颇通贿赂[31]。

萧顷[32]与琪同为相，顷谨密而阴伺琪短[33]。久之，有以摄官[34]求仕[35]者，琪辄改摄为守，顷奏之。帝大怒，欲流琪远方，赵、张左右[36]之，止罢为太子少保。

河中[37]节度使冀王友谦[38]以兵袭取同州，逐忠武[39]节度使程全晖，全晖奔大梁。友谦以其子令德为忠武留后，表求节钺[40]，帝怒，不许。既而惧友谦怨望，己酉[41]，以友谦兼忠武节度使。制下，友谦已求节钺于晋王，晋王以墨制[42]除令德忠武节度使。

（以上为第二段，写晋王听宦者之言而猜疑忠臣，梁末帝纲纪不整。）

【注释】

[1]戊辰：正月五日。 [2]庐州：州名。治所合肥，在今安徽合肥市。 [3]庐江：县名，在今安徽庐江县。 [4]知杂事：唐御史台置侍御史六人，以任职长久的一人为负责人，称知杂事，也叫杂端。 [5]杨廷式：字宪臣，泉州（今福建泉州）人。为人正直，不畏强御，传见《十国春秋》卷十。 [6]按：按问。即调查了解。 [7]威祟：威慑张崇，使之惧惮。 [8]杂端：指日常事务。唐御史台有侍御史六名，其中有一名专门处理日常事务的侍御史，其所职掌称杂端。[9]推事：处理事务。 [10]其体至重：这件事体极其重大。 [11]职业不可不行：本职工作不能不履行。 [12]械系张崇：用刑具加在张崇身上，逮系来国都。 [13]使吏如升州：派官到升州。 [14]簿责都统：据文书所列罪状责问审理徐温。 [15]舍大而诘小：丢掉大官而诘问小官。[16]益重之：更加器重他。 [17]内外牙都将：军官名，统领节度使亲军官员。 [18]忠壮：忠勇、壮烈。 [19]同列：同僚。 [20]谮：进谗言。 [21]私财骤施：将私人的财物，慷慨地分给部下。 [22]知之：据章校，“之”有“自恃无他”四字。 [23]行之自若：内心很踏实地仍旧这样做。 [24]代州：州名。治所广武，在今山西代县。 [25]杨洞潜：字昭元，始兴（今广东始兴县）人。南汉刘龑谋臣，官至同平章事。传见《十国春秋》卷六十二。 [26]铨选：考核和选拔官吏。 [27]乙亥：四月癸巳朔，无乙亥，疑为己亥之误，己亥，四月七日。 [28]尚书左丞：与右丞总领尚书省六部事务。左丞领吏、户、礼三部。 [29]李琪（870—930）：字台秀，博学多才，官至后梁宰相。著有《金门集》十卷，传见《旧五代史》卷五十八。 [30]疏俊：疏阔、俊逸。 [31]颇通贿赂：大肆接纳贿赂。 [32]萧顷（约860—930）：字子澄，京兆万年（今西安市）人，官至后梁宰相。传见《旧五代史》卷五十八。 [33]顷谨密而阴伺琪短：萧顷表面谨慎周到地与李琪周旋，而暗中调查他的短处。 [34]摄官：试用官，见习官。 [35]求仕：要求改为实授官。 [36]左右：通“佐佑”，即袒护，包庇。 [37]河中：方镇名。唐肃宗至德二年（757）置，治所蒲坂，在今山西永济市。 [38]友谦（?—926）：字德光，许州（今河南许昌市）人。本名简，先从朱温，后归李存勖，官至后唐河中节度使。同光四年（926），因谗被杀。传见《旧五代

史》卷六十三。同州，州名。治所武乡，在今陕西大荔县。［39］忠武：方镇名。唐德宗贞元十年(794)陈许节度赐号忠武军节度使，治所同州。［40］表求节钺：上表请求节度使的符节、仪仗。［41］己酉：四月十七日。［42］墨制：不遵正常制度而由皇帝直接颁下的敕书。不经中书省盖印。用斜封交中书省执行。

吴宣王重厚恭恪[1]，徐温父子专政，王未尝有不平之意形于言色，温以是安之[2]。及建国称制，尤非所乐[3]，多沈饮鲜食[4]，遂成寝疾[5]。

五月，温自金陵入朝，议当为嗣者。或希[6]温意言曰："蜀先主谓武侯：'嗣子不才，君宜自取。'"温正色[7]曰："吾果有意取之，当在诛张颢[8]之初，岂至今日邪！使杨氏无男，有女亦当立之。敢妄言者斩！"乃以王命迎丹杨公溥[9]监国[10]，徙[11]溥兄濛为舒州团练使。

己丑[12]，宣王殂。六月，戊申[13]，溥即吴王位。尊母王氏[14]曰太妃。

丁巳[15]，蜀以司徒兼门下侍郎、同平章事周庠同平章事，充永平[16]节度使。

帝以泰宁节度使刘鄩为河东道招讨使，帅感化节度使尹皓、静胜[17]节度使温昭图[18]、庄宅使段凝[19]攻同州。

闰月，庚申朔[20]，蜀主作高祖原庙[21]于万里桥[22]，帅[23]后妃、百官用亵味[24]作鼓吹祭之。华阳[25]尉张士乔上疏谏，以为非礼，蜀主怒，欲诛之，太后以为不可，乃削官流[26]黎州，士乔感愤[27]，赴水[28]死。

刘鄩等围同州，朱友谦求救于晋；秋，七月，晋王遣李存审、李嗣昭、李建及、慈州刺史李存质将兵救之。

乙卯[29]，蜀主下诏北巡，以礼部尚书[30]兼成都尹长安韩昭为文思殿大学士，位在翰林承旨上。昭无文学[31]，以便佞得幸[32]，出入宫禁，就蜀主[33]乞通、渠、巴、集数州刺史卖之以营居第，蜀主许之。识者[34]知蜀之将亡。

八月，戊辰[35]，蜀主发[36]成都，被金甲，冠珠帽，执弓矢而行，旌旗兵甲，亘[37]百余里。雒令[38]段融[39]上言："不宜远离都邑，当委大臣征讨。"不从。九月，次[40]安远城[41]。

（以上为第三段，写吴国徐温忠于旧主，立杨溥即吴王位。蜀主王衍亲任小人，荒于政务。）

【注释】

[1]重厚恭恪：厚道谨慎。[2]安之：安心，放心。[3]乐：喜欢。[4]沈饮鲜食：沉缅于酒而很少吃饭食，即借酒浇愁，压抑心中不平。沈，同"沉"。鲜，少。[5]寝疾：卧病在床。[6]希：迎合。[7]正色：神气严肃。[8]诛张颢：事见《资治通鉴》卷二百六十九梁太祖开平二年。[9]丹杨公溥：杨行密第四子杨溥，封丹杨公。[10]监国：君主外出、卧病时，由太子或兄弟代行国事称监国。[11]徙：迁。徙杨濛提州团练使为舒州团练使。[12]己丑：五月二十八日。[13]戊申：六月十八日。[14]王氏（?—928）：吴王杨溥生母。传见《十国春秋》卷四。[15]丁巳：六月二十七日。[16]永平：方镇名。唐僖宗文德元年（888）置。治所邛州。蜀以雅州为永平节度，治所雅州，在今四川雅安市。[17]静胜：方镇名。唐哀帝天祐三年（906）置义胜军，后梁改静胜军，治所耀州，在今陕西铜川市耀州区。[18]温昭图：即温韬。[19]段凝（?—927）：开封（今河南开封市）人。本名明远。后梁大将，降后唐，为明宗所杀。传见《旧五代史》卷七十三。[20]庚申朔：闰六月一日。[21]原庙：已立太庙而再立庙叫原庙。原庙起于汉代。原，再也。[22]万里桥：地名，在成都市。[23]帅：同"率"，带领。[24]亵味：常吃的时鲜食物。[25]华阳：县名，在今成都市双流区。[26]流：古代刑罚名，把罪人放逐到远方服劳役，俗称充军。[27]感愤：感慨而激愤。[28]赴水：投水。[29]乙卯：七月二十六日。[30]礼部尚书：礼部长官，掌典章法度、典礼、祭祀、学校、科举和接待四方宾客等事。韩昭（?—925）字德华，长安（今陕西西安市）人，蜀后主狎客，传见《十国春秋》卷四十六；[31]无文学：没有学问。[32]便佞得幸：用花言巧语谄媚奉承而得到宠信。[33]就蜀主：意谓向蜀主请求用出卖通、渠、巴、集等数州刺史的钱来建造住宅。[34]识者：有见识的人。[35]戊辰：八月十日。[36]发：出发，启程。[37]亘：连绵不断。[38]雒令：雒县县令。雒：古县名，县治在今四川广汉北。[39]段融：雒县令，治县多惠政，传见《十国春秋》卷四十三。[40]次：停留。[41]安远城：北宋天禧二年（1018）在秦州西北置安远镇。蜀主所幸安远城，疑即秦州。州治所成纪，因部署伐岐而取佳名。成纪在今甘肃秦安县西北。

李存审等至河中，即日济河[1]。梁人素轻河中兵，每战必穷追不置[2]。存审选精甲二百，杂河中兵，直压刘鄩垒，鄩出千骑逐之；知晋人已至[3]，大惊，自是不敢轻出。晋人军于朝邑[4]。

河中事[5]梁久，将士皆持两端[6]。诸军大集，刍粟踊贵[7]，友谦诸子说[8]友谦且归款[9]于梁，以退其师，友谦曰："昔晋王亲赴吾急，秉烛夜战。今方与梁相拒，又命将星行[10]，分我资粮，岂可负邪！"

晋人分兵攻华州[11]，坏其外城。李存审等按兵累旬[12]，乃进逼刘鄩营，鄩等悉众出战，大败，收余众退保罗文寨[13]。又旬余，存审谓李嗣昭曰："兽穷则搏[14]，不如开其走路，然后击之。"乃遣人牧马于沙苑[15]。鄩等宵遁[16]，追击至渭水，又破之，杀获甚众。存审等移檄[17]告谕关右[18]，引兵略地[19]至下邽[20]，谒唐帝陵[21]，哭之而还。

河中兵进攻崇州[22]，静胜[23]节度使温昭图甚惧。帝使供奉官[24]窦维说之曰："公所有者华原[25]、美原[26]两县耳，虽名节度使，实一镇将[27]，比之雄藩，岂可同日语也，公有意欲之乎？"昭图曰："然。"维曰："当为公图之。"即教昭图表求移镇[28]，帝以汝州[29]防御使华温琪[30]权知静胜留后。

（以上为第四段，写冀王朱友谦叛梁附晋，梁国势益衰。）

【注释】

[1]济河：渡河。 [2]穷追不置：尽力追赶而不停止。 [3]知晋人已至：当时刘鄩兵出逐河中兵，晋骑兵突出反击，俘获梁骑兵，刘鄩知晋军已至。 [4]军于朝邑：军，驻扎。朝邑，县名。县治在今陕西大荔县东。 [5]事：侍奉，服侍。 [6]持两端：在事梁和事唐上摇摆不定。 [7]刍粟踊贵：马料和粮食价格飞涨。 [8]说（shuì）：劝说。 [9]归款：归顺、归附。[10]命将星行：命令大将连夜赶来救援。 [11]华州：州名，治所华山，在今陕西渭南市华州区，历来为关中军事重地。 [12]累旬：数旬。 [13]罗文寨：地名，在华州。 [14]兽穷则搏：野兽被追到穷途末路，就要拼死搏斗，以求生存。 [15]沙苑：地名，在陕西大荔县南，接旧朝邑县界。宜放牧。 [16]宵遁：乘夜逃跑。 [17]移檄：张贴声讨文告。 [18]关右：古地区名，即关西。指函谷关以西地区，今陕、甘二省。 [19]略地：攻占敌方土地。 [20]下邽：古县名，县治在今陕西渭南市东北。 [21]唐帝陵：在同州奉先县，即今陕西乾县。 [22]崇州：州名，五代梁改耀州为崇州，治所在今陕西铜川市耀州区。 [23]静胜：方镇名，唐哀帝天祐三年（906）置义胜军节度使，领耀、鼎二州。后梁改义胜为静胜，改耀州为崇州，治所在今陕西铜川市耀州区。 [24]供奉官：在皇帝左右供职的人的称呼。 [25]华原：县名，故城在今陕西铜川市耀州区东南。 [26]美原：县名，古城在今陕西富平县东北。 [27]镇将：镇守一地的将领。 [28]表求移镇：上表皇帝请求调动驻防地。 [29]汝州：州名。治所梁县，在今河南汝州。

[30]华温琪（862—936）：字德润，宋州下邑（今安徽砀山县）人，传见《旧五代史》卷九十。

冬，十月，辛酉[1]，蜀主如[2]武定军，数日，复还安远。

十一月，戊子朔[3]，蜀主以兼侍中王宗俦[4]为山南[5]节度使、西北面都招讨、行营安抚使，天雄节度使·同平章事王宗昱[6]、永宁军使[7]王宗晏[8]、左神勇军使[9]王宗信[10]为三招讨以副之，将兵伐岐[11]，出故关[12]，壁于咸宜[13]，入良原[14]。丁酉[15]，王宗俦攻陇州，岐王自将万五千人屯汧阳[16]。癸卯[17]，蜀将陈彦威出散关[18]，败岐兵于箭筈岭[19]，蜀兵食尽，引还。宗昱屯泰州[20]，宗俦屯上邽[21]，宗晏、宗信屯威武城[22]。

庚戌[23]，蜀主发安远城[24]，十二月，庚申[25]，至利州，阆州[26]团练使林思谔[27]来朝，请幸所治，从之。癸亥[28]，泛江[29]而下，龙舟画舸[30]，辉映江渚[31]，州县供办[32]，民始愁怨。壬申[33]，至阆州，州民何康女色美，将嫁，蜀主取之，赐其夫家帛百匹，夫一恸[34]而卒。癸未[35]，至梓州[36]。

（以上为第五段，写蜀主王衍轻启边衅伐岐，又骄奢淫逸，军民怨愤。）

【注释】

[1]辛酉：十月三日。[2]如：到。[3]戊子朔：十一月一日。[4]王宗俦（?—924）：传见《十国春秋》卷三十九。[5]山南：方镇名。唐肃宗至德元年（756）置山南西道防御守捉使。唐代宗广德元年（763）升为节度使。前蜀王建置山南节度使，治所兴元，在今汉中市东。[6]王宗昱：王建假子，传见《十国春秋》卷三十九。[7]永宁军使：禁卫军军官。[8]王宗晏：王建养子，传见《十国春秋》卷三十九。[9]左神勇军使：禁卫军军官。[10]王宗信：王建假子，传见《十国春秋》卷三十九。[11]伐岐：攻讨岐王李茂贞。岐，岐州。治所在今陕西宝鸡市凤翔区。[12]故关：关名。即安戎关，在今陕西陇县西，时属陇州汧源县。[13]壁于咸宜：在咸宜筑壁垒以屯军。咸宜，地名，在故关北汧源县界。[14]良原：县名，故城在今甘肃灵台县西北。[15]丁酉：十一月十日。[16]汧阳：县名，县治在今陕西千阳县西。[17]癸卯：十一月十六日。[18]散关：关名，亦称大散关、崤谷。在今陕西宝鸡市西南。[19]箭筈（kuò）岭：即岐山。因其山两岐，故俗称箭筈岭。在今陕西岐山县。[20]泰州：据章校，“泰”作“秦”，泰州为秦州之误。秦州治所成纪，在今甘肃秦安县西北。[21]上邽：古县名，在今甘肃天水市。[22]威武城：军镇名。在凤州境内。[23]庚戌：十一月二十三日。[24]蜀主发

安远城：蜀主八月幸安远城，因伐岐兵食尽退还，蜀主出发还成都。［25］庚申：十二月三日。［26］阆州：州名，治所阆中，在今四川阆中市。［27］林思谔：官至蜀昭武军节度使，谄媚逢迎，后降后唐，传见《十国春秋》卷四十三。［28］癸亥：十二月六日。［29］泛江：沿着嘉陵江。［30］舸：大船。［31］江渚：指江水和沙洲。渚，水中的小块陆地。［32］州县供办：指后蜀主巡游经过的州县要供应置办所需饮食器用。［33］壬申：十二月十五日。［34］恸（tòng）：大哭，哀痛之至。［35］癸未：十二月二十六日。［36］梓州：治所郪县，在今四川三台县。

赵王镕自恃累世[1]镇成德，得赵人心，生长富贵，雍容自逸[2]，治府第园沼，极一时之盛，多事嬉游，不亲政事，事皆仰成[3]于僚佐，深居府第，权移左右[4]，行军司马[5]李蔼、宦者李弘规用事于中外，宦者石希蒙尤以谄谀得幸。

初，刘仁恭使牙将[6]张文礼[7]从其子守文镇沧州，守文诣幽州省其父，文礼于后据城作乱，沧人讨之，奔镇州。文礼好夸诞[8]，自言知兵，赵王镕奇之，养以为子，更名德明，悉以军事委之。德明将行营兵从晋王，镕欲寄以腹心，使都指挥使符习[9]代还，以为防城使。

镕晚年好事佛及求仙，专讲佛经，受符箓[10]，广斋醮[11]，合炼仙丹，盛饰馆宇于西山[12]，每往游之，登山临水，数月方归，将佐士卒陪从者常不下万人，往来供顿[13]，军民皆苦之。是月，自西山还，宿鹘营庄[14]，石希蒙劝王复之他所[15]；李弘规言于王曰："晋王夹河血战；栉风沐雨[16]，亲冒矢石，而王专以供军之资[17]奉不急之费。且时方艰难，人心难测，王久虚府第，远出游从，万一有奸人为变，闭关相距，将若之何？"王将归，希蒙密言于王曰："弘规妄生猜间[18]，出不逊语以劫胁王，专欲夸大于外，长威福[19]耳。"王遂留，信宿[20]无归志。弘规乃教内牙都将[21]苏汉衡帅亲军，擐甲拔刃[22]，诣帐前白王曰："士卒暴露已久，愿从王归！"弘规因进言曰："石希蒙劝王游从不已，且闻欲阴谋弑逆，请诛之以谢众。"王不听，牙兵遂大噪，斩希蒙首，诉于前。王怒且惧，亟归府。是夕，遣其长子副大使昭祚与王德明将兵围弘规及李蔼之第，族诛之，连坐者数十家，又杀苏汉衡，收其党与[23]，穷治反状，亲军大恐。

（以上为第六段，写成德赵王镕骄奢纵欲，亲佞滥杀。）

【注释】

[1]累世：数代。［2］雍容自逸：仪表从容大方而自得其乐。［3］仰成：依赖下属来完成。［4］权移左右：权力落在近臣手中。［5］行军司马：节度使副职，职掌军政，权任甚重。[6]牙将：即衙将，节度府亲军将领。［7］张文礼（?—921）：河北人，王镕赐姓名为王德明，传见《旧五代史》卷六十二。［8］夸诞：说大话荒诞不经，俗谓吹牛皮。［9］符习：赵州昭庆，（今河北隆尧）县人，官至后唐汴州节度使，传见《旧五代史》卷五十九。［10］符箓（lù）：道士用来驱鬼召神或治病延年的秘密文书。［11］斋醮（jiào）：道教设坛祭祷的一种仪式。［12］西山：河北镇州（今河北正定县）西房山，上有西王母祠。［13］供顿：供应食宿及行旅所需之物。[14]鹘营庄：村庄名。［15］复之他所：再到其他胜景地游乐。［16］栉(zhì)风沐雨：以风梳发，以雨洗头，形容征战奔波辛苦。［17］供军之资：供应军队作战的费用。［18］妄生猜间：没有根据地猜疑。［19］长威福：树立自己的威信。［20］信宿：连宿两夜。［21］内牙都将：节度使衙内统领亲军将领。［22］擐(huàn)甲拔刃：穿好盔甲，拔出利刃。即全副武装。［23］党与：与，同“羽”，即党羽、同党。

吴金陵城成，陈彦谦上费用册籍，徐温曰：“吾既任公，不复会计[1]。”悉焚之。

初，闽王审知[2]承制加其从子泉州刺史延彬领平卢节度使。延彬[3]治泉州十七年[4]，吏民安之。会得白鹿及紫芝，僧浩源以为王者之符，延彬由是骄纵，密遣使浮海入贡[5]，求为泉州节度使。事觉，审知诛浩源及其党，黜延彬归私第。

汉主岩遣使通好于蜀。

吴越王镠遣使为其子传琇[6]求婚于楚，楚王殷[7]许之。

（以上为第七段，写南方吴、闽、南汉、吴越诸国事务。）

【注释】

[1]会计：记账核算。［2］闽王审知：五代时闽国的建立者。公元909至925年在位。传见《十国春秋》卷九十四。［3］延彬：王审邽长子，工诗歌，善与海商贸易，时人称之为“招宝侍郎”。传见《十国春秋》卷九十四。［4］十七年：《十国春秋）作二十六年。［5］浮海入贡：从海道北上向后梁朝贡。［6］传琇：钱镠第十四子，封新安侯。传见《十国春秋》卷八十三。［7］楚王殷：马殷，五代时楚国的建立者，后梁开平元年（907）封为楚王。公元907至930年在位。传见《十国春秋》卷六十七。

龙德元年（辛巳，921 年）

春，正月，甲午[1]，蜀主还成都。

初，蜀主之为太子，高祖为聘兵部尚书高知言女为妃，无宠，及韦妃[2]入宫，尤见疏薄，至是遣还家，知言惊仆，不食而卒。韦妃者，徐耕之孙也，有殊色，蜀主适徐氏，见而悦之，太后因纳于后宫，蜀主不欲娶于母族，托云韦昭度[3]之孙。初为婕妤，累加元妃。

蜀主常列锦步障[4]，击球其中，往往远适而外人不知。爇[5]诸香，昼夜不绝。久而厌之，更爇皂荚[6]以乱[7]其气。结缯[8]为山，及宫殿楼观于其上，或为风雨所败，则更以新者易之。或乐饮缯山，涉旬不下。山前穿渠通禁中，或乘船夜归，令宫女秉蜡炬千余居前船，却立[9]照之，水面如昼。或酣饮禁中，鼓吹沸腾，以至达旦。以是为常。

甲辰[10]，徙静胜节度使温昭图为匡国节度使，镇许昌[11]。昭图素[12]事赵岩，故得名藩[13]。

蜀主、吴主屡以书劝晋王称帝，晋王以书示僚佐曰："昔王太师[14]亦尝遗先王[15]书，劝以唐室已亡，宜自帝一方。先王语余云：'昔天子幸石门[16]，吾发兵诛贼臣，当是之时，威振天下，吾若挟天子据关中，自作九锡禅文[17]，谁能禁我！顾吾家世忠孝，立功帝室，誓死不为耳。汝他日当务以复唐社稷为心，慎勿效此曹[18]所为！'言犹在耳，此议非所敢闻也。"因泣。

（以上为第八段，写蜀主荒淫不成体统。）

【注释】

[1]甲午：正月七日。[2]韦妃：唐眉州刺史徐耕孙女，入宫为婕妤，累封至元妃。传见《十国春秋》卷三十八。[3]韦昭度：历仕僖宗、昭宗两朝的宰相。曾从僖宗幸蜀；昭宗即位，又为行营招讨伐蜀陈敬瑄。故徐氏女托言之。[4]锦步障：用锦缎制成的，用以遮蔽风尘或视线的一种屏幕。[5]爇（ruò）：焚烧。[6]皂荚：其形如猪牙者最良，气味酷烈。燃皂荚用以调节燃香的气味。[7]乱：混合，调节。[8]缯：丝织品。[9]却立：退立。即背对前进方向，照亮后面王乘坐的船。[10]甲辰：正月十七日。[11]许昌：古县名。县治在今河南许昌市东。[12]素：一向。[13]名藩：即大藩，强藩，此指匡国节度使。温昭图原为静胜节度使，只领华原、美原两县，为梁之边镇，因陷事赵岩得移镇匡国节度使，领河南许、陈、汝三州，故为名

藩。[14]王太师：指蜀主王建。[15]先王：指李克用。[16]石门：地名。在四川巴中市北。[17]九锡禅文：九锡，古代帝王赐给有大功或有权势的诸侯、大臣的九种物品，即车马、衣服、乐则、朱户、纳陛，虎贲、弓矢、斧钺、秬鬯。禅文，禅位的文告。[18]此曹：他们，指篡逆者。

既而将佐及藩镇劝进不已，乃令有司市玉造法物[1]。黄巢之破长安也，魏州僧传真[2]之师得传国宝，藏之四十年，至是，传真以为常玉，将鬻之[3]，或识之[4]，曰："传国宝也。"传真乃诣行台[5]献之，将佐皆奉觞称贺。

张承业在晋阳闻之，诣魏州谏曰："吾王世世忠于唐室，救其患难，所以老奴三十余年为王捃拾[6]财赋，召补兵马，誓灭逆贼，复本朝[7]宗社耳。今河北甫定[8]，朱氏尚存，而王遽[9]即大位，殊非从来[10]征伐之意，天下其谁不解体乎！王何不先灭朱氏，复列圣[11]之深仇，然后求唐后而立之，南取吴，西取蜀，汛扫[12]宇内，合为一家，当是之时，虽使高祖、太宗复生，谁敢居王上者？让之愈久则得之愈坚矣。老奴之志无他：但以受先王大恩，欲为王立万年之基[13]耳。"王曰："此非余所愿，奈群下意何。"承业知不可止，恸哭曰："诸侯血战，本为唐家，今王自取之，误老奴矣！"即归晋王[14]邑，成疾，不复起。

（以上为第九段，写晋王李存勖谋称帝。）

【注释】

[1]法物：指传国八宝等。[2]传真：魏州开元寺和尚。[3]将鬻之：将要卖掉它。[4]或识之：有人认识它是传国宝玺。[5]行台：临时设置，代表中央政府的机构叫行台。这里指晋王为尚书令，置行台于魏州。[6]捃（jùn）拾：拾取、收集。[7]本朝：指唐朝。[8]甫定：刚刚平定。[9]遽：骤然。[10]从来：一贯以来。[11]列圣：指唐王。[12]汛扫：扫除、清除。[13]万年之基：长久而不可动摇的基业。[14]晋王：据章校，"王"作"阳"。指张承业从魏州行台回到晋阳邑。

二月，吴改元顺义[1]。

赵王既杀李弘规、李蔼，委政于其子昭祚[2]。昭祚性骄愎[3]，既得大权，向时[4]附弘规者皆族之。弘规部兵五百人欲逃，聚泣偶语[5]，未知所之[6]。会诸军有给赐，赵王忿[7]亲军之杀石希蒙，独不时与[8]，众益惧。王德明[9]素蓄异志，因其惧而激之曰："王命我尽坑尔曹。吾念尔曹无罪并命[10]，欲从王命则不忍，不然又获罪于王，奈何？"众皆感泣[11]。

是夕[12]，亲军有宿于潭城西门者，相与饮酒而谋之。酒酣，其中骁健者曰："吾曹识[13]王太保[14]意，今夕富贵决矣！"即逾城入。赵王方焚香受箓[15]，二人断其首而出，因焚府第。军校张友顺帅众诣德明第，请为留后，德明复姓名曰张文礼，尽灭王氏之族，独置昭祚之妻普宁公主[16]以自托[17]于梁。

三月，吴人归吴越王镠从弟龙武统军[18]镒[19]于钱唐，镠亦归吴将李涛于广陵。徐温以涛为右雄武统军[20]，镠以镒为镇海节度副使。

张文礼遣使告乱[21]于晋王，且奉笺劝进，因求节钺[22]。晋王方置酒作乐，闻之，投杯悲泣，欲讨之。僚佐以为文礼罪诚大，然吾方与梁争，不可更立敌于肘腋[23]，宜且从其请以安之。王不得已，夏，四月，遣节度判官卢质[24]承制授文礼成德留后。

陈州[25]刺史惠王友能[26]反，举兵趣大梁，诏陕州[27]留后霍彦威、宣义节度使王彦章、控鹤指挥使[28]张汉杰[29]将兵讨之，友能至陈留[30]，兵败，走还陈州[31]；诸军围之。

五月，丙戌朔[32]，改元[33]。

初，刘鄩与朱友谦为婚。鄩之受诏讨友谦也，至陕州，先遣使移书，谕以祸福[34]；待之月余，友谦不从，然后进兵。尹皓、段凝素忌鄩，因谮[35]之于帝曰："鄩逗留养寇，俾俟援兵[36]。"帝信之。鄩既败归，以疾请解兵柄，诏听于西都[37]就医，密令留守张宗奭鸩之[38]，丁亥[39]，卒。

六月，乙卯朔[40]，日有食之。

秋，七月，惠王友能降；庚子[41]，诏赦其死，降封房陵侯。

晋王既许藩镇之请，求唐旧臣，欲以备[42]百官。朱友谦遣前礼部尚书苏循诣行台，循至魏州，入牙城，望府廨即拜，谓之拜殿。见王呼万岁舞蹈，泣而称臣。翌日，又献大笔三十枚，谓之“画日笔[43]”。王大喜，即命循以本官为河东节度副使，张承业深恶之。

张文礼虽受晋命[44]，内不自安[45]，复遣间使因卢文进求援于契丹；又遣间使来告曰：“王氏为乱兵所屠，公主无恙[46]。今臣已北召契丹，乞朝廷发精甲[47]万人相助，自德、棣[48]渡河，则晋人遁逃不暇[49]矣。”帝疑未决。敬翔曰：“陛下不乘此衅[50]以复河北，则晋人不可复破矣。宜徇[51]其请，不可失也。”赵、张辈[52]皆曰：“今强寇近在河上，尽吾兵力以拒之，犹惧不支，何暇[53]分万人以救张文礼乎！且文礼坐持两端[54]，欲以自固，于我何利焉！”帝乃止。

（以上为第十段，写张文礼杀赵王镕，叛晋附梁，梁末帝不趁机取河北，又忌杀良将刘鄩，再次自毁长城，梁之亡不可救药。）

【注释】

[1]顺义：吴杨溥第二个年号。[2]昭祚（?—921）：王镕之子，娶朱温之女，为张文礼所杀。传附《旧五代史》卷五十四。[3]骄愎（bì）：骄纵而执拗。[4]向时：过去、从前。[5]聚泣偶语：在一起哭泣，相对私语。[6]未知所之：不知道到哪里去才好。[7]忿：恼怒。[8]时与：按规定给予赏赐。[9]王德明：即张文礼。因其为王镕义子而改姓名为王德明。[10]并命：指一时均处死。[11]感泣：内心感激而流下热泪。[12]是夕：当晚。[13]识：知道，理解。指鼓励他们作乱。[14]王太保：指王德明。[15]受箓：接受道教的符箓。[16]普宁公主：后梁太祖朱温之女，嫁王昭祚。[17]自托：使自己立足。[18]龙武统军：官名。吴越国禁卫军统领官。[19]镒：钱镒，钱镠堂弟，官镇海军节度副使。传见《十国春秋》卷八十三。[20]右雄武统军：官名，吴禁卫军统兵官。[21]告乱：报告亲军作乱的情况。[22]节钺：符节和斧钺。节度使权力的标志。[23]肘腋：身体的一部分，比喻内部的某一方面。[24]卢质（871—942）：字子征，河南人，官至右仆射。传见《旧五代史》卷九十三。[25]陈州：州名，治所宛丘，在今河南周口市淮阳区。[26]友能：朱友能，朱全昱子。传见《旧五代史》卷十二。[27]陕州：州名。治所陕县，在今河南三门峡市陕州区。[28]控鹤指挥使：官名，禁卫军统领官。[29]张汉杰：张归霸子，传附《旧五代史》卷十六。[30]陈留：旧县名，在今河南开封市。[31]走还陈州：指朱友能从陈留逃回陈州。走，逃跑。[32]丙戌朔：五月一日。[33]改元：后梁末帝朱瑱改元龙德，为第三个年号。[34]谕以祸福：将叛乱的利害关系告诉他，希望他归降。[35]谮：进谗言挑拨离间。尹皓、段凝与刘鄩同攻朱友谦，尹、段二人忌刘鄩之能，刘鄩遇晋兵又打了败仗，于是两人进谗言。[36]俾俟援兵：使朱友谦有时间等待援兵。援兵，指晋军。[37]西都：洛阳。[38]鸩（zhèn）之：用毒酒害死他。[39]丁亥：

五月二日。［40］乙卯朔：六月一日。［41］庚子：七月十七日。［42］备：备位。［43］画日笔：唐制敕皆天子画日，其笔称“画日笔”。苏循迎合李存勖称帝心理。［44］受晋命：接受晋王的任命。［45］内不自安：心里内疚而惶恐不安。［46］无恙：平安。［47］精甲：精兵。甲，指代兵。［48］德、棣：州名。德州，治所在今山东德州市，棣州，治所在今山东惠民县东南。［49］不暇：没有空余的时间。［50］衅：破绽、间隙。［51］徇：顺从。［52］赵、张辈：指赵岩、张汉伦等末帝的幸臣。［53］何暇：哪有空余时间。［54］坐持两端：脚踏两只船，持观望态度。

晋人屡于塞上及河津获文礼蜡丸绢书[1]，晋王皆遣使归之，文礼惭惧[2]。文礼忌赵故将，多所诛灭。符习将赵兵万人从晋王在德胜，文礼请召归，以他将代之，且以习子蒙为都督府参军[3]。遣人赍钱帛劳行营将士以悦之。习见晋王，泣涕请留，晋王曰：“吾与赵王同盟讨贼，义犹骨肉，不意一旦祸生肘腋，吾诚痛之。汝苟不忘旧君，能为之复仇乎？吾以兵粮助汝。”习与部将三十余人举身投地[4]恸哭曰；“故使[5]授习等剑，使之攘除寇敌。自闻变故以来，冤愤无诉，欲引剑自刭[6]，顾[7]无益于死者。今大王念故使辅佐之勤[8]，许之复冤，习等不敢烦霸府[9]之兵，愿以所部径前搏取凶竖[10]，以报王氏累世之恩，死不恨矣！”

八月，庚申[11]，晋王以习为成德[12]留后，又命天平节度使阎宝、相州刺史史建瑭[13]将兵助之，自邢洺而北。文礼先病腹疽；甲子[14]，晋兵拔赵州[15]，刺史王铤降[16]，晋王复以为刺史，文礼闻之，惊惧而卒。其子处瑾[17]秘不发丧，与其党韩正时谋悉力拒晋。九月，晋兵渡滹沱[18]，围镇州，决漕渠以灌之，获其深州刺史张友顺。壬辰[19]，史建瑭中流矢卒。

晋王欲自分兵攻镇州，北面招讨使戴思远[20]闻之，谋悉杨村之众袭德胜北城，晋王得梁降者，知之。冬，十月，己未[21]，晋王命李嗣源伏兵于戚城[22]，李存审屯德胜，先以骑兵诱之，伪示羸怯[23]。梁兵竞进，晋王严中军以待之；梁兵至；晋王以铁骑三千奋击，梁兵大败，思远走趣杨村，士卒为晋兵所杀伤及自相蹈藉、坠河陷冰，失亡二万余人。晋王以李嗣源为蕃汉内外马步副总管、同平章事。

初，义武[24]节度使兼中书令王处直未有子，妖人李应之得小儿刘云郎于陉邑[25]，以遗处直曰："是儿有贵相。"使养为子，名之曰都[26]。及壮，便佞多诈[27]，处直爱之，置新军，使典[28]之。处直有孽子郁[29]，无宠，奔晋，晋王克用以女妻之，累迁至新州[30]团练使。余子皆幼；处直以都为节度副大使，欲以为嗣。

及晋王存勖讨张文礼，处直以平日镇、定相为唇齿，恐镇亡而定孤，固谏，以为方御梁寇，宜且赦文礼。晋王答以文礼弑君，义不可赦；又潜引梁兵，恐于易、定[31]亦不利。处直患之，以新州地邻契丹，乃潜遣人语郁，使赂契丹，召令犯塞，务以解镇州之围，其将佐多谏，不听。郁素疾都冒继其宗，乃邀[32]处直求为嗣，处直许之。

军府[33]之人皆不欲召契丹，都亦虑郁夺其处，乃阴与书吏和昭训谋劫[34]处直。会处直与张文礼宴于城东[35]，暮归，都以新军数百伏于府第，大噪劫之，曰："将士不欲以城召契丹，请令公[36]归西第。"乃并其妻妾幽之西第[37]。尽杀处直子孙在中山及将佐之为处直腹心者。都自为留后，具以状白晋王[38]；晋王因以都代处直。

（以上为第十一段，写晋王兵伐张文礼，义武节度使王处直招引契丹以援张文礼，为部属所废。）

【注释】

[1]蜡丸绢书：用绢帛书写、蜡固封成丸的密信。[2]惭惧：惭愧而害怕。[3]都督府参军：官名。都督府的属官，参谋军务。[4]举身投地：起身拜伏于地。投地，跪拜在地上。[5]故使：原镇州武顺军节度使，指王镕。因其已死，所以称故使。[6]自刭：自杀。[7]顾：转而一想。[8]辅佐之勤：指王镕派兵协助李存勖。[9]霸府：指李存勖在魏州行台。[10]凶竖：凶恶的家伙，指张文礼。[11]庚申：八月七日。[12]成德：方镇名。即张文礼所据恒州武顺军节度。唐代宗宝应元年（762）置成德军节度使，治所恒州。因避朱全忠父朱诚讳而改名武顺节度，今复其旧名。[13]史建瑭（876—921）：字国宝，雁门（今山西代县）人。以父荫任军职，积功至相州刺史。传见《旧五代史》卷五十五。[14]甲子：八月十一日。[15]赵州：州名，为成德节度巡属。治所平棘，在今河北赵县。[16]王铤（chán）：后唐赵州刺史。[17]处瑾（?—922）：张文礼长子。传附《旧五代史》卷六十二。[18]滹（hū）沱：滹沱河，在今河北西部。[19]壬辰：九月十日。[20]戴思远（?—935）：初事后梁朱温，以武勇知名。累迁天平军节度使。后降后唐，授洋州节度使。传见《旧五代史》卷六十四。[21]己未：十月七日。[22]戚城：在今河南濮阳市西。[23]羸（léi）怯：瘦弱懦怯。此指胆怯。[24]义武：方镇名。唐德宗建中三

年（782）置义武军，治所定州。在今河北定州市。［25］陉（xíng）邑：西汉苦陉县，唐改陉邑县，属定州。在今河北无极县东北。［26］都：王都，本姓刘，小字云郎。为王处直养子，夺处直位。传见《旧五代史》卷五十四。［27］便佞多诈：善以言辞取媚于人，奸诈狡猾。［28］典：统率。［29］郁：王郁，王处直妾所生子。胡三省曰："王郁虽不能解镇州之围，而亦能为契丹乡导以寇晋。"［30］新州：州名。治所在今河北涿鹿县。［31］易、定：易州和定州。［32］邀：要挟。［33］军府：王处直义武军节度使府。［34］劫：劫持。［35］会处直与张文礼宴于城东：张文礼已被晋军围困，不可能至定州与王处直宴会，与宴者大概是张文礼的使者，故"文礼"之下当有"使者"二字。据章校，十二行本有"使者"二字。［36］令公：指称王处直。［37］幽之西第：囚禁在西边的宅子里。官府房舍以东为上，西边则为养闲之地。幽，囚禁。［38］具以状白晋王：将详细的情况写成申状告诉李存勖。白，告诉。

吴徐温劝吴王祀南郊[1]，或曰[2]："礼乐未备[3]；且唐祀南郊，其费巨万，今未能办也。"温曰："安有[4]王者[5]而不事天乎！吾闻事天贵诚[6]，多费何为[7]！唐每郊祀，启南门，灌其枢[8]用脂百斛[9]。此乃季世[10]奢泰之弊[11]，又安足法乎[12]！"甲子[13]，吴王祀南郊，配以太祖[14]。乙丑[15]，大赦；加徐知诰同平章事，领江州观察使。寻以江州为奉化军[16]，以知诰领节度使。

徐温闻寿州团练使崔太初[17]苛察[18]失民心，欲征[19]之，徐知诰曰："寿州边隅[20]大镇，征之恐为变，不若使之入朝，因留之。"温怒曰："一崔太初不能制，如他人何！"征为右雄武大将军。

十一月，晋王使李存审、李嗣源守德胜，自将兵攻镇州。张处瑾遣其弟处琪[21]、幕僚齐俭谢罪请服，晋王不许，尽锐攻之[22]，旬日不克。处瑾使韩正时将千骑突围出，趣[23]定州，欲求救于王处直，晋兵追至行唐，斩之。

契丹主既许卢文进出兵，王郁又说之曰："镇州美女如云，金帛如山，天皇王速往，则皆己物也，不然，为晋王所有矣。"契丹主以为然，悉发所有之众而南。述律后谏曰："吾有西楼羊马之富，其乐不可胜穷[24]也，何必劳师远出以乘危徼利[25]乎！吾闻晋王用兵，天下莫敌，脱有危败[26]，悔之何及！"契丹主不听。十二月，辛未[27]，攻幽州[28]，李绍宏[29]婴城自守[30]。契丹长驱而南，围涿州[31]，旬日拔之，擒刺史李嗣弼，进攻定州。王都告急于晋，晋王自镇州将亲军五千救之，遣神武都指挥使[32]王思同将兵戍狼山[33]之南以拒之。

高季昌遣都指挥使倪可福[34]以卒万人修江陵外郭，季昌行视，责功程之慢，杖之。季昌女为可福子知进妇，季昌谓其女曰："归语汝舅[35]：吾欲威[36]众办事耳。"以白金数百两遗之。

是岁，汉以尚书左丞倪曙[37]同平章事。

辰、溆蛮[38]侵楚，楚宁远[39]节度副使姚彦章[40]讨平之。

（以上为第十二段，写吴祀南郊，契丹南侵河北。）

【注释】

[1]祀南郊：在都城南面郊区行祭天大礼。 [2]或曰：有人说。 [3]礼乐未备：祭天的法物、仪仗等礼器还没有准备好。 [4]安有：哪有、岂有。 [5]王者：称王的人。 [6]事天贵诚：祭天重在至诚，不在于排场。 [7]多费何为：多花费有什么意思呢？ [8]枢：门臼。 [9]用脂百斛：用一百斛油脂。用油脂浇门臼，使润滑易转，开门无声。 [10]季世：末代。 [11]奢泰之弊：奢侈浪费的弊病。 [12]安足法乎：哪里值得效法呢？足，足以，值得。 [13]甲子：十月十二日。 [14]配以太祖：用太祖杨行密配享。配，配享。吴王礼尊其父，因而祭天时附祭。[15]乙丑：十月十三日。 [16]奉化军：方镇名，吴升江州为奉化军，在今江西九江市。以徐知诰为节度使。 [17]崔太初：为官以诛求苛察为事。传见《十国春秋》卷九。 [18]苛察：过于严厉刻薄地加以诛求。 [19]征：召。召回王都扬州。 [20]边隅：边疆。 [21]处琪（?—922）：张文礼三子。传附《旧五代史》卷六十二。 [22]尽锐攻之：全用精锐全力攻打。 [23]趣：同"趋"，奔向。 [24]胜穷：穷尽。 [25]乘危徼利：冒着危险，侥幸获得利益。 [26]脱有危败：脱，倘若、假使。危败，危险、失败。 [27]辛未：十二月二十日。 [28]幽州：州名。治所蓟县，在今北京市。 [29]李绍宏：宦官，本姓马，唐庄宗赐姓李，官至后唐枢密使。传见《旧五代史》卷七十二。 [30]婴城自守：据城固守。 [31]涿州：州名，治所范阳，在今河北涿州市。 [32]神武都指挥使：官名。禁卫军的统领官。 [33]狼山：地名。在定州西北二百里。[34]倪可福：筑寸金堤激水，捍蜀有功，又修江陵外城。官至荆南都指挥使。传见《十国春秋》卷一百二。 [35]汝舅：你的公公。 [36]威众：在群众中建立威信。 [37]倪曙：字孟曦，福建侯官（今福建福州市）人。好诗赋。传见《十国春秋》卷六十二。 [38]辰、溆蛮：居住在今湖南辰溪、溆浦等县的少数民族。 [39]宁远：方镇名。后梁开平初已有宁远节度使。南汉升容州为宁远军节度，治所容州，在今广西容县。 [40]姚彦章：汝南（今河南上蔡县）人，官至楚左丞相。传见《十国春秋》卷七十二。

二年（壬午，922年）

春，正月，壬午朔[1]，王都省王处直于西第，处直奋拳殴其胸，曰："逆贼，我何负于汝！"既无兵刃，将噬[2]其鼻，都掣袂[3]获免。未几，处直忧愤而卒。

甲午[4]，晋王至新城[5]南，候骑[6]白契丹前锋宿新乐[7]，涉沙河[8]而南，将士皆失色，士卒有亡去者，主将斩之不能止。诸将皆曰，"虏倾国而来，吾众寡不敌；又闻梁寇内侵，宜且还师魏州以救根本[9]，或请释镇州之围，西入井陉避之。"晋王犹豫未决[10]。郭崇韬曰，"契丹为王郁所诱，本利[11]货财而来，非能救镇州之急难也。王新破梁兵，威振夷、夏[12]，契丹闻王至，心沮气索[13]，苟挫其前锋，遁走必矣。"李嗣昭自潞州[14]至，亦曰："今强敌在前，吾有进无退，不可轻动以摇人心。"晋王曰："帝王之兴，自有天命，契丹其如我何！吾以数万之众平定山东[15]，今遇此小虏而避之，何面目以临四海"乃自帅铁骑五千先进。至新城北，半出桑林，契丹万余骑见之，惊走。晋王分军为二逐之，行数十里，获契丹主之子。时沙河桥狭冰薄，契丹陷溺死者甚众。是夕，晋王宿新乐。契丹主车帐[16]在定州城下，败兵至，契丹举众退保望都[17]。

晋王至定州，王都迎谒于马前[18]，请以爱女妻王子继岌[19]。

戊戌[20]，晋王引兵趣望都，契丹逆战，晋王以亲军千骑先进，遇奚酋秃馁五千骑，为其所围。晋王力战，出入数四，自午至申不解[21]。李嗣昭闻之，引三百骑横击[22]之，虏退，王乃得出。因纵兵奋击[23]，契丹大败，逐北[24]至易州[25]。会大雪弥旬[26]，平地数尺，契丹人马无食，死者相属[27]于道。契丹主举手指天，谓卢文进曰："天未令我至此。"乃北归。晋王引兵蹑之[28]，随其行止，见其野宿之所[29]，布稿于地[30]，回环方正，皆如编翦[31]，虽去，无一枝乱者，叹曰："虏用法严乃能如是，中国所不及也。"晋王至幽州，使二百骑蹑契丹之后，曰："虏出境即还。"骑恃勇追击之，悉为所擒，惟两骑自他道走免[32]。

契丹主责王郁，絷[33]之以归。自是不听其谋。

晋代州[34]刺史李嗣肱[35]将兵定妫[36]、儒[37]、武[38]等州，授山北[39]都团练使。

晋王之北攻镇州也，李存审谓李嗣源曰："梁人闻我在南兵少，不攻德胜，必袭魏州。吾二人聚于此何为[40]！不若分军备之。"遂分军屯澶州。戴思远果悉杨村之众趣魏州，嗣源引兵先之，军于狄公祠[41]下，遣人告魏州，使为之备，思远至魏店，嗣源遣其将石万全将骑兵挑战。思远知有备，乃西渡洹水[42]，拔成安[43]，大掠而还。又将兵五万攻德胜北城，重堑复垒[44]，断其出入，昼夜急攻之，李存审悉力拒守。晋王闻德胜势危，二月，自幽州赴之，五日至魏州。思远闻之，烧营遁还[45]杨村。

（以上为第十三段，写晋王大破契丹于镇州，梁兵乘虚袭魏州败还。）

【注释】

[1]壬午朔：正月一日。[2]噬：咬。[3]掣袂（chèmèi）：扯断衣袖。[4]甲午：正月十三日。[5]新城：县名。县治无极，在今河北无极县。[6]候骑：侦察骑兵。[7]新乐：县名。县治在今河北新乐市。[8]沙河：在河北省境内。潴龙河、滏阳河、温榆河的上游都称沙河。[9]根本：树木的根干，喻腹心之地，即根基、根据地。[10]犹豫未决：拿不定主意，下不了决心。据章校，"决"下有"中门使"三字。[11]利：贪。[12]夷、夏：夷泛指周边的少数民族，夏指中原汉族。[13]心沮气索：心情沮丧，气势殆尽。[14]潞州：州名。治所上党，在今山西长治市。[15]山东：古代泛指太行山、常山以东的中原地区。此指河北之地。[16]车帐：契丹主乘奚车，用毡帐覆盖，寝处其中，叫做车帐。[17]望都：县名。在定州东北，即今河北望都县。[18]王都迎谒于马前：据章校，"前"下有"宴于府第"四字。[19]继岌（?—925）：李存勖第三子。同光三年九月二十三日封魏王。伐蜀回师，至渭南，闻庄宗死，自缢死。传见《旧五代史》卷五十一。[20]戊戌：正月十七日。[21]自午至申不解：从上午十一时至下午五时战斗尚未结束。[22]横击：从侧面冲击敌人。[23]纵兵奋击：放开军队奋力追击。[24]逐北：向北追赶。[25]易州：州名。治所在今河北易县。[26]弥旬：满十天。[27]相属：接连不断。[28]蹑之：紧紧地跟踪他。[29]野宿之所：在野外宿营的地方。[30]布稿于地：在地上铺着粮食作物的秆子。稿，禾秆。[31]皆如编翦：都好像编织过、裁剪过那样整齐。说明契丹军部伍严整。[32]走免：逃脱而免于被俘。[33]絷（zhí）：拘囚。[34]代州：州名，治所雁门，在今山西代县。[35]李嗣肱（gōng）（879—923）：官至后唐山北都团练使。传见《旧五代史》卷五十。[36]妫：州名，治所清夷军城，在河北怀来县东南。[37]儒：儒州，治所

延庆，在今北京市延庆区。［38］武：武州。治所文德，在今河北张家口市宣化区。［39］山北：以终南山北而名，故城在今陕西西安市东南。［40］何为：有什么作为。［41］狄公祠：唐宰相狄仁杰祠。狄仁杰曾任魏州刺史，有惠政，州人为之立祠。［42］洹水：又名安阳河，在今河南北部。［43］成安：县名。县治在今河北成安县。［44］重堑复垒：壕沟外挖壕沟，堡垒上加堡垒。［45］遁还：偷偷地撤回。

蜀主好为微行[1]，酒肆[2]、倡家[3]靡所不到；恶人识之[4]，乃下令士民皆著大裁帽[5]。

晋天平节度使兼侍中阎宝筑垒以围镇州，决滹沱水环[6]之。内外断绝，城中食尽，丙午[7]，遣五百余人出求食。宝纵其出，欲伏兵取之；其人[8]遂攻长围[9]，宝轻之，不为备，俄数千人继至。诸军未集，镇人遂坏长围而出，纵火攻宝营，宝不能拒，退保赵州。镇人悉毁晋之营垒，取其刍粟[10]，数日不尽。晋王闻之，以昭义节度使兼中书令李嗣昭为北面招讨使，以代宝。

夏，四月，蜀军使[11]王承纲女将嫁，蜀主取之入宫。承纲请之，蜀主怒，流于茂州[12]。女闻父得罪，自杀。

甲戌[13]，张处瑾遣兵千人迎粮于九门，李嗣昭设伏于故营[14]，邀击之，杀获殆尽，余五人匿墙墟间，嗣昭环马而射之，镇兵发矢中其脑，嗣昭箙[15]中矢尽，拔矢于脑以射之，一发而殪[16]。会日暮，还营，创流血不止，是夕卒。晋王闻之，不御[17]酒肉者累日。嗣昭遗命：悉以泽、潞兵授判官[18]任圜[19]，使督诸军攻镇州，号令如一，镇人不知嗣昭之死。圜，三原人也。

晋王以天雄马步都指挥使[20]、振武节度使李存进为北面招讨使。命嗣昭诸子护丧归葬晋阳；其子继能不受命，帅父牙兵数千，自行营[21]拥丧归潞州。晋王遣母弟存渥[22]驰骑追谕之，兄弟俱忿[23]，欲杀存渥，存渥逃归。嗣昭七子：继俦、继韬、继达、继忠、继能、继袭、继远[24]。继俦为泽州刺史，当袭爵，素懦弱。继韬凶狡，囚继俦于别室，诈令士卒劫己[25]为留后，继韬阳让[26]，以事白晋王。晋王以用兵方殷[27]，不得已，改昭义军曰安义[28]，以继韬为留后。

阎宝惭愤[29]，疽发于背，甲戌[30]卒。

汉主岩用术者[31]言，游梅口镇[32]避灾。其地近闽之西鄙，闽将王延美[33]将兵袭之[34]，未至数十里，侦者[35]告之，岩遁逃仅免。

五月，乙酉[36]，晋李存进至镇州，营于东垣渡[37]，夹滹沱水为垒。

晋卫州刺史李存儒，本姓杨，名婆儿，以俳优[38]得幸于晋王。颇有膂[39]力，晋王赐姓名，以为刺史；专事掊敛[40]，防城卒皆征月课[41]纵归[42]。八月，庄宅使[43]段凝与步军都指挥使张朗[44]引兵夜渡河袭之，诘旦登城，执存儒，遂克卫州。载思远又与凝攻陷淇门[45]、共城[46]、新乡[47]，于是澶州之西，相州之南，皆为梁有；晋人失军储[48]三之一，梁军复振。帝以张朗为卫州刺史。朗，徐州人也。

（以上为第十四段，写晋兵攻镇州，折李嗣昭、阎宝两将，梁兵克卫州，军势复振。）

【注释】

[1]微行：微服出行。[2]酒肆：酒店。[3]倡家：妓院、戏院。[4]恶（wù）人识之：讨厌别人认识他。[5]大裁帽：有帽沿的帽子。[6]环：包围。[7]丙午：二月壬子朔，无丙午，丙午，三月二十六日。按《旧五代史·庄宗纪》载："三月丙午，王师败于镇州城下，阎宝退保赵州。"[8]其人：指城中外出就食的五百余人。[9]长围：阎宝所筑包围镇州的堡垒。[10]刍粟：马草和粮食。[11]军使：官名。骑兵都一级统兵官称军使。[12]茂州：州名。治所汶山，在今四川茂县。[13]甲戌：四月二十四日。[14]故营：指过去阎宝的兵营。[15]箙（fú）：用竹木或兽皮做成的盛箭器。[16]殪（yì）：死。[17]御：进。[18]判官：据章校，"判"上有"节度"两字，指任圜为节度使判官。[19]任圜：京兆三原（今陕西三原县）人，官至同平章事、判三司，为安重诲诬害、赐死。传见《旧五代史》卷六十七。[20]马步都指挥使：官名。藩镇亲军高级统领官。[21]行营：指攻镇州军营。[22]存渥：庄宗第四弟，同光三年封申王。传见《旧五代史》卷五十一。[23]兄弟俱忿：李嗣昭有大功于晋，身死前线，晋王无褒死恤存之命，故其子气愤。[24]继俦、继韬、继达、继忠、继能、继袭、继远：均见《旧五代史》卷五十二《李嗣昭传》。[25]劫己：劫持自己。[26]阳让：阳，同"佯"，假意推让。[27]殷：盛。[28]安义：方镇名。公元922年，李存勖改昭义军为安义军，避李嗣昭讳。[29]惭愤：惭愧而愤懑。因攻镇州时大意致败。[30]甲戌：四月二十四日。[31]术者：术士。[32]梅口镇：地名。在广东梅县，接近福建汀州。[33]王延美：官闽泉州刺史。传见《十国春秋》卷九十四。[34]袭之：袭击刘岩。[35]侦者：侦察敌情的人。[36]乙酉：五月六

日。[37]东垣渡：渡口名。在今河北正定县滹沱河边。[38]俳优：古代以乐舞谐戏为业的艺人。[39]膂（lǚ）力：体力。[40]掊（pōu）敛：聚敛，搜括。[41]月课：按月缴纳代役钱而免其劳役。[42]纵归：放回家去。[43]庄宅使：官名。管理官府掌握的庄田、磨坊、店铺、菜园、车坊等产业。为宫廷官员。[44]张朗（870—943）：徐州萧县（今安徽萧县）人。善射，膂力过人，官至后晋庆州刺史。传见《旧五代史》卷九十。[45]淇门：镇名。在今河南卫辉东北。[46]共城：县名，县治在今河南辉县。[47]新乡：县名。县治在今河南新乡市。[48]军储：军队的军需储备。

九月，戊寅朔[1]，张处瑾使其弟处球[2]乘李存进无备，将兵七千人奄至[3]东垣渡。时晋之骑兵亦向镇州城，两不相遇。镇兵及[4]存进营门，存进狼狈引十余人斗于桥上，镇兵退，晋骑兵断其后，夹击之，镇兵殆尽[5]，存进亦战没。晋王以蕃汉马步总管李存审为北面招讨使。

镇州食竭力尽，处瑾遣使诣行台请降，未报[6]，存审兵至城下。丙午[7]夜，城中将李再丰为内应，密投縋[8]以纳晋兵，比明[9]毕登[10]，执处瑾兄弟家人及其党高濛、李翥、齐俭送行台，赵人皆请而食之，磔[11]张文礼尸于市。赵王故侍者[12]得赵王遗骸[13]于灰烬中，晋王命祭而葬之。以赵将符习为成德节度使，乌震[14]为赵州刺史，赵仁贞为深州[15]刺史，李再丰为冀州刺史。震，信都人也。

符习不敢当成德，辞曰："故使[16]无后而未葬，习当斩衰[17]以葬之，俟礼毕听命[18]。"既葬，即诣行台。赵人请晋王兼领成德节度使，从之。晋王割相、卫二州置义宁军，以习为节度使。习辞曰："魏博霸府，不可分也，愿得河南一镇，习自取之。"乃以为天平节度使、东南面招讨使。加李存审兼侍中。

十一月，戊寅[19]，晋特进、河东[20]监军使张承业卒，曹太夫人[21]诣其第，为之行服[22]，如子侄之礼。晋王闻其丧，不食者累日。命河东留守判官[23]何瓒代知河东军府事。

十二月，晋王以魏博观察判官[24]晋阳张宪兼镇冀观察判官，权镇州军府事。

魏州税多逋负[25]，晋王以让[26]司录[27]济阴赵季良[28]，季良曰；

“殿下何时当平河南[29]？”王怒曰：“汝职在督税，职之不修[30]，何敢预[31]我军事！”季良对曰：“殿下方谋攻取而不爱百姓，一旦百姓离心，恐河北亦非殿下之有，况河南乎！”王悦，谢之。自是重之[32]，每预谋议。

是岁，契丹改元天赞[33]。

大封王躬乂[34]，性残忍，海军统帅王建[35]杀之，自立，复称高丽王，以开州为东京，平壤为西京。建俭约宽厚[36]，国人安之。

（以上为第十五段，写晋兵克镇州。）

【注释】

[1]戊寅朔：九月一日。[2]处球（?—922）：张文礼第二子，传附《旧五代史》卷六十二。[3]奄至：突然到达。[4]及：到达。[5]殆尽：完全被消灭。[6]未报：没有答复。以示拒绝投降。[7]丙午：九月二十九日。[8]缒：系在绳子上放下城去，拉晋兵上城。[9]比明：刚刚天亮。[10]毕登：全部登城完毕。[11]磔（zhé）：古代的一种酷刑，即用刀刮割以碎其尸。[12]故侍者：过去服侍王镕的人。[13]遗骸：遗留残骨。[14]乌震（?—927）：冀州信都（今河北衡水市冀州区）人。少好学，通《左氏春秋》，喜作诗，善书。官至河北道副招讨使。传见《新五代史》卷五十六。[15]深州：州名。治所在今河北深州市北。[16]故使：指赵王镕。[17]斩衰（cuī）：旧时丧服名。五服中最重的一种。其服用最粗的麻布做成，不缉边，使断处外露，以示无饰，故称“斩衰”。[18]听命：听从分配、任命。[19]戊寅：十一月二日。[20]河东：方镇名。唐玄宗开元十八年（730）更太原府以北诸军州节度为河东节度。治所太原，在今山西太原市。[21]曹太夫人：李存勖生母。[22]行服：戴孝。[23]判官：留守府属官，分管审理案件等。[24]观察判官：官名。节度使属官。掌案件审理等。[25]逋负：拖欠税款。[26]让：责备。[27]司录：官名。州府属官，全称司录参军，掌州衙庶务。[28]赵季良（?—946）：字德彰，济阴（今山东菏泽市）人，为后唐太仆卿，后奉使四川，为孟知祥所留，为后蜀宰相。传见《十国春秋》卷五十一。[29]河南：借指后梁。[30]职之不修：本职工作没有完成。[31]预：干预。[32]自是重之：从此以后非常尊重他。[33]天赞：辽耶律阿保机年号。[34]躬乂（yì）：高丽石窟寺眇僧。天祐初，躬乂聚众占据开城府称王。[35]王建：高丽国王。公元922年杀躬乂自立。后唐长兴二年（931）自称权知国事，遣使向明宗朝贡，明宗以王建为玄菟州都督，充大义军使，封高丽国王。[36]俭约宽厚：勤俭节约，宽大敦厚。

【点评】

本卷点评杨廷式办案、后梁将刘鄩之死、后唐创业功臣张承业三件史事。

一、杨廷式办案。吴国张崇驻节庐州，贪暴不法。庐江民众控告县令贪赃。吴执政派侍御史知杂事杨廷式去核查办案，指令杨廷式惩治县令震慑张崇。杨廷式提出，他去办案，一定追查到底，纠出张崇，把他逮捕，押上囚车，送给都统处置。都统即徐知诰之父徐温，徐知诰说："我只是要求你惩办县令，何必牵扯这么多人呢！"杨廷式说："小小县令，哪敢明目张胆地敲剥百姓，是张崇指使县令搜刮民财转而献给都统，怎么可以不打老虎而拍苍蝇呢！"徐知诰赶紧向杨廷式致歉，说："这样的小事哪能劳动你的大驾呢！"杨廷式敢摸老虎屁股，是一个明大义有大勇的好法官，还赢得了知音的赏识是幸运的。但在专制政体下，人情大于法制，在盘根错节的复杂关系中，执政者即使想要认真办事，也十分困难。后台强大，若大于执政者，案情就无法追究，也就不了了之。杨廷式办案，发人深思。

二、后梁将刘鄩之死。刘鄩善用兵，多智略，十步九计，名重当时。晋王李存勖亲自统军与后梁争河北，刘鄩统率后梁军主力，是捍卫后梁的一座长城。由于功高震主，刘鄩遭忌疑，后梁末帝每每遥控掣肘，使刘鄩不能随心施展规划的方略，是以久无建树。一向持重的刘鄩，欲建奇功，孤军奔袭晋阳，碰巧天公不作美，连日阴雨，阻滞行军，晋王派骑兵回救晋阳，先期刘鄩到达。刘鄩回军遭晋军围追阻截，大败而归。后梁军由是丧胆，连战不胜。刘鄩智竭计穷，称疾辞职，请解兵权以自保。后梁末帝准其辞，命刘鄩到西京洛阳就医，而西京留守张宗奭早已领受密旨，用毒酒等待刘鄩的到来。一代名将就这样以悲剧结局。可惜，刘鄩善军谋，不善保身，在军阀混战的纷乱之世，请解兵权以自保，无异于自杀。后梁末帝自毁长城，不久覆国败家，亦以悲剧终。

三、后唐创业功臣张承业。张承业，字继元，本姓康。同州（今陕西大荔县）人。张承业为唐末内常侍张泰养子，故改姓张。张承业为河东节度使沙陀人李克用监军，张李二人交谊深厚。当崔胤、朱全忠大杀宦官，李克用抗诏保护张承业。朱全忠篡唐，李克用承用唐年号，公开恢复张承业为河东监军，张承业于是竭诚效忠李克用及其子后唐庄宗李存勖，为后唐创业功臣。

晋王李克用死前，托孤李存勖与张承业等大臣。李克用幼弟李克宁总摄军政大权，最初尊奉李存勖嗣位晋王，但他禁不住左右亲信搬弄是非，欲取晋王而代之，李存勖依靠张承业的支持与谋议，平息了内乱，诛杀了李克宁，稳固了政局，李存勖感恩承业，"兄事之"。张承业劝李存勖奉唐年号与后梁争河北，晋王之师堂堂正正，在政治上占了主动。后梁开平四年（910），晋梁柏乡之战，这是一场双方的主力决战，李存勖逞强好胜，要与优势的梁军硬拼，周德威等宿将之言，一概不听。在这危急关头，张承业夜闯军帐，陈说利害，李存勖当夜转移部队，柏乡之战大胜，奠定了夺取河北的基础。灭刘守光，张承业参与谋议，多有贡献，李存勖夺取魏博之后，与后梁夹河攻战，“太原军国政事，一委承业”，张承业是后唐庄宗的萧何。薛居正《旧五代史·张承业传》，以及司马光《资治通鉴》都给张承业以肯定的评价，称其为阉寺中忠义之士。李存勖称帝，张承业劝阻，自称“臣唐家一老奴”，未免迂腐。唐代宦官作恶多端，张承业只不过是在时局变迁之中获得的新生。后梁末帝龙德二年（922）十一月二日戊寅，张承业卒，晋王母曹太夫人诣其第，为之行服，执子侄之礼。晋王亦为之不食者数日。

卷二七二　后唐纪一

后唐庄宗同光元年（923 年）

【昭阳协洽（癸未，923 年），一年】

【大事提要】

本卷记公元 923 年一年史事。当后唐庄宗同光元年。此年，局势发生重大变化，后唐取代后梁。晋王与后梁末帝大战数年，互有胜败，总形势仍势均力敌。后梁末帝昏庸，听信赵岩、张汉杰兄弟等群小，用唐王室弊政宦官监军，掣肘良将用兵，是以梁兵常败，晋兵常胜。晋王刚愎自用，多有失计，前有张文礼之变，后有李继韬之叛，延迟了灭梁的时间。公元 923 年二月，晋王即帝位于魏州，国号大唐，史称后唐，是为庄宗。李嗣源奇计下郓州，后梁危急，后梁将王彦章亦出奇兵大败晋兵，围杨刘，形势逆转。在这生死存亡之秋，后梁末帝听信群小，临阵换将，罢王彦章而任用庸才段凝为主帅，继而王彦章败没，形势急转，后唐庄宗奋勇进军大梁，后梁末帝未见后唐兵而自杀，后梁亡。庄宗入后梁，迁都洛阳，后梁全境归服，楚王马殷、荆南高季昌稽首。庄宗即位伊始，嬖幸伶官，宠爱刘夫人，游猎无度，敛财拒谏，已出现败亡之兆，吴、荆南离心。前蜀主荒淫，闻后梁亡，祈福求神保佑，不思进取，亡无日矣。

庄宗光圣神闵孝皇帝上

同光元年[1]（癸未，923 年）

春，二月，晋王下教[2]置百官，于四镇[3]判官中选前朝[4]士族，欲以为相。河东节度判官卢质为之首，质固辞，请以义武节度判官豆卢革[5]、河东观察判官卢程[6]为之；王即召革、程拜行台左、右丞相，以质为礼部尚书。

梁主遣兵部侍郎[7]崔协[8]等册命吴越王镠为吴越国王。丁卯[9]，镠始建国，仪卫[10]名称多如天子之制，谓所居曰宫殿，府署曰朝廷，教令下统内曰制敕，将吏皆称臣，惟不改元，表疏称吴越国而不言军。以清海节度使兼侍中传瓘为镇海；镇东[11]留后，总军府事。置百官，有丞相、侍郎、郎中[12]、员外郎[13]、客省等使[14]。

李继韬虽受晋王命为安义留后，终不自安[15]，幕僚魏琢、牙将申蒙复从而间[16]之曰："晋朝无人，终为梁所并耳。"会晋王置百官，三月，召监军张居翰[17]、节度判官任圜赴魏州，琢、蒙复说继韬曰："王急召二人，情可知矣。"继韬弟继远亦劝继韬自托[18]于梁，继韬乃使继远诣大梁，请以泽潞[19]为梁臣。梁主大喜，更命安义军曰匡义，以继韬为节度使、同平章事。继韬以二子为质[20]。

安义旧将[21]裴约[22]戍泽州，泣谕其众曰："余事故使[23]逾二纪[24]，见其分财享士[25]，志灭仇雠。不幸捐馆[26]，柩[27]犹未葬，而郎君遽[28]背君亲，吾宁死不能从也！"遂据州自守。梁主以其骁将董璋[29]为泽州刺史，将兵攻之。

继韬散财募士，尧山人郭威[30]往应募。威使气杀人[31]，系狱，继韬惜其才勇而逸之。

契丹寇幽州，晋王问帅[32]于郭崇韬，崇韬荐横海节度使李存审。时存审卧病，己卯[33]，徙存审为卢龙节度使，舆疾赴镇。以蕃汉马步副总管[34]李嗣源领横海节度使。

晋王筑坛于魏州牙城之南，夏，四月，己巳[35]，升坛，祭告上帝，遂即皇帝位，国号大唐，大赦，改元[36]。尊母晋国太夫人曹氏[37]为皇太后，嫡母秦国夫人刘氏[38]为皇太妃。以豆卢革为门下侍郎[39]，卢程为中书侍郎[40]，并同平章事；郭崇韬、张居翰为枢密使[41]，卢质、冯道[42]为翰林学士，张宪[43]为工部侍郎、租庸使，又以义武掌书记李德休[44]为御史中丞。德休，绛之孙也。

诏卢程诣晋阳册太后、太妃。初，太妃无子，性贤，不妒忌；太后为武皇[45]侍姬，太妃常劝武皇善待之，太后亦自谦退，由是相得甚欢。及受册，太妃诣太后宫贺，有喜色，太后忸怩[46]不自安。太妃曰："愿吾儿享国久长，吾辈获没于地[47]，园陵有主[48]，余何足言！"因相向歔欷[49]。

豆卢革、卢程皆轻浅[50]无他能，上以其衣冠之绪[51]，霸府元僚[52]，故用之。

（以上为第一段，写晋王即皇帝位于魏，是为庄宗。国号大唐，史称后唐。后梁末帝册封钱镠为吴越国王。）

【注释】

[1]同光元年：后唐庄宗于是年四月始即位改元。 [2]教：文体的一种。古时太子及王、侯的命令称教。 [3]四镇：指河东、魏博、易定、镇冀四大镇。 [4]前朝：指唐朝。 [5]豆卢革（?—927）：官至后唐同中书门下平章事，后贬陵州赐死。传见《新五代史》卷二十八。 [6]卢程（?—923）：唐世族。卢程在唐昭宗天复末登进士。入后唐官至宰辅。传见《旧五代史》卷六十七。 [7]兵部侍郎：兵部尚书之副，协助尚书掌兵政。 [8]崔协（?—926）：唐清河大姓，曾祖、祖、父累代仕唐高官。崔协入后唐官至宰辅。传见《旧五代史》卷五十八。 [9]丁卯：二月二十二日。 [10]仪卫：仪仗和警卫。 [11]镇东：方镇名。唐昭宗初年以越州为威胜军。乾宁三年（896）改威胜军为镇东军节度，治所越州，在今浙江绍兴市。 [12]郎中：官名。尚书省及所属各部高级官员，位次于尚书丞及各部侍郎，分掌本司事务。 [13]员外郎：官名。尚书省及所属各部次于郎中的官员，掌本司事务。 [14]客省使：官名。客省的主管官员。掌外国使节进奉、朝觐等事。 [15]终不自安：内心终究不安宁。 [16]间：挑拨离间。 [17]张居翰（858—928）：字德卿，宦官。庄宗同光四年（926）蜀王衍投降，庄宗下诏“王衍一行，并宜杀戮”。张居翰改“行”为“家”。只杀王衍一家，从行千余人免遭枉杀。传见《旧五代史》卷七十二。[18]自托：依附。 [19]泽潞：泽州和潞州，为安义军辖区。原为后梁昭义军，后唐改为安义军，以继韬为留后，继韬降后梁，后梁又改名为匡义军。 [20]质：人质。作为取信于人的抵押人。[21]旧将：原来的将领。 [22]裴约（?—923）：初事李嗣昭为亲信，同光二年（924）守泽州，城破被董璋杀死。传见《旧五代史》卷五十二。 [23]故使：指李嗣昭。 [24]二纪：十二年为一纪，二纪为二十四年。 [25]分财享士：分财物、宴士卒。 [26]捐馆：死的同义词。言抛弃馆舍而去。 [27]柩：灵柩，盛有死者的棺材。 [28]郎君：指李嗣昭之子李继韬等。 [29]董璋（?—923）：官至剑南、东川节度使。为孟知祥所杀。传见《旧五代史》卷六十二。 [30]郭威（904—954）：五代后周王朝的建立者。邢州尧山（今河北隆尧县）人。后汉时为邺都留守。后汉乾祐四年（951），代后汉称帝。公元951至954年在位。传见《新五代史》卷十一。[31]使气杀人：仗着一时勇气杀人。郭威在街上游玩，街上有一屠夫，以勇力使街上人折服。郭威酒醉，叫屠夫割些肉进来，屠夫没按他的要求做，郭威叱骂他。屠夫扯开衣服指着肚皮说：“你是勇士，能杀我吗？”郭威即拔刀将他刺死。市民皆惊，郭威若无其事，为吏所拘留，李继韬放他逃走。 [32]问帅：询问谁可任元帅。 [33]己卯：三月五日。 [34]番汉马步副总管：官名，全军副统帅。[35]己巳：四月二十五日。 [36]改元：改唐天祐年号为同光。李存勖即位前沿用唐朝年号。

[37]曹氏（?—925）：李存勖生母，初封晋国夫人。庄宗即位，上皇太后尊号。同光三年谥贞简皇太后。传见《旧五代史》卷四十九。 [38]刘氏：李克用正室，初封秦国夫人。参预军机，多所弘益。同光元年册为皇太妃。传见《旧五代史》卷四十九。 [39]门下侍郎：职掌左丞相。 [40]中书侍郎：职掌右丞相。 [41]枢密使：枢密院长官。掌军国枢务。唐枢密使用宦官，后唐时参用士人。 [42]冯道（882—954）：字可道，瀛州景城（今河北泊头市交河镇东北）人，自号长乐老。历仕后唐、后晋、后汉、后周四朝五姓，三入中书，为相二十余年，虽然臣节有亏，而廉洁持重，有政声。冯道主持刻印《九经》，世称"五代监本"。官府大规模刻书自此始。传见《旧五代史》卷一百二十六。 [43]张宪（?—926）：字允中，晋阳（今山西太原）人。学识优深，善精吏道。传见《旧五代史》卷六十九。 [44]李德休：字表逸，唐宪宗朝宰相李绛之孙，官至后唐礼部尚书。传见《旧五代史》卷六十。 [45]武皇：即李克用。 [46]忸怩：羞惭的样子。 [47]获没于地：死在九泉之下。 [48]园陵有主：坟墓有人祭扫。 [49]歔欷：叹息、呜咽。 [50]轻浅：轻薄、浅率，无学问。 [51]夜冠之绪：唐望族的后代，即出身于名门世族。 [52]霸府元僚：元，同"原"。晋王节度使府旧僚属。

初，李绍宏为中门使，郭崇韬副之。至是[1]，自幽州召还，崇韬恶[2]其旧人[3]位在己上，乃荐张居翰为枢密使，以绍宏为宣徽使[4]，绍宏由是[5]恨之。居翰和谨畏事[6]，军国机政皆崇韬掌之。支度务使[7]孔谦自谓才能勤效，应为租庸使[8]；众议以谦人微地寒[9]，不当遽[10]总重任，故崇韬荐张宪，以谦副之，谦亦不悦。

以魏州为兴唐府[11]，建东京；又于太原府建西京，又以镇州为真定府，建北都。以魏博节度判官王正言为礼部尚书，行兴唐尹；太原马步都虞候孟知祥为太原尹，充西京副留守；潞州观察判官任圜为工部尚书，兼真定尹，充北京副留守；皇子继岌为北都留守、兴圣宫[12]使，判六军[13]诸卫事。时唐国所有凡十三节度[14]、五十州[15]。

闰月[16]，追尊皇曾祖执宜[17]曰懿祖昭烈皇帝，祖国昌[18]曰献祖文皇帝，考晋王[19]曰太祖武皇帝，立宗庙于晋阳，以高祖、太宗、懿宗、昭宗洎[20]懿祖以下为七室[21]。

甲午[22]，契丹寇幽州，至易定而还。

时契丹屡入寇，钞掠馈运[23]，幽州食不支半年，卫州为梁所取，潞州内叛，人情岌岌[24]，以为梁未可取，帝患[25]之。会[26]郓州将卢顺密[27]来奔。先是，梁天平节度使戴思远屯杨村，留顺密与巡检使[28]刘遂严、都指挥使燕颙守郓州。顺密言于帝曰："郓州守兵不满千人，遂严、颙皆失众心，可袭[29]取也。"郭崇韬等皆以为"悬军远袭[30]，万一不利；虚弃[31]数千人，顺密不可从。"帝密召李嗣源于帐中谋之曰："梁人志在吞泽潞，不备东方，若得东平[32]，则溃其心腹。东平果可取乎？"嗣源自胡柳有渡河之惭，常欲立奇功以补过，对曰："今用兵岁久，生民疲弊，苟非出奇取胜，大功何由可成！臣愿独当此役，必有以报[33]。"帝悦。壬寅[34]，遣嗣源将所部精兵五千自德胜趣郓州。比及[35]杨刘，日已暮，阴雨道黑，将士皆不欲进，高行周[36]曰："此天赞我也，彼必无备。"夜，渡河至城下，郓人不知，李从珂[37]先登，杀守卒，启关纳外兵，进攻牙城，城中大扰。癸卯[38]旦，嗣源兵尽入，遂拔牙城，刘遂严、燕颙奔大梁。嗣源禁焚掠，抚吏民，执知州事节度副使崔筜[39]、判官赵凤[40]送兴唐。帝大喜曰："总管真奇才，吾事集[41]矣。即以嗣源为天平节度使。

（以上为第二段，写晋将李嗣源奇计下郓州。）

【注释】

[1]至是：到这时候。[2]恶：厌恨。[3]旧人：指李绍宏。[4]宣徽使：官名。掌诸司名籍、迁补、朝会、检视内外进奉名物等。常用以授罢政的勋旧大臣。[5]由是：由于这件事。因宣徽使在枢密使之下，权又不及枢密使大。[6]和谨畏事：谦和小心，怕惹祸事。[7]支度务使：官名，掌财务。[8]租庸使：领钱谷等事，专事聚敛。[9]人微地寒：出身的门第和郡望都很低微。[10]遽：突然，指骤然得高官。[11]兴唐府：晋王李存勖即位，升魏州为东京兴唐府。[12]兴圣宫：本指洛阳西宫。这里以魏州行台王宫即位后称兴圣宫。[13]判六军：总管禁卫军。六军，原指唐禁军左右羽林军、左右龙武军、左右神武军。这里即以六军代指庄宗禁卫军。[14]十三节度：即天雄、成德、义武、横海、卢龙、大同、振武、雁门、河东、护国、晋绛、安国、昭义等。[15]五十州：即魏、博、贝、澶、相、郓、洺、磁、镇、冀、深、赵、易、祁、定、沧、景、德、瀛、莫、幽、涿、檀、蓟、顺、营、平、蔚、朔、云、应、新、妫、儒、武、忻、代、岚、石、宪、麟、府、并、汾、慈、隰、泽、潞、沁、辽，凡五十州。[16]闰月：闰三月。[17]执宜：朱邪氏，仕唐官至代北行营招抚使。庄宗即位追谥为昭烈皇帝，庙号懿宗。见（旧五代史》卷二十五。[18]国昌：本名赤心，赐姓李，李克用之父，仕唐官至振武节度使。庄宗即位，追谥文皇帝，庙号献祖，传附《旧五代史》卷二十五。[19]晋王（856—

908）：即李克用，仕唐为河东节度使，进封为晋王。庄宗即位，追谥为武皇帝，庙号太祖。传见《旧五代史》卷二十五。［20］洎（jì）：及、到。［21］七室：即天子七庙。庄宗以唐氏继任，故以唐高祖、唐太宗、唐懿宗、唐昭宗，以及所追封的三祖合为七庙。［22］甲午：闰三月二十日。［23］钞掠馈运：掠夺后唐向幽州运送的军粮。［24］岌岌：危险的样子。［25］患：担心、焦虑。［26］会：刚好。［27］卢顺密：汶阳（今山东泰安）人。初事后梁将戴思远为步校，后归庄宗。性笃厚，临诸军，抚百姓，皆有仁爱之誉。官至后晋泾州留后。传见《旧五代史》卷九十五。［28］巡检使：巡检使与下文都指挥使，皆武官名。巡检使多设于边镇，统驻防军。都指挥使，一都军之统率官。都，唐五代时军队编制单位。［29］袭：乘人不备而攻击。［30］悬军远袭：孤军深入敌后偷袭敌人。［31］虚弃：白白地丢弃、损失。［32］东平：即郓州。因郓州本为东平郡。［33］必有以报：一定有好消息向你报告。［34］壬寅：闰四月二十八日。［35］比及：刚刚赶到。［36］高行周（885—952）：字尚质，幽州（今北京市）人。隶明宗帐下，英勇善战。心甚谨厚，屡立战功。仕后唐潞州节度使。后晋归德军节度使。后汉天平节度使，封齐王。后周加守尚书令，卒谥武懿，追封秦王。传见《旧五代史》卷一百二十三。［37］李从珂（885—936）：本姓王，明宗养子。以力战知名。为后唐第四任皇帝，公元934年至936年在位。自焚死，谥末帝。传见《旧五代史》卷八一十。［38］癸卯：闰四月二十九日。［39］崔筜（dāng）：后梁郓州知州事节度副使。［40］赵凤（?—935）：传见《旧五代史》卷六十七。［41］集：成功。

梁主闻郓州失守，大惧，斩刘遂严、燕颙于市，罢戴思远招讨使，降授宣化[1]留后，遣使诘让[2]北面诸将段凝、王彦章等，趣[3]令进战。敬翔知梁室已危，以绳内[4]靴中，入见梁主曰："先帝[5]取天下，不以臣为不肖[6]，所谋无不用。今敌势益强，而陛下弃忽[7]臣言，臣身无用，不如死。"引绳[8]将自经[9]；梁主止之，问所欲言，翔曰："事急矣，非用王彦章为大将，不可救也。"梁主从之，以彦章代思远为北面招讨使，仍以段凝为副。

帝闻之，自将亲军屯澶州，命蕃汉马步都虞候朱守殷[10]守德胜，戒之曰："王铁枪勇决[11]，乘愤激之气，必来唐突[12]，宜谨备之！"守殷，王幼时所役苍头[13]也。

又遣使遗吴王书，告以已克郓州，请同举兵[14]击梁。五月，使者至吴，徐温欲持两端[15]，将舟师循海而北，助其胜者。严可求曰："若梁人邀我登陆为援，何以拒之？"温乃止。

梁主召问王彦章以破敌之期，彦章对曰："三日。"左右皆失笑。彦章出，两日，驰至滑州。辛酉[16]，置酒大会，阴遣人具舟[17]于杨村；夜，命甲士六百，皆持巨斧，载冶者[18]，具鞴炭[19]，乘流而下。会饮尚未散，彦章阳起更衣[20]，引精兵数千循[21]河南岸趋德胜。天微雨，朱守殷不为备，舟中兵举锁烧断之，因以巨斧斩浮桥，而彦章引兵急击南城。浮桥断，南城遂破[22]，时受命适[23]三日矣。守殷以小舟载甲士济河[24]救之，不及。彦章进攻潘张、麻家口、景店[25]诸寨，皆拔之，声势大振。

帝遣宦者焦彦宾[26]急趣杨刘[27]，与镇使[28]李周固守，命守殷弃德胜北城，撤屋为筏，载兵械浮河东下，助杨刘守备，徙其刍粮薪炭于澶州，所耗失殆半。王彦章亦撤南城屋材[29]浮河而下，各行一岸，每遇湾曲[30]，辄[31]于中流交斗，飞矢雨集，或全舟覆没，一日百战，互有胜负。比及杨刘，殆[32]亡士卒之半。己巳[33]，王彦章、段凝以十万之众攻杨刘，百道俱进[34]，昼夜不息，连巨舰九艘，横亘河津以绝援兵。城垂陷[35]者数四，赖李周悉力[36]拒之，与士卒同甘苦，彦章不能克，退屯城南，为连营以守之。

（以上为第三段，写梁将王彦章大败晋兵于德胜，兵围杨刘。）

【注释】

[1]宣化：方镇名。唐肃宗至德二年（757），升襄阳防御使为山南东道节度使。梁破赵匡凝，分邓州置宣化军。治所邓州在今河南邓州市。 [2]诘让：诘问、责备。 [3]趣：催促。 [4]内：通"纳"。藏。 [5]先帝：指朱温。 [6]不肖：不贤。 [7]弃忽：摒弃、轻视。 [8]引绳：拿出绳子。 [9]自经：自杀。 [10]朱守殷（?—927）：小字会儿，为庄宗仆童，渐成心腹，为明宗所杀。传见《旧五代史》卷七十四。 [11]勇决：勇敢而果断。 [12]唐突：冒犯。 [13]苍头：奴仆。 [14]举兵：起兵、发兵。 [15]两端：首鼠两端，俗称脚踩两只船。 [16]辛酉：五月十八日。 [17]具舟：准备船只。 [18]冶者：熔炼金属的工人。 [19]具鞴炭：准备鼓风吹火器具和木炭。 [20]阳起更衣：假装上厕所。 [21]循：沿着。 [22]南城遂破：据章校，"破"下有"斩首数千级"五字。 [23]适：刚好。 [24]济河：渡过黄河。 [25]潘张、麻家口、景店：地名。均为沿河重要渡口，晋人立寨守卫。 [26]焦彦宾：字英服，沧州清弛（今河北沧县东南）人，少聪敏，多智略。传见《九国志·焦彦宾传》。 [27]杨刘：控扼黄河下游的军事重镇，在今山东东阿县北。 [28]镇使：镇守杨刘的镇将。李周（871—944）官至后晋开封尹。

传见《旧五代史》卷九十一。［29］屋材：房屋的木材，用以作成木筏。［30］湾曲：河道弯曲的地方。［31］辄：常。［32］殆：大概。［33］己巳：五月二十六日。［34］百道俱进：泛指多路进攻。［35］垂陷：濒临陷落。［36］悉力：全力。

杨刘告急于帝，请日行百里以赴之[1]帝引兵救之，曰："李周在内，何忧！"日行六十里，不废畋猎[2]，六月，乙亥[3]，至杨刘。梁兵堑垒重复[4]，严不可入，帝患[5]之，问计于郭崇韬，对曰："今彦章据守津要，意谓可以坐取东平；苟大军不南，则东平不守矣。臣请筑垒于博州[6]东岸以固河津，既得以应接东平，又可以分贼兵势。但虑彦章诇知[7]，径来薄我[8]，城不能就。愿陛下募敢死之士，日令挑战以缀[9]之，苟彦章旬日不东，则城成矣。"时李嗣源守郓州，河北声问不通[10]，人心渐离，不保朝夕[11]。会梁右先锋指挥使康延孝[12]密请降于嗣源，延孝者，太原胡人，有罪，亡奔梁，时隶段凝麾下。嗣源遣押牙临漳范延光[13]送延孝蜡书诣帝，延光因言于帝曰："杨刘控扼[14]已固，梁人必不能取，请筑垒马家口[15]以通郓州之路。"帝从之，遣崇韬将[16]万人夜发，倍道趣博州，至马家口渡河，筑城昼夜不息。帝在杨刘，与梁人昼夜苦战。崇韬筑新城凡六日，王彦章闻之，将兵数万人驰至，戊子[17]，急攻新城，连巨舰十余艘于中流以绝援路。时板筑[18]仅毕，城犹卑下，沙土疏恶，未有楼橹[19]及守备；崇韬慰劳士卒，以身先之，四面拒战，遣间使告急于帝。帝自杨刘引大军救之，陈于新城西岸，城中望之增气，大呼叱[20]梁军，梁人断绁敛舰[21]；帝舣舟[22]将渡，彦章解围，退保邹家口[23]。郓州奏报始通。

李嗣源密表请正[24]朱守殷覆军之罪；帝不从。

秋，七月，丁未[25]，帝引兵循河而南，彦章等弃邹家口，复趋杨刘。甲寅[26]，游弈将[27]李绍兴败梁游兵[28]于清丘驿[29]南。段凝以为唐兵已自上流渡，惊骇失色[30]，面数[31]彦章，尤[32]其深入。

乙卯[33]，蜀侍中魏王宗侃卒。

戊午[34]，帝遣骑将李绍荣直抵梁营，擒其斥候[35]，梁人益恐，又以火筏[36]焚其连舰。王彦章等闻帝引兵已至邹家口，己未[37]，解杨刘围，走保杨村[38]，唐兵追击之，复屯德胜。梁兵前后急攻诸城，士卒遭矢石、溺水、暍死[39]者且[40]万人，委弃[41]资粮、铠仗、锅幕，动以千计[42]。杨刘比至围解，城中无食已三日矣。

王彦章疾赵、张乱政[43]，及为招讨使，谓所亲曰："待我成功还，当尽诛奸臣以谢[44]天下！"赵、张闻之，私相谓曰："我辈宁死于沙陀[45]，不可为彦章所杀。"相与协力倾之[46]。段凝素疾彦章之能而谄附[47]赵、张，在军中与彦章动相违戾[48]，百方沮桡[49]之，惟恐其有功，潜伺[50]彦章过失以闻于梁主。每捷奏至，赵、张悉归功于凝，由是彦章功竟无成。及归杨村，梁主信谗[51]，犹恐彦章旦夕成功难制，征[52]还大梁。使将兵会董璋攻泽州[53]。

（以上为第四段，写梁末帝任将不专，王彦章既受制于内，又不协于外，不能号令全军，功败垂成，被解军权。）

【注释】

[1]赴之：来救援杨刘。 [2]不废畋（tián）猎：照样一边行军。一边打猎。 [3]乙亥：六月二日。 [4]堑垒重复：壕堑和堡垒重重叠叠，指重复构建工事。 [5]患：担心、忧虑。[6]博州：州名治所聊城，在今山东聊城市东北。 [7]诇（xiòng）知：侦察知道。 [8]薄我：靠近我，这里指直接来攻打我。 [9]缀（zhuì）：通"辍"，停止、阻止。 [10]声问不通：信息不通。 [11]不保朝夕：指形势危险，早晚都有陷城的可能。 [12]康延孝（?—926）：后唐平蜀时战功第一，据四川为乱，自称西川节度、三川制置等使。兵败被擒杀。传见《旧五代史》卷七十四。 [13]范延光（?—940）：字子环，邺郡临漳（今河北临漳县）人，官至后唐同平章事。后晋封临清王。为杨光远推堕河死。传见《旧五代史》卷九十七。 [14]控扼：控制，扼守。[15]马家口：地名，在博州东岸。 [16]将：率领。 [17]戊子：六月十五日。 [18]板筑：筑城。用板为范、实泥筑城，故称板筑。 [19]楼橹：古时军中用以侦察、防御或攻城的高台。[20]叱（chì）：大声叱骂。 [21]断绁（xiè）：砍断缆绳，收缩兵舰。 [22]舣舟：乘坐大船靠向岸边。舣，附船着岸。 [23]邹家口：地名，在黄河岸边。以所居之姓为地名。 [24]正：肃正。 [25]丁未：七月五日。 [26]甲寅：七月十二日。 [27]游弈将：武将名。机动巡游将领。 [28]游兵：游动士兵。 [29]清丘驿：地名，在今河南濮阳市东南。 [30]失色：惊慌而变了脸色。 [31]面数：当面数落、指责。 [32]尤：责怪、归咎。 [33]乙卯：七月十三日。[34]戊午：七月十六日。[35]斥候：侦察、候望兵。[36]火筏：载火焚烧的木筏。[37]己未：七月十七日。 [38]杨村：地名，在杨刘南。 [39]暍（yé）死：中暑而死。 [40]且：将近。[41]委弃：丢弃、抛弃。 [42]动以千计：抛丢一次其价值就需用千来计算，喻极多。 [43]疾

赵、张乱政：疾，怨恨。赵，指赵岩。张，指张汉杰、张汉伦、张汉融等。［44］谢：报谢、谢罪。［45］沙陀：指李存勖。［46］倾之：攻击王彦章。［47］谄附：谄媚攀附。［48］动相违戾：动不动就互相抵触，意见分歧。［49］沮桡：沮，通“阻”。阻止或暗中破坏，使不能成功。［50］潜伺：暗中窥测。［51］信谗：听信谗言。［52］征：征召。［53］泽州：州名。治所晋城，在今山西晋城市。

甲子[1]，帝至杨刘劳李周曰，“微[2]卿善守，吾事败矣。”

中书侍郎、同平章事[3]卢程以私事干[4]兴唐府，府吏不能应[5]，鞭吏背；光禄卿[6]兼兴唐少尹[7]任团，圜[8]之弟，帝之从姊婿也，诣程诉之。程骂曰：“公何等虫豸[9]，欲倚妇力邪！”团诉于帝。帝怒曰：“朕误相[10]此痴物[11]，乃敢辱吾九卿[12]！”欲赐自尽；卢质力救之，乃贬右庶子[13]。

裴约遣间使[14]告急[15]于帝，帝曰；“吾兄不幸生此枭獍[16]，裴约独能知逆顺。”顾谓北京内牙马步军都指挥使[17]李绍斌曰：“泽州弹丸之地[18]，朕无所用，卿为我取裴约以来。”八月，壬申[19]，绍斌将甲士[20]五千救之，未至，城已陷，约死，帝深惜之。

甲戌[21]，帝自杨刘还兴唐。

梁主命于滑州决河[22]，东注曹、濮及郓以限唐兵。

初，梁主遣段凝监大军于河上，敬翔、李振屡请罢之，梁主曰：“凝未有过。”振曰：“俟其有过，则社稷危矣。”至是，凝厚赂赵、张求为招讨使[23]，翔、振力争以为不可；赵、张主之[24]，竟代王彦章为北面招讨使，于是宿将愤怒，士卒亦不服。天下兵马副元帅张宗奭言于梁主曰：“臣为副元帅，虽衰朽[25]，犹足为陛下捍御[26]北方，段凝晚进，功名未能服人，众议汹汹[27]，恐贻[28]国家深忧。”敬翔曰：“将帅系国安危，今国势已尔[29]，陛下岂可尚不留意邪！”梁主皆不听。

戊子[30]，凝将全军五万营于王村[31]，自高陵津[32]济河，剽掠澶州诸县，至于顿丘[33]。

梁主命王彦章将保銮骑士[34]及他兵合万人，屯兖、郓之境，谋复郓州，以张汉杰监其军。

庚寅[35]，帝引兵屯朝城[36]。

戊戌[37]，康延孝帅百余骑来奔[38]，帝解所御[39]锦袍玉带赐之；以为南面招讨都指挥使，领博州刺史。帝屏人[40]问延孝以梁事，对曰："梁朝地不为狭，兵不为少；然迹[41]其行事，终必败亡。何则？主既暗懦[42]，赵、张兄弟擅权，内结宫掖[43]；外纳货赂，官之高下唯视赂之多少，不择才德，不校[44]勋劳。段凝智勇俱无，一旦居王彦章、霍彦威之右[45]，自将兵以来，专率敛行伍，以奉权贵[46]。每[47]出一军，不能专任将帅，常以近臣监之，进止可否动[48]为所制。近又闻欲数道出兵，令董璋引陕虢、泽潞之兵自石会关[49]趣太原，霍彦威以汝、洛之兵自相卫、邢洺寇镇定，王彦章、张汉杰以禁军攻郓州，段凝、杜晏球[50]以大军当陛下，决以十月大举[51]。臣窃观梁兵聚则不少，分则不多。愿陛下养勇蓄力以待其分兵，帅精骑五千自郓州直抵大梁，擒其伪主[52]，旬月之间，天下定矣。"帝大悦[53]。

（以上为第五段，写梁末帝临阵换将，任用平庸贪婪的段凝为主帅，大势去矣。）

【注释】

[1]甲子：七月二十二日。[2]微：无、没有。[3]中书侍郎、同平章事：右宰相。[4]干：求取。[5]应：供应，办理。[6]光禄卿：光禄寺主管，掌皇室膳食。[7]少尹：尹的副职。[8]任圜：京兆三原（今陕西三原）人，娶李克用外甥女，官至代、宪二郡刺史。传见《旧五代史》卷六十七。[9]虫豸：泛指禽兽以外的小动物。这里比喻下贱者。斥骂之辞。[10]误相：误用其为宰相。[11]痴物：无用的傻瓜。[12]九卿：这里指任团。因光禄寺卿为九卿之一。[13]右庶子：太子官属。[14]间使：密使。[15]告急：报告紧急情况，指泽州被围困的情况。[16]枭獍（jìng）：也作枭境。枭，是食母的恶鸟。獍，一名破镜，是食父的恶兽。枭獍，比喻忘恩负义的恶人。[17]北京内牙马步军都指挥使：即真定府留守禁卫军统领官。[18]弹丸之地：小地方。[19]壬申：八月一日。[20]甲士：带甲的士兵。[21]申戌：八月三日。[22]决河：挖开黄河堤岸。[23]招讨使：官名，总指挥官。[24]主之：主张用他。[25]衰朽：自言年老衰弱，谦词。[26]捍御：捍卫、抵御。[27]讻讻：同"汹汹"，形容人声喧哗，大家气愤不平。[28]贻：留、遗留。[29]已尔：已经如此。指国家形势已到危亡关头。[30]戊子：八月十七日。[31]王村：地名，在今河南清丰县。[32]高陵津：渡口名，在今河南清丰县。[33]顿丘：县名。在今河南浚县西。[34]保銮骑士：皇帝的禁卫亲军。[35]庚寅：八月十九日。[36]朝城：县名。今已撤销，划归山东阳谷县和河南范县。[37]戊戌：八月二十七日。[38]来奔：来投降。[39]御：此处为对皇帝穿着、佩饰的尊称。[40]屏人：屏退旁人。

[41]迹：考校、观察。［42］暗懦：昏庸、懦弱。［43］宫掖：宫廷后妃、内官。［44］校：校核。［45］之右：之上。［46］率敛行伍，以奉权贵：克扣士兵给养，用以奉献权贵。［47］每：常常。据章校，“每”上有“梁主”二字。［48］动：动辄。［49］石会关：关名。在今山西榆社县。［50］杜晏球（873—932）：字莹之，洛阳人，本姓王，为杜氏义子，冒姓杜。官至后唐天平节度使。传见《旧五代史》卷六十四。［51］大举：大规模地开始行动。［52］伪主：指后梁末帝。［53］大悦：大为高兴。

蜀主以文思殿[1]大学士韩昭、内皇城使潘在迎[2]、武勇军使[3]顾在珣[4]为狎客[5]，陪侍游宴，与宫女杂坐[6]，或为艳歌[7]相唱和，或谈嘲谑浪[8]，鄙俚亵慢[9]，无所不至，蜀主乐之。在殉，彦朗之子也。

时枢密使宋光嗣等专断国事，恣为威虐[10]，务徇[11]蜀主，之欲以盗其权。宰相王锴[12]、庾传素等各保宠禄，无敢规正。潘在迎每劝蜀主诛谏者，无使谤国[13]。嘉州司马刘赞[14]献陈后主三阁[15]图，并作歌以讽；贤良方正[16]蒲禹卿[17]对策语极切直；蜀主虽不罪，亦不能用也。

九月，庚戌[18]，蜀主以重阳宴近臣于宣华苑[19]，酒酣，嘉王宗寿乘间[20]极言社稷将危，流涕不已。韩昭、潘在迎曰：“嘉王好酒悲[21]。”因谐笑[22]而罢。

（以上为第六段，写蜀主王衍游宴无度，不听忠言。）

【注释】

［1］文思殿：唐末迁都洛阳，改保宁殿为文思殿。蜀袭唐殿名。［2］潘在迎：蜀主王衍幸臣，常以柔顺侍王衍游宴，劝杀鲠直谏臣。传见《十国春秋》卷四十六。［3］武勇军使：官名，禁卫军军官。［4］顾在珣：唐昭宗时东川节度使顾彦朗之子，为蜀主嬖幸。［5］狎客：陪伴权贵游乐的人。［6］杂坐：混杂地坐在一起。［7］艳歌：柔靡的歌曲。［8］谈嘲谑浪：谈笑、嘲讽、戏谑、放浪。［9］鄙俚亵慢：鄙陋而不文明。亵慢，亵渎简慢。［10］恣为威虐：恣意作威作福、虐害百姓。［11］徇：曲从。［12］王锴：字鱣祥。官至前蜀宰相，劝蜀主兴文教，集四部书于新宫。家藏异书数千本，多手自丹黄。又亲写释藏经若干卷，书法绝工。传见《十国春秋》卷四十一。［13］谤国：背后议论朝政。谤，诽谤。［14］刘赞：官至前蜀嘉州（今四川乐山市）司马。著有《玉堂集》、纂《蜀国文英》等书。传见《十国春秋》卷四十三。［15］陈后主三阁：陈后主在宫中建临春阁、结绮阁、望仙阁，日与嫔妃嬉游而亡国。陈三阁事见《资治通鉴》卷

一百七十六长城公至德二年。［16］贤良方正：察举科目之名。［17］蒲禹卿：四川成都人，传见《十国春秋》卷四十三。［18］庚戌：九月九日。［19］宣华苑：王衍于乾德元年（919）改龙跃池为宣华苑。［20］乘间：乘机。［21］酒悲：人醉后而涕泣，俗称“酒悲”。［22］谐笑：诙谐嬉笑。

帝在朝城，梁段凝进至临河[1]之南，澶西[2]、相南[3]，日有寇掠[4]。自德胜失利以来，丧刍粮数百万，租庸副使孔谦暴敛以供军，民多流亡，租税益少，仓廪之积不支半岁。泽潞未下。卢文进、王郁引契丹屡过瀛[5]、涿之南，传闻俟草枯冰合[6]，深入为寇，又闻梁人欲大举数道入寇，帝深以为忧，召诸将会议。宣徽使李绍宏等皆以为郓州城门之外皆为寇境，孤远难守[7]，有之不如无之，请以易卫州及黎阳于梁，与之约和，以河为境[8]，休兵息民，俟财力稍集，更图后举[9]。帝不悦，曰：“如此吾无葬地矣。”乃罢诸将，独召郭崇韬问之。对曰：“陛下不栉沐[10]，不解甲，十五余年，其志欲以雪家国之仇耻也。今已正尊号，河北士庶[11]日望升平[12]，始得郓州尺寸之地，不能守而弃之，安能尽有中原乎！臣恐将士解体[13]，将来食尽众散，虽画河为境，谁为陛下守之！臣尝细询康延孝以河南[14]之事，度己料彼[15]，日夜思之，成败之机[16]决在今岁。梁今悉以精兵授段凝，据我南鄙[17]，又决河自固[18]，谓我猝[19]不能渡，恃此不复为备。使王彦章侵逼郓州，其意冀[20]有奸人[21]动摇，变生于内耳。段凝本非将材，不能临机决策[22]，无足可畏。降者皆言大梁[23]无兵，陛下若留兵守魏，固保杨刘，自以精兵与郓州合势，长驱入汴，彼城中既空虚，必望风自溃[24]。苟伪主[25]授首，则诸将自降矣。不然，今秋谷不登[26]，军粮将尽，若非陛下决志，大功何由可成！谚曰：‘当道筑室，三年不成[27]。’帝王应运，必有天命，在陛下勿疑耳。”帝曰：“此正合朕志。丈夫得则为王，失则为虏，吾行决矣！”司天[28]奏：“今岁天道不利，深入必无功。”帝不听。

王彦章引兵逾[29]汶水[30]，将攻郓州，李嗣源遣李从珂将骑兵逆战，败其前锋于递坊镇[31]，获将士三百人，斩首二百级，彦章退保中都[32]。戊辰[33]，捷奏至朝城，帝大喜，谓郭崇韬曰：“郓州告捷，足壮吾气[34]。

己巳[35]，命将士悉遣其家属归兴唐[36]。

冬，十月，辛未朔[37]，日有食之。

帝遣[38]魏国夫人刘氏、皇子继岌归兴唐，与之诀[39]曰："事之成败，在此一决；若其不济[40]，当聚吾家于魏宫而焚之！"仍命豆卢革、李绍宏、张宪、王正言同守东京[41]。

（以上为第七段，写梁将王彦章兵败郓州，唐庄宗进兵大梁。）

【注释】

[1]临河：县名。县治在今河南濮阳市西。[2]澶西：澶州之西。[3]相南：相州之南。[4]寇掠：侵扰和掠夺。[5]瀛：瀛州，治所军城，在今河北保定市。[6]草枯冰合：指隆冬季节，青草干枯，河水结冰。[7]孤远难守：孤立而遥远，难以固守。[8]境：疆界。[9]更图后举：再计划出兵。[10]栉沐：洗梳。[11]士庶：士大夫和老百姓。[12]升平：太平。[13]解体：离心，丧失斗志。[14]河南：指代后梁。[15]度己料彼：忖度自己的力量，估计敌人的情况。[16]成败之机：成功和失败的关键。[17]南鄙：南面的边疆。[18]决河自固：段凝自酸枣决河堤灌郓州，用来阻挡后唐兵，借以固守阵地，号称护驾水。[19]猝：突然，仓促之间。[20]冀：希望。[21]奸人：这里指叛徒。[22]临机决策：随机应变，决定策略。[23]大梁：指梁都汴京。[24]自溃：自己崩溃。[25]伪主：指后梁末帝。[26]不登：不丰收，收成不好。[27]当道筑室，三年不成：在大路上造房子，必然要被行人损毁，多年不能成功。比喻作战应避实就虚，出其不意，才能成功。[28]司天：司天监。掌管观察天象的官员。[29]逾：越过。[30]汶水：即大汶河。源出山东莱芜北，注入黄河。[31]递坊镇：地名。在今山东郓城县。[32]中都：县名。在今山东汶上县西。[33]戊辰：九月二十七日。[34]足壮吾气：足以使我军的士气大增。[35]己巳：九月二十八日。[36]兴唐：兴唐府，即魏州。[37]辛未朔：十月一日。[38]遣：送。[39]诀：诀别。[40]不济：不成功。[41]东京：即魏州兴唐府。

壬申[1]，帝以大军自杨刘济河，癸酉[2]，至郓州，中夜[3]，进军逾汶[4]，以李嗣源为前锋，甲戌[5]旦，遇梁兵，一战败之，追至中都，围其城。城无守备，少顷[6]，梁兵溃围[7]出，追击，破之。王彦章以数十骑走[8]，龙武大将军[9]李绍奇[10]单骑追之，识其声，曰："王铁枪[11]也！"拔矟[12]刺之，彦章重伤，马踬[13]，遂擒之，并擒都监[14]张汉杰、曹州[15]刺史李知节、裨将赵廷隐、刘嗣彬[16]等二百余人，斩首数千级。廷隐，开封人；嗣彬，知俊之族子也。

彦章尝谓人曰："李亚子[17]斗鸡小儿[18]，何足畏！"至是，帝谓彦章曰："尔常谓我小儿，今日服未？"又问："尔名善将，何不守兖州？中都无壁垒，何以自固？"彦章对曰："天命已去，无足言者[19]。"帝惜彦章之材，欲用之，赐药傅其创，屡遣人诱谕[20]之。彦章曰："余本匹夫[21]，蒙梁恩，位至上将，与皇帝交战十五年；今兵败力穷[22]，死自其分[23]，纵皇帝怜而生我，我何面目见天下之人乎！岂有朝为梁将，暮为唐臣！此我所不为也。"帝复遣李嗣源自往谕之，彦章卧谓嗣源曰："汝非邈佶烈[24]乎？"彦章素轻嗣源，故以小名呼之。于是诸将称贺，帝举酒属[25]嗣源曰："今日之功，公与崇韬之力也。向[26]从绍宏辈语，大事去矣。"

帝又谓诸将曰："向所患惟王彦章，今已就擒，是天意灭梁也。段凝犹[27]在河上，进退之计，宜何向[28]而可？"诸将以为："传者[29]虽云大梁无备，未知虚实。今东方诸镇兵皆在段凝麾下[30]，所余空城耳，以陛下天威临之，无不下者。若先广地，东傅于海[31]，然后观衅[32]而动，可以万全。"康延孝固请[33]亟取大梁。李嗣源曰："兵贵神速[34]。今彦章就擒，段凝必未之知；就使有人走告，疑信之间[35]尚须三日。设若知吾所向，即发救兵，直路则阻决河[36]，须自白马[37]南渡，数万之众，舟楫亦难猝办。此去大梁至近，前无山险，方陈横行[38]，昼夜兼程，信宿[39]可至。段凝未离河上，友贞已为吾擒矣。延孝之言是也，请陛下以大军徐进，臣愿以千骑前驱。"帝从之。令下，诸军皆踊跃愿行。

是夕，嗣源帅前军倍道[40]趣[41]大梁。乙亥[42]，帝发中都，舁[43]王彦章自随[44]，遣中使[45]问彦章曰："吾此行克乎？"对曰："段凝有精兵六万，虽主将非材，亦未肯遽尔[46]倒戈[47]，殆难克也。"帝知其终不为用，遂斩之。

丁丑[48]，至曹州，梁守将降。

（以上为第八段，写唐庄宗诛王彦章，兵破曹州。）

【注释】

［1］壬申：十月二日。［2］癸酉：十月三日。［3］中夜：半夜、深夜。［4］逾汶：越过汶水。［5］甲戌：十月四日。［6］少顷：不多久。［7］溃围：突围，冲破包围圈。［8］走：逃亡。［9］龙武大将军：禁卫军统帅。［10］李绍奇：即夏鲁奇。李绍奇为庄宗所赐姓名。［11］王铁枪：王彦章的绰号。［12］矟（shuò）：长矛，即槊。［13］马踬（zhì）：马被绊倒。［14］都监：这里指监军。［15］曹州：州名。治所左城，在今山东曹县西北。［16］刘嗣彬（?—923）：刘知俊族子，仕梁为王彦章部属，兵败为唐庄宗所诛。传附《旧五代史》卷十三《刘知俊传》。［17］李亚子：即李存勖。唐昭宗说："此子可亚其父"。因而时人称之为"亚子"。［18］斗鸡小儿：蔑视的称呼。［19］无足言者：没有什么值得说的。［20］诱谕：引诱、晓谕。［21］匹夫：古时指平民中的男子。［22］力穷：力尽。［23］死自其分：死自然是分内的事。［24］邈佶烈：李嗣源小名。［25］属：对。［26］向：过去、从前。［27］犹：还。［28］何向：哪个方向。［29］传者：传言的人。［30］麾（huī）下：部下。麾，古代用以指挥军队的旗帜。［31］东傅于海：傅，通附，达到。向东达到海滨。［32］衅：间隙、机会。［33］固请：坚决请求。［34］兵贵神速：神速，特别迅速。用兵贵在行动特别迅速。［35］疑信之间：怀疑和相信的时间，指举棋不定之间。［36］决河：指段凝所决护驾水。［37］白马：地名，在今河南滑县东北。［38］方陈横行：喻平原广野，部队可以纵横驰骋，迅速推进。方陈，即方阵，古代步兵的一种战斗队形。横行，遍行。部队列成战斗队形，随便可走。［39］信宿：两夜。［40］倍道：用加倍的速度前进。［41］趣：通"趋"。［42］乙亥：十月五日。［43］舁（yú）：抬。［44］自随：跟着自己。［45］中使：宦官。［46］遽尔：立即、迅速。［47］倒戈：投降。［48］丁丑：十月七日。

王彦章败卒有先至大梁，告梁主以"彦章就擒，唐军长驱且至"者，梁主聚族哭曰："运祚[1]尽矣！"召群臣问策，皆莫能对。梁主谓敬翔曰："朕居常[2]忽[3]卿所言，以至于此。今事急矣，卿勿以为怼[4]。将若之何？"翔泣曰："臣受先帝厚恩，殆将三纪[5]，名为宰相，其实朱氏老奴，事陛下如郎君[6]。臣前后献言，莫匪尽忠[7]。陛下初用段凝，臣极言不可，小人朋比[8]，致有今日。今唐兵且至，段凝限于水北，不能赴救。臣欲请陛下出避狄[9]，陛下必不听从[10]；请陛下出奇合战[11]，陛下必不果决；虽使良、平[12]更生，谁能为陛下计者[13]！臣愿先赐死，不忍见宗庙之亡也。"因与梁主相向恸哭。

梁主遣张汉伦驰骑追段凝军；汉伦至滑州，坠马伤足，复限水不能进。

时城中尚有控鹤军[14]数千，朱珪请帅[15]之出战；梁主不从，命开封尹王瓒驱市人乘城[16]为备。

初，梁陕州节度使邵王友诲[17]，全昱之子也，性颖悟，人心多向之。或言其诱致禁军欲为乱，梁主召还，与其兄友谅[18]、友能并幽[19]于别第。及唐师将至，梁主疑诸兄弟乘危谋乱，并皇弟贺王友雍、建王友徽[20]尽杀之[21]。

梁主登建国楼[22]，面择亲信厚赐之，使衣野服[23]，赍蜡诏[24]，促段凝军，既辞，皆亡匿[25]。或请幸洛阳，收集诸军以拒唐，唐虽得都城，势不能久留。或请幸段凝军，控鹤都指挥使皇甫麟曰："凝本非将才，官由幸进[26]，今危窘之际[27]，望其临机制胜[28]，转败为功，难矣。且凝闻彦章败，其胆已破，安知[29]能终为陛下尽节乎！"赵岩曰："事势如此，一下此楼，谁心可保！"梁主乃止。复召宰相谋之，郑珏[30]请自怀传国宝诈降以纾[31]国难，梁主曰："今日固不敢爱宝，但如卿此策，竟可了否？"珏俯首久之，曰："但恐未了。"左右皆缩颈而笑[32]。梁主日夜涕泣，不知所为；置传国宝于卧内，忽失之，已为左右窃之迎唐军矣。

戊寅[33]，或告唐军已过曹州，尘埃涨天，赵岩谓从者曰："吾待温许州厚[34]，必不负我。"遂奔许州。

梁主谓皇甫麟曰："李氏吾世仇，理难降首[35]，不可俟彼刀锯。吾不能自裁[36]，卿可断吾首。"麟泣曰："臣为陛下挥剑死唐军则可矣，不敢奉此诏。"梁主曰："卿欲卖我邪？"麟欲自刭[37]，梁主持之曰："与卿俱死。"麟遂弑梁主，因自杀。梁主为人温恭约[38]，无荒淫之失；但宠信赵、张，使擅威福，疏弃敬、李[39]旧臣，不用其言，以至于亡[40]。

（以上为第九段，写梁末帝闻王彦章兵败，见大势已去，自杀，国亡。）

【注释】

[1]运祚：国家的命运。祚，继统、国统。[2]居常：平常。[3]忽：忽视。[4]怼（duì）：怨恨。[5]殆将三纪：将近三十六年。一纪为十二年。后梁太祖朱晃为宣武节度使时，敬翔即为麾下，故云受恩殆将三纪。[6]郎君：指末帝。古代门生故吏以至僮奴，叫主人之子为"郎君"。[7]莫匪尽忠：无一不是忠言。匪，通"非"。[8]小人朋比：朋比，互相勾结。指张汉杰、

赵岩等。［9］出避狄：据章校，“出”下有“居”字。避狄，避敌。狄，为敌之借字。［10］陛下必不听从：据章校，“从”下有“欲”字。［11］出奇合战：出奇兵与后唐军决战。［12］良、平：张良和陈平。均为汉高祖时谋臣。［13］计者：出谋划策的人。［14］控鹤军：后梁禁卫军。［15］帅：率领。［16］乘城：登城。［17］友诲（?—923）：朱全昱子，封邵王。传见《旧五代史》卷十二。［18］友谅（?—923）：友诲之兄。传见《旧五代史》卷十二。［19］幽：囚禁。［20］友雍（?—923）、友徽（?—923）：传均见《旧五代史》卷十二。［21］尽杀之：《资治通鉴》认为友诲、友谅、友能、友雍、友徽均为末帝所杀。据《通鉴考异》引《旧五代史》云“友谅、友能、友诲，庄宗入汴，同日遇害”。《新五代史》从《旧五代史》，据王禹偁《五代史阙文》云：“庄宗即位，尽诛朱氏。”估计当时形势，末帝自中都告败，救死不遑，未必诛杀兄弟。据此，《旧五代史》得其实。《资治通鉴》未足据。［22］建国楼：后梁宫城南门叫建国门，其楼叫建国楼。［23］野服：老百姓的衣服。［24］赍蜡诏：带着用蜡固封的诏书。［25］亡匿：逃走或躲藏。［26］幸进：得到帝王宠爱而进官。［27］危窘：危险窘迫。［28］临机制胜：面对现实出奇取胜。［29］安知：怎么知道。［30］郑珏（?—932）：小字十九郎，官至后梁同平章事。传见《旧五代史》卷五十八。［31］纾：宽纾，解除。［32］缩颈而笑：忍俊不禁，形容郑珏之迂。［33］戊寅：十月八日。［34］温许州：即温韬。［35］降首：难以低头迎降。［36］自裁：自杀。［37］自刭（jǐng）：自己用刀剑割喉颈。［38］梁主为人温恭约：据章校，“约”上有“俭”字。［39］敬、李：敬翔、李振。［40］以至于亡：因而至于灭亡。唐天祐三年，后梁朱温篡唐，传三代，十七年而亡。

己卯［1］旦，李嗣源军至大梁，攻封丘门［2］，王瓒开门出降，嗣源入城，抚安军民。是日，帝入自梁门［3］，百官迎谒于马首［4］，拜伏请罪，帝慰劳之，使各复其位。李嗣源迎贺，帝喜不自胜［5］，手引［6］嗣源衣，以头触之［7］曰：“吾有天下，卿父子之功也，天下与尔共之。”帝命访求梁主，顷之，或［8］以其首献。

李振谓敬翔曰：“有诏洗涤［9］吾辈，相与朝新君乎？”翔曰：“吾二人为梁宰相，君昏不能谏，国亡不能救，新君若问，将何辞以对！”是夕未曙［10］，或报翔曰：“崇政李太保［11］已入朝矣。”翔叹曰：“李振谬为丈夫［12］！朱氏与新君世为仇雠，今国亡君死，纵新君不诛，何面目入建国门［13］乎！”乃缢而死。

庚辰［14］，梁百官复待罪［15］于朝堂，帝宣敕赦之。

赵岩至许州［16］，温昭图迎谒归第［17］，斩首来献，尽没岩所赍［18］之货[19]。昭图复名韬。

辛巳[20]，诏王瓒收朱友贞尸，殡于佛寺，漆其首[21]，函之，藏于太社[22]。

段凝自滑州济河入援，以诸军排陈使[23]杜晏球为前锋；至封丘[24]，遇李从珂，晏球先降。壬午[25]，凝将其众五万至封丘，亦解甲请降。凝帅诸大将先诣阙[26]待罪，帝劳赐之，慰谕士卒，使各复其所。凝出入公卿间，扬扬自得无愧色，梁之旧臣见者皆欲龁[27]其面，抉[28]其心。

丙戌[29]，诏贬梁中书侍郎同平章事郑珏为莱州司户，萧顷为登州司户，翰林学士刘岳[30]为均州司马，任赞为房州司马，姚颉[31]为复州司马，封翘[32]为唐州司马，李怿[33]为怀州司马，窦梦征为沂州司马，崇政学士刘光素为密州司户，陆崇为安州司户，御史中丞王权[34]为随州司户：以其世受唐恩而仕梁贵显故也。岳，崇龟之从子；颉，万年人；翘，敖之孙；怿，京兆人；权，龟之孙也。

段凝、杜晏球上言："伪梁要人赵岩、赵鹄、张希逸、张汉伦、张汉杰、张汉融、朱珪等，窃弄威福，残蠹群生[35]，不可不诛。"诏："敬翔、李振首佐朱温，共倾唐祚[36]；契丹撒刺阿拨叛兄弃母，负恩背国，宜与岩等并族诛于市；自余文武将吏一切不问。"又诏追废朱温、朱友贞为庶人[37]，毁其宗庙神主。

帝之与梁战于河上也，梁拱宸左厢都指挥使[38]陆思铎[39]善射，常于笴[40]上自镂[41]姓名，射帝，中马鞍，帝拔箭藏之。至是，思铎从众俱降，帝出箭示之，思铎伏地待罪，帝慰而释之，寻授龙武右厢都指挥使。

以豆卢革尚在魏，命枢密使郭崇韬权行[42]中书事。

（以上为第十段，写后唐庄宗入大梁诛梁奸佞，梁将相降后唐。）

【注释】

[1]己卯：十月九日。[2]封丘门：开封北面靠西的城门。大梁城北面有二门，封丘门在西，酸枣门在东。梁开平元年改封丘门为含曜门，时人仍以旧门称呼它。[3]梁门：开封城西面北来第一门。梁开平元年改为乾象门。[4]马首：马前。[5]喜不自胜：高兴得自己不能控制自己。[6]引：拉着。[7]以头触之：用头撞李嗣源。李存勖喜而失态。[8]或：有人。[9]洗涤：

洗刷罪恶。这里指赦免罪行。［10］未曙：天尚未明。［11］崇政李太保：指李振。后梁以李振为崇政使。［12］谬为丈夫：错称好男儿。蔑视的话。［13］建国门：后梁宫城南门，这里指代新君朝廷。［14］庚辰：十月十日。［15］待罪：有罪而等待处理。［16］许州：州名。治所长社，在今河南许昌市。［17］迎谒归第：拜迎谒见接到自己家里。［18］赍：携带。［19］货：财物。［20］辛巳：十月十一日。［21］漆其首：将梁末帝的头用漆涂刷。［22］太社：古代祭土神和谷神的地方，代表国家。［23］诸军排陈使：武官名。指挥排列军阵。［24］封丘：县名。即今河南封丘县。［25］壬午：十月十二日。［26］诣阙：到朝廷。［27］龁（hé）：咬。［28］抉（jué）：挖。［29］丙戌：十月十六日。［30］刘岳：字昭辅，洛阳人，官至后唐吏部侍郎。百官赐告身，自刘岳建议开始实行。传见《新五代史》卷五十五。［31］姚颙（yǐ）（866—940）：字伯真，京兆万年（今陕西西安市）人，官至后晋户部尚书。传见《旧五代史》卷九十二。［32］封翘：封舜卿侄子，仕后梁官至翰林学士、给事中。传附《旧五代史》卷六十八。［33］李怿（yì）：京兆（今陕西西安市）人，仕后晋官至礼、刑二部尚书。传见《旧五代史》卷九十二。［34］王权（864—941）：字秀山，太原（今山西太原市）人。官至后晋兵部尚书。仕后梁，后唐两朝官至马军都指挥使、刺史。传见《旧五代史》卷九十二。［35］残蠹（dù）群生：侵蚀、损害老百姓。［36］祚：皇位，国统。［37］庶人：平民。［38］拱宸左厢都指挥使：禁卫军统领官。［39］陆思铎（890—943）：澶州临黄（今山东阳谷县）人。善射。仕后梁、后唐两朝，官至马军都指挥使、刺史。传见《旧五代史》卷九十。［40］笴（gě）：箭干。［41］镂，刻。［42］权行：暂时代理。

梁诸藩镇稍稍入朝，或上表待罪，帝皆慰释之。宋州节度使袁象先[1]首来入朝，陕州留后霍彦威次之。象先辇[2]珍货数十万，遍赂刘夫人及权贵、伶官[3]、宦者，旬日，中外争誉之，恩宠隆异[4]。己丑[5]，诏伪庭节度、观察、防御、团练使、刺史及诸将校，并不议改更，将校官吏先奔伪庭者一切不问。

庚寅[6]，豆卢革至自魏。甲午[7]，加崇韬守侍中，领成德节度使。崇韬权兼内外，谋猷规益[8]，竭忠无隐，颇亦荐引人物，豆卢革受成[9]而已，无所裁正[10]。

丙申[11]，赐滑州留后段凝姓名曰李绍钦，耀州刺史杜晏球曰李绍虔。

乙酉[12]，梁西都留守河南尹张宗奭[13]来朝，复名全义，献币马千计；帝命皇子继岌、皇弟存纪等兄事之。帝欲发梁太祖墓，斫棺[14]焚其尸，全义上言："朱温虽国之深仇，然其人已死，刑无可加[15]，屠灭其家，足以为报，乞免焚斫以存圣恩。”帝从之，但铲其阙室[16]，削封树[17]而已。

戊戌[18]，加天平节度使李嗣源兼中书令；以北京留守继岌为东京[19]留守、同平章事。

帝遣使宣谕谕诸道[20]，梁所除[21]节度使五十余人皆上表入贡。

楚王殷遣其子牙内马步都指挥使希范[22]入见，纳洪、鄂行营都统印，上本道将吏籍[23]。

荆南节度使高季昌闻帝灭梁，避唐庙讳[24]，更名季兴，欲自入朝，梁震[25]曰：“唐有吞天下之志，严兵守险，犹恐不自保，况数千里入朝乎！且公朱氏旧将，安知彼不以仇敌相遇乎！”季兴不从。

（以上为第十一段，写梁全境降唐，楚王马殷、荆南节度使高季兴归服。）

【注释】

[1]袁象先（864—924）：朱温之甥，后梁时官至宋州节度使。传见《旧五代史》卷五十九。[2]辇：王室用的车子。[3]伶官：古代乐官。[4]隆异：隆重而且超过平常。[5]己丑：十月十九日。[6]庚寅：十月二十日。[7]甲午：十月二十四日。[8]谋猷（yóu）规益：出谋划策，进谏规劝。[9]受成：接受成命。[10]裁正：改正、纠正。[11]丙申：十月二十六日。[12]乙酉：十月十五日。按行文推断，丙申之后为丁酉，丙申，十月二十六日。丁酉，十月二十七日。因此，乙酉，当为丁酉之误。[13]张宗奭（shì）（852—926）：字国维，濮州临濮（今河南范县）人。官至后梁洛京留守、天下兵马副元帅，后唐尚书令。传见《旧五代史》卷六十三。[14]斫（zhuó）棺：砍棺。[15]刑无可加：指对已死亡的人施加刑罚没有意义。[16]阙室：宗庙。[17]封树：坟墓。堆土为坟，叫做“封”。种树做标记，叫做“树”。古代士以上葬礼。[18]戊戌：十月二十八日。[19]东京：当时后唐以魏州为东京。[20]诸道：指各方镇。[21]除：任命。[22]希范（899—947）：即楚文昭王，字宝规，马殷第四子，继其兄希声为楚王，公元932至947年在位。传见《十国春秋》卷六十八。[23]纳洪、鄂行营都统印，上本道将吏籍：纳印、上将吏名册，表示投降、归奉新朝正朔，因后梁任命马殷为洪、鄂行营都统。[24]避唐庙讳：后唐李克用之父名国昌，高季昌避昌字讳，改名季兴。[25]梁震：邛州依政（今四川邛崃市东南）人，初名霭，不受楚官，但以宾客名义辅政。传见《十国春秋》卷一百二。

帝遣使以灭梁告吴蜀，二国皆惧。徐温尤[1]严可求曰：“公前沮[2]吾计，今将奈何？”可求笑曰：“闻唐主始得中原，志气骄满，御下无法[3]，不出数年，将有内变，吾卑辞厚礼[4]，保境安民以待之耳。”唐使称诏，吴人不受；帝易其书，用敌国之礼[5]，曰“大唐皇帝致书于吴国主”，吴人复书称“大吴国主上大唐皇帝”，辞礼如笺表[6]。

吴人有告寿州[7]团练使钟泰章[8]侵[9]市官马者，徐知诰以吴王之命，遣滁州[10]刺史王稔[11]巡霍丘，因代为寿州团练使，以泰章为饶州[12]刺史。徐温召至金陵，使陈彦谦诘[13]之者三，皆不对。或问泰章：“何以不自辨[14]？”泰章曰：“吾在扬州，十万军中号称壮士；寿州去淮数里，步骑不下五千，苟有他志，岂王稔单骑能代之乎！我义不负国，虽黜[15]为县令亦行，况刺史乎！何为自辨以彰朝廷之失！”徐知诰欲以法绳[16]诸将，请收[17]泰章治罪。徐温曰：“吾非泰章，已死于张颢[18]之手，今日富贵，安可负之！”命知诰为子景通娶其女以解[19]之。

彗星[20]见舆鬼[21]，长丈余，蜀司天监言国有大灾。蜀主诏于玉局化[22]设道场，右补阙[23]张云[24]上疏，以为：“百姓怨气上彻于天，故彗星见。此乃亡国之征，非祈禳[25]可弭[26]。”蜀主怒，流云黎州，卒于道。

郭崇韬上言：“河南[27]节度使、刺史上表者但称姓名，未除新官，恐负[28]忧疑。”十一月，始降制以新官命之。

滑州留后李绍钦[29]因伶人景进[30]纳货于宫掖，除泰宁节度使。

（以上为第十二段，写吴国亢礼后唐，蜀主惶恐祈禳，求神灵佑国。）

【注释】

[1]尤：责怪。[2]沮：通“阻”，阻止。[3]御下无法：驾驭臣下没有法度。[4]吾卑辞厚礼：据章校，“十二行本‘卑’上有‘但当’二字。[5]敌国之礼：对等国家的礼节。[6]笺表：文体的名称。上皇帝的文书。[7]寿州：州名。治所寿春，在今安徽寿县。[8]钟泰章：安徽合肥人，勇敢有胆略。官至饶州刺史。传见《十国春秋》卷十。[9]侵：侵占。[10]滁州：州名，治所新昌，在今安徽滁州市。[11]王稔（rěn）：安徽庐州人。传见《十国春秋》卷九。[12]饶州：州名。治所鄱阳，今江西鄱阳县。[13]诘：盘问。[14]自辨：为自己辩护。[15]黜：贬斥。[16]绳：约束。[17]收：逮捕。[18]张颢（hào）：河南汝南人，吴大将，谋杀杨渥的祸首。传见《十国春秋》卷十三。[19]解：和解。[20]彗星：太阳系中的一种天体，形如扫帚。古人称其为“妖星”“欃枪”和“扫帚星”，认为它的出现是灾祸的预兆。[21]舆

鬼：属二十八宿中的鬼宿。舆鬼五星，古代认为是天的眼睛，主观察奸谋，相应于秦州、雍州地分。彗星犯舆鬼，兵起，国不安。［22］玉局化：地名，在成都。相传李老君为张道陵在此说《南北斗经》，既去而地中因成地穴，故名："玉局"。［23］右补阙：谏官，属中书省。［24］张云（?—923）：唐安（今四川崇州市）人，传见《十国春秋》卷四十三。［25］祈禳（ráng）：向神求祷，消灾得福。［26］弭（mǐ）：弥补，消除。［27］河南：泛指梁朝。［28］负：指心理承担着。［29］李绍钦：即段凝。［30］景进：后唐伶官，得宠于庄宗，参决军国大政，官至光禄大夫，爵上柱国。传见《新五代史》卷三十七。

帝幼善音律[1]，故伶人多有宠，常侍左右；帝或时自傅粉墨[2]，与优人共戏于庭，以悦刘夫人，优名谓之"李天下"。尝因为优，自呼曰"李天下，李天下"，优人敬新磨遽[3]前批其颊[4]。帝失色，群优亦骇愕[5]，新磨徐曰："理[6]天下者只有一人，尚谁呼邪！"帝悦，厚赐之。帝尝畋于中牟[7]，践民稼，中牟令当[8]马前谏曰："陛下为民父母，奈何毁其所食，使转死沟壑[9]乎！"帝怒，叱去，将杀之。敬新磨追擒至马前，责之曰："汝为县令，独不知吾天子好猎邪？奈何纵民耕种，以妨吾天子之驰骋乎！汝罪当死！"因请行刑，帝笑而释之。

诸伶出入宫掖，侮弄缙绅[10]，群臣愤嫉，莫敢出气[11]；亦反有相附托以希[12]恩泽者，四方藩镇争以货赂结[13]之。其尤蠹政[14]害人者，景进为之首。进好采闾阎[15]鄙细事闻于上，上亦欲知外间事，遂委进以耳目。进每奏事，常屏左右[16]问之，由是进得施其谗慝[17]，干预政事。自将相大臣皆惮[18]之，孔岩[19]常以兄事之。

壬寅[20]，岐王[21]遣使致书，贺帝灭梁，以季父[22]自居，辞礼甚倨[23]。

癸卯[24]，河中节度使朱友谦入朝，帝与之宴，宠锡[25]无算。

张全义请帝迁都洛阳[26]，从之。

乙巳[27]，赐朱友谦姓名曰李继麟，命继岌兄事之。

以康延孝为郑州[28]防御使，赐姓名曰李绍琛。

废北都[29]，复为成德军。

赐宣武节度使袁象先姓名曰李绍安。

匡国节度使温韬入朝，赐姓名曰李绍冲。绍冲多赍金帛赂刘夫人及权贵伶宦，旬日，复遣还镇。郭崇韬曰："国家为唐雪耻，温韬发唐山陵殆遍[30]，其罪与朱温相埒[31]耳，何得复居方镇，天下义士其谓我何！"上曰；"入汴之初，已赦其罪。"竟遣之。

戊申[32]，中书奏以："国用未充[33]，请量留三省、寺、监官，余并停[34]，俟见任[35]者满二十五月，以次代之；其西班[36]上将军以下，令枢密院准此。"从之。人颇咨怨。

（以上为第十三段，写后唐庄宗灭梁伊始，嬖伶官，宠刘夫人，后梁降官善阿谀者贵幸，天下失望。）

【注释】

[1]音律：乐律。音乐和曲谱。[2]自傅粉墨：自己在脸上涂油彩扮成戏角。[3]敬新磨：伶人，最善俳谑。传见《新五代史》卷三十七。[4]批其颊：反手打巴掌。[5]骇愕：害怕而惊愕。[6]理：治。[7]中牟：县名，在今河南中牟县。[8]当：通"挡"。阻挡在马前。[9]转死沟壑：沟壑，溪谷，引申为野死之处。使老百姓流离失所，死于途中。[10]缙绅：指代官宦。[11]莫敢出气：敢怒而不敢言，害怕畏缩的样子。[12]希：侥幸获得。[13]结：结交。[14]蠹政：损害政治。[15]闾阎：里巷的门。借指平民。[16]屏左右：让左右的人回避。屏，隔绝，引申为回避。[17]谗慝（tè）：说别人坏话，中伤别人。慝，邪恶。[18]惮：畏忌、害怕。[19]孔岩：当作孔谦。[20]壬寅：十一月二日。[21]岐王：即李茂贞。[22]季父：叔父。[23]倨（jù）：傲慢。[24]癸卯：十一月三日。[25]宠锡：锡，通"赐"，宠幸和赏赐。[26]迁都洛阳：后唐以洛阳为国都。[27]乙巳：十一月五日。[28]郑州：州名。治所管城，在今河南郑州市。[29]北都：后唐于公元923年四月以镇州为北都。至是时废除，复称成德军。[30]发唐山陵殆遍：温韬盗掘唐朝诸帝在其辖境内的全部坟墓。世称"盗陵贼"。[31]相埒（liè）：相等。[32]戊申：十一月八日。[33]未充：不充裕。[34]余并停：其他冗官、机构，一律裁撤。[35]见任：见，通"现"。现任官员。[36]西班：朝会序位，武官列于西边，故称西班。

初，梁均王将祀南郊[1]于洛阳，闻杨刘陷而止，其仪物[2]具在。张全义请上亟幸洛阳，谒庙[3]毕即祀南郊；从之。

丙辰[4]，复以梁东京开封府为宣武军[5]汴州。梁以宋州为宣武军，诏更名归德军[6]。

诏文武官先诣[7]洛阳。

议者以郭崇韬勋臣[8]为宰相，不能知朝廷典故，当用前朝名家以佐之。或荐礼部尚书薛廷珪[9]；太子少保李琪，尝为太祖册礼使[10]，皆耆宿[11]有文，宜为相。崇韬奏廷珪浮华[12]无相业，琪倾险[13]无士风；尚书左丞赵光胤[14]廉洁方正，自梁未亡，北人皆称其有宰相器。豆卢革荐礼部侍郎韦说[15]谙练[16]朝章。丁巳[17]，以光胤为中书侍郎，与说并同平章事。光胤，光逢之弟；说，岫之子；廷珪，逢之子也。光胤性轻率，喜自矜[18]；说谨重守常[19]而已。

赵光逢自梁朝罢相，杜门[20]不交宾客，光胤时往见之，语及政事；他日，光逢署其户曰："请不言中书事[21]。"

租庸副使孔谦畏张宪公正，欲专使务[22]，言于郭崇韬曰："东京重地，须大臣镇之，非张公[23]不可。"崇韬即奏以宪为东京副留守，知留守事[24]。戊午[25]，以豆卢革判[26]租庸，兼诸道盐铁转运使。谦弥[27]失望。

己未[28]，加张全义守尚书令，高季兴守中书令。时季兴入朝，上待之甚厚，从容[29]问曰："朕欲用兵于吴、蜀，二国何先？"季兴以蜀道险难取，乃对曰："吴地薄民贫，克之无益，不如先伐蜀。蜀土富饶，又主荒民怨[30]，伐之必克。克蜀之后，顺流而下，取吴如反掌[31]耳。"上曰："善！"

辛酉[32]，复以永平军大安府为西京京兆府[33]。

甲子[34]，帝发大梁；十二月，庚午[35]，至洛阳。

吴越王镠以行军司马[36]杜建徽[37]为左丞相。

壬申[38]，诏以汴州宫苑为行宫[39]。

以耀州为顺义军[40]，延州为彰武军[41]，邓州为威胜军[42]，晋州为建雄军[43]，安州为安远军[44]；自余藩镇，皆复唐旧名。

（以上为第十四段，写唐庄宗迁都洛阳。）

【注释】

[1]祀南郊：南郊祭天。为古代行祭天之礼。[2]仪物：祭祀的礼器、法物。[3]谒庙：拜谒唐在洛阳的太庙。[4]丙辰：十一月十六日。[5]宣武军：方镇名。后唐庄宗同光元年

（923），改后梁东京开封府为宣武军，治所汴州。［6］归德军：方镇名。后唐庄宗同光元年（923），改后梁宣武军为归德军，治所宋州，在今河南商丘市南。［7］诣：往、到。［8］勋臣：有大功劳的大臣。［9］薛廷珪（?—925）：官至后梁礼部尚书。著有《凤阁词书》十卷、《克家志》五卷。传见《旧五代史》卷六十八。［10］册礼使：官名。行立后妃，封亲王、皇子、大长公主，拜三师、三公、三省长官册封礼的使者。薛廷珪、李琪，当李克用为晋王时，曾为册礼使至太原。［11］耆宿：年高而有道德学问的人。［12］浮华：华而不实。［13］倾险：心术不正。［14］赵光胤（?—925）：以词艺知名，官至后唐同平章事。传见《旧五代史》卷五十八。［15］韦说（?—927）：官至后唐同平章事。传见《旧五代史》卷六十七。［16］谙练：熟练。［17］丁巳：十一月十七日。［18］自矜：自以为贤能。［19］谨重守常：谨慎郑重，按常规办事。［20］杜门：闭门不出。［21］中书事：即国家政事。［22］欲专使务：要想独专租庸使的事务。［23］张公：对张宪的敬称。［24］知留守事：权知魏州留守的事务。［25］戊午：十一月十八日。［26］判：以官爵高的任低职叫判，如兼任叫兼判或判。［27］弥：大大地、深深地。［28］己未：十一月十九日。［29］从容：舒缓地。［30］主荒民怨：国主荒淫，人民怨恨。［31］反掌：比喻像反转手掌那样容易。［32］辛酉：十一月二十一日。［33］西京京兆府：后梁改长安为永平军，改京兆府为大安府。现改为西京京兆府。［34］甲子：十一月二十四日。［35］庚午：十二月一日。［36］行军司马：节度使属官。佐节度使掌军务。［37］杜建徽（863—950）：字延光，幼强勇，随钱镠征伐，所至立功，军中谓之“虎子”。官至吴越国丞相。传见《十国春秋》卷八十四。［38］壬申：十二月三日。［39］行宫：古代京城以外供帝王出行时居住的宫室。［40］顺义军：方镇名，治所耀州，后梁改耀州为崇州，义胜军为静胜军。后唐改静胜军为顺义军，改崇州仍为耀州。［41］彰武军：方镇名，治所延州。唐僖宗中和二年（882），以延州置保塞军节度。后梁改为忠义军，后唐改为彰武军。［42］威胜军：方镇名，治所邓州。后梁置宣化军，后唐改为威胜军。［43］建雄军：方镇名。治所晋州。唐属护国军节度。后梁开平四年（910）置定昌军。贞明三年（917）改为建宁军。后唐改为建雄军。［44］安远军：方镇名，治所安州。后梁置宣威军。后唐改为安远军。

庚辰[1]，御史台奏：“朱温篡逆，删改本朝《律令格式》[2]，悉收旧本焚之，今台司[3]及刑部、大理寺所用皆伪廷之法。闻定州敕库[4]独有本朝[5]《律令格式》具在，乞下本道录进[6]。”从之。

李继韬闻上灭梁，忧惧[7]，不知所为[8]，欲北走契丹，会有诏征[9]诣阙[10]；继韬将行，其弟继远曰：“兄以反为名，何地自容[11]！往与不往等耳，不若深沟高垒，坐食积粟，犹可延岁月；入朝，立死[12]矣。”或谓继韬曰：“先令公[13]有大功于国，主上于公，季父[14]也，往必无虞[15]。”继韬母杨氏，善蓄财，家赀[16]百万，乃与杨氏偕行，赍银四十万两，他货称是[17]，大布赂遗[18]。伶人宦官争为之言[19]曰：“继韬初无邪谋，为奸人[20]所惑耳。嗣昭亲贤[21]，不可无后。”杨氏复入宫见帝，泣请其死[22]，以其先人为言；又求哀于刘夫人，刘夫人亦为之言。及继韬入见待罪，上释之[23]，留月余，屡从游畋[24]，宠待如故[25]。皇弟义成[26]节度使、同平章事存渥深诋诃[27]之，继韬心不自安，复赂左右求还镇，上不许。继韬潜遣[28]人遗继远书，教军士纵火，冀天子复遣己抚安之，事泄，辛巳[29]，贬登州长史，寻[30]斩于天津桥南[31]，并其二子。遣使斩李继远于上党[32]，以李继达充军城巡检[33]。

召权知军州事李继俦诣阙，继俦据有继韬之室，料简[34]妓妾，搜校货财，不时即路[35]。继达怒曰：“吾家兄弟父子同时诛死者四人，大兄曾无骨肉之情，贪淫如此；吾诚[36]羞之，无面视人，生不如死！”甲申[37]，继达衰服[38]，帅麾下[39]百骑坐戟门[40]呼曰：“谁与吾反者？”因攻牙宅[41]，斩继俦。节度副使李继珂闻乱，募市人[42]，得千余，攻子城[43]。继达知事不济，开东门，归私第，尽杀其妻子，将奔契丹，出城数里，从骑皆散，乃自刭。

（以上为第十五段，写李继韬兄弟六人，次策被诛灭。）

【注释】

[1]庚辰：十二月十一日。[2]《律令格式》：四种法典名称。律，正刑定罪的刑律法典；令，关于国家体制和基本制度的法规；格，国家机关日常办事的行政法规；式，国家机关的公文程式。四种法典编制成册，供各地参考执行。后梁改定《律令格式》，见《资治通鉴》卷二百六十七梁太祖开平四年。[3]台司：御史台。[4]敕库：藏敕令的地方。[5]本朝：指唐朝。[6]录进：抄录进奉。[7]忧惧：担忧和惧怕。[8]不知所为：不知道怎么办好。[9]征：征召。[10]诣阙：到朝廷去。[11]何地自容：哪有地方能容纳自己。[12]立死：立即处死。[13]先令公：指李嗣昭。[14]季父：叔父。[15]无虞：没有问题。[16]家赀：家产。[17]他货称是：其他财物也略值银四十万两。称是，与此相当。[18]大布赂遗：大搞贿赂活动。[19]争为之言：争着替他说好话。[20]奸人：坏人。[21]亲贤：皇帝的近亲和贤人。[22]泣请其死：哭着请求免去继韬死罪。[23]上释之：庄宗宽恕了他。[24]游畋：打猎。[25]宠待如故：宠幸对待他像过去一样。[26]义成：方镇名。唐置。治所滑州。后梁改

为宣义军，后唐仍改为义成军。［27］诋诃（hé）：辱骂、呵斥。继韬兄弟奉父丧归潞州，李存渥奉晋王令追止之，几被继韬兄弟斩杀，故诋诃之。事见上卷梁均王龙德二年。［28］遗（wèi）：送、给。［29］辛巳：十二月十二日。［30］寻：不久。［31］天津桥南：地名。在今河南洛阳市西南。［32］上党：郡名。治所壶关，在今山西长治市。［33］军城巡检：武官名。节度使府属官。掌城防等。［34］料简：检点选择。［35］不时即路：不按时上路。［36］诚：确实。［37］甲申：十二月十五日。［38］衰服：穿着孝服。［39］麾下：部下。［40］戟门：宫门，因宫门列戟，故称戟门。这里指节度使府门。［41］牙宅：节度使府衙。［42］市人：城市平民及商人。［43］子城：内城或月城。

甲申[1]，吴王复遣司农卿[2]洛阳卢蘋[3]来奉使，严可求豫料帝所问，教蘋应对，既至，皆如可求所料。蘋还，言唐主荒于游畋，啬财拒谏，内外皆怨。

高季兴在洛阳，帝左右伶宦[4]求货无厌[5]，季兴忿之[6]。帝欲留季兴，郭崇韬谏曰："陛下新得天下，诸侯不过遣子弟将佐入贡，惟高季兴身自入朝[7]，当褒赏以劝[8]来者；乃羁留不遣[9]，弃信亏义，沮[10]四海之心，非计也。"乃遣之。季兴倍道[11]而去，至许州，谓左右曰："此行有二失[12]：来朝一失，纵[13]我去一失。"过襄州[14]，节度使孔勍留宴，中夜[15]，斩关[16]而去。丁酉[17]，至江陵[18]，握梁震手曰："不用君言，几[19]不免虎口。"又谓将佐曰："新朝[20]百战方得河南[21]，乃对功臣举手云，'吾于十指上得天下[22]，'矜伐[23]如此，则他人皆无功矣，其谁不解体[24]！又荒于禽色[25]，何能久长！吾无忧矣。"乃缮城[26]积粟，招纳梁旧兵，为战守之备。

（以上为第十六段，写唐庄宗沉湎游猎，敛财拒谏，吴、荆南离心，无忧唐矣。）

【注释】

［1］甲申：十二月十五日。［2］司农卿：司农寺长官，掌粮食积储、仓廪管理及京朝禄米供应等事务。［3］卢蘋：洛阳（今河南洛阳市）人。博学、善应对。传见《十国春秋》卷九。［4］伶宦：指伶人和宦官。"宦"，原文作"官"，据章校改。［5］求货无厌：索取财富，没有满足的时候。［6］忿之：愤恨他们。［7］身自入朝：亲自前来朝贺。［8］劝：鼓励。［9］羁留不遣：指扣留高季兴，不让他回荆南。［10］沮：败坏。［11］倍道：兼程。用加倍的速度赶路。［12］失：失策。［13］纵：放。［14］襄州：州名。治所襄阳，在今湖北襄阳市。［15］中夜：

半夜。［16］斩关：斩开凤林关门。［17］丁酉：十二月二十八日。［18］江陵：府名，在今湖北江陵县。［19］几：几乎。［20］新朝：指后唐。［21］河南：指后梁疆土。［22］吾于十指上得天下：李存勖自夸天下是他用双手得来的，抹煞他人功劳。［23］矜伐：骄矜。［24］解体：离心。［25］禽色：像禽兽一样，好色乱伦。［26］缮城：修缮城墙。

【点评】

本卷点评晋王置相、后梁之灭、后梁忠臣王彦章、高季兴入朝四件史事。

一、晋王置相。公元923年春二月，晋王李存勖在魏州颁下命令，设置百官，在河东、魏博、易定、镇冀四镇判官中选出二人为相，义武（即易定）节度判官豆卢革、河东观察判官卢程两人被选，晋王任命他们为行台左、右丞相。一切就绪，晋王于四月二十五日己巳即帝位于魏州，国号大唐，史称后唐。节度判官有两职，一是掌钱粮兵马事务的武职判官，一是掌表奏书檄的文职判官。晋王置相，豆卢两人应是文职判官，不过是方镇属下的刀笔吏，于诸将中没有威望。李存勖只知崇尚武力，不重文治，置相只是作一个摆设，军国大事不与之谋议，其相之轻也如鸿毛。王夫之曰："天下可无相也，则亦可无君也。相轻于鸿毛，则君不能重于泰山也。"（《读通鉴论》卷二十八）其言极是。汉高祖打天下，倚重萧何，使其坐镇后方，足食足兵，及至论功，汉高祖以萧何功第一，诸将不服，汉高祖以人功狗功之说叱斥诸将，诸将不得不服。豆卢革、卢程只是一方镇幕僚，诸将视之如鸿毛，是以天子孤立无辅，唐祚之不久，于此可见端倪。

二、后梁之亡。公元923年十月八日戊寅，大梁城破，后梁末帝朱友贞与陪侍大臣控鹤都指挥使皇甫麟俱死于殿，后梁亡。唐天祐三年（906）朱温篡唐，传三代，至是而亡，享祚十七年。后梁末帝不昏不暴，是一个仁弱的中庸之主，若得贤良辅佐，可以守天下，可以治天下。朱友贞是在后梁政治腐败内讧中侥幸上台的，忌疑心太重，不信用旧臣，亲近谗佞小人，赵岩、张汉杰等人用事，邪枉炽结，贿赂公行，朝纲败坏，后梁政治急剧恶化，上下离心，土崩瓦解而不可救药。段凝非大将才，且怀二心，因贿赂赵、张奸邪，后梁末帝信之不疑，违众用为大将，刘鄩遭诛杀，王彦章被贬为偏将，自毁长城，于是国事不可收拾。晋王李存勖英勇善战，决策正确，后梁末帝非其敌手，但总体力量对比，后梁在中原，地广人众，优势在后梁。即使是李存勖长驱入汴，犯孤军深入之忌，后梁虽然后防空虚，君臣合力对付一支孤军仍然有所可为。敬翔建言，出走避敌，或出奇决战，也是死中求活的一条路，后梁末帝均不听从，只是哭天叫地，坐以待毙，徒唤奈何，如此不亡，天理难容。史称后梁末帝"为人温恭俭约，无荒淫之失；但宠信赵、张，使擅威福，疏弃敬、李旧臣，不用其言，以至于亡"。此言梁之亡，不是晋王李存勖灭梁，而是后梁末帝自己灭亡了自己，此论极为中肯。观五代之嬗递，非只梁朝自亡，后唐、后晋、后汉皆是自取灭亡，具有共同性。自唐末以来，群雄割据，军阀混战，有力者称雄，君臣之义、父子之亲，全都淡薄。以诈力得为君，则不信于臣，平庸之主，无识人的慧眼，忠奸不辨，于是小人进，贤人隐，一代又一代，形成恶性循环，没有一个君主有治国的远图，骤兴骤亡，也就是必然的了。

三、后梁忠臣王彦章。王彦章，字贤明，一作子明，郓州寿张县人。年少从军，隶后梁太祖朱温帐下为军校，惯使一柄铁枪冲锋陷阵，所向披靡，人称王铁枪。王彦章积功任澶州刺史。后梁开平五年三月，王彦章奉命率精骑屯邺城，晋人乘虚攻陷澶州，掳掠了王彦章一家，晋王迁其家于晋阳，遣使诱降王彦章，王彦章斩其使以绝晋人之望，晋王诛灭王彦章全家。龙德三年，后梁灭亡前夕，梁相敬翔泣谏后梁末帝起用王彦章为大将，代戴思远为北面招讨使，授命之日，戎装前行，与晋王大战杨刘，凡百余战，昼夜不息，晋王亲临前线，方解危困。后梁末帝信人不专，竟听赵岩、张汉杰群小之言，以庸将段凝代王彦章为招讨使。王彦章被罢兵权无怨言。晋王迂回突入郓州偷袭大梁，后梁末帝不得已再用王彦章率偏师应敌，复又以张汉杰为监军。王彦章寡不敌众，兵败被擒，晋王惜其才，以百计诱降，王彦章誓死不从，为晋人所杀，死年六十一岁。王彦章五月代戴思远为大将，七月被解兵权，十月梁亡。后梁末帝面临亡国，还疑忌功臣，自毁长城，梁之亡不足惜，而王铁枪尽忠死国，深为可惜。后晋卖国儿皇帝石敬瑭，嘉叹王彦章之忠诚，诏赠太师，寻访子孙录用。

四、高季兴入朝。高季兴，字贻孙，陕州硖石人。本名季昌，入唐避庄宗庙讳李国昌而改名季兴。高季兴随后梁太祖朱温征战，擢为荆南兵马留后，后梁末帝封为渤海王。高季兴割据荆南，地狭民寡，依附于吴蜀之间，梁不能制。后唐庄宗灭梁后，高季兴入朝，幕僚梁震阻其行，高季兴不听。庄宗左右劝庄宗留季兴于洛阳，加兼中书令。枢密使郭崇韬方用事，劝庄宗以信义收天下，放季兴归藩，季兴得间，日夜兼程返荆南，谓左右曰："此行有二失，来朝一失，纵我去一失。"后唐庄宗宣言于众曰："吾于十指上得天下。"此为骄矜妄语，功劳都是自己的，部属诸将还有什么功劳呢。后唐庄宗的一句失言，高季兴已洞察出后唐庄宗气量褊狭，加之荒于声色，推度后唐不得久长。高季兴不再忧唐室，藐视庄宗之为人，加紧了割据步伐。高季兴与后唐庄宗各有一失，庄宗之失放虎归山，季兴之失冒入虎穴。而高季兴最终脱出虎口，探得虚实，是赢家，后唐庄宗却是输家。

卷二七三　后唐纪二

后唐庄宗同光二年至三年（924—925年）

【起阏逢涒滩（甲申，924年），尽旃蒙作噩（乙酉，925年）十月，凡一年有奇】

【大事提要】

本卷记事起于公元924年，讫于公元925年十月，凡一年又十个月。当后唐庄宗同光二年至同光三年十月。后唐庄宗为开国英主，同时又是亡国昏君，双重人格备于一身，可谓经典。大唐之亡，宦官乱政是一重要原因。后唐庄宗初建国，不仅宠信伶官滥封高官，而且宠信宦官，宫中宦官超员至万人，各藩镇重置监军，唐亡之弊政一一恢复。后唐庄宗幸魏州，竟然毁弃即位祭坛改为临时球场，背本忘天。后唐庄宗行猎，践踏民田禾稼。后唐庄宗大建宫室选美，又拜妖僧祈雨，无人君庄严之度。后唐庄宗听信伶官、宦官谗言，借故笞杀耿直大臣河南令。后唐庄宗嫡母太妃、生母太后相继亡故，哀丧尽孝，为人子称善，而为人君则荒怠政事，于社稷为不忠。后唐庄宗骄淫败政，遭偏远南汉之主蔑视，认为中原之唐主不足畏。前蜀国主王衍荒淫败政比于后唐庄宗又过之，乃至任用宦官为节镇，淫乱臣属妻女，毫无羞耻。后唐庄宗遣使蜀中探虚实，前蜀主昧于两国和好而裁撤防守。后唐大军伐前蜀，王衍竟逆行游幸。唐军势如破竹，前蜀主兼程西逃。

庄宗光圣神闵孝皇帝中

同光二年（甲申，924年）

春，正月，甲辰[1]，幽州奏契丹入寇，至瓦桥[2]。以天平军节度使李嗣源为北面行营都招讨使，陕州留后霍彦威副之，宣徽使李绍宏[3]为监军，将兵救幽州。

孔谦复言于郭崇韬曰："首座相公[4]万机事繁，居第且远，租庸簿书多留滞[5]，宜更图之。"豆卢革尝以手书便省库钱[6]数十万，谦以手书示崇韬，崇韬微以讽革[7]。革惧，奏请崇韬专判租庸，崇韬固辞。上曰："然则谁可者？"崇韬曰："孔谦虽久典金谷[8]，若遽委大任，恐不叶物望[9]，请复用张宪。"帝即命召之。谦弥失望。

岐王闻帝入洛，内不自安，遣其子行军司马彰义[10]节度使兼侍中继曮[11]好入贡，始上表称臣。帝以其前朝耆旧[12]，与太祖比肩[13]，特加优礼，每赐诏但称岐王而不名。庚戌[14]，加继曮中书令[15]，遣还。

敕："内官不应居外[16]，应前朝内官及诸道监军并私家先所畜者，不以贵贱，并遣诣阙。"时在上左右者已五百人，至是殆及[17]千人，皆给赡[18]优厚，委之事任[19]，以为腹心。内诸司使[20]，自天祐以来以士人代之，至是复用宦者，浸干[21]政事。既而复置诸道监军，节度使出征或留阙下，军府之政皆监军决之，陵忽[22]主帅，怙势[23]争权，由是藩镇皆愤怒。

（以上为第一段，写唐庄宗信用宦官，对各藩镇重置监军，导致唐朝灭亡的弊政一一恢复。）

【注释】

[1]甲辰：一月五日。 [2]瓦桥：瓦桥关，在河北雄县易水南。 [3]李绍宏：宦者，本姓马，赐姓李，为庄宗所信用。李绍宏贪赃贿赂，专威福，诬杀大臣，挑动明宗反叛，是祸害庄宗的一大奸人。传见《新五代史》卷三十八。 [4]首座相公：指豆卢革。时为首相，故称之。 [5]留滞：积久不办。指豆卢革兼判租庸使，事多留滞。 [6]便省库钱：借中央金库的钱。 [7]微以讽革：暗中告诉豆卢革。 [8]久典金谷：长久掌管钱谷。 [9]不叶物望：不符合士大夫舆论愿望。 [10]彰义：方镇名。唐昭宗乾宁元年（894）泾原节度使赐号彰义军节度。治所泾州，在今甘肃泾川县北。岐仍称彰义军。 [11]继曮（898—946）：即李从曮，李茂贞长子，后晋时继封岐王、秦王。传见《旧五代史》卷一百三十二。 [12]耆旧：年高而久负声望的人。 [13]比（bǐ）肩：并肩，地位相等。 [14]庚戌：一月十一日。 [15]中书令：据章校，"中"上有"兼"字。李继曮兼中书令，只是加官荣衔。 [16]内官不应居外：内官，指宦官。昭宗天复三年朱温大诛宦官，有的散投藩镇及为私养者，至此均召回宫中。 [17]殆及：将达到。 [18]给赡：供给赡养。 [19]事任：事务职任。 [20]内诸司使：皇宫内奉侍皇室的机关，如客省司、庄宅司、司膳司、左藏库司等，主管均称"使"，由宦官职掌。唐后期宦官擅权，扩大内诸司职能，又有掌外权的司使，如监军使、馆驿使、市舶使等。朱温诛宦官，内诸司使改用士人，后唐又复用宦官，如唐之旧。 [21]浸干：侵犯、干预。 [22]陵忽：欺慢上司。 [23]怙（hù）势：凭恃权势。

契丹出塞[1]。召李嗣源旋师，命泰宁节度使李绍钦、泽州刺史董璋戍瓦桥。

李继曮见唐甲兵之盛，归，语岐王，岐王益惧，癸丑[2]，表请正藩臣之礼；优诏[3]不许。

孔谦恶张宪之来，言于豆卢革曰："钱谷细事，一健吏[4]可办耳。魏都根本之地，顾不重乎！兴唐尹王正言操守有余[5]，智力不足，必不得已，使之居朝廷[6]，众人辅之，犹愈于专委方面也。"革为之言于崇韬，崇韬乃奏留张宪于东京。甲寅[7]，以正言为租庸使。正言昏懦，谦利其易制故也。

李存审奏契丹去，复得新州[8]。

戊午[9]，敕盐铁、度支、户部三司并隶[10]租庸使。

上遣皇弟存渥、皇子继岌迎太后、太妃于晋阳，太妃曰："陵庙在此[11]，若相与俱行，岁时何人奉祀！"遂留不来。太后至，庚申[12]，上出迎于河阳[13]；辛酉[14]，从太后入洛阳。

二月，己巳朔[15]，上祀南郊，大赦。孔谦欲聚敛[16]以求媚，凡赦文所蠲[17]者，谦复征之。自是每有诏令，人皆不信，百姓愁怨。

郭崇韬初至汴、洛，颇受藩镇馈遗[18]，所亲[19]或谏之，崇韬曰："吾位兼将相[20]，禄赐巨万，岂藉外材[21]！但以伪梁之季[22]，贿赂成风，今河南藩镇，皆梁之旧臣，主上之仇雠也，若拒，其意能无惧乎！吾特为国家藏之私室耳。"及将祀南郊，崇韬首献劳军钱十万缗。先是，宦官劝帝分天下财赋为内外府。州县上供者入外府，充经费，方镇贡献者入内府，充宴游及给赐左右。于是外府常虚竭[23]无余而内府山积[24]。及有司[25]办郊祀，乏劳军钱，崇韬言于上曰："臣已倾家所有以助大礼，愿陛下亦出内府之财以助有司。"上默然久之，曰："吾晋阳自有储积。可令租庸辇取[26]以相助。"于是取李继韬私第金帛数十万以益之，军士皆不满望，始怨恨，有离心矣。

河中节度使李继麟[27]请榷[28]安邑、解县盐，每季输省课[29]。己卯[30]，以继麟充制置两池榷盐使[31]。

辛巳[32]，进岐王爵为秦王[33]，仍不名、不拜[34]。

郭崇韬知李绍宏怏怏[35]，乃置内句使[36]，掌句三司财赋，以绍宏为之，冀弭其意，而绍宏终不悦，徒使州县增移报之烦。

崇韬位兼将相，复领节旄，以天下为己任，权侔人主[37]，旦夕车马填门[38]。性刚急，遇事辄发[39]，嬖[40]幸侥求，多所摧抑[41]，宦官疾[42]之，朝夕短[43]之于上；崇韬扼腕[44]，欲制之不能。豆卢革、韦说尝问之曰："汾阳王[45]本太原人徙[46]华阴[47]，公世家雁门[48]，岂其枝派邪？"崇韬因曰："遭乱，亡失谱谍[49]，尝闻先人言，上距汾阳四世耳。"革曰："然则固从祖[50]也。"崇韬由是以膏粱自处[51]，多甄[52]别流品，引拔浮华[53]，鄙弃勋旧。有求官者，崇韬曰："深知公功能，然门地寒素[54]，不敢相用，恐为名流所嗤[55]。"由是嬖幸疾之于内，勋旧[56]怨之于外。崇韬屡请以枢密使让李绍宏，上不许；又请分枢密院事归内诸司以轻其权[57]，而宦官谤之不已。崇韬郁郁不得志，与所亲谋赴本镇[58]以避之，其人曰："不可。蛟龙失水，蝼蚁足以制之。"

（以上为第二段，写郭崇韬位兼将相，权势炙手可热，成众矢之的。）

【注释】

[1]出塞：回到边塞以外。[2]癸丑：一月十四日。[3]优诏：嘉勉的诏书。[4]健吏：得力的下级官员。[5]操守有余：道德品质良好。[6]居朝廷：调到中央政府来任租庸使。[7]甲寅：一月十五日。[8]新州：州名。故治在今河北涿鹿县。[9]戊午：一月十九日。[10]隶：隶属。加重租庸使权力。[11]陵庙在此：懿祖永兴陵、献祖长宁陵、太祖建极陵均在代州雁门县。亲庙在晋阳。[12]庚申：一月二十一日。[13]河阳：古县名，县治在今河南孟州市西。[14]辛酉：一月二十二日。[15]己巳朔：二月一日。[16]聚敛：搜刮。[17]蠲(juān)：免除。[18]馈遗：送赠。[19]所亲：亲人或亲信。[20]位兼将相：郭崇韬为枢密使，加侍中，领成德节度使，故言位兼将相。[21]材：作"财"。[22]季：末年。[23]虚竭：空虚，不足用。[24]山积：财富充足。[25]有司：有关主管部门。[26]辇取：用车子装取。[27]李继麟：即朱友谦。[28]榷：专卖。[29]每季输省课：每三月一次送盐税于中央。[30]己卯：二月十一日。[31]制置两池榷盐使：官名，管理安邑、解县两盐池工作。[32]辛巳：二月十三日。[33]秦王：指改封李茂贞为秦王。[34]不名、不拜：皇帝对老臣的优礼，不呼名，不使其入朝参拜。[35]怏怏：郁郁不乐的样子。[36]内句(gōu)使：官名，内句司长官，掌三司钱谷簿书的审核工作。[37]权侔人主：权力与皇帝相等。侔，齐等。[38]填

门：塞门、满门，形容极多。［39］辄发：便发作。［40］嬖（bì）幸侥求：皇帝宠爱的人希望得到意外的名利。［41］摧抑：抑止，欲望不予满足。［42］疾：怨恨。［43］短：说人短处。［44］扼腕：用手握腕。表示情绪的激动、愤怒。［45］汾阳王：指郭子仪。［46］徙（xī）：迁移。［47］华阴：县名。即今陕西华阴市。［48］雁门：郡名。治所阳馆，在今山西代县。［49］谱谍：古代记述氏族世系的书籍。［50］从祖：堂祖。［51］膏粱自处：以富贵人家出身自居。膏粱，指代富贵之家。［52］甄（zhēn）别流品：审察区分门第的高下。［53］浮华：浮夸，华而不实。［54］门地寒素：门第和地望低微。［55］嗤：嗤笑。［56］勋旧：有功于朝廷的旧人。［57］轻其权：削减自己的权力。指郭崇韬领枢密院使，他主动请求将自己的权力分一部分给内朝诸司，让给宦官，用以减轻自己的权力，然而宦官仍然诽谤不止。［58］赴本镇：外出到所领成德镇为节度使。

先是，上欲以刘夫人为皇后，而有正妃韩夫人[1]在，太后素恶[2]刘夫人，崇韬亦屡谏，上以是不果[3]。于是所亲说[4]崇韬曰："公若请立刘夫人为皇后，上必喜。内有皇后之助，则伶宦辈不能为患矣。"崇韬从之，与宰相帅百官共奏刘夫人宜正位中宫[5]。癸未[6]，立魏国夫人刘氏为皇后。皇后生于寒微，既贵，专务蓄财，其在魏州，薪苏果茹[7]皆贩鬻之。及为后，四方贡献皆分为二,一上天子，一上中宫。以是宝货山积，惟用写佛经，施尼师[8]而已。

是时皇太后诰，皇后教，与制敕交行[9]于藩镇，奉之如一[10]。

诏蔡州[11]刺史朱勍浚索水[12]，通漕运。

三月，己亥朔[13]，蜀主宴近臣于怡神亭，酒酣[14]，君臣及宫人皆脱冠露髻，喧哗自恣[15]。知制诰[16]京兆李龟祯[17]谏曰："君臣沈湎[18]，不忧国政，臣恐启北敌[19]之谋。"不听。

乙巳[20]，镇州言契丹将犯塞，诏横海节度使李绍斌[21]、北京左厢马军指挥使李从珂帅骑兵分道备之；天平节度使李嗣源屯邢州。绍斌本姓赵，名行实，幽州人也。

丙午[22]，加高季兴兼尚书令，进封南平王。

李存审自以身为诸将之首[23]，不得预克汴之功[24]，感愤[25]，疾益甚，屡表求入觐[26]，郭崇韬抑而不许[27]。存审疾亟[28]，表乞生睹龙颜[29]，乃许之。初，帝尝与右武卫上将军李存贤手搏[30]，存贤[31]不尽其技，帝曰："汝能胜我，当授藩镇。"存贤乃奉诏，仅仆帝而止。及许存审入觐，帝以存贤为卢龙行军司马，旬日除节度使，曰："手搏之约，吾不食言矣。"

庚戌[32]，幽州奏契丹寇新城[33]。

勋臣畏伶官之谗[34]，皆不自安。蕃汉内外马步副总管李嗣源求解兵柄；帝不许。

自唐末丧乱，搢绅之家[35]或以告赤[36]鬻于族姻，遂乱昭穆[37]，至有舅、叔拜甥、侄者，选人[38]伪滥者众。郭崇韬欲革其弊[39]，请令铨[40]司精加考核。时南郊行事官[41]千二百人，注官[42]者才数十人，涂毁告身[43]者十之九。选人或号哭道路，或馁死逆旅[44]。

（以上为第三段，写郭崇韬求自保，率百官上奏唐庄宗立刘夫人为皇后，勋臣宿将皆畏伶官之谗，心不自安。）

【注释】

[1]韩夫人：庄宗正室，同光二年（924）十二月册封为淑妃。[2]恶：厌恨。[3]不果：没有成功。[4]说：劝说、游说。[5]正位中宫：指立为皇后。[6]癸未：二月十五日。[7]薪苏果茹：柴草果菜。[8]尼师：尼姑。[9]交行：交错颁行。[10]奉之如一：太后诰、皇后教、皇帝制敕，一样执行。[11]蔡州：州名。治所上蔡，在今河南汝南县。[12]浚索水：疏通索水。索水，即古旃然水，源出荥阳南万山。北流与须水会合，称须索河。[13]己亥朔：三月一日。[14]酒酣：饮酒至兴奋时。[15]恣：恣意、放肆。[16]知制诰：官名。翰林学士加知制诰官衔，掌起草机要诏令。[17]李龟祯：为人切直，不畏权贵，传见《十国春秋》卷四十三。[18]沈湎：沉溺，指嗜酒无度。[19]北敌：指后唐。[20]乙巳：三月七日。[21]李绍斌：本姓赵，名行实。李绍斌为赐名。[22]丙午：三月八日。[23]诸将之首：李存审被任命为蕃汉马步军都总管，居所有将军之上。[24]克汴之功：攻破梁首都的战役。[25]感愤：感慨而愤激。[26]入觐：从外州郡来京朝见皇帝。[27]抑而不许：抑止而不允许。[28]疾亟：病情很严重。[29]生睹龙颜：活着见到皇帝。龙颜，指代皇帝。[30]手搏：掰手掌，比腕力。按，《李存贤传》称角抵，类似摔跤。[31]李存贤（860—924）：字子良，本姓王名贤，李克用赐今名，令为义儿军副兵马使，积功至幽州卢龙节度使。传见《旧五代史》卷五十三。[32]庚戌：三月十二日。[33]新城：县名。县治在今河北高碑店市。[34]谗：谗言，背后说坏话。[35]搢绅之家：指代官宦人家。[36]告赤：告身和敕命。赤，当作敕。[37]昭穆：古代宗法制度，宗庙世系排列的顺序。[38]选人：唐代以后称候补、候选的官员。

［39］弊：弊端、弊政。［40］铨司：吏部。［41］行事官：参与郊祀事务的叫行事官。［42］注官：经吏部注拟任命官职。［43］告身：古代授官的凭信，类似后世的任命状。［44］馁死逆旅：饿死在旅馆里。

唐室诸陵先为温韬所发，庚申[1]，以工部郎中[2]李途为长安按视诸陵使。

皇子继岌代张全义判六军诸卫事[3]。

夏，四月，己巳朔[4]，群臣上尊号[5]曰昭文睿武至德光孝皇帝。

帝遣客省使李严使于蜀，严盛称帝威德，有混一[6]天下之志。且言朱氏篡窃，诸侯曾无勤王之举。王宗俦以其语侵蜀[7]，请斩之，蜀主不从。宣徽北院使宋光葆上言："晋王有凭陵[8]我国家之志，宜选将练兵，屯戍边鄙，积糗粮，治战舰以待之。"蜀主乃以光葆为梓州观察使，充武德[9]节度留后。

乙亥[10]，加楚王殷兼尚书令。

庚辰[11]，赐前保义[12]留后霍彦威姓名李绍真。

秦忠敬王李茂贞卒，遗奏以其子继曮权知凤翔[13]军府事。

初，安义[14]牙将杨立[15]有宠于李继韬，继韬诛，常邑邑[16]思乱。会发安义兵三千戍涿州，立谓其众曰："前此潞兵未尝戍边，今朝廷驱我辈投之绝塞[17]，盖不欲置之潞州耳。与其暴骨沙场[18]，不若据城自守，事成富贵，不成为群盗耳。"因聚噪攻子城东门，焚掠市肆；节度副使李继珂、监军张弘祚弃城走，立自称留后，遣将士表求旌节。诏以天平节度使李嗣源为招讨使，武宁节度使李绍荣为部署[19]，帐前都指挥使张廷蕴[20]为马步都指挥使以讨之。

（以上为第四段，写唐庄宗遣使蜀国侦察虚实，安义军牙将杨立逐帅自称留后，庄宗发兵征讨。）

【注释】

［1］庚申：三月二十二日。［2］工部郎中：工部高级属官，掌制作、营缮、计置、采伐材木等。［3］判六军诸卫事：任禁卫军总指挥。［4］己巳朔：四月一日。［5］尊号：帝王的称号。生为尊号，死为谥号。［6］混一：统一。［7］侵蜀：侵犯蜀国。［8］凭陵：侵扰。［9］武德：

蜀所置方镇，治所梓州。［10］乙亥：四月七日。［11］庚辰：四月十二日。［12］保义：方镇名。唐昭宗龙纪元年（889），赐陕虢节度为保义军节度。后梁改名为镇国军，治所陕州。后唐仍改为保义军。［13］凤翔：方镇名。唐肃宗上元元年（760）置节镇。治所凤翔，在今陕西宝鸡市凤翔区，为岐王李茂贞所占领。［14］安义：方镇名，即昭义军，治所潞州。李继韬求世袭，改昭义军为安义军。［15］杨立（?—924）：潞州小军官，聚众反叛。传见《旧五代史》卷七十四。［16］邑邑：通“悒”，忧郁不乐的样子。［17］绝塞：极远的边疆。［18］沙场：唐人征突厥常战于沙漠之地，故后以沙场指代战场。［19］部署：武官名，在招讨使之下。［20］张廷蕴（879—947）：字德枢，开封襄邑（今河南睢县）人，官至绛州防御使，为官清廉，家无余积，年老耄期，死于牖下。传见《旧五代史》卷九十四。

孔谦贷民钱，使以贱估偿丝[1]，屡檄[2]州县督之。翰林学士承旨、权知汴州卢质上言；“梁赵岩为租庸使，举贷诛敛[3]，结怨于人。陛下革故鼎新[4]，为人除害，而有司未改其所为，是赵岩复生[5]也。今春霜害稼[6]，茧丝甚薄，但输正税[7]，犹惧流移[8]，况益以称贷[9]，人何以堪[10]！臣惟事天子，不事租庸，敕旨未颁，省牒[11]频下，愿早降明命[12]！”帝不报[13]。

汉主引兵侵闽，屯于汀、漳[14]境上；闽人击之，汉主败走。

初，胡柳之役，伶人周匝为梁所得，帝每思之；入汴之日，匝谒见于马前，帝甚喜。匝涕泣言曰：“臣之所以得生全者，皆梁教坊使[15]陈俊、内园栽接使[16]储德源之力也，愿就陛下乞二州以报之。”帝许之。郭崇韬谏曰：“陛下所与共取天下者，皆英豪忠勇之士。今大功始就，封赏未及一人，而先以伶人为刺史，恐失天下心。”以是不行。逾年[17]，伶人屡以为言，帝谓崇韬曰：“吾已许周匝矣，使吾惭见此三人。公言虽正，当为我屈意行之[18]。”五月，壬寅[19]，以俊为景州[20]刺史，德源为宪州[21]刺史。时亲军有从帝百战未得刺史者，莫不愤叹。

（以上为第五段，写孔谦百计搜刮民财，后唐庄宗滥封伶人高官。）

【注释】

［1］贱估偿丝：把钱借给农民，用贱价收购蚕丝，用以还贷款。估，价。［2］檄：文书。［3］举贷诛敛：拿贷款来剥削、搜刮老百姓。［4］革故鼎新：破除旧的，建立新的。［5］复生：再生，指搜刮民财苛政未去。［6］稼：据章校，十二行本“稼”作“桑”。［7］但输正税：只缴

正当的、国家规定的税款。［8］流移：逃亡。［9］称贷：称，举。贷，告贷之款。［10］人何以堪：人们怎么承受得了。［11］省牒：指租庸使所下文书。［12］明命：皇帝的敕令。［13］不报：没有答复。［14］汀、漳：皆州名。汀州治所长汀，在今福建长汀县。漳州治所漳浦，在今福建漳浦县。［15］教坊使：官名。掌宫廷乐舞、演出等事。［16］内园栽接使：官名。掌宫廷花木栽培等事。［17］逾年：过了一年。［18］屈意行之：违背自己的意志而做不愿做的事。［19］壬寅：五月五日。［20］景州：州名。唐改观州为景州。故治在今河北景县东北。［21］宪州：州名，治所楼烦，今山西静乐县南。

乙巳[1]，右谏议大夫[2]薛昭文上疏，以为："诸道僭窃[3]者尚多，征伐之谋[4]，未可遽息。又，士卒久从征伐，赏给未丰，贫乏者多，宜以四方贡献及南郊羡余[5]，更加颁赉[6]。又，河南诸军皆梁之精锐，恐僭窃之国潜[7]以厚利诱之，宜加收抚。又，户口流亡者，宜宽徭薄赋[8]以安集之。又，土木[9]不急之役，宜加裁省。又请择隙地牧马，勿使践京畿民田。"皆不从。

戊申[10]，蜀主遣李严还。初，帝因严入蜀，令以马市[11]宫中珍玩，而蜀法禁锦绮珍奇不得入中国[12]，其粗恶者乃听入中国，谓之"入草物"。严还，以闻，帝怒曰："王衍宁免[13]为入草之人乎！"严因言于帝曰："衍童骇[14]荒纵，不亲政务，斥远故老[15]，昵比小人[16]。其用事之臣王宗弼、宋光嗣等，谄谀专恣，黩货[17]无厌，贤愚易位，刑赏紊乱，君臣上下专以奢淫相尚[18]。以臣观之，大兵一临，瓦解土崩，可翘足[19]而待也。"帝深以为然。

（以上为第六段，写后唐庄宗不恤士民，蜀主王衍刑赏紊乱，君臣奢靡。）

【注释】

［1］乙巳：五月八日。［2］右谏议大夫：官名。掌谏诤，属中书省。［3］僭窃：指僭用帝王称号的诸道节度使。［4］征伐之谋：指削平割据政权的战略决策。［5］羡余：多余的财物。［6］颁赉（lái）：赏赐。［7］潜：暗暗地。［8］宽徭薄赋：减轻徭役和赋税。［9］土木：指兴建宫室等。［10］戊申：五月十一日。［11］市：交易、贸易。［12］中国：指中原王朝。［13］宁免：难道可以避免。［14］童骇：痴呆的小孩。藐视蜀主之言。骇，傻呆。［15］斥远故老：罢斥疏远过去的老臣。［16］昵比小人：亲近朋比为奸的小人。［17］黩货：贪污钱财。［18］奢淫相尚：以奢侈淫靡比高低。［19］翘足：举足，抬起脚来。形容轻而易举。

帝以潞州叛故，庚戌[1]，诏天下州镇无得修城浚隍[2]，悉毁防城之具。

壬子[3]，新宣武节度使兼中书令、蕃汉马步总管李存审卒于幽州。存审出于寒微，常戒诸子曰："尔父少提一剑去乡里[4]，四十年间，位极将相[5]，其间出万死获一生者非一[6]，破骨出镞[7]者凡百余。"因授以所出镞，命藏之，曰："尔曹[8]生于膏粱[9]，当知尔父起家如此也。"

幽州言契丹将入寇，甲寅[10]，以横海节度使李绍斌充东北面行营招讨使，将大军渡河而北。契丹屯幽州东南城门之外，虏骑充斥，馈运[11]多为所掠。

壬戌[12]，以李继曮为凤翔节度使。

乙丑[13]，以权知[14]归义[15]留后曹义金为节度使。时瓜、沙[16]与吐蕃[17]杂居，义金遣使间道[18]入贡，故命之。

李嗣源大军前锋至潞州，日已暝[19]；泊军[20]方定，张廷蕴帅麾下壮士百余辈逾堑坎城[21]而上，守者不能御，即斩关延诸军入。比明[22]，嗣源及李绍荣至，城已下矣，嗣源等不悦[23]。丙寅[24]，嗣源奏潞州平。六月，丙子[25]，磔[26]杨立及其党于镇国桥[27]。潞州城池高深，帝命夷[28]之。

丙戌[29]，以武宁节度使李绍荣为归德[30]节度使、同平章事，留宿卫[31]，宠遇甚厚。帝或时与太后、皇后同至其家。帝有幸姬[32]，色美，尝生子矣，刘后妒[33]之。会绍荣丧妻，一日，侍禁中[34]，帝问绍荣："汝复娶乎？为汝求婚[35]。"后因指幸姬曰："大家[36]怜[37]绍荣，何不以此赐之！"帝难言不可，微许之。后趣[38]绍荣拜谢，比起[39]，顾幸姬，已肩舆[40]出宫矣。帝为之托疾不食者累日[41]。

壬辰[42]，以天平节度使李嗣源为宣武[43]节度使，代李存审为蕃汉内外马步总管。

（以上为第七段，写后唐庄宗平定潞州之叛。）

【注释】

[1]庚戌：五月十三日。[2]修城浚隍：修理城墙，疏浚护城河。[3]壬子：五月十五日。[4]去乡里：离开家乡。[5]位极将相：官位达到节度使、全国统兵官、同平章事。[6]非一：不是一次。[7]镞：箭头。[8]尔曹：你们。[9]膏粱：指富贵人家。[10]甲寅：五月十七日。[11]馈运：军粮、器械的运输。[12]壬戌：五月二十五日。[13]乙丑：五月二十八日。[14]权知：暂时担任某职，即代理。[15]方镇名。唐睿宗景云元年（710）置河西节度使。后为吐蕃攻陷。唐宣宗大中中，张义潮收复河西。唐懿宗咸通八年（867），张义潮归唐，改名归义节度使授之，治所沙州，在今甘肃敦煌市。[16]瓜、沙：瓜州，在今甘肃瓜州县东。沙州，在今甘肃敦煌市。[17]吐蕃（bō）：我国古代藏族政权。公元7—9世纪时在青藏高原建立，与唐联姻，关系密切。[18]间道：小路。[19]暝：暮。[20]泊军：扎营。[21]逾堑坎城：越过护城河，顺着城墙登城。[22]比明：刚刚天亮。[23]不悦：不高兴。因张廷蕴不等他们到来先攻拔城池。[24]丙寅：五月二十九日。[25]丙子：六月九日。[26]磔（zhé）：古代一种酷刑，把犯罪之人斩成肉块。[27]镇国桥：地名，在潞州。[28]夷：平。[29]丙戌：六月十九日。[30]归德：方镇名。后唐灭后梁，复以汴州为宣武军，以宋州为归德军。治所睢阳，在今河南商丘市南。[31]留宿卫：留在皇宫值班。[32]幸姬：宠爱的姬妾。[33]妒：嫉妒。[34]禁中：宫中。[35]求婚：此处指做媒。[36]大家：后妃对皇帝的称呼。[37]怜：爱。[38]趣：催促。[39]比起：刚刚拜毕起来。[40]肩舆：用轿抬。[41]累日：好几天。[42]壬辰：六月二十五日。[43]宣武：方镇名。后唐移宣武军于汴州。治所开封，在今河南开封市。

秋，七月，壬寅[1]，蜀以礼部尚书许寂为中书侍郎、同平章事。

孔谦复短王正言于郭崇韬，又厚赂伶官，求租庸使，终不获[2]，意怏怏[3]，癸卯[4]，表求解职[5]；帝怒，以为避事[6]，将置于法[7]，景进救之，得免。

梁所决河连年为曹、濮患[8]，甲辰[9]，命右监门上将军娄继英督汴、滑兵塞之。未几，复坏。

庚申[10]，置威塞军[11]于新州。

契丹恃其强盛，遣使就[12]帝求幽州以处[13]卢文进。时东北诸夷皆役属[14]契丹，惟勃海[15]未服；契丹主谋入寇，恐勃海掎[16]其后，乃先举兵击勃海之辽东[17]，遣其将秃馁及卢文进据营、平等州以扰燕地。

八月，戊辰[18]，蜀主以右定远军使王宗锷[19]为招讨马步使，帅二十一军屯洋州[20]；乙亥[21]，以长直马军使林思锷为昭武[22]节度使，戍利州以备唐。

租庸使王正言病风[23]，恍惚[24]不能治事，景进屡以为言。癸酉[25]，以副使、卫尉卿[26]孔谦为租庸使，右威卫大将军孔循[27]为副使。循即赵殷衡也，梁亡，复其姓名。谦自是得行其志，重敛急征以充帝欲，民不聊生。癸未[28]，赐谦号丰财赡国功臣。

（以上为第八段，写后唐庄宗任用孔谦为租庸使，大肆搜刮民财，民怨沸腾，孔谦竟然得封为丰财赡国功臣。）

【注释】

[1]壬寅：七月五日。[2]终不获：终于没有得到。[3]怏怏：郁郁不乐的样子。[4]癸卯：七月六日。[5]表求解职：上表请求解除职务。[6]避事：躲避事务，消极怠工。[7]将置于法：将用法律制裁。[8]患：造成灾难。[9]甲辰：七月七日。[10]庚申：七月二十三日。[11]威塞军：方镇名。后唐庄宗同光二年（924）置。治所在今河北涿鹿县。[12]就：到中国。[13]处：安置。[14]役属：归附。[15]勃海：即渤海国。唐朝我国东北以靺鞨粟末部为主体，结合其他靺鞨部和高句丽所建的政权。受唐王朝册封，与唐朝关系密切，文化发达，有“君子国”之称。其首都上京龙泉府遗址在今黑龙江宁安市东京城镇。[16]掎：拖住。[17]辽东：地区名，泛指辽河以东地区。[18]戊辰：八月二日。[19]王宗锷：王建义子。传见《十国春秋》卷三十九。[20]洋州：州名。治所兴道，在今陕西洋县。[21]乙亥：八月九日。[22]昭武：方镇名。前蜀王建置，治所利州，在今四川广元市。[23]病风：中风得病。[24]恍惚：神思不定。[25]癸酉：八月七日。[26]卫尉卿：卫尉寺长官，掌仪卫兵械、甲胄等事。[27]孔循：即赵殷衡，朱温养子李让的养子。事后唐，复本名。[28]癸未：八月十七日。

帝复遣使者李彦稠入蜀，九月，己亥[1]，至成都。

癸卯[2]，帝猎于近郊。时帝屡出游猎，从骑[3]伤民禾稼，洛阳令何泽[4]伏于丛薄[5]，俟帝至，遮马[6]谏曰：“陛下赋敛既急，今稼穑将成，复蹂践之，使吏何以为理[7]，民何以为生！臣愿先赐死。”帝慰而遣[8]之。泽，广州人也。

契丹攻勃海，无功而还。

蜀前山南[9]节度使兼中书令王宗俦以蜀主失德，与王宗弼谋废立，宗弼犹豫未决。庚戌[10]，宗俦忧愤而卒。宗弼谓枢密使宋光嗣、景润澄等曰：“宗俦教我杀尔曹，今日无患矣。”光嗣辈俯伏泣谢。宗弼子承班闻之，谓人曰："吾家难乎免矣[11]。"

乙卯[12]，蜀主以前镇江军[13]节度使张武为峡路应援招讨使。

丁巳[14]，幽州言契丹入寇。

冬，十月，辛未[15]，天平节度使李存霸[16]、平卢节度使符习言："属州多称直奉[17]租庸使帖指挥公事，使司[18]殊不知，有紊规程。"租庸使奏，近例皆直下[19]。敕："朝廷故事[20]，制敕不下支郡[21]，牧守不专奏陈[22]。今两道所奏，乃本朝旧规；租庸所陈，是伪廷[23]近事。自今支郡自非进奉，皆须本道腾奏[24]，租庸征催亦须牒观察使[25]。"虽有此敕，竟不行。

（以上为第九段，写后唐庄宗行猎，践踏民禾稼，租庸使征税公文越级直下州县。）

【注释】

[1]己亥：九月三日。 [2]癸卯：九月七日。 [3]从骑：跟随的骑士。 [4]何泽：广州人，外虽直言，内实邪佞，官至太仆少卿。传见《新五代史》卷五十六。 [5]丛薄：草木丛中。草聚生叫丛，草木交错叫薄。 [6]遮马：拦住马头。 [7]理：治理。 [8]慰而遣：慰勉而遣送回去。 [9]山南：方镇名。唐代宗广德元年，升山南西道防御守捉使为节度使，治所梁州，在今陕西汉中市。 [10]庚戌：九月十四日。 [11]吾家难乎免矣：我家的灾难难以避免了。 [12]乙卯：九月十九日。 [13]镇江军：方镇名。蜀王建置镇江军，治所夔州，在今重庆奉节县。 [14]丁巳：九月二十一日。 [15]辛未：十月六日。 [16]李存霸（？—926）：后唐庄宗的二弟。传见《旧五代史》卷五十一。 [17]直奉：直接奉行。 [18]使司：节度使府。 [19]近例皆直下：最近规定，租庸使指挥都直接下达诸州奉行，不关照节度使、观察使。 [20]故事：旧例、老规矩。[21]支郡：节度使所属各州叫支郡。 [22]牧守不专奏陈：州牧、太守不能直接向皇帝上奏章，必须通过节度使司。 [23]伪廷：指后梁。 [24]腾奏：传奏，转奏。 [25]牒观察使：照会观察使。唐制，节度使掌兵事，观察使掌民事。故租庸征催照会观察使。

易、定[1]言契丹入寇。

蜀宣徽北院使[2]王承休[3]请择诸军骁勇者万二千人，置驾下左、右龙武步骑四十军，兵械给赐皆优异于他军，以承休为龙武军马步都指挥使，以裨将安重霸[4]副之，旧将无不愤耻。重霸，云州人，以狡佞贿赂事承休，故承休悦之。

吴越王镠复修本朝职贡[5]，壬午[6]，帝因梁官爵而命之[7]。镠厚贡献，并赂权要，求金印、玉册、赐诏不名[8]、称国王。有司言："故事惟天子用玉册，王公皆用竹册[9]；又，非四夷[10]无封国王者。"帝皆曲从[11]镠意。

吴王如[12]白沙[13]观楼船，更命白沙曰迎銮镇[14]。徐温自金陵来朝。先是，温以亲吏翟虔为阁门[15]、宫城、武备等使，使察王起居[16]，虔防制王甚急。至是，王对温名雨为水[17]，温请其故。王曰："翟虔父名，吾讳[18]之熟矣。"因谓温曰："公之忠诚，我所知也，然翟虔无礼，宫中及宗室所须多不获[19]。"温顿首谢罪，请斩之，王曰："斩则太过[20]，远徙可也。"乃徙抚州。

十一月，蜀主遣其翰林学士欧阳彬[21]来聘[22]。彬，衡山人也。又遣李彦稠东还。

癸卯[23]，帝帅亲军猎于伊阙[24]，命从官[25]拜梁太祖墓。涉历山险，连日不止，或夜合围[26]；士卒坠崖谷死及折伤者甚众。丙午[27]，还宫。

蜀以唐修好，罢威武城[28]戍，召关宏业等二十四军还成都。戊申[29]，又罢武定、武兴[30]招讨刘潜等三十七军。

丁巳[31]，赐护国节度使李继麟铁券[32]，以其子令德、令锡皆为节度使，诸子胜衣[33]者即拜官，宠冠列藩。

庚申[34]，蔚州[35]言契丹入寇。

辛酉[36]，蜀主罢天雄军[37]招讨，命王承骞等二十九军还成都。

十二月，乙丑朔[38]，蜀主以右仆射张格兼中书侍郎、同平章事。初，格之得罪，中书吏[39]王鲁柔乘危窘之[40]；及再为相用事，杖杀之。许寂谓人曰："张公才高而识浅，戮一鲁柔，他人谁敢自保！此取祸之端也。"

蜀主罢金州屯戍，命王承勋等七军还成都。

己巳[41]，命宣武节度使李嗣源将宿卫兵[42]三万七千人赴汴州，遂如幽州御契丹。

（以上为第十段，写吴越王钱镠归服后唐。后蜀主王衍解除戒备。契丹南侵。）

【注释】

[1]易、定：易州和定州。 [2]宣徽北院使：官名。后蜀分宣徽院为南院、北院。总领宫内诸司及朝会、郊祀、宴享等事。 [3]王承休（?—925）：官至后蜀天雄军节度使。宦官任节度使，自王承休始。传见《十国春秋》卷四十六。 [4]安重霸：狡谲多智，善事人。官至云州节度使。传见《新五代史》卷四十六。 [5]复修本朝职贡：向后唐纳贡称臣。 [6]壬午：十月十七日。 [7]梁官爵而命之：仍用后梁赐吴越王官爵名称赐钱镠。 [8]赐诏不名：赐诏书时称吴越国王而不称名字。 [9]竹册：用竹制成的册书，封王、公勋爵时用。 [10]四夷：指周边少数民族建立的国家。 [11]曲从：委曲听从。 [12]如：到。 [13]白沙：地名。在今江西鄱阳县。 [14]迎銮镇：即白沙。吴太学博士王谷上书改白沙为迎銮镇。 [15]阁门：即阁门使，官名，掌朝会、宴幸、供奉赞相礼仪等事。 [16]察王起居：监视吴王的行动。 [17]王对温名雨为水：吴王对徐温说话时称雨为水。 [18]讳：避讳。 [19]所须多不获：想要的东西大多得不到。 [20]太过：太过分。 [21]欧阳彬（?—950）：官至后蜀江宁军节度使。传见《十国春秋》卷五十三。 [22]聘：聘问。 [23]癸卯：十一月九日。 [24]伊阙：古县名，境内有龙门山。在今河南伊川县西南。 [25]从官：侍从出猎的官员。 [26]或夜合围：有时夜里包围野兽。 [27]丙午：十一月十二日。 [28]威武城：军镇名，在凤州境内。 [29]戊申：十一月十四日。 [30]武定、武兴：方镇名，蜀置。武定军，治所洋州，在今陕西洋县。武兴军，治所凤州，在今陕西凤县东北。 [31]丁巳：十一月二十三日。 [32]铁券：古代颁给有功之臣的证书，形如瓦。外刻履历、功绩，中刻免罪减禄之数。分左右，左颁功臣右藏内府，有事合券。 [33]胜（shēng）衣：儿童稍长能穿戴成人的衣冠。 [34]庚申：十一月二十六日。 [35]蔚（yù）州：州名。治所安边，在今河北蔚县。 [36]辛酉：十一月二十七日。 [37]天雄军：方镇名。蜀置，治所秦州上邽县，在今甘肃天水市。 [38]乙丑朔：十二月一日。 [39]中书吏：中书省低级官员。 [40]窘：窘迫。 [41]己巳：十二月五日。 [42]宿卫兵：守卫京师的禁卫兵。

庚午[1]，帝及皇后如张全义第，全义大陈贡献[2]；酒酣，皇后奏称："妾幼失父母，见老者辄思之，请父事[3]全义。"帝许之。全义惶恐[4]固辞，再三强之，竟受皇后拜，复贡献[5]谢恩。明日，后命翰林学士赵凤草书谢全义，凤密奏："自古无天下之母拜人臣为父者。"帝嘉其直[6]，然卒[7]行之。自是后与全义日遣使往来问遗[8]不绝。

初，唐僖、昭[9]之世，宦官虽盛，未尝有建节[10]者。蜀安重霸劝王承休求秦州节度使，承休言于蜀主曰："秦州多美妇人，请为陛下采择以献。"蜀主许之，庚午[11]，以承休为天雄节度使，封鲁国公；以龙武军为承休牙兵[12]。

乙亥[13]，蜀主以前武德节度使兼中书令徐延琼[14]为京城内外马步都指挥使。延琼以外戚代王宗弼居旧将之右[15]，众皆不平。

壬午[16]，北京[17]言契丹寇岚州。

辛卯[18]，蜀主改明年元曰咸康[19]。

卢龙[20]节度使李存贤卒。

是岁，蜀主徙普王宗仁[21]为卫王，雅王宗辂[22]为豳王，褒王宗纪[23]为赵王，荣王宗智[24]为韩王，兴王宗泽[25]为宋王，彭王宗鼎[26]为鲁王，忠王宗平[27]为薛王，资王宗特[28]为莒王；宗辂、宗智、宗平皆罢军使[29]。

（以上为第十一段，写后唐庄宗刘皇后拜大臣齐王张全义为义父，后蜀主王衍任命宦官为节度使。）

【注释】

［1］庚午：十二月六日。［2］大陈贡献：大加陈列贡献的财物。［3］父事：以父亲之礼侍奉。即拜之为义父。［4］惶恐：恐惧而不安。［5］复贡献：再次贡献财物。［6］嘉其直：称赞他的直率。［7］卒：结果、终于。［8］问遗：问候和赠送礼物。［9］僖、昭：唐僖宗李儇、唐昭宗李晔。［10］建节：封节度使。［11］庚午：十二月六日。［12］牙兵：衙兵，节度使衙亲军。［13］乙亥：十二月十一日。［14］徐延琼：字敬明，传见《十国春秋》卷四十六。［15］之右：之上。［16］壬午：十二月十八日。［17］北京：指太原。［18］辛卯：十二月二十七日。［19］咸康：蜀后主王衍第二个年号。［20］卢龙：方镇名。唐置卢龙军，治所平州，在今河北卢龙北。后唐置卢龙节度使，治所幽州，在今北京市。［21］宗仁：王建长子。幼以疾废。［22］宗辂：王建第三子。［23］宗纪：王建第四子。［24］宗智：王建第五子。［25］宗泽：王建第六子。［26］宗鼎：王建第七子。［27］宗平：王建第九子。［28］宗特：王建第十子。以上传均见《十国春秋》卷三十八。［29］军使：蜀主王建以诸王为军使。“使”字，原文作“役”，据章校改，见《资治通鉴》卷二百七十梁均王贞明四年。

三年[1]（乙酉，925年）

春，正月，甲午朔[2]，蜀大赦。

丙申[3]，敕有司改葬昭宗及少帝[4]，竟以用度不足[5]而止。

契丹寇幽州。

庚子[6]，帝发洛阳；庚戌[7]，至兴唐。

诏平卢节度使符习治酸枣[8]遥堤以御决河。

初，李嗣源北征，过兴唐，东京库有供御细铠[9]，嗣源牒副留守张宪取五百领，宪以军兴[10]，不暇[11]奏而给之；帝怒曰："宪不奉诏[12]，擅以吾铠给嗣源，何意也！"罚宪俸一月，令自往军中取之[13]。

帝以义武[14]节度使王都将入朝，欲辟球场[15]，宪曰："比以行宫阙廷为球场，前年陛下即位于此，其坛[16]不可毁，请辟毬场于宫西。"数日，未成，帝命毁即位坛。宪谓郭崇韬曰："此坛，主上所以礼上帝，始受命之地也，若之何[17]毁之！"崇韬从容言于帝，帝立命两虞候[18]毁之。宪私于崇韬曰："忘天背本，不祥[19]莫大焉[20]。"

二月，甲戌[21]，以横海节度使李绍[22]斌为卢龙节度使。

丙子[23]，李嗣源奏败契丹于涿州。

上以契丹为忧，与郭崇韬谋，以威名宿将零落殆尽[24]，李绍斌位望素轻，欲徙李嗣源镇真定[25]，为绍斌声援，崇韬深以为便[26]。时崇韬领真定，上欲徙崇韬镇汴州，崇韬辞曰："臣内典枢机[27]，外预大政，富贵极矣，何必更领藩方[28]？且群臣或从陛下岁久，身经百战，所得不过一州。臣无汗马之劳，徒以侍从左右，时赞圣谟[29]，致位至此，常不自安；今因委任勋贤[30]。使臣得解旄节，乃大愿也。且汴州关东[31]冲要，地富人繁，臣既不至治所，徒令他人摄职[32]，何异空城！非所以固国基也。"上曰："深知卿忠尽，然卿为朕画策，袭取汶阳[33]，保固河津[34]，既而自此路直趋[35]大梁，成朕帝业，岂百战之功可比乎！今朕贵为天子，岂可使卿曾无尺寸之地乎！"崇韬固辞不已，上乃许之。庚辰[36]，徙李嗣源为成德节度使。

（以上为第十二段，写唐庄宗忘天背本，毁魏州即位祭坛为球场。郭崇韬辞解节度使之职。）

【注释】

[1]三年：后唐庄宗同光三年。 [2]甲午朔：正月一日。 [3]丙申：正月三日。 [4]昭宗及少帝：唐昭宗李晔，少帝李柷。遭朱温之弑，葬礼多缺，后唐承唐，故拟改葬。 [5]用度不足：经费不够。 [6]庚子：正月七日。 [7]庚戌：正月十七日。兴唐，兴唐府，即魏州。 [8]酸枣：古县名，县治在今河南延津西南。遥堤；在平地筑堤以御河水。 [9]供御细铠：供给皇帝

用的细软铁甲。［10］军兴：用兵之际。［11］不暇：没空闲，抽不出时间。［12］不奉诏：不遵照诏书行事。［13］令自往军中取之：命令张宪亲自到李嗣源军中取回细铠。［14］义武：方镇名。唐德宗建中三年（782）置。后唐仍之，治所定州，在今河北定州市。［15］球场：打球的场所。唐代开始有足球运动。以皮为球，中实以毛，立二竹竿，加上网络，以为球门，分两队比赛，以争胜负。［16］坛：祭天即帝位之坛，在魏州牙城之南。［17］若之何：如之何，为什么。［18］两虞候：马军虞候和步兵虞候。禁卫军中下级军官。［19］不祥：不吉利。［20］莫大焉：没有比这个更大的了。［21］甲戌：二月十一日。［22］李绍斌（?—937）：即赵德钧，本名行实。幽州（今北京市）人。官至后唐卢龙节度使，镇守幽州十余年，颇有政绩，后降契丹。传见《旧五代史》卷九十八。［23］丙子：二月十三日。［24］零落殆尽：死亡将尽。［25］真定：方镇名，即成德军节度使，治所镇州，在今河北正定县。［26］便：方便，有利。［27］枢机：中央机关的机密大事。［28］藩方：藩镇。［29］时赞圣谟：随时辅佐圣上谋划一些事情。［30］勋贤：有功劳的贤臣。［31］关东：指成皋关之东。南通淮、泗，北接滑、魏，为冲要之地。［32］摄职：代行职务。［33］取汶阳：指取郓州。［34］保固河津：指筑垒马家口。［35］直趋：据章校，“直”上有“乘虚”二字。［36］庚辰：二月十七日。

汉主［1］闻帝灭梁而惧，遣宫苑使［2］何词［3］入贡，且觇［4］中国强弱。甲申［5］，词至魏。及还，言帝骄淫无政，不足畏也。汉主大悦，自是不复通中国。

帝性刚好胜，不欲权在臣下，入洛之后，信伶宦之谗，颇疏忌宿将。李嗣源家在太原，三月，丁酉［6］，表［7］卫州刺史李从珂为北京内牙马步都指挥使以便其家，帝怒曰：“嗣源握兵权，居大镇，军政在吾，安得为其子奏请！”乃黜从珂为突骑指挥使，帅数百人戍石门镇［8］。嗣源忧恐，上章申理［9］，久之方解。辛丑［10］，嗣源乞至东京朝觐［11］，不许。郭崇韬以嗣源功高位重，亦忌之，私谓人曰：“总管令公［12］非久为人下者，皇家子弟皆不及也。”密劝帝召之宿卫［13］，罢其兵权，又劝帝除之，帝皆不从。

己酉［14］，帝发兴唐，自德胜济河，历杨村、戚城［15］，观昔时战处，指示［16］群臣以为乐。

洛阳宫殿宏邃［17］，宦者欲上增广嫔御［18］，诈言宫中夜见鬼物，上欲使符咒者禳［19］之，宦者曰：“臣昔逮［20］事咸通［21］、乾符［22］天子，当是时，六宫[23]贵贱不减万人。今掖庭[24]太半[25]空虚，故鬼物游之耳。”上乃命宦者王允平、伶人景进采择民间女子，远至太原、幽、镇，以充后庭[26]，不啻[27]三千人，不问所从来。上还自兴唐，载以牛车，累累[28]盈路。张宪奏：“诸营妇女亡逸者千余人，虑扈从[29]诸军挟匿[30]以行。”其实皆入宫矣。

庚辰[31]，帝至洛阳；辛酉[32]，诏复以洛阳为东都，兴唐府为邺都。

夏，四月，癸亥朔[33]，日有食之[34]。

初，五台僧诚惠以妖妄惑人[35]，自言能降伏天龙，命风召雨；帝尊信之，亲帅后妃及皇弟、皇子拜之，诚惠安坐[36]不起，群臣莫敢不拜[37]。时大旱，帝自邺都[38]迎诚惠至洛阳，使祈雨[39]，士民朝夕瞻仰[40]，数旬不雨。或谓诚惠：“官[41]以师[42]祈雨无验，将焚之。”诚惠逃去，惭惧[43]而卒。

（以上为第十三段，写后唐庄宗为宦者蛊惑，大肆选美，又拜妖僧，无人君体统，遭偏远南汉主蔑视之，南汉主认为后唐不足畏。）

【注释】

［1］汉主：指割据岭南的南汉主刘龑。胡三省曰：“无敌国外患者国恒亡。汉主既知唐之不足畏，奢虐亦由是滋矣。”［2］宫苑使：官名。掌宫廷诸司事务。［3］何词：任南汉宫苑使，探中原虚实，知唐必乱，前高季兴朝唐主，知唐不足忧，由此可知唐庄宗李存勖，骁勇善战，不过亦匹夫耳，无天子之度。梁之亡，自亡耳。何词传见《十国春秋》卷六十三。［4］觇（chān）：窥看。［5］甲申：二月二十一日。［6］丁酉：三月五日。［7］表：表荐。［8］石门镇：地名，即唐之横水栅，在今河北遵化市西。［9］申理：申述、阐明道理。［10］辛丑：三月九日。［11］朝觐：由在外州府来京拜见皇帝。［12］总管令公：李嗣源官称。因李嗣源任蕃汉内外马步军都总管、中书令。［13］宿卫：在宫禁中值宿警卫。这里指调到首都，便于就近控制。［14］己酉：三月十七日。［15］戚城：地名，在今河南濮阳市。［16］指示：指点。［17］宏邃：宏大深广。［18］嫔御：宫女。［19］禳：排除、消灾。［20］逮：及。［21］咸通：唐懿宗李漼年号，共十五年，公元860至874年。［22］乾符：唐僖宗李儇年号，共六年，公元874至879年。［23］六宫，指皇后妃嫔或其住处。［24］掖庭：皇宫中的房舍，宫嫔居住的地方。［25］太半：大半，三分之二。［26］后庭：后房、后宫，指姬妾或妃嫔的住处。［27］不啻（chì）：不止。［28］累累：很多的样子。［29］扈从：皇帝出巡时的护驾侍从人员。［30］挟匿：隐蔽地携带。［31］庚辰：三月癸巳朔，无庚辰。庚申，三月二十八日。［32］辛酉：三月二十九日。［33］癸

亥朔：四月一日。［34］日有食之：日食。［35］惑人：蛊惑人心。［36］安坐：安然坐着。［37］不拜：据章校，十二行本“拜”下有“独郭崇韬不拜”六字。［38］邺都：魏州。［39］祈雨：求雨。［40］瞻仰：怀着崇敬的心情观望。［41］官：指后唐庄宗。［42］师：指诚惠。［43］惭惧：惭愧而惧怕。

庚寅[1]，中书侍郎、同平章事赵光胤卒。

太后自与太妃别，常忽忽不乐[2]，虽娱玩盈[3]前，未尝解颜[4]；太妃既别太后，亦邑邑[5]成疾。太后遣中使[6]医药相继于道，闻疾稍加，辄不食，又谓帝曰：“吾与太妃恩如兄弟，欲自往省[7]之。”帝以天暑道远，苦谏，久之乃止，但遣皇弟存渥等往迎侍。五月，丁酉[8]，北都[9]奏太妃薨。太后悲哀不食者累日，帝宽譬[10]不离左右。太后自是得疾，又欲自往会太妃葬，帝力谏而止。

闽王审知寝疾，命其子节度副使延翰[11]权知军府事。

自春夏大旱，六月，壬申[12]，始雨。

帝苦溽暑[13]，于禁中择高凉之所，皆不称旨[14]。宦者因言：“臣见长安全盛时，大明、兴庆宫[15]楼观以百数。今日宅家曾无避暑之所，宫殿之盛曾不及当时公卿第舍耳。”帝乃命宫苑使王允平别建一楼以清暑[16]。宦者曰：“郭崇韬常不伸眉[17]，为孔谦论用度不足，恐陛下虽欲营缮，终不可得。”上曰：“吾自用内府钱[18]，无关经费[19]。”然犹虑崇韬谏，遣中使语之曰：“今岁盛暑异常，朕昔在河上，与梁人相拒，行营卑湿，被甲乘马，亲当矢石，犹无此暑。今居深宫之中而暑不可度，奈何？”对曰：“陛下昔在河上，勍敌[20]未灭，深念雠耻，虽有盛暑，不介圣怀[21]。今外患已除，海内宾服，故虽珍台闲馆犹觉郁蒸[22]也。陛下倘不忘艰难之时，则暑气自消矣。”帝默然[23]，宦者曰：“崇韬之第，无异皇居[24]，宜其不知至尊[25]之热也。”帝卒命允平营楼[26]，日役万人，所费巨万。崇韬谏曰：“今两河[27]水旱，军食不充，愿且息役，以俟丰年。”帝不听。

帝将伐蜀，辛卯[28]，诏天下括市战马[29]。

吴镇海节度判官、楚州[30]团练使陈彦谦有疾，徐知诰恐其遗言及继嗣事[31]，遗[32]之医药金帛，相属[33]于道，彦谦临终，密留书遗徐温，请以所生子为嗣。

太后疾甚[34]。秋，七月，甲午[35]，成德节度使李嗣源以边事稍弭[36]，表求入朝省太后，帝不许。壬寅[37]，太后殂。帝哀毁过甚[38]，五日方食。

八月，癸未[39]，杖杀河南令罗贯[40]。初，贯为礼部员外郎，性强直，为郭崇韬所知，用为河南令。为政不避权豪，伶宦请托，书积几案，一不报，皆以示崇韬，崇韬奏之，由是伶宦切齿[41]。河南尹张全义亦以贯高伉[42]，恶之，遣婢诉于皇后，后与伶宦共毁之[43]。帝含怒未发。会帝自往寿安[44]视坤陵役者，道路泥泞，桥多坏。帝问主者[45]为谁，宦官对属河南。帝怒，下贯狱；狱吏榜掠[46]，体无完肤，明日，传诏杀之。崇韬谏曰："贯坐[47]桥道不修，法不至死。"帝怒曰："太后灵驾将发，天子朝夕往来，桥道不修，卿言无罪，是党也[48]！"崇韬曰："陛下以万乘之尊，怒一县令，使天下谓陛下用法不平，臣之罪也。"帝曰："既公所爱，任公裁之[49]"拂衣起入宫，崇韬随之，论奏不已；帝自阖殿门，崇韬不得入。贯竟死，暴尸府门，远近冤之。

丁亥[50]，遣吏部侍郎李德休等赐吴越国王玉册、金印，红袍御衣。

九月，蜀主与太后、太妃游青城山[51]，历丈人观[52]、上清宫[53]，遂至彭州[54]阳平化、汉州[55]三学山[56]而还。

（以上为第十四段，写后唐庄宗大修宫室，冤杀鲠正大臣河南令罗贯，及庄宗嫡母太妃、生母太后之死，庄宗为人子称孝，为人君荒怠政事，于社稷为不忠。）

【注释】

[1]庚寅：四月二十八日。[2]忽忽不乐：心中空虚，不快乐。[3]盈：满。[4]解颜：开笑脸。[5]邑邑：邑，同"悒"，忧郁的样子。[6]中使：宦官。[7]省：探视。[8]丁酉：五月六日。[9]北都：晋阳。[10]宽譬：慰问、劝解。[11]延翰（?—926）：字子逸，王审知长子。审知死，袭爵。自称大闽国王，骄淫奢侈，为其弟延禀所杀。传见《十国春秋》卷九十一。[12]壬申：六月十一日。[13]溽（rù）暑：又湿又热。[14]不称旨：不中意。[15]大明、兴庆宫：大明宫是唐太宗营建的宫殿，因位于太极宫东北，故称"东内"。兴庆宫是唐玄宗营建的宫殿。位于大明宫南，故称"南内"。[16]清暑：避暑。[17]伸眉：扬眉，得

意的样子。［18］内府钱：皇帝的私产。［19］经费：指国家经常调度经费，仰仗租庸使收入。［20］勍敌：强劲的敌人。［21］不介圣怀：您皇帝心里一点不在意。［22］郁蒸：郁闷蒸热。［23］默然：沉默不语。［24］无异皇居：同皇帝居住的地方没有差别。［25］至尊：指皇帝。［26］营楼：建造楼台。［27］两河：指河南、河北。［28］辛卯：六月三十日。［29］括市战马：搜括购买作战的马匹。［30］楚州：州名。治所在今江苏淮安市。［31］继嗣事：指吴温的继承人问题。［32］遗：送。［33］相属：相连。［34］疾甚：病势沉重。［35］甲午：七月三日。［36］弭：停止。［37］壬寅：七月十一日。［38］哀毁过甚：居丧时因过度哀痛而损害健康。［39］癸未：八月二十三日。［40］罗贯（?—925）：为人强直，正身奉法，不避权豪，官至河南令。庄宗送母葬时，途经河南县，因道路泥泞，桥梁损坏被杀。传见《旧五代史》卷七十一。［41］切齿：咬牙痛恨的样子。［42］高伉：清高亢直。［43］共毁之：共同诋毁他。［44］寿安：县名，县治在今河南宜阳县。［45］主者：主管的人。［46］榜掠：拷打。［47］坐：犯。［48］是党也：是偏私也。［49］任公裁之：听凭你处理。［50］丁亥：八月二十七日。［51］青城山：在四川灌县城西南，北接岷山，连绵不绝，以青城山为第一峰。［52］丈人观：在青城北。［53］上清宫：高台山丈人祠之侧，有天池，晋朝建天宫于上，名上清宫。［54］彭州：州名。治所在今四川彭州市。［55］汉州：州名。治所在今四川广汉市。［56］三学山：在四川金堂县东。

乙未[1]，立皇子继岌为魏王。

丁酉[2]，帝与宰相议伐蜀，威胜[3]节度使李绍钦[4]素谄事宣徽使李绍宏，绍宏荐“绍钦有盖世奇才，虽孙、吴[5]不如，可以大任。”郭崇韬曰：“段凝亡国之将，奸谄绝伦[6]，不可信也。”众举李嗣源，崇韬曰：“契丹方炽[7]，总管不可离河朔。魏王地当储副[8]，未立殊功，请依故事[9]，以为伐蜀都统[10]，成其威名。”帝曰：“儿幼，岂能独往，当求其副。”既而曰：“无以易卿[11]。”

庚子[12]，以魏王继岌充西川四面行营都统，崇韬充东北面行营都招讨制置等使，军事悉以委之[13]。又以荆南节度使高季兴充东南面行营都招讨使，凤翔节度使李继曮充都供军转运应接等使[14]，同州节度使李令德[15]充行营副招讨使，陕州节度使李绍琛[16]充蕃汉马步军都 1 斩斫使兼马步军都指挥使，西京留守张筠充西川管内安抚应接使，华州节度使毛璋充左厢马步都虞候，邠州节度使董璋充右厢马步都虞候，客省使李严充西川管内招抚使，将兵六万伐蜀，仍诏季兴自取夔、忠、万三州为巡属[17]。都统置中军[18]，以供奉官[19]李从袭充中军马步都指挥监押[20]，高品[21]李廷安、吕知柔充魏王府通谒[22]。辛丑[23]，以工部尚书任圜、翰林学士李愚[24]并参预都统军机。

自六月甲午[25]雨，罕见日星，江河百川皆溢，凡七十五日乃霁[26]。

郭崇韬以北都留守孟知祥有荐引旧恩，将行，言于上曰："孟知祥信厚有谋，若得西川而求帅，无逾[27]此人者。"又荐邺都副留守张宪谨重有识，可为相。戊申[28]，大军西行。

蜀安重霸劝王承休请蜀主东游秦州。承休到官，即毁府署，作行宫，大兴力役，强取民间女子教歌舞，图形[29]遗韩昭，使言于蜀主；又献花木图，盛称秦州山川土风之美。蜀主将如秦州，群臣谏者甚众，皆不听；王宗弼上表谏，蜀主投其表于地；太后涕泣不食，止之，亦不能得。前秦州节度判官蒲禹卿[30]上表几二千言，其略曰："先帝艰难创业，欲传之万世。陛下少长富贵，荒色惑酒。秦州人杂羌、胡[31]，地多瘴疠[32]，万众困于奔驰，郡县罢[33]于供亿[34]。凤翔久为仇雠，必生衅隙[35]；唐国方通欢好，恐怀疑贰[36]。先皇未尝无故盘游，陛下率意[37]频离宫阙。秦皇东狩，銮驾[38]不还；炀帝南巡，龙舟[39]不返。蜀都强盛，雄视邻邦，边庭无烽火之虞，境内有腹心之疾，百姓失业，盗贼公行。昔李势[40]屈于桓温[41]，刘禅[42]降于邓艾[43]，山河险固，不足凭恃[44]。"韩昭谓禹卿曰："吾收汝表，俟主上西归，当使狱吏字字问汝！"王承休妻严氏美，蜀主私[45]焉，故锐意[46]欲行。

（以上为第十五段，写唐庄宗大举伐蜀，而蜀主大张旗鼓游幸秦州。）

【注释】

[1]乙未：九月五日。[2]丁酉：九月七日。[3]威胜：方镇名。后唐改后梁宣化军为威胜军，治所邓州，在今河南邓州市。[4]李绍钦：即后梁降将段凝，赐名李绍钦。[5]孙、吴：孙武、吴起。[6]奸谄绝伦：奸伪谄媚超过同辈。指李绍钦。[7]方炽：正当气焰嚣张之时。炽，火势旺盛。[8]地当储副：地位相当于储君，为国君的继承人。[9]故事：指安史之乱，唐玄宗分任诸子为诸道都统。[10]都统：总指挥。[11]无以易卿：没有人可以替代你了，即你是最合适的人选。[12]庚子：九月十日。[13]悉以委之：全部委托他们。[14]都供军转运应接等使：官名，负责全军的后勤事务。[15]李令德（?—925）：即朱令德，朱友谦之子。降后唐

赐姓李。传附《旧五代史》卷六十三《朱友谦传》。［16］李绍琛：即康延孝。降后唐赐名李绍琛。［17］巡属：视察、管辖的地区。［18］中军：古代行军以中军为发号施令之所，由主帅自领。［19］供奉官：内侍官阶名，通侍禁中，内庭服役，以宦官为之。［20］监押：监军。［21］高品：内侍官阶名，低于供奉官，高于高班。［22］通谒：官名，掌传达。［23］辛丑：九月十一日。［24］李愚（?—935）：字子晦，渤海无棣（今山东无棣县）人。官至后唐宰相，为政清廉，不治宅第，四壁萧然。传见（新五代史）卷五十四。［25］甲午：六月壬戌朔，无甲午。参见上文疑为壬申，六月十一日。［26］霁：放晴。［27］逾：超过。［28］戊申：九月十八日。［29］图形：画成图像。［30］蒲禹卿：四川成都人，慷慨好直言，不肯低头事人。官至右补阙、秦州节度判官。蜀后主被诛，恸哭后，题诗于驿门而逃，不知所终。传见《十国春秋》卷四十三。［31］羌、胡：指西南地区少数民族。［32］瘴疠（zhànglì）：疟疾和麻风病。南方山林间湿热蒸郁而使人致病。［33］罢：疲。［34］供亿：供应。［35］衅隙：乘隙而挑起事端。［36］疑贰：怀疑他们存二心。［37］率意：任意、大意。［38］銮驾：皇帝的仪仗队，这里借指秦始皇。［39］龙舟：借指隋炀帝。［40］李势：四川成汉国君主。［41］桓温：东晋大将。［42］刘禅：三国时蜀国君主。［43］邓艾：三国魏大将。［44］凭恃：依靠。［45］私：私通。［46］锐意：立意，意志很坚决。

冬，十月，排陈斩斫使李绍琛与李严将骁骑三千、步兵万人为前锋，招讨判官陈乂[1]至宝鸡，称疾乞留。李愚厉声曰："陈乂见利则进，惧难则止。今大军涉险[2]，人心易摇，宜斩以徇[3]！"由是军中无敢顾望[4]者。乂，蓟州人也。

癸亥[5]，蜀主引兵数万发成都，甲子[6]，至汉州。武兴节度使王承捷告唐兵西上，蜀主以为群臣同谋沮己[7]，犹不信，大言曰："吾方欲耀武[8]。"遂东行。在道与群臣赋诗，殊[9]不为意。

丁丑[10]，李绍琛攻蜀威武城，蜀指挥使唐景思将兵出降；城使周彦禋等知不能守，亦降。景思，秦州人也。得城中粮二十万斛。绍琛纵其败兵万余人逸去，因倍道趣凤州。李严飞书[11]以谕王承捷。李继曮竭凤翔蓄积以馈军，不能充[12]，人情忧恐。郭崇韬入散关，指其山曰："吾辈进无成功，不得复还此矣。当尽力一决。今馈运[13]将竭，宜先取凤州，因[14]其粮。"诸将皆言蜀地险固'，未可长驱，宜按兵观衅[15]。崇韬以问李愚，愚曰："蜀人苦其主荒淫，莫为之用[16]。宜乘其人心崩离，风驱霆击[17]，彼皆破胆，虽有险阻，谁与守之！兵势不可缓也。”是日李绍琛告捷，崇韬喜，谓李愚曰：“公料敌[18]如此，吾复何忧！”乃倍道而进。戊寅[19]，王承捷以凤、兴、文、扶[20]四州印节[21]迎降，得兵八千，粮四十万斛。崇韬曰：“平蜀必矣。”即以都统牒命承捷摄[22]武兴节度使。

己卯[23]，蜀主至利州，威武败卒奔还，始信唐兵之来。王宗弼、宋光嗣言于蜀主曰：“东川、山南[24]兵力尚完[25]，陛下但以大军扼利州[26]，唐人安敢悬兵[27]深入！”从之。庚辰[28]，以随驾清道指挥使王宗勋[29]、王宗俨、兼侍中王宗昱为三招讨，将兵三万逆战。从驾兵自绵[30]、汉至深渡[31]，千里相属；皆怨愤，曰：“龙武军粮赐倍于他军，他军安能御敌！”

李绍琛等过长举[32]，兴州都指挥使程奉琏将所部兵五百来降，且请先治桥栈[33]以俟唐军，由是军行无险阻之虞。辛巳[34]，兴州刺史王承鉴弃城走，绍琛等克兴州，郭崇韬以唐景思摄兴州刺史。乙酉[35]，成州刺史王承朴弃城走。李绍琛等与蜀三招讨战于三泉[36]，蜀兵大败，斩首五千级，余众溃走。又得粮十五万斛于三泉，由是军食优足[37]。

戊子[38]，葬贞简太后[39]于坤陵。

蜀主闻王宗勋等败，自利州倍道西走，断桔柏津浮梁[40]；命中书令、判六军诸卫事王宗弼将大军守利州，且令斩王宗勋等三招讨。

李绍琛昼夜兼行趣利州。蜀武德留后宋光葆遗郭崇韬书，“请唐兵不入境，当举巡属内附[41]；苟不如约[42]，则背城决战[43]以报本朝。”崇韬复书抚纳之。乙丑[44]，魏王继岌至兴州，光葆以梓、绵、剑[45]、龙[46]、普[47]五州，武定节度使王承肇以洋、蓬、壁[48]三州，山南[49]节度使王宗威[50]以梁、开、通、渠、麟[51]五州，阶州刺史王承岳以阶州，皆降。承肇，宗侃之子也。自余城镇皆望风款附[52]。

天雄节度使王承休与副使安重霸谋掩击[53]唐军，重霸曰：“击之不胜，则大事去矣。蜀中精兵十万，天下险固，唐兵虽勇，安能直度剑门邪！然公受国恩，闻难不可不赴[54]，愿与公俱西[55]。”承休素亲信之，以为然。重霸请赂羌人买文、扶州路[56]以归；承休从之，使重霸将龙武军及所募兵万二千人以从。将行，州人饯[57]于城外。承休上道，重霸拜于马前曰："国家竭力以得秦、陇[58]，若从开府[59]还朝，谁当守之！开府行矣，重霸请为公留守。"承休业已上道，无如之何，遂与招讨副使王宗汭[60]自扶、文而南；其地皆不毛，羌人抄之，且战且行，士卒冻馁，比至茂州[61]，余众二千而已。重霸遂以秦、陇来降。

高季兴常欲取三峡[62]，畏蜀峡路招讨使张武威名，不敢进。至是，乘唐兵势，使其子行军司马从诲[63]权军府事，自将水军上峡取施州[64]。张武以铁锁断江路，季兴遣勇士乘舟斫之。会风大起，舟絓[65]于锁，不能进退，矢石交下，坏其战舰，季兴轻舟遁去。既而闻北路陷败，以夔、忠、万三州遣使诣魏王降。

郭崇韬遗王宗弼等书，为陈利害[66]；李绍琛未至利州，宗弼弃城引兵西归。王宗勋等三招讨追及宗弼于白芀[67]，宗弼怀中探诏书示之曰："宋光嗣令我杀尔曹[68]。"因相持而泣，遂合谋送款[69]于唐。

（以上为第十六段，写唐军伐蜀，势如破竹。）

【注释】

[1]陈乂：初任后梁任太子舍人。入后唐官至中书舍人。传见《旧五代史》卷六十八。[2]涉险：指自宝鸡进散关，将涉栈阁之险。[3]徇：示众。[4]顾望：回顾、观望。指态度不坚决。[5]癸亥：十月四日。[6]甲子：十月五日。[7]沮己：阻止自己去秦州。[8]耀武：炫耀武力。[9]殊：很，甚。[10]丁丑：十月八日。[11]飞书：匿名信。这里指用箭将信射进城去，威胁、敦促王承捷投降。[12]充：满足。[13]馈运：指军粮。[14]因：依。[15]观衅：窥伺敌人，以便趁机进攻。[16]莫为之用：不肯为他效劳。[17]风驱霆击：像风一样驱赶，像雷一样轰击。形容迅速出击。[18]料敌：判断敌情。[19]戊寅：十月九日。[20]扶：州名。在今四川松潘县。[21]印节：印玺和旌节。[22]摄：暂时代理。[23]己卯：十月二十日。[24]东川、山南：东川，四川东部，指梓、遂等州。山南，山南西道，指兴元等州。[25]尚完：比较完整，没有受到折损。[26]扼利州：守任利州。利州，州名，治所兴安，在今四川广元市。[27]悬兵：深入敌方的孤军。[28]庚辰：十月二十一日。[29]王宗勋：王建义子。传见《十国春秋》卷三十九。[30]绵：州名。治所巴西，在今四川绵阳市东。[31]深渡：在利州绵谷县北大漫天、小漫天之间。[32]长举：县名。属兴州。故城在今陕西略阳县西北。[33]桥栈：架桥修栈道。[34]辛巳：十月二十二日。[35]乙酉：十月二十六日。[36]三泉：县名，当时属兴元府。在今陕西宁强县。[37]优足：优裕，充足。[38]戊子：十月二十九日。

[39]贞简太后：李存勖生母曹皇后，谥贞简。[40]浮梁：浮桥。[41]举巡属内附：拿前蜀所辖疆土归附后唐。[42]苟不如约：如果不能履行这个约定。[43]背城决战：在自己城下决一死战。[44]乙丑：据章校，“乙”作“己”。己丑，十月三十日。[45]剑：州名，剑州。治所普安，今四川剑阁县。[46]龙：龙州，治所江油，今四川平武县。[47]普：普州，故治在今四川安岳县。[48]壁：壁州，治所诺水，在今四川通江县。[49]山南：方镇名。唐肃宗至德元年（756）置，治梁州，在今陕西汉中市。[50]王宗威：传见《十国春秋》卷三十九。[51]梁、开、通、渠、麟：皆州名。梁，梁州，治所在今陕西汉中市。开，开州，治所盛山，在今重庆开州区。通，通州，治所石城，在今四川达州市。渠，渠州，在今四川渠县。麟，麟州，故治在今重庆市邻水县。[52]款附：投降。[53]掩击：乘人不备而攻击。[54]赴：前往。[55]俱西：一起向西到成都去。[56]赂羌人买文、扶州路：用钱贿赂居住在文、扶两州的羌人，同意军队过境。[57]饯：送行。[58]秦、陇：秦州和陇州。[59]开府：指代王承休。[60]王宗汭：王建养子。传见《十国春秋》卷三十九。[61]茂州：州名。治所汶山，在今四川茂县。[62]三峡：巫峡、西陵峡、瞿塘峡地区。[63]从诲（891—948）：字遵圣，高季兴长子，公元928年，高季兴卒，嗣立，后唐长兴三年（932）封南平王，公元928至948在位。传见《十国春秋》卷一百一。[64]施州：州名。治所清江，在今湖北恩施市。[65]絓：挂住。[66]为陈利害：替他陈述利害关系，指明投降乃趋利避害道路。[67]白芀（tiáo）：地名，在今四川金堂县。[68]尔曹：你们。[69]送款：投降。

【点评】

本卷点评后唐庄宗滥封、郭崇韬裁汰冗官、郭崇韬逢迎奏立刘皇后、刘皇后父事张全义四件史事。

一、后唐庄宗滥封。后唐庄宗好摔跤游戏，曾与右武卫上将军李存贤手搏，李存贤不敢尽力。庄宗对李存贤说：“你能把我摔倒，我提拔你做节度使。”李存贤要庄宗下诏令，于是奉诏摔倒了庄宗。庄宗授李存贤为卢龙节度使，大言曰：“手搏之约，吾不食言矣。”封疆大吏，以戏耍得之，功臣宿将，无不寒心。庄宗好戏曲，宠信伶人无以复加。后梁贞明四年胡柳之役，伶人周匝为梁人所虏，其后破汴梁，复得周匝，庄宗非常高兴。周匝诉说，自己得到梁教坊使陈俊、内园栽接使储德源两位伶人的保护才活下来，周匝替两人讨二州为报。庄宗以陈俊为景州刺史，储德源为宪州刺史。长年追随庄宗征战的亲军校官，出生入死，大多未能得刺史，个个莫不愤怨。庄宗怠于政事，却时时装扮成伶人，粉墨登场，与俳优于朝堂戏耍。二十年征战，败契丹，俘虏燕王父子。灭梁而有天下，完成父志报三仇，何其壮哉！天下已定，后唐庄宗称帝不足三年，一夫夜呼，乱者四应，身死国灭为天下笑，可慨也夫！

二、郭崇韬裁汰冗官。唐末五代，天下大乱，破落臣家往往把职官委任状卖给亲属，以至于混乱了辈分。有的叔父向侄儿下跪叩头，有的舅父向外甥下拜。候补官员中冒名顶替的很多。同光二年，庄宗举行南郊祭天大典，参加祭祀的候补官员达一千二百人。郭崇韬严加审核，查清合格的候补官只有数十人，十分之九以上的候补官资格被取消。被取消资格的候补官没了生活来源，有的在道路上悲哭哀号，有的在客店里活活饿死，惨状目不忍睹。这些候补官，除了做官就没了活路，为了活路，一心做官，为了做官，无所不用其极，有奶便是娘，丧失了人性，丧失了灵魂。冗官冗吏本身是封建官僚政治的生态，是暴君污吏的基础。郭崇韬只能裁撤一时，不可根除，而且他也使自己陷入了危境。

三、郭崇韬逢迎奏立刘皇后。郭崇韬敌视伶人与宦官，遭到群小日夜诽谤，郭崇韬忧惧，不知如何是好。他对亲信说："我佐天子取天下，现在大功告成，而群小交兴，我想离开朝廷去做一个镇将，躲开群小，可以免祸吗？"亲信回答说："躲开群小，丢掉权位，好比蛟龙失水，只怕是招祸啊。"郭崇韬说："怎么办呢？"亲信又说："皇上想立刘夫人为皇后，刘夫人头上有正妃韩夫人，加之皇太后不喜欢刘夫人，皇上犹豫不决。如果相公此时助刘夫人一把，相公在宫中有了皇后做后台，皇上也高兴，还怕群小嚼舌根？"郭崇韬甚以为是，于是与百官共奏刘夫人为皇后。这位刘皇后性贪财，入主正宫，求索无厌，四方贡献从此一分为二，一份献天子，一份献皇后。刘皇后连亲爹都不认，哪里会念郭崇韬的好处。郭崇韬想引刘皇后来排抑宦官，恰恰是宦官假刘皇后之手诛杀郭崇韬，这是后话。郭崇韬智略兼备，一时人臣之选，有真宰相之才。不以正道立于朝，一念之差，搬起石头砸自己的脚，非始料所及。

四、刘皇后父事张全义。后唐庄宗刘皇后性贪财，曾从后唐庄宗幸张全义宅，希望得张全义馈赠，强拜张全义为义父，却不认寒微之生父。张全义，字国维，濮州临濮人。唐昭宗赐名全义，朱温赐名宗奭，入后唐复名全义。张全义尹正河洛凡四十年，历守太师、太傅、太尉、中书令，封王，邑万三千户，一生荣华富贵，以寿终，死年七十五，乱世自保一奇迹。冯道是文臣不倒翁，张全义是武臣不倒翁。张全义媚事朱温，以至于妻妾子女为朱温所淫不以为耻。后唐灭梁，张全义应与敬翔、李振等受族诛，因通赂于刘皇后，得以保全。张全义审案，每每以原告为有理，是以人多枉滥，遭到时人的非难。但张全义镇洛阳，招抚流亡，安置难民，劝课农桑，口碑流于道路，万口同声，称其为名臣。有诗赞曰："洛阳风景实堪哀，昔日曾为瓦子堆，不是我公重葺理，至今犹是一堆灰。"张全义为官重民生，得以善终，不亦宜乎！

卷二七四　后唐纪三

后唐庄宗同光三年至后唐明宗天成元年（925—926 年）

【起旃蒙作噩（乙酉，925 年）十一月，尽柔兆阉茂（丙戌，926 年）三月，不满一年】

【大事提要】

本卷记事起公元 925 年十一月，讫公元 926 年三月，凡五个月史事。当后唐庄宗同光三年末至明宗天成元年三月。庄宗晚年昏暴，同室操戈，为明宗李嗣源所灭。事繁变剧，故本卷记事，不满一年。后唐之乱导火线为李继岌矫诏杀郭崇韬。郭崇韬专断军权，与李继岌相互猜疑，同僚、宦官、刘皇后日夜进谗言，后唐庄宗猜疑起杀心，刘皇后胆大妄为，手札赐李继岌诛杀郭崇韬。后唐庄宗事后不追究宦官竖小阴谋，反而扩大事端，族灭郭崇韬，祸及朱友谦，于是逼反西征军李继琛，以及魏州戍兵。这一年大旱民饥，军粮不继，而后唐庄宗依然游猎无度，践踏田野禾稼。后唐庄宗命将平叛，不肯赏赐，将士寒心，李绍荣往讨邺都久不建功，李嗣源往讨为乱兵挟持反叛，进兵大梁。后唐庄宗亲征，刘皇后吝财不肯出内库钱，将士唾骂，未遇敌而星散。后唐庄宗东出，有扈从兵二万五千，及返洛阳只有数千。

庄宗光圣神闵孝皇帝下

同光三年（乙酉，925 年）

十一月，丙申[1]，蜀主至成都，百官及后宫迎于七里亭[2]。蜀主入妃嫔中作回鹘队[3]入宫。丁酉[4]，出见群臣于文明殿，泣下沾襟[5]，君臣相视，竟无一言以救国患。

戊戌[6]，李绍琛至利州，修桔柏[7]浮梁。昭武节度使林思谔先弃城奔阆州，遣使请降。甲辰[8]，魏王继岌至剑州，蜀武信[9]节度使兼中书令王宗寿以遂、合、渝、泸、昌五州[10]降。

王宗弼至成都，登大玄门[11]，严兵自卫[12]。蜀主及太后自往劳[13]

之，宗弼骄慢无复臣礼。乙巳[14]，劫迁蜀主及太后后宫诸王于西宫，收其玺绶[15]，使亲吏于义兴门[16]邀取[17]内库金帛，悉归其家。其子承涓杖剑入宫[18]，取蜀主宠姬数人以归。丙午[19]，宗弼自称权西川兵马留后。

李绍琛进至绵州，仓库民居已为蜀兵所燔[20]，又断绵江浮梁，水深，无舟楫可渡，绍琛谓李严曰："吾悬军深入，利在速战。乘蜀人破胆之时，但得百骑过鹿头关[21]，彼且迎降不暇；若俟修缮桥梁，必留数日，或教王衍坚闭近关[22]，折[23]吾兵势，傥延旬浃[24]，则胜负未可知矣。"乃与严乘马浮渡江，从兵得济者仅千人，溺死者亦千余人，遂入鹿头关；丁未[25]，进据汉州，居三日，后军始至。

宗弼遣使以币马牛酒劳军，且以蜀主书遗李严曰："公来吾即降。"或谓严："公首建伐蜀之策，蜀人怨公深入骨髓，不可往。"严不从，欣然驰入成都，抚谕[26]吏民，告以大军继至。蜀君臣后宫皆恸哭。蜀主引严见太后，以母妻为托。宗弼犹乘城[27]为守备，严悉命撤去楼橹[28]。

己酉[29]，魏王继岌至绵州，蜀主命翰林学士李昊[30]草降表，又命中书侍郎、同平章事王锴草降书，遣兵部侍郎欧阳[31]彬奉之以迎继岌及郭崇韬。

王宗弼称蜀君臣久欲归命[32]，而内枢密使宋光嗣、景润澄、宣徽使李周辂、欧阳晃荧惑[33]蜀主；皆[34]斩之，函首[35]送继岌。又责文思殿大学士、礼部尚书、成都尹韩昭佞谀[36]，枭[37]于金马坊门[38]。内外马步都指挥使兼中书令徐延琼、果州团练使潘在迎、嘉州刺史顾在珣及诸贵戚皆惶恐[39]，倾其家金帛妓妾以赂宗弼，仅得免死。凡素所不快者，宗弼皆杀之。

辛亥[40]，继岌至德阳[41]。宗弼遣使奉笺，称已迁蜀主于西第[42]，安抚军城[43]，以俟王师。又使其子承班以蜀主后宫及珍玩赂继岌及郭崇韬，求西川[44]节度使，继岌曰："此皆我家物，奚[45]以献为！"留其物而遣之。

李绍琛留汉州八日以俟都统，甲寅[46]，继岌至汉州，王宗弼迎谒；乙卯[47]，至成都。丙辰[48]，李严引蜀主及百官仪卫出降于升迁桥[49]，蜀主白衣、衔璧、牵羊，草绳萦首[50]，百官衰绖[51]、徒跣[52]、舆榇[53]，号哭俟命。继岌受璧，崇韬解缚，焚榇，承制[54]释罪；君臣东北向拜谢。丁巳[55]，大军入成都。崇韬禁军士侵掠，市不改肆[56]。自出师至克蜀，凡七十日。得节度十[57]，州六十四[58]，县二百四十九，兵三万，铠仗、钱粮、金银、缯锦共以千万计。

（以上为第一段，写蜀国灭亡。王宗弼趁危自称代理西川兵马留后，劫掠宫中钱物，杀戮平素怨恨的人。）

【注释】

[1]丙申：十一月七日。 [2]七里亭：地名，离成都七里，因以为名。 [3]回鹘（hú）队：回鹘，取“回旋轻捷如鹘”之义，善歌舞。此回鹘队是指仿效回鹘人列队翩翩起舞，牵引入宫。[4]丁酉：十一月八日。 [5]泣下沾襟：眼泪流下来浸湿了衣襟。 [6]戊戌：十一月九日。[7]桔柏：地名。在今四川广元市利州区，嘉陵、白水二江合流处。 [8]甲辰：十一月十五日。[9]武信：方镇名。唐光化二年（899）置，治所遂州，在今四川遂宁市。 [10]遂、合、渝、泸、昌五州：武信军所属五州。遂州治所方义，在今四川遂宁市。合州治所石境，在今重庆合川区。渝州治所巴县，在今重庆市。泸州治所江阳，在今四川泸州市。昌州治所大足，在今重庆大足区。[11]大玄门：蜀宫城城门。 [12]严兵自卫：列兵用来保卫自己。 [13]劳：劳军。 [14]乙巳：十一月十六日。 [15]玺绶：印信。 [16]义兴门：蜀宫城城门。 [17]邀取：索取、搬取。[18]杖剑入宫：武装进宫。 [19]丙午：十一月十七日。 [20]燔：焚烧。 [21]鹿头关：关名。在四川德阳市北，以鹿头山为名，破鹿头关，成都无险可守。 [22]近关：即指鹿头关。 [23]折：挫折。 [24]旬浃：十天。 [25]丁未：十一月十八日。 [26]抚谕：安抚，晓谕。 [27]乘城：登城。 [28]楼橹：古时军中用以侦察、防御或攻城的高台。这里指城防工事。 [29]己酉：十一月二十日。 [30]李昊（892—964）：字穹佐，前后仕蜀五十年，后蜀后主时，位兼将相。前蜀降唐，李昊草降表，后蜀降宋，亦李昊草降表。蜀人暗中在他门上写道：“世修降表李家。”编有《枢机应用集》二十卷，《高祖实录》二十卷，后主续成《高祖实录》八十卷。传见《十国春秋》卷五十二。 [31]欧阳彬（?—950）：字齐美，衡州衡山（今湖南衡山县）人，传见《十国春秋》卷五十三。 [32]归命：归顺，投降。 [33]荧惑：迷惑。 [34]皆：都。 [35]函首：用木匣装着被砍下来的头。 [36]佞谀：用花言巧语阿谀奉承。 [37]枭：枭首，砍头。 [38]金马坊门：地名，在成都城中。 [39]惶恐：惊慌害怕。 [40]辛亥：十一月二十二日。 [41]德阳：县名，在今四川德阳市。 [42]西第：西宫。因已奉降表，不敢称西宫。 [43]军城：指成都府。[44]西川：方镇名。唐肃宗至德二年（757）更剑南节度使号西川节度使，治所成都。前蜀仍以成都为西川节度。 [45]奚：何。 [46]甲寅：十一月二十五日。 [47]乙卯：十一月二十六

日。［48］丙辰：十一月二十七日。［49］升迁桥：地名，在成都北。［50］萦首：缠绕在头上。［51］衰绖（cuīdié）：丧服。衰，古人丧服当心处缀有长六寸、广四寸的麻布叫衰，缠在腰间的麻绳叫绖。［52］徒跣：赤脚。［53］舆榇：棺材。空棺叫榇。［54］承制：接受诏旨。［55］丁巳：十一月二十八日。［56］肆：商店。［57］节度十：武德、武信、永平、武泰、镇江、山南、武定、天雄、武兴、昭武。［58］州六十四：据《新五代史》为益、汉、彭、蜀、绵、眉、嘉、剑、梓、遂、果、阆、普、陵、资、荣、简、邛、黎、雅、维、茂、文、龙、黔、施、夔、忠、万、归、峡、兴、利、开、通、涪、渝、泸、合、昌、巴、蓬、集、壁、渠、戎、梁、洋、金、秦、凤、阶、成五十三州。

高季兴闻蜀亡，方食，失匕箸[1]，曰："是老夫之过也。"梁震曰："不足忧也。唐主得蜀益骄，亡无日矣，安不知[2]其不为吾福！"

楚王殷闻蜀亡，上表称："臣已营衡麓之间为菟裘之地[3]，愿上印绶以保余龄[4]。"上优诏慰谕之[5]。

平蜀之功，李绍琛为多，位在董璋上；而璋素与郭崇韬善，崇韬数召璋与议军事。绍琛心不平，谓璋曰："吾有平蜀之功，公等朴樕[6]相从，反咕嗫[7]于郭公之门，谋相倾害。吾为都将[8]，独[9]不能以军法斩公[10]邪！"璋诉于崇韬。十二月，崇韬表璋为东川[11]节度使，解其军职[12]。绍琛愈怒，曰："吾冒白刃[13]，陵险阻，定两川，璋乃坐有之邪！"乃见崇韬言："东川重地，任尚书[14]有文武才，宜表为帅。"崇韬怒曰："绍琛反邪，何敢违吾节度[15]！"绍琛惧而退。

初，帝遣宦者李从袭等从魏王继岌伐蜀；继岌虽为都统，军中制置补署[16]一出郭崇韬，崇韬终日决事，将吏宾客趋走盈庭[17]，而都统府惟大将晨谒[18]外，牙门索然[19]，从袭等固耻之[20]。及破蜀，蜀之贵臣大将争以宝货、妓乐遗崇韬及其子廷诲，魏王所得，不过匹马、束帛、唾壶[21]、麈柄[22]而已，从袭等益[23]不平。

王宗弼之自为西川留后也，赂崇韬求为节度使，崇韬阳许[24]之，既而久未得，乃帅蜀人列状[25]见继岌，请留崇韬镇蜀，从袭等因谓继岌曰："郭公父子专横，今又使蜀人请己为帅，其志难测[26]，王不可不为之备。"继岌谓崇韬曰："主上倚侍中如山岳，不可离庙堂[27]，岂肯弃元老于蛮夷[28]之域乎！且此非余之所敢知也，请诸人诣阙自陈[29]。"由是继岌与崇韬互相疑。

会宋光葆[30]自梓州来，诉王宗弼诬杀宋光嗣等；又，崇韬征[31]犒军钱数万缗于宗弼，宗弼靳[32]之，士卒怨怒，夜，纵火喧噪。崇韬欲诛宗弼以自明[33]，己巳[34]，白继岌收[35]宗弼及王宗勋、王宗渥[36]，皆数[37]其不忠之罪，族诛之，籍没其家。蜀人争食宗弼之肉。

辛未[38]，闽忠懿王审知卒，子延翰自称威武留后。汀州民陈本[39]聚众三万围汀州，延翰遣右军都监柳邕等将兵二万讨之。

（以上为第二段，写郭崇韬专断军权，与李继岌相互猜疑，王宗弼被灭族。）

【注释】

[1]失匕箸（zhù）：汤匙，筷子从手中脱落。[2]安不知：据章校，十二行本无“不”字。上一“不”字，为衍文。安，怎么。[3]臣已营衡麓之间为菟（tù）裘之地：我已在衡山脚下建造退休养老的地方。衡麓，衡山山麓。菟裘，源出《左传·隐公十一年》“使营菟裘，吾将老焉”。后指告老、退隐之处为菟裘。[4]以保余龄：用来保全我的性命。[5]优诏慰谕：用表彰嘉勉的诏书慰问晓谕。[6]朴樕（sù）：小木，比喻凡庸之材。[7]呫嗫（chènié）：喋喋不休，窃窃私语。[8]都将：因李绍琛为行营马步军都指挥使，故称都将。[9]独：其、岂。[10]斩公：斩董璋。因董璋任左厢都虞候，位比李绍琛低，属李绍琛管辖。[11]东川：方镇名，唐肃宗至德二年（757）分置剑南东川节度，治所梓州，在今四川三台县。[12]解其军职：解除董璋的军职，脱离李绍琛管辖，使李绍琛不能对董璋动用军法。[13]白刃：寒光闪闪的刀剑。[14]任尚书：指任圜，时任工部尚书。[15]节度：调度、处置。[16]制置补署：调度军队、任命官员。[17]盈庭：满门。[18]晨谒：每天早晨大将至都统府行请安之礼。[19]索然：冷冷清清。[20]固耻之：本来已经感到羞耻。固，本已，早就。[21]唾壶：痰壶。[22]麈柄：尘拂。用麈的尾巴制成的尘拂。[23]益：更加。[24]阳许：阳，通“佯”，表面假装允许。[25]列状：书写报告。[26]其志难测：他的志向难以估计。指可能谋反。[27]庙堂：朝廷。[28]蛮夷之域：指西川。[29]诣阙自陈：自己到朝廷去陈述理由，请皇帝裁决。[30]宋光葆：蜀宋光嗣的堂弟，字季正，从宋光嗣为宦官，官至前蜀东川节度使。传见（十国春秋》卷四十六。[31]征：征调。[32]靳：吝惜。[33]自明：表明心迹。[34]己巳：十二月十日。[35]收：逮捕。[36]王宗渥（?—925）：本姓郑，王建义子。传见《十国春秋》卷三十九。[37]数：列举罪状。[38]辛未：十二月十二日。[39]陈本（?—926）：福建汀州人，起义军领袖。公元925年聚众三万攻汀州。闽王延翰派柳邕等率军二万围剿，公元926年正月，陈本兵败被杀。传附《十国春秋》卷九十一。

癸酉[1]，王承休、王宗汭[2]至成都，魏王继岌诘之曰："居大镇，拥强兵，何以不拒战？"对曰："畏大王神武。"曰："然则何以不降？"对曰："王师不入境。"曰："所俱[3]入羌者几人？"对曰："万二千人。"曰："今归者几人？"对曰："二千人。"曰："可以偿万人之死矣。"皆斩之，并其子。

丙子[4]，以知北都[5]留守事孟知祥为西川节度使、同平章事，促召赴洛阳[6]。帝议选北都留守，枢密承旨[7]段徊等恶邺都留守张宪，不欲其在朝廷，皆曰："北都非张宪不可。宪虽有宰相器，今国家新得中原，宰相在天子目前，事有得失，可以改更，比之北都独系一方安危[8]，不为重也。"乃徙宪为太原尹，知北都留守事。以户部尚书[9]王正言为兴唐尹，知邺都留守事。正言昏耄[10]，帝以武德使[11]史彦琼[12]为邺都监军。彦琼，本伶人也，有宠于帝。魏、博等六州军旅金谷之政[13]皆决于彦琼，威福自恣[14]，陵忽[15]将佐，自正言以下皆谄事[16]之。

初，帝得魏州银枪效节都近八千人，以为亲军，皆勇悍无敌。夹河之战，实赖其用[17]，屡立殊功[18]，常许以灭梁之日大加赏赉。既而河南[19]平，虽赏赉非一[20]，而士卒恃功，骄恣无厌[21]，更成怨望[22]。是岁大饥，民多流亡，租赋不充，道路涂潦[23]，漕辇艰涩，东都仓廪空竭，无以给军士，租庸使孔谦日于上东门[24]外望诸州漕运，至者随以给之。军士乏食，有雇妻鬻子者，老弱采蔬于野，百十为群，往往馁死，流言怨嗟[25]，而帝游畋不息[26]。己卯[27]，猎于白沙，皇后、皇子、后宫毕从[28]。庚辰[29]，宿伊阙；辛巳[30]，宿潭泊；壬午[31]，宿龛涧[32]；癸未[33]，还宫。时大雪，吏卒有僵仆[34]于道路者。伊、汝[35]间饥尤甚，卫兵所过，责其供饷，不得，则坏其什器[36]，撤其室庐以为薪[37]，甚于寇盗，县吏皆窜匿山谷[38]。

有白龙见[39]于汉宫；汉主改元白龙[40]，更名曰龑。

长和骠信[41]郑旻[42]遣其布燮郑昭淳求婚于汉，汉主以女增城公主[43]妻之。长和即唐之南诏也。

成德节度使李嗣源入朝。

（以上为第三段，写是年中原大饥，民众流离，军无粮饷，唐庄宗游猎无度，视军民如草芥。)

【注释】

[1]癸酉：十二月十四日。[2]王宗汭(?—925)：王建义子。传见《十国春秋》卷三十九。[3]俱：一起。[4]丙子：十二月十七日。[5]北都：后唐以太原为北都。[6]召赴洛阳：先召之至洛阳，面君后再至四川成都上任。[7]枢密承旨：官名。掌传达皇帝命令，管理枢密院内部事务。[8]独系一方安危：单独维系着一个地方的平安和危殆。[9]户部尚书：官名。掌全国土地、户籍、赋税、财政收支等事务。[10]昏耄(mào)：年迈昏聩。七十岁称耄。[11]武德使：宫官名，掌宫中洒扫等事务。[12]史彦琼：本伶人，专魏博六州之政。传见《新五代史》卷三十七。[13]金谷之政：钱粮事务。[14]威福自恣：自己肆意作威作福。[15]陵忽：欺侮、亵慢。[16]谄事：奉承。[17]实赖其用：确实依赖他们拼命。[18]殊功：大功。[19]河南：指后梁。[20]非一：不止一次。[21]无厌：没完没了。[22]更成怨望：不能满足他们的贪欲而生怨望之心。[23]涂潦：地面积水。[24]上东门：洛阳东面左边城门称上东门。[25]怨嗟：怨恨、叹息。[26]游畋不息：游玩狩猎没有停歇。[27]己卯：十二月二十日。[28]毕从：全体跟从。[29]庚辰：十二月二十一日。[30]辛巳：十二月二十二日。[31]壬午：十二月二十三日。[32]毚涧：洛阳远郊行宫之所。[33]癸未：十二月二十四日。[34]僵仆：冻死。[35]伊、汝：河南伊阙、临汝。[36]什器：用具。[37]撤其室庐以为薪：拆掉房屋当柴烧。[38]窜匿山谷：逃到山谷里躲藏起来。[39]见：通"现"。[40]白龙：南汉刘龑第二个年号。[41]长和骠信：长和，即唐代南诏国，都太和城，在今云南大理市南。唐末南诏改名大礼，五代时改名长和，国君号骠信，总理大臣称布燮。[42]郑旻：长和国君。[43]增城公主：南汉国主刘龑的侄女，郑旻派郑昭淳求婚于南汉，事见《新五代史》卷六十五。郑昭淳为郑旻同母弟，任长和国布燮。

闰月，己丑朔[1]，孟知祥至洛阳，帝宠待甚厚。

帝以军储不足，谋于群臣，豆卢革以下皆莫知为计[2]。吏部尚书李琪上疏，以为："古者量入以为出，计农而发兵[3]，故虽有水旱之灾而无匮乏之忧。近代税农[4]以养兵，未有农富给而兵不足，农捐瘠[5]而兵丰饱者也。今纵未能蠲省[6]租税，苟除折纳[7]、纽配[8]之法，农亦可以小休矣。"帝即敕有司如琪所言，然竟不能行。

丁酉[9]，诏蜀朝所署官四品以上降授有差[10]，五品以下才地无取者悉纵归田里[11]；其先降及有功者，委崇韬随事奖任。又赐王衍诏，略曰："固当裂土而封，必不薄人于险[12]。三辰[13]在上，一言不欺。"

庚子[14]，彰武、保大[15]节度使兼中书令高万兴卒，以其子保大留后允韬[16]为彰武留后。

帝以军储不充，欲如汴州，谏官上言："不如节俭以足用，自古无就食[17]天子。今杨氏[18]未灭，不宜示以虚实。"乃止。

辛亥[19]，立皇弟存美为邕王，存霸为永王，存礼为薛王，存渥为申王，存乂为睦王，存确为通王，存纪为雅王[20]。

郭崇韬素疾宦官，尝密谓魏王继岌曰："大王他日[21]得天下，騬马[22]亦不可乘，况任宦官！宜尽去之，专用士人。"吕知柔[23]窃听，闻之，由是宦官皆切齿[24]。

（以上为第四段，写后唐庄宗议减田租，只流于公文而未实行，安置蜀降人。）

【注释】

[1]己丑朔：闰十二月一日。[2]莫知为计：不知道用什么办法好。[3]计农而发兵：依据国力决定征战之事。农，农业，古代国民经济的基础，指国力。[4]税农：征收农民赋税。[5]捐瘠：饥饿而死。[6]蠲省：免除。[7]折纳：不征农民所产之物而折价征收钱财或官方所需之物称折纳。折纳使农民多遭受一层盘剥。[8]纽配：即科配、科敛、科索。对赋税正项外的加派。[9]丁酉：闰十二月九日。[10]四品以上降授有差：对蜀四品以上官，按不同情况授予官职、差事。[11]纵归田里：对蜀五品以下的官全部罢免，放回故乡当平民。[12]薄人于险：把人置于危险的境地。[13]三辰：指日、月、星。为宣誓的话。[14]庚子：闰十二月十二日。[15]彰武、保大：皆方镇名。彰武治延州，保大治鄜州。梁贞明四年高万兴兼镇鄜延，封延安郡王，徙封北平王，传见《新五代史》卷四十。[16]允韬：传附《新五代史》卷四十《高万兴传》。[17]就食：追求食物。[18]杨氏：指吴国。[19]辛亥：闰十二月二十三日。[20]"立皇弟"句：存美、存霸、存礼、存渥、存乂、存确、存纪，皆为李克用子，后唐庄宗李存勖弟，同光三年十二月辛亥封七人为王。传见《新五代史》卷十四。[21]他日：有一天，一旦。[22]騬（chéng）马：阉割的马，这里指宦官。[23]吕知柔：宦官，时为都统牙通谒。[24]切齿：恨得咬牙切齿。

时成都虽下，而蜀中盗贼群起，布满山林。崇韬恐大军既去，更为后患，命任圜、张筠分道招讨，以是淹留[1]未还。帝遣宦者向延嗣促之，崇韬不出郊迎[2]，及见，礼节又倨[3]，延嗣怒。李从袭谓延嗣曰："魏王，太子也；主上万福，而郭公专权如是。郭廷诲拥徒[4]出入，日与军中饶将[5]、蜀土豪杰狎饮[6]，指天画地，近闻白其父请表己为蜀帅；又言‘蜀地富饶，大人宜善自为谋[7]’。今诸军将校皆郭氏之党，王[8]寄身于虎狼之口，一朝有变，吾属不知委骨何地[9]矣。”因相向垂涕。延嗣归，具以语刘后。后泣诉于帝，请早救继岌之死。

前此帝闻蜀人请崇韬为帅，已不平，至是闻延嗣之言，不能无疑。帝阅蜀府库之籍[10]，曰：“人言蜀中珍货无算，何如是之微[11]也？”延嗣曰：“臣闻蜀破，其珍货[12]皆入于崇韬父子，崇韬有金万两，银四十万两，钱百万缗，名马千匹，他物称是[13]，廷诲所取，复在其外；故县官[14]所得不多耳。”帝遂怒形于色[15]。及孟知祥将行，帝语之曰：“闻郭崇韬有异志[16]，卿到，为朕诛之。”知祥曰：“崇韬，国之勋旧[17]，不宜有此。俟臣至蜀察之，苟无他志[18]则遣还。”帝许之。

壬子[19]，知祥发洛阳。帝寻复遣衣甲库使[20]马彦珪驰诣成都观[21]崇韬去就[22]，如奉诏班师[23]则已，若有迁延跋扈[24]之状，则与继岌图之。彦珪见皇后，说之曰：“臣见向延嗣言蜀中事势忧在朝夕[25]，今上当断不断[26]，夫成败之机，间不容发[27]，安能缓急禀命于三千里外乎！”皇后复言于帝，帝曰：“传闻之言，未知虚实，岂可遽尔[28]果决！”皇后不得请，退，自为教[29]与继岌，令杀崇韬。知祥行至石壕[30]，彦珪夜叩门宣诏，促知祥赴镇[31]，知祥窃叹曰；“乱将作[32]矣！”乃昼夜兼行。

初，楚王殷既得湖南，不征商旅[33]，由是四方商旅辐凑[34]。湖南地多铅铁，殷用军都判官[35]高郁[36]策，铸铅铁为钱，商旅出境，无所用之，皆易他货而去，故能以境内所余之物易天下百货，国以富饶[37]。湖南民不事桑蚕，郁命民输税者皆以帛[38]代钱，未几，民间机杼[39]大盛。

吴越王镠遣使者沈瑫致书，以受玉册、封吴越国王告于吴，吴人以其国名与己同，不受书，遣瑫还。仍戒[40]境上无得通吴越使者及商旅。

（以上为第五段，写郭崇韬遭同僚，宦官妒忌，又为刘皇后所短，后唐庄宗起了杀心。楚王马殷用轻重之法使国富饶。）

【注释】

[1]淹留：找借口逗留。[2]郊迎：到郊外迎接。[3]倨：轻慢。[4]拥徒：带着随从人员。[5]饶将：骁将，勇将。[6]狎饮：亲热地喝酒。[7]善自为谋：好好地为自己打算。[8]王：指继岌。[9]委骨何地：将骨头寄放在什么地方。[10]籍：籍没清册。[11]微：少。[12]珍货：珍宝、财富。[13]他物称是：其他财物也很多。[14]县官：天子、皇帝。[15]怒形于色：愤怒之情表现在脸上。[16]异志：反叛。[17]勋旧：有大功的老臣。[18]苟无他志：如果没有谋反的想法。[19]壬子：闰十二月二十四日。[20]衣甲库使：宫内诸司之一，掌衣甲。[21]观：察看。[22]去就：动向。[23]班师：回军。[24]迁延跋扈：故意延宕，不奉诏令，专横暴戾。[25]忧在朝夕：短期内将发生变故。[26]当断不断：应当决断而犹疑不决。[27]间不容发：形容形势紧迫。[28]遽尔：立即。[29]教：皇后的命令称教。[30]石壕：石壕村，在今河南三门峡市陕州区。[31]赴镇：到成都去。[32]作：兴起、发生。[33]不征商旅：不向商人收税。[34]辐凑：凑，通"辏"。商人或货物聚集在一起。[35]军都判官：官名。主谋议，位在行军司马之上。[36]高郁（?—929）：扬州人，明敏多算，为马殷谋士。传见《十国春秋》卷七十二。[37]富饶：富足。[38]帛：丝织品。[39]机杼：指缫丝织绸。[40]戒：训诫。

明宗[1]圣德和武钦孝皇帝上之上

天成[2]元年（丙戌，926年）

春，正月，庚申[3]，魏王继岌遣李继曮、李严部送[4]王衍及其宗族百官数千人诣洛阳。

河中节度使、尚书令李继麟[5]自恃与帝故旧，且有功，帝待之厚，苦诸伶宦求丐无厌[6]，遂拒不与。大军之征蜀也，继麟阅兵[7]，遣其子令德将之以从[8]。景进与宦官谮[9]之曰："继麟闻大军起，以为讨己，故惊惧，阅兵自卫。"又曰："崇韬所以敢倔强[10]于蜀者，与河中阴谋[11]，内外相应故也。"继麟闻之惧，欲身入朝以自明[12]，其所亲止之，继麟曰："郭侍中[13]功高于我。今事势将危，吾得见主上，面陈至诚[14]，则谗人[15]获罪矣。"癸亥[16]，继麟入朝。

魏王继岌将发[17]成都，令任圜权知留事，以俟孟知祥。诸军部署已定[18]，是日，马彦珪至，以皇后教示继岌，继岌曰："大军垂发[19]，彼无衅端[20]，安可为此负心事[21]！公辈勿复言。且主上无敕，独以皇后教杀招讨使，可乎？”李从袭等泣曰：“既有此迹，万一崇韬闻之，中途[22]为变，益不可救矣。”相与巧陈利害，继岌不得已从之。甲子[23]旦，从袭以继岌之命召崇韬计事，继岌登楼避之。崇韬方升阶[24]，继岌从者李环挝碎其首[25]，并杀其子廷诲、廷信。外人犹未之知。都统推官滏阳李崧[26]谓继岌曰：“今行军三千里外，初无敕旨，擅杀大将，大王奈何行此危事[27]！独不能忍之至洛阳邪？”继岌曰：“公言是也，悔之无及。”崧乃召书吏数人，登楼去梯，矫为敕书[28]，用蜡印[29]宣之，军中粗定。崇韬左右皆窜匿[30]，独掌书记滏阳张砺[31]诣魏王府恸哭久之。继岌命任圜代崇韬总军政。

（以上为第六段，写李继岌矫诏杀郭崇韬。）

【注释】

[1]明宗（867—933）：应州（今山西应县）人，小名邈佶烈，李克用养子，赐名李嗣源，即位后改名亶。在灭后梁战斗中，功劳卓著，为蕃汉总管、镇州节度使。公元926年即帝位，公元926至933年在位。传见《旧五代史》卷三十五至卷四十四。 [2]天成元年：明宗第一个年号，是年四月方改元。 [3]庚申：正月三日。 [4]部送：押送。 [5]李继麟：即朱友谦。 [6]求丐无厌：索要财物没完没了。 [7]阅兵：检阅士兵。 [8]将之以从：带领河中兵从征蜀。 [9]谮：背后说坏话。 [10]倔强：强硬。 [11]阴谋：指勾结。 [12]自明：表明心迹。 [13]郭侍中：指郭崇韬。 [14]面陈至诚：当面陈述忠诚之心。 [15]谗人：挑拨离间、搬弄是非的人。[16]癸亥：正月六日。 [17]发：出发。 [18]部署已定：谁留谁回安排已定。 [19]垂发：即将出发。 [20]衅端：没有谋反的苗子、迹象。 [21]负心：违背良心。 [22]中途：半路上。[23]甲子：正月七日。 [24]升阶：上阶梯。 [25]挝（zhuā）碎其首：挝，击，打。打碎了郭崇韬的头。 [26]滏阳李崧（?—947）：据章校，“滏”应作“饶”。李崧，深州饶阳（今河北饶阳县）人。官至后晋枢密使，被掳入契丹，回后汉任太子太傅，被苏逢吉诬杀。传见《旧五代史》卷一百八。 [27]危事：危险的事。 [28]矫为敕书：假造皇帝敕书。 [29]蜡印：用蜡摹刻中书省印，盖在敕书上作副署。 [30]窜匿：逃窜、躲藏。 [31]张砺（?—947）：字梦臣，磁州滏阳（今河北磁县）人。幼嗜学，有文藻，官至后晋吏部尚书。传见《旧五代史》卷九十八。

魏王通谒李廷安献蜀乐工二百余人，有严旭者，王衍用为蓬州刺史，帝问曰：“汝何以得刺史？”对曰：“以歌。”帝使歌而善之，许复故任[1]。

戊辰[2]，孟知祥至成都。时新杀郭崇韬，人情未安，知祥慰抚吏民，犒赐将卒，去留帖然[3]。

闽人破陈本，斩之。

契丹主击女真[4]及勃海，恐唐乘虚袭之，戊寅[5]，遣梅老鞋里[6]来修好。

马彦珪还洛阳，乃下诏暴[7]郭崇韬之罪，并杀其子廷说、廷让、廷议，于是朝野骇惋[8]，群议纷然，帝使宦者潜察之。保大节度使睦王存乂，崇韬之婿也；宦者欲尽去崇韬之党，言“存乂对诸将攘臂[9]垂泣，为崇韬称冤，言辞怨望。”庚辰[10]，幽存乂于第，寻[11]杀之。

景进言：“河中人有告变[12]，言李继麟与郭崇韬谋反；崇韬死，又与存乂连谋。”宦官因共劝帝速除之，帝乃徙继麟为义成节度使，是夜，遣蕃汉马步使朱守殷以兵围其第，驱继麟出徽安门[13]外杀之，复其姓名曰朱友谦。友谦二子，令德为武信节度使，令锡为忠武节度使；诏魏王继岌诛令德于遂州，郑州刺史王思同[14]诛令锡于许州，河阳节度使李绍奇诛其家人[15]于河中。绍奇至其家，友谦妻张氏帅[16]家人二百余口见绍奇曰：“朱氏宗族当死，愿无滥及平人[17]。”乃别[18]其婢仆百人，以其族百口就刑。张氏又取铁券以示绍奇曰：“此皇帝去年所赐也，我妇人，不识书，不知其何等语也。”绍奇亦为之惭。友谦旧将史武等七人，时为刺史，皆坐[19]族诛。

时洛中诸军饥窘[20]，妄为谣言，伶官采[21]之以闻于帝，故朱友谦、郭崇韬皆及于祸。成德节度使兼中书令李嗣源亦为谣言所属[22]，帝遣朱守殷察[23]之；守殷私谓嗣源曰：“令公勋业振[24]主，宜自图归藩[25]以远祸。”嗣源曰：“吾心不负天地，祸福之来，无所可避，皆委之于命耳。”时伶宦用事，勋旧人不自保，嗣源危殆者数四[26]，赖宣徽使李绍宏左右营护[27]，以是得全。

魏王继岌留马步都指挥使陈留李仁罕[28]、马军都指挥使东光潘仁嗣[29]、左厢都指挥使赵廷隐、右厢都指挥使浚仪张业、牙内指挥使文水武漳[30]、骁锐指挥使平恩李延厚[31]戍成都。甲申[32]，继岌发成都，命李绍琛帅万二千人为后军，行止常差[33]中军一舍[34]。

（以上为第七段，写唐庄宗族灭郭崇韬，祸及朱友谦，朱友谦亦满门被族。）

【注释】

[1]故任：恢复原官职，即蓬州刺史。[2]戊辰：正月十一日。[3]帖然：服帖平安。[4]女真：我国古代居住在东北的少数民族，一名女直。初名肃慎，东汉时称挹娄，南北朝时称勿吉，隋唐称靺鞨，五代时始号女真，其完颜部阿骨打建立金政权（1115—1234），于公元1127年灭亡北宋，公元1234年为蒙古所灭。[5]戊寅：正月二十一日。[6]梅老鞋里：人名。契丹出使后唐的使者。[7]暴：暴露、公布。[8]朝野骇惋：全国惊骇和惋惜。[9]攘臂：捋袖伸臂，发怒的样子。[10]庚辰：正月二十三日。[11]寻：不久。[12]告变：报告谋反。[13]徽安门：洛阳北面靠西的城门。[14]王思同（892—934）：幽州（今北京）人。性疏俊，粗有文，自称蓟门战客。官至西京留守。传见《旧五代史》卷六十五。[15]家人：指朱友谦家里的人。[16]帅：率领。[17]滥及平人：滥杀涉及平民百姓。平人，此指非朱氏家族的仆、婢等。[18]别：区分、区别。[19]坐：连坐。[20]饥窘：饥饿窘迫。[21]采：这里指搜集各种谣言。[22]属：牵连。[23]察：侦察。[24]振：通“震”，震惊。[25]归藩：指交出兵权，回所封之地。[26]数四：多次。[27]营护：营救、保护。[28]李仁罕（?—934）：字德美，陈留（今河南开封市东南）人。佐孟知祥定蜀有功，官至卫圣诸军马步军指挥使，居功自恣，为孟昶所杀。传见《十国春秋》卷五十一。[29]潘仁嗣：河北东光县人，官至后蜀武定军节度使。传见《十国春秋》卷五十一。[30]赵廷隐、张业、武漳：传均见《十国春秋》卷五十一。[31]李延厚：官至后蜀果州刺史，事附《十国春秋》卷四十九《后蜀二·本纪》。[32]甲申：正月二十七日。[33]差：距离。[34]一舍：三十里。大军一日之程。

二月，己丑朔[1]，以宣徽南院使李绍宏为枢密使。

魏博指挥使杨仁晸将所部兵戍瓦桥[2]，逾年代归[3]，至贝州，以邺都空虚，恐兵至为变，敕留屯贝州。

时天下莫知郭崇韬之罪，民间讹言云：“崇韬杀继岌，自王于蜀，故族其家。”朱友谦子建徽为澶州刺史，帝密敕邺都监军史彦琼杀之。门者[4]白留守王正言曰：“史武德[5]夜半驰马出城，不言何往[6]。”又讹言[7]云：“皇后以继岌之死归咎于帝[8]，已弑帝矣，故急召彦琼计事[9]。”人情愈骇[10]。

杨仁晸部兵皇甫晖[11]与其徒夜博[12]不胜，因人情不安，遂作乱，劫[13]仁晸曰：“主上所以有天下，吾魏军力也；魏军甲不去体，马不解鞍者十余年，今天下已定，天子不念旧劳，更加猜忌。远戍逾年，方喜代归，去家咫尺[14]，不使相见。今闻皇后弑逆，京师已乱，将士愿与公俱归，仍表闻朝廷。若天子万福[15]，兴兵致讨，以吾魏博兵力足以拒之，安知不更为富贵之资[16]乎！”仁晸不从，晖杀之；又劫小校，不从，又杀之。效节指挥使[17]赵在礼[18]闻乱，衣不及带，逾垣而走，晖追及，曳其足而下之，示以二首[19]，在礼惧而从之。乱兵遂奉以为帅，焚掠贝州。晖，魏州人；在礼，涿州人也。诘旦，晖等拥在礼南趣临清、永济、馆陶，所过剽掠[20]。

壬辰晚[21]，有自贝州来告军乱将犯邺都者，都巡检使[22]孙铎等亟诣史彦琼，请授甲乘城为备。彦琼疑铎等有异志，曰：“告者云今日贼至临清，计程须六日晚方至[23]，为备未晚。”孙铎曰：“贼既作乱，必乘吾未备，昼夜倍道，安肯计程而行！请仆射[24]帅众乘城，铎募劲兵千人伏于王莽河逆击之，贼既势挫，必当离散，然后可扑讨[25]也。必俟其至城下，万一有奸人[26]为内应，则事危矣。”彦琼曰：“但严兵[27]守城，何必逆战[28]！”是夜，贼前锋攻北门，弓弩乱发。时彦琼将部兵宿北门楼，闻贼呼声，即时惊溃[29]。彦琼单骑奔洛阳。

癸巳[30]，贼入邺都，孙铎等拒战不胜，亡去。赵在礼据宫城[31]，署皇甫晖及军校赵进为马步都指挥使，纵兵大掠。进，定州人也。

王正言方据案[32]召吏草奏，无至者，正言怒，其家人曰：“贼已入城，杀掠于市，吏皆逃散，公尚谁呼[33]！”正言惊曰：“吾初不知也。”又索马，不能得，乃帅僚佐步出府门谒在礼，再拜请罪。在礼亦拜，曰：“士卒思归耳，尚书[34]重德，勿自卑屈[35]！”慰谕[36]遣之。

众推在礼为魏博留后，具奏其状。北京留守张宪家在邺都，在礼厚抚之，遣使以书诱宪，宪不发封[37]，斩其使以闻。

甲午[38]，以景进为银青光禄大夫[39]、检校[40]右散骑常侍兼御史大夫、上柱国。

丙申[41]，史彦琼至洛阳。帝问可为大将者于枢密使李绍宏，绍宏复请用李绍钦，帝许之，令条上方略[42]。绍钦所请偏裨[43]，皆梁旧将己所善者[44]，帝疑之而止。皇后曰：“此小事，不足烦大将，绍荣可办也。”帝乃命归德节度使李绍荣[45]将骑三千诣邺招抚[46]，亦征诸道兵，备其不服。

（以上为第八段，写后唐庄宗之猜疑逼反魏州戍兵。）

【注释】

[1]己丑朔：误。二月戊子朔，己丑，二月二日。[2]瓦桥：瓦桥关，在今河北雄县。[3]代归：期满轮换。[4]门者：守门人。[5]史武德：即史彦琼。因史彦琼以武德出为邺都监军，故称之。[6]不言何往：不说到什么地方去。[7]讹言：谣言。[8]帝：指庄宗李存勖。[9]计事：商议事情。[10]愈骇：愈加惊慌、惊骇。[11]皇甫晖（?—956）：为乱贝州，劫主将杨仁晸，仁晸不从而杀之，又劫赵在礼而据邺都。李嗣源受命平乱，入魏而与赵在礼合谋夺取帝位。皇甫晖以拥戴功诏拜陈州刺史。传见《新五代史》卷四十九。[12]博：赌博。[13]劫：用武力劫持、要挟。[14]咫（zhǐ）尺：比喻距离很近。[15]万福：多福。[16]资：资本。[17]效节指挥使：魏博牙兵指挥官。[18]赵在礼（882—947）：字干臣，涿州（今河北涿州市）人。后唐庄宗同光四年二月六日，自称邺都留后，明宗讨之，迎之入城。后官至后晋晋昌军节度使，封秦国公。传见《旧五代史》卷九十。[19]二首：杨仁晸和小校之头。[20]剽掠：抢劫。[21]壬辰：二月四日。[22]都巡检使：官名。掌统辖禁兵、土兵维持地方治安。[23]计程须六日晚方至：按照里程计算，叛军须六日晚才能抵达这里。临清南至魏州须三日路程，壬辰晚即二月四日晚至六日晚为三日，孙铎报告在甲午初五日。[24]仆射：指史彦琼，因史彦琼加仆射衔，故称之。[25]扑讨："讨"疑为"灭"之误。扑灭。[26]奸人：坏人，这里指叛徒。[27]严兵：严密地组织军队。[28]逆战：迎战。[29]即时惊溃：立即惊惧而溃散。[30]癸巳：二月六日。[31]宫城：后唐庄宗在魏州即位，以牙城为宫城。[32]据案：伏在桌上。[33]公尚谁呼：您还叫谁？[34]尚书：指王正言。因王正言以户部尚书出知留守。[35]勿自卑屈：切勿自己卑躬屈节。[36]慰谕：抚慰和劝谕。[37]不发封：不拆阅赵在礼送去的文书。[38]甲午：二月七日。[39]银青光禄大夫：文散官阶品名，从三品。[40]检校：唐制，在名义上不授此官而实际上让其管理政事，相约成俗，成为一个常见的任官方式。[41]丙申：二月九日。[42]条上方略：上报作战方案。[43]偏裨：副将。[44]己所善者：自己所要好的。[45]绍荣：即元行钦。[46]招抚：招收安抚。

郭崇韬之死也，李绍琛谓董璋曰："公复欲呫嗫谁门[1]乎？"璋惧，谢罪。魏王继岌军还至武连[2]，遇敕使[3]，谕以朱友谦已伏诛，令董璋将兵之遂州诛朱令德。时绍琛将后军在魏城[4]，闻之，以帝不委己杀令德而委璋，大惊。俄而[5]璋过绍琛军，不谒[6]。绍琛怒，乘酒谓诸将曰："国家南取大梁，西定巴、蜀，皆郭公之谋而吾之战功也；至于去逆效顺[7]，与国家犄角[8]以破梁，则朱公也。今朱、郭皆无罪族灭，归朝之后，行及[9]我矣。冤哉，天乎！奈何！”绍琛所将多河中兵，河中将焦武等号哭于军门曰：“西平王[10]何罪，阖门屠脍[11]！我属[12]归则与史武等同诛，决不复东矣。”是日，魏王继岌至泥溪[13]，绍琛至剑州遣人白继岌云：“河中将士号哭不止，欲为乱。”丁酉[14]，绍琛自剑州拥兵西还，自称西川节度、三川制置等使，移檄成都，称奉诏[15]代孟知祥招谕蜀人，三日间众至五万。

戊戌[16]，李继曮至凤翔，监军使柴重厚不以符印[17]与之，促令诣阙[18]。

己亥[19]；魏王继岌至利州[20]，李绍琛遣人断桔柏津[21]。继岌闻之，以任圜为副招讨使，将步骑七千，与都指挥使梁汉颙、监军李延安追讨之。

庚子[22]，邢州左右步直兵[23]赵太等四百人据城自称安国[24]留后；诏东北面招讨副使李绍真[25]讨之。

辛丑[26]，任圜先令别将何建崇击剑门关[27]，下之。

（以上为第九段，写西征兵，李绍琛反于绵州，自称西川节度、三川制置使。河北赵太反于刑州，自称安国留后。）

【注释】

[1]咕嗫谁门：到谁家去窃窃私语。指董璋又要投靠谁，咕嗫，耳语。 [2]武连：县名。县治武连，在今四川剑阁县。 [3]敕使：皇帝的使者。 [4]魏城：地名。在今四川绵阳市。 [5]俄而：不久，指时间短暂。 [6]不谒：不拜见。 [7]去逆效顺：离开叛逆者，为顺应天命者效劳。指朱友谦以蒲州、同州弃后梁归后晋。 [8]犄角：作战时分出小部分兵力，以便牵制敌人或互相支援。 [9]行及：即将涉及。 [10]西平王：指朱友谦。后唐封其为西平王。 [11]阖门屠脍：满门遭斩杀。 [12]我属：我们。 [13]泥溪：地名，在四川屏山县境。[14]丁酉：二月十日。 [15]奉诏：奉皇帝的诏令。 [16]戊戌：二月十一日。 [17]符印：指凤翔节度使的符节印信。 [18]诣阙：到朝廷去。 [19]己亥：二月十二日。 [20]利州：州名。在今四川广元市。[21]桔柏津：渡口名。在今四川广元市昭化区东北。[22]庚子：二月十三日。[23]步直兵：步兵长直者。 [24]安国：方镇名。后唐置安国军于邢州。治所龙冈，在今河北邢台市。 [25]李绍真：即霍彦威。 [26]辛丑：二月十四日。 [27]剑门关：关名，在今四川剑阁县东北。

李绍荣至邺都，攻其南门，遣人以敕招谕之，赵在礼以羊酒犒师，拜于城上曰："将士思家擅归[1]，相公[2]诚善为敷奏[3]，得免于死，敢不自新[4]！"遂以敕遍谕军士。史彦琼戟手[5]大骂曰："群死贼，城破万段！"皇甫晖谓其众曰："观史武德之言，上不赦我矣。"因聚噪，掠[6]敕书，手坏之，守陴[7]拒战。绍荣攻之不利，以状闻，帝怒曰："克城之日，勿遗噍类[8]！"大发诸军讨之。壬寅[9]，绍荣退屯澶州。

甲辰夜[10]，从马直军士[11]王温等五人杀军使，谋作乱，擒斩之。从马直指挥使郭从谦[12]，本优人也，优名郭门高。帝与梁相拒于得胜，募勇士挑战，从谦应募，俘斩而还，由是益有宠。帝选诸军骁勇者为亲军，分置四指挥，号从马直，从谦自军使积功至指挥使。郭崇韬方用事，从谦以叔父事之，睦王存乂以从谦为假子。及崇韬、存乂得罪，从谦数以私财享[13]从马直诸校，对之流涕，言崇韬之冤。及王温作乱，帝戏[14]之曰："汝既负我附崇韬、存乂，又教王温反，欲何为也？"从谦益惧。既退，阴谓诸校曰："主上以王温之故，俟邺都平定，尽阬[15]若曹。家之所有宜尽市酒肉[16]，勿为久计也。"由是亲军皆不自安[17]。

乙巳[18]，王衍至长安，有诏止之[19]。

先是，帝诸弟虽领节度使，皆留京师，但食其俸。戊申[20]，始命护国[21]节度使永王存霸至河中。

丁未[22]，李绍荣以诸道兵再攻邺都。庚戌[23]，裨将杨重霸帅众数百登城，后无继者，重霸等皆死。贼知不赦，坚守无降意。朝廷患之，日发中使促[24]魏王继岌东还。继岌以中军精兵皆从任圜讨李绍琛，留利州待之，未得还。

李绍荣讨赵在礼久无功，赵太据邢州未下。沧州军乱，小校王景戡讨定之，因自为留后；河朔[25]州县告乱者相继。帝欲自征邺都，宰相、枢密使皆言京师根本，车驾不可轻动，帝曰；"诸将无可使者。"皆曰："李嗣源最为勋旧。"帝心忌嗣源，曰："吾惜嗣源，欲留宿卫[26]，"皆曰："他人无可者。"忠武节度使张全义亦言："河朔多事，久则患深，宜令总管[27]进讨；若倚绍荣辈，未见成功之期。"李绍宏亦屡言之，帝以内外所荐[28]，甲寅[29]，命嗣源将亲军讨邺都。

（以上为第十段，写李绍荣讨邺都久不建功，后唐庄宗无奈之下任李嗣源将亲军讨邺都。）

【注释】

[1]擅归：擅自回来。[2]相公：指李绍荣，因李绍荣以节度使同平章事，故称相公。[3]敷奏：详加论奏。[4]自新：自己重新做人。[5]戟手：指点或怒骂人时徒手屈肘如戟形。[6]掠：抢走。[7]陴：城墙上呈凹凸的矮墙。[8]噍类：原指能饮食的动物。特指活着的人。[9]壬寅：二月十五日。[10]甲辰夜：二月十七日夜。[11]从马直军士：马军长直者。后唐庄宗亲军。[12]郭从谦：伶人，优名门高。曾拜郭崇韬为叔父，李存乂养子。杀后唐庄宗。传见《新五代史》卷三十七。[13]享：宴请。[14]戏：嘲弄，调笑。[15]阬：通"坑"，坑杀、活埋。[16]市酒肉：买酒肉吃。[17]不自安：内心不安宁。[18]乙巳：二月十八日。[19]有诏止之：有诏书止之，不使至洛阳。[20]戊申：二月二十一日。[21]护国：方镇名。唐僖宗光启元年（885），赐河中节度号护国军节度，治所蒲州，在今山西永济市。后唐仍称护国军。[22]丁未：二月二十日。[23]庚戌：二月二十三日。[24]日发中使：每天派出宦官。[25]河朔：地区名。泛指黄河以北的地区。[26]宿卫：禁卫王宫。指将李嗣源留在身边。[27]总管：指李嗣源。[28]内外所荐：朝内大臣及朝外节镇都推荐李嗣源。据章校，"荐"下有"久乃许之"四字。[29]甲寅：二月二十七日。

延州[1]言绥、银[2]军乱，剽[3]州城。

董璋将兵二万屯绵州，会任圜讨李绍琛。帝遣中使崔延琛至成都，遇绍琛军，绐[4]之曰："吾奉诏召孟郎[5]，公若缓兵，自当得蜀。"既至成都，劝孟知祥为战守备。知祥浚壕树栅[6]，遣马步都指挥使李仁罕将四万人，骁锐指挥使李延厚将二千人讨绍琛。延厚集其众询之曰："有少壮勇锐，欲立功求富贵者东[7]！衰疾畏懦，厌行陈者西[8]！"得选兵七百人以[9]行。

是日，任圜军追及绍琛于汉州，绍琛出兵逆战；招讨掌书记[10]张砺请伏精兵于后，以羸兵[11]诱之，圜从之，使董璋以东川羸兵先战而却。绍琛轻圜书生，又见其兵羸，极力追之，伏兵发，大破之，斩首数千级。自是绍琛入汉州。闭城不出。

三月，丁巳朔[12]，李绍真奏克邢州，擒赵太等。庚申[13]，绍真引兵至邺都，营于城西北，以太等徇[14]于邺都城下而杀之。

辛酉[15]，以威武节度副使王延翰为威武[16]节度使。

壬戌[17]，李嗣源至邺都，营于城西南；甲子[18]，嗣源下令军中，诘旦[19]攻城。是夜，从马直军士张破败作乱，帅众大噪[20]，杀都将[21]，焚营舍。诘旦，乱兵逼中军[22]，嗣源帅亲军拒战，不能敌，乱兵益炽[23]。嗣源叱而问之曰："尔曹欲何为？"对曰："将士从主上十年，百战以得天下。今主上弃恩任威[24]，贝州戍卒思归，主上不赦，云'克城之后，当尽阬魏博之军'；近从马直数卒喧竞[25]，遽欲尽诛其众。我辈初无叛心，但畏死耳。今众议欲与城中合势击退诸道之军，请主上帝河南，令公[26]帝河北，为军民之主。"嗣源泣谕之[27]，不从。嗣源曰："尔不用吾言[28]，任尔所为[29]，我自归京师。"乱兵拔白刃环之[30]，曰："此辈虎狼也[31]，不识尊卑[32]，令公去欲何之！"因拥嗣源及李绍真等入城，城中不受[33]外兵，皇甫晖逆击张破败，斩之，外兵皆溃。赵在礼帅诸校迎拜嗣源，泣谢[34]曰："将士辈负令公[35]，敢不惟命是听[36]！"嗣源诡说在礼曰："凡举大事，须藉兵力，令外兵流散无所归，我为公出收之。"在礼乃听嗣源、绍真俱出城，宿魏县[37]，散兵稍有至者。

（以上为第十一段，写李嗣源为乱兵挟持，全军溃散。）

【注释】

[1]延州：州名。治所广武，在今陕西延安市东北。 [2]绥、银：皆州名。绥州，治所绥德，在今陕西绥德县。银州，故治在今陕西米脂县西北。 [3]剽：抢掠。 [4]绐：欺骗。 [5]孟郎：指孟知祥。孟知祥妻为李克用弟克让之女，俗称婿为郎，故称孟郎。 [6]浚壕树栅：疏浚城壕，树立营栅。 [7]东：向东，站在东面。 [8]西：向西，站在西面。 [9]以：而。 [10]招讨掌书记：即郭崇韬招讨府掌书记，掌招讨府日常公务，参预谋议。 [11]羸兵：瘦弱老病之兵。[12]丁巳朔：三月一日。 [13]庚申：三月四日。 [14]徇：示众。 [15]辛酉：三月五日。[16]威武：方镇名。唐昭宗乾宁四年（897）升福建都团练观察处置使为威武军节度使。治所福州，在今福建福州市。 [17]壬戌：三月六日。 [18]甲子：三月八日。 [19]诘旦：第二天早晨。[20]帅众大噪：率领从马直军士大声呼叫。 [21]都将：都一级的统兵官。 [22]中军：这里指李嗣源指挥部。 [23]益炽：更加猖獗。 [24]弃恩任威：抛弃恩德，信任武力。 [25]喧竞：大声抗议。指王温等杀军使事。 [26]令公：称李嗣源。因李嗣源官中书令，故称之。 [27]泣

谕之：哭着开导他们。［28］不用吾言：不听我的话。［29］任尔所为：听任你们爱怎么办就怎么办。［30］拔白刃环之：拔出雪亮的刀包围他。［31］此辈虎狼也：他们像虎狼一样凶残。指后唐庄宗和史彦琼等。［32］尊卑：高低。［33］不受：不接受。［34］泣谢：流着眼泪表示歉意。［35］将士辈负令公：因李嗣源为蕃汉马步军都总管，河北诸镇兵均归他统率，魏兵作乱，则辜负了他。［36］惟命是听：只听你的命令。［37］魏县：县名，在今河北魏县。

汉州无城堑[1]，树木为栅。乙丑[2]，任圜进攻其栅，纵火焚之，李绍琛引兵出战于金雁桥[3]，兵败，与十余骑奔绵竹[4]，追擒之。孟知祥自至汉州犒军，与任圜、董璋置酒高会[5]，引李绍琛槛车[6]至座中，知祥自酌大卮[7]饮之，谓曰："公已拥节旄[8]，又有平蜀之功，何患不富贵[9]，而求入此槛车邪！"绍琛曰："郭侍中[10]佐命[11]功第一，兵不血刃[12]取两川，一旦无罪族诛；如绍琛辈安保首领[13]！以此不敢归朝耳。"魏王继岌既获绍琛，乃引兵[14]倍道[15]而东[16]。

孟知祥获陕虢都指挥使汝阴李肇[17]、河中都指挥使千乘侯弘实[18]，以肇为牙内马步都指挥使，弘实副之。蜀中群盗犹未息，知祥择廉吏[19]使治州县，蠲除横赋[20]，安集流散[21]，下宽大之令，与民更始[22]。遣左厢都指挥使赵廷隐、右厢都指挥使张业将兵分讨群盗，悉诛之。

（以上为第十二段，写孟知祥平定李绍琛，安定蜀中。）

【注释】

［1］城堑：城墙和城河。［2］乙丑：三月九日。［3］金雁桥：地名：在今四川广汉市。［4］绵竹：县名。在今四川绵竹市。［5］置酒高会：摆酒席会饮。［6］槛车：囚车。［7］大卮（zhí）：大酒杯。卮，古代一种盛酒器。［8］已拥节旄：指担任节度使。［9］何患不富贵：何必担心不富贵呢。患，怕，引申为担心。［10］郭侍中：指郭崇韬。［11］佐命：辅佐天子。［12］兵不血刃：不经过战斗，取得胜利。［13］首领：脑袋。［14］引兵：率领军队。［15］倍道：用加倍的速度。［16］而东：向东进发。［17］李肇：汝阴（今安徽阜阳）人。官至后蜀侍中。传见《十国春秋》卷五十一。［18］侯弘实：千乘（今山东）人，幼时家贫，官至后蜀奉銮肃卫指挥副使。传见《十国春秋》卷五十一。［19］廉吏：廉洁的官吏。［20］蠲除横赋：免去横征暴敛的赋税。［21］安集流散：招集、安置流离失所的人民。［22］与民更始：与老百姓一起除旧布新。

李嗣源之为乱兵所逼也，李绍荣有众万人，营于城南，嗣源遣牙将张虔钊[1]、高行周等七人相继召之，欲与共诛乱者。绍荣疑嗣源之诈，留使者，闭壁[2]不应。及嗣源入邺都，遂引兵去。嗣源在魏县，众不满百，又无兵仗[3]；李绍真所将镇兵五千，闻嗣源得出，相帅归之，由是嗣源兵稍振。嗣源泣谓诸将曰："吾明日当归藩[4]，上章待罪[5]，听主上所裁。"李绍真及中门使安重诲曰[6]："此策非宜。公为元帅，不幸为凶人所劫；李绍荣不战而退，归朝必以公藉口[7]。公若归藩，则为据地邀君[8]，适足以实谗慝[9]之言耳。不若星行[10]诣阙，面见天子，庶可自明。"嗣源曰："善！"丁卯[11]，自魏县南趣相州，遇马坊使[12]康福，得马数千匹，始能成军。福，蔚州人也。

平卢节度使符习将本军攻邺都，闻李嗣源军溃，引兵归；至淄州[13]，监军使杨希望遣兵逆击之，习惧，复引兵而西。青州指挥使王公俨攻希望，杀之，因[14]据其城。

时近侍[15]为诸道监军者，皆恃恩[16]与节度使争权，及邺都军变，所在多杀之。安义[17]监军杨继源谋杀节度使孔勍，勍先诱而杀之。武宁监军以李绍真从李嗣源，谋杀其元从[18]，据城拒之；权知留后淳于晏[19]帅诸将先杀之。晏，登州人也。

戊辰[20]，以军食不足，敕河南尹豫借夏秋税[21]，民不聊生。

忠武节度使、尚书令齐王张全义闻李嗣源入邺都，忧惧不食，辛未[22]，卒于洛阳。

租庸使以仓储不足，颇朘刻[23]军粮，军士流言益甚。宰相惧，帅百官上表言："今租庸已竭，内库[24]有余，诸军室家不能相保，傥不赈救，惧有离心。俟过凶年，其财复集。"上即欲从之，刘后曰："吾夫妇君临万国[25]，虽藉武功，亦由天命。命既在天，人如我何[26]！"宰相又于便殿[27]论之，后属耳[28]于屏风后，须臾，出妆具[29]及三银盆、皇幼子三人于外曰："人言宫中蓄积多，四方贡献随以给赐[30]，所余止此耳，请鬻以赡军[31]！"宰相惶惧而退。

李绍荣自邺都退保卫州，奏李嗣源已叛，与贼合；嗣源遣使上章自理[32]，一日数辈[33]。嗣源长子从审为金枪指挥使[34]，帝谓从审曰："吾深知尔父忠厚，尔往谕朕意，勿使自疑。"从审至卫州，绍荣囚，欲杀之。从审曰："公等既不亮[35]吾父，吾亦不能[36]至父所，请复还宿卫[37]。"乃释之。帝怜[38]从审，赐名继璟，待之如子。是后嗣源所奏，皆为绍荣所遏[39]，不得通，嗣源由是疑惧。石敬瑭曰："夫事成于果决而败于犹豫，安有[40]上将与叛卒入贼城，而他日得保无恙[41]乎！大梁[42]，天下之要会[43]也，愿假三百骑先往取之；若幸而得之，公宜引大军亟进，如此始可自全[44]。"突骑指挥使康义[45]诚曰："主上无道，军民怨怒，公从众则生，守节则死。"嗣源乃令安重诲移檄会兵[46]。义诚，代北胡人也。

（以上为第十三段，写李嗣源被逼上梁山，率部众反叛，兵进大梁。）

【注释】

[1]张虔钊（?—947）：辽州（今山西左权县）人。仕后唐山南西道节度使，后蜀检校太师兼中书令。传见《旧五代史》卷七十四。[2]闭壁：关闭壁垒。[3]兵仗：武器仪卫。[4]归藩：归镇州节度使府。[5]待罪：有罪而等待处分。[6]安重诲（?—931）：后唐明宗亲信，官至枢密使。独揽大权，恃功而骄，为李从璋所杀。传见《旧五代史》卷六十六。[7]藉口：即借口。以李嗣源入城附敌为李绍荣退兵的借口。[8]据地邀君：割据土地，要挟君主。邀，通"要"。[9]谗慝：进谗言的坏人。[10]星行：连夜赶路，披星而行。[11]丁卯：三月十一日。[12]马坊使：官名。掌马政，后唐在相州置小马坊使，即此。[13]淄州：州名。治所淄川，在今山东淄博市。[14]因：乘势。[15]近侍：指宦官。[16]恃恩：依恃皇帝的恩宠。[17]安义：方镇名。即唐昭义节度使。后唐灭梁改为安义军，治所潞州，在今山西长治市。[18]元从：指旧从李绍真的将士。[19]淳于晏：以明经登第，为霍彦威谋士。传见《旧五代史》卷七十一。[20]戊辰：三月十二日。[21]夏秋税：夏税和秋税。唐代行两税法后，分夏、秋两季征收。[22]辛未：三月十五日。[23]朘(zuī)刻：减少、克扣。[24]内库：皇室私财。[25]君临万国：指登位做皇帝，统治四方。[26]人如我何：人们对我有什么办法呢？[27]便殿：别殿。古时皇帝休憩闲宴的地方，别于正殿而言。[28]属耳：耳朵贴在。[29]妆具：梳妆用品。[30]给赐：赏赐。[31]赡军：供养军队。[32]上章自理：上奏章自己申明分辩。[33]数辈：好几批。[34]金枪指挥使：亲军军官名。庄宗得魏，因魏银枪效节军置帐前银枪都，后又置金枪军为亲军。[35]亮：信任、谅解。[36]不能：不想去。[37]宿卫：在皇帝身边保卫皇帝。[38]怜：爱。[39]遏：遏止，阻止。[40]安有：哪有，岂有。[41]无恙：没有疾病。这里指不幸的事。[42]大梁：指梁都开封府。[43]要会：四方辐凑之地，重要的都会。[44]自全：自己保全自己。[45]康义诚（?—934）：字信臣，为李嗣源亲信，官至河阳节度使，加同平章事。为李从珂所杀。传见《旧五代史》卷六十六。[46]移檄会兵：发出檄文，会集军队。

时齐州[1]防御使李绍虔[2]、泰宁节度使李绍钦[3]、贝州刺史李绍英[4]屯瓦桥，北京右厢马军都指挥使安审通屯奉化军[5]，嗣源皆遣使召之。绍英，瑕丘人，本姓房，名知温；审通，金全之侄也。嗣源家在真定，虞候将王建立[6]先杀其监军，由是获全。建立，辽州人也。李从珂自横水将所部兵由盂县趣镇州，与王建立军合，倍道从嗣源。嗣源以李绍荣在卫州，谋自白皋济河，分三百骑使石敬瑭将之前驱，李从珂为殿，于是军势大盛。嗣源从子从璋[7]自镇州引兵而南；过邢州，邢人奉为留后。

癸酉[8]，诏怀远指挥使白从晖将骑兵扼河阳桥[9]，帝乃出金帛给赐诸军，枢密宣徽使及供奉内使景进等皆献金帛以助给赐。军士负物而诟[10]曰："吾妻子已殍死[11]，得此何为！"甲戌[12]，李绍荣自卫州至洛阳，帝如鹞店[13]劳[14]之。绍荣曰："邺都乱兵已遣其党翟建白据博州，欲济河袭郓、汴，愿陛下幸关东[15]招抚之。"帝从之。

景进等言于帝曰："魏王未至，康延孝初平，西南犹未安；王衍族党不少，闻车驾东征，恐其为变，不若除之。"帝乃遣中使向延嗣赍敕往诛之，敕曰："王衍一行，并从杀戮[16]。"已印画[17]，枢密使张居翰覆视[18]，就殿柱揩去"行"字，改为"家"字，由是蜀百官及衍仆役获免者千余人。延嗣至长安，尽杀衍宗族于秦川驿[19]。衍母徐氏且死[20]，呼曰："吾儿以一国迎降[21]，不免族诛，信义俱弃[22]，吾知汝行亦受祸矣！[23]"

（以上为第十四段，写后唐庄宗途穷末路杀蜀主。枢密使张居翰改诛杀诏书"行"字为"家"字，存活者千余人。）

【注释】

[1]齐州：州名。治所历城，今山东济南市。 [2]李绍虔：即王晏球。 [3]李绍钦：即段凝。 [4]李绍英（?—936）：即房知温。字伯玉，山东兖州人，少有勇力，官至后唐平卢节度使，封东平王。传见《旧五代史》卷九十一。 [5]奉化军：后唐明宗天成三年（928）三月，升奉化军为泰州，治所清苑，今河北保定市清苑区。 [6]王建立（871—940）：辽州榆社（今山西榆社县）人。后晋时官至潞州节度使，封韩王。传见《旧五代史》卷九十一。 [7]从璋（887—937）：李从

璋，字子良，少善骑射，官至保义节度使，封洋王。传见《新五代史》卷十五。［8］癸酉：三月十七日。［9］河阳桥：地名。在古河阳县境内，今河南孟州市西。［10］诟：骂。［11］殍（piǎo）死：饿死。［12］甲戌：三月十八日。［13］鹞店：洛阳郊外地名。［14］劳：慰劳。［15］关东：指汜水关以东。［16］并从杀戮：一起杀死。［17］印画：敕用皇帝御宝。［18］覆视：校对、审查。［19］秦川驿：驿站名。在长安，即今陕西西安市。［20］且死：将死。［21］迎降：投降。［22］信义俱弃：迎降而被杀，信和义统统被抛弃。［23］吾知汝行亦受祸矣：我知道你们也将蒙受祸患了。行，辈。

乙亥[1]，帝发洛阳；丁丑[2]，次[3]汜水[4]；戊寅[5]，遣李绍荣将骑兵循河而东。李嗣源亲党从帝者多亡去[6]；或劝李继璟宜早自脱，继璟终无行意。帝屡遣继璟诣嗣源，继璟固辞，愿死于帝前以明赤诚[7]。帝闻嗣源在黎阳，强遣[8]继璟[9]渡河召之，道遇李绍荣，绍荣杀之。

吴越王镠有疾，如衣锦军[10]，命镇海、镇东节度使留后传瓘监国[11]。吴徐温遣使来问疾，左右劝镠勿见，镠曰："温阴狡[12]，此名问疾，实使之觇我也。"强出见之。温果聚兵欲袭吴越，闻镠疾瘳[13]而止。镠寻[14]还钱塘。

吴以左仆射、同平章事徐知诰为侍中，右仆射严可求兼门下侍郎、同平章事。

庚辰[15]，帝发汜水。

辛巳[16]，李嗣源至白皋，遇山东上供[17]绢数船，取以赏军。安重诲从者争舟，行营马步使陶玘斩以徇[18]，由是军中肃然。玘，许州人也。嗣源济河，至滑州，遣人招符习，习与嗣源会于胙城[19]，安审通[20]亦引兵来会。知汴州孔循[21]遣使奉表西迎帝，亦遣使北输密款[22]于嗣源，曰："先至者得之。"

先是，帝遣骑将满城西方邺[23]守汴州；石敬瑭使裨将李琼[24]以劲兵突入封丘门，敬瑭踵其后，自西门入，遂据其城，西方邺请降。敬瑭使趣嗣源；壬午[25]，嗣源入大梁。

是日，帝至荥泽[26]东，令龙骧[27]指挥使姚彦温将三千骑为前军，曰："汝曹汴人也，吾入汝境，不欲使他军前驱，恐扰汝室家。"厚赐而遣之。彦温即以其众叛归嗣源，谓嗣源曰："京师危迫，主上为元行钦所惑，事势已离，不可复事矣。”嗣源曰：“汝自不忠，何言之悖[28]也！”即夺其兵[29]。指挥使潘环守王村寨，有刍粟数万，帝遣骑视之，环亦奔大梁。

帝至万胜镇[30]，闻嗣源已据大梁，诸军离叛，神色沮丧[31]，登高叹曰：“吾不济[32]矣！”即命旋师[33]。帝之出关也，扈从兵二万五千，及还，已失万余人，乃留秦州都指挥使张唐以步骑三千守关[34]。癸未[35]，帝还过罂子谷[36]，道狭[37]，每遇卫士执兵仗者，辄以善言抚之曰：“适报[38]魏王又进西川金银五十万，到京当尽给尔曹。”对曰：“陛下赐已晚矣，人亦不感圣恩！”帝流涕而已。又索袍带赐从官[39]，内库使张容哥称颁给已尽，卫士叱容哥曰：“致吾君失社稷，皆此阉竖[40]辈也。”抽刀逐之；或救之，获免。容哥谓同类[41]曰：“皇后吝财致此，今乃归咎于吾辈；事若不测，吾辈万段，吾不忍待也。”因赴河死。

甲申[42]，帝至石桥[43]西，置酒悲涕[44]，谓李绍荣等诸将曰：“卿辈事吾以来，急难富贵靡[45]不同之；今致吾至此，皆无一策以相救乎？”诸将百余人，皆截发置地[46]，誓似死报，因相与号泣。是日晚，入洛城。

李嗣源命石敬瑭将前军趣汜水收抚散兵，嗣源继之；李绍虔、李绍英引兵来会。

丙戌[47]，宰相、枢密使共奏：“魏王西军将至，车驾宜且控扼[48]汜水，收抚散兵以俟之。”帝从之，自出上东门阅骑兵，戒以诘旦[49]东行。

（以上为第十五段，写唐庄宗东征，部属星散，返回洛阳。）

【注释】

[1]乙亥：三月十九日。[2]丁丑：三月二十一日。[3]次：停留。[4]汜（sì）水：在今河南荥阳市汜水镇。[5]戊寅：三月二十二日。[6]亡去：逃走。[7]赤诚：赤心。表示至死不变。[8]强：强迫。[9]继璟：即李嗣源长子李从审。[10]衣锦军：钱镠家乡在今浙江杭州市临安区。唐昭宗光化三年（900）改临安县安众营为衣锦营。天复五年（905）升为衣锦城。天祐四年（907）升衣锦城为安国衣锦军。[11]监国：君主外出时，太子留守代管国事称监国。[12]阴狡：阴险狡猾。[13]疾瘳（chóu）：病愈。[14]寻：不久。[15]庚辰：三月二十四日。[16]辛巳：三月二十五日。[17]上供（gòng）：古代地方政府所征赋税中上交

朝廷的部分称上供。［18］徇：示众。［19］胙（zuò）城：古县名。故城在今河南延津县北。［20］安审通（?—928）：安金全侄子，官至沧州节度使。传见《旧五代史》卷六十一。［21］孔循（883—930）：少孤，为人柔佞而险猾。官至忠武军节度使。传见《新五代史》卷四十三。［22］输密款：送密信。［23］西方邺：定州满城（今河北保定市满城区）人，官至江宁军节度使。传见《新五代史》卷二十五。［24］李琼（?—947）：沧州饶安（今河北盐山县）人。传见《新五代史》卷四十七。［25］壬午：三月二十六日。［26］荥泽：县名。县治在今河南郑州市北。［27］龙骧：龙骧军，后梁的禁卫军。［28］悖：背理。不合道理。［29］即夺其兵：即解除姚彦温对军队的指挥权。［30］万胜镇：地名，在今河南中牟县，东距开封数十里。［31］神色沮丧：灰心丧气，失望的样子。［32］不济：没有办法。［33］旋师：回师洛阳。据章校，"师"下有"是夜复至汜水"六字。［34］守关：守汜水关。［35］癸未：三月二十七日。［36］罂（yīng）子谷：地名。在今河南郑州市西。［37］道狭：道路狭小。［38］适报：刚才得到报告。［39］从官：从驾出巡的官员。［40］阉竖：宦官。［41］同类：同自己一样的人，指宦官。［42］甲申：三月二十八日。［43］石桥：地名。在今河南洛阳城东。［44］悲涕：悲伤地流下眼泪。［45］靡：没有，无不。［46］截发置地：把头发剪下来放在地上。以发代头，表示必死的决心。［47］丙戌：三月三十日。［48］控扼：控制扼守。［49］诘旦：第二天早晨。

【点评】

本卷点评李继岌矫诏杀郭崇韬、变兵拥立李嗣源两件史事。

一、李继岌矫诏杀郭崇韬。后唐庄宗伐前蜀，议择大将。众举马步军总管李嗣源，郭崇韬以契丹在北，非李嗣源莫可当者，沮败其行。郭崇韬请派太子李继岌征蜀，也借此使太子立功，固太子之位，理由冠冕堂皇。郭崇韬明知太子年少，不可独任，庄宗一定点自己为将以副之。郭崇韬名义上推荐太子李继岌，实际是自荐为将。郭崇韬人臣之位已极，功高震主，不仅有宦官、伶人等日进谗言，而且权位亦为众矢之的，心不自安，身处危境又不甘心引退，于是欲借平蜀之功以自保，既立功于外，又手握重兵，自以为万全之计，其实是自掘坟墓。若郭崇韬已有不臣之心，握兵于外，抗拒朝命，割据一方，自为孟知祥，虽然是走钢丝，不失为一条存身之计。郭崇韬是忠臣，他只是想立新功以自保，而积年的权势在身，本能地狂妄自大，冷落主帅李继岌，本想依以为援的太子，不经意间成了潜在的敌人。此时违心奉迎的刘皇后更成了自己的索命鬼。在内外宦官小人的谗言构陷中，刘皇后矫诏，假李继岌之手以谋反罪诛杀郭崇韬。不仅仅是郭崇韬被族诛，还祸及朱友谦。朱友谦妻张氏取不死铁券以示使者说："此皇帝去年所赐也，我妇人不识书，不知其何等语也。"使者为河阳节度使李绍奇，他受后唐庄宗之命诛杀朱友谦家人，李绍奇亦惭愧难当。郭崇韬立功受诛，中外骇然，加之兴大狱，郭氏、朱氏之亲戚部属，无辜遭族灭，自是上下离心，随之而祸及后唐庄宗。王夫之论曰："伐蜀之役，则崇韬之自灭与灭唐也。"（《读通鉴论》卷二十九）不刊之论也。

二、变兵拥立李嗣源。郭崇韬无辜受诛，河北诸镇闻之，人情汹汹。魏博指挥使杨仁晸率领戍守瓦桥关的本部兵逾年代归，还至贝州，奉敕屯留，部卒皇甫晖，因人情不安，首倡变乱，拥立主将杨仁晸为变兵之帅，变兵说："主上所以有天下，吾魏军力也。魏军甲不去体，马不解鞍者十余年，今天下已定，天子不念旧劳，更加猜忌，远戍逾年，方喜代归，去家咫尺，不使相见。将士愿与公俱归。"后唐庄宗朝令夕改，贝州守卒已到更代之期，朝廷没有委派新兵接防，人心思乱以此为借口，变兵要杀回魏州，杨仁晸不从，变兵杀之，簇拥效节都指挥使赵在礼为首，倍道兼程南下临清、永济、馆陶，六日至邺城，两日即到达，变兵据邺城以叛，推赵在礼为魏博留后。官兵往讨不胜，庄宗不得已，派马步军总管李嗣源往讨。李嗣源至魏州，是夜下令明旦攻城，军吏张破败等，突然大声鼓噪，杀都将，焚营舍。天明，乱兵逼近中军，对李嗣源说："我辈将士跟从主上，十年血战得到天下，今主上弃恩任威，贝州戍卒思归，主上不赦，敕令'克城之后，当尽坑魏博之军'。我等并无反叛之心，只是为了活命，大家想要拥戴令公为主，与城中之士卒合力退朝廷官兵，让主上在河南称帝，令公在河北称帝。"部属安重诲、霍彦威等亦劝李嗣源从众许之。变兵于是拥李嗣源入城，与赵在礼等合兵。李嗣源传檄诸镇，纷纷响应，率兵南向，庄宗亲兵，不战而散，李嗣源于是称帝，是为明宗。后唐废帝李从珂、后周太祖郭威、宋太祖赵匡胤，皆由变兵拥立而为帝，前后四位皇帝皆由变兵拥立。不过李嗣源真由变兵拥立，而李从珂、郭威、赵匡胤，则是人为制造兵变，以力相夺皇位罢了。

卷二七五　后唐纪四

后唐明宗天成元年至二年（926—927 年）

【起柔兆阉茂（丙戌，926 年）四月，尽强圉大渊献（丁亥，927 年）六月，凡一年有奇】

【大事提要】

本卷记事起公元 926 年四月，讫公元 927 年六月，凡一年又两月。当后唐明宗天成元年四月至二年六月。后唐庄宗众叛亲离为乱兵所杀。李嗣源入洛抚定京师，辞位监国，待北都安定，李继岌死，西路军归服，而后即位，是为明宗。明宗大杀宦官，整肃朝纲，仍有汴滑兵变。当时世乱，军民遭涂炭。明宗杀卢台乱军一万多人，血染永济河。明宗一行伍，不知书，不明于治国，滥赐告身以万数，以至于三路讨荆南，不能诛灭一弹丸小国，非治世之主也。姚坤出使契丹告哀，拒绝契丹割地之请，大义凛然，堂堂中原一丈夫。契丹主死，述律后临朝，立次子耶律德光，贤者继位。述律后心计诛桀黠臣以百数，掌控政局，是一铁腕女人。闽国政变，王延钧杀逐其兄王延翰为闽王。中原无明主，孟知祥杀监军李严整武备，图谋割据西川。

明宗圣德和武钦孝皇帝上之下

天成元年（丙戌，926 年）

夏，四月，丁亥朔[1]，严办[2]将发，骑兵陈于宣仁门[3]外，步兵陈于五凤门外[4]。从马直指挥使郭从谦不知睦王存义已死，欲奉之以作乱，帅所部兵自营中露刃[5]大呼，与黄甲两军攻兴教门[6]。帝方食，闻变，帅诸王及近卫骑兵击之，逐乱兵出门。时蕃汉马步使朱守殷将骑兵在外，帝遣中使急召之，欲与同击贼；守殷不至，引兵憩[7]于北邙[8]茂林之下。乱兵焚兴教门，缘城而入，近臣宿将皆释甲潜遁，独散员都指挥使李彦卿及宿卫军校何福进[9]、王全斌等十余人力战。俄而帝为流矢所中，鹰坊[10]人善友扶帝自门楼下，至绛霄殿庑下[11]抽矢，渴懑[12]求水，皇后不自省视，遣宦者进酪[13]，须臾，帝殂。李彦卿等恸哭而去，左右皆散，善友敛[14]庑下乐器覆帝尸而焚之。彦卿，存审之子；福进、全斌皆太原人也。刘后囊金宝[15]系马鞍，与申王存渥及李绍荣引七百骑，焚嘉庆殿，自师子门出走。通王存确、雅王存纪奔南山[16]。宫人多逃散，朱守殷入宫，选宫人三十余人，各令自取乐器珍玩，内[17]于其家。于是诸军大掠都城。

是日，李嗣源至罂子谷，闻之，恸哭，谓诸将曰："主上素得士心，正为群小蔽惑[18]至此，今吾将安归乎！"

戊子[19]，朱守殷遣使驰白嗣源，以"京城大乱，诸军焚掠不已，愿亟来救之！"乙丑[20]，嗣源入洛阳，止于私第[21]，禁焚掠，拾庄宗骨于灰烬之中而殡[22]之。

嗣源之入邺也，前直指挥使[23]平遥侯益脱身归洛阳，庄宗抚之流涕。至是，益自缚请罪；嗣源曰："尔为臣尽节，又何罪也！"使复其职。

嗣源谓朱守殷曰："公善巡徼[24]，以待魏王[25]。淑妃[26]、德妃[27]在宫，供给尤宜丰备。吾俟山陵毕[28]，社稷有奉[29]，则归藩[30]为国家捍御北方耳。"

是日，豆卢革帅百官上笺劝进[31]，嗣源面谕之曰："吾奉诏讨贼，不幸部曲[32]叛散；欲入朝自诉，又为绍荣所隔，披猖[33]至此。吾本无他心，诸君遽尔见推，殊非相悉[34]，愿勿言也！"革等固请，嗣源不许。

李绍荣欲奔河中就永王存霸，从兵稍散；庚寅[35]，至平陆[36]，止余数骑，为人所执，折足[37]送洛阳。存霸亦帅众千人弃镇[38]奔晋阳。

（以上为第一段，写后唐庄宗为乱兵所杀。）

【注释】

[1]丁亥朔：四月一日。[2]严办：凡天子将出，侍中奏中严外办，即戒严清道。[3]宣仁门：洛阳东面城门。[4]五凤门：宫城南门。[5]露刃：拔刀。[6]兴教门：洛阳皇城南面左边的门叫兴教门。[7]憩（qì）：休息。[8]北邙：洛阳北面的北邙山。[9]李彦卿及宿卫军校何福进：李彦卿即符彦卿，符存审第三子。封魏王。传见《旧五代史》卷五十六。何福进（889—954），字善长，太原（今山西太原市）人。官至后周天平节度使。传见《旧五代史》

卷一百二十四。［10］鹰坊：唐时养鹰的地方，寺坊之一。［11］庑下：廊下。［12］渴懑（mèn）：口渴而胸闷。［13］酪：乳水。［14］敛：收集。［15］囊金宝：把金银珠宝装在袋里。［16］南山：洛阳之南到伊川都是大山。［17］内：通“纳”，藏匿。［18］蔽惑：蒙蔽蛊惑。［19］戊子：四月二日。［20］乙丑：四月丁亥朔，无乙丑。己丑，四月三日。［21］私第：李嗣源在洛阳的私人住宅。［22］殡：葬。［23］前直指挥使：武官名。领皇帝前直卫之兵。［24］巡徼：巡察、保卫宫殿及皇城内外坊市。［25］魏王：指李继岌。［26］淑妃：后唐庄宗正室，卫国夫人韩氏，同光二年册为淑妃。［27］德妃：后唐庄宗次妻，燕国夫人伊氏，同光二年册为德妃。传见《旧五代史》卷四十九。［28］山陵毕：指埋葬庄宗以后。［29］社稷有奉：国家有人继承，指继岌返洛阳即位。［30］归藩：回真定成德节度使任所。［31］劝进，敦请即皇帝位。［32］部曲：部下士兵。［33］披猖：狼狈。［34］殊非相悉：确实没有了解我。［35］庚寅：四月四日。［36］平陆：县名。在今山西平陆县。［37］折足：敲断脚骨。［38］弃镇：抛弃河中节度使任所。庄宗杀朱友谦，以永王存霸为河中节度使。

辛卯[1]，魏王继岌至兴平[2]，闻洛阳乱，复引兵而西，谋保据凤翔。

向延嗣至凤翔，以庄宗之命诛李绍琛。

初，庄宗命吕、郑二内养[3]在晋阳，一监兵，一监仓库，自留守张宪以下皆承应不暇[4]。及邺都有变，又命汾州[5]刺史李彦超[6]为北都巡检。彦超，彦卿之兄也。

庄宗既殂，推官[7]河间张昭远劝张宪奉表劝进，宪曰：“吾一书生，自布衣至服金紫[8]，皆出先帝之恩，岂可偷生而不自愧乎！”昭远泣曰：“此古人之事，公能行之，忠义不朽矣。”

有李存沼[9]者，庄宗之近属，自洛阳奔晋阳，矫传[10]庄宗之命，阴[11]与二内养谋杀宪及彦超，据晋阳拒守。彦超知之，密告宪，欲先图之。宪曰：“仆受先帝厚恩，不忍为此。徇义[12]而不免于祸，乃天也。”彦超谋未决，壬辰[13]夜，军士共杀二内养及存沼于牙城，因大掠达旦[14]。宪闻变，出奔忻州[15]。会嗣源移书[16]至，彦超号令士卒，城中始安，遂权知太原军府。

（以上为第二段，写李嗣源入洛抚定京师，李彦超扑灭北都之变。）

【注释】

［1］辛卯：四月五日。［2］兴平：县名，在今陕西兴平市。［3］内养：内侍，即宦官。［4］承应不暇：来不及奉承、应付。［5］汾州：州名。治所西河，在今山西汾阳市。［6］李彦超：即符彦超，符存审长子。官至泰宁军节度使。为管财宝的奴仆所杀。传见《新五代史》卷二十五。［7］推官：官名。节度使属官，辅助节度使处理文案等事。［8］金紫：借指高级官员。唐制，三品以上服紫。［9］李存沼：庄宗弟无存沼。新、旧五代史均作存霸。《庄宗实录·符彦超传》中有"皇弟存沼"。并此存疑待考。［10］矫传：假传。［11］阴：阴谋。［12］徇义：为义气献身。徇，通"殉"。［13］壬辰：四月六日。［14］达旦：到天亮。［15］忻州：州名。治所容秀，在今山西忻州市。［16］移书：颁发的文书。

百官三笺[1]请嗣源监国[2]，嗣源乃许之。甲午[3]，入居兴圣宫[4]，始受百官班见[5]。下令称教[6]，百官称之曰殿下[7]。庄宗后宫存者犹千余人，宣徽使选其美少者数百献于监国，监国曰："奚[8]用此为！"对曰："宫中职掌不可阙也。"监国曰："宫中职掌宜谙[9]故事，此辈安知？"乃悉用老旧之人补之，其少年者皆出归其亲戚[10]，无亲戚者任其所适[11]。蜀中所送宫人亦准此[12]。

乙未[13]，以中门使安重诲为枢密使，镇州别驾[14]张延朗[15]为副使。延朗，开封人也，仕梁为租庸吏，性纤巧[16]，善事权贵，以女妻重诲之子，故重诲引[17]之。

监国令所在访求诸王。通王存确、雅王存纪匿民间，或密告安重诲，重诲与李绍真谋曰："今殿下既监国典丧[18]，诸王宜早为之所[19]，以壹人心[20]。殿下性慈，不可以闻。"乃密遣人就田舍[21]杀之。后月余，监国乃闻之，切责[22]重诲，伤惜久之。

刘皇后与申王存渥奔晋阳，在道与存渥私通。存渥至晋阳，李彦超不纳，走至风谷[23]，为其下所杀。明日，永王存霸亦至晋阳，从兵逃散俱尽，存霸削发、僧服谒李彦超，"愿为山僧，幸垂庇护[24]。"军士争欲杀之，彦超曰："六相公来，当奏取进止[25]。"军士不听，杀之于府门之碑下。刘皇后为尼于晋阳，监国使人就杀之。薛王存礼[26]及庄宗幼子继嵩、继潼、继蟾、继峣[27]，遭乱皆不知所终。惟邕王存美[28]以病风偏枯[29]得免，居于晋阳。

徐温、高季兴闻庄宗遇弑，益重严可求、梁震。

梁震荐前陵州[30]判官贵平孙光宪[31]于季兴，使掌书记。季兴大治战舰，欲攻楚，光宪谏曰："荆南乱离之后，赖公休息士民，始有生意[32]，若又与楚国交恶[33]，他国乘吾之弊，良[34]可忧也。"季兴乃止。

戊戌[35]，李绍荣至洛阳，监国责之曰："吾何负[36]于尔，而杀吾儿？"绍荣瞋目[37]直视曰："先帝何负于尔？"遂斩之，复其姓名曰元行钦。

监国恐征蜀军还为变，以石敬瑭为陕州留后；己亥[38]，以李从珂为河中留后。

枢密使张居翰乞归田里，许之。李绍真屡荐孔循之才，庚子[39]，以循为枢密副使。李绍宏请复姓马[40]。

监国下教，数[41]租庸使孔谦奸佞[42]侵刻[43]穷困军民之罪而斩之，凡谦所立苛敛[44]之法皆罢之，因废租庸使及内勾司[45]，依旧为盐铁、户部、度支三司，委宰相一人专判[46]。又罢诸道监军使[47]；以庄宗由宦官亡国，命诸道尽杀之。

魏王继岌自兴平退至武功[48]，宦者李从袭曰："祸福未可知，退不如进，请王亟东行以救内难[49]。"继岌从之。还，至渭水，权西都留守张篯[50]已断浮梁[51]；循水浮渡，是日至渭南[52]，腹心吕知柔等皆已窜匿。从袭谓继岌曰："时事已去，王宜自图[53]。"继岌徘徊流涕，乃自伏于床，命仆夫[54]李环缢杀之。任圜代将其众而东。监国命石敬瑭慰抚之，军士皆无异言[55]。

（以上为第三段，写李嗣源监国，诛杀奸佞孔谦等人。庄宗之子及刘皇后皆被诛戮。）

【注释】

[1]三笺：三次上奏章。 [2]监国：原为天子外出，由太子留守京城代行政务。这里有即皇帝位之意。 [3]甲午：四月八日。 [4]兴圣宫：洛阳皇宫名。 [5]班见：文武官员分班朝见。 [6]教：教令。皇后和太子的命令称教。 [7]殿下：古时对太子、亲王的尊称。 [8]奚：何。 [9]谙：熟悉。 [10]亲戚：亲人和戚属。 [11]任其所适：任凭他到哪里去。适，往、到。 [12]准此：照此办理。 [13]乙未：四月九日。 [14]别驾：官名。节度使和太守的高级属官，

掌顾问、文案等事。［15］张延朗（?—936）：汴州开封人。官至判三司。有心计，善于处理棘手事务，为石敬瑭所杀。传见《旧五代史》卷六十九。［16］纤巧：计较细微。［17］引：引荐，推荐。［18］典丧：主持庄宗的丧事。［19］早为之所：应及早自裁，或将其杀害。［20］以壹人心：用来统一人心使其归服新皇监国李嗣源。［21］田舍：老百姓家。［22］切责：深切地责备。［23］风谷：地名。恐为岚谷之误，在今山西岚县。［24］庇护：保护。［25］奏取进止：奏请皇帝来决定如何处理。［26］存礼：李克用第四子。同光三年封薛王，庄宗败，不知所终。传见《旧五代史》卷五十一。［27］继嵩、继潼、继蟾、继峣：皆庄宗子，同光三年拜光禄大夫、检校司徒，未封。庄宗败，并不知所终。传见《旧五代史》卷五十一。［28］存美：李克用子，庄宗第三弟，同光三年封。传见《旧五代史》卷五十一。［29］病风偏枯：得中风病全身瘫痪。［30］陵州：州名，治所仁寿，在今四川仁寿县东。［31］孙光宪：字孟文，贵平（今四川仁寿县）人。家世业农，读书好学，官至荆南节度副使。著有《荆台集》《玩笔佣集》《巩湖编玩》《北梦琐言》《蚕书》等。传见《十国春秋》卷一百二十。［32］生意：生机勃勃的局面。［33］交恶：结仇。恶化外交关系。［34］良：确实。［35］戊戌：四月十二日。［36］负：辜负。［37］瞋目：瞪大眼睛，表示愤怒。［38］己亥：四月十三日。［39］庚子：四月十四日。［40］李绍宏请复姓马：李绍宏，本宦官，姓马，庄宗为晋王时赐姓李，今复其原姓，表示与旧主决裂，归附新皇。［41］数：列举。［42］奸佞：花言巧语、邪恶诈伪的人。［43］侵刻：侵夺、剥削。［44］苛敛：苛暴地搜刮。［45］内勾司：庄宗同光二年置，为宫内诸司之一，掌财赋。［46］专判：专门管理。［47］监军使：由宦官担任，监视军队、将领。［48］武功：县名。在今陕西武功县。［49］内难：指庄宗被杀，明宗入洛阳。［50］张籛（jiān）：嗜酒贪鄙。传见《新五代史》卷四十七。［51］浮梁：指咸阳浮桥。［52］渭南：县名，今陕西渭南市。［53］自图：自己拿主意，有所打算。暗示其自杀。［54］仆夫：车夫。［55］无异言：没有不同的意见，指拥戴明宗为帝。

先是，监国命所亲李冲为华州都监[1]，应接西师[2]。冲擅逼[3]华州节度使史彦镕入朝[4]，同州节度使李存敬过华州，冲杀之，并屠[5]其家；又杀西川行营都监李从袭。彦镕泣诉于安重诲，重诲遣彦镕还镇[6]，召冲归朝。

自监国入洛，内外机事皆决于李绍真[7]。绍真擅收[8]威胜[9]节度使李绍钦[10]、太子少保李绍冲[11]下狱，欲杀之。安重诲谓绍真曰："温、段罪恶皆在梁朝，今殿下新平内难，冀[12]安万国[13]，岂专为公报仇邪！"绍真由是稍沮[14]。辛丑[15]，监国教，李绍冲、绍钦复姓名为温韬、段凝，并放归田里[16]。

壬寅[17]，以孔循为枢密使。

有司[18]议即位礼。李绍真、孔循以为唐运已尽，宜自建国号[19]。监国问左右："何谓国号？"对曰："先帝赐姓于唐[20]，为唐复仇[21]，继昭宗后[22]，故称唐。今梁朝之人[23]不欲殿下称唐耳。"监国曰："吾年十三事献祖[24]，献祖以吾宗属[25]，视吾犹子[26]。又事武皇[27]垂三十年，先帝[28]垂二十年，经纶[29]攻战，未尝不预；武皇之基业则吾之基业也，先帝之天下则吾之天下也，安有同家而异国乎！"令执政更议[30]。吏部尚书李琪曰："若改国号，则先帝遂为路人[31]，梓宫[32]安所托乎！不惟殿下忘三世旧君，吾曹为人臣者能自安乎！前代以旁支入继[33]多矣，宜用嗣子[34]柩[35]前即位之礼。"众从之。丙午[36]，监国自兴圣宫赴西宫[37]，服斩衰，于柩前即位，百官缟素[38]。既而御衮冕[39]受册，百官吉服[40]称贺。

（以上为第四段，写李嗣源即帝位，是为明宗。）

【注释】

[1]都监：官名，州设都监，或称兵马都监督，掌屯戍、守城等。官高资深者为都监，官低资浅者为监押。[2]西师：即魏王继岌所统率的军队。[3]擅逼：擅自逼迫。[4]入朝：到洛阳朝廷。[5]屠：宰杀。[6]还镇：回华州节度使任所。[7]李绍真：即霍彦威。[8]擅收：擅自逮捕。[9]威胜：方镇名。唐肃宗至德二年（757）升襄阳防御使为山南东道节度使。后梁破赵匡凝，分邓州置宣化军。后唐改名威胜军，治所邓州，在今河南邓州市。[10]李绍钦：即段凝。[11]李绍冲：即温韬。[12]冀：希望。[13]万国：指天下。[14]稍沮：稍稍有所抑制。[15]辛丑：四月十五日。[16]放归田里：削职为民。[17]壬寅：四月十六日。[18]有司：有关部门。[19]国号：国家的称号。[20]赐姓于唐：指朱邪赤心以平庞勋之功赐姓李，名国昌。[21]为唐复仇：指庄宗李存勖灭梁。[22]继昭宗后：指后唐庄宗在唐末奉昭宗天祐年号，称帝后以同光元年继唐昭宗天祐二十年。[23]梁朝之人：这里指霍彦威、孔循，他们曾为后梁大臣。[24]献祖：指李国昌，庄宗即位，尊其祖父国昌为献祖。[25]宗属：李国昌视李嗣源为同宗。按，李嗣源亦沙陀族人。[26]犹子：待为亲儿子。[27]武皇：指李克用。庄宗追尊父李克用为太祖武皇帝。[28]先帝：指李存勖。[29]经纶：谋划处理国家重大事务。[30]更议：再行讨论。[31]路人：陌路的人，即不认识的外人。[32]梓宫：装殓皇帝尸体的棺材。[33]旁支入继：不是直系血统继承皇位。[34]嗣子：原为嫡长子当继承者为嗣子。这里指无子者以近支兄弟或他人之子为嗣。[35]柩：棺。人死后，在床叫尸，在棺叫柩。

[36]丙午：四月二十日。[37]西宫：西面的宫殿，因庄宗停棺于西宫。[38]缟素：白色丧服。[39]衮冕：衮衣和帽，古代皇帝的礼服。[40]吉服：礼服。

戊申[1]，敕中外之臣毋得献鹰犬奇玩之类。

有司劾奏太原尹张宪委城[2]之罪；庚戌[3]，赐宪死。

任圜将征蜀兵二万六千人至洛阳，明宗慰抚之，各令还营。

甲寅[4]，大赦，改元[5]。量留后宫百人，宦官三十人，教坊百人，鹰坊二十人；御厨五十人，自余任从所适[6]。诸司使务有名无实者皆废之。分遣诸军就食近畿[7]，以省馈运。除夏、秋税省耗[8]。节度、防御等使，正、至、端午、降诞四节[9]听贡奉[10]，毋得敛百姓；刺史以下不得贡奉。选人先遭涂毁文书者，令三铨[11]止除诈伪，余复旧规。

五月，丙辰朔[12]，以太子宾客[13]郑珏、工部尚书任圜并为中书侍郎、同平章事；圜仍判三司。圜忧公如家，简拔贤俊，杜绝侥幸[14]，期年[15]之间，府库充实，军民皆足，朝纲[16]粗立。圜每以天下为己任[17]，由是安重诲忌之。

武宁节度使李绍真、忠武节度使李绍琼、贝州刺史李绍英、齐州防御使李绍虔、河阳节度使李绍奇、洺州[18]刺史李绍能，各请复旧姓名为霍彦威、苌从简[19]、房知温、王晏球、夏鲁奇、米君立，许之[20]。从简，陈州人也。晏球本王氏子，畜于杜氏，故请复姓王。

丁巳[21]，初令百官正衙常朝外[22]，五日一赴内殿起居[23]。

宦官数百人窜匿[24]山林，或[25]落发为僧，至晋阳者七十余人，诏北都[26]指挥使李从温悉诛之。从温，帝之侄也。

帝以前相州刺史安金全有功于晋阳，壬戌[27]，以金全为振武节度使、同平章事。

丙寅[28]，赵在礼请帝幸邺都。戊辰[29]，以在礼为义成节度使；辞以军情未听[30]，不赴镇[31]。

李彦超入朝，帝曰："河东[32]无虞[33]，尔之力也。庚午[34]，以为建雄[35]留后。

甲戌[36]，加王延翰同平章事。

帝目不知书，四方奏事皆令安重诲读之，重诲亦不能尽通，乃奏称："臣徒以忠实之心事陛下，得典枢机，今事粗能晓知，至于古事，非臣所及。愿仿前朝侍讲、侍读[37]、近代直崇政、枢密院[38]，选文学之臣与之共事，以备应对。"乃置端明殿[39]学士。乙亥[40]，以翰林学士冯道、赵凤为之。

（以上为第五段，写后唐明宗大赦，改元，诛宦官，整肃朝纲。）

【注释】

[1]戊申：四月二十二日。 [2]委城：弃城逃跑。 [3]庚戌：四月二十四日。 [4]甲寅：四月二十八日。 [5]改元：四月二十八日始改元天成。 [6]适：至、到。 [7]近畿：附近的州县。 [8]省耗：旧例，夏、秋二税每斗额外多交一升叫省耗。 [9]正、至、端午、降诞四节：正月一日、冬至、五月五日端午节、明宗生日九月九日应圣节四个节日。 [10]听贡奉：接受贡献礼品。 [11]三铨：掌官吏选拔机关。《唐六典》以尚书铨、中铨、东铨为三铨。 [12]丙辰朔：五月一日。 [13]太子宾客：官名，太子属官，掌辅佐太子。 [14]侥幸：企图靠偶然机遇获得成功。 [15]期年：一年。 [16]朝纲：朝廷的制度。 [17]以天下为己任：把振兴国家看作是自己的责任。 [18]洺州：州名。治所广年，在今河北邯郸市永年区。 [19]苌（cháng）从简（877—941）：陈州（今河南周口市淮阳区）人，屠羊为业，力敌数人，善用槊。官至后唐河阳节度使，后晋许州节度使。烦苛暴虐，为武臣之最。传见《旧五代史》卷九十四。 [20]许之：明宗允许诸人恢复本姓。胡三省曰：李绍真、李绍虔以梁将归降赐名。李绍琼、李绍奇、李绍能以事庄宗有战功赐名。 [21]丁巳：五月二日。 [22]正衙常朝：指初一和十五，皇帝御文明殿受百官朝贺。 [23]内殿起居：五日一次皇帝在中兴殿，百官问候。 [24]窜匿：逃窜、藏匿。 [25]或：有的人。 [26]北都：今太原市。 [27]壬戌：五月七日。 [28]丙寅：五月十一日。 [29]戊辰：五月十三日。 [30]军情未听：听，处理。军队的事务尚未处理完毕。 [31]镇：指义成军，治所在滑州，今河南滑县。 [32]河东：这里指河东军府治所晋阳，即今山西太原市。 [33]无虞：没有问题，不必担心。 [34]庚午：五月十五日。 [35]建雄：方镇名。唐僖宗光启元年（885）置护国军节度，治所晋阳，在今山西太原市。后梁开平四年置定昌军，贞明三年改为建宁军。后唐改为建雄军。 [36]甲戌：五月十九日。 [37]侍讲、侍读：唐制，集贤院置侍讲学士、侍读直学士，为皇帝读讲经史，剖析疑义。 [38]直崇政、枢密院：后梁开平元年（907）改枢密院为崇政院，置直学士二员，选有政术文学者担任。后唐同光元年（923）改崇政院为枢密院，置直院一人，为皇帝讲经史。 [39]端明殿：后唐同光二年（924）正月，改解卸殿为端明殿，为皇帝燕闲接见儒臣之地，设学士。端明殿学士由此始。 [40]乙亥：五月二十日。

丙子[1]，听郭崇韬归葬，复朱友谦官爵；两家货财田宅，前籍没[2]者皆归之。

戊寅[3]，以安重诲领山南东道[4]节度使。重诲以襄阳[5]要地，不可乏帅，无宜兼领，固辞；许之。

诏发汴州控鹤指挥使[6]张谏等三千人戍瓦桥。六月，丁酉[7]，出城，复还，作乱，焚掠坊市，杀权知州、推官高逖。逼马步都指挥使、曹州刺史李彦饶[8]为帅，彦饶曰："汝欲吾为帅，当用吾命，禁止焚掠。"众从之。己亥[9]旦，彦饶伏甲[10]于室，诸将入贺，彦饶曰："前日唱乱者数人而已。"遂执张谏等四人，斩之。其党张审琼帅众大噪于建国门，彦饶勒兵击之，尽诛其众四百人，军、州[11]始定。即日，以军、州事牒节度推官韦俨权知，具以状闻。庚子[12]，诏以枢密使孔循知汴州，收[13]为乱者三千家，悉诛之。彦饶，彦超之弟也。

蜀百官至洛阳，永平[14]节度使兼侍中马全[15]曰："国亡至此，生不如死！"不食而卒。以平章事王锴等为诸州府刺史、少尹[16]、判官、司马，亦有复归蜀者。

辛丑[17]，滑州都指挥使于可洪等纵火作乱，攻魏博戍兵三指挥，逐出之。

乙巳[18]，敕："朕二名[19]，但不连称，皆无所避。"

戊申[20]，加西川节度使孟知祥兼侍中。

李继曮[21]至华州，闻洛中乱，复归凤翔；帝为之诛柴重厚[22]。

高季兴表求夔、忠、万三州为属郡[23]，诏许之。

安重诲恃恩骄横[24]，殿直[25]马延误冲前导[26]，斩之于马前，御史大夫李琪以闻。秋，七月，重诲白帝下诏，称延陵突[27]重臣，戒谕中外。

于可洪与魏博戍将互相奏云作乱，帝遣使按验[28]得实，辛酉[29]，斩可洪于都市，其首谋滑州左崇牙[30]全营族诛[31]，助乱者[32]右崇牙两长剑建平将校百人亦族诛。

（以上为第六段，写汴州、滑州兵变。）

【注释】

[1]丙子：五月二十一日。[2]籍没：抄家、没收。[3]戊寅：五月二十三日。[4]山南东道：方镇名。唐肃宗至德二年（757）升襄阳防御使为山南东道节度使，治襄州，在今湖北襄阳市。[5]襄阳：郡名，治所襄阳，在今湖北襄阳市。[6]控鹤指挥使：控鹤，后梁侍卫亲军名。骄悍而怕远戍。控鹤指挥使为控鹤军统领官。[7]丁酉：六月十二日。[8]李彦饶（？—937）：符存审次子。官至义成军节度使，被诬与范延光谋反，被冤杀。传见《新五代史》卷二十五。[9]己亥：六月十四日。[10]伏甲：伏兵。[11]军、州：军指宣武军，州指汴州。[12]庚子：六月十五日。[13]收：逮捕。[14]永平：方镇名。前蜀置永平军于雅州。治所严道，在今四川雅安市。[15]马全（？—926）：蜀永平军节度使，传见《十国春秋》卷四十三。[16]少尹：官名，为府的副长官。[17]辛丑：六月十六日。[18]乙巳：六月二十日。[19]二名：指“嗣源”二字为名。不连用，单独用时不避讳。[20]戊申：六月二十三日。[21]李继曮：李茂贞之子，继李茂贞为凤翔节度使。[22]诛柴重厚：杀了柴重厚。因柴重厚不纳李继曮。[23]属郡：归自己管理的州郡。[24]恃恩骄横：依仗皇帝的恩宠而骄纵跋扈。[25]殿直：天子侍官。分左、右班殿直。[26]前导：仪仗队。[27]陵突：侵犯，冲闯。[28]按验：调查验证。[29]辛酉：七月七日。[30]左崇牙：滑州警卫军名。[31]全营族诛：全营官兵合族被处死。五代制度，禁军军官作乱，全军官兵及其家属全部受株连而杀戮。[32]助乱者：帮助作乱的人。

壬申[1]，初令百官每五日起居，转对奏事[2]。

契丹主攻勃海，拔其夫馀城[3]，更命曰东丹国[4]。命其长子突欲[5]镇东丹，号人皇王，以次子德光[6]守西楼，号元帅太子。

帝遣供奉官姚坤告哀[7]于契丹。契丹主闻庄宗为乱兵所害，恸哭曰：“我朝定儿[8]也。吾方欲救之，以勃海未下，不果往，致吾儿及此。”哭不已。虏言“朝定”，犹华言朋友也。又谓坤曰：“今天子闻洛阳有急，何不救？”对曰：“地远不能及。”曰：“何故自立？”坤为言帝所以即位之由，契丹主曰：“汉儿喜饰说[9]，毋多谈！”突欲侍侧，曰：“牵牛以蹊人之田而夺之牛[10]，可乎？”坤曰：“中国无主，唐天子不得已而立；亦犹天皇王初有国[11]，岂强取之乎！”契丹主曰：“理当然。”又曰：“闻吾儿专好声色游畋[12]，宜其及此[13]。我自闻之，举家不饮酒，散遣伶人，解纵[14]鹰犬。若亦效吾儿所为，行[15]自亡矣。”又曰：“吾儿与我虽世旧，然屡与我战争；于今天子则无怨，足以修好。若与我大河之北[16]，吾不复南侵矣。”坤曰：“此非使臣之所得专[17]也。”契丹主怒，囚之，旬余，复召之，曰：“河北恐难得，得镇、定、幽州亦可也。”给纸笔趣令为状[18]，坤不可，欲杀之，韩延徽[19]谏，乃复囚之。

（以上为第七段，写供奉官姚坤出使契丹告哀，拒绝契丹主索地，大义凛然。）

【注释】

[1]壬申：七月十八日。 [2]转对奏事：依唐制，文武百官按班次轮流各奏本司公事。 [3]夫（fú）馀城：夫馀国王城，在今辽宁昌图县境内。当时夫馀城属勃海国。 [4]东丹国：耶律阿保机攻陷勃海国夫馀城后所置，为其长子突欲领地。在今辽宁东北部。 [5]突欲（?—936）：耶律阿保机长子，领东丹国，号人皇王。耶律阿保机死，当立。其母述律后爱次子德光，立为嗣，囚突欲。长兴元年（930）奔后唐，遥领武信军节度使，为后唐末帝所杀。传见《新五代史》卷七十三。 [6]德光（902—947）：即辽太宗耶律德光，字德谨。公元927至947年在位。天显十一年（936）借石敬瑭叛后唐机会，取得燕云十六州，并立石敬瑭为儿皇帝。传见《辽史》卷三至四。 [7]告哀：报丧。 [8]朝定儿：朝定，契丹语朋友的意思。朝定儿，即朋友的儿子，也就是自己的儿子。因耶律阿保机与李克用曾结盟为兄弟。 [9]喜饰说：喜欢伪饰，诡辩。 [10]牵牛以蹊人之田而夺之牛：源出《左传·宣公十一年》，楚大夫申叔对楚庄王说陈国夏征舒杀其君，你讨伐他是对的，但吞并了陈国是不对的。如同牛践踏了庄稼，牛被田主没收了，处罚就显得重了。后用来比喻轻罪重罚。 [11]初有国：开始称帝执国政。指耶律阿保机不肯受代，击灭七部的事。 [12]游畋：据章校，“畋”下有“不恤军民”四字。 [13]宜其及此：应该到了国破身亡的地步。 [14]解纵：裁撤。 [15]行：行将，即将。 [16]大河之北：泛指黄河以北的地区。 [17]专：专断，决断。 [18]趣令为状：催促他写成文书。 [19]韩延徽（882—959）：字藏明，幽州安次（今河北廊坊市安次区）人。初从刘仁恭，后聘契丹，为耶律阿保机所留，任参军事。耶律阿保机建国，韩延徽谋划为多，为辽佐命功臣之一，官至宰相。传见《辽史》卷七十四。

丙子[1]，葬光圣神闵孝皇帝[2]于雍陵[3]，庙号庄宗。

丁丑[4]，镇州留后王建立奏涿州刺史刘殷肇不受代，谋作乱，已讨擒之。

己卯[5]，置彰国军[6]于应州。

门下侍郎、同平章事豆卢革、韦说奏事帝前，或时[7]礼貌不尽恭[8]；百官俸钱皆折估[9]，而革父子独受实钱；百官自五月给[10]，而革父子自正月给；由是众论沸腾[11]。说以孙为子，奏官[12]；受选人[13]王傪[14]赂，除近官[15]。中旨[16]以库部郎中[17]萧希甫[18]为谏议大夫，革、说覆奏[19]。希甫恨之，上疏言“革、说不忠前朝，阿谀取容[20]”；因诬“革强夺民田，纵田客杀人，说夺邻家井，取宿藏物[21]。”制贬革辰州[22]刺史，说溆州[23]刺史。庚辰[24]，赐希甫金帛，擢为散骑常侍。

辛巳[25]，契丹主阿保机卒于夫馀城，述律后召诸将及酋长[26]难制者[27]之妻，谓曰：“我今寡居，汝不可不效我[28]。”又集其夫泣问曰：“汝思先帝[29]乎？”对曰：“受先帝恩，岂得不思！”曰：“果思之，宜往见之[30]。”遂杀之。

癸未[31]，再贬豆卢革费州[32]司户[33]，韦说夷州[34]司户。甲申[35]，革流[36]陵州[37]，说流合州[38]。

（以上为第八段，写后唐明宗贬斥宰相豆卢革、韦说。契丹主死，述律后铁腕裁制强臣。）

【注释】

[1]丙子：七月二十二日。 [2]光圣神闵孝皇帝：庄宗谥号。 [3]雍陵：庄宗墓名。在今河南新安县。 [4]丁丑：七月二十三日。 [5]己卯：七月二十五日。 [6]彰国军：方镇名。原属大同军节度。后唐明宗即位，以其为应州人，乃置彰国军于应州。在今山西应县。 [7]或时：有时。 [8]不尽恭：不很恭敬。 [9]折估：这里指打折扣。 [10]给：给俸。 [11]众论沸腾：议论纷纷。 [12]以孙为子，奏官：把孙子冒充为儿子，上奏求官。 [13]选人：候补官。[14]王傪（cān）：选人名。 [15]近官：近京城的州县官。 [16]中旨：宦官意旨。 [17]库部郎中：属兵部四司之一。掌卤簿、仪仗、戎器、供帐以及国家武库。 [18]萧希甫：宋州（今河南商丘）人。性褊狭、急躁，传见《新五代史》卷五十八。 [19]覆奏：履行封驳之权，不予同意。[20]阿谀取容：看皇帝的脸色行事，奉承拍马。 [21]宿藏物：前人所窖藏的东西。 [22]辰州：州名，治所龙阛，今湖南洪江市西。 [23]溆州：州名。故治在今湖南怀化市。 [24]庚辰：七月二十六日。 [25]辛巳：七月二十七日。 [26]酋长：部落的首领。 [27]难制者：难以制服的人。 [28]效我：同我一样做寡妇。 [29]先帝：指阿保机。 [30]宜往见之：那就应当到地下去见先帝。 [31]癸未：七月二十九日。 [32]费州：州名。故治在今贵州德江县东南。[33]司户：司户参军。州郡下级属官，从九品，一般安置被贬官员。 [34]夷州：州名，治所绥阳，在今贵州凤冈县西北。 [35]甲申：七月三十日。 [36]流：流放。 [37]陵州：在今四川仁寿县东。 [38]合州：州名。在今重庆市合川区。

孟知祥阴有据蜀之志，阅[1]库中，得铠甲二十万，置左右牙等兵十六营，凡万六千人，营于牙城内外。

八月，乙酉朔[2]，日有食之。

丁亥[3]，契丹述律后使少子安端少君[4]守东丹，与长子突欲奉契丹主之丧，将[5]其众发夫馀城。

初，郭崇韬以蜀骑兵分左、右骁卫等六营。凡三千人；步兵分左、右宁远等二十营，凡二万四千人。庚寅[6]，孟知祥增置左、右衡山等六营，凡六千人，营于罗城[7]内外；又置义宁等二十营，凡万六千人，分戍管内州县[8]就食；又置左、右牢城四营，凡四千人，分戍成都境内。

王公俨[9]既杀杨希望，欲邀节钺[10]，扬言[11]符习为治严急，军府众情不愿其还[12]。习还，至齐州，公俨拒之，习不敢前。公俨又令将士上表请己为帅，诏除登州刺史[13]。

公俨不时[14]之官，托云军情所留；帝乃徙天平节度使霍彦威为平卢节度使，聚兵淄州，以图攻取，公俨惧，乙未[15]，始之官。丁酉[16]，彦威至青州[17]，追擒之，并其族党悉斩之，支使[18]北海韩光嗣[19]预焉。其子熙载[20]将奔吴，密告其友汝阴进士李谷[21]，谷送至正阳[22]，痛饮而别。熙载谓谷曰："吴若用吾为相，当长驱以定中原。"谷笑曰："中原若用吾为相，取吴如囊中物耳。"

庚子[23]，幽州言契丹寇边，命齐州防御使安审通将兵御之。

九月，壬戌[24]，孟知祥置左、右飞棹兵六营，凡六千人，分戍滨江诸州，习水战以备夔、峡[25]。

癸酉[26]，卢龙节度使李绍斌请复姓赵，从之，仍赐名德钧。德钧养子延寿[27]尚帝女兴平公主[28]，故德钧尤蒙宠任。延寿本蓨[29]令刘邧[30]之子也。

（以上为第九段，写唐明宗平反郭崇韬，朱友谦，诛王公俨。孟知祥整武备图谋据西川。）

【注释】

[1]阅：检阅。 [2]乙酉朔：八月一日。 [3]丁亥：八月三日。 [4]安端少君：阿保机第三子。小字李胡，一名洪古，字奚隐，少勇悍多力，后以述律后谋反罪逮捕。传见《辽史》卷七十二。 [5]将：率领。 [6]庚寅：八月六日。 [7]罗城：子城。即内城。 [8]管内州县：

西川节度使所管辖的州、县。［9］王公俨：原青州指挥使，杀监军杨希望据青州城，事见《资治通鉴》卷二七四后唐纪三。［10］欲邀节钺：希望得到节度使的印信、斧钺。邀，通"要"，要求。［11］扬言：制造舆论。［12］军府众情不愿其还：平卢节度使府的官兵不愿符习回来。其时符习引军外出攻邺都。［13］登州：州名。治所蓬莱，今山东烟台市蓬莱区。［14］不时：不按规定时间。［15］乙未：八月十一日。［16］丁酉：八月十三日。［17］青州：州名，治所临淄，在今山东青州市。［18］支使：淄青观察支使。［19］韩叔嗣：即韩光嗣，潍州北海（今山东潍坊市）人，军中逐节度使符习，推光嗣为留后，明宗派霍彦威讨乱，坐死。［20］熙载（902—970）：韩熙载，韩光嗣之子，字叔言。逃至南唐，官至光政殿学士承旨。隶书及画皆隽绝一时。传见《十国春秋》卷二十八。［21］李谷：汝阴（今安徽阜阳）人，官至后周宰相，曾建筑河堤。周世宗用其谋取淮南。传见《宋史》卷二百六十二。［22］正阳：有东西二正阳：在安徽颍上县淮水西叫西正阳，在安徽寿县西淮水东为东正阳。这里指西正阳。［23］庚子：八月十六日。［24］壬戌：九月八日。［25］蓌、峡：皆州名。夔州治所在今重庆奉节县。峡州治所在今湖北宜昌市。［26］癸酉：九月十九日。［27］延寿（？—948）：本姓刘，为赵德钧养子。为后唐枢密使，北伐契丹，被契丹所俘，契丹以延寿为幽州节度使，封燕王。传见《旧五代史》卷九十八。［28］兴平公主：明宗第十三女，嫁赵延寿，天成三年四月封。长兴四年九月改封齐国公主，清泰二年三月进封燕国长公主。［29］蓨（tiáo）：县名，治所在今河北景县南。［30］刘邟（kánɡ）：赵延寿之父，为蓨县县令。

加楚王殷守尚书令。

契丹述律后爱中子[1]德光，欲立之，至西楼[2]，命与突欲俱乘马立帐前，谓诸酋长曰："二子吾皆爱之，莫知所立，汝曹择可立者执其辔[3]。"酋长知其意，争执德光辔欢跃[4]曰："愿事元帅太子[5]。"后曰："众之所欲，吾安敢违。"遂立之为天皇王。突欲愠[6]，帅数百骑欲奔唐，为逻者[7]所遏[8]；述律后不罪[9]，遣归东丹[10]。天皇王尊述律后为太后，国事皆决焉。太后复纳其侄[11]为天皇王后。天皇王性孝谨，母病不食亦不食，侍于母前应对或不称旨[12]，母扬眉视之，辄惧而趋避[13]，非复召不敢见也。以韩延徽为政事令[14]。听姚坤归复命[15]，遣其臣阿思没骨馁来告哀。

壬午[16]，赐李继曮名从曮[17]。

冬，十月，甲申朔[18]，初赐文武官春冬衣。

昭武[19]节度使、同平章事王延翰，骄淫残暴，己丑[20]，自称大闽国王。立宫殿，置百官，威仪文物皆仿天子之制，群下称之曰殿下。赦境内，追尊其父审知曰昭武王。

静难节度使毛璋，骄僭[21]不法，训卒缮兵[22]，有跋扈之志[23]，诏以颍州团练使李承约[24]为节度副使以察之。壬辰[25]，徙璋为昭义节度使。璋欲不奉诏，承约与观察判官长安边蔚从容说谕[26]，久之，乃肯受代[27]。

庚子[28]，幽州奏契丹卢龙节度使卢文进来奔。初，文进为契丹守平州，帝即位，遣间使[29]说之，以易代[30]之后，无复嫌怨。文进所部皆华人，思归，乃杀契丹戍平州者，帅其众十余万、车帐八千乘来奔。

初，魏王继岌、郭崇韬率蜀中富民输犒赏钱五百万缗，听以金银缯帛充[31]，昼夜督责[32]，有自杀者，给军之余，犹二百万缗。至是，任圜判三司，知成都富饶，遣盐铁判官[33]、太仆卿赵季良[34]为孟知祥官告国信[35]兼三川都制置转运使。甲辰[36]，季良至成都。蜀人欲皆不与，知祥曰："府库他人所聚，输之可也。州县租税，以赡镇兵十万，决不可得。"季良但发库物，不敢复言制置转运职事矣。

安重诲以知祥及东川节度使董璋皆据险要，拥强兵，恐久而难制；又知祥乃庄宗近姻[37]，阴欲图之[38]。客省使[39]、泗州[40]防御使李严自请为西川监军，必能制知祥；己酉[41]，以严为西川都监[42]，文思使[43]太原朱弘昭[44]为东川副使。李严母贤明，谓严曰："汝前启灭蜀之谋，今日再往，必以死报[45]蜀人矣。"

（以上为第十段，写契丹立耶律德光为主。太仆卿赵季良入蜀调运府库资财。）

【注释】

[1]中子：第二个儿子。因述律后生三子，次子居中，故称中子。 [2]西楼：契丹上都监潢府，在今内蒙巴林左旗东南波罗城。 [3]执其辔（pèi）：拉住他的马缰绳。辔，驾驭牲口的缰绳。[4]欢跃：欢欣鼓舞而跳跃。 [5]元帅太子：即耶律德光。 [6]愠：内心恼怒。 [7]逻者：巡逻兵。 [8]遏：阻止。 [9]不罪：不问罪。 [10]遣归东丹：叫他回东丹原封地去。 [11]侄：指内侄女。 [12]不称旨：不符合太后心意。 [13]趋避：躲避。 [14]政事令：即契丹宰相。[15]听姚坤归复命：听任姚坤回后唐汇报出使情况。 [16]壬午：九月二十八日。 [17]从曮：明宗赐名，列入其子行列，表示亲近。 [18]甲申朔：十月一日。 [19]昭武：为威武之误。闽为威武军，治所福州。昭武为蜀方镇，治所利州。 [20]己丑：十月六日。 [21]骄僭：骄纵僭

越。［22］缮兵：治兵。［23］跋扈之志：有割据之心。［24］李承约：字德俭。明宗拜为黔南节度使，劝民农桑，兴办学校，为黔南人所喜爱。传见《新五代史》卷四十七。［25］壬辰：十月九日。［26］说谕：劝说、开导。［27］受代：接受替代而去任昭义节度使。［28］庚子：十月十七日。［29］间使：秘密使者。［30］易代：更换统治者。［31］充：抵充。［32］昼夜督责：日夜督促缴纳。［33］盐铁判官：三司属官，掌盐铁事宜。太仆卿；官名，太仆寺长官，掌舆马。［34］赵季良（？—946）：字德彰，济阴（今山东菏泽）人。为孟知祥谋士，官至后蜀同平章事，卒谥文肃。传见《十国春秋》卷五十一。［35］官告国信：孟知祥兼任三川都制置转运使的任命书。［36］甲辰：十月二十一日。［37］庄宗近姻：孟知祥之妻为庄宗的堂姊妹。［38］阴欲图之：暗暗地想除掉他。［39］客省使：官名。掌四方进奉及四夷朝贡等事。［40］泗州：州名。治所宿豫，在今江苏宿迁东南。［41］己酉：十月二十六日。［42］都监：官名。掌屯戍、边防、训练军队等。［43］文思使：文思院长官，属西班诸司，掌管武臣。［44］朱弘昭（？—934）：山西太原人。历官至后唐中书令，为安从进所杀。传见《旧五代史》卷六十六。［45］报：报答。

旧制，吏部给告身[1]，先责其人输朱胶绫轴钱[2]。丧乱以来，贫者但受敕牒，多不取告身。十一月，甲戌[3]，吏部侍郎刘岳上言："告身有褒贬训戒之辞[4]，岂可使其人初不之睹[5]！"敕文班丞、郎、给、谏[6]，武班大将军以上，宜赐告身。其后执政议，以为朱胶绫轴，厥费无多[7]，朝廷受以官禄，何惜小费！乃奏："凡除官者更不输钱，皆赐告身。"当是时，所除正员官[8]之外，其余试衔[9]、帖号[10]止以宠激军中将校而已，及长兴以后，所除浸多[11]，乃至军中卒伍，使州镇戍胥吏，皆得银青阶及宪官[12]岁赐告身以万数[13]矣。

闽王延翰蔑弃[14]兄弟，袭位才逾月，出其弟延钧为泉州[15]刺史。延翰多取民女以充后庭，采择不已[16]。延钧上书极谏，延翰怒，由是有隙[17]。父审知养子延禀[18]为建州[19]刺史，延翰与书使之采择，延禀复书不逊[20]，亦有隙。十二月，延禀、延钧[21]合兵袭福州。延禀顺流先至，福州指挥使陈陶[22]帅众拒之，兵败，陶自杀。是夜，延禀帅壮士百余人趣西门，梯城而入，执守门者，发库取兵仗。及寝门，延翰惊匿别室；辛卯[23]旦，延禀执之，暴其罪恶，且称延翰与妻崔氏共弑先王，告谕吏民，斩于紫宸门[24]外。是日，延钧至城南，延禀开门纳之，推延钧为威武留后。

癸巳[25]，以卢文进为义成节度使、同平章事。

庚子[26]，以皇子从荣[27]为天雄节度使、同平章事。

赵季良等运蜀金帛十亿[28]至洛阳，时朝廷方匮乏，赖此以济。

是岁，吴越王镠以中国丧乱，朝命不通，改元宝正[29]；其后复通中国，乃讳而不称。

（以上为第十一段，写后唐明宗滥赐告身，数以万计。闽国发生政变，王延钧杀逐王延翰为闽王。）

【注释】

[1]告身：古代授官的凭信，类似后世的任命状。 [2]输朱胶绫轴钱：缴纳任命状的成本费。唐告身初用纸，肃宗朝用绢，贞元后始用绫，后沿用之。 [3]甲戌：十一月二十一日。 [4]褒贬训戒之辞：告身由中书省草制，其中包括表扬、贬斥、训勉、告诫的话。[5]睹：看。[6]丞、郎、给、谏：尚书左右丞、二十四曹郎中、给事中、谏议大夫。 [7]厥费无多：这笔费用没有多少。五代百官赐告身，自刘岳建言开始。 [8]正员官：在编官员。 [9]试衔：又称试秩。试某官某阶，是一种出身，可以候选入官，但非正式官员。 [10]帖号：赐给各种将军、郎将的荣誉称号。 [11]浸多：逐渐加多。 [12]银青阶及宪官：银青阶，指文散官银青光禄大夫，从三品，银印青绶。宪官指御史台官，御史大夫、御史中丞等。此言赐告身之滥，地方军、政低级官员都得到了高级官员的荣誉官阶。 [13]万数：用万来计算，可见授官之滥。 [14]蔑弃：蔑视、抛弃。 [15]泉州：州名。治所晋江，在今福建泉州市。 [16]不已：没有完结，不停。 [17]有隙：有矛盾。[18]延禀：王审知养子，本姓周。[19]建州：州名。治所建安，在今福建建瓯市。[20]不逊：不客气，不礼貌。 [21]延钧：即王延钧（?—935）：闽国国君，王审知次子，公元926年杀兄延翰，自称威武留后。公元933年称帝，年号龙启，改名鏻。公元935年，被子昶及皇城使李仿所杀。公元926至935在位，传见《十国春秋》卷九十一。 [22]陈陶（?—926）：官至闽福州指挥使。附见《十国春秋》卷九十一。 [23]辛卯：十二月八日。 [24]紫宸门：唐都长安宫内有紫宸门，王氏于福州潜拟的名号。 [25]癸巳：十二月十日。 [26]庚子：十二月十七日。[27]从荣（?—934）：明宗第二子，封秦王，加天下兵马大元帅。颇喜儒，学为诗歌。为争嗣位，被皇城使安从益所杀。传见《新五代史》卷十五。 [28]十亿：一百万。亿之数有大小两种计量单位，小亿为十万，大亿为万万。 [29]宝正：吴越王钱镠年号。明宗赐命下达，即奉后唐为正朔，讳而不用。

二年（丁亥，927年）

春，正月，癸丑朔[1]，帝更名亶[2]。

孟知祥闻李严来监其军，恶之[3]；或请奏止之，知祥曰："何必然，吾有以待之[4]。"遣吏至绵、剑[5]迎候。会[6]武信节度使李绍文卒，知祥自言尝受密诏[7]许便宜从事[8]，壬戌[9]，以西川节度副使、内外马步军都指挥使李敬周为遂州留后，趣[10]之上道，然后表闻。严先遣使至成都，知祥自以于严有旧恩[11]，冀其惧而自回，乃盛陈甲兵[12]以示之，严不以为意。

安重诲以孔循少侍宫禁[13]，谓其谙练[14]故事，知朝士行能[15]，多听其言。豆卢革、韦说既得罪，朝廷议置相，循意不欲用河北人，先已荐郑珏，又荐太常卿崔协。任圜欲用御史大夫李琪；郑珏素恶琪，故循力沮之，谓重诲曰："李琪非无文学，但不廉[16]耳。宰相但得端重有器度者，足以仪刑多士[17]矣。"他日议于上前，上问谁可相者，重诲以协对。圜曰："重诲未悉朝中人物，为人所卖[18]。协虽名家，识字甚少。臣既以不学忝[19]相位，奈何更益[20]以协，为天下笑乎！"上曰："宰相重任，卿辈更审议[21]之。吾在河东时见冯书记[22]多才博学，与物无竞[23]，此可相矣。"既退，孔循不揖，拂衣径去[24]，曰："天下事一则任圜，二则任圜，圜何者！使崔协暴死则已，不死会须相之。"因称疾不朝者数日，上使重诲谕之，方入。重诲私谓圜曰："今方乏人，协且备员[25]，可乎？"圜曰："明公舍李琪而相崔协，是犹弃苏合之丸[26]，取蛣蜣[27]之转也。"循与重诲共事，日短琪而誉协，癸亥[28]，竟以端明殿学士冯道及崔协并为中书侍郎、同平章事。协，邠之曾孙也。

戊辰[29]，王延禀还建州，王延钧送之，将别，谓延钧曰："善守先人基业，勿烦老兄[30]再下！"延钧逊谢[31]甚恭而色变[32]。

庚午[33]，初令天下长吏每旬亲引虑系囚[34]。

孟知祥礼遇[35]李严甚厚，一日谒知祥，知祥谓曰："公前奉使王衍，归而请兵伐蜀，庄宗用公言，遂致两国俱亡[36]。今公复来，蜀人惧矣。且天下皆废监军，公独来监吾军，何也？"严惶怖求哀[37]，知祥曰："众怒不可遏[38]也。"遂揖下[39]，斩之。又召左厢马步都虞候丁知俊，知俊大惧，知祥指严尸谓曰："昔严奉使，汝为之副，然则故人也，为我瘗[40]之。"因诬奏："严诈宣口敕，云代臣赴阙[41]，又擅许将士优赏，臣辄已诛之。”

内八作使[42]杨令芝以事入蜀，至鹿头关[43]，闻严死，奔还。朱弘昭在东川，闻之，亦惧，谋归洛；会有军事，董璋使之入奏，弘昭伪辞[44]然后行，由是得免。

癸酉[45]，以皇子从厚[46]同平章事，充河南尹，判六军诸卫事[47]。从荣闻之，不悦。

（以上为第十二段，写冯道、崔协任相。蜀孟知祥杀滥军李严。）

【注释】

[1]癸丑朔：正月一日。[2]亶：李嗣源所改名。[3]恶之：讨厌他。[4]吾有以待之：我有办法对付他。[5]绵、剑：绵州和剑州。[6]会：刚好。[7]尝受密诏：曾经接受庄宗秘密诏令。[8]便宜从事：有权自己处理军政事务，不必先行奏闻。[9]壬戌：正月十日。[10]趣：催促。[11]旧恩：晋王李存勖曾欲杀李严，为孟知祥所救，事见《资治通鉴》卷二百六十八梁太祖乾化二年。[12]盛陈甲兵：排开军队，显示自己的武力。[13]少侍宫禁：指从小给事后梁太祖朱温帐中。唐末任宣徽、枢密院。[14]谙练：熟悉，熟练。[15]朝士行能：朝中人士的德行和才能。[16]不廉：不廉洁。[17]仪刑多士：为众多士大夫的榜样。[18]为人所卖：被人愚弄。[19]忝（tiǎn）：辱，有愧于。[20]益：增加。[21]审议：审慎地商议。[22]冯书记：指冯道。冯道曾为李克用河东掌书记。[23]与物无竞：指心地和平，没有物欲之累。[24]拂衣径去：不高兴的样子。[25]备员：装点门面。[26]苏合之丸：大秦国用各种香料、煎其汁合成丸。指高贵的东西。[27]蛣蜣（jiéqiáng）：也称蜣螂，昆虫名。体圆黑甲，吃粪土。以土裹粪，弄转成丸。指下贱的东西。[28]癸亥：正月十一日。[29]戊辰：正月十六日。[30]老兄：王延禀自称。[31]逊谢：表示感谢。[32]色变：内心不悦，变了脸色。[33]庚午：正月十八日。[34]引虑系囚：检点关押的罪犯，及时审理。即《汉书》所谓录囚徒。自唐以来，常称虑囚。[35]礼遇：招待。[36]两国俱亡：指庄宗空国伐蜀，蜀亡而谋臣死，后唐根基不稳，庄宗也被杀。[37]惶怖求哀：惊惶惧怕而哀求饶命。[38]遏：阻止。[39]揖下：长揖而退。[40]四瘗（yì）：埋葬。[41]代臣赴阙：指李严矫敕云代孟知祥，使孟知祥赴京。[42]内八作使：官名。掌宫内各种工匠。[43]鹿头关：关名，在四川德阳市北。[44]伪辞：假装推辞。[45]癸酉：正月二十一日。[46]从厚：明宗第三子，封宋王，有善行，为从荣所嫉妒。事见《新五代史》卷十五。[47]判六军诸卫事：兼管全军诸卫事务。据章校，“事”下有“从厚，从荣之母弟也”八字。

己卯[1]，加枢密使安重诲兼侍中，孔循同平章事。

吴马军都指挥使柴再用戎服[2]入朝，御史弹之，再用恃功不服。侍中徐知诰阳[3]于便殿误通起居[4]，退而自劾[5]，吴王优诏不问，知诰固请夺一月俸[6]；由是中外肃然。

契丹改元天显[7]，葬其主阿保机于木叶山[8]。述律太后左右有桀黠[9]者，后辄谓曰："为我达语于先帝！"至墓所则杀之，前后所杀以百数。最后，平州人赵思温[10]当往，思温不行，后曰："汝事先帝尝亲近，何为不行？"对曰："亲近莫如后，后行，臣则继之。"后曰："吾非不欲从先帝于地下也，顾嗣子幼弱，国家无主，不得往耳。"乃断一腕，令置墓中。思温亦得免。

帝以冀州刺史乌震三将兵运粮入幽州，二月，戊子[11]，以震为河北道副招讨，领宁国[12]节度使，屯卢台军[13]。代泰宁节度使、同平章事房知温归兖州。

庚寅[14]，以保义节度使石敬瑭兼六军诸卫副使[15]。

丙申[16]，以从马直指挥使郭从谦为景州[17]刺史，既至，遣使族诛[18]之。

高季兴既得三州[19]，请朝廷不除刺史，自以子弟为之，不许。及夔州刺史潘炕罢官，季兴辄[20]遣兵突入州城，杀戍兵而据之。朝廷除奉圣指挥使[21]西方邺为刺史，不受[22]；又遣兵袭涪州，不克。魏王继岌遣押牙韩珙等部送蜀珍货金帛四十万，浮江而下，季兴杀珙等于峡口[23]，尽掠取之。朝廷诘[24]之，对曰："珙等舟行下峡，涉数千里，欲知覆溺之故，自宜按问[25]水神。"帝怒，壬寅[26]，制削夺季兴官爵，以山南东道[27]节度使刘训[28]为南面招讨使、知荆南行府[29]事，忠武节度使夏鲁奇为副招讨使，将步骑四万讨之。东川节度使董璋充东南面招讨使，新夔州刺史西方邺副之，将蜀兵下峡[30]；仍会湖南军[31]三面进攻。

三月，甲寅[32]，以李敬周为武信留后。

（以上为第十三段，写契丹述律后以心计诛桀黠臣。唐明宗三路讨荆南。）

【注释】

[1]己卯：正月二十七日。[2]戎服：全副武装。[3]阳：故意。[4]通起居：觐见皇帝请安。徐知诰故意闯入便殿向吴主杨溥请安，然后自劾，借以整肃朝纲。[5]自劾：自己弹劾自

己。［6］夺一月俸：罚一个月的俸禄。［7］天显：耶律德光第一个年号。公元926年至937年，凡十二年。［8］木叶山：山名，在今内蒙赤峰市北。辽建始祖庙，每行军及春秋祭祀，必用白马青牛，示不忘本。［9］桀黠：凶悍而狡猾。［10］赵思温（?—939）：字文美，卢龙（今河北卢龙）人。青年时作战英勇，力量过人，官至契丹临海军节度使。传见《辽史》卷七十六。［11］戊子：二月七日。［12］宁国：方镇名。吴升宣州为宁国节度。治所宣州。在今安徽宣城市宣州区。此为遥领。［13］卢台军：卢当为芦。方镇名。五代时刘守光置。治所芦台，在今天津市宁河区。［14］庚寅：二月九日。［15］六军诸卫副使：全国诸军副统领。时石敬瑭镇守陕州。［16］丙申：二月十五日。［17］景州：州名。故治在今河北景县东北。［18］族诛：族人全部处死，讨其杀庄宗之罪。［19］三州：指夔、忠、万三州，划归高季兴。［20］辄：擅自。［21］奉圣指挥使：禁卫军指挥官。［22］不受：高季兴不接受西方邺为夔州刺史。［23］峡口：西陵峡口。［24］诘：责问。［25］按问：查问。［26］壬寅：二月二十一日。［27］山南东道：方镇名。唐肃宗至德二年（757），升襄阳防御使为山南东道节度使。治所襄州，在今湖北襄阳市。［28］刘训：字遵范，隰州永和（今山西永和县）人。出身行伍，传见《旧五代史》卷六十一。［29］荆南行府：即高季兴所领荆南节度使府。［30］下峡：指兵下三峡。三峡为瞿塘峡、巫峡、西陵峡，今属重庆市。［31］湖南军：指楚王马殷的军队。［32］甲寅：三月三日。

丙辰[1]，初置监牧[2]，蕃息国马。

初，庄宗之克梁也，以魏州牙兵之力；及其亡也，皇甫晖、张破败之乱亦由之[3]。赵在礼之徙滑州，不之官[4]，亦实为其下[5]所制。在礼欲自谋脱祸；阴遣腹心诣阙求移镇[6]，帝乃为之除皇甫晖陈州刺史，赵进贝州刺史，徙在礼为横海节度使；以皇子从荣镇邺都，命宣徽北院使范延光将兵[7]送之，且制置[8]邺都军事。乃出奉节[9]等九指挥三千五百人，使军校龙晊[10]部之，戍卢台军以备契丹，不给铠仗[11]，但系帜[12]于长竿以别队伍，由是皆俯首[13]而去。中途闻孟知祥杀李严，军中籍籍[14]，已有讹言[15]；既至，会朝廷不次[16]擢乌震为副招讨使，讹言益甚。

房知温怨震骤来代己，震至，未交印[17]。壬申[18]，震召知温及诸道先锋马军都指挥使、齐州防御使安审通[19]博[20]于东寨[21]，知温诱龙晊所部兵杀震于席上，其众[22]噪于营外，安审通脱身走，夺舟济河，将骑兵按甲不动[23]。知温恐事不济，亦上马出门，甲士揽其辔[24]曰："公当为士卒主，去欲何之？"知温绐[25]之曰："骑兵皆在河西，不收取之，独有步兵，何能集事[26]！”遂跃马登舟济河，与审通合谋击乱兵，乱兵遂南行。骑兵徐踵其后[27]，部伍甚整。乱者相顾失色，列炬宵行[28]，疲于荒泽[29]，诘朝，骑兵四合[30]击之，乱兵殆尽，余众复趣故寨，审通已焚之，乱兵进退失据，遂溃。其匿于丛薄沟塍[31]。得免者什无一二。范延光还至淇门[32]，闻卢台乱，发滑州兵复如邺都，以备奔逸[33]。

帝遣客省使李仁矩[34]如西川，传诏安谕孟知祥及吏民；甲戌[35]，至成都。

刘训兵至荆南，楚王殷遣都指挥使许德勋等将水军屯岳州。高季兴坚壁[36]不战，求救于吴，吴人遣水军援之。

夏，四月，庚寅[37]，敕卢台乱兵在营家属并全门处斩[38]。敕至邺都，阖九指挥[39]之门，驱三千五百家凡万余人于石灰窑[40]，悉斩之，永济渠为之变赤。

朝廷虽知房知温首乱[41]，欲安反仄[42]，癸巳[43]，加知温兼侍中。

先是，孟知祥遣牙内指挥使文水武漳[44]迎其妻琼华长公主[45]及子仁赞[46]于晋阳，及[47]凤翔，李从曮闻知祥杀李严，止之[48]，以闻，帝听其归蜀；丙申[49]，至成都。

（以上为第十四段，写唐明宗杀戮卢台乱军一万多人，血染永济渠。）

【注释】

[1]丙辰：三月五日。 [2]监牧：养马的地方。唐置监牧以养马。战乱以后，马政废弛。今复置监牧养马。 [3]亦由之：指皇甫晖、张破败之乱，依靠的也是魏州牙兵。 [4]不之官：不去赴任。之，通“至”。 [5]其下：指皇甫晖、赵进。 [6]求移镇：请求调任，不去滑州。[7]将兵：领兵。 [8]制置：掌管、调度。 [9]奉节：禁卫军名。 [10]龙晊（zhì）：奉节军军校。[11]铠仗：盔甲器械。 [12]帜：标志。 [13]俯首：勉强低头，不愉快的样子。 [14]籍籍：人声嘈杂、纷乱的样子。 [15]讹言：谣言。 [16]不次：不按次序越级提拔。 [17]未交印：不交节度使印信、符节。 [18]壬申：三月二十一日。 [19]安审通（?—928）：安金全侄子，幼事庄宗，累有战功。官至沧州节度使，传见《旧五代史》卷六十一。 [20]博：赌博。 [21]东寨：当时芦台戍军夹河东西为两寨。 [22]其众：指乌震的亲兵。 [23]按甲不动：按兵不动。甲，指代兵士。 [24]揽其辔：拉住他的马的缰绳。 [25]绐（dài）：欺骗。 [26]集事：成大事。[27]徐踵其后：慢慢地跟在乱兵的后面。 [28]列炬宵行：点着火把晚上赶路。 [29]疲于荒泽：

在荒凉泥泞的草泽中疲于奔命。［30］四合：四面包围。［31］丛薄沟塍：灌木丛和低洼水沟边。［32］淇门：地名。在今河南卫辉市东北。［33］奔逸：逃走。［34］李仁矩：明宗在藩镇时客将，官至左卫大将军、阆州节度使，为董璋所杀。传见《旧五代史》卷七十。［35］甲戌：三月二十三日。［36］坚壁：坚守壁垒。［37］庚寅：四月十日。［38］全门处斩：乱军家属合门抄斩。［39］九指挥：即奉节军龙晊所部九指挥。［40］石灰窑：地名，在今河北大名县永济渠边。［41］首乱：首先挑起骚乱，为扰乱的带头人。［42］反仄：即反侧，内心不安。［43］癸巳：四月十三日。［44］武漳：文水（今山西文水县）人，传见《十国春秋》卷五十一。［45］琼华长公主：李克用长女，嫁孟知祥，同光三年十二月封琼华长公主。［46］仁赞：即蜀后主孟昶。［47］及：到。［48］止之：制止武漳及琼华长公主、孟仁赞，不使赴蜀。［49］丙申：四月十六日。

盐铁判官赵季良与孟知祥有旧，知祥奏留季良为副使。朝廷不得已，丁酉[1]，以季良为西川节度副使。李昊归蜀，知祥以为观察推官[2]。

江陵卑湿[3]，复值久雨，粮道不继，将士疾疫，刘训亦寝疾[4]；癸卯[5]，帝遣枢密使孔循往视之，且审[6]攻战之宜。

五月，癸丑[7]，以威武留后王延钧为本道节度使[8]、琅邪王。

孔循至江陵[9]，攻之不克，遣人入城说[10]高季兴；季兴不逊[11]。丙寅[12]，遣使赐湖南行营夏衣万袭[13]；丁卯[14]，又遣使赐楚王殷鞍马玉带，督馈粮[15]于行营，竟不能得。庚午[16]，诏刘训等引兵还。

楚王殷遣中军使史光宪入贡，帝赐之骏马十，美女二。过江陵高季兴执光宪而夺之，且请举镇自附于吴[17]。徐温曰："为国者当务实效而去虚名[18]。高氏事唐久矣，洛阳去江陵不远，唐人步骑袭之甚易，我以舟师溯流[19]救之甚难。夫臣人[20]而弗能救，使之危亡，能无愧乎[21]！"乃受其贡物，辞其称臣，听[22]其自附于唐。

任圜性刚直，且恃与帝有旧[23]，勇于敢为，权幸多疾[24]之。旧制，馆券[25]出于户部，安重诲请从内出[26]，与圜争于上前，往复数四，声色俱厉。上退朝，宫人问上："适与重诲论事为谁？"上曰："宰相。"宫人曰："妾在长安宫中[27]，未尝见宰相、枢密奏事敢如是者，盖轻大家[28]耳。"上愈不悦，卒[29]从重诲议。圜因求罢三司，诏以枢密承旨[30]孟鹄[31]充三司副使权判[32]。鹄，魏州人也。

六月，庚辰[33]，太子詹事[34]温辇请立太子。

丙戌[35]，门下侍郎、同平章事任圜罢守太子少保[36]。

己丑[37]，以宣徽北院使张延朗判三司。

壬辰[38]，贬刘训为檀州刺史。

丙申[39]，封楚王殷为楚国王。

西方邺败荆南水军于峡中，复取夔、忠、万三州。

（以上为第十五段，写后唐明宗三路征荆南，不胜罢兵。）

【注释】

[1]丁酉：四月十七日。［2］观察推官：官名。节度使属官，掌文牍、簿籍等事务。[3]卑湿：地势低而潮湿。［4］寝疾：生病，卧病在床。［5］癸卯：四月二十三日。［6］审：讯问。［7］癸丑：五月三日。［8］节度使：据章校，“使”下有“守中书令”四字。［9］江陵：荆南节度治所，在今湖北江陵县。［10］说：游说。［11］不逊：不礼貌。［12］丙寅：五月十六日。［13］万袭：万套。袭，衣服的全套。［14］丁卯：五月十七日。［15］馈粮：军粮。[16]庚午：五月二十日。［17］自附于吴：向吴国称臣，作为附庸。［18］务实效而去虚名：应该实事求是，追求实际效果而排除虚假的名声。［19］溯流：逆水而上。［20］臣人：让人家作自己的臣子。［21］能无愧乎：能不感到惭愧吗？［22］听：任凭，听任。［23］有旧：有交情。指任圜与明宗同为庄宗大将，又将征蜀之兵归明宗。［24］疾：妒忌，嫉恨。［25］馆券：唐制，派使臣到各地，由户部给券，称馆券。相当于现代的介绍信。［26］内出：由内廷给券。则枢密使可掌其事。［27］长安宫中：泛指唐朝宫廷中。［28］大家：即皇帝。［29］卒：终于。[30]枢密承旨：官名。五代置枢密院都承旨、副承旨，由诸卫将军担任。［31］孟鹄：魏州（今河北大名）人，能曲意逢迎，官至判三司，相州节度使。传见《旧五代史》卷六十九。［32］权判：暂时担任，因资历不足，故称权。［33］庚辰：六月一日。［34］太子詹事：官名。东宫属官，陪侍太子读书。［35］丙戌：六月七日。［36］太子少保：宰相加官，不预政事。［37］己丑：六月十日。［38］壬辰：六月十三日。［39］丙申：六月十七日。

【点评】

本卷点评后唐庄宗为乱兵所弑、祸国女孽刘皇后、姚坤使契丹、魏博牙兵再遭族诛四件史事。

一、后唐庄宗为乱兵所弑。天成元年三月二十六日壬午，李嗣源兵入大梁。这一天后唐庄宗率扈从兵二万五千东行至荥泽。庄宗命龙骧指挥使姚彦温率领三千骑兵为前锋，姚彦温叛归李嗣源。指挥使潘环守王村寨，这里是官军的补给基地，囤积刍粮数万，潘环亦叛降李嗣源。庄宗不敢东行，退还洛阳。三月二十八日甲申，庄宗回到洛阳东石桥西，此时两万五千扈从之兵，三天之中散去大半，庄宗置酒悲涕。是日晚，庄宗入洛。四月一日丁亥，庄宗得知西征军魏王李继岌即将到达，于是部署军队，计划车驾东出控扼汜水以待西军。蕃汉马步使朱守殷率领骑兵阵于城东宣仁门外，步兵阵于宫城南门兴教门外。庄宗还未及行，正吃早饭，从马直指挥使郭从谦率步兵以叛，攻打兴教门。庄宗率领诸王及近卫骑兵抵抗，遣使召朱守殷率领骑兵救驾，朱守殷不奉诏，带领骑兵在北邙山林中休息。叛军火烧兴教门，近臣宿将纷纷丢下兵器逃走。庄宗被乱兵流矢击中，退入绛霄殿，拔箭，须臾而终，年仅四十二岁。刘皇后收拾金宝细软与申王李存渥逃走。宫人多逃散。这时朱守殷才入宫，劫掠珍玩及三十余名宫人纳于家，然后遣使降于李嗣源。

后唐庄宗二十余年血战争天下，其时以不忘父志，报仇雪恨，兴复唐室为己任，与士卒同甘共苦，每战身先士卒，亲冒石矢，突入敌阵，几死者数矣，何其壮哉。及至称帝，沉迷游猎，信用群小，滥封伶人，功臣宿将为之丧气。宠信刘皇后，收聚钱财，吝于赏赐，更使将士寒心。皇后教令与制敕交行于藩镇，纲纪堕坏，皇帝之尊大损。郭崇韬无罪，刘皇后矫诏杀之，朝野骇然，流言四起，迅速蔓延，激起兵变，既出于意外，又在情理之中。庄宗前后判若两人，争战的庄宗似项羽，称帝的庄宗为胡亥。王夫之论曰："李存勖不可以为天子，然固将帅之才也，知用兵之略矣，得英主而御之，与韩信齿。"（《读通鉴论》卷二十八）此言似得之。

二、祸国女孽刘皇后。 庄宗刘皇后，魏州成安人，家世寒微，年五六岁时为晋兵所虏，归晋阳养于王宫，为庄宗母太后曹氏侍者。刘氏长成，姿色绝美，善吹笙，歌舞亦绝。庄宗好音律，喜欢与伶人谑浪，刘氏似一个伶人，故庄宗爱之。太后赐庄宗为庄宗韩国夫人侍者，因生皇长子李继岌，宠待日隆，然为太后所恶，不得为正。郭崇韬欲引刘氏为宫援，率大臣上表请求册立刘氏为皇后，结果自掘坟墓。郭崇韬之死，为刘皇后所赐。刘皇后讳言寒微，其父刘叟九死一生，扣宫门认女，有内臣刘建丰识之，刘皇后声言生父为乱兵所杀，诬生父冒名认女，生父在宫门前被暴打一顿。刘皇后备受庄宗宠爱，却无夫妻之情。庄宗临死口渴求水，刘皇后不自省视，只派宦官进奶酪，自己忙于收拾细软珠宝，与庄宗弟申王李存渥逃奔晋阳，在道与李存渥私通。刘皇后真是一美女蛇，不认父，仇报恩人，背夫淫乱，欲求善终，天理难容。刘皇后在晋阳削发为尼，李嗣源遣人杀之。刘皇后视财如命，正位中宫，肆无忌惮地求索财物，凡贡举先入后宫，次奉皇上，总揽宫中财货，京都诸军困乏，以至妻子饿殍，宰相请出内库供给，刘皇后拿出妆具和皇子令宰相出卖以供军，如此拒难宰相，庄宗听之。将士切齿，众心叛离。等到李嗣源作难，庄宗许愿将士，宫中财物全部赏赐给你们。将士回答说："陛下现在才想起赏赐，不是太晚了吗！"庄宗流涕而已。庄宗覆国亡家，咎由自取，而刘皇后所为，亦后唐之褒姒、妲己，中国历史上又增一祸国女孽。

三、姚坤使契丹。李嗣源即帝位，遣供奉官姚坤告哀于契丹。契丹主耶律阿保机欲借后唐庄宗之死敲诈后唐，求索割地，黄河之北，尽归契丹，则不南侵。姚坤答曰："这不是一个使臣能做主的。"契丹主大怒，囚禁姚坤十多天，再次索要，说："河北难得，只割让镇、定、幽三州之地也就算了。"不容分说，契丹主强要姚坤写出字据。姚坤拒绝，契丹主以死威逼，姚坤不为所动。契丹谋主汉大臣韩延徽救之，姚坤再次被囚禁。未几，耶律阿保机死，姚坤得释。姚坤，后唐之苏武也。

四、魏博牙兵再遭族诛。魏博为河北第一镇，辖魏、博、贝、相、澶、卫六州，号天雄军。唐后期自田承嗣割据以来，历届镇将招募扩充牙兵，镇将倚重为心腹，赏赐优厚，积久而成习。牙兵父子相承，姻党关系稳固，成为一地方盘根错节的武装集团。魏博牙兵，既是野心家割据者的社会基础，也是割据者的大敌。魏博牙兵视更易主帅如同儿戏。自田氏以来至于晚唐、五代，历时一百五十多年，主帅废立，皆出于牙兵之手。如节镇史宪诚、何全皞、韩君雄、乐彦祯、罗宏信、罗绍威等，皆魏博牙兵所立。牙兵反复无常，稍不如意，则杀主帅，族其家。乐彦祯、乐从训父子皆死牙兵之手。罗宏信、罗绍威父子，虽为牙兵所立，而存恐惧，于是有罗绍威引朱温梁兵诛杀牙兵之事，死者七千余人，婴孺不留，这是魏博牙兵第一次遭族诛，事在唐哀帝天祐三年（906）。罗绍威诛牙兵，众叛亲离，势力衰弱，悔恨抑郁而死。其子罗周翰袭位，为梁将杨师厚所夺。杨师厚复置银枪效节军，皆选骁勇以为牙兵，恢复了旧时魏博牙兵的态势。杨师厚死，后梁末帝分天雄相、澶、卫三州置昭德军，分牙兵之半入昭德以弱其势。贺德伦为昭德节度使，效节军将张彦劫持贺德伦降于晋王，晋王李存勖收降昭德魏博牙兵为亲军，号帐前银枪军，随晋王征战，多建功勋。晋王许其灭梁后重赏银枪军，梁亡，晋王即位不爽前约，庄宗多次重赏，银枪军仍怀怨望。庄宗令杨仁晸率之戍瓦桥关，庄宗同光四年，即明宗天成元年（926），银枪军拥立杨仁晸叛唐，杨仁晸不从，变兵杀之，拥立军校赵在礼入据邺城以叛。李嗣源奉诏往讨，又为变兵所逼，因祸以得天下。嗣源即位，是为明宗，赵在礼惧诛，请解兵权。明宗乃遣房知温往代，率领魏效节九指挥使往戍卢台，不给兵甲，惟长竿系帜，以束队伍。天成二年（927），明宗遣乌震往代房知温，房知温煽动兵变杀乌震，因齐州防御使安审通脱身济河部整骑兵，房知温知事不济，脱离变兵，也渡河到河西与安审通合力诛变兵。明宗于是下令诛杀变兵家属，族灭三千余家，杀之漳河岸上，漳水为之变色。这是魏博牙兵第二次遭族灭。牙兵为乱，宜诛首恶，滥杀灭族，刑律废矣。由此可见，五代乱世，人命如草芥，可叹也夫！

卷二七六　后唐纪五

后唐明宗天成二年至四年（927—929 年）

【起强圉大渊献（丁亥，927 年）七月，尽屠维赤奋若（己丑，929 年），凡二年有奇】

【大事提要】

本卷记事起公元 927 年七月，讫公元 929 年，凡二年又六个月。当后唐明宗天成二年七月至四年。马殷即王位，吴杨溥称帝。马殷大败犯境吴军，多次取胜荆南。马殷以子马希范执政，希范听流言，冤杀兴楚谋主高郁。吴国徐知诰独揽大权，徐知询险遭毒杀。明宗用兵河北，王晏球平定义武王都之叛，契丹两次南犯，全军覆没。明宗能听善言而不果行，优柔寡断，听任安重诲独断专行。西川孟知祥、董璋联姻抗朝命。

明宗圣德和武钦孝皇帝中之上

天成二年（丁亥，927 年）

秋，七月，以归德节度使王晏球为北面副招讨使。

丙寅[1]，升夔州为宁江军[2]，以西方邺为节度使[3]。

癸巳[4]，以与高季兴夔、忠、万三州为豆卢革、韦说之罪[5]，皆赐死。

流[6]段凝于辽州[7]，温韬于德州，刘训于濮州。

任圜请致仕[8]居磁州，许之。

八月，己卯朔[9]，日有食之。

册礼使[10]至长沙；楚王殷始建国[11]，立宫殿，置百官，皆如天子，或微[12]更其名：翰林学士曰文苑学士，知制诰曰知辞制，枢密院曰左右机要司，群下称之曰殿下，令曰教。以姚彦章[13]为左丞相，许德勋为右丞相，李铎[14]为司徒，崔颖为司空，拓跋恒[15]为仆射，张彦瑶、张迎判机要司。然管内官属皆称摄，惟朗[16]、桂[17]节度使先除后请命。恒本姓元，避殷父讳改焉。

九月，帝谓安重诲曰："从荣左右有矫宣[18]朕旨，令勿接儒生，恐弱人志气者。朕以从荣年少临大藩，故择名儒使辅导之，今奸人所言乃如此！"欲斩之；重诲请严戒[19]而已。

北都[20]留守李彦超[21]请复姓符，从之。

丙寅[22]，以枢密使孔循兼东都[23]留守。

壬申[24]，契丹来请修好，遣使报之[25]。

冬，十月，乙酉[26]，帝发洛阳，将如汴州；丁亥[27]，至荥阳[28]。

民间讹言帝欲自击吴，又云欲制置[29]东方诸侯[30]。宣武节度使、检校侍中朱守殷疑惧，判官高密孙晟[31]劝守殷反，守殷遂乘城拒守。帝遣宣徽使范延光往谕之，延光曰："不早击之，则汴城坚矣；愿得五百骑与俱[32]。"帝从之。延光暮发，未明行二百里，抵大梁城下，与汴人战汴人大惊。戊子[33]，帝至京水[34]，遣御营使石敬瑭将亲兵倍道继之[35]。

或谓安重诲曰："失职在外之人[36]，乘贼未破，或能为患，不如除之。"重诲以为然，奏遣使赐任圜死。端明殿学士赵凤哭谓重诲曰："任圜义士，安肯为逆[37]！公滥刑如此，何以赞国[38]！"使者至磁州，圜聚其族酣饮[39]，然后死，神情不挠。

己丑[40]，帝至大梁，四面进攻，吏民缒城出降者甚众。守殷知事不济，尽杀其族，引颈命左右斩之。乘城[41]者望见乘舆[42]，相帅开门降。孙晟奔吴，徐知诰客之[43]。

（以上为第一段，写马殷即王位。后唐明宗平定汴州之乱。）

【注释】

[1]丙寅：七月十七日。[2]宁江军：即前蜀的镇江军，今改为宁江军。治所夔州，在今重庆奉节县。[3]以西方邺为节度使：任命西方邺为宁江军节度使，用以奖赏他破高季兴军，复夔、忠、万三州之功。[4]癸巳：七月庚戌朔，无癸巳。据章校，应作"癸酉"，七月二十四日。[5]罪：明宗天成元年豆卢革、韦说为相，将夔、忠、万三州给高季兴，至此，因以为罪。[6]流：流放。[7]辽州：州名。治所乐平，在今山西昔阳西南。[8]致仕：交还官职，即辞官。

[9]己卯朔：八月一日。[10]册礼使：代皇帝行册封礼的使者。指后唐册封马殷为楚国王的使者。[11]建国：称皇帝。[12]微：稍微。[13]姚彦章：汝南（今河南上蔡西南）人，少沉勇、有智略。为马殷谋士，官至左丞相。传见《十国春秋》卷七十二。[14]李铎：马殷谋士。传见《十国春秋》卷七十二。[15]拓跋恒：本姓元，切直强谏，有政声。传见《十国春秋》卷七十三。[16]朗：朗州，后唐以朗州为武平军，楚仍之。治所武陵，在今湖南常德市。[17]桂：桂州，楚在桂州置静江军。桂管防御观察使，治所始安，今广西桂林市。[18]矫宣：假传。[19]严戒：严加教训。[20]北都：后唐以太原为北都。[21]李彦超：符存审之子符彦超。[22]丙寅：九月十八日。[23]东都：洛阳，唐庄宗三年，复以洛阳为东都。[24]壬申：九月二十四日。[25]报之：回答他。[26]乙酉：十月七日。[27]丁亥：十月九日。[28]荥阳：县名。在今河南荥阳市，为军事冲要之地。[29]制置：处置、处理。[30]东方诸侯：泛指洛阳以东的各镇节度使。[31]孙晟（？—956）：本名凤。性阴贼，好奸谋，工诗。为南唐李昪谋士，受李昪厚遇。传见《旧五代史》卷一百三十一。[32]与俱：与我一起去。[33]戊子：十月十日。[34]京水：地名，在荥阳之东。[35]倍道继之：用加倍速度继范延光进军汴梁。[36]失职在外之人：指任圜，罢职在外。[37]安肯为逆：怎么肯反叛。[38]赞国：赞助皇帝治理国家大事。[39]酣饮：快乐地喝酒。[40]己丑：十月十一日。[41]乘城：守城。[42]乘舆：皇帝的车驾。[43]客之：用客人之礼对待他。

戊戌[1]，诏免三司逋负[2]近二百万缗田。

辛丑[3]，吴大丞相、都督中外诸军事、诸道都统、镇海·宁国节度使兼中书令东海王徐温卒。

初，温子行军司马、忠义节度使、同平章事知询以其兄知诰非徐氏子，数请代之[4]执吴政，温曰；“汝曹皆不如也。”严可求及行军副使徐玠[5]屡劝温以知询代知诰，温以知诰孝谨[6]，不忍也。陈夫人曰：“知诰自我家贫贱时养之，奈何富贵而弃之！”可求等言之不已。温欲帅诸藩镇入朝，劝吴王称帝，将行，有疾，乃遣知询奉表[7]劝进[8]，因留代[9]知诰执政。知诰草表欲求洪州[10]节度使，俟旦[11]上之，是夕，温凶问[12]至，乃止[13]。知询亟归金陵。吴主赠温齐王，谥曰忠武。

山南西道节度使张筠久疾，将佐请见，不许。副使符彦琳等疑其已死，恐左右有奸谋，请权交[14]符印；筠怒，收彦琳及判官都指挥使下狱，诬以谋反。诏取彦琳等诣阙，按之无状[15]，释之；徙筠为西都[16]留守。

癸卯[17]，以保义节度使石敬瑭为宣武节度使，兼侍卫亲军马步都指挥使[18]。

十一月，庚戌[19]，吴王即皇帝位，追尊孝武王曰武皇帝[20]，景王曰景皇帝[21]，宣王曰宣皇帝[22]。

安重诲议伐吴，帝不从。

甲子[23]，吴大赦，改元乾贞[24]。

丙子[25]，吴主尊太妃王氏[26]曰皇太后，以徐知询为诸道副都统、镇海宁国节度使兼侍中，加徐知诰都督中外诸军事[27]。

十二月，戊寅朔[28]，孟知祥发民丁二十万修成都城。

吴主立兄庐江公濛为常山王，弟鄱阳公澈为平原王，兄子南昌公珙[29]为建安王。

初，晋阳相者周玄豹[30]尝言帝贵不可言，帝即位，欲召诣阙；赵凤曰："玄豹言陛下当为天子，今已验矣，无所复询。若置之京师，则轻躁狂险之人必辐辏其门，争问吉凶。自古术士妄言，致人族灭者多矣，非所以靖国家也。"帝乃就除光禄卿致仕，厚赐金帛而已。

中书舍人马缟[31]请用汉光武故事，七庙之外别立亲庙[32]；中书门下奏请如汉孝德[33]、孝仁[34]皇例，称皇不称帝。帝欲兼称帝[35]，群臣乃引德明[36]、玄元[37]、兴圣皇帝[38]例，皆立庙京师；帝令立于应州旧宅，自高祖考妣以下皆追谥曰皇帝、皇后[39]，墓曰陵。

汉主如康州[40]。

是岁，蔚、代缘边[41]粟斗不过十钱。

（以上为第二段，写吴王杨溥即皇帝位。孟知祥筑城于成都。唐明宗违礼追谥高祖以下为皇帝。）

【注释】

[1]戊戌：十月二十日。[2]逋负：积欠的税款。[3]辛丑：十月二十三日。[4]数请代之：徐知询多次请求代替徐知诰。[5]徐玠（868—943）：字蕴玉，彭城（今江苏徐州市）人，敏干有辞辩，诡谲多智，参与徐知诰篡吴决策，拜右丞相。传见《十国春秋》卷二十一。[6]孝谨：孝顺谨慎。[7]奉表：奏表，指徐温的奏表。[8]劝进：请求即皇帝位。[9]留代：留在吴王身边代替徐知诰。[10]洪州：州名。治所豫章，在今江西南昌市。[11]俟旦：等到第

二天早上。［12］凶问：死亡的消息。［13］止：指不上请求调任洪州节度使的表文。［14］权交：暂时交出。［15］按之无状：审问后没有谋反情节。［16］西都：庄宗同光三年，复以长安为西都。［17］癸卯：十月二十五日。［18］侍卫亲军马步都指挥使：官名。禁卫军高级统领。［19］庚戌：十一月三日。［20］武皇帝：即杨行密。［21］景皇帝：即杨渥。［22］宣皇帝：即杨隆演。［23］甲子：十一月十七日。［24］乾贞：吴杨溥第一个年号。［25］丙子：十一月二十九日。［26］太妃王氏（?—928）：杨溥生母。武义二年六月，杨溥即王位，尊母为太妃，称帝后尊母为皇太后。传见《十国春秋》卷四。［27］都督中外诸军事：官名。掌全国中外军事大权。［28］戊寅朔：十二月一日。［29］珙：杨珙，杨溥侄子。传见《十国春秋》卷四。［30］周玄豹：太原看相算命的术士。［31］马缟（856—935）：少中明经进士，又中博学宏词科，以知礼见称于世。官至后唐国子祭酒。传见《新五代史》卷五十五。［32］亲庙：诸侯王继统者直系亲属之庙。汉制，诸侯王入继统者，必别立亲庙。汉光武立四庙于南乡。［33］孝德：东汉安帝亲政，追尊其父清河孝王为孝德皇。［34］孝仁：东汉灵帝即位，追尊其父为孝仁皇。［35］帝欲兼称帝：明宗希望对至亲追谥用“皇帝”二字。［36］德明：唐尊皋陶为德明皇帝。［37］玄元：唐尊老子为玄元皇帝。［38］兴圣皇帝：唐尊凉武昭王李暠为兴圣皇帝。［39］追谥曰皇帝、皇后：明宗追尊高祖聿为孝恭皇帝，庙号惠祖，妣崔氏为昭皇后，陵曰顺陵。曾祖教为孝质皇帝，庙号毅祖，妣张氏为顺皇后，陵曰衍陵。祖琰曰孝靖皇帝，庙号烈祖，妣何氏为穆皇后，陵曰奕陵。父霓为孝成皇帝，庙号德祖，陵为庆陵。［40］康州：州名，在今广东德庆县。［41］缘边：沿边。

三年（戊子，928年）

春，正月，丁巳[1]，吴主立子琏[2]为江都王，璘[3]为江夏王，璆[4]为宜春王，宣帝子庐陵公玢[5]为南阳王。

昭义节度使毛璋所为骄僭[6]，时服赭袍[7]，纵酒为戏，左右有谏者，剖其心而视之。帝闻之，征为右金吾卫上将军。

契丹陷平州。

二月，丁丑朔[8]，日有食之。

帝将如邺都，时扈驾[9]诸军家属甫[10]迁大梁，又闻将如邺都，皆不悦，讻讻[11]有流言；帝闻之，不果行[12]。

吴自庄宗灭梁以来，使者往来不绝。庚辰[13]，吴使者至，安重诲以为杨溥敢与朝廷抗礼[14]，遣使窥觇[15]，拒而不受，自是遂与吴绝[16]。

张筠至长安，守兵闭门拒之；筠单骑入朝，以为左卫上将军[17]。

壬辰[18]，宁江节度使西方邺攻拔归州[19]，未几，荆南复取之。

枢密使、同平章事孔循，性狡佞[20]，安重诲亲信之。帝欲为皇子娶重诲女，循谓重诲曰："公职居近密[21]，不宜复与皇子为婚。"重诲辞之。久之，或谓重诲曰："循善离间人[22]，不可置之密地[23]。"循知之，阴遣人结王德妃[24]，求纳其女；德妃请娶循女为从厚妇，帝许之。重诲大怒，乙未[25]，以循同平章事，充忠武节度使兼东都留守。

重诲性强愎[26]。秦州节度使华温琪入朝，请留阙下，帝嘉之[27]，除左骁卫上将军，月别赐钱谷[28]。岁余，帝谓重诲曰："温琪旧人，宜择一重镇处之。"重诲对以无阙。他日，帝屡言之，重悔愠[29]曰："臣累奏无阙，惟枢密使可代耳。"帝曰："亦可。"重诲无以对。温琪闻之惧，数月不出。

重诲恶成德节度使、同平章事王建立，奏建立与王都交结，有异志[30]。建立亦奏重诲专权，求入朝面言其状，帝召之；既至，言重诲与宣徽使判三司张延朗结婚，相表里[31]，弄威福。三月，辛亥[32]，帝见重诲，气色甚怒，谓曰："今与卿一镇自休息，以王建立代卿，张延朗亦除外官。"重诲曰："臣披荆棘事陛下数十年，值陛下龙飞[33]，承乏[34]机密，数年间天下幸无事；今一旦弃之外镇，臣愿闻其罪！"帝不怿[35]而起，以语宣徽使朱弘昭[36]，弘昭曰："陛下平日待重诲如左右手，奈何以小忿弃之[37]！愿垂三思[38]。"帝寻[39]召重诲慰抚之。明日，建立辞归镇，帝曰："卿比[40]奏欲入分朕忧[41]，今复去何之[42]！"会[43]门下侍郎兼刑部尚书、同平章事郑珏请致仕，己未[44]，以珏为左仆射致仕；癸亥[45]，以建立为右仆射兼中书侍郎、同平章事、判三司。

（以上为第三段，写安重诲跋扈不臣，明宗优容之。）

【注释】

[1]丁巳：正月十日。[2]琏（?—940）：杨溥长子杨琏，太和初立为皇太子。南唐受禅，降封弘农郡公。传见《十国春秋》卷四。[3]璘：杨溥第二子杨璘。传见《十国春秋》卷四。[4]璆：杨溥第三子杨璆。传见《十国春秋》卷四。[5]玢：杨隆演子杨玢。传见《十国春秋》卷四。[6]骄僭：骄纵僭越。[7]赭袍：天子所穿黄袍。[8]丁丑朔：二月一日。[9]扈驾：扈从皇帝。[10]甫：刚刚。[11]汹汹：喧扰不安的样子。[12]不果行：结果没有成行。[13]庚辰：二月四日。[14]抗礼：实行同等礼制，引申为对抗。[15]窥觇：探听察看。[16]遂

与吴绝：于是与吴国断绝关系。［17］左卫上将军：禁卫军高级统领。［18］壬辰：二月十六日。［19］归州：州名。治所秭归，在今湖北秭归县。［20］狡佞：狡猾而善于用花言巧语谄媚人。［21］近密：靠近皇帝，关系密切。指任宰相。［22］离间：从中挑拨，使之不团结、不和睦。［23］密地：与皇帝亲近的位置，与“近密”同义。地，地方，引申为位置，此指“枢密使同平章事”的职任。［24］王德妃：邠州（今陕西彬州市）人。出身饼家，有美色，号“花见羞”。受明宗宠爱，封淑妃。传见《新五代史》卷十五。［25］乙未：二月十九日。［26］强愎（bì）：倔强、执拗。［27］嘉之：嘉奖他。当时诸帅乐在方镇，可以自专，独华温琪入朝请留。［28］别赐钱谷：俸禄之外，由皇帝额外赐给的财物。［29］愠：不痛快，不高兴。［30］异志：有谋反的思想。［31］相表里：内外互相勾结。［32］辛亥：三月五日。［33］龙飞：指登基做皇帝。［34］承乏：承人之乏，当时缺乏人才，勉强担任。自谦语。［35］不怿：不悦。怿，同“悦”。［36］以语宣徽使朱弘昭：将与安重诲的对话对朱弘昭述说。［37］奈何以小忿弃之：为什么因小小的不愉快而抛弃他。［38］愿垂三思：希望您再三考虑。［39］寻：不久。［40］比：近来。［41］欲入分朕忧：想到朝廷来分担我的忧愁。［42］何之：到哪里去。［43］会：刚好。［44］己未：三月十三日。［45］癸亥：三月十七日。

孟知祥屡与董璋争盐利[1]，璋诱商旅贩东川盐入西川，知祥患之，乃于汉州置三场重征之[2]，岁得钱七万缗，商旅[3]不复之[4]东川。

楚王殷如岳州，遣六军使袁诠[5]、副使王环、监军马希瞻[6]将水军击荆南，高季兴以水军逆战。至刘郎洑[7]，希瞻夜匿战舰数十艘于港中；诘旦；两军合战[8]，希瞻出战舰横击之，季兴大败，俘斩以千数，进逼江陵；季兴请和，归史光宪于楚。军还，楚王殷让[9]环不遂取荆南，环曰：“江陵在中朝[10]及吴、蜀之间，四战之地也[11]，宜存之以为吾捍蔽[12]。”殷悦。环每战，身先士卒，与众同甘苦；常置针药[13]于座右，战罢，索伤者于帐前，自傅治之[14]士卒隶环麾下者相贺曰：“吾属得死所[15]矣。”故所向有功[16]。

楚大举水军击汉，围封州[17]。汉主以《周易》筮之[18]，遇《大有》[19]，于是大赦，改元大有；命左右街使[20]苏章[21]将神弩[22]三千、战舰百艘救封州。章至贺江[23]，沈铁絚[24]于水，两岸作巨轮挽絚，筑长堤以隐之，伏壮士于堤中，章以轻舟逆战，阳[25]不利，楚人逐之，入堤中；挽轮举絚，楚舰不能进退，以强弩夹水射之，楚兵大败，解围遁去。汉主以章为封州团练使[26]。

（以上为第四段，写马殷北攻取胜荆南，南进受挫于汉国。）

【注释】

[1]争盐利：蜀中井盐，东、西川所属均有。各方都想扼制对方，自专其利，故常争。[2]置三场重征之：孟知祥在汉州设置三个征盐税的地方，加重征收入境的盐税。因汉州东南与东川接界。[3]商旅：指盐商。[4]之：到、往。[5]袁诠：楚六军使，迎立文昭王马希范有功。传见《十国春秋》卷七十二。[6]马希瞻：马殷庶子。官静江军节度使。传见《十国春秋》卷七十一。[7]刘郎洑：地名，在湖北石首市沙步。即刘备娶孙权之妹处。[8]合战：接战。[9]让：责备。[10]中朝：指后唐。[11]四战之地：四面受敌的地方。[12]捍蔽：捍卫我们的屏障。[13]针药：治病用的针及药物。[14]自傅治之：亲自为伤者敷药治疗。[15]得死所：找到安身立命的地方。[16]所向有功：军队打到哪里，必胜必克，建立功勋。[17]封州：州名。治所封川，在今广东封开县。[18]《周易》筮之：即用《周易》来占卜。《周易》，《易经》，简称《易》，儒家重要经典之一。内容包括《经》《传》两部分。《经》主要是六十四卦和三百八十四爻及其说明，作占卜之用。《传》包括解释卦辞、爻辞的七种文辞共十篇，统称《十翼》。[19]《大有》：《周易》卦名之一。[20]左右街使：内宫诸院司官，掌修路的人员与士兵。皇帝外出，事先整治道路，排除积水等。[21]苏章：骁勇善战，为南汉名将。传见《十国春秋》卷六十二。[22]神弩：弓箭手。[23]贺江：江名。西江支流。源出广西富川县黄沙岭，流经钟山县、贺县，入广东省，在封开县入西江。[24]铁絙（gēng）：粗的铁索。[25]阳：通“佯”，假装。[26]封州团练使：官名。掌封州的军政事务。

夏，四月，以邺都留守从荣为河东节度使、北都留守，以客省使太原冯赟[1]为副留守，夹马指挥使新平杨思权[2]为步军都指挥使以佐之。戊寅[3]，以宣武节度使石敬瑭为邺都留守、天雄节度使，加同平章事；以枢密使范延光为成德节度使。丙戌[4]，以枢密使安重诲兼河南尹，以河南尹从厚为宣武节度使，仍判六军诸卫事。

吴右雄武军使[5]苗璘[6]、静江[7]统军王彦章[8]将水军万人攻楚岳州，至君山[9]，楚王殷遣右丞相许德勋将战舰千艘御之。德勋曰：“吴人掩吾不备，见大军，必惧而走。”乃潜军[10]角子湖[11]，使王环夜帅战舰三百，绝吴归路。迟明[12]，吴人进军荆江口[13]，将会荆南兵攻岳州，丁亥[14]，至道人矶[15]。德勋命战棹都虞候詹信以轻舟三百出吴军后，德勋以大军当其前，夹击之，吴军大败，虏璘及彦章以归。

（以上为第五段，写后唐明宗调整重镇主帅，楚王马殷大败犯境吴军。）

【注释】

[1]冯赟（?—934）：山西太原人，以通黠为明宗所爱，官至三司使，掌机务，为安从进所杀。传附《新五代史》卷二十七《朱弘昭传》。[2]杨思权（?—943）：邠州新平（今陕西彬州市）人。官至靖难军节度使。传见《新五代史》卷四十八。[3]戊寅：四月三日。[4]丙戌：四月十一日。[5]雄武军使：官名。禁卫军军官，位在都指挥使下。[6]苗璘：传见《十国春秋》卷七。[7]静江：静江军，治所桂林，在今广西桂林市。[8]王彦章：此吴将王彦章。五代时有四人同名王彦章，此其一也。[9]君山：山名，在湖南洞庭湖中。[10]潜军：埋伏军队。[11]角子湖：湖名，洞庭湖旁小湖。[12]迟明：黎明。[13]荆江口：地名，洞庭湖与长江会合处。[14]丁亥：四月十二日。[15]道人矶：地名，在今湖南临湘市西南长江边。

初，义武节度使兼中书令王都镇易定[1]十余年，自除刺史以下官，租赋皆赡[2]本军。及安重诲用事，稍以法制裁之；帝亦以都篡父位[3]，恶之。时契丹数犯塞，朝廷多屯兵于幽、易间，大将往来，都阴为之备，浸成[4]猜阻。都恐朝廷移之他镇，腹心和昭训劝都为自全之计[5]，都乃求婚于卢龙节度使赵德钧。又知成德节度使王建立与安重诲有隙，遣使结为兄弟，阴与之谋复河北故事[6]，建立阳许[7]而密奏[8]之。都又以蜡书遗青、徐、潞、益、梓五帅[9]，离间[10]之。又遣人说北面副招讨使归德节度使王晏球，晏球不从；乃以金遗晏球帐下，使图之[11]，不克；癸巳[12]，晏球以都反状闻[13]，诏宣徽使张延朗与北面诸将议讨之。

戊戌[14]，吴徙常山王濛为临川王。

庚子[15]，诏削夺王都官爵。壬寅[16]，以王晏球为北面招讨使，权知定州行州事[17]，以横海节度使安审通为副招讨使，以郑州防御使张虔钊为都监，发诸道兵会讨定州。是日，晏球攻定州，拔其北关城[18]。都以重赂求救于奚酋[19]秃馁，五月，秃馁以万骑突入定州；晏球退保曲阳[20]，都与秃馁就[21]攻之。晏球与战于嘉山[22]下，大破之，秃馁以二千骑奔还定州。晏球追至城门，因进攻之，得其西关城[23]。定州城坚，不可攻，晏球增修西关城以为行府[24]，使三州[25]民输税供军食而守之。

辛酉[26]，以天雄节度副使赵敬怡为枢密使。

王晏球闻契丹发兵救定州，将大军趣望都[27]，遣张延朗分兵退保新乐[28]。延朗遂之真定[29]，留赵州刺史朱建丰将兵修新乐城。契丹已自他道入定州，与王都夜袭新乐，破之，杀建丰。乙丑[30]，王晏球、张延朗会于行唐[31]，丙寅[32]，至曲阳[33]。王都乘胜，悉其众与契丹五千骑合万余人，邀[34]晏球等于曲阳，丁卯[35]，战于城南[36]。晏球集诸将校令之曰："王都轻而骄，可一战擒也。今日，诸君报国之时也。悉去弓矢，以短兵[37]击之，回顾[38]者斩！"于是骑兵先进，奋楇[39]挥剑，直冲其阵，大破之，僵尸蔽野；契丹死者过半，余众北走；都与秃馁得数骑，仅免。卢龙节度使赵德钧邀击契丹，北走者殆无孑[40]遗。

（以上为第六段，写义武节度使王都连引契丹叛乱，官军往讨，大败叛军，契丹无一人生还。）

【注释】

[1]易、定：易州和定州。[2]赡：养。[3]都篡父位：王都囚其父处直，夺义武节度使位。事见《资治通鉴》卷二百七十一后梁均王龙德元年。[4]浸成：逐渐形成。[5]自全之计：自己保全自己的策略。[6]复河北故事：恢复唐代河北诸镇世袭，不向朝廷输纳贡赋、不受朝廷征发的旧例。[7]阳许：假装答应。[8]密奏：向皇帝上奏章告密。[9]青、徐、潞、益、梓五帅：青州主帅霍彦威，徐州主帅房知温，潞州主帅毛璋，益州主帅孟知祥，梓州主帅董璋。[10]离间：挑拨关系。[11]使图之：让他们杀害王晏球。[12]癸巳：四月十八日。[13]以都反状闻：把王都谋反的情况报告朝廷。[14]戊戌：四月二十三日。[15]庚子：四月二十五日。[16]壬寅：四月二十七日。[17]行州事：指兼管定州事务。[18]北关城：定州北面关城。[19]奚酋：奚族的首领。[20]曲阳：县名，在今河北曲阳县。[21]就：乘势。[22]嘉山：地名，在今河北曲阳县境内。[23]西关城：定州西面关城。[24]行府：临时的招讨使府和定州行府。[25]三州：指定州、祁州、易州。[26]辛酉：五月十七日。[27]望都：县名，在今河北望都县，位于当时定州东北。[28]新乐：县名，在今河北新乐市。位于当时定州西南。[29]真定：州名。在今河北正定县。[30]乙丑：五月二十一日。[31]行唐：县名。在今河北行唐县。行唐在真定北五十五里。[32]丙寅：五月二十二日。[33]曲阳：县名。在行唐西北三十里。[34]邀：截击，阻击。[35]丁卯：五月二十三日。[36]城南：曲阳城南面。[37]短兵：用刀枪等短兵器近身肉搏。[38]回顾：退缩，向后。[39]楇（zhuā）：马鞭子。

［40］孑（jié）遗：孑，单独。没有一个留下来。

吴遣使求和于楚，请苗璘、王彦章；楚王殷归之，使许德勋饯[1]之。德勋谓二人曰："楚国虽小，旧臣宿将犹在，愿吴朝勿以措怀[2]。必俟众驹争皂栈[3]，然后可图也。"时殷多内宠[4]，嫡庶无别[5]，诸子骄奢[6]，故德勋语及之[7]。

六月，辛巳[8]，高季兴复请称藩[9]于吴，吴进季兴爵秦王，帝诏楚王殷讨之。殷遣许德勋将兵攻荆南，以其子希范[10]为监军，次沙头[11]；季兴从子[12]云猛指挥使[13]从嗣[14]单骑造楚壁，请与希范挑战决胜，副指挥使廖匡齐[15]出与之斗，拉杀[16]之。季兴惧，明日，请和，德勋还。匡齐，赣人也。

（以上为第七段，写吴、楚、荆南三国休战。）

【注释】

［1］饯：设宴送行。［2］措怀：把它放在心上，打它的算盘。［3］众驹争皂栈：皂，通"槽"，牛马的食盆。栈，养牲畜的竹木棚。马在马棚里争食吃，比喻马殷诸子争位。［4］内宠：内，内宫、后宫。宠，宠爱的嫔妃美女。［5］嫡庶无别：嫡子和庶子没有区别。［6］骄奢：骄纵而奢侈。［7］语及之：提到它。［8］辛巳：六月八日。［9］称藩：称藩属。外臣。［10］希范（899—947）：马希范，字宝规，马殷第四子。长兴三年袭楚王位。公元932至947年在位。卒谥文昭。传见《十国春秋》卷六十八。［11］沙头：地名，在今湖北荆州市沙市区附近，靠近江陵。［12］从子：侄子。［13］云猛指挥使：官名，禁卫军高级统领官。［14］从嗣（?—928）：高从嗣，骁勇有力，喜驰突，常深入敌军。传见《十国春秋》卷一百二。［15］廖匡齐（?—939）：江西赣县人，官至决胜指挥使。传见《十国春秋》卷七十三。［16］拉杀：拉住两脚，将人撕开。

王晏球知定州有备，未易急攻，朱弘昭、张虔钊宣言[1]大将畏怯；有诏促令攻城。晏球不得已，乙未[2]，攻之，杀伤将士三千人。

先是，诏发西川兵戍[3]夔州，孟知祥遣左肃边指挥使[4]毛重威将三千人往。顷之[5]，知祥奏"夔、忠、万三州已平，请召戍兵还[6]，以省馈运"。帝不许。知祥阴使人诱之[7]，重威帅其众鼓噪逃归；帝命按其罪[8]，知祥请而免之。

陕州行军司马王宗寿请葬故蜀主王衍，秋，七月[9]，赠衍顺正公，以诸侯礼葬之[10]。

北面招讨使[11]安审通卒。

东都民有犯私曲[12]者，留守孔循族之[13]。或请听民[14]造曲，而于秋税亩收五钱；己未[15]，敕从之[16]。

壬戌[17]，契丹复遣其酋长惕隐[18]将七千骑救定州，王晏球逆战于唐河[19]北，大破之；甲子[20]，追至易州。时久雨水涨，契丹为唐所俘斩及陷溺死者，不可胜数[21]。

戊辰[22]，以威武节度使王延钧为闽王。

契丹北走，道路泥泞，人马饥疲，入幽州境。八月，壬戌[23]，赵德钧遣牙将武从谏将精骑邀击之，分兵扼险要，生擒惕隐等数百人；余众散投村落，村民以白梃[24]击之，其得脱归国者不过数十人。自是契丹沮气[25]，不敢轻犯塞。

初，庄宗徇地[26]河北，获小儿，畜之宫中，及长，赐姓名李继陶；帝即位，纵遣之[27]。王都得之，使衣黄袍坐堞[28]间，谓王晏球曰："此庄宗皇帝子也，已即帝位。公受先朝厚恩，曾不念乎！"晏球曰："公作此小数[29]竟何益[30]！吾今教公二策，不悉众决战[31]，则束手[32]出降耳，自余无以求生也。"

王建立以目不知书，请罢判三司，不许。

乙未[33]，吴大赦。

吴越王镠欲立中子传瓘[34]为嗣[35]，谓诸子曰："各言汝功，吾择多者而立之。"传瓘兄传琇、传璙、传璟[36]皆推传瓘，乃奏请以两镇[37]授传瓘。闰月，丁未[38]，诏以传瓘为镇海、镇东节度使。

戊申[39]，赵德钧献契丹俘惕隐等，诸将皆请诛之，帝曰："此曹皆虏中之骁将[40]，杀之则虏绝望，不若存之以纾[41]边患。"乃赦惕隐等酋长五十人，置之亲卫[42]，余六百人悉斩之。

契丹遣梅老季素[43]等入贡。

初，卢文进来降，契丹以蕃汉都提举使张希崇[44]代之为卢龙节度使，守平州，遣亲将[45]以三百骑监之[46]。希崇本书生，为幽州牙将，没于契丹，性和易，契丹将稍亲信之，因与其部曲[47]谋南归[48]。部曲泣曰：“归固寝食所不忘也，然虏众我寡，奈何？”希崇曰：“吾诱其将杀之，兵必溃去。此去虏帐[49]千余里，比[50]其知而征兵[51]，吾属去远矣[52]。”众曰：“善！”乃先为阱[53]，实以石灰[54]，明日，召虏将饮，醉，并从者杀之，投诸[55]阱中。其营在城北，亟发兵攻之，契丹众皆溃去。希崇悉举其所部二万余口来奔[56]，诏以为汝州刺史。

（以上为第八段，写契丹再次南犯，全军覆没，平州汉民归唐。）

【注释】

[1]宣言：向外面宣扬。[2]乙未：六月二十二日。[3]戍：防守。[4]左肃边指挥使：蜀军官名，分左右。[5]顷之：过了一段时间。[6]请召戍兵还：请求召回戍守夔州的军队，以保存实力。[7]阴使人诱之：秘密地派人去诱惑他们。[8]按其罪：按问毛重威鼓动戍兵逃回西川之罪。[9]七月：据章校，“月”下有“乙巳”两字。乙巳，七月二日。[10]葬之：王宗寿葬王衍于长安南三赵村。[11]招讨使：应为招讨副使。安审通为王晏球之副。[12]私曲：私自制造酒曲。引申为私自酿酒。[13]族之：灭私自制酒曲者的全族。唐时旧制，私沽酒及制酒曲者，罪及本身，而孔循族诛，刑罚过于苛暴。[14]听民：听从民意。[15]己未：七月十六日。[16]敕从之：下令听从任凭百姓制酒曲，在秋税中每亩增收五钱的意见。[17]壬戌：七月十九日。[18]惕隐：亦叫梯里已，辽朝官名，掌宗族事务。相当于宗正寺官。[19]唐河：河名，大清河支流，源出山西省恒山，注入白洋淀。流经古唐县，叫唐河。[20]甲子：七月二十一日。[21]不可胜数：数也数不清楚。胜，尽。[22]戊辰：七月二十五日。[23]壬戌：八月癸酉朔，无壬戌。据章校，应作“甲戌”，八月二日。[24]白梃：木棒。[25]沮气：丧失勇气。[26]徇地：略地，攻取土地。[27]纵遣之：放他出去。[28]堞：城上的矮墙，也称女墙。[29]小数：小技术、小玩意儿。[30]竟何益：到底有什么好处。[31]悉众决战：率领全部军队出战。[32]束手：缚着手，指主动归降。[33]乙未：八月二十三日。[34]传瓘（887—941）：字明宝，钱镠第七子。公元932年钱镠死，传瓘继位，改名元瓘。公元932至941年在位。卒谥文穆。传见《十国春秋》卷七十九。[35]嗣：继承人。[36]传铸、传璙、传璟：皆钱镠之子。传铸（886—951），字秉徽，后改名元懿，钱镠第五子，封金华郡王。传璙（887—942），字德辉，后改名元璙，钱镠第六子，封广陵郡王。传璟，钱镠第十五子。传瓘之弟，封雩国公。以上三人传见《十国春秋》卷八十三。[37]两镇：指镇海、镇东两方镇。[38]丁未：闰八月五日。[39]戊申：闰八月六日。[40]骁将：骁勇善战的将领。[41]纾：纾缓、缓解。[42]亲卫：朝会立仗的卫军。唐制，朝会时，有亲卫、勋卫、翊卫三卫将领执仗侍立。[43]梅老季素：契丹使臣。[44]张希崇（888—939）：字德峰，幽州蓟（今北京市）人。少好学，被

契丹俘虏，后以平州归唐。官至后晋灵武节度使。事母至孝，不喜声色，颇知天文。传见《新五代史》卷四十七。［45］亲将：亲信的将领。［46］监之：监视张希崇。［47］部曲：部下。［48］谋南归：策划回到后唐。［49］虏帐：指契丹临潢府。［50］比：等到。［51］征兵：征召兵员。［52］吾属去远矣：我们早已离得远远的了。［53］为阱（jǐng）：挖陷坑。［54］实以石灰：里面填满石灰。［55］诸：通之。［56］来奔：来投降。

吴王太后[1]殂。

九月，辛巳[2]，荆南败楚兵于白田[3]，执楚岳州刺史李廷规，归于吴。

乙未[4]，敕以温韬发诸陵，段凝反覆，令所在[5]赐死。

己亥[6]，以武宁节度使房知温兼荆南行营招讨使，知荆南行府[7]事；分遣中使[8]发诸道兵赴襄阳[9]，以讨高季兴。

辛丑[10]，徙庆州防御使窦廷琬[11]为金州[12]刺史；冬，十月，廷琬据庆州拒命。

丙午[13]，以横海节度使李从敏[14]兼北面行营副招讨使。从敏，帝之从子也。

戊申[15]，诏静难节度使李敬通[16]发兵讨窦廷琬。

王都据定州，守备固，伺察严[17]，诸将屡有谋翻城应官军者，皆不果。帝遣使者促王晏球攻城，晏球与使者联骑巡城[18]，指之曰："城高峻如此，借使[19]主人听[20]外兵登城，亦非梯冲所及[21]。徒多杀[22]精兵，无损于贼，如此何为[23]！不若食三州[24]之租，爱民养兵以俟之，彼必内溃[25]。"帝从之。

（以上为第九段，写定州城坚，官军围困以待叛军内溃，明宗部署大举攻荆南。）

【注释】

［1］王太后：睿帝杨溥生母。传见《十国春秋》卷四。［2］辛巳：九月九日。［3］白田：白田镇，在今湖南岳阳市北。［4］乙未：九月二十三日。［5］所在：指温韬、段凝流放地德州、辽州。［6］己亥：九月二十七日。［7］荆南行府：指荆南节度使府。［8］中使：宦官。［9］襄阳：府名。在今湖北襄阳市。［10］辛丑：九月二十九日。［11］窦廷琬（?—928）：世为青州牙将。官至庆州（治安化，在今甘肃庆阳市）防御使。传见《旧五代史》卷七十四。［12］金州：治所西城，在今陕西安康市.［13］丙午：十月五日。［14］李从敏（?—951）：字叔达，

明宗侄子。为人沉厚寡言，善骑射，封泾王。传见《新五代史》卷十五。［15］戊申：十月七日。［16］李敬通：为李敬周之误。据《旧五代史·窦廷琬传》"廷琬据庆州叛，诏邠州节度使李敬周率兵讨平之"。［17］伺察严：严密地观察左右动向。［18］联骑巡城：并马巡视定州城墙。［19］借使：假使。［20］听：听任、任凭。［21］亦非梯冲所及：也不是云梯、冲车等攻城器械所能达到的。［22］杀：牺牲。［23］如此何为：这样的事何必去做呢。［24］三州：指定、祁、易三州。［25］内溃：内部士卒离心，内部崩溃。

十一月，有司请为哀帝[1]立庙，诏立庙于曹州[2]。

平卢节度使晋忠武公霍彦威卒。

忠州刺史王雅取归州。

庚寅[3]，皇子从厚纳孔循女为妃，循因之[4]得之大梁，厚结王德妃之党，乞留。安重诲具奏其事，力排之[5]，礼毕，促令归镇[6]。

甲午[7]，以中书侍郎、同平章事王建立同平章事，充平卢节度使。

丙申[8]，上问赵凤："帝王赐人铁券，何也？"对曰："与之立誓，令其子孙长享爵禄耳。"上曰："先朝受此赐者止三人[9]，崇韬、继麟寻皆族灭[10]，朕得脱如毫厘[11]耳。"因叹息久之。赵凤曰："帝王心存大信[12]，固不必刻之金石[13]也。"

十二月，甲辰[14]，李敬周奏拔庆州，族窦廷琬。

荆南节度使高季兴寝疾[15]，命其子行军司马、忠义节度使、同平章事从诲[16]权知军府事[17]；丙辰[18]，季兴卒。吴主以从诲为荆南节度使兼侍中。

史馆修撰张昭远上言："臣窃见先朝时，皇弟、皇子皆喜俳优[19]，入则饰姬妾[20]，出则夸仆马[21]，习尚[22]如此，何道能贤[23]！诸皇子宜精择[24]师傅，令皇子屈身师事之，讲礼义之经[25]，论安危之理[26]。古者人君即位则建太子，所以明嫡庶之分，塞祸乱之源。今卜嗣[27]建储，臣未敢轻议。至于恩泽赐与之间，昏姻[28]省侍之际，嫡庶长幼，宜有所分，示以等威，绝其侥冀[29]。"帝赏叹其言而不能用。

闽王延钧度民[30]二万为僧，由是闽中多僧。

河东节度使、北都留守从荣，年少骄很[31]，不亲政务，帝遣左右素与从荣善者往与之处[32]，使从容讽导[33]之。其人私谓从荣曰："河南相公[34]恭谨好善，亲礼端士[35]，有老成[36]之风；相公齿长[37]，宜自策励[38]，勿令声问[39]出河南之下。"从荣不悦，退，告步军都指挥使杨思权曰："朝廷之人皆推从厚而短我[40]，我其废乎[41]！"思权曰："相公手握强兵，且有思权在，何忧！"因劝从荣多募部曲[42]，缮甲兵，阴为自固之备[43]。又谓帝左右[44]曰："君每誉弟[45]而抑其兄[46]，我辈岂不能助之邪！"其人惧，以告副留守冯赟[47]，赟密奏之。帝召思权诣阙[48]，以从荣故，亦弗之罪[49]也。

（以上为第十段，写荆南节度使高季兴卒。史馆修撰张昭远上言明宗宜为皇子择良师训导，明宗善其言而不行。北都留守李从荣骄暴谋割据。）

【注释】

[1]哀帝：指唐哀帝李柷，为朱温所杀。[2]曹州：州名，治所左城，在今山东曹县西北。[3]庚寅：十一月十九日。[4]之：至。[5]力排之：全力排斥他。[6]归镇：回忠武军镇所。[7]甲午：十一月二十三日。[8]丙申：十一月二十五日。[9]止三人：只有三个人受铁券，即郭崇韬、李嗣源、李继麟（即朱友谦）。[10]族灭：合族被消灭。[11]毫厘：极其细微。指生死只在毫发之间。因明宗为庄宗所忌，又被伶宦所谗，多次险遭不测。即使有铁券也无用。[12]大信：言而有信，取信于人。[13]固不必刻之金石：本来就不必将封爵赦罪的话刻在金银玉石上。因铁券上镂刻着封享爵禄、赦免罪行的话。[14]甲辰：十二月三日。[15]寝疾：患病。[16]从诲（891—948）：高从诲，字遵圣，高季兴长子，为人明敏，多权计。高季兴死，从诲袭位，公元928至948年在位。传见《十国春秋》卷一百一。[17]权知军府事：暂时代理荆南节度使府的事务。[18]丙辰：十二月十五日。[19]俳优：乐舞谐戏的艺人。[20]饰姬妾：打扮成妇女。[21]夸仆马：随主人乘马出游。[22]习尚：成为当时的一种风气。[23]何道能贤：通过什么途径能成为贤人？[24]精择：精心选择。[25]经：大道。[26]理：道理。[27]卜嗣：预定继承人。[28]昏姻：昏，通"婚"，即婚姻。[29]侥冀：不费气力，侥幸而得的希望。指诸子若贵贱无别，就会产生侥幸之心而争位。[30]度民：超度人民。[31]骄很：骄纵而凶狠。很，通"狠"。[32]与之处：同他在一起。[33]讽导：讽喻、劝导。[34]河南相公：指从荣弟从厚，时为河南尹，故称之。[35]端士：端方正义的知识分子。[36]老成：稳重严谨。[37]齿长：年纪比他大。齿，指代年龄。[38]策励：鞭策、勉励。[39]声问：名声学问。[40]短我：说我的短处。[41]我其废乎：我将被废黜了吗？[42]部曲：亲兵。[43]阴为自固之备：暗中为巩固自己的地位作准备。阴，暗中。[44]帝左右：指明宗派去导训从荣的左右近臣。[45]誉弟：赞誉从厚。[46]抑其兄：贬抑从荣。[47]冯赟（?—934）：太原（今山西太原市）人，以狡黠为明宗所爱，官河东、忠武节度使。与朱弘昭并掌机务，杀从荣而立从厚。

从珂起兵，为安从进所杀。传见《新五代史》卷二十七。［48］诣阙：到朝廷来。［49］弗之罪：不治他的罪。

四年（己丑，929年）

春，正月，冯赟入为宣徽使，谓执政曰："从荣刚僻而轻易[1]，宜选重德[2]辅之[3]。"

王都、秃馁欲突围走，不得出。二月，癸丑[4]，定州都指挥使马让能开门纳官军，都举族自焚，擒秃馁及契丹二千人。辛亥[5]，以王晏球为天平节度使，与赵德钧并加兼侍中。秃馁至大梁，斩于市。

枢密使赵敬怡卒。

甲子[6]，帝发[7]大梁。

丁卯[8]，门下侍郎、同平章事崔协卒于须水[9]。

庚午[10]，帝至洛阳。

王晏球在定州城下，日以私财飨士[11]，自始攻至克城未尝戮一卒。三月，辛巳[12]，晏球入朝，帝美其功[13]；晏球谢久烦馈运[14]而已。

皇子右卫大将军从璨[15]性刚[16]，安重诲用事[17]，从璨不为之屈。帝东巡[18]，以从璨为皇城使。从璨与客宴于会节园[19]，酒酣，戏登御榻[20]，重诲奏请诛之；丙戌[21]，赐从璨死。

横山蛮[22]寇邵州[23]。

楚王殷命其子武安[24]节度副使、判长沙府希声[25]知政事，总录内外诸军事，自是国政先历[26]希声，乃闻于殷。

夏，四月，庚子朔[27]，禁铁锡钱[28]。时湖南专用锡钱[29]，铜钱一直[30]锡钱百，流入中国，法不能禁。

丙午[31]，楚六军副使王环败荆南兵于石首[32]。

初令缘边置场市[33]党项[34]马，不令诣阙。先是，党项皆诣阙，以贡马为名，国家约其直[35]酬之，加以馆谷赐与，岁费五十余万缗；有司苦其耗蠹[36]，故止之。

壬子[37]，以皇子从荣为河南尹、判六军诸卫事，从厚为河东节度使、北都留守。

契丹寇云州。

甲寅[38]，以端明殿学士、兵部侍郎赵凤为门下侍郎、同平章事。

五月，乙酉[39]，中书言："太常[40]改谥哀帝曰昭宣光烈孝皇帝，庙号景宗。既称宗则应入太庙[41]，在别庙[42]则不应称宗。"乃去庙号。

帝将祀南郊[43]，遣客省使李仁矩[44]以诏谕[45]两川，令西川献钱一百万缗，东川五十万缗；皆辞以军用不足，西川献五十万缗，东川献十万缗。仁矩，帝在藩镇时客将也，为安重诲所厚，恃恩骄慢。至梓州，董璋置宴召之，日中不往，方拥妓酣饮。璋怒，从卒徒执兵入驿，立仁矩于阶下而诟[46]之曰："公但闻西川斩李客省[47]，谓我独不能邪！"仁矩流涕拜请，仅而得免；既而厚赂仁矩以谢[48]之。仁矩还，言璋不法。未几，帝复遣通事舍人[49]李彦珣[50]诣东川，入境，失小礼[51]，璋拘其从者，彦珣奔还。

高季兴之叛也，其子从诲切谏[52]，不听。从诲既袭位，谓僚佐曰："唐近而吴远[53]，非计也。"乃因[54]楚王殷以谢罪于唐。又遣山南东道[55]节度使安元信[56]书，求保奏，复修职贡。丙申[57]，元信以从诲书闻，帝许之。

契丹寇云州。

（以上为第十一段，写王晏球平定河北王都叛乱。荆南归服。）

【注释】

[1]刚僻而轻易：刚愎自用而轻率处事。[2]重德：德高望重的人。[3]辅之：辅导他。[4]癸丑：二月十三日。新、旧五代史均作二月三日（癸卯）克定州。癸丑疑为癸卯之误。[5]辛亥：二月十一日。[6]甲子：二月二十四日。[7]发：启程，出发。明宗于天成二年冬十月去大梁，至是启程还洛阳。[8]丁卯：二月二十七日。[9]须水：故须水县。在今河南荥阳市须水镇。[10]庚午：二月三十日。[11]私财飨士：用私人的钱宴请士兵。[12]辛巳：三月十一日。[13]美其功：表彰、赞美他的功劳。[14]久烦馈运：长久麻烦输送粮食。王晏球有功而不居功自傲。[15]从璨：明宗侄子。传见《新五代史》卷十五。[16]性刚：性格刚强。[17]用事：掌权。[18]帝东巡：指明宗去汴州。[19]会节园：园名。在洛阳城中，为张全义所筑，室宇园池为当时之冠。献给皇帝称之为会节园。[20]戏登御榻：一时高兴登上皇帝的御榻。因御园内均设御榻，供皇帝游幸时使用。[21]丙戌：三月十六日。[22]横山蛮：居住在湖南邵阳地区的瑶族人。蛮，封建统治阶级对南方少数民族的蔑称。[23]邵州：州名。

治所邵阳，在今湖南邵阳市。［24］武安：方镇名。唐僖宗光启元年（885）改钦化军节度使为武安军节度使，治所潭州，在今湖南长沙市。［25］希声（899—932）：字若讷，马殷次子。长兴元年十一月袭位。公元930至932年在位，追封衡阳王。传见《十国春秋》卷六十八。［26］历：经过，通过。［27］庚子朔：四月一日。［28］铁锡钱：用铁、锡铸成的钱币，质劣。［29］锡钱：用锡铸成的钱。楚马殷所铸，本在楚国境内流通，后流入后唐，无法禁绝。［30］直：通"值"。［31］丙午：四月七日。［32］石首：县名。在今湖北石首市。［33］市：买、交易。［34］党项：羌人的一支。分布在今青海东南部河曲和四川松潘以西山谷地带，从事畜牧业。［35］约其直：估计马的价值。直，通"值"。［36］耗蠹：浪费。［37］壬子：四月十三日。［38］甲寅：四月十五日。［39］乙酉：五月十七日。［40］太常：掌管礼仪的机构，长官为太常寺卿。［41］称宗则应入太庙：礼制，皇帝死后入太庙，庙号为某祖、某宗。［42］别庙：在外地另立庙。哀帝庙在曹州，故为别庙。［43］祀南郊：在南郊行祭天大礼。［44］李仁矩：明宗在藩镇时的客将。［45］诏谕：下诏令宣谕。［46］诟（gòu）：骂。［47］李客省：指李严。［48］谢：表示歉意。［49］通事舍人：官名。掌传宣引赞之事。［50］李彦珣：行为不检，不孝父母。传见《旧五代史》卷九十四。［51］失小礼：不注意礼节。［52］切谏：极力劝谏。［53］唐近而吴远：江陵距后唐洛阳近而离吴扬州远。据章校，"远"下有"舍近臣远"四字。舍弃近的唐朝而向远方的吴称臣。［54］因：通过。［55］山南东道：方镇名。唐肃宗至德二年（757）升襄阳防御使为山南东道节度使。治所襄州。在今湖北襄阳市。［56］安元信（863—936）：字子言，代北（今山西代县以北）人。历任山南东道、归德、潞州节度使。传见《旧五代史》卷六十一。［57］丙申：五月二十八日。

六月，戊申[1]，复以邺都为魏州[2]，留守；皇城使并停。

庚申[3]，高从诲自称前荆南行军司马、归州刺史，上表求内附[4]。秋，七月，甲申[5]，以从诲为荆南节度使兼侍中。己丑[6]，罢荆南招讨使。

八月，吴武昌[7]节度使兼侍中李简[8]以疾求还江都，癸丑[9]，卒于采石[10]。徐知询，简婿也，擅留简亲兵二千人于金陵[11]，表荐简子彦忠代父镇鄂州，徐知诰以龙武统军柴再用为武昌节度使；知询怒曰："刘崇俊[12]，兄之亲，三世为濠州；彦忠吾妻族[13]，独不得邪！"

初，楚王殷用都军判官高郁为谋主[14]，国赖以富强，邻国皆疾之。庄宗入洛，殷遣其子希范入贡，庄宗爱其警敏[15]，曰："比闻[16]马氏当为高郁所夺，今有子如此，郁安能得之！"高季兴亦以流言间郁于殷，殷不听，乃遣使遗节度副使、知政事希声书，盛称[17]郁功名，愿为兄弟。使者言于希声曰："高公常云'马氏政事皆出高郁'，此子孙之忧也。"希声信之。行军司马杨昭遂，希声之妻族也，谋代郁任，日谮之于希声。希声屡言于殷，称郁奢僭[18]，且外交邻藩，请诛之。殷曰："成吾功业，皆郁力也；汝勿为此言！"希声固请罢其兵柄，乃左迁郁行军司马。郁谓所亲曰："亟营西山[19]，吾将归老[20]。猘子渐大[21]，能咋人[22]矣。"希声闻之，益怒，明日，矫[23]以殷命杀郁于府舍，榜[24]谕中外，诬郁谋叛，并诛其族党。至暮，殷尚未知，是日，大雾，殷谓左右曰："吾昔从孙儒渡淮，每杀不辜，多致兹异。马步院[25]岂有冤死者乎？"明日，吏以郁死告，殷抚膺[26]大恸曰："吾老耄[27]，政非己出，使我勋旧横罹冤酷！"既而顾左右曰："吾亦何可久处此乎！"

（以上为第十二段，写吴国徐知诰压制徐知询，楚国执政马希范冤杀兴楚谋主高郁。）

【注释】

[1]戊申：六月十一日。 [2]魏州：庄宗同光元年即位于魏州，升兴唐府，建东京。迁都洛阳后，改魏州之东京为邺都，今仍降格称魏州。 [3]庚申：六月二十三日。 [4]内附：归附为藩臣。 [5]甲申：七月十七日。 [6]己丑：七月二十二日。 [7]武昌：方镇名。唐宪宗元和元年（806），升鄂岳观察使为武昌军节度使。治所鄂州，在今武汉市武昌区。后唐遥改武清军。南唐复改武昌军。 [8]李简（?—929）：上蔡（今河南上蔡县）人。徐知询岳父。官至武昌军节度使。传见《十国春秋》卷五。 [9]癸丑：八月十七日。 [10]采石：亦名采石矶，在今安徽当涂县西北。 [11]金陵：即今南京市。 [12]刘崇俊：字德修，与徐知诰为亲，楚州山阳（今江苏淮安市）人。祖刘金，父刘仁规，及刘崇俊，三代为濠州节度使。传见《十国春秋》卷二十二。 [13]妻族：妻子的同族人。 [14]谋主：出谋划策的谋士。 [15]警敏：机警敏捷。 [16]比闻：近来听说。 [17]盛称：大大地赞赏。 [18]奢僭：奢侈而僭越。 [19]西山：指长沙西岸岳麓诸山。[20]归老：退休养老。 [21]猘（zhì）子：疯狗。猘，狗中强者。 [22]咋人：咬人。 [23]矫：假。指假传马殷命令。 [24]榜：此指污蔑高郁的罪状。 [25]马步院：审狱囚的地方。诸镇皆有马步使，设监狱以审犯人。 [26]抚膺：捶胸。 [27]老耄：年老。耄，古代七十曰耄。

九月，上与冯道从容语及年谷屡登[1]，四方无事。道曰："臣常记昔在先皇幕府[2]，奉使中山[3]，历井陉[4]之险，臣忧马蹶[5]，执辔[6]甚谨，幸而无失；逮[7]至平路，放辔自逸[8]，俄至颠陨[9]。凡为天下者亦犹是也。”上深以为然。上又问道：“今岁虽丰，百姓赡足[10]否？”道曰：“农家岁凶[11]则死于流殍[12]，岁丰则伤于谷贱[13]，丰凶皆病[14]者，惟农家为然。臣记进士聂夷中[15]诗云：‘二月卖新丝，五月粜新谷；医得眼下疮，剜却心头肉。’语虽鄙俚[16]，曲尽[17]田家之情状。农于四人[18]之中最为勤苦，人主不可不知也。”上悦，命左右录其诗，常讽诵之。

鄜州[19]兵戍东川者归本道，董璋擅留其壮者，选羸老[20]归之，仍收其甲兵。

癸巳[21]，西川右都押牙孟容弟为资州[22]税官，坐自盗[23]抵死，观察判官冯瑑[24]、中门副使王处回[25]为之请，孟知祥曰：“虽吾弟犯法，亦不可贷[26]，况他人乎！”

吴越王镠居其国好自大[27]，朝廷使者曲意[28]奉之则赠遗丰厚，不然则礼遇疏薄。尝遗安重诲书，辞礼颇倨[29]。帝遣供奉官乌昭遇、韩玫使吴越，昭遇与玫有隙，使还，玫奏：“昭遇见镠，称臣拜舞，谓镠为殿下，及私以国事[30]告镠。”安重诲奏赐昭遇死。癸巳[31]，制镠以太师致仕，自余官爵皆削之，凡吴越进奏官、使者、纲吏[32]，令所在系治[33]之。镠令子传瓘等上表讼冤，皆不省[34]。

初，朔方节度使韩洙[35]卒，弟澄为留后。未几，定远军[36]使李匡宾聚党据保静镇[37]作乱，朔方不安；冬，十月，丁酉[38]，韩澄遣使赍绢表乞朝廷命帅。

前磁州刺史康福[39]，善胡语[40]，上退朝，多召入便殿，访以时事，福以胡语对；安重诲恶之，常戒之曰：“康福，汝但妄奏事，会当斩汝！”福惧，求外补。重诲以灵州深入胡境，为帅者多遇害，戊戌[41]，以福为朔方、河西节度使。福见上，涕泣辞之；上命重诲为福更他镇，重诲曰：“福自刺史无功建节，尚复何求！且成命已行，难以复改。”上不得已，谓福曰：“重诲不肯，非朕意也。”福辞行，上遣将军牛知柔、河中都指挥使卫审峹[42]等将兵万人卫送之。审峹，徐州人也。

辛亥[43]，割阆、果[44]二州置保宁军，壬子[45]，以内客省使李仁矩为节度使。

先是，西川常发刍粮馈峡路[46]，孟知祥辞以本道兵自多，难以奉他镇，诏不许，屡督之；甲寅[47]，知祥奏称财力乏，不奉诏[48]。

（以上为第十三段，写后唐明宗能听善言而不能果行，姑息安重诲独断专行，孟知祥不听诏令。）

【注释】

[1]登：丰收。[2]先皇幕府：指冯道任河东掌书记。[3]中山：地名，在今河北正定县东北。[4]井陉：县名，今河北井陉县，邻接山西省。[5]马蹶：马失蹄跌倒。[6]执辔：拉着马缰绳。[7]逮：及、到。[8]自逸：让马自由奔跑。[9]颠陨：跌下马来。[10]赡足：能吃饱饭。[11]岁凶：指荒年。[12]流殍：流离失所死于路上。[13]谷贱：谷物价钱低廉。谷物贱则农人收入少，故有"谷贱伤农"之说。[14]病：困苦。[15]聂夷中（837—?）：唐代诗人。[16]鄙俚：通俗谚语。[17]曲尽：委曲尽致地表达。[18]四人：指从事士、农、工、商四种行业的人。[19]鄜（fū）州：州名。治所洛交，在今陕西富县。[20]羸（léi）老：年老瘦弱。[21]癸巳：九月二十七日。[22]资州：州名。治所阳安，在今四川简阳市东北。[23]自盗：监守自盗。盗窃自己管理的钱物，即贪污。[24]冯瑑（zhuàn）：西川节度使府观察判官。[25]王处回（?—951）：字亚贤，彭城（今江苏徐州市）人。性宽厚爱士，颇有机略，官至武泰军节度使。传见《十国春秋》卷五十二。[26]贷：宽容、饶恕。[27]好自大：喜欢自己尊大。[28]曲意：曲从对方的意愿而加以迎奉。[29]倨：轻慢。[30]国事：指国家机密大事。[31]癸巳：九月二十七日。[32]纲吏：押运进贡财物的官吏。[33]系治：逮捕处理。[34]不省：不予理睬。[35]韩洙（?—929）：韩逊子。乾化四年韩逊卒，韩洙嗣位镇朔方。天成四年卒，由其弟澄为朔方军留后。传见《新五代史》卷四十。[36]定远军：五代时置，治所东光，今河北东光县。[37]保静镇：据胡注当为保静县，在今宁夏灵武市南，为朔方巡县。保静镇属定远军，在黄河北岸。此为定远军使李匡宾之党在保静县作乱。[38]丁酉：十月二日。[39]康福（885—942）：蔚州（今山西平遥县）人。善少数民族语言。官朔方、河西节度使。传见《新五代史》卷四十六。[40]善胡语：善于讲少数民族的话。[41]戊戌：十月三日。[42]卫审峹：人名。后唐河中都指挥使。[43]辛亥：十月十六日。[44]果：果州。故治在今四川南充市北。[45]壬子：十月十七日。[46]峡路：当时别称宁江军。在今湖北宜昌市。[47]甲寅：十月十九日。[48]不奉诏：不执行。

吴诸道副都统、镇海宁国节度使兼侍中徐知询自以握兵据上流，意轻[1]徐知诰，数与知诰争权，内相猜忌[2]，知诰患之；内枢密使王令谋[3]曰："公辅政日久，挟天子以令境内，谁敢不从！知询年少，恩信未洽[4]于人，无能为也。”知询待诸弟薄，诸弟皆怨之。徐玠知知询不可辅，反持其短[5]以附知诰。吴越王镠遗知询金玉鞍勒[6]、器皿，皆饰以龙凤[7]；知询不以为嫌[8]，乘用之。知询典客[9]周廷望说知询曰：“公诚能捐宝货以结朝中勋旧，使皆归心于公，则彼[10]谁与处！”知询从之，使廷望如江都谕意。廷望与知诰亲吏周宗[11]善，密输款[12]于知诰，亦以知诰阴谋告知询。知询召知诰诣金陵除父温丧，知诰称吴主之命不许，周宗谓廷望曰：“人言侍中[13]有不臣[14]七事，宜亟入谢[15]！”廷望还，以告知询。十一月，知询入朝，知诰留知询为统军，领镇海[16]节度使，遣右雄武都指挥使柯厚征金陵兵还江都，知诰自是始专吴政。知询责知诰曰：“先王违世[17]，兄为人子，初不临丧[18]，可乎？”知诰曰：“尔挺剑待我[19]，我何敢往！尔为人臣，畜乘舆服御物[20]，亦可乎？”知询又以廷望所言诘[21]知诰，知诰曰：“以尔所为[22]告我者，亦廷望也。”遂斩廷望。

壬辰[23]，吴主加尊号曰睿圣文明光孝皇帝，大赦，改元大和[24]。

康福行至方渠[25]，羌胡[26]出兵邀福，福击走之；至青刚峡[27]，遇吐蕃野利、大虫二族数千帐，皆不觉唐兵至，福遣卫审峹掩击[28]，大破之，杀获殆尽[29]。由是威声大振，遂进至灵州，自是朔方始受代[30]。

十二月，吴加徐知诰兼中书令，领宁国[31]节度使。知诰召徐知询饮，以金钟酌酒赐之，曰：“愿弟寿千岁。”知询疑有毒，引[32]他器均之，跽[33]献知诰曰：“愿与兄各享五百岁。”知诰变色，左右顾[34]，不肯受，知询捧酒不退。左右莫知所为，伶人申渐高径前为诙谐语，掠[35]二酒合饮之，怀金钟趋出[36]，知诰密遣人以良药[37]解之，已脑溃[38]而卒。

奉国[39]节度使、知建州王延禀称疾退居里第，请以建州授其子继雄；庚子[40]，诏以继雄为建州刺史。

安重诲既以李仁矩镇阆州，使与绵州刺史武虔裕皆将兵赴治[41]。虔裕，帝之故吏，重诲之外兄也。重诲使仁矩诇[42]董璋反状，仁矩增[43]饰而奏之。朝廷又使武信节度使夏鲁奇治遂州[44]城隍[45]，缮甲兵，益兵戍之。璋大惧。时道路传言[46]，又将割绵、龙[47]为节镇，孟知祥亦惧。璋素与知祥有隙，未尝通问[48]，至是，璋遣使诣成都，请为其子娶知祥女；知祥许之，谋并力以拒朝廷。

（以上为第十四段，写吴徐知诰制服徐知询独掌国政。孟知祥、董璋联姻抗朝命。）

【注释】

［1］意轻：内心轻视。［2］内相猜忌：内心互相猜疑、妒忌。［3］王令谋（?—937）：官至吴忠武军节度使，传见《十国春秋》卷十。［4］未洽：未能施及。［5］持其短：抓住人家的短处加以揭露。［6］金玉鞍勒：用金玉制成的马鞍、马嚼子。［7］饰以龙凤：用龙凤图案作为装饰。龙凤为帝后专用。［8］嫌：嫌疑。［9］典客：官名。掌接待宾客。［10］彼：指徐知诰。［11］周宗：字君太，广陵（今江苏扬州市）人，为徐知诰谋臣，官至南唐侍中，传见《十国春秋》卷二十一。［12］密输款：秘密地透露消息。［13］侍中：指徐知询。因徐知询代父镇金陵，加侍中。［14］不臣：不符合为臣之道。［15］入谢：到朝廷表示歉意。［16］镇海：方镇名。为吴所置，治所润州。在今江苏镇江市。［17］先王违世：先王指徐温。违世，逝世。［18］初不临丧：当初不来参加丧礼。［19］挺剑待我：拿着武器等待我。［20］舆服御物：指钱镠所送饰龙凤的器物。［21］诘：责问，盘问。［22］以尔所为：把你的所作所为。尔，你。［23］壬辰：十一月二十七日。［24］大和：吴杨溥第一个年号。［25］方渠：县名。故治在今甘肃环县南。［26］羌胡：羌人。［27］青刚峡：地名，在今甘肃环县北。［28］掩击：趁其不备而袭击。［29］杀获殆尽：杀死和俘虏将近完结。［30］始受代：开始接受交代节度使节钺、印信。即韩澄接受康福代替为朔方节度使。［31］宁国：方镇名。吴置。治所宣州，在今安徽宣城市宣州区。［32］引：拿。［33］跽：长跪。双膝着地，上身挺直。［34］左右顾：向左向右看。［35］掠：夺。［36］趋出：快步走出，以防毒发，败露毒计。［37］良药：好的药物。［38］脑溃：指神经中毒而死。［39］奉国：方镇名。闽置，治所建州，在今福建南平市。［40］庚子：十二月五日。［41］将兵赴治：带着军队到任所。［42］诇（xiòng）：侦察，刺探。［43］增饰：添油加醋，加重分量。［44］遂州：州名，在今四川遂宁市。［45］城隍：城墙。［46］道路传言：道途之上传播的消息。［47］绵、龙：绵州和龙州。绵州，治所在今四川绵阳市，靠近成都；龙州在绵州北，今四川江油市，形势险要。［48］未尝通问：不曾通信息。

【点评】

本卷点评王晏球大破契丹、明宗与赵凤论免死铁券、明宗不用诤言、马希声冤杀谋主高郁四件史事。

一、王晏球大破契丹。义武节度使王都镇易定十余年。明宗天成三年（928），王都遣使四出，知会成德节度使王建立、归德节度使王晏球谋复河北故事，如唐晚世父子世袭，割据自立，与朝廷分庭抗礼。王都又以蜡丸书密告青州帅霍彦威、徐州帅房知温、潞州帅毛璋、益州帅孟知祥、梓州帅董璋背离朝廷。四月十八日癸巳，王晏球向明宗报告王都反叛。四月二十五日庚子，明宗下诏削除王都官爵。四月二十七日壬寅，明宗任命王晏球为北面招讨使，以横海节度使安审通为副招讨使，大发诸道兵，齐集定州讨伐王都。当天王晏球就攻占了定州北关城。明宗下达讨伐令之后，王晏球已兵临定州城下，行动迅猛，打了王都个措手不及。王都北引契丹，也早就做好了反叛准备，双方陷入胶着状态。契丹秃馁率领骑兵一万突入定州。王晏球退保曲阳，诱敌深入，大败秃馁于嘉山下，秃馁奔还定州，王晏球追至城门，攻占了西关城。王晏球增固西关城作为定州行政公署，执行权知定州事务，招抚定州之民。定州城池坚固，王晏球不急于攻城，依靠定、祁、易三州之民交纳的赋税为军资，对王都实施持久围困，待其自毙。契丹再次发兵救王都，进入定州与王都会合偷袭新乐得手，杀赵州刺史朱建丰。王晏球往救，与王都及契丹援军大战于曲阳城南，王晏球激励诸将奋勇杀敌，大破王都及契丹军，契丹军死者过半，余众北走，又遭到卢龙节度使赵德钧的截击，契丹第二次的援兵全军覆没。契丹不甘心失败，七月十九日壬戌，又派出酋长惕隐率领七千骑兵救定州，王晏球迎战于唐河北岸，又一次大破契丹。七月二十一日甲子，王晏球追杀契丹直到易州。惕隐率领残兵北还，进入幽州界被赵德钧悉数歼灭，惕隐被生擒。

秃馁与王都困守定州，拖延到第二年二月城破，王都举族自焚，秃馁及契丹残兵两千余人悉数被擒。契丹前后三次救援王都，犯境骑兵两万余人，无一生还。秃馁和惕隐被解送大梁正法。王晏球这一仗，打出了中原政权的声威，大灭契丹人的志气，契丹连年不敢犯边。王晏球这一仗还遏制了分裂割据势力，有利于中原的统一，影响十分深远。

二、明宗与赵凤论免死铁券。庄宗同光二年正月赐郭崇韬铁券，二月赐李嗣源铁券，后又赐朱友谦铁券。皇帝赐大臣铁券，表示君臣之间发下大誓，关系亲密如铁之坚，铁券是免死的护身符，只有建立殊勋的大臣，才有机会得赐铁券。庄宗只赐三人铁券。铁券不但没有给功臣带来安全感，反而是受猜疑的见证。郭崇韬、朱友谦不仅被冤杀，而且遭族诛，李嗣源反叛才侥幸得活。李嗣源贵为天子，操生死大权，反思不死铁券，慨叹不已。赵凤说："帝王心存大信，固不必刻之金石也。"诚信在人心中，不在表面的契约，非但天子，常人亦是。

三、明宗不用诤言。史馆修撰张昭远上奏明宗，从容论庄宗朝皇室子弟都效法庄宗喜欢与俳优遨游，入则饰姬妾，出则跨骏马，积久成习，怎能成才？张昭远建言明宗应当给皇室子弟选择儒者名师，学习纲常礼教，明白嫡庶长幼之分，懂得治国理政，提高道德修养，不存非分之想。明宗只是赞赏感叹，但不采纳张昭远的建言。明宗亦行伍之人，不识儒者之用，依靠军力得天下，非命世之主，徒好诤言而不用，典型地表现了那个乱世时代的悲哀。

四、马希声冤杀谋主高郁。楚王马殷夹在杨行密、成汭、刘龑之间，四围皆强敌，问策于都军判官高郁，用为谋主。高郁建言，马殷入贡中原朝廷以求封爵，尊崇地位，保境安民，开发茶叶四出贸易，又铸铅铁钱以供流通，楚由是以富，日益兵强。荆南高季兴忌之，遣谍行间于殷，殷不听，于是与节度副使马希声书，盛赞高郁功名。马希声，马殷次子，马殷建国，以希声为副使，判内外诸军事。马希声通使荆南，使者还言于希声曰："高季兴挂在嘴边的一句话，说'马氏政事皆出于高郁'，这样看来，高郁对马氏子孙不利。"马希声相信了使者的话。恰好行军司马杨昭远是马希声妻子娘家人，想取代高郁的判官之任，每天都在马希声面前说高郁的坏话。高郁不能自抑引退，发出怨言。马希声假传马殷命令在军府中杀了高郁，布告中外，诬高郁谋反，诛杀高郁全家及其党羽，制造了楚国的第一大冤案。第二天马殷才得知消息，只是号哭而已。不久，马殷抑郁而死。高郁被冤杀，看似马希声中离间计，其实是高郁功高震主。楚国蕞尔小国，四围狡兔未死，即烹走狗，国运不昌，亦马氏自取。

卷二七七　后唐纪六

后唐明宗长兴元年至三年（930—932年）

【起上章摄提格（庚寅，930年），尽玄黓执徐（壬辰，932年）六月，凡二年有奇】

【大事提要】

本卷记事起公元930年，讫公元932年六月，凡二年又六个月。当后唐明宗长兴元年至长兴三年六月。后唐权臣安重诲气度褊狭，睚眦必报，因少忿必欲置明宗之子李从珂于死地，遭明宗之忌。安重诲又逼反东川节度使董璋，西川节度使孟知祥与董璋联手反叛，对抗官军讨伐。官军不利，安重诲亲往西川督战，离开枢密岗位，招来众臣弹劾，明宗在半道召安重诲还京，改任安重诲为护国节度使，随后杀戮安重诲父子。讨伐官军退出西川，明宗诏谕西川，委过于安重诲。孟知祥三请董璋联名上奏谢罪，董璋不肯，兵伐成都，败没，成就了孟知祥割据全蜀。楚王马希声去国号，复为藩镇。吴国执政徐知诰效法当年徐温故事，以其子徐景通留江都执吴国政，自己出镇金陵，控制上游。闽国王延钧诛杀王延禀。吴越王钱镠薨，其子钱传瓘继位，善处政事，吏民协心。

明宗圣德和武钦孝皇帝中之下

长兴元年（庚寅，930年）

春，正月，董璋遣兵筑七寨于剑门[1]。辛巳[2]，孟知祥遣赵季良如[3]梓州修好。

鸿胪少卿[4]郭在徽奏请铸当五千、三千、一千大钱；朝廷以其指虚为实；无识妄言[5]，左迁[6]卫尉少卿、同正[7]。

吴徙平原王澈[8]为德化王。

二月，乙未朔[9]，赵季良还成都，谓孟知祥曰：“董公贪残好胜[10]，志大谋短，终为西川之患。”

都指挥使李仁罕、张业欲置宴召知祥，先二日，有尼[11]告二将谋以宴日害知祥，知祥诘之，无状[12]，丁酉[13]，推[14]始言者军校都延昌、王行本，腰斩之[15]。戊戌[16]，就宴，尽去左右，独诣[17]仁罕第；仁罕叩头流涕曰："老兵惟尽死以报德。"由是诸将皆亲附而服之。

壬子[18]，孟知祥、董璋同上表言："两川闻朝廷于阆中建节[19]，绵、遂益兵[20]，无不忧恐。"上以诏书慰谕[21]之。

（以上为第一段，写东西、西川孟知祥、董璋联名上奏示惶恐，明宗下诏抚慰。）

【注释】

[1]剑门：以剑门山为名，地势险要，置剑门关。在今四川剑阁县北。 [2]辛巳：正月十六日。 [3]如：到。 [4]鸿胪少卿：官名。鸿胪寺副长官，掌礼仪。 [5]无识妄言：没有见识地乱说。 [6]左迁：贬职。古人尚右，故贬职为左迁。 [7]同正：全称为"员外置同正员"。唐制，在额编制人员较少，因工作需要置编外人员。加同正员字样，即同在编人员一样使用。[8]澈：杨澈，杨行密第六子。传见《十国春秋》卷四。 [9]乙未朔：二月一日。 [10]贪残好胜：贪婪残忍，好大喜功。 [11]尼（nì）：阻止者。 [12]无状：没有想要谋害的迹象。 [13]丁酉：二月三日。 [14]推：推问，推究。 [15]腰斩：古代的一种酷刑，将人拦腰截断。 [16]戊戌：二月四日。 [17]诣：去、到。 [18]壬子：二月十八日。 [19]阆中建节：指设保宁军于阆州。[20]绵、遂益兵：指武虔裕任绵州刺史，夏鲁奇镇遂州。增兵防守。 [21]慰谕：安慰解释。

乙卯[1]，上祀圜丘[2]，大赦，改元[3]。凤翔节度使兼中书令李从曮入朝陪祀[4]，三月，壬申[5]，制徙从曮为宣武节度使。

癸酉[6]，吴主立江都王琏为太子。

丙子[7]，以宣徽使朱弘昭为凤翔节度使。

康福奏克保静镇，斩李匡宾[8]。

复以安义为昭义军[9]。

帝将立曹淑妃为后，淑妃谓王德妃曰："吾素病中烦[10]，倦于接对[11]，妹代我为之。"德妃曰："中宫[12]敌偶至尊[13]，谁敢干[14]之！"庚寅[15]，立淑妃为皇后。德妃事后恭谨，后亦怜之[16]。

初，王德妃因安重诲得进[17]，常德之[18]。帝性俭约，及在位久，宫中用度稍侈，重诲每规谏。妃取外库锦造地衣[19]，重诲切谏，引刘后[20]为戒；妃由是怨之。

高从诲遣使奉表诣吴，告以坟墓在中国[21]，恐为唐所讨，吴兵援之不及，谢绝之[22]。吴遣兵击之，不克。

董璋恐绵州刺史武虔裕窥其所为，夏，四月，甲午朔[23]，表兼行军司马[24]，囚之府廷[25]。

宣武节度使符习，自恃宿将[26]，论议多抗[27]安重诲，重诲求其过失，奏之；丁酉[28]，诏习以太子太师致仕。

戊戌[29]，加孟知祥兼中书令，夏鲁奇同平章事。

（以上为第二段，写后唐明宗祭天，大赦，立皇后。）

【注释】

[1]乙卯：二月二十一日。 [2]祀圜丘：行祭天大礼。 [3]改元：改年号为长兴。是为明宗第二个年号。 [4]陪祀：陪同祭祀。 [5]壬申：三月八日。 [6]癸酉：三月九日。 [7]丙子：三月十二日。 [8]李匡宾：公元929年，据保静镇作乱者。保静镇，应为保静县。 [9]昭义军：方镇名。梁均王龙德二年（922），李存勖改昭义军为安义军，治所潞州。明宗时仍改为昭义军。 [10]素病中烦：常常生病，胸中烦热。 [11]接对：接待、应酬。 [12]中宫：指皇后。[13]敌偶至尊：与皇帝相匹配。 [14]干：求取。 [15]庚寅：三月二十六日。 [16]怜之：怜爱她。 [17]进：进宫为明宗妃。德妃王氏，家道贫寒，做饼为业，色美，号“花见羞”。少卖给刘鄩做侍儿，安重诲送之入宫。 [18]德之：感激他。 [19]地衣：地毯。 [20]刘后：指庄宗皇后刘氏，贪财奢侈。 [21]中国：指后唐。因高季兴为陕州硖石人，其祖先坟墓在后唐辖境内。[22]谢绝之：委婉地与吴断绝关系。 [23]甲午朔：四月一日。 [24]表兼行军司马：上表请求武虔裕兼东川节度使行军司马，协助节度使掌军事。 [25]府廷：指东川节度使府。 [26]宿将：老将。 [27]抗：对抗、违背。 [28]丁酉：四月四日。 [29]戊戌：四月五日。

初，帝在真定[1]，李从珂与安重诲饮酒争言，从珂殴重诲，重诲走免；既醒，悔谢，重诲终衔之[2]。至是，重诲用事[3]，自皇子从荣、从厚皆敬事不暇[4]。时从珂为河中节度使、同平章事，重诲屡短之于帝[5]，帝不听。重诲乃矫[6]以帝命谕河东[7]牙内指挥使杨彦温[8]使逐之。是日[9]，从珂出城阅马[10]，彦温勒兵[11]闭门拒之，从珂使人扣门诘之曰：“吾待汝厚，何为如是？”对曰：“彦温非敢负恩，受枢密院宣耳[12]。请公入朝。”从珂止于虞乡[13]，遣使以状闻。使者至，壬寅[14]，帝问重诲曰：“彦温安得此言？”对曰：“此奸人妄言耳，宜速讨之。”帝疑之，欲诱致[15]彦温讯其事，除彦温绛州[16]刺史。重诲固请发兵击之，乃命西都留守索自通[17]、步军都指挥使药彦稠[18]将兵讨之。帝令彦稠必生致彦温，吾欲面讯之。召从珂诣洛阳。从珂知为重诲所构[19]，驰入自明。

加安重诲兼中书令。

李从珂至洛阳，上责之使归第[20]，绝朝请[21]。

辛亥[22]，索自通等拔河中，斩杨彦温[23]，癸丑[24]，传首[25]来献。上怒药彦稠不生致[26]，深责之[27]。

安重诲讽[28]冯道、赵凤奏从珂失守，宜加罪。上曰：“吾儿为奸党所倾[29]，未明曲直，公辈何为发此言，意不欲置之人间邪？此皆非公辈之意也。”二人惶恐而退。他日，赵凤又言之，上不应。明日，重诲自言之，上曰：“朕昔为小校，家贫，赖此小儿拾马粪自赡[30]，以至今日为天子，曾不能庇[31]之邪！卿欲如何处之于卿为便[32]？”重诲曰：“陛下父子之间，臣何敢言！惟陛下裁之！”上曰：“使闲居私第[33]亦可矣，何用复言！”

丙辰[34]，以索自通为河中节度使。自通至镇，承重诲指[35]，籍军府甲仗数[36]上之，以为从珂私造；赖王德妃居中保护[37]，从珂由是得免。士大夫不敢与从珂往来，惟礼部郎中史馆修撰吕琦[38]居相近，时往见之，从珂每有奏请，皆咨[39]琦而后行。

戊午[40]，帝加尊号曰圣明神武文德恭孝皇帝。

安重诲言昭义节度使王建立过魏州有摇众之语[41]，五月，丙寅[42]，制以太傅致仕。

董璋阅集民兵，皆剪发黥面[43]，复于剑门北置永定关，布列烽火[44]。

孟知祥累表请割云安[45]等十三盐监隶西川，以盐直赡宁江[46]屯兵，辛卯[47]，许之。

六月，癸巳朔[48]，日有食之。

辛亥[49]，敕防御、团练使、刺史、行军司马、节度副使，自今皆朝廷除之，诸道无得[50]奏荐。

董璋遣兵掠遂、阆镇戍，秋，七月，戊辰[51]，两川以朝廷继遣兵屯遂、阆，复有论奏，自是东北商旅少敢入蜀。

八月，乙未[52]，捧圣军[53]使李行德；十将张俭引告密人边彦温告"安重诲发兵，云欲自讨淮南[54]；又引占相者[55]问命"。帝以问侍卫都指挥使安从进[56]、药彦稠，二人曰："此奸人欲离间[57]陛下勋旧[58]耳。重诲事陛下三十年，幸而富贵，何苦谋反！臣等请以宗族保之。"帝乃斩彦温，召重诲慰抚之，君臣相泣。

（以上为第三段，写安重诲气量褊狭，睚眦必报，竟欲构陷明宗之子李从珂，自己亦为人所陷害，明宗明察皆囿之。）

【注释】

[1]帝在真定：指庄宗同光二年李嗣源任成德节度使，居正定。 [2]衔之：恨他。 [3]用事：掌握实权。 [4]敬事不暇：不暇，不敢自暇、怠慢。此句指恭恭敬敬地侍奉他，不敢怠慢。[5]短之于帝：向皇帝报告李从珂的短处。 [6]矫：假。 [7]河东：应为河中，"东"为"中"字之误。 [8]杨彦温（?—930）：汴州（今河南开封市）人。李从珂待之甚厚，奏为牙内指挥使。传见《旧五代史》卷七十四。 [9]是日：指四月五日。 [10]阅马：检阅战马。 [11]勒兵：带兵。 [12]枢密院宣：唐制，枢密院命令用宣，三省命令用堂帖，堂帖也叫省札，宣也叫密札。[13]虞乡：县名。在今山西虞乡县。 [14]壬寅：四月九日。 [15]诱致：骗到。 [16]绛州：州名，治所龙头城；在今山西闻喜县东北。 [17]索自通（?—934）：字得之，太原清源（今山西清徐县）人，官至河中节度使。传见《旧五代史》卷六十五。 [18]药彦稠（?—934）：沙陀三部落人。幼以骑射事明宗，官至延州节度使。传见《旧五代史》卷六十六。 [19]构：捏造罪状，加以陷害。 [20]归第：回自己私府清化里第。 [21]绝朝请：不允许参加上朝仪式。 [22]辛亥：四月十八日。 [23]斩杨彦温：承安重诲旨意，杀杨彦温以灭口。 [24]癸丑：四月二十日。 [25]传首：拿着头。 [26]生致：活捉。 [27]深责：深深地责备。 [28]讽：暗示。[29]倾：倾倒，指被人排挤。 [30]自赡：自己养活自己。 [31]庇：庇护、保护。 [32]于卿为便：对于你来说比较满意。[33]闲居私第：削去官职，住在家里。[34]丙辰：四月二十三日。[35]指：指使、指意。 [36]籍军府甲仗数：将河中节度使府盔甲、军器造登记册。说明李从珂意欲谋反。 [37]居中保护：在中间为其担保、辩护、解释。 [38]吕琦（893—943）：字辉山，幽州安次（今河北廊坊市）人，官至后晋兵部侍郎，预修《唐书》。传见《旧五代史》卷九十二。[39]咨：询问。 [40]戊午：四月二十五日。 [41]摇众之语：挑动群众反叛的话。 [42]丙

寅：五月三日。［43］剪发黥面：剪掉头发，脸上刺字，录入军籍。［44］烽火：烽火台。报警之用。［45］云安：县名。在今重庆云阳县。产井盐，曾设云安监。［46］宁江：方镇名。后唐天成二年（927）七月，升夔州为宁江军节度。前、后蜀称镇江军。［47］辛卯：五月二十八日。［48］癸巳朔：六月一日。［49］辛亥：六月十九日。［50］无得：不得。［51］戊辰：七月七日。［52］乙未：八月四日。［53］捧圣军：后唐明宗禁卫军。长兴三年（932）改在京龙武、神武四十指挥为捧圣左、右军。［54］淮南：指吴国。［55］占相者：占卜看相的人。［56］安从进（？—941）：初从庄宗为护驾马军都指挥使。明宗时为保义、彰义节度使。传见《新五代史》卷五十一。［57］离间：挑拨关系，使之互相猜疑。［58］勋旧：指安重诲。

以前忠武节度使张延朗行工部尚书，充三司使[1]。三司使之名自此始。

吴徐知诰以海州[2]都指挥使王传拯有威名，得士心，值团练使陈宣罢归，知诰许以传拯代之；既而复遣宣还海州，征传拯还江都。传拯怒，以为宣毁之，己亥[3]，帅麾下入辞宣，因斩宣，焚掠城郭，帅其众五千来奔。知诰曰："是吾过也。"免其妻子[4]。涟水[5]制置使王岩将兵入海州，以岩为威卫大将军[6]，知海州。

传拯，绾[7]之子也，其季父舆为光州[8]刺史。传拯遣间使持书至光州，舆执之以闻，因求罢归：知诰以舆为控鹤都虞候[9]。时政在徐氏，典兵宿卫者尤难其人，知诰以舆重厚慎密，故用之。

壬寅[10]，赵凤奏："窃闻近有奸人，诬陷大臣，摇国柱石，行之未尽[11]。"帝乃收[12]李行德、张俭，皆族之[13]。

立皇子从荣为秦王；丙辰[14]，立从厚为宋王。

董璋之子光业[15]为宫苑使，在洛阳，璋与书曰："朝廷割吾支郡[16]为节镇，屯兵三千，是杀我必矣。汝见枢要[17]为吾言：'如朝廷更发一骑入斜谷[18]，吾必反！与汝诀矣。'"光业以书示枢密承旨李虔徽。未几，朝廷又遣别将荀咸乂将兵戍阆州，光业谓虔徽曰："此兵未至，吾父必反。吾不敢自爱[19]，恐烦朝廷调发[20]，愿止此兵，吾父保无他。"虔徽以告安重诲，重诲不从。璋闻之，遂反。利、阆、遂三镇以闻，且言已聚兵将攻三镇。重诲曰："臣久知其如此，陛下含容[21]不讨耳。"帝曰："我不负人，人负我则讨之。"

九月，癸亥[22]，西川进奏官[23]苏愿白孟知祥云："朝廷欲大发兵讨两川。"知祥谋于副使赵季良，季良请以东川兵先取遂、阆，然后并兵[24]守剑门，则大军虽来，吾无内顾之忧矣。知祥从之，遣使约董璋同举兵。璋移檄利、阆、遂三镇，数[25]其离间朝廷，引兵击阆州。庚午[26]，知祥以都指挥使李仁罕为行营都部署，汉州刺史赵廷隐副之，简州刺史张业为先锋指挥使，将兵三万攻遂州；别将牙内都指挥使侯弘实[27]、先登指挥使孟思恭将兵四千会璋攻阆州。

（以上为第四段，写吴国执政徐知诰有过则改，西川节度使董璋反叛。）

【注释】

[1]三司使：官名。掌盐铁、户部、度支，统筹国家财政。地位次于宰相。 [2]海州：州名。治所龙沮。在今江苏连云港市。 [3]己亥：八月八日。 [4]免其妻子：赦免王传拯的妻子与子女的罪行。 [5]涟水：县名，县治涟城。在今江苏涟水县。 [6]威卫大将军：吴禁卫军官名，分左右，位在左、右威卫将军上。 [7]绾：王绾。安徽合肥人，有谋略，官至吴百胜军节度使。传见《十国春秋》卷七。 [8]光州：州名。在今河南潢川县。 [9]控鹤都虞候：吴禁卫军官名，掌宿卫。 [10]壬寅：八月十一日。 [11]行之未尽：没有完全诛杀。 [12]收：逮捕。[13]皆族之：都全族抹杀。 [14]丙辰：八月二十五日。 [15]光业（?—930）：董璋之子，官至后唐宫苑使。传附《旧五代史》卷六十二《董璋传》。 [16]支郡：统辖的属郡。这里指遂州、阆州。 [17]枢要：执掌机要的枢密使，这里专指安重诲。 [18]斜谷：地名。在今陕西眉县西南，为入蜀要道。 [19]自爱：关心自己的利益。 [20]调发：用兵。 [21]含容：姑息。 [22]癸亥：九月三日。 [23]西川进奏官：西川派出至洛阳向朝廷报告的官员。时在洛阳。 [24]并兵：东、西川合兵。 [25]数：列举。 [26]庚午：九月十日。 [27]侯弘实：千乘（今山东广饶县）人，幼而家贫，作战勇敢，后蜀官至侍中。传见《十国春秋》卷五十一。

安重诲久专大权，中外恶之[1]者众；王德妃及武德使孟汉琼浸用事[2]，数短重诲于上。重诲内忧惧[3]，表解机务[4]，上曰："朕无间于卿[5]，诬罔者朕既诛之矣，卿何为尔？"甲戌[6]，重诲复面奏曰："臣以寒贱，致位至此，忽为人诬以反，非陛下至明，臣无种[7]矣。由臣才薄任重，恐终不能镇浮言[8]，愿赐一镇以全余生。"上不许；重诲求之不已[9]，上怒曰："听[10]卿去，朕不患无人！"前成德节度使范延光劝上留重诲，且曰[11]："重诲去，谁能代之？"上曰："卿岂不可？"延光曰：

“臣受驱策[12]日浅，且才不逮重诲，何敢当此！”上遣孟汉琼[13]诣中书议重诲事，冯道曰：“诸公果爱安令[14]，宜解[15]其枢务为便[16]。”赵凤曰：“公失言！”乃奏大臣不可轻动[17]。

东川兵至阆州，诸将皆曰：“董璋久蓄反谋[18]，以金帛啖[19]其士卒，锐气不可当，宜深沟高垒以挫[20]之，不过旬日，大军至，贼自走矣。”李仁矩曰：“蜀兵懦弱，安能当我精卒！”遂出战，兵未交[21]而溃归。董璋昼夜攻之，庚辰[22]，城陷，杀仁矩，灭其族。

初，璋为梁将，指挥使姚洪尝隶麾下，至是，将兵千人戍阆州；璋密以书诱之，洪投诸厕。城陷，璋执洪而让之曰：“吾自行间奖拔汝[23]，今日何相负？”洪曰：“老贼！汝昔为李氏奴[24]，扫马粪，得脔炙[25]，感恩无穷。今天子用汝为节度使，何负于汝而反邪？汝犹负天子，吾受汝何恩，而云相负哉！汝奴材[26]，固无耻；吾义士，岂忍为汝所为乎！吾宁为天子死，不能与人奴[27]并生！”璋怒，然镬[28]于前，令壮士十人刲[29]其肉自啖[30]之，洪至死骂不绝声。帝置洪二子于近卫[31]，厚给其家。

甲申[32]，以范延光为枢密使，安重诲如故[33]。

丙戌[34]，下制削董璋官爵，兴兵讨之。丁亥[35]，以孟知祥兼西南[36]供馈使[37]。以天雄节度[38]石敬瑭为东川行营都招讨使。以夏鲁奇为之副。

璋使孟思恭分兵攻集州[39]，思恭轻进，败归；璋怒，遣还成都，知祥免其官。

戊子[40]，以石敬瑭权知东川事[41]。庚寅[42]，以右武卫上将军[43]王思同为西都留守兼行营马步都虞候，为伐蜀前锋。

（以上为第五段，写安重诲独揽朝政，成众矢之的。明宗大发兵讨董璋。）

【注释】

［1］恶之：厌恨他。［2］浸用事：逐渐专权。［3］内忧惧：内心害怕、担忧。［4］表解机务：上表辞去枢密使机要事务。［5］无间于卿：对你没有隔阂、矛盾。［6］甲戌：九月十四日。［7］无种：指灭族。［8］镇浮言：制止谣言。［9］求之不已：辞去枢密使，做一镇之首的请求不停止。［10］听：任凭。［11］且曰：进一步说。［12］驱策：指为皇帝效力。［13］孟汉

琼（?—934）：宦官。为人狡猾，善于逢迎，为明宗所信任，官至宣徽南院使。传见《旧五代史》卷七十二。［14］安令：指安重诲。时安重诲兼任中书令。［15］解：解除、免除。［16］为便：比较妥当。［17］不可轻动：不可轻易更动。［18］久蓄反谋：早就存在着谋反的打算。［19］啖：引诱、诱惑。［20］挫：挫败。［21］兵未交：军队还没有接触战斗。［22］庚辰：九月二十日。［23］吾自行间奖拔汝：我从士兵之中奖励、提拔你。［24］李氏奴：指董璋先为开封富户李让家僮。［25］脔（luán）炙：烤肉片。［26］奴材：奴才。［27］人奴：奴隶、奴婢。［28］然镬：燃火支锅。然，通“燃”。镬，大锅。［29］刲（kuí）：割取。［30］啖（dàn）：吃。［31］近卫：近身的卫士。［32］甲申：九月二十四日。［33］如故：像从前一样，仍为枢密使。［34］丙戌：九月二十六日。［35］丁亥：九月二十七日。［36］西南：据章校，“‘南’下有‘面’字，乙十一行本同，张校同。［37］供馈使：官名，掌后勤供应。［38］节度：节度之下当有“使”字。［39］集州：州名。故城在今四川南江县。［40］戊子：九月二十八日。［41］权知东川事：暂时代理东川节度使。因董璋已削职，由石敬瑭代理。［42］庚寅：九月三十日。［43］右武卫上将军：后唐禁卫军军官名。

汉主遣其将梁克贞[1]、李守鄘[2]攻交州，拔之，执静海[3]节度使曲承美[4]以归，以其将李进守交州。

冬，十月，癸巳[5]，李仁罕围遂州，夏鲁奇婴城固守[6]；孟知祥命都押牙高敬柔[7]帅资州义军二万人筑长城环之[8]。鲁奇遣马军都指挥使康文通出战，文通闻阆州陷，遂以其众降于仁罕。

戊戌[9]，董璋引兵趣利州，遇雨，粮运不继，还阆州。知祥闻之，惊曰：“比破阆中，正欲径取利州，其帅不武[10]，必望风遁去。吾获其仓廪，据漫天[11]之险，北军[12]终不能西救武信[13]。今董公僻处阆州，远弃剑阁，非计[14]也。”欲遣兵三千助守剑门[15]；璋固辞曰：“此已有备。”

钱镠因[16]朝廷册闽王使者裴羽[17]还，附表引咎[18]；其子传瓘及将佐屡为镠上表自诉。癸卯[19]，敕听两浙纲使自便[20]。

以宣徽北院使冯赟为左卫上将军、北都留守。

丁未[21]，族诛董光业[22]。

楚王殷寝疾，遣使诣阙[23]，请传位于其子希声。朝廷疑殷已死，辛亥[24]，以希声为起复[25]武安节度使兼侍中。

孟知祥以故蜀镇江节度使张武为峡路行营招收讨伐使，将水军趣夔州，以左飞棹指挥使袁彦超副之。

癸丑[26]，东川兵陷征、合、巴、蓬、果五州。

丙辰[27]，吴左仆射、同平章事严可求卒。徐知诰以其长子大将军景通[28]为兵部尚书、参政事，知诰将出镇金陵故也。

汉将梁克贞入占城[29]，取其宝货[30]以归。

十一月，戊辰[31]，张武至渝州[32]，刺史张环降之，遂取泸州，遣先锋将朱偓[33]分兵趣黔[34]、涪[35]。

己巳[36]，楚王殷卒，遗命诸子，兄弟相继[37]；置剑于祠堂，曰："违吾命者戮之！"诸将议遣兵守四境，然后发丧，兵部侍郎黄损[38]曰："吾丧君有君，何备之有！宜遣使诣邻道[39]告终称嗣而已。"

石敬瑭入散关，阶州刺史王弘贽[40]、泸州刺史冯晖[41]与前锋马步都虞候王思同、步军都指挥使赵在礼引兵出人头山[42]后，过剑门之南，还袭剑门，克之，杀东川兵三千人，获都指挥使齐彦温，据而守之。晖，魏州人也。甲戌[43]，弘贽等破剑州，而大军不继，乃焚其庐舍，取其资粮，还保剑门。

乙亥[44]，诏削孟知祥官爵。

（以上为第六段，写东西两川联手反叛，攻下阆中、遂州，后唐官军入蜀破剑门。）

【注释】

[1]梁克贞：南汉将领，有勇略。传见《十国春秋》卷六十二。［2］李守鄘：传附《十国春秋》卷六十二《梁克贞传》。［3］静海：方镇名，唐懿宗咸通七年（866）升安南都护为静海军节度使，治所交州，在今越南河内一带。唐末曲颢据交州。［4］曲承美：曲颢后裔，交州节度使。［5］癸巳：十月三日。［6］婴城固守：据城卫守。［7］高敬柔：助孟知祥守成都，官至都押牙。传见《十国春秋》卷五十一。［8］筑长城环之：建筑一条长的城墙包围遂州城。［9］戊戌：十月八日。［10］其帅不武：利州统帅没有将才。［11］漫天：指漫天寨，在利州之北，有大漫天、小漫天两寨，形势险要。［12］北军：北来之军，指伐两川的官兵。［13］武信：武信军，治所遂州，为夏鲁奇所镇守。［14］非计：不是上策。［15］剑门：关名，因剑门山为名，在今四川剑阁县东北，地势险要，为兵家必争之地。［16］因：乘。［17］裴羽：字用化，唐僖宗朝宰相裴贽之子。唐明宗时，为册礼使，使于闽，遇飓风，漂至钱塘，为钱镠所留。传见《旧五代史》卷

一百二十八。[18]引咎：指陈自己的过失。[19]癸卯：十月十三日。[20]自便：自由行动。[21]丁未：十月十七日。[22]董光业：董璋子。在洛阳为宫苑使。以其父谋反而被族诛。[23]诣阙：到洛阳。[24]辛亥：十月二十一日。[25]起复：守丧应致仕，而任职者称起复。[26]癸丑：十月二十三日。[27]丙辰：十月二十六日。[28]景通（916—961）：名璟，字伯玉，李昪长子。风度高秀，工文学。升元四年（940）八月，立为皇太子。公元943年即南唐帝位。公元943至961年在位。庙号元宗。传见《十国春秋》卷十六。[29]占城：在今越南中南部，公元192年（一说137年）区达建国。我国史籍初称之为林邑，唐至德以后称环王。9世纪后期改称占城。17世纪末亡于广西阮氏。[30]宝货：金银财宝。[31]戊辰：十一月九日。[32]渝州：州名。治所巴县，在今重庆市。[33]朱偓：善战为先锋将。传见《十国春秋》卷五十一。[34]黔：黔州。故治在今重庆彭水县。[35]涪：涪州。治所枳县，在今重庆市涪陵区西。[36]己巳：十一月十日。[37]兄弟相继：王位传承由弟继承其兄。[38]黄损：识大体，官兵部侍郎。传见《十国春秋》卷七十二。[39]邻道：指邻藩，吴、汉、荆南等节度使。[40]长王弘贽：唐明宗时为合、阶二州刺史。事后晋以光禄卿致仕。传见《新五代史》卷四十八。[41]冯晖（?—953）：魏州（今河北大名县）人。为效节军卒，骁勇善战，封陈留王。传见《新五代史》卷四十九。[42]人头山：山名，山巅突出像人头。在今四川广元市区。[43]甲戌：十一月十五日。[44]乙亥：十一月十六日。

己卯[1]，董璋遣使至成都告急。知祥闻剑门失守，大惧，曰："董公果误我！"庚辰[2]，遣牙内都指挥使李肇[3]将兵五千赴之，戒之[4]曰："尔倍道兼行，先据剑州，北军无能为也。"又遣使诣遂州，令赵廷隐将万人会屯剑州。又遣故蜀永平节度使李筠[5]将兵四千趣龙州[6]，守要害[7]。时天寒，士卒恐惧，观望[8]不进，廷隐流涕谕之曰："今北军势盛，汝曹不力战却敌，则妻子皆为人有矣。"众心乃奋[9]。

董璋自阆州将两川兵屯木马寨[10]。

先是，西川牙内指挥使太谷庞福诚[11]、昭信指挥使谢锽屯来苏村[12]，闻剑门失守，相谓曰："使北军更得剑州，则二蜀势危矣。"遽[13]引部兵千余人间道[14]趣剑州。始至，官军万余人自北山大下，会日暮，二人谋曰："众寡不敌，逮明则吾属无遗矣。"福诚夜引兵数百升[15]北山，大噪于官军营后，锽帅余众操短兵自其前急击之；官军大惊，空营遁去，复保剑门，十余日不出。孟知祥闻之，喜曰："吾始谓弘贽等克剑门，径[16]据剑州，坚守其城，或引兵直趣梓州，董公必弃阆州奔还；我军失援，亦须解遂州之围。如此则内外受敌，两川震动，势可忧危；今乃焚毁剑州，运粮东归剑门，顿兵[17]不进，吾事济矣[18]。”

官军分道趣文州[19]，将袭龙州，为西川定远指挥使潘福超、义胜都头太原沙延祚[20]所败。

甲申[21]，张武卒于渝州；知祥命袁彦超[22]代将其兵。

朱偓将至涪州，武泰[23]节度使杨汉宾弃黔南，奔忠州；偓追至丰都[24]，还取涪州。知祥以成都支使崔善[25]权武泰留后。董璋遣前陵州[26]刺史王晖[27]将兵三千会李肇等分屯剑州南山。

丙戌[28]，马希声袭位，称遗命去建国之制，复藩镇[29]之旧。

契丹东丹王突欲自以失职[30]，帅部曲[31]四十人越海自登州来奔。

十二月，壬辰[32]，石敬瑭至剑门。乙未[33]，进屯剑州北山；赵廷隐陈[34]于牙城后山，李肇、王晖陈于河桥。敬瑭引步兵进击廷隐，廷隐择善射者五百人伏敬瑭归路，按甲待之，矛稍欲相及，乃扬旗鼓噪击之，北军退走，颠坠下山，俘斩百余人。敬瑭又使骑兵冲河桥。李肇以强弩射之，骑兵不能进。薄暮，敬瑭引去，廷隐引兵蹑之[35]，与伏兵合击，败之。敬瑭还屯剑门。

癸卯[36]，夔州奏复取开州[37]。

庚戌[38]，以武安节度使马希声为武安、静江[39]节度使，加兼中书令。

石敬瑭征蜀未有功，使者自军前来，多言道险狭，进兵甚难，关右[40]之人疲于转饷[41]，往往窜匿山谷，聚为盗贼。上忧之，壬子[42]，谓近臣曰：“谁能办吾事者！吾当自行[43]耳。”安重诲曰：“臣职忝[44]机密，军威不振，臣之罪也，臣请自往督战。”上许之。重诲即拜辞，癸丑[45]，遂行，日驰数百里。西方藩镇[46]闻之，无不惶骇[47]。钱帛、刍粮[48]昼夜辇运赴利州[49]，人畜毙踣[50]于山谷者不可胜纪[51]。时上已疏重诲，石敬瑭本不欲西征，及重诲离上侧，乃敢累表奏论，以为蜀不可伐，上颇然之[52]。

西川兵先戍夔州者千五百人，上悉纵归。

（以上为第七段，写官军伐蜀不利，安重诲亲往督战，石敬瑭上奏，论蜀不可伐。马希声去国号，复称藩镇。）

【注释】

[1]己卯：十一月二十日。[2]庚辰：十一月二十一日。[3]李肇：汝阴（今安徽阜阳）人。官至后蜀昭武军节度使。传见《十国春秋》五十一。[4]戒之：训诫他。[5]李筠：孟知祥大将。传见《十国春秋》卷五十一。[6]龙州：州名。故治在今四川平武县东南。[7]守要害：指守住武都阳平道，防止唐兵由邓艾故道入蜀。[8]观望：犹豫不定。[9]众心乃奋：大家的思想于是振奋起来。[10]木马寨：地名。在今四川剑阁县东南。[11]庞福诚：太谷（今山西太原市）人，有兵略。传见《十国春秋》卷五十一。[12]来苏村：即来苏寨。在今四川剑阁县东。[13]遽：立即。[14]间道：抄小路。[15]升：登。[16]径：直接。[17]顿兵：驻兵。顿，停留。[18]吾事济矣：我的大事成功了。[19]文州：州名。治所曲水。今甘肃文县。地处陇蜀之间，岩洞险仄，绵延千里，有阳平道，为入蜀捷径。[20]沙延祚：山西太原人。传见《十国春秋》卷五十一。[21]甲申：十一月二十五日。[22]袁彦超：善水战。传见《十国春秋》卷五十一。[23]武泰：方镇名。前蜀王建以黔州为武泰军节度。天复三年（903）徙治涪州。在今重庆市涪陵区。[24]丰都：县名，在今重庆丰都县。[25]崔善：在阆中有惠政。传见《十国春秋》卷四十二。[26]陵州：州名。治所仁寿，在今四川仁寿县。[27]王晖：王建故将，屡立战功，官华州刺史。降后唐，任陵州刺史。传见《十国春秋》卷四十三。[28]丙戌：十一月二十七日。[29]藩镇：指武安军节度使。[30]失职：失去继承皇位权利。[31]部曲：亲兵。[32]壬辰：十二月三日。[33]乙未：十二月六日。[34]陈：通“阵”，列阵，结阵。[35]蹑之：暗暗地紧逼他。[36]癸卯：十二月十四日。[37]开州：州名，在今重庆市开州区。[38]庚戌：十二月二十一日。[39]静江：方镇名。唐昭宗光化三年（900）升桂管经略使为静江军节度使，治所桂州，在今广西桂林市。[40]关右：地区名，泛指函谷关以西的陕西、甘肃地区。[41]转饷：运输军粮。[42]壬子：十二月二十三日。[43]自行：自己亲征。[44]忝：谦词。有愧于。[45]癸丑：十二月二十四日。[46]西方藩镇：指陕州保义军、华州镇国军、同州匡国军、耀州顺义军、凤翔、山南西道等。[47]惶骇：惊惶、惊骇。[48]刍粮：军粮和马草。[49]利州：州名，在今四川广元市，在剑阁东北。[50]踣踣（bó）：扑倒死去。[51]不可胜纪：算也算不清楚。[52]上颇然之：皇帝很同意他的意见。

二年（辛卯，931年）

春，正月，壬戌[1]，孟知祥奉表谢[2]。

庚午[3]，李仁罕陷遂州，夏鲁奇自杀。

癸酉[4]，石敬瑭复引兵至剑州，屯于北山。孟知祥枭[5]夏鲁奇首以示之。鲁奇二子从敬瑭在军中，泣请往取其首葬之，敬瑭曰："知祥长者[6]，必葬而[7]父，岂不愈于身首异处乎[8]！"既而知祥果收葬之。敬瑭与赵廷隐战不利，复还剑门。

丙戌[9]，加高从诲兼中书令。

东川归合州于武信军[10]。

初，凤翔节度使朱弘昭谄事[11]安重诲，连得大镇。重诲过凤翔，弘昭迎拜马首[12]，馆于府舍，延入寝室，妻子罗拜[13]，奉进酒食，礼甚谨。重诲为弘昭泣言："谗人交构[14]，几不免[15]，赖主上明察，得保宗族。"重诲既去，弘昭即奏："重诲怨望[16]，有恶言[17]，不可令至行营[18]，恐夺石敬瑭兵柄。"又遗敬瑭书，言"重诲举措孟浪[19]，若至军前，恐将士疑骇，不战自溃，宜逆止[20]之。"敬瑭大惧，即上言："重诲至，恐人情有变，宜急征还[21]。"宣徽使孟汉琼自西方还，亦言重诲过恶，有诏召重诲还。

二月，己丑朔[22]，石敬瑭以遂、阆既陷，粮运不继，烧营北归。军前[23]以告孟知祥，知祥匿其书，谓赵季良曰："北军渐进，奈何？"季良曰："不过绵州，必遁。"知祥问其故，曰："我逸彼劳[24]，彼悬军[25]千里，粮尽，能无遁乎！"知祥大笑，以书示之。

安重诲至三泉[26]，得诏亟归；过凤翔，朱弘昭不内[27]，重诲惧，驰骑而东。

两川兵追石敬瑭至利州，壬辰[28]，昭武节度使李彦琦弃城走；甲午[29]，两川兵入利州。孟知祥以赵廷隐为昭武留后，廷隐遣使密言于知祥曰："董璋多诈，可与同忧，不可与共乐，他日必为公患。因[30]其至剑州劳军，请图之[31]。并两川之众[32]，可以得志于天下[33]。"知祥不许。璋入廷隐营，留宿[34]而去。廷隐叹曰："不从吾谋，祸难未已[35]！

庚子[36]，孟知祥以武信留后李仁罕为峡路[37]行营招讨使，使将水军东略地[38]。

辛丑[39]，以枢密使兼中书令安重诲为护国[40]节度使。赵凤言于上曰："重诲陛下家臣[41]，其心终不叛主，但以不能周防[42]，为人所谗；陛下不察其心，死无日矣[43]。"上以为朋党[44]，不悦。

（以上为第八段，写安重诲被召还，伐蜀官军北返。）

【注释】

[1]壬戌：正月三日。[2]奉表谢：上表感谢放还夔州戍卒。[3]庚午：正月十一日。[4]癸酉：正月十四日。[5]枭：枭首之省说，指斩首高悬示众。[6]长者：讲仁义而有道德的人。[7]而：通“尔”，你。[8]岂不愈于身首异处乎：难道不比头和身子在两处好吗？[9]丙戌：正月二十七日。[10]武信军：方镇名，唐昭宗光化二年（899）置。蜀仍之。治所遂州。在今四川遂宁市。合州为其辖区。[11]谄事：拍马奉承。[12]马首：马前。[13]罗拜：四面围绕着团团下拜。[14]谗人交构：挑拨离间的人交相构罪陷害。[15]几不免：几乎得罪被杀。[16]怨望：怨恨责望。[17]恶言：不好听的话。[18]行营：指石敬瑭指挥所。[19]举措孟浪：处理事情轻率鲁莽。[20]逆止：应迎上前去阻止他，让他回去。[21]征还：召回。[22]己丑朔：二月一日。[23]军前：指赵廷隐、李肇之军。[24]我逸彼劳：我安逸，他劳苦。[25]悬军：孤军在外。[26]三泉：县名。在今陕西宁强县。[27]不内：不纳。内，通“纳”。[28]壬辰：二月四日。[29]甲午：二月六日。[30]因：乘。[31]图之：谋取他。此处意为杀掉他。[32]并两川之众：合并东川、西川的军民。[33]可以得志于天下：可以在天下建国称帝，完成大业。[34]留宿：留下住宿一夜。[35]祸难未已：祸患和灾难会没完没了。[36]庚子：二月十二日。[37]峡路：军镇名。亦称峡西。治所兴元，在今陕西汉中市，东接三峡，西抵阳平，幅员辽阔。[38]略地：占地。[39]辛丑：二月十三日。[40]护国：方镇名。即河中节度使。治所蒲州，在今山西永济市。安重诲未至洛阳而除河中，不许其入朝。[41]家臣：家中的奴仆。[42]周防：周密地防护。[43]死无日矣：指安重诲的死期到了。据章校，“死”上有“重诲”二字。[44]朋党：朋比为党。指同类的人为自私的目的而互相勾结。

乙巳[1]，赵廷隐、李肇自剑州引还[2]，留兵五千戍利州。丙午[3]，董璋亦还东川，留兵三千戍果、阆[4]。

丁巳[5]，李仁罕陷忠州。

吴徐知诰欲以中书侍郎、内枢使[6]宋齐丘为相，齐丘自以资望[7]素浅，欲以退让为高[8]，谒归洪州[9]葬父，因入九华山[10]，止于应天寺[11]，启求隐居；吴主下诏征之，知诰亦以书招之，皆不至。知诰遣其子景通自入山敦谕，齐丘始还朝，除右仆射致仕，更命应天寺曰征贤寺。

三月，己未朔[12]，李仁罕陷万州；庚申[13]，陷云安监[14]。

辛酉[15]，赐契丹东丹王突欲姓东丹，名慕华，以为怀化[16]节度使、瑞[17]慎等州观察使；其部曲及先所俘契丹将惕隐等，皆赐姓名。惕隐姓狄，名怀忠[18]。

李仁罕至夔州，宁江[19]节度使安崇阮弃镇，与杨汉宾自均[20]、房[21]逃归；壬戌[22]，仁罕陷夔州。

帝既解安重诲枢务，乃召李从珂，泣谓曰："如重诲意[23]，汝安得复见吾！"丙寅[24]，以从珂为左卫大将军。

壬申[25]，横海节度使、同平章事孔循卒。

乙酉[26]，复以钱镠为天下兵马都元帅、尚父[27]、吴越国王，遣监门上将军张篯往谕旨，以向日[28]致仕[29]，安重诲矫制也。

丁亥[30]，以太常卿李愚为中书侍郎、同平章事。

夏，四月，辛卯[31]，以王德妃为淑妃[32]。

（以上为第九段，写后唐明宗解除安重诲枢密之职，任命为护国节度使，李从珂为左卫大将军。孟知祥扩地至夔州。）

【注释】

[1]乙巳：二月十七日。[2]引还：引军回成都。[3]丙午：二月十八日。[4]果、阆：果州和阆州。[5]丁巳：二月二十九日。[6]内枢使：即内枢密使，掌机密。[7]资望：资历和名望。[8]高：高洁，高尚。[9]洪州：州名，治所豫章，在今江西南昌市。[10]九华山：山名，在安徽省青阳县西南。旧名九子山，因有九峰，形似莲花，李白名之为九华。与峨眉、普陀、五台合称中国佛教四大名山。[11]应天寺：九华山佛教寺庙名。[12]己未朔：三月一日。[13]庚申：三月二日。[14]云安监：监名。在今重庆云阳县云安镇，因产盐，故置监。[15]辛酉：三月三日。[16]怀化：方镇名。后唐所置。治所慎州，在今河北涿州西北。[17]瑞州：州名。在今北京。[18]怀忠：契丹惕隐将，狄怀惠。据章校，"忠"作"惠"。[19]宁江：方镇名。蜀置，治所夔州，在今重庆奉节县。[20]均州：州名，在今湖北丹江口。[21]房州：州名，在今湖北房县。[22]壬戌：三月四日。[23]如重诲意：符合重诲的意愿。[24]丙寅：三月八日。[25]壬申：三月十四日。[26]乙酉：三月二十七日。[27]尚父：尊称叔父，并定为官号。[28]向日：过去。[29]致仕：指钱镠致仕，见《资治通鉴》后唐明宗天成四年。[30]丁亥：三月二十九日。[31]辛卯：四月三日。[32]淑妃：嫔妃名。唐因隋旧制，宫中有贵妃、贤妃、淑妃各一人，正一品。因曹淑妃正位中宫，故升王德妃为淑妃。

闽奉国节度使兼中书令王延禀闻闽王延钧有疾，以次子继升知建州留后，帅建州刺史继雄将水军袭福州。癸卯[1]，延禀攻西门，继雄攻东门；延钧遣楼船[2]指挥使王仁达[3]将水军拒之。仁达伏甲舟中，伪立白帜[4]请降，继雄喜，屏左右[5]，登仁达舟慰抚之；仁达斩继雄，枭首[6]于西门。延禀方纵火[7]攻城，见之，恸哭，仁达因纵兵击之，众溃，左右以斛[8]舁[9]延禀而走，甲辰[10]，追擒之。延钧见之曰："果烦老兄再下！"延禀惭不能对。延钧囚于别室[11]，遣使者如建州招抚其党；其党杀使者，奉继升及弟继伦奔吴越[12]。仁达，延钧从子也。

以宣徽北院使赵延寿为枢密使。

己酉[13]，天雄节度使、同平章事石敬瑭兼六军诸卫副使[14]。

辛亥[15]，以朱弘昭为宣徽南院使。

五月，闽王延钧斩王延禀于市，复其姓名曰周彦琛，遣其弟都教练使延政[16]如建州抚慰吏民。

丁卯[17]，罢亩税曲钱[18]，城中官造曲减旧半价，乡村听百姓自造；民甚便之。

己卯[19]，以孟汉琼知内侍省[20]事，充宣徽北院使。汉琼，本赵王镕奴也。时范延光、赵延寿虽为枢密使，惩[21]安重诲以刚愎得罪，每于政事不敢可否；独汉琼与王淑妃居中用事，人皆惮之。先是，宫中须索[22]稍逾常度，重诲辄执奏，由是非分之求殆绝。至是，汉琼直[23]以中宫[24]之命取府库物，不复关[25]由枢密院及三司[26]，亦无文书，所取不可胜纪。

辛巳[27]，以相州刺史孟鹄为左骁卫大将军，充三司使。

昭武留后赵廷隐自成都赴利州，逾月[28]，请兵进取兴元及秦、凤[29]；孟知祥以兵疲民困，不许。

护国节度使兼中书令安重诲内不自安，表请致仕；闰月，庚寅[30]，制以太子太师[31]致仕。是日，其子崇赞、崇绪[32]逃奔河中。

（以上为第十段，写闽主王延钧诛杀王延禀。安重诲致仕，明宗王淑妃干预政务，须索府库财物不可胜数。）

【注释】

[1]癸卯：四月十五日。 [2]楼船指挥使：水军将领。 [3]王仁达：王延钧侄子，性慷慨，有智略，典亲兵。传见《十国春秋》卷九十四。 [4]白帜：白旗，投降的标志。 [5]屏左右：屏

退左右侍从人员。［6］枭首：斩头高悬以示众。［7］纵火：放火。［8］斛：量器，十斗为斛。［9］舁（yú）：抬。［10］甲辰：四月十六日。［11］别室：府衙的其他房间。［12］奔吴越：逃到吴越国。［13］己酉：四月二十一日。［14］六军诸卫副使：宫廷禁卫军副统领。［15］辛亥：四月二十三日。［16］王延政：王延羲弟。公元943年，延政在建州自立为帝，国号大殷，改元天德。公元945年被南唐所灭。公元943至945年在位。降南唐后封鄱阳王，徙封光山王。传见《十国春秋》卷九十二。［17］丁卯：五月十日。［18］罢亩税曲钱：天成三年按亩于秋税时交酒曲钱五钱，至是时罢征。［19］己卯：五月二十二日。［20］内侍省：侍奉皇帝、后妃官署。掌供侍殿中、备洒扫、役使之职，长官为知内侍省事。［21］惩：鉴于。［22］须索：需要求索。［23］直：直接。［24］中宫：皇后。［25］关：关白，照会。［26］无文书：没有收据、凭证。［27］辛巳：五月二十四日。［28］逾月：过了一个月。［29］兴元及秦、凤：兴元府和秦州、凤州。［30］庚寅：闰五月三日。［31］太子太师：三公官，加给退休宰臣，以示荣耀。［32］崇赞、崇绪：安重诲子。受人指使，奔至河中，以此证明安重诲欲谋反。

壬辰[1]，以保义节度使李从璋[2]为护国节度使。甲午[3]，遣步军指挥使药彦稠将兵趣河中。

安崇赞等至河中，重诲惊曰："汝安得来[4]？"既而曰："吾知之矣，此非渠意，为人所使耳。吾以死徇国，夫复何言！"乃执[5]二子表送诣阙[6]。

明日，有中使[7]至，见重诲，恸哭[8]久之；重诲问其故，中使曰："人言令公[9]有异志[10]，朝廷已遣药彦稠将兵[11]至矣。"重诲曰："吾受国恩，死不足报，敢有异志！更烦国家发兵，贻[12]主上之忧，罪益重矣。"崇赞等至陕，有诏系狱[13]。皇城使[14]翟光邺[15]素恶重诲，帝遣诣河中察之，曰："重诲果有异志则诛之。"光邺至河中，李从璋以甲士围其第，自入见重诲，拜于庭下。重诲惊，降阶答拜，从璋奋挝[16]击其首；妻张氏惊救，亦挝杀之。

奏至，己亥[17]，下诏，以重诲离间[18]孟知祥、董璋、钱镠为重诲罪，又诬其欲自击淮南[19]以图兵柄，遣元随[20]窃二子归本道，并二子诛之。

丙午[21]，帝遣西川进奏官苏愿、东川军将刘澄各还本镇，谕以安重诲专命[22]，兴兵致讨，今已伏辜[23]。

六月，乙丑[24]，复以李从珂同平章事，充西都[25]留守。

丙子[26]，命诸道均民田税[27]。

（以上为第十一段，写后唐明宗诛安重诲父子，遣使告东西两川，用兵之由委过于安重诲。）

【注释】

[1]壬辰：闰五月五日。[2]李从璋（887—937）：字子良。明宗侄子，少善骑射，平梁有功。官至河中节度使，封洋王。传见《旧五代史》卷八十八。[3]甲午：闰五月七日。[4]汝安得来：你们怎么能来。[5]执：逮捕。[6]诣阙：到朝廷去。[7]中使：负责传达皇帝诏旨的宦官。[8]恸哭：哭得很伤心。[9]令公：指安重诲。[10]有异志：指欲谋反篡位。[11]将兵：领兵。[12]贻：遗留。[13]系狱：押在监狱内。[14]皇城使：皇城司长官，掌宫城出入之禁令，宿卫、宫门启闭等。[15]翟光邺：字基化，濮州鄄城（今山东鄄城县）人。沉默多谋，以孝闻。不营财产，不建私第，常居官舍。官至后周枢密副使。传见《新五代史》卷四十九。[16]挝（zhuā）：敲、打。[17]己亥：闰五月十二日。[18]离间：挑拨。[19]淮南：指吴国。[20]元随：原来的随从人员。[21]丙午：闰五月十九日。[22]专命：专制君命。[23]伏辜：伏罪而被杀戮。[24]乙丑：六月九日。[25]西都：长安。后唐以长安为西都。[26]丙子：六月二十日。[27]均民田税：征收农民田税，使之平均。

闽王延钧好[1]神仙之术[2]，道士陈守元[3]、巫者徐彦林与盛韬共诱之作宝皇宫，极土木之盛，以守元为宫主。

秋，九月，己亥[4]，更赐东丹慕华姓名曰李赞华。

吴镇南[5]节度使、同平章事徐知谏卒；以诸道副都统、镇海节度使、守中书令徐知询代之，赐爵东海郡王。徐知诰之召知询入朝也，知谏豫其谋。知询遇其丧于涂[6]，抚棺泣曰："弟用心如此，我亦无憾[7]，然何面见先王[8]于地下乎！"

辛丑[9]，加枢密使范延光同平章事。

辛亥[10]，敕解纵五坊鹰隼[11]，内外无得更进。冯道曰："陛下可谓仁及禽兽[12]。"上曰："不然。朕昔尝从武皇猎，时秋稼方熟，有兽逸入[13]田中，遣骑取之，比及得兽，余稼无几。以是思之，猎有损无益，故不为耳。"

冬，十月，丁卯[14]，洋州[15]指挥使李进唐攻通州[16]，拔之。

壬午[17]，以王廷政为建州刺史。

十一月，甲申朔[18]，日有食之。

癸巳[19]，苏愿至成都，孟知祥闻甥侄[20]在朝廷者皆无恙，遣使告董璋，欲与之俱上表谢罪[21]。璋怒曰："孟公亲戚皆完[22]，固宜归附；璋已族灭[23]，尚何谢为[24]！诏书皆在苏愿腹中，刘澄安得豫闻，璋岂不知邪！"由是复为怨敌。

乙未[25]，李仁罕自夔州引兵还成都。

吴中书令徐知诰表称辅政[26]岁久，请归老[27]金陵；乃以知诰为镇海、宁国节度使，镇[28]金陵，余官如故，总录朝政[29]如徐温故事。以其子兵部尚书、参政事景通为司徒、同平章事，知中外左右诸军事，留江都[30]辅政[31]；以内枢使、同平章事王令谋为左仆射[32]，兼门下侍郎，以宋齐丘为右仆射[33]，兼中书侍郎，并同平章事，兼内枢使，以佐[34]景通。

赐德胜[35]节度使张崇爵清河王。崇在庐州贪暴[36]，州人苦之，屡尝入朝，厚以货结权要[37]，由是常得还镇，为庐州患者二十余年。

十二月，甲寅朔[38]，初听百姓自铸农器并杂铁器[39]，每田二亩，夏秋输农具三钱[40]。

武安、静江节度使马希声闻梁太祖嗜食鸡，慕之，既袭位，日杀五十鸡为膳；居丧无戚容[41]。庚申[42]，葬武穆王于衡阳[43]，将发引[44]，顿食鸡臛[45]数盘，前吏部侍郎潘起[46]讥之曰："昔阮籍[47]居丧食蒸豚，何代无贤！"

癸亥[48]，徐知诰至金陵。

昭武留后赵廷隐白孟知祥以利州城堑[49]已完，顷在剑州与牙内都指挥使李肇同功，愿以昭武让肇，知祥褒谕[50]，不许；廷隐三让，癸酉[51]，知祥召廷隐还成都，以肇代之。

闽陈守元等称宝皇之命，谓闽王延钧曰："苟能避位受道[52]，当为天子六十年。"延钧信之，丙子[53]，命其子节度副使继鹏[54]权军府事。延钧避位受箓[55]，道名玄锡。

爱州[56]将杨廷艺养假子[57]三千人，图复交州[58]；汉交州守将李进知之，受其赂，不以闻。是岁，廷艺举兵围交州，汉主遣承旨程宝[59]救之，未至，城陷。进逃归，汉主杀之。宝围交州，廷艺出战，宝败死。

（以上为第十二段，写吴国执政徐知诰效徐温故事，以子徐景通留江都总揽政务，自己出镇金陵。）

【注释】

[1]好：喜欢。[2]神仙之术：炼丹、养生、延寿等方术。[3]陈守元（?—939）：闽县（今福建闽侯县）人。道士，以左道见信于王延钧，造宝皇宫让其居住，赐号洞真先生。传见《十国春秋》卷九十九。[4]己亥：九月十六日。[5]镇南：方镇名。唐懿宗咸通六年（865），升江南西道团练观察使为镇南军节度使。治所洪州，在今江西南昌市。吴、南唐因之。[6]涂：通“途”。[7]无憾：无恨，无意见。[8]先王：指徐温。[9]辛丑：九月十八日。[10]辛亥：九月二十八日。[11]解纵五坊鹰隼：释放豢养在鹰坊供玩赏、狩猎的老鹰等鸟类。隼，各种鸟类的通称。[12]仁及禽兽：仁爱也体现在禽兽身上。[13]逸入：逃入。[14]丁卯：十月十三日。[15]洋州：州名。治所在今陕西洋县。[16]通州：州名，治所在今四川达县。[17]壬午：十月二十八日。[18]甲申朔：十一月一日。[19]癸巳：十一月十日。[20]甥侄：外甥和侄子。[21]谢罪：表示歉意。[22]完：完整。这里指安全。[23]族灭：全族被杀戮。指杀其子董光业全家。[24]尚何谢为：还有什么可谢罪的呢？[25]乙未：十一月十二日。[26]辅政：协助皇帝处理国政。[27]归老：养老。[28]镇：镇守。[29]总录朝政：总理朝廷的政务。[30]江都：今江苏扬州。[31]辅政：协助杨溥处理国务。徐知诰袭用徐温故事，其子景通则袭用他的故事，使吴国的政权移于李氏之手。徐知诰本姓李，为徐温养子，受禅建南唐后，复姓李，改名昪。[32]左仆射：即左丞相。[33]右仆射：即右丞相。[34]佐：帮助、协助。[35]德胜：方镇名。吴置，治所庐州，在今安徽合肥市。[36]贪暴：贪婪、残暴。[37]权要：掌握大权的人。[38]甲寅朔：十二月一日。[39]杂铁器：指烧饭的铁锅及日用铁制用具。[40]三钱：指征农具税钱数。二亩征税三钱，与夏秋税同时交纳。[41]居丧无戚容：服丧期间没有悲戚的样子。[42]庚申：十二月七日。[43]衡阳：在今湖南衡阳市。[44]发引：灵柩启程。[45]鸡臛（huò）：鸡羹。臛，羹。[46]潘起：官至楚静江节度判官，为天策府学士。传见《十国春秋》卷七十二。[47]阮籍：（210—263）：三国魏文学家、思想家。母死将葬，食一蒸豚，饮二斗酒。然后与母诀别。[48]癸亥：十二月十日。[49]城堑：修城墙和挖护城河。[50]褒谕：褒彰慰勉。[51]癸酉：十二月二十日。[52]避位受道：离开皇位，接受道教修炼。[53]丙子：十二月二十三日。[54]继鹏：王延钧长子。公元936年即皇帝位更名昶。公元939年，控鹤都将连重遇作乱，缢死。公元936至939年在位。传见《新五代史》卷六十九。[55]受箓：接受道教的符箓。其受道之法，初受《五千文箓》，次受《三洞箓》，次受《洞玄箓》，次受《上清箓》，以成道。[56]爱州：州名，治所移风，在今越南清化西北。[57]假子：

义子。［58］图复交州：打算恢复交州。因交州为南汉所占。［59］程宝（?—932）：传见《十国春秋》卷六十三。

三年（壬辰，932年）

春，正月，枢密使范延光言："自灵州[1]至邠州方渠镇[2]，使臣及外国入贡者多为党项[3]所掠，请发兵击之。"己丑[4]，遣静难节度使药彦稠、前朔方节度使康福将步骑七千讨党项。

乙未[5]，孟知祥妻福庆长公主[6]卒。

孟知祥以朝廷恩意优厚，而董璋塞[7]绵州路，不听[8]遣使入谢，与节度副使赵季良等谋，欲发使自峡江[9]上表，掌书记李昊曰："公不与东川谋而独遣使，则异日[10]负约之责在我矣。"乃复遣使语之，璋不从。

二月，赵季良与诸将议遣昭武都监太原高彦俦[11]将兵攻取壁州，以绝山南兵转入山后诸州[12]者；孟知祥谋于僚佐，李昊曰："朝廷遣苏愿等西归，未尝报谢，今遣兵侵轶[13]，公若不顾坟墓、甥侄[14]，则不若传檄举兵[15]直取梁、洋[16]，安用壁州乎！"知祥乃止。季良由是恶昊。

辛未[17]，初令国子监[18]校定《九经》[19]，雕印卖之。

药彦稠等奏破党项十九族，俘二千七百人。

赐高从诲爵勃海王。

吴徐知诰作礼贤院[20]于府舍，聚图书，延士大夫，与孙晟[21]及海陵陈觉[22]谈议时事。

孟知祥三遣使说董璋，以主上加礼于两川，苟[23]不奉表谢罪，恐复致讨；璋不从。三月，辛丑[24]，遣李昊诣梓州，极论利害[25]，璋见昊，诟怒[26]不许。昊还，言于知祥曰："璋不通谋议，且有窥西川之志[27]，公宜备之。"

甲辰[28]，闽王延钧复位[29]。

（以上为第十三段，写孟知祥三请董璋上表朝廷谢罪，璋不从，西川异心。）

【注释】

［1］灵州：州名。在今宁夏灵武市。［2］方渠镇：地名，在今甘肃环县南。［3］党项：属羌族，是我国古代居住在西北的少数民族。五代时散处在邠宁、鄜延、灵武、河西一带，常向中

原王朝朝贡。［4］己丑：正月七日。［5］乙未：正月十三日。［6］福庆长公主（?—932）：后唐李克用侄女，庄宗即位封琼华长公主，明宗时改封福庆长公主。孟知祥称帝，追册为皇后。传见《十国春秋》卷五十。［7］塞：扼守。［8］不听：不从，不答应。［9］峡江：长江重庆市奉节县瞿塘峡以下称峡江。［10］异日：他日，即以后。［11］高彦俦（?—965）：山西太原人，后蜀大将，官至昭武军节度使。传见《十国春秋》卷五十四。［12］山后诸州：指巴、蓬、果等州。［13］侵轶：侵犯、侵扰。［14］坟墓、甥侄：指孟知祥祖先坟墓在今河北邢台市。孟知祥甥侄在洛阳为官。孟知祥若出兵，恐遭掘坟、灭族之祸。［15］传檄举兵：发出声讨檄文，邀集诸镇，兴兵讨伐。［16］梁、洋：梁州和洋州。［17］辛未：二月十九日。［18］国子监：封建王朝的教育管理机构和最高学府。［19］九经：九部儒家经典。宋以前常以《易》《书》《诗》《周礼》《仪礼》《礼记》《左传》《公羊传》《谷梁传》为九经。版刻印《九经》由此始。［20］礼贤院：用以优待知识分子的场所。［21］孙晟（?—956）：山东高密人，善文辞，尤工于诗。官至南唐宰相。传见《十国春秋》卷二十七。［22］陈觉（?—958）：江苏泰州人。传见《十国春秋》卷二十六。［23］苟：如果。［24］辛丑：三月十九日。［25］极论利害：充分而深刻地论述利害关系。［26］诟怒：发怒大骂。［27］且有窥西川之志：而且有谋取西川的野心。［28］甲辰：三月二十二日。［29］复位：仍为皇帝。原曾避位受箓，赐道名玄锡。

吴越武肃王钱镠疾，谓将吏[1]曰："吾疾必不起，诸儿皆愚懦[2]，谁可为帅者？"众泣曰："两镇令公[3]仁孝有功，孰不爱戴！"镠乃悉出印钥[4]授传瓘，曰："将吏推尔，宜善守之。"又曰："子孙善事中国[5]，勿以易姓[6]废事大之礼。"庚戌卒[7]，年八十一。

传瓘与兄弟同幄行丧[8]，内牙指挥使陆仁章[9]曰："令公嗣先王霸业，将吏旦暮趋谒，当与诸公子异处。"乃命主[10]者更设一幄，扶传瓘居之，告将吏曰："自今惟谒令公，禁诸公子从者无得妄入。"昼夜警卫，未尝休息。镠末年左右皆附传瓘，独仁章数以事犯之[11]。至是，传罐劳之，仁章曰："先王在位，仁章不知事令公，今日尽节，犹事先王也。"传瓘嘉叹[12]久之。

传瓘既袭位，更名元瓘，兄弟名"传"者皆更为"元"。以遗命去国仪[13]，用藩镇法；除民田荒绝者[14]租税。命处州[15]刺史曹仲达[16]权知政事。置择能院[17]，掌选举殿最[18]，以浙西营田副使沈崧[19]领之。

内牙指挥使富阳[20]刘仁杞及陆仁章久用事，仁章性刚，仁杞好毁短人，皆为众所恶。一日，诸将共诣府门请诛之；元瓘使从子仁俊[21]谕之。曰："二将事先王久，吾方图其功，汝曹乃欲逞私憾[22]而杀之，可乎？吾为汝王，汝当禀[23]吾命；不然，吾当归临安[24]以避贤路！"众惧而退。乃以仁章为衢州[25]刺史，仁杞为湖州[26]刺史。中外有上书告讦[27]者，元瓘皆置不问，由是将吏辑睦[28]。

（以上为第十四段，写吴越王钱镠薨，钱传瓘继位，处置适宜，将吏辑睦。）

【注释】

[1]将吏：将军和府吏。[2]愚懦：愚昧而懦弱。[3]两镇令公：指钱元瓘，朝廷加衔中书令，故称令公。[4]印钥：吴越国印及镇海、镇东节度使印。内外城各门及宫门钥匙。[5]善事中国：好好地供奉中原王朝。[6]易姓：指中原王朝更替。[7]庚戌：三月二十八日。[8]同幄行丧：幄，帐篷。在同一个帐篷里守灵护丧。[9]陆仁章（？—939）：浙江淳安人。家贫，为钱镠园卒。以功拔擢，官至保大军节度使，同参相府事。传见《十国春秋》卷八十六。[10]主者：主持操办钱镠丧事的人。[11]以事犯之：因处理事务冒犯元瓘。[12]嘉叹：嘉奖赞叹。[13]去国仪：去吴越国名号。[14]荒绝者：荒，指有主而不耕。绝，指户绝而无主。[15]处州：州名，治所括苍，在今浙江丽水市东南。[16]曹仲达（882—943）：性仁厚好施，食不二味，娶钱镠妹为妻，官至吴越国丞相。传见《十国春秋》卷八十六。[17]择能院：吴越国置机构，掌选拔贤能者。[18]殿最：最好和最差。[19]沈崧（863—938）：字吉甫，福建人，乾宁二年进士，官至吴越国丞相。传见《十国春秋》卷八十六。[20]富阳：县名。在今浙江杭州市富阳区。[21]仁俊：传瓘子，幼警敏有智略，官至威武军节度使，传见《十国春秋》卷八十三。[22]私憾：私人的怨愤。[23]禀：禀承、接受。[24]临安：县名。在今浙江杭州市临安区，为钱镠故居。[25]衢州：州名，在今浙江衢州市。[26]湖州：州名，在今浙江湖州市。[27]告讦（jié）：攻击别人的短处或揭发别人的隐私。[28]辑睦：安辑、和睦。

初，契丹舍利[1]荝刺[2]与惕隐皆为赵德钧所擒，契丹屡遣使请之。上谋于群臣，德钧等皆曰："契丹所以数年不犯边、数求和者，以此辈[3]在南故也，纵之[4]则边患复生。"上以问冀州[5]刺史杨檀[6]，对曰："荝刺，契丹之骁将[7]，向[8]助王都谋危社稷[9]，幸而擒之，陛下免其死，为赐已多。契丹失之如丧手足。彼在朝廷数年，知中国虚实，若得归，为患必深，彼才出塞，则南向发矢[10]矣，恐悔之无及。"上乃止。檀，沙陀人也。

上欲授李赞华以河南藩镇，群臣皆以为不可，上曰："吾与其父约为昆弟[11]，故赞华归我。吾老矣，后世继体[12]之君，虽欲招之，其可致乎！”夏，四月，癸亥[13]，以赞华为义成节度使，为选朝士[14]为僚属辅之。赞华但优游自奉[15]，不豫政事；上嘉之，虽时有不法亦不问，以庄宗后宫夏氏[16]妻之。赞华好[17]饮人血，姬妾多刺臂以吮之；婢仆小过，或抉目[18]，或刀刲[19]火灼；夏氏不忍其残[20]，奏离婚为尼。

（以上为第十五段，写后唐明宗纳冀州刺史杨檀之言，不遣还契丹降将。李赞华凶残。）

【注释】

[1]舍利：契丹统军头目。[2]蒴剌（cèlà）：契丹统军头目名。[3]此辈：这些人。指担任舍利、惕隐等军事头目的人。[4]纵之：放了他们。[5]冀州：州名。治所信都，在今河北衡水市冀州区。[6]杨檀（?—944）：即杨光远，字德明，沙陀人，有辩才，通于吏治，官至后晋太师，封寿王。传见《旧五代史》卷九十七。[7]骁将：骁勇的将领。[8]向：从前。[9]社稷：国家。[10]南向发矢：向南射箭。比喻契丹发兵进攻。[11]昆弟：兄弟。[12]继体：继承。[13]癸亥：四月十一日。[14]朝士：朝中有学问的官员。[15]优游自奉：自由自在地享受优越的待遇。[16]夏氏：庄宗昭容，封虢国夫人。[17]好：喜欢。[18]抉目：挖眼睛。[19]刀刲（kuī）火灼：刀割、火烧。[20]不忍其残：不忍心看见他残暴的手段。

乙丑[1]，加宋王从厚兼中书令。

东川节度使董璋会诸将谋袭[2]成都，皆曰必克；前陵州刺史王晖曰：“剑南万里[3]，成都为大，时方盛夏，师出无名，必无成功[4]。”孟知祥闻之，遣马军都指挥使潘仁嗣将三千人诣汉州诇[5]之。

璋入境，破白杨林镇[6]，执戍将武弘礼，声势甚盛，知祥忧之，赵季良曰：“璋为人勇而无恩[7]，士卒不附，城守则难克，野战则成擒矣。今不守巢穴，公之利也。璋用兵精锐皆在前锋，公宜以羸兵诱之，以劲兵待之，始虽小衄[8]，后必大捷。璋素有威名，今举兵暴至[9]，人心危惧，公当自出御之，以强[10]众心。”赵廷隐以季良言为然，曰：“璋轻而无谋[11]，举兵必败，当为公擒之。”辛巳[12]，以廷隐为行营马步军都部署，将三万人拒之。

五月，壬午朔[13]，廷隐入辞[14]。董璋檄书至，又有遗季良、廷隐及李肇书，诬之云，季良、廷隐与己通谋，召己令来。知祥以书授廷隐，廷隐不视，投之于地，曰；“不过为反间[15]，欲令公杀副使[16]与廷隐耳。”再拜而行。知祥曰：“事必济矣。”肇素不知书，视之，曰：“璋教我反耳。”囚其使者，然亦拥众[17]为自全计[18]。

璋兵至汉州，潘仁嗣与战于赤水[19]，大败，为璋所擒，璋遂克汉州[20]。

癸未[21]，知祥留赵季良、高敬柔守成都，自将兵八千趣汉州，至弥牟镇[22]，赵廷隐陈于镇北。甲申[23]，迟明，廷隐陈于鸡踪桥[24]，义胜定远都知兵马使张公铎[25]陈于其后。俄而璋望西川兵盛，退陈于武侯庙[26]下，璋帐下骁卒大噪曰：“日中曝[27]我辈何为！”璋乃上马。前锋始交[28]，东川右厢马步都指挥使张守进降于知祥，言“璋兵尽此[29]，无复后继，当急击之。”知祥登高冢[30]督战，左明义指挥使毛重威、左冲山指挥使李瑭守鸡踪桥，皆为东川兵所杀；赵廷隐三战不利，牙内都指挥副使侯弘实兵亦却，知祥惧，以马箠[31]指后陈。张公铎帅众大呼而进，东川兵大败，死者数千人，擒东川中都指挥使[32]元瓒[33]、牙内副指挥使董光演等八十余人；璋拊膺[34]曰：“亲兵皆尽，吾何依[35]乎！”与数骑遁去，余众七千人降，复得潘仁嗣[36]。知祥引兵追璋至五候津[37]，东川马步都指挥使元瓌降。西川兵入汉州府第，求璋不得，士卒争璋军资[38]，故璋走得免。赵廷稳追至赤水，又降其卒三千人。是夕，知祥宿雒县[39]；命李昊草榜[40]谕东川吏民，及草书[41]劳问璋，且言将如梓州。询负约之由[42]，请见伐之罪[43]。乙酉[44]。知祥会廷隐于赤水，遂西还，命廷隐将兵[45]攻梓州。

璋至梓州，肩舆[46]而入，王晖迎问曰：“太尉[47]全军出征，今还者无十人，何也？”璋涕泣不能对[48]。至府第，方食，晖与璋从子牙内都虞候延浩帅兵三百大噪[49]而入。璋引[50]妻子登城，子光嗣自杀。璋至北门楼，呼指挥使潘稠使讨乱兵，稠引十卒登城，斩璋首，及取光嗣首以授王晖，晖举城迎降[51]。赵廷隐入梓州，封府库[52]以待知祥。李肇闻璋败，始斩其使以闻[53]。

丙戌[54]，知祥入成都，丁亥[55]，复将兵八千如梓州；至新都[56]，赵廷隐献董璋首。己丑[57]，发玄武[58]，赵廷隐帅东川将吏来迎。

康福奏党项钞盗[59]者已伏诛[60]，余皆降附。

（以上为第十六段，写董璋为孟知祥所并，割据全蜀成定局。）

【注释】

[1]乙丑：四月十三日。[2]袭：乘人不备而攻打。[3]剑南万里：指整个四川疆域辽阔。唐在四川置剑南节度使，故以剑南指代四川。[4]必无成功：据章校，“功”下有“璋不从”三字。[5]诇：侦察、刺探。[6]白杨林镇：地名，在今四川广汉市境内。[7]无恩：无恩德于人。[8]小衄（nù）：小败。[9]暴至：突然到来。[10]强：振奋。[11]轻而无谋：轻率而没有谋略。[12]辛巳：四月二十九日。[13]壬午朔：五月一日。[14]入辞：到西川节度使府辞行，上前线。[15]反问：用计离间敌人，使之内讧。[16]副使：指赵季良。[17]拥众：率领军队。[18]自全计：保全自己的打算。[19]赤水：地名。在汉州东南，在今四川广汉市东南。[20]汉州：州名，治所在今四川广汉市。[21]癸未：五月二日。[22]弥牟镇：在今四川成都市新都区境内。[23]甲申：五月三日。[24]鸡踪桥：地名。在今四川成都附近。据胡三省注，应为汉州雒县（今四川广汉市）南之金雁桥，因当时两军对阵在汉州。[25]张公铎（?—945）：山西太原市人，少涉猎文史，为政清严。官至保宁军节度使。传见《十国春秋》卷五十一。[26]武侯庙：诸葛亮庙。诸葛亮有功于蜀，所在皆立庙，此为汉州之武侯庙。[27]曝：晒。据章校，“曝我辈何为”下有“何不速战”四字。[28]始交：开始接触。[29]尽此：都在这里。[30]高冢：高坡。[31]马箠（chuí）：马鞭子。[32]中都指挥使：官名。中军都指挥使，高级指挥官。[33]元瓒（guī）：董璋大将。[34]拊膺：槌胸。[35]吾何依：我依靠谁呢？[36]复得潘仁嗣：潘仁嗣为西川将，在赤水战役中被董璋所擒。[37]五侯津：地名，在四川广汉市西南。[38]军资：军队的财物。[39]雒县：即今四川广汉市。[40]草榜：起草公告。[41]草书：起草信件。[42]询负约之由：询问违背联盟条约的原因。[43]请见伐之罪：请问被讨伐的罪名。[44]乙酉：五月四日。[45]将兵：率领军队。[46]肩舆：轿子。[47]太尉：指董璋，因董璋带太尉职衔。[48]涕泣不能对：流着眼泪不能回答，因王晖曾论说出兵必败，故加以讽刺。[49]大噪：大声呼叫。[50]引：率领。[51]举城迎降：献出梓州城投降孟知祥。[52]封府库：封存州衙、仓库。[53]以闻：向孟知祥报告。[54]丙戌：五月五日。[55]丁亥：五月六日。[56]新都：县名。在今四川成都市新都区。[57]己丑：五月八日。[58]玄武：县名。在今四川中江县。[59]钞盗：抄掠抢劫。[60]已伏诛：已被诛杀。

壬辰[1]，孟知祥有疾，癸巳[2]，疾甚，中门副使王处回侍左右，庖人[3]进食，必空器[4]而出，以安众心。李仁罕自遂州来，赵廷隐迎于板桥[5]；仁罕不称[6]东川之功，侵侮廷隐，廷隐大怒。乙未[7]，知祥疾瘳[8]；丁酉[9]，入梓州。戊戌[10]，犒赏将士，既罢；知祥谓李仁罕、赵廷隐曰："二将谁当镇此[11]?"仁罕曰："令公[12]再与蜀州[13]，亦行耳。"廷隐不对。知祥愕然[14]，退，命李昊草牒，俟二将有所推[15]则命一人为留后，昊曰："昔梁祖、庄宗皆兼领四镇[16]，今二将不让，惟公自领之为便耳。公宜亟还府[17]，更与赵仆射[18]议之。"

己亥[19]，契丹使者迭罗卿辞归国，上曰："朕志在安边，不可不少副其求[20]。"乃遣萴骨舍利与之俱归。契丹以不得萴剌，自是数寇云州及振武。

孟知祥命李仁罕归遂州，留赵廷隐东川巡检，以李昊行梓州军府事。昊曰："二虎[21]方争，仆不敢受命，愿从公还。"乃以都押牙王彦铢为东川监押[22]。癸卯[23]，知祥至成都，赵廷隐寻亦引兵西还。

知祥谓李昊曰："吾得东川，为患益深[24]。"昊请其故，知祥曰："自吾发梓州，得仁罕七状，皆云'公宜自领东川，不然诸将不服'。廷隐言'本不敢当东川，因仁罕不让，遂有争心耳'。君为我晓[25]廷隐，复以阆州为保宁军[26]，益[27]以果、蓬、渠、开四州，往镇之。吾自领东川，以绝仁罕之望。"廷隐犹不平，请与仁罕斗，胜者为东川，昊深解[28]之，乃受命。六月，以廷隐为保宁留后。戊午[29]，赵季良帅将吏请知祥兼镇东川，许之。季良等又请知祥称王，权行制书[30]，赏功臣，不许。

董璋之攻知祥也，山南西道节度使王思同以闻，范延光言于上曰："若两川并于一贼[31]，抚众守险[32]，则取之益难，宜及其交争，早图之。"上命思同以兴元之兵密规进取[33]。未几，闻璋败死，延光曰："知祥虽据全蜀，然士卒皆东方人，知祥恐其思归为变，亦欲倚朝廷之重以威其众，陛下不屈意抚之[34]，彼则无从自新。"上曰："知祥吾故人，为人离间至此，何屈意之有！"乃遣供奉官李存瑰赐知祥诏曰："董璋狐狼[35]，自贻[36]族灭。卿丘园亲戚[37]皆保安全，所宜成家世之美名，守君臣之大节[38]。"存瑰，克宁之子，知祥之甥也。

闽王延钧谓陈守元曰："为我问宝皇[39]：既为六十年天子，后当何如？"明日，守元入白："昨夕奏章，得宝皇旨，当为大罗仙主[40]。"徐彦林[41]等亦曰："北庙崇顺王尝见宝皇，其言与守元同。"延钧益自负，始谋称帝。表朝廷云："钱镠卒，请以臣为吴越王；马殷卒，请以臣为尚书令。"朝廷不报，自是职贡遂绝[42]。

（以上为第十七段，写蜀将赵廷隐与李仁罕二人争功不睦，孟知祥自领东川节度使，用以平息二将之争。）

【注释】

[1]壬辰：五月十一日。[2]癸巳：五月十二日。[3]庖人：厨师。[4]空器：空碗、空盘。表示食物已被孟知祥吃尽，以安众心。[5]板桥：在今四川三台县东南。[6]不称：不提及、不庆贺。[7]乙未：五月十四日。[8]疾瘳：病愈。[9]丁酉：五月十六日。[10]戊戌：五月十七日。[11]镇此：镇守这里。[12]令公：指孟知祥，因孟知祥曾加中书令衔，故称之。[13]蜀州：州名。在今四川崇州市。因李仁罕原领蜀州。[14]愕然：惊奇的样子。[15]推：推举。[16]梁祖、庄宗皆兼领四镇：朱温兼领宣武、宣义、天平、护国四镇，李存勖兼领河东、魏博、卢龙、成德四镇。[17]府：指成都府。[18]赵仆射：指赵季良。[19]己亥：五月十八日。[20]少副其求：稍微满足他的要求。[21]二虎：指李仁罕与赵廷隐。[22]监押：后蜀官名。监管州府政务。[23]癸卯：五月二十二日。[24]为患益深：更加担心。[25]晓：告诉。[26]保宁军：方镇名。蜀以阆州为保宁军，董璋取阆州，废保宁军。孟知祥仍复阆州为保宁军。[27]益：增加。[28]深解：详尽地作了解。[29]戊午：六月七日。[30]权行制书：暂时用皇帝的制令。[31]并于一贼：合并给一个人统治。[32]抚众守险：安抚百姓，扼守险地。[33]密规进取：严密规划，收取两川。[34]屈意抚之：违背自己的本意而安抚他。[35]狐狼：指董璋依凭窟穴，抗厉犯上。[36]自贻：自己招来。[37]丘园亲戚：田地房产，亲人戚属。[38]守君臣之大节：恪守作为臣子的节操，尽臣子的义务。[39]宝皇：道教圣主。[40]大罗仙主：神仙名号。[41]徐彦林：据章校，无"林"字。[42]职贡遂绝：向后唐称臣纳贡的事中断。

【点评】

本卷点评孟知祥以诚得人死力、安重诲跋扈、孟知祥割据西川三件史事。

一、孟知祥以诚得人死力。明宗长兴元年四月四日戊戌，西川都指挥使李仁罕、张业设宴请节度使孟知祥会饮。孟知祥从容赴宴，不带一个侍卫，独身前往，李仁罕感动得叩头流涕说："老兵唯有以死报答主公的恩德。"孟知祥为何只身赴会，李仁罕为何感动流涕？因在两天之前发生了重大的告密事件。有一个尼姑举报李仁罕、张业两位将军图谋反叛，设鸿门宴加害孟知祥。孟知祥严加追究，查出是两个中级军官都延昌、王行本编造的谎言，他们要假借孟知祥的手来除掉李仁罕、张业。四月三日丁酉，孟知祥将都延昌、王行本两人明正典刑，腰斩于市。第二天孟知祥独身赴宴，示以诚心。孟知祥如此果决地处理要案，又如此自信地独身赴宴，充分展示了他的明察善断以及勇敢无畏的人格魅力，这就是帝王气度，不是常人所有的。孟知祥能割据西川，以小喻大，确实是一时人杰。

二、安重诲跋扈。明宗养子李从珂英勇善战，建立了许多军功，明宗怜爱有加。庄宗同光二年，明宗镇真定。有一天安重诲与李从珂饮酒，酒席间二人发生口角，李从珂打了安重诲一掌，酒醒后，李从珂向安重诲道歉，安重诲仍然怀恨在心，耿耿于怀，欲除之而后快。李从珂为河东节度使，封潞王，安重诲一次又一次在明宗面前打小报告，说李从珂的坏话，明宗不为所动。安重诲居然假传明宗诏令晓谕河东牙内指挥使杨彦温驱逐李从珂。李从珂被逐，逃到虞乡上书闻于明宗，明宗质问安重诲，安重诲反咬杨彦温是奸人。明宗要立案审讯，安重诲力主发兵征讨。明宗要求生擒杨彦温，安重诲竟然指使西都留守索自通、步军都指挥使药彦稠破城后斩杀杨彦温灭口。明宗一再退让，安重诲得寸进尺，又指使宰相冯道、赵凤上奏李从珂擅离职守，必欲置李从珂于死地而后快。冯道、赵凤两人上言遭到明宗斥责，两人惶恐而退。又一天，赵凤再次言及，明宗沉默不语。安重诲还不死心，又亲自为言，明宗说："朕昔日为小军官，家里贫困，依靠从珂拾马粪才维持生计，朕如今贵为天子，难道还不能保护一个患难与共的儿子吗？"此时的安重诲居功自负，简直不把明宗皇帝看在眼里，竟然一再逼迫皇帝处置皇子以泄私愤。安重诲跋扈如此，不学无术如此，最终惨遭冤杀，自取之也。

三、孟知祥割据西川。孟知祥是后蜀的创建者。孟知祥，字保胤，刑州龙岗人。孟知祥叔父孟迁，唐末据邢、洺、磁三州，为晋王李克用所并。知祥长成，品貌非凡，李克用以其弟李克让之女妻孟知祥，入唐封为琼华公主。李克用另一弟李克宁娶孟知祥之妹为妻。李孟二姓政治联姻，不论尊卑，孟知祥作为外戚，是庄宗的舅父；孟知祥作为女婿，是庄宗的堂妹夫。庄宗建号，孟知祥以其特殊关系，以及个人才华，任太原尹，为北京留守。郭崇韬伐蜀，与庄宗临别，推荐孟知祥为蜀帅。庄宗于是改任孟知祥为成都尹，剑南西川节度副大使。同光四年正月，孟知祥入蜀，其时郭崇韬已死。不久，庄宗崩，明宗立，孟知祥见中原多事，暗中已下定决心，割据西川称王，扩军备战，训练士卒，增设义胜、定远、骁锐、义宁、飞棹等军七万余人。明宗长兴三年，孟知祥并东川，杀董璋，自兼西川节度使。第二年，明宗封孟知祥为蜀王。同年十一月明宗崩，三个月后，孟知祥即皇帝位，国号蜀，史称后蜀。孟知祥能成就大事，主要有以下三个原因。第一，以恩信笼络诸将，得人死力。孟知祥冒死单人赴宴，示诚于李仁罕、张业，后来二人多建奇功。第二，广收人才，留赵季良为谋主。唐伐蜀先锋康延孝反叛，孟知祥与诸军合击，斩杀康延孝，孟知祥趁机纳降，得其将李肇、侯弘实及其兵数千以归。后唐明宗任太仆卿赵季良为三川制置使入蜀，赐孟知祥官印，制置两川征赋。孟知祥拒不奉诏，截留两川征赋，上表以节度副使留赵季良为谋主，既搪塞了朝廷，又得良师，真是一箭双雕。第三，欲擒故纵，联姻董璋反叛朝廷，而且并之。孟知祥原本厌恶董璋，两人不通音信，早有吞并之意。为了合纵对抗朝命，孟知祥用赵季良策，与董璋联姻，诱使董璋先反。安重诲兴兵伐蜀，原本是联合董璋诛讨孟知祥，反过来成了董璋替孟知祥打头阵，对抗朝廷。明宗还师，孟知祥三次邀约董璋上表朝廷谢恩，董璋亲属为朝廷诛灭，孟知祥亲属为朝廷放归，两相对照，董璋愤怒孟知祥卖己，自不量力兴兵攻蜀，孟知祥名正言顺灭董璋，并西川，不但没有上表朝廷谢恩，而是据地称王称帝。孟知祥虽非命世大才，不能统一中原，但不失时机地偏安一隅，也算是一个非常之人。